Walter Kälin/Jörg Künzli

Universeller Menschenrechtsschutz

Walter Kälin/Jörg Künzli

Universeller Menschenrechtsschutz

Der Schutz des Individuums
auf globaler und regionaler Ebene

4., vollständig überarbeitete und erweiterte Auflage

Helbing Lichtenhahn Verlag
Nomos Verlag

Bibliographische Information der Deutschen Nationalbibliothek

Die Deutsche Nationalbibliothek verzeichnet diese Publikation in der Deutschen Nationalbibliographie; detaillierte bibliographische Daten sind im Internet unter http://dnb.dnb.de abrufbar.

ISBN 978-3-7190-4019-2 (Helbing Lichtenhahn Verlag)
ISBN 978-3-8487-5282-9 (Nomos Verlag)

www.helbing.ch

Vorwort zur 4. Auflage

Der internationale Menschenrechtsschutz kommt im Umfeld globaler Herausforderungen und Krisen und autoritärer Tendenzen in verschiedenen Staaten zunehmend unter Druck. Umso wichtiger ist es, sich auf die rechtlichen Grundlagen dieses Schutzes zu besinnen. Die Neuauflage dieses Lehr- und Handbuchs will dazu einen Beitrag leisten.

Auch wenn neben der Praxis der UNO-Vertragsausschüsse diejenige des Europäischen Gerichtshofs für Menschenrechte nach wie vor im Vordergrund steht, berücksichtigt diese überarbeitete und aktualisierte Auflage Entscheide anderer regionaler Gerichtshöfe stärker als die Vorauflagen. Neu strukturiert und erweitert sind die Ausführungen zu den Garantien für Gefangene und Angeklagte und zu den politischen Rechten. Die Rechtsprechung ist bis Juni 2018 berücksichtigt.

Herzlichen Dank schulden wir Monika Wyss, dank deren Engagement dieses Werk fristgerecht erscheinen kann.

Oktober 2018

Walter Kälin
Jörg Künzli

Vorwort zur 1. Auflage

Der internationale Schutz der Menschenrechte hat seit dem Fall der Berliner Mauer und dem Ende des Kalten Krieges enorme Fortschritte gemacht. Die Zahl der Vertragsparteien ist für alle Menschenrechtskonventionen stark gestiegen, in Europa droht der Gerichtshof für Menschenrechte in Strassburg zum Opfer seines eigenen Erfolges zu werden und auf universeller Ebene gehören heute die Menschenrechte zu einem der Hauptthemen der UNO. Begleitet wurde dieser Prozess durch eine zunehmende Verrechtlichung, wie sie etwa in der reichen Praxis verschiedener Vertragsorgane zum Ausdruck kommt.

Dieses Buch richtet sich nicht nur an Studierende und Fachkundige der Rechtswissenschaft, sondern auch an eine weitere interessierte Leserschaft in der Verwaltung, internationalen Organisationen und nichtstaatlichen Organisationen. Es will die konzeptionellen Grundlagen des internationalen Menschenrechtsschutzes, seine Praxis und seine Bezüge zu den verwandten Rechtsgebieten des humanitären Völkerrechts und des Völkerstrafrechts systematisch darstellen. Eine Vielzahl von Beispielen und vertiefenden Hinweisen zu aktuellen Themen helfen, die Lektüre aufzulockern und zu erleichtern.

Allen, die zum Gelingen dieses Buches beigetragen haben, schulden wir unseren herzlichen Dank: Das Eidgenössische Departement für auswärtige Angelegenheiten (EDA) trug mit einem finanziellen Beitrag zum Gelingen des Werkes wesentlich bei. Dieses Werk wäre überdies nicht zustande gekommen ohne die engagierte und kompetente Mitarbeit von Mirjam Baldegger, Beatrice Durrer, Lukas Heim, Andrea Joss, Nina Schrepfer, Monika Wyss und Judith Wyttenbach, die in verschiedenen Stadien seiner Entstehung unsere Arbeit unterstützt haben.

Juli 2005

Walter Kälin
Jörg Künzli

Inhaltsübersicht

Inhaltsverzeichnis

Verzeichnis der Vertiefungen, Dokumentationen und Beispiele

Verzeichnis der Abbildungen

Fallverzeichnis

Afrikanische Kommission für die Rechte der Menschen und Völker

Afrikanischer Ausschuss für die Rechte und die Wohlfahrt des Kindes

Afrikanischer Gerichtshof für die Rechte der Menschen und Völker

Ausschuss für die Rechte von Menschen mit Behinderungen

Ausschuss gegen das Verschwindenlassen

Ausschuss gegen die Diskriminierung der Frau

Ausschuss gegen die Folter

Ausschuss für wirtschaftliche, soziale und kulturelle Rechte

Ausschuss zur Beseitigung der Rassendiskriminierung

ECOWAS-Gerichtshof

Europäischer Ausschuss für Sozialrechte

Europäische Kommission für Menschenrechte

Europäischer Gerichtshof für Menschenrechte

Seite

Seite

Seite

Europäischer Gerichtshof

Europäisches Gericht erster Instanz

Human Rights Advisory Panel (Kosovo)

Interamerikanischer Gerichtshof für Menschenrechte

Interamerikanische Kommission für Menschenrechte

Internationaler Gerichtshof

Internationaler Strafgerichtshof

Internationales Straftribunal für das ehemalige Jugoslawien

Internationales Straftribunal für Ruanda

Iran-United States Claims Tribunal

Menschenrechtsausschuss

Seite

Abkürzungsverzeichnis

A	Österreich
AEMR	Allgemeine Erklärung der Menschenrechte vom 10. Dezember 1948
AfCRMV	Afrikanische Charta der Rechte der Menschen und Völker vom 27. Juni 1981, OAU Doc. CAB/LEG/67/3 rev. 5
AfGRMV	Afrikanischer Gerichtshof für die Rechte der Menschen und Völker
AfKRMV	Afrikanische Kommission für die Rechte der Menschen und Völker
AJIL	American Journal of International Law
AMRK	(Inter-)Amerikanische Menschenrechtskonvention vom 22. November 1969, OAS Treaty Series No. 36
Anm.	Anmerkung
ArCMR	Arabische Charta der Menschenrechte vom 22. Mai 2004
Art.	Artikel
ASEAN	Association of South East Asian Nations
AU	African Union
BiomedK	Übereinkommen zum Schutz der Menschenrechte und der Menschenwürde im Hinblick auf die Anwendung von Biologie und Medizin vom 4. April 1997 (Biomedizinkonvention), ETS Nr. 164
BRK	Übereinkommen über die Rechte von Menschen mit Behinderungen vom 13. Dezember 2006 (Behindertenkonvention), 2515 UNTS 3
BRK-Ausschuss	Ausschuss für die Rechte von Menschen mit Behinderungen
BV	Bundesverfassung der Schweizerischen Eidgenossenschaft vom 18. April 1999 (Bundesverfassung), SR 101
bzw.	beziehungsweise
CH	Schweiz
CO	Concluding Observations/Abschliessende Bemerkungen
D	Deutschland
dec.	decision
ders.	Derselbe (Autor)
d.h.	das heisst
dies.	Dieselbe (Autorin)
Doc.	Document
DR	Decisions and Reports
EASR	Europäischer Ausschuss für Sozialrechte
ECOSOC	Economic and Social Council

ECOWAS	Economic Community of West African States
EFoK	Europäisches Übereinkommen zur Verhütung von Folter und unmenschlicher oder erniedrigender Behandlung oder Strafe vom 26. November 1987, ETS Nr. 126
EG	Europäische Gemeinschaft
EGMR	Europäischer Gerichtshof für Menschenrechte
EJIL	European Journal of International Law
EKMR	(ehemalige) Europäische Kommission für Menschenrechte
EMRK	Europäische Menschenrechtskonvention vom 4. November 1950, ETS Nr. 5
ESC	Europäische Sozialcharta vom 18. Oktober 1961, ETS Nr. 35
ESCrev	revidierte Europäische Sozialcharta vom 3. Mai 1996, ETS Nr. 163
ETS	European Treaty Series
EU	Europäische Union
EuGH	Europäischer Gerichtshof
EuGRZ	Europäische Grundrechte Zeitschrift
FAO	Food and Agriculture Organization
FDK	Übereinkommen über die Beseitigung jeder Form von Diskriminierung der Frau vom 18. Dezember 1979 (Frauendiskriminierungskonvention), 1249 UNTS 13
FDK-Ausschuss	Ausschuss für die Beseitigung der Diskriminierung der Frau
FL	Fürstentum Liechtenstein
FoK	Übereinkommen gegen Folter und andere grausame, unmenschliche oder erniedrigende Behandlung oder Strafe vom 10. Dezember 1984 (Folterkonvention), 1465 UNTS 85
FoK-Ausschuss	Ausschuss gegen die Folter
FP	Fakultativprotokoll
FP/BRK	Fakultativprotokoll zum Übereinkommen über die Rechte von Menschen mit Behinderungen vom 13. Dezember 2006, UN Doc. A/RES/61/106
FP/FDK	Fakultativprotokoll zum Übereinkommen über die Beseitigung jeder Form von Diskriminierung der Frau vom 6. Oktober 1999, 2131 UNTS 83
FP/FoK	Fakultativprotokoll zum Übereinkommen gegen Folter und andere grausame, unmenschliche oder erniedrigende Behandlung oder Strafe vom 18. Dezember 2002, 2375 UNTS 237
FP 1/KRK	Fakultativprotokoll zum Übereinkommen über die Rechte des Kindes betreffend die Beteiligung von Kindern an bewaffneten Konflikten vom 25. Mai 2000, 2173 UNTS 222

FP 2/KRK	Fakultativprotokoll zum Übereinkommen über die Rechte des Kindes betreffend den Verkauf von Kindern, die Kinderprostitution und die Kinderpornografie vom 25. Mai 2000, 2171 UNTS 227
FP 3/KRK	Fakultativprotokoll zum Übereinkommen über die Rechte des Kindes über ein Beschwerdeverfahren vom 19. Dezember 2011, UN Doc. A/Res/66/138
FP/Pakt I	Fakultativprotokoll zum Internationalen Pakt über wirtschaftliche, soziale und kulturelle Rechte vom 10. Dezember 2008, UN Doc. A/63/435
FP 1/Pakt II	Fakultativprotokoll zum Internationalen Pakt über bürgerliche und politische Rechte vom 16. Dezember 1966, 999 UNTS 302
FP 2/Pakt II	Zweites Fakultativprotokoll zum Internationalen Pakt über bürgerliche und politische Rechte über die Abschaffung der Todesstrafe vom 15. Dezember 1989, 1642 UNTS 414
GenozidK	Konvention über die Verhütung und Bestrafung des Völkermords vom 9. Dezember 1948, 78 UNTS 277
GFK	Abkommen über die Rechtsstellung der Flüchtlinge vom 28. Juli 1951 (Genfer Flüchtlingskonvention), 189 UNTS 137
GK	Genfer Konvention(en)
GK I	Genfer Konvention vom 12. August 1949 zur Verbesserung des Loses der Verwundeten und Kranken der bewaffneten Kräfte im Felde, 75 UNTS 31
GK II	Genfer Konvention vom 12. August 1949 zur Verbesserung des Loses der Verwundeten, Kranken und Schiffbrüchigen der bewaffneten Kräfte zur See, 75 UNTS 85
GK III	Genfer Konvention vom 12. August 1949 über die Behandlung der Kriegsgefangenen, 75 UNTS 135
GK IV	Genfer Konvention vom 12. August 1949 über den Schutz von Zivilpersonen in Kriegszeiten, 75 UNTS 287
GV-Res.	Resolution der UNO-Generalversammlung
HRQ	Human Rights Quarterly
IAGMR	Interamerikanischer Gerichtshof für Menschenrechte
IAKMR	Interamerikanische Kommission für Menschenrechte
ICC	International Criminal Court/Internationaler Strafgerichtshof
ICJ	International Court of Justice/Internationaler Gerichtshof (IGH)
ICRC	International Committee of the Red Cross
ICTR	Internationales Straftribunal für Ruanda (Ruanda-Tribunal)
ICTR-Statut	Statut des Internationalen Straftribunals für Ruanda vom 8. November 1994, SR-Res. 955 (1994)
ICTY	Internationales Straftribunal für das ehemalige Jugoslawien (Jugoslawien-Tribunal)

ICTY-Statut	Statut des Internationalen Straftribunals für das ehemalige Jugoslawien vom 25. Mai 1993, SR-Res. 827 (1993)
IGH	Internationaler Gerichtshof/International Court of Justice (ICJ)
IGH-Statut	Statut des Internationalen Gerichtshofs vom 26. Juni 1945
IKRK	Internationales Komitee vom Roten Kreuz
ILC	International Law Commission/Völkerrechtskommission
ILC-Entwurf	ILC-Entwurf zur Staatenverantwortlichkeit, ILC-Report, 53rd session (2001), UN Doc. A/57/10, Supplement No. 10
ILC-Entwurf II	ILC-Entwurf zur Verantwortlichkeit internationaler Organisationen, ILC-Report, 63rd session (2011), UN Doc. A/66/10, Supplement No. 10
ILM	International Legal Materials
ILO	International Labour Organization
IntCompLawQ	The International and Comparative Law Quarterly
IPEC	International Programme on the Elimination of Child Labour
IRRC	International Review of the Red Cross
KRK	Übereinkommen über die Rechte des Kindes vom 20. November 1989 (Kinderrechtskonvention), 1577 UNTS 3
KRK-Ausschuss	Ausschuss für die Rechte des Kindes
KSZE	(ehemalige) Konferenz für Sicherheit und Zusammenarbeit in Europa (heute: OSZE)
LJIL	Leiden Journal of International Law
MRA	Menschenrechtsausschuss
MRK	(ehemalige) Menschenrechtskommission
MR-Rat	Menschenrechtsrat
Rz.	Randziffer
NATO	North Atlantic Treaty Organization
NGO	Non-Governmental Organization (Nichtregierungsorganisation)
NQHR	Netherlands Quarterly of Human Rights
OAS	Organization of American States
OAU	(ehemalige) Organization of African Unity (heute: AU)
OECD	Organisation for Economic Co-operation and Development/ Organisation für wirtschaftliche Zusammenarbeit und Entwicklung
OSZE	Organisation für Sicherheit und Zusammenarbeit in Europa
Pakt I	Internationaler Pakt über wirtschaftliche, soziale und kulturelle Rechte vom 16. Dezember 1966, 993 UNTS 3
Pakt II	Internationaler Pakt über bürgerliche und politische Rechte vom 16. Dezember 1966, 999 UNTS 171

RDK	Übereinkommen zur Beseitigung jeder Form von Rassendiskriminierung vom 7. März 1966 (Rassendiskriminierungskonvention), 660 UNTS 195
RDK-Ausschuss	Ausschuss für die Beseitigung der Rassendiskriminierung
Res.	Resolution
RICR	Revue International de la Croix Rouge
Römer Statut	Römer Statut des Internationalen Strafgerichtshofs vom 17. Juli1998, 2187 UNTS 90
RTDH	Revue trimestrielle des droits de l'homme
SAARC	South Asian Association for Regional Cooperation
sog.	sogenannt
SR-Res.	Resolution des UNO-Sicherheitsrats
SZIER	Schweizerische Zeitschrift für internationales und europäisches Recht
u.E.	Unseres Erachtens
UN	United Nations
UNCC	United Nations Compensation Commission
UNHCR	United Nations High Commissioner for Refugees
UNO	United Nations Organization/Vereinte Nationen
UNO-Charta	Charta der Vereinten Nationen vom 26. Juni 1945, 1 UNTS XVI
UNTS	United Nations Treaty Series
UPR	Universal Periodic Review
VLK	Übereinkommen zum Schutz aller Personen vor dem Verschwindenlassen vom 20. Dezember 2006, UN Doc. A/61/488
VLK-Ausschuss	Ausschuss gegen das Verschwindenlassen
VRK	Wiener Übereinkommen über das Recht der Verträge vom 23. Mai 1969, 1155 UNTS 331
WAK	Internationale Konvention zum Schutz der Rechte aller Wanderarbeitnehmer und ihrer Familienangehörigen vom 18. Dezember 1990 (Wanderarbeitnehmerkonvention), 2220 UNTS 3
WAK-Ausschuss	Ausschuss zum Schutz der Rechte aller Wanderarbeitnehmer und ihrer Familienangehörigen
WHO	World Health Organization
WSK-Ausschuss	Ausschuss für wirtschaftliche, soziale und kulturelle Rechte
WSK-Rechte	wirtschaftliche, soziale und kulturelle Rechte
z.B.	Zum Beispiel
ZP	Zusatzprotokoll

ZP I	Zusatzprotokoll zu den Genfer Konventionen vom 12. August 1949 über den Schutz der Opfer internationaler bewaffneter Konflikte (Protokoll I) vom Juni 1977, 1125 UNTS 3
ZP II	Zusatzprotokoll zu den Genfer Konventionen vom 12. August 1949 über den Schutz der Opfer nicht internationaler bewaffneter Konflikte (Protokoll II) vom 8. Juni 1977, 1125 UNTS 609
ZP 1/AfCRMV	Zusatzprotokoll zur Afrikanischen Charta der Rechte der Menschen und Völker über die Rechte der Frauen in Afrika vom 11 Juli 2003
ZP 2/AfCRMV	Zusatzprotokoll zur Afrikanischen Charta der Rechte der Menschen und Völker über die Rechte älter Personen vom 31. Januar 2016
ZP 1/AMRK	Zusatzprotokoll zur (Inter-)Amerikanischen Menschenrechtskonvention auf dem Gebiet der wirtschaftlichen, sozialen und kulturellen Rechte (Protokoll von San Salvador) vom 17. November 1988, OAS Treaty Series No. 69
ZP 2/AMRK	Zusatzprotokoll zur (Inter-)Amerikanischen Menschenrechtskonvention über die Abschaffung der Todesstrafe vom 8. Juni 1990, OAS Treaty Series No. 73
ZP 1/EMRK	Zusatzprotokoll zur Konvention zum Schutze der Menschenrechte und Grundfreiheiten vom 20. März 1952, ETS Nr. 9
ZP 4/EMRK	Protokoll Nr. 4 zur Konvention zum Schutze der Menschenrechte und Grundfreiheiten, durch das gewisse Rechte und Freiheiten gewährleistet werden, die nicht bereits in der Konvention oder im ersten Zusatzprotokoll enthalten sind vom 16. September 1963, ETS Nr. 46
ZP 6/EMRK	Protokoll Nr. 6 zur Konvention zum Schutze der Menschenrechte und Grundfreiheiten über die Abschaffung der Todesstrafe vom 28. April 1983, ETS Nr. 114
ZP 7/EMRK	Protokoll Nr. 7 zur Konvention zum Schutze der Menschenrechte und Grundfreiheiten vom 22. November 1984, ETS Nr. 117
ZP 9/EMRK	Protokoll Nr. 9 zur Konvention zum Schutze der Menschenrechte und Grundfreiheiten vom 6. Juni 1990, ETS Nr. 140
ZP 11/EMRK	Protokoll Nr. 11 zur Konvention zum Schutze der Menschenrechte und Grundfreiheiten, über die Umgestaltung des durch die Konvention eingeführten Kontrollmechanismus vom 11. Mai 1994, ETS Nr. 155
ZP 12/EMRK	Protokoll Nr. 12 zur Konvention zum Schutze der Menschenrechte und Grundfreiheiten vom 4. November 2000, ETS Nr. 177
ZP 13/EMRK	Protokoll Nr. 13 zur Konvention zum Schutze der Menschenrechte und Grundfreiheiten bezüglich der Abschaffung der Todesstrafe unter allen Umständen vom 3. Mai 2002, ETS Nr. 187

ZP 14/EMRK	Protokoll Nr. 14 zur Konvention zum Schutze der Menschenrechte und Grundfreiheiten über die Änderung des Kontrollsystems der Konvention vom 13. Mai 2004, ETS Nr. 194
ZP 15/EMRK	Protokoll Nr. 15 zur Änderung der Konvention zum Schutze der Menschenrechte und Grundfreiheiten vom 24. Juni 2013, ETS Nr. 213
ZP 16/EMRK	Protokoll Nr. 16 zur Konvention zum Schutze der Menschenrechte und Grundfreiheiten vom 2. Oktober 2013, ETS Nr. 214
z.T.	Zum Teil

Verzeichnis allgemeiner Literatur zu den Menschenrechten

Dieses Verzeichnis enthält Lehrbücher, Kommentare und Fallsammlungen zu einzelnen Verträgen, Sammelwerke und weitere allgemeine Literatur zu den Menschenrechten und dem humanitären Völkerrecht. Die in diesem Verzeichnis aufgeführte Literatur wird jeweils mit den Autorennamen zitiert; bei mehreren Werken derselben Autorinnen und Autoren wird zusätzlich ein Stichwort angefügt.

Alfredsson Gudmundur/Eide Asbjørn (Hrsg.), The Universal Declaration of Human Rights, A Common Standard of Achievement, Den Haag 1999

Alston Philip/Goodman Ryan, International Human Rights, Text and Materials, Oxford 2012

Bartole Sergio/De Sena Pasquale/Zagrebelsky Vladimiro, Commentario breve alla Convenzione europea per la salvaguardia dei diritti dell'uomo e delle libertà fondamentali, Padova 2012

Belanger Michel, Droit international humanitaire général, 2. Aufl., Paris 2007

Berger Vincent, Jurisprudence de la Cour européenne des droits de l'homme, 13. Aufl., Paris 2014

Bothe Michael/Partsch Karl Josef/Solf Waldemar A., New Rules for Victims of Armed Conflicts, Commentary on the Two 1977 Protocols Additional to the Geneva Conventions of 1949, 2. Aufl., Den Haag etc. 2013

Bouchet-Saulnier Françoise, The Practical Guide to Humanitarian Law, 3. Aufl., Lanham etc. 2014

Buergenthal Thomas/Shelton Dinah/Stewart David P./Vásquez Carlos M., International Human Rights in a Nutshell, 5. Aufl., St. Paul Minnesota 2017

Buergenthal Thomas/Thürer Daniel, Menschenrechte – Ideale, Instrumente, Institutionen, Zürich/St. Gallen 2010

Burgorgue-Larsen Laurence/Úbeda de Torres Amaya, The Inter-American Court of Human Rights – Case Law and Commentary, Oxford 2011

Cameron Iain, An Introduction to the European Convention on Human Rights, 6. Aufl., Uppsala 2011

Carey John/Dunlap William V./Pritchard R. John (Hrsg.), International Humanitarian Law: Origins, Challenges, Prospects, 3 Bde., Ardsley 2003–2006

CARLSON SCOTT N./GISVOLD GREGORY, Practical Guide to the International Covenant on Civil and Political Rights, Ardsley 2003

CASSESE ANTONIO/GAETA PAOLA/BAIG LAUREL/FAN MARY/GOSNELL CHRISTOPHER/WHITING ALEX, Cassese's International Criminal Law, 3. Aufl., Oxford 2013

CASSESE ANTONIO/GAETA PAOLA/JONES JOHN R.W.D. (Hrsg.), The Rome Statute of the International Criminal Court: A Commentary, Oxford 2002

CLAPHAM ANDREW/GAETA PAOLA/SASSOLI MARCO, The 1949 Geneva Conventions, A Commentary, Oxford 2015.

CRAVEN MATTHEW C.R., The International Covenant on Economic, Social and Cultural Rights – A Perspective on its Development, Oxford 2002

DAVID ERIC, Principes de droit des conflits armés, 5. Aufl., Brüssel 2012

DECAUX EMMANUEL (Hrsg.), Le pacte international relatif aux droits civils et politiques, Commentaire, Paris 2011

DE SCHUTTER OLIVIER, International Human Rights Law – Cases, Materials, Commentary, 2. Aufl., Cambridge 2014

DETTER INGRID, The Law of War, 3. Aufl., Cambridge 2013

VAN DIJK PIETER/VAN HOOF FRIED/VAN RIJN ARJEN/ZWAAK LEO (Hrsg.), Theory and Practice of the European Convention on Human Rights, 5. Aufl., Antwerpen/Oxford 2018

DUTERTRE GILLES, Key Case-Law-Extracts, European Court of Human Rights, Strassburg 2003

EIDE ASBJØRN (Hrsg.), The Universal Declaration of Human Rights, A Commentary, Oslo 1992

EIDE ASBJØRN/KRAUSE CATARINA/ROSAS ALLAN (Hrsg.), Economic, Social and Cultural Rights, A Textbook, 2. Aufl., Dordrecht etc. 2001

ERGEC RUSEN, Protection européenne et internationale des droits de l'homme, 3. Aufl., Brüssel 2014

EVANS MALCOLM/MURRAY RACHEL (Hrsg.), The African Charter on Human and Peoples' Rights: The system in practice 1986–2006, 2. Aufl., Cambridge 2008

EVANS MALCOLM/MURRAY RACHEL (Hrsg.), Documents of the African Commission on Human and Peoples' Rights, Volume II 1999–2007, Oxford 2009

FLECK DIETER (Hrsg.), The Handbook of Humanitarian Law in Armed Conflicts, 3. Aufl., Oxford 2013

FRITZSCHE PETER K., Menschenrechte, 3. Aufl., Paderborn 2016

FROWEIN JOCHEN A./PEUKERT WOLFGANG, Europäische Menschenrechtskonvention, EMRK-Kommentar, 3. Aufl., Kehl etc. 2009

GASSER HANSPETER/MELZER NILS, Humanitäres Völkerrecht – Eine Einführung, 2. Aufl. Zürich etc. 2012

GOLSONG HERIBERT/KARL WOLFRAM/MIEHSLER HERBERT et al., Internationaler Kommentar zur Europäischen Menschenrechtskonvention, Loseblattsammlung, Köln 1994

GOMIEN DONNA, Short Guide to the European Convention on Human Rights, 3. Aufl., Strassburg 2005

GONIN LUC/BIGLER OLIVIER, Convention européenne des droits de l'homme (CEDH) – commentaire des articles 1 à 18 CEDH, Bern 2018

GRABENWARTER CHRISTOPH/PABEL KATHARINA, Europäische Menschenrechtskonvention, 6. Aufl., München etc. 2016

GREEN LESLIE C., The Contemporary Law of Armed Conflict, 3. Aufl., Manchester 2008

GREER STEVEN, The European Convention on Human Rights – Achievements, Problems and Prospects, Cambridge 2006

HÄFLIGER ARTHUR/SCHÜRMANN FRANK, Die europäische Menschenrechtskonvention und die Schweiz – die Bedeutung der Konvention für die schweizerische Rechtspraxis, 2. Aufl., Bern 1999

HANNUM HURST, Guide to International Human Rights Practice, 4. Aufl., Ardsley 2004

HARRIS DAVID J./LIVINGSTONE STEPHEN (Hrsg.), Inter-American Human Rights System, Oxford 1998

HARRIS DAVID J./O'BOYLE MICHAEL/WARBRICK CHRIS, Law of the European Convention on Human Rights, 4. Aufl., Oxford 2018

HARRIS DAVID/JOSEPH SARAH (Hrsg.), The International Covenant on Civil and Political Rights and United Kingdom Law, Oxford 1995

HENCKAERTS JEAN-MARIE/LOUISE DOSWALD-BECK, Customary International Humanitarian Law, Volumes 1–3, Cambridge 2005

HEYNS CHRISTOF (Hrsg.), Human Rights Law in Africa, Bd. I, International Human Rights Law in Africa, Leiden etc. 2004

INTER-AMERICAN COURT OF HUMAN RIGHTS, Basic Documents Pertaining to Human Rights in the Inter-American System, San Jose 2003

JANIS MARK W./KAY RICHARD S./BRADLEY ANTHONY W., European Human Rights Law: Text and Materials, 3. Aufl., Oxford 2008

Joseph Sarah/McBeth Adam (Hrsg.), Research Handbook on International Human Rights Law, Cheltenham 2010

Joseph Sarah/Castan Melissa, The International Covenant on Civil and Political Rights, 3. Aufl., Oxford 2013

Kälin Walter/Künzli Jörg, The Law of International Human Rights Protection, Oxford 2009

Kälin Walter/Malinverni Giorgio/Nowak Manfred, Die Schweiz und die UNO-Menschenrechtspakte, 2. Aufl., Basel etc. 1997

Karlshoven Frits/Zegveld Liesbeth, Constraints on the Waging of War – An Introduction to International Humanitarian Law, 4. Aufl., Genf 2011

Karpenstein Ulrich/Mayer Franz C., EMRK, Konvention zum Schutz der Menschenrechte und Grundfreiheiten – Kommentar, 2. Aufl., München 2015

Keller Helen/Ulfstein Geir (Hrsg.), UN Human Rights Treaty Bodies, Cambridge 2012

Kokott Juliane, Das interamerikanische System zum Schutz der Menschenrechte, Berlin etc. 1986

Kolb Robert, Ius in bello – Le droit international des conflits armés, 2. Aufl., Basel etc. 2009

Kolb Robert/Gaggioli Gloria (Hrsg.), Research Handbook on Human Rights and Humanitarian Law, Cheltenham 2013

Kolb Robert/Hyde Richard, An Introduction to the International Law of Armed Conflict, Oxford/Portland 2008

Leach Philip, Taking a Case to the European Court of Human Rights, 4. Aufl., Oxford 2017

Leckie Scott/Gallagher Anne (Hrsg.), Economic, Social, and Cultural Rights – A Legal Resource Guide, Pennsylvania 2006

Macdonald Ronald St. J./Matscher Franz/Petzold Herbert (Hrsg.), The European System for the Protection of Human Rights, Dordrecht etc. 1993

Marks Susan/Clapham Andrew, International Human Rights Lexicon, Oxford 2005

McBeth Adam/Nolan Justin/Rice Simon, The International Law of Human Rights, 2. Aufl., Melbourne 2017

McGoldrick Dominic, The Human Rights Committee – Its Role in the Development of the International Covenant on Civil and Political Rights, Oxford 1991

Merrills John G./Robertson Arthur H., Human Rights in Europe, A Study of the European Convention on Human Rights, 4. Aufl., Manchester 2001

Meyer-Ladewig Jens/Nettesheim Martin/von Raumer Stefan (Hrsg.), EMRK, Europäische Menschenrechtskonvention, Handkommentar, 4. Aufl., Baden-Baden 2017

Moeckli Daniel/Shah Sangeeta/Sivakumaran Sandesh (Hrsg.), International Human Rights Law, 3. Aufl., Oxford 2018

Möller Jakob Th./de Zayas Alfred, United Nations Human Rights Committee Case Law 1977–2008 – A Handbook, Kehl 2009

Mowbray Alastair, Cases, Materials, and Commentary on the European Convention of Human Rights, 3. Aufl., Oxford 2012

Mugwanya George William, Human Rights in Africa – Enhancing Human Rights through the African Regional Human Rights System, Ardsley 2003

Nmehielle Vincent O., The African Human Rights System, Its Laws, Practice and Institutions, Den Haag 2001

Nowak Manfred, U.N. Covenant on Civil and Political Rights, CCPR Commentary, 2. Aufl., Kehl 2005 *(zit. Commentary)*

Nowak Manfred, Introduction to the International Human Rights Regime, Leiden/Boston 2003

Nowak Manfred, Einführung in das internationale Menschenrechtssystem, Wien 2002 *(zit. Einführung)*

Ouguergouz Fatsah, The African Charter of Human and Peoples' Rights, A Comprehensive Agenda for Human Dignity and Sustainable Democracy in Africa, Den Haag 2003

Rainy Bernadette/Wicks Elizabeth/Ovey Clare, European Convention on Human Rights (Jacobs, White, & Ovey), 7. Aufl., Oxford 2017

Pasqualucci Jo M., The Practice and Procedure of the Inter-American Court of Human Rights, 2. Aufl., Cambridge 2013

Peters Anne/Altwicker Tilmann, Europäische Menschenrechtskonvention: mit rechtsvergleichenden Bezügen zum deutschen Grundgesetz, 2. Aufl., München 2012

Pettiti Louis-Edmond/Decaux Emmanuel/Imbert Henri (Hrsg.), La Convention européenne des droits de l'homme, commentaire article par article, 2. Aufl., Paris 1999

Pictet Jean S. (Hrsg.), Commentary on the Geneva Conventions of 12 August 1949: Bde. I–IV, Genf 1952–1959 *(zit. I–IV)*

Provost René, International Human Rights and Humanitarian Law, Cambridge 2002

Ramcharan Bertrand G., The Fundamentals of International Human Rights Treaty Law, Boston/Leiden 2011

Rehman Javaid, International Human Rights Law, 2. Aufl., Essex 2010

Reid Karen, A Practitioner's Guide to the European Convention on Human Rights, 5. Aufl., London 2015

Renucci Jean-François, Droit européen des droits de l'homme, Droits et libertés fondamentaux garantis par la CEDH, 7. Aufl., Paris 2017

Robertson Arthur H./Merrills John G., Human Rights in the World, An Introduction to the Study of the International Protection of Human Rights, 4. Aufl., Manchester etc. 1996

Ronzitti Natalino, Diritto internazionale dei conflitti armati, 6. Aufl., Turin 2017

Samuel Lenia, Fundamental Social Rights, Case Law of the European Social Charter, 3. Aufl., Strassburg 2002

Sandoz Yves/Swinarski Christophe/Zimmermann Bruno (Hrsg.), Commentary on the Additional Protocols of 8 June 1977 to the Geneva Conventions of 12 August 1949, Genf 1987

Sassòli Marco/Bouvier Antoine A./Quintin Anne, Un droit dans la guerre? Cas, documents et supports d'enseignement relatifs à la pratique du droit international humanitaire, 2. Aufl., Genf 2012

Sassòli Marco/Bouvier Antoine A./Quintin Anne, How Does Law Protect in War? Cases, Documents and Teaching Materials on Contemporary Practice in International Humanitarian Law, 3. Aufl., Genf 2011

Saul Ben/Kinley David/Mowbray Jacqueline, The International Covenant on Economic, Social and Cultural Rights, Commentary, Cases and Materials, Oxford 2014

Schabas William A., The European Convention on Human Rights, A Commentary, Oxford 2015

Schabas William A., The International Criminal Court: A Commentary on the Rome Statute, 2. Aufl., Oxford 2016

Schilling Theodor, Internationaler Menschenrechtsschutz, Das Recht der EMRK und des IPbpR, 3. Aufl., Tübingen 2016

Sivakumaran Sandesh, The Law of Non-International Armed Conflict, Oxford 2012

Smith Rhona K.M., International Human Rights Law, 8. Aufl., Oxford 2018

Ssenyonjo Manisuli, Economic, Social and Cultural Rights in International Law, 2. Aufl., Oxford/Portland 2016

SUDRE FRÉDÉRIC, Droit européen et international des droits de l'homme, 13. Aufl., Paris 2016

TOMUSCHAT CHRISTIAN, Human Rights between Idealism and Realism, 3. Aufl., Oxford 2014

TONNDORF UWE, Menschenrechte in Afrika – Konzeption, Verletzung und Rechtsschutz im Rahmen der OAU, Freiburg i.Br. 1997

VILJOEN FRANS, International Human Rights Law in Africa, 2. Aufl., Oxford 2012

ZIMMERMANN ANDREAS (Hrsg.), The 1951 Convention Relating to the Status of Refugees and its 1967 Protocol – A Commentary, Oxford 2011.

Erster Teil

Grundlagen des internationalen Menschenrechtsschutzes

1. Kapitel: Herkunft und Universalität

Die Frage «Was ist der Mensch und was steht ihm zu?» stellt sich jeder Gesellschaft. 1.1
Auf internationaler Ebene wird sie aber erst seit der Zeit nach dem Zweiten Weltkrieg ernsthaft erörtert. Die am 10. Dezember 1948 von der UNO-Generalversammlung feierlich als «das von allen Völkern und Nationen zu erreichende gemeinsame Ideal» verkündete Allgemeine Erklärung der Menschenrechte gibt eine klare Antwort: «Alle Menschen sind frei und gleich an Würde und Rechten geboren. Sie sind mit Vernunft und Gewissen begabt und sollen einander im Geiste der Brüderlichkeit begegnen» (Art. 1). Deshalb hat jeder Mensch «Anspruch auf die in dieser Erklärung verkündeten Rechte und Freiheiten ohne irgendeinen Unterschied, etwa nach Rasse, Hautfarbe, Geschlecht, Sprache, Religion, politischer oder sonstiger Überzeugung, nationaler oder sozialer Herkunft, Vermögen, Geburt oder sonstigem Stand» (Art. 2). Die Liste der aufgezählten Menschenrechte enthält Garantien zum Schutz der menschlichen Person (u.a. Recht auf Leben, Sklavereiverbot, Verbot der Folter, Verbot willkürlicher Festnahme und Haft), Verfahrensrechte (Anspruch auf einen wirksamen Rechtsbehelf, Verteidigungsrechte im Strafverfahren etc.), Freiheitsrechte wie die Meinungs-, Versammlungs-, Religions- oder die Ehefreiheit und schliesslich einen Katalog von wirtschaftlichen, sozialen und kulturellen Rechten, darunter das Recht auf soziale Sicherheit, das Recht auf Arbeit, das Recht auf Nahrung und Gesundheit oder das Recht auf Bildung. Mit diesem Katalog definierten die Staaten erstmals in der Weltgeschichte in einem internationalen Dokument, welches die zentralen Garantien sind, die allen Menschen um ihrer Würde willen zukommen. Die Allgemeine Erklärung der Menschenrechte ist nicht ein rechtlich bindendes Dokument. Ursprünglich bloss als Plan für das «Projekt Menschenrechte» gedacht, wurde sie zum Ausgangspunkt des modernen Menschenrechtsschutzes, wie er heute in einer Vielzahl verbindlicher Vertragswerke verankert ist. Erlassen wurde dieses Schlüsseldokument als Reaktion auf die Schrecken des Zweiten Weltkrieges und vor dem Hintergrund der Erkenntnis, dass «die Anerkennung der angeborenen Würde und der gleichen und unveräusserlichen Rechte aller Mitglieder der Gemeinschaft der Menschen die Grundlage von Freiheit, Gerechtigkeit und Frieden in der Welt bildet», weshalb «es notwendig ist, die Menschenrechte durch die Herrschaft des Rechtes» auf überstaatlicher Ebene zu schützen[1].

Damit konnte wenigstens auf der Ebene politischer Erklärungen der Grundsatz über- 1.2
wunden werden, dass die Frage der Behandlung der eigenen Staatsangehörigen exklusiv zum Bereich der inneren Zuständigkeiten jedes Staates gehört. Dieser Paradigmenwechsel erlaubte, in der zweiten Hälfte des 20. Jahrhunderts ein umfassendes System

---

1 Allgemeine Menschenrechtserklärung, 1. und 3. Absatz der Präambel.

weltweit geltender menschenrechtlicher Garantien aufzubauen. Dies gelang allerdings nur Schritt um Schritt und nicht ohne Schwierigkeiten: So erklärten etwa die USA 1953, sie wollten nichts mit einem allenfalls von der UNO erarbeiteten Vertrag im Bereich der Menschenrechte zu tun haben[2]. Andere Staaten zögerten ebenfalls. Der Konflikt zwischen Ost und West im Kalten Krieg über die Frage, ob die Freiheitsrechte oder die Sozialrechte die wahren Menschenrechte seien, verzögerte die Fertigstellung der beiden Internationalen Pakte der Vereinten Nationen über die wirtschaftlichen, sozialen und kulturellen Rechte bzw. über die bürgerlichen und politischen Rechte bis 1966. In den letzten Jahrzehnten des 20. Jahrhunderts erschwerten Auseinandersetzungen zwischen dem industrialisierten Norden und dem sich entwickelnden Süden über die Universalität[3] der Menschenrechte die Einigung über neue Regeln und ihre Durchsetzung. Seit der Jahrtausendwende stellen der sog. «Krieg gegen den Terrorismus», das Aufkommen des Populismus und eines aggressiven Nationalismus neue Herausforderungen für den Grundsatz dar, dass jeder Mensch Träger der gleichen Menschenrechte ist.

I. Die nationale Herkunft der Menschenrechte

1.3 Die Frage nach dem Wesen des Menschen und seinen Grundansprüchen wird in der europäisch-amerikanischen Tradition seit der Aufklärung mit dem Hinweis auf die natürliche Freiheit des Individuums und die ihm angeborenen Rechte beantwortet[4].

1.4 Die erste Menschenrechtserklärung der Neuzeit, die *Virginia Bill of Rights* von 1776, betonte: «Alle Menschen sind von Natur aus in gleicher Weise frei und unabhängig und sie besitzen bestimmte angeborene Rechte [...]» (Art. 1). Andere amerikanische Grundrechtserklärungen[5] und die Unabhängigkeitserklärung der Vereinigten Staaten von 1776 verankerten ähnliche Begriffe. Allerdings meinte der Begriff «alle Menschen» in diesen Dokumenten nicht jedes Individuum ungeachtet von Herkunft, Rasse und Geschlecht: Schwarze Sklaven, indigene Völker und zu einem grossen Teil auch Frauen konnten von den Grundfreiheiten nicht profitieren. Mit anderen Worten: Frei und gleich waren jene weissen Männer, die sich von Untertanen der britischen Krone zu freien Bürgern emanzipierten und im Akt der Unabhängigkeitserklärung

2 PHILIP ALSTON, The UN's Human Rights Record: From San Francisco To Vienna and Beyond, HRQ 1994, 376.

3 Dazu hinten Rz. 1.46 ff.

4 Schon früher gewährten englische Könige in der Magna Charta Libertatum (1215), der Habeas Corpus Akte (1679) und der Bill of Rights (1689) Rechte wie den Anspruch auf Strafe gemäss Grad des Deliktes oder auf fristgerechte Haftüberprüfung, das Petitionsrecht oder das Verbot grausamer und unüblicher Strafe. Diese Texte sind für die Entwicklung der Menschenrechte sehr bedeutsam, um Menschenrechte im heutigen Sinn handelte es sich allerdings nicht, da nur gewisse Gruppen der Gesellschaft (Adlige und freie Männer) berechtigt wurden.

5 Der Erklärung der Rechte des Staates Virginia vom 12. Juni 1776 folgte bereits am 4. Juli des gleichen Jahres die von Thomas Jefferson verfasste amerikanische Menschenrechtserklärung. Sie inspirierte die zehn Amendements, welche 1789 als Grundrechtskatalog der amerikanischen Bundesverfassung von 1787 beigefügt wurden.

die neuen Staaten Amerikas gründeten. Die universalistisch-naturrechtliche Sprache sollte nicht die gesellschaftlichen Verhältnisse umgestalten, sondern diente in erster Linie der moralischen Rechtfertigung des Kampfes der englischen Kolonien auf dem nordamerikanischen Kontinent für die Unabhängigkeit von der englischen Krone und die Entstehung eines neuen Staatswesens.

Dokumentation: Amerikanische Unabhängigkeitserklärung vom 4. Juli 1776

«Wir halten diese Wahrheit für offenbar und keines weiteren Beweises bedürftig: Dass alle Menschen gleich sind von Geburt, dass sie von ihrem Schöpfer mit gewissen, unveräusserlichen Rechten ausgestattet sind, dass zu diesen Leben, Freiheit und das Streben nach Glück gehören [...], dass, um diese Rechte zu sichern, Regierungen unter den Menschen eingerichtet sind, welche ihre rechtmässige Gewalt von der Zustimmung der Regierten herleiten. So oft eine Regierungsform diesen Endzwecken verderblich wird, hat das Volk das Recht, sie zu ändern oder abzuschaffen, eine neue Regierung einzusetzen und diese auf solchen Grundsätzen aufzubauen und ihre Befugnisse in solche Formen zu kleiden, die die Sicherheit und das Glück des Volkes zu gewährleisten scheinen»[6]. 1.5

Die Spannung zwischen einer universalistischen Wortwahl und der Tendenz, Menschenrechte mit dem Konzept der Nationalität, d.h. der Zugehörigkeit zu einem bestimmten Staat, zu verknüpfen, kommt auch in der französischen *Erklärung der Rechte des Menschen und des Bürgers* von 1789 zum Ausdruck. Sie nahm die Idee der angeborenen Freiheit und Rechte der Menschen in ihrem Art. 1 auf und betonte in Art. 2, dass «der Endzweck aller politischen Vereinigung [...] die Erhaltung der natürlichen und unabdingbaren Menschenrechte» sei, zu welchen in erster Linie «die Freiheit, das Eigentum, die Sicherheit [und] der Widerstand gegen Unterdrückung» gehören. Zudem erhoben die Französische Revolution und in ihrem Gefolge die Expansionsbemühungen Napoleons zwar den Anspruch, das Bürgertum auch ausserhalb Frankreichs von den Fesseln der Tyrannei des Ständestaates zu befreien. Trotz dieser universalistischen Züge betonte aber bereits die Menschenrechtserklärung von 1789 in ihrem Art. 3 die staatliche Souveränität, welche ihren Ursprung beim Volk habe. Die Staatsbürgerschaft wurde damit zum Merkmal der Zugehörigkeit zur Nation und transformierte damit *Menschen*rechte in ihrem Kern zu *Bürger*rechten[7]. Deutlich zeigte sich dies in Art. 1 der französischen Verfassungscharta vom 4. Juni 1814, der die Gleichheit vor dem Gesetz (nur) «den Franzosen» garantierte[8] – von den «natürlichen, unveräusserlichen und heiligen Rechte[n] der Menschen» gemäss der Erklärung der Menschen- und Bürgerrechte von 1789 war nicht mehr die Rede. 1.6

6 Auszug aus der Unabhängigkeitserklärung der Vereinigten Staaten, zitiert nach: Günther Franz, Staatsverfassungen, München 1964, 3.

7 Felix Ermacora, Menschenrechte in der sich wandelnden Welt, Band I, Wien 1974, 115.

8 Charte constitutionnelle du 4 juin 1814: «Les Français sont égaux devant la loi, quels que soient d'ailleurs leurs titres et leur rangs.» Gleicher Wortlaut in der Verfassungscharta vom 14. August 1830.

1.7 Das französische und die amerikanischen Modelle waren für die liberalen, von den Ideen der Aufklärung geprägten Nationalstaaten des 19. und frühen 20. Jahrhunderts wegweisend. Zum Selbstverständnis der modernen Nation gehörte eine eigene Verfassung, und diese enthielt nicht nur in den USA und in Frankreich einen Grundrechtsteil: Modellhaften Charakter bekam die belgische Verfassung von 1831, welche so unterschiedliche Texte wie den Entwurf für eine Deutsche Reichsverfassung von 1848 oder die Verfassung der Türkei von 1876 beeinflusste[9]. Im angelsächsischen Raum und in der Schweiz begannen die höchsten Gerichte schon früh, Lücken im Verfassungstext durch eine rechtsschöpferische Grundrechtspraxis zu überbrücken. Was alle diese Verfassungen auszeichnete, war ihre ausgesprochene *Binnensicht* der Grundrechte. Sie wurden (primär) den eigenen Staatsangehörigen gewährt[10], und auch dort, wo sich Ausländer und Ausländerinnen auf dem eigenen Staatsgebiet ausnahmsweise auf sie berufen konnten, hatten sie ihre Quelle in der eigenen staatlichen Souveränität.

1.8 Im *zwischenstaatlichen* Verhältnis spielten Menschenrechte im 18. und 19. Jahrhundert, abgesehen vom sog. Fremdenrecht, d.h. dem Schutz von Ausländern als Angehörige eines anderen Staates (dazu anschliessend Ziff. II.1), kaum eine Rolle. Im Völkerrecht galt der Grundsatz der absoluten Souveränität der Staaten. Sie waren völkerrechtlich nicht nur befugt, nach freiem Ermessen Krieg zu führen *(ius ad bellum)*, sondern hatten auch völlig freie Hand, wie sie ihre eigenen Staatsangehörigen behandeln wollten. Kritik an Menschenrechtsverletzungen stellte deshalb auch juristisch eine verbotene Einmischung in innere Angelegenheiten dar, und ein Schutz der Menschenrechte durch internationale Garantien war nur schwer denkbar.

II. Vorläufer des internationalen Schutzes der Menschenrechte

1. Fremdenrechtlicher Mindeststandard

1.9 Obwohl das 19. Jahrhundert mit seiner Betonung der nationalen Souveränität den Sitz der «Menschenrechte» in den Grundrechtskatalogen nationaler Verfassungen sah, mussten die Staaten erkennen, dass massive Menschenrechtsverletzungen nicht ohne Auswirkungen auf die internationalen Beziehungen blieben. Aus diesem Grund entstanden bereits damals verschiedene Ansätze zu einer Internationalisierung des Menschenrechtsschutzes.

1.10 Im klassischen Völkerrecht konnte die Rechtsstellung Privater wegen des Verbots der Einmischung in innere Verhältnisse nicht Gegenstand völkerrechtlicher Regeln sein. Individuen unterstanden allein dem jeweiligen Landesrecht, welches entschied, ob und wie weit sie im betreffenden Land durch Grundrechte geschützt wurden. Dies

9 Zum Ganzen Ermacora (Anm. 7), 116 und 132 f.

10 So beschränkten etwa die Bundesverfassungen der Schweiz von 1848 (Art. 4) und von 1874 (Art. 4) die Garantie der Rechtsgleichheit und die daraus abgeleiteten Verfahrensrechte auf «alle Schweizer».

schuf Spannungen, wenn Bürgerinnen und Bürger eines Staates im Ausland von den Behörden eines anderen Landes misshandelt wurden. Hier konnte eine Verbindung zwischen dem Völkerrecht und den Einzelnen höchstens indirekt über den Heimatstaat hergestellt werden (sog. Mediatisierung der Individuen). Es war naheliegend diesen Weg zu beschreiten, als im Zusammenhang mit der Auswanderung aus dem übervölkerten Europa[11] und der Zunahme internationaler Wirtschaftsbeziehungen im 19. Jahrhundert die Fälle zahlreicher wurden, in welchen Menschen, die sich zu Hause auf den Schutz der Grundrechte berufen konnten, im Ausland Misshandlungen und Rechtsverletzungen durch andere Staaten zum Opfer fielen. In solchen Fällen durfte der Heimatstaat nach den Regeln des internationalen Fremdenrechts für seine eigenen Staatsangehörigen sog. *diplomatischen Schutz* ausüben, d.h. beim Verletzerstaat intervenieren und von ihm verlangen, die Verletzung zu beenden und allenfalls Schadenersatz zu leisten. Dieses Institut machte es nötig, die minimalen Standards, die gegenüber allen Ausländerinnen und Ausländern einzuhalten waren, zu definieren. Dies führte zu einer Liste von Garantien zugunsten Privater, welche u.a. Ansprüche auf den Zugang zu den Gerichten des Aufenthaltsstaates, auf rechtliches Gehör, auf Schutz vor ungerechtfertigter Tötung und vor Misshandlungen, oder auf Schutz des Privateigentums vor Enteignungen ohne volle, prompte und wirksame Entschädigungen mit einschloss.

Obwohl der fremdenrechtliche Mindeststandard inhaltlich die Menschenrechtskon- 1.11
ventionen des 20. Jahrhunderts stark beeinflusste, handelte es sich dabei nicht um Menschenrechte: Erstens machte der Heimatstaat sein eigenes Recht und nicht jenes des Opfers geltend, und zweitens schützte der fremdenrechtliche Mindeststandard nur Ausländer, nicht aber auch die Staatsangehörigen im eigenen Land. In Staaten ohne moderne Verfassung war es mit anderen Worten durchaus möglich, dass die Regierung fremden Staatsangehörigen Rechte gewähren musste, welche sie ihren eigenen Bürgerinnen und Bürgern verweigerte.

Das Institut des diplomatischen Schutzes besteht auch heute noch[12]. Dabei können 1.12
nicht nur Verletzungen des klassischen Mindeststandards, sondern aller Regeln des Völkerrechts geltend gemacht werden, welche der fremde Staat bei der Behandlung von Staatsangehörigen des berechtigten Staates zu beachten hat. Dazu gehören heute auch die Menschenrechte[13].

11 Piet C. Emmer, in: Walter Kälin/Ruprecht Moser (Hrsg.), Migration aus der Dritten Welt – Ursachen und Wirkungen, Bern 1993, 3. Aufl., 32–33. Zwischen 1800 und 1960 emigrierten 61 Millionen Europäerinnen und Europäer, davon die meisten nach Nordamerika.

12 Siehe Report of the ILC, Fifty-eighth session, UN Doc. A/61/10 (2006), Draft articles on Diplomatic Protection, 26. Zur Rolle des Internationalen Gerichtshofs (IGH) im Bereich des diplomatischen Schutzes hinten Rz. 6.81.

13 A.a.O., 26, Kommentar zu Art. 1, Ziff. 4.

2. Punktueller völkerrechtlicher Schutz im 19. und frühen 20. Jahrhundert

1.13 Auch wenn das 19. Jahrhundert noch kein Konzept des internationalen Menschenrechtsschutzes zu entwickeln vermochte, zeigte sich bereits damals, dass die Staaten – ein entsprechender Konsens vorausgesetzt – durchaus die Möglichkeit hatten, Massnahmen zum Schutz der Opfer von Menschenrechtsverletzungen zu ergreifen.

1.14 Schon der Wiener Kongress schrieb 1815 verschiedenen Staaten vor, den gleichmässigen Schutz aller Konfessionen und die Nichtdiskriminierung der Gläubigen beim Zugang zu öffentlichen Ämtern zu garantieren[14]. Der Kongress war auch eine wichtige Etappe im *Kampf gegen den Sklavenhandel* auf internationaler Ebene: Am 8. Februar 1815 nahm er eine Deklaration zum Sklavenhandel an, die zu dessen Abschaffung aufrief, weil die Sklaverei den Prinzipien der Humanität und der universellen Moral widerspreche. In der Folge wurde dieses Ziel in einer Reihe bilateraler Verträge und am 3. Juli 1842 im Quintuple-Vertrag für insgesamt 26 europäische und lateinamerikanische Staaten vertraglich niedergelegt[15]. Ihre Krönung fanden diese Bemühungen in der sog. Berliner Kongoakte vom 26. Februar 1885 und deren näheren Ausführung in der Generalakte zur Bekämpfung der Sklaverei in der Brüsseler Konferenz von 1890. Diese Vereinbarungen und Beschlüsse waren allerdings als rein zwischenstaatliche Verpflichtungen konzipiert und sie räumten den begünstigten Menschen keine subjektiven Rechte ein. Das galt auch noch für das Übereinkommen betreffend die Sklaverei vom 25. September 1926, welches zur Unterdrückung des Sklavenhandels und zur Abschaffung der Sklaverei verpflichtete[16].

1.15 Der Kampf gegen den Sklavenhandel war auch Auslöser eines Vorläufers der heute bestehenden Mechanismen zur Durchsetzung der Menschenrechte. Das Vereinigte Königreich schloss im Jahr 1817 eine Reihe bilateraler Verträge mit Spanien, Portugal und den Niederlanden. Diese erlaubten es den Vertragsparteien, sog. Sklavenschiffe aufzubringen und die Besatzung vor eine Gemischte Kommission zur Unterdrückung des transatlantischen Sklavenhandels zu stellen. Diese Kommissionen entschieden über die Rechtmässigkeit der Beschlagnahme, die Freilassung der geretteten Sklaven und das Schicksal der beschlagnahmten Schiffe. Diese Organe hatten gerichtlichen Charakter, waren doch ihre Entscheide für die Parteien verbindlich und endgültig. Trotz vieler praktischer Schwierigkeiten waren diese Kommissionen erfolgreich: Zwischen 1819 und 1846 konnten dank diesem Mechanismus mittels ca. 600 Entscheiden

---

14 Art. 8 des Vertrages vom 31. Mai 1815 betreffend die Vereinigung Belgiens mit Holland; Art. 16 der Akte über die Bundesverfassung Deutschlands vom 8. Juni 1815. Die Wiener Schlussakte sah in Art. 3 von Protokoll 12 (vom 29. März 1815) vor, dass die Freiheit der katholischen Religion in den von Sardinien an Genf abgetretenen Gebieten garantiert sei. Nachweise bei André N. Mandelstam, Der internationale Schutz der Menschenrechte und die New-Yorker Erklärung des Instituts für Völkerrecht, Zeitschrift für ausländisches öffentliches Recht und Völkerrecht 1931, Bd. II, Teil 1, 341.

15 Zum Kampf gegen die Sklaverei ausführlich Ermacora (Anm. 7), 235 ff.

16 Zum Sklavereiverbot hinten Rz. 14.2 ff.

insgesamt 78 000 Sklaven befreit werden. 225 leere Transportschiffe wurden beschlagnahmt, entweder bevor sie die Sklaven aufnahmen oder auf ihrer Rückfahrt vom amerikanischen Kontinent[17].

Ein problematisches, aber für die Geschichte des internationalen Menschenrechts- 1.16
schutzes wichtiges Kapitel stellten die sog. *humanitären Interventionen* der europäischen Grossmächte in Gebieten des Osmanischen Reichs zugunsten verfolgter Christen dar[18]. Sie waren zwar oft machtpolitisch motiviert und wurden mit militärischen Mitteln durchgesetzt, vermochten aber teilweise die Situation Verfolgter tatsächlich zu verbessern. Jedenfalls schärften sie das Verständnis dafür, dass es, zumindest im Fall sehr schwerwiegender Menschenrechtsverletzungen, der Staatengemeinschaft nicht gleichgültig sein kann, wie eine Regierung ihre Untertanen behandelt[19]. Entsprechend wurde in den Verträgen von San Stefano und von Berlin aus dem Jahr 1878 über die Unabhängigkeit von Bulgarien, Rumänien, Serbien und Montenegro die Anerkennung religiöser Rechte festgelegt[20].

Einen Schritt weiter kam man am Ende des Ersten Weltkrieges mit der Etablierung 1.17
eines völkerrechtlichen *Minderheitenschutzes*. Der Völkerbund, welcher im Anschluss an den Ersten Weltkrieg unter dem Leitgedanken «Nie wieder Krieg!» gegründet worden war, konnte sich nicht dazu durchringen, in seiner Satzung die Idee der Menschenrechte zu verankern. Der amerikanische Präsident Wilson postulierte zwar, dass die Wahrung der religiösen Freiheit und die Nichtdiskriminierung der nationalen und religiösen Minderheiten ausdrücklich verankert werden sollten, zog den Vorschlag aber zurück, als Japan eine Ausdehnung auf den Schutz rassischer Minderheiten forderte[21]. Hingegen wurden die im Gefolge des Untergangs des Osmanischen Reichs und der österreichisch-ungarischen Doppelmonarchie gebildeten neuen Staaten Zentral- und Osteuropas dem System eines völkerrechtlichen Minderheitenschutzes[22] unterworfen: Die Friedensverträge mit Österreich, Bulgarien, Ungarn und der Türkei, spezielle Vereinbarungen mit der Tschechoslowakei, Griechenland, Polen, Rumänien und Jugoslawien und die einseitigen Erklärungen von Albanien, Finnland und den baltischen Staaten anlässlich der Aufnahme in den Völkerbund enthielten Garantien zugunsten bestimmter Minderheiten, v.a. in der Form von Verpflichtungen zum vollen Schutz von Leib und Leben, der freien Religionsausübung sowie von Diskriminierungsverboten und gewissen Sprachengarantien. In diesem Sinn bestimmt z.B. Art. 63 des Staatsvertrages von St. Germain-en-Laye vom 10. September 1919, dass Österreich sich verpflichtet, «allen Einwohnern Österreichs ohne Unterschied der Geburt, Staats-

17 Jenny S. Martinez, The Slave Trade and the Origins of International Human Rights Law, Oxford 2012, 35 und 67 ff.

18 Z.B. 1828 zugunsten der Griechen, 1875 in Bosnien, 1877 in Bulgarien und 1887 in Mazedonien.

19 Mandelstam (Anm. 14), 344 ff.

20 Ermacora (Anm. 7), 238 f.

21 Jan H. Burgers, The Road to San Francisco: The Revival of the Human Rights Idea in the Twentieth Century, HRQ 1992, 449.

22 Hierzu und zum Folgenden Ermacora (Anm. 7), 353 ff.; Burgers (Anm. 21), 449 ff.; Mandelstam (Anm. 14), 346 ff.

angehörigkeit, Sprache, Rasse oder Religion vollen und ganzen Schutz von Leben und Freiheit zu gewähren» und anerkennt ihr Recht, «öffentlich oder privat jede Art Glauben, Religion oder Bekenntnis frei zu üben, sofern deren Übung nicht mit der öffentlichen Ordnung oder mit den guten Sitten unvereinbar ist»[23].

1.18 Um eigentliche Menschenrechtsgarantien handelte es sich bei solchen Bestimmungen allerdings nicht: Erstens wurden keinerlei individuelle Rechte gewährt, sondern nur staatliche Verpflichtungen gegenüber dem Völkerbund statuiert. Diese Verpflichtungen bezogen sich zudem nicht auf Individuen, sondern auf Minderheiten als Kollektive. Gemildert wurde diese konzeptionelle Schwäche allerdings durch die Möglichkeit betroffener Individuen, mittels Petitionen an den Völkerbund zu gelangen. Zweitens blieb ganz ohne Schutz, wer nicht einer ausdrücklich geschützten Minderheit angehörte. So akzeptierte der Völkerbund in der Affäre Franz Bernheim ohne weiteres das Argument des Deutschen Reiches, die Anwendung der deutschen Rassengesetze gegenüber Juden in Oberschlesien falle in den Bereich der jeder internationalen Kritik entzogenen «inneren Angelegenheiten»[24]. Schliesslich waren diese Verpflichtungen nicht universell, sondern sie banden nur die betroffenen Staaten. Begründet wurde diese einseitige Verpflichtung mit dem Hinweis darauf, dass die nach dem Ersten Weltkrieg neu entstandenen Staaten als solche nur anerkannt werden könnten, wenn sie auf innere Unterdrückung gegenüber Minderheiten verzichten würden; ohne solche Garantien, befürchtete man, sei der Friede nicht gesichert. Die Siegermächte des Ersten Weltkrieges selbst waren nicht bereit, sich in diesem Bereich internationalen Normen zu unterwerfen.

3. Die Entstehung des humanitären Völkerrechts

1.19 Das humanitäre Völkerrecht regelt den Schutz von Kriegsopfern und bestimmt, welche Kampfmittel und -methoden verboten sind[25].

1.20 Was heute als Sonderrecht, d.h. als Recht der *Menschenrechte in bewaffneten Konflikten*[26] erscheint, ist in vielerlei Hinsicht ein Vorläufer und Wegbereiter des internationalen Menschenrechtsschutzes. Aus den Bemühungen, den Menschen vor den Auswirkungen übertrieben roher und unkontrollierter Gewalt im Krieg zu schützen, erwuchs allmählich ein weitergehender, wenn auch auf *bewaffnete Konflikte* beschränkter Schutz der Rechte des Menschen. Diese Regeln beschränkten sich allerdings bis zum Zweiten Weltkrieg auf das Verhältnis einer kriegführenden Partei gegenüber den Soldaten des Gegners und beruhten auf dem Prinzip der Reziprozität. Konzeptionell stellten sie damit so etwas wie den fremdenrechtlichen Mindeststandard im Krieg dar. Trotz dieser Beschränkung bereiteten sie das Feld für internationale menschenrechtliche Verpflichtungen gegenüber den eigenen Staatsangehörigen vor.

23 Vgl. Staatsgesetzblatt für die Republik Österreich (Staatsvertrag von Saint-Germain-en-Laye) Nr. 303/1920.

24 Ermacora (Anm. 7), 238 f.

25 Zum Begriff des humanitären Völkerrechts hinten Rz. 2.5 ff.

26 Hans-Peter Gasser, Einführung in das humanitäre Völkerrecht, Bern 1995, 26.

Die Grundlagen des humanitären Völkerrechts in seiner heutigen Form wurden, aufbauend auf weiter zurückliegenden Vorbildern, im 19. Jahrhundert gelegt. Ausschlaggebend war die Durchsetzung der Einsicht, dass die physische Zerstörung des Feindes nie das Ziel eines Krieges sein dürfe. 1.21

Dokumentation: Rousseau zum Wesen des Kriegs

«Der Krieg ist also keine Beziehung von Mensch zu Mensch, sondern eine Beziehung von Staat und Staat, in der die Einzelnen nur durch Zufall Feinde sind, nicht als Menschen, und nicht einmal als Bürger, sondern als Soldaten; nicht als Glieder des Vaterlandes, sondern als seine Verteidiger. Kurz, ein Staat kann in Anbetracht dessen, dass sich zwischen Dingen unterschiedlicher Natur auf Dauer keine wahre Beziehung herstellen liess, nur andere Staaten zu Feinden haben und nicht Menschen. 1.22

[...] Wenn der Krieg mit der Vernichtung des feindlichen Staates endet, ist man berechtigt, die Verteidiger zu töten, solange sie Waffen tragen; aber sobald sie sie niederlegen und sich ergeben, hören sie auf, Feinde oder Werkzeuge des Feindes zu sein, sie werden einfach wieder Menschen und man hat kein Recht mehr über ihr Leben»[27].

Aus dieser Einsicht wurden zwei grundlegende Postulate abgeleitet: Der Schutz der nicht (oder nicht mehr) aktiv am Kampf beteiligten Personen und die Beschränkung der Mittel der Kriegführung. Diese beiden Forderungen entsprechen den beiden Hauptzweigen des humanitären Völkerrechts, dem Genfer und dem Haager Recht. Deren Entwicklung verlief lange getrennt, inhaltlich gehören die beiden Bereiche jedoch zusammen. 1.23

Die Entwicklung des Genfer Rechts, d.h. eines Rechts, das aus der Optik der Opfer kriegerischer Handlungen konzipiert wurde, die sich in der Hand des Feindes befinden, ist eng mit Henry Dunant verbunden. Dieser schlug in seinem Buch «Eine Erinnerung an Solferino» Massnahmen zum Schutz der Kriegsopfer vor, die den Anstoss zur Gründung des Roten Kreuzes und zur Erarbeitung eines Genfer Abkommens «betreffend die Linderung des Loses der im Felddienste verwundeten Militärpersonen» (1864) gaben. 1.24

Dokumentation: Henry Dunant, Eine Erinnerung an Solferino 1859[28]

«An anderen Stellen liegen Unglückliche, die von Kugeln oder Granatsplittern getroffen und zu Boden gestreckt sind, denen aber darüber hinaus noch durch die Räder der Geschütze, die über sie hinwegfuhren, Arme und Beine zermalmt wurden. Der Anprall der zylindrischen Kugeln zerschmettert die Knochen vollständig, sodass eine so entstandene Verwundung immer sehr schwer ist. Aber auch die Granatsplitter und die konischen 1.25

27 Jean-Jacques Rousseau, Vom Gesellschaftsvertrag (Du contrat social), I. Buch, 4. Kapitel, Stuttgart 1977, 13 f.

28 Henry Dunant, Eine Erinnerung an Solferino, Jubiläumsausgabe 125 Jahre Rotes Kreuz, Bern 1988.

Kugeln verursachen sehr schmerzhafte Knochenbrüche und oft furchtbare innere Verletzungen. Splitter aller Art, Knochenstücke, Fetzen von Kleidern, Schuhen, Ausrüstungsstücken, Erde, Bleiteilchen, alles reizt die Wunden der Leidenden, macht die Heilung komplizierter und verdoppelt noch die Qualen. [...] [S. 26 f.]

Aber wozu so viele Szenen des Schmerzes und der Verzweiflung schildern und dadurch vielleicht peinliche Gefühle erregen? Warum mit soviel Behagen sich über bejammernswerte Bilder verbreiten und sie in einer Weise ausmalen, die man übergenau und trostlos nennen könnte?

Es sei mir erlaubt, auf diese sehr natürliche Frage mit einer anderen Frage zu antworten: Gibt es während einer Zeit der Ruhe und des Friedens kein Mittel, um Hilfsorganisationen zu gründen, deren Ziel es sein müsste, die Verwundeten in Kriegszeiten durch begeisterte, aufopfernde Freiwillige, die für ein solches Werk besonders geeignet sind, pflegen zu lassen? [...] [S. 71]

Gesellschaften solcher Art würden, sobald sie einmal für die Dauer errichtet sind, natürlich zu Friedenszeiten untätig bleiben, aber sie würden in ständiger Bereitschaft sein für den Fall eines Krieges. Dann aber würden sie nicht nur auf das Wohlwollen der eigenen Landesbehörden zählen dürfen, sondern auch von den Herrschern der kriegführenden Mächte alle Vollmachten und Erleichterungen verlangen können, die nötig sind, um ihre Werke zu dem erwünschten Ziel zu führen. [...]. [S. 72 f.]»

1.26 Die 1863 von Präsident Lincoln für den amerikanischen Bürgerkrieg erlassenen «Instructions for the Government of Armies of the United States in the Field» (nach ihrem Verfasser *Lieber Code* genannt) standen am Beginn der Entwicklung eines eigentlichen Kriegführungsrechts, d.h. eines Rechts aus der Sicht des Militärs. Erstes völkerrechtliches Ergebnis dieser Entwicklung war das Verbot von Explosivgeschossen mit weniger als 400 Gramm Gewicht in der *Erklärung von St. Petersburg* von 1868. Diese Vereinbarung kam auf Initiative von Zar Alexander II. zustande, als dieser realisierte, dass die englischen Truppen in Afghanistan über Gewehre mit Explosivgeschossen verfügten. Er wollte diese besonders grausame Munition für seine eigenen Truppen untersagen, allerdings nur unter der Voraussetzung, dass die anderen europäischen Mächte das Gleiche tun würden. Erwähnenswert ist dieses Abkommen in erster Linie wegen der in der Präambel enthaltenen Aussage, dass das einzige rechtmässige Ziel im Krieg die Schwächung der feindlichen Streitkräfte sei und für die Erreichung dieses Ziels unnötiges Leiden verhindert werden müsse. Von überragender Bedeutung waren die Haager Abkommen von 1907, insbesondere das IV. Abkommen betreffend die Gesetze und Gebräuche des Landkrieges mit der dazugehörigen *Haager Landkriegsordnung*, welche das Recht der Kriegführung umfassend kodifizierten. Die Präambel des letztgenannten Abkommens enthält die bedeutsame Martens'sche Klausel, wonach auch bei Fehlen einer besonderen, auf den Sachverhalt anwendbaren Rechtsregel «die Bevölkerung und die Kriegführenden unter dem Schutze und der Herrschaft der Grundsätze des Völkerrechts bleiben, wie sie sich ergeben aus den unter gesitteten Völkern feststehenden Gebräuchen, aus den Gesetzen der Menschlichkeit und aus den Forderungen des öffentlichen Gewissens».

Sowohl der Haager als auch der Genfer Zweig des humanitären Völkerrechts wurde im 20. Jahrhundert vor allem unter dem Eindruck der beiden Weltkriege revidiert und weiterentwickelt. Den entscheidenden Anstoss zu einer Ausweitung des Genfer Rechts gaben vor allem die Gräuel des Zweiten Weltkrieges, die einen Ausbau des Schutzes der Zivilbevölkerung notwendig erscheinen liessen. Heute stehen die vier Genfer Abkommen von 1949 und die zwei Zusatzprotokolle von 1977 im Zentrum des Genfer Zweiges des humanitären Völkerrechts[29]. 1.27

4. Der Schutz der Arbeiterschaft

Die «soziale Frage», d.h. die Bewältigung der Folgen der Proletarisierung weiter Bevölkerungskreise im Kontext der Industrialisierung Europas, beschäftigte das 19. Jahrhundert sehr stark. Die Bemühungen zum Schutz der Arbeiterschaft führten im Friedensvertrag von Versailles vom 28. Juni 1919 zur Anerkennung der Tatsache, dass der Weltfriede «nur auf dem Boden der sozialen Gerechtigkeit aufgebaut werden kann», was die Verbesserung der Arbeitsbedingungen «dringend erforderlich» mache. Zu diesem Zweck sah der Vertrag die Gründung der Internationalen Arbeitsorganisation (ILO) vor. Sie war Bestandteil des Völkerbundes und wurde nach dem Zweiten Weltkrieg als Sonderorganisation in die UNO überführt. Typisch – und bis heute einmalig geblieben – war die Zusammensetzung der Hauptversammlung und des Verwaltungsrates des Internationalen Arbeitsamtes, wo die Mitgliedstaaten je mit Vertretern der Regierungen, der Arbeitgeber und der Arbeitnehmerschaft teilnahmen. 1.28

Dokumentation: Versailler Friedensvertrag von 1919, Gründung der Internationalen Arbeitsorganisation[30]

Artikel 427 1.29

«Verfahren und Grundsätze [...] von besonderer und Beschleunigung erheischender Wichtigkeit:

1. Der oben erwähnte leitende Grundsatz, dass die Arbeit nicht lediglich als Ware oder Handelsgegenstand angesehen werden darf;
2. das Recht des Zusammenschlusses zu allen nicht dem Gesetz zuwiderlaufenden Zwecken sowohl für Arbeitnehmer als auch für Arbeitgeber;
3. die Bezahlung der Arbeiter mit einem Lohne, der ihnen eine nach der Auffassung ihrer Zeit und ihres Landes angemessene Lebensführung ermöglicht;
4. Annahme des Achtstundentags oder der 48-Stunden-Woche als zu erstrebendes Ziel überall da, wo es noch nicht erreicht ist;
5. die Annahme einer wöchentlichen Arbeitsruhe von mindestens 24 Stunden, die nach Möglichkeit jedesmal den Sonntag einschliessen soll;
6. die Beseitigung der Kinderarbeit und die Verpflichtung, die Arbeit Jugendlicher beiderlei Geschlechts so einzuschränken, wie es notwendig ist, um ihnen die Fortset-

---

29 Dazu hinten Rz. 2.71 ff.

30 Friedensvertrag von Versailles vom 28. Juni 1919 zwischen Deutschland und den alliierten und assoziierten Hauptmächten, Teil XIII Arbeit.

zung ihrer Ausbildung zu ermöglichen und ihre körperliche Entwicklung sicherzustellen;

7. der Grundsatz gleichen Lohnes ohne Unterschied des Geschlechts für eine Arbeit von gleichem Werte;
8. die in jedem Lande über die Arbeitsverhältnisse erlassenen Vorschriften haben allen im Lande sich erlaubterweise aufhaltenden Arbeitern eine gerechte wirtschaftliche Behandlung zu sichern;
9. jeder Staat hat einen Aufsichtsdienst einzurichten, an dem auch Frauen teilnehmen, um die Durchführung der Gesetze und Vorschriften für den Arbeiterschutz sicherzustellen.»

1.30 Für die Entwicklung der Menschenrechte bedeutsam ist die Tatsache, dass Art. 427 des Versailler Friedensvertrages die Menschenrechte im Arbeitsbereich aufzählt, darunter die Koalitionsfreiheit, d.h. das «Recht des Zusammenschlusses zu allen nicht dem Gesetz zuwiderlaufenden Zwecken sowohl für Arbeitnehmer als auch für Arbeitgeber», die Beseitigung der Kinderarbeit oder den «Grundsatz gleichen Lohnes ohne Unterschied des Geschlechts für eine Arbeit von gleichem Werte». Dabei handelte es sich allerdings nicht um Garantien, welche Individuen direkt Rechte einräumten, sondern bloss um Grundsätze, welche der Organisation als «Richtschnur» für ihre Tätigkeit dienen sollten und erst mit der Umsetzung in Vertragsrecht verbindlich wurden. Der Organisation gelang es schnell, Abkommen zu wichtigen Fragen wie dem Achtstundentag (Abkommen Nr. 1 von 1919), dem Mutterschutz (Abkommen Nr. 3 von 1919), der Nachtarbeit von Jugendlichen (Abkommen Nr. 6 von 1919) oder der Zwangsarbeit (Abkommen Nr. 29 von 1930) zu vereinbaren[31].

1.31 Bedeutsam ist auch, dass es der Internationalen Arbeitsorganisation bereits 1926 gelang, eine Art Überwachungssystem zu schaffen: Ein aus Regierungsmitgliedern, Arbeitgebern und Arbeitnehmern zusammengesetzter Expertenausschuss konnte Berichte der Staaten über ihre Bemühungen bei der Umsetzung der Verträge und Empfehlungen der Arbeitsorganisation prüfen und der Hauptversammlung darüber Bericht erstatten.

III. Der Durchbruch: UNO-Charta und Allgemeine Menschenrechtserklärung

1.32 Der nationalsozialistische Terror und die Schrecken des Zweiten Weltkrieges lösten eine Debatte über die Notwendigkeit aus, die Souveränität der Staaten im Bereich der Behandlung ihrer Angehörigen zu beschränken und den Schutz der Individuen zur Aufgabe der Staatengemeinschaft zu machen. Die Alliierten Mächte legten in der Atlantik Charta vom 24. September 1941 ein Bekenntnis zur Idee ab, «dass alle Menschen in allen Ländern der Welt ihr Leben frei von Furcht und Mangel leben können». Sie reflektierte die Idee der vier Freiheiten – Meinungsäusserungsfreiheit, Religions-

31 Zu den modernen Vertragswerken der ILO hinten Rz. 2.46.

freiheit, Freiheit von Not und Freiheit von Furcht –, welche der amerikanische Präsident Roosevelt im Januar des gleichen Jahres als Grundlage einer neuen Weltordnung verkündet hatte[32]. Verschiedene Intellektuelle sowie nichtstaatliche Organisationen begannen, die Idee des internationalen Menschenrechtsschutzes zu debattieren und Konzepte oder gar Texte zu entwerfen[33].

1945 gelang es, den Gedanken der Menschenrechte *für alle* in der Charta der Vereinten Nationen zu verankern: Art. 1 nennt die «internationale Zusammenarbeit [...], um die Achtung vor den Menschenrechten und Grundfreiheiten für alle ohne Unterschied der Rasse, des Geschlechts, der Sprache oder der Religion zu fördern und zu festigen», als eines der Hauptziele der Vereinten Nationen, und Art. 56 in Verbindung mit Art. 55 verpflichtet die Mitgliedstaaten zur Zusammenarbeit mit der UNO bei der Förderung der «allgemeine[n] Achtung und Verwirklichung der Menschenrechte und Grundfreiheiten für alle ohne Unterschied der Rasse, des Geschlechts, der Sprache oder der Religion». Die Zeit für solche Bestimmungen war reif und die Debatten deshalb relativ kurz. Abgesehen vom Diskriminierungsverbot blieb allerdings offen, welches der Inhalt dieser Menschenrechte sei, und ihre direkte völkerrechtliche Verbindlichkeit wurde im Text nicht festgeschrieben. 1.33

Der eigentliche Durchbruch für den internationalen Menschenrechtsschutz gelang, wie eingangs erwähnt, mit der Allgemeinen Menschenrechtserklärung vom 10. Dezember 1948. Sie war allerdings juristisch nicht verbindlich. Die Staaten erklärten sich nur bereit, die Erklärung als das «von allen Völkern und Nationen zu erreichende gemeinsame Ideal» zu verabschieden, das «durch fortschreitende Massnahmen im nationalen und internationalen Bereich» zu realisieren sei. Deshalb wurde geplant, den Inhalt der Erklärung schrittweise in verbindliches Vertragsrecht zu überführen. Dies geschah aber langsamer als erwartet, denn die Verabschiedung der beiden Menschenrechtspakte, welche der juristisch verbindlichen Umsetzung der Allgemeinen Menschenrechtserklärung dienen sollte, verzögerte sich wegen des Kalten Krieges bis 1966, und diese konnten sogar erst 1976 in Kraft gesetzt werden, nachdem die dafür erforderliche Zahl von 35 Ratifikation erreicht war. Schneller gelang die Erarbeitung und Inkraftsetzung der Konvention über die Verhütung und Bestrafung des Völkermordes vom 9. November 1948 und der Konvention über die Rechtsstellung der Flüchtlinge von 1951. Auf regionaler Ebene konnte der Europarat bereits 1950 die Europäische Menschenrechtskonvention verabschieden. 1.34

32 Dazu ausführlich Burgers (Anm. 14), 468 ff.

33 Überblick Ders., 471 ff.

IV. Konsequenzen der Internationalisierung der Menschenrechte

1. Die Anerkennung des Menschen als Subjekt des Völkerrechts

1.35 Aus individueller Sicht wichtigste Konsequenz der Internationalisierung des Menschenrechtsschutzes ist der Umstand, dass einzelne Menschen nun direkt aus dem Völkerrecht berechtigt und damit zu partiellen Völkerrechtssubjekten werden. Damit wurde die traditionelle Theorie endgültig überwunden, wonach das Völkerrecht begriffswesentlich auf die Rechtsstellung der Staaten und der von ihnen begründeten internationalen Organisationen begrenzt sei. Diese Theorie hatte lange verhindert, dass die Anerkennung von Menschenrechten im Völkerrecht überhaupt ernsthaft in Frage kommen konnte. Ein radikales Umdenken setzte ein, als die Siegermächte des Zweiten Weltkrieges beschlossen, deutsche und japanische Kriegsverbrecher in Nürnberg und Tokio vor Gericht zu stellen und wegen Verbrechen gegen den Frieden, Kriegsverbrechen und Verbrechen gegen die Menschlichkeit zur Rechenschaft zu ziehen. Ihre Bestrafung durch ein internationales Tribunal war nur möglich, weil man akzeptierte, dass Individuen direkt aus dem Völkerrecht verpflichtet werden können. Diese Annahme bildete das eigentliche juristische Fundament der Kriegsverbrecherprozesse. Die Bejahung individueller Pflichten aus dem Völkerrecht schaffte seinerseits die Grundlage für das Konzept völkerrechtlich eingeräumter *Rechte* der Menschen.

1.36 Die Anerkennung individueller, juristisch verbindlicher und damit durchsetzbarer Menschenrechte ist bis heute nur dem Grundsatz nach verwirklicht. Die Staaten haben zwar in verschiedenen Konventionen Individualbeschwerden an internationale Organe geschaffen, welche es Opfern von Menschenrechtsverletzungen erlauben, sich auf zwischenstaatlicher Ebene gegen Übergriffe von Staaten zur Wehr zu setzen[34]. Dieser Schutz ist aber mindestens unter drei Gesichtspunkten unvollständig geblieben: Die individuelle Berechtigung gilt nur auf überstaatlicher Ebene. Ob sich Opfer von Menschenrechtsverletzungen vor innerstaatlichen Gerichten und Behörden direkt auf internationale Garantien berufen können, hängt von der verfassungsrechtlichen Ausgestaltung des Verhältnisses zwischen Völkerrecht und Landesrecht ab.[35] Ob Opfer von Menschenrechtsverletzungen ihre Rechte international mittels Individualbeschwerde geltend machen können, hängt davon ab, ob der betroffene Staat sich durch Abgabe

34 Zur Durchsetzung der Menschenrechte ausführlich hinten Rz. 6.1 ff.

35 So war in Grossbritannien oder Schweden eine direkte Berufung auf die EMRK lange nicht möglich. Erst mit dem *Human Rights Act 1998* (Grossbritannien) bzw. einer Änderung des einen von drei Gesetzen mit Verfassungsrang, dem *Instrument of Government* (Schweden), wurde die EMRK in innerstaatliches Recht umgesetzt. In Deutschland ist eine direkte Berufung auf die EMRK zwar möglich, dieser kommt im Verhältnis zum deutschen Recht aber grundsätzlich bloss Gesetzesrang zu. In der Schweiz räumt das Bundesgericht demgegenüber der EMRK Vorrang auch gegenüber Bundesgesetzen und der Bundesverfassung ein. Den Grundsatz des Vorrangs internationaler Menschenrechtskonventionen anerkennen schliesslich verschiedene neuere Verfassungen in Mittel- und Osteuropa (z.B. Art. 20 der rumänischen Verfassung vom 8. Dezember 1991 und Art. 4 der moldawischen Verfassung vom 29. Juli 1994).

einer entsprechenden Erklärung einem solchen Überwachungssystem unterzogen hat. Individualbeschwerdeverfahren sind mit anderen Worten in der Regel nur fakultativ und für die Durchsetzung völkergewohnheitsrechtlicher Garantien existieren sie überhaupt nicht. Schliesslich sind, abgesehen von den Urteilen der regionalen Gerichtshöfe, die Entscheide der Vertragsorgane, welche auf Individualbeschwerde hin über Verletzungen der betreffenden Konvention entscheiden, rechtlich nicht verbindlich, auch wenn ihnen grosse Autorität zukommt und sie in der Praxis häufig beachtet werden.

2. Die Relativierung staatlicher Souveränität von unten her

Trotz dieser Schwächen hat die Berechtigung der Individuen aus dem Völkerrecht, wie sie die Allgemeine Menschenrechtserklärung und die auf sie abgestützten Vertragswerke legitimiert haben, für das Konzept der staatlichen Souveränität weitreichende Konsequenzen. Partsch[36] stellte bereits 1948 zutreffend fest: 1.37

> «Wenn der Einzelmensch [...] gewisse Rechte auf Grund des Völkerrechts auch gegenüber dem Staat geltend machen können soll, welchem er selbst angehört, dann muss die Völkerrechtsordnung über der inneren Rechtsordnung dieses einzelnen Staates stehen und ihr derart übergeordnet sein, dass sie sie unmittelbar und unabhängig von dem Willen dieses Staates beeinflussen und umbilden kann.»

Damit verliert der Staat sein traditionelles Recht, eigene Staatsangehörige behandeln 1.38
zu können, wie er will. Druck von Vertragsparteien oder von Vertragsorganen gegen einen Staat, der seine menschenrechtlichen Verpflichtungen missachtet, stellt im Prinzip nicht mehr eine Einmischung in innere Verhältnisse dar. Die staatliche Souveränität wird aber nicht nur von oben, sondern gewissermassen auch von unten her beschränkt: Die Beschränkung staatlicher Letztzuständigkeit wird überall da aktuell, wo Opfer von Menschenrechtsverletzungen oder deren Angehörige ihr Schicksal in die eigenen Hände nehmen und mittels Individualbeschwerde oder Appell an die Weltöffentlichkeit auf ihre Situation aufmerksam machen. Damit wird es Menschen ermöglicht, sich ihrem Staat entgegenzustellen, wenn dessen Behörden ihre Rechte missachten. Dies bewirkt letztlich eine Transformation des Staatszweckes: Dieser liegt nicht mehr in der traditionellen Wahrung der Unabhängigkeit der souveränen Nationen, sondern bedeutet letztlich Verantwortung für den Schutz des Individuums und die Unterstützung seiner Entfaltung[37].

36 Karl J. Partsch, Internationale Menschenrechte?, Archiv für öffentliches Recht 74 (1948), 160.

37 So schon Hersch Lauterpacht, The International Protection of Human Rights, Recueil des Cours 1947 (70), 9, zur Verantwortung der Staaten für die Durchsetzung der Menschenrechte auf innerstaatlicher Ebene: «The State is not an end in itself. Its purpose is to protect the interests of the individual and to assist in developing, through freedom, the capacities of man».

3. Die Bedeutung der Menschenrechte als Element der internationalen Beziehungen

1.39 Die Relativierung der staatlichen Souveränität machte es möglich, dass die Menschenrechte zu einem wichtigen Element internationaler Beziehungen wurden. Der Zweite Weltkrieg hatte endgültig gezeigt, wie sehr im Innern repressive Regimes nach aussen aggressiv sein können, und auch heute noch sind Menschenrechtsverletzungen nicht einfach Begleiterscheinung bewaffneter Konflikte und gewaltsamer Auseinandersetzungen, sondern oft deren Ursache.

1.40 Menschenrechte sind mehr als subjektive Rechte, welche Private gegenüber dem Staat geltend machen können. Sie dienen gleichzeitig dem Schutz fundamentaler Interessen der Staatengemeinschaft und schaffen damit eine sog. objektive Ordnung bzw. einen internationalen *ordre public*[38]. Als solchen beeinflussen sie die Ausgestaltung der zwischenstaatlichen Beziehungen. In Europa ist dies schon bald nach dem Ende des Zweiten Weltkriegs deutlich geworden: So erfolgte die Gründung des Europarates mit dem Ziel, Demokratie, Rechtsstaatlichkeit und den Schutz der Menschenrechte in Europa wiederherzustellen[39], und Mitglieder können entsprechend nur Staaten werden, welche die Menschenrechte respektieren[40]. Im Verhältnis zwischen Ost- und Westeuropa wurde die hohe Relevanz der Menschenrechte für die internationalen Beziehungen von beiden Seiten ausdrücklich anerkannt, als die Staaten ab Mitte der 1970er Jahre versuchten, im Rahmen der *Konferenz über Sicherheit und Zusammenarbeit in Europa* (KSZE) einen Beitrag zur Überwindung des Kalten Krieges zu leisten. Bereits in der Helsinki-Schlussakte der KSZE vom 1. August 1975 wurde im Prinzip VII festgehalten, dass die Achtung der Menschenrechte «ein wesentlicher Faktor für den Frieden, die Gerechtigkeit und das Wohlergehen ist», welche ihrerseits Grundlage für «die Entwicklung freundschaftlicher Beziehungen» zwischen den Staaten bilden. Dieses und spätere Dokumente legitimierten Bürgerbewegungen in verschiedenen Staaten des damaligen Ostblocks in ihrem Kampf um mehr Freiheit. Respekt für die Menschenrechte ist in der Praxis auch ein wichtiges Kriterium für die Aufnahme neuer Mitglieder in die *Europäische Union* geworden. Deshalb konnten Griechenland und Spanien erst nach Überwindung ihrer Diktaturen den Europäischen Gemeinschaften beitreten, und die Osterweiterung wurde erst zum Thema, als die zentraleuropäischen Staaten ein akzeptables Mass an Rechtsstaatlichkeit erlangt hatten. In diesem Zusammenhang steht nicht der Schutz konkreter Individuen im Vordergrund, sondern die Erkenntnis, dass die europäische Integration in all ihren Dimensionen letztlich nur gelingen kann, wenn sie auf einer Wertegemeinschaft beruht.

---

38 Hierzu Walter Kälin, Menschenrechte als Gewährleistung einer objektiven Ordnung, Berichte der Deutschen Gesellschaft für Völkerrecht, Bd. 33, Heidelberg 1994, 9 ff.

39 Präambel des Statuts des Europarates vom 5. Mai 1949 sowie Art. 1 lit. b.

40 Art. 3 und 4 des Statuts.

Auf universeller Ebene konnten die Menschenrechte wegen des Kalten Krieges diese Bedeutung lange nicht erlangen. Die Vereinten Nationen nahmen alle beitrittswilligen Staaten ungeachtet ihres Verhältnisses zur Menschenrechtsidee auf, um universell zu werden. Dass der Schutz der Menschenrechte eine dringende und legitime Sorge der Staatengemeinschaft darstellt und Kritik anderer Staaten deshalb nicht als Einmischung in die inneren Verhältnisse einzustufen ist, anerkennt die UNO erst seit 1967, als ihr Wirtschafts- und Sozialrat mit der Resolution 1235 (XLII) der damaligen Menschenrechtskommission erlaubte, sich mit Informationen zu befassen, die ein eigentliches Muster schwerer Menschenrechtsverletzungen in einem bestimmten Staat belegen[41]. Bedeutsam ist die Praxis des UNO-Sicherheitsrates, welcher seit dem Ende des Kalten Krieges anerkennt, dass systematische und schwerwiegende Menschenrechtsverletzungen eine Gefährdung des internationalen Friedens darstellen, welche Zwangsmassnahmen wirtschaftlicher oder militärischer Art zu rechtfertigen vermögen[42]. In den letzten Jahrzehnten hat sich die Erkenntnis immer mehr durchgesetzt, dass das Konzept der staatsbezogenen Sicherheitspolitik mit einem solchen der «Menschlichen Sicherheit» *(«human security»)* ergänzt werden muss, welches den Akzent auf die Notwendigkeit setzt, Menschen gegen die vielfältigen Bedrohungen der heutigen Welt – von Krieg, über Flucht und Zwangsmigration, bis zu Armut und HIV/AIDS – zu schützen, sie zu befähigen, mit diesen Bedrohungen umzugehen und diese zu bewältigen[43]. Ein weiterer wichtiger Schritt war die Anerkennung einer Verantwortung der Staatengemeinschaft, Opfer schwerster Menschenrechtsverletzungen nötigenfalls mit Zwangsmitteln zu schützen («responsibility to protect»). In diesem Sinn anerkennt die UNO-Generalversammlungsresolution 60/1 (2005), dass die Staatengemeinschaft die Pflicht hat, im Rahmen der Vereinten Nationen «geeignete diplomatische, humanitäre und andere friedliche Mittel nach den Kapiteln VI und VIII der Charta einzusetzen, um beim Schutz der Bevölkerung vor Völkermord, Kriegsverbrechen, ethnischer Säuberung und Verbrechen gegen die Menschlichkeit behilflich zu sein». Falls diese Mittel nicht genügen, um diesen Schutz zu gewähren, ist sie verpflichtet, «rechtzeitig und entschieden kollektive Massnahmen über den Sicherheitsrat im Einklang mit der Charta, namentlich Kapitel VII, zu ergreifen»[44]. Schliesslich ist die Agenda 2030 zu erwähnen. Ihre 17 Ziele für nachhaltige Entwicklung, die nicht nur für die Länder des 1.41

---

41 Dazu hinten Rz. 8.6 ff.

42 Z.B. SR-Res. 688 (1991) (Irak), 794 (1992) (Somalia) und 940 (1994) (Haiti). Siehe dazu auch hinten Rz. 8.37 ff.

43 Commission on Human Security, Human Security Now, New York 2003. Diese Kommission war auf Initiative Japans eingesetzt und von der UNO unterstützt worden. Ihr Bericht entwickelt das Konzept der «human security» als notwendiges Gegenstück zur «state security», analysiert die verschiedenen Bedrohungen für die menschliche Sicherheit und macht Vorschläge, wie das Konzept unter den Gesichtspunkten «protection» und «empowerment» umgesetzt werden kann. Das Konzept als solches geht auf UNDP, Human Development Report 1993 sowie Human Development Report 1994 zurück. Die Generalversammlung der UNO hat 2005 beschlossen, den Begriff «human security» zu definieren (Res. A/60/1).

44 Ergebnis des Weltgipfels 2005, Resolution der UNO-Generalversammlung vom 16. September 2005, UN Doc. A/RES/60/1.

globalen Südens, sondern für alle Staaten gelten, sind gemäss ihrer Präambel «darauf gerichtet, die Menschenrechte für alle zu verwirklichen»[45].

1.42 Menschenrechte spielen auch eine Rolle als Kriterium für die Aufnahme oder den Abbruch bilateraler Beziehungen im Bereich zwischenstaatlicher Kooperation: Wiederholt haben Staaten ihre Wirtschaftspartner im Anschluss an besonders schockierende Menschenrechtsverletzungen boykottiert, um so ihrem Protest Gewicht zu verleihen. Verschiedene Staaten kennen in ihrer Waffenexportgesetzgebung Menschenrechtsklauseln, um Waffenverkäufe in Länder zu verhindern, welche die Menschenrechte grob missachten[46]. Im Bereich der Entwicklungszusammenarbeit werden Menschenrechte seit einiger Zeit zu einem wichtigen Entscheidkriterium. Einzelne Staaten stellen ihre Hilfe ein, wenn sich die Menschenrechtssituation in einem Empfängerland dramatisch verschlechtert, und unter dem Titel «*good governance*» verstärken sich Bestrebungen, die Menschenrechte mit den Instrumenten der Entwicklungszusammenarbeit zu stärken. Nach dem Ende des Kalten Krieges wurde die Frage der Einhaltung der Menschenrechte im Fall des früheren Jugoslawien sogar zum Kriterium der Anerkennung neuer Staaten[47].

1.43 In diesen Fällen wird den Menschenrechten Vorrang vor Kooperationsinteressen eingeräumt. Besonders deutlich wird dieser Vorrang dort, wo ein Staat vertraglich vereinbarte Leistungen mit dem Hinweis auf eine drohende Menschenrechtsverletzung verweigert. Am weitesten ist die Entwicklung hier im Auslieferungsrecht gediehen: Heute ist anerkannt, dass eine vertragliche Verpflichtung zur Auslieferung von straffällig gewordenen Personen vor dem Menschenrechtsschutz zu weichen hat, wenn der betroffenen Person im ersuchenden Staat Folter, unmenschliche Behandlung oder eine andere schwere Menschenrechtsverletzung droht[48].

4. Die Anerkennung der Rolle nichtstaatlicher Organisationen

1.44 Die Bedeutung der Internationalisierung des Menschenrechtsschutzes liegt schliesslich in der spezifischen Rolle, welche Private und nichtstaatliche Organisationen (NGOs/ Non-Governmental Organizations) bei der Verwirklichung der Menschenrechte spielen dürfen. Die Präambel der Allgemeinen Erklärung der Menschenrechte betont in diesem Sinn, dass sie verkündet worden sei, «damit jeder einzelne und alle Organe der Gesellschaft sich diese Erklärung ständig gegenwärtig halten» und die nötigen

---

45 Transformation unserer Welt: die Agenda 2030 für nachhaltige Entwicklung, Resolution der UNO-Generalversammlung vom 25. September 2015, UN Doc. A/RES/70/1.

46 Der UNO Waffenhandelsvertrag vom 2. April 2013 verbietet in Art. 6 Abs. 3 den Export von Waffen, wenn absehbar ist, dass diese für die Begehung von Völkermord, Kriegsverbrechen und Verbrechen gegen die Menschlichkeit eingesetzt werden. Art. 7 Abs. 1 lit. b verpflichtet die Staaten, beim Entscheid über Exportbewilligungen das Risiko abzuklären, dass die Waffen für ernsthafte Verletzungen der Menschenrechte benutzt werden.

47 Deklaration der EG-Minister (im Rahmen der Europäischen Politischen Zusammenarbeit) über «Guidelines on the Recognition of New States in Eastern Europe and in the Soviet Union» vom 16. Dezember 1991 (abgedruckt in EJIL 1993, 72).

48 Dazu hinten Rz. 18.21 ff.

Schritte zu ihrer «tatsächliche[n] Anerkennung und Verwirklichung» unternehmen. Nichtregierungsorganisationen wie Amnesty International oder Human Rights Watch finden hier eine solide Basis, wenn sie für sich beanspruchen, Staaten wegen Menschenrechtsverletzungen zu kritisieren. Es ist deshalb nur folgerichtig, dass Menschenrechtsorganisationen beispielsweise beim UNO-Menschenrechtsrat Beobachterstatus haben.

Die Rolle, welche die Allgemeine Menschenrechtserklärung privaten Akteurinnen und Akteuren zuschreibt, bringt zum Ausdruck, dass das Weltsystem mehr ist als die Selbstregierung souveräner Staaten. Auch die internationale Gemeinschaft der Länder und Nationen ist auf eine Zivilgesellschaft[49] angewiesen: Die Staatengemeinschaft erstarrt und verliert ihre Legitimität, wenn sich nicht Private für Grundwerte engagieren, wie sie gerade auch in den Menschenrechten zum Ausdruck kommen, dafür Verantwortung übernehmen und für diese tätig werden. 1.45

V. Gelten die Menschenrechte universell?

1. Fragestellung

Gelten die internationalen Menschenrechte wirklich universell? Angesichts weltweiter, massiver Menschenrechtsverletzungen müsste man die Frage verneinen. Sie betrifft allerdings nicht das Sein, sondern das Sollen, nicht die faktische Einhaltung, sondern den normativen Geltungsanspruch dieser Garantien: Wie lässt sich begründen, dass Menschenrechte für alle Menschen unabhängig von Zeit und Ort gleich gelten sollen? 1.46

Die Antworten auf diese Frage sind trotz des grossen Fortschritts der Menschenrechtsidee seit der Verabschiedung der Allgemeinen Menschenrechtserklärung nach wie vor kontrovers. Zwar anerkennen die Staaten seit der Wiener Weltkonferenz über Menschenrechte von 1993 grundsätzlich, dass sich alle Menschenrechte «aus der Würde und dem Wert herleiten, die der menschlichen Person innewohnen» und dass sie deshalb «allgemeingültig» und «unteilbar» sind. Gleichzeitig ist aber der Vorwurf nicht verstummt, die Menschenrechte seien letztlich ein westliches Kulturprodukt. 1.47

Dokumentation: Wiener Erklärung und Aktionsprogramm 1993[50]

«Die Weltkonferenz über Menschenrechte, [...] 1.48

in Anerkennung und Bestätigung der Tatsache, dass sich alle Menschenrechte aus der Würde und dem Wert herleiten, die dem Menschen innewohnen, und dass der Mensch das zentrale Rechtssubjekt der Menschenrechte und Grundfreiheiten ist und daher auch

---

49 Dianne Otto, Nongovernmental Organizations in the United Nations System: The Emerging Role of International Civil Society, HRQ 1996, 107 ff.

50 UN Doc. A/CONF.157/23, 12. Juli 1993, Weltkonferenz über die Menschenrechte in Wien, 14.–25. Juni 1993, dt. Übersetzung in: Michael Edinger, Menschenrechte, Landeszentrale für politische Bildung Thüringen, Erfurt 2000, 129 ff.

> ihr Hauptnutzniesser sein und an der Verwirklichung dieser Rechte und Freiheiten aktiv teilnehmen soll; […]
>
> unter Betonung der Tatsache, dass die Allgemeine Erklärung der Menschenrechte, die das von allen Völkern und Nationen zu erreichende gemeinsame Ideal darstellt, die geistige Quelle ist und für die Vereinten Nationen bei der Aufstellung von Normen, wie sie in den bestehenden internationalen Menschenrechtsübereinkünften, insbesondere dem Internationalen Pakt über bürgerliche und politische Rechte und dem Internationalen Pakt über wirtschaftliche, soziale und kulturelle Rechte enthalten sind, stets die Grundlage für die erzielten Fortschritte war; […]
>
> beschliesst feierlich die Wiener Erklärung und das in ihr enthaltene Aktionsprogramm. […]
>
> *I.*
>
> 1.49 1. Die Menschenrechtsweltkonferenz bekräftigt das feierliche Bekenntnis aller Staaten zur Erfüllung ihrer Verpflichtungen zur Förderung der weltweiten Achtung, Einhaltung und Wahrung aller Menschenrechte und Grundfreiheiten für alle in Übereinstimmung mit der Charta der Vereinten Nationen, anderen Übereinkünften auf dem Gebiet der Menschenrechte und dem Völkerrecht. Der universelle Charakter dieser Rechte und Freiheiten steht ausser Frage. In diesem Rahmen ist die Verstärkung der internationalen Zusammenarbeit auf dem Gebiet der Menschenrechte wesentlich für die volle Verwirklichung der Ziele der Vereinten Nationen. Die Menschenrechte und Grundfreiheiten sind das Geburtsrecht aller Menschen; [ihr] Schutz und ihre Förderung ist die erste Pflicht der Regierungen. […]
>
> 1.50 5. Alle Menschenrechte sind allgemein gültig und unteilbar, bedingen einander und sind miteinander verknüpft. Die Völkergemeinschaft muss die Menschenrechte weltweit in gerechter und gleicher Weise, auf derselben Grundlage und mit dem selben Nachdruck behandeln. Zwar ist die Bedeutung nationaler und regionaler Besonderheiten und unterschiedlicher historischer, kultureller und religiöser Voraussetzungen im Auge zu behalten, doch ist es die Pflicht der Staaten, ohne Rücksicht auf die jeweilige politische, wirtschaftliche und kulturelle Ordnung alle Menschenrechte und Grundfreiheiten zu fördern und zu schützen.»

1.51 Zwar wird heute die Geltung der Menschenrechte als solche von Regierungen nicht bestritten, und der Diskurs in menschenrechtlichen Kategorien ist universell geworden. So berufen sich auch religiöse Fundamentalisten auf die Freiheit, ihren Glauben leben zu dürfen, und Aufständische auf der ganzen Welt rechtfertigen ihren Kampf oft mit dem Hinweis auf die Missachtung ihrer Menschenrechte durch die jeweilige Regierung. Die Frage nach dem universellen Geltungsanspruch der Menschenrechte stellt sich in der Praxis aber immer bei Uneinigkeit der Staaten über den konkreten *Inhalt* einer Garantie (Schützt das Diskriminierungsverbot auch gleichgeschlechtliche Beziehungen? Sind religiös vorgeschriebene Körperstrafen Folter? etc.), die *Schranken* der Menschenrechte (Dürfen Meinungsäusserungen verboten werden, welche – wie etwa blasphemische Aussagen – Grundwerte der betroffenen Gemeinschaft in Frage stellen? Darf vom Schutz der Menschenrechte auch profitieren, wer grundlegende Pflichten gegenüber der Gemeinschaft verletzt hat?) und den *Rang bestimmter Garantien* im Verhältnis zueinander

(Muss die volle Verwirklichung der Freiheitsrechte warten, bis die wirtschaftlichen und sozialen Rechte voll verwirklicht sind? Sind wirtschaftliche und soziale Rechte überhaupt echte Menschenrechte?). Schliesslich werden *einzelne Garantien* (z.B. die Gleichheit von Mann und Frau oder die Freiheit, die eigene Religion aufzugeben) unter Berufung auf religiöse Gebote oder kulturelle Traditionen als solche in Frage gestellt.

In solchen Diskussionen wird implizit oder ausdrücklich auf theoretische Grundkonzepte[51] zurückgegriffen, welche sich den Positionen des «Universalismus» (Ziff. 2) oder des «Relativismus» (Ziff. 3) zuordnen lassen. In den letzten Jahren treten vermittelnde Positionen (Ziff. 4) immer mehr in den Vordergrund. 1.52

2. Universalismus

a) Rechtspositivismus

Die universelle Geltung der Menschenrechte lässt sich rechtspositivistisch mit dem Argument begründen, dass praktisch alle Staaten der Welt Mitglied der UNO sind und sie damit die Verpflichtung eingegangen sind, im Sinne von Art. 55 und 56 der UNO-Charta miteinander zusammenzuarbeiten, um das Menschenrechtsziel von Art. 1 der Charta zu erreichen. Zudem existiert heute kein von der Staatengemeinschaft als solcher anerkannter Staat[52], der nicht mindestens eine der UNO-Menschenrechtskonventionen ratifiziert hat und damit deren Garantien ausdrücklich anerkennt. Darüber hinaus hat die 1.53

> «überwiegende Mehrheit der unabhängigen Staaten der Welt [...] ungeachtet politischer, ideologischer, ökonomischer und kultureller Unterschiede Menschenrechtsbekundungen in die jeweilige nationale Verfassung einfliessen lassen; das verbale Bekenntnis zu Menschenrechten war nie universeller als in der Gegenwart. So gilt gerade die freiwillige Zustimmung der meisten Länder der Erde – in bewusster souveräner Entscheidung getroffen – als Ausdruck der Universalisierung der Menschenrechte»[53].

Diese Begründung vermag insofern zu überzeugen, als der Grundsatz von «pacta sunt servanda» (Verträge sind einzuhalten) die Grundlage des Völkerrechts bildet und seinerseits keiner weiteren Begründung bedarf. Sie genügt aber nicht, wo kein Konsens über den genauen Inhalt einer bestimmten Garantie, die Reichweite ihrer Schranken oder ihren Rang besteht, oder wo ihre Geltung unter Hinweis auf schutzwürdige Kul- 1.54

---

51 Diese Konzepte sind nicht mit realen historischen Entwicklungen zu verwechseln. So war die von den Denkern der Aufklärung entwickelte Menschenrechtsidee, die als «westlich» bezeichnet wird, in Europa bis weit ins 20. Jahrhundert sowohl seitens der Kirchen als auch von Ideologien wie dem Marxismus oder dem Nationalsozialismus abgelehnt und bekämpft worden.

52 Siehe für eine Übersicht über die Ratifikationen der UNO-Menschenrechtsübereinkommen ‹http://indicators.ohchr.org/› (zuletzt besucht am 20. Juni 2018). Niue, ein mit Neuseeland assoziierter von der Staatengemeinschaft als unabhängig anerkannter pazifischer Inselstaat, der nicht Mitglied der UNO ist, hat einzig die KRK ratifiziert. Sechs UNO-Mitgliedstaaten (mit Ausnahme Bhutans alles kleine Inselstaaten) haben weniger als fünf dieser Verträge ratifiziert.

53 Ludger Kühnhardt, Die Universalität der Menschenrechte, München 1987, 37 f.

turtraditionen oder gar höheres – göttliches – Recht bestritten wird. Die Universalität der Menschenrechte kann daher nicht einfach mit der hohen Anzahl der Vertragsparteien der UNO-Menschenrechtsübereinkommen gleichgesetzt werden.

b) Naturrecht

1.55 Historisch hat der Rechtspositivismus für die Begründung der universellen Geltung der Menschenrechte schon deshalb kaum eine Rolle gespielt, weil Menschenrechte meist als Argumente gegen positive Rechtsordnungen angerufen wurden, denen man einen freiheitsbeschränkenden und menschenverachtenden Charakter vorwarf. Hier boten und bieten naturrechtliche Begründungen starke Argumente dafür an, dass Menschenrechte ungeachtet der jeweiligen Rechtsordnung für alle Menschen gelten und illegitimen Herrschaftsansprüchen Schranken setzen.

1.56 Es würde den Rahmen dieser Darstellung sprengen, die überaus reiche und komplexe Geschichte der naturrechtlichen Begründungen der Menschenrechte in Europa darzustellen. Einige kurze Hinweise müssen hier genügen.

1.57 Vorstellungen über vorgesetzliche Gerechtigkeit (Naturrecht), die Werthaftigkeit und die Gleichwertigkeit aller Menschen finden sich bereits in der stoischen Philosophie, die den Menschen als ethisch konstituiertes Vernunftswesen begreift, das von Natur aus frei ist (Chrysipp, Zenon, Herodot, Seneca und Cicero). Folgerichtig vertraten auch die römischen Juristen die Auffassung, dass ein Sklave nicht aufgrund des natürlichen/göttlichen Rechts unfrei sei, sondern aufgrund des *ius gentium*, des von Menschen gemachten Rechts[54]. Der Grundgedanke der Werthaftigkeit alleine durch das Menschsein erhielt wesentliche Impulse durch das – die Stoa rezipierende – Christentum, das ab 381 n.Chr. zur Staatsreligion des römischen Reiches wurde[55] und die *Gottebenbildlichkeit eines jeden Menschen*, unabhängig von Rasse, Geschlecht, Herkunft und Stand (Genesis 1, 26 f.) betont, was zur Anerkennung der besonderen Würde des Menschen führt.

1.58 Ähnliche Vorstellungen gibt es im Islam, wo beispielsweise Sure 17 Vers 70 des Korans betont: «Wahrlich, Wir haben Kinder Adams geehrt.» Die Anerkennung der Ehre und Würde des Menschen und darauf gestützter Freiheiten findet sich auch in vielen aussereuropäischen Kulturtraditionen: «Im indischen Denken (Manu und Buddha) werden zehn menschliche Freiheiten und Tugenden genannt, nämlich fünf soziale Freiheiten (Freiheit von Gewalt, von Not, von Ausbeutung, von Entehrung, von verfrühtem Tod und Krankheit), zu denen fünf Tugenden treten (Toleranz, Gemeinschaftsgefühl, Wissen, Freiheit des Gewissens und der Gedanken, Freiheit von Furcht). In diesen grundlegenden Ideen sind die natürlichen Ansprüche des Menschen an die Gestalt von Gemeinschaften enthalten»[56].

---

54 Norman Weiss, Die Entwicklung der Menschenrechtsidee, Heutige Ausformung der Menschenrechte und Fragen ihrer universellen Geltung, in: Jana Hasse/Erwin Müller/Patricia Schneider (Hrsg.), Menschenrechte – Bilanz und Perspektiven, Baden-Baden 2002, 40 f.

55 Ders., 41.

56 Wolfgang Heidelmeyer (Hrsg.), Die Menschenrechte, 4. Aufl., Paderborn 1997, 11. Zu den aussereuropäischen Traditionen ausführlich Brems, 27 ff.

Die Anerkennung der Menschenwürde allein bedeutet nicht, dass daraus subjektive Ansprüche fliessen, die man als Rechte bezeichnen könnte, und genügt deshalb für das Konzept der Menschenrechte nicht. Hinzu treten muss die Idee des autonomen Individuums, das solche Ansprüche besitzen und wahrnehmen kann. Dieses Konzept geht auf die hochmittelalterliche Scholastik und die Renaissance zurück. Thomas von Aquin (1225–1274) betonte, die Würde des Menschen bestehe darin, dass der Mensch frei sei und um seiner selbst willen existiere[57]. Die Grundlage der Freiheitsrechte des Menschen wurde in der Teilhabe der menschlichen Vernunft am Gesetz Gottes erblickt. Einen Schritt weiter gingen die Denker der Renaissance. Pico della Mirandola (1463–1494) z.B. erklärte das Individuum zur «Mitte der Welt», das durch keinerlei Enge beschränkt ist und sich durch seinen freien Willen von der Natur abgrenzt[58], und nahm damit den modernen Individualismus vorweg. 1.59

Im 16. Jahrhundert hatte sich die Idee, dass Menschen unabhängig ihrer Zugehörigkeit zu einem bestimmten Reich oder einer Religion unveräusserliche Rechte besitzen, bereits derart verfestigt, dass sie die Diskussion über das rechtliche Verhältnis zwischen den europäischen christlichen Eroberern und den nicht christlichen Völkern in den portugiesischen und spanischen Kolonien mitbestimmen konnte. Bartolomé de las Casas (1474–1566) aus der Rechtsschule von Salamanca kämpfte für die These, dass Indianer und weitere andersgläubige Menschen wie Christen seien und auch ihnen deshalb gewisse ursprüngliche Rechte unabsprechbar zukämen. Die päpstliche Bulle «sublimis deus» von 1537 sprach den Indianern in diesem Sinn ein Recht auf Leben, Sicherheit, Freiheit und Eigentum zu[59]. 1.60

Das Konzept der Menschenrechte im modernen Sinn, d.h. die Verknüpfung der Idee der unveräusserlichen Rechte mit jener der durchsetzbaren Ansprüche gegen den Staat, geht auf die Aufklärung und damit den Anbruch der Epoche der Moderne zurück. Im 17. Jahrhundert begann der Übergang vom theozentrischen zum anthropozentrischen Weltbild und damit der Abschied von der Überzeugung, die Macht des Herrschers sei gottgegeben. Gleichzeitig wurde die Frage nach der Natur des Menschen mit grösserer Schärfe gestellt. Den Philosophen des Naturrechtsgedankens[60] ist gemeinsam, dass sie im überpositiven – dem gesetzten Recht vorgehenden – *natürlichen Recht* eine Begrenzung der absoluten Macht des Herrschers sahen. Die Elemente 1.61

57 Walter Kasper, Die theologische Begründung der Menschenrechte, in: Staat, Kirche, Wissenschaft in einer pluralistischen Gesellschaft, Festschrift zum 65. Geburtstag von Paul Mikat, Berlin 1989, 105, mit Verweis auf Thomas von Aquin, Summa Theologica, II/II q.64 a.2 ad. 3.

58 Pico della Mirandola, Oratio de dignitatis homini, § 15, Verse 18–22; lateinischer Originaltext und englische Übersetzung unter ‹www.brown.edu/Departments/Italian_Studies/pico/› (zuletzt besucht am 25. Juni 2018).

59 Wolfgang Schmale, Grund- und Menschenrechte in vormodernen und modernen Gesellschaften Europas, in: Margarete Gradner/Wolfgang Schmale/Michael Weinzierl (Hrsg.), Grund- und Menschenrechte, Historische Perspektiven – aktuelle Probleme, München 2002, 32.

60 Die folgende Darstellung folgt weitgehend Thomas Göller, Die Philosophie der Menschenrechte in der europäischen Aufklärung – Locke, Rousseau, Kant, in: ders. (Hrsg.), Philosophie der Menschenrechte: Methodologie, Geschichte, kultureller Kontext, Göttingen 1999, 151 ff.

dieser angeborenen, unveräusserlichen natürlichen Rechte sind je nach Autor unterschiedlich, kreisen jedoch im Wesentlichen um die ethischen Grundgehalte von *Freiheit und Gerechtigkeit.* Für die Geschichte der Menschenrechte besonders wichtig waren neben Naturrechtsdenkern des 16. und 17. Jahrhunderts wie Grotius, Pufendorf und Bodin, insbesondere Hobbes und Locke. Thomas Hobbes (1588–1679; Leviathan 1651) vertrat ein negatives Menschenbild. Der Mensch besitzt einen freien Willen und hat das Recht, ihn autonom und für die Verfolgung eigener Interessen zu benutzen. Dies führt im gesellschaftlichen Naturzustand zum Krieg aller gegen alle (*«homo homini lupus [est]»*[61]). Der Selbsterhaltungswille macht es nötig, vertraglich zu vereinbaren, sich der (absoluten) Staatsgewalt zu unterwerfen, welche allein das Überleben in Sicherheit zu garantieren vermag, und ihr damit das Gewaltmonopol einzuräumen. Der Zweck des Staates ist somit die Garantie individueller Sicherheit für alle. Diese wird am besten gewährleistet, indem dem Individuum jegliche Rechte aberkannt werden[62]. John Locke (1632–1704; Two Treatises of Government 1690) ging ebenfalls vom autonomen Individuum aus; er befürwortete aber anders als Hobbes die Idee, dass der Schutz des Menschen die Anerkennung individueller Rechte bedinge[63]. Der Mensch ist daher der absolute Herr («lord») und Eigentümer seiner eigenen Person, von Leben, Freiheit und materiellen Gütern, die es zu sichern gilt. Politische Herrschaft beruht auf einem Vertrag über die Schaffung eines Staates, dessen Zweck die Respektierung und der Schutz von Leben, Freiheit und Eigentum ist. Dabei verzichten die Bürger lediglich auf Teile ihrer natürlichen Rechte zugunsten der staatlichen Gewalt: Der Staat hat kein Recht, die Untertanen zu versklaven oder zu vernichten, sondern staatliche Gewalt muss treuhänderisch ausgeübt werden. Erfüllt der Staat seine Pflicht nicht, können die «natürlichen» Rechte (Leben, Freiheit, Glaubenswahl und Eigentum) ihm gegenüber geltend gemacht werden und der Gesellschaftsvertrag wird ungültig.

1.62 Der Staat braucht institutionelle Vorkehren, damit die Herrschenden das Gewaltmonopol nicht missbrauchen können. Diese erblickte Locke in der Idee der Gewaltenteilung, welche Montesquieu (1689–1755; Esprit des lois 1748) später weiterentwickelt und perfektioniert hat. Für ihn werden daher Bürgerinnen und Bürger vor allem durch ein Regierungssystem ausreichend geschützt, das die exekutiven, legislativen und judikativen Kompetenzen klar voneinander trennt und damit institutionelle Garantien gegen Machmissbrauch schafft[64].

1.63 Jean-Jacques Rousseau (1712–1778; Contrat social 1762) vertrat ein ausgesprochen optimistisches Menschenbild: Alle Menschen sind von Geburt an frei und gleich und im Naturzustand gut und edel. Sie übertragen die Regierungsmacht nicht einem Herrscher, sondern einem durch die Bürger selbst konstituierten Staatswesen, dessen Hauptaufgabe der Schutz von Person und Eigentum ist. Damit dies gelingt, muss der

61 Das Zitat stammt aus HOBBES Werk «de cive» (1641).
62 Tomuschat, 16.
63 A.a.O., 17.
64 A.a.O., 18.

Mensch sein Handeln am Wohl der Gemeinschaft ausrichten. Während die natürliche Freiheit eine unbegrenzte Freiheit darstellt, ist die bürgerliche Freiheit von der Gemeinschaft gesetzt, deren Handeln auf der «volonté générale» beruht, was zur Freiheit führt, die sich selbst gegebenen Gesetze zu befolgen.

Immanuel Kant (1724–1804; Metaphysik der Sitten 1797) ging davon aus, dass der Mensch autonom und vernunftbegabt sei und damit eine ursprüngliche Freiheit besitze. Diese steht allen Individuen zu, was die Gleichheit begründet. Der Ausgleich zwischen den autonomen Individuen wird gefunden, wenn jeder sein Handeln so ausrichtet, dass dieses als Maxime für ein allgemeines Gesetz taugt (kategorischer Imperativ). Dies führt zu einer Rechtsordnung, die für alle gleiche Freiheit garantiert. Dieses Naturrecht hat keine deskriptive, sondern eine normative Funktion. Es kann nicht aus der Natur des Menschen abgeleitet werden, sondern ist ein vom Menschen konstituiertes Vernunftrecht. Dieses Recht ist vom gesetzten, durch die Legislative erlassenen Recht zu unterscheiden, welches sozialem und historischem Wandel unterworfen, also relativ ist. Die wichtigste Aufgabe des Staates besteht darin, die Freiheit des Bürgers durch Gesetze zu schützen. Kant nahm den Grundsatz der gleichen Freiheit für alle ernst und forderte deshalb eine weltbürgerliche, durch Gesetze geregelte Völkergesellschaft, da er erkannte, dass sich der Gedanke der Freiheit nicht innerstaatlich erschöpft. 1.64

Zusammenfassend lässt sich festhalten, dass das auf der Aufklärung beruhende moderne Menschenrechtsverständnis auf zwei Prämissen beruht: 1.65

(1) *Das Menschenbild*: Alle Menschen sind als Individuen gleich vernunftbegabt, besitzen den gleichen freien Willen und damit die gleiche Würde. Damit haben sie wegen ihrer Natur Anspruch auf Respektierung und Schutz ihrer individuellen Autonomie.

(2) *Der Staatszweck*: Der Staat dient primär dazu, die Sicherheit und Freiheit der autonomen und vernunftbegabten Individuen zu sichern und zu schützen. Menschenrechte richten sich als Abwehr- und Schutzansprüche gegen den Staat, der das Gewaltmonopol besitzt und deshalb die Macht hat, diesen Schutz zur verwirklichen.

3. Relativismus

Die relativistische Kritik an der These von der universellen Gültigkeit der Menschenrechte existiert in verschiedenen Varianten. Diesen ist gemeinsam, dass sie ebenfalls mit den Kategorien Menschenbild und Staatszweck operieren. 1.66

(1) Die *historische Kritik* betont, der menschenrechtliche Staatszweck sei ein Produkt der Geschichte. Die Menschenrechte hätten sich auch in den westlichen Staaten erst allgemein durchsetzen können, als verschiedene soziale, politische und wirtschaftliche Bedingungen erfüllt waren; sie könnten deshalb nicht unterschiedslos auf Staaten angewandt werden, in denen diese Bedingungen (noch) nicht erfüllt seien[65]. Karl Marx 1.67

65 So die chinesische Delegation anlässlich der Wiener Weltkonferenz 1993 über die Menschenrechte: «The concept of human rights is a product of historical development. It is closely associz.B. betonte, die Menschenrechte dienten der Sicherung der Interessen der *bürgerlichen* Gesellschaft als einer bestimmten historischen Entwicklungsstufe, und die Eigentumsgarantie sei nichts anderes als das «Recht, willkürlich, ohne Beziehung auf andere Menschen, unabhängig von der Gesellschaft, sein Vermögen zu geniessen und über dasselbe zu disponieren, das Recht des Eigennutzes»[66]. Zeitgenössische Autoren betonen, zwar seien auch die nicht-westlichen Kulturen in ihren normativen Systemen auf das Wohl und die Würde des Menschen ausgerichtet, was dem Staat und den Herrschenden Grenzen setze. Aber nur die westliche Menschenrechtstradition gewähre den Betroffenen subjektive Rechte, die als Abwehr- und Schutzansprüche gegen den Staat geltend gemacht werden könnten, falls die Staatsmacht ihre Pflichten gegenüber den Menschen missachte[67].

1.68 (2) Die *kulturelle Kritik* setzt beim westlichen Bild des Menschen als autonomem Individuum an und betont, im Gegensatz dazu würden viele aussereuropäische Traditionen den Menschen in erster Linie als Mitglied seiner Familie, seines Clans oder seiner Ethnie sehen; als soziales Wesen habe er primär Pflichten gegenüber dem Kollektiv, welches ihn zu schützen und zu unterstützen habe. In diesen Traditionen sei der Mensch nicht Individuum, das sich autonom von der Gesellschaft abgrenzt, sondern Person, deren Identität durch die vielfältigen sozialen Beziehungen geprägt ist, in welche sie verknüpft ist. In der Gemeinschaft aufgehoben, ihr gegenüber aber auch verpflichtet zu sein, präge nach wie vor den Alltag der Mehrheit der Weltbevölkerung und diese Tatsache lasse Zweifel am universellen Gültigkeitsanspruch individueller Menschenrechte aufkommen.

---

ated with specific social, political and economic conditions and the specific history, culture and values of a particular country. Different historical stages have different human rights requirements. Countries at different development stages or with different historical traditions and cultural backgrounds also have different understanding and practice of human rights. Thus, one should not and cannot think [of] the human rights standard and model of certain countries as the only proper ones and demand all other countries to comply with them. It is neither realistic nor workable to make international economic assistance or even international economic cooperation conditional on them» (zitiert nach Pieter van Dijk, A Common Standard of Achievement, NQHR 1995, 105).

66 Karl Marx, «Zur Judenfrage» (1843), in: Marx-Engels-Werke, Bd. 1, Berlin 1972, 365.

67 Charles Taylor, Human Rights: The Legal Culture, in: Paul Ricoeur (Hrsg.), Philosophical Foundations of Human Rights, Paris 1986. 49. Siehe auch Kühnhardt (Anm. 53), 290 f.

Dokumentation: Pannikar, Sind Menschenrechte ein westliches Konzept?[68]

«1. Ist das Konzept der Menschenrechte ein universelles Konzept? 1.69

Die Antwort ist ein klares Nein. [...]

Kein Konzept ist universell. Jedes Konzept gilt in erster Linie dort, wo es erdacht worden ist. Wenn wir seinen Geltungsbereich über seinen direkten Kontext hinaus ausdehnen wollen, müssen wir diese Extrapolation rechtfertigen. [...] Zu akzeptieren, dass das Konzept der Menschenrechte nicht universell ist, bedeutet jedoch nicht, dass es nicht universell werden sollte. Nun, damit ein Konzept universell gültig ist, muss es mindestens zwei Voraussetzungen erfüllen. [...] [Es] muss zum universellen Bezugspunkt für alle Aspekte der menschlichen Würde werden. Mit anderen Worten sollte es alle anderen homeomorphen Äquivalente ersetzen und zum entscheidenden Bezugspunkt einer gerechten Gesellschaftsordnung werden. Anders ausgedrückt soll die Kultur, in welcher das Konzept der Menschenrechte geboren wurde, zur universellen Kultur werden. Dies dürfte einer der Gründe für ein gewisses Unbehagen sein, das man bei den nichtwestlichen Denkern spürt, die sich mit der Frage der Menschenrechte befassen. Sie fürchten um die Identität ihrer eigenen Kultur. [...]

2. Interkulturelle Kritik 1.70

[...] Nichts kann wichtiger sein, als die Würde der menschlichen Person zu betonen und zu verteidigen. Aber die Person sollte vom Individuum unterschieden werden. Das Individuum ist nur eine Abstraktion, d.h. eine Auswahl einzelner Aspekte der Person für praktische Zwecke. Meine Person ist demgegenüber auch in ‹meinen› Eltern, Kindern, Freunden, Feinden, Vorfahren und Nachfahren enthalten. ‹Meine› Person ist zudem in ‹meinen› Ideen und Gefühlen und in ‹meinen› Besitztümern vorhanden. Verletzt Du ‹mich›, schädigst Du ebenso den ganzen Clan und möglicherweise auch Dich selbst. Rechte können nicht auf diese Weise individualisiert werden. Geht es um das Recht der Mutter oder das Recht des Kindes? – im Fall einer Abtreibung. Oder vielleicht auch um das Recht des Vaters und der Verwandten? Rechte können nicht von Pflichten abstrahiert werden; beide bedingen einander. Die Würde der menschlichen Person kann durch Deine Worte ebenso verletzt werden wie durch die Entweihung eines Ortes, der für mich heilig ist, obwohl er mir nicht auf eine Art ‹gehört›, wie ich Privateigentum besitze. Du hast ihn vielleicht für Geld ‹gekauft›, obwohl er aufgrund einer anderen Ordnung ganz und gar mir gehört. Ein Individuum ist ein isolierter Knoten; eine Person ist das ganze Gewebe um den Knoten herum, gewoben aus dem Stoff der Realität. Die Grenze einer Person ist nicht fest, sie hängt vollständig von ihrer Persönlichkeit ab. Zweifellos würde das Netz ohne Knoten einreissen; aber ohne das Netz würden die Knoten nicht einmal existieren.»

Eine Variante der kulturellen Kritik setzt an sozio-ökonomischen Faktoren an und argumentiert, traditionelle Gesellschaften mit prekärer Ressourcenlage, in welchen das Überleben von der Solidarität im Verwandtschaftsverbund abhänge, würden Normen 1.71

68 PANNIKAR, Is the Notion of Human Rights a Western Concept? 120 Diogenes 75/1982; Übersetzung in: KÄLIN WALTER/MÜLLER LARS/WYTTENBACH JUDITH (Hrsg.), Das Bild der Menschenrechte, 2. Aufl., Baden 2007, 34.

entwickeln, welche im konkreten Kontext Sinn machen, auch wenn sie mit Menschenrechtsgarantien nicht vereinbar seien[69].

1.72 (3) Die *erkenntnistheoretische Kritik* fragt nach der Möglichkeit der Existenz universeller Massstäbe für die Bestimmung dessen, was konkret den Inhalt der Menschenwürde ausmacht, und verneint dies. Die American Anthropological Society z.B. argumentierte im Vorfeld der Erarbeitung der Allgemeinen Menschenrechtserklärung in einer Stellungnahme zur Frage der Universalität der Menschenrechte, wir alle seien durch unser Umfeld kulturell geprägt. Deshalb könne es keine wissenschaftliche Methode geben, welche erlauben würde, den Wert bestimmter kultureller Traditionen von einem überkulturellen Standpunkt aus objektiv zu bewerten. Demgemäss seien Kulturen immer aus sich heraus zu erklären und kulturelle Unterschiede zu respektieren. Was eine Kultur als Menschenrecht einstufe, gelte in einer anderen Kultur als asozial. Weil alle Massstäbe und Werte kulturspezifisch seien, könnten Postulate und Werte *einer* Kultur nie auf die ganze Menschheit angewandt werden[70].

4. Vermittelnde Positionen: Auf dem Weg zur Universalität der Menschenrechte

1.73 Die relativistische Kritik der Universalität der Menschenrechte hat einiges für sich. Ihre Argumente können allerdings nicht zur Folgerung führen, Menschenrechte seien etwas, was nur Menschen aus dem westlichen Kulturkreis zustehen könne, und gegenüber willkürlicher Staatsmacht dürfe keinerlei Schutz vor Folter, Respektierung des eigenen Glaubens oder Nichtdiskriminierung erwarten, wer mit dunkler Haut geboren wurde[71]. Ein radikaler Relativismus knüpft an einen kulturellen Absolutismus an, indem er die Kultur an erste Stelle setzt; er kann daher oft zynisch werden[72]. Die Argumente der relativistischen Kritik mahnen aber andererseits zur Vorsicht und legen nahe, die Universalität der Menschenrechte nicht leichthin anzunehmen. Diese Universalität muss vielmehr im Prozess der Konsensbildung hergestellt werden.

1.74 Wie dies möglich ist, ohne dass Kulturen sich selbst aufgeben müssen, zeigt John Rawls, Theorie des «übergreifenden Konsenses». Auf die Frage, wie eine wohlgeordnete Gesellschaft angesichts des Grundtatbestandes des Wertepluralismus eine Einheit bilden kann, antwortet er mit dem Hinweis auf das Genügen eines minimalen Masses an Übereinstimmung, bei welchem «die einzelnen Lehren der politischen Konzeption

---

69 Wolf Linder, Zur Universalität von Menschenrechten, Markt und Demokratie, Zeitschrift für Politik 57 2/2010, 212 ff.

70 American Anthropological Association, Statement on Human Rights by the Executive Board, 49 American Anthropologist 1947, 543.

71 Gemäss Bielefeldt, Auslaufmodell Menschenwürde?, Freiburg 2011, 118, führt der Relativismus zu einem rechtlichen Partikularismus, der vom Genuss der Menschenrechte ausschliesst und somit diskriminiert, wer gewisse partikuläre Bedingungen nicht erfüllt.

72 Siehe auch Rhoda E. Howard, Cultural Absolutism and the Nostalgia for Community, HRQ 1993, 315 ff., wonach die Idee, dass partikuläre Kulturtraditionen mehr wert seien als die international akzeptierten Menschenrechte, letztlich einen Kulturabsolutismus propagiere.

jeweils von ihrem eigenen Standpunkt aus» zustimmen[73]. In diesem Sinn kann man realistischerweise nur verlangen, dass die einzelnen Kulturtraditionen bestimmte Menschenrechtsnormen aus ihrer Sicht bejahen können, was immer die Begründung ist[74]. Dabei lassen sich verschiedene Konstellationen unterscheiden: Im besten Fall können die verschiedenen Traditionen einer bestimmten Norm mit der gleichen Begründung zustimmen. Es genügt aber auch, wenn unterschiedliche Gründe (das Wort Gottes, die Natur des Menschen, eine historisch tief verankerte kulturelle Praxis, eine politische Ideologie) die inhaltlich gleiche Norm tragen. Dünner, aber immer noch tragfähig genug ist der Konsens, wenn eine bestimmte, vertraglich anerkannte Menschenrechtsgarantie zwar in der eigenen Kulturtradition keine Wurzeln besitzt, deren Werten und Normen aber nicht widerspricht. Bloss wo eigene Werte und Gebote oder Verbote mit jenen eines konkreten Menschenrechts kollidieren, wird der universelle Geltungsanspruch in Frage gestellt. Solche Widersprüche können zwar gewichtig sein, sie betreffen aber regelmässig nur einen relativ kleinen Bereich des Katalogs der Menschenrechtsgarantien. So stimmen nach An-Na'im die Prinzipien der Scharia grundsätzlich mit den meisten menschenrechtlichen Vorgaben überein, allerdings mit Ausnahme spezifischer und gewichtiger Aspekte im Bereich der Rechte der Frau und der Nichtmuslime sowie der Religionsfreiheit[75]. Auch ein traditionalistischer Islam anerkennt Verbote wie jene des Genozids oder der Folter, die Freiheit, als Muslim die eigene Religion ausüben zu können, oder den Anspruch der Menschen auf adäquate Nahrung oder Unterbringung.

Mit anderen Worten: Die Frage nach der Universalität «der Menschenrechte» ist an sich falsch; vielmehr ist für jedes einzelne Recht zu fragen, wie weit es für sich universelle Gültigkeit beanspruchen kann. 1.75

Für einen wachsenden weltweiten Konsens in Menschenrechtsfragen existieren echte Chancen: Ansatzpunkte für die Konsensbildung sind nicht nur ähnliche Unrechts- und Gewalterfahrungen, sondern auch gemeinsame Grundbedürfnisse aller Menschen. Wie Barua betont, sind viele Aspekte des Menschseins universell gültig und jede Gesellschaft ist Herausforderungen wie «zum Beispiel der Existenz von zwei unterschiedlichen Geschlechtern, der Hilflosigkeit der Kinder, [dem] Bedürfnis nach Befriedigung elementarer biologischer Bedürfnisse wie Nahrung, Wärme und Sex, [oder] der Existenz von Individuen verschiedenen Alters» konfrontiert[76]. Weil diese Gemeinsamkeiten der menschlichen Existenz weit zahlreicher als ihre Unterschiede sind[77], 1.76

73 John Rawls, Politischer Liberalismus, Frankfurt a.M. 1998, 219.

74 Ähnlich Abdullahi Ahmed An-Na'im, Islam and the Secular State, Cambridge/Massachusetts 2008, 115.

75 Abdullahi Ahmed An-Na'im, Islam and the Secular State – Negotiating the Future of Shari'a, Cambridge/Massachusetts 2010, 111.

76 Tushar Kanti Barua, Humanität zwischen Universalität und Regionalität, in: Stefan Batzli/Fridolin Kissling/Rudolf Zihlmann (Hrsg.), Menschenbilder, Menschenrechte – Islam und Okzident: Kulturen im Konflikt, Zürich 1994, 26.

77 A.a.O.

besteht die Chance, einen universellen Konsens über grundlegende Rechte zu erreichen, «ohne dadurch die Vielfalt der Kulturen und die Komplexität des sozialen Lebens zu verleugnen»[78]. In diesem Sinne würde laut DUNDES RENTELN das in Art. 6 Abs. 1 des Pakts II verankerte Verbot der willkürlichen Tötung, d.h. des Tötens ohne legitimen Grund, oder das Verbot des Genozids einhellige Unterstützung finden. Denn keine Gesellschaft glaube an das Ideal des Genozids[79].

1.77 Weiter sind Kulturen keine statischen Konzepte, sondern ihre Regeln sind stets auch das Resultat zwischen- und innerkultureller Lernprozesse. Menschenrechte können daher das Ergebnis solcher Prozesse sein. Dieser Befund erweist sich im gegenwärtigen Umfeld von Globalisierung, in welcher vereinfachte Möglichkeit des Reisens, die grossen Migrationsströme, sowie der einfache Zugang zu elektronischen Medien den interkulturellen Kontakt und Austausch in einem vor kurzem für unmöglich gehaltenen Umfang erleichtern, als besonders gewichtig. Nach AN-NA'IM kann der Konsens über Menschenrechtsgarantien denn auch durch einen kulturinternen Dialog über die Bedeutung bestimmter kulturexterner Werte und Normen und die daraus fliessenden Folgerungen für die eigene Kultur verstärkt werden. Denn unabhängig von kultureller Diversität teilen Menschen und Gesellschaften gewisse fundamentale Interessen, Bedenken, Qualitäten, Merkmale und Werte, welche als Rahmen für eine gemeinsame Kultur universeller Menschenrechte identifiziert und artikuliert werden können[80].

1.78 Institutionalisierte Foren für solche Lernprozesse können der Menschenrechtsrat[81], der regelmässig über globale Menschenrechtsprobleme diskutiert, aber auch die Vertragsausschüsse der UNO bilden, wo periodische Dialoge zwischen staatlichen Delegationen und unabhängigen Expertinnen und Experten über die Umsetzung vertraglicher Menschenrechte im Rahmen der sog. Staatenberichtsprüfung[82] stattfinden. In einer strenger formalisierten Art findet ein derartiger Austausch ferner auch im Rahmen der Prüfung von Individualbeschwerden vor den Menschenrechtsausschüssen der UNO und vor regionalen Gerichtshöfen statt.

1.79 Bedeutsam ist schliesslich auch die Überlegung, dass die Idee der Menschenrechte mit jener des Nationalstaats direkt zusammenhängt: Charakteristisch für diesen Staatstypus ist, wie bereits erwähnt, das Verbot der gewaltsamen Selbsthilfe Privater und die Monopolisierung des Gewalteinsatzes auf staatlicher Ebene in der Form von Armee, Polizei und Gerichtszwang. Menschenrechte erscheinen in dieser Sicht als notwendiges Gegenstück zum Gewaltmonopol des Staates, der einerseits den Privaten Sicherheit zu

78 A.a.O., 33.

79 ALISON DUNDES RENTELN, International Human Rights – Universalism Versus Relativism, Newbury Park etc. 1990.

80 ABDULLAHI AHMED AN-NA'IM, Human Rights in Cross-Cultural Perspectives, Philadelphia 1992, 21. Was eine solche Selbstreflexion für den Islam bedeuten würde, hat ABDULLAHI AHMED AN'NAIM in Islam and the Secular State – Negotiating the Future of Shari'a, Cambridge/Massachusetts 2010, entwickelt.

81 Siehe dazu hinten Rz. 8.6 ff.

82 Dazu hinten Rz. 7.14 ff.

gewähren vermag, anderseits aber leicht in Gefahr gerät, seine Macht zu missbrauchen, weshalb ihm – in der Form grundlegender Ansprüche des Einzelnen – Fesseln anzulegen sind. Menschenrechte können heute universelle Geltung beanspruchen, weil sich der Typus des Nationalstaates weltweit verbreitet hat[83]. Eine Regierung, welche sich auf einen modernen Staatsapparat mit Sicherheitskräften aller Art stützt, kann nicht glaubwürdig das in seinen Ursprüngen westliche Konzept eines starken Nationalstaates vertreten und gleichzeitig aus kulturellen Gründen die Menschenrechte völlig ablehnen.

5. Schlussfolgerungen

Meinungsverschiedenheiten oder gar Konflikte im Bereich der Menschenrechte können überwunden werden: Kulturen sind keine statischen Grössen, sondern lernfähig. Dass sie sich wandeln und gegenseitig beeinflussen, gehört gar zu den Grundkonstanten der Menschheitsgeschichte, und alles weist darauf hin, dass die Menschenrechte in diesem Prozess trotz ihres westlichen Ursprungs von den Menschen zunehmend als universeller Massstab für ein «gutes» Leben in Würde anerkannt werden, zu deren konkreter Ausgestaltung alle Kulturen beitragen können. 1.80

Dass alle Staaten der Welt trotz unterschiedlicher politischer Systeme der Idee der Menschenrechte und ihrem konkreten Inhalt immer mehr zustimmen können, beweist die politische Realität. Die zunehmende Akzeptanz der Menschenrechtsidee in allen Teilen der Welt kann allerdings nicht darüber hinweg täuschen, dass die abstrakten Prinzipien der Menschenrechtsgarantien oft nur kontextabhängig umgesetzt werden können, was in der Praxis zu unterschiedlicher Anwendung und Tragweite führen kann. 1.81

Dies ist ein Stück weit in den Menschenrechten selbst angelegt. Sie wollen nicht Uniformität erzwingen, sondern im Bereich von Freiheitsrechten wie Religionsfreiheit, Sprachenfreiheit oder Garantien des Minderheitenschutzes kulturelle Autonomie und Freiräume garantieren. Menschenrechtsverwirklichung darf nicht so weit gehen, jegliche kulturellen Freiräume zu vernichten und im Namen der Universalität kulturelle Autonomie zu beseitigen. Zur gebotenen Zurückhaltung bietet das positive Recht durchaus Hand: Mit seinen weit offenen Formulierungen und bewusst unbestimmten Schrankenbestimmungen lässt es innerhalb gewisser Grenzen grundsätzlich Raum für eine verschiedenartige, der eigenen Tradition angepasste Menschenrechtsverwirklichung. 1.82

Notwendig bleibt der Wille der Staaten und der internationalen Organisationen, die Menschenrechte auch wirklich durchzusetzen und gegen Verletzer unabhängig von Erwägungen politischer oder wirtschaftlicher Opportunität vorzugehen. Recht verwirk- 1.83

83 Heiner Bielefeldt, Menschenrechtlicher Universalismus ohne eurozentrische Verkürzung, in: Nooke/Lohmann/Wahlers (Hrsg.), Gelten Menschenrechte universal?, Begründungen und Infragestellungen, Freiburg 2008, 127 mit Hinweis auf Reza Afshari, An Essay on Islamic Cultural Relativism in the Discourse of Human Rights, in: HRQ 1994, 248.

licht sich nie automatisch: Menschen werden nicht frei und gleich geboren, sondern ihre Freiheit und Gleichheit hängt konkret davon ab, in welchem Ausmass Behörden und Private die Menschenrechte ernst nehmen und ihre normativen Vorgaben umsetzen und wieweit die dafür notwendigen institutionellen Voraussetzungen existieren. In diesem Sinn sind Menschenrechte nicht vorgegeben, sondern bleiben eine Aufgabe.

2. Kapitel: Begriff und Verankerung

I. Begriffe

1. Menschenrechte

Was sind Menschenrechte? Die konzeptionellen Grundlagen des internationalen Menschenrechtsschutzes sind bereits im ersten Kapitel beschrieben worden. Hier geht es darum, den Begriff der Menschenrechte aus juristischer Sicht zu klären. Eine rechtliche Definition, welche Menschenrechte präzis von anderen Ansprüchen aus dem Völkerrecht abgrenzen würde, existiert zwar nicht, das Typische der Menschenrechte lässt sich aber mit den folgenden Merkmalen umschreiben: 2.1

(1) Menschenrechte garantieren *Ansprüche*. Als Rechtsansprüche unterscheiden sie sich in grundsätzlicher Weise von Garantien, die bloss als Pflichten der Staaten ausgestaltet sind, welche mangels entsprechender Rechte von den Begünstigten nicht eingefordert werden können.

(2) Diese Ansprüche stehen *natürlichen* und zum Teil auch *juristischen Personen* zu[1]: Als individuelle Rechte unterscheiden sie sich von Kollektivansprüchen, wie sie etwa Minderheiten oder im Rahmen des Selbstbestimmungsrechts «Völker» anrufen können[2].

(3) Diese Rechte können grundsätzlich nur *gegenüber dem Staat*[3] geltend gemacht werden. Sie kommen typischerweise in Situationen zum Tragen, in welchen das Individuum den Trägern des Gewaltmonopols gegenübersteht[4].

(4) Sie gelten grundsätzlich in *Friedens- und in Kriegszeiten*, können in Letzteren aber unter Umständen vorübergehend ausser Kraft gesetzt werden[5].

(5) Sie sind *international verbürgt*. Es ist diese völkerrechtliche Grundlage und nicht ihr Inhalt oder ihre Funktion, welche sie von den Grundrechten der nationalen Verfassungen unterscheidet. Internationale Verbürgung bedeutet aber auch, dass das Völkerrecht vorgibt, dass und wie die Berechtigten ihre Ansprüche innerstaatlich und teilweise gar überstaatlich einfordern und durchsetzen können[6].

(6) Diese internationale Verbürgung hat ihren Ursprung in der Erkenntnis der Staaten, dass die entsprechenden Garantien im Lichte negativer historischer Erfah-

---

1 Zu den Trägern menschenrechtlicher Ansprüche hinten Rz. 4.2 ff.

2 Dazu hinten Rz. 4.8 ff.

3 Zu den Verpflichtungen des Staates aus Menschenrechten siehe hinten Rz. 3.4 ff. Zur Frage der Bindung nichtstaatlicher Gebilde an die Menschenrechte hinten Rz. 3.24 ff.

4 Zur machthemmenden Funktion der Menschenrechte vorne Rz. 1.37 f.

5 Zur Derogation der Menschenrechte hinten Rz. 4.74 ff.

6 Zur internationalen Durchsetzung der Menschenrechte hinten Rz. 6.37 ff.

rungen oder auf der Grundlage gewandelter Auffassungen über grundlegende Werte als *notwendig für die Wahrung der Würde des Menschen und die Sicherung seiner Entfaltung als Person* und damit als grundlegend einzustufen sind.

2.2 Menschenrechte lassen sich somit als vom internationalen Recht garantierte Rechtsansprüche von Personen gegen den Staat oder staatenähnliche Gebilde definieren, die dem Schutz grundlegender Aspekte der Person und ihrer Würde in Friedenszeiten und im Krieg dienen.

2.3 Die Garantien, welche Eingang in die Allgemeine Menschenrechtserklärung und die späteren Vertragswerke gefunden haben, repräsentieren zwei Typen von Menschenrechten, welche unter Hinweis auf ihre Entstehungszeit in den einzelstaatlichen Verfassungen bis heute oft als zwei Generationen von Menschenrechten bezeichnet werden. Seit einiger Zeit wird eine dritte Generation postuliert:

(1) *Erste Generation*: Die klassisch-liberalen Menschenrechte, heute meist *bürgerliche und politische Rechte* genannt, enthalten u.a. Garantien zum Schutz des Lebens und der körperlichen Integrität der Person sowie ihrer Sicherheit, der Rechte in gerichtlichen Verfahren, der Religion, der freien Meinungsäusserung und der freien Ausübung der politischen Rechte. Sie gehen auf die amerikanischen und französischen Menschenrechtserklärungen des späten 18. Jahrhunderts zurück und sind primär als Abwehrrechte gegen staatliche Übergriffe konzipiert.

(2) *Zweite Generation*: Die *wirtschaftlichen, sozialen und kulturellen Rechte (WSK-Rechte)* haben ihre Wurzeln in den Reaktionen des 19. Jahrhunderts auf die grossen sozialen Probleme, welche die Industrialisierung in Europa schuf. Zu ihnen gehören neben Rechten zur Sicherung der Existenz (z.B. Recht auf Nahrung) auch Garantien im Arbeitsbereich (Recht auf angemessene Arbeitsbedingungen, Gewerkschaftsrechte etc.) und im Bereich der sozialen Sicherheit oder das Recht auf Bildung. Sie sind als Teilhaberechte konzipiert und verpflichten die Staaten, bestimmte menschenrechtliche Zielsetzungen fortschreitend zu verwirklichen. Daneben enthalten sie auch direkt anwendbare Abwehrgehalte, wie etwa den Schutz des freien Zugangs zu vorhandener Arbeit, Bildung oder Nahrung oder den Schutz vor Diskriminierung im Bereich des Zugangs zu staatlichen Leistungen.

(3) *Dritte Generation*: Zu den *Solidaritäts- oder Gruppenrechten* gehören etwa die Rechte auf Entwicklung, auf Frieden und auf saubere und gesunde Umwelt. Sie sind in der zweiten Hälfte des 20. Jahrhunderts als Kollektivrechte konzipiert worden, haben aber nur sehr partiell Eingang in das geltende Völkerrecht gefunden – z.B. in der Afrikanischen Charta der Rechte der Menschen und Völker[7] – da ihr juristischer Gehalt (Wer ist berechtigt? Wer verpflichtet?) erst in Ansätzen geklärt[8] ist und ihnen v.a. von Seiten der Industriestaaten Opposition erwächst.

7 Art. 22–24 AfCRMV. Art. 22 etwa bestimmt: «Alle Völker haben ein Recht auf ihre wirtschaftliche, soziale und kulturelle Entwicklung (…)».

8 Siehe dazu hinten Rz. 4.10 ff. zur Praxis der AfKRMV im Bereich der Kollektivrechte.

Unter formalrechtlichen Gesichtspunkten können die internationalen Menschenrechte umschrieben werden als die «Summe von bürgerlichen, politischen, wirtschaftlichen, sozialen, kulturellen und kollektiven Rechten, die in internationalen und regionalen Menschenrechtsinstrumenten [oder im Gewohnheitsrecht] festgeschrieben sind»[9]. Diese Begriffsumschreibung hat den Vorteil, dass sie die *Unteilbarkeit und Interdependenz* der Menschenrechte betont, d.h. anerkennt, dass die verschiedenen Kategorien zusammengehören und wirkliche Freiheit ohne ein Mindestmass an ökonomischer und sozialer Sicherung ebenso undenkbar ist wie soziale Gerechtigkeit ohne Freiheit und Schutz der körperlichen Integrität. In diesem Sinn wird in der Erklärung und im Aktionsplan der Wiener Weltkonferenz über die Menschenrechte von 1993 anerkannt: «Alle Menschenrechte sind universell, unteilbar, bedingen einander und hängen miteinander zusammen»[10]. 2.4

2. Humanitäres Völkerrecht

Das humanitäre Völkerrecht enthält Regeln zum Schutz des Menschen in Situationen bewaffneter Konflikte. Dieses Sonderrecht lässt sich definieren als «Gesamtheit jener internationalen Regeln, welche aus humanitären Gründen der Anwendung von Gewalt in einem bewaffneten Konflikt zwischen Staaten oder innerhalb eines Staates Grenzen setzen. Diese Regeln schränken zum einen das Recht der Konfliktparteien in der Wahl von Mitteln und Methoden der Kriegführung ein. Zum anderen verbieten sie sowohl die Anwendung von Gewalt gegen die an militärischen Operationen nicht oder nicht mehr beteiligten Personen, namentlich die Angehörigen der Zivilbevölkerung und die militärischen und die zivilen Gefangenen, als auch die Zerstörung von zivilen Gütern»[11]. 2.5

Diese Definition deckt die beiden traditionellen Hauptzweige des humanitären Völkerrechts ab[12]: Das sog. *Haager Recht*, welches in diesem Buch nur insoweit behandelt wird, als es für den Schutz der Menschenrechte direkt relevant ist[13], beschränkt die Art der Kriegführung, indem es besonders grausame oder unfaire Kampfmittel (z.B. Giftgas oder Personenminen) und -methoden (z.B. das Tragen gegnerischer Uniformen) verbietet. Das *Genfer Recht* widmet sich dem Schutz von Personen, die sich nicht (mehr) aktiv am Kampf beteiligen (Personen «*hors de combat*»), d.h. verwundete und kranke Angehörige der Streitkräfte, Kriegsgefangene oder die Zivilbevölkerung. Die Zugehörigkeit zu den ersten zwei oder zur dritten Kategorie geschützter Personen bestimmt sich nach der zentralen Unterscheidung zwischen Kombattanten und Zivilpersonen, die das humanitäre Völkerrecht für den internationalen Konflikt macht[14]. 2.6

---

9 Nowak, Einführung, 13.

10 Weltkonferenz über die Menschenrechte in Wien 1993, Erklärung und Aktionsplan, Ziff. 5.

11 Gasser/Melzer, 23. Dazu ausführlicher hinten Rz. 5.75 ff.

12 Vorne Rz. 1.19 ff. mit Hinweisen auf die historische Entwicklung.

13 Siehe dazu z.B. hinten Rz. 9.43 ff. (Recht auf Leben während bewaffneter Konflikte).

14 Zu diesen Begriffen hinten Rz. 5.76 ff.

2.7 Das humanitäre Völkerrecht äussert sich als *ius in bello* (Recht im Krieg) nicht zur Frage, unter welchen Umständen der Krieg zulässig und wann er illegal ist. Es verhält sich mit anderen Worten zu Fragen des *ius ad bellum* (Recht zum Krieg) neutral und gilt für geschützte Personen unabhängig davon, ob diese auf der Seite des Angreifers oder des Verteidigers stehen. Das humanitäre Völkerrecht geht somit von einem Geschichtsbild aus, welches die Existenz des Krieges als Realität akzeptiert und nicht hinterfragt. Es nimmt daher hin, dass Kriege gewalttätig sind und die Zerstörung und Tötung des Feindes angestrebt wird. Sein Ziel ist es aber, in der Extremsituation des Krieges die menschliche Person weitestmöglich zu schützen und die menschliche Würde zu wahren[15]. Dies kann im gewalttätigen Umfeld des Krieges nur bedeuten, der Gewalt der kriegführenden Parteien dort Schranken zu setzen, wo sich diese militärisch nicht rechtfertigen lässt und damit letztlich willkürlich und zum Selbstzweck wird. Damit versucht das humanitäre Völkerrecht, zwischen militärischen Interessen und dem bestmöglichen Schutz des Individuums, das an der bewaffneten Auseinandersetzung nicht oder nicht mehr teilnimmt, einen Ausgleich zu finden und diesen zu normieren:

> «Das Ergebnis des Interessenausgleichs zwischen militärischer Notwendigkeit und humanitärer Zielsetzung soll eine Vorschrift sein, die der kriegerischen Gewalt zwar Schranken auferlegt, sie aber da, wo sie legitimerweise ausgeübt werden darf, nicht unmöglich macht. Die Norm soll, mit anderen Worten, das Individuum schützen, ohne einen – unmöglich zu verwirklichenden – absoluten Schutz zu postulieren. Humanitäres Recht kann immer nur das Bestmögliche verwirklichen [...]»[16].

2.8 Dieser Realismus ist zugleich die Stärke und die Schwäche des humanitären Völkerrechts. Seine Glaubwürdigkeit und Akzeptanz hängen auf Seiten der kriegführenden Parteien davon ab, dass diese ihre Aktionen nach den Regeln der militärischen Logik planen und durchführen können, ohne dabei dauernd mit dem Recht in Konflikt zu kommen. Dies bedeutet aber auch, dass das humanitäre Völkerrecht teilweise Schäden an Leib und Leben unschuldiger Personen in einem Ausmass hinnimmt, wie es aus der Perspektive des Friedensvölkerrechts schockierend erscheinen muss. Dazu trägt vor allem die Unschärfe des Begriffes der militärischen Notwendigkeit bei. Die Linie zwischen militärisch toleriertem und nicht mehr zu akzeptierendem Verhalten ist zudem häufig so dünn, dass die Normierung einen ausserordentlich hohen Grad an Detaillierung nötig macht, was das humanitäre Völkerrecht oft als besonders kompliziert erscheinen lässt.

2.9 Vergleicht man das humanitäre Völkerrecht mit den Begriffselementen der Menschenrechte, ergibt sich Folgendes:

(1) Das humanitäre Völkerrecht verankert an sich keine subjektiven Ansprüche[17], sondern primär *Pflichten* der kriegführenden Parteien und der Angehörigen ihrer Truppen.

---

15 Gasser/Melzer, 22.

16 Hans-Peter Gasser, Einführung in das humanitäre Völkerrecht, Bern etc. 1995, 22 f.

17 Zur komplexen Frage, wie weit Individuen aus dem humanitären Völkerrecht berechtigt werden, hinten Rz. 5.49 ff.

(2) Diese Pflichten sind gegenüber folgenden *Sondergruppen* in Zeiten bewaffneter Konflikte zu erfüllen:
   a) geschützte Personen im internationalen bewaffneten Konflikt (verwundete und kranke Kombattanten, Kriegsgefangene, Zivilbevölkerung in der Hand der Gegenpartei) gemäss den vier Genfer Konventionen von 1949;
   b) von der bewaffneten Auseinandersetzung betroffene Personen oder solche in der Hand der Gegenpartei während internationaler Konflikte gemäss dem ZP I zu den Genfer Konventionen von 1977;
   c) Personen «*hors de combat*» (d.h. Personen, die nicht oder nicht mehr kämpfen) während nicht-internationaler bewaffneter Konflikte gemäss dem gemeinsamen Art. 3 der Genfer Konventionen von 1949
   d) und von einem nicht internationalen Konflikt betroffene Personen gemäss dem ZP II zu den Genfer Konventionen von 1977[18].

(3) Diese Pflichten binden Staaten und während nicht internationaler bewaffneter Auseinandersetzungen zusätzlich nichtstaatliche bewaffnete Gruppierungen sowie Individuen[19].

(4) Sie gelten *nur während bewaffneter Konflikte*, können aber als gerade für diese Extremsituationen geschaffenes Sonderrecht nie, auch nicht vorübergehend, ausser Kraft gesetzt werden.

(5) Sie sind *international verbürgt*, haben also wie die Menschenrechte eine völkerrechtliche Grundlage. Abgesehen vom internationalen Strafrecht ist ihre Durchsetzung im Unterschied zu den Menschenrechten allerdings nur schwach geregelt[20].

(6) Diese internationale Verbürgung hat ihren Ursprung in der Erkenntnis der Staaten, dass es zum Schutz der eigenen Interessen bzw. derjenigen der eigenen Bevölkerung notwendig ist, dem Feind Grenzen zu setzen, weshalb man bereit ist, ihm gegenüber die gleichen Regeln zu beachten[21].

3. Völkerstrafrecht

Das Völkerstrafrecht verankert konkrete strafrechtliche Tatbestände auf internationa- 2.10
ler Ebene und ermöglicht damit die Bestrafung verantwortlicher Individuen direkt durch internationale Gerichte, d.h. den direkten Durchgriff von der völkerrechtlichen Ebene auf das verantwortliche Individuum. Dadurch unterscheidet es sich von völkerrechtlichen Bestrafungspflichten, wie sie etwa das humanitäre Völkerrecht, aber auch einzelne menschenrechtliche Verträge den Staaten auferlegen, welche entsprechende Strafgesetze im nationalen Recht verankern und die Verantwortlichen vor ihre eigenen Gerichte bringen müssen[22].

---

18 Zum Ganzen ausführlich hinten Rz. 5.74 ff.

19 Individuen sind insofern verpflichtet, als die Begehung von schweren Verletzungen des humanitären Völkerrechts gemäss nationalem Recht oder Völkerstrafrecht für strafbar erklärt wird.

20 Zur Durchsetzung des humanitären Völkerrechts hinten Rz. 6.57 ff.

21 Zur Problematik des weitgehenden Fehlens der Reziprozität in Situationen asymmetrischer Kriegführung siehe hinten Rz. 5.33.

22 Siehe dazu Rz. 5.67 und 6.19 ff.

2.11 Mit den Verbrechen gegen die Menschlichkeit und dem Genozidverbot pönalisiert das Völkerstrafrecht besonders schwere Verletzungen der Menschenrechte. Für Missachtungen von Kernbestimmungen des humanitären Völkerrechts schafft die Kategorie der Kriegsverbrechen eine Basis für eine völkerrechtliche individuelle Strafbarkeit[23]. Zum Kreis der völkerrechtlichen Strafdelikte gehört auch das Verbrechen der Aggression, d.h. der Planung und Durchführung eines Angriffskrieges unter offensichtlicher Verletzung des Gewaltverbots[24]. Da dieses Delikt nicht Verletzungen der Menschenrechte oder des humanitären Völkerrechts, sondern Verletzungen des ius ad bellum sanktioniert, wird es in diesem Buch nicht weiter behandelt.

2.12 Da in der heutigen Realität schwerste Verletzungen des völkerrechtlichen Individualschutzes am häufigsten während bewaffneter Konflikte sowie in Situationen sog. «failed states» geschehen, ergänzt das Völkerstrafrecht sowohl die Menschenrechte wie das humanitäre Völkerrecht.

2.13 Während sich die Verpflichtungen aus Menschenrechten grundsätzlich einzig an Staaten richten, kann mit Hilfe des Völkerstrafrechts auch das Individuum, welches nicht als staatliches Organ agiert, individuell strafrechtlich zur Verantwortung gezogen werden. Besonders bedeutsam ist das im Fall von Angehörigen aufständischer Gruppierungen, lässt sich doch eine menschenrechtliche Bindung dieser Organisationen regelmässig nur mit grossen dogmatischen Schwierigkeiten begründen[25].

2.14 Das Völkerstrafrecht ermöglicht aber auch, für Menschenrechtsverletzungen verantwortliche staatliche Amtsträger direkt zu belangen (sog. Durchgriff). Diese können sich daher nicht länger hinter der Souveränität der Staaten verbergen und von strafrechtlicher Immunität in Verfahren vor Gerichten von Drittstaaten oder der fehlenden Bereitschaft des eigenen Staates, derartige Rechtsverletzungen zu verfolgen, profitieren.

2.15 Schliesslich bietet das Völkerstrafrecht eine Handhabe, um auch ausserhalb bewaffneter Konflikte ein strukturelles Defizit der Menschenrechte zu entschärfen, welches mit der zunehmenden Machtakkumulation in den Händen Privater verknüpft ist. So enthalten völkerrechtliche Strafnormen das Potenzial, Verletzungen zentraler Menschenrechte etwa durch multinationale Unternehmen oder private Sicherheitsfirmen begegnen zu können.

2.16 Im Vergleich zu den Menschenrechten und dem humanitären Völkerrecht zeichnet sich das Völkerstrafrecht somit durch folgende Eigenheiten aus:

(1) Das Völkerstrafrecht nimmt nicht die Staaten in die Pflicht, sondern begründet eine direkte, d.h. auf Völkerrecht basierende, strafrechtliche individuelle Verant-

---

23 Siehe zu diesen Delikten hinten Rz. 2.88 ff.

24 Über eine Definition dieses Verbrechens konnten sich die Staaten erst anlässlich einer Überprüfungskonferenz des Römer Statuts im Jahre 2010 mittels der Ausweitung des Römer Statuts um Art. 8bis (Tatbestand der Aggression) sowie Art. 15bis und Art. 15ter (Ausübung der Gerichtsbarkeit) einigen.

25 Siehe dazu hinten Rz. 5.38.

wortlichkeit im Fall einer Verletzung zentraler Bestimmungen der Menschenrechte und des humanitären Völkerrechts.

(2) Adressatinnen und Adressaten der Strafandrohungen sind Individuen, unabhängig davon, ob sie als Organe des Staates handeln.

(3) Im Unterschied zum System des nationalen Strafrechts und völkerrechtlicher Bestrafungspflichten ermöglichen Tatbestände des Völkerstrafrechts einen direkten Durchgriff auf die verantwortlichen Personen ohne Notwendigkeit eines Rückgriffs auf das nationale Strafrecht.

(4) Die direkte internationale strafrechtliche Verankerung der Kernverbrechen erfolgte aus der historischen Erkenntnis, dass sich das Völkerrecht bei massivsten Verletzungen der Menschenrechte unter präventiven und repressiven Gesichtspunkten nicht darauf beschränken darf, den Staat in die Verantwortung zu ziehen. Die Geschichte hat wiederholt gezeigt, dass es sowohl im Falle staatlicher als auch nichtstaatlicher Akteure nicht genügt, die strafrechtliche Ahndung den diesbezüglich oft unfähigen oder unwilligen Staaten zu überlassen. Vielmehr besteht ein Gemeinschaftsinteresse an der Bestrafung der dafür verantwortlichen Personen unabhängig von ihrer Stellung.

II. Vertragsrecht als wichtigste Rechtsquelle

Wo und wie sind die internationalen Menschenrechte und die Verpflichtungen des humanitären Völkerrechts verankert? Das ist die Frage nach den Rechtsquellen des völkerrechtlichen Schutzes von Individuen[26]. 2.17

Im Bereich der Menschenrechte und des humanitären Völkerrechts ist das Vertragsrecht auf universeller Ebene (Ziff. 2 und 4) heute die wichtigste Rechtsquelle. Für die Menschenrechte spielen je nach Kontinent regionale Verträge eine unterschiedlich bedeutsame Rolle (Ziff. 3). Vertragsrecht ist heute auch die wichtigste Grundlage des Völkerstrafrechts (Ziff. 5). Vertragsrecht gilt für alle Staaten, welche die entsprechenden Verträge ratifiziert haben, wobei die Vertragsparteien von der Bindung an einzelne Garantien allerdings loskommen können, soweit sie zu einer Bestimmung einen zulässigen und gültigen Vorbehalt gemacht haben[27]. Dem Gewohnheitsrecht (Ziff. III) kommt in allen Bereichen des Schutzes des Individuums subsidiäre Bedeutung zu, etwa dort, wo ein bestimmter Staat eine bestimmte Menschenrechtsgarantie nicht vertraglich übernommen oder den entsprechenden Vertrag gekündigt hat. Bedeutsam ist schliesslich auch für die Menschenrechte das sog. «soft law» in der Form von Deklarationen und Empfehlungen internationaler Organisationen als rechtlich zwar nicht 2.18

26 Die wichtigsten Rechtsquellen des Völkerrechts sind gemäss Art. 38 IGH-Statut das *Vertragsrecht* als Gefäss für ausdrückliche und meist schriftlich niedergelegte Vereinbarungen zwischen den Staaten, das *Gewohnheitsrecht* als Ausdruck einer auf der Rechtsüberzeugung der Staaten beruhenden konstanten Praxis und die *allgemeinen Rechtsgrundsätze*, welche sich aus den nationalen Rechtsordnungen dieser Welt ableiten und auf internationaler Ebene fruchtbar machen lassen.

27 Dazu ausführlich hinten Rz. 4.16 ff.

bindende, aber autoritative Anleitung für den nationalen Gesetzgeber und für die Auslegung des geschriebenen Rechts (Ziff. IV).

Vertiefung: Die Auslegung von Menschenrechtsverträgen

2.19 Für die Auslegung von Menschenrechtsverträgen gelten an sich die allgemeinen Auslegungsregeln des Völkerrechts[28]. Gemäss Art. 31 Abs. 1 der Wiener Vertragsrechtskonvention (VRK) ist ein Vertrag «nach Treu und Glauben auszulegen, entsprechend der üblichen Bedeutung, die den Begriffen des Vertrages in ihrem Zusammenhang und unter Berücksichtigung seines Zieles und Zwecks beizulegen ist», und laut Abs. 3 lit. b ist «jede spätere Übung bei der Anwendung des Vertrags, aus der die Übereinstimmung der Vertragsparteien über seine Auslegung hervorgeht», für die Auslegung relevant. Demgegenüber kommt der historischen Auslegungsmethode nur eine subsidiäre Bedeutung zu (Art. 32 VRK).

2.20 Von der Auslegung anderer Verträge unterscheidet sich diejenige von Menschenrechtskonventionen durch ihre dynamische Natur: Wie der EGMR seit dem Fall Tyrer in konstanter Praxis betont, ist die EMRK «ein lebendiges Instrument [...], das im Lichte der heutigen Verhältnisse zu interpretieren ist»[29]. Demzufolge tritt bei solchen Verträgen der ursprüngliche Wille der Schöpfer des Vertrages stärker hinter den Text zurück als bei anderen Verträgen. Dafür gibt es vier Gründe: Erstens sind viele Menschenrechte nicht als eigentliche Rechtssätze mit Tatbestand und Rechtsfolge, sondern als offene Prinzipien (z.B. «Recht auf Freiheit und Sicherheit») verfasst, welche analog zu Grundrechten der Konkretisierung bedürfen, bevor sie auf konkrete Fälle angewandt werden können. Die Auslegung hat zweitens im Lichte von Ziel und Zweck des Vertrages (Art. 31 Abs. 1 VRK) zu erfolgen, welcher regelmässig auf Optimierung des Schutzes der Berechtigten ausgerichtet ist[30]. Drittens muss der Grundsatz des effet utile beachtet werden, d.h. es ist unter den möglichen Auslegungsvarianten jene zu wählen, welche dem Vertragszweck am besten zum Durchbruch verhilft. Schliesslich sind viertens – wiederum im Licht von Ziel und Zweck – Schrankenklauseln restriktiv auszulegen.

1. Die UNO-Charta von 1945

2.21 Angesichts der durch den Zweiten Weltkrieg verursachten Leiden und als Reaktion auf die Erfahrung, dass menschenrechtsverachtende Regimes oft auch nach aussen aggressiv sind, waren sich die Gründer der UNO einig, dass die umfassende Achtung der Menschenrechte zur Sicherung und Erhaltung eines gerechten Friedens unerlässlich ist[31]. Art. 1 der UNO-Charta vom 26. Juni 1945 nennt deshalb die «internationale Zusammenarbeit [...], um die Achtung vor den Menschenrechten und Grundfreiheiten

28 So etwa EGMR, Rantsev v. Cyprus and Russia, Reports 2010-I, Ziff. 272 f.

29 EGMR, Tyrer v. The United Kingdom, A/26 (1978), Ziff. 31. So auch der IAGMR; siehe z.B. Atala Riffo and Daughters v. Chile C/239 (2012), Ziff. 83.

30 Siehe etwa EGMR, Rantsev v. Cyprus and Russia, Reports 2010-I, Ziff. 274.

31 In diesem Sinn auch die Ausführungen des ehemaligen Generalsekretärs der UNO, Kofi Annan: «[W]e will not enjoy development without security, we will not enjoy security without development, and we will not enjoy either without respect for human rights»; In larger freedom: towards development, security and human rights for all, UN Doc. A/59/2005, Ziff. 17.

für alle ohne Unterschied der Rasse, des Geschlechts, der Sprache oder der Religion zu fördern und zu festigen», als eines der Hauptziele der Vereinten Nationen, und Art. 56 verpflichtet in Verbindung mit Art. 55 die Mitgliedstaaten zur Zusammenarbeit mit der UNO bei der Förderung der «allgemeine[n] Achtung und Verwirklichung der Menschenrechte und Grundfreiheiten für alle ohne Unterschied der Rasse, des Geschlechts, der Sprache oder der Religion»[32].

Das Bekenntnis zur internationalen Bedeutung der Menschenrechte setzt die Charta 2.22
insofern ein Stück weit in die Realität um, als sie die Generalversammlung (Art. 13 Abs. 1 lit. b) und den Wirtschafts- und Sozialrat (Art. 62 Abs. 2) ermächtigt, Empfehlungen zur Verwirklichung der Menschenrechte abzugeben[33].

Angesichts der Tatsache, dass heute praktisch alle Staaten Mitglieder der UNO sind, 2.23
kann die Charta als Grundlage für die rechtliche Universalität der Menschenrechte[34] eingestuft werden. Auch wenn sie den genauen Gehalt der Menschenrechte nicht bestimmt und Individuen keinerlei Rechtsansprüche einräumt, sind ihre Bestimmungen bedeutsam, weil die Mitgliedstaaten mit ihrer Ratifikation akzeptieren, dass Menschenrechte eine internationale Angelegenheit sind. Dies nimmt heute den Staaten weltweit die Möglichkeit, ihre Bürgerinnen und Bürger unter Berufung auf den Grundsatz der Nichteinmischung in die inneren Angelegenheiten nach eigenem Gutdünken zu behandeln, und verpflichtet sie dazu, alle Individuen im Einklang mit den Menschenrechten zu behandeln. Das hat praktische Konsequenzen. 1980 hiess z.B. der IGH die Klage der USA gegen den Iran wegen der Geiselnahme in der amerikanischen Botschaft von Teheran durch islamische Revolutionäre u.a. mit dem Argument gut, dass es offenkundig mit den Prinzipien der UNO-Charta und der Allgemeinen Menschenrechtserklärung unvereinbar sei, Menschen unrechtmässig ihrer Freiheit zu berauben und sie hartem physischem Zwang zu unterwerfen[35].

2. Universelle Menschenrechtsverträge

a) Generelle Menschenrechtsverträge: Die UNO-Menschenrechtspakte von 1966

Nach 18-jährigen Vorarbeiten genehmigte die UNO-Generalversammlung am 16. De- 2.24
zember 1966 den Internationalen Pakt über die wirtschaftlichen, sozialen und kulturellen Rechte (Pakt I) sowie den Internationalen Pakt über die bürgerlichen und politischen Rechte (Pakt II). Es dauerte weitere zehn Jahre, bis 1976 die für ihr Inkrafttreten notwendige fünfunddreissigste Ratifikation erfolgte. Noch 1990 hatten

32 Gestützt auf diese Bestimmung verabschiedete die damalige MRK im Jahr 1948 die AEMR. Vgl. dazu vorne Rz. 1.33 f.

33 Der Wirtschafts- und Sozialrat hat zudem die für die Förderung der Menschenrechte erforderlichen Kommissionen einzusetzen (Art. 68), eine Aufgabe, die er insb. mit der Errichtung der MRK erfüllt hat. Diese wurde im Jahr 2006 durch den Menschenrechtsrat, ein Unterorgan der UNO-Generalversammlung, ersetzt. Siehe zu den Details hinten Rz. 8.6 ff.

34 Zur Problematik der kulturellen Grundlagen der Universalität siehe Rz. 1.46 ff.

35 IGH, Case concerning United States Diplomatic and Consular Staff in Tehran (United States of America v. Iran), ICJ Reports 1980, Ziff. 91.

bloss etwas mehr als 90 Staaten, d.h. etwa die Hälfte aller Länder die Pakte ratifiziert. Erst heute[36] kann mit 168 (Pakt I) bzw. 171 (Pakt II) Mitgliedstaaten die Rede davon sein, dass die Pakte weltweite Geltung erlangt haben[37].

2.25 Die Verzögerung bei der Ausarbeitung und Inkraftsetzung beruhte auf ideologischen Differenzen zwischen Ost und West zur Zeit des Kalten Krieges: Während die westlichen Staaten nach dem Vorbild der EMRK den Pakt auf unmittelbar anwendbare liberale Abwehrrechte beschränken und ihre Durchsetzung einem Gerichtshof überantworten wollten, drängten die sozialistischen Staaten auf eine Konvention mit wirtschaftlichen, sozialen und kulturellen Menschenrechten, wobei die Durchsetzung der Rechte ausschliesslich dem souveränen Entscheid der Vertragsstaaten hätte überlassen werden sollen.

2.26 Zusammen mit der Allgemeinen Menschenrechtserklärung (AEMR) stellen die beiden Pakte die «International Bill of Rights», den Grundrechtskatalog der internationalen Staatengemeinschaft dar. Die Bedeutung der Pakte liegt darin, dass sie Menschenrechte, wie sie in der AEMR als Utopie skizziert wurden, in umfassender Weise mit rechtlicher Verbindlichkeit ausstatten. Sie räumen damit Individuen völkerrechtlich verankerte Garantien ein, deren Einhaltung wenigstens ein Stück weit durch ein Überwachungssystem sichergestellt werden kann. So schufen diese Verträge erstmals auf universeller Ebene Vertragsmechanismen zur Durchsetzung ihrer Garantien[38].

aa) Internationaler Pakt über wirtschaftliche, soziale und kulturelle Rechte (Pakt I)

2.27 Pakt I stellt die umfassendste Kodifikation wirtschaftlicher, sozialer und kultureller Rechte auf universeller Ebene dar. Diese Rechte sind z.T. als individuelle Ansprüche verankert, z.T. als Handlungspflichten für die Staaten umschrieben und z.T. als Zielvorstellungen formuliert. Teil I garantiert das Selbstbestimmungsrecht der Völker (Art. 1), welches allerdings nicht als individuelles Menschenrecht geltend gemacht werden kann. Teil II regelt die Verpflichtungen, welche den Staaten aus dem Vertrag erwachsen (Art. 2–5).

2.28 Teil III enthält die materiellen Garantien: Die *wirtschaftlichen* Rechte (Art. 6–8) umfassen das Recht auf Arbeit, auf gerechte Arbeitsbedingungen und die Gewerkschaftsrechte. Das Recht auf soziale Sicherheit, der Schutz von Familie, Müttern und Kindern bzw. Jugendlichen, das Recht auf einen angemessenen Lebensstandard, wozu namentlich die Rechte auf Nahrung, Bekleidung und Unterbringung gehören, und das Recht auf Gesundheit bilden die Gruppe der *sozialen* Rechte (Art. 9–12). Das Recht auf Bildung sowie das Recht auf Teilnahme am kulturellen Leben und am wissenschaftlichen Fortschritt sind *kulturelle* Rechte (Art. 13–15).

36 Stand Juni 2018.

37 Während Deutschland und Österreich die Pakte bereits 1976 bzw. 1978 ratifizierten, machte die Schweiz diesen Schritt erst 1992.

38 Dazu ausführlich hinten Rz. 7.1 ff.

Teil IV befasst sich mit der Durchsetzung des Pakts. Er verpflichtet die Staaten, regelmässig «Berichte über die von ihnen getroffenen Massnahmen und über Fortschritte vorzulegen, die hinsichtlich der Beachtung der in dem Pakt anerkannten Rechte erzielt wurden» (Art. 16). Gemäss dem Pakt ist für dieses Staatenberichtsverfahren der Wirtschafts- und Sozialrat der UNO zuständig (Art. 16–24). Dieser hat seine Aufgaben jedoch an den Ausschuss für WSK-Rechte delegiert[39]. Ein Individual- und Staatenbeschwerdeverfahren an diesen Ausschuss begründet das am 10. Dezember 2008 verabschiedete Fakultativprotokoll zum Pakt I[40]. 2.29

bb) Internationaler Pakt über bürgerliche und politische Rechte (Pakt II)

Pakt II ist die umfassendste Kodifikation der Menschenrechte der ersten Generation auf universeller Ebene. Er regelt wie Pakt I in den ersten beiden Teilen das Selbstbestimmungsrecht der Völker (Art. 1)[41] und die Pflichten der Staaten aus dem Pakt (Art. 2–5). 2.30

Teil III enthält die materiellen Garantien: Die Bestimmungen zum Schutz von Leib, Leben und Sicherheit (Art. 6–11) umfassen das Recht auf Leben, das Verbot der Folter und grausamer, unmenschlicher oder erniedrigender Behandlung oder Strafe, das Verbot der Sklaverei und Zwangsarbeit, das Recht auf persönliche Freiheit und Sicherheit inklusive dem Verbot willkürlicher Inhaftierung, die Rechte inhaftierter Personen und das Verbot der Inhaftierung allein deshalb, weil jemand nicht in der Lage ist, eine vertragliche Verpflichtung zu erfüllen. Dem folgt die Bewegungs- und Niederlassungsfreiheit (Art. 12). Verfahrensgarantien sind in den Bestimmungen über den Schutz im Ausweisungsverfahren und über die gerichtliche Beurteilung strafrechtlicher Anklagen und zivilrechtlicher Ansprüche verankert (Art. 13 und 14). Zentral sind in diesem Zusammenhang das Verbot rückwirkender Strafgesetzgebung und der Anspruch auf Anerkennung der Rechtsfähigkeit (Art. 15 und 16). Freiheitsrechte und mit ihnen eng verwandte Garantien finden sich in den Bestimmungen zum Schutz von Privatleben, Familie, Wohnung, Schriftverkehr und Ehre, zur Gedanken-, Gewissens- und Religionsfreiheit, zur Meinungsfreiheit und dem Verbot der Kriegspropaganda bzw. der Aufstachelung zum Rassenhass, zur Versammlungs- und Koalitionsfreiheit sowie zur Ehefreiheit (Art. 17–23). Dieser Teil schliesst mit den Rechten des Kindes, den politischen Rechten, der Rechtsgleichheit bzw. dem Diskriminierungsverbot und den Garantien des Minderheitenschutzes (Art. 24–27). 2.31

Teil IV setzt den Ausschuss für Menschenrechte (MRA) ein und regelt dessen Zusammensetzung und Aufgaben (Art. 28–45). Zu diesen gehören die Behandlung von Staatenberichten (Art. 40) und – falls die involvierten Staaten eine Erklärung gemäss Art. 41 abgegeben haben – von Staatenbeschwerden (Art. 41 und 42). 2.32

39 Dazu hinten Rz. 7.16 ff.

40 Das FP/Pakt I verankert zudem ein Untersuchungsverfahren.

41 Art. 1 Pakt II verankert kein Individualrecht und kann daher im Individualbeschwerdeverfahren nicht angerufen werden; MRA, Ominayak and the Lubicon Lake Band v. Canada, 167/1984 (1990), Ziff. 32.1.

2.33 Das zusammen mit dem Pakt II am 19. Dezember 1966 verabschiedete Fakultativprotokoll (FP 1/Pakt II) richtet ein Beschwerdeverfahren an den MRA ein, das für Individuen offen steht, die behaupten, Opfer einer Paktverletzung durch einen Vertragsstaat des Protokolls geworden zu sein[42]. Das Zweite Fakultativprotokoll zum Pakt II zur Abschaffung der Todesstrafe (FP 2/Pakt II) stammt vom 15. Dezember 1989 und verpflichtet seine Vertragsparteien, die Todesstrafe in Friedens- und, soweit nicht im Zeitpunkt der Ratifikation ein entsprechender Vorbehalt abgegeben wird, auch in Kriegszeiten definitiv abzuschaffen[43].

b) Spezielle Menschenrechtsverträge

aa) Konventionen zum Schutz bestimmter Menschenrechte

2.34 Neben den Pakten, welche Menschenrechte umfassend schützen, hat die UNO eine Reihe von Konventionen zum Schutz bestimmter Menschenrechte erarbeitet.

2.35 Das älteste dieser Übereinkommen ist die Konvention über die Verhütung und Bestrafung des Völkermordes vom 9. Dezember 1948 *(Genozidkonvention)*. Dieser Vertrag ist primär eine strafrechtliche Konvention, welche ein Recht auf Schutz vor Völkermord nicht ausdrücklich erwähnt[44]. Das Abkommen erklärt Völkermord zum internationalen Verbrechen, welches die Vertragsstaaten verhüten und bestrafen müssen (Art. I und V), und definiert die objektiven und subjektiven Elemente dieser Straftat (Art. II und III). Täterinnen und Täter, die einer Regierung angehören oder für diese handeln, können sich nicht auf ihre Immunität berufen (Art. IV). Die Vertragsstaaten sind verpflichtet, die Verantwortlichen entweder vor ein eigenes Gericht zu stellen, oder aber sie auszuliefern oder durch ein für diesen Zweck allenfalls eingesetztes internationales Gericht aburteilen zu lassen (Art. V–VII)[45].

2.36 Das Internationale Übereinkommen zur Beseitigung jeder Form von Rassendiskriminierung vom 21. Dezember 1965 *(Rassendiskriminierungskonvention/RDK)* definiert den Begriff der Rassendiskriminierung in Art. 1. Es verpflichtet die Staaten nicht nur dazu, selbst solche Diskriminierungen zu unterlassen; diese müssen vielmehr «eine Politik der Beseitigung der Rassendiskriminierung in jeder Form und der Förderung des Verständnisses unter allen Rassen [...] verfolgen» (Art. 2) und zu diesem Zweck u.a. rassistische Äusserungen und ihre Verbreitung unter Strafe stellen (Art. 4). Die Staaten haben schliesslich alle Menschen vor dem Gesetz gleich zu behandeln und ihnen ihre Rechte «ohne Unterschied der Rasse, der Hautfarbe, des nationalen Ursprungs oder des Volkstums» zu gewährleisten (Art. 5). Im Verletzungsfall muss den Betroffenen ein wirksames Rechtsmittel zur Verfügung stehen (Art. 6). Die Konvention kennt einen Überwachungsmechanismus mit einem obligatorischen Staaten-

42 Dazu hinten Rz. 7.35 ff.

43 Zur Todesstrafe hinten Rz. 9.27 ff.

44 Siehe dazu detailliert hinten Rz. 9.97 ff.

45 Dazu hinten Rz. 9.103 ff.

berichtsverfahren und einer fakultativen Individualbeschwerdemöglichkeit an den Ausschuss für die Beseitigung der Rassendiskriminierung (Art. 8–14)[46].

Das Übereinkommen gegen Folter und andere grausame, unmenschliche oder erniedrigende Behandlung oder Strafe vom 10. Dezember 1984 *(Folterkonvention/FoK)* kombiniert menschenrechtliche Bestimmungen mit solchen straf-, auslieferungs- und verwaltungsrechtlichen Charakters. Die Konvention definiert in detaillierter Weise den Begriff der Folter (Art. 1), verbietet die Rückschiebung in Staaten, in welchen den Betroffenen Folter droht (Art. 3), und regelt ausführlich die Bestrafung bzw. Auslieferung von Folterern (Art. 4–9). Sie enthält im Weiteren Bestimmungen über die Prävention und Aufklärung von Folterfällen (Art. 10–13), die Rehabilitation von Folteropfern (Art. 14) und das Verbot der Verwendung von Aussagen im Strafverfahren, die unter Folter gemacht wurden (Art. 15). Auch die Folterkonvention kennt einen Überwachungsmechanismus mit obligatorischem Staatenberichtsverfahren und fakultativer Individualbeschwerdemöglichkeit an den Ausschuss gegen Folter (Art. 17–22)[47]. Das am 18. Dezember 2002 verabschiedete Fakultativprotokoll zur Verhütung der Folter (FP/FoK) schafft ein System präventiver Besuche in Haftinstitutionen aller Art als Beitrag zur Verhütung der Folter. Mit dieser Aufgabe ist auf internationaler Ebene der Unterausschuss zur Verhütung der Folter betraut[48]. 2.37

Das Übereinkommen zum Schutz aller Personen vor dem Verschwindenlassen vom 20. Dezember 2006 *(Konvention gegen das Verschwindenlassen/VLK)* verankert in Art. 1 den absolut geltenden Grundsatz, dass «niemand dem Verschwindenlassen unterworfen werden» darf. Der Ausdruck Verschwindenlassen umfasst nach Art. 2 «die Festnahme, den Entzug der Freiheit, die Entführung oder jede andere Form der Freiheitsberaubung durch Bedienstete des Staates oder durch Personen oder Personengruppen, die mit Ermächtigung, Unterstützung oder Duldung des Staates handeln, gefolgt von der Weigerung, diese Freiheitsberaubung anzuerkennen, oder der Verschleierung des Schicksals oder des Verbleibs der verschwundenen Person, wodurch sie dem Schutz des Gesetzes entzogen wird». Die Vertragsstaaten verpflichten sich, derartige Akte gemäss ihrem nationalen Strafrecht als strafbare Handlungen zu bezeichnen und Verantwortliche für derartige Delikte strafrechtlich zu verfolgen und entweder zu bestrafen oder auszuliefern (Art. 3–14 und 25). Sie sind zudem zur Kooperation verpflichtet, um Opfer solcher Menschenrechtsverletzungen, die ein individuelles Recht auf Wiedergutmachung besitzen (Art. 24), zu unterstützen und ihren Aufenthaltsort ausfindig zu machen (Art. 15). Von der Ausweisung, Abschiebung oder Auslieferung einer Person in einen Staat ist abzusehen, «wenn stichhaltige Gründe für die Annahme bestehen, dass sie dort Gefahr liefe, Opfer eines Verschwindenlassens zu werden» (Art. 16). Schliesslich haben Staaten spezifische rechtliche und administrative Massnahmen (z.B. Pflicht zur Registrierung aller Inhaftierter, Gewährleistung von Informationsrechten) zu ergreifen, um sicherzustellen, dass niemand geheim in Haft gehalten 2.38

46 Dazu hinten Rz. 11.72 ff.

47 Dazu hinten Rz. 10.4 ff.

48 Dazu hinten Rz. 7.75 f.

werden kann (Art. 17–23). Die Beachtung dieser Verpflichtungen überwacht der Ausschuss gegen das Verschwindenlassen von Personen. Er hat die Befugnis, Staatenberichte zu prüfen, in dringenden Fällen einen Vertragsstaat aufzufordern, Angaben über den Aufenthaltsort einer verschwundenen Person zu machen, und – wenn ein Staat die entsprechende Kompetenz des Ausschusses anerkennt – Individual- und Staatenbeschwerden zu prüfen und bei Verdacht auf schwerwiegende Verletzungen dieses Vertrages Untersuchungen vor Ort durchzuführen (Art. 26–36)[49].

bb) Konventionen zum Schutz bestimmter Personen

2.39 Gewisse Menschenrechtsverträge dienen dem Schutz bestimmter Personenkategorien, konkret der Flüchtlinge, der Frauen, der Kinder, der Migrantinnen und Migranten und der Menschen mit Behinderungen. Solche Verträge können die Rechtsstellung dieser Personen umfassend regeln oder aber sich auf einzelne Garantien wie das Diskriminierungsverbot konzentrieren.

2.40 Das Abkommen über die Rechtsstellung von Flüchtlingen *(Genfer Flüchtlingskonvention/GFK)* vom 28. Juli 1951 ist der älteste Vertrag zum Schutz einer spezifischen Personenkategorie. Auch wenn es sich dabei nicht um einen klassischen Menschenrechtsvertrag handelt, ist die Flüchtlingskonvention für die Begünstigten von überragender Bedeutung, weil sie für Menschen, die den Schutz ihres Heimatstaates verloren haben, einen subsidiären internationalen Schutz schafft. Zwar gewährt die Konvention keinen Anspruch auf Asyl und äussert sich nicht zum Asylverfahren. Das Verbot, Flüchtlinge in den Verfolgerstaat zurückzuschieben (Non-Refoulement, Art. 33) stellt aber sicher, dass Verfolgte dem Zugriff dieses Staates entzogen bleiben. Damit wird der Zufluchtsstaat für einen Flüchtling verantwortlich, solange dieser auf seinem Gebiet bleibt, auch wenn er nicht zur permanenten Aufnahme verpflichtet ist. Im Kern regelt die Konvention Fragen der Gleichbehandlung und Nichtdiskriminierung der Flüchtlinge: Sie umschreibt in detaillierter Weise (Art. 12–24) die Rechte von Flüchtlingen, die in einem Staat Zuflucht gefunden haben, bezüglich Arbeit, Fürsorge, Bildung oder des Schutzes des Eigentums und der Vereinigungsfreiheit, wobei in diesen Bereichen je nach Thema ein Anspruch auf Gleichbehandlung mit Ausländern in vergleichbaren Umständen (z.B. bezüglich Arbeit) oder mit den eigenen Staatsangehörigen (z.B. im Bereich der Fürsorge und sozialen Sicherheit) garantiert wird.

2.41 Das Übereinkommen zur Beseitigung jeder Form von Diskriminierung der Frauen vom 18. Dezember 1979 *(Frauendiskriminierungskonvention/FDK)* will die Schlechterstellung von Frauen in vielen Lebensbereichen umfassend verhindern. Es verpflichtet die Staaten dazu, Diskriminierungen wie sie in Art. 1 definiert sind, selber zu unterlassen und darüber hinaus «eine Politik zur Beseitigung der Diskriminierung der Frau zu verfolgen». Dazu müssen die Staaten eine Reihe konkreter Massnahmen ergreifen, wozu etwa die verfassungsrechtliche Gleichstellung gehört (Art. 2). Sie haben überdies die Gleichstellung zu fördern (Art. 3 und 5), wobei zu den Förderungsinstrumenten z.B. auch Quoten gehören dürfen, soweit diese nicht länger als notwendig Anwendung

49 Siehe dazu auch hinten Rz. 10.48 ff.

finden (Art. 4). Im Weiteren garantiert die Konvention den Frauen im Bereich der politischen Rechte und des Zugangs zu Ämtern, beim Erwerb der Staatsangehörigkeit, in der Bildung, im Erwerbsleben, in anderen Bereichen des wirtschaftlichen und sozialen Lebens, im Gesundheitswesen und in anderen Lebensbereichen die gleichen Rechte, wie sie Männer haben (Art. 7–14). Frauen dürfen auch im Zivilrecht, insbesondere im Ehe- und Familienrecht, nicht diskriminiert werden (Art. 15 und 16). Das Übereinkommen kennt ein Staatenberichtsverfahren (Art. 18). Mit dem Fakultativprotokoll zur FDK vom 6. Oktober 1999 *(FP/FDK)* ist die Möglichkeit einer Individualbeschwerde an den Ausschuss für die Beseitigung der Diskriminierung der Frau geschaffen worden.

Die Menschenrechte von Kindern und Jugendlichen bis zum vollendeten 18. Altersjahr 2.42
werden umfassend in der Konvention über die Rechte des Kindes *(Kinderrechtskonvention/KRK)* vom 20. November 1989 geschützt. Darunter fallen nicht nur das Diskriminierungsverbot (Art. 2) und die klassischen Freiheitsrechte und Prozessgarantien (z.B. Art. 13–16, 37 und 40), sondern auch die WSK-Rechte (v.a. Art. 24–29 und 32). Besonders bedeutsam sind die kinderspezifischen Rechte, wie das Recht auf einen Registereintrag nach der Geburt (Art. 7) oder auf eine eigene Identität (Art. 8). Die Konvention gewährt Schutz bei Trennung von den Eltern (Art. 9), vor rechtswidrigem Verbringen ins Ausland (Art. 11), vor sexueller Ausbeutung (Art. 34) und vor Kinderhandel (Art. 35). Sie gewährt Kindern das Recht, in allen sie betreffenden Gerichts- und Verwaltungsverfahren angehört zu werden (Art. 12 Abs. 2). Die Konvention enthält im Weiteren Garantien für spezielle Kategorien von Kindern mit besonderen Schutzbedürfnissen wie Kinder von Migrantinnen und Migranten, die von ihrer Familie getrennt sind, Kinder, die adoptiert werden, Flüchtlingskinder, behinderte Kinder und Kinder im Krieg (Art. 10, 21–23 und 38). Bedeutsam sind gewisse allgemeine Prinzipien, allen voran der Grundsatz, dass bei allen das Kind betreffenden Massnahmen sein Wohl primär zu berücksichtigen ist (Art. 3 Abs. 1) und der Staat (unter Vorbehalt des Kindeswohls) das Erziehungsrecht der Eltern respektieren muss (Art. 5). Am 25. Mai 2000 wurde dieser Vertrag inhaltlich mit zwei Fakultativprotokollen ergänzt: Das *Fakultativprotokoll über die Beteiligung von Kindern an bewaffneten Konflikten* erhöht das zulässige Alter für den Einsatz von Kindern in bewaffneten Konflikten[50], und das *Fakultativprotokoll betreffend den Kinderhandel, die Kinderprostitution und die Kinderpornografie* verstärkt den Schutz von Kindern und Jugendlichen vor sexueller Ausbeutung[51]. Für die Überwachung des Vertrages ist im Rahmen eines Staatenberichtsverfahrens der Ausschuss für die Rechte des Kindes zuständig (Art. 42–44). Das am 19. Dezember 2011 verabschiedete dritte Fakultativprotokoll zur KRK über ein Beschwerdeverfahren ermöglicht gegenüber den Vertragsstaaten dieses Protokolls die Individualbeschwerde an den Ausschuss für die Rechte des Kindes[52].

50 Siehe dazu Rz. 14.27 ff.

51 Siehe dazu Rz. 14.25.

52 Zudem verankert es ein fakultatives Staatenbeschwerde- und ein Untersuchungsverfahren.

2.43 Die Konvention über die Rechte von Wanderarbeitern und ihrer Familienangehörigen vom 18. Dezember 1990 *(Wanderarbeiterkonvention/WAK)* verbietet die Diskriminierung von Personen, die im Ausland einer Beschäftigung nachgehen (Art. 7). Sie umschreibt detailliert die Rechte, welche allen Wanderarbeitern und -arbeiterinnen zukommen, d.h. auch solchen, welche sich illegal im Land der Beschäftigung aufhalten (Art. 8–35). Dazu gehören Garantien wie der Schutz des Lebens und der Schutz vor Folter oder Sklaverei, die Glaubensfreiheit, die Meinungsfreiheit, der Schutz der Familie und des Eigentums, sowie der Schutz bei Verhaftung und Verfahrensgarantien. Art. 22 regelt im Detail ihre Rechte im Zusammenhang mit Ausweisungen und Art. 25 garantiert ihnen die gleichen Arbeits- und Lohnbedingungen, wie sie den eigenen Staatsangehörigen zustehen. Die Staaten sind verpflichtet, ihre kulturelle Identität zu achten (Art. 31). Weitergehende Rechte besitzen jene Wanderarbeiter und -arbeiterinnen, welche sich legal im Gaststaat aufhalten (Art. 36–56). Zu nennen sind z.B. die Niederlassungsfreiheit, Gewerkschaftsrechte, das Recht, am politischen Leben des Heimatstaates und insbesondere den dortigen Wahlen teilzunehmen, das Recht auf gleichen Zugang wie eigene Staatsangehörige zu Bildung und Sozial- oder Gesundheitsdiensten oder das Recht auf Zugang zu einer Beschäftigung. Weitere Bestimmungen befassen sich mit den Rechten spezieller Kategorien von Wanderarbeitern und -arbeiterinnen (Art. 57–63), z.B. jenen von Grenzgängerinnen oder Saisonarbeitern. Für die Überwachung der Verpflichtungen der Vertragsstaaten ist der Ausschuss für die Rechte aller Wanderarbeiter und ihrer Familienangehörigen zuständig, welcher obligatorisch Staatenberichte und, soweit der betreffende Staat eine entsprechende Erklärung abgegeben hat, Individualbeschwerden prüfen kann (Art. 72–78). Die Tatsache, dass auch für Personen mit illegalem Aufenthalt weitgehende Rechte vorgesehen sind, bewirkte, dass die für das Inkrafttreten erforderliche Zahl von 20 Ratifikationen erst 2003 erreicht werden konnte und sich bis heute unter den Vertragsstaaten kaum ein Land mit einer signifikanten Zahl ausländischer Beschäftigter befindet.

2.44 Das am 13. Dezember 2006 verabschiedete Übereinkommen über die Rechte von Menschen mit Behinderungen *(Behindertenkonvention/BRK)* verbietet nicht nur jegliche Diskriminierung auf Grund von Behinderung (Art. 5). Vielmehr verpflichtet es seine Vertragsparteien[53] zur Ergreifung spezifischer Massnahmen zur Gewährleistung und Förderung der vollen «Verwirklichung aller Menschenrechte und Grundfreiheiten für alle Menschen mit Behinderungen ohne jede Diskriminierung auf Grund von Behinderung» (Art. 4) unter besonderer Berücksichtigung der Verletzlichkeit behinderter Frauen und Kinder (Art. 6 und 7). Mitgliedstaaten sind weiter gehalten, das Bewusstsein für Menschen mit Behinderungen zu fördern, Vorurteile gegenüber diesen Personen zu bekämpfen und ihnen den Zugang zu Transportmitteln, Kommunikationsdiensten und Informationstechnologien zu erleichtern (Art. 8–9). Schliesslich verlangt dieser Vertrag die Beachtung und den Schutz von Menschenrechten mit besonderer Bedeutung für Menschen mit Behinderungen (Art. 10–30). Der Ausschuss für die Rechte von Menschen mit Behinderungen besitzt die Kompetenz, Staaten-

53 Gemäss Art. 42 und 44 können nicht nur Staaten, sondern auch Organisationen der regionalen Integration diesen Vertrag ratifizieren.

berichte (Art. 34–39) und, soweit eine Vertragspartei das Fakultativprotokoll vom 20. Dezember 2006 zu diesem Übereinkommen ratifiziert hat, Individualbeschwerden zu prüfen[54].

Seit 2012 beschäftigt sich eine Arbeitsgruppe der UNO-Generalversammlung mit der Kodifikation spezifischer vertraglicher Grundlagen zum Schutz der Menschenrechte *älterer Personen*. Im gleichen Jahr setzte der Menschenrechtsrat eine Arbeitsgruppe zur Erarbeitung einer Deklaration zum Schutz von *Bäuerinnen und Bauern und anderer im ländlichen Raum wohnenden Personen* ein. 2.45

c) Menschenrechtsschutz im Rahmen der internationalen Arbeitsorganisation (ILO)

Die Internationale Arbeitsorganisation[55] hat mit ihren 189 bindenden Konventionen und 205 Empfehlungen[56] eine eigentliche Arbeitsrechtskodifikation mit ausgeprägt menschenrechtlicher Akzentsetzung geschaffen, z.B. mit ihren Abkommen über die Abschaffung der Zwangsarbeit, den Schutz der Koalitionsfreiheit oder die Beseitigung von Diskriminierungen in der Arbeitswelt. Menschenrechtlich bedeutsam sind auch das Übereinkommen Nr. 100 über die Gleichheit des Entgelts männlicher und weiblicher Arbeitskräfte vom 29. Juni 1951, das Übereinkommen Nr. 169 über eingeborene und in Stämmen lebende Völker in unabhängigen Ländern vom 27. Juni 1989, das Übereinkommen Nr. 182 vom 17. Juni 1999 über die Bekämpfung der schlimmsten Formen der Kinderarbeit oder das Übereinkommen Nr. 189 vom 16. Juni 2011 über menschenwürdige Arbeit für Hausangestellte. Diese Übereinkommen enthalten allerdings meist keine individuellen Rechte, sondern einzig Gesetzgebungsaufträge. 2.46

Universelle Menschenrechtsverträge 2.47

	Ratifikationen insgesamt	CH	D	A	FL
Internationaler Pakt über wirtschaftliche, soziale und kulturelle Rechte vom 16. Dez. 1966 (Pakt I)	168	R	R	R	R
– Fakultativprotokoll zum Pakt I vom 10. Dez. 2008 (FP/Pakt I)	23	–	–	–	–
Internationaler Pakt über bürgerliche und politische Rechte vom 16. Dez. 1966 (Pakt II)	171	R	R	R	R
– Fakultativprotokoll I zum Pakt II vom 19. Dez. 1966 (FP 1/Pakt II)	116	–	R	R	R
– Fakultativprotokoll II zum Pakt II vom 15. Dez. 1989 zur Abschaffung der Todesstrafe (FP 2/Pakt II)	85	R	R	R	R

54 Das Protokoll begründet weiter ein Untersuchungsverfahren.

55 Zu ihrer Entstehung vorne Rz. 1.28 ff.

56 Stand Juni 2018.

	Ratifikationen insgesamt	CH	D	A	FL
Übereinkommen über die Verhütung und Bestrafung des Völkermordes vom 9. Dez. 1948 (Genozidkonvention/GenozidK)	149	R	R	R	R
Übereinkommen zur Beseitigung jeder Form von Rassendiskriminierung vom 21. Dez. 1965 (Rassendiskriminierungs-konvention/RDK)	179	R	R	R	R
Übereinkommen gegen Folter und andere grausame, unmenschliche oder erniedrigende Behandlung oder Strafe vom 10. Dez. 1984 (Folterkonvention/FoK)	164	R	R	R	R
– Fakultativprotokoll zur FoK vom 18. Dez. 2002 (FP/FoK)	88	R	R	R	R
Übereinkommen zur Beseitigung jeder Form von Diskriminierung der Frau vom 18. Dez. 1979 (Frauendiskriminierungs-konvention/FDK)	189	R	R	R	R
– Fakultativprotokoll zur FDK vom 6. Okt. 1999 (FP/FDK)	109	R	R	R	R
Übereinkommen über die Rechte des Kindes vom 20. Nov. 1989 (Kinderrechts-konvention/KRK)	196	R	R	R	R
– Fakultativprotokoll zur KRK über die Beteiligung von Kindern an bewaffneten Konflikten vom 25. Mai 2000 (FP 1/KRK)	167	R	R	R	R
– Fakultativprotokoll zur KRK über den Kinderhandel, die Kinderprostitution und die Kinderpornographie vom 25. Mai 2000 (FP 2/KRK)	174	R	R	R	R
– Fakultativprotokoll zur KRK über ein Beschwerdeverfahren vom 19. Dez. 2011 (FP 3/KRK)	39	R	R	U	R
Übereinkommen zum Schutz der Rechte aller Wanderarbeitnehmer und ihrer Familienangehörigen vom 18. Dez. 1990 (Wanderarbeiterkonvention/WAK)	51	–	–	–	–
Abkommen über die Rechtsstellung von Flüchtlingen vom 28. Juli 1951 (Flüchtlings-konvention/GFK)	145	R	R	R	R
Übereinkommen über die Rechte von Menschen mit Behinderungen vom 13. Dez. 2006 (Behindertenkonvention/BRK)	177	R	R	R	–
– Fakultativprotokoll zur BRK vom 13. Dez. 2006	91	–	R	R	–

	Ratifikationen insgesamt	CH	D	A	FL
Übereinkommen zum Schutz aller Personen vor dem Verschwindenlassen vom 20. Dez. 2006 (VLK)	58	R	R	R	U

Ratifikation (R), Unterzeichnung (U)

Abb. 1: Universelle Menschenrechtsverträge (Stand Juni 2018)

3. Regionale Menschenrechtsverträge

Regionalen Verträgen kommt je nach Kontinent unterschiedliche Bedeutung zu. Die Europäische Menschenrechtskonvention hat eine derart überragende Bedeutung, dass in den europäischen Ländern die universellen Konventionen deutlich in den Hintergrund treten. Die Amerikanische Menschenrechtskonvention besitzt in den lateinamerikanischen Ländern ebenfalls einen grossen Einfluss. Demgegenüber ist die Stellung der Afrikanischen Charta der Rechte der Menschen und Völker immer noch weniger stark. Im Nahen Osten hat die Arabische Charta der Menschenrechte noch wenig Bedeutung erlangt, und in Asien sowie Ozeanien fehlen regionale Verträge weitgehend. 2.48

a) Europa

Die wichtigste Konvention in Europa ist die *Europäische Konvention zum Schutze der Menschenrechte und Grundfreiheiten* (EMRK), welche vom Europarat am 4. November 1950 verabschiedet wurde. Sie verankert in Abschnitt I (Art. 2–14) die folgenden Garantien: Recht auf Leben, Verbot der Folter oder unmenschlicher oder erniedrigender Behandlung oder Strafe, Verbot der Sklaverei und Zwangsarbeit, Recht auf Freiheit und Sicherheit, Verfahrensgarantien, Verbot rückwirkender Strafgesetze, Anspruch auf Achtung des Privat- und Familienlebens, der Wohnung und des Briefverkehrs, Gedanken-, Gewissens- und Religionsfreiheit, Meinungsäusserungsfreiheit, Versammlungs- und Vereinigungsfreiheit, Ehefreiheit, Anspruch auf eine wirksame Beschwerde und das Diskriminierungsverbot. Die Abschnitte II und III regeln das Individualbeschwerdeverfahren[57] an den Europäischen Gerichtshof für Menschenrechte (EGMR). 2.49

Durch eine Reihe von *Zusatzprotokollen zur EMRK* wurde der Kreis der garantierten Rechte ausgedehnt. Das Zusatzprotokoll Nr. 1 vom 20. März 1952 (ZP 1/EMRK) garantiert in Art. 1–3 den Schutz des Eigentums, das Recht auf Bildung und das Recht auf freie Wahlen. Protokoll Nr. 4 vom 16. September 1963 (ZP 4/EMRK) verbietet den Freiheitsentzug wegen Schulden, die Ausweisung eigener Staatsangehöriger und die Kollektivausweisung ausländischer Staatsangehöriger. Zudem garantiert es die Freizügigkeit, inklusive des Rechts, sich im Wohnsitzstaat frei zu bewegen und ihn zu 2.50

57 Dazu ausführlich hinten Rz. 7.45 ff.

verlassen (Art. 1–4). Protokoll Nr. 6 vom 28. April 1983 (ZP 6/EMRK) schafft die Todesstrafe für Friedenszeiten ab und Protokoll Nr. 13 vom 2. Mai 2002 (ZP 13/EMRK) auch für Kriegszeiten. Protokoll Nr. 7 vom 22. November 1984 (ZP 7/EMRK) gewährt in seinen ersten fünf Artikeln verfahrensrechtlichen Schutz bei der Ausweisung von Ausländerinnen und Ausländern, mindestens eine Beschwerde an ein höheres Gericht in Strafsachen, einen Anspruch auf Entschädigung bei Fehlurteilen, den Grundsatz von ne bis in idem und die Gleichberechtigung der Ehegatten. Das 12. Zusatzprotokoll vom 27. Juni 2000 (ZP 12/EMRK) stipuliert schliesslich im Unterschied zu Art. 14 EMRK ein generelles, selbständiges und nicht «bloss» akzessorisches Diskriminierungsverbot[58].

Vertiefung: Das Verhältnis zwischen den Garantien des Pakts II und der EMRK

2.51 Die Gewährleistungen des Pakts II sind mit denjenigen der EMRK vergleichbar, aber nicht identisch: Der Schutz der EMRK geht weiter beim Recht auf Eigentum (Art. 1 ZP 1/EMRK), das im Pakt II (und auch im Pakt I) nicht enthalten ist, und der expliziten Aufzählung der zulässigen Gründe der Einschränkungen des Rechts auf Leben (Art. 2). Der Pakt II geht weiter bei der Gewährleistung des Selbstbestimmungsrechts der Völker (Art. 1), dem Anspruch auf Rechtsfähigkeit (Art. 16), dem Verbot der Kriegspropaganda (Art. 20), den Rechten der Kinder (Art. 24), dem Anspruch auf Zugang zu öffentlichen Ämtern (Art. 25) und den Rechten von Minderheiten (Art. 27). Andere Rechte wie der Anspruch von Gefangenen auf menschliche Behandlung (Art. 10) und das Recht, Gewerkschaften zu bilden (Art. 22), sind in der EMRK nur implizit enthalten. Das selbständige Diskriminierungsverbot von Art. 26 Pakt II und das umfassende Verbot der Todesstrafe gemäss dem FP 2/Pakt II haben im EMRK-Recht erst mit den ZP 12 und 13 ihre Entsprechung bekommen.

2.52 Neben der EMRK bestehen in Europa weitere Menschenrechtskonventionen: Die *Europäische Sozialcharta* (ESC) vom 18. Oktober 1961, die heute für diejenigen Staaten, welche den Änderungsvertrag vom 3. Mai 1996 ratifiziert haben, in einer revidierten Fassung (ESCrev) gilt, verankert in Analogie zu Pakt I eine Reihe von WSK-Rechten. Es handelt sich um 31 Rechte sehr unterschiedlicher Art. Die Vertragsstaaten müssen sich zur Anerkennung von mindestens sechs Rechten aus folgenden neun Garantien verpflichten: das Recht auf Arbeit (Art. 1), die Koalitionsfreiheit und das Recht zu Kollektivverhandlungen und Streik (Art. 5 und 6), der Schutz von Jugendlichen im Arbeitsleben (Art. 7), das Recht auf soziale Sicherheit (Art. 12) und auf soziale und medizinische Unterstützung (Art. 13), das Recht der Familien auf Schutz (Art. 16), das Recht von Wanderarbeitern und ihrer Familien auf Schutz (Art. 19) und das Recht auf Chancengleichheit und Gleichbehandlung im Bereich von Beschäftigung und Arbeit ohne Diskriminierung wegen des Geschlechts (Art. 20). Aus der Liste der übrigen Rechte können die Staaten nach freier Wahl weitere Verpflichtungen übernehmen. Das *Zusatzprotokoll* vom 5. September 1995 sieht ein Kollektivbeschwerdeverfahren für Gewerkschaften, Arbeitgebervereinigungen und internationale nichtstaatliche Organisationen an einen Ausschuss unabhängiger Expertinnen und Experten vor, welche

58 Siehe zu diesen unterschiedlichen Diskriminierungsverboten hinten Rz. 11.17 ff.

zuhanden des Ministerkomitees des Europarats einen urteilsähnlichen Bericht darüber erstellen, ob die Konvention verletzt worden ist.

Auch auf europäischer Ebene werden einzelne Menschenrechtskomplexe durch spezielle Konventionen geschützt. So ist zum Beispiel das Folterverbot im *Europäischen Übereinkommen zur Verhütung von Folter und unmenschlicher oder erniedrigender Behandlung oder Strafe* vom 26. November 1987 (EFoK) sowie in den beiden *Zusatzprotokollen* vom 4. November 1994 angesprochen: Das Übereinkommen hat ein präventives Besuchssystem eingerichtet, welches dem Europäischen Ausschuss zur Verhütung von Folter erlaubt, in den Vertragsstaaten jederzeit und grundsätzlich ohne Anmeldung Hafteinrichtungen aller Art zu inspizieren und der Regierung des betreffenden Landes Empfehlungen für Massnahmen zu unterbreiten, welche geeignet sind, künftige Fälle von Folter oder Misshandlungen zu vermeiden[59]. 2.53

In den 1990er Jahren wandte sich der Europarat dem Schutz der Minderheiten zu: Das *Rahmenübereinkommen zum Schutz nationaler Minderheiten* vom 1. Februar 1995 befasst sich, wie im Titel angetönt, einzig mit «nationalen Minderheiten», d.h. solchen mit Staatsangehörigkeit bzw. traditionellem Wohnsitz im betreffenden Staat, und regelt v.a. ihre Rechte im Bereich von Sprache und Bildung. Die *Europäische Charta der Regional- oder Minderheitensprachen* vom 5. November 1992 regelt detailliert die Massnahmen zur Förderung des Gebrauchs von Regional- oder Minderheitensprachen im öffentlichen Leben, welche die Vertragsstaaten ergreifen müssen. 2.54

Ebenfalls aus jüngerer Zeit stammen das *Europäische Übereinkommen zum Schutz der Menschenrechte und der Menschenwürde im Hinblick auf die Anwendung der Biologie und der Medizin* vom 4. April 1997 (Biomedizinkonvention) und ihre *Zusatzprotokolle über das Verbot des Klonens von Menschen* vom 12. Januar 1998, über die *Transplantationsmedizin* vom 24. Januar 2002, über die *biomedizinische Forschung* vom 25. Januar 2005 und über *Gentests zu gesundheitlichen Zwecken* vom 27. November 2008. 2.55

Ferner verabschiedete der Europarat am 16. Mai 2005 das *Europäische Übereinkommen über Massnahmen gegen den Menschenhandel*, am 19. Mai 2006 das *Europäische Übereinkommen über die Vermeidung von Staatenlosigkeit im Zusammenhang mit Staatennachfolgen*, am 25. Oktober 2007 das *Europäische Übereinkommen über den Schutz von Kindern vor sexueller Ausbeutung und sexuellem Missbrauch*, am 11. Mai 2011 das *Europäische Übereinkommen zur Verhütung und Bekämpfung von Gewalt gegen Frauen und häuslicher Gewalt* und am 25. März 2015 das *Europäische Übereinkommen gegen den Organhandel.* 2.56

59 Dazu ausführlicher hinten Rz. 7.77 f.

2.57 Europäische Menschenrechtsverträge

Europa	Ratifikationen	CH	D	A	FL
Europäische Konvention zum Schutze der Menschrechte und Grundfreiheiten vom 4. Nov. 1950 (EMRK)	47	R	R	R	R
– Zusatzprotokoll Nr. 1 vom 20. März 1952 (ZP 1/EMRK)	45	U	R	R	R
– Zusatzprotokoll Nr. 4 vom 16. Sept. 1963 (ZP 4/EMRK)	43	–	R	R	R
– Zusatzprotokoll Nr. 6 vom 28. April 1983 (ZP 6/EMRK)	46	R	R	R	R
– Zusatzprotokoll Nr. 7 vom 22. Nov. 1984 (ZP 7/EMRK)	44	R	U	R	R
– Zusatzprotokoll Nr. 12 vom 4. Nov. 2000 (ZP 12/EMRK)	18	–	U	U	U
– Zusatzprotokoll Nr. 13 vom 3. Mai 2002 (ZP 13/EMRK)	44	R	R	R	R
Europäische Sozialcharta vom 18. Okt. 1961 (ESC)	27	U	R	R	U
– Zusatzprotokoll zur ESC über Kollektivbeschwerden vom 9. Nov. 1995	15	–	–	U	–
Europäische Sozialcharta (revidiert) vom 3. Mai 1996 (ESCrev)	34	–	U	R	–
Europäisches Übereinkommen zur Verhütung von Folter und unmenschlicher oder erniedrigender Behandlung oder Strafe vom 26. Nov. 1987 (EFoK)	47	R	R	R	R
Rahmenübereinkommen zum Schutz nationaler Minderheiten vom 1. Feb. 1995	39	R	R	R	R
Europäische Charta über Regional- und Minderheitensprachen vom 5. Nov. 1992	25	R	R	R	R
Europäisches Übereinkommen zum Schutz der Menschenrechte und der Menschenwürde im Hinblick auf die Anwendung der Biologie und der Medizin vom 4. April 1997 (Biomedizinkonvention)	29	R	–	–	–
– Zusatzprotokoll über das Verbot des Klonens von menschlichen Lebewesen vom 12. Jan. 1998	24	R	–	–	–
– Zusatzprotokoll über die Transplantationsmedizin vom 24. Jan. 2002	15	R	–	–	–
– Zusatzprotokoll über die biomedizinische Forschung vom 25. Jan. 2005	12	–	–	–	–

Europa	Ratifikationen	CH	D	A	FL
– Zusatzprotokoll betreffend Gentests zu gesundheitlichen Zwecken vom 27. Nov. 2008	5	–	–	–	–
Europäisches Übereinkommen über Massnahmen gegen den Menschenhandel vom 16. Mai 2005	47	R	R	R	R
Europäisches Übereinkommen zum Schutz von Kindern vor sexueller Ausbeutung und sexuellem Missbrauch vom 25. Okt. 2007	44	R	R	R	R
Europäisches Übereinkommen zur Verhütung, Bekämpfung und Ausrottung der Gewalt gegen Frauen und häuslicher Gewalt vom 11. Mai 2011	30	R	R	R	U
Europäisches Übereinkommen gegen den Organhandel vom 25. März 2015	5	U	–	U	–

Abb. 2: Europäische Menschenrechtsverträge (Stand Juni 2018)

b) Amerika

Auf dem amerikanischen Kontinent spielt die – von den USA, Kanada und einigen karibischen Staaten nicht ratifizierte und von Venezuela und Trinidad und Tobago mittlerweile wieder aufgekündigte – *Interamerikanische Menschenrechtskonvention* vom 22. November 1969 (AMRK) eine grosse Rolle, da Verletzungen ihrer Garantien mit Individualbeschwerde bei der Interamerikanischen Menschenrechtskommission und beim Interamerikanischen Menschenrechtsgerichtshof (IAGMR) geltend gemacht werden können. Das Beschwerdesystem ist allerdings relativ kompliziert, sodass der Gerichtshof bis heute erst ca. 350 materielle Urteile fällen konnte. Die AMRK, welche von der Organisation Amerikanischer Staaten (OAS) erst mehr als zwei Jahrzehnte nach der Amerikanischen Erklärung der Rechte und Pflichten des Menschen vom 2. Mai 1948[60] verabschiedet werden konnte, ist mit der EMRK inhaltlich weitgehend identisch, geht aber mit einzelnen zusätzlichen Garantien über deren Inhalt hinaus. Dazu gehören etwa der Anspruch auf Rechtspersönlichkeit (Art. 3), Staatsangehörigkeitsrechte (Art. 20), politische Partizipationsrechte (Art. 23) sowie ein Minimum an sozialen Rechten (Art. 26). Das *Zusatzprotokoll von San Salvador über wirtschaftliche, soziale und kulturelle Rechte* vom 17. November 1988 (ZP 1/AMRK) enthält viele Garantien, die auch im Pakt I verankert sind, so etwa das Recht auf Arbeit (Art. 6) und das Recht auf Bildung (Art. 13). Das *Protokoll zur Abschaffung der Todesstrafe* vom 8. Juni 1990 (ZP 2/AMRK) verbietet die Todesstrafe in Friedens- und grundsätzlich auch während Kriegszeiten. Allerdings kann ein Staat in diesem Fall einen Vorbehalt für schwerste Verbrechen anbringen (Art. 2). 2.58

60 Die IAKMR besitzt auch die Kompetenz, über Individualbeschwerden wegen Verletzungen der Amerikanischen Erklärung der Rechte und Pflichten des Menschen zu befinden, allerdings in rechtlich nicht bindender Weise.

2.59 Mit einzelnen Menschenrechten oder dem Schutz bestimmter Personenkategorien befassen sich sieben Instrumente: Die *Interamerikanische Konvention zur Verhütung und Bestrafung von Folter* vom 9. Dezember 1985 enthält Bestimmungen zum Begriff der Folter, die Verpflichtungen der Vertragsstaaten, Folter zu unterbinden, zu bestrafen und Folteropfer zu entschädigen sowie eine Auflistung von unzulässigen «Rechtfertigungsgründen». Die *Interamerikanische Konvention über das Verschwindenlassen von Personen* vom 9. Juni 1994 verpflichtet die Staaten, die Praxis des Verschwindenlassens von Personen zu unterbinden und die Täterinnen und Täter zu bestrafen. Die *Interamerikanische Konvention zur Verhütung, Bestrafung und Ausrottung der Gewalt gegen Frauen* vom 9. Juni 1994 verbietet körperliche, psychische und sexuelle Gewalt gegen Frauen auf Grund ihres Geschlechts und verpflichtet die Vertragsparteien zu Massnahmen, welche solche Gewalt im privaten und öffentlichen Bereich verhindern sollen, sowie zur strafrechtlichen Verfolgung der Täter. Die *Interamerikanische Konvention zur Beseitigung aller Formen der Diskriminierung gegenüber Menschen mit Behinderungen* vom 6. August 1999 verpflichtet ihre Vertragsstaaten, in allerdings sehr allgemeiner Form, zur Ergreifung von Massnahmen zur Prävention und Eliminierung von Diskriminierungen gegenüber Menschen mit Behinderungen. Die beiden am 6. Juni 2013 verabschiedeten *Interamerikanischen Konventionen gegen Rassismus, Rassendiskriminierung und andere Formen der Intoleranz* resp. *gegen alle Formen der Diskriminierung und Intoleranz* verankern weitgehende staatliche Verpflichtungen zur Bekämpfung der Diskriminierung auf staatlicher und privater Ebene. Bei der *Interamerikanischen Konvention zum Schutz der Menschenrechte älterer Personen* vom 15. Juni 2015 handelt es sich schliesslich um den weltweit ersten Menschenrechtsvertrag, der sich spezifisch den Rechten dieser weltweit wachsenden Personenkategorie widmet.

2.60 **Interamerikanische Menschenrechtsverträge**

	Ratifikationen
Amerikanische Menschenrechtskonvention vom 22. Nov. 1969 (AMRK)	22
– Zusatzprotokoll zur AMRK über wirtschaftliche, soziale und kulturelle Rechte vom 17. Nov. 1988 (Protokoll von San Salvador, ZP 1/AMRK)	16
– Zusatzprotokoll zur AMRK über die Abschaffung der Todesstrafe vom 8. Juni 1990 (ZP 2/AMRK)	13
Interamerikanische Konvention zur Verhütung und Bestrafung von Folter vom 9. Dez. 1985	18
Interamerikanische Konvention über das Verschwindenlassen von Personen vom 9. Juni 1994	15
Interamerikanische Konvention zur Verhütung, Bestrafung und Beseitigung von Gewalt gegen Frauen vom 9. Juni 1994	32
Interamerikanische Konvention zur Beseitigung aller Formen der Diskriminierung gegenüber Menschen mit einer Behinderung vom 7. Juni 1999	19
Interamerikanische Konvention gegen Rassismus, Rassendiskriminierung und andere Formen der Intoleranz vom 6. Juni 2013	3

	Ratifikationen
Interamerikanische Konvention gegen alle Formen der Diskriminierung und Intoleranz vom 6. Juni 2013	1
Interamerikanische Konvention zum Schutz der Menschenrechte älterer Personen vom 15. Juni 2015	6

Abb. 3: Interamerikanische Menschenrechtsverträge (Stand Juni 2018)

c) Afrika

Die *Afrikanische Charta der Menschenrechte und Rechte der Völker* (Banjul Charta/Afrikanische Menschenrechtscharta/AfCRMV) wurde von der Organisation der Afrikanischen Einheit (OAU – Organization of African Unity; seit dem 9. Juli 2002 AU – African Union) am 26. Juni 1981 verabschiedet. Neben einem Katalog bürgerlicher und politischer Rechte sowie wirtschaftlicher, sozialer und kultureller Garantien zugunsten der Individuen enthält die Charta auch kollektive Rechte, nämlich die Rechte der Völker auf Gleichheit, Selbstbestimmung, Entwicklung, Frieden und Umwelt (Art. 22–24). Die Charta betont im Weiteren die Pflichten, welche jedes Individuum «gegenüber seiner Familie und der Gesellschaft, gegenüber dem Staat und anderen gesetzlich anerkannten Gemeinschaften sowie gegenüber der internationalen Gemeinschaft» hat (Art. 27 Abs. 1), und macht klar, dass der Genuss der garantierten Rechte durch die Pflicht beschränkt ist, sie «unter Berücksichtigung der Rechte anderer, der kollektiven Sicherheit, der Sittlichkeit und des Gemeinwohls» auszuüben. 2.61

Für die Überwachung dieses Vertrages ist die Afrikanische Kommission für die Rechte der Menschen und Völker (AfKRMV) zuständig, welcher Opfer von Menschenrechtsverletzungen, aber auch nichtstaatliche Organisationen (NGOs) und andere Personen Beschwerden unterbreiten können. Allerdings besteht kein Anspruch auf Behandlung, d.h. die Kommission entscheidet selber, welche Fälle sie untersuchen will. Gegenüber Staaten, welche das *Zusatzprotokoll über die Errichtung eines Afrikanischen Gerichtshofs für die Rechte der Menschen und Völker* vom 10. Januar 1998 ratifiziert haben, ist zudem dieses Gericht unter bestimmten Bedingungen zur Beurteilung von Beschwerden zuständig[61]. Darüber hinaus kennt die Charta zwei Zusatzprotokolle, welche materielle Garantien verankern: Das *Zusatzprotokoll über die Rechte der Frauen in Afrika* vom 11. Juli 2003 und dasjenige *über die Rechte älterer Personen* vom 31. Januar 2016. 2.62

Weitere afrikanische Menschenrechtsabkommen sind die *Afrikanische Charta über die Rechte und das Wohlergehen des Kindes* vom Juli 1990[62] und die *Konvention über den Schutz und die Unterstützung für Binnenvertriebene in Afrika* (Kampala Konvention) vom 22. Oktober 2009. 2.63

61 Siehe zu den Details hinten Rz. 7.66 f.

62 Die Überwachung dieses Vertrages geschieht durch den Afrikanischen Ausschuss über die Rechte und die Wohlfahrt des Kindes, der auch die Kompetenz besitzt, über Individualbeschwerden zu befinden.

2.64 **Afrikanische Menschenrechtsverträge**

	Ratifikationen
Banjul Charta der Menschenrechte und Rechte der Völker vom 26. Juni 1981 (Afrikanische Menschenrechtscharta/AfCRMV)	53
– Zusatzprotokoll zur AfCRMV über die Rechte der Frauen in Afrika vom 11. Juli 2003 (ZP 1/AfCRMV)	36
– Zusatzprotokoll zur AfCRMV über die Rechte älterer Personen vom 31. Jan. 2016 (ZP 2/AfCRMV)	–
Afrikanische Charta über die Rechte und das Wohlergehen des Kindes vom 11. Juli 1990	41
Konvention über den Schutz und die Unterstützung für Binnenvertriebene in Afrika vom 22. Okt. 2009	27

Abb. 4: Afrikanische Menschenrechtsverträge (Stand Mai 2018)

d) Naher Osten

2.65 Im Nahen Osten hat der Rat der Arabischen Liga am 15. September 1994 die *Arabische Charta der Menschenrechte* angenommen. Ihre Bestimmungen entsprachen weitgehend jenen der Allgemeinen Menschenrechtserklärung und der beiden Menschenrechtspakte. Die Arabische Charta wurde aber von keinem einzigen Staat ratifiziert, weshalb sie einer Revision unterzogen wurde. Die revidierte Fassung der Arabischen Charta der Menschenrechte (ArCMR) konnte am 22. Mai 2004 verabschiedet werden und trat am 15. März 2008 in Kraft. Inhaltlich verankert die Charta neben dem Selbstbestimmungsrecht der Völker und einem expliziten Widerstandsrecht gegen fremde Besatzung (Art. 2) grundlegende Menschenrechte, wie das Recht auf Leben (Art. 5 ff.), das Verbot der Folter und unmenschlichen und erniedrigenden Behandlung (Art. 8 f.), das Verbot der Sklaverei und Zwangsarbeit (Art. 10), ein allgemeines Rechtsgleichheitsgebot (Art. 11), Verfahrensgarantien (Art. 12 ff.), staatsbürgerliche Rechte (Art. 24) sowie Freiheitsrechte wie das Recht auf Privatleben, die Religions- und die Meinungsäusserungsfreiheit (Art. 21 und 30 f.). Weiter kennt dieser Vertrag einen umfangreichen Katalog wirtschaftlicher, sozialer und kultureller Rechte, wie etwa das Recht auf einen angemessenen Lebensstandard (Art. 38), das Recht auf Arbeit (Art. 34), das Recht auf Gesundheit (Art. 39) sowie das Recht auf Bildung (Art. 41). Er anerkennt zudem spezifische Rechte von Angehörigen von Minderheiten (Art. 25) sowie von Personen mit einer Behinderung (Art. 40). Überwacht wird die Charta vom Arabischen Menschenrechtsausschuss, der indes einzig die Kompetenz zur Überprüfung von Staatenberichten besitzt. Am 7. September 2014 verabschiedete die Arabische Liga ein Statut für einen Arabischen Gerichtshof für Menschenrechte. Angerufen werden kann dieses Gericht indessen einzig vom Heimatstaat einer Person, die eine Verletzung der Arabischen Charta geltend macht, und – falls der betreffende Staat einwilligt – von NGOs, nicht hingegen von Individuen oder dem Arabischen Menschenrechtsausschuss.

2.66 Obwohl die Arabische Menschenrechtscharta die meisten Menschenrechte in vergleichbarer Form wie die übrigen universellen und regionalen Abkommen schützt, stossen verschiedene ihrer materiellen Garantien auf Kritik: So wird etwa neben der Gleichsetzung von Rassismus und Zionismus (Art. 2 Ziff. 3) insbesondere das Verbot der Geschlechterdiskriminierung kritisiert, das einzig innerhalb «the framework of the positive discrimination established in favour of women by the Islamic Shariah [and] other divine laws» (Art. 3 Ziff. 3) gilt. Weitere Kritikpunkte umfassen die Tatsachen, dass dieser Vertrag die Hinrichtung von Personen, die zum Tatzeitpunkt noch nicht 18-jährig waren, nicht absolut untersagt, dass er kein Verbot grausamer, unmenschlicher oder erniedrigender Strafe verankert und dass sich auf die Versammlungs- und Vereinigungsfreiheit sowie das Recht auf freien Grundschulunterricht einzig Staatsangehörige der Vertragsparteien (Art. 25 Ziff. 5 f. resp. Art. 41 Ziff. 2) berufen können. Andererseits geht die Charta mit ihrer langen Liste nicht derogierbarer Rechte (Art. 4 Abs. 2) über den Schutz anderer Konventionen hinaus.

e) Süd- und Südostasien

Süd- und Südostasien kennen keine umfassenden regionalen Menschenrechtskonven- 2.67
tionen. Die beiden regionalen Organisationen SAARC (South Asian Association for Regional Cooperation) und ASEAN (Association of Southeast Asian Nations) verstehen sich als Gebilde, welche sich primär mit zwischenstaatlichen Themen befassen.

So behandelt die ASEAN vor allem Themen wie Frieden und Stabilität in Südostasien 2.68
bzw. ökonomische Fragen in dieser Region, während die Menschenrechte lange ausschliesslich als Bestandteil der inneren Angelegenheiten der Mitgliedstaaten galten. Im Jahr 2007 gelang es aber, die ASEAN-Charta zu verabschieden. Dieser Vertrag enthält zwar keinen eigenen Menschenrechtskatalog, er sieht aber ein Organ zur Überwachung der Menschenrechte in den ASEAN-Staaten vor[63]. Gestützt darauf wurde im Jahr 2009 die ASEAN-Menschenrechtskommission eingesetzt. Diese erarbeitete die *ASEAN-Erklärung der Menschenrechte*, die 2012 von den Staatsoberhäuptern der ASEAN-Staaten verabschiedet wurde. Diese rechtlich nicht verbindliche Erklärung verankert nach generellen Prinzipien, wie etwa dem Diskriminierungsverbot (Ziff. 2), dem Recht auf Rechtsfähigkeit (Ziff. 3), Rechten vulnerabler Gruppen (Ziff. 4), umfassende Kataloge bürgerlicher und politischer (Ziff. 11–25) sowie WSK-Rechte (Ziff. 27–32) wie auch die Rechte auf Entwicklung (Ziff. 35–37) und Frieden (Ziff. 38). Dieser Erklärung wird vorgeworfen, sie unterschreite international vorgegebene Standards. So kann etwa das Recht auf Leben (Ziff. 11) in Übereinstimmung mit nationalen Gesetzen eingeschränkt werden und der Genuss der in der Erklärung garantierten Rechte ist mit Pflichten und Verantwortlichkeiten jeder Person gegenüber anderen Individuen, der Gemeinschaft und der Gesellschaft auszubalancieren (Ziff. 6). Relativiert wird diese Kritik allerdings durch die in Art. 40 verankerte Günstigkeitsklausel, wonach diese Erklärung für Staaten nicht zum Vorwand genommen werden darf, internationale Menschenrechtsverpflichtungen der ASEAN-Staaten abzuschwächen.

Gegenüber Menschenrechten traditionell etwas offener ist die SAARC. Ihre Charta 2.69
zählt die Menschenrechte zwar nicht zu den Zielen der Organisation, sie ist aber unter

63 Art. 14 ASEAN-Charta.

anderem gegründet worden, um allen Individuen die Möglichkeit für ein Leben in Würde zu geben[64]. Im Jahr 2002 hat die SAARC wichtige Schritte zur Umsetzung dieses Ziels gemacht: Die fünfte und sechste Konvention, welche diese Organisation seit ihrer Gründung im Jahre 1985 angenommen hat, befassen sich mit dem *Schutz der Kinder*[65] und der Bekämpfung von *Frauen- und Kinderhandel*[66]. Während der zweite dieser Verträge die Staaten primär zu strafrechtlichen Massnahmen und zur Zusammenarbeit im Bereich von Rechtshilfe und Auslieferung verpflichtet, spricht die Kinderkonvention direkt die Pflicht der Staaten an, die Rechte des Kindes zu bestätigen und die Pflichten aus der Kinderrechtskonvention der UNO auf der innerstaatlichen Ebene umzusetzen[67]. Die Pflicht, die nationale Gesetzgebung so auszugestalten, dass Kinder vor Diskriminierung, Missbrauch, Vernachlässigung, Ausbeutung, Folter und unmenschlicher Behandlung, Kinderhandel und Gewalt geschützt sind, und die Durchführung von Strafverfahren in einer Weise, die ihrer Würde und dem Kindeswohl entspricht, werden zu den Prioritäten der Vertragsstaaten in diesem Bereich gezählt[68]. Auch wenn die Konvention inhaltlich kaum neue Garantien enthält, ist es hier doch erstmals in Asien gelungen, wenigstens einen Teilbereich der Menschenrechte vertraglich zu regeln und in Hinblick auf die nationale Durchsetzung zu stärken. Am 4. Januar 2004 konnte schliesslich die *SAARC-Sozialcharta*[69] verabschiedet werden. Auch diese verankert keine Individualrechte, verpflichtet aber die Staaten, zur Ergreifung spezifisch umschriebener Massnahmen in den durch WSK-Rechte abgedeckten Bereichen.

2.70 **Regionale Menschenrechtsverträge: Naher Osten und Asien**

	Ratifikationen
Arabische Charta der Menschenrechte vom 22. Mai 2004	14
SAARC Konvention über regionale Arrangements für die Förderung der Wohlfahrt der Kinder in Südasien vom 25. Jan. 2002	Ratifiziert von allen SAARC-Staaten (Afghanistan, Bangladesch, Bhutan, Indien, Malediven, Nepal, Pakistan und Sri Lanka)
SAARC Konvention über die Prävention und Bekämpfung von Frauen- und Kinderhandel für Prostitutionszwecke vom 25. Jan. 2002	Ratifiziert von allen SAARC-Staaten
SAARC Sozialcharta vom 6. Jan. 2004	Ratifiziert von allen SAARC-Staaten

Abb. 5: Regionale Menschenrechtsverträge: Naher Osten und Asien (Stand Juni 2018)

64 Charta der SAARC vom 8. Dezember 1985, Art. 1 lit. b.

65 SAARC Convention on Regional Arrangements for the Promotion of Child Welfare in South Asia, 5. Januar 2002.

66 SAARC Convention on Preventing and Combating Trafficking in Women and Children for Prostitution, 5. Januar 2002.

67 Art. 3 Abs. 2 und 3.

68 Art. 4 Abs. 3.

69 Vom Januar 2004.

4. Humanitäres Recht: Die Genfer Konventionen und ihre Zusatzprotokolle

a) Internationale bewaffnete Konflikte

Das Recht des Schutzes der Menschen im internationalen bewaffneten Konflikt ist in den universell ratifizierten vier *Genfer Abkommen* von 1949 (im Juni 2018 je durch 196 Staaten ratifiziert) sowie in den beiden *Zusatzprotokollen von 1977* (im Juni 2018 von 174 bzw. 168 Staaten ratifiziert) umfassend geregelt. 2.71

Das *Genfer Abkommen zur Verbesserung des Loses der Verwundeten und Kranken der bewaffneten Kräfte im Felde* (I. Genfer Konvention/GK I) baut auf dem ursprünglichen Genfer Abkommen «betreffend die Linderung des Loses der im Felddienste verwundeten Militärpersonen» von 1864 auf und entwickelt den Gründungsgedanken des Roten Kreuzes, dass verwundete und kranke Soldaten Schutz erhalten sollen[70], weiter, um ihn den geänderten Kriegsformen des 20. Jahrhunderts anzupassen[71]. Es hält am Prinzip fest, dass verwundete und kranke, d.h. wehrlose Soldaten geschützt sein sollen, auch wenn sie dem Gegner in die Hände fallen, und regelt detailliert, wer von diesem Schutz wie profitieren kann. Im Weiteren behandelt die Konvention eingehend die Rechte des Sanitätspersonals. Das *Genfer Abkommen zur Verbesserung des Loses der Verwundeten, Kranken und Schiffbrüchigen der bewaffneten Kräfte zur See* (II. Genfer Konvention/GK II) behandelt die gleichen Themen für die Angehörigen der Kriegsmarine und dehnt den Schutz für Verwundete und Kranke auf Schiffbrüchige aus, welche nach jedem Kampf geborgen werden sollen. 2.72

Das *Genfer Abkommen über die Behandlung der Kriegsgefangenen* (III. Genfer Konvention/GK III) entwickelt die Bestimmungen der Haager Konvention von 1899 über die Kriegsgefangenen und der X. Haager Konvention von 1907 weiter. Das Abkommen beruht auf dem Grundsatz, dass Angehörige regulärer Streitkräfte und ihnen gleich gestellte andere Kombattanten (Art. 4) für die Teilnahme am bewaffneten Konflikt nicht bestraft werden dürfen, ihre Gefangennahme also nicht eine Sanktion darstellt, sondern lediglich der Neutralisierung ihrer Kampfkraft dient. Nach dem Grundprinzip von Art. 13 sind «Kriegsgefangene […] jederzeit mit Menschlichkeit zu behandeln. Jede unerlaubte Handlung oder Unterlassung seitens des Gewahrsamsstaates, die den Tod oder eine schwere Gefährdung der Gesundheit eines in ihrem Gewahrsam befindlichen Kriegsgefangenen zur Folge hat, ist verboten […]». Das GK III regelt detailliert, was menschliche Behandlung bedeutet, etwa in Hinblick auf die Gefangennahme (Art. 17–20), Internierung (Art. 21–24), Unterkunft, Verpflegung und Bekleidung (Art. 25–28), Gesundheitsversorgung (Art. 29–32), Arbeit (Art. 49–57) und Behandlung bei disziplinarischen oder strafrechtlichen Vergehen (Art. 82–108). Schliesslich befasst sich die Konvention mit der Freilassung und Heimschaffung der Kriegsgefangenen (Art. 109–119). 2.73

70 Vorne Rz. 1.19 ff.

71 Das Abkommen von 1864 war bereits 1906 und 1929 revidiert worden.

2.74 Das *Genfer Abkommen über den Schutz von Zivilpersonen in Kriegszeiten* (IV. Genfer Konvention/GK IV) hat den direktesten Bezug zu den Menschenrechten, weil es mit seinen Bestimmungen über den Schutz von Leib und Leben, dem Verbot der Diskriminierung oder Verfahrensrechten von angeklagten Zivilpersonen zum Teil Garantien verankert, welche auch in den beiden UNO-Menschenrechtspakten garantiert sind. Nachdem die IV. Haager Konvention von 1907 nur einzelne Bestimmungen zum Schutz der Zivilbevölkerung enthielt und andere Normen Bestandteil des Gewohnheitsrechts wurden, bildet die GK IV die erste umfassende Kodifikation des Schutzes der Zivilbevölkerung im Krieg. Im Vordergrund stehen neben Normen über den allgemeinen Schutz der Zivilbevölkerung (Art. 13–26) die Bestimmungen über die besetzten Gebiete (Art. 47–78) und die Internierung von Zivilpersonen (Art. 79–135). Besonders wichtig ist Art. 4, welcher umschreibt, wer unter den Schutz der Konvention fällt. Dies sind Personen, «die sich im Falle eines Konflikts oder einer Besetzung zu irgendeinem Zeitpunkt und gleichgültig auf welche Weise in der Gewalt einer am Konflikt beteiligten Partei oder einer Besetzungsmacht befinden, deren Staatsangehörige sie nicht sind». Die 4. Konvention schützt mit anderen Worten die eigene Zivilbevölkerung nicht, was sie grundsätzlich von den Menschenrechtsinstrumenten unterscheidet.

2.75 Diese Schwäche verringert das *Zusatzprotokoll zu den Genfer Abkommen vom 12. August 1949 über* den *Schutz der Opfer internationaler bewaffneter Konflikte* vom 8. Juni 1977 (Protokoll I/ZP I), indem es «alle Zivilpersonen» zur geschützten Zivilbevölkerung zählt (Art. 50 Abs. 2). Damit überwindet es das Prinzip der Reziprozität, demzufolge Angehörige des Feindstaates nur deshalb geschont werden, weil dieser gegenüber den eigenen Angehörigen der Streitkräfte und der eigenen Zivilbevölkerung die gleiche Verpflichtung hat, sodass beide Kriegsparteien von der «Humanität» profitieren. Dieser Schritt nähert das humanitäre Recht den Menschenrechten an. Das ZP I weicht den Ausschluss innerstaatlicher Konflikte vom Schutzbereich des humanitären Völkerrechts insofern auf, als es nationale, insbesondere gegen fremde Kolonialherrschaft gerichtete Befreiungskriege den internationalen Konflikten gleichstellt (Art. 1 Abs. 4).

2.76 Das ZP I erweitert den Schutz der Zivilbevölkerung (Art. 48–79) über die GK IV hinaus auch inhaltlich, indem es Elemente des Haager Rechts über die Kriegführung aufnimmt und mit dem Schutz der Kriegsopfer verbindet. Besonders bedeutsam sind die Verbote militärischer Angriffe auf die Zivilbevölkerung und der unterschiedslosen Attacken, d.h. von Angriffen, welche (wie z.B. Flächenbombardierungen) «militärische Ziele und Zivilpersonen oder zivile Objekte unterschiedslos treffen können» (Art. 51). Daraus ergibt sich für die Kriegsparteien die Verpflichtung, immer und überall zwischen der Zivilbevölkerung und Kombattanten bzw. zwischen zivilen und militärischen Zielen zu unterscheiden. Diese und andere Bestimmungen (z.B. Art. 57 und 58 über Vorsichtsmassnahmen zugunsten der Zivilbevölkerung im Zusammenhang mit militärischen Angriffen) geben dem Recht auf Leben im bewaffneten Konflikt[72] klare

72 Dazu hinten Rz. 9.43 ff.

Konturen. Das Protokoll spricht auch soziale Menschenrechte an, indem es z.B. das Aushungern der Zivilbevölkerung als Kampfmethode kategorisch verbietet (Art. 54).

Andere Teile des ZP I knüpfen an Regelungen der anderen Genfer Konventionen an. 2.77 Art. 8–34 modernisieren und klären Fragen im Zusammenhang mit dem Schutz der Verwundeten, Kranken und Schiffbrüchigen und Art. 44–46 definieren, wer als Kriegsgefangener oder Kriegsgefangene gilt bzw. wie Personen zu behandeln sind, welche diesen Status nicht erhalten. Für den Schutz von Leib und Leben bedeutsam sind zudem die zentralen Regeln des Kriegführungsrechts, welche in Art. 35–42 verankert sind. Grundlegend ist Art. 35, welcher bestimmt, dass «[i]n einem bewaffneten Konflikt […] die am Konflikt beteiligten Parteien kein unbeschränktes Recht in der Wahl der Methoden und Mittel der Kriegführung» haben und es insbesondere verboten ist, «Waffen, Geschosse und Material sowie Methoden der Kriegführung zu verwenden, die geeignet sind, überflüssige Verletzungen oder unnötige Leiden zu verursachen».

Für alle Personen, welche sich in der Gewalt einer Konfliktpartei befinden, gelten un- 2.78 geachtet ihres Status die Garantien von Art. 75. Diese Bestimmung stellt eine Art allgemeiner Menschenrechtskatalog für die besonderen Umstände des Krieges dar. Art. 75 verpflichtet die Kriegsparteien zur Menschlichkeit gegenüber den Angehörigen der Gegenpartei, die in ihre Hände gefallen sind, und verbietet in umfassender Weise ihre Diskriminierung. Abs. 2 enthält umfassende Garantien zum Schutz von Leib und Leben, Abs. 3 umschreibt die minimalen Rechte verhafteter Personen und Abs. 4 regelt in detaillierter Weise die Garantien eines fairen Strafprozesses. Abs. 5 schliesslich widmet sich dem Schutz der Frauen.

b) Interne bewaffnete Konflikte

Eine der wichtigsten Herausforderungen für das humanitäre Völkerrecht ist die Tat- 2.79 sache, dass heute die grosse Mehrheit aller bewaffneten Konflikte nicht zwischen Staaten ausgetragen wird, sondern rein oder primär[73] innerstaatlicher Natur ist. Die Tatsache, dass interne Konflikte heute den Normalfall darstellen, reflektiert der Normenbestand des humanitären Völkerrechts nur zum Teil. Diese Schwäche hat ihren Grund v.a. im Umstand, dass die Staaten solche Konflikte lange als ihre innere Angelegenheit betrachtet haben und bis heute nicht bereit sind, für die Bekämpfung von Aufständischen und Sezessionsbewegungen allzu enge Schranken zu akzeptieren.

Staaten, welche nur die Genfer Konventionen ratifiziert haben, sind in diesem Bereich 2.80 an eine einzige Vertragsbestimmung gebunden. Der allen Konventionen gemeinsame Art. 3, welcher 1949 vor dem Hintergrund der Erfahrungen des Spanischen Bürgerkrieges erarbeitet wurde, legt das Minimum an Normen fest, welche in nicht internationalen bewaffneten Konflikten jeder Art[74] von allen am Konflikt beteiligten Parteien, d.h. auch von Aufständischen, zu beachten sind. Art. 3 Abs. 1 bestimmt:

---

73 Zur komplexen Problematik der sog. gemischten Konflikte hinten Rz. 5.19 ff.

74 Zur Frage, wann gewalttätige Auseinandersetzungen in einem Land zu einem bewaffneten Konflikt werden, siehe hinten Rz. 5.12 ff.

«Personen, die nicht direkt an den Feindseligkeiten teilnehmen, einschliesslich der Mitglieder der bewaffneten Streitkräfte, welche die Waffen gestreckt haben, und der Personen, die infolge Krankheit, Verwundung, Gefangennahme oder irgendeiner anderen Ursache ausser Kampf gesetzt wurden, sollen unter allen Umständen mit Menschlichkeit behandelt werden, ohne jede Benachteiligung aus Gründen der Rasse, der Farbe, der Religion oder des Glaubens, Geschlechts, der Geburt oder des Vermögens oder aus irgendeinem ähnlichen Grunde. Zu diesem Zwecke sind und bleiben in bezug auf die oben erwähnten Personen jederzeit und jedenorts verboten:

a. Angriffe auf Leib und Leben, namentlich Mord jeglicher Art, Verstümmelung, grausame Behandlung und Folterung;
b. die Gefangennahme von Geiseln;
c. Beeinträchtigung der persönlichen Würde, namentlich erniedrigende und entwürdigende Behandlung;
d. Verurteilungen und Hinrichtungen ohne vorhergehendes Urteil eines ordnungsmässig bestellten Gerichtes, das die von den zivilisierten Völkern als unerlässlich anerkannten Rechtsgarantien bietet.»

2.81 Gemäss Abs. 2 sind die Verwundeten und Kranken zu bergen und zu pflegen, und das Internationale Komitee vom Roten Kreuz kann den Konfliktparteien seine Guten Dienste anbieten, ohne dass der betreffende Staat dies als Einmischung in seine inneren Verhältnisse einstufen darf.

2.82 Ausführlicher regelt das *Zusatzprotokoll zu den Genfer Abkommen vom 12. August 1949 über den Schutz der Opfer nicht internationaler bewaffneter Konflikte* vom 8. Juni 1977 (Protokoll II/ZP II) den Schutz des Menschen und die Schranken der Kriegführung. Zwar anerkennt es Aufständische nicht als Kombattanten, weshalb es in solchen Situationen auch keinen Kriegsgefangenenstatus geben kann. Seine Garantien gelten aber diskriminierungsfrei für «alle Personen», die von einem nicht internationalen bewaffneten Konflikt[75] «betroffen sind» (Art. 2 Abs. 1). ZP II bindet nicht nur den Staat, sondern auch nichtstaatliche Konfliktparteien.

2.83 Die Art. 4–6 kodifizieren in detaillierter Weise die grundlegenden Garantien zum Schutz von Leib und Leben, von Kindern, von Personen im Freiheitsentzug und von Angeschuldigten im Strafverfahren. Auch sie enthalten einen Katalog der im Krieg geltenden Menschenrechte. Weitere Bestimmungen dienen dem Schutz der Verwundeten, Kranken und Schiffbrüchigen (Art. 7–12) und jenem der Zivilbevölkerung (Art. 13–18). Besonders bedeutsam sind hier die Verbote, Zivilpersonen und zivile Objekte zum Ziel bewaffneter Angriffe zu machen oder die Zivilbevölkerung mit Gewaltakten zu terrorisieren (Art. 13), Hunger als Kriegswaffe einzusetzen (Art. 14), oder Zivilpersonen ohne zwingende militärische Gründe zum Verlassen ihrer Wohnorte zu zwingen (Art. 17).

2.84 Obwohl sich das ZP II auf die wichtigsten Aspekte des Schutzes der von Bürgerkriegen betroffenen Menschen beschränkt, ist es bisher «bloss» von 168 Staaten ratifiziert worden. Darin kommt das Misstrauen gewisser Staaten gegenüber dem Protokoll zum

75 Zur Abgrenzung zwischen Konflikten im Sinne des gemeinsamen Art. 3 GK und des ZP II siehe hinten Rz. 5.17 f.

Ausdruck, welches ihrer Auffassung nach zwar nicht rechtlich, doch aber faktisch den Aufständischen zu einer gewissen Legitimierung verhilft.

5. Völkerstrafrecht

a) Das Römer Statut

Unmittelbar gestützt auf einen völkerrechtlichen Vertrag – das London-Agreement vom 8. August 1945 zwischen Frankreich, Grossbritannien, der Sowjetunion und den USA – verurteilten die Internationalen Militärgerichtshöfe in Nürnberg und Tokio nach dem Zweiten Weltkrieg hochgestellte deutsche und japanische Persönlichkeiten aus Militär, Regierung und Wirtschaft wegen Verbrechen gegen den Frieden, Kriegsverbrechen und Verbrechen gegen die Menschlichkeit. Versuche der UNO-Völkerrechtskommission (ILC), diese Verbrechen zu kodifizieren, scheiterten an den Spannungen des Kalten Krieges. Anfangs der 1990er Jahre gelang es zwar, gestützt auf Resolutionen des Sicherheitsrates Straftribunale für das frühere Jugoslawien und Ruanda einzurichten, deren Strafnormen beruhten aber auf Gewohnheitsrecht[76]. 2.85

Heute ist das Völkerstrafrecht umfassend im Römer Statut des Internationalen Strafgerichtshofs vom 17. Juli 1998 geregelt, welches im Juni 2018 von 123 Staaten ratifiziert war. Dieses Abkommen verankert die Tatbestände des internationalen Strafrechts, regelt die Voraussetzung der individuellen strafrechtlichen Verantwortlichkeit und bildet die Rechtsgrundlage des Internationalen Strafgerichtshofs (ICC)[77]. Das Statut implementiert damit den gewohnheitsrechtlichen[78] Grundsatz, dass Individuen für gewisse schwerste Völkerrechtsverletzungen international verantwortlich sind, in materiell-rechtlicher und verfahrensmässiger Hinsicht. 2.86

Das Statut beschränkt diese direkte völkerrechtliche Strafbarkeit «auf die schwersten Verbrechen, welche die internationale Gemeinschaft als Ganzes berühren» und enummeriert diese abschliessend in den vier Kategorien des Verbrechens des Völkermordes, der Verbrechen gegen die Menschlichkeit, der Kriegsverbrechen und des Verbrechens der Aggression (Art. 5 Abs. 1)[79]. 2.87

b) Das Verbrechen des Völkermordes

Das Verbrechen des Völkermordes gilt als das schwerste Verbrechen überhaupt. Es geht konzeptionell auf den polnischen Juristen Raphael Lemkin zurück, welcher nach dem Zweiten Weltkrieg angesichts der Massenvernichtung von Menschen jüdischer oder polnischer Herkunft den Begriff Genozid prägte. Er definierte Völkermord 2.88

76 Dazu hinten Rz. 6.64 ff.

77 Zur Zuständigkeit des ICC und den entsprechenden Verfahren hinten Rz. 6.73 ff.

78 Zu den gewohnheitsrechtlichen Regeln des Völkerstrafrechts Henckaerts/Doswald-Beck, Bd. I, 551 ff.

79 Die einzelnen Tatbestandselemente dieser Verbrechen sind in Art. 6–8 Statut geregelt und gestützt auf Art. 9 Statut von den Vertragsstaaten in den sog. «Verbrechenselementen» weiter präzisiert worden: Siehe Elements of Crime, UN Doc. ICC-ASP/1/3, 108 ff. Zum Tatbestand der Aggression siehe vorne Rz. 2.11.

als «Verbrechen der Zerstörung nationaler, religiöser oder ethnischer Gruppen» und verlangte seine Anerkennung als internationale Straftat, weil dieses Verbrechen das «Gewissen der Menschheit erschüttert» und es zudem «gerade zum Wesen des Genozid gehört, dass er vom Staat oder von mächtigen, staatlich unterstützten Gruppen verübt wird», und unter diesen Umständen nicht damit gerechnet werden könne, dass der verantwortliche Staat selber Strafverfolgungen gegen eigene Organe einleiten werde[80].

2.89 Rechtlich umschrieben wurde das Verbrechen des Völkermordes in der Genozidkonvention von 1948. Art. II definiert Völkermord (alternativ) als Tötung von Mitgliedern einer nationalen, ethnischen, rassischen oder religiösen Gruppe, als Verursachung von schwerem körperlichem oder seelischem Schaden an Mitgliedern der Gruppe, als vorsätzliche Auferlegung von Lebensbedingungen für die Gruppe, die geeignet sind, ihre körperliche Zerstörung ganz oder teilweise herbeizuführen, als Verhängung von Massnahmen, die auf die Geburtenverhinderung innerhalb der Gruppe gerichtet sind, oder als gewaltsame Überführung von Kindern der Gruppe in eine andere Gruppe. Alle diese Handlungen stellen nur dann Völkermord dar, wenn der Täter oder die Täterin sie in der *Absicht* begeht, die betreffende «Gruppe als solche ganz oder teilweise zu zerstören». Art. 6 des Römer Statuts übernimmt diese Umschreibung der Tatbestandsmerkmale unverändert. Genozid kann in Friedens- oder in Kriegszeiten verübt werden, und es ist irrelevant, ob zivile Staatsorgane, Militärs oder Private für diese Verbrechen verantwortlich sind[81].

c) Verbrechen gegen die Menschlichkeit

2.90 Verbrechen gegen die Menschlichkeit sind in Art. 7 Abs. 1 Römer Statut abschliessend aufgezählte schwerste Menschenrechtsverletzungen wie vorsätzliche Tötung; Ausrottung; Versklavung; Vertreibung oder zwangsweise Umsiedlung der Bevölkerung; völkerrechtswidrige Freiheitsberaubung; Folter; Vergewaltigung und andere Formen sexueller Gewalt; politische, rassische, nationale, ethnische, kulturelle, religiöse oder geschlechtsbezogene Verfolgung; das zwangsweise Verschwindenlassen von Personen; das Verbrechen der Apartheid; und andere unmenschliche Handlungen, mit denen vorsätzlich grosses Leiden oder eine schwere Beeinträchtigung der körperlichen Unversehrtheit oder der geistigen oder körperlichen Gesundheit verursacht werden. Diese Delikte bilden allerdings nur dann Verbrechen gegen die Menschlichkeit, wenn sie «im Rahmen eines ausgedehnten oder systematischen Angriffs gegen die Zivilbevölkerung und in Kenntnis des Angriffs begangen» werden (Art. 7 Abs. 1). Als «Angriff gegen die Zivilbevölkerung» gilt «eine Verhaltensweise, welche mit der mehrfachen Begehung» der eben aufgezählten verbotenen «Handlungen gegen die Zivilbevölkerung verbunden ist, in Ausführung oder zur Unterstützung der Politik eines Staates oder einer Organisation, die einen solchen Angriff zum Ziel hat» (Art. 7 Abs. 2).

---

80 Raphael Lemkin, A Crime without a Name, American Scholar 15/1946, Übersetzung aus Kälin/Müller/Wyttenbach, 82.

81 Dazu ausführlich hinten Rz. 9.100 ff.

Das qualifizierende Element, welches Verbrechen gegen die Menschlichkeit von anderen Verbrechen unterscheidet, ist ihr systematischer Charakter und die Tatsache, dass ihr Ziel die Zivilbevölkerung ist. Es muss sich dabei nicht um einen militärischen Angriff oder einen Angriff im Zeitpunkt eines bewaffneten Konfliktes handeln; erfasst sind auch gezielte Gewaltakte während Friedenszeiten. 2.91

Verbrechen gegen die Menschlichkeit werden oft von Staatsorganen begangen, z.B. in Staaten mit systematischer Folter oder im Rahmen eines Bürgerkrieges, bei welchem die staatlichen Streitkräfte sich systematischer Übergriffe gegen einen Teil der Zivilbevölkerung schuldig machen. Organisationen, welche Angriffe auf die Zivilbevölkerung planen, können aber auch Milizen, Aufständische, terroristische Gruppen oder unter Umständen Teile des organisierten Verbrechens sein. Verantwortliche Individuen können somit unabhängig davon zur Verantwortung gezogen werden, ob sie einer militärischen Organisation, einer Regierung oder Staatsverwaltung, De-facto-Regierungen oder rein privaten Organisationen angehören bzw. für solche handeln. 2.92

Auf der subjektiven Ebene genügt die Kenntnis, dass die Tat Teil des geplanten Angriffs auf die Zivilbevölkerung ist. Ein Verbrechen gegen die Menschlichkeit liegt somit auch dann vor, wenn der Täter oder die Täterin die Zielsetzung der Gruppe nicht teilt, sondern aus eigennützigen Motiven handelt. 2.93

d) Kriegsverbrechen

Kriegsverbrechen sind spezifische schwere Verletzungen des humanitären Völkerrechts, welche im Rahmen eines internationalen oder eines internen bewaffneten Konflikts[82] verübt werden können. Kriegsverbrechen können nicht in Friedenszeiten oder in Zeiten von Unruhen und Spannungen begangen werden, die nicht die Schwelle des bewaffneten Konflikts erreichen[83]. Angesichts des Fehlens internationaler Beschwerdeverfahren gegen kriegführende Parteien, welche das humanitäre Völkerrecht verletzen, stellt die individuelle Strafbarkeit für Kriegsverbrechen das Hauptinstrument zur internationalen Durchsetzung dieses Rechtszweigs dar. 2.94

Kriegsverbrechen können von Angehörigen der Streitkräfte unabhängig von ihrer hierarchischen Stellung, von Angehörigen nichtstaatlicher Konfliktparteien sowie von Zivilpersonen, welche eng mit den Kriegsparteien zusammenarbeiten, begangen werden, nicht aber von Zivilpersonen, die nicht Teil der Kriegsmaschinerie sind. 2.95

Unter Strafe stehen nicht alle Verletzungen des humanitären Völkerrechts, sondern nur jene, die als besonders schwer gelten und deshalb in Art. 8 des Römer Statuts aufgenommen wurden. Diese Bestimmung definiert im Detail, was Kriegsverbrechen sind[84]. Es 2.96

82 Zu dieser Unterscheidung Rz. 5.6 ff.

83 Zu dieser Abgrenzung hinten Rz. 5.12 ff.

84 Eine Staatenkonferenz beschloss im Jahr 2010 mittels einer Änderung von Art. 8 Römer Statut eine Ausdehnung der als Kriegsverbrechen geltenden Verletzungen des während interner Konflikte geltenden humanitären Völkerrechts. Diese Ergänzungen traten 2012 für die ratifizierenden Staaten in Kraft. Mit Stand Juni 2018 haben 36 Staaten diesen Zusatzvertrag ratifiziert.

würde den Rahmen dieser Darstellung sprengen, sie alle aufzuzählen. Art. 8 unterscheidet vier Kategorien von Kriegsverbrechen:

2.97 (1) *Schwere Verletzungen der Genfer Abkommen* gegenüber den durch diese Abkommen geschützten Personen und Gütern im *internationalen* bewaffneten Konflikt (Art. 8 Abs. 2 lit. a, i–viii). Diese Kategorie knüpft an jene Bestimmungen der Genfer Konventionen an, welche bestimmte Verstösse als schwere Verletzungen einstufen und die Staaten verpflichten, diese strafrechtlich zu ahnden.[85] Dazu gehören etwa vorsätzliche Tötungen; Folter und unmenschliche Behandlung; die vorsätzliche Verursachung grosser Leiden oder einer schweren Beeinträchtigung der körperlichen Unversehrtheit oder Gesundheit; die Zerstörung und Aneignung von Gut in grossem Ausmass, die durch militärische Erfordernisse nicht gerechtfertigt ist sowie rechtswidrig und willkürlich vorgenommen wird; die Nötigung eines Kriegsgefangenen oder einer anderen geschützten Person zur Dienstleistung in den Streitkräften einer feindlichen Macht; der vorsätzliche Entzug des Rechts eines Kriegsgefangenen oder einer anderen geschützten Person auf ein unparteiisches ordentliches Gerichtsverfahren; die rechtswidrige Vertreibung oder Überführung oder rechtswidrige Gefangenhaltung sowie Geiselnahmen. In allen diesen Fällen ist es notwendig, dass die Tat gegen Personen (kranke und verwundete Angehörige der Streitkräfte zu Land und zur See, Kriegsgefangene, Angehörige der Zivilbevölkerung) oder Güter (z.B. Hilfslieferungen, Medikamente) verübt wird, welche die vier Abkommen als geschützt bezeichnen.

2.98 (2) *Schwere Verletzungen des Kriegführungsrechts im internationalen bewaffneten Konflikt* (Art. 8 Abs. 2 lit. b, i-xxvi), d.h. der Einsatz verbotener Mittel und Methoden der Kriegführung wie z.B. vorsätzliche Angriffe auf die Zivilbevölkerung oder auf zivile Objekte; vorsätzliches Führen eines Angriffs in der Kenntnis, dass dieser auch Verluste an Menschenleben, die Verwundung von Zivilpersonen, die Beschädigung ziviler Objekte oder weit reichende, langfristige und schwere Schäden an der natürlichen Umwelt verursachen wird, die eindeutig in keinem Verhältnis zu dem insgesamt erwarteten, konkreten und unmittelbaren militärischen Vorteil stehen; die unmittelbare oder mittelbare Überführung durch die Besatzungsmacht eines Teils ihrer eigenen Zivilbevölkerung in das von ihr besetzte Gebiet oder die Vertreibung oder Überführung der Gesamtheit oder eines Teils der Bevölkerung des besetzten Gebiets innerhalb desselben oder aus diesem Gebiet; die Verwendung von Waffen, Geschossen, Stoffen und Methoden der Kriegführung, die geeignet sind, überflüssige Verletzungen oder unnötige Leiden zu verursachen, oder die unter Verstoss gegen das internationale Recht des bewaffneten Konflikts ihrer Natur nach unterschiedslos wirken, vorausgesetzt, dass diese Waffen, Geschosse, Stoffe und Methoden der Kriegführung Gegenstand eines umfassenden Verbots sind; die Beeinträchtigung der persönlichen Würde, insbesondere eine entwürdigende und erniedrigende Behandlung; Vergewaltigung, sexuelle Sklaverei, Nötigung zur Prostitution, erzwungene Schwangerschaft oder das vorsätzliche Aushungern der Zivilbevölkerung als Methode der Kriegführung durch das

85 Art. 49/50 GK I; Art. 50/51 GK II; Art. 129/130 GK III; Art. 146/147 GK IV; Art. 85 ZP I.

Vorenthalten der für sie lebensnotwendigen Gegenstände, einschliesslich der vorsätzlichen Behinderung von Hilfslieferungen, wie sie nach den Genfer Abkommen vorgesehen sind.

(3) *Schwere Verstösse gegen den gemeinsamen Art. 3 GK* in *internen* bewaffneten Kon- 2.99
flikten (Art. 8 Abs. 2 lit. c, i-iv). Dazu gehören Angriffe auf Leib und Leben, insbesondere vorsätzliche Tötung jeder Art, Verstümmelung, grausame Behandlung und Folter; die Beeinträchtigung der persönlichen Würde, insbesondere entwürdigende und erniedrigende Behandlung; Geiselnahmen sowie Verurteilungen und Hinrichtungen ohne vorhergehendes Urteil eines ordentlich bestellten Gerichts, das die allgemein als unerlässlich anerkannten Rechtsgarantien bietet, falls diese Taten gegenüber Personen verübt werden, die «nicht unmittelbar an den Feindseligkeiten teilnehmen, einschliesslich der Angehörigen der Streitkräfte, welche die Waffen gestreckt haben, und der Personen, die durch Krankheit, Verwundung, Gefangennahme oder eine andere Ursache ausser Gefecht befindlich sind».

(4) *Schwere Verletzungen des humanitären Völkerrechts in nicht internationalen bewaff-* 2.100
neten Konflikten, «die im Hoheitsgebiet eines Staates stattfinden, wenn zwischen den staatlichen Behörden und organisierten bewaffneten Gruppen oder zwischen solchen Gruppen ein lang anhaltender bewaffneter Konflikt besteht» (Art. 8 Abs. 2 lit. e, i-xii, und f). Hier geht es vor allem um die strafrechtliche Durchsetzung besonders wichtiger Bestimmungen des ZP II. Strafbar sind etwa vorsätzliche Angriffe auf die Zivilbevölkerung; die Plünderung einer Stadt; Vergewaltigung, sexuelle Sklaverei, Nötigung zur Prostitution und erzwungene Schwangerschaft; die Deportation der Zivilbevölkerung aus Gründen, die nicht im Hinblick auf die Sicherheit der betreffenden Zivilpersonen oder aus zwingenden militärischen Gründen geboten sind; oder die Zerstörung oder Beschlagnahme gegnerischen Guts, sofern dies nicht durch die Erfordernisse des Konflikts zwingend geboten ist.

e) Persönliche Verantwortlichkeit

Der zentrale Grundsatz des Strafrechts, dass nur bestraft werden soll, wer selbst für die 2.101
Straftat verantwortlich ist und dafür Schuld trägt, ist in Art. 25 Römer Statut verankert. Danach ist nicht nur strafbar, wer eines dieser Verbrechen selber oder gemeinschaftlich mit anderen begeht bzw. zu begehen versucht, sondern auch wer die Begehung eines solchen Verbrechens, ob vollendet oder versucht, anordnet, dazu auffordert oder dazu anstiftet, zur Erleichterung eines solchen Verbrechens Beihilfe oder sonstige Unterstützung leistet oder auf sonstige Weise zur Begehung oder versuchten Begehung eines solchen Verbrechens durch eine mit einem gemeinsamen Ziel handelnde Gruppe von Personen beiträgt.

Die Tatsache, dass die Tat von Vorgesetzten befohlen wurde, befreit gemäss Art. 33 2.102
Abs. 1 Römer Statut nicht von der strafrechtlichen Verantwortlichkeit, es sei denn, «(a) der Täter war gesetzlich verpflichtet, den Anordnungen der betreffenden Regierung oder des betreffenden Vorgesetzten Folge zu leisten, (b) der Täter wusste nicht, dass die Anordnung rechtswidrig ist, und (c) die Anordnung war nicht offensichtlich

rechtswidrig»[86]. Als offensichtlich rechtswidrig stuft Abs. 2 Befehle zur Begehung von Völkermord oder von Verbrechen gegen die Menschlichkeit ein. Auch in solchen Fällen können sich Täter allerdings darauf berufen, dass sie handeln mussten, um einer ihnen «selbst oder einem anderen unmittelbar drohenden Gefahr für das Leben oder einer dauernden oder unmittelbar drohenden Gefahr schweren körperlichen Schadens» zu entgehen (Art. 31 Abs. 1 lit. d).

2.103 Besondere strafrechtliche Verantwortung tragen militärische Befehlshaber und andere Vorgesetzte. Sie machen sich nicht nur strafbar, wenn sie relevante Verbrechen begehen oder anordnen, sondern im Sinn der sog. «command responsibility» auch dann, wenn sie hätten wissen müssen, dass Straftaten von Untergebenen verübt werden, und sie nicht alles in ihrer Macht Stehende unternommen haben, um die Tat zu verhindern (Art. 28).

III. Gewohnheitsrecht

1. Begriff und Relevanz

2.104 Unter Gewohnheitsrecht werden im Völkerrecht jene Rechtsnormen verstanden, welche «Ausdruck einer allgemeinen, als Recht anerkannten Übung» sind[87]. Völkergewohnheitsrecht beruht somit auf zwei Elementen, (1) einer allgemeinen Übung (Staatenpraxis) und (2) der Überzeugung, dass diese Übung rechtlich gefordert ist (Rechtsüberzeugung; opinio iuris).

2.105 Damit ein gleichförmiges Verhalten von Staaten in einer bestimmten Situation bzw. eine gleichförmige Reaktion der Staaten gegenüber einem bestimmten Problem eine «allgemeine Übung» darstellen kann, ist es nach Auffassung des Internationalen Gerichtshofs[88] nicht notwendig, dass die Übung vollumfänglich einheitlich ist. Es genügt, dass sich die Staaten «im Allgemeinen», d.h. in der überwiegenden Zahl der Fälle an die gewohnheitsrechtliche Regel halten und Abweichungen «im Allgemeinen» als Verletzungen behandeln. Abweichungen von der Übung können deren Gültigkeit nicht in Frage stellen, sondern weisen auf eine Verletzung der gewohnheitsrechtlichen Regel hin, solange andere Staaten sich dagegen wenden und das kritisierte Verhalten als Verstoss gegen das Völkerrecht einstufen und erst recht, solange auch der Verletzerstaat den Bestand der missachteten Norm nicht negiert[89]. Für die Staatenpraxis kommt es

86 Diese Anforderungen sind kumulativ zu erfüllen.

87 Art. 38 Abs. 1 lit. b IGH-Statut.

88 IGH, Case concerning Military and Paramilitary Activities in and against Nicaragua (Nicaragua v. The United States of America), ICJ Reports 1986, Ziff. 186.

89 Argumentieren diese Staaten z.B., die Vorwürfe würden nicht zutreffen, bekannt gewordene Fälle von einer Völkerrechtsverletzung seien das Werk untergeordneter und schlecht ausgebildeter Staatsorgane, die ihre Kompetenzen überschritten hätten, oder eine bestimmte Praxis könne nicht unter die entsprechende gewohnheitsrechtliche Vorgabe subsumiert werden, anerkennen und bekräftigen sie damit implizit oft die Geltung der verletzten gewohnheitsrechtlichen Regel.

somit nicht nur auf das Verhalten des konkret verantwortlichen Staates an, sondern auch auf jenes der anderen Länder, welche auf die Verletzung reagieren.

Spätestens seit dem Nicaragua-Urteil des IGH ist klar, dass Resolutionen der UNO-Generalsversammlung und anderer internationaler Organe wichtige Indikatoren für den Nachweis einer opinio iuris sind. Dies unter der Bedingung, dass sie einstimmig oder zumindest von einer repräsentativen Mehrheit der Staaten verabschiedet wurden und sie nicht Aussagen de lege ferenda sondern de lege lata zum Inhalt haben[90]. 2.106

Das Verhältnis zwischen der Staatenpraxis (d.h. dem, was ist) und der Rechtsüberzeugung (d.h. dem, was sein soll) ist komplex: Vereinfacht lässt sich sagen, dass der Nachweis einer expliziten opinio iuris umso weniger wichtig ist, je uniformer die Staatenpraxis ist. In solchen Fällen dürfen nämlich die Staaten darauf vertrauen, dass die bisherige Konstanz des Verhaltens der anderen Staaten Ausdruck ihrer Überzeugung ist, sich auch künftig so verhalten zu wollen, auch wenn sie dies nicht ausdrücklich sagen. Umgekehrt stellen sich höhere Anforderungen an die opinio iuris, wo es an der Konstanz des Verhaltens fehlt, d.h., wo Normverstösse häufig sind. Hier ist entscheidend, ob die anderen Staaten den Verletzerstaat als einen solchen behandeln und wie dieser sein Verhalten rechtfertigt. 2.107

Für die internationalen Menschenrechte hat die Bedeutung ihrer gewohnheitsrechtlichen Geltung stark abgenommen, seit die Zahl der Vertragsratifikationen den heutigen hohen Stand erreicht hat und es keine Staaten ohne jegliche vertragliche Verpflichtungen mehr gibt. Wichtig bleibt das Gewohnheitsrecht für die Klärung der Frage, welche Vorbehalte zu Menschenrechtsverträgen deshalb problematisch sind, weil die entsprechende Verpflichtung auf jeden Fall kraft gewohnheitsrechtlicher Geltung anwendbar ist[91]. Zudem bleibt ein Staat, welcher eine Konvention kündigt, weiterhin an jene Garantien gebunden, welche Teil des Gewohnheitsrechts sind[92]. 2.108

Die Frage der gewohnheitsrechtlichen Geltung kann sich auch auf innerstaatlicher Ebene stellen. In der Bundesrepublik Deutschland kommt den gewohnheitsrechtlich geltenden Menschenrechten gemäss Art. 25 Grundgesetz Übergesetzesrang zu[93] und in der Schweiz bilden jene gewohnheitsrechtlich geltenden Menschenrechte, die zum Ius cogens (zwingendes Völkerrecht) gehören, eine Schranke der Verfassungsrevision[94]. In den USA schliesslich konnten Personen, die im Ausland von einem fremden 2.109

---

90 IGH, Case concerning Military and Paramilitary Activities in and against Nicaragua (Nicaragua v. The United States of America), ICJ Reports 1986, Ziff. 188.

91 Hierzu hinten Rz. 4.16 ff.

92 Schliesslich kann das Gewohnheitsrecht bei der Frage eine Rolle spielen, unter welchen Umständen die verantwortlichen Personen als Individuen für schwerste Menschenrechtsverletzungen bestraft werden können, obwohl im Zeitpunkt der Tat ein entsprechendes internationales Verbrechen nicht Teil des anwendbaren geschriebenen Rechts war.

93 Die Menschenrechtsverträge haben demgegenüber gemäss Art. 59 Grundgesetz bloss Gesetzesrang.

94 Art. 139 Abs. 3 BV. Aus diesem Grund ist 1996 eine Volksinitiative für ungültig erklärt worden, welche die Rückschaffung aller illegal eingereisten Asylbewerber ohne jegliche Prüfung ihrer Gefährdung, d.h. auch im Fall drohender Folter, verlangte.

Staat in ihren Menschenrechten schwer geschädigt worden sind, vor einem amerikanischen Gericht gestützt auf den «Alien Tort Statute» zivilrechtliche Schadenersatzklage erheben, falls die fragliche Garantie gewohnheitsrechtliche Geltung hat, was für Folter und für Genozid bejaht worden ist[95].

2. Gewohnheitsrechtlich geltende Menschenrechte

2.110 Dass zumindest gewisse Garantien des internationalen Menschenrechtsschutzes und des humanitären Völkerrechts gewohnheitsrechtliche Geltung besitzen, hat der IGH wiederholt betont. Bereits im Jahre 1949 statuierte er im *Korfu Kanal Fall*[96], elementare Erwägungen der Menschlichkeit («elementary considerations of humanity») seien von den Staaten kraft Gewohnheitsrecht zu beachten. In seinem *Gutachten zur Gültigkeit von Vorbehalten zur Genozidkonvention*[97] qualifizierte der IGH die der Konvention zugrunde liegenden Prinzipien für die Staaten auch ohne jegliche vertragliche Verpflichtung als bindend. Im *Barcelona Traction Fall* erklärte der Gerichtshof, gewisse Verpflichtungen aus dem Völkerrecht würden die Staaten gegenüber der internationalen Gemeinschaft als Ganzes binden (*Erga-omnes*-Wirkung); solche gewohnheitsrechtlichen Verpflichtungen leitete er aus den Verboten von Akten der Aggression und des Völkermordes sowie aus den Prinzipien und Regeln betreffend die grundlegenden Rechte der menschlichen Person ab[98].

2.111 Während heute unbestritten ist, dass Garantien des internationalen Menschenrechtsschutzes auch gewohnheitsrechtlich gelten können, ist unklar, welche Menschenrechte konkret zum Korpus des Gewohnheitsrechts gehören. Im *Restatement of the Foreign Relations Law of the United States*[99], einer privaten Kodifikation des Völkergewohnheitsrechts durch führende amerikanische Völkerrechtsexpertinnen und -experten, werden folgende Menschenrechtsverletzungen als gewohnheitsrechtlich verboten eingestuft, wenn sie von einem Staat als Teil einer Politik begangen, gefördert oder toleriert werden: Genozid, Sklaverei und Sklavenhandel, Ermordung oder das Verschwindenlassen von Personen, Folter oder andere grausame, unmenschliche oder erniedrigende Behandlung oder Bestrafung, langer, willkürlicher Freiheitsentzug, die Anordnung von Kollektivstrafen und systematische Rassendiskriminierung. Hinzu kommt der Fall eines konsistenten Musters schwerer Verletzungen anderer international anerkannter Menschenrechte. Es fällt auf, dass sich in dieser Auflistung keine WSK-Rechte finden, was Reflex der Tatsache ist, dass gewisse westliche Staaten diesem Konzept immer noch kritisch gegenüberstehen.

---

95 Siehe dazu Rz. 3.21 ff.

96 IGH, Case of the Corfu Channel (United Kingdom v. Albania), ICJ Reports 1949, 22.

97 IGH, Advisory Opinion on Reservations to the Convention the Prevention and Punishment of the Crime of Genocide, ICJ Reports 1951, 23.

98 IGH, Case of Barcelona Traction, Light and Power Company, Limited (Belgium v. Spain), ICJ Reports 1970, Ziff. 33 f.

99 Restatement of the Foreign Relations Law of the United States, 1986, Adopted and Promulgated by the American Law Institute, May 14, 1986, in: American Law Institute Publishers, Washington 1987, § 702, 161–175.

Vieles spricht dafür, dass diese Liste den gegenwärtigen Stand des Völkerrechts zumindest auf universeller Ebene korrekt wiedergibt: Der IGH hat die gewohnheitsrechtliche Geltung des Verbots des Völkermordes[100], der Folter[101] und die im gemeinsamen Art. 3 der Genfer Konventionen verankerten Verbote des Angriffs «auf Leib und Leben, namentlich Mord jeglicher Art, Verstümmelung, grausame Behandlung und Folterung» bzw. der erniedrigenden und entwürdigenden Behandlung ausdrücklich anerkannt und betont, dass die gewohnheitsrechtliche Tragweite dieser Verbote nicht auf Bürgerkriege begrenzt sei, sondern in allen bewaffneten Konflikten gelte[102]. Erst recht müssen diese Verbote auch in Friedenszeiten Beachtung finden. Das im gemeinsamen Art. 3 genannte Verbot der Geiselnahme und die vom IGH[103] als Verletzung der Charta und der Allgemeinen Menschenrechtserklärung eingestufte Geiselnahme in der amerikanischen Botschaft in Teheran sind Anwendungsfälle willkürlicher Freiheitsberaubung. Unzweifelhaft weisen auch die Verbote staatlich erlaubter oder tolerierter Sklaverei und systematischer Rassendiskriminierung im Sinne der Apartheid gewohnheitsrechtlichen Charakter auf. Weniger eindeutig ist auf den ersten Blick der gewohnheitsrechtliche Charakter des Verbots systematischer und schwerer Verletzungen anderer Menschenrechte: Die Praxis des UNO-Menschenrechtsrats zeigt allerdings, dass die Kompetenz der internationalen Staatengemeinschaft, Verletzerstaaten in Fällen schwerer und systematischer Verletzungen zur Rechenschaft zu ziehen und auf sie Druck auszuüben, auch bei Ländern nicht bestritten wird, die im betreffenden Bereich keine vertragsrechtlichen Verpflichtungen auf sich genommen haben. Dies setzt aber eine gewohnheitsrechtliche Bindung dieser Staaten an die Menschenrechte wenigstens in Fällen krasser Verletzungen voraus. 2.112

Über diese Fälle hinaus besteht wenig Einigkeit, was sonst noch zum Bestand des Gewohnheitsrechts gehört. Der MRA zählt zusätzlich dazu: die Verbote, Personen «das Recht auf Meinungs-, Gewissens- oder Religionsfreiheit abzusprechen; eine Person für schuldig zu halten, solange der Nachweis ihrer Schuld nicht erbracht ist; an schwangeren Frauen oder Jugendlichen die Todesstrafe zu vollstrecken; das Eintreten für nationalen, rassischen oder religiösen Hass zu erlauben; Personen im ehefähigen Alter das Recht auf Eingehen einer Ehe abzusprechen oder Minderheiten das Recht zu verweigern, ihr eigenes kulturelles Leben zu pflegen, ihre eigene Religion zu bekennen oder sich ihrer eigenen Sprache zu bedienen»[104] sowie die Verbote von willkürlicher Haft und der Anordnung von Kollektivstrafen[105]. Diese Auffassung kann sich auf die Tatsache stützen, dass auch hier die Staaten nicht behaupten, ein souveränes 2.113

100 IGH, Advisory Opinion on Reservations to the Convention on the Prevention and Punishment of the Crime of Genocide, ICJ Reports 1951, 23.

101 IGH, Questions Relating to the Obligation to Prosecute or Extradite, Belgium v. Senegal, ICJ Reports 2012, Ziff. 99.

102 IGH, Case concerning Military and Paramilitary Activities in and against Nicaragua (Nicaragua v. The United States of America), ICJ Reports 1986, Ziff. 220.

103 Vorne bei Anm. 35.

104 MRA, General Comment 24 (1994), deutsche Übersetzung aus Kälin/Malinverni/Nowak, 347 ff.

105 MRA, General Comment 29 (2001), Ziff. 11.

Recht auf Missachtung dieser Garantien zu haben. Demgegenüber dürfte es zu weit gehen, die gesamte Allgemeine Menschenrechtserklärung zu Gewohnheitsrecht zu erklären[106].

2.114 Vom Gewohnheitsrecht zu unterscheiden ist das menschenrechtliche *Ius cogens*. Zwingend und damit Bestandteil des Ius cogens ist eine völkerrechtliche Norm nach Art. 53 VRK, wenn sie «von der Staatengemeinschaft in ihrer Gesamtheit angenommen und anerkannt wird als eine Norm, von der nicht abgewichen werden darf und die nur durch eine spätere Norm des allgemeinen Völkerrechts derselben Rechtsnatur geändert werden kann». Ius cogens ist damit keine eigenständige Rechtsquelle, sondern zeichnet sich durch seine zwingende, d.h. nicht dispositive, Natur aus. Meist handelt es sich beim Ius cogens um Gewohnheitsrecht, bei welchem neben der opinio iuris zum Rechtscharakter einer Regel eine Rechtsüberzeugung der Staaten hinzukommt, dass von dieser Norm nicht abgewichen werden darf. Unter der gleichen Voraussetzung ist eine Verankerung von Ius cogens aber auch in universell ratifizierten Verträgen möglich.

2.115 Es ist allgemein anerkannt, dass gewisse Menschenrechte diese Anforderungen erfüllen. Hingegen ist teilweise umstritten, welche Garantien diese Rechtsqualität besitzen und infolge ihrer Bedeutung für die gesamte Staatengemeinschaft zum harten Kern der Menschenrechte zählen. Als gesichert gilt, dass zumindest der Kernbestand gewohnheitsrechtlich geltender Menschenrechte Bestandteil des zwingenden Völkerrechts ist, d.h. etwa das Genozidverbot[107] sowie die Verbote der Sklaverei, der Folter[108] und der unmenschlichen und erniedrigenden Behandlung[109], der systematischen Rassendiskriminierung[110], der willkürlichen Tötungen[111], der willkürlichen Haft sowie der Ausfällung von Kollektivstrafen[112]. Somit wäre etwa ein bilateraler Auslieferungsvertrag nichtig, soweit er unbedingte Auslieferungsverpflichtungen vorschreibt, d.h. selbst im Fall, dass die auszuliefernde Person im Destinationsstaat gefoltert wird. Auf europäischer Ebene lässt sich mittlerweile mit guten Gründen auch argumentieren, dass das

106 Diese Position wurde v.a. in der amerikanischen Doktrin vertreten: Siehe etwa MYRES S. MCDOUGAL/HAROLD LASSWELL/LUNG-CHU CHEN, Human Rights and World Public Order, New Haven etc. 1980, 272, und ROBERTSON/MERRILLS, 29.

107 Siehe etwa IGH, Case concerning the Application of the Convention on the Prevention and Punishment of the Crime of Genocide, Bosnia-Herzegovina v. Serbia and Montenegro, ICJ Reports 2007, Ziff. 161.

108 So z.B. IGH, Questions Relating to the Obligation to Prosecute or Extradite, Belgium v. Senegal, ICJ Reports 2012, Ziff. 99; EGMR, Al-Adsani v. The United Kingdom, Reports 2001-XI, Ziff. 60 ff., und IAGMR, Maritza Urrutia v. Guatemala, C/103 (2003), Ziff. 92.

109 IGH, Ahmadou Sadio Diallo (Republic of Guinea v. Democratic Republic of the Congo), ICJ Reports 2010, Ziff. 87.

110 Der IAGMR erachtet das Diskriminierungsverbot insgesamt als Bestandteil des Ius cogens; Advisory Opinion on Juridical Condition and Rights of Undocumented Migrants, A/18 (2003), Ziff. 97 ff., und Atala Riffo and Daughters v. Chile, C/239 (2012), Ziff. 79.

111 AfKRMV, General Comment 3 (2015), Ziff. 5.

112 MRA, General Comment 29 (2001), Ziff. 11.

Verbot der Todesstrafe regionales Ius cogens darstellt[113]. Nicht zum Ius cogens gehören dagegen grundsätzlich die Verfahrensgarantien, wie sie in Art. 14 Pakt II und Art. 6 EMRK verankert sind[114]. Ungeklärt ist ferner, ob alle Garantien, welche vertragsrechtlich notstandsfest sind[115], zum Ius cogens gehören[116].

Seit der Kodifikation der VRK im Jahr 1969 hat die Rechtsfigur des Ius cogens eine für die Menschenrechte bedeutsame gewohnheitsrechtliche Erweiterung erfahren: So ist heute weitgehend anerkannt, dass Ius cogens-Bestimmungen nicht nur zur Nichtigkeit entgegenstehenden Vertragsrechts führen, sondern auch eine absolut zu beachtende Schranke gegen ihnen widersprechende unilaterale völkerrechtliche Akte – wie z.B. Vorbehalten zu Verträgen, Kündigungen von Verträgen, Notstandsmassnahmen[117] oder Gegenmassnahmen und Sanktionen – bilden[118] und wohl auch zur Nichtigkeit entgegenstehenden Landesrechts[119] führen. 2.116

Vertiefung: Menschenrechte als Allgemeine Rechtsgrundsätze

Zu den Quellen des Völkerrechts gehören auch «die von den Kulturvölkern anerkannten allgemeinen Rechtsgrundsätze» (Art. 38 Abs. 1 lit. c IGH-Statut). Da die Identifizierung gewohnheitsrechtlich geltender Menschenrechte in der Praxis oft ein schwieriges Unterfangen darstellt, wurde in der Literatur[120] vorgeschlagen, darauf zu verzichten und die ungeschriebenen Menschenrechte als allgemeine Rechtsgrundsätze im Sinne von Art. 38 des IGH-Statuts zu verstehen. Für diese These spricht die Tatsache, dass heute fast alle Staatsverfassungen der Welt Grund- und Menschenrechte verankern und detailliert auflisten. 2.117

Allgemeine Rechtsgrundsätze haben im Völkerrecht lückenfüllende Funktion: Dort, wo weder die anwendbaren Verträge noch das Gewohnheitsrecht eine Antwort geben, können internationale Gerichte eine völkerrechtliche Regel entwickeln, indem sie auf Rechtsgrundsätze zurückgreifen, die sich in den nationalen Rechtsordnungen aller grossen Rechtskreise finden, und diese analog auf völkerrechtlicher Ebene anwenden. Die Einstufung der Menschenrechte als allgemeine Rechtsgrundsätze hat den Vorteil, dass eine opinio iuris der Staaten nicht nachgewiesen werden muss, weil im Sinne einer Fiktion an- 2.118

---

113 Siehe dazu hinten Rz. 9.40.

114 EGMR (Grand Chamber), Al-Dulimi and Montana Management Inc. v. Switzerland, 5809/08, Reports 2016, Ziff. 136. Der MRA erachtet aber die Unschuldsvermutung als Bestandteil des zwingenden Völkerrechts; MRA, General Comment 29 (2001), Ziff. 11.

115 Dazu hinten Rz. 4.83.

116 Siehe zu diesem Verhältnis MRA, General Comment 29 (2001), Ziff. 11.

117 Siehe zur sog. Derogation von Menschenrechten während Notstandssituationen hinten Rz. 4.74 ff.

118 Dazu ILC, Guiding Principles applicable to unilateral declarations of States capable of creating legal obligations, UN Doc. A/61/10 (2006), Ziff. 8.

119 In diesem Sinn bezeichnet etwa die Schweizerische Bundesverfassung Ius cogens als Schranke jeder Verfassungsrevision (Art. 139 Abs. 2, Art. 193 Abs. 4 und Art. 194 Abs. 2 BV).

120 Bruno Simma/Philip Alston, The Sources of Human Rights Law: Custom, Jus Cogens and General Principles, Australian Year Book of International Law 1992, 105 f.

genommen wird, dass sich die Staaten der Übertragung zentraler Grundsätze ihrer eigenen Rechtsordnung auf die zwischenstaatliche Ebene nicht widersetzen. Gegen diesen Vorschlag lässt sich einwenden, dass die Staaten, welche sich nicht vertraglich gebunden und keine Rechtsüberzeugung betreffend der Verbindlichkeit haben, sich plötzlich trotz fehlenden Konsenses mit neuen völkerrechtlichen Pflichten konfrontiert sehen würden.

3. Gewohnheitsrechtlich geltende Verpflichtungen des humanitären Völkerrechts

2.119 Die Existenz von Gewohnheitsrecht im Bereich des humanitären Völkerrechts ist unbestritten. Der IGH stufte 1986 im *Nicaragua Fall*[121] die Garantien des gemeinsamen Art. 3 GK, und 1996 im Nuklearwaffen-Gutachten[122] «die grosse Mehrheit» der Bestimmungen dieser Konventionen als Bestandteil des Gewohnheitsrechts ein, welches alle Staaten binde. Im Nuklearwaffen-Gutachten von 1996[123] stützte sich der IGH zusätzlich auf die nach dem russischen Völkerrechtler Fyodor de Martens genannte «Martens'sche Klausel» (auch «Martens Klausel» genannt). Sie bestimmt in ihrer ursprünglichen Formulierung, dass auch bei Fehlen einer besonderen, auf den Sachverhalt anwendbaren Rechtsregel «die Bevölkerung und die Kriegführenden unter dem Schutze und der Herrschaft der Grundsätze des Völkerrechts bleiben, wie sie sich ergeben aus den unter gesitteten Völkern feststehenden Gebräuchen, aus den Gesetzen der Menschlichkeit und aus den Forderungen des öffentlichen Gewissens»[124]. In den Genfer Konventionen und den Zusatzprotokollen wird der gewohnheitsrechtliche Charakter dieser Klausel anerkannt. In diesem Sinn bestimmt Art. 158 Abs. 4 GK IV, eine Kündigung des Vertragswerks habe «keinerlei Wirkung auf die Verpflichtungen, welche die am Konflikt beteiligten Parteien gemäss den Grundsätzen des Völkerrechts zu erfüllen gehalten sind, wie sie sich aus den unter zivilisierten Völkern feststehenden Gebräuchen, aus den Gesetzen der Menschlichkeit und aus den Forderungen des öffentlichen Gewissens ergeben».

Beispiel: Die Aussagen des IGH zur gewohnheitsrechtlichen Geltung des humanitären Völkerrechts

2.120 In seinem Gutachten zur Zulässigkeit von Atomwaffen führte der IGH zur Existenz von Gewohnheitsrecht im humanitären Völkerrecht aus:

121 IGH, Case concerning Military and Paramilitary Activities in and against Nicaragua (Nicaragua v. The United States of America), ICJ Reports 1986, Ziff. 220.

122 IGH, Advisory Opinion on the Legality of the Threat or Use of Nuclear Weapons, ICJ Reports 1996, Ziff. 79 und 82.

123 A.a.O., Ziff. 78.

124 Präambel zum IV. Haager Abkommen von 1907 betreffend die Gesetze und Gebräuche des Landkrieges.

«78. The cardinal principles contained in the texts constituting the fabric of humanitarian law are the following. The first is aimed at the protection of the civilian population and civilian objects and establishes the distinction between combatants and non-combatants; States must never make civilians the object of attack and must consequently never use weapons that are incapable of distinguishing between civilian and military targets. According to the second principle, it is prohibited to cause unnecessary suffering to combatants: it is accordingly prohibited to use weapons causing them such harm or uselessly aggravating their suffering. In application of that second principle, States do not have unlimited freedom of choice of means in the weapons they use. [...]

In conformity with the aforementioned principles, humanitarian law, at a very early stage, prohibited certain types of weapons either because of their indiscriminate effect on combatants and civilians or because of the unnecessary suffering caused to combatants, that is to say, a harm greater than that unavoidable to achieve legitimate military objectives. If an envisaged use of weapons would not meet the requirements of humanitarian law, a threat to engage in such use would also be contrary to that law.

79. It is undoubtedly because a great many rules of humanitarian law applicable in armed conflict are so fundamental to the respect of the human person and ‹elementary considerations of humanity› as the Court put it in its Judgment of 9 April 1949 in the *Corfu Channel* case (*I.C.J. Reports 1949*, p. 22), that the Hague and Geneva Conventions have enjoyed a broad accession. Further these fundamental rules are to be observed by all States whether or not they have ratified the conventions that contain them, because they constitute intransgressible principles of international customary law. [...]

82. The extensive codification of humanitarian law and the extent of the accession to the resultant treaties, as well as the fact that the denunciation clauses that existed in the codification instruments have never been used, have provided the international community with a corpus of treaty rules the great majority of which had already become customary and which reflected the most universally recognized humanitarian principles. These rules indicate the normal conduct and behaviour expected of States.»

Der Gerichtshof kam zum umstrittenen und viel diskutierten Schluss, angesichts der Staatenpraxis und der Tatsache, dass ein Einsatz von Atomwaffen begrenzter Reichweite zu rein taktischen Zwecken und in einer Weise, welche Militärangehörige und Zivilbevölkerung nicht unterschiedslos treffe, nicht ausgeschlossen sei, könne nicht von einem gewohnheitsrechtlichen Atomwaffenverbot gesprochen werden. 2.121

Das Internationale Komitee vom Roten Kreuz (IKRK) publizierte im Jahre 2005 eine umfangreiche Expertenstudie zu den gewohnheitsrechtlichen Grundlagen des humanitären Völkerrechts[125]. Auf der Basis einer detaillierten Analyse von Vertragsrecht, internationalem «soft law», nationalen Gesetzen und Armeehandbüchern sowie internationaler und innerstaatlicher Gerichtspraxis konnten 161 gewohnheitsrechtliche 2.122

125 Henckaerts/Doswald-Beck; die Liste der identifizierten gewohnheitsrechtlichen Regeln und Ausführungen zu den Grundlagen und Hintergründen der Studie finden sich bei Jean-Marie Henckaerts, Study on customary international humanitarian law: A contribution to the understanding and respect for the rule of law in armed conflict, IRRC 2005, 175 ff., insb. 198 ff.

Regeln zu sechs grossen Themenkreisen (Prinzip der Unterscheidung; Verbot von Angriffen gegen besonders geschützte Personen und Objekte; spezifische Methoden der Kriegführung; Waffen; Schutz der Zivilbevölkerung und von Personen «hors de combat»; Durchsetzung des humanitären Völkerrechts) identifiziert werden. Etwa die Hälfte dieser Regeln betrifft den Bereich des Kriegführungsrechts, d.h. sie stehen in der Tradition des sog. Haager Rechts. Etwa ein Drittel der identifizierten Normen beschlägt Themen des sog. Genfer Rechts, der Rest die Frage der Durchsetzung und der Bestrafung von Kriegsverbrechen. Die Studie kam zum Schluss, dass viele Verpflichtungen, die nach Vertragsrecht während internationaler bewaffneter Konflikte gelten, gewohnheitsrechtlich auch während nicht internationaler bewaffneter Konflikte Anwendung finden.

4. Gewohnheitsrechtlich geltende Tatbestände des Völkerstrafrechts

2.123 Für die Bestimmung des Gewohnheitsrechtes v.a. im Bereich des humanitären Völkerrechts sind auch die neueren Entwicklungen des *Völkerstrafrechts* wichtig. 1993 schuf der Sicherheitsrat der UNO ein Internationales Tribunal für die Bestrafung von Kriegsverbrechen und Verbrechen gegen die Menschlichkeit, die seit dem 1. Januar 1991 auf dem Gebiet des früheren Jugoslawien verübt wurden (ICTY)[126]. Der Grundsatz *nullum crimen sine lege* verlangte, dass das Gericht Angeklagte nur auf Grund von Normen verurteilen kann, die bereits im Zeitpunkt der Tat in Kraft waren. Mangels eines allgemein anerkannten internationalen Strafkodexes mit universeller Geltung bestand deswegen das zwingende Erfordernis, dass das anwendbare Recht jenseits jeden Zweifels («beyond any doubt») Teil des Gewohnheitsrechtes war. Die Liste der aufgeführten Delikte im Statut des Jugoslawien-Tribunals reflektiert damit gleichzeitig jene Garantien der Menschenrechte und des humanitären Völkerrechts, welche gewohnheitsrechtlich gelten. Zu ihnen zählen Völkermord, detailliert aufgezählte schwere Verstösse gegen das humanitäre Völkerrecht und Verbrechen gegen die Menschlichkeit, die in erster Linie die körperliche Integrität betreffen. Diese Liste wurde 1994 im Statut für den Ruanda-Gerichtshof (ICTR)[127] bestätigt.

IV. Resolutionen und Deklarationen

2.124 Resolutionen und Deklarationen internationaler Organisationen sind zwar rechtlich nicht verbindlich, sie spielen in der Praxis als «soft law» aber oft eine sehr wichtige Rolle, da sie einen Konsens der Staaten darüber zum Ausdruck bringen, was im Bereich der Menschenrechte wenn auch nicht rechtlich, so doch moralisch geboten ist. In diesem Zusammenhang kommen ihnen primär zwei Funktionen zu:

126 ICTY-Statut.

127 Zusätzlich zu den im Statut für das Jugoslawien-Tribunal genannten Verbrechen werden hier auch Verstösse gegen den gemeinsamen Art. 3 GK und gegen Art. 4 ZP II für strafbar erklärt.

Solche Dokumente sind erstens oft Ausgangspunkt für die Entstehung verbindlichen Rechts. Neben der Allgemeinen Erklärung der Menschenrechte[128] verabschiedete die UNO-Generalversammlung weitere Resolutionen, mittels derer der Schutz spezifischer Menschenrechte gefördert werden sollte. Dazu gehören u.a. die Erklärungen über die Rechte des Kindes vom 20. November 1959, über die Beseitigung jeder Form der Rassendiskriminierung vom 20. November 1963, über die Beseitigung der Diskriminierung der Frau vom 7. November 1967, über den Schutz vor Folter und anderer grausamer, unmenschlicher oder erniedrigender Behandlung vom 9. Dezember 1975, über die Rechte behinderter Menschen vom 9. Dezember 1975 und über das Verschwindenlassen von Personen vom 18. Dezember 1992. Sie alle waren Vorstufen für die entsprechenden Konventionen, haben aber immer noch eine selbständige Bedeutung für Nichtvertragsstaaten, wenn auch – soweit sie nicht Gewohnheitsrecht reflektieren – bloss im Sinne von Empfehlungen. Andere Deklarationen wie die Erklärungen über die Rechte von Personen und Organisationen, die sich für den Schutz der Menschenrechte und Grundfreiheiten einsetzen vom 9. Dezember 1998, über die Beseitigung von Gewalt gegen Frauen vom 20. Dezember 1993 und über die Rechte indigener Völker vom 13. September 2007 sind bisher nicht in Vertragsrecht umgesetzt worden, bilden aber die Grundlage für thematische Mandate des UNO-Menschenrechtsrats[129]. 2.125

Zweitens können solche Erklärungen der Konkretisierung vertraglich verankerter Garantien dienen. Besonders detailliert sind sie im Bereich des Justizvollzugs: Bedeutsam sind hier die folgenden von der UNO-Generalversammlung verabschiedeten Texte: die (revidierten) Mindestgrundsätze für die Behandlung von Gefangenen (sog. Nelson-Mandela-Regeln) vom 17. Dezember 2015, die Grundprinzipien für die Behandlung von Gefangenen vom 14. Dezember 1990, der Grundsatzkatalog für den Schutz aller irgendeiner Form von Haft oder Strafgefangenschaft unterworfenen Personen vom 9. Dezember 1988 sowie die sog. Bangkok Rules über die Behandlung inhaftierter Frauen vom 21. Dezember 2010. Das schweizerische Bundesgericht betonte – allerdings nicht in Hinblick auf die Empfehlungen der UNO, sondern solcher des Europarates – in einem Urteil, solche Mindestgrundsätze würden keine einklagbaren Rechte begründen. Da darin «aber die gemeinsame Rechtsüberzeugung der Mitgliedstaaten der jeweiligen Organisation zum Ausdruck» komme, seien sie vom Richter für die Auslegung und Konkretisierung der entsprechenden Garantien von Verfassung und Menschenrechtskonventionen zu berücksichtigen[130]. Damit hat das Gericht auf den Punkt gebracht, welche Wirkung Deklarationen und Resolutionen als «soft law» auch im Bereich der Menschenrechte haben. In diesem Sinn spielen solche Deklarationen auch eine zunehmend wichtigere Rolle in der Praxis internationaler Vertragsorgane[131]. 2.126

128 Dazu vorne Rz. 1.34.

129 Siehe dazu Rz. 8.22 ff.

130 Z.B. Urteil des Schweizerischen Bundesgerichts BGE 118 Ia 70.

131 Siehe z.B. MRA, Rouse v. The Philippines, 1089/2002 (2005), Ziff. 7.8, Mbongo Akwanga v. Cameroon, 1813/2008 (2011), Ziff. 7.3, und Suleimanov v. Kazakhstan 2146/2012 (2017), Ziff. 8.6, sowie etwa EGMR, Dybeku v. Albania, 41153/06 (2007), Ziff. 48.

2.127 Auch regionale Organisationen verabschieden Resolutionen im Bereich der Menschenrechte. Bedeutsam sind jene des Europarates, welche vom Ministerkomitee in der Form von Empfehlungen an die Regierungen verabschiedet werden[132]. Gestützt auf Art. 15 der Satzung des Europarates erliess das Ministerkomitee des Europarates z.B. am 19. Januar 1973 die Mindestgrundsätze für die Behandlung Gefangener, die letztmals am 11. Januar 2006 überarbeitet und aktualisiert wurden[133], und am 11. Juli 2002 die Leitlinien betreffend Menschenrechte und den Kampf gegen den Terrorismus.

132 Art. 15 der Satzung des Europarates vom 5. Mai 1949.

133 Ministerkomitee des Europarats, Rec. 2006(2), sog. Europäische Strafvollzugsgrundsätze.

3. Kapitel: Rechtsnatur menschenrechtlicher Verpflichtungen

Wie gelten Menschenrechte? Diese komplexe Frage kann entweder aus der Sicht der aus den Menschenrechten Verpflichteten oder jener der Berechtigten behandelt werden. Die Ausführungen in diesem und im nächsten Kapitel kombinieren die beiden Betrachtungsweisen, indem sie drei Teilfragen unterscheiden: 3.1

- Wer ist wem gegenüber verpflichtet? Dies ist die Frage einerseits nach den *Verpflichteten* (Ziff. I) und andererseits nach den *Berechtigten* aus den Menschenrechten (Ziff. II).
- Wie sehen diese Verpflichtungen inhaltlich aus und wie weit reichen sie? Das ist die Frage nach den *Arten der Verpflichtungen* aus Menschenrechten und der damit direkt zusammenhängenden Möglichkeit der Beschränkbarkeit dieser Rechte (Ziff. III).
- Wer ist wo und wann zu was berechtigt? Bei dieser Frage geht es um den persönlichen, örtlichen, zeitlichen und sachlichen *Geltungsbereich* der Menschenrechte. Diese Frage wird im folgenden Kapitel untersucht (Kapitel 4).

Die Beantwortung dieser Fragen erlaubt abschliessend zu umschreiben, was aus rechtlicher Sicht eine Menschenrechtsverletzung ist bzw. wie bei der Prüfung der Frage, ob eine solche vorliegt, systematisch vorgegangen werden kann (Kapitel 4, Ziff. V). 3.2

I. Wen verpflichten Menschenrechte?

Die wichtigsten Menschenrechtskonventionen beantworten die Frage, wer wem gegenüber wie verpflichtet ist, jeweils in einem allgemeinen Artikel zu Beginn des Vertragstextes. Besonders knapp und prägnant ist Art. 1 EMRK, wonach die Vertragsstaaten die in der Konvention verankerten Garantien «allen ihrer Herrschaftsgewalt unterstehenden Personen» zusichern müssen. In ähnlicher Weise verpflichtet Art. 2 Abs. 1 Pakt II jeden Vertragsstaat dazu, die im «Pakt anerkannten Rechte zu achten und sie allen in seinem Gebiet befindlichen und seiner Herrschaftsgewalt unterstehenden Personen ohne Unterschied (…) zu gewährleisten.» Nach Art. 2 Abs. 1 Pakt I ist jeder Vertragsstaat gehalten, «einzeln und durch internationale Hilfe und Zusammenarbeit, insbesondere wirtschaftlicher und technischer Art, unter Ausschöpfung aller seiner Möglichkeiten Massnahmen zu treffen, um nach und nach mit allen geeigneten Mitteln, vor allem durch gesetzgeberische Massnahmen, die volle Verwirklichung der in diesem Pakt anerkannten Rechte zu erreichen.» 3.3

1. Grundsatz: Verpflichtung der Staaten

3.4 Menschenrechte richten sich primär gegen den Staat. Sie sind das Gegenstück zum staatlichen Gewaltmonopol, setzen dessen Ausübung gewisse Schranken und verringern damit die Gefahren, welche den Privaten zumindest potenziell von Seiten der souveränen Staatsmacht drohen. Verstösse gegen die Menschenrechte stellen als Missbrauch dieser Staatsmacht besonders ernsthafte Rechtsverletzungen dar und unterscheiden sich in dieser Hinsicht grundlegend von Verletzungen des Straf- und Zivilrechts durch Private, obwohl solche Akte menschenrechtlich relevante Interessen der Opfer ebenfalls schwer beeinträchtigen können.

3.5 Aus diesen Gründen sind es die Staaten und ihre Organe, welche die Vertragspflichten aus Menschenrechtskonventionen erfüllen müssen. Menschenrechtsverträge bringen dies deutlich zum Ausdruck, indem sie regelmässig die «Vertragsstaaten» oder die «vertragsschliessenden Parteien» bzw. die «hohen vertragsschliessenden Teile» verpflichten[1].

3.6 Wer gehört zum «Staat» als Verpflichtetem? Das ist eine Frage, welche die meisten Menschenrechtsverträge nicht oder nur ansatzweise behandeln, die aber Gegenstand des allgemeinen Völkerrechts ist. Aus den Regeln über die *Staatenverantwortlichkeit* gemäss dem Entwurf der Völkerrechtskommission der UNO (ILC) zum Recht der Staatenverantwortlichkeit von 2001 (ILC-Entwurf) lässt sich ableiten, welche Menschenrechtsverletzungen einem Staat zugerechnet werden können. Der Entwurf ist als solcher zwar nicht rechtsverbindlich, stellt aber eine autoritative Kodifizierung des Völkergewohnheitsrechts in diesem Bereich dar. Im Einzelnen gilt Folgendes:

3.7 (1) Dem Staat zurechenbar sind die Handlungen aller *seiner Organe*, unabhängig davon, ob es sich um eine über- oder untergeordnete Behörde[2] oder um die Legislative, Exekutive oder Judikative handelt[3]. Dies bedeutet etwa, dass kein Staat eine Menschenrechtsverletzung mit der Unabhängigkeit der Justiz oder mit dem Hinweis, die Gerichte seien an Beschlüsse des Gesetzgebers gebunden, rechtfertigen kann[4]. Zum «Staat» gehören auch kommunale und andere lokale Behörden sowie in Staaten mit föderalem Aufbau jene der Gliedstaaten[5]. Diese allgemein geltende Regel ist in den

1 Z.B. Art. 2 Pakt I, Art. 2 Pakt II, Art. 2 KRK, Art. I GenozidK, Art. 1 EMRK, Art. 1 AMRK, Art. 1 AfCRMV.

2 IAGMR, Gutiérrez and Family v. Argentina, C/271 (2013), Ziff. 76.

3 Art. 4 Abs. 1 ILC-Entwurf. Siehe dazu auch MRA, General Comment 31 (2004), Ziff. 4, und IAGMR, Neptune v. Haiti, C/180 (2008), Ziff. 40 ff. Die Zuordnung des relevanten Verhaltens zu einem bestimmten Staatsorgan ist dabei für die Zurechenbarkeit einer Handlung zum Staat nicht notwendig; entscheidend ist, dass (irgendwelche) staatliche Organe dafür verantwortlich sind; siehe IAGMR, Luna López v. Honduras, C/269 (2013), Ziff. 119.

4 In diesem Sinn anerkennt das schweizerische Bundesgericht, dass Art. 190 BV, wonach Bundesgesetze für alle Gerichte massgebend sind, d.h. auch im Fall einer Verfassungswidrigkeit angewandt werden müssen, im Verhältnis zu internationalen Menschenrechtsgarantien nicht gilt und deshalb die EMRK einem menschenrechtswidrigen Bundesgesetz vorgeht. Siehe z.B. Urteil des schweizerischen Bundesgerichts BGE 122 II 485.

5 Art. 4 Abs. 2 (zweiter Satzteil) ILC-Entwurf.

beiden UNO-Pakten ausdrücklich mit dem Hinweis verankert worden, dass ihre Bestimmungen «ohne Einschränkung oder Ausnahme für alle Teile eines Bundesstaates» gelten[6].

(2) Wie ist die Situation zu beurteilen, wenn Staatsorgane nicht die Politik eines Staates ausführen, sondern im Gegenteil *in Überschreitung ihrer Kompetenzen* handeln. Auch in diesem Fall ist ihr Handeln dem Staat zuzurechnen, solange die Verantwortlichen nicht als reine Privatpersonen[7], sondern in amtlicher Eigenschaft handeln[8] oder vorgeben, in solcher Eigenschaft aufzutreten[9]. In diesem Sinn hat der IAGMR im Fall der Entführung und Folterung eines politischen Oppositionellen durch Angehörige der Sicherheitskräfte betont, dass die Schlussfolgerung, Menschenrechte seien verletzt worden, nicht davon abhänge, «ob das Organ oder der Beamte gegen Vorschriften des innerstaatlichen Rechts verstossen oder die Grenzen seiner Gewalt überschritten hat»[10]. Diese Regelung gilt nicht nur, wenn einzelne Personen in amtlicher Eigenschaft sich kompetenzwidrig verhalten, sondern auch, wenn lokale Behörden oder gar die gesamte Verwaltung eines Gliedstaates Anordnungen der Zentralregierung missachten und dabei Menschenrechte verletzen[11]. Ein Staat kann sich daher nicht seinen menschenrechtlichen Verpflichtungen mit dem Hinweis entziehen, dass Organe dezentralisierter Einheiten nicht mehr (vollständig) unter seiner Kontrolle stünden. Eine Grenze der Verantwortlichkeit eines Staates ist hingegen erreicht, wenn sich lokale Autoritäten in separatistischer Absicht ganz vom Zentralstaat lösen und eine aufständische Gruppierung bilden[12]. Diesfalls handeln sie nicht mehr in amtlicher Eigenschaft und ihr Verhalten kann dem Staat, von welchem sie sich lösen wollen, nicht mehr zugerechnet werden[13]. 3.8

(3) Teil des «Staates» sind auch *Private*, denen die *Erfüllung öffentlicher Aufgaben übertragen* wurde. Soweit sie bei der Ausübung solcher Befugnisse Menschenrechte verletzen, wird die Verletzung dem Staat zugerechnet[14], denn «der Staat [kann] sich seiner Verantwortung nicht entledigen […], [indem] er seine Verpflichtungen an private Einrichtungen oder Personen delegiert»[15]. Deshalb bildet z.B. die Misshandlung einer inhaftierten Person auch dann eine dem Staat zurechenbare Menschenrechtsverlet- 3.9

---

6 Art. 28 Pakt I und Art. 50 Pakt II. Eine weniger weitgehende Regelung enthalten Art. 41 GFK und Art. 28 AMRK.

7 Siehe z.B. EGMR, Gorovenky and Burgana v. Ukraine, 36146/05 and 42418/05 (2012), Ziff. 31.

8 Art. 7 ILC-Entwurf. Vgl. dazu EGMR (Grand Chamber), Ramanauskas v. Lithuania, Reports 2008-I, Ziff. 63, und IAGMR, Gutiérrez and Family v. Argentina, C/271 (2013), Ziff. 76.

9 EGMR, Sašo Gorgiev v. The Former Yugoslav Republic of Macedonia, Reports 2012-III, Ziff. 49.

10 IAGMR, Velásquez-Rodríguez v. Honduras, C/4 (1988), Ziff. 170, zitiert nach der deutschen Übersetzung in EuGRZ 1989, 171.

11 EGMR (Grand Chamber), Assanidze v. Georgia, Reports 2004-II, Ziff. 144 ff.

12 Z.B. EGMR (Grand Chamber), Ilaşcu and Others v. Moldova and Russia, Reports 2004-VII, Ziff. 333.

13 Siehe dazu hinten Rz. 4.30 ff.

14 Art. 5 ILC-Entwurf.

15 EGMR, Costello-Roberts v. The United Kingdom, A/247-C (1993), betr. körperliche Züchtigung eines Schülers an einer Privatschule, zitiert nach der Übersetzung in ÖJZ 1993, 708.

zung, wenn sie durch Mitarbeitende einer privaten Sicherheitsfirma vorgenommen wird, welche im Auftrag des Staates ein Gefängnis führt[16]. Eine Anwaltskammer muss sich an den Menschenrechten messen lassen, wenn sie im staatlichen Auftrag ihre Mitglieder diszipliniert[17] und auch die Massnahmen einer privaten Versicherungsgesellschaft sind dem Staat zurechenbar, wenn diese im Bereich einer obligatorischen Versicherung, deren Eckwerte der Staat festlegt, ergriffen werden[18].

3.10 (4) Ebenfalls dem Staat zurechenbar sind die Taten von sog. *De-facto-Organen*, d.h. von Privatpersonen, welche nicht formell mit der Erfüllung öffentlicher Aufgaben betraut wurden, die aber im Auftrag, unter Anleitung oder unter Kontrolle des Staates agieren[19]. Zu solchen Gruppierungen können etwa paramilitärische Verbände, Bürgerwehren oder auch terroristische Gruppierungen gehören[20], gleichgültig ob sie im Inland oder im Ausland aktiv sind[21].

3.11 (5) Nichtstaatliche Gruppierungen in Bürgerkriegen und ähnlichen Situationen verüben heute besonders viele und speziell schwere Menschenrechtsverletzungen. Weil sich solche Gruppierungen regelmässig gegen die Staatsmacht auflehnen und von ihnen verübte Menschenrechtsverletzungen gegen den Willen der offiziellen Behörden geschehen, können ihre Taten grundsätzlich nicht dem Staat zugerechnet werden. Von dieser Regel gibt es drei Ausnahmen: *Erstens* ist es denkbar, dass solche Gruppierungen derart unter der Befehlsgewalt oder Kontrolle eines ausländischen Staates stehen, dass sie als De-facto-Organe dieses Staates einzustufen sind und ihr Verhalten ihm zugerechnet werden kann[22]. *Zweitens* kommt es vor, dass während eines internationalen bewaffneten Konflikts, eines Bürgerkrieges oder einer Revolution die Staatsmacht völlig zusammenbricht und nicht formell autorisierte, private Gruppierungen beginnen, in diesem Vakuum staatliche Funktionen auszuüben, beispielsweise eine ru-

16 So ausdrücklich ILC, Abs. 2 des Kommentars zu Art. 5, UN Doc. A/56/10, Supplement No. 10 (2001). Als weiteres Beispiel nennt der Kommentar den Fall einer Fluggesellschaft, welche für den Staat gewisse Aufgaben im Bereich der Einwanderungskontrolle ausübt. Die gleiche Schlussfolgerung gilt für private Sicherheitsfirmen, welche im Auftrag eines Staates eigentliche polizeiliche oder militärische Aufgaben wahrnehmen.

17 EGMR, Casado Coca v. Spain, A/285-A (1994).

18 EGMR, Vukota-Bojić v. Switzerland, 61838/10 (2016), Ziff. 47.

19 Art. 8 ILC-Entwurf.

20 Siehe z.B. EGMR, Acar and Others v. Turkey, 36088/97 und 38417/97 (2005), Ziff. 83 ff., und besonders prägnant IAGMR, Case of the Mapiripán Massacre v. Colombia, C/134 (2005), Ziff. 110 ff.

21 Siehe dazu auch hinten Rz. 5.26 ff.

22 In diesem Sinn hat, allerdings im Zusammenhang mit dem humanitären Völkerrecht, das ICTY im Tadić-Fall entschieden, das damalige Jugoslawien (Serbien und Montenegro) sei für ethnische Säuberungen irregulärer serbischer Truppen in Bosnien-Herzegowina verantwortlich; ICTY (Appeals Chamber), The Prosecutor v. Tadić, Judgment, IT-94-1-A (1999), insb. Ziff. 117 ff. Der IGH ist dieser Auffassung mangels genügender Kontrolle des Staates Serbien über das Verhalten dieser Verbände allerdings nicht gefolgt; IGH, Application of the Convention on the Prevention and Punishment of the Crime of Genocide (Bosnia and Herzegovina v. Serbia and Montenegro), ICJ Reports 2007, Ziff. 402 ff.

dimentäre Polizei und Gerichtsbarkeit aufzubauen oder Steuern einzutreiben. Üben Private unter solchen Umständen tatsächliche Regierungsgewalt aus und verletzen sie dabei Menschenrechte, sind diese dem Staat zuzurechnen, falls seine Behörden im betreffenden Gebiet tatsächlich nicht mehr funktionieren konnten und die Übernahme faktischer Regierungsgewalt durch die Umstände erforderlich erschien[23]. Wenn sich *drittens* Aufständische durchsetzen und entweder die Regierungsgewalt im Land übernehmen oder einen neuen Staat gründen, ist das betreffende Land oder der neu entstehende Staat rückwirkend für die Taten verantwortlich, welche die Aufständischen vor der Machtübernahme verübt haben[24].

(6) Dem Staat zurechenbar ist schliesslich das Verhalten Privater, wenn und soweit ein 3.12
Staat ihr Verhalten nachträglich als sein Eigenes anerkennt und annimmt[25]. In diesem Sinn bejahte etwa der IGH die Verantwortlichkeit der Islamischen Republik Iran für die Geiselnahme amerikanischer Diplomatinnen und Diplomaten in der amerikanischen Botschaft in Teheran durch Studenten, weil die iranische Staatsführung dieses Verhalten nachträglich explizit billigte und die illegale Situation aufrechterhielt[26].

(7) Nicht dem Staat zurechenbar sind *rein private Handlungen*, d.h. Übergriffe Pri- 3.13
vater, welche unter keine der oben genannten Kategorien fallen. Das gilt insbesondere auch für Bürgerkriegsparteien und Aufständische, die nicht von einem anderen Staat gelenkt oder kontrolliert werden, nicht als legitime De-facto-Regierungen eingestuft werden können, und in der Auseinandersetzung unterliegen, d.h. nach Ende des Konfliktes nicht die Staatsgewalt übernehmen. Hier kann sich allerdings die Frage stellen, ob der Staat verantwortlich wird, weil er es unterliess, Opfer gegen Übergriffe Privater zu schützen, obwohl Menschenrechte ihn dazu verpflichtet hätten[27].

2. Ausnahme: Verpflichtung Privater?

Private sind aus Menschenrechten grundsätzlich nicht verpflichtet, es sei denn, sie 3.14
würden, wie eben dargestellt, für einen Staat handeln, in Situationen des Zusammenbruchs staatlicher Macht tatsächliche Regierungsgewalt ausüben oder später zur rechtmässigen Regierung werden oder gar einen neuen Staat gründen. Das kann allerdings

---

23 Art. 9 ILC-Entwurf. So wurde etwa die Islamische Republik Iran für Handlungen der revolutionären Garden verantwortlich gemacht, welche 1979 unmittelbar nach dem Ausbruch der islamischen Revolution die Grenzkontrollen am Flughafen Teheran übernahmen und dabei einen amerikanischen Staatsbürger mehrere Tage festhielten und in völkerrechtswidriger Weise aus dem Land schafften; Iran – United States Claims Tribunal, Yeager v. Iran, 17 Reports 92 (1987), Ziff. 43.

24 Art. 10 Abs. 1 und 2 ILC-Entwurf. Dies kann zur Folge haben, dass einem Staat, dessen Regierung nach einem Bürgerkrieg von einer siegreichen aufständischen Bewegung übernommen wird, rückwirkend sowohl das Verhalten der ehemaligen Aufständischen wie auch dasjenige der Gegenpartei, der ehemaligen Regierungsarmee, zugerechnet werden.

25 Art. 11 ILC-Entwurf.

26 IGH, United States Diplomatic and Consular Staff in Tehran, USA v. Iran, ICJ Report 1980, Ziff. 63 ff.

27 Zu den Schutzpflichten aus Menschenrechten siehe hinten Rz. 3.94 ff.

nicht bedeuten, dass Privaten, sei es als Individuen oder Gruppierungen, erlaubt ist, menschenrechtlich geschützte Interessen anderer Privatpersonen zu missachten und zu verletzen. Deshalb wird zunehmend gefordert, Menschenrechte sollten auch private Akteure binden. Dabei stehen so unterschiedliche Themen wie die Verantwortlichkeit von Aufständischen und nicht regulären Truppen im Bürgerkrieg oder von Terroristen, die Bindung multinationaler Unternehmen an die Menschenrechte oder die Problematik der menschenrechtlichen Beurteilung häuslicher Gewalt im Vordergrund der Diskussion.

3.15 Tatsächlich stellen heute Aufständische, terroristische Gruppierungen oder international tätige kriminelle Organisationen oft eine ebenso grosse Bedrohung für Leib, Leben oder die Sicherheit von Personen dar wie der Missbrauch staatlicher Macht. Menschenrechtlich geschützte Interessen können aber auch durch die faktische Macht grosser Wirtschaftsunternehmen massiv beeinträchtigt werden. Zwar dienen in erster Linie die traditionellen Mittel des innerstaatlichen Straf- und Privatrechts dazu, gegen private Übergriffe vorzugehen, sie erweisen sich aber gerade dort oft als ungenügend, wo private Gebilde transnational oder gar universell agieren. Deshalb stellt das Völkerrecht verschiedene Instrumente zur Verfügung, um private Akteure direkt oder indirekt an Menschenrechte zu binden.

a) Direkte Verpflichtungen aus Völkerrecht

3.16 Eine direkte Verpflichtung Privater durch die Verankerung individueller Pflichten findet sich in internationalen Instrumenten des Menschenrechtsschutzes nur selten und bloss in allgemeiner Weise ohne direkten normativen Gehalt. So bestimmt Art. 29 AEMR, jeder Mensch habe «Pflichten gegenüber der Gemeinschaft, in der allein die freie und volle Entwicklung seiner Persönlichkeit möglich ist», ohne allerdings den Inhalt dieser Pflichten zu umschreiben.

3.17 Diesen Gedanken nimmt Art. 27 AfCRMV auf, welcher betont, dass jedes Individuum «Pflichten gegenüber seiner Familie und der Gesellschaft, gegenüber dem Staat und anderen gesetzlich anerkannten Gemeinschaften sowie gegenüber der internationalen Gemeinschaft» habe. Auch hier wird der Inhalt dieser Pflichten nicht präzisiert. Immerhin verpflichtet Art. 28 dieses Vertrages, «jedes Individuum […], seine Mitmenschen ohne Diskriminierung zu respektieren und zu achten und mit ihnen Beziehungen zu unterhalten, die auf die Förderung, den Schutz und die Verstärkung der gegenseitigen Achtung und Toleranz gerichtet sind.» Die afrikanische Menschenrechtscharta sieht allerdings nur Beschwerden vor, welche sich gegen Staaten richten[28], und kennt damit keinen Mechanismus, um diese Bestimmung durchzusetzen.

3.18 Das Völkerstrafrecht[29] dient mit den Straftatbeständen des Völkermords, der Verbrechen gegen die Menschlichkeit und der Kriegsverbrechen dazu, Private zu zwingen, Akte zu unterlassen, welche in besonders schwerer Weise menschenrechtlich ge-

28 Art. 47 ff. und 55 ff. AfCRMV.

29 Vorne Rz. 2.10 ff.

schützte Rechtsgüter verletzen. Es verpflichtet Individuen direkt und in juristisch verbindlicher und durchsetzbarer Weise und sanktioniert Handlungen, die zentrale Menschenrechte besonders schwer verletzen. Die Weiterentwicklung des internationalen Strafrechts nach 1990 war zumindest zum Teil vom Wunsch motiviert, besser gegen private Täterinnen und Täter vorgehen zu können und ein wirksames Instrument zur Verfügung zu haben für Fälle, in welchen kein Staat sanktioniert werden kann oder sich solche Sanktionen als ungenügend erweisen.

b) Indirekte Verpflichtungen aus Völkerrecht

Indirekt, aber ebenfalls in juristisch verbindlicher und durchsetzbarer Weise werden 3.19
Private völkerrechtlich durch jene *Strafbestimmungen des nationalen Rechts* verpflichtet, welche die Staaten in Erfüllung eines entsprechenden Rechtsetzungsauftrags erlassen haben. Die Pflicht, bestimmte Verstösse mit den Mitteln des innerstaatlichen Strafrechts zu sanktionieren, ist etwa in der RDK (Art. 4), im Genozidübereinkommen (Art. V i.V.m. Art. II und III), in der FoK (Art. 4)[30] und der VLK (Art. 4) vorgesehen. Im Gegensatz zum internationalen Strafrecht ist das betroffene Individuum hier nicht direkt aus Völkerrecht verpflichtet, sondern (nur) an das Landesrecht gebunden, welches aber in Erfüllung einer völkerrechtlichen Pflicht erlassen wurde.

Eine indirekte Verpflichtung Privater aus Völkerrecht, die ebenfalls durchsetzbar ist, 3.20
liegt im Weiteren dort vor, wo ein Staat in Erfüllung einer *Schutzpflicht*[31] mit straf-, zivil- oder verwaltungsrechtlichen Mitteln Personen vor Übergriffen anderer Privater schützt. Auch wenn es hier nicht um die menschenrechtliche Verantwortung einer Privatperson, sondern um jene des Staates geht, wird jene im Ergebnis gezwungen, die Menschenrechte anderer zu beachten. Zu den staatlichen Schutzpflichten gehört auch, dass Opfer privater Übergriffe, die auf dem Territorium eines Staates geschehen, Zugang zur Justiz, insbesondere für Schadenersatzansprüche, haben[32]. Gegenüber extraterritorial stattfindenden privaten Übergriffen besteht diese Verpflichtung nur, soweit dort Schutzpflichten des Forumsstaates bestehen[33]. Den Staaten steht es aber frei, weiter zu gehen, d.h. ihre Gerichtsbarkeit auch unabhängig von einem Konnex zum eigenen Staat für alle Schadenersatzklagen wegen Menschenrechtsverletzungen zu öffnen.

---

30 Hier gilt es allerdings zu beachten, dass zum Folterbegriff gemäss Art. 1 FoK an sich gehört, dass es sich um staatliche Folter handelt. Jedoch zählt diese Bestimmung dazu auch jene Fälle, bei denen der Staat zur privaten Folter anstiftet oder sie ausdrücklich oder stillschweigend billigt.

31 Zu den staatlichen Schutzpflichten aus Menschenrechten siehe hinten Rz. 3.94 ff.

32 Siehe dazu WSK-Ausschuss General Comment 24 (2017), Ziff. 38 ff.

33 Siehe dazu hinten Rz. 6.30 ff.

Vertiefung: Schadenersatz für Menschenrechtsverletzungen – Der amerikanische Alien Tort Claims Act

3.21 Über das völkerrechtlich Geforderte hinaus – gehen oder gingen die USA mit dem Alien Tort Claims Act von 1789. Dessen § 1350 bestimmt: «The district courts shall have original jurisdiction of any civil action by an alien for tort only, committed in violation of the law of nations or a treaty of the United States». Gemäss einer bis 2013 geltenden Praxis waren amerikanische Gerichte danach für die Behandlung von Schadenersatzklagen ausländischer Staatsangehörigen zuständig, welche ausserhalb der USA unter Missachtung von Garantien des Völkergewohntheitsrechts geschädigt worden waren, wobei im Vordergrund Fälle von Folter und willkürlicher Verletzung des Rechts auf Leben standen. Im Jahr 1980 wurde diese Bestimmung erstmals im Kontext einer Menschenrechtsverletzung angewandt: Im Filartiga-Fall anerkannte ein Gericht, dass Folter eine Verletzung von Völkergewohnheitsrecht darstelle, weshalb Filartiga einen Angehörigen der paraguayischen Sicherheitskräfte, den er in den USA per Zufall getroffen hatte, auf Schadenersatz wegen in Paraguay erlittener Folter beklagen könne[34].

3.22 In den letzten Jahren wurde der Anwendungsbereich von § 1350 des Alien Tort Act massiv eingeschränkt: Im Jahr 2004 befand der US Supreme Court, diese Bestimmung sei im Lichte ihrer Geschichte eng auszulegen. Der Alien Tort Act begründe daher einzig in traditionellen völkerrechtlichen Bereichen wie der Verletzungen des freien Geleits, Mord und Raub, soweit als Piraterie auf Hoher See strafbar, Angriffen auf diplomatisches Personal und gleichwertigen modernen Formen wie etwa Folter und willkürliche Tötungen – nicht aber willkürliche Haft – eine Zuständigkeit amerikanischer Gerichte[35]. Im Jahr 2013 urteilte der US Supreme Court, der Alien Tort Act könne grundsätzlich nicht auf Sachverhalte, die sich ausserhalb der Vereinigten Staaten abspielten, angewendet werden. Dies gelte auch für Menschenrechtsverletzungen im Ausland[36]. Ausnahmen würden nur gelten, wenn eine Klage unter dem Alien Tort Act einen genügend engen Bezug zum Territorium der USA aufweise[37]. Mit diesen Urteilen hat der Alien Tort Act für die globale Durchsetzung der Menschenrechte seine Attraktivität weitgehend eingebüsst.

3.23 Ob analoge Klagen in Europa möglich wären, muss hier offen bleiben. An sich liesse sich die privatrechtliche Haftung für ausservertragliche Schädigung dafür durchaus fruchtbar machen, da sich die dafür notwendige Widerrechtlichkeit auch aus Völkerrecht (insbesondere Völkerstrafrecht) ergeben könnte. Problematisch ist allerdings auch hier die Zuständigkeit nationaler Gerichte, wenn der Fall keinen Bezug zum Inland hat, d.h. weder Täter noch Opfer Staatsangehörige des Gerichtsstaates sind. Die meisten Staaten sind nicht bereit, ihre Gerichte für solche Fälle zur Verfügung zu stellen.

---

34 United States Court of Appeals for the Second Circuit, Filartiga v. Pena-Irala, 1980, 630 F.2d 876. In weiteren Urteilen wurden etwa der Führer der bosnischen Serben im Bosnien-Krieg, Radovan Karadzic (United States Court of Appeals for the Second Circuit, Kadic v. Karadzic, 1995, 70 F.3d 232) und ein für Verbrechen gegen die Menschlichkeit in Osttimor verantwortlicher indonesischer General (Todd v. Panjaitan, No. 92–12255, 1994 WL 827111 [D. Mass. Oct. 26, 1994]) wegen Menschenrechtsverletzungen zu hohen Schadenersatzsummen verurteilt.

35 US Supreme Court, Sosa v. Alvarez-Machain, 542 U.S. 692 (2004).

36 US Supreme Court, Kiobel v. Royal Dutch Petroleum Co., 569 U.S.108 (2013).

37 A.a.O.: «touch and concern the territory of the [USA] […] with sufficient force».

c) Verpflichtungen von Unternehmen?

Im Vordergrund der Bemühungen, Menschenrechtsverletzungen auf die private Sphäre auszudehnen, stehen gegenwärtig Versuche, privatwirtschaftliche Unternehmen (stärker) in die Pflicht zu nehmen sowie die Verantwortung derjenigen Staaten, in welchen transnationale Unternehmen ihren Hauptsitz haben, als auch derjenigen, in welchen sie ihre wirtschaftlichen Aktivitäten ausüben, zu verstärken. 3.24

Dabei spielen *Verhaltenskodizes* eine wichtige Rolle. 1999 ergriff die UNO die Initiative für den sog. Global Compact. Dieser soll multinationale Unternehmen im Sinne einer Selbstregulierung der Wirtschaft zur Einhaltung der Menschenrechte anhalten. Auf freiwilliger Basis können sich weltweit tätige Unternehmen verpflichten, neun von zehn allgemeinen Prinzipien dieses Globalen Pakts in den Bereichen Menschenrechte, Arbeitsbedingungen und Umwelt anzunehmen und zu fördern. Der Erfolg der Bemühungen ist umstritten; bisher beteiligen sich knapp 10 000 Unternehmen (Stand Juni 2018) an der Initiative. 3.25

Dokumentation: Die menschenrechtsrelevanten Prinzipien des Global Compacts

«Prinzip 1: Unternehmen sollen den Schutz der internationalen Menschenrechte unterstützen und achten und 3.26

Prinzip 2: sicherstellen, dass sie sich nicht an Menschenrechtsverletzungen mitschuldig machen.

Prinzip 3: Unternehmen sollen die Vereinigungsfreiheit und die wirksame Anerkennung des Rechts auf Kollektivverhandlungen wahren.

Prinzip 4: Unternehmen sollen sich für die Beseitigung aller Formen der Zwangsarbeit einsetzen.

Prinzip 5: Unternehmen sollen sich für die Abschaffung von Kinderarbeit einsetzen.

Prinzip 6: Unternehmen sollen sich für die Beseitigung von Diskriminierung bei Anstellung und Erwerbstätigkeit einsetzen».

Im Jahr 2005 schuf die ehemalige Menschenrechtskommission das Mandat eines Spezialrepräsentanten des Generalsekretärs zum Thema Wirtschaft und Menschenrechte. Drei Jahre später legte der Repräsentant, John Ruggie, dem Menschenrechtsrat das sog. «Protect, Respect and Remedy Framework» vor. Dieses beruht auf drei Säulen: (1) Der Pflicht der Staaten, in dem die Unternehmen ihren Sitz haben oder in welchem sie unternehmerisch tätig sind, Privaten Schutz vor Übergriffen durch andere Private, und damit durch wirtschaftliche Unternehmen, zu gewähren; (2) der Verantwortung aller Unternehmen, alle Menschenrechte zu achten und (3) der Schaffung des Zugangs zu einem effektiven gerichtlichen oder aussergerichtlichen Streitschlichtungsmechanismus für geschädigte Personen. Basierend darauf publizierte Ruggie 3.27

2011 die Leitprinzipien für Unternehmen und Menschenrechte (sog. «Ruggie-Prinzipien»)[38].

Dokumentation: Die Leitprinzipien für Unternehmen und Menschenrechte (Auszüge)

3.28 **«I. Die Pflicht des Staates zum Schutz der Menschenrechte**

A. Grundlegende Prinzipien

1. Staaten müssen den Schutz vor Menschenrechtsverletzungen gewähren, die in ihrem Hoheitsgebiet und/oder ihrer Jurisdiktion von Dritten, einschliesslich Wirtschaftsunternehmen, verübt werden. [...].

2. Staaten sollten klar die Erwartung zum Ausdruck bringen, dass alle in ihrem Hoheitsgebiet ansässigen und/oder ihrer Jurisdiktion unterstehenden Wirtschaftsunternehmen bei ihrer gesamten Geschäftstätigkeit die Menschenrechte achten.

B. Operative Prinzipien

3. Zur Wahrnehmung ihrer Schutzpflicht sollten Staaten:
(a) Rechtsvorschriften durchsetzen, deren Ziel der Wirkung darin besteht, von Wirtschaftsunternehmen die Achtung der Menschenrechte einzufordern, und in regelmässigen Abständen die Hinlänglichkeit dieser Rechtsvorschriften zu bewerten und etwaige Lücken zu schliessen;
(b) sicherstellen, dass sonstige Rechtsvorschriften und Politiken zur Gründung und laufenden Geschäftstätigkeit von Wirtschaftsunternehmen, so etwa das Unternehmensrecht, Unternehmen nicht daran hindern, sondern vielmehr dazu befähigen, die Menschenrechte zu achten; [...]
(d) Wirtschaftsunternehmen dazu anhalten und es ihnen gegebenenfalls zur Auflage machen, zu kommunizieren, wie sie ihren menschenrechtlichen Auswirkungen begegnen.

4. Die Staaten sollten zusätzliche Massnahmen zum Schutz vor Menschenrechtsverletzungen durch Wirtschaftsunternehmen ergreifen, die sich in staatlichem Eigentum befinden oder unter staatlicher Kontrolle stehen oder von staatlichen Stellen wie Exportkreditagenturen und öffentlichen Investitionsversicherungs- oder Garantieagenturen erhebliche Unterstützung und Dienstleistungen erhalten, [...].

II. Die Verantwortung des Unternehmens zur Achtung der Menschenrechte

3.29 *A. Grundlegende Prinzipien*

11. Wirtschaftsunternehmen sollten die Menschenrechte achten. Dies heisst, dass sie vermeiden sollten, die Menschenrechte Anderer zu beeinträchtigen, und dass sie nachteiligen menschenrechtlichen Auswirkungen, an denen sie beteiligt sind, begegnen sollten. [...]

38 Guiding Principles on Business and Human Rights: Implementing the United Nations «Protect, Respect and Remedy» Framework, 21. März 2011, UN Doc. A/HRC/17/31. Der MR-Rat nahm diese Prinzipien einstimmig an; Res. A/HRC/17/L.17/Rev.1 (2011).

13. Die Verantwortung, die Menschenrechte zu achten, erfordert, dass Wirtschaftsunternehmen

(a) es vermeiden, durch ihre eigene Tätigkeit nachteilige Auswirkungen auf die Menschenrechte zu verursachen oder dazu beizutragen und diesen Auswirkungen begegnen, wenn sie auftreten;

(b) bemüht sind, negative Auswirkungen auf die Menschenrechte zu verhüten oder zu mindern, die auf Grund einer Geschäftsbeziehung mit ihrer Geschäftstätigkeit, ihren Produkten oder Dienstleistungen unmittelbar verbunden sind, selbst wenn sie nicht zu diesen Auswirkungen beitragen. [...]

15. Um ihrer Verantwortung zur Achtung der Menschenrechte nachzukommen, sollten Wirtschaftsunternehmen über Grundsätze und Verfahren verfügen, die ihrer Grösse und ihren Umständen angemessen sind, einschliesslich [...]

(b) eines Verfahrens zur Gewährleistung der menschenrechtlichen Sorgfaltspflicht, das darauf abstellt, die Auswirkungen auf die Menschenrechte zu ermitteln, zu verhüten und zu mildern sowie Rechenschaft darüber abzulegen, wie sie diesen begegnen;

(c) Verfahren, die die Wiedergutmachung etwaiger nachteiliger menschenrechtlicher Auswirkungen ermöglichen, die sie verursachen oder zu denen sie beitragen.

III. Zugang zu Abhilfe

A. Grundlegendes Prinzip 3.30

25. Als Teil ihrer Pflicht, Schutz gegenüber mit Unternehmen zusammenhängende Menschenrechtsverletzungen zu gewähren, müssen Staaten geeignete Massnahmen treffen, um durch gerichtliche, administrative, gesetzgeberische oder andere geeignete Mittel dafür Sorge zu tragen, dass die Betroffenen Zugang zu wirksamer Abhilfe haben, sofern solche Verletzungen in ihrem Hoheitsgebiet und/oder unter ihrer Jurisdiktion vorkommen.»

Seit 2014 versucht eine Arbeitsgruppe des Menschenrechtsrats, basierend auf diesen 3.31
Vorgaben eine Grundlage für menschenrechtliche Verpflichtungen privatwirtschaftlicher Akteure zu schaffen.

Auch die UNO-Vertragsorgane richten ihr Augenmerk gegenwärtig vermehrt auf diese 3.32
Thematik. Besonders weitgehend interpretiert der WSK-Ausschuss die aus dem Pakt I resultierenden Verpflichtungen der Staaten.

Vertiefung: Die Allgemeine Bemerkung des WSK-Ausschusses zu staatlichen Verpflichtungen im Zusammenhang mit wirtschaftlichen Aktivitäten[39]

Diese Allgemeine Bemerkung aus dem Jahr 2017 legt den Fokus auf Verpflichtungen des 3.33
Staates im Umfeld privatwirtschaftlicher Tätigkeiten. Auch in diesem Bereich unterstehen Staaten zunächst einer Unterlassungspflicht, weshalb sie etwa widerrechtliche Zwangsräumungen, um ein privates Investitionsprojekt zu ermöglichen, unterlassen

39 WSK-Ausschuss, General Comment 24 (2017).

müssen. Ebenso sind sie gehalten, vor Abschluss von Handels- oder Investitionsverträgen potenzielle Konfliktfelder mit den WSK-Rechten zu evaluieren und bei Identifikation solcher Widersprüche allenfalls auf den Vertragsabschluss zu verzichten[40].

3.34 Im Fokus des Ausschusses stehen aber Schutzpflichten, d.h., die Staaten sind verpflichtet, alle notwendigen Massnahmen zu erlassen, um einen wirksamen Schutz der Paktrechte vor Beeinträchtigungen durch Wirtschaftsunternehmen zu gewährleisten[41]. Ebenso sind die Staaten verpflichtet,

«to adopt a legal framework requiring business entities to exercise human rights due diligence in order to identify, prevent and mitigate the risks of violations of Covenant rights, to avoid such rights being abused, and to account for the negative impacts caused or contributed to by their decisions and operations and those of entities they control on the enjoyment of Covenant rights. [...]»[42].

3.35 Teilweise verlangen diese Schutzpflichten nach Auffassung des WSK-Ausschusses gar direkte staatliche Interventionen. Die Vertragsstaaten sollten daher

«consider measures such as restricting marketing and advertising of certain goods and services in order to protect public health, such as of tobacco products, [...]; combating gender role stereotyping and discrimination; exercising rent control in the private housing market as required for the protection of everyone's right to adequate housing; [and] establishing a minimum wage consistent with a living wage and a fair remuneration [...]»[43].

3.36 Die staatlichen Verpflichtungen beschränken sich nach Auffassung des WSK-Ausschusses aber nicht darauf, Schutz vor menschenrechtswidrigen oder -gefährdenden Aktivitäten privater Unternehmen auf dem eigenen Staatsgebiet zu gewähren. Vielmehr seien Staaten auch verpflichtet, gegen Verletzungen der WSK-Rechte vorzugehen, die private Unternehmen, die unter ihrer Kontrolle stehen, im Ausland verursachen[44]. Dies bedeutet, dass

«[c]onsistent with the admissible scope of jurisdiction under general international law, States may seek to regulate corporations that are domiciled in their territory and/or jurisdiction: this includes corporations incorporated under their laws, or which have their statutory seat, central administration or principal place of business on their national territory. [...]»[45].

3.37 Ein Staat missachtet daher seine Paktverpflichtungen, wenn die im Ausland erfolgte Verletzung von WSK-Rechten durch ein Unternehmen

40 A.a.O., Ziff. 12 f.

41 A.a.O., Ziff. 14.

42 A.a.O., Ziff. 16.

43 A.a.O., Ziff. 19.

44 A.a.O. Ziff. 27 ff. Zur extraterritorialen Geltung des Pakts I siehe hinten Rz. 4.40.

45 A.a.O., Ziff. 31. Schliesslich beschäftigt sich auch dieses Dokument in Ziff. 38 ff. mit der Verpflichtung, Opfern von Verletzungen von WSK-Rechten durch private Akteure Zugang zu einem Streitschlichtungsmechanismus zu gewähren.

> «reveals a failure by the State to take reasonable measures that could have prevented the occurrence of the event. The responsibility of the State can be engaged in such circumstances even if other causes have also contributed to the occurrence of the violation, and even if the State had not foreseen that a violation would occur, provided such a violation was reasonably foreseeable. For instance, considering the well-documented risks associated with the extractive industry, particular due diligence is required with respect to mining-related projects and oil development projects»[46].

Ausserhalb des UNO-Kontexts bemüht sich schliesslich auch die Organisation für wirtschaftliche Entwicklung und Zusammenarbeit (OECD), privatwirtschaftliche Unternehmen zu einer verantwortungsvollen Unternehmensführung und damit auch zur Beachtung menschenrechtlicher Vorgaben zu motivieren. In diesem Sinne enthalten die vom Ministerrat der OECD im Jahr 2011 in einer neuen Version verabschiedeten *OECD-Leitsätze für multinationale Unternehmen* in Ziff. IV auch an Staaten und Unternehmen gerichtete Empfehlungen zum Schutz der Menschenrechte. Als Empfehlungen bleiben diese rechtlich unverbindlich, solange sie nicht im nationalen oder internationalen Recht umgesetzt sind. Trotzdem hält dieses Dokument die Staaten an, zur Durchsetzung der Leitsätze sog. Nationale Kontaktpunkte einzurichten, die Beschwerden entgegennehmen und bei Konflikten vermitteln. 3.38

3. Verpflichtung internationaler Organisationen?

a) Direkte Verpflichtung internationaler Organisationen zur Beachtung der Menschenrechte?

Sind internationale Organisationen an die Menschenrechte gebunden? Die Antwort, dies sei nicht der Fall, weil Menschenrechtsverträge nur Staaten binden, vermag heute angesichts der Tatsache, dass Menschenrechte zunehmend auch durch Organe internationaler Organisationen gefährdet werden können, kaum mehr zu befriedigen. Die Gefahr solcher Verletzungen wächst aus drei Gründen: Erstens übertragen Staaten zunehmend eigene Befugnisse an Organisationen mit supranationaler Entscheidungsmacht wie die EU oder die UNO mit ihrer Möglichkeit zur Anordnung bindender Zwangsmassnahmen durch den Sicherheitsrat. Zweitens ist es denkbar, dass internationale Organisationen menschenrechtswidrige Projekte in einem Staat (finanziell) unterstützen[47] oder ihre Organe in Einzelfällen ultra vires Menschenrechte missachten[48]. Vereinzelt wird die UNO gar (wie 1999 in Kosovo und ebenfalls 1999 in Ost-Timor) mit der eigentlichen Verwaltung von Territorien betraut und übt damit ein faktisches 3.39

46 A.a.O., Ziff. 32.

47 So etwa bei Projekten der Weltbank, die zu menschenrechtswidrigen Vertreibungen oder Zwangsumsiedlungen führen.

48 Zu denken ist etwa an sexuelle Ausbeutung von Frauen durch Angehörige von Feldmissionen der UNO oder an die Diskriminierung von Mitarbeitenden im Sekretariat internationaler Organisationen.

Gewaltmonopol aus. Drittens können sich Mitgliedstaaten internationaler Organisationen mit dem Dilemma konfrontiert sehen, bindende Beschlüsse solcher Organisationen umsetzen zu müssen, obwohl diese nicht menschenrechtskonform sind.

3.40 In Europa reagierten die Europaratsstaaten im ZP 14/EMRK auf diese Gefahr mit der Schaffung der Möglichkeit, dass die EU die EMRK ratifizieren kann[49], was für betroffene Private gegen Entscheide von EU-Organen den Beschwerdeweg nach Strassburg öffnen würde. Wann mit einer Ratifizierung der EMRK durch die EU gerechnet werden kann, ist, angesichts der rechtlichen Komplexität dieses Schritts schwer absehbar[50]. Auf universeller Ebene folgt die BRK diesem Ansatz, indem sie ihre Ratifizierung durch «Organisationen der regionalen Integration» ermöglicht[51]. Bereits 2010 nahm die EU diese Möglichkeit wahr.

3.41 Üblicherweise sehen Menschenrechtsverträge allerdings die Möglichkeit eines Beitritts internationaler Organisationen nicht vor. Dass zentrale menschenrechtliche Garantien die Staaten auch gewohnheitsrechtlich binden, begründet aber nicht automatisch eine gewohnheitsrechtliche Bindung weiterer Völkerrechtssubjekte[52]. Auch menschenrechtliche Verpflichtungen in Gründungsdokumenten bilden, da meist als allgemeine Zielbestimmungen[53] formuliert, kaum eine genügende Basis zur Begründung einer menschenrechtlichen Verpflichtung internationaler Organisationen. Eine gesicherte allgemeine Verpflichtung internationaler Organisationen zur Beachtung der Menschenrechte lässt sich schliesslich – abgesehen von Einzelfällen – auch nicht aus organisationsinternen Anordnungen ableiten[54]. Das Gegenteil gilt aber, wenn der UNO-

49 Art. 59 Abs. 2 EMRK. Die EU wiederum hat sich in Art. 6 Abs. 2 des Vertrages von Lissabon, der am 1. Dezember 2009 in Kraft trat, verpflichtet, die EMRK zu ratifizieren.

50 Die offiziellen Verhandlungen über den Beitritt der EU zur EMRK begannen bereits im Jahr 2010. 2013 konnten sich Unterhändler aller Europaratsstaaten und der EU über den Entwurf eines Beitrittsübereinkommens einigen. Der EuGH beurteilte indes diese Übereinkunft für nicht vereinbar mit dem EU-Recht (EuGH, Gutachten 2/13 [2014]). Daher ist vor einer allfälligen Ratifizierung der EMRK durch die EU dieses Beitrittsabkommen zu revidieren. Zudem müssten vor diesem Schritt neben Art. 59 Abs. 2 noch weitere Bestimmungen der EMRK angepasst werden.

51 Art. 42 und 44 BRK.

52 Dieser Schluss gilt nicht für die EU, hat doch der EuGH entschieden (so bereits EuGH, Regina v. Kirk, Rs. C-63/83 [1984]), dass die EMRK-Garantien als allen Rechtsordnungen der Mitgliedstaaten gemeinsame Grundsätze zu den allgemeinen Rechtsgrundsätzen gehören, die der EuGH zu sichern hat. Individuen können daher vor diesem Gericht eine Verletzung dieser Rechtsgrundsätze rügen und damit indirekt vorbringen, Organe der EU hätten gegen EMRK-Vorgaben verstossen.

53 Siehe z.B. Art. 1 Abs. 3 und Art. 55 UNO-Charta.

54 So hält etwa das Bulletin on the Observance by United Nations Forces of International Humanitarian Law des UNO-Generalsekretärs (UN Doc. ST/SGB/1999/13, hinten, Rz. 5.48, auszugsweise abgedruckt) Truppen unter UNO-Kommando an, zentrale Grundsätze des humanitären Völkerrechts zu beachten. Die vorsichtige Formulierung dieses Bulletins zeigt indes deutlich, dass gestützt darauf nicht auf eine integrale Bindung der UNO an das humanitäre Völkerrecht, welches den Besonderheiten von Peace-keeping- und Peace-enforcement-Einsätzen oft nicht gerecht wird, geschlossen werden kann. Bemerkenswert erscheint aber, dass diese Anordnung in

Sicherheitsrat in einer bindenden Resolution statuiert, dass eine UNO-Mission an menschenrechtliche Vorgaben gebunden ist. Eine solche Rechtsbindung wurde etwa für die UNO-Mission in Kosovo vorgesehen[55].

Internationalen Organisationen ist es allerdings verboten, Menschenrechte zwingenden Charakters zu verletzen. Dies ergibt sich aus dem Rechtscharakter von Ius cogens: Ist gemäss Art. 54 VRK ein Vertrag nichtig, welcher gegen zwingende Bestimmungen des Völkerrechts verstösst, ist es a priori ausgeschlossen, dass der Gründungsvertrag einer internationalen Organisation deren Organen erlauben kann, Menschenrechtsverpflichtungen zwingender Natur zu missachten[56]. 3.42

Kann damit zumindest von einer Bindung internationaler Organisationen an Menschenrechte mit Ius-cogens-Charakter ausgegangen werden, stellt sich als Nächstes die Frage, unter welchen Voraussetzungen ein solches Rechtssubjekt für menschenrechtswidriges Verhalten verantwortlich gemacht werden kann. Darauf vermag der ILC-Entwurf zur Verantwortlichkeit internationaler Organisationen (ILC Entwurf II) erste Antworten zu geben. Gemäss diesem Text wird eine internationale Organisation durch ein Verhalten ihrer Organe oder ihrer Beauftragten, das den völkerrechtlichen Bindungen der Organisation widerspricht, verantwortlich[57]. Darüber hinaus verletzt eine internationale Organisation auch Völkerrecht, wenn sie zwecks Umgehung ihrer Verpflichtungen für Mitgliedstaaten bindende Beschlüsse erlässt, die diese zu einem Verhalten verpflichtet, welches für die internationale Organisation völkerrechtlich ver- 3.43

Section 4 bestimmt, dass Mitglieder von UNO-Truppen wegen Verletzungen des humanitären Völkerrechts von Gerichten ihres Heimatstaates zur Rechenschaft gezogen werden können.

55 SR-Res. 1244 (1999) hält die UNO-Verwaltung des Kosovo (UNMIK) zur Beachtung internationaler Menschenrechte an. Die gestützt darauf erlassenene UNMIK-Regulation 1999/24 schreibt die Bindung aller Organe der UNMIK an internationale Menschenrechtsstandards, wie sie die Kernkonventionen der UNO und die EMRK reflektierten, vor. Basierend auf diesen Grundlagen hat sich die UNMIK bereit erklärt, im Rahmen der Prüfung des serbischen Staatenberichts dem MRA einen eigenen Bericht über die Umsetzung der Garantien des Pakts II einzureichen: siehe dazu die CO des MRA, CCPR/C/UNK/CO/1 (2006). Dieses Beispiel kann aber kaum verallgemeinert werden, übte doch die UNO in Kosovo stellvertretend für Serbien Regierungsgewalt aus und musste deshalb sicherstellen, dass die von Serbien ratifizierten Verträge weiterhin Anwendung finden.

Mit UNMIK-Regulation 2006/12 wurde ferner ein Human Rights Advisory Panel geschaffen, welches Individualbeschwerden zu prüfen hatte, in welchen Menschenrechtsverletzungen durch Organe der UNMIK gerügt wurden. In einer grundlegenden Entscheidung aus dem Jahr 2012 stellte dieses Organ etwa eine Verletzung von Art. 2 EMRK fest, weil UNMIK-Organe es versäumt hätten, eine effektive Untersuchung zur Identifizierung der für das Verschwindenlassen von Personen verantwortlichen Individuen durchzuführen; Human Rights Advisory Panel, S.C. v. UNMIK, Case 02/09 (2012). Im Jahr 2016 stellte dieses Organ seine Aktivitäten ein.

56 Für Resolutionen des UNO-Sicherheitsrats siehe die Urteile des Europäischen Gerichts erster Instanz, Kadi v. Rat und Kommission, Rs. T-315/01 (2005), Ziff. 230, und Yusuf und Al Barakaat International Foundation v. Rat und Kommission, Rs. T-306/01 (2005), Ziff. 281.

57 Art. 3 ff. ILC-Entwurf II. Die Zurechenbarkeitsregeln finden sich in Art. 6–9 ILC Entwurf II. Diese lehnen sich eng an die Parallelregeln des ILC-Entwurfs zur Staatenverantwortlichkeit an.

pönt wäre[58]. Anders formuliert ist es supranationalen Organisationen untersagt, ihren Mitgliedstaaten rechtlich bindende Anweisungen zu erteilen, deren Umsetzung gegen zwingende Menschenrechte oder andere Menschenrechte, welche die entsprechende Organisation binden, verstossen würde.

3.44 Allerdings haben, mit Ausnahme der EU, internationale Organisationen bisher keine internen Überwachungsorgane geschaffen, vor welchen Individuen Verletzungen ihrer Menschenrechte durch die Organe der Organisation rügen könnten. Zudem können Privatpersonen internationale Organisationen auch nicht vor innerstaatlichen Gerichten zur Verantwortung ziehen, da solche Organisationen nach geltendem Völkerrecht absolute Immunität gegenüber staatlicher Gerichtsbarkeit geniessen. Somit schweben selbst die rudimentären Verpflichtungen aus Ius cogens in einem Vakuum[59]. Dass das Völkerrecht keinen effektiven Rechtsschutz gegen Menschenrechtsverletzungen vorsieht, die im Rahmen militärischer Zwangsmassnahmen, Wirtschaftssanktionen, Massnahmen der Terrorismusbekämpfung, der Errichtung internationaler Strafgerichte oder der eigentlichen Verwaltung eines Gebietes durch die UNO vorkommen können, trägt weder zur Glaubwürdigkeit dieser Organisation noch jener des internationalen Menschenrechtsschutzes bei.

b) Menschenrechtliche Verpflichtungen der Mitgliedstaaten internationaler Organisationen?

3.45 Sind damit Individuen dem Verhalten von Organen internationaler Organisationen oder menschenrechtsverletzenden Anordnungen dieser Rechtssubjekte weitgehend schutzlos ausgeliefert? Die offenkundig bestehenden Rechtsschutzdefizite können zwar nicht aufgehoben, aber möglicherweise gemildert werden, falls in solchen Konstellationen Staaten in ihrer Eigenschaft als Mitglieder der Organisation in die Pflicht genommen werden können. Im Einzelnen ist zu untersuchen, ob Mitgliedstaaten verantwortlich gemacht und von den Opfern belangt werden können,

- wenn sie menschenrechtswidrige, aber bindende Anordnungen einer internationalen Organisation durch ihre eigenen Organe umsetzen (lit. aa),
- wenn sie der Organisation Kompetenzen übertragen bzw. als Mitglied Massnahmen beschliessen, welche ihren eigenen menschenrechtlichen Verpflichtungen widersprechen (lit. bb), oder
- wenn Personal, das sie internationalen Organisationen für Friedensmissionen und ähnliche Aufgaben zur Verfügung stellen (z.B. Truppen und Polizeikräfte), im Einsatz für die Organisation Menschenrechte verletzt (lit. cc).

---

58 Art. 17 Abs. 1 ILC-Entwurf II. Gemäss Abs. 2 wird eine internationale Organisation unter dieser Voraussetzung auch bei Anordnungen haftbar, welche Mitgliedstaaten zu einem solchen Verhalten autorisieren, wenn ein Mitgliedstaat diese gewährte Kompetenz tatsächlich ausnutzt.

59 Der EGMR erachtet denn auch die Anerkennung der Immunität der UNO in zivilrechtlichen Verfahren auf Schadenersatz wegen Genozids vor nationalen Gerichten nicht als Verletzung des Anspruchs auf Zugang zu einem unabhängigen Gericht im Sinn von Art. 6 Abs. 1 EMRK; Stichting Mothers of Srebrenica v. The Netherlands (dec.), Reports 2013-III, Ziff. 141 ff.

aa) Die Verantwortlichkeit der Mitgliedstaaten für die Umsetzung von Anordnungen internationaler Organisationen

Wie ist die Verantwortlichkeit von Mitgliedstaaten internationaler Organisationen einzustufen, wenn sie Anordnungen der Organisation umsetzen, die menschenrechtswidrig sind? Kann in solchen Fällen eine betroffene Person statt der Organisation den Mitgliedstaat belangen? In der Tat sind kaum Gründe ersichtlich, weshalb die Verantwortlichkeit eines Staates anders beurteilt werden soll, wenn er nicht auf der Grundlage autonomer Entscheidungen, sondern bei der Umsetzung von Beschlüssen internationaler Organisationen Menschenrechte von Personen auf seinem Territorium oder unter seiner Herrschaftsgewalt missachtet. Auch ein Verweis auf die bindende Natur der Anordnung einer internationalen Organisation vermag ihre Mitgliedstaaten daher grundsätzlich nicht ihrer Verantwortlichkeit für die Beachtung ihrer menschenrechtlichen Verpflichtungen zu entbinden. 3.46

Beispiel: Das Urteil Bosphorus Airways gegen Irland des EGMR[60]

In diesem Urteil setzte sich der EGMR in grundlegender Weise mit der Verantwortung von Mitgliedstaaten einer internationalen Organisation mit supranationalen Kompetenzen zur Berücksichtigung der Garantien der EMRK anlässlich der Umsetzung verbindlicher Beschlüsse der Organisation auseinander[61]. Konkret hatte der Gerichtshof zu beurteilen, ob Irland die Eigentumsgarantie der EMRK verletzte, weil es eine Verordnung der EU umsetzte, welche wiederum in identischer Weise eine bindende Resolution des Sicherheitsrats der UNO implementierte. Dabei kam das Gericht zu folgenden allgemeinen Schlussfolgerungen: 3.47

«152. The Convention does not, on the one hand, prohibit Contracting Parties from transferring sovereign power to an international (including a supranational) organisation in order to pursue co-operation in certain fields of activity [...]. 3.48

153. On the other hand, it has also been accepted that a Contracting Party is responsible under Article 1 of the Convention for all acts and omissions of its organs regardless of whether the act or omission in question was a consequence of domestic law or of the necessity to comply with international legal obligations. [...].

154. In reconciling both these positions and thereby establishing the extent to which State action can be justified by its compliance with obligations flowing from its membership of an international organisation to which it has transferred part of its sovereignty, the Court has recognised that absolving Contracting States completely from their Convention responsibility in the areas covered by such a transfer would be incompatible with the purpose and object of the Convention: the guarantees of the Convention could be limited or excluded at will thereby depriving it of its peremptory character and under-

60 EGMR (Grand Chamber), Bosphorus Hava Yolları Turizm ve Ticaret Anonim Şirketi v. Ireland, Reports 2005-VI.

61 Sachverhaltsmässig lag diesem Urteil die Frage nach der EMRK-Kompatibilität der Beschlagnahmung eines Flugzeugs in Irland zugrunde, das im Eigentum einer jugoslawischen Fluggesellschaft stand, aber an eine türkische Gesellschaft vermietet war.

mining the practical and effective nature of its safeguards [...]. The State is considered to retain Convention liability in respect of treaty commitments subsequent to the entry into force of the Convention [...].

155. In the Court's view, State action taken in compliance with such legal obligations is justified as long *as the relevant organisation is considered to protect fundamental rights,* as regards both the substantive guarantees offered and the mechanisms controlling their observance, *in a manner which can be considered at least equivalent to that for which the Convention provides* [...]. However, any such finding of equivalence could not be final and would be susceptible to review in the light of any relevant change in fundamental rights protection.

156. If such equivalent protection is considered to be provided by the organisation, the presumption will be that a State has not departed from the requirements of the Convention when it does no more than implement legal obligations flowing from its membership of the organisation. However, any such presumption can be rebutted if, in the circumstances of a particular case, it is considered that the protection of Convention rights was manifestly deficient. In such cases, the interest of international co-operation would be outweighed by the Convention's role as a ‹constitutional instrument of European public order› in the field of human rights [...].

157. It remains the case that a State would be fully responsible under the Convention for all acts falling outside its strict international legal obligations.

158. Since the impugned act constituted solely compliance by Ireland with its legal obligations flowing from membership of the EC (...), the Court will now examine whether a presumption arises that Ireland complied with its Convention requirements in fulfilling such obligations and whether any such presumption has been rebutted in the circumstances of the present case.»

3.49 Der Gerichtshof kam schliesslich zum Schluss, der Menschenrechtsschutz innerhalb der EU sei vermutungsweise äquivalent zum Schutz der EMRK, und diese Vermutung werde im konkreten Fall angesichts des öffentlichen Interesses an der Sanktion nicht widerlegt[62]. Deshalb sei die Beschwerde abzuweisen. Die eigentlich relevante Frage, nämlich diejenige, ob auch die UNO, welche die Massnahmen ja tatsächlich angeordnet hatte, die Menschenrechte entsprechend den Vorgaben der EMRK schützt, beantwortete der Gerichtshof hingegen nicht. Damit brauchte er auch nicht zur Frage Stellung zu nehmen, wie ein Konflikts zwischen der Umsetzung bindender Vorgaben des Sicherheitsrats der UNO und vertraglichen Menschenrechtsverpflichtungen aufzulösen sei.

3.50 Im Fall der UNO stellen sich besondere Probleme, wenn Staaten bindende Beschlüsse des Sicherheitsrats umzusetzen haben. Infolge der Kollisionsregel von Art. 103 UNO-Charta geniessen nämlich bindende Anordnungen dieses Organs Vorrang vor den

62 So auch EGMR (Grand Chamber), Avotiņš v. Latvia, 17502/07, Reports 2016, Ziff. 101 ff. Für eine Widerlegung dieser Vermutung siehe EGMR, Michaud v. France, Reports 2012-VI; Schutz der Kontakte eines Anwalts mit seinen Klientinnen und Klienten gemäss Art. 8 EMRK und der Geldwäscherei-Richtlinie der EU, die Anwältinnen und Anwälte verpflichtet, verdächtige Geldtransaktionen den Behörden zu melden.

übrigen völkerrechtlichen Verpflichtungen der Mitgliedstaaten. Diese sind daher grundsätzlich verpflichtet, auch menschenrechtswidrige Anordnungen des Sicherheitsrats umzusetzen. Die Aktualität der Frage zeigt sich etwa im Zusammenhang mit den Sanktionsresolutionen des Sicherheitsrats[63], welche von den Mitgliedstaaten typischerweise Einreiseverbote und die Sperrung von Vermögenswerten von auf einer Liste aufgeführten Personen verlangen. Können diese Restriktionen weder innerhalb des UNO-Systems[64] noch auf nationaler Ebene angefochten werden, haben die geforderten nationalen Implementierungsmassnahmen etwa vor dem Recht auf gerichtliche Überprüfung in zivilrechtlichen Angelegenheiten[65] kaum Bestand und können in einem Spannungsverhältnis zum Recht auf Verlassen des eigenen Landes[66] und zum Recht auf Privat- und Familienleben[67] stehen.

Bis heute hat kein menschenrechtliches Überwachungsorgan zur Frage des Normkonflikts zwischen Resolutionen des UNO-Sicherheitsrats und menschenrechtlichen Verpflichtungen klar Stellung genommen. Dies obwohl mittlerweile verschiedene internationale Spruchkörper zur Menschenrechtskonformität staatlicher Akte, zur Umsetzung verbindlicher Resolutionen des UNO-Sicherheitsrats und namentlich von Ein- und Ausreisebeschränkungen sowie von Vermögenssperren gelisteter Personen Stellung genommen haben: 3.51

Der MRA gelangte im Jahr 2008 zum Schluss, Belgien habe das Recht auf Verlassen des Landes und das Recht auf Privatleben verletzt, weil es Informationen über die Beschwerdeführer vor Abschluss eines Strafverfahrens dem Sanktionsausschuss weiterleitete. Dies führte zu ihrer Aufnahme in die öffentlich einsehbare Terrorliste der UNO, was ihnen wiederum etwa verunmöglichte, aus Belgien auszureisen. Der MRA stellte mit anderen Worten die Verletzung einer Unterlassungspflicht fest, weil Belgien erstens die Namen der Beschwerdeführer übermittelte und damit zumindest mittelbar verantwortlich für ihre Aufnahme in die Liste war und dies zweitens in einem Zeitpunkt, bevor das Strafverfahren gegen sie abgeschlossen war[68]. Er hielt daher Belgien an, alles in seiner Möglichkeit stehendende zu tun, um die Streichung der Beschwerdeführer aus der Liste zu erreichen[69]. Damit musste sich der Ausschuss im konkreten Fall nicht zur Auflösung des Konflikts zwischen den Verpflichtungen basierend auf dem Pakt II und denjenigen gemäss Art. 103 UNO-Charta äussern; er hielt aber immerhin in allgemeiner Weise fest, er sei befugt, die Kompatibilität staatlicher Umset- 3.52

63 Siehe insb. SR-Res. 1267 (1999).

64 Die Aufnahme auf eine Sanktionsliste durch einen Sanktionsausschuss kann nicht mit einer effektiven Beschwerde innerhalb des UNO-Systems angefochten werden. An diesem Umstand vermögen auch die Einsetzung einer Ombudsperson für die sog. IS- und Al-Qaida-Sanktionskomitees und die regelmässige Ausweitung ihres Mandats (siehe etwa SR-Res. 2368 [2017]) grundsätzlich nichts zu ändern.

65 Art. 14 Abs. 1 Pakt II und Art. 6 Abs. 1 EMRK; dazu hinten Rz. 16.4 ff.

66 Art. 12 Pakt II; vgl. dazu Rz. 18.8 ff.

67 Siehe dazu hinten Rz. 12.4 ff.

68 MRA, Sayadi and Vinck, 1472/2006 (2008), Ziff. 10.7 ff. und 10.12 ff.

69 A.a.O., Ziff. 12.

zungsmassnahmen mit den Vorgaben des Pakts II zu überprüfen[70]. Offen bleibt damit, ob der MRA eine Vertragsverletzung feststellen würde, wenn ein Staat klare Anordnungen des Sicherheitsrats, die nicht gegen Ius cogens verstossen, umsetzt und ihnen daher gestützt auf Art. 103 der UNO-Charta Vorrang vor seinen menschenrechtlichen Verpflichtungen einräumt.

3.53 Auch der EGMR erachtet sich als befugt, die EMRK-Konformität der nationalen Umsetzungsmodalitäten von Sanktionsanordnungen des Sicherheitsrats zu überprüfen[71]. Bei vermeintlichen Widersprüchen zwischen den Vorgaben der EMRK und denjenigen der einschlägigen Sicherheitsratsresolution verlangt das Gericht von den Staaten, unklare Rechtsbegriffe in der Sicherheitsratsresolution nach dem Grundsatz der harmonisierenden Interpretation möglichst im Lichte der EMRK auszulegen, da der Sicherheitsrat vermutungsweise nicht beabsichtigte, Staaten zu einer Menschenrechtsverletzung zu verpflichten[72]. Lasse sich auf diese Weise ein vermeintlicher Widerspruch zwischen den anwendbaren Rechtsnormen nicht beseitigen, seien die Vertragsstaaten verpflichtet, die Ermessensspielräume auszunutzen, welche die fraglichen Resolutionen des UNO-Sicherheitsrats den Staaten offen liessen[73].

3.54 Basierend auf diesem Prüfprogramm gelangte die Grosse Kammer des EGMR im Urteil Nada zum Schluss, die Schweiz habe ihren Ermessensspielraum nicht ausgeschöpft, um der besonderen Situation des Beschwerdeführers[74] Rechnung zu tragen[75]. Zudem habe die Schweiz ihre Schutzpflichten verletzt, da sie das Sanktionskomitee des UNO-Sicherheitsrats erst vier Jahre nach der Einstellung des strafrechtlichen Verfahrens gegen den Beschwerdeführer über diesen Umstand informiert hatte[76]. Ein besserer Informationsfluss hätte laut Einschätzung des Gerichts zu einer früheren Löschung des Beschwerdeführers aus der Terrorliste führen können[77].

3.55 Keinen solchen Ermessenspielraum in der Umsetzung von Sanktionen des UNO-Sicherheitsrats, besass die Schweiz im Fall Al-Dulimi[78]. Trotzdem gelangte der EGMR

---

70 A.a.O., Ziff. 10.6.

71 EGMR (Grand Chamber), Nada v. Switzerland, Reports 2012-V, Ziff. 117 ff. und 168, sowie Al-Dulimi and Montana Management Inc. v. Switzerland, 5809/08, Reports 2016, Ziff. 92 ff.

72 EGMR (Grand Chamber), Nada v. Switzerland, Reports 2012-V, Ziff. 170–172 unter Verweis auf die Ausführungen in EGMR (Grand Chamber), Al-Jedda v. The United Kingdom, Reports 2011-IV, Ziff. 101 f., sowie Al-Dulimi and Montana Management Inc. v. Switzerland, 5809/08, Reports 2016, Ziff. 143.

73 EGMR (Grand Chamber), Nada v. Switzerland, Reports 2012-V, Ziff. 175 ff.

74 Der Beschwerdeführer lebte in der kleinen italienischen Exklave Campione d'Italia und war daher von einem Einreiseverbot in die Schweiz besonders stark betroffen. Zudem dauerten die Massnahmen gegen den Beschwerdeführer, eine Person hohen Alters mit schlechtem Gesundheitszustand, mehrere Jahre.

75 EGMR (Grand Chamber), Nada v. Switzerland, Reports 2012-V, Ziff. 175 ff.

76 Weiter habe offenbar die Schweiz auch Italien als Heimatstaat des Beschwerdeführers nicht aufgefordert, eine Löschung von der Terrorliste zu verlangen.

77 EGMR (Grand Chamber), Nada v. Switzerland, Reports 2012-V, Ziff. 181 ff.

78 EGMR (Grand Chamber), Al-Dulimi and Montana Management Inc. v. Switzerland, 5809/08, Reports 2016: Die SR/Res. 1483 (2003) hält die Staaten an, Gelder von Angehörigen des ehegestützt auf die Vermutung der Menschenrechtskompatibilität von Sicherheitsratsresolutionen auch hier zum Befund, es liege kein Widerspruch zwischen der Sanktionsanordnung und dem vorliegend einschlägigen Recht auf gerichtliche Überprüfung zivilrechtlicher Ansprüche von Art. 6 EMRK und konkret des Entzugs von Vermögenswerten vor[79]. Vorliegend verlange die Resolution nur die unmittelbare Sperre und anschliessende Überweisung der fraglichen Gelder; ein Verbot der gerichtlichen Überprüfung dieser Anordnung werde hingegen nicht explizit stipuliert[80]. Nationale Gerichte könnten daher die notwendigen Informationen bei dem Sanktionskomitee einholen, um zumindest prüfen zu können, ob die Aufnahme einer Person in die Sanktionsliste willkürlich sei. Werde diese Auskunft verweigert, bestehe eine starke Vermutung, dass die Aufnahme einer Person in die Sanktionsliste willkürlich erfolgt sei, was bedeute, dass die Sanktionsanordnung im konkreten Einzelfall unter Beachtung von Art. 6 EMRK nicht umgesetzt werden dürfe[81]. Die Schweiz habe folglich die EMRK verletzt, weil sie sich nicht darum bemüht habe, diese Informationen zu erhalten.

Staaten verletzen damit zweifellos ihre Unterlassungspflichten, wenn sie den in den Resolutionen des Sicherheitsrats enthaltenen Ermessensspielraum nicht in vollem Umfang ausnützen, um Sanktionsanordnungen möglichst menschenrechtskonform umzusetzen, oder wenn ihr Verhalten ursächlich für die Aufnahme einer Person in die Terrorliste und die damit zusammenhängende Verletzung von Menschenrechten ist. Ob die Annahme des EGMR zutrifft, ein solcher Ermessensspielraum sei auch vorhanden, wenn eine Resolution des Sicherheitsrats ihre inhaltliche Überprüfung durch ein nationales Gericht nicht explizit untersagt, ist u.E. aber zumindest fraglich. In solchen Konstellationen wäre daher eine klare Stellungnahme eines menschenrechtlichen Überwachungsorgans zur Bedeutung von Art. 103 UNO-Charta angezeigt. 3.56

Überdies verlangen die menschenrechtlichen Schutzpflichten von den umsetzenden Staaten, beim Sicherheitsrat und seinen relevanten Unterorganen[82] zugunsten von Privaten zu intervenieren, die ihrer Ansicht nach zu Unrecht von einer Massnahme betroffen sind. Konkret muss sich ein Staat daher dafür einsetzen, dass ein Individuum zumindest bei erwiesener Unschuld von der Liste des Terrorismus verdächtiger Personen gestrichen wird. 3.57

maligen irakischen Regimes unter Saddam Hussein zu sperren und an den irakischen Entwicklungsfonds zu überweisen.

79 EGMR (Grand Chamber), Al-Dulimi and Montana Management Inc. v. Switzerland, 5809/08, Reports 2016, Ziff. 138 ff.

80 A.a.O., Ziff. 143.

81 A.a.O., Ziff. 146 ff.

82 Die Durchsetzung von Sanktionen des UNO-Sicherheitsrats wird regelmässig von sog. Sanktionsausschüssen überwacht.

bb) Die Verantwortlichkeit von Mitgliedstaaten für menschenrechtswidriges Verhalten von Organen internationaler Organisationen

3.58 Können Mitgliedstaaten auch für menschenrechtswidriges Verhalten von Organen internationaler Organisationen zur Verantwortung gezogen werden, weil sie mit der Ratifikation des Gründungsvertrages diesen Organen bestimmte Befugnisse einräumen und damit Kompetenzen delegiert haben, die vorher ihnen zustanden? Wie oben festgestellt[83] kann sich ein Staat, wenn er Private mit staatlichen Aufgaben betraut, nicht seinen menschenrechtlichen Verpflichtungen entziehen. Dieser Schluss gilt auch bei der Delegation staatlicher Aufgaben an internationale Organisationen. Der EGMR betont daher bereits seit einiger Zeit, dass sich die Vertragsstaaten der EMRK durch eine Delegation von Kompetenzen an internationale Organisationen nicht ihrer Verpflichtung zur Beachtung der Vertragsgarantien entledigen können. So hielt er etwa fest, Grossbritannien habe die politischen Rechte eines Bewohners von Gibraltar verletzt, der sich gemäss EU-Recht nicht an den EU-Parlamentswahlen beteiligen konnte[84]. Gestützt auf diese Praxis nahm die Völkerrechtskommission eine allgemein geltende Regel in ihren Entwurf zur Verantwortlichkeit internationaler Organisationen auf, wonach Mitgliedstaaten haftbar bleiben, wenn sie staatliche Befugnisse an eine internationale Organisation delegieren und Organe dieses Völkerrechtssubjekts sich in einer Weise verhalten, die im Widerspruch zu den völkerrechtlichen Verpflichtungen des betreffenden Landes steht[85]. Wollen sie sich nicht dem Risiko aussetzen, selber für Menschenrechtsverletzungen verantwortlich erklärt zu werden, sind Vertragsstaaten internationaler Organisationen daher gehalten, anlässlich der Gründung und während der Tätigkeit einer internationalen Organisation ihren Einfluss für ein menschenrechtskonformes Verhalten der Organisation geltend zu machen.

cc) Verantwortlichkeit der Mitgliedstaaten für das Verhalten ihrer Angehörigen von Friedensmissionen

3.59 Ist ein Staat schliesslich verantwortlich, wenn er seine Staatsorgane einer internationalen Organisation zur Verfügung stellt und diese Menschenrechte verletzen? Mit dieser Fragestellung hatte sich der EGMR erstmals im Entscheid Behrami auseinanderzusetzen[86]. Dabei stand die Verantwortlichkeit der Entsendestaaten für eigene Staatsangehörige zur Diskussion, welche für die Kosovo Forces (KFOR; einer militärischen Formation der NATO) und der United Nations Mission in Kosovo (UNMIK) im Einsatz standen. Da sowohl KFOR als auch UNMIK auf bindenden Beschlüssen des UNO-Sicherheitsrates beruhen, hatte das Gericht zu entscheiden, ob das Verhalten dieser Personen der UNO oder den Entsendestaaten zurechenbar sei. Zur Klärung dieser

83 Siehe vorne Rz. 3.9.

84 EGMR (Grand Chamber), Matthews v. The United Kingdom, Reports 1999-I, Ziff. 32, 64 und 65.

85 Art. 61 ILC-Entwurf II.

86 EGMR (Grand Chamber), Behrami v. France and Saramati v. France, Germany and Norway (dec.), 71412/01 und 78166/01 (2007). Für eine vergleichbare Konstellation siehe EGMR, Berić and Others v. Bosnia and Herzegovina (dec.), 36357/04 etc. (2007), Ziff. 26 ff.

Frage stützte es sich auf den ILC-Entwurf zur Verantwortlichkeit internationaler Organisationen. Demnach gelten Staatsorgane, die einer internationalen Organisation von einem Staat zur Verfügung gestellt werden, als Organe dieser Organisation, wenn diese eine effektive Kontrolle über ihr Verhalten ausübt[87]. Behält hingegen der Entsendestaat, wie typischerweise während Friedensmissionen, weiterhin eine gewisse Kontrolle etwa im Bereich des Disziplinarrechts, ist eine Zurechenbarkeit des Verhaltens zum Entsendestaat nicht ausgeschlossen. Entscheidend ist damit die Frage, ob die internationale Organisation oder der Entsendestaat das inkriminierte Verhalten tatsächlich kontrolliert oder kontrollieren müsste[88]. Gestützt auf dieses Prüfprogramm kam der Gerichtshof zum Schluss, das konkret zur Diskussion stehende Verhalten der KFOR-Truppen und dasjenige des UNMIK-Personals sei der UNO zuzurechnen[89]. Infolge fehlender Passivlegitimation der UNO trat er auf die Beschwerde nicht ein[90]. Basierend auf denselben Grundlagen gelangte der EGMR im Jahr 2011 im Urteil Al-Jedda zu einem gegenteiligen Schluss und rechnete das Verhalten britischer Angehöriger der Multinationalen Streitkräfte im Irak im Jahr 2004 dem Vereinigten Königreich zu. Denn die Kommandostruktur über die britischen Streitkräfte blieb seit der im März 2003 erfolgten, nicht vom UNO-Sicherheitsrat autorisierten Invasion durch die USA, Grossbritannien und ihre Alliierten vom März 2003 bis zum relevanten Zeitpunkt weitgehend gleich. An diesem Befund änderten gemäss dem EGMR auch verschiedene zwischenzeitlich gestützt auf Kapitel VII erlassene Sicherheitsratsresolutionen nichts, mit welchen die Präsenz ausländischer Streitkräfte legalisiert und ihnen gewisse Aufgaben zugeordnet wurden[91].

Diese Praxis ist folgerichtig, soweit sie auf das Kriterium der Kontrolle abstellt, sie ver- 3.60
mag aber das Problem der Schutzlücken bei friedenserhaltenden Einsätzen unter dem Kommando der UNO nicht zu lösen.

II. Wem gegenüber gelten die Verpflichtungen?

Menschenrechtsverträge sind immer multilateral. So können universelle Menschen- 3.61
rechtsabkommen von allen Staaten, regionale von allen Mitgliedländern der jeweiligen Regionalorganisation ratifiziert werden. Bei multilateralen Verträgen und beim universellen oder regionalen Gewohnheitsrecht, das definitionsgemäss für eine Vielzahl

87 Art. 7 ILC-Entwurf II.

88 Dieses Kriterium ist auch relevant zur Abgrenzung der Zurechenbarkeit zwischen zwei Staaten, die gemeinsam an einer internationalen Militärmission teilnehmen; vgl. EGMR (Grand Chamber), Jaloud v. The Netherlands, Reports 2014-VI, Ziff. 140 ff.

89 Das Verhalten der KFOR ist gemäss Ausführungen des Gerichts der UNO zurechenbar, während die UNMIK als Unterorgan der UNO eingestuft wird; EGMR (Grand Chamber), Behrami v. France and Saramati v. France, Germany and Norway (dec.), 71412/01 und 78166/01, (2007), Ziff. 141 und 143.

90 A.a.O., Ziff. 144 ff. Vgl. für eine vergleichbare Konstellation EGMR, Beric and Others v. Bosnia and Herzegovina (dec.), 36357/04 etc. (2007), Ziff. 26 ff.

91 EGMR (Grand Chamber), Al-Jedda v. The United Kingdom, Reports 2011-IV, Ziff. 76 ff. Siehe dazu die SR-Res. 1483 (2003), 1511 (2003) und 1546 (2004).

von Staaten gilt, stellt sich immer die Frage, wem gegenüber die Verpflichtungen aus Völkerrecht zu erfüllen sind. Die Antwort auf diese Frage ist entscheidend dafür, wer im Fall der Verletzung gegen den Verletzerstaat vorgehen und von ihm die Beachtung seiner Rechte bzw. im Fall eingetretenen Schadens Wiedergutmachung verlangen kann[92].

3.62 Grundsätzlich sind für die Erfüllungspflichten der Staaten nach allgemeinem Völkerrecht drei Fälle denkbar: (1) Die Verpflichtungen sind *je bilateral*, d.h. paarweise zwischen zwei Staaten zu erfüllen. Dies gilt v.a. für Normen, die zu einem Leistungsaustausch verpflichten (z.B. Auslieferung von Straftätern); (2) Die Verpflichtungen werden *innerstaatlich gegenüber Privaten* erfüllt. Das gilt für Normen, welche die Interessen solcher Personen schützen oder ihnen gar direkt Rechte einräumen (wie z.B. ein Vertrag über Zollerleichterungen für Importeure oder die gewohnheitsrechtliche Verpflichtung der Staaten, ausländische Firmen bei Enteignung angemessen zu entschädigen); (3) Die Verpflichtungen werden gleichzeitig und untrennbar *gegenüber allen Staaten* erfüllt, weil ihre Verletzung in einem konkreten Fall – wie z.B. bei der Verletzung des Verbots, in der Atmosphäre Nukleartests durchzuführen – notwendigerweise alle gleichzeitig trifft. Eine *gewohnheitsrechtliche* Verpflichtung, die nur gleichzeitig und untrennbar gegenüber allen Parteien erfüllt werden kann, wird als Verpflichtung *erga omnes* bezeichnet; beschränkt sich eine solche Pflicht auf die Parteien eines völkerrechtlichen *Vertrages*, spricht man von einer Verpflichtung *erga omnes partes*.

3.63 Menschenrechte besitzen alle diese Verpflichtungsdimensionen: Im Vordergrund steht die *Verpflichtung gegenüber Privaten*, welche durch die betreffende vertrags- oder gewohnheitsrechtliche Garantie geschützt sind. Staaten müssen die vertraglich geschützten Menschenrechte der Privaten achten, welche unter ihrer Hoheitsgewalt stehen, und diese können ihre Rechte innerstaatlich[93] und (mittels Individualbeschwerde an regionale Gerichte oder die Vertragsorgane der UNO-Konventionen) teilweise auch überstaatlich einfordern. Pflichten Privaten gegenüber ergeben sich in gleicher Weise aus gewohnheitsrechtlich geltenden Menschenrechten.

3.64 Menschenrechtsverpflichtungen gegenüber anderen Staaten bestehen nie selbständig, sondern sind immer Reflex der Verpflichtungen Privaten gegenüber und mit diesen untrennbar verbunden. Im *bilateralen Verhältnis* kann ein Staat im Rahmen des sog. diplomatischen Schutzes[94] im Fall einer Verletzung der Menschenrechte seiner *eigenen Staatsangehörigen* im Ausland beim Verletzerststaat intervenieren und verlangen, dass er die Menschenrechte beachtet[95]. Dies gilt allerdings nur für Garantien, welche der

92 Von dieser grundsätzlichen Berechtigung zu unterscheiden ist die Frage, welche Verfahren dafür zur Verfügung stehen. So können sich Private ausserhalb des Menschenrechtsbereichs in der Regel nur vor innerstaatlichen Gerichten auf ihre Rechte aus Völkerrecht berufen, weil ihnen zwischen- und überstaatliche Verfahren nicht offen stehen.

93 Menschenrechtsverträge verpflichten oft zur Bereitstellung wirksamer Rechtsmittel auf innerstaatlicher Ebene; siehe hinten Rz. 6.14 ff.

94 Zu diesem Begriff vorne Rz. 1.10.

95 In diesem Sinn hat z.B. Liechtenstein beim IGH Klage gegen Deutschland eingereicht, weil deutsche Gerichte im Zusammenhang mit einem Streit um wertvolle Gegenstände, welche im Zwei-

Heimatstaat der betroffenen Personen ebenfalls vertraglich akzeptiert hat oder welche gewohnheitsrechtlich gelten.

Menschenrechtsverträge verpflichten einen Staat *gleichzeitig und untrennbar gegenüber allen Vertragsstaaten* in dem Sinn, dass die anderen Vertragsstaaten unabhängig davon, ob die Verletzung sie direkt in ihren Interessen tangiert, berechtigt sind, vom Verletzerstaat die Einhaltung von Vertragsverpflichtungen zu verlangen und nötigenfalls völkerrechtlich erlaubte Druckmittel (Klagen vor internationalen Gerichtsinstanzen, Retorsionen, Gegenmassnahmen etc.) anzuwenden[96]. Diese Wirkung *erga omnes partes* ergibt sich aus der Tatsache, dass solche Verträge nie mit Individuen, sondern immer mit Staaten geschlossen werden, welche sich gegenseitig versprechen, die Verpflichtungen aus Menschenrechten gegenüber Privaten zu erfüllen. Prozessual wird diese Verpflichtungsstruktur in jenen Konventionen umgesetzt, welche eine Staatenbeschwerde zulassen[97]; materiell-rechtlich besteht sie aber auch bei Verträgen, welche dieses Mittel nicht vorsehen. 3.65

Daneben existieren gewohnheitsrechtliche Verpflichtungen *erga omnes*. Sie verpflichten die Staaten gleichzeitig und untrennbar gegenüber *allen anderen Staaten der Welt*, d.h. der Staatengemeinschaft als solcher. Auch in diesem Fall kann ein Staat, dessen Rechte und Interessen nicht direkt betroffen sind, gegen den Verletzerstaat mit völkerrechtlich erlaubten Druckmitteln vorgehen. Der IGH begründete die Möglichkeit eines solchen Vorgehens im Barcelona-Traction-Fall, in welchem er die besondere Bedeutung von Verpflichtungen gegenüber der Staatengemeinschaft insgesamt anerkannte, deren Schutz infolge ihrer Natur für alle Staaten von Belang sei. Wegen der besonderen Wichtigkeit solcher Normen hätten alle Staaten ungeachtet einer direkten Betroffenheit ein rechtliches Interesse an ihrer Einhaltung, weswegen sie Verpflichtungen erga omnes seien[98]. Als Beispiele nannte er in diesem Urteil das Verbot des Völkermords und Regeln betreffend die grundlegenden Rechte der menschlichen Person[99], d.h. die 3.66

---

ten Weltkrieg der fürstlichen Familie geraubt worden waren, dem Fürsten in seiner Eigenschaft als Privatperson angeblich Verfahrensrechte versagt und dessen Eigentumsgarantie verletzt hatten. IGH, Case concerning Certain Property (Liechtenstein v. Germany), ICJ Reports 2005. Das Gericht trat mangels Zuständigkeit nicht auf die Klage ein.

96 MRA, General Comment 31 (2004), Ziff. 2. Zu den Druckmitteln, die den Staaten zur Verfügung stehen, hinten Rz. 6.40 ff.

97 Mit Staatenbeschwerde kann ein Staat eine Verletzung des Vertrages durch einen anderen Vertragsstaat geltend machen, ohne selbst direkt geschädigt zu sein; siehe dazu hinten Rz. 7.71 ff.

98 IGH, Case concerning the Barcelona Traction, Light and Power Company, Limited (Belgium v. Spain), ICJ Reports 1970, Ziff. 33; bestätigt z.B. in IGH, Advisory Opinion on the Legal Consequences of the Construction of a Wall in the Occupied Palestinian Territory, ICJ Reports 2004, Ziff. 155.

99 IGH, Case concerning the Barcelona Traction, Light and Power Company, Limited (Belgium v. Spain), ICJ Reports 1970, Ziff. 34. Im Jahr 1996 führte der IGH aus, ein grosser Teil der Bestimmungen des humanitären Völkerrechts sei so fundamental für die Respektierung der menschlichen Person, dass sie gewohnheitsrechtlichen Charakter hätten und als solche Verpflichtungen erga omnes schaffen würden; IGH, Advisory Opinion on the Legality of the Threat or Use of Nuclear Weapons, ICJ Reports 1996, insb. Ziff. 79.

fundamentalsten Menschenrechte. Tatsächlich ist in solchen Fällen die Staatengemeinschaft als solche betroffen; ihre grundlegenden Werte werden in Frage gestellt, wenn gewohnheitsrechtlich geltende, zentrale Garantien des Menschenrechtsschutzes systematisch oder im Einzelfall besonders schwer verletzt werden[100].

III. Arten und Reichweite der Verpflichtungen aus Menschenrechten

1. Überblick: Positive und negative Pflichten

3.67 Wie eingangs dieses Kapitels erwähnt, enthalten die wichtigsten Menschenrechtskonventionen allgemeine Verpflichtungsartikel, d.h. Bestimmungen, die umschreiben, welche Pflichten die Staaten mit der Ratifikation des betreffenden Vertragswerks übernehmen.

3.68 Doktrin und Praxis anerkennen heute mehrheitlich, dass ungeachtet des Wortlauts dieser Verpflichtungsklauseln menschenrechtliche Garantien unabhängig von ihrer Rechtsnatur als bürgerliche und politische oder wirtschaftliche, soziale und kulturelle Rechte gleichzeitig negativ zu einem Unterlassen und positiv zu einem Tun verpflichten[101]. Dabei lassen sich drei Verpflichtungsarten unterscheiden:

3.69 (1) *Unterlassungspflichten*: Alle Garantien können auf einer ersten Stufe wirksam durch staatliches Unterlassen geschützt werden. In dieser Hinsicht besteht eine Pflicht zur *Achtung der Menschenrechte («duty to respect»)*. Auf Seiten der Berechtigten steht dieser Pflicht ein *Abwehranspruch* gegen den Staat gegenüber. Unterlassungspflichten aus Menschenrechten entstehen automatisch, d.h. ohne weitere Voraussetzungen, und können in diesem Sinn als *negative* Pflichten bezeichnet werden.

3.70 (2) *Schutzpflichten*: Auf einer zweiten Stufe werden die Staaten aus Menschenrechten *positiv* verpflichtet, menschenrechtlich geschützte Rechtsgüter vor Gefahren, namentlich durch Übergriffe Dritter, aber etwa auch durch Gefahren, die von der Natur oder von durch Menschen erstellten Anlagen ausgehen, zu *schützen («duty to protect»)*. In der Praxis geht es dabei vor allem darum, die entsprechenden Garantien im Verhältnis zwischen Privaten[102], aber auch gegenüber staatlichen Organen, welche in Überschreitung ihrer Kompetenzen und unter Missachtung der für sie geltenden landesrechtlichen Vorgaben Menschenrechte verletzen[103], durchzusetzen. Hier besitzen die Berechtigten einen *Schutzanspruch* gegenüber dem Staat,

---

100 In solchen Fällen dürfen Staaten wohl Gegenmassnahmen, z.B. in Form von Wirtschaftssanktionen treffen, um gegen den Verletzerstaat vorzugehen. Der ILC-Entwurf lässt in Art. 54 die Frage der Zulässigkeit von Gegenmassnahmen zur Verfolgung kollektiver Interessen durch nicht direkt von einer Völkerrechtsverletzung betroffene Staaten bewusst offen. Die Staatenpraxis legt indes nahe, dass sog. kollektive Gegenmassnahmen grundsätzlich rechtmässig sind.

101 So besonders deutlich AfKRMV, The Social and Economic Rights Action Center for Economic and Social Rights v. Nigeria, 155/96 (2001), Ziff. 44 ff. und Association of Victims of Post Electoral Violence & Interights v. Cameroon, 272/03 (2009), Ziff. 87 f.

102 MRA, General Comment 31 (2004), Ziff. 8.

103 Vgl. dazu etwa EGMR (Grand Chamber), Makaratzis v. Greece, Reports 2004-XI, Ziff. 56 ff.

d.h. im Zentrum stehen die menschenrechtlichen Pflichten des Staates, nicht jene von Dritten. Schutzpflichten entstehen nur, soweit der Staat von der Beeinträchtigung weiss oder bei genügender Sorgfalt wissen könnte und faktisch und rechtlich die Möglichkeit hat, sie zu verhindern. Sie haben *präventiven* Charakter, wo es darum geht, eine drohende Verletzung abzuwehren, und wirken *kurativ*, wo der Staat im Nachhinein den Opfern beisteht bzw. gegen die Täterinnen und Täter vorgeht. Schutz kann unmittelbar und faktisch, z.B. durch einen Polizeieinsatz oder vorsorgliche Massnahmen eines Gerichts, oder gesetzgeberisch, z.B. durch den Erlass von Verbots- und Strafnormen, geleistet werden.

(3) *Gewährleistungspflichten*: Auf einer dritten Stufe haben Staaten die Menschen- 3.71
rechte zu *gewährleisten*, d.h. sicherzustellen, dass sie für die Berechtigten in möglichst umfassender Weise zur Realität werden. Dies bedarf unter Umständen umfassender gesetzgeberischer oder administrativer Massnahmen, um die rechtlichen, institutionellen und verfahrensmässigen Voraussetzungen für die volle Realisierung des Rechts sicherstellen zu können *(«duty to ensure»)*. In diesem Sinn bleibt das Verbot unmenschlicher Haftbedingungen auch ohne Übergriffe durch Staatsorgane eine leere Versprechung, wenn nicht Gefängnisse gebaut werden, welche über genügend Platz und Einrichtungen verfügen, um einen menschenwürdigen Strafvollzug zu gewährleisten. Manchmal kann ein Recht für die betroffenen Individuen nur dann Realität werden, wenn die Gewährleistung die Form direkter staatlicher Leistungen in der Form von Geld, Gütern (z.B. Nahrungsmitteln) oder Dienstleistungen (z.B. medizinischer Versorgung, Grundschulunterricht oder unentgeltlicher Übersetzung im Strafverfahren) annimmt *(«duty to fulfil»)*[104]. Hier kommt den Berechtigten gegenüber dem Staat ein *Leistungsanspruch* im engeren Sinn zu, wobei der Umfang der Verpflichtung des Staates wesentlich von seinen Fähigkeiten zur Erfüllung dieser Pflicht, d.h. vom Ausmass der Mittel abhängt, die ihm für die Leistung zur Verfügung stehen.

Verpflichtungen aus Menschenrechten 3.72

negative	unterlassen		
positive	schützen	präventiv	faktisch und unmittelbar (z.B. Polizei)
			durch Gesetzgebung (z.B. Verbote)
		kurativ	faktisch und unmittelbar (z.B. Rehabilitation)
			durch Gesetzgebung (z.B. Rechtsmittel)
	gewährleisten	Rechtliche, institutionelle und verfahrensmässige Voraussetzungen für volle Realisierung des Rechts	
		Leistung i.e.S. (Geld; Güter; Dienstleistung)	

Abb. 6: Verpflichtungen aus Menschenrechten

104 MRA, General Comment 31 (2004), Ziff. 7.

3.73 (4) Als eine Art transversale Verpflichtung muss auf allen diesen Ebenen das *Verbot der Diskriminierung* wegen der Rasse, des Geschlechts, der Sprache, der Religion, der politischen oder sonstigen Anschauung, der nationalen oder sozialen Herkunft, des Vermögens, der Geburt und ähnlicher Merkmale beachtet werden. An sich zulässige Einschränkungen von Freiheitsrechten ohne sachliche Gründe einseitig nur zu Lasten von Menschen mit einem dieser Merkmale (z.B. nur Frauen oder Angehörige einer religiösen Minderheit) anzuordnen, ist deshalb ebenso unzulässig, wie solchen Menschen Schutz oder eine Leistung zu versagen, die ihnen grundsätzlich aus den Menschenrechten zusteht[105].

Beispiel: Verpflichtungen aus dem Recht auf Leben und dem Recht auf Bildung

3.74 Das Recht auf Leben ist auf der ersten Stufe ein Verbot staatlicher Tötungen, verlangt auf der zweiten Stufe die Ergreifung zumutbarer staatlicher Vorsorgemassnahmen zum Schutz des Lebens von Individuen im Falle einer Bedrohung durch Dritte und verpflichtet den Staat auf der letzten Stufe z.B. zur Ergreifung von Massnahmen zur Eindämmung von Gefahren für das menschliche Leben wie etwa lebensbedrohende Infektionskrankheiten oder die Kindersterblichkeit[106].

3.75 Die Pflicht zur Achtung des Rechts auf Bildung bedeutet z.B., dass der Staat einer Person nicht verbieten darf, eine Ausbildung zu absolvieren, obwohl sie an sich von der betreffenden Ausbildungsstätte aufgenommen ist, oder dass er das Recht der Eltern respektieren muss, ihre Kinder statt an einer staatlichen an einer Privatschule unterrichten zu lassen. Der Schutz dieses Rechts kann es unter Umständen nötig machen, gegen Eltern vorzugehen, welche ihren Kindern jegliche Ausbildung verweigern, obwohl staatliche Ausbildungsinstitutionen sie aufnehmen würden. Gewährleistungspflichten bestehen schliesslich beispielsweise dort, wo der Staat dafür sorgen muss, dass alle Kinder unentgeltlich die Primarschule besuchen können.

3.76 Bei beiden Rechten müssen die Behörden auf allen Stufen darauf achten, dass ihr Verhalten nicht Menschen wegen ihrer Rasse, ihres Geschlechts, ihrer Sprache, ihrer Religion, politischen oder sonstigen Anschauung, nationalen oder sozialen Herkunft, ihres Vermögens, Geburt und ähnlicher Merkmale einseitig und ohne legitime Gründe benachteiligt.

3.77 Von der Frage der Verpflichtungsart ist diejenige der Justiziabilität, d.h. der Möglichkeit für Individuen, ihre Ansprüche im Einzelfall gerichtlich durchzusetzen, zu unterscheiden. Wie die Praxis menschenrechtlicher Überwachungsorgane zeigt, sind Unterlassungs- und Schutzpflichten sowie das Diskriminierungsverbot an sich ohne weiteres justiziabel. Dies lässt sich für Gewährleistungsansprüche nicht generell sagen. Vielmehr hängt die Justiziabilität solcher Ansprüche von der konkreten Garantie ab: So ist etwa der Anspruch auf einen unentgeltlichen Dolmetscher im Strafverfahren individuell durchsetzbar, während die Verpflichtung aus dem Recht auf Arbeit, für Voll-

105 Diese sog. *akzessorische* Bedeutung des Diskriminierungsverbotes ist von der Geltung des Verbotes als *eigenständiges* Menschenrecht zu unterscheiden und stellt u.E. einen Teilgehalt der allgemeinen Verpflichtungen aus Menschenrechten dar. Dazu ausführlicher hinten Rz. 3.119 f.

106 MRA, General Comment 36 (2018), Ziff. 26.

beschäftigung zu sorgen, eindeutig nicht von einem Gericht durchgesetzt werden kann, sondern sich an Gesetzgeber und Exekutive richtet[107].

2. Die Pflicht zur Achtung der Menschenrechte

a) Grundsatz

Die Verpflichtung zur «Achtung» resp. «Zusicherung» ist negativ und bedeutet, dass die Vertragsstaaten Eingriffe in die garantierten Rechte zu unterlassen haben. Für Private resultiert daraus ein Anspruch auf Abwehr staatlicher Eingriffe in ihre Rechte. Da Abwehransprüche keine Bereitstellung staatlicher Leistungen voraussetzen, sind sie durch *reines Passivbleiben* zu erfüllen. Die Pressefreiheit ist respektiert, wenn der Staat jegliche Kontrolle oder gar Zensur von Zeitungen unterlässt, das Folterverbot wird im Kern bereits respektiert, wenn auf Folterhandlungen verzichtet wird, und das Recht auf Bildung bleibt in seinem Teilgehalt der Bildungsfreiheit gesichert, wenn der Staat die Wahl einer Ausbildung den Bildungswilligen und ihren Eltern überlässt. 3.78

b) Schranken der Menschenrechte

Die Pflicht zur Achtung der Menschenrechte und die damit verbundenen Abwehransprüche bilden den Kern der Menschenrechtsidee. Allerdings hat der Staat bestimmte öffentliche Aufgaben zu erfüllen, die im Interesse der Allgemeinheit liegen und ihm von Verfassung und Gesetz übertragen werden, und er muss sicherstellen, dass die Rechte Dritter nicht beeinträchtigt werden. Beides kann es notwendig machen, Menschenrechte zu beschränken. Mit wenigen Ausnahmen gelten Menschenrechtsgarantien deshalb nicht absolut, sondern sie können aus qualifizierten Gründen eingeschränkt werden. Der konkrete Inhalt der Abwehransprüche aus Menschenrechten und der Umfang ihrer Beschränkbarkeit lassen sich nicht allgemein definieren, sondern sind für jede Garantie spezifisch zu bestimmen. Bereits hier lässt sich aber zeigen, welche Modelle das Völkerrecht für die Einschränkung von Menschenrechten kennt. 3.79

aa) Modell 1: Absolute Geltung

Menschenrechtsgarantien, die absolut gelten, also nie eingeschränkt werden können, sind selten. Typische Beispiele sind das Genozidverbot, das Verbot der Folter und unmenschlicher Behandlung oder Strafe, das Sklavereiverbot und der Grundsatz «keine Strafe ohne Gesetz». Zur Absolutheit einer Garantie in einem umfassenden Sinn gehört auch, dass sie auch in Zeiten von Krieg und staatlichem Notstand nicht ausser Kraft gesetzt, d.h. nicht derogiert werden darf[108]. 3.80

In diesem Sinn hat beispielsweise der EGMR im Fall Soering zu Art. 3 EMRK, wonach «niemand [...] der Folter oder unmenschlicher oder erniedrigender Strafe oder Behandlung unterworfen werden» darf, ausgeführt, diese Bestimmung sehe 3.81

107 Dazu detaillierter hinten Rz. 3.132 f.

108 Zur Derogation von Menschenrechten hinten Rz. 4.74 ff.

«keine Ausnahmen vor. Einschränkungen, wie gemäss Artikel 15 im Falle eines Krieges oder eines anderen öffentlichen Notstandes, sind nicht zulässig. Dieses absolute Verbot der Folter und unmenschlicher oder erniedrigender Behandlung oder Bestrafung in der Bestimmung der Konvention zeigt, dass Art. 3 einen der grundlegenden Werte der demokratischen Gesellschaften bildet, die sich im Europarat zusammengeschlossen haben»[109].

bb) Modell 2: Enger sachlicher Geltungsbereich mit Ausnahmebestimmungen

3.82 Gewisse Rechte zeichnen sich dadurch aus, dass sie zwar absolut gelten, gleichzeitig aber spezielle Fälle existieren, in welchen ein Eingriff in das Recht offenkundig keine Verletzung darstellt. In solchen Fällen umschreiben Menschenrechtsverträge den sachlichen Geltungsbereich des Rechts eng und schützen diesen Kern absolut, machen aber gleichzeitig klar, dass in anderen Fällen Beschränkungen des Rechts im Sinn von *Ausnahmen* zulässig sind. Wo kein Ausnahmefall vorliegt, stellt bei diesem Modell jeder Eingriff in den geschützten Bereich der Garantie automatisch eine Menschenrechtsverletzung dar. In diesem Sinn verbietet etwa Art. 8 Abs. 3 lit. a Pakt II Zwangs- und Pflichtarbeit umfassend, bezeichnet aber in lit. b «mit Zwangsarbeit verbundenen Freiheitsentzug» als zulässige strafrechtliche Sanktion und listet in lit. c eine Reihe von Tatbeständen auf, welche – wie Militärdienst, Dienstleistungen im Fall von Katastrophen und Notstandssituationen, und die Erfüllung normaler Bürgerpflichten – keine Zwangsarbeit darstellen. In ähnlicher Weise verbietet Art. 6 Pakt II Eingriffe in das Recht auf Leben, erlaubt aber Staaten, welche die Todesstrafe noch nicht abgeschafft haben, die Anwendung dieser Sanktion unter genau umschriebenen Voraussetzungen[110]. Sind diese eingehalten, wird das Recht auf Leben nicht verletzt. Ist aber auch nur eine Anforderung missachtet, liegt automatisch eine Verletzung vor.

cc) Modell 3: Weiter sachlicher Geltungsbereich und Schrankenvorbehalte

3.83 Für klassische Freiheitsrechte, welche einen präexistenten Bereich gesellschaftlicher Autonomie (z.B. das Privat- und Familienleben, die Äusserung und Kommunikation von Meinungen, die Ausübung eines religiösen Glaubens) gegen staatliche Beschränkungen schützen, sehen Menschenrechtsverträge meist vor, dass ein gewisser Bereich zwar abgesichert ist, staatliche Eingriffe unter bestimmten Voraussetzungen aber erlaubt sind. In diesem Sinn bestimmt beispielsweise Art. 9 EMRK, dass jede Person Anspruch auf Gedanken-, Gewissens- und Religionsfreiheit hat, die Freiheit, seine Religion oder Weltanschauung zu bekennen, aber «Einschränkungen unterworfen werden [darf], die gesetzlich vorgesehen und in einer demokratischen Gesellschaft notwendig sind für die öffentliche Sicherheit, zum Schutz der öffentlichen Ordnung, Gesundheit oder Moral oder zum Schutz der Rechte und Freiheiten anderer». Ähn-

109 EGMR, Soering v. The United Kingdom, A/161 (1989), Ziff. 88, deutsche Übersetzung in EuGRZ 1989, 318 f. Diese Auffassung bestätigte die Grosse Kammer des EGMR in Saadi v. Italy, Reports 2008-II, Ziff. 137 ff., wo der beklagte Staat geltend gemacht hatte, im Fall gefährlicher Terroristen müsse eine Interessenabwägung möglich sein.

110 Dazu hinten Rz. 9.28 ff.

liche Bestimmungen kennt z.B. auch Pakt II[111]. Dieses Modell entspricht dem verfassungsrechtlichen Konzept der Freiheitsrechte mit Schrankenvorbehalt, in welche gestützt auf eine *gesetzliche Grundlage* im überwiegenden *öffentlichen Interesse* eingegriffen werden darf, falls die *Verhältnismässigkeit* beachtet wird.

Vertiefung: Der sog. «margin of appreciation» und das Subsidiaritätsprinzip in der Praxis des EGMR

Der EGMR, nicht hingegen der MRA[112], beschränkt bei der Beurteilung der Verhältnis- 3.84
mässigkeit eines Eingriffs in ein Menschenrecht seine Prüfungsdichte in konstanter Rechtsprechung, indem er den Staaten einen Beurteilungsspielraum oder «margin of appreciation»[113], d.h. sowohl in rechtlicher als auch in sachverhaltsmässiger Hinsicht einen Ermessensspielraum, zugesteht. Dieser ist seiner gerichtlichen Überprüfung weitgehend entzogen. Begründet wird diese richterliche Zurückhaltung mit dem subsidiären Charakter der Konventionsgarantien sowie der grösseren Nähe und dem Vertrautsein der nationalen Behörden mit der konkret zu beurteilenden Situation[114]. Formelartig hält der Gerichtshof aber stets fest, dieser den nationalen Behörden überlassene Spielraum sei nicht unbegrenzt, sondern von einer europäischen Überwachung begleitet[115]. Wie gross dieser Beurteilungsspielraum ist, präsentiert sich nicht einheitlich, sondern wird etwa durch folgende Faktoren bestimmt: Art des verfolgten öffentlichen Interesses, Grad der Einheitlichkeit der Praxis in den Vertragsstaaten, Art des vom Eingriff betroffenen Schutzbereichs und Art der staatlichen Verpflichtung[116]. Diese richterliche Zurückhaltung erscheint angemessen, soweit der Gerichtshof lokale Gegebenheiten zu beurteilen hat. Er scheint sich allerdings oft auf diese Rechtsfigur zu stützen, um in besonders umstrittenen Fällen oder politisch hoch kontroversen Bereichen teilweise selbst Beschwerden, die sehr persönlichkeitsnahe Bereiche (etwa das Recht auf Kenntnis seiner familiären Herkunft,[117] und insbesondere die Zulässigkeit staatlicher Verbote religiöse Kleidungsvorschriften zu beachten[118]) betreffen, ohne eigentliche materielle Prüfung abweisen zu können oder sie nicht als zulässig erklären zu müssen[119].

---

111 Z.B. Art. 18, 19, 21, 22 Pakt II.

112 Siehe etwa MRA, General Comment 34 (2011), Ziff. 36.

113 Eine analoge Zurückhaltung auferlegt sich der EGMR bei der Prüfung der Voraussetzungen einer rechtmässigen Notstandsmassnahme im Falle der Derogation von Menschenrechten gemäss Art. 15 EMRK. Siehe dazu Rz. 4.95.

114 Siehe exemplarisch EGMR, Handyside v. The United Kingdom, A/24 (1978), Ziff. 48 f. EGMR, Osmanoğlu and Kocabaş v. Switzerland, 29086/12, Reports 2017, Ziff. 64 und 95 ff. Diese Urteile nehmen ausdrücklich Bezug auf die Kenntnis der lokalen Behörden.

115 A.a.O.

116 So gewährt etwa der EGMR im Fall des Eingriffsinteresses der öffentlichen Moral einen vergleichsweise grossen Beurteilungsspielraum, während sich dieser im Fall des Eingriffsmotivs der nationalen Sicherheit bei entgegenstehenden demokratierelevanten privaten Interessen schmaler präsentiert.

117 Siehe etwa EGMR (Grand Chamber), Odièvre v. France, Reports 2003-III, Ziff. 35, 40 und 49.

118 Vgl. z.B. EGMR, Dahlab v. Switzerland (dec.), Reports 2001-V, Leyla Şahin v. Turkey (Grand Chamber), Reports 2005-XI, und S.A.S. v. France (Grand Chamber), Reports 2014-III.

119 Siehe z.B. EGMR, Dahlab v. Switzerland (dec.), Reports 2001-V.

3.85 Einen Schritt weiter geht der EGMR, wenn er – zwar auch unter der Bezeichnung als «margin of appreciation» – einen Sachverhalt zwar als innerhalb des Geltungsbereichs einer EMRK-Garantie liegend qualifiziert, aber (primär) unter Verweis auf eine uneinheitliche Rechtslage der Mitgliedstaaten, ihre unterschiedlichen kulturellen Traditionen und die grundsätzlich subsidiäre Rolle des europäischen Überwachungssystems[120] faktisch auf einer Prüfung einer Vertragsverletzung verzichtet und damit dem künftig explizit in der Präambel[121] niedergelegten Subsidiaritätsprinzip entspricht. In diesem Sinn äusserte sich der Gerichtshof etwa, es sei den Staaten überlassen, ob sie etwa Kruzifixe[122] und Kopfbedeckungen[123] in Klassenzimmern erlauben oder ob sie die Gesichtsverhüllung in der Öffentlichkeit untersagen[124].

3.86 Dieser Subsidiaritätsgedanke findet seine Entsprechung auch in der EGMR-Praxis zur Anerkennung neuer Gehalte der Geltungsbereiche der materiellen Garantien, insbesondere in ethisch heiklen oder gesellschaftlich umstrittenen Bereichen. So lehnt er etwa wesentlich gestützt auf das Fehlen eines gesamteuropäischen Konsenses bis heute ein aus Art. 8 fliessendes Recht auf gleichgeschlechtliche Ehe[125] oder ein Recht auf In-vitro-Fertilisation mittels heterologer Samenspende[126] ab, und er unterliess es aus diesem Grund einheitliche Vorgaben zum Beginn des Lebens[127] zu statuieren. Umgekehrt anerkannte er infolge Bestehens eines derartigen Konsenses z.B. eine Verpflichtung, gleichgeschlechtlichen Paaren die Möglichkeit zu gewähren, ihre Beziehung formalisieren zu können[128]. Aus der klaren Ablehnung der Todesstrafe in Europa leitet er auch ab, dass das Verbot der Folter und unmenschlichen Behandlung die Anwendung dieser Strafe verunmöglicht[129]. Diese integrative und evolutive Fortentwicklung des europäischen Menschenrechtsschutzes kontrastiert etwa mit derjenigen auf interamerikanischer Ebene, wo der IAGMR in diesen Fragestellungen kaum Rücksicht auf nationale Eigenheiten und Befindlichkeiten nimmt[130].

---

120 EGMR (Grand Chamber), S.A.S. v. France, Reports 2014-III, Ziff. 129.

121 Gemäss dem im Juni 2018 noch nicht in Kraft stehenden ZP 15/EMRK soll die Präambel der EMRK mit folgendem Satz ergänzt werden: «in Bekräftigung dessen, dass es nach dem Grundsatz der Subsidiarität in erster Linie Aufgabe der Hohen Vertragsparteien ist, die Achtung der in [der EMRK] dazu bestimmten Rechte und Freiheiten zu gewährleisten, und dass sie dabei über einen Ermessensspielraum verfügen, welcher der Kontrolle des durch diese Konvention errichteten Europäischen Gerichtshofs für Menschenrechte untersteht».

122 EGMR (Grand Chamber), Lautsi v. Italy, Reports 2011-III, Ziff. 63 ff.

123 ECtHR, Dogru v. France, 27058/05 (2009), Ziff. 61 ff.

124 EGMR (Grand Chamber), S.A.S v. France, 43835/11, Reports 2014, Ziff. 124 ff. und 154 ff.

125 EGMR (Grand Chamber), Hämäläinen v. Finland, Reports 2014-IV, Ziff. 74 f.

126 EGMR (Grand Chamber), S.H. and Others v. Austria, Reports 2011-V, Ziff. 94.

127 EGMR (Grand Chamber), Evans v. The United Kingdom, Reports 2007-I, Ziff. 54 ff.

128 EGMR, Oliari and Others v. Italy, 18766/11 and 36030/11 (2015), Ziff. 163 ff.

129 EGMR, Al-Saadoon and Mufdhi v. The United Kingdom, Reports 2010-II, Ziff. 115 ff. Da die Mitgliedstaaten des Europarats sich heute mehrheitlich völkerrechtlich zur Abschaffung der Todesstrafe verpflichtet haben oder zumindest ein Moratorium beachten, geht der EGMR hier sogar von einer Vertragsänderung durch nachfolgende Praxis der Vertragsstaaten aus. Siehe dazu hinten Rz. 9.40.

130 Siehe dazu exemplarisch IAGMR, Artavia Murillo et al. (in vitro fertilization) v. Costa Rica, C/257 (2012), und Gender identity, and equality and non-discrimination with regard to same-

Unter einem Schrankenvorbehalt stehen auch die WSK-Rechte. In diesem Sinn bestimmt Art. 4 Pakt I, dass der Staat die Ausübung dieser Rechte «nur solchen Einschränkungen unterwerfen darf, die gesetzlich vorgesehen und mit der Natur dieser Rechte vereinbar sind und deren ausschliesslicher Zweck es ist, das allgemeine Wohl in einer demokratischen Gesellschaft zu fördern». Die komplexe Verpflichtungsart dieser Rechte bewirkt allerdings gewisse Besonderheiten, welche die Tragweite dieser Bestimmung relativieren[131]. 3.87

Vertiefung: Die Voraussetzungen der Einschränkung von Freiheitsrechten

Die Freiheitsrechte des Pakts II[132] und der regionalen Konventionen[133] sind typischerweise mit Schrankenklauseln versehen, die gemäss deutscher Terminologie oft als materiell determinierte Gesetzesvorbehalte bezeichnet werden. Demnach stellen staatliche Massnahmen, welche einen Eingriff in das Menschenrecht darstellen, d.h. den materiellen Geltungsbereich einer Garantie tangieren, keine Verletzung dieses Menschenrechts dar, falls sie sich (1) auf eine gesetzliche Grundlage stützen können, (2) einem zulässigen Eingriffsmotiv dienen und (3) sich in einer demokratischen Gesellschaft als notwendig erweisen. 3.88

Eingriffe in Freiheitsrechte erfolgen in aller Regel entweder durch Einzelakte, die in einem formalisierten Verfahren erlassen wurden, d.h. Urteile eines Gerichts oder Verfügungen einer Verwaltungsbehörde, oder durch Realakte. Ausnahmsweise kann aber auch ein Erlass, d.h. eine generell-abstrakte Regelung, an sich bereits einen Eingriff in ein Freiheitsrecht darstellen. Dies ist vor allem der Fall, wenn ein gesetzliches Verbot und die angedrohten Sanktionen infolge ihres abschreckenden Effekts (sog. «chilling effect») die Ausübung von Freiheitsrechten faktisch verunmöglichen. Der EGMR taxierte aus diesem Grund etwa das Bestehen einer Strafnorm, welche einvernehmliche homosexuelle Kontakte zwischen Erwachsenen pönalisierte, als Eingriff in das Recht auf Privatleben, obwohl diese Strafbestimmung gegenüber dem Beschwerdeführer nie zur Anwendung gelangte und der Generalstaatsanwalt in genereller Weise die Strafverfolgungsbehörden angewiesen hatte, keine Anklagen mehr wegen einer Verletzung dieser Norm zu erheben[134]. Der MRA vertritt die gleiche Sichtweise. Er anerkannte, dass die Furcht vor einer Umsetzung und der grosse Einfluss einer in Kraft stehenden Norm, welche einvernehmliche sexuelle Kontakte zwischen erwachsenen Männern unter Strafe stellte, den Beschwerdeführer zum Opfer einer Menschenrechtseingriffs machte, selbst wenn diese Norm ihm gegenüber nie angewandt wurde[135]. Generell könne einem Individuum allenfalls die Eigen- 3.89

---

sex couples. State obligations in relation to change of name, gender identity, and rights deriving from a relationship between same-sex couples, Advisory Opinion, A/24 (2017).

131 Zur Verpflichtungsstruktur der WSK-Rechte siehe hinten Rz. 3.121 ff.

132 Art. 12 Abs. 3, 18 Abs. 3, 19 Abs. 3, 22 Abs. 2 Pakt II.

133 Art. 9 Abs. 2, 10 Abs. 2, 11 Abs. 2 EMRK; Art. 2 Abs. 3 und 4 ZP 4/EMRK; Art. 12 Abs. 3, 13 Abs. 2, 15, 16 Abs. 2, 22 Abs. 2 AMRK; Art. 11, 12 Abs. 2 AfCRMV; Art. 30 Abs. 2, 32 Abs. 2, 35 Abs. 2 ArCMR.

134 EGMR, Modinos v. Cyprus, A/259 (1993), Ziff. 17 ff. Ähnlich auch EGMR, Wolfmeyer v. Austria, 5263/03 (2005), Ziff. 36 ff.

135 MRA, Toonen v. Australia, 488/92, Ziff. 5.1.

schaft als Opfer zugesprochen werden, wenn es zu einer Kategorie von Personen zähle, deren Aktivitäten gemäss den einschlägigen Vorschriften als gesetzeswidrig eingestuft werden[136].

3.90 (1) Auf einer *genügenden gesetzlichen Grundlage* beruht ein Eingriff, falls er sich auf eine Grundlage im nationalen Gesetzesrecht stützen kann. Unter diesen Begriff fallen nicht nur Erlasse des Parlaments, sondern auch Erlasse der Exekutive sowie direkt anwendbares Völkerrecht[137]. Derartiges Gesetzesrecht muss zugänglich sein, damit Individuen mit hinreichender Sicherheit erkennen können, welche Rechtsvorschrift in einem konkreten Anwendungsfall anwendbar ist. Diese Anforderung können nur publizierte Erlasse erfüllen. Die Voraussetzung der Vorhersehbarkeit verlangt, dass Gesetze es ihren Adressatinnen und Adressaten ermöglichen, die Konsequenzen ihres Verhaltens abzuschätzen, was ein Mindestmass an inhaltlicher Klarheit und Bestimmtheit verlangt[138]. Um die Flexibilität gesetzlicher Regelungen zu ermöglichen, ist dem Gesetzgeber die Verwendung unbestimmter Rechtsbegriffe zwar grundsätzlich erlaubt, je allgemeiner der Adressatenkreis einer Norm und je persönlichkeitsnaher der von ihr geregelte Bereich aber ist, desto präziser muss sie sein[139]. Endlich darf das Gesetz inhaltlich den Prinzipien der Menschenrechte nicht widersprechen, d.h. es muss gewisse Demokratie- und Gerechtigkeitsideale verkörpern, indem es etwa Schutz vor willkürlichem behördlichen Handeln gewährt.

3.91 (2) Zulässige Eingriffe in ein Freiheitsrecht müssen im Weiteren eines der in den entsprechenden Schrankenklauseln aufgezählten Ziele, wie etwa den Schutz der nationalen Sicherheit, der öffentlichen Ordnung oder der öffentlichen Moral, oder den Schutz der Rechte Dritter, verfolgen. Diese *legitimen Eingriffsmotive* sind regelmässig sehr breit definiert, weshalb sie in der Praxis internationaler Überwachungsorgane meist als erfüllt betrachtet werden.

3.92 (3) Rechtmässige Beschränkungen müssen schliesslich *«notwendig in einer demokratischen Gesellschaft»* sein, um den angestrebten Eingriffszweck zu erreichen. Gemäss einer Standardformulierung des EGMR setzt diese Umschreibung ein dringendes soziales Bedürfnis zur Ergreifung gerade der gewählten Massnahme voraus, um ein anerkanntes Ziel zu erreichen[140]. Sie verankert damit den Grundsatz der Verhältnismässigkeit. Einschränkende Massnahmen müssen daher zur Erreichung eines der zulässigen Ziele geeignet sein, im Sinne der Erforderlichkeit das mildeste Mittel darstellen, mit welchem dieses Ziel erreicht werden kann, und für die betroffene Person zumutbar sein[141]. Letzteres ist zu

136 MRA, Ballantyne et al v. Canada, 359 and 385/1989, Ziff. 10.4 (Verbot englischsprachiger Werbung in Quebec). Siehe auch MRA, Aumeeruddy-Cziffra et al. v. Mauritius, 35/1978, Ziff. 9.2.

137 Siehe etwa EGMR, Kruslin v. France, A/176-A (1990), Ziff. 29, und Groppera Radio AG and Others v. Switzerland, A/173 (1990), Ziff. 65 ff. Ähnlich MRA, Suárez de Guerrero v. Columbia, 45/1979 (1982), Ziff. 12.2 ff.

138 MRA, General Comment 34 (2011), Ziff. 25.

139 Siehe allgemein zum Kriterium der Voraussehbarkeit, EGMR, Hertel v. Switzerland, Reports 1998-VI, Ziff. 35, und Editorial Board of Pravoye Delo and Shtekel v. Ukraine, Reports 2011-II, Ziff. 51 f.

140 EGMR, Handyside v. The United Kingdom, A/24 (1976), Ziff. 48–50.

141 MRA, General Comment 27 (1999), Ziff. 14; ähnlich General Comment 22 (1993), Ziff. 8.

verneinen, wenn die öffentlichen Interessen am Eingriff weniger gewichtig sind als die privaten Interessen am Schutz vor dem Eingriff. Eine solche Abwägung hat auch das Leitbild einer demokratischen Gesellschaft zu berücksichtigen, welche sich gemäss der Rechtsprechung des EGMR durch Pluralismus, Offenheit und Toleranz auszeichnet[142].

dd) Modell 4: Verbot willkürlicher Eingriffe

Pakt II verbietet in mehreren Bestimmungen «willkürliche» Eingriffe in Rechte[143]. Gemäss Art. 6 und 9 z.B. darf «niemand willkürlich seines Lebens beraubt» oder «willkürlich festgenommen oder in Haft gehalten» werden und nach Art. 17 Abs. 1 «darf niemand willkürlichen oder rechtswidrigen Eingriffen» in sein Privat- und Familienleben ausgesetzt werden[144]. Analog zu Modell 2 fallen hier Eingriff in den geschützten Bereich und Verletzung dogmatisch zusammen, weil alle willkürlichen Eingriffe automatisch verboten und alle nicht willkürlichen Beschränkungen ohne weiteres erlaubt sind. Eine Analyse der Praxis des MRA zeigt allerdings, dass dieses Modell in Tat und Wahrheit viel mit einem Schrankenmodell gemeinsam hat: Der Ausschuss betrachtet nämlich als «willkürlich» alle Eingriffe in das Recht, die nicht auf vernünftigen Gründen beruhen oder im konkreten Fall unverhältnismässig sind[145] bzw. im Hinblick auf das angestrebte Ziel unverhältnismässig und angesichts der Umstände des konkreten Falls unnötig sind[146]. Willkürlich im Sinne von Art. 9 Pakt II ist beispielsweise ein Freiheitsentzug, welcher sachlich nicht gerechtfertigt ist, ungerecht erscheint oder im konkreten Fall nicht als notwendig eingestuft werden kann[147]. Damit darf im Ergebnis auch in diese Rechte nur eingegriffen werden, wenn dafür ein legitimes Interesse besteht und der Eingriff verhältnismässig ist[148]. Das Element der gesetzlichen Grundlage ergibt sich aus der in Art. 6 Abs. 1 Pakt II verankerten Verpflichtung zum gesetzlichen Schutz des Lebens, aus Art. 9 Abs. 1 Pakt II, wonach der Freiheitsentzug rechtmässig, d.h. in Übereinstimmung mit dem nationalen Recht, erfolgen muss, und aus dem Verbot unrechtmässiger Eingriffe in Art. 17 Abs. 1 Pakt II[149]. 3.93

142 Siehe zu diesem Element etwa EGMR, Zana v. Turkey, Reports 1997-III, Ziff. 51.

143 Auch regionale Konventionen kennen Garantien, die willkürliche Eingriffe untersagen. Siehe etwa Art. 4 AMRK; Art. 4 und 6 AfCRMV und Art. 5, 27, 29 und 31 ArCMR.

144 Willkürliche Eingriffe verbietet auch Art. 12 Abs. 4 Pakt II.

145 Z.B. MRA, Suárez de Guerrero v. Colombia, 45/1979 (1982), Ziff. 13.3.

146 MRA, Toonen v. Australia, 488/1992 (1994), Ziff. 8.4.

147 Z.B. MRA, A. v. Australia, 560/1993 (1997), Ziff. 9.2.

148 Willkür im Sinne des Pakts unterscheidet sich somit vom Willkürbegriff des Verfassungsrechts, welcher bloss das erfasst, was krass falsch, ungerecht und unhaltbar ist.

149 Kein Verweis auf die Notwendigkeit des Vorliegens einer gesetzlichen Grundlage findet sich in Art. 12 Abs. 4 Pakt II.

3. Die Pflicht zum Schutz der Menschenrechte

a) Grundsatz

3.94 Heute anerkennen die Vertragsorgane, dass Menschenrechte nicht nur durch den Staat, sondern auch durch Private oder bestimmte Situationen (z.B. Naturkatastrophen) bedroht werden können. Hier genügt blosses Unterlassen des Staates nicht, um den Menschenrechten zum Durchbruch zu verhelfen. Vielmehr müssen die Staaten verpflichtet werden, Privaten in solchen Fällen Schutz vor der Verletzung ihrer Menschenrechte zu gewähren. Die allgemeinen Gewährleistungsbestimmungen der wichtigsten Menschenrechtskonventionen[150] tun diesen Schritt und enthalten zumindest implizit auch eine Pflicht zum Schutz der Rechte Privater gegen Beeinträchtigungen durch Dritte.

Beispiel: Das Urteil Velásquez-Rodríguez gegen Honduras des IAGMR

3.95 Der IAGMR betonte im Fall Velásquez-Rodríguez gegen Honduras, die Verpflichtung der Vertragsstaaten gemäss Art. 1 Abs. 1 AMRK, den Berechtigten die volle und freie Ausübung der Garantien der AMRK zu garantieren, beinhalte im Fall von Verletzungen der Menschenrechte durch Dritte «die Pflicht der Vertragsstaaten, den Regierungsapparat und allgemein alle Strukturen, durch die öffentliche Gewalt ausgeübt wird, so zu organisieren, dass sie in der Lage sind, den vollen und freien Genuss der Menschenrechte rechtlich sicherzustellen. Aus dieser Verpflichtung folgt, dass der Staat jede Verletzung der in der Konvention anerkannten Rechte verhindern, untersuchen und bestrafen muss, und, darüber hinaus, wenn möglich, versuchen muss, das verletzte Recht wiederherzustellen, und die erforderliche Entschädigung für aus der Verletzung resultierende Schäden zur Verfügung stellen muss»[151].

3.96 Staaten sind nicht nur zur Schutzgewährung gegenüber Verletzungshandlungen von Privaten verpflichtet. Vielmehr sind aktuellen oder drohenden Beeinträchtigungen durch Privatpersonen gleichgestellt:

(1) aktuelles oder drohendes menschenrechtsverletzendes Verhalten von ultra vires[152] oder nicht in Erfüllung einer öffentlichen Aufgabe handelnden[153] Staatsorganen;
(2) aktuelles oder drohendes menschenrechtswidriges Verhalten von ausländischen Staatsorganen (a) auf dem eigenen Staatsgebiet[154], wie etwa bei Misshandlungen

---

150 Art. 2 Abs. 2 Pakt I, Art. 2 Abs. 1 Pakt I, Art. 2 Abs. 1 KRK, Art. 1 EMRK, Art. 1 AMRK, Art. 1 AfCRMV.

151 IAGMR, Velásquez-Rodríguez v. Honduras, C/4 (1988), Ziff. 166; deutsche Übersetzung aus EuGRZ 1989, 157 ff.; ähnlich etwa MRA, Peiris v. Sri Lanka, 1862/2009 (2011).

152 Siehe z.B. IAGMR, Escué-Zapata v. Colombia, C/165 (2007), Ziff. 40.

153 Siehe etwa EGMR, Sašo Gorgiev v. The Former Yugoslav Republic of Macedonia, Reports 2012-III, Ziff. 39 ff. (Schussabgabe in einer Bar durch einen uniformierten Polizeibeamten, der sich in einer Arbeitspause in unerlaubter Weise von seinem Arbeitsort entfernt hatte).

154 EGMR (Grand Chamber), Ilaşcu and Others v. Moldova and Russia, Reports 2004-VII, Ziff. 333, und El-Masri v. The Former Yugoslav Republic of Macedonia, Reports 2012-VI, Ziff. 206. Im letztgenannten Urteil scheint der Gerichtshof gar von einer direkten Zurechenbardurch fremde Staatsorgane oder einer (geplanten) völkerrechtswidrigen Entführung einer Person[155] oder (b) gegenüber Person im Ausland, wie bei der drohenden Gefahr des Vollzugs der Todesstrafe im ersuchenden Staat im Fall einer Auslieferung[156];

(3) aktuelle oder drohende, direkte oder indirekte Beeinträchtigungen menschenrechtlich geschützter Positionen von Individuen unter der Herrschaftsgewalt eines Staates durch direkt wirksame Anordnungen oder bindende Vorgaben internationaler Organisationen[157]; oder

(4) aktuelle oder drohende Beeinträchtigungen menschenrechtlich geschützter Positionen von Individuen durch Naturgefahren, durch von Menschen geschaffene Anlagen oder Tiere. In diesem Sinn hat der EGMR eine Verletzung des Rechts auf Leben anerkannt, weil städtische Behörden es wider besseren Wissens unterlassen hatten, Massnahmen zu ergreifen, um eine Methangasexplosion in einer Abfalldeponie zu verhindern, welche zum Tod mehrerer Menschen führte[158], weil es Behörden versäumt hatten, gegen Schlammlawinen, welche seit Jahren eine Stadt bedrohten, Abwehrdämme zu errichten und für den Katastrophenfall Warnsysteme und Notfallpläne auszuarbeiten[159], weil sie nicht gegen streunende Hunde in einer Stadt vorgegangen waren, welche jährlich Tausende von Personen gebissen hatten[160] oder weil sie es unterlassen hatten, in einem stark erdbebengefährdeten Gebiet notwendige Sicherheitsstandards für Bauten durchzusetzen[161].

---

keit des Verhaltens ausländischer Staatsorgane zum Vertragsstaat ausgegangen zu sein: «The Court must first assess whether the treatment suffered by the applicant at Skopje Airport at the hands of the special CIA rendition team is imputable to the respondent State. In this connection it emphasises that the acts complained of were carried out in the presence of officials of the respondent State and within its jurisdiction. Consequently, the respondent State must be regarded as responsible under the Convention for acts performed by foreign officials on its territory with the acquiescence or connivance of its authorities» (a.a.O.).

155 EGMR, Al-Nashiri v. Poland, 28761/11 (2015), Ziff. 451 ff. Sachverhaltsmässig liegt diesem Urteil die Behandlung des Beschwerdeführers in einem geheimen Gefängnis (sog. «blacksite»), welche die CIA unter anderem in Polen betrieb, und seine anschliessende Überführung in das Gefangenenlager in Guantanamo zu Grunde.

156 Dazu detaillierter hinten Rz. 9.41 f.

157 Siehe dazu vorne in diesem Kapitel Rz. 3.46 ff.

158 EGMR (Grand Chamber), Öneryildiz v. Turkey, Reports 2004-XII.

159 EGMR, Budayeva and Others v. Russia, Reports 2008-II.

160 EGMR, Stoicescu v. Romania, 9718/03 (2011).

161 EGMR, Özel and Others v. Turkey, 14350/05 (2015).

Beispiel: Die Urteile Öneryildiz gegen die Türkei und Budayeva gegen Russland des EGMR[162]

3.97 Bedrohungen für menschenrechtlich geschützte Sphären durch Naturkatastrophen oder durch technische Anlagen werden häufiger. Der EGMR hat in den beiden folgenden Fällen die Schutzpflichten der Staaten untersucht:

3.98 Im Fall *Öneryildiz gegen die Türkei* ereignete sich am 28. April 1993 um 11 Uhr morgens in einer Abfallhalde in Ümraniye (Istanbul) eine Methanexplosion. Zehn Wohngebäude eines unmittelbar an die Halde angrenzenden Slums wurden verschüttet und 39 Menschen starben, darunter neun Verwandte des Beschwerdeführers. Knapp zwei Jahre vorher hatte ein Expertenbericht vor den Gefahren einer solchen Explosion gewarnt, aber die Behörden sorgten weder für ein kontrolliertes Abbrennen der in der Abfallhalde entstandenen Gase, noch für eine Evakuierung der nahe gelegenen Häuser und Hütten. Die Grosse Kammer des Gerichtshofs verurteilte die Türkei wegen Verletzung des Rechts auf Leben gemäss Art. 2 EMRK. Sie führte aus, die positive Pflicht, alle notwendigen Massnahmen zum Schutz dieses Rechts zu ergreifen, begründe in erster Linie eine Pflicht des Staates, rechtliche und administrative Rahmenbedingungen zu schaffen, welche geeignet seien, Gefahren für das Leben wirksam abzuwenden. Im Zusammenhang mit gefährlichen Aktivitäten bedeute dies v.a. eine Pflicht zum Erlass wirksamer Normen und Verfahren über die Bewilligung, Operation und Überwachung solcher Aktivitäten. Wo ein Verlust an Leib und Leben eingetreten sei, müsse der Staat dafür sorgen, dass Verletzungen sanktioniert und künftig unterdrückt würden. Der Gerichtshof kam zum Schluss, die Türkei habe ihre Schutzpflichten aus Art. 2 EMRK verletzt, weil die zuständigen städtischen Behörden trotz Wissens über die Gefahr die nötigen Sicherungsmassnahmen (Installieren eines Systems zum Abbrennen der Gase) nicht ergriffen und es zudem hingenommen hätten, dass in der Gefahrenzone Häuser und Hütten gebaut wurden. Das Recht auf Leben sei überdies dadurch missachtet worden, dass die als verantwortlich erklärten Bürgermeister nicht wegen Gefährdung des Lebens, sondern bloss wegen Amtspflichtverletzung angeklagt und zu einer Geldstrafe von umgerechnet weniger als 10 Euro verurteilt wurden.

3.99 In *Budayeva gegen Russland* wurde die Kleinstadt Tyrnauz im Nordkaukasus im Juli 2000 von schweren Schlammlawinen heimgesucht. Die Lawinengefahr für Tyrnauz war bekannt und entsprechende bauliche Schutzmassnahmen – ein Schlammauffangbecken und ein Schutzdamm – waren errichtet, jedoch 1999 schwer beschädigt worden. Trotz wiederholter Warnungen der zuständigen Behörden und Kenntnis der generellen Bedrohungslage, ergriffen die Behörden keine Instandsetzungsmassnahmen und die notwendigen Mittel wurden nicht zur Verfügung gestellt. Der Gerichtshof kam zum Schluss, die zuständigen Entscheidungsträger hätten damit ihre Pflichten verletzt. Zudem hätten sie es trotz der klaren Gefahr für das Leben der Bevölkerung unterlassen, diese frühzeitig zu warnen und zu evakuieren. Deshalb habe Russland die positive Verpflichtung zum Schutz des Lebens gemäss Art. 2 EMRK verletzt. Das Recht auf Leben sei auch verletzt worden, weil die Verantwortlichkeit des Staates für den Unfall in Tyrnauz nie durch eine gerichtliche oder Verwaltungsbehörde untersucht worden sei.

162 EGMR (Grand Chamber), Öneryildiz v. Turkey, Reports 2004-XII, und Budayeva and Others v. Russia (Chamber), Reports 2008-II.

b) Relevante Garantien

Bis heute ist nicht abschliessend geklärt, aus welchen Rechten in welchem Umfang Schutzansprüche entstehen. Klar ist, dass sich gewisse Rechte besser als andere eignen, Schutzpflichten gegenüber Beeinträchtigungen durch Dritte entstehen zu lassen. So sind etwa der Anspruch auf ein wirksames Rechtsmittel, das Verbot rückwirkender Strafgesetze und die meisten Verfahrensgarantien ausschliesslich gegen den Staat gerichtet und Private (anders als internationale Organisationen[163]) können sie kaum verletzen. Demgegenüber können Garantien zum Schutz der körperlichen Integrität, wie das Folterverbot oder das Verbot unmenschlicher Behandlung gemäss Pakt II und den regionalen Menschenrechtskonventionen[164], sowie viele der klassischen Freiheitsrechte (z.B. die Meinungsäusserungs-, Versammlungs- oder Religionsfreiheit) und gewisse WSK-Rechte ebenso von Privaten wie vom Staat beeinträchtigt werden. 3.100

Schutzpflichten sind z.T. *ausdrücklich* im Text von Menschenrechtsgarantien verankert. Gemäss Pakt II ist z.B. das Recht auf Leben laut Art. 6 Abs. 1 «gesetzlich zu schützen». Die gleiche Verpflichtung verankern Art. 2 Abs. 1 EMRK, Art. 4 Abs. 1 AMRK und Art. 5 Abs. 1 ArCMR. Diese Schutzpflicht ist etwa verletzt, wenn das Gesetz gewisse Tötungsdelikte ungesühnt lässt oder der Staat Privaten, welche von jemandem am Leben bedroht werden, Polizeischutz verweigert[165]. 3.101

Ausdrücklich verankerte Schutzpflichten kennen die menschenrechtlichen Garantien auch im Bereich des Privatlebens. Art. 17 Abs. 2 Pakt II gewährt jedermann «Anspruch auf rechtlichen Schutz» gegen willkürliche und rechtswidrige Eingriffe «in sein Privatleben, seine Familie, seine Wohnung und seinen Schriftverkehr oder rechtswidrige Beeinträchtigungen seiner Ehre und seines Rufes», und Art. 23 Abs. 1 des Pakts II verankert den «Anspruch auf Schutz» der Familie «durch Gesellschaft und Staat». Wie der MRA betont hat, muss dieser Schutz unabhängig davon gewährleistet sein, ob die Beeinträchtigung «von der öffentlichen Gewalt oder von natürlichen oder juristischen Personen» ausgeht[166]. Während hier vor allem der Schutz der Familie nach aussen angesprochen wird, ergeben sich aus dem Gebot, dass eine Ehe nur im freien und vollen Einverständnis der Ehegatten geschlossen werden darf[167], auch Schutzpflichten im familieninternen Verhältnis: Zwangsehen dürfen nicht anerkannt werden. Zudem sind Kinder vor Übergriffen ihrer Eltern zu schützen[168]. Im Rahmen der EMRK anerkennt 3.102

163 Siehe vorne Rz. 3.39 ff.

164 Art. 1 FoK erfasst im Folterbegriff zwar rein private Folter nicht, enthält aber zumindest Ansätze einer Schutzpflicht, insofern als private Folter bei «stillschweigendem Einverständnis» des Staates diesem zugerechnet wird. Diese Voraussetzung ist u.E. erfüllt, wenn ein Staat dem Opfer trotz Kenntnis der Gefahr und der Möglichkeit zu intervenieren, den Schutz verweigert.

165 EGMR (Grand Chamber), Osman v. The United Kingdom, Reports 1998-VIII, Ziff. 115, und Dink v. Turkey, 2668/07 etc. (2010), Ziff. 64 ff.

166 MRA, General Comment 16 (1988), Ziff. 1, deutsche Übersetzung aus Kälin/Malinverni/Nowak, 377.

167 Art. 23 Abs. 3 Pakt II.

168 Siehe dazu EGMR, A. v. The United Kingdom, Reports 1998-VI, Ziff. 22, und die Vertiefung in Rz. 3.105 f.

der EGMR seit dem Fall Marckx[169] eine Schutzpflicht im Bereich des Anspruchs auf Privat- und Familienleben im Sinne von Art. 8 EMRK. Im Urteil Airey[170] hat der Gerichtshof z.B. entschieden, dass die Staaten verpflichtet sind, Frauen, die von ihrem Gatten getrennt leben wollen, ein entsprechendes Verfahren zur Verfügung zu stellen. Damit hat das Gericht praktisch ein (wenn auch nicht unbeschränktes) Ausstiegsrecht aus oppressiven privaten Verhältnissen anerkannt und die Staaten verpflichtet, dafür entsprechende Verfahren zu schaffen. Dieser Aspekt ist auch in Art. 34 Abs. 3 ArCMR enthalten, wonach Kinder ein Recht auf Schutz vor wirtschaftlicher Ausbeutung haben.

3.103 Die RDK und die FDK bestimmen, was Staaten unternehmen müssen, um die Begünstigten gegen Diskriminierungen im Privatbereich zu schützen[171]. Eine umfassende Verpflichtung, «alle geeigneten Gesetzgebungs-, Verwaltungs-, Sozial- und Bildungsmassnahmen» zu ergreifen, um Kinder, die sich in der Obhut ihrer Eltern oder anderer Erziehungsberechtigter befinden, vor Misshandlung, Verwahrlosung und Vernachlässigung zu schützen, findet sich in Art. 19 KRK. Schliesslich hält die BRK ihre Vertragsstaaten an, Menschen mit Behinderungen «gleichen und wirksamen rechtlichen Schutz vor Diskriminierung, gleich welcher Gründe» zu garantieren (Art. 5 Abs. 2) und Massnahmen zu ergreifen, «um Menschen mit Behinderungen sowohl innerhalb als auch ausserhalb der Wohnung vor jeder Form von Ausbeutung, Gewalt und Missbrauch, einschliesslich ihrer auf der Geschlechtszugehörigkeit basierenden Aspekte, zu schützen» (Art. 16 Abs. 1).

3.104 Die Vertragsorgane anerkennen, dass auch Menschenrechtsgarantien, welche *Schutzpflichten nicht ausdrücklich* ansprechen, eine solche Verpflichtung enthalten können. Der EGMR hat in diesem Sinn z.B. ein Recht von Demonstrierenden auf Schutz vor einer gewalttätigen Gegendemonstration[172] anerkannt. Andere Fälle betreffen häufig den Schutz vor Übergriffen Dritter auf die *körperliche und psychische Integrität* von Privatpersonen inklusive dem Verbot der Folter und unmenschlicher Behandlung[173]. Besonders bedeutsam sind Art. 9 Abs. 1 Pakt II und die entsprechenden Bestimmungen der regionalen Konventionen[174], welche jedermann das Recht auf Sicherheit gewähren. Der MRA anerkennt ausdrücklich, dass in diesem Recht der Anspruch auf Schutz der eigenen Sicherheit, d.h. der körperlichen Integrität, auch gegenüber privaten Übergriffen mitenthalten ist: In diesem Sinn kam er zum Schluss, Kolumbien habe diese Bestimmung verletzt, als der Staat einem Religionslehrer keinen Schutz ge-

169 EGMR, Marckx v. Belgium, A/31 (1979), Ziff. 31.

170 EGMR, Airey v. Ireland, A/32 (1979), Ziff. 32 f.

171 Siehe z.B. Art. 2 lit. e FDK und Art. 2 Abs. 1 lit. d RDK.

172 EGMR, Plattform «Ärzte für das Leben» v. Austria, A/139 (1988).

173 Siehe etwa EGMR, Đorđević v. Croatia, Reports 2012-V, und Opuz v. Turkey, Reports 2009-III, Ziff. 128 ff. Die ArCMR verpflichtet die Vertragsstaaten ausdrücklich, Individuen gegen Folter und unmenschliche Behandlung zu schützen (Art. 8 Abs. 2 ArCMR).

174 Art. 5 Abs. 1 EMRK; Art. 7 Abs. 1 AMRK; Art. 6 AfCRMV und Art. 14 Abs. 1 ArCMR.

gen Todesdrohungen gewährte, mit denen er konfrontiert wurde, nachdem er sich kritisch über seine kirchlichen Oberbehörden geäussert hatte[175].

Vertiefung: Schutzpflichten bei Gewalt gegen Minderjährige

Im Urteil X. und Y. gegen die Niederlande des EGMR[176] ging es um eine 16-jährige, geistig behinderte Frau, welche sexuell missbraucht worden war. Ihr Vater hatte Strafanzeige erstattet, doch der Staatsanwalt stellte das Verfahren ein. Daraufhin wandte sich der Vater an ein Berufungsgericht, allerdings erfolglos, weil gemäss Gesetz nur das Opfer einer Straftat den Entscheid zur Einstellung des Strafverfahrens anfechten konnte, die junge Frau wegen ihrer Behinderung aber dazu nicht fähig war. Der Gerichtshof erkannte auf eine Verletzung von Art. 8 EMRK, da der Staat verpflichtet sei, Opfern von Delikten auch in einer solchen Situation Schutz zu gewähren. Zur Begründung führte das Gericht aus, die EMRK verpflichte hier den Staat, positive Massnahmen zu ergreifen, um den Respekt für die persönliche Integrität auch im Verhältnis zwischen Privaten zu sichern[177]. 3.105

Innerfamiliäre Gewalt war das Thema im Beschwerdefall A. gegen das Vereinigte Königreich[178]. Der Beschwerdeführer war im Alter von neun Jahren von seinem Stiefvater mit einem Stock mehrmals derart stark gezüchtigt worden, dass sichtbare Verletzungen resultierten. Eine Anzeige der Mutter führte zwar zu einer strafrechtlichen Anklage, der Angeschuldigte wurde aber freigesprochen, weil das englische Recht ihm erlaubte, sich auf den Rechtfertigungsgrund der «vernünftigen Züchtigung» von Kindern zu berufen. Der Gerichtshof anerkannte, dass die Schläge die Schwelle unmenschlicher Behandlung überschritten hatten, und deshalb die Verpflichtung zur Sicherung der Menschenrechte gemäss Art. 1 EMRK in Verbindung mit Art. 3 EMRK die Schutzpflicht des Staates auslöste. In diesem Zusammenhang unterstrich der EGMR, dass Kinder und andere verletzliche Personen Anspruch auf Schutz vor derart schweren Verstössen gegen ihre persönliche Integrität hätten[179]. Das Gericht bejahte eine Verletzung von Art. 3 EMRK, weil das englische Strafrecht bei körperlichen Übergriffen auf Kinder durch den Erziehungsberechtigten die Opfer nicht genügend schütze[180]. 3.106

c) Arten und Umfang von Schutzpflichten

Schutzpflichten können *präventiven* oder *kurativen* Charakter haben[181]. Präventiv sind sie, soweit es darum geht, eine drohende Beeinträchtigung von Menschenrechten 3.107

175 MRA, Delgado Paéz v. Colombia, 195/1985 (1990), Ziff. 5.5, 5.6 und 6. Ähnlich MRA, Marcellana and Gumanoy v. The Philippines, 1560/2007 (2008), Ziff. 7.6 f.

176 EGMR, X. and Y. v. The Netherlands, A/91 (1985).

177 A.a.O., Ziff. 13.

178 EGMR, A. v. The United Kingdom, Reports 1998-VI.

179 A.a.O., Ziff. 22.

180 A.a.O., Ziff. 23 f. Siehe zur Verpflichtung der Staaten, aktive Massnahmen gegen Misshandlungen von Kindern durch Privatpersonen, und insbesondere auch Familienangehörige, zu ergreifen, auch IAGMR, Juridical Condition and Human Rights of the Child. Advisory Opinion A/17 (2002), Ziff. 87 und 91, und zum Verbot der Körperstrafe auch im familiären Kontext, KRK-Ausschuss, General Comment 8 (2006), insb. Ziff. 30 ff.

181 IAGMR, Velásquez-Rodríguez v. Honduras (vorne Anm. 151).

durch Dritte oder durch Gefahren der Natur oder von Menschen geschaffenen Anlagen zu verhindern. Kurativen Charakter haben sie, wo sie eine andauernde Verletzung oder die Folgen einer bereits erfolgten Beeinträchtigung beseitigen oder, wo dies nicht möglich ist, dem Opfer Wiedergutmachung zukommen lassen und die dafür Verantwortlichen sanktionieren. Beide Arten von Pflichten lassen sich entweder durch den Erlass entsprechender *Gesetzgebung* und ihrer gerichtlichen Durchsetzung oder die Ergreifung *faktischer Massnahmen*, wie z.B. die Gewährung von Polizeischutz oder, im Fall von Naturkatastrophen, Evakuationen aus Gefahrenzonen, erfüllen. Oft sind Massnahmen auf beiden Ebenen nötig, um die Privaten wirkungsvoll gegen menschenrechtsrelevante Übergriffe Dritter schützen zu können.

3.108 Komplex ist die Frage nach den *Voraussetzungen und Grenzen von Schutzpflichten*. Die Pflicht des Staates, Privaten menschenrechtlichen Schutz gegen Übergriffe Dritter zu gewähren, kann nie absolut sein. Einerseits verfügt der Staat nicht über unbeschränkte Mittel, um immer und überall präventiv tätig zu sein, sondern er kann nur im Rahmen verfügbarer und menschenrechtlich zulässiger Mittel handeln. Anderseits würde eine Verpflichtung zu umfassendem Schutz eine lückenlose staatliche Kontrolle privater Bereiche bedingen, was der Idee der Menschenrechte fundamental widerspricht. Schutzpflichten dürfen deshalb nicht derart überdehnt werden, dass der Staat im Namen der Menschenrechte private Bereiche völlig unterwandert und seine Kontrolle soweit ausdehnt, dass schliesslich die Menschenrechtsidee selbst Schaden nimmt.

Beispiel: Das Urteil Osman gegen das Vereinigte Königreich des EGMR

3.109 Im Fall Osman[182] hat sich der EGMR erstmals grundlegend mit dieser Problematik auseinandergesetzt. Dem Urteil lag folgender Sachverhalt zu Grunde: Im Jahre 1988 schoss der ehemalige Lehrer des einen Beschwerdeführers diesen und seinen Vater an, wobei der Vater tödliche Verletzungen erlitt. Diese Tat geschah, nachdem der psychisch kranke Täter die Familie der Beschwerdeführer – neben dem Sohn auch die Witwe des Erschossenen – mehrmals ernsthaft bedroht hatte und diese deshalb die Polizei um die Ergreifung präventiver Schutzmassnahmen ersucht hatten. Die Mutter machte geltend, am fraglichen Tag habe sie die Polizei alarmiert, diese habe aber nicht reagiert, was eine Verletzung des Schutzanspruches aus dem Recht auf Leben gemäss Art. 2 EMRK darstelle. Der Gerichtshof stellte fest, dass die Verpflichtung zum Schutz des Lebens gemäss Art. 2 EMRK unter Umständen tatsächlich eine positive Verpflichtung der Behörden beinhalten könne, Private gegen gefährliche Dritte zu schützen, weshalb zu untersuchen sei, ob die Polizei bei genügender Sorgfalt das Verbrechen hätte verhindern können[183]. Diese Sorgfaltspflicht dürfe nicht überspannt werden. Sie sei aber verletzt, wo die Behörden die Existenz einer realen und unmittelbaren Gefahr eines kriminellen Übergriffs auf das Leben einer bestimmten Person kannten oder hätten kennen müssen, es aber unterliessen, geeignete Schutzmassnahmen in ihrem Zuständigkeitsbereich zu ergreifen, von welchen

182 EGMR (Grand Chamber), Osman v. The United Kingdom, Reports 1998-VIII.
183 A.a.O., Ziff. 115. Die Frage wurde im konkreten Fall verneint.

vernünftigerweise eine Abwendung der Gefahr hätte erwartet werden können[184]. Konkretisierender Massstab ist auch für das Recht auf Leben das bereits früher vom Gerichtshof im Zusammenhang mit Schutzpflichten anerkannte Kriterium der vernünftigen und angemessenen Massnahmen («reasonable and appropriate measures»)[185]. Im konkreten Fall verneinte der Gerichtshof angesichts der Umstände im Zeitpunkt der Tat eine Verletzung dieser Sorgfaltspflicht.

Schutzpflichten aus Menschenrechten entstehen, wenn 3.110

(1) die Behörden *Kenntnis* von der aktuellen oder drohenden Gefährdung durch Dritte, durch die Natur, von Menschen geschaffenen Anlagen oder Tiere, haben oder im Rahmen erforderlicher Sorgfalt und innerhalb der menschenrechtlich zulässigen Schranken der Informationsbeschaffung haben müssten,
(2) sie trotz dieser Kenntnis nicht jene Schutzmassnahmen ergreifen, welche sie *im Rahmen verfügbarer Mittel ergreifen könnten* und von denen vernünftigerweise eine Abwehr der Gefahr für das bedrohte Opfer oder die Wiedergutmachung eingetretenen Schadens zu erwarten ist; und
(3) die zur Verfügung stehenden und tauglichen *Massnahmen ihrerseits menschenrechtskonform* sind, d.h. nicht Rechte der Täterinnen und Täter oder anderer Dritter verletzen[186].

Strengere Anforderungen an die Kriterien des Wissens und der vernünftigen und an- 3.111
gemessenen Massnahmen setzt die Praxis, wenn sich die von privaten Übergriffen bedrohte Person in staatlichem Gewahrsam, z.B. in einer Haftsituation, befindet oder wenn die Gefahr eines Übergriffs im Verhalten von ultra vires oder nicht in offizieller Eigenschaft handelnden Staatsorganen gründet[187]. Mit einem rigideren Massstab ist ferner die Angemessenheit der staatlichen Massnahmen zu beurteilen, wenn bedrohte Individuen etwa infolge ihres Alters[188], ihres Geschlechts[189], ihrer sexuellen Orientie-

---

184 A.a.O., Ziff. 116. Bestätigt etwa in Gongadze v. Ukraine, Reports 2005-XI, Ziff. 164 f.

185 EGMR, Plattform «Ärzte für das Leben» v. Austria, A/139 (1988), Ziff. 34. In diesem Urteil entschied der Gerichtshof, die Staaten hätten gemäss Art. 11 EMRK die Pflicht, Demonstrationen mit «reasonable and appropriate measures» polizeilicher Art gegen private Störer zu schützen.

186 EGMR (Grand Chamber), Osman v. The United Kingdom, Reports 1998-VIII, Ziff. 116, und Opuz v. Turkey (Chamber), Reports 2009-III, Ziff. 129. Ähnlich IAGMR, Kichwa Indigenous Community v. Ecuador, C/245 (2012), Ziff. 245. Eine striktere Sichtweise vertritt die AfKRMV; siehe Association of Victims of Post Electoral Violence & Interights v. Cameroon, 272/03 (2009), Ziff. 113 ff.

187 EGMR, Paul and Audrey Edwards v. The United Kingdom, Reports 2002-II, Anguelova v. Bulgaria, Reports 2002-IV, und Sašo Gorgiev v. The Former Yugoslav Republic of Macedonia, Reports 2012-III, sowie bereits MRA, Dermit Barbato and Dermit Barbato v. Uruguay, 84/1981 (1982), und Terán Jijón v. Ecuador, 277/1988 (1992).

188 Vgl. etwa EGMR, Kemaloğlu v. Turkey, 19986/06 (2012), Ziff. 35.

189 EGMR, Opuz v. Turkey, Reports 2009-III, Ziff. 159 f.; IAGMR, Veliz Franco et al. v. Guatemala, C/277 (2014), Ziff. 134 ff.; IAKMR, Lenahan (Gonzales) et al. v. USA, Report No. 80/11, Case 12.626 (2011), insb. Ziff. 129.

rung[190], einer Behinderung[191] oder als Konsequenz ihrer Aktivitäten[192] als besonders schutzbedürftig erscheinen.

3.112 Geht es andererseits in einem konkreten Fall um den Schutz durch Freiheitsrechte geschützter Rechtspositionen vor privaten Übergriffen, werden die Schrankenklauseln weniger stringent angewandt: In solchen Fällen ist gemäss Praxis des EGMR ein fairer Ausgleich («a fair balance») zwischen den gegenläufigen Interessen der betroffenen Personen und der Gesellschaft insgesamt anzustreben. Bei dieser Prüfung weisen die in den Schrankenklauseln erwähnten Ziele eine gewisse Relevanz auf[193]. In diesem Sinn haben Immobilieneigentümer gewisse Lärmimmissionen eines Flughafens, dessen Ausbau im öffentlichen Interesse liegt, hinzunehmen[194]. In ähnlicher Weise gelangte der EGMR zum Schluss, dass – anders als beim Recht auf Leben – die Verpflichtung zum Schutz des Eigentums weniger streng sei, wenn Eigentum als Folge einer Naturkatastrophe und nicht wegen eines Ereignisses, das sich unter Verantwortung der Behörden abspielt, zerstört wird[195].

3.113 Obwohl der EGMR diese Prinzipien in Hinblick auf faktische und unmittelbare Schutzmassnahmen entwickelt hat, gelten sie auch für die Pflicht, *gesetzgeberische* Schritte zu ergreifen. Wie beispielsweise die oben erwähnten Fälle X. und Y. gegen die Niederlande und A. gegen Vereinigtes Königreich zeigen, sind die beiden ersten Voraussetzungen ohne weiteres zu bejahen, wenn Straf- oder Privatrecht Lücken aufweisen, welche voraussehbare private Übergriffe in menschenrechtlich geschützte Bereiche sanktionslos lassen.

4. Die Pflicht zur Gewährleistung der Menschenrechte

3.114 Die Pflicht zur Gewährleistung der Menschenrechte geht über die Verpflichtung zur Gewährung von Schutz gegen Übergriffe Privater oder Gefahren von Naturgewalten hinaus. Sie verlangt ganz generell, dass der Staat die rechtlichen, institutionellen und verfahrensmässigen Voraussetzungen schafft, die nötig sind, damit die Berechtigten ihre Rechte voll realisieren können. Dies kann Massnahmen auf verschiedenen Ebenen nötig machen.

3.115 Verschiedene Menschenrechte können ohne vorgängigen *Erlass bestimmter Gesetze* und der damit verbundenen Schaffung zuständiger Staatsorgane nicht ausgeübt werden. Das privatrechtliche Eherecht und die Möglichkeit, eine Ehe vor staatlichen Organen zu schliessen oder zumindest registrieren zu lassen, sind beispielsweise notwen-

190 MRA, Draft General Comment 36 (2017), Ziff. 27.

191 Siehe dazu etwa EGMR, Đorđević v. Croatia, Reports 2012-V, und MRA, Draft General Comment 36 (2017), Ziff. 28.

192 So z.B. Menschenrechtsverteidigerinnen; IAGMR, Human Rights Defender et al. v. Guatemala, C/283 (2014), Ziff. 141 f.

193 EGMR (Grand Chamber), Hatton and Others v. The United Kingdom, Reports 2003-VIII, Ziff. 98.

194 A.a.O., Ziff. 119–130.

195 EGMR, Budayeva and Others v. Russia, Reports 2008-II, Ziff. 173–174.

dige Voraussetzungen für die Realisierung des Rechts auf Ehe, und ohne sachenrechtliche Verankerung des Privateigentums ergibt die Eigentumsgarantie wenig Sinn. Im Bereich der sozialen Rechte ist die Schaffung einer Sozialversicherung oder ähnlicher institutioneller Vorkehren notwendig, damit das Recht auf soziale Sicherheit in der Realität umgesetzt werden kann. Über die Gesetzgebung hinaus kann die Entwicklung und Umsetzung von *Politiken und Aktionsplänen* bedeutsam werden: Ohne eine Anti-Diskriminierungs-, Bildungs-, Arbeitsmarkt- oder Medienpolitik kann keines der damit in Zusammenhang stehenden Menschenrechte voll verwirklicht werden.

Im institutionellen Bereich besonders wichtig ist die Schaffung von *Einrichtungen des Rechtsschutzes*, wozu v.a. effektive Beschwerdemöglichkeiten gehören. Gemäss Art. 2 3.116
Abs. 3 lit. a Pakt II gehört die Sorge der Staaten dafür, «dass jeder, der in seinen in diesem Pakt anerkannten Rechten oder Freiheiten verletzt worden ist, das Recht hat, eine wirksame Beschwerde einzulegen», zu den allgemeinen Grundverpflichtungen der Staaten aus Menschenrechten[196], welche sie erst erfüllen können, wenn sie den Rechtsschutz entsprechend einrichten und ausbauen. Bestimmungen wie die Garantien von Art. 14 Pakt II und Art. 6 EMRK über Verfahrensgarantien in Zivil- und Strafverfahren setzen ein funktionierendes Gerichtssystem voraus, das der Staat schaffen muss, bevor er die Rechte angeschuldigter Personen bzw. der Streitparteien respektieren kann.

Positive Leistungen im engeren Sinn, d.h. Geld, Güter oder Dienstleistungen, die der 3.117
Staat direkt berechtigten Individuen zur Verfügung stellt, sind dort notwendig, wo ein Recht, wie z.B. die Garantie auf einen unentgeltlichen Verteidiger im Strafverfahren[197] oder der Anspruch auf unentgeltlichen Grundschulunterricht[198], dies ausdrücklich verankert, oder wo ohne solche Leistung das Recht seiner Substanz beraubt würde. Dies gilt v.a. für das Recht auf Nahrung, gesundheitliche Mindestversorgung und Obdach, wo Menschen in unmittelbarer Not sind oder als Anstaltsinsassen, Gefangene, Soldaten etc. derart unter staatlicher Kontrolle stehen, dass sie sich selbst nicht mit dem versorgen können, was für das Überleben notwendig ist[199]. Leistungspflichten sind aber beispielsweise auch für die Meinungsäusserungs- und Versammlungsfreiheit bedeutsam. Diese Rechte werden im Kern gefährdet, wenn etwa der Staat sich umfassend weigert, öffentliche Strassen und Plätze für politische Veranstaltungen zur Verfügung zu stellen[200].

Wie weit Leistungsansprüche konkret bestehen und sich durchsetzen lassen, hängt 3.118
von der jeweiligen Garantie ab. Allgemein lässt sich aber sagen, dass der Umfang der Verpflichtung des Staates von seiner Leistungsfähigkeit, d.h. davon abhängt, welche Mittel ihm für die Leistung zur Verfügung stehen.

196 Dazu ausführlicher hinten Rz. 6.14 ff.
197 Art. 14 Abs. 3 lit. d Pakt II; Art. 6 Abs. 3 lit. c EMRK.
198 Art. 13 Abs. 2 lit. a Pakt I.
199 Zur Rechtsnatur der Leistungspflichten aus WSK-Rechten siehe Rz. 3.127 ff.
200 Siehe dazu hinten Rz. 17.36.

5. Die Pflicht zur Respektierung der Menschenrechte ohne Diskriminierung

3.119 Die Menschenrechtskonventionen verpflichten die Staaten, die Menschenrechte diskriminierungsfrei zu respektieren, zu schützen und zu gewährleisten. Diese Pflicht hat folgende Bedeutung: Wenn Staaten Menschenrechte in erlaubter Weise einschränken, aus zulässigen Gründen Opfern von Übergriffen Schutz verwehren oder ohne Verletzung von Rechtsverpflichtungen grundsätzlich berechtigten Personen Leistungen verweigern, müssen sie das in einer Weise tun, welche die betroffenen Personen nicht aus Gründen benachteiligt, welche allein «im Geschlecht, in der Rasse, Hautfarbe, Sprache, Religion, in den politischen oder sonstigen Anschauungen, in nationaler oder sozialer Herkunft, in der Zugehörigkeit zu einer nationalen Minderheit, im Vermögen, in der Geburt oder im sonstigen Status»[201] liegen. Das Diskriminierungsverbot schliesst damit an sich zulässige Einschränkungen aus, wenn diese diskriminierend ausgestaltet sind.

3.120 Diese Pflicht zur diskriminierungsfreien Respektierung der Menschenrechte ist als «akzessorisches» Diskriminierungsverbot vom Diskriminierungsverbot als selbständigem Menschenrecht zu unterscheiden[202]. Es ist untrennbarer Bestandteil der Grundverpflichtungen der Staaten aus Menschenrechten. Dies ergibt sich z.B. deutlich aus seiner Verankerung in Art. 2 Abs. 2 Pakt I, Art. 2 Abs. 1 Pakt II, Art. 1 Abs. 1 AMRK und Art. 3 Abs. 1 ArCMR und findet seine Grundlage letztlich in Art. 1 Abs. 3 UNO-Charta, laut welchem die internationale Zusammenarbeit zum Zweck der Förderung und Festigung der «Achtung vor den Menschenrechten und Grundfreiheiten für alle ohne Unterschied der Rasse, des Geschlechts, der Sprache oder Religion» zu den Hauptzielen der UNO zählt. Demgegenüber verdeckt die Rechtsetzungstechnik der EMRK und der AfCRVM, welche das Verbot der akzessorischen Diskriminierung nicht im allgemeinen Gewährleistungsartikel von Art. 1, sondern separat in Art. 14 resp. Art. 2 verankert, dessen integrativen Charakter.

6. Die Struktur der Verpflichtungen aus wirtschaftlichen, sozialen und kulturellen Menschenrechten

a) Übersicht

3.121 Die Verpflichtung zur Achtung, zum Schutz und zur Gewährleistung der Menschenrechte ist, wenn auch in unterschiedlichem Umfang, für alle Menschenrechtskategorien relevant. Die Verpflichtungsklausel von Art. 2 Pakt I hält jedoch die Vertragsstaaten an, «unter Ausschöpfung aller ihrer Möglichkeiten Massnahmen zu treffen, um nach und nach mit allen geeigneten Mitteln» die Verwirklichung der materiellen Garantien dieses Vertrages zu erreichen. Diese Bestimmung wurde lange als Beleg für die grundsätzliche Andersartigkeit der WSK-Rechte eingestuft und daraus abgeleitet, ihre Rechtsnatur sei fundamental anders als diejenige der bürgerlichen und politischen

201 So die Formulierung von Art. 14 EMRK.

202 Dazu hinten Rz. 11.17 ff.

Rechte. Heute setzt sich die Erkenntnis durch, dass diese Rechte, wie die Freiheitsrechte, gleichzeitig zu einem Unterlassen, Schützen und Gewährleisten verpflichten. Sozialrechte unterscheiden sich damit nicht prinzipiell, sondern nur graduell von den übrigen Menschenrechten, indem sie ein grösseres Gewicht auf die Leistungskomponente legen.

b) Unterlassungs- und Schutzpflichten: Wirtschaftliche, soziale und kulturelle Rechte als Freiheitsrechte

Unterlassungs- und Schutzpflichten sind auch bei WSK-Rechten hoch bedeutsam. 3.122
Denn diese Rechte schützen den Zugang zu und den Genuss gewisser wirtschaftlicher Ressourcen, wie etwa Arbeitsplätze und andere Formen der Sicherung des Lebensunterhalts, soziale Sicherheit, Nahrung, Wasser, Unterkunft sowie Gesundheits- und Bildungsinfrastruktur. Solche Güter und Dienstleistungen werden nicht vom Staat (dies gilt in gewissen Staaten gar für die Bildung), sondern von Privaten angeboten, es sei denn der Staat definiert sich als primärer oder komplementärer (wie etwa in vielen Staaten im Bereich der Gesundheitsdienstleistungen) Anbieter. In beiden Fällen muss es Privaten möglich sein, frei darüber zu entscheiden, welche Güter oder Dienstleistungen sie erwerben resp. in Anspruch nehmen wollen. In diesem Sinn garantiert das Recht auf Arbeit gemäss Art. 6 Pakt I explizit «das Recht jedes einzelnen auf die Möglichkeit, seinen Lebensunterhalt durch *frei gewählte oder angenommene* Arbeit zu verdienen», und Art. 13 Abs. 3 und 4 Pakt I verpflichten die Vertragsstaaten, einerseits «die *Freiheit* der Eltern (…), für ihre Kinder andere als öffentliche Schulen *zu wählen*», und andererseits «die *Freiheit* natürlicher und juristischer Personen (…) Bildungseinrichtungen zu schaffen», zu achten[203].

Solche Freiheiten bilden den Kern jedes WSK-Rechts. Sie müssen daher durch die 3.123
Staaten respektiert und geschützt werden. So untersteht der Staat etwa einer Verpflichtung, die Freiheit von Privaten zu respektieren, sich eine Unterkunft zu mieten oder zu kaufen oder eine Medizinalperson ihrer Wahl zu konsultieren, und er hat diese Wahlfreiheit auch gegenüber anderen Privaten, welche die Möglichkeit zu beschränken trachten, zu schützen. Mutmasslich bestehen daher die häufigsten und schwerwiegendsten Verletzungen von WSK-Rechten darin, dass der Staat den Zugang zu vorhandenen Gütern und Dienstleistungen, die von diesen Rechten geschützt werden, unterbindet oder nicht gegen eine entsprechende Beeinträchtigung durch Dritte einschreitet. Sehr oft treffen solche Verletzungen Angehörige spezifischer Gruppen, wie etwa Frauen, Minderheitenangehörige oder Menschen mit Behinderungen etc., und erfolgen damit in diskriminierender Weise.

Die in den WSK-Rechten verankerten Freiheiten können nur unter den Voraussetzun- 3.124
gen von Art. 4 Pakt I eingeschränkt, d.h. nur solchen Einschränkungen unterworfen werden, «die gesetzlich vorgesehen und mit der Natur dieser Rechte vereinbar sind und deren ausschliesslicher Zweck es ist, das allgemeine Wohl in einer demokratischen Gesellschaft zu fördern». Beschränkungen dieser Garantien sind daher nur

203 Hervorhebungen durch die Autoren.

rechtmässig, wenn sie auf einer gesetzlichen Grundlage beruhen und notwendig sind, um das vordefinierte Ziel zu erreichen.

3.125 Im Bereich der Schutzpflichten gelten die Voraussetzungen des Wissens um die Gefährdung, der faktischen und rechtlichen Möglichkeit zur Schutzgewährung und des fairen Ausgleichs der Interessen im oben umschriebenen Sinn[204] auch bei den WSK-Rechten.

Vertiefung: Die Interdependenz der verschiedenen Menschenrechtskategorien

3.126 Gewisse bürgerliche und politische Rechte schützen ähnliche Rechtspositionen wie WSK-Rechte. Sie besitzen damit – wie etwa das Recht auf Leben und die Rechte auf Gesundheit und Nahrung – überlappende sachliche Geltungsbereiche. In anderen Fällen weisen sie in ihrer praktischen Anwendung eine grosse Interdependenz auf. Ein illustratives Beispiel dafür ist der Einfluss der Beschränkung des Rechts auf Bewegungsfreiheit auf das Recht auf Nahrung und andere Sozialrechte durch die auf palästinensischem Gebiet verlaufende israelische Sperranlage. In einem Gutachten[205] führte der IGH dazu aus:

«133. That construction, the establishment of a closed area between the Green Line and the wall itself and the creation of enclaves have moreover imposed substantial restrictions on the freedom of movement of the inhabitants of the Occupied Palestinian Territory (with the exception of Israeli citizens and those assimilated thereto). [...] They are aggravated by the fact that the access gates are few in number in certain sectors and opening hours appear to be restricted and unpredictably applied. For example, according to the Special Rapporteur of the Commission on Human Rights on the situation of human rights in the Palestinian territories occupied by Israel since 1967, ‹Qalqiliya, a city with a population of 40 000, is completely surrounded by the Wall and residents can only enter and leave through a single military checkpoint open from 7 a.m. to 7 p.m.› (...). There have also been serious repercussions for agricultural production, as is attested by a number of sources. [...] [T]he Special Rapporteur on the situation of human rights in the Palestinian territories occupied by Israel since 1967 states that ‹Much of the Palestinian land on the Israeli side of the Wall consists of fertile agricultural land and some of the most important water wells in the region› and adds that ‹Many fruit and olive trees had been destroyed in the course of building the barrier.› [...]. The Special Rapporteur on the Right to Food of the United Nations Commission on Human Rights states that construction of the wall ‹cuts off Palestinians from their agricultural lands, wells and means of subsistence› [...]. It has further led to increasing difficulties for the population concerned regarding access to health services, educational establishments and primary sources of water. [...]

134. To sum up, the Court is of the opinion that the construction of the wall and its associated régime impede the liberty of movement of the inhabitants of the Occupied Palestinian Territory (with the exception of Israeli citizens and those assimilated thereto) as guaranteed under Article 12, paragraph 1, of the International Covenant on Civil and Political Rights. They also impede the exercise by the persons concerned of the right to

204 Siehe Rz. 3.108 ff.

205 IGH, Legal Consequences of the Construction of a Wall in the Occupied Palestinian Territory, Advisory Opinion, ICJ Reports 2004.

work, to health, to education and to an adequate standard of living as proclaimed in the International Covenant on Economic, Social and Cultural Rights and in the United Nations Convention on the Rights of the Child. [...]

136. [...] The Court would further observe that the restrictions on the enjoyment by the Palestinians living in the territory occupied by Israel of their economic, social and cultural rights, resulting from Israel's construction of the wall, fail to meet a condition laid down by Article 4 of the International Covenant on Economic, Social and Cultural Rights, [...]».

c) Gewährleistungspflichten aus wirtschaftlichen, sozialen und kulturellen Rechten

Gewährleistungspflichten stehen im Zentrum der Diskussionen über den Rechtscharakter der WSK-Rechte. Diese Verpflichtungsschicht wird aber nur relevant, wenn und soweit Private unfähig sind, ihre Bedürfnisse selber zu befriedigen. Solche Situationen können verschiedenartigste Ursachen haben, wie etwa Natur- oder andere Katastrophen, Wirtschaftseinbrüche oder die Tatsache, dass sich eine Person in staatlichem Gewahrsam befindet. In diesem Sinn besitzen staatliche Gewährleistungsverpflichtungen subsidiären Charakter. 3.127

Leistungspflichten zeichnen sich primär durch die Notwendigkeit des Einsatzes von knappen Ressourcen aus, die den einzelnen Staaten in ungleichem Mass zur Verfügung stehen. Deshalb erscheint klar, dass ihre Erfüllung nicht von allen Staaten unabhängig von ihren wirtschaftlichen Möglichkeiten gefordert werden kann. Diese Einschätzung liegt der allgemeinen Verpflichtungsklausel von Art. 2 Pakt I zu Grunde, welche die Vertragsstaaten anhält, «nach und nach mit allen geeigneten Mitteln (...) die volle Verwirklichung» der Paktgarantien zu erreichen. Leistungspflichten aus diesem Vertrag sind daher grundsätzlich nicht unmittelbar, sondern progressiv nach Massgabe der vorhandenen staatlichen Ressourcen zu verwirklichen. Obwohl den Vertragsstaaten damit ein weiter Ermessensspielraum hinsichtlich der Wahl und des Umfangs der eingesetzten Mittel zur Erreichung des Ziels der vollen Erfüllung der Paktgarantien zukommt, stehen die Umsetzungsmodalitäten doch nicht in ihrem freien Belieben. 3.128

Vielmehr setzt Art. 2 Pakt I in dieser Hinsicht die folgenden verbindlichen Leitplanken: 3.129

- Vertragsstaaten haben *unmittelbar* nach der Ratifizierung des Pakts I
- unter *Ausschöpfung aller ihrer Möglichkeiten*, d.h. unter prioritärem Einsatz ihrer vorhandenen Ressourcen,
- und unter Benutzung *aller geeigneten Mittel*, inklusive der Inanspruchnahme internationaler Unterstützung,
- auf die *volle Verwirklichung* der Paktgarantien hinzuarbeiten.

Vertiefung: Die Rechtsnatur der Leistungspflichten der Europäischen Sozialcharta

3.130 Eine weniger grosszügige Berücksichtigung der konkreten Umstände in der Implementierung ihrer Garantien, welche Verpflichtungen relativieren können, erlaubt die Verpflichtungsklausel des Art. 20 ESC. Zwar sind grundsätzlich alle Garantien des Vertrages als Ziele anzusehen, welche progressiv umgesetzt werden müssen. Doch sind zusätzlich gewisse Garantien, welche die Staaten aus einem Katalog als bindend auszuwählen haben, als Kernverpflichtungen ab dem Zeitpunkt der Ratifizierung voll und unmittelbar verpflichtend. Der Wortlaut der einzelnen Garantien relativiert jedoch den ersten Eindruck einer rigiden Verpflichtungsart teilweise. So wird mit Wendungen, wonach z.B. die Vertragsparteien im Rahmen des Rechts auf Arbeit gehalten sind, «zwecks Verwirklichung der Vollbeschäftigung die Errichtung und Aufrechterhaltung eines möglichst hohen und stabilen Beschäftigungsstandes zu einer ihrer wichtigsten Zielsetzung zu machen»[206], verdeutlicht, dass von den Vertragsstaaten bloss das objektiv Machbare verlangt wird. So verstanden, nähern sich diese Leistungspflichten jenen von Pakt I stark an.

3.131 Gelegentlich wird argumentiert, WSK-Rechte seien keine vollwertigen Menschenrechte, da sie nicht justiziabel seien. Der MRA betonte indes schon früh, zu «den geeigneten Mitteln» zu ihrer vollen Umsetzung zähle auch «die Schaffung von Rechtsmitteln für Garantien, die in Übereinstimmung mit dem nationalen Rechtssystem als justiziabel bezeichnet werden können»[207]. Der Ausschuss identifizierte spezifische Garantien, die eine unmittelbare Verpflichtung begründen. So hielt er fest, neben dem Diskriminierungsverbot von Art. 2 Abs. 2 «gibt es eine Anzahl anderer Bestimmungen des [Pakt I], einschliesslich Artikel 3, 7 (a) (i), 8, 10 Abs. 3, Artikel 13 Abs. 2 (a), Abs. 3 und 4 sowie Artikel 15 Abs. 3, bei denen es möglich erscheint, dass sie in vielen nationalen Rechtssystemen von den Gerichten oder anderen Organen unmittelbar angewendet werden können. Jegliche Annahme, dass die genannten Bestimmungen nicht unmittelbar anwendbar sind, wird sich nur schwer aufrechterhalten lassen»[208]. Mit der Annahme des FP/Pakt I vom 10. Dezember 2008, welches ein Individualbeschwerdeverfahren für den Pakt I begründet, haben die Staaten diese Sichtweise bestätigt. Dass gewisse Elemente der WSK-Rechte direkt anwendbar und justiziabel sind, wird auch in Art. 4 Abs. 2 BRK bestätigt, wonach die Pflicht zur progressiven Realisierung der WSK-Rechte «unbeschadet derjenigen Verpflichtungen aus diesem Übereinkommen [gilt], die nach dem Völkerrecht sofort anwendbar sind».

---

206 Art. 1 ESCrev.

207 WSK-Ausschuss, General Comment 3 (1990), Ziff. 5; Übersetzung aus Kälin/Malinverni/Nowak, 304.

208 A.a.O.

Vertiefung: Die Justiziabilität wirtschaftlicher, sozialer und kultureller Rechte auf nationaler Ebene

Ob Individuen auf landesrechtlicher Ebene Verletzungen direkt anwendbarer Schichten der WSK-Rechte gerichtlich anfechten können, hängt von zwei Bedingungen ab: Monistische Staaten müssen den Self-executing-Charakter solcher Rechte anerkennen[209] und Staaten, welche dem dualistischen Modell im Verhältnis Völkerrecht-Landesrecht folgen, haben den Inhalt des Pakts I in ihr Landesrecht zu transformieren. Zweitens hat das Landesrecht Individuen effektive Rechtsmittel zur Verfügung zu stellen. Zum zweiten Element führte der WSK-Ausschuss Folgendes aus: 3.132

«10. In Bezug auf die bürgerlichen und politischen Rechte wird im Allgemeinen als gegeben angenommen, dass gerichtliche Rechtsbehelfe bei Verletzungen unverzichtbar sind. Bedauerlicherweise wird in Bezug auf die WSK-Rechte zu oft das Gegenteil angenommen. Diese Diskrepanz ist weder durch die Natur der Rechte noch durch die einschlägigen Vorschriften des Pakts selbst gerechtfertigt. Der Ausschuss hat bereits verdeutlicht, dass viele der Vorschriften des Pakts eine direkte Umsetzung ermöglichen. So zitierte er zum Beispiel in der Allgemeinen Bemerkung Nr. 3 (1990) die Artikel 3; 7 Abs. (a) (i); 8; 10 Nr. 3; 13 Abs. 2 (a); 13 Abs. 3; 13 Abs. 4 und 15 Abs. 3. [...] Obgleich der allgemeine Ansatz eines jeden Rechtssystems in Betracht gezogen werden muss, gibt es in dem Pakt kein Recht, das in der überwiegenden Mehrheit der Systeme nicht so aufgefasst werden könnte, als dass es zumindest einige justiziable Elemente beinhaltet. Manchmal wird vorgeschlagen, Angelegenheiten, die die Verteilung von Finanzmitteln betreffen, eher den politischen Einrichtungen als den Gerichten zu überlassen. Obgleich die jeweilige Zuständigkeit der verschiedenen Regierungsressorts beachtet werden muss, ist es angemessen anzuerkennen, dass Gerichte im Allgemeinen schon in beträchtlichem Umfang mit Angelegenheiten befasst sind, die bedeutende Auswirkungen auf die Verteilung von Finanzmitteln haben. Eine starre Klassifizierung der WSK-Rechte, die sie bereits per Definition ausserhalb der Zuständigkeit von Gerichten stellt, wäre daher willkürlich und würde mit dem Grundsatz der Unteilbarkeit und Interdependenz der beiden Gruppen der Menschenrechte unvereinbar sein. Sie würde auch die Fähigkeit der Gerichte, die Rechte der am meisten schutzbedürftigen und benachteiligten Gruppen der Gesellschaft zu schützen, drastisch beschneiden»[210].

Basierend auf diesen Ausführungen wies dieses Organ etwa die Ansicht der Schweiz zurück, wonach Garantien des Pakts I nur programmatische Verpflichtungen enthalten, die keine individuellen Ansprüche begründen, und daher gerichtlich nicht durchsetzbar seien[211]. 3.133

Der WSK-Ausschuss hat auch im Bereich der aus dem Pakt I fliessenden Gewährleistungspflichten Schichten identifiziert, welche vermutungsweise unmittelbare, d.h. so- 3.134

209 Wenn nicht bereits justiziable Ansprüche in landesrechtlichen Garantien verankert sind, welche inhaltlich mit den völkerrechtlichen Vorgaben übereinstimmen.

210 WSK-Ausschuss, General Comment 9 (1998); deutsche Übersetzung aus Deutsches Institut für Menschenrechte, Die «General Comments» zu den VN-Menschenrechtsverträgen, Baden-Baden 2005, 241 f. Eine ähnliche Auffassung vertritt der IAGMR in Gonzales Lluy et al. v. Ecuador, C/298 (2015), Ziff. 172.

211 WSK-Ausschuss, CO Switzerland (1998), Ziff. 10, und CO Switzerland (2010), Ziff. 5.

fort geltende und justiziable Verpflichtungen begründen. Eine solche Rechtsnatur weisen folgende Bereiche der Sozialrechte auf:

3.135 (1) *Minimalansprüche*: Der WSK-Ausschuss anerkennt, dass die Paktgarantien einen «harten Kern» im Sinne von Minimalansprüchen des Individuums besitzen, ohne deren Gewährleistung das betroffene Recht ausgehöhlt und seines Sinnes beraubt würde. Er hat festgestellt, dass jeder Vertragsstaat die grundlegende Minimalverpflichtung hat, mindestens die Verwirklichung des Kernbereichs jedes Rechts zu gewährleisten. Ein Vertragsstaat, in welchem beispielsweise zahlreichen Personen das Wesentliche bezüglich Nahrung, gesundheitlicher Erstversorgung, Unterkunft oder Unterricht fehlt, ist auf den ersten Blick ein Staat, welcher die ihm auf Grund des Pakts I obliegenden Verpflichtungen vernachlässigt[212]. Der WSK-Ausschuss geht somit davon aus, dass eine Nichterfüllung dieser Bereiche eine nur schwer zu widerlegende Vermutung einer Verletzung der völkerrechtlichen Verpflichtungen eines Staates darstellt. Für Industriestaaten dürfte dieser Nachweis kaum je möglich sein. Zumindest in solchen Staaten sind Ansprüche auf Überlebenssicherung in Notlagen deshalb unmittelbar zu erfüllende Minimalansprüche: Andere Staaten können sich bei Nichterfüllung dieser Pflicht dem Vorwurf einer Verletzung entziehen, indem sie nachweisen, dass sie trotz des Einsatzes aller vorhandenen eigenen Mittel und allfälliger Unterstützung der internationalen Gemeinschaft nicht in der Lage waren, die nötigen Leistungen zu erbringen. Dabei muss es sich allerdings um eine objektive Unmöglichkeit und nicht um die fehlende Bereitschaft des Vertragsstaates handeln[213].

3.136 (2) *Leistungsansprüche in Situationen umfassender staatlicher Kontrolle über eine Person*: Weitergehenden, unmittelbar verpflichtenden Ansprüchen unterliegen Staaten gegenüber Personen, die ihre Subsistenzbedürfnisse nicht mehr selbständig befriedigen können, weil sie in staatlichem Gewahrsam sind, sich sonst unter mehr oder weniger vollständiger staatlicher Kontrolle befinden oder weil ihnen der Staat auf andere Weise die selbständige Befriedigung ihrer Subsistenzbedürfnisse verunmöglicht. Diese Personen haben Anspruch auf sozialrechtlich gebotene Leistungen, welche über das Minimum des harten Kerns hinausgehen. So haben z.B. Häftlinge, Patientinnen in psychiatrischer Zwangsbehandlung, Soldaten oder Asylsuchende, denen der Staat die Aufnahme einer Erwerbsarbeit untersagt, Anspruch auf genügende Nahrung, Unterbringung, Bekleidung und medizinische Versorgung[214]. Das Ausmass staatlicher Leistungspflichten in derartigen Situationen bemisst sich nach dem Grad der Unmöglichkeit einer Person, selbständig für ihren Unterhalt und die Befriedigung ihrer Grundbedürfnisse zu sorgen. Diese Verpflichtungsstruktur wird auch eindrücklich durch das humanitäre Völkerrecht illustriert: So stehen Staaten gemäss Art. 15 GK III unter einer absolut geltenden Versorgungspflicht für Kriegsgefangene[215]. Gegenüber der Bevölkerung eines

---

212 WSK-Ausschuss, General Comment 3 (1990), Ziff. 10.

213 WSK-Ausschuss, General Comment 12 (1999), Ziff. 17.

214 So auch EGMR (Grand Chamber), M.S.S. v. Belgium and Greece, Reports 2011-I (Asylsuchende) und etwa Wenner v. Germany (Chamber), 62303/13 (2016) (Inhaftierte).

215 Ist eine genügende Versorgung nicht möglich, sind Kriegsgefangene daher freizulassen. Siehe etwa den Pictet III, 153.

besetzten Gebietes – der es primär obliegt, für sich selbst zu sorgen – ist diese Pflicht hingegen gemäss Art. 55 GK IV bloss subsidiär zu erfüllen.

(3) Wie weit der Anspruch von Individuen geht, von *Rückschritten von einem einmal erreichten Realisierungsstand* verschont zu bleiben, lässt sich nicht allgemein beantworten. So lässt zwar die progressive Implementierungspflicht des Art. 2 Abs. 1 Pakt I derartige Rückschritte problematisch erscheinen und Abs. 2 dieser Bestimmung macht deutlich, dass Abbauschritte nie diskriminierend erfolgen dürfen. Anderseits müssen Staaten nicht mehr als die «geeigneten Mittel» einsetzen, was die Realisierungspflichten wesentlich vom Stand der tatsächlich vorhandenen Mittel abhängig macht. Der WSK-Ausschuss hat den Grundsatz entwickelt, dass der Abbau eines einmal erreichten Verwirklichungsstandes nicht absolut verboten ist. Werden aber Rückschritte bewusst vorgenommen, hat der Staat nachzuweisen, dass sie nach sorgfältiger Prüfung aller Alternativen beschlossen wurden und sie im Hinblick auf die Gesamtheit aller Paktrechte und auf die volle Nutzung der verfügbaren Ressourcen gerechtfertigt sind[216]. Der WSK-Ausschuss prüft dabei, ob (1) die Begründung für die Rückschritte auf sachlichen Gründen beruht, ob (2) Alternativen dazu umfassend geprüft wurden, ob (3) die davon betroffenen Gruppen bei dieser Prüfung einbezogen wurden, ob (4) die Rückschritte eine direkte oder indirekte Diskriminierung bewirken, ob (5) die Rückschritte einen nachhaltigen Einfluss auf die Realisierung der betroffenen Garantien haben oder gar die Minimalansprüche tangieren und ob (6) die Rückschritte auf nationaler Ebene von unabhängiger Seite überprüft wurden[217]. Unter Anlehnung an diese Praxis des WSK-Ausschusses überprüft auch der IAGMR im Individualbeschwerdeverfahren die Vereinbarkeit von Rückschritten in der Realisierung der WSK-Rechte mit den Vorgaben von Art. 26 AMRK[218]. 3.137

216 WSK-Ausschuss, General Comments 3 (1990), Ziff. 9, 13 (1999), Ziff. 45, 15 (2002), Ziff. 19, 19 (2007), Ziff. 42, 21 (2009), Ziff. 65, 22 (2016), Ziff. 38, und 23 (2016), Ziff. 52.

217 So etwa WSK-Ausschuss, General Comment 19 (2007), Ziff. 42.

218 IAGMR, Acevedo Buendía et al. (Discharged and Retired Employees of the Comptroller) v. Peru, C/198 (2009), Ziff. 102 ff.

4. Kapitel: Geltungsbereiche der Menschenrechte

4.1 Während das vorherige Kapitel die Menschenrechte aus der Optik der Verpflichteten diskutiert, ändert nun die Betrachtungsweise: *Wer* ist aus Menschenrechten in welchem *Umfang wo* und *wann berechtigt*? Dies ist die Frage nach dem persönlichen (Ziff. I), sachlichen (Ziff. II), räumlichen (Ziff. III) und zeitlichen (Ziff. IV) Geltungsbereich der Menschenrechte.

I. Der persönliche Geltungsbereich

1. Menschenrechte – Bürgerrechte

4.2 Garantien in Menschenrechtsverträgen statuieren in der Regel einen umfassenden persönlichen Geltungsbereich, d.h. sie gelten für alle Menschen ungeachtet ihrer Nationalität und ihres Aufenthaltsstatus[1]. Als Bürgerrechte – d.h. Rechte, die nur Staatsangehörigen des betreffenden Vertragsstaates zukommen – sind lediglich die politischen Rechte[2] und das Verbot der Ausweisung eigener Staatsangehöriger[3] konzipiert. Eine Eingrenzung des persönlichen Anwendungsbereichs gewisser Garantien ist zudem in Art. 16 EMRK verankert, wonach die Garantien der Meinungsäusserungsfreiheit, der Versammlungs- und Vereinsfreiheit und des Diskriminierungsverbotes es den Vertragsstaaten nicht verbietet, «die politische Tätigkeit von Ausländern Beschränkungen zu unterwerfen»[4]. Art. 24 ArCMR verankert ferner die Meinungsäusserungs- und Versammlungsfreiheit einzig als Bürgerrecht. Andererseits können etwa

---

1 Siehe etwa EGMR, Agraw v. Switzerland, 3295/06 (2010): Auch Personen ohne rechtmässigen Aufenthalt in einem Staat können sich auf die EMRK berufen. Dazu auch IAGMR, Rights and guarantees of children in the context of migration and/or in need of international protection. Advisory Opinion A/21 (2014), Ziff. 62.

2 Art. 25 Pakt II, Art. 23 AMRK, Art. 13 AfCRMV und Art. 24 ArCMR. Art. 3 ZP 1/EMRK hat einen offeneren Wortlaut. Er ermöglicht ausländischen Staatsangehörigen eine Berufung auf das Recht zur Teilnahme an freien und geheimen Wahlen, die in angemessenen Zeitabständen erfolgen, falls das nationale Recht ausländischen Staatsangehörigen die Teilnahme an Wahlen, etwa auf lokaler Ebene, ermöglicht.

3 Art. 3 ZP 4/EMRK und Art. 22 Abs. 5 AMRK.

4 Die Niederlassungsfreiheit gemäss Art. 12 Pakt II, Art. 2 ZP 4/EMRK und Art. 22 Abs. 1 AMRK knüpft ihren persönlichen Geltungsbereich nicht an das Kriterium der Staatsangehörigkeit, sondern an die Rechtmässigkeit des Aufenthalts in einem Vertragsstaat.

die bei Ausweisungsverfahren anwendbaren Verfahrensgrundrechte[5] nur von Nichtstaatsangehörigen angerufen werden.

2. Natürliche Personen – juristische Personen

Menschenrechte sind in der naturrechtlichen Tradition, welche die Sprache der Allgemeinen Menschenrechtserklärung und der Präambeln vieler Menschenrechtskonventionen geprägt hat, dem Menschen angeborene Berechtigungen. Dies legt nahe, nur natürliche Personen als Trägerinnen und Träger menschenrechtlicher Ansprüche anzuerkennen. In diesem Sinn verpflichtet Art. 2 Abs. 1 Pakt II die Vertragsstaaten, die Paktgarantien allen Individuen[6] zu gewährleisten. Konsequenterweise beschränkt Art. 2 FP 1/Pakt II die Beschwerdebefugnis[7] auf «Einzelpersonen» («individuals»/«individues») und verunmöglicht damit juristischen Personen, wegen Paktverletzungen an den MRA zu gelangen[8]. Auch alle übrigen UNO-Menschenrechtsverträge, die entweder spezifische Rechte verankern[9] oder bestimmte Personenkategorien schützen[10], erwähnen einzig Individuen als Träger ihrer Rechte. Auf regionaler Ebene beschränken Art. 1 Abs. 2 AMRK und Art. 3 Abs. 1 ArCMR ihren Geltungsbereich auf natürliche Personen. Auch der IAGMR anerkennt, dass juristische Personen grundsätzlich nicht Trägerinnen der Konventionsrechte sind[11]. Er anerkennt aber die allgemeine Rechtsträgerschaft indigener Gemeinschaften, bejaht, dass Gewerkschaften Trägerinnen von Rechten im Umfeld ihres Tätigkeitsbereichs sind[12]. Auf die Individualrechte der AfCRMV können sich Individuen berufen und auf die Kollektivrechte Völker[13]. Einzig die EMRK schützt auch die Rechte juristischer Personen und Vereinigungen, soweit die zur Diskussion stehende Garantie (wie etwa das Recht auf Zugang zu einem Gericht in Zivilverfahren oder die Eigentumsgarantie) ihrer Natur gemäss auf nichtmenschliche Rechtssubjekte Anwendung finden kann. 4.3

5 Art. 13 Pakt II, Art. 1 ZP 7/EMRK, Art. 22 Abs. 6, 8 und 9 AMRK, Art. 12 Abs. 4 und 5 AfCRMV und Art. 26 Abs. 2 ArCMR.

6 Die deutsche Übersetzung spricht ungenau von «allen Personen», die verbindlichen Originalversionen hingegen präziser von «all individuals»/«tous les individus».

7 Zu diesem Verfahren hinten Rz. 7.35 ff.

8 Die Regelung schliesst allerdings nicht aus, dass Individuen stellvertretend für eine juristische Person an den Ausschuss gelangen können (z.B. ein Geschäftsführer für seine Firma; ein religiöser Führer für seine als juristische Person organisierte Glaubensgemeinschaft), falls sie von der geltend gemachten Menschenrechtsverletzung mitbetroffen sind. Zum Ganzen Nowak, Commentary, 829 ff. Vgl. auch MRA, Wallmann et al. v. Austria, 1002/2001 (2004), Ziff. 8.9–8.12.

9 FoK, RDK und VLK.

10 FDK, KRK, WAK und BRK.

11 Entitlement of legal entities to hold rights under the inter-american human rights system, Advisory Opinion, A/22 (2016), Ziff. 70. Hingegen können natürliche Personen, deren durch die AMRK geschützten Rechte im Rahmen ihrer Teilnahme an einer juristischen Person verletzt wurden, vor den IAGMR gelangen; a.a.O., 107 ff.

12 A.a.O., Ziff. 83 f. und 105.

13 Siehe dazu hinten Rz. 4.9 ff.

4.4 Diese Hinweise zeigen, dass die Frage nach dem persönlichen Geltungsbereich der Menschenrechte komplexer ist, als es auf den ersten Blick scheinen mag. In systematischer Hinsicht lassen sich folgende Kategorien unterscheiden:

(1) Viele Menschenrechte, wie etwa das Recht auf Leben, das Folterverbot, die Ehefreiheit, der Schutz inhaftierter Personen oder die Gewissensfreiheit, sind naturgemäss *nur auf natürliche Personen* anwendbar. Verträge zum Schutz bestimmter Personen wie die FDK oder die KRK gelten nur für bestimmte Kategorien natürlicher Personen.

(2) Einzelne Garantien, wie das Recht der Gewerkschaften, sich frei zu betätigen (Art. 8 Abs. 1 lit. c Pakt I) oder das Recht von Organisationen, Privatschulen zu gründen und zu betreiben (Art. 13 Abs. 4 Pakt I), können *ausschliesslich von juristischen Personen* angerufen werden[14].

(3) Dazwischen liegen jene Rechte, welche, wie etwa die Verfahrensgarantien im Zivilprozess oder die Pressefreiheit, grundsätzlich *sowohl von natürlichen als auch von juristischen Personen* angerufen werden könnten. Hier entscheidet der konkrete Vertrag, ob (wie bei Pakt II) nur Individuen oder (wie etwa bei der EMRK) gleichzeitig auch juristische Personen geschützt sind.

3. Individualrechte – Kollektivrechte

4.5 Menschenrechte sind traditionellerweise als Individualrechte, d.h. als Rechte einzelner (natürlicher oder juristischer) Personen konzipiert. Sie unterscheiden sich damit grundsätzlich von Kollektivrechten, welche nur von einer Gruppe und nicht von ihren Mitgliedern geltend gemacht werden können.

4.6 Der individuelle Charakter der Menschenrechte bedeutet nicht, dass sie immer und ausschliesslich als Ansprüche singulärer Individuen ohne Sozialbezüge gedacht sind. Viele klassische Menschenrechte, welche das Individuum als Berechtigten bezeichnen, werden gemeinsam mit anderen ausgeübt und weisen damit deutlich eine *kollektive Dimension* auf: Familien sind definitionsgemäss kollektive Einheiten, Vereinigungen mit nur einem Mitglied oder Versammlungen mit nur einer teilnehmenden Person gibt es nicht, die Gewerkschaftsrechte setzen das Zusammenwirken mehrerer Arbeitnehmerinnen und Arbeitnehmer voraus und Religionen werden regelmässig im Rahmen einer mehr oder weniger grossen Glaubensgemeinschaft ausgeübt. In allen diesen Fällen tritt das Individuum zwar als Träger eigener Rechte auf, diese verweisen aber auf die soziale Gruppe oder Gemeinschaft, der es angehört. Anders gesagt: Es handelt sich zwar nicht um Rechte von Kollektiven, wohl aber um Individualrechte, die kollektiv ausgeübt werden.

4.7 Noch deutlicher weisen Garantien des Minderheitenschutzes kollektive Züge aus. Diese berechtigen indes in aller Regel die *Angehörigen* der Minderheiten und nicht die Minderheit als Kollektiv. Besonders deutlich wird dies bei Art. 27 Pakt II, der gemäss klarem Wortlaut verbietet, «Angehörigen solcher Minderheiten» kulturelle, religiöse und sprachliche Freiheiten zu entziehen. Der MRA hat denn auch festgehalten, dass

14 Andere Teilgehalte dieser Bestimmungen schützen auch Individuen.

sich nur Individuen auf Art. 27 berufen können[15]; entsprechend verweigert er Volksgruppen und anderen Minderheiten, die als solche an den Ausschuss gelangen, das Beschwerderecht[16].

Als echte Kollektivrechte gedacht sind die Menschenrechte der sog. dritten Generation. Das Selbstbestimmungsrecht der Völker gemäss dem gemeinsamen Art. 1 der beiden Pakte und die z.T. in der Afrikanischen Menschenrechtscharta verankerten und auf universeller Ebene debattierten Rechte auf Entwicklung, auf Frieden und Sicherheit, auf eine intakte Umwelt oder auf die Souveränität über natürliche Reichtümer werfen dogmatisch schwierige und heute noch weitgehend ungeklärte Probleme bezüglich des persönlichen Geltungsbereichs auf. Klar ist, dass sich Individuen nicht auf das Selbstbestimmungsrecht gemäss dem gemeinsamen Art. 1 der beiden UNO-Pakte berufen können, da es als Adressat die «Völker» bezeichnet[17]. Weitgehend offen lassen die Wortlaute der Kollektivrechte demgegenüber, ob es sich bei diesem Begriff um die Gesamtheit der Völker eines Staates, einzelne Ethnien, die Bevölkerung eines Staates oder um Völker unter fremder Herrschaft handelt. Klarer ist hier die Arabische Menschenrechtscharta: Sie statuiert einerseits ein Kollektivrecht der Völker, im Rahmen ihres Selbstbestimmungsrechts auch über die eigene Entwicklung zu entscheiden (Art. 2 Abs. 1), und andererseits ein Individualrecht auf Teilnahme an den von der Regierung initiierten Entwicklungsanstrengungen (Art. 37). 4.8

Dokumentation: Kollektivrechte der Afrikanischen Charta der Rechte der Menschen und Völker

«Art. 19 4.9

Alle Völker sind gleich; sie besitzen die gleiche Würde, und sie haben die gleichen Rechte. Die Herrschaft eines Volkes über ein anderes kann durch nichts gerechtfertigt werden.

Art. 21

(1) Alle Völker haben freie Verfügung über ihre Reichtümer und Bodenschätze. Dieses Recht üben sie ausschliesslich im Interesse ihrer Bevölkerung aus. In keinem Fall darf ein Volk dieses Rechts beraubt werden. [...]

Art. 22

(1) Alle Völker haben ein Recht auf ihre wirtschaftliche, soziale und kulturelle Entwicklung unter gebührender Berücksichtigung ihrer Freiheit und Identität sowie ein Recht auf gleichmässige Beteiligung an dem gemeinsamen Erbe der Menschheit.

---

15 MRA, General Comment 23 (1994), Ziff. 3.1 und 5.1.

16 Siehe MRA, Ominayak and the Lubicon Lake Band v. Canada, 167/1984 (1990), Ziff. 32.1.

17 Deshalb tritt der MRA in konstanter Praxis auf Individualbeschwerden wegen Verletzung von Art. 1 Pakt II nicht ein. Die AfKRMV tritt hingegen auf Beschwerden wegen Verletzung des Selbstbestimmungsrechts der Völker gemäss Art. 20 AfCRMV ein; siehe dazu Rz. 11.117 ff.

(2) Die Staaten sind, einzeln oder gemeinsam, verpflichtet, die Ausübung des Rechts auf Entwicklung sicherzustellen.

Art. 23

(1) Alle Völker haben im nationalen wie im internationalen Bereich ein Recht auf Frieden und Sicherheit. Die Prinzipien der Solidarität und freundschaftlichen Beziehungen, die implizit in der Charta der Vereinten Nationen bestätigt und erneut von der Organisation für Afrikanische Einheit bekräftigt wurden, bestimmen die Beziehungen zwischen den Staaten. [...]

Art. 24

Alle Völker haben das Recht auf eine Umwelt, die insgesamt zufriedenstellend und ihrer Entwicklung günstig ist.»

4.10 In den letzten Jahren hat die Afrikanische Kommission für die Rechte der Menschen und Völker mit einer innovativen Rechtsprechung begonnen, die Konturen dieser Garantien und ihres persönlichen Geltungsbereichs zu schärfen.

Vertiefung: Die Praxis der AfKRMV zum persönlichen Geltungsbereich der Kollektivrechte der AfCRMV

4.11 Die AfKRMV tritt in konstanter Praxis auf Beschwerden von Einzelpersonen oder Personengruppen ein, in welchen Verletzungen der in der Afrikanischen Charta verankerten Kollektivrechte gerügt wird, die regelmässig «Völkern» Rechte einräumen. In ihrer früheren Praxis wich sie einer Definition des Begriffs «Volk» aus[18] oder setzte diesen Begriff ohne nähere Erläuterungen mit dem Begriff «Staatsvolk» gleich[19]. Erst in den letzten Jahren begann die Kommission, die Frage des Adressatenkreises der Kollektivrechte der Charta detaillierter zu prüfen. Im Jahr 2009 gelangte sie zu folgender Definition[20]:

«220. By attempting to interpret the content of a ‹peoples' right›, the Commission is conscious that jurisprudence in that area is still very fluid. It believes, however, that in defining the content of the peoples' right, or the definition of ‹a people›, it is making a contribution to Africa's acceptance of its diversity. An important aspect of this process of defining ‹a people› is the characteristics, which a particular people may use to identify themselves, through the principle of self-identification, or be used by other people to identify them. These characteristics, include the language, religion, culture, the territory

18 AfKRMV, Malawi Africa Association and Others v. Mauritania, 54/1991, 61/1991, 98/1993, 164–196/1997 und 210/1998 (2000), Ziff. 139 ff., und Social and Economic Rights Action Centre and the Centre for Economic and Social Rights v. Nigeria, 155/96 (2001), Ziff. 51 ff.

19 AfKRMV, Democratic Republic of Congo v. Burundi, Rwanda and Uganda, 227/1999 (2004), Ziff. 93 ff.

20 AfKRMV, Sudan Human Rights Organisation & Centre on Housing Rights and Evictions (COHRE) v. Sudan, 279/03–296/05 (2009). Für eine Definition des Begriffs «Volk» im Sinne des Selbstbestimmungsrechts der Völker durch die AfKRMV siehe Mgwanga Gunme and Others v. Cameroon, 266/03 (2009); dazu detailliert hinten Rz. 11.119 f.

they occupy in a state, common history, ethno-anthropological factors, to mention but a few. In States with mixed racial composition, race becomes a determinant of groups of ‹peoples›, just as ethnic identity can also be a factor. In some cases groups of ‹a people› might be a majority or a minority in a particular State. Such criteria should only help to identify such groups or sub groups in the larger context of a States' wholesome population. [...]

222. There is a school of thought, however, which believes that the ‹right of a people› in Africa can be asserted only vis-à-vis external aggression, oppression or colonisation. The Commission holds a different view, that the African Charter was enacted by African States to protect human and peoples' rights of the African peoples against both external and internal abuse».

Gestützt auf diese Vorerwägungen kam die Kommission mit folgender Begründung zum Schluss einer Verletzung des Rechts des Volkes von Darfur auf eigene Entwicklung: 4.12

«223. [...] In addressing the violations committed against the people of Darfur, the Commission finds that the people of Darfur in their collective are ‹a people›, as described under Article 19. They do not deserve to be dominated by a people of another race in the same state. Their claim for equal treatment arose from the alleged underdevelopment and marginalization. The response by the Respondent State, while fighting the armed conflict, targeted the civilian population, instead of the combatants. This in a way was a form of collective punishment, which is prohibited by international law. It is in that respect that the Commission views the alleged violation of Article 22.

224. The Complainant alleged that the violations were committed by government forces, and by an Arab militia, the Janjaweed, against victims of black African tribes. The attacks and forced displacement of Darfurian people denied them the opportunity to engage in economic, social and cultural activities. The displacement interfered with the right to education for their children and pursuit of other activities. Instead of deploying its resources to address the marginalisation in the Darfur, which was the main cause of the conflict, the Respondent State instead unleashed a punitive military campaign which constituted a massive violation of not only the economic social and cultural rights, but other individual rights of the Darfurian people. Based on the analysis hereinabove, concerning the nature and magnitude of the violations, the Commission finds that the Respondent State is in violation of Article 22 of the Africa Charter».

Im Jahr 2009 gelangte die AfKRMV in einem weiteren Entscheid zum Befund, Kenia habe u.a. die Rechte auf Souveränität über die natürlichen Reichtümer und auf eigene Entwicklung gegenüber der Endorois-Gemeinschaft, einer indigenen Gruppe[21], die wegen eines Tourismusprojekts ohne angemessene Entschädigung vom Land ihrer Vorfahren vertrieben wurde, missachtet[22]. Gestützt auf folgende Erwägungen stufte sie diese indigene Minderheit als Volk im Sinne der AfCRMV und damit als Trägerin der Kollektivrechte ein: 4.13

21 Zum Schutz indigener Völker siehe hinten Rz. 11.132 ff.

22 AfKRMV, Centre for Minority Rights Development (Kenya) and Minority Rights Group (on behalf of Endorois Welfare Council) v. Kenya, 276/03 (2009), insb. Ziff. 252 ff.

«151. The African Commission is [...] aware that there is an emerging consensus on some objective features that a collective of individuals should manifest to be considered as ‹peoples›, viz: a common historical tradition, racial or ethnic identity, cultural homogeneity, linguistic unity, religious and ideological affinities, territorial connection, and a common economic life or other bonds, identities and affinities they collectively enjoy – especially rights enumerated under Articles 19 to 24 of the African Charter – or suffer collectively from the deprivation of such rights. What is clear is that all attempts to define the concept of indigenous peoples recognise the linkages between peoples, their land, and culture and that such a group expresses its desire to be identified as a people or have the consciousness that they are a people. [...].

156. After studying all the submissions of the Complainants and the Respondent State, the African Commission is of the view that Endorois culture, religion, and traditional way of life are intimately intertwined with their ancestral lands – Lake Bogoria and the surrounding area. It agrees that Lake Bogoria and the Monchongoi Forest are central to the Endorois' way of life and without access to their ancestral land, the Endorois are unable to fully exercise their cultural and religious rights, and feel disconnected from their land and ancestors».

II. Der sachliche Geltungsbereich

1. Hinweis: Schutzbereich

4.14 Welche Ansprüche und Positionen Menschenrechtsverträge inhaltlich schützen, lässt sich nicht generell umschreiben, sondern ergibt sich aus den materiellen Garantien des jeweiligen Vertrages. Sie werden im 3. Teil dieses Buches (Kapitel 9–17) ausführlich dargestellt.

4.15 Menschenrechtsverträge schützen individuelle Interessen und Erwartungen weitgehend, aber nicht umfassend. Bereits auf nationaler Ebene ist der verfassungsrechtliche Grundrechtsschutz punktuell. Noch «lückenhafter» erscheint der Schutz der Rechtspositionen und Interessen der Individuen auf völkerrechtlicher Ebene, da Menschenrechtskonventionen grundsätzlich nur Mindestgarantien – d.h. fundamentalste Rechtspositionen – kodifizieren. Gleichzeitig bewirkten aber die in den letzten Jahrzehnten erfolgte Kodifikation neuer Menschenrechtsinstrumente und die in vielen Bereichen expansive Rechtsprechung der regionalen Gerichtshöfe, dass heute nur wenige menschliche Aktivitäten vollständig ausserhalb des Schutzbereichs der Menschenrechte liegen.

2. Vorbehalte

a) Zulässigkeit

4.16 Vertragsstaaten können den sachlichen Geltungsbereich von Menschenrechtsverträgen für sich punktuell einschränken, indem sie bei der Unterzeichnung oder spätestens bei der Ratifikation des betreffenden Vertrages einen oder mehrere Vorbehalte erklären. Damit kann ein Staat bewirken, dass einzelne Bestimmungen des Vertrages für ihn nicht oder nur beschränkt gelten[23]. Gemäss Art. 19 VRK sind Vorbehalte grundsätzlich zulässig, es sei denn, (1) der Vertrag verbiete sie ganz oder teilweise oder, (2) falls der Vertrag zur Vorbehaltsfrage schweigt, der konkrete Vorbehalt verstosse gegen Ziel und Zweck des Vertrages[24].

Verschiedene Konventionen, darunter die RDK, die FDK, die BRK und die KRK[25], er- 4.17
lauben in Anlehnung an diese Regelung ausdrücklich Vorbehalte, die nicht Ziel und Zweck des betreffenden Vertrages zuwiderlaufen.

Zu den Verträgen, welche bestimmte Vorbehalte akzeptieren und andere verbieten, ge- 4.18
hört etwa das FP 2/Pakt II. Dessen Art. 2 lässt nur Vorbehalte zu, welche «die Anwendung der Todesstrafe in Kriegszeiten aufgrund einer Verurteilung wegen eines in Kriegszeiten begangenen Kapitalverbrechens militärischer Art» vorsehen. Art. 57 EMRK erlaubt grundsätzlich Vorbehalte, verbietet aber solche «allgemeiner Art», d.h. Vorbehalte, welche es nicht erlauben, «die Tragweite der [vom Vertragsstaat] übernommenen Verpflichtung genau festzulegen» und Vorbehalte, die nicht «mit einer kurzen Inhaltsangabe des betreffenden Gesetzes verbunden» sind[26].

Absolute Verbote von Vorbehalten sind selten. Entsprechende Bestimmungen kennen 4.19
das ZP 13/EMRK (integrales Verbot der Todesstrafe) und das FP/FoK (Art. 30).

Zu den Verträgen, welche sich zur Frage der Vorbehalte nicht äussern, gehören die 4.20
beiden Menschenrechtspakte. Der MRA hat in seiner Allgemeinen Bemerkung Nr. 24 betont, in Übereinstimmung mit Art. 19 lit. c VRK seien nur Vorbehalte zulässig, welche sich mit Ziel und Zweck von Pakt II vereinbaren lassen. Er führte aus, der Zweck dieses Vertrages bestehe darin, «mittels Festlegung gewisser bürgerlicher und politischer Rechte rechtlich verbindliche Normen über die Menschenrechte zu schaffen und sie in ein Gefüge von Verpflichtungen zu stellen, welche für Staaten, die den Pakt ratifizieren, rechtlich zwingend sind, sowie ferner einen Mechanismus bereitzustellen, welcher die wirksame Überwachung der übernommenen Verpflichtungen vorsieht»[27]. Nach Auffassung der Völkerrechtskommission widerspricht ein Vorbehalt Ziel und Zweck eines Vertrages, wenn er einen grundlegenden Aspekt des Vertrages, der notwendig für seine allgemeine Stossrichtung ist, in einer solchen Weise betrifft, dass damit die «raison d'être» des Abkommens beeinträchtigt wird[28].

---

23 Für die Definition des Begriffes Vorbehalt siehe Art. 2 Abs. 1 lit. d VRK.

24 Siehe dazu auch Ziff. 3.1 ff. des Guide to Practice on Reservations to Treaties der ILC (UN Doc. A/66/10).

25 Art. 28 Abs. 1 und 2 FDK, Art. 51 Abs. 1 und 2 KRK und Art. 46 BRK. Art. 20 Abs. 2 RDK untersagt nicht nur Vorbehalte, die Ziel und Zweck dieses Übereinkommens widersprechen, sondern auch solche, welche die Wirkung haben, «die Arbeit einer auf Grund dieses Übereinkommens errichteten Stelle zu behindern», oder gegen welche 2/3 der Vertragsstaaten Einspruch erhoben haben.

26 Siehe dazu EGMR, Belilos v. Switzerland, A/132 (1988), Ziff. 55.

27 MRA, General Comment 24 (1994), Ziff. 7, Übersetzung aus Kälin/Malinverni/Nowak, 347 ff.

28 ILC, Guide to Practice on Reservations to Treaties, UN Doc. A/66/10, Ziff. 3.1.5.

4.21 Als unzulässig stuft der MRA Vorbehalte zu Garantien des Pakts ein, die auch gewohnheitsrechtlich gelten[29] oder gar zum zwingenden Völkerrecht (Ius cogens) gehören, und nennt als weitere Beispiele einen Vorbehalt zur Verpflichtung, die in diesem Instrument anerkannten Rechte zu achten und sie ohne Unterschied zu gewährleisten (Art. 2 Abs. 1)[30]. Auch Vorbehalte zum Verbot willkürlicher Haft[31], zum Grundsatz des Rechts auf unbehinderte Meinungsfreiheit an sich oder zu gewissen Aspekten der Meinungsäusserungsfreiheit[32] oder integral zum Recht auf ein faires Verfahren[33] erachtet dieses Organ nicht als zulässig. Weiter würde es auch einer Erklärung, womit sich ein Staat das Recht vorbehalten will, «auf der innerstaatlichen Ebene die notwendigen Vorkehrungen nicht zu treffen, um den im Pakt anerkannten Rechte Wirksamkeit zu verleihen (Art. 2 Abs. 2)»[34], die Anerkennung verweigern. Ebenfalls als unvereinbar mit Sinn und Zweck von Pakt II stuft der Ausschuss schliesslich Vorbehalte ein, mit welchen zentrale Aspekte seiner Kontrollfunktion beschränkt werden sollen: Ein Staat kann sich daher nicht das Recht vorbehalten, keine Berichte vorzulegen und seine Berichte nicht vom Ausschuss prüfen zu lassen[35].

b) Verfahren bei unzulässigen Vorbehalten

4.22 Gemäss Art. 20 VRK werden an sich zulässige Vorbehalte erst gültig, wenn kein Staat innerhalb von zwölf Monaten dagegen Einwände erhebt. Protestierende Staaten haben die Möglichkeit, die Anwendbarkeit der Bestimmung, zu welcher der Vorbehalt erklärt wurde, oder des ganzen Vertrages im Verhältnis zum Vorbehaltsstaat auszuschliessen. Diese Regeln reflektieren den vertragsrechtlichen Grundsatz, dass ein Vorbehalt eigentlich eine Vertragsmodifikation bedeutet, welche der Zustimmung der anderen Vertragsparteien bedarf. Es stellt sich die Frage, ob und wie weit diese Regeln auch für Menschenrechtsverträge gelten.

4.23 Der MRA hat dies in seiner Allgemeinen Bemerkung Nr. 24 ausdrücklich verneint und betont, dass Menschenrechtsinstrumente «kein Netz des Austausches zwischenstaatlicher Verpflichtungen» darstellen, sondern «die Ausstattung jedes einzelnen mit Rechten» bezwecken, worauf der Grundsatz der Reziprozität nicht anwendbar sei. Deshalb hätten «die Staaten häufig weder ein rechtliches Interesse noch die Notwendigkeit gesehen, Einsprache gegen Vorbehalte zu erheben». Daher könne aus «dem

---

29 Gemäss der ILC sind solche Vorbehalte nicht per se ungültig, Ziff. 3.1.5.3 Guide to Practice on Reservations to Treaties, UN Doc. A/66/10. Gemäss diesem Text vermutungsweise unzulässig sind hingegen Vorbehalte zu vertraglich nicht derogierbaren Rechten, a.a.O., Ziff. 3.1.5.4.

30 MRA, General Comment 24 (1994), Ziff. 8 und 9.

31 MRA, General Comment 35 (2014), Ziff. 68.

32 MRA, General Comment 34 (2011), Ziff. 5 f.

33 MRA, General Comment 32 (2007), Ziff. 5.

34 MRA, General Comment 24 (1994), Ziff. 8 f.

35 A.a.O., Ziff. 11. Nach Auffassung der ILC stehen Vorbehalte, mit welchen die Kompetenzen von Vertragsorganen beschränkt werden sollen, nicht per se im Widerspruch zu Ziel und Zweck eines Vertrages, es sei denn, der eigentliche Zweck des Vertrages liege darin, dass ein Überwachungsmechanismus eingesetzt wird; ILC, Guide to Practice on Reservations to Treaties, UN Doc. A/66/10, Ziff. 3.1.5.7.

Fehlen von Protesten von Staaten […] nicht geschlossen werden, dass ein Vorbehalt mit dem Ziel und Zweck des Pakts vereinbar oder unvereinbar ist»[36]. Der Ausschuss beansprucht deshalb für sich die Kompetenz, Vorbehalte für ungültig zu erklären, und als Konsequenz davon die betreffende Bestimmung des Pakts voll auf den entsprechenden Staat anzuwenden[37].

Auf regionaler Ebene bejaht der EGMR in konstanter Praxis seine Zuständigkeit zur Prüfung der Zulässigkeit von Vorbehalten zur EMRK. Er begründet dies mit dem Hinweis auf seine Kompetenz, alle Fragen der Auslegung und Anwendung der EMRK, inklusive der Frage seiner Zuständigkeit (Art. 32 EMRK), entscheiden zu dürfen[38]. Der IAGMR bekräftigt mit einer analogen Begründung seine Kompetenz, die Zulässigkeit von Vorbehalten zur AMRK zu beurteilen[39]. 4.24

Insbesondere die Rechtsauffassung des MRA ist auf Widerstand einzelner Staaten[40] gestossen. Die Völkerrechtskommission anerkennt, nach anfänglich dezidierter Ablehnung der Auffassung des Ausschusses durch ihren Berichterstatter[41], mittlerweile die Kompetenz von Vertragsorganen, die Zulässigkeit von Vorbehalten zu beurteilen, soweit dies für die Erfüllung ihrer Aufgaben nötig ist. Sie betont aber, dieser Beurteilung könne keine grössere Verbindlichkeit zukommen als dem Entscheid, in dem diese Auffassung enthalten ist[42]. Mit anderen Worten können einzig die regionalen Gerichtshöfe in juristisch verbindlicher Weise die Unzulässigkeit eines Vorbehalts feststellen, während entsprechende Entscheide der UNO-Vertragsorgane zwar eine hohe Autorität besitzen, die betroffenen Staaten aber rechtlich nicht binden. 4.25

Diese Auffassung anerkennt die Besonderheiten menschenrechtlicher Verträge, welche einen Überwachungsmechanismus besitzen[43]. Im Rahmen von Individualbeschwerde- 4.26

---

36 MRA, General Comment 24 (1994), Ziff. 17; Übersetzung aus Kälin/Malinverni/Nowak, 347 ff.

37 A.a.O., Ziff. 16–18, 353 ff. Siehe auch MRA, Kennedy v. Trinidad and Tobago, 845/1998 (2002), Ziff. 6.

38 EGMR, Belilos v. Switzerland, A/132 (1988), Ziff. 50, mit Hinweis auf die damals geltenden Art. 45 und 49 EMRK (heute Art. 32 Abs. 1 und 2 EMRK).

39 IAGMR, Advisory Opinion on the Effect of Reservations on the Entry into Force of the American Convention on Human Rights (Arts. 74 and 75), A/2 (1982), Ziff. 13.

40 Etwa Frankreich, die USA und das Vereinigte Königreich.

41 Siehe dazu ILC-Report, UN Doc. A/52/10 (1997), Chapter V, Ziff. 76 ff.

42 ILC, Guide to Practice on Reservations to Treaties, UN Doc. A/66/10, Ziff. 3.2.1.

43 Sie anerkennt auch die Tatsache, dass gemäss der VRK Menschenrechtsverträge Eigenheiten aufweisen, welche die mechanische Anwendung von Bestimmungen, die wie Art. 60 VRK auf dem Prinzip der Reziprozität aufbauen, ausschliessen. Nach Art. 60 Abs. 5 VRK darf das Recht des verletzten Staates auf Beendigung oder Suspendierung des Vertrages bei einer erheblichen Vertragsverletzung keine Anwendung finden, soweit die Verletzung «Bestimmungen über den Schutz der menschlichen Person in Verträgen humanitärer Art» betrifft. Die Situation im Fall eines Staates, der gegen einen unzulässigen Vorbehalt protestiert, ist strukturell insofern gleich, als dieser Staat gemäss Art. 20 VRK an sich wie bei Art. 60 die Anwendung des Vertrages im Verhältnis zum Vorbehaltsstaat aufheben kann. Im Fall von Vorbehalten zu Menschenrechtsverträgen muss das Verbot von Art. 60 Abs. 5 VRK deshalb analog gelten. Die deutschen Proteste gegen verfahren sind der MRA und die anderen Vertragsorgane verpflichtet zu prüfen, wieweit sie für die Behandlung einer Beschwerde zuständig sind. Dies schliesst notwendigerweise die Prüfung der Frage ein, ob sich die beschwerdeführende Partei trotz Vorbehalts des Vertragsstaates auf eine Bestimmung berufen kann, die sie schützt. Würden die Vertragsorgane im Fall eines völkerrechtlich unzulässigen Vorbehaltes mit dem Hinweis, sie dürften diese Frage nicht prüfen, auf eine Anwendung der fraglichen Garantie verzichten und deshalb auf die Beschwerde nicht eintreten oder sie abweisen, käme dies einer Rechtsverweigerung oder allenfalls gar der Gutheissung einer Menschenrechtsverletzung gleich. Wegen der fehlenden formellen Bindungswirkung der Entscheide der Vertragsausschüsse, nicht aber der Urteile der regionalen Gerichte[44], liegt es im Sinne der Position der ILC beim Vertragsstaat, welche Konsequenzen er aus der Feststellung ziehen will, dass sein Vorbehalt gegen Gegenstand und Zweck der jeweiligen Menschenrechtskonvention verstösst.

III. Der räumliche Geltungsbereich

1. Fragestellung

4.27 Grundsätzlich sind Staaten verpflichtet, die Menschenrechte auf ihrem Staatsgebiet zu achten, zu schützen und zu gewährleisten. Ist ein Staat völkerrechtlich aber auch verantwortlich, falls seine Organe ausnahmsweise auf fremdem Staatsgebiet Menschenrechtsverletzungen begehen oder ihre Anordnungen im Ausland Menschenrechtsverletzungen bewirken? Gilt allenfalls eine solche extraterritoriale Verpflichtung einzig unter der Bedingung, dass ein Staat fremdes Gebiet – etwa in einer Besatzungssituation – vollständig unter seiner Kontrolle hat, oder bereits, wenn seine Organe etwa auf fremdem Staatsgebiet geflüchtete Regimegegner mittels Kommandoaktionen verhaften oder mit Luftschlägen töten? Ist umgekehrt der Territorialstaat für Verletzungen der Menschenrechte nicht verantwortlich, falls eine fremde Armee Teile seines Staatsgebietes besetzt hält oder falls Organe eines fremden Staates auf seinem Gebiet mit oder ohne sein Wissen menschenrechtswidrige Taten begehen? Ist schliesslich ein Staat auch verantwortlich, wenn seine administrativen oder gesetzgeberischen Massnahmen extraterritoriale Auswirkungen haben und daher Menschrechte von Personen im Ausland verletzten? Diese Fragen berühren die Problematik der räumlichen Reichweite der Menschenrechte. Im Vordergrund stehen die Fragen, ob ein Staat für Menschenrechtsverletzungen verantwortlich ist, die auf seinem Territorium, aber ausserhalb seiner Kontrolle durch Organe fremder Staaten oder durch aufständische Gruppierungen begangen werden (Ziff. 3); die von seinen eigenen Organen ausserhalb

---

den Vorbehalt der USA zum Verbot der Hinrichtung von Straftätern, die im Zeitpunkt der Straftat minderjährig waren (Art. 6 Abs. 5 Pakt II), gaben offenkundig Deutschland nicht das Recht, selbst solche Personen hinzurichten. Somit kann bei unzulässigen Vorbehalten zu Menschenrechtsgarantien die in Art. 20 VRK vorgesehene «Sanktion» der Nichtgeltung der betroffenen Bestimmung im Verhältnis zum protestierenden Staat nicht greifen, was zeigt, dass die Geltung dieser Bestimmung für Menschenrechtsverträge beschränkt sein muss.

44 Dazu hinten Rz. 7.44.

seines eigenen Territoriums verübt werden (Ziff. 4); oder die durch das Verhalten staatlicher Organe im Inland im Ausland ausgelöst werden, d.h. wenn der Handlungs- und Erfolgsort in verschiedenen Staaten liegen (Ziff. 5).

2. Grundsätze

Soweit sich Menschenrechtskonventionen zu ihrem räumlichen Geltungsbereich äussern[45], knüpfen sie meist an den Kriterien der Hoheitsgewalt («jurisdiction»/«juridiction», im Deutschen teilweise als «Herrschaftsgewalt» bezeichnet) und des Staatsgebietes an. Gemäss Art. 1 EMRK und Art. 1 AMRK haben die Vertragsstaaten die Konventionsgarantien «allen ihrer Hoheitsgewalt unterstehenden Personen» zuzusichern, und Art. 2 KRK verpflichtet die Staaten in gleicher Weise gegenüber «jedem ihrer Hoheitsgewalt unterstehenden Kind». Demgegenüber verbindet Art. 2 Abs. 1 Pakt II gemäss traditioneller Lesart die beiden Kriterien, indem er jeden Vertragsstaat zur Gewährleistung der Paktgarantien gegenüber «allen in seinem Gebiet befindlichen und seiner Herrschaftsgewalt unterstehenden Personen» verpflichtet. Einen leicht anderen Ansatz verfolgt Art. 2 Abs. 1 FoK mit der Verpflichtung des jeweiligen Vertragsstaates, Folter in «allen seiner Hoheitsgewalt unterstehenden Gebieten» zu verhindern. 4.28

Alle diese Verträge rücken das Kriterium der *Hoheitsgewalt* in den Vordergrund und keiner nennt das Staatsgebiet als alleinigen Anknüpfungspunkt. Da gemäss dem völkerrechtlichen Grundprinzip der territorialen Souveränität Staaten ihre Hoheitsgewalt aber grundsätzlich auf dem eigenen Gebiet ausüben, fällt der räumliche Geltungsbereich der Konventionen in der Regel für jeden Vertragsstaat mit seinem *eigenen Staatsgebiet* zusammen. Daraus ergeben sich folgende Grundsätze: 4.29

(1) Auf seinem Staatsgebiet übt ein Staat eo ipso kraft seiner Territorialherrschaft *de jure Hoheitsgewalt* über alle Personen aus, die sich innerhalb seiner Staatsgrenzen befinden. Dies gilt grundsätzlich auch für sein eigenes Verhalten gegenüber Personen auf Teilen seines Hoheitsgebiets, über die er faktisch die Herrschaft verloren hat (Ziff. 3).

(2) Ausserhalb seines eigenen Territoriums ist ein Staat hingegen nur an einen Vertrag gebunden, wenn ein besonderer faktischer oder rechtlicher Konnex zwischen dem Verhalten seiner Organe und der Menschenrechtsverletzung besteht, die sich dort ereignet. Diese Beziehung ist gegeben, wenn staatliche Organe, deren Verhalten dem Staat zuzurechnen ist, auf fremdem Staatsgebiet agieren und Hoheitsgewalt über die betroffenen Personen ausüben (Ziff. 4) oder wenn die Ausübung von Hoheitsgewalt auf dem eigenen Staatsgebiet direkte Auswirkungen auf eine Person im Ausland hat (Ziff. 5). Unerheblich ist, ob dies in erlaubter[46] oder völkerrechtlich verbotener Weise geschieht.

---

45 Hinweise auf den örtlichen Geltungsbereich fehlen beispielsweise im Pakt I, in der RDK, der FDK, der VLK und der BRK.

46 Auf fremdem Staatsgebiet dürfen Staaten gemäss allgemeinem Völkerrecht nur mit Zustimmung des betroffenen Staates oder auf der Basis einer Ermächtigung durch den UN-Sicherheitsrat nach Kapitel VII der UNO-Charta Hoheitsgewalt ausüben. Hoheitsakte (Gesetze und Anordnungen im Einzelfall), die extraterritoriale Sachverhalte erfassen, sind gewohnheitsrechtlich zu-

3. Verpflichtung des Staates bei Verlust der Souveränität über Teile seines Staatsgebiets

4.30 Ein Staat kann die Kontrolle über Teile seines Staatsterritoriums verlieren, weil z.B. ein anderer Staat diese Gebiete besetzt hält[47] oder Aufständische einen Landesteil völlig unter ihre Kontrolle gebracht haben. Nach den im vorherigen Kapitel dargestellten allgemeinen Regeln der Staatenverantwortlichkeit[48] können Menschenrechtsverletzungen des Besetzerstaates oder der Aufständischen dem Vertragsstaat in solchen Fällen nicht zugerechnet werden. Er ist, anders formuliert, für Menschenrechtsverletzungen dieser Einheiten, die nicht zu seinen Staatsorganen zählen, nicht direkt verantwortlich.

4.31 Um solchen Situationen gerecht zu werden, entschieden die Schöpfer des Pakts II, das ursprünglich vorgeschlagene Kriterium des Staatsgebietes mit dem einschränkenden Kriterium der dort ausgeübten Hoheitsgewalt zu verknüpfen[49]. Verletzen Personen oder Personeneinheiten, die nicht zu seinen Organen zählen oder in seinem Auftrag oder unter seiner Kontrolle handeln, Menschenrechte, kann ihr Verhalten nicht dem betreffenden Staat zugerechnet werden, und er wird für solche Verletzungen nicht verantwortlich. Damit übt er in solchen Fällen keine Hoheitsgewalt aus und kann auch im Rahmen von Verträgen, welche wie die EMRK nur das Kriterium der Hoheitsgewalt nennen, oder gewohnheitsrechtlicher Menschenrechtsgarantien nicht belangt werden.

4.32 Umgekehrt bleibt ein Staat für Menschenrechtsverletzungen verantwortlich, die von ultra vires agierenden Regierungen seiner Gliedstaaten, die immer noch als seine Organe gelten, begangen werden, auch wenn die nationale Regierung zu schwach ist, sich gegen sub-nationale Behörden durchzusetzen.

4.33 In diesem Sinn betont der EGMR, ein Vertragsstaat der EMRK sei weder für Menschenrechtsverletzungen verantwortlich, die fremde Armeen begehen, welche Teile seines Gebiets besetzt halten[50], noch für solche von Aufständischen, die einen Teil des Territoriums kontrollieren und dabei von einem fremden Staat unterstützt werden[51]. Andererseits hält er eine schwache Zentralregierung für verantwortlich, welche sich gegenüber der Willkür lokaler Behörden nicht durchsetzen kann. Deshalb verurteilte der Gerichtshof beispielsweise Georgien für die EMRK-widrige Inhaftierung des früheren

---

lässig, wenn sie u.a. nicht gegen ein spezifisches völkerrechtliches Verbot verstossen und ein legitimer und genügender Anknüpfungspunkt (z.B. aktives oder passives Personalitätsprinzip) dafür besteht.

47 Ob der Besetzerstaat an von ihm ratifizierte Verträge im besetzten Staat gebunden ist, ist eine Frage der extraterritorialen Geltung, welche gleich nachstehend in Rz. 4.36 ff. behandelt wird.

48 Siehe vorne Rz. 3.6 ff.

49 Siehe dazu Nowak, Commentary, 43 ff., und MRA, López Burgos v. Uruguay, 176/1979 (1981), Concurring Opinion Tomuschat, Appendix.

50 Dies ergibt sich e contrario aus EGMR (Grand Chamber), Loizidou v. Turkey, A/310 (1995).

51 Z.B. EGMR (Grand Chamber), Ilaşcu and Others v. Moldova and Russia, Reports 2004-VII, Ziff. 312.

Bürgermeisters der Hauptstadt der Autonomen Republik Adscharien durch den lokalen Herrscher dieses Teils von Georgien, obwohl das oberste georgische Gericht die Freilassung angeordnet und der Staatspräsident erfolglos versucht hatte, diese durchzusetzen. Der EGMR führte aus, Adscharien sei integraler Bestandteil des georgischen Staatsgebietes und eine EMRK-Verletzung durch eine lokale Behörde bewirke auch dann die Verantwortlichkeit des Vertragsstaates, wenn die Zentralmacht diese nicht tolerieren wolle[52]. Demgegenüber anerkannte der Gerichtshof in Urteilen zu Transnistrien, welches sich mit Hilfe Russlands der Regierungskontrolle Moldawiens vollständig entzieht[53] und einen separatistischen Kurs steuert, dass Moldawien seit dem Rückzug seiner Truppen und dem 1992 vereinbarten Waffenstillstand nicht mehr für Menschenrechtsverletzungen dieser sezessionistischen Bewegung verantwortlich ist[54].

Der EGMR stützt diese Schlussfolgerungen nicht auf die Zurechenbarkeitsregeln des 4.34
Rechts der Staatenverantwortlichkeit[55]. Vielmehr geht er von einer Beschränkung des räumlichen Geltungsbereichs aus, wenn er betont, ein Vertragsstaat verliere generell seine Jurisdiktion über sein Staatsterritorium und damit seine Verantwortung für die dortige Menschenrechtslage, soweit dieses von fremden Truppen oder einer sezessionistischen Bewegung kontrolliert werde. Dies ist u.E. falsch. Ein Staat übt auf seinem gesamten Staatsgebiet zumindest de jure Herrschaftsgewalt aus, aber er kann nicht für das Verhalten von Entitäten haftbar gemacht werden, die nicht seine Organe sind. Dies erklärt, warum (1.) ein Staat menschenrechtlich verantwortlich bleibt, wenn seine Organe eine Kommandoaktion auf dem Gebiet durchführen, das sonst nicht unter seiner Kontrolle steht, und dabei Menschenrechte verletzen[56], und weshalb er (2.) weiterhin verpflichtet ist, Bewohnerinnen und Bewohner dieser Gebiete vor Menschenrechtsverletzungen wenigstens im Rahmen seiner noch bestehenden Möglichkeiten zu schützen[57]. In diesem Sinn betonte auch der EGMR in den Transnistrien-Fällen, der Verlust der Kontrolle über bestimmte Teile des Staatsgebietes befreie die moldawischen Behörden nicht von ihren Schutzpflichten, d.h. von der Pflicht, diplomatische, wirtschaft-

52 EGMR (Grand Chamber), Assanidze v. Georgia, Reports 2004-II, Ziff. 137 ff. In EGMR, Sargsyan v. Azerbaijan, 40167/06, Reports 2015, Ziff. 127 und 129, geht das Gericht in solchen Situationen von einer «presumption of jurisdiction» für das ganze Staatsgebiet aus. Demnach ist es der Territorialstaat, der nachzuweisen hat, dass er infolge Vorliegens aussergewöhnlicher Umstände keine Herrschaftsgewalt im fraglichen Gebiet ausüben kann (a.a.O., Ziff. 139 ff.).

53 Weshalb die «Regierung» dieses Gebiets gemäss allgemeinem Völkerrecht nicht mehr Organ Moldawiens ist, d.h. diesen Staat nicht mehr durch ihr Handeln verpflichten kann.

54 Vgl. z.B. EGMR (Grand Chamber), Ilaşcu and Others v. Moldova and Russia, Reports 2004-VII, Ziff. 320 ff., und Catan and Others v. Moldova and Russia, Reports 2012-V, Ziff. 109.

55 EGMR (Grand Chamber), Catan and Others v. Moldova and Russia, Reports 2012-V, Ziff. 115, und Mozer v. Moldova and Russia, 11138/10, Reports 2016, Ziff. 102.

56 Siehe dazu auch hinten Rz. 4.58 ff.

57 Diese Überlegungen müssen auch gelten, wenn eine internationale Organisation auf dem Gebiet einer Vertragspartei Menschenrechte verletzt. Hier ist gemäss den Regeln der Staatenverantwortlichkeit entscheidend, ob die Organisation oder der Vertragsstaat die Kontrolle über eine Person oder einen Sachverhalt ausübt (siehe dazu Rz. 3.59 f.). Der EGMR behandelt diese Problematik aber wohl auch als Frage des räumlichen Geltungsbereichs; siehe EGMR, Djokaba Lambi Longa v. The Netherlands (dec.), Reports 2012-IV, Ziff. 71 ff.

liche, gerichtliche und andere Massnahmen zu ergreifen, um die Rechte der Beschwerdeführer zu sichern[58]. Einer analogen Praxis folgt der MRA[59].

4.35 Unbestritten ist auch, dass ein Staat, welcher infolge einer menschenrechtswidrigen und ohne seine Unterstützung oder Tolerierung erfolgten Aktion eines Drittstaates auf seinem Staatsgebiet – etwa einer Entführung oder Tötung – seine *faktische Kontrolle über eine bestimmte Person oder einen bestimmten Sachverhalt verliert*, für dieses Verhalten nicht direkt verantwortlich ist. Hingegen verlangen die etwa aus dem Recht auf Leben oder aus dem Recht auf Freiheit und Sicherheit fliessenden Schutzpflichten, dass er solche Personen im Umfang seiner verfügbaren Mittel und mit der von einem Staat zu erwartenden Sorgfalt gegen derartige drittstaatliche Verletzungen zu schützen versucht[60].

4. Verpflichtung des Staates bei extraterritorialem Verhalten seiner Organe

a) Anwendbarkeit von Verträgen ausserhalb des eigenen Staatsgebiets

4.36 Keine besonderen Probleme bezüglich der grundsätzlichen Anerkennung einer extraterritorialen Geltung bieten Verträge wie die KRK[61], die EMRK, die AMRK[62] und die ArCMR, deren Garantien die Vertragsstaaten «allen ihrer Hoheitsgewalt unterstehenden Personen» zu gewährleisten haben. Offenkundig kann staatliche Hoheitsgewalt faktisch auch ausserhalb des eigenen Staatsgebiets ausgeübt werden. Das Problem ist hier nicht die räumliche Dimension, sondern die Frage, wann in solchen Fällen von «Hoheitsgewalt» gesprochen werden kann (hinten lit. b).

4.37 Schwieriger präsentiert sich die Frage einer extraterritorialen Geltung im Fall der Garantien des Pakts II: Gemäss dem Wortlaut seines Art. 2 wird ein Vertragsstaat ver-

58 Z.B. EGMR (Grand Chamber), Catan and Others v. Moldova and Russia, Reports 2012-V, Ziff. 109 f., Ilaşcu and Others v. Moldova and Russia, Reports 2004-VII, Ziff. 331, und Mozer v. Moldova and Russia, 11138/10, Reports 2016, Ziff. 99 f. Der Gerichtshof kam im zweitgenannten Urteil zum Schluss, Moldawien habe sich zwar ursprünglich für die Beschwerdeführer eingesetzt, ab 2001 aber keine solchen Schritte mehr unternommen und es insb. unterlassen, ihr Schicksal im Rahmen von Verhandlungen mit Russland anzusprechen (Ziff. 336 ff.).

59 Siehe MRA, CO Georgia (2007), Ziff. 6 (Abchasien und Südossetien), CO Moldova (2016), Ziff. 5 f. (Transnistrien).

60 Zu den Schutzpflichten im Allgemeinen vorne Rz. 3.94 ff. Siehe für eine solche Konstellation etwa EGMR (Grand Chamber), El-Masri v. The Former Yugoslav Republic of Macedonia, Reports 2012-VI, und Al-Nashiri v. Poland, (Chamber), 28761/11 (2015).

61 Zur extraterritorialen Geltung der KRK siehe IGH, Advisory Opinion on the Legal Consequences of the Construction of a Wall in the Occupied Palestinian Territory, ICJ Reports 2004, Ziff. 113.

62 Siehe zur extraterritorialen Geltung der AMRK ausführlich und unter Abstützung auf die Entstehungsgeschichte, IAGMR, The Environment and Human Rights (State obligations in relation to the environment in the context of the protection and guarantee of the rights to life and to personal integrity – interpretation and scope of Articles 4(1) and 5(1) of the American Convention on Human Rights), Advisory Opinion A/23 (2017), Ziff. 72 ff.

pflichtet, die im Pakt garantierten Rechte «zu achten und sie allen in seinem Gebiet befindlichen und seiner Herrschaftsgewalt unterstehenden Personen»[63] zu «gewährleisten». Die Formulierung ist auf den ersten Blick ambivalent, weil – vorausgesetzt, dass sich die Verknüpfung von Territorium und Herrschaftsgewalt auf die beiden Verben «achten» und «gewährleisten» bezieht[64] – das «und» als kumulatives Erfordernis (jene Teile des Staatsgebietes, die unter der Herrschaftsgewalt des betreffenden Staates stehen) oder im Sinne eines «und/oder» alternativ (neben Personen auf dem eigenen Gebiet unter der eigenen Staatsgewalt auch Personen, die sich zwar nicht auf dem eigenen Staatsgebiet befinden, aber doch unter der Herrschaftsgewalt des betreffenden Staates stehen) gelesen werden kann.

Der MRA vertritt seit jeher die zweite Lesart. Bei zwei Beschwerden aus dem Jahre 1979 ging es um die Verantwortung Uruguays für die Folterung und Tötung von Oppositionellen, die der Geheimdienst im Ausland aufgespürt und dort ergriffen hatte. Der Ausschuss bejahte die extraterritoriale Geltung des Pakts mit dem Argument, eine wörtliche Auslegung von Art. 2 führe zum absurden Resultat, dass Vertragsstaaten ausserhalb ihrer Grenzen ungestraft Menschenrechtsverletzungen verüben könnten, die ihnen innerhalb der eigenen Grenzen untersagt seien. Die Formulierung von Art. 2 sei nicht auf solche Fälle, sondern auf spezielle Situationen zugeschnitten worden, in welchen der Staat objektiv Probleme habe, in einem Teil seines Staatsgebietes seine Herrschaftsgewalt auszuüben[65]. Auch die Allgemeine Bemerkung Nr. 31 betont, der Pakt schütze alle Personen, die in der Gewalt oder unter der effektiven Kontrolle eines Vertragsstaates stehen. Dies gelte auch, wo Militärtruppen im Ausland, z.B. im Rahmen internationaler friedensfördernder oder friedenserhaltender Massnahmen, solche Kontrolle ausüben würden[66]. Wie der Ausschuss verschiedentlich angetönt hat[67], bestimmt sich in solchen Situationen nach den allgemeinen Regeln der Staatenverantwortlichkeit, welche Akte dem Staat zuzurechnen sind, dessen Truppen in fremdem Territorium agieren. 4.38

In seinem Gutachten zur Mauer in den besetzten Palästinensischen Gebieten bestätigte der IGH diese Auffassung. Er führte in allgemeiner Weise aus, der Pakt II finde auf alle Akte Anwendung, die ein Staat in Ausübung seiner Hoheitsgewalt ausserhalb 4.39

---

63 In den Originalsprachen: «Each State Party to the present Covenant undertakes to respect and to ensure to all individuals within its territory and subject to its jurisdiction the rights recognized in the present Covenant» resp. «Les Etats parties au présent Pacte s'engagent à respecter et à garantir à tous les individus se trouvant sur leur territoire et relevant de leur compétence les droits reconnus dans le présent Pacte».

64 Für eine u.E. sachgerechtere Lesart dieser Bestimmung siehe gleich anschliessend.

65 MRA, López Burgos v. Uruguay, 52/1979 (1981), Ziff. 12.3; Celiberti de Casariego v. Uruguay, 56/1979 (1981), Ziff. 10.3.

66 MRA, General Comment 31 (2004), Ziff. 10. Die USA haben diese Auffassung unter Hinweis auf die Haltung der amerikanischen Delegation bei der Erarbeitung des Pakts zurückgewiesen: Siehe Comments by the Government of the United States of America on the Concluding observations of the Human Rights Committee, CCPR/C/USA/CO/3/Rev.1/Add.1 (2008), 2 f.

67 MRA, CO Israel (2010), Ziff. 5, CO Israel (2014), Ziff. 5, CO USA (2014), Ziff. 4, und CO Russia (2015), Ziff. 6 und 23.

seines Territoriums unternehme, denn die Schöpfer dieses Vertrages hätten mit dieser Wortwahl keinesfalls beabsichtigt, dass sich Staaten, welche im Ausland Jurisdiktion ausüben, ihren Verpflichtungen entziehen könnten[68].

4.40 Keine Umschreibung seiner territorialen Reichweite findet sich in Pakt I. Der WSK-Ausschuss folgert aus diesem Fehlen – anders als der FDK-Ausschuss für die ebenfalls keine Definition des räumlichen Geltungsbereichs enthaltende FDK[69] –, dass die Verpflichtungen der Staaten «without any restriction linked to territory or jurisdiction» gelten[70]. Erscheint diese extensive Sichtweise der Reichweite dieses Vertrags – d.h. die alleinige Abstützung auf die Zurechenbarkeitsregeln des Rechts der Staatenverantwortlichkeit[71] – bei Unterlassungspflichten sachgerecht, überdehnt sie u.E. die staatliche Verantwortlichkeit im Fall von Schutz- und Gewährleistungsverpflichtungen[72]. Eine ähnliche Sichtweise vertritt denn auch der IGH: Er anerkennt zwar die extraterritoriale Geltung dieses Vertrags, betont allerdings, dass die Rechte des Pakts I ihrer Natur nach einen starken territorialen Bezug aufweisen, weshalb ein Staat ausserhalb seines Territoriums nur gebunden sei, wenn er dort wie bei einer Besetzung eine eigentliche Gebietsherrschaft ausübe[73].

4.41 Den engsten territorialen Bezug scheint die FoK zu verlangen, welche ihre Vertragsstaaten verpflichtet, gesetzgeberische, administrative oder andere Massnahmen zu ergreifen, um Folter «in allen [ihrer] Hoheitsgewalt unterstehenden Gebieten» (Art. 2 Abs. 1 FoK) zu verhindern. Primäres Kriterium für die Verpflichtung zur Ergreifung aktiver Massnahmen ist hier also nicht die Hoheitsgewalt über eine Person, sondern über ein Gebiet. Wiederum greift aber hier dieses einschränkende Kriterium zumindest nicht für negative, d.h. Unterlassungspflichten. Folgerichtig vertritt auch der Ausschuss gegen die Folter die Auffassung, ein Staat sei auch ausserhalb seines Territoriums an diesen Vertrag gebunden, wenn er De-jure- oder De-facto-Kontrolle etwa über Personen ausübt, die ausserhalb seines Staatsgebiets inhaftiert sind[74].

---

68 IGH, Advisory Opinion on the Legal Consequences of the Construction of a Wall in the Occupied Palestinian Territory, ICJ Reports 2004, Ziff. 109 und 111.

69 FDK-Ausschuss, General Recommendation 30 (2014), Ziff. 8 ff., wonach das Bestehen von Herrschaftsgewalt über das Bestehen extraterritorialer Verpflichtungen entscheidet.

70 WSK-Ausschuss, General Comment 24 (2017), Ziff. 25 ff. und insb. Ziff. 27.

71 Siehe vorne Rz. 3.6 ff.

72 Siehe die diesbezüglichen Rechtsfolgerungen des WSK-Ausschusses in General Comment 24 (2017), Ziff. 30 ff. Siehe zur Thematik auch Rz. 4.64 ff.

73 IGH, Advisory Opinion on the Legal Consequences of the Construction of a Wall in the Occupied Palestinian Territory, ICJ Reports 2004, Ziff. 112.

74 FoK-Ausschuss, General Comment 2 (2007), Ziff. 7 und 16: «The Committee has recognized that ‹any territory› includes all areas where the State party exercises, directly or indirectly, in whole or in part, de jure or de facto effective control, in accordance with international law. The reference to ‹any territory› in article 2, like that in articles 5, 11, 12, 13 and 16, refers to prohibited acts committed not only on board a ship or aircraft registered by a State party, but also during military occupation or peacekeeping operations and in such places as embassies, military bases, detention facilities, or other areas over which a State exercises factual or effective control». Siehe dazu auch FoK-Ausschuss, P.K. et al. v. Spain, 323/2007 (2008), Ziff. 8.2.

b) Ausübung von «Hoheitsgewalt» ausserhalb des eigenen Staatsgebiets

Hoheitsgewalt im Sinne der Verpflichtungsklauseln des Pakts II, der KRK, der EMRK und der AMRK besitzt ein Staat ausserhalb seines Staatsgebietes, wenn er durch seine De-jure- oder De-facto-Organe *Kontrolle* über ein bestimmtes Gebiet insgesamt oder über einen bestimmten Sachverhalt oder eine bestimmte Person ausübt. In diesem Sinn betonte der MRA in seiner Allgemeinen Bemerkung Nr. 31, ein Staat habe auch ausserhalb seines Staatsgebiets die Paktgarantien gegenüber allen Personen zu respektieren, die sich innerhalb seiner Gewalt oder effektiven Kontrolle («power or effective control») befänden[75]. Obwohl gemäss einer Standardformulierung des EGMR Herrschaftsgewalt primär auf dem Staatsgebiet eines Vertragsstaates und nur ausnahmsweise extraterritorial ausgeübt wird[76], bestätigt auch die Praxis dieses Organs zumindest im Grundsatz, dass ein Staat an die EMRK gebunden ist, wenn seine Organe im Ausland Kontrolle und Macht und damit Hoheitsgewalt über eine Person ausüben[77]. Entscheidend für die Begründung der Jurisdiktion auf fremdem Staatsgebiet ist damit einzig die faktische Möglichkeit, extraterritorial Macht oder Kontrolle über Personen auszuüben. 4.42

Nicht relevant sein kann, ob extraterritoriales Verhalten eines Staates legal ist. Unzutreffend ist daher die im Banković-Entscheid des EGMR geäusserte Haltung, die EMRK finde bei eigentlichen Hoheitsakten auf fremdem Territorium nur Anwendung, wenn der Vertragsstaat auf Einladung oder mit ausdrücklicher oder stillschweigender Zustimmung des Territorialstaats handle[78]. Es ist nicht einsehbar, warum Menschenrechtsverletzungen von der EMRK nicht erfasst werden sollten, wenn ein Staat in Verletzung seiner völkerrechtlichen Pflichten auf dem Gebiet eines fremden Staates ohne dessen Bewilligung hoheitlich tätig wird. In späteren Urteilen und Entscheidungen relativierte der EGMR diese Haltung[79] und bemerkte, die Verantwortlichkeit für 4.43

75 MRA, General Comment 31 (2004), Ziff. 10. So auch die Auffassung des IAGMR; Rights and guarantees of children in the context of migration and/or in need of international protection, Advisory Opinion A/21 (2014), Ziff. 61, und The Environment and Human Rights (State obligations in relation to the environment in the context of the protection and guarantee of the rights to life and to personal integrity – interpretation and scope of Articles 4(1) and 5(1) of the American Convention on Human Rights), Advisory Opinion A/23 (2017), Ziff. 78 ff.

76 Vgl. z.B. EGMR (Grand Chamber), Catan and Others v. Moldova and Russia, Reports 2012-V, Ziff. 104.

77 EGMR (Grand Chamber), Hirsi Jamaa and Others v. Italy, Reports 2012-II, Ziff. 74: «Whenever the State through its agents operating outside its territory exercises control and authority over an individual, and thus jurisdiction, the State is under an obligation under Article 1 to secure to that individual the rights and freedoms under Section 1 of the Convention that are relevant to the situation of that individual»; so auch EGMR (Grand Chamber), Al-Skeini and Others v. The United Kingdom, Reports 2011-IV, Ziff. 137.

78 EGMR (Grand Chamber), Banković and Others v. Belgium and 16 Other Contracting States (dec.), Reports 2001-XII, Ziff. 80.

79 So betonte er nur noch, extraterritoriale Hoheitsgewalt könne bestehen, wenn staatliche Organe im Ausland mit Zustimmung des Territorialstaates agierten (siehe etwa EGMR [Grand Chamber], Al-Skeini and Others v. The United Kingdom, Reports 2011-IV, Ziff. 135), oder er hielt gar explizit fest, es sei irrelevant, ob staatliche Organe recht- oder unrechtmässig auf fremdem extraterritoriales Verhalten staatlicher Organe ergebe sich aus der Tatsache, dass die EMRK nicht so interpretiert werden könne, dass einem Staat Verletzungen dieses Vertrages im Ausland erlaubt seien, die er auf seinem Gebiet nicht begehen dürfe[80].

4.44 Im Entscheid Banković bezeichnete die Grosse Kammer des EGMR die EMRK zudem als ein regionales Instrument, das einen europäischen Rechtsraum schaffe und nicht für weltweites Handeln der Vertragsstaaten geschaffen worden sei[81]. Unter anderem gestützt auf dieses Argument verneinte der EGMR die Jurisdiktion von NATO-Staaten für die Bombardierung Belgrads zu einem Zeitpunkt, als das damalige Jugoslawien die EMRK noch nicht ratifiziert hatte. Ist damit zumindest bei regionalen Vertragsregimes zur Klärung der Verpflichtung der Vertragsstaaten für extraterritoriales Verhalten entscheidend, ob ihre Organe innerhalb oder ausserhalb der Grenzen des fraglichen Vertragsregimes agierten? Die Vertragstexte aller regionalen Konventionen enthalten keinerlei Hinweise, welche diese Auffassung stützen würden. Unter teleologischen Gesichtspunkten ist zudem eine Auslegung unhaltbar, welche in letzter Konsequenz dazu führt, dass europäische Staaten die in der EMRK verbrieften Menschenrechte ausserhalb Europas verletzen dürften. Dies widerspricht klar dem Grundsatz der Unteilbarkeit der Menschenrechte und stellt letztlich einen Rückfall in das Völkerrecht der «zivilisierten Nationen» des 19. Jahrhunderts dar. In seiner neueren Praxis scheint sich der EGMR von dieser Auffassung vorsichtig zu distanzieren. Zwar hielt die Grosse Kammer des EGMR etwa im Urteil Al-Skeini weiterhin fest, wenn ein Vertragsstaat der EMRK das Gebiet eines anderen Vertragsstaates besetze, sei der Besetzerstaat – um ein Schutzvakuum innerhalb des europäischen Rechtsraumes zu vermeiden – für Verletzungen der EMRK verantwortlich. Diese Folgerung bedeute aber nicht, dass Hoheitsgewalt eines Besatzungsstaats im Sinne von Art. 1 EMRK ausserhalb dieses Rechtsraums nie existieren könne[82]. Im Resultat bestätigen auch weitere Urteile die Abkehr des EGMR von dieser Sichtweise[83].

4.45 Wo die Grenze zwischen extraterritorialer Kontrolle und blossen Nebeneffekten für Menschen im Ausland liegt, die nicht mehr als Ausübung von Hoheitsgewalt eingestuft werden können, wird in der Praxis in der Regel fallweise bestimmt (hinten lit. c).

Staatsgebiet operierten (EGMR, Issa and Others v. Turkey, 31821/96 [2005], Ziff. 71, und Pad and Others v. Turkey [dec.], 60167/00 [2007], Ziff. 53).

80 EGMR, Issa and Others v. Turkey, 31821/96 (2005), Ziff. 71. Dazu auch EGMR (Grand Chamber), Catan and Others v. Moldova and Russia, Reports 2012-V, Ziff. 106.

81 EGMR (Grand Chamber), Banković and Others v. Belgium and 16 Other Contracting States (dec.), Reports 2001-XII, Ziff. 80.

82 EGMR (Grand Chamber), Al-Skeini and Others v. The United Kingdom, Reports 2011-IV, Ziff. 142 f.

83 Siehe etwa EGMR, Öcalan v. Turkey, 46221/99 (2003), Ziff. 93, bestätigt durch das Urteil der Grand Chamber, Reports 2005-IV, Ziff. 91.

Vertiefung: Menschenrechtsverträge als territoriale Regime?

Wird ein Staat, dessen Organe im Ausland agieren, nur durch ihn vertraglich oder gewohnheitsrechtlich bindende Menschenrechte verpflichtet oder ist er gehalten, auch diejenigen menschenrechtlichen Vorgaben zu beachten, die den fremden Staat binden, auf dessen Gebiet er tätig ist? Eine Praxis zu dieser Frage fehlt[84]. Für die Bindung nicht nur an die eigenen, sondern auch die Verträge des fremden Staates, auf dessen Gebiet die Behörden eines Landes agieren, spricht die Überlegung, dass andernfalls etwa die Bewohnerinnen und Bewohner eines besetzten Gebietes, während der Besetzung – einer menschenrechtlich regelmässig kritischen Situation – eine empfindliche Schwächung ihres Rechtsschutzes in Kauf nehmen müssen, wenn die Besatzungsmacht im Gegensatz zum Territorialstaat bestimmte menschenrechtliche Verträge nicht ratifiziert hat. 4.46

Für Besetzungssituationen bietet Art. 43 der Haager Landkriegsordnung eine Lösung, wonach die Besatzungsmacht, sobald die gesetzmässige Gewalt tatsächlich in ihre Hände übergegangen ist, alle Vorkehren zur Wiederherstellung der öffentlichen Ordnung und des öffentlichen Lebens ergreifen muss, «und zwar, soweit kein zwingendes Hindernis besteht, *unter Beachtung der Landesgesetze*»[85]. Unter den «Landesgesetzen» sind alle im betreffenden Staat geltenden Rechtsnormen, inklusive menschenrechtlicher Garantien zu verstehen. 4.47

Die Allgemeine Bemerkung Nr. 26 des MRA bietet eine Grundlage für die Auffassung, dass der Wechsel der staatlichen Kontrolle über ein bestimmtes Gebiet auch nicht zu einer Abschwächung des menschenrechtlichen Schutzes für die dort ansässige Bevölkerung führen darf. In diesem als Reaktion auf die Kündigung des Pakts II durch Nordkorea verfassten Dokument begründete der Ausschuss seine Auffassung, dass der Pakt II unkündbar sei, u.a. mit dem Argument, die im Pakt verankerten Rechte würden der Bevölkerung gehören, die auf dem Gebiet des Vertragsstaates leben. Der MRA habe in konstanter Praxis die Ansicht vertreten, dass der Schutz der Rechte des Pakts, welcher einer Bevölkerung zugesprochen worden ist, zusammen mit dem Territorium übertragen werde und ihnen damit auch im Fall des Zerfallens eines Staates in mehrere neue Staaten oder der Abtretung eines Teils des Staatsgebietes an ein anderes Land erhalten bleibe[86]. Der Ausschuss geht somit davon aus, dass Menschenrechte ein sog. territoriales Regime bilden, d.h. Rechte den Bewohnerinnen und Bewohnern dieses Gebiets unabhängig davon zustehen, wer dort die Hoheitsgewalt ausübt. In diesem Sinn ist auch z.B. die Anwendbarkeit von Pakt II auf Hongkong erhalten geblieben, als Grossbritannien als Vertragsstaat des Pakts dieses Gebiet 1997 an China zurückgab, das seinerseits dieses Instrument nicht ratifiziert hat[87]. In ähnlicher Weise hat der Sicherheitsrat anerkannt, dass die von Serbien ratifizierten Menschenrechtsverträge in Kosovo unter UNO-Verwaltung 4.48

84 Da die Vertragsorgane jeweils nur ihren «eigenen» Vertrag anwenden können und Beschwerden sich nur gegen Vertragsparteien richten können, kann diese Frage in Individualbeschwerdeverfahren nicht thematisiert werden.

85 Ordnung der Gesetze und Gebräuche des Landkriegs, Anhang zum Abkommen betreffend die Gesetze und Gebräuche des Krieges vom 18. Oktober 1907 (Hervorhebung durch die Autoren).

86 MRA, General Comment 26 (1997), Ziff. 4.

87 Siehe z.B. MRA, CO Hong Kong Special Administrative Region (2006) und CO Hong Kong Special Administrative Region (2013).

(UNMIK) weiter gelten[88], und die UNMIK kam der Aufforderung des MRA nach, im Rahmen der Prüfung des Staatenberichts von Serbien-Montenegro einen Bericht über die Umsetzung von Pakt II in Kosovo einzureichen[89].

c) Anwendungsfälle

4.49 Wie präsentiert sich die Praxis der Überwachungsorgane in typischen Situationen extraterritorialen Verhaltens eines Staates im Einzelnen? Folgende fünf Fallgruppen lassen sich unterscheiden:

4.50 (1) *Ausübung staatlicher Hoheitsgewalt durch diplomatische Vertretungen im Ausland*: Unbestritten ist die Geltung der Menschenrechte für das Handeln und Unterlassen diplomatischer und konsularischer Organe im Ausland[90]. So befand etwa der MRA, die Weigerung einer Botschaft, einer im Ausland lebenden Staatsangehörigen einen Reisepass auszustellen, verstosse gegen die Bewegungsfreiheit gemäss Art. 12 Pakt II[91].

4.51 (2) *Ausübung staatlicher Hoheitsgewalt an Bord von Schiffen oder Flugzeugen unter Flagge oder faktischer Kontrolle eines Vertragsstaates*: Gemäss allgemeinem Völkerrecht übt der Flaggenstaat volle Jurisdiktion über Schiffe auf Hoher See und über Flugzeuge im internationalen Luftraum oder bei Überfliegen fremden Staatsgebiets aus. Daher ist der sog. Flaggenstaat für Menschenrechtsverletzungen durch seine Organe an Bord solcher Fahrzeuge verantwortlich. Gestützt darauf gelangte der EGMR zum Schluss, die Rückführung von Asylsuchenden mit Schiffen der italienischen Armee nach Libyen, die zuvor auf Hoher See aus Seenot gerettet wurden, sei unter De-jure- und De-facto-Kontrolle Italiens und damit unter seiner Jurisdiktion geschehen[92]. Zumindest faktische Kontrolle und damit Herrschaftsgewalt übt ein Staat überdies aus, wenn seine Armeeangehörigen auf Hoher See die Kontrolle über ein Schiff übernehmen, das unter der Flagge eines anderen Staates segelt[93].

4.52 (3) *Besetzung fremden Staatsgebiets oder vergleichbare Kontrolle über fremdes Territorium*: Die extraterritoriale Geltung in solchen Situationen ist ebenfalls weitgehend anerkannt. Der IGH hat dies für die israelisch besetzten palästinensischen Gebiete[94] und

88 SR-Res. 1244 (1999).

89 Siehe MRA, CO Serbia and Montenegro (2004), Ziff. 3, CO UNMIK (CCPR/C/UNK/CO/1, 2006), CO Serbia (2011), Ziff. 2, und CO Serbia (2017), Ziff. 3.

90 EGMR (Grand Chamber), Al-Skeini and Others v. The United Kingdom, Reports 2011-IV, Ziff. 134.

91 MRA, El Ghar v. Libya, 1107/2002 (2004), Ziff. 7.1 ff. Siehe für einen vergleichbaren Sachverhalt auch EGMR, M. v. Switzerland, 41199/06 (2011).

92 EGMR (Grand Chamber), Hirsi Jamaa and Others v. Italy, Reports 2012-II, Ziff. 76–82.

93 EGMR (Grand Chamber), Medvedyev and Others v. France, Reports 2010-III, Ziff. 66.

94 IGH, Advisory Opinion on the Legal Consequences of the Construction of a Wall in the Occupied Palestinian Territory, ICJ Reports 2004, Ziff. 107–113.

für durch Uganda besetzte Gebiete der Demokratischen Republik Kongo[95] ausdrücklich anerkannt. Im gleichen Sinn entschied der EGMR im Fall Loizidou gegen die Türkei. In diesem Urteil hielt das Gericht weiter fest, ein Staat sei nicht nur für das Verhalten seiner Besatzungstruppen verantwortlich, sondern auch für dasjenige der lokalen Administration, soweit er über diese eine wenigstens allgemeine, aber doch effektive Kontrolle («effective overall control») ausübe[96]. Der Gerichtshof betonte, es sei für diesen Schluss nicht notwendig, dass die lokalen Behörden unter einer derart intensiven Kontrolle des Besatzungsstaats stehen, dass sie De-facto-Organe gemäss dem Recht der Staatenverantwortlichkeit[97] seien[98]. In solchen Situationen ist damit gemäss dieser Praxis nicht zu prüfen, ob der Besatzungsstaat in dem zur Beurteilung stehenden konkreten Einzelfall Kontrolle über das Verhalten der lokalen Behörden ausübt[99]. Diese Voraussetzung erachtete der EGMR im Fall der Administration der international nicht anerkannten «Republik Nordzypern», die weitgehend durch die Türkei kontrolliert wird, als gegeben. Im Urteil Ilaşcu gegen Moldawien und Russland ging der Gerichtshof einen Schritt weiter und entschied, ein Vertragsstaat der EMRK übe extraterritoriale Jurisdiktion aus und sei damit für Menschenrechtsverletzungen sezessionistischer Organe in einem anderen Staat – konkret der Organe der international nicht anerkannten «Republik Transnistrien» – verantwortlich, wenn er mittels militärischer, wirtschaftlicher oder politischer Unterstützung deren Überleben gewährleiste[100]. Hier ist der Gerichtshof u.E. zu weit[101] gegangen: Unterstützung allein ist

95 IGH, Armed Activities on the Territory of the Congo, Democratic Republic of the Congo v. Uganda, ICJ Reports 2005, Ziff. 179 f.

96 EGMR (Grand Chamber), Loizidou v. Turkey, A/310 (1995), und Al-Skeini and Others v. The United Kingdom, Grand Chamber, Reports 2011-IV, Ziff. 138–140.

97 Siehe dazu vorne Rz. 3.10.

98 Siehe EGMR (Grand Chamber), Catan and Others v. Moldova and Russia, Reports 2012-V, Ziff. 115: «The Government of the Russian Federation contend that the Court could only find that Russia was in effective control if it found that the ‹Government› of the ‹MRT› could be regarded as an organ of the Russian State in accordance with the approach of the [ICJ] in the Case Concerning the Application of the Convention on the Prevention and Punishment of Genocide […]. The Court recalls that in the judgment relied upon by the Government of the Russian Federation, the [ICJ] was concerned with determining when the conduct of a person or group of persons could be attributed to a State, so that the State could be held responsible under international law in respect of that conduct. In the instant case, however, the Court is concerned with a different question, namely whether facts complained of by an applicant fell within the jurisdiction of a respondent State within the meaning of Article 1 of the Convention. As the […] Court's case-law […] demonstrates, the test for establishing the existence of ‹jurisdiction› under Article 1 of the Convention has never been equated with the test for establishing a State's responsibility for an internationally wrongful act under international law».

99 EGMR (Grand Chamber), Catan and Others v. Moldova and Russia, Reports 2012-V, Ziff. 106.

100 EGMR (Grand Chamber), Ilaşcu and Others v. Moldova and Russia, 2004-V, Ziff. 392 f.

101 Siehe dazu auch EGMR (Grand Chamber), Catan and Others v. Moldova and Russia, Reports 2012-V, Ziff. 117 ff., wo die Grosse Kammer das Bestehen der russischen Jurisdiktion zusätzlich auf die russische Militärpräsenz in Transnistrien abstützte. Mit gleicher Begründung bejahte der EGMR eine armenische Jurisdiktion über die selbst proklamierte «Republik» Nagorno keine Ausübung von Hoheitsgewalt auf fremdem Territorium und sie begründet nach den Zurechenbarkeitsregeln des allgemeinen Völkerrechts nicht automatisch eine Verantwortlichkeit[102]. Die Auffassung des Gerichtshofs in diesem Fall hätte kaum absehbare Konsequenzen für das aussenpolitische Verhalten der Vertragsstaaten der EMRK.

4.53 Auch der MRA geht davon aus, dass bei militärischer Besetzung fremden Staatsgebiets der Pakt II Anwendung findet. 1991 wies er nach der irakischen Invasion in Kuwait die damalige These Iraks zurück, Kuwait gehöre zu seinem Staatsgebiet, bejahte aber trotzdem die Anwendbarkeit des vom Irak ratifizierten Pakts II im irakisch besetzten Kuwait[103]. In jüngerer Zeit betonte der Ausschuss die Geltung des Pakts nicht nur in den israelisch besetzten Gebieten[104], sondern auch in verschiedenen anderen Besatzungssituationen[105]. Zur gleichen Schlussfolgerung gelangte er schliesslich bei friedenssichernden Einsätzen europäischer Staaten in Drittstaaten[106], soweit das Verhalten ihrer Truppen ihnen und nicht der UNO zuzurechnen ist[107].

Eine analoge Praxis verfolgt die IAKMR, welche etwa die Verantwortung der USA für Menschenrechtsverletzungen im nicht auf amerikanischem Staatsgebiet liegenden Guantanamo bestätigte[108].

4.54 Übt ein Staat damit eigentliche territoriale Hoheitsgewalt über fremdes Staatsgebiet aus, d.h. verwalten seine De-jure- oder De-facto-Organe in regierungsähnlicher Weise solches Territorium, ist ein Staat in diesem Gebiet in vollem Umfang und wie auf seinem eigenen Territorium an die Menschenrechte gebunden und das Bestehen einer Kontrolle des Besetzerstaates über eine als Menschenrechtverletzung zu taxierende Situation muss nicht für jeden Einzelfall nachgewiesen werden können. Seine Organe haben nicht nur unzulässige Eingriffe in menschenrechtlich geschützte Positionen zu unterlassen, sondern auch Privaten Schutz vor Übergriffen Dritter zu gewähren und die Verwirklichung der Menschenrechte zu gewährleisten[109].

Karabach und angrenzende aserbaidschanische Gebiete; EGMR (Grand Chamber), Chiragov and Others v. Armenia, 13216/05, Reports 2015, insb. Ziff. 186.

102 Die Zurverfügungstellung auch substanzieller Unterstützung führt in aller Regel nicht zu einem Grad der Kontrolle, die zur Begründung einer De-facto-Organeigenschaft notwendig ist. Zur Verantwortlichkeit für Beihilfe zu einer Völkerrechtsverletzung siehe Art. 16 ILC-Entwurf und hinten Rz. 4.70.

103 MRA, CO Iraq (1991), Ziff. 652.

104 MRA, CO Israel (2010), Ziff. 5 und CO Israel (2014), Ziff. 8.

105 Siehe etwa MRA, CO USA (2006), Ziff. 10 (Irak), CO Russia (2015), Ziff. 23 (Halbinsel Krim), und CO Morocco (2016), z.B. Ziff. 23, 27 und 29 (Westsahara).

106 Siehe dazu etwa MRA, CO Germany (2004), Ziff. 11, CO Belgium (2004), Ziff. 6, CO Italy (2006), Ziff. 3, und CO Norway (2006), Ziff. 6.

107 Siehe dazu vorne Rz. 3.59 f.

108 IAKMR, Request for Precautionary Measures Concerning the Detainees at Guantanamo Bay, Cuba, abgedruckt in ILM 2002, 532.

109 EGMR (Grand Chamber), Catan and Others v. Moldova and Russia, Reports 2012-V, Ziff. 106: «The controlling State has the responsibility under Article 1 to secure, within the area under its control, the entire range of substantive rights set out in the Convention and those additional

Beispiel: Das Urteil Loizidou gegen die Türkei des EGMR

Dieses Urteil beruht auf einer Beschwerde einer Griechisch-Zypriotin, welche nach der türkischen Invasion Nordzyperns im Jahre 1974 in den Südteil der Insel fliehen und ihr Eigentum zurücklassen musste. Sie argumentierte, die Weigerung der zuständigen Behörden, ihr Zutritt zu einem in ihrem Eigentum stehenden, in Nordzypern gelegenen Grundstück zu verschaffen, verletze ihr Eigentumsrecht. Dafür sei die Türkei als Besatzungsmacht verantwortlich. Die Türkei vertrat demgegenüber den Standpunkt, die Präsenz von türkischen Truppen in Nordzypern bedeute nicht, dass die Türkei im – nach türkischer Meinung – souveränen Staat «Türkisch-Zypern» Jurisdiktion gemäss Art. 1 EMRK ausübe. Das Gericht hielt dem entgegen, die Verantwortlichkeit eines Staates aus Verpflichtungen der EMRK könne auch entstehen, wenn dieser als Konsequenz einer rechtmässigen oder illegalen Militäraktion effektive Kontrolle über ein Gebiet ausserhalb des eigenen Territoriums ausübe. Die Verpflichtung, in einem solchen Gebiet die Konventionsgarantien zu gewährleisten, ergebe sich aus der Tatsache, dass er eine solche Kontrolle ausübe, und zwar unabhängig davon, ob dies direkt durch seine Streitkräfte oder indirekt durch eine untergeordnete lokale Verwaltungsbehörde geschehe. Im konkreten Fall habe die Beschwerdeführerin ihr Eigentum direkt wegen der militärischen Besetzung Nordzyperns verloren und der Zugang dazu werde ihr nach wie vor durch die türkischen Truppen verwehrt[110]. In einem ähnlichen Sachverhalt bestätigte der EGMR die Jurisdiktion Armeniens und damit eine Verantwortlichkeit für Verletzungen der Eigentumsgarantie im Sinne von Art. 1 ZP 1/EMRK basierend auf einer effektiven territorialen Kontrolle über Nagorno Karabach und umliegende aserbaidschanische Gebiete durch diesen Staat[111]. 4.55

(4) *Partielle oder vorübergehende Kontrolle über fremdes Staatsgebiet*: Staaten sind für extraterritorial begangene Menschenrechtsverletzungen auch verantwortlich, wenn ihre (meist militärischen) Organe ausgedehnte Operationen auf fremdem Staatsgebiet durchführen und während dieser Zeit Teile des Territoriums eines anderen Staates zumindest vorübergehend und partiell kontrollieren. In diesem Sinn kam der EGMR bei der Beurteilung der Tötung irakischer Schafhirten im Nordirak zum Schluss, er könne zwar nicht ausschliessen, dass die Türkei während einer längerfristigen und mit grossem Personalaufwand durchgeführten Militäroperation im Norden des Iraks temporär eine effektive Gebietskontrolle ausgeübt hätte. Trotzdem könne die Situation nicht mit der türkischen Besetzung des nördlichen Teils Zyperns verglichen werden, da türkische Truppen nicht über längere Zeit konstant die Kontrolle über das Gebiet ausübten, in welchem die Militäroperationen stattfanden. Daher müsse in dieser Konstellation, um die Jurisdiktion der Türkei zu belegen, im Einzelfall nachgewiesen werden, 4.56

Protocols which it has ratified». Siehe auch MRA, CO Israel (2003), Ziff. 11, und CO Israel (2010), Ziff. 5.

110 EGMR (Grand Chamber), Loizidou v. Turkey, A/310 (1995), Ziff. 62 f. Bestätigt z.B. in EGMR (Grand Chamber), Ilaşcu and Others v. Moldova and Russia, Reports 2004-VII, Ziff. 314.

111 EGMR (Grand Chamber), Chiragov and Others v. Armenia, 13216/05, Reports 2015, Ziff. 169 ff.

dass türkische Truppen tatsächlich in der fraglichen Zeit in jenem Gebiet Operationen durchgeführt hatten, wo es zu Todesfällen gekommen war[112].

Eine ähnliche Praxis vertritt die IAKMR, welche die Verantwortung der USA für Menschenrechtsverletzungen durch amerikanische Truppen während der Invasionen in Grenada und Panama anerkannte[113].

4.57 Im Unterschied zu klassischen Besatzungssituationen kann daher in solchen Konstellationen nicht vermutet werden, Menschenrechtsverletzungen seien dem intervenierenden Staat zuzurechnen. Vielmehr muss nachgewiesen werden, dass Menschenrechtsverletzungen tatsächlich von seinen Organen begangen wurden oder ihre Sicherheitsorgane zumindest während der fraglichen Zeit und am fraglichen Ort Operationen durchführten. Ebenso sind lokale Behörden in diesem Gebiet in der Regel keine De-facto-Organe des ausländischen Staates, weshalb ihr Verhalten den ausländischen Staat nicht eo ipso bindet. Schliesslich gelten in Situation vorübergehender oder partieller Kontrolle über fremdes Staatsgebiet Schutz- und Gewährleistungspflichten nur beschränkt, d.h. nur gegenüber Personen, die sich etwa als Gefangene[114] unter direkter Kontrolle der Organe des intervenierenden Staates befinden. Hingegen bestehen in dieser Situation keine Schutz- und Gewährleistungspflichten gegenüber allen Personen, die sich in diesen Gebieten aufhalten, da der intervenierende Staat regelmässig weder über die notwendigen Institutionen noch über die Ressourcen verfügen dürfte, um solche positiven Verpflichtungen wahrnehmen zu können.

4.58 (5) *Kontrolle über einzelne Personen auf fremdem Staatsgebiet bei fehlender Kontrolle über ein Territorium*: Die gleiche Folgerung, d.h. eine Ausdehnung der räumlichen Geltung von Menschenrechtskonventionen, ergibt sich gemäss internationaler Praxis auch bei Menschenrechtsverletzungen durch Organe eines Vertragsstaates, welche auf fremdem Staatsgebiet entweder in Form gezielter Operationen oder durch effektive Kontrolle über einen bestimmten Sachverhalt hoheitlich tätig werden, ohne dass sie drittstaatliches Gebiet kontrollieren[115]. Der Ausdruck der Jurisdiktion kann deshalb nicht mit der vollständigen oder zumindest partiellen Kontrolle über ein bestimmtes Gebiet gleichgesetzt werden, sondern ergibt sich in Übereinstimmung mit den Zurechenbarkeitsregeln des Rechts der Staatenverantwortlichkeit auch bei Kontrolle extraterritorial agierender staatlicher Organe über eine bestimmte Person oder über einen bestimmten Sachverhalt.

4.59 Völkerrechtlich verantwortlich ist deshalb auch in einem solchen Fall der Staat, für welchen die Organe tätig sind, und – ausser er habe dazu die Zustimmung erteilt oder

112 EGMR, Issa and Others v. Turkey, 31821/96 (2005), Ziff. 71.

113 IAKMR, Coard and Others v. USA, Report No. 109/99, 10.951 (1999); Salas and Others v. USA, Report No. 31/93, 10.573 (1993).

114 Siehe z.B. Art. 10 Pakt II zu menschenwürdigen Haftbedingungen und die Grundlagenbestimmung von Art. 75 Ziff. 5 ZP I sowie Art. 76 Ziff. 1 und 77 Ziff. 1 ZP I zum besonderen Schutz von Frauen und Kindern, die auch während Haft- oder Internierungssituationen gelten.

115 So ausdrücklich die EKMR in Stocké v. Germany, A/199 (1991), Ziff. 166.

toleriere dies[116] – nicht der Staat, auf dessen Gebiet die Verletzung geschieht. Deshalb bejahte der EGMR etwa das Bestehen einer extraterritorialen türkischen Jurisdiktion in Kenia, nachdem kenianische Behörden den ehemaligen Chef der PKK auf dem Flughafen Nairobi an türkische Organe übergeben hatten[117], und der MRA anerkannte in ähnlicher Weise die Verantwortung Uruguays für die Misshandlung von Regimegegnern, die durch uruguayische Agenten im Ausland entführt worden waren[118]. Entscheidendes Kriterium für den EGMR in solchen Konstellationen ist damit die Kontrolle ihrer extraterritorial agierenden Organe über eine oder mehrere bestimmte Personen im Ausland. Könne dies nachgewiesen werden, übe der im Ausland agierende Staat Hoheitsgewalt im Sinne von Art. 1 EMRK aus und sei an die in einer solchen Situation relevanten EMRK-Garantien gebunden[119].

Umstritten ist in der Praxis hingegen die Frage, ob die Tötung einer Person auf frem- 4.60
dem Staatsgebiet bei fehlender militärischer Bodenpräsenz – z.B. die gezielte Tötung von Regimegegnern oder angeblichen Terroristen im Ausland mittels gezielter Luftschläge oder Kommandoaktionen – als Ausübung von Hoheitsgewalt im Ausland gilt. Im Lichte der Uruguay-Fälle des MRA ist klar, dass bereits ein isolierter Akt genügt, wenn er sich im Rahmen einer Polizeiaktion oder einer anderen klassischen hoheitlichen Tätigkeit abspielt. In diesem Sinn entschied auch die Interamerikanische Kommission für Menschenrechte: Sie erklärte eine Beschwerde für zulässig, in welcher gerügt wurde, Kuba hätte durch den Abschuss von zwei Kleinflugzeugen im internationalen Luftraum, mit welchen vier Personen aus Kuba zu fliehen versucht hatten, das Recht auf Leben der Amerikanischen Deklaration über die Menschenrechte verletzt[120]. Ebenfalls für zulässig beurteilte dieses Organ eine Staatenbeschwerde, in welcher geltend gemacht wurde, kolumbianische Organe hätten im Rahmen eines Luftangriffs

---

116 Im Fall der Zustimmung des Territorialstaates zu menschenrechtswidrigen Handlungen eines Drittstaates werden beide Staaten verantwortlich. Das Gleiche gilt, wenn der Territorialstaat menschenrechtswidrige Handlungen eines Drittstaates toleriert. Gemäss EGMR übt aber ein Staat keine Kontrolle aus und ist damit völkerrechtlich für Menschenrechtsverletzungen nicht verantwortlich, wenn sein Staatsorgan widerrechtlich auf fremdem Staatsgebiet agiert, die Organe des betroffenen Territorialstaats dieses Verhalten aber jederzeit hätten unterbinden können und gemäss geltendem Gesetz auch müssen; sie aber trotzdem passiv bleiben. Siehe EGMR, Belozorov v. Russia and Ukraine, 43611/02 (2016), Ziff. 84 ff.

117 EGMR, Öcalan v. Turkey, 46221/99 (2003), Ziff. 93, bestätigt durch das Urteil der Grand Chamber, Reports 2005-IV, Ziff. 91.

118 MRA, López Burgos v. Uruguay, 52/1979 (1981), Ziff. 12.3; Celiberti de Casariego v. Uruguay, 56/1979 (1981), Ziff. 10.3. Die Niederlande übten in Irak Jurisdiktion aus, weil ihre Organe das Kommando über die Besatzung eines Checkpoints ausübten, welche auf ein ziviles Automobil feuerte; EGMR (Grand Chamber), Jaloud v. The Netherlands, Reports 2014-VI, Ziff. 152.

119 EGMR (Grand Chamber), Al-Skeini and Others v. The United Kingdom, Reports 2011-IV, Ziff. 137 f.; Jaloud v. The Netherlands, Reports 2014-VI, Ziff. 139 ff., und Hassan v. The United Kingdom, Reports 2014-VI, Ziff. 76: «Following his capture by British troops […] Tarek Hassan was within the physical power and control of the United Kingdom soldiers and therefore fell within the United Kingdom jurisdiction […]».

120 IAKMR, Alejandre Jr. and Others v. Cuba, admissibility dec., Report 86/99, Case No. 11.589 (1999).

auf ekuadorianischem Territorium eine Person getötet. Sie betonte, Jurisdiktion gemäss der AMRK entstehe, wenn das Verhalten ausländischer Organe ursächlich für die Menschenrechtsverletzung im Ausland sei. Unter diesen Umständen sei ein Staat an die in der fraglichen Situation relevanten Menschenrechte gebunden[121].

4.61 Anders entschied der EGMR im Entscheid Banković[122]: Dabei machten Verwandte jener Personen, welche während der Kosovo-Krise Opfer eines Raketenangriffs der NATO auf ein Gebäude in Belgrad geworden waren, eine Verletzung des Rechts auf Leben gemäss Art. 2 EMRK geltend. Der Gerichtshof erklärte die Beschwerde unter anderem deshalb für unzulässig, weil der EMRK in einer solchen Situation keine extraterritoriale Geltung zukomme: Militärische Angriffe aus der Luft in einem gegnerischen Land, in welchem die beklagten Staaten keinerlei staatliche Kontrolle über die Bevölkerung ausüben[123] und in dessen Territorium sie nicht hoheitlich tätig seien, könnten nicht unter den Begriff der Hoheitsgewalt im Sinne von Art. 1 EMRK subsumiert werden[124]. In diesem Entscheid legte der EGMR den Ausdruck der Jurisdiktion erstmals in einem von den Zurechenbarkeitsregeln der Staatenverantwortlichkeit klar abweichenden Sinn aus. Er nahm damit die Entstehung eines menschenrechtlichen Vakuums in Kauf, wenn im Fall eines Luftangriffs durch einen fremden Staat die Konstruktion einer Verantwortung des Territorialstaates von vornherein ausser Betracht fällt. Luftangriffe oder andere Formen extralegaler Tötungen sind nicht automatisch Hoheitsakte, aber staatliche Hoheitsgewalt erreicht ihren Höhepunkt dort, wo entschieden wird, eine missliebige Person gezielt umzubringen. Zudem ist die Tatsache, dass ein Drittstaat die betroffene Person töten kann, Beleg dafür, dass sich diese, wie im Fall einer Entführung, auch ohne eigentliche Territorialherrschaft im Zugriffsbereich und damit unter der Kontrolle des Angreifers befindet[125].

---

121 IAKMR, Ecuador v. Colombia, admissibility dec., PI-02, Report 112/10 (2010), Ziff. 99 f.: «At the time of examining the scope of the American Convention's jurisdiction, it is necessary to determine whether there is a causal nexus between the extraterritorial conduct of the State and the alleged violation of the rights and freedoms of an individual».

122 EGMR (Grand Chamber), Banković and Others v. Belgium and 16 Other Contracting States (dec.), Reports 2001-XII. Der Gerichtshof behandelt die Fragestellung zuerst als ein Problem des persönlichen Geltungsbereichs («Personen unter der Hoheitsgewalt»), später im Entscheid aber klar als eine solche des örtlichen Geltungsbereichs. Im Jahr 2006 bestätigte die Grand Chamber des EGMR diese « Banković-Praxis» im Urteil Markovic and Others v. Italy, 1398/03 (2006), Ziff. 49 ff.

123 Keine Rolle für die Schlussfolgerung des EGMR scheint die Tatsache gespielt zu haben, dass die NATO-Staaten in der fraglichen Zeitspanne tatsächlich Kontrolle über den gesamten serbischen Luftraum ausgeübt hatten.

124 EGMR (Grand Chamber), Banković and Others v. Belgium and 16 Other Contracting States (dec.), Reports 2001-XII, Ziff. 74 ff.

125 Die Geltung der EMRK ergibt sich auch aus einer teleologischen Auslegung. Es erscheint nicht sachgerecht, dass ein Staat, der im Ausland eine Person entführt, für die Tat menschenrechtlich verantwortlich wird, während ein anderer Staat, der von einer Entführung und einem anschliessenden Gerichtsverfahren absehen will und daher eine Person im Ausland mittels eines Luftangriffs tötet, dafür nicht zur Verantwortung gezogen werden kann.

Die auf den Entscheid Banković folgende Praxis des EGMR zu dieser Frage ist wenig kohärent. So bestätigte er in einem obiter dictum im Jahr 2012, die Verantwortung eines Vertragsstaates sei ausgeschlossen, wenn ein unmittelbarer extraterritorialer Einzelakt zur Diskussion stehe, denn der Wortlaut von Art. 1 EMRK lasse eine solche Auslegung des Begriffs der Herrschaftsgewalt nicht zu[126]. Andererseits erachtete er es zur Klärung der Jurisdiktion gemäss Art. 1 EMRK als nicht notwendig zu bestimmen, ob die Tötung von iranischen Staatsangehörigen auf türkischem oder iranischem Gebiet stattfand, da die Türkei anerkannt habe, dass der Tod dieser Personen durch Schüsse aus türkischen Helikoptern verursacht worden war[127]. Zudem anerkennt er in einzelnen Entscheiden, dass der Begriff der Hoheitsgewalt im Einklang mit dem allgemeinen Völkerrecht ausgelegt werden muss[128]. 4.62

5. Verpflichtung des Staates bei extraterritorialen Auswirkungen staatlicher Hoheitsakte

Die Praxis der Vertragsorgane zur Frage einer extraterritorialen Geltung der Menschenrechte beschlägt primär die Verantwortung eines Staates für seine Organe, wenn diese auf dem Gebiet eines anderen Staates handeln. Darüber hinaus wird – unter der Voraussetzung der rechtlichen oder faktischen Kontrolle über die betroffenen Personen – ein Staat ebenfalls für Menschenrechtsverletzungen verantwortlich, wenn diese ihren Ausgangspunkt im Inland haben, die Wirkungen aber auf dem Territorium eines anderen Staates eintreten[129] In diesem Sinne binden die Menschenrechte bei: 4.63

- *formellem* Staatshandeln im eigenen Staatsgebiet mit direkter Auswirkung auf Personen im Ausland infolge des Bestehens eines direkten[130] rechtlichen Bandes zwischen verfügendem Staat und der davon betroffenen Person. In diesem Sinn bejahte der MRA die Jurisdiktion Frankreichs, als es einem im Ausland wohnhaften Sozialversicherungsbezüger gewisse Leistungen verweigerte[131]. Der EGMR anerkannte die Herrschaftsgewalt Maltas für die Festnahme einer Person in Spanien

126 EGMR (Grand Chamber), Hirsi Jamaa and Others v. Italy, Reports 2012-II, Ziff. 73: «[T]he responsibility of a Contracting Party […] is however ruled out when, as in Banković, only an instantaneous extra-territorial act is at issue […]».

127 EGMR, Pad v. Turkey (dec.), 60167/00 (2007), Ziff. 54.

128 EGMR, El Mahi and Others v. Denmark (dec.), 5853/06 (2006).

129 In diesem Sinn auch der EGMR, wenn er in einem obiter dictum ausführt, dass «acts of Contracting States performed outside their territory, *or which produce effects there*, may amount to exercise by them of their jurisdiction within the meaning of Article 1 of the Convention»; EGMR (Grand Chamber), Ilaşcu and Others v. Moldova and Russia, Reports 2004-IV, Ziff. 314 (Hervorhebung durch die Autoren). So auch The Environment and Human Rights (State obligations in relation to the environment in the context of the protection and guarantee of the rights to life and to personal integrity – interpretation and scope of Articles 4(1) and 5(1) of the American Convention on Human Rights), Advisory Opinion A/23 (2017), Ziff. 81.

130 Direkt ist dieses Band auch, wenn das Verhalten eines Staates einen Drittstaat, d.h. den Aufenthaltsstaat einer Person, rechtlich anhält, gegenüber dieser Person eine Massnahme zu ergreifen (z.B. sie in Haft zu nehmen).

131 MRA, Gueye et al. v. France, 196/1985 (1989), Ziff. 9.3.

gestützt auf ein maltesisches Ersuchen gemäss der Europäischen Auslieferungskonvention[132]. Er lehnte sie aber im Fall von in Marokko wohnhaften Beschwerdeführern ab, die geltend machten, Dänemark habe ihre Religionsfreiheit und das Diskriminierungsverbot verletzt, weil die dänischen Behörden nicht strafrechtlich gegen eine Zeitung vorgegangen waren, die blasphemische Karikaturen des Propheten Mohammed veröffentlicht hatte[133]. Zum gleichen Befund gelangte der MRA im Fall eines in Guantanamo inhaftierten australischen Staatsangehörigen, obwohl Australien einen gewissen Einfluss auf die Haftmodalitäten und namentlich deren Paktkonformität ausüben konnte, diese aber primär durch die USA bestimmt wurden[134]. Kein solches Band bestand auch zwischen Kanada und den Bewohnerinnen und Bewohnern Palästinas: Denn aus dem Umstand, dass kanadische Unternehmen auf besetztem palästinensischem Gebiet massgeblich am angeblich menschenrechtswidrigen Bau jüdischer Siedlungen beteiligt waren, hatte das Verhalten Kanadas keinen direkten Einfluss[135].

- *faktischem* Staatshandeln im eigenen Staatsgebiet mit *unmittelbarer Auswirkung* auf die Rechte von Personen im Ausland. Zu denken ist etwa an eine gezielte Schussabgabe durch Polizeibeamte auf eine über die Staatsgrenze flüchtende Person[136], an die gezielte Tötung einer Person im Ausland mittels einer vom eigenen Territorium aus ferngesteuerten Drohne[137] oder gemäss einem Gutachten des IAGMR an staatlich kontrollierte Umweltverschmutzungen, welche Menschenrechte von Personen im Ausland beeinträchtigen[138].

4.64 In all diesen Fällen stehen Staaten unter einer Pflicht, auf ihrem Territorium ein Verhalten zu unterlassen, das Menschenrechte sich im Ausland aufhaltender Personen missachtet. Existieren auch Situationen, in welchen Staaten auf ihrem Staatsgebiet Massnahmen ergreifen müssen, um Personen im Ausland zu schützen oder aktiv ihre Grundbedürfnisse zu erfüllen? Wie dargestellt[139], besteht eine solche grenzüberschreitende Schutzpflicht nur gegenüber Personen, die sich in der Hand des betreffenden Staates und damit unter seiner direkten Kontrolle befinden. Handelt ein Staat aber nicht durch seine im Ausland befindlichen Organe, sondern vom eigenen Territorium aus, ist kaum vorstellbar, wie dies der Fall sein könnte[140].

---

132 EGMR, Stephens v. Malta (No. 1), 11956/07 (2009), Ziff. 47 ff.

133 EGMR, El Mahi and Others v. Denmark (dec.), 5853/06 (2006).

134 MRA, Hicks v. Australia, 2005/2010 (2015), Ziff. 4.5.

135 MRA, Issa Yassin et al. v. Canada, 2285/2013 (2017), Ziff. 6.4.

136 EGMR, Andreou v. Turkey, 45653/99 (2009), Ziff. 47 ff. (Schüsse türkischer Sicherheitsbeamter über die UN-Pufferzone auf Demonstrierende in Zypern).

137 Siehe MRA, CO USA (2014), Ziff. 9.

138 IAGMR, The Environment and Human Rights (State obligations in relation to the environment in the context of the protection and guarantee of the rights to life and to personal integrity – interpretation and scope of Articles 4(1) and 5(1) of the American Convention on Human Rights), Advisory Opinion A/23 (2017), insb. Ziff. 83 ff.

139 Siehe vorne Rz. 4.35.

140 Werden Staatsangehörige eines Staates im Ausland verhaftet, misshandelt oder wird ihr Vermögen entschädigungslos enteignet, stehen sie unter der Jurisdiktion des Aufenthaltsstaates und

Daher unterstehen Staaten ohne extraterritoriale Präsenz unseres Erachtens in aller Regel keiner Verpflichtung, von ihrem Territorium aus Massnahmen mit dem Ziel zu ergreifen, die Rechte von Personen im Ausland zu schützen und zu gewährleisten, da sich diese Personen nicht unter ihrer Jurisdiktion befinden[141]. In diesem Sinn lässt sich etwa aus dem Verbot der Folter keine rechtliche Pflicht eines Staates konstruieren, mit allen seinen ihm zur Verfügung stehenden Mitteln gegen einen Staat vorzugehen, welcher systematisch inhaftierte Personen foltert. Ebenso lässt sich aus dem Recht auf Nahrung, auch wenn in einem Drittstaat eine eigentliche Hungersnot herrscht, keine allgemeine Verpflichtung der Staaten auf Leistung von Nahrungsmittelhilfe herleiten, soweit ihr Verhalten nicht direkt ursächlich für diese Nahrungsmittelknappheit ist. Schliesslich unterliegt aus den gleichen Gründen der Sitzstaat transnationaler Unternehmen keiner menschenrechtlichen Verantwortung für menschenrechtswidriges Verhalten ihrer Tochterunternehmen im Ausland[142]. Auch die sog. «Ruggie-Prinzipien» anerkennen, dass Staaten gemäss geltendem Völkerrecht nicht verpflichtet sind, die extraterritorialen Aktivitäten von Unternehmen mit Sitz auf ihrem Territorium zu regulieren[143]. Sie begnügen sich deshalb damit, die Staaten aufzufordern, klar zu erklären, dass sie von diesen Unternehmen ein menschenrechtskonformes Verhalten im Ausland erwarten[144].

In diesen Beispielen fehlt das notwendige unmittelbare faktische oder rechtliche Band 4.65
zwischen dem Verhalten eines Staates und den Opfern einer Menschenrechtsverletzung in einem Drittstaat, das notwendig zur Begründung einer Verpflichtung aus Menschenrechten ist. Massnahmen, die zum Schutz oder zur Gewährleistung von Personen im Ausland beitragen, sind daher gestützt auf menschenrechtliche Vorgaben rechtlich nicht gefordert. Derartige Pflichten lassen sich allenfalls gestützt auf spezifi-

---

nicht derjenigen ihres Heimatstaates. Letzterer kann aber konsularischen und diplomatischen Schutz gewähren (siehe dazu Rz. 1.10 ff.); ist dazu aber gemäss geltendem Völkerrecht nicht verpflichtet.

141 Die Verpflichtungen des humanitären Völkerrechts, Kollateralschäden zu verhindern (siehe dazu Rz. 9.49 ff.), gelten aber auch in solchen Konstellationen (d.h. etwa bei einem Drohnenangriff).

142 Siehe für gegenteilige Auffassungen: KRK-Ausschuss, General Comment 16 (2013), Ziff. 43, und WSK-Ausschuss, General Comment 24 (2017), Ziff. 30, wonach Staaten verpflichtet sind, «to take steps to prevent and redress infringements of Covenant rights that occur outside their territories due to the activities of business entities over which they can exercise control». Der WSK-Ausschuss scheint hier nicht zu berücksichtigen, dass das Bestehen einer solchen extraterritorialen Schutzpflicht voraussetzt, dass sich die Träger der Menschenrechte und nicht die Verletzer unter der Kontrolle des Staates und damit unter seiner Jurisdiktion befinden.

143 Guiding Principles on Business and Human Rights: Implementing the United Nations «Protect, Respect and Remedy» Framework, UN Doc. A/HRC/17/31 (2011), Kommentar zu Prinzip 2.

144 A.a.O., Prinzip 2. Eine ähnliche Sichtweise vertritt der MRA. Er kritisierte Deutschland nicht deswegen, weil es untätig blieb, als in Uganda Menschen aus ihren Dörfern vertrieben wurden, um für die Kaffeeplantagen eines deutschen Unternehmens Platz zu machen. Er konzentrierte sich stattdessen in allgemeiner Weise auf die fragliche Effektivität von Rechtsbehelfen, welche der Staat für solche Fälle auf seinem Territorium zur Verfügung stellt; MRA, CO Germany (2012), Ziff. 16.

sche Vertragsregimes oder unter Rückgriff auf das völkerrechtliche Beihilfeverbot begründen[145]. Zudem können sie im Rahmen der Menschenrechtspolitik eines Staates sinnvoll oder gar politisch geboten sein und zur weltweiten Gewährleistung der Menschenrechte beitragen.

Vertiefung: Waffenexport und Menschenrechte

4.66 Kriegsverbrechen und Verbrechen gegen die Menschlichkeit werden oft mit Waffen und anderen militärischen Ausrüstungsgegenständen begangen, die in einem anderen Staat hergestellt wurden. Da sich die Opfer derartiger Verbrechen aber nicht unter der Jurisdiktion des Hersteller- und damit des Exportstaates befinden, steht dieser nicht unter einer menschenrechtlichen Verpflichtung potenzielle Opfer zu schützen, indem er auf den Export dieses Materials verzichtet. Dies gilt selbst dann, wenn der Staat den Export von Kriegsmaterial unter ein Bewilligungserfordernis stellt und er weiss oder wissen müsste, dass ein erhebliches Risiko besteht, dass diese Waffen unter Verletzung von Vorgaben der Menschenrechte und des humanitären Völkerrechts eingesetzt werden.

4.67 Diese offenkundige Schutzlücke kann unter Rückgriff auf (1) Vertragsregimes, die Pflichten waffenexportierender Staaten verankern, und (2) die Rechtsfigur der Beihilfe gemäss dem Recht der Staatenverantwortlichkeit zumindest partiell geschlossen werden.

4.68 (1) Der am 2. April 2013 verabschiedete *Waffenhandelsvertrag* der UNO[146] verpflichtet die Vertragsstaaten, u.a. den Export und die Vermittlung konventioneller Waffen (Art. 2) sowie dazugehörige Ersatzteile und Munition (Art. 3 f.) einem Kontrollregime zu unterstellen (Art 5). Die Ausfuhr solcher Waffen ist u.a. zu untersagen, wenn der Exportstaat zum Zeitpunkt des Entscheides weiss, dass diese für einen Genozid, für Verbrechen gegen die Menschlichkeit oder für schwere Verletzungen der Genfer Konventionen, für Angriffe gegen die Zivilbevölkerung oder für Kriegsverbrechen, die durch einen den Exportstaat bindenden Vertrag definiert werden, benutzt werden (Art. 6). Darüber hinaus haben die Vertragsstaaten sorgfältig das Risiko abzuklären, ob die Waffen im Importstaat etwa für schwere Menschenrechtsverletzungen oder Verletzungen des humanitären Völkerrechts benutzt werden oder dies durch die Waffen erleichtert wird (Art. 7 Abs. 1 lit. b). Besteht dieses Risiko und kann dieses nicht mittels Sicherungsmassnahmen vermindert werden, ist der Export dieser Güter zu verweigern (Art. 7 Abs. 2 und 3).

4.69 Ausfuhrverbote für Waffen mit einem besonders grossen Potenzial für Verletzungen des humanitären Völkerrechts und der Menschenrechte enthalten zumindest implizit Verträge, die den Besitz und die Herstellung solcher Waffen komplett untersagen. Dazu zählen etwa die Abkommen über das Verbot des Einsatzes, der Lagerung, der Herstellung und der Weitergabe von Anti-Personenminen und über deren Vernichtung *(Ottawa-Abkommen)* vom 18. September 1997 und über die Streumunition vom 30. Mai 2008 *(Oslo-Abkommen)*[147] sowie verschiedene Abkommen im Bereich der Massenvernichtungswaffen[148]. Zudem untersagt oder beschränkt etwa die EU ausserhalb des Kriegsmaterial-

---

145 Siehe dazu gleich anschliessend die Vertiefung «Waffenexport und Menschenrechte».

146 Waffenhandelsvertrag vom 2. April 2013; UNTS 52373. Dieser Vertrag wurde mittlerweile (Stand Juni 2018) von 96 Staaten ratifiziert.

147 Siehe zu diesen Verträgen detaillierter hinten Rz. 9.56 ff.

148 Siehe dazu hinten Rz. 9.50.

bereichs den Export verschiedener Produkte mit einem besonders naheliegenden menschenrechtlichen Missbrauchsrisiko[149]. Verboten wird die Ausfuhr von Gütern, «die ausser zur Vollstreckung der Todesstrafe oder zum Zwecke der Folter und anderer grausamer, unmenschlicher oder erniedrigender Behandlung oder Strafe keine praktische Verwendung haben» (Art. 3)[150]. Güter, die zur Hinrichtung von Menschen oder zu Folterzwecken missbraucht werden können, bedürfen einer staatlichen Ausfuhrbewilligung, die zu verweigern ist, wenn ein hinreichender Grund zur Annahme besteht, dass sie zu diesen Zwecken eingesetzt werden (Art. 5 und 6)[151].

(2) Lassen sich keine völkerrechtlichen Bestimmungen heranziehen, die den Export bestimmter Produkte untersagen oder beschränken, ist weiter zu prüfen, ob ein Exportstaat infolge Beihilfe oder Unterstützung eines menschenrechtsverletzenden Staates völkerrechtlich verantwortlich wird. Gemäss Art. 16 des ILC-Entwurfs ist dies der Fall[152], wenn Organe des Importstaates die Güter oder Dienstleistungen tatsächlich benutzen, um Menschenrechte zu verletzen, wenn die Importgüter oder -dienstleistungen diese Menschenrechtsverletzungen wesentlich erleichterten, wenn der Exportstaat die Ausfuhr solcher Güter und Dienstleistungen aktiv unterstützte, d.h. etwa, wenn er selber als Verkäufer auftrat oder den Verkauf oder die Dienstleistung förderte, wenn diese Unterstützung trotz Wissen um die Gefahr einer bevorstehenden Völkerrechtsverletzung und willentlich, d.h. mit der Absicht zur Unterstützung des menschenrechtswidrigen Verhaltens des Importstaates gewährt wurde, und wenn die Menschenrechtsverletzungen des Importstaates auch für den Exportstaat völkerrechtlich untersagt gewesen wären. Art. 16 des ILC-Entwurfs statuiert damit hohe Hürden zur Begründung der völkerrechtlichen Verantwortlichkeit eines Beihilfe leistenden Staates. Diese Tatsache vermag teilweise zu erklären, weshalb die Rechtsfigur der Beihilfe in der Praxis menschenrechtlicher Überwachungsorgane bis heute, soweit ersichtlich, noch keine Anwendung fand. 4.70

IV. Der zeitliche Geltungsbereich

1. Kündigung

In Menschenrechtsverträgen verankerte Garantien gelten grundsätzlich ab dem Zeitpunkt der Ratifikation[153] bis zur Kündigung des Vertrages durch den betreffenden Vertragsstaat. Verschiedene Konventionen lassen eine solche unter Beachtung unter- 4.71

149 Verordnung (EG) Nr. 1236/2005 des Rates vom 25. Juni 2005 betreffend den Handel mit bestimmten Gütern, die zur Vollstreckung der Todesstrafe, zu Folter oder zu anderer grausamer, unmenschlicher oder erniedrigender Behandlung oder Strafe verwendet werden können.

150 Dazu zählen etwa Fallbeile, elektrische Stühle, automatische Injektionssysteme zur Hinrichtung von Menschen sowie bestimmte Elektroschock-Gürtel (Anhang II).

151 Dazu zählen etwa bestimmte chemische Substanzen, Fesselungsinstrumente oder gewisse Produkte zur Bekämpfung von Unruhen (Anhang III).

152 Siehe dazu den Kommentar der ILC zu dieser Bestimmung, UN Doc. A/61/10, 280 ff.

153 Oder ab einer bestimmten Zeitspanne nach diesem Datum, siehe z.B. Art. 49 Abs. 2 Pakt II.

schiedlicher Voraussetzungen (Kündigungsfrist oder Kündigungstermin resp. Ablauf einer Mindestvertragsdauer) zu[154].

4.72 Bei Verträgen, welche wie die beiden UNO-Pakte keine Bestimmungen zur Kündigung enthalten, bestimmt sich die Kündbarkeit nach Art. 56 Abs. 1 VRK, wonach in einem solchen Fall keine Möglichkeit zur Kündigung oder zum Rücktritt vom Vertrag besteht, ausser (a) es steht fest, dass die Partner beabsichtigten, die Möglichkeit der Kündigung oder des Rücktritts zuzulassen, oder (b) sich ein Recht auf Kündigung oder Rücktritt aus der Natur des Vertrages ergibt.

4.73 Der MRA bezog sich ausdrücklich auf diese Bestimmung, als er, nachdem Nordkorea im Jahre 1997 die Kündigung des Pakts angezeigt hatte, prüfen musste, ob die Kündigung von Pakt II zulässig sei[155]. Er kam dabei zum Schluss, die Parteien hätten eine Kündigungsmöglichkeit offenkundig nicht stillschweigend vereinbart[156]. Die Tatsache, dass die Zustimmung zur Anerkennung der Staatenbeschwerde gemäss Art. 41 Abs. 2 Pakt II von den betreffenden Staaten zurückgenommen werden könne und das zusammen mit dem Pakt ausgehandelte (erste) Fakultativprotokoll eine Kündigungsklausel enthalte, mache deutlich, dass der Verzicht auf die Verankerung einer allgemeinen Kündigungsklausel bewusst erfolgt sei. Zudem sei der Pakt kein Vertrag, dessen Natur eine Kündigung ohne Weiteres zulasse. Zusammen mit dem Pakt I kodifiziere er die Garantien der allgemeinen Menschenrechtserklärung und habe damit nicht den vorübergehenden Charakter, welcher für jederzeit kündbare Verträge typisch sei[157].

2. Derogation

4.74 Menschenrechtsverträge gelten sowohl in Friedenszeiten als auch während Zeiten von Krieg[158] und staatlichem Notstand. Gewisse ihrer Garantien können während solcher

---

154 Vgl. z.B. Art. 12 FP 1/Pakt II, Art. 65 EMRK, Art. 37 ESC, Art. 78 AMRK. Auch Kündigungen an sich kündbarer Menschenrechtsverträge sind in der Praxis äusserst selten; im Jahr 1998 kündigten aber Trinidad und Tobago und im September 2012 Venezuela die AMRK.

155 Jahresbericht 1998 des MRA, Report of the Human Rights Committee, Bd. I, General Assembly Official Records, Supplement No. 40 (UN Doc. A/53/40), Ziff. 413.

156 MRA, General Comment 26 (1997), Ziff. 2 und 3.

157 Die Staatenpraxis unterstützt diese Sichtweise. So anerkannte etwa die Schweiz anlässlich der Ratifizierung ausdrücklich die Unkündbarkeit des Pakts II; siehe Botschaft des Bundesrats betreffend den Beitritt der Schweiz zu den beiden Internationalen Menschenrechtspakten von 1966, Bundesblatt (BBl) 1991 I 1208. Der AfGRMV erachtete den Rückzug der (einseitigen) Erklärung Ruandas, seine Kompetenz in Beschwerdeverfahren anzuerkennen, trotz mangelnder expliziter Regelung im relevanten Vertrag für rechtskonform, sprach ihr aber die Geltung auf hängige Verfahren ab; AfGRMV, Umuhoza v. Republic of Rwanda, 003/2014, Ruling on Withdrawal of Declaration (2016), Ziff. 54 ff.

158 MRA, General Comment 31 (2004), Ziff. 11. So auch ausdrücklich der IGH in seiner Advisory Opinion on the Legality of the Threat or Use of Nuclear Weapons, ICJ Reports 1996-I, Ziff. 25; bestätigt in Advisory Opinion on the Legal Consequences of the Construction of a Wall in the Occupied Palestinian Territory, ICJ Reports 2004, Ziff. 106. Siehe zum Verhältnis zwischen Menschenrechten und humanitärem Völkerrecht in Kriegszeiten hinten Rz. 5.105 ff.

Notsituationen allerdings unter bestimmten Voraussetzungen vorübergehend ausser Kraft gesetzt, d.h. von ihnen kann abgewichen werden.

a) Rechtsgrundlagen

In ausgesprochenen Notsituationen, v.a. während bewaffneter Auseinandersetzungen 4.75
oder akuter terroristischer Bedrohungen, sind Staaten oft nicht in der Lage, ihre Menschenrechtsverpflichtungen voll zu erfüllen. Dieses Problem wird von den Menschenrechtsverträgen in sog. Derogationsklauseln angesprochen. Gemäss Art. 4 Abs. 1 Pakt II können die Vertragsstaaten

> «[i]m Falle eines Notstandes, der das Leben der Nation bedroht und der amtlich verkündet ist, [...] Massnahmen ergreifen, die ihre Verpflichtungen aus diesem Pakt in dem Umfang, den die Lage unbedingt erfordert, ausser Kraft setzen, vorausgesetzt, dass diese Massnahmen ihren sonstigen völkerrechtlichen Verpflichtungen nicht zuwiderlaufen und keine Diskriminierung allein wegen der Rasse, der Hautfarbe, des Geschlechts, der Sprache, der Religion oder der sozialen Herkunft enthalten».

Art. 15 EMRK spricht in ähnlicher Weise vom «Falle eines Krieges oder eines anderen 4.76
öffentlichen Notstandes, der das Leben der Nation bedroht». Ähnliche Bestimmungen sind in Art. 30 ESC[159], Art. 27 AMRK und Art. 4 ArCMR enthalten.

Keine Derogationsklauseln kennen die übrigen Verträge. Hier können sich die Ver- 4.77
tragsstaaten aber unter Umständen auf den Unrechtsausschliessungsgrund des Staatsnotstandes gemäss allgemeinem Völkerrecht berufen[160]. Zu beachten ist auch, dass in Notstandssituationen Menschenrechtsgarantien, die nicht absolut gelten, angesichts der besonders gewichtigen öffentlichen Interessen weitgehend eingeschränkt werden können. Das gilt gemäss Art. 4 Pakt I auch für die WSK-Rechte. Allerdings hat der WSK-Ausschuss zu Recht betont, «dass jeder Vertragsstaat die grundlegende Mindestverpflichtung hat, wenigstens die Verwirklichung des Kernbereichs jeden Rechts zu gewährleisten. Ein Vertragsstaat, in welchem beispielsweise zahlreichen Personen das

---

159 Und in Teil IV, Art. F ESCrev.

160 Art. 25 des ILC-Entwurfs bestimmt in Abs. 1: «Necessity may not be invoked by a State as a ground for precluding the wrongfulness of an act not in conformity with an international obligation of that State unless the act: (a) Is the only way for the State to safeguard an essential interest against a grave and imminent peril; and (b) Does not seriously impair an essential interest of the State or States towards which the obligation exists, or of the international community as a whole.» Die AfKRMV, welche in ihrer älteren Rechtsprechung davon ausging, eine Derogation der Rechte der AfCRMV sei mangels einer Derogationsklausel nie statthaft (siehe etwa AfKRMV, Commission Nationale des Droits de l'Homme et des Libertés v. Chad, 74/1992 [1995], Ziff. 21), scheint sich in ihrer neueren Praxis inhaltlich der Position des allgemeinen Völkerrechts anzunähern (AfKRMV, Amnesty International and Others v. Sudan, 48/1990, 50/1991, 52/1990, 89/1993 [1999], Ziff. 42 und 79 ff.), obwohl sie offiziell weiterhin die Position der Nichtderogierbarkeit der Garantien dieses Vertrags vertritt (AfKRMV, Sudan Human Rights Organisation & Centre on Housing Rights and Evictions [COHRE] v. Sudan, 279/03–296/05 [2009], Ziff. 167 f.).

Wesentliche bezüglich Nahrung, gesundheitlicher Erstversorgung, Unterkunft oder Unterricht fehlt, ist ein Staat, welcher prima facie die ihm auf Grund des Pakts obliegenden Verpflichtungen verletzt. Will ein Vertragsstaat als Grund für die mangelnde Verwirklichung seiner grundlegenden Mindestverpflichtungen in einer Notstandssituation fehlende Ressourcen geltend machen, so muss er nachweisen, dass alles unternommen wurde, um die verfügbaren Mittel zur vorrangigen Erfüllung dieser Mindestverpflichtungen zu nutzen»[161]. Diese Grundsätze gelten auch im Krieg[162].

4.78 Muss auch ein Staat, dessen Militärpersonal extraterritorial in einen bewaffneten Konflikt involviert ist und sich dabei an äquivalente, aber nicht deckungsgleiche Normen des humanitären Rechts hält, den Notstand ausrufen, um von nicht notstandsfesten Menschenrechtsgarantien abweichen zu dürfen? Die Frage ist u.E. zu verneinen. So haben europäische Staaten weder anlässlich ihrer militärischen Einsätze im ehemaligen Jugoslawien während der Kosovokrise, noch im Irak oder in Afghanistan Derogationserklärungen abgegeben und wären dazu mangels Vorliegens einer tatsächlichen Notstandssituation auf ihren Territorien wohl auch nicht befugt gewesen. Basierend auf dieser nachfolgenden Staatenpraxis, die sich auch in derjenigen der Vertragsstaaten des Pakts II spiegelt, bestätigte der EGMR in einem Grundsatzurteil aus dem Jahr 2014 zumindest partiell diese Sichtweise: Es stelle – so das Gericht – keine EMRK-Verletzung dar, wenn ein extraterritorial an einem internationalen Konflikt beteiligter Staat ohne Ausrufung des Notstandes eine Person inhaftiere, obwohl keiner der in Art. 5 EMRK abschliessend aufgezählten Haftgründe gegeben sei, soweit dabei den Haftvoraussetzungen der GK III oder der GK IV für Kriegsgefangene resp. Zivilinternierte Genüge getan werde[163].

b) Voraussetzungen

4.79 Derogationsmassnahmen, d.h. die vorübergehende Ausserkraftsetzung menschenrechtlicher Verträge oder einzelner ihrer Garantien, sind nur erlaubt, wenn folgende sechs Voraussetzungen kumulativ erfüllt sind:

4.80 *(1) Vorliegen einer Notstandssituation*: Nur wenn ein echter Notstand vorliegt, kann die Derogation menschenrechtlicher Garantien überhaupt in Frage kommen. Damit von einem solchen Notstand gesprochen werden kann, muss er (a) aktuell sein oder zumindest unmittelbar bevorstehen; (b) in seinen Auswirkungen die gesamte Bevölkerung oder zumindest einen Teil des Staatsgebietes betreffen; (c) die physische Integrität der Bevölkerung, die politische Unabhängigkeit oder die territoriale Integrität des Staates gefährden oder aber das grundlegende Funktionieren der staatlichen Institu-

---

161 WSK-Ausschuss, General Comment 3 (1990), Ziff. 10; Übersetzung aus Kälin/Malinverni/Nowak, 306.

162 So der Sonderberichterstatter der UNO-Menschenrechtskommission über Menschenrechtsverletzungen im irakisch besetzten Kuwait, UN Doc. E/CN. 4/1992/26, Ziff. 52.

163 EGMR (Grand Chamber), Hassan v. The United Kingdom, Reports 2014-VI, Ziff. 96 ff. Vgl. dazu auch hinten Rz. 16.55.

tionen beeinträchtigen; und (e) objektiv von ausserordentlicher Natur sein[164]. Nach Auffassung des MRA und der regionalen Gerichtshöfe stellt daher nicht jede Störung der öffentlichen Ordnung und nicht jede Katastrophe einen Notstand dar, welcher den Bestand eines Staates gefährdet, und selbst während eines bewaffneten Konflikts ist eine Derogation nur zulässig, wenn und soweit das Leben der Nation tatsächlich bedroht ist[165].

(2) Beachtung des Verhältnismässigkeitsprinzips: Die Suspendierung von Menschen- 4.81
rechten ist selbst während Notstandssituationen nur in dem Ausmass erlaubt, als es «die Lage unbedingt erfordert»[166]. Derogationsmassnahmen müssen somit einen ausserordentlichen und befristeten Charakter haben[167], d.h., sie dürfen nur solange aufrechterhalten werden, als das Leben der betreffenden Nation bedroht ist. Zudem sind sie auch in sachlicher und territorialer Hinsicht auf die Erfordernisse der konkreten Notsituation zu beschränken[168]. Derogationsmassnahmen sind daher für jedes Recht einzeln zu prüfen und sind erst erlaubt, wenn die zulässigen Beschränkungen der Menschenrechte nicht mehr genügen, um einer Situation Herr zu werden[169].

(3) Beachtung des Diskriminierungsverbots: Derogationsmassnahmen dürfen, wie Art. 4 4.82
Abs. 1 Pakt II und Art. 4 Abs. 1 ArCMR betonen, nicht so ausgestaltet sein, dass sie bloss etwa Angehörige bestimmter Rassen, Religionen, ethnischer Gruppen oder nur eines Geschlechtes treffen[170]. Dies ist eine allgemein geltende Konsequenz der Verpflichtung der Staaten zur diskriminierungsfreien Handhabung der Menschenrechte.

(4) Keine Derogation notstandsfester Garantien: Derogationsklauseln erklären regel- 4.83
mässig gewisse Garantien für notstandsfest. Die Umschreibung in den einzelnen Verträgen ist unterschiedlich: So bezeichnet Art. 15 EMRK das Recht auf Leben, das Folter- und das Sklavereiverbot sowie den Grundsatz «nulla poena sine lege» als notstandsfest. Das ZP 7/EMRK erweitert die Liste mit der Maxime «ne bis in idem» und die ZP 6 und 13/EMRK mit dem Verbot der Todesstrafe. Art. 4 Abs. 2 Pakt II schliesst zusätzlich das Verbot der Schuldverhaft, den Anspruch auf Anerkennung der

164 So die von einem Expertentreffen verabschiedeten Siracusa Principles on the Limitation and Derogation Provisions in the International Covenant on Civil and Political Rights, HRQ 1985, 3 ff., Ziff. 39.

165 MRA, General Comment 29 (2001), Ziff. 3; EGMR (Grand Chamber), A. and Others v. The United Kingdom, Reports 2009-II, Ziff. 175, und IAGMR, Espinoza Gonzáles v. Peru, C/289 (2014), Ziff. 119.

166 Art. 4 Abs. 1 Pakt II, Art. 15 EMRK, Art. 27 Abs. 1 AMRK.

167 MRA, General Comment 29 (2001), Ziff. 2, sowie IAGMR, J. v. Peru. C/275 (2013), Ziff. 139. Im Urteil A. and Others v. The United Kingdom, Reports 2009-II, Ziff. 178, hielt die Grosse Kammer des EGMR fest, in der Praxis des Gerichtshofs sei bisher der Grundsatz des temporären Charakters von Derogationsmassnahmen nie festgehalten worden, obwohl der Grundsatz der Verhältnismässigkeit auch eine Bedeutung für die zeitliche Dauer solcher Massnahmen habe.

168 MRA, General Comment 29 (2001), Ziff. 2.

169 Siracusa Principles (Anm. 164), Ziff. 15 und 16.

170 So auch EGMR (Grand Chamber), A. and Others v. The United Kingdom, Reports 2009-II, Ziff. 187 ff.

Rechtsfähigkeit sowie die Gedankens-, Gewissens- und Religionsfreiheit in die Reihe der notstandsfesten Garantien mit ein. Noch weiter geht die Liste von Art. 27 AMRK, welche zusätzlich die Ehefreiheit, die Rechte des Kindes, das Recht auf Staatsangehörigkeit, die demokratischen Menschenrechte und die zum Schutz dieser Rechte notwendigen Rechtsschutzgarantien erwähnt. Art. 4 Abs. 2 ArCMR qualifiziert das Recht auf Zugang zu einem unabhängigen Gericht, auf gerichtliche Überprüfung des Freiheitsentzugs, den Anspruch Inhaftierter auf menschliche Behandlung, das Recht, das eigene Land zu verlassen und dorthin zurückzukehren, das Recht, im Ausland Asyl zu suchen, und den Anspruch auf eine Nationalität als nicht derogierbare Garantien. Fraglich ist, ob nicht allgemein auch zentrale Verfahrensgarantien notstandsfest sein müssten. Unzulässig ist es jedenfalls, Verfahrensgarantien zu derogieren, welche – wie die prozessualen Anforderungen an die Verhängung der Todesstrafe[171] – nicht-derogierbare Rechte schützen[172].

4.84 *(5) Übereinstimmung der Derogationsmassnahmen mit den sonstigen völkerrechtlichen Verpflichtungen des Vertragsstaates*: Diese Schranke zulässiger Derogationsmassnahmen kann – abhängig von den konkreten völkerrechtlichen Verpflichtungen des jeweiligen Staates – entweder eine Ausdehnung der notstandsfesten Garantien in einem konkreten Fall oder aber zusätzliche formelle Erfordernisse einer Derogation bewirken. Bezüglich erhöhter formeller Erfordernisse einer Derogation prüfte z.B. der EGMR im Urteil Brannigan und McBride, ob die Notstandsmassnahmen in Nordirland gemäss Art. 15 EMRK auch den formellen Voraussetzungen von Art. 4 Pakt II entsprechen[173]. Als sonstige völkerrechtliche Verpflichtungen kommen in Betracht:

(a) *Menschenrechte* mit Ius-cogens-Qualität;

(b) *andere Menschenrechtsverträge*, welche die konkrete Derogation nicht erlauben: Relevant kann diese indirekte Ausdehnung notstandsfester Garantien insbesondere im Verhältnis zwischen universellen und regionalen Verträgen werden. So enthält, wie eben dargestellt, der Pakt II einen ausführlicheren Katalog notstandsfester Garantien als die EMRK, und die Derogationsklauseln von AMRK und ArCMR gehen über den Pakt hinaus. Von Bedeutung in diesem Zusammenhang sind auch diverse ILO-Konventionen, welche verschiedene Gewerkschafts- und Arbeitnehmerrechte notstandsfest garantieren;

(c) *das humanitäre Völkerrecht*: Die Derogation menschenrechtlicher Verträge kann nicht als Grund angeführt werden, das humanitäre Völkerrecht nicht zu beachten, welches ja gerade für solche Situationen geschaffen worden ist. Praktisch besonders relevant sind die Menschenrechtskataloge von Art. 75 ZP I und von Art. 4 ZP II.

4.85 *(6) Proklamation und Notifikation der Notstandsmassnahmen*: Schliesslich müssen gemäss den relevanten Vertragsbestimmungen Notstandsmassnahmen im eigenen Land

171 Dazu hinten Rz. 9.32.

172 MRA, General Comments 29 (2001), Ziff. 15, und 32 (2007), Ziff. 6; Art. 4 Abs. 1 ArCMR.

173 EGMR, Brannigan and McBride v. The United Kingdom, A/258-B (1993), Ziff. 67.

proklamiert[174] und dem im Vertrag genannten internationalen Organ notifiziert werden, um menschenrechtskonform zu sein.

Vertiefung: Menschenrechte und Terrorismus[175]

Der Kampf gegen den internationalen Terrorismus stellt für die Menschenrechte eine besondere Herausforderung dar. Einerseits sind die Staaten aus den Menschenrechten verpflichtet, Opfern privater Übergriffe inklusive terroristischer Gewaltakte Schutz zu gewähren und gegen die Täterinnen und Täter vorzugehen. Anderseits muss dies unter Beachtung der Menschenrechte geschehen[176]. Dies impliziert auf einer grundsätzlichen Ebene, dass Menschen nicht ihrer elementaren Rechte verlustig gehen, weil sie terroristischer Gewaltakte verdächtigt werden oder ihnen solche nachgewiesen werden können. 4.86

In diesem Spannungsfeld ist es oft unvermeidlich, Menschenrechte einzuschränken oder gar zu derogieren. Dabei gelten die gleichen Prinzipien wie in anderen Situationen grosser Gefährdungen der öffentlichen Sicherheit und Ordnung. So sind Derogationen nur unter den erwähnten Voraussetzungen zulässig und absolut geltende Garantien wie das Folterverbot oder das Recht auf Leben dürfen auch im Kampf gegen den Terrorismus nicht verletzt werden[177]. 4.87

Wie die Erfahrung des MRA zeigt, tendieren Staaten in diesem Zusammenhang oft dazu, über das hinauszugehen, was wirklich notwendig ist, um gegen Terroristen wirksam vorgehen zu können. Problematisch sind v.a. folgende Massnahmen und Situationen: 4.88

Freiheitsentzug ohne gerichtliche Ermächtigung und ohne Überprüfungsmöglichkeiten: In Kolumbien z.B. ermächtigt das Anti-Terror-Gesetz die Armee, Personen, welche terroristischer Gewaltakte verdächtigt werden, ohne Haftbefehl einer zivilen richterlichen Behörde und ohne gerichtliche Überprüfungsmöglichkeit zu inhaftieren[178]. In Sri Lanka kann das Verteidigungsministerium Verdächtige bis 18 Monate lang in Administrativhaft halten[179] und die USA halten Terrorverdächtige während Monaten und Jahren ohne jeglichen Rechtsschutz in Haft[180]. 4.89

---

174 Art. 4 Abs. 1 Pakt II. Keine offizielle Proklamation des Notstands verlangt Art. 15 EMRK.

175 Siehe hierzu Office of the High Commissioner for Human Rights, Digest of Jurisprudence of the UN and Regional Organizations on the Protection of Human Rights while Countering Terrorism; ‹https://www.ohchr.org/Documents/Publications/DigestJurisprudenceen.pdf› (zuletzt besucht am 30. Juni 2018); IAKMR, Report on Terrorism and Human Rights, 22. Oktober 2002, OEA/Ser.L/V/II.166 Doc. 5 rev. 1 corr.; Guidelines on Human Rights and the Fight against Terrorism, verabschiedet vom Ministerkomitee des Europarates am 11. Juli 2002. Siehe auch die Berichte des Special Rapporteurs on the promotion and protection of human rights while countering terrorism, ‹https://www.ohchr.org/en/issues/terrorism/pages/srterrorismindex.aspx› (zuletzt besucht am 30. Juni 2018).

176 So ausdrücklich GV-Res. 57/219 (2002).

177 So z.B. Art. V Guidelines on Human Rights and the Fight against Terrorism (Anm. 175).

178 MRA, CO Colombia (2004), Ziff. 9.

179 MRA, CO Sri Lanka (2003), Ziff. 13.

180 MRA, CO USA (2006), Ziff. 12. Siehe für weitere Beispiele MRA, CO United Kingdom (2015), Ziff. 15, und CO Turkey (2012), Ziff. 17.

4.90 *Aushändigung verdächtigter Ausländerinnen und Ausländer an Staaten, wo sie gefoltert werden*: Der Ausschuss kritisierte die litauische Gesetzgebung, welche es ermöglicht, terroristischer Akte verdächtigte Ausländer in Staaten auszuschaffen, in welchen ihnen Folter droht[181]. Gegenüber Grossbritannien erachtete er die Benutzung vom memoranda of understanding als Form diplomatischer Zusicherungen zur Verhinderung von Folterhandlungen im Destinationsstaat als unpraktikabel[182]. Schweden wurde kritisiert, weil es zwei terrorverdächtige Ägypter in ihre Heimat abgeschoben hatte, die dort offenbar misshandelt werden konnten, weil die schwedische Botschaft es unterlassen hatte, rechtzeitig die vereinbarten Gefängnisbesuche durchzuführen[183], und die USA dafür, dass sie ausserhalb ihres Territoriums gefangen genommene Personen auch an Staaten ausliefern, in welchen diese gefoltert werden[184].

4.91 *Die unpräzise und zu offene Umschreibung terroristischer Delikte*, welche es nicht erlaubt, präzise zu bestimmen, was terroristische Akte sind, ist ein häufiges Problem[185]. Dies ist besonders problematisch, weil Missbräuchen Tür und Tor geöffnet werden und insbesondere gestützt darauf die rechtmässige Berufung auf Garantien des Pakts II verneint wird[186]. So monierte der Ausschuss, dass in der Türkei zahlreiche Anwälte, Journalistinnen und gar Kinder gestützt auf die Anti-Terrorgesetzgebung angeklagt werden[187].

4.92 *Tötung statt Verhaftung*: Im Fall von Israel schloss der Ausschuss nicht aus, dass gezielte Tötungen nach den Regeln des humanitären Völkerrechts unter Umständen mit dem Völkerrecht vereinbar sind, betonte aber, dass das Prinzip der Verhältnismässigkeit auch angesichts terroristischer Bedrohungen beachtet werden müsse und deshalb gezielte Tötungen unzulässig seien, wo zum Mittel der Verhaftung von Personen gegriffen werden könne, die des Terrorismus verdächtigt würden[188]. Dasselbe gelte – so der MRA gegenüber den USA – bei gezielten Tötungen im Ausland mittels Drohnenangriffen[189]. Unzulässig seien auch Tötungen oder die Zerstörung von Häusern als Strafmassnahmen[190].

4.93 *Straflosigkeit*: Im Fall von Russland kritisierte der Ausschuss die Bestimmung im russischen Gesetz zur Terrorismusbekämpfung, welche Angehörige der Polizei und der Armee von jeder Verantwortlichkeit für Schäden befreit, die Privaten während Anti-Terror-

181 MRA, CO Lithuania (2004), Ziff. 7. Siehe dazu auch EGMR, Zubaydah v. Lithuania, 46454/11 (2018).

182 MRA, CO United Kingdom (2008), Ziff. 12, und CO United Kingdom (2015), Ziff. 19. Ähnlich MRA, CO Russia (2009), Ziff. 17.

183 MRA, CO Sweden (2004), Ziff. 12.

184 MRA, CO USA (2006), Ziff. 16.

185 MRA, CO Pakistan (2017), Ziff. 21, CO Bangladesh (2017), Ziff. 9, CO Morocco (2016), Ziff. 17, CO Poland (2016), Ziff. 9, CO Iraq (2015), Ziff. 9, CO United Kingdom (2015), Ziff. 14, CO Uzbekistan (2015), Ziff. 11.

186 MRA, CO Morocco (2016), Ziff. 17, CO Algeria (2007), Ziff. 17, CO Tunisia (2008), Ziff. 15.

187 MRA, CO Turkey (2012), Ziff. 16.

188 MRA, CO Israel (2003), Ziff. 15, und CO Israel (2010), Ziff. 10.

189 MRA, CO USA (2014), Ziff. 9.

190 MRA, CO Israel (2014), Ziff. 9, CO Israel (2003), Ziff. 16, und CO Israel (2010), Ziff. 17. Siehe zu dieser Thematik auch CO Yemen (2012), Ziff. 15, und CO Russia (2009), Ziff. 14.

Einsätzen zugefügt werden, und zeigte sich besorgt, dass Todesfälle, die sich bei solchen Operationen ereignen, nicht untersucht würden[191].

Entzug der Staatsangehörigkeit und Verbot der Einreise: Gegenüber dem Vereinigten Königreich monierte der Ausschuss die Praxis, Staatsangehörige, welche in Syrien oder Irak auf Seite von Terrororganisationen kämpften (sog. «foreign fighters»), an der Wiedereinreise zu hindern, indem ihnen die Staatsangehörigkeit entzogen wird, selbst wenn dies zur Staatenlosigkeit der betroffenen Person führt[192]. 4.94

Die Rigidität der Voraussetzungen einer zulässigen Derogationsmassnahme wird in der Praxis dadurch relativiert, dass vertragliche Überwachungsorgane den Vertragsstaaten bei der Beurteilung, ob eine Notstandssituation vorliegt und ob die deshalb getroffenen Massnahmen als verhältnismässig einzustufen sind, regelmässig einen grossen Ermessensspielraum gewähren. Im Fall Brannigan und McBride[193] z.B. betonte der EGMR, die nationalen Behörden könnten besser als ein internationales Gericht beurteilen, wie gross die Gefahr sei und welche Derogationsmassnahmen ergriffen werden müssten, um sie abzuwenden. Deshalb hätten die Staaten hier einen weiten Beurteilungsspielraum, in welchen der Gerichtshof nicht einzugreifen habe. Besonders geeignet seien internationale Organe aber für die Beurteilung der Verhältnismässigkeit der ergriffenen Massnahmen[194]. 4.95

V. Die Elemente einer Menschenrechtsverletzung

Was ist juristisch gesehen eine Menschenrechtsverletzung und wie stellt man eine solche fest? Zur Beantwortung dieser Fragen ist auf die in diesem und dem vorherigen Kapitel beschriebenen Elemente der Geltung der Menschenrechte zurückzugreifen. Dabei stehen Fragen des Geltungsbereiches, der Verpflichtungsart und der Schranken der Menschenrechte im Vordergrund. 4.96

Hilfreich ist bei der Prüfung der Frage, ob ein Staat in einem konkreten Fall Menschenrechte eines Privaten verletzt hat, systematisch vorzugehen und auf folgendes Prüfungsschema abzustellen: 4.97

191 MRA, CO Russia (2003), Ziff. 13 f. Ähnlich CO Russia (2015), Ziff. 17.

192 CO United Kingdom (2015), Ziff. 15. Siehe dazu auch Rz. 12.15.

193 EGMR, Brannigan and McBride v. The United Kingdom, A/258-B (1993).

194 A.a.O., Ziff. 43. Siehe auch EGMR (Grand Chamber), A. and Others v. The United Kingdom, Reports 2009-II, Ziff. 180 und 184, und Şahin Alpay v. Turkey, 16538/17, Reports 2018, Ziff. 75.

4.98

Element	Fragestellung		KONSEQUENZ
1. Opfereigenschaft	Liegt ein persönlicher Nachteil vor?	Nein: ⇒ Ja: ⇓	Keine Verletzung
2. Geltungsbereich	Schützt überhaupt eine Menschenrechtsgarantie das Opfer?	Nein: ⇒ Ja: ⇓	
a) sachlich	a) Trifft der Nachteil einen geschützten Bereich? Fehlt dazu ein Vorbehalt des Staates?	Nein: ⇒ Ja: ⇓	
b) persönlich	b) Schützt sie die Kategorie von Personen, zu welchen das Opfer gehört?	Nein: ⇒ Ja: ⇓	
c) räumlich	c) Ist die Person unter der Hoheitsgewalt des betreffenden Staates	Nein: ⇒ Ja: ⇓	
d) zeitlich	d) (aa) Ist die fragliche Garantie für den betreffenden Staat in Kraft?	Nein: ⇒ Ja: ⇓	
	(bb) Ist sie rechtmässig derogiert worden?	Ja: ⇒ Nein: ⇓	
3. Verpflichtungsart	Hat der Staat eine Verpflichtung a) zur Respektierung? b) zum Schutz? c) zur Gewährleistung, oder d) zur diskriminierungsfreien Handhabung missachtet?	Nein: ⇒ Ja: ⇓	Keine Verletzung
4. Schranken	a) Gilt die fragliche Garantie absolut oder stellt die Missachtung eine immer verbotene Verhaltensweise dar?	Ja: ⇒ Nein: ⇓	**Verletzung**
	b) Lässt sich die Missachtung rechtlich rechtfertigen?	Ja: ⇒ Nein: ⇒	Keine Verletzung **Verletzung**

Abb. 7: Übersicht über die Elemente einer Menschenrechtsverletzung

5. Kapitel: Geltung des humanitären Völkerrechts

Wie gelten die Garantien des humanitären Rechts? Wie bei den Menschenrechten ist es für die Beantwortung dieser Frage sinnvoll, zwischen der Reichweite der Verpflichtungen des humanitären Völkerrechts (Ziff. II) und den verschiedenen Aspekten des Geltungsbereichs (Ziff. III) zu unterscheiden. Dies wird abschliessend erlauben, ein Schema für die Prüfung von Verletzungen des humanitären Völkerrechts zu entwickeln (Ziff. IV). Vor der Erörterung dieser Aspekte ist allerdings auf das wichtige Prinzip einzugehen, dass das humanitäre Recht als Sonderrecht nur in Zeiten bewaffneter Konflikte Anwendung findet (Ziff. I). Dieses Kapitel behandelt diese Fragen nicht integral, sondern konzentriert sich auf die menschenrechtsrelevanten Bestimmungen der Genfer Konventionen und ihrer Zusatzprotokolle[1]. 5.1

I. Das humanitäre Völkerrecht als Sonderrecht

1. Die Existenz eines bewaffneten Konflikts als Anwendungsvoraussetzung des humanitären Völkerrechts

Das humanitäre Völkerrecht soll Individuen vor den besonderen Gefahren des Krieges schützen. Es bildet deshalb ein Sonderrecht, dessen Bestimmungen nur während bewaffneter Konflikte, d.h. militärischen Auseinandersetzungen zwischen Staaten oder zwischen Staatsorganen und bewaffneten organisierten Gruppen bzw. zwischen solchen Gruppen innerhalb eines Staats[2], zur Anwendung gelangen. In Friedenszeiten findet dieser Rechtszweig damit grundsätzlich keine Anwendung. Dabei unterscheidet sich der gewährte Schutz wesentlich danach, ob der Konflikt *international* oder, wie bei Bürgerkriegen oder militärischen Aufständen, *nicht international* (intern) ist. Nicht anwendbar ist das humanitäre Völkerrecht, wo Gewaltanwendungen nicht das Niveau eines militärischen Konfliktes erreichen, sondern auf der Ebene von internen Spannungen und Unruhen ausgetragen werden. Diese situationsbedingte Anwendungsvoraussetzung unterscheidet das humanitäre Recht in grundsätzlicher Weise vom Recht des internationalen Menschenrechtsschutzes, dessen Garantien nicht nur 5.2

1 Das Haager Recht, d.h. das Recht der Kriegführung, wird daher in diesem Kapitel nur am Rand behandelt.

2 ICTY (Appeals Chamber), The Prosecutor v. Tadić, Decision on the Defence Motion for Interlocutory Appeal on Jurisdiction, IT-94-1 (1995), Ziff. 70.

in Friedens-, sondern – unter Vorbehalt zulässiger Derogationen[3] – auch in Kriegszeiten gelten.

5.3 Die Unterscheidung zwischen internationalen und internen bewaffneten Konflikten ist praktisch relevant: Je nachdem ob ein Konflikt international oder intern ist, finden die vier Genfer Konventionen und das ZP I oder aber bloss der gemeinsame Art. 3 GK bzw. ZP II Anwendung[4]. Konkret bedeutet dies etwa, dass Truppenangehörige, die während eines internationalen Konflikts in die Hand des Feindes fallen, als Kriegsgefangene zu behandeln sind, während im Recht der nicht internationalen Konflikte der Kriegsgefangenenstatus völlig fehlt und ergriffene Aufständische deshalb als Kriminelle behandelt werden dürfen[5]. In ähnlicher Weise sind die umfangreichen Bestimmungen zur Behandlung der Zivilbevölkerung in besetzten Gebieten und zu den Pflichten der Besatzungsmacht nur während zwischenstaatlicher Konflikte anwendbar.

5.4 Bedeutsam ist die Differenzierung auch wegen Unterschieden im *konzeptionellen Hintergrund* der beiden Normbereiche: Normen des *internationalen* bewaffneten Konflikts haben eine Doppelfunktion, sie «schützen die Einzelperson in ihrer Qualität als Mensch wie auch in ihrer Qualität als Mitglied eines mit militärischen Mitteln agierenden politischen Kollektivs. Wird ein Individuum entgegen einer Norm des humanitären Völkerrechts behandelt, so ist nicht nur es selbst, sondern auch das Kollektiv, dem es angehört, in seinen Rechten verletzt»[6]. Diese kollektive Dimension fehlt beim Recht der *nicht internationalen* Konflikte, da eine Anerkennung der Aufständischen als dem Staat gleichberechtigtes Kollektiv aus Respekt vor der staatlichen Souveränität nicht in Frage kommt.

5.5 Trotz dieser Unterschiede nähern sich das Recht des internationalen bewaffneten Konflikts und jenes der internen bewaffneten Konflikte zunehmend an, weil die gewohnheitsrechtlichen Regeln des humanitären Völkerrechts[7] zu einem grossen Teil auf beide Konfliktkategorien Anwendung finden.

2. Internationale bewaffnete Konflikte

5.6 Internationale bewaffnete Konflikte im Sinne der Genfer Konventionen sind solche zwischen zwei oder mehreren Vertragsparteien, d.h. sie sind *zwischenstaatlicher* Natur. Deshalb fallen bewaffnete Auseinandersetzungen zwischen einem Staat, der einen anderen Staat in einer Auseinandersetzung gegen Aufständische oder andere nichtstaatliche Gruppierungen unterstützt, auch dann nicht unter den Begriff der internationalen bewaffneten Konflikte, wenn die Kampfhandlungen ausserhalb des eigenen

---

3 Dazu vorne Rz. 4.74 ff.

4 Zu diesen Vertragswerken vorne Rz. 2.71 ff.

5 Immerhin sollen sich die Behörden nach Ende des Konflikts gemäss Art. 6 Abs. 5 ZP II bemühen, solchen Personen eine «möglichst weitgehende Amnestie zu gewähren».

6 Martin Hess, Die Anwendbarkeit des humanitären Völkerrechts, insbesondere in gemischten Konflikten, Zürich 1985, 121 f.

7 Dazu vorne Rz. 2.119 ff.

Staatsgebiets ausgetragen werden[8]. Hingegen ist eine bewaffnete Auseinandersetzung, die ein Staat gegen eine nichtstaatliche Gruppierung ausserhalb seines Staatsgebiets ohne Einverständnis oder gar gegen den Willen des Territorialstaates führt, selbst dann als zwischenstaatliche Auseinandersetzung – und damit als internationaler bewaffneter Konflikt – zu beurteilen, wenn es zu keinen Kämpfen zwischen staatlichen Verbänden kommt. Denn dadurch wird der Grundsatz der territorialen Souveränität des Staates verletzt, auf dessen Gebiet sich die Kämpfe abspielen[9].

Der gemeinsame Art. 2 der Genfer Konventionen unterscheidet drei Kategorien inter- 5.7
nationaler bewaffneter Konflikte: (1) erklärte Kriege[10]; (2) alle anderen bewaffneten Konflikte, die «zwischen zwei oder mehreren der Hohen Vertragsparteien entsteh [en], und zwar auch dann, wenn der Kriegszustand von einer dieser Parteien nicht anerkannt wird»; und (3) Fälle «vollständiger oder teilweiser Besetzung des Gebietes einer Vertragspartei [...], selbst wenn die Besetzung auf keinen bewaffneten Widerstand stösst». Art. 1 Abs. 4 ZP I stellt den internationalen bewaffneten Konflikten zusätzlich (4) die sog. Befreiungskriege gleich. Dies sind «bewaffnete Konflikte, in denen Völker gegen Kolonialherrschaft und fremde Besetzung sowie gegen rassistische Regimes in Ausübung ihres Rechts auf Selbstbestimmung kämpfen». Der Verweis auf bewaffnete Konflikte, deren Existenz von einer Konfliktpartei nicht anerkannt wird, illustriert, dass objektive Kriterien und nicht die Einschätzung der Konfliktparteien darüber entscheiden, ob in einer bestimmten Situation das humanitäre Völkerrecht zur Anwendung gelangt.

Hingegen definiert der gemeinsame Art. 2 GK den Begriff des bewaffneten Konflikts 5.8
nicht. So bleibt bis heute umstritten, ob auch isolierte Akte grenzüberschreitender Gewalt, wie etwa eine Schussabgabe über die Grenze, ein einzelner Drohnenangriff gegen mutmassliche terroristische Ziele im Ausland oder der Abschuss eines fremden Kampflugzeugs, eine genügende Gewaltintensität zur Anwendung des humanitären Völkerrechts aufweisen oder ob dies nur bei anhaltenden Auseinandersetzungen der Fall ist[11]. Unseres Erachtens ist es sachgerechter, solche Fälle unter dem Aspekt der Menschenrechte zu behandeln, da ihnen jenes Mass an Gewaltintensität abgeht, welches die Anwendung von Sonderrecht rechtfertigt[12].

---

8 Diese Einstufung galt etwa für die Unterstützung der afghanischen Regierung in ihrem Kampf gegen die Taliban durch Truppen der USA und anderer Staaten.

9 In diesem Sinn ist etwa der bewaffnete Konflikt zwischen Israel und der Hizbollah auf libanesischem Gebiet im Jahr 2006 als internationaler Konflikt einzustufen.

10 Kriege, welche mit einer förmlichen Kriegserklärung eröffnet werden, existieren heute als Folge des Gewaltverbotes von Art. 2 Abs. 4 UNO-Charta praktisch nicht mehr.

11 Siehe etwa Christopher Greenwood, Scope of Application of Humanitarian Law, in Fleck, 47 f.

12 Anders wohl ICTY (Appeals Chamber), The Prosecutor v. Tadić, Decision on the Defence Motion for Interlocutory Appeal on Jurisdiction, IT-94-1 (1995), Ziff. 70 («[A]n armed conflict exists whenever there is a resort to armed force between States ... «). Eine Darstellung der uneinheitlichen Staatenpraxis findet sich bei Andrew Clapham, in Clapham/Gaeta/Sassoli, 10 ff.

3. Nicht internationale bewaffnete Konflikte

5.9 Das humanitäre Völkerrecht kennt keine einheitliche Kategorie der nicht internationalen Konflikte, sondern unterscheidet zwischen drei Situationen: (1) *innere Unruhen und Spannungen*, d.h. Fälle gewalttätiger Auseinandersetzungen, denen trotz Waffengewalt der militärische Charakter abgeht und auf die das humanitäre Völkerrecht *keine* Anwendung findet[13], (2) nicht internationale bewaffnete Konflikte im Anwendungsbereich des *gemeinsamen Art. 3 GK* und (3) nicht internationale bewaffnete Konflikte im Sinne von *ZP II*. Welche Situation vorliegt, bestimmt sich nicht nach der Auffassung der Konfliktparteien, sondern nach den objektiven Kriterien der Konventionen und ihrer Zusatzprotokolle[14].

5.10 Nicht international sind diese Konflikte, weil sie nicht zwischenstaatlicher Natur sind, sondern zwischen einem Staat und einem nichtstaatlichen Gegner, welcher sich gegen die Regierung mit Waffengewalt auflehnt, ausgetragen werden. Dabei ist es unerheblich, ob der Konflikt auf dem Gebiet der staatlichen Partei oder auf fremdem Staatsgebiet, aber mit Zustimmung des Staates, in welchem die Kämpfe stattfinden, ausgefochten wird.

a) Nicht internationale bewaffnete Konflikte gemäss dem gemeinsamen Art. 3 GK

5.11 Auf bewaffnete Konflikte, die «keinen internationalen Charakter» aufweisen und die «auf dem Gebiet einer der Hohen Vertragsparteien» entstehen, findet immer und ausnahmslos der gemeinsame Art. 3 GK Anwendung. Diese Bestimmung verankert für «Personen, die nicht direkt an den Feindseligkeiten teilnehmen, einschliesslich der Mitglieder der bewaffneten Streitkräfte, welche die Waffen gestreckt haben, und der Personen, die infolge Krankheit, Verwundung, Gefangennahme oder irgendeiner anderen Ursache ausser Kampf gesetzt wurden» (Personen hors de combat), eine Reihe von Minimalgarantien v.a. zum Schutz der körperlichen Integrität. Namentlich verbietet diese Bestimmung in absoluter Weise:

> «(a) Angriffe auf Leib und Leben, namentlich Mord jeglicher Art, Verstümmelung, grausame Behandlung und Folterung; (b) die Gefangennahme von Geiseln; (c) Beeinträchtigung der persönlichen Würde, namentlich erniedrigende und entwürdigende Behandlung; und (d) Verurteilungen und Hinrichtungen ohne vorhergehendes Urteil eines ordnungsmässig bestellten Gerichtes, das die von den zivilisierten Völkern als unerlässlich anerkannten Rechtsgarantien bietet.»

5.12 In der Praxis stellt sich oft die Frage, wann blosse Unruhen und Spannungen, auf die das humanitäre Völkerrecht keine Anwendung findet, zu einem bewaffneten Konflikt im Sinne des gemeinsamen Art. 3 GK werden. Art. 1 Abs. 2 ZP II erwähnt «Fälle innerer Unruhen und Spannungen wie Tumulte, vereinzelt auftretende Gewalttaten und andere ähnliche Handlungen» als Beispiele von Situationen unterhalb der Anwen-

13 Hier bieten einzig die Menschenrechte Schutz.

14 ICTR, The Prosecutor v. Akayesu, 96-4-T (1998), Ziff. 603.

dungsschwelle des humanitären Völkerrechts. Ein sachliches Kriterium für diese Abgrenzung stellt darauf ab, ob *auf beiden Seiten militärische Mittel* zum Einsatz kommen, d.h. ob der Konflikt einen militärischen Charakter besitzt[15]. Dies trifft etwa zu, wenn die Regierung die reguläre Armee einsetzen muss, um gegen Aufständische vorgehen zu können, welche sich militärisch organisiert[16] haben oder bestimmte Landesteile zumindest zeitweise kontrollieren. Erst recht gilt dies in folgenden Situationen: (1) wenn Aufständische in einem Teil des Territoriums De-facto-Regierungsgewalt über die Bevölkerung ausüben[17], (2) wenn diese ein staatsähnliches Gebilde (De-facto-Staat) geschaffen haben, oder (3) wenn ein Konflikt zwischen Aufständischen und Regierungstruppen über eine solche Intensität verfügt, dass der UNO-Sicherheitsrat die Situation als Bedrohung für den internationalen Frieden gemäss Art. 39 UNO-Charta einstuft. Eine Beteiligung staatlicher Truppen ist jedoch nicht Anwendungsvoraussetzung des gemeinsamen Art. 3 GK: Ein interner bewaffneter Konflikt im Sinn dieser Bestimmung besteht daher auch, wenn auf dem Gebiet eines Vertragsstaates zwei oder mehrere genügend *organisierte nichtstaatliche Gruppierungen* sich gegenseitig *militärische Kämpfe* von einer *gewissen Dauer oder Intensität* liefern.

Vertiefung: Die Rechtsprechung des ICTY zu den Voraussetzungen eines nicht internationalen bewaffneten Konflikts gemäss dem gemeinsamen Art. 3 GK

Kriegsverbrechen können einzig während bewaffneter Konflikte begangen werden. Aus diesem Grund haben Strafgerichte oft vorfrageweise darüber zu entscheiden, ob ein derartiges Verbrechen tatsächlich während einer Situation begangen wurde, in welcher zumindest die situationsbedingten Anforderungen des gemeinsamen Art. 3 GK erfüllt sind. 5.13

Im Fall Tadić hielt die Berufungskammer des ICTY 1995 fest, ein bewaffneter Konflikt gemäss Art. 3 GK liege vor, «whenever there is a resort to [...] protracted armed violence between governmental authorities and organized armed groups or between such groups within a State»[18]. 5.14

Für interne bewaffnete Konflikte identifizierte das Gericht damit die zwei entscheidrelevanten Kriterien des Vorliegens «andauernder bewaffneter Gewalt» und der Teilnahme einer «organisierten bewaffneten Gruppe» an den Auseinandersetzungen. In einem Urteil aus dem Jahr 2008 hatte das ICTY zu beurteilten, ob Mitglieder der «Kosovo Liberation Army/KLA» im Jahr 1998 Kriegsverbrechen begangen hatten[19]. Dabei war besonders strittig, ob es sich bei den Auseinandersetzungen zwischen der serbischen Armee und KLA zu diesem Zeitpunkt um einen bewaffneten Konflikt im Sinne des gemeinsamen 5.15

---

15 Der Einsatz von Regierungstruppen gegen gewalttätige Demonstranten löst deshalb z.B. die Anwendbarkeit des gemeinsamen Art. 3 GK noch nicht aus.

16 Verlangt wird das Vorhandensein einer Führung, die Autorität über die Mitglieder der Organisation ausüben und Verletzung von Art. 3 GK sanktionieren kann; ICTY, The Prosecutor v. Boškoski and Tarčulovski, Trial Chamber, IT-04-82-T (2008), Ziff. 195 ff.

17 Pictet IV, 35 f.

18 ICTY (Appeals Chamber), The Prosecutor v. Tadić, Decision on the Defence Motion for Interlocutory Appeal on Jurisdiction, IT-94-1 (1995), Ziff. 70.

19 ICTY (Trial Chamber), The Prosecutor v. Haradinaj et al., Judgment, IT-04-84 (2008).

Art. 3 GK gehandelt hatte. Zur Klärung dieser Frage setzte sich das Gericht intensiv mit den beiden Begriffselementen eines bewaffneten Konflikts auseinander. Zum Element der «andauernden bewaffneten Gewalt» stellte es auf die Kriterien der Dauer und der Intensität der Auseinandersetzung ab und führte gestützt auf eine sorgfältige Analyse der bisherigen Rechtsprechung des ICTY zum Verhältnis der beiden Kriterien Folgendes aus:

«The criterion of protracted armed violence has therefore been interpreted in practice, including by the Tadić Trial Chamber itself, as referring more to the intensity of the armed violence than to its duration. Trial Chambers have relied on indicative factors relevant for assessing the ‹intensity› criterion, none of which are, in themselves, essential to establish that the criterion is satisfied. These indicative factors include the number, duration and intensity of individual confrontations; the type of weapons and other military equipment used; the number and calibre of munitions fired; the number of persons and type of forces partaking in the fighting; the number of casualties; the extent of material destruction; and the number of civilians fleeing combat zones. The involvement of the UN Security Council may also be a reflection of the intensity of a conflict»[20].

5.16 Zur notwendigen Organisationsstruktur einer nicht staatlichen Konfliktpartei befand es, die Praxis des ICTY unterstreiche das Prinzip, dass «an armed conflict can exist only between parties that are sufficiently organized to confront each other with military means. State governmental authorities have been presumed to dispose of armed forces that satisfy this criterion. As for armed groups, Trial Chambers have relied on several indicative factors, none of which are, in themselves, essential to establish whether the ‹organization› criterion is fulfilled. Such indicative factors include the existence of a command structure and disciplinary rules and mechanisms within the group; the existence of a headquarter; the fact that the group controls a certain territory; the ability of the group to gain access to weapons, other military equipment, recruits and military training; its ability to plan, coordinate and carry out military operations, including troop movements and logistics; its ability to define a unified military strategy and use military tactics; and its ability to speak with one voice and negotiate and conclude agreements such as ceasefire or peace accords»[21].

b) Nicht internationale bewaffnete Konflikte gemäss Zusatzprotokoll II

5.17 Das ZP II findet gemäss Art. 1 Abs. 1 Anwendung, wenn Auseinandersetzungen im Territorium einer «Vertragspartei zwischen deren Streitkräften und abtrünnigen Streitkräften oder anderen organisierten bewaffneten Gruppen stattfinden, die unter einer verantwortlichen Führung eine solche Kontrolle über einen Teil des Hoheitsgebiets der Hohen Vertragspartei ausüben, dass sie anhaltende, koordinierte Kampfhandlungen durchführen und dieses Protokoll anzuwenden vermögen». Während derartiger Konflikte gelten über den gemeinsamen Art. 3 GK hinaus die detaillierten Bestimmungen des ZP II zum Schutz aller Personen, die vom bewaffneten Konflikt betroffen sind.

20 A.a.O., Ziff. 49. Siehe dazu auch ICTY (Trial Chamber), The Prosecutor v. Boškoski and Tarčulovski, IT-04-82-T (2008), Ziff. 177 f.

21 A.a.O., Ziff. 60.

Das ZP II ist damit für eigentliche Bürgerkriege bestimmt und schliesst Konflikte, die sich zwischen nichtstaatlichen Gruppierungen abspielen, von seinem situationsbedingten Anwendungsbereich aus. Die Kriterien der Gebietskontrolle, der anhaltenden und koordinierten Kampfhandlungen und der Fähigkeit zur Anwendung des Protokolls[22] machen deutlich, dass die Schwelle für die Anwendbarkeit des ZP II höher liegt als im Fall des gemeinsamen Art. 3 GK, der auch für isoliertere und wenig organisierte militärische Aktionen gilt. «Anhaltend» und «koordiniert» sind Kampfhandlungen, wenn sie nicht bloss sporadisch, sondern über längere Zeit als Teil einer geplanten militärischen Strategie erfolgen. Zusätzlich verlangt die Fähigkeit, das Protokoll anwenden zu können, von Aufständischen einen hohen Organisationsgrad, da das ZP II Pflichten wie den Betrieb von Schulen für Kinder (Art. 4 Abs. 3 lit. a), die Errichtung einer funktionierenden Strafgerichtsbarkeit (Art. 6) oder medizinische Pflege für Verwundete und Kranke (Art. 7) auferlegt. Weiter muss die Führung der nichtstaatlichen Konfliktpartei fähig sein, eine gewisse Disziplin durchzusetzen sowie anhaltende und koordinierte Kampfhandlungen durchzuführen. 5.18

4. Gemischte bewaffnete Konflikte

Besondere Probleme der Abgrenzung der beiden Konfliktarten stellen sich, wenn ein Drittstaat auf Seiten der Aufständischen[23] in einen nicht internationalen Konflikt eingreift, oder wenn im Rahmen eines zwischenstaatlichen Konfliktes gleichzeitig ein Bürgerkrieg ausbricht. In solchen Fällen wird von *gemischten Konflikten* gesprochen[24]. 5.19

Welchem Recht unterstehen solche Konflikte? Gemäss der sog. *Komponententheorie* muss der Konflikt in solchen Fällen in seine internationalen und internen Komponenten unterteilt werden, um das jeweils anwendbare Recht bestimmen zu können, d.h. es ist für jede Situation zu prüfen, wer gegen wen kämpft. Dabei sind zwei Fälle zu unterscheiden: Kämpfen sowohl ein ausländischer Staat als auch die Aufständischen *gegen* eine Regierung, laufen parallel ein internationaler und ein interner bewaffneter 5.20

---

22 Siehe dazu ausführlich SANDOZ/SWINARSKI/ZIMMERMANN, 1347 ff.

23 Unterstützt demgegenüber der Drittstaat die Regierung im Kampf gegen Aufständische, bleibt der Konflikt innerstaatlich.

24 Beispiel: An den kriegerischen Auseinandersetzungen in der *Demokratischen Republik Kongo* nach dem Sturz des Diktators Mobutu im Jahre 1997 zwischen verschiedenen Rebellengruppen und der Regierung waren verschiedene ausländische Staaten beteiligt. Seit dem 2. August 1998 kämpften auf der Seite der Rebellen Truppen aus Ruanda, Uganda (zur Rolle Ugandas siehe IGH, Armed Activities on the Territory of the Congo [Democratic Republic of Congo v. Uganda], ICJ Reports 2005) und Burundi. Dies löste wiederum die militärische Unterstützung der damaligen kongolesischen Regierung durch Angola, Simbabwe und Namibia aus. Ein neueres Beispiel sind die seit 2011 andauernden militärischen Auseinandersetzungen in Syrien, die sich von einer rein internen bewaffneten Auseinandersetzung im Sinne des Art. 3 GK infolge drittstaatlicher militärischer Interventionen, die oft ohne Zustimmung der syrischen Regierung erfolgten, zu einem hoch komplexen gemischten Konflikt entwickelten.

Konflikt, die dem jeweiligen Recht unterstehen[25]. Das gilt auch, wenn die ausländische Macht und die Aufständischen ihre militärischen Aktionen koordinieren oder gemeinsam kämpfen. Hilft demgegenüber ein Drittstaat der Regierung, fehlt es an einem zwischenstaatlichen Konflikt, und die ausländischen Streitkräfte nehmen auf Seiten der Regierung an einem juristisch rein internen Konflikt teil.

5.21 Der IGH hat sich im Fall Nicaragua gegen die USA auf die Komponententheorie abgestützt und sie damit implizit als geltendes Recht anerkannt. Er führte aus, der Konflikt zwischen der bewaffneten Gruppierung der Contras und der sandinistischen Regierung in Nicaragua sei als interner bewaffneter Konflikt zu bezeichnen, während allfällige militärische Aktionen der USA in und gegen Nicaragua auf Seiten der Contras nach den Regeln des internationalen bewaffneten Konflikts zu beurteilen seien[26].

5.22 Die Komponententheorie schafft Schwierigkeiten, wenn verschiedene Konflikte ineinander verschmelzen und verschiedenste Parteien staatlicher und nichtstaatlicher Natur an den kriegerischen Aktionen beteiligt sind. In solchen Konstellationen ist es anspruchsvoll, die einzelnen Komponenten des gemischten Konflikts zu identifizieren. Zudem ist es unbefriedigend, wenn im gleichen Konflikt das eine Opfer einer Gewalttat schutzlos bleibt, weil die Verantwortlichen nicht an der internationalen Komponente des Konflikts partizipieren, während ein anderes potenzielles Opfer nur deshalb vom höheren Schutzniveau des Rechts internationaler Konflikte profitieren kann, weil die Täter zufälligerweise für einen ausländischen Staat agieren. In der Doktrin ist deshalb z.T. gefordert worden, in komplexen Fällen gemischter Konflikte das Recht der internationalen Konflikte integral Anwendung finden zu lassen[27]. Diese Auffassung hat sich nicht durchgesetzt[28], u.a. weil ein entsprechender Vorschlag des IKRK anlässlich der Erarbeitung der Zusatzprotokolle gescheitert war[29].

5.23 Um die Härte der Abgrenzung und die Komplexität ihrer Auswirkung zu mildern, haben Vertragsrecht und Praxis trotz grundsätzlicher Weitergeltung der Komponententheorie gewisse Wege gefunden, um den Anwendungsbereich des Rechts der internationalen Konflikte auf solche gemischte Auseinandersetzungen auszudehnen:

5.24 (1) *Art. 1 Abs. 4 ZP I*, der heute keine bedeutsame Rolle mehr spielt, zählt zu den internationalen bewaffneten Konflikten trotz fehlender Beteiligung von Truppen einer anderen Vertragspartei auch Befreiungskriege gegen Kolonial- und Besatzungsmächte.

25 Aus diesem Grund gelangte der IGH zum Schluss, Uganda habe während seiner Besetzung von kongolesischem Territorium die GK IV verletzt; Armed Activities on the Territory of the Congo (Democratic Republic of Congo v. Uganda), ICJ Reports 2005, Ziff. 219.

26 IGH, Military and Paramilitary Activities in and against Nicaragua (Nicaragua v. The United States of America), ICJ Reports 1986, Ziff. 219.

27 So z.B. Theodor Meron, Normative Impact of the Hague Tribunal, in: War Crimes Come of Age, Essays, Oxford 1998, 213 f.

28 Siehe z.B. ICTY (Appeals Chamber), The Prosecutor v. Tadić, Judgment, IT-94-1 (1999), wo das Tribunal für das ehemalige Jugoslawien eine solche Ausdehnung des Rechts der internationalen bewaffneten Konflikte ablehnt.

29 Hess (Anm. 6), 153.

(2) Bedeutsamer ist die Praxis des IGH und des Jugoslawien-Tribunals, wonach nicht internationale bewaffnete Konflikte einen internationalen Charakter erhalten und folglich unter das Regime der internationalen Konflikte fallen, wenn die nichtstaatliche Partei unter einer derart starken Kontrolle eines anderen Staates steht, dass sie als De-facto-Organ dieses Staates eingestuft werden kann. 5.25

Vertiefung: Nichtstaatliche Gruppierungen als De-facto-Organe eines fremden Staates

Die Unterstellung nichtstaatlicher Gruppen unter das Recht der internationalen bewaffneten Konflikte kann bei gemischten Konflikten dadurch erreicht werden, dass ihr Handeln einem fremden Staat zugeschrieben wird. Ein Ansatzpunkt dafür findet sich in der Regel von Art. 4 Abs. A Ziff. 2 GK III, dass als Kriegsgefangene nicht nur Angehörige der regulären Streitkräfte einer Konfliktpartei gelten, die in die Hände des Feindes gefallen sind, sondern auch «Angehörige anderer Milizen und Freiwilligenkorps, einschliesslich solcher von organisierten Widerstandsbewegungen, *die zu einer am Konflikt beteiligten Partei gehören und ausserhalb oder innerhalb ihres eigenen Gebietes*, auch wenn dasselbe besetzt ist, tätig sind [...]»[30]. Relevant ist auch der Grundsatz des Rechts der Staatenverantwortlichkeit, wonach einem Staat das Verhalten von Personen oder Gruppen zugerechnet wird, welche gemäss dessen Anweisungen oder unter seiner Leitung oder Kontrolle handeln[31]. 5.26

Der IGH hat im *Nicaragua-Fall* anerkannt, dass Verstösse gegen das humanitäre Recht durch Aufständische einem Staat gemäss den Regeln der Staatenverantwortlichkeit zugerechnet werden können, falls die dafür verantwortlichen Personen tatsächlich unter seiner effektiven Kontrolle handeln. Im konkreten Fall verneinte er aber, dass die Kontrolle der USA über die aufständischen Contras derart weit ging[32]. Der Gerichtshof bestätigte diesen sog. «effective control»-Standard im *Genozidfall*. Er hielt fest, damit Handlungen nichtstaatlicher Gruppierungen einem Staat zugerechnet werden können, müsse nicht nur in allgemeiner Weise eine effektive Kontrolle über deren Verhalten nachgewiesen werden, sondern diese Kontrolle müsse konkret für diejenigen Operationen dieser Gruppe erstellt werden, anlässlich derer die Rechtsverletzungen geschahen[33]. 5.27

Im Gegensatz dazu entschied das Jugoslawien-Tribunal im *Tadić-Fall*, auf Handlungen der serbischen Gruppierungen in Bosnien sei das Recht der internationalen bewaffneten Konflikte anwendbar, weil ihre Aktivitäten der damaligen Bundesrepublik Jugoslawien (Serbien und Montenegro) zugerechnet werden könnten. Deshalb seien ihre Übergriffe auf bosniakische (moslemische) und kroatische Bürgerinnen und Bürger des Staates Bosnien-Herzegowina im Lichte des Rechts internationaler bewaffneter Konflikte zu beurteilen, obwohl nicht nachgewiesen werden konnte, dass die damalige Bundesrepublik 5.28

---

30 Hervorhebung durch die Autoren.

31 Art. 8 ILC-Entwurf, siehe dazu auch vorne Rz. 3.10.

32 IGH, Case concerning Military and Paramilitary Activities in and against Nicaragua (Nicaragua v. The United States of America), ICJ Reports 1986, Ziff. 115 f.

33 IGH, Application of the Convention on the Prevention and Punishment of the Crime of Genocide (Bosnia and Herzegovina v. Serbia and Montenegro), ICJ Reports 2007, Ziff. 400.

Jugoslawien Kontrolle über alle konkret zu beurteilenden Operationen ausübte[34]. Ausgangspunkt dieser Entscheidung war der erwähnte Art. 4 GK III, woraus das Gericht ableitete, ein bewaffneter Konflikt werde zu einem internationalen, wenn nichtstaatliche Einheiten in einem Bürgerkrieg zu einem anderen Staat «gehören», d.h. zu diesem in einem Abhängigkeits- und Treueverhältnis und damit unter seiner allgemeinen Kontrolle («overall control») stehen[35]. Es genüge, dass dieser Staat zusätzlich zur Finanzierung, Ausrüstung und Ausbildung solcher Gruppen bei der Organisation, Koordination und Planung ihrer militärischen Operationen im Allgemeinen eine Rolle spiele[36].

5.29 Zur Feststellung, wann das Verhalten einer nichtstaatlichen Gruppierung faktisch einem fremden Staat zuzurechnen ist, hat sich somit in der Praxis die *«Kontrolltheorie»* durchgesetzt[37]. Während weitgehend unbestritten ist, dass bei entsprechender Kontrolle Handlungen einer Bürgerkriegspartei einem fremden Staat zugerechnet werden können und der Konflikt damit internationalisiert wird, besteht Uneinigkeit darüber, wie eng und konkret diese Kontrolle sein muss. Die Auffassung des Jugoslawien-Tribunals, dass eine allgemeine Kontrolle genüge, liegt näher bei der Realität heutiger Kriegführung und erscheint uns deshalb sachgerechter zur Bestimmung des anwendbaren Rechts als der «effective control»-Standard des IGH. Ein Staat ist nicht nur dann Gegner einer fremden Regierung, wenn er selbst militärisch eingreift oder irreguläre Truppen auf dem betreffenden Staatsgebiet «fernsteuert», sondern bereits dann, wenn er solche Truppen aufrüstet und ihnen zusätzlich die allgemeine strategische Richtung weist, sie aber bei der konkreten Umsetzung dieser Strategie im alltäglichen Kampfgeschehen gewähren lässt. Diese Schlussfolgerung steht nicht zwingend im Gegensatz zur Rechtsprechung des IGH, da der Gerichtshof zwar eine Anwendung des «overall control»-Standards zur Bestimmung der völkerrechtlichen *Verantwortlichkeit* ablehnte, aber offen liess, ob dieser Standard allenfalls zur Bestimmung des *internationalen Charakters* eines Konflikts geeignet sei[38].

5.30 (3) Schliesslich zeigt sich immer deutlicher, dass viele Regeln des humanitären Völkerrechts, welche in Verträgen zum Recht des internationalen bewaffneten Konflikts verankert sind, mittlerweile als *Gewohnheitsrecht* gleichzeitig auch für nicht internationale bewaffnete Konflikte gelten. In diesem Sinn hat das Jugoslawien-Tribunal im Tadić-Fall betont, dass sich die starren Grenzen zwischen dem Recht der internationalen und jenem der internen Konflikte aufgelöst haben, weil die grundlegenden Nor-

---

34 ICTY (Appeals Chamber), The Prosecutor v. Tadić, Judgment, IT-94-1-A (1999), Ziff. 88 ff. Die (erstinstanzliche) Trial Chamber hatte in Anlehnung an den Nicaragua-Fall eine «effektive» Kontrolle verlangt («effective control test») und entschieden, eine solche habe im konkreten Fall gefehlt. Siehe ICTY (Trial Chamber), The Prosecutor v. Tadić, Judgment, IT-94-1 (1995), Ziff. 584 ff.

35 ICTY (Appeals Chamber), The Prosecutor v. Tadić, Judgment, IT-94-1-A (1999), Ziff. 94 f.

36 A.a.O., Ziff. 138.

37 Sie wird im allgemeinen Völkerrecht durch Art. 8 des ILC-Entwurfs gestützt.

38 IGH, Genozid-Urteil (Anm. 30), Ziff. 404. Der IGH gestand zu, dass «the degree and nature of a State's involvement in an armed conflict can very well, and without logical inconsistency, differ from the degree and nature of involvement required to give rise to that State's responsibility for a specific act committed in the course of the conflict»; a.a.O., Ziff. 405.

men des Vertragsrechts inzwischen gewohnheitsrechtlichen Charakter erhalten haben[39]. Dies ist von der Expertenstudie des IKRK zum gewohnheitsrechtlichen humanitären Völkerrecht[40] bestätigt worden. Die meisten der dort identifizierten Regeln sind für alle Konfliktarten, d.h. auch für gemischte Konflikte, verbindlich. Dieser Befund wird durch einen Blick auf die Umschreibung der Kriegsverbrechen in Art. 8 Römer Statut bestätigt, wonach zahlreiche, aber nicht alle, Verbrechen sowohl in internationalen wie auch in nicht internationalen Konflikten für strafbar erklärt werden[41].

5. Zusammenfassung

Die Voraussetzungen für die Anwendbarkeit des humanitären Völkerrechts lassen sich folgendermassen zusammenfassen: 5.31

Situation	Abgrenzungskriterium	Anwendbares Recht
Unruhen und Spannungen	Gewalttätigkeiten nichtmilitärischen Charakters	Menschenrechte
Interner Konflikt gemäss Art. 3	Kampfhandlungen militärischen Charakters, auch auf Seiten der Aufständischen	Gemeinsamer Art. 3 GK; Menschenrechte
Interner Konflikt gemäss ZP II	Aufständische üben unter verantwortlicher Führung eine solche Kontrolle über Teile des Staatsgebiets aus, dass sie anhaltende, koordinierte Kampfhandlungen durchführen und das Protokoll anwenden können.	Gemeinsamer Art. 3 GK; ZP II; Menschenrechte
Gemischter Konflikt	Interner bewaffneter Konflikt mit militärischer Intervention eines anderen Staates gegen die Regierung	Je nach Komponente: GK I–IV & ZP I/Art. 3 GK/ ZP II; Menschenrechte
Internationaler bewaffneter Konflikt	Militärischer Konflikt zwischen Staaten; Besetzung fremden Gebietes	GK I–IV; ZP I; Menschenrechte

Abb. 8: Anwendungsvoraussetzungen des humanitären Völkerrechts

39 ICTY (Appeals Chamber), The Prosecutor v. Tadić, Judgment, IT-94-1-A (1999), Ziff. 96 f. Als Normen, die gewohnheitsrechtlich für alle Arten von Konflikten gelten, bezeichnete das Gericht den Schutz der Zivilbevölkerung vor unterschiedslosen Angriffen, den Schutz gewisser ziviler Objekte, v.a. des kulturellen Erbes eines Landes, und das Verbot bestimmter Kampfmethoden; a.a.O., Ziff. 127.

40 Henckaerts/Doswald-Beck; zu dieser Studie vorne Rz. 2.122.

41 Siehe dazu vorne Rz. 2.96 ff.

II. Verpflichtungen aus dem humanitären Völkerrecht[42]

1. Wer ist verpflichtet?

a) Staaten

5.32 Gemäss dem gemeinsamen Art. 1 der Genfer Konventionen und Art. 1 ZP I verpflichten sich die «Hohen Vertragsparteien» diese Verträge «einzuhalten und [ihre] Einhaltung durchzusetzen». Damit wird klargestellt, dass *primär die Staaten* aus den Normen des humanitären Völkerrechts verpflichtet werden. Für die Frage, welches Verhalten den Staaten zugerechnet werden kann, gelten die Grundsätze, welche bei den Verpflichtungen aus Menschenrechten bereits dargestellt worden sind[43].

5.33 Die Staaten müssen die Garantien des humanitären Völkerrechts unabhängig davon beachten, ob sich die Gegenseite an ihre Pflichten hält. Zwar liegt dem humanitären Völkerrecht konzeptionell der Gedanke der Reziprozität zugrunde[44], rechtlich ist die Gegenseitigkeit der Rechtstreue aber keine Voraussetzung für die Geltung seiner Normen. In diesem Sinn bestimmt Art. 60 Abs. 5 VRK ausdrücklich, dass in Abweichung von einer allgemeinen Regel des Völkerrechts ein Staat, der Opfer einer erheblichen Vertragsverletzung geworden ist, die Anwendung der Vertragsbestimmungen gegenüber dem Verletzerstaat nicht suspendieren oder beenden darf, wenn es um «Bestimmungen über den Schutz der menschlichen Person in Verträgen humanitärer Art» geht.

Vertiefung: Verpflichtung privater Sicherheitsunternehmen?

5.34 Insbesondere aus finanziellen Erwägungen delegieren heute Staaten klassische militärische Aufgaben vermehrt an Private und betrauen Angestellte privater Unternehmen mit Unterhalts-, Logistik-, Sicherheits- oder gar eigentlichen Kampfaufgaben. Damit stellt sich die Frage, ob und wie diese Unternehmen oder ihre Auftraggeber an die Vorgaben des humanitären Völkerrechts gebunden sind.

5.35 Sicherheitsunternehmen als solche werden durch das humanitäre Völkerrecht nicht verpflichtet, richten sich doch die Vorgaben dieses Rechtszweiges einzig an Staaten und aufständische Bewegungen, nicht hingegen an juristische Personen. Damit ist abzuklären, ob und wie die verschiedenen involvierten Staaten für die Umsetzung des humanitären Völkerrechts durch Sicherheitsunternehmen verantwortlich sind.

5.36 Antworten auf diese Fragen versucht das sog. «Montreux Dokument» aus dem Jahr 2008[45] zu geben: Staaten, welche private Sicherheitsdienstleistungen in Anspruch neh-

---

42 Dieser Abschnitt behandelt nur diejenigen Verpflichtungen des humanitären Völkerrechts, die von direkter Relevanz für den Schutz von Individuen während bewaffneter Auseinandersetzungen sind. So wird z.B. die Verpflichtung zur Bestimmung einer Schutzmacht (Art. 8 GK I-III, Art. 9 GK IV) hier nicht angesprochen.

43 Dazu vorne Rz. 3.6 ff.

44 Vorne Rz. 1.20.

45 Montreux Document on pertinent international legal obligations and good practices for States related to operations of private military and security companies during armed conflict vom men («contracting states»), werden gemäss den Vorgaben des Rechts der Staatenverantwortlichkeit nicht von ihren völkerrechtlichen Verpflichtungen entbunden, wenn sie staatliche Aufgaben an Private delegieren[46]. Dies gilt im Bereich des humanitären Völkerrechts umso deutlicher, als der gemeinsame Art. 1 GK die Staaten explizit auffordert, die Einhaltung des humanitären Völkerrechts durchzusetzen. Somit dürfen Staaten Private nie mit Einsätzen beauftragen, die gegen das humanitäre Völkerrecht verstossen, und sie haben aktiv Massnahmen zu ergreifen, damit das Verhalten des von ihnen engagierten Sicherheitspersonals dem humanitären Völkerrecht entspricht. Auch der Territorialstaat, d.h. derjenige Staat, auf dessen Gebiet die privaten Sicherheitsunternehmungen operieren, ist basierend auf Art. 1 GK gehalten, alles in seiner Möglichkeit stehende zu unternehmen, um Verletzungen des humanitären Völkerrechts durch Private zu verhindern und Verletzungen zu untersuchen und strafrechtlich zu ahnden. Die Verpflichtungen des sog. «home state», d.h. desjenigen Staates, in welchem die Sicherheitsunternehmung ihren Sitz hat, besteht gemäss dem Montreux Dokument primär darin, präventive Massnahmen, u.a. gesetzgeberischer Art, zu ergreifen, um Verletzungen des humanitären Völkerrechts zu verhindern, und mit repressiven Mitteln gegen Verantwortliche für Verletzungen des humanitären Völkerrechts vorzugehen.

Darüber hinaus können die Angestellten privater Sicherheitsunternehmen für Verstösse gegen das humanitäre Völkerrecht strafrechtlich zur Verantwortung gezogen werden[47]. 5.37

b) Aufständische Gruppierungen

Der gemeinsame Art. 3 GK und das ZP II regeln das Verhalten der Konfliktparteien während nicht internationaler bewaffneter Auseinandersetzungen. Hier werden nicht nur dem Staat und seinen Streitkräften, sondern auch aufständischen Gruppierungen Pflichten gegenüber der Zivilbevölkerung und Angehörigen der Regierungstruppen, die sich (z.B. als Folge von Verwundung und Krankheit) nicht mehr im Kampf befinden, auferlegt. Das geht klar aus dem Wortlaut des gemeinsamen Art. 3 GK hervor, welcher «*jede* der am Konflikt beteiligten Parteien» an gewisse Minimalgarantien bindet[48]. Diese Bindung besteht unabhängig davon, ob sich die Gegenseite ebenfalls daran hält. Auch wenn Aufständische in der Regel keine Völkerrechtssubjekte[49] sind, 5.38

17. September 2008, UN Doc. A/63/467. Dieses Dokument ist das Ergebnis einer gemeinsamen Initiative der Schweiz und des IKRK. Mittlerweile wird dieses Dokument von 54 Staaten und drei internationalen Organisationen (Stand Juni 2018) unterstützt.

46 Siehe dazu vorne Rz. 3.9.

47 Siehe dazu anschliessend Rz. 5.39 ff.

48 Ähnliche Formulierungen kennen die Art. 17, 122 GK III und Art. 136 GK IV. In diesem Kontext sind angesichts ihrer präventiven Wirkung auch die Regeln von Art. 10 Abs. 1 und 2 ILC-Entwurf von Relevanz, wonach das Verhalten einer aufständischen Bewegung, der es gelingt, die Regierung eines bestehenden Staates zu übernehmen oder einen neuen Staat zu gründen, dem bestehenden oder neu entstandenen Staat zugerechnet werden kann. Siehe dazu vorne Rz. 3.11.

49 Eine gewisse Völkerrechtssubjektivität hat die UNO in der Vergangenheit Befreiungsbewegungen wie etwa der Palästinensischen Befreiungsorganisation (PLO) und, während der Herrschaft des Apartheidregimes in Südafrika, dem African National Congress (ANC) oder der South-West Africa People's Organisation (SWAPO) gewährt.

kann ein völkerrechtlicher Vertrag ihnen ebenso gut wie anderen Privaten gewisse Rechte gewähren und Pflichten auferlegen[50]. Die Tatsache, dass aufständische Gruppierungen an gewisse Vorgaben des humanitären Völkerrechts gebunden sind, hat jedoch nach Abs. 2 des gemeinsamen Art. 3 GK keinen Einfluss auf ihre Rechtsstellung und führt insbesondere nicht zu einer irgendwie gearteten Anerkennung solcher Gruppierungen.

c) Individuen

5.39 In der Realität werden Verstösse gegen das humanitäre Völkerrecht immer durch konkrete Menschen, wie militärische Kommandanten oder einfache Soldaten im Feld, verübt. Deshalb sind die Verpflichtungen dieses Rechtszweiges durch alle Angehörigen einer Konfliktpartei zu beachten. Dazu gehören nach dem Recht des internationalen Konflikts (1) alle Mitglieder der Streitkräfte einer Partei[51]; (2) «Angehörige von Milizen und Freiwilligenkorps, die zu diesen bewaffneten Kräften gehören» oder auf andere Weise (etwa als Angehörige von Widerstandsbewegungen) einer Partei angehören, soweit sie in militärischer Weise organisiert sind[52]; (3) «Personen, die den bewaffneten Kräften folgen, ohne ihnen direkt anzugehören, wie zivile Besatzungsmitglieder von Militärflugzeugen, Kriegsberichterstatter, Heereslieferanten, Angehörige von Arbeitseinheiten oder von Diensten, die mit der Fürsorge für die bewaffneten Kräfte betraut sind», sowie (4) «die Bevölkerung eines unbesetzten Gebietes, die beim Herannahen des Feindes aus eigenem Antrieb die Waffen gegen die Invasionstruppen ergreift, ohne zur Bildung regulärer Streitkräfte Zeit gehabt zu haben»[53]. Verletzungen der Regeln des humanitären Völkerrechts durch diese Personen begründen nicht nur eine Verantwortlichkeit der Konfliktpartei, sondern oft auch eine strafrechtliche des verantwortlichen Individuums.

5.40 Denn wegen der inhärenten Schwierigkeiten, einmal begonnene konventionswidrige Aktivitäten in Kriegssituationen zu stoppen oder ihre Folgen rückgängig zu machen, nimmt das während internationaler Konflikte anwendbare humanitäre Völkerrecht, zumindest im Fall besonders ernsthafter Verletzungen, durch den Schleier der Staatsgewalt Rückgriff auf den konkreten Täter. Es verpflichtet die Staaten, Strafnormen zu erlassen, um die in den Konventionen und im ZP I als «schwere Verletzungen» des hu-

50 Im Einzelnen ist die Frage nach dem Rechtscharakter der Bindung von Aufständischen an das humanitäre Völkerrecht und deren dogmatische Begründung umstritten.

51 Nach Art. 43 ZP I bestehen die Streitkräfte einer Partei «aus der Gesamtheit der organisierten bewaffneten Verbände, Gruppen und Einheiten, die einer Führung unterstehen, welche dieser Partei für das Verhalten ihrer Untergebenen verantwortlich ist».

52 Dazu ist gemäss Art. 4 Abs. 2 GK III erforderlich, dass sie «a. an ihrer Spitze eine für ihre Untergebenen verantwortliche Person haben; b. ein bleibendes und von weitem erkennbares Zeichen tragen; c. die Waffen offen tragen; d. bei ihren Operationen die Gesetze und Gebräuche des Krieges einhalten».

53 Bei dieser Auflistung handelt es sich um die wichtigsten Personenkategorien gemäss Art. 4 GK III, die sich bei ihrer Gefangennahme durch die gegnerische Partei auf den Kriegsgefangenenstatus berufen können.

manitären Völkerrechts bezeichneten Verstösse zu bestrafen[54]. Zusammen mit den Kriegsverbrechen gemäss dem Statut des ICC nehmen diese Bestimmungen Individuen direkt in die Pflicht.

Eine strafrechtliche Verantwortlichkeit von Personen, die an einem nicht internatio- 5.41
nalen Konflikt beteiligt sind, statuiert das Genfer Recht zumindest auf vertraglicher Basis hingegen nicht[55]. Diese Lücke hat erstmals das Statut des Ruanda-Tribunals[56] geschlossen. Heute stellt das Römer Statut des ICC in Art. 8 Abs. 2 lit. c Verstösse gegen den gemeinsamen Art. 3 GK unter Strafe und listet in lit. e eine Reihe von Verstössen gegen das ZP II als Straftaten auf, für deren Verfolgung primär die Vertragsstaaten zuständig sind.

d) Internationale Truppen mit einem UNO-Mandat

Dogmatisch komplex ist die Frage, ob und wie weit Truppen, welche im Auftrag oder 5.42
mit Autorisierung des UNO-Sicherheitsrates zum Einsatz kommen, an das humanitäre Völkerrecht gebunden sind. Zu unterscheiden sind folgende Situationen:

(1) Der Sicherheitsrat ermächtigt gestützt auf Kapitel VII der UNO-Charta[57] Staaten, 5.43
allein oder zusammen mit anderen militärisch gegen einen Staat vorzugehen, der durch sein Verhalten den internationalen Frieden bedroht oder bereits gebrochen hat. In diesem Fall sind die ermächtigten Staaten trotz entsprechender Resolution des Sicherheitsrates Partei eines bewaffneten Konfliktes und als solche voll an das für sie geltende humanitäre Völkerrecht gebunden[58].

---

54 Art. 49/50 GK I; Art. 50/51 GK II; Art. 129/130 GK III; Art. 146/147 GK IV; Art. 85 ZP I.

55 So erklären die Art. 50 GK I, 51 GK II, 130 GK III und 147 GK IV einzig Handlungen gegen geschützte Personen dieser Abkommen (d.h. Kombattanten «hors de combat», Kriegsgefangene und Angehörige der Zivilbevölkerung, siehe dazu hinten Rz. 5.75 ff.) als schwere Verbrechen («grave breaches»), die von den Staaten strafrechtlich zu ahnden sind. Verstösse gegen den gemeinsamen Art. 3 GK werden damit nicht umfasst. Eine entsprechende Bestimmung fehlt auch dem ZP II. Diese Sichtweise bestätigte die Appeals Chamber des ICTY in The Prosecutor v. Tadić, Decision on the Defence Motion for Interlocutory Appeal on Jurisdiction, IT-94-1 (1995), Ziff. 79 ff., sowie in The Prosecutor v. Tadić, Judgment, IT-94-1-A (1999), Ziff. 80 ff.: Sie gelangte zum Schluss, die Anwendung von Art. 2 ICTY-Statut, welcher «grave breaches» des humanitären Völkerrechts für strafbar erklärt, setze das Vorliegen eines internationalen bewaffneten Konflikts voraus. In The Prosecutor v. Delalic et al., Judgment, IT-96-21-T (1998), Ziff. 202 plädierte indes die Trial Chamber des ICTY für das Bestehen einer gewohnheitsrechtlichen Geltung des Systems der «grave breaches» auch während nicht internationaler Konflikte. So auch HENCKAERTS/DOSWALD-BECK, Bd. I, Rules 151 und 156.

56 Siehe Art. 4 ICTR-Statut.

57 Gemäss Kapitel VII der UNO-Charta über Massnahmen bei Bedrohung oder Bruch des Friedens und Angriffshandlungen (Art. 39–51) kann der Sicherheitsrat verbindlich Zwangsmassnahmen nichtmilitärischer Art (z.B. Wirtschaftssanktionen) oder solche mit militärischem Charakter beschliessen, falls dies zur Wiederherstellung des Friedens notwendig ist.

58 Dies war die Konstellation etwa im Fall der Autorisierung einer Koalition von Staaten durch den Sicherheitsrat zum Angriff auf den Irak und das von ihm besetzte Kuwait im Jahre 1991, nachdem 1990 der Irak mit seinen Truppen in Kuwait einmarschiert war (SR-Res. 678 [1990]) oder

5.44 (2) Nach dem Ende einer mit Autorisation des Sicherheitsrates durchgeführten militärischen Operation und der Einsetzung einer neuen souveränen Regierung oder – wie im Falle Afghanistans im Jahr 2002 oder des Irak im Jahr 2004 – mit der Schaffung einer Grundlage für den Aufenthalt fremder Truppen nach der Amtsaufnahme einer neuen Regierung, ändert sich die Rechtslage fundamental: Bleiben nach der Souveränitätsübergabe internationale Truppen mit Einverständnis der neuen Regierung im Land, so kämpfen sie ab diesem Zeitpunkt nicht mehr gegen die Streitkräfte eines anderen Staates, sondern sie unterstützen dessen Regierung in ihrem Kampf gegen aufständische Gruppierungen. Damit enden die Besatzung und folglich auch die Anwendbarkeit des Rechts der internationalen Konflikte. Gemäss der Komponententheorie[59] sind die internationalen Verbände in solchen Situationen an den gemeinsamen Art. 3 GK und gegebenenfalls an das ZP II bzw. an das Gewohnheitsrecht gebunden, wenn die Auseinandersetzungen die Anwendungsschwelle eines bewaffneten Konflikts erreichen. Finden keine eigentlichen militärischen Feindseligkeiten mehr statt, sondern verfolgt die internationale Truppenpräsenz einzig polizeiliche Aufgaben, entfällt auch diese Verpflichtungsschicht. Die Zivilbevölkerung kann sich in diesem Fall gegenüber den internationalen Streitkräften und der «neuen Armee» nicht auf das humanitäre Völkerrecht berufen[60].

5.45 (3) Der Sicherheitsrat beschliesst den Einsatz von friedenserhaltenden Truppen, die im Auftrag der UNO Friedensvereinbarungen sichern oder zur Herstellung des Friedens beitragen sollen und mit Zustimmung des betroffenen Staates gestützt auf Kapitel VI der Charta[61] oder als Zwangsmassnahmen gemäss Kapitel VII beschlossen werden können. Solche Truppen bestehen aus Kontingenten, welche Staaten der UNO zur Verfügung stellen. Sie unterstehen der strategischen Führung der UNO und geben sich als sog. Blauhelme, als internationale Einheiten der Weltorganisation, zu erkennen. Da sie nicht Konfliktpartei sind, sondern eher Polizeifunktionen erfüllen, und die UNO nicht Vertragspartei der Genfer Konventionen und ihrer Protokolle ist, ist ihre Bindung an das humanitäre Völkerrecht unklar.

5.46 Zur Begründung der Pflicht von Blauhelm-Truppen, das humanitäre Völkerrecht zu beachten, stehen zwei Argumentationen im Vordergrund[62]: Die Vertragsparteien der

---

im Fall der Autorisierung der Staaten zum Einsatz militärischer Mittel zum Schutz der libyschen Zivilbevölkerung im Jahr 2011 (SR-Res. 1973 [2011]).

59 Siehe vorne Rz. 5.20 ff.

60 Erhalten bleibt aber die Möglichkeit, sich auf die anwendbaren Menschenrechtsgarantien zu berufen. Siehe dazu vorne Rz. 4.36 ff. zur extraterritorialen Geltung der Menschenrechte.

61 Kapitel VI der UNO-Charta über die friedliche Beilegung von Streitigkeiten (Art. 33–38) ermächtigt den Sicherheitsrat, den Streitparteien Empfehlungen zur Streitbeilegung abzugeben, die allerdings nicht bindend sind, und mit deren Zustimmung konkrete Massnahmen zu ergreifen.

62 Robert Kolb, Droit humanitaire et opérations de paix internationales: Les modalités d'application du droit international humanitaire dans les opérations de maintien ou de rétablissement de la paix auxquelles concourt une organisation internationale (en particulier les Nations Unies), Basel 2006, 50 ff., mit Hinweisen auf die Doktrin.

Konventionen und Protokolle werden nicht von ihren Verpflichtungen aus dem humanitärem Recht befreit, wenn sie der UNO Teile ihrer Truppen zur Verfügung stellen und deren Oberkommando akzeptieren[63]. Zudem schliesst die menschenrechtliche Zielsetzung von Art. 1 Abs. 3 UNO-Charta den Schutz des Menschen im Krieg mit ein, weshalb auch die UNO selbst das humanitäre Recht zu beachten hat. Beide Argumente verkennen allerdings, dass solche Truppen nicht an einem Konflikt im Sinne des humanitären Rechts beteiligt sind. Zudem eignen sich weite Teile der Genfer Konventionen und der Protokolle nicht oder nur beschränkt zur Anwendung auf Blauhelm-Truppen. Das gilt v.a. für Teile des Rechts über besetzte Gebiete[64]. Eine direkte Bindung an das humanitäre Völkerrecht muss aber u.E. postuliert werden, wenn Blauhelm-Einheiten zu Kampfhandlungen legitimiert werden[65].

In der Praxis akzeptieren die UNO und die Staaten eine *grundsätzliche* Bindung an das 5.47
humanitäre Völkerrecht, wenn sie auch offen lassen, wie weit diese Verpflichtung konkret geht. In diesem Sinn wird in den Vereinbarungen zwischen der UNO und den Staaten, welche Truppen zur Verfügung stellen, seit längerem festgehalten, dass diese Kontingente bei der Erfüllung ihres Mandates «die Prinzipien und den Geist des humanitären Völkerrechts respektieren sollen». 1999 erliess der UNO-Generalsekretär eine Weisung für Blauhelm-Truppen, wonach die fundamentalen Regeln und Prinzipien des humanitären Völkerrechts von diesen Truppen zu beachten sind[66]. Die Weisung bestimmt u.a., dass die Staaten, welche Truppen stellen, für die strafrechtliche Verfolgung schwerer Verstösse gegen das humanitäre Recht zuständig sind. Sie kodifiziert darüber hinaus die wichtigsten Prinzipien dieses Rechtsgebiets, wie die zulässigen Mittel und Methoden des Kampfes, die Behandlung der Zivilbevölkerung und von Personen, die nicht oder nicht mehr kämpfen (Personen *«hors de combat»*), sowie von Verwundeten, Kranken und des medizinischen Personals.

---

63 Siehe dazu vorne Rz. 3.9 f.

64 Einen detaillierten Überblick über die anwendbaren und die für die Anwendung durch Blauhelm-Truppen nicht oder nur beschränkt geeigneten Bestimmungen findet sich bei Kolb (Anm. 59), 60 ff.

65 Im Jahr 2013 beschloss der UNO-Sicherheitsrat in SR-Res. 2098 (2013) erstmals «on an exceptional basis and without creating any precedent or any prejudice to agreed principles of peacekeeping» die Schaffung eines eigentlichen Kampfverbandes («Intervention Brigade») im Rahmen einer Peace-keeping-Operation und ermächtigte diesen zum Einsatz aller notwendigen Mittel, um die Zivilbevölkerung zu schützen und bewaffnete Gruppen zu neutralisieren (a.a.O., Ziff. 9–12). In diesem Ausnahmefall kann mit guten Gründen argumentiert werden, dass diese Kampfverbände an einem bewaffneten Konflikt beteiligt sind.

66 United Nations, Observance by United Nations Forces of International Humanitarian Law, Secretary-General's Bulletin, UN Doc. ST/SGB/1999/13, 6. August 1999, abgedruckt in IRRC 1999, 812–817.

Dokumentation: Weisung des UNO-Generalsekretärs zum humanitären Völkerrecht vom 6. August 1999 (Auszüge)

5.48 «*Section 1 – Field of application*

1.1 The fundamental principles and rules of international humanitarian law set out in the present bulletin are applicable to United Nations forces when in situations of armed conflict they are actively engaged therein as combatants, to the extent and for the duration of their engagement. They are accordingly applicable in enforcement actions, or in peacekeeping operations when the use of force is permitted in self-defence. [...]

Section 5 – Protection of the civilian population

5.1 The United Nations force shall make a clear distinction at all times between civilians and combatants and between civilian objects and military objectives. Military operations shall be directed only against combatants and military objectives. Attacks on civilians or civilian objects are prohibited.

5.2 Civilians shall enjoy the protection afforded by this section, unless and for such time as they take a direct part in hostilities.

5.3 The United Nations force shall take all feasible precautions to avoid, and in any event to minimize, incidental loss of civilian life, injury to civilians or damage to civilian property.

5.4 In its area of operation, the United Nations force shall avoid, to the extent feasible, locating military objectives within or near densely populated areas, and take all necessary precautions to protect the civilian population, individual civilians and civilian objects against the dangers resulting from military operations. Military installations and equipment of peacekeeping operations, as such, shall not be considered military objectives.

5.5 The United Nations force is prohibited from launching operations of a nature likely to strike military objectives and civilians in an indiscriminate manner, as well as operations that may be expected to cause incidental loss of life among the civilian population or damage to civilian objects that would be excessive in relation to the concrete and direct military advantage anticipated.

5.6 The United Nations force shall not engage in reprisals against civilians or civilian objects.»

2. Wem gegenüber gelten die Verpflichtungen?

a) Im internationalen bewaffneten Konflikt

5.49 Wie die Geschichte des humanitären Völkerrechts zeigt, ging es beim Kriegsrecht ursprünglich um Verpflichtungen, welche kriegsführende Staaten einander im Hinblick auf den Schutz ihrer Truppen und ihrer Zivilbevölkerung schulden. Diese bilateralen Pflichten der Konfliktparteien stehen auch heute noch im Vordergrund und stellen die *primäre Verpflichtung* aus dem humanitären Recht dar.

5.50 Anders als die Menschenrechte sind die Vorgaben des humanitären Rechts meist nicht als subjektive Rechte der Einzelnen, sondern als *objektive Verpflichtungen* der Konfliktparteien konzipiert. Daher fehlen auf internationaler Ebene Verfahren, welche es Individuen ermöglichen würden, ihre Ansprüche durchzusetzen. Der traditionelle Grundansatz, wonach das humanitäre Völkerrecht Individuen keine Rechte einräumt, ist bereits in den Genfer Konventionen und stärker noch in den Zusatzprotokollen relativiert worden. So bestimmen etwa Art. 7 GK III und Art. 8 GK IV, dass *Kriegsgefangene* und *geschützte Zivilpersonen* «in keinem Falle, weder teilweise noch vollständig, auf die Rechte verzichten» können, die ihnen die Konventionen einräumen. Diese beiden Bestimmungen wurden unter dem Einfluss der Arbeiten an der Allgemeinen Menschenrechtserklärung bewusst so formuliert, um den Garantien der Konvention einen persönlichen Charakter zu geben, welcher den Adressaten und Adressatinnen erlauben soll, sie, ungeachtet der Haltung ihres Heimatstaates, gegenüber dem fremden Staat, unter dessen Kontrolle sie sich befinden, anzurufen[67]. In diesem Sinn bestimmt auch der zentrale Art. 27 GK IV, dass geschützte Zivilpersonen «unter allen Umständen *Anspruch* auf Achtung ihrer Person, ihrer Ehre, ihrer Familienrechte, ihrer religiösen Überzeugungen und Gepflogenheiten, ihrer Gewohnheiten und Gebräuche» haben und «von der am Konflikt beteiligten Partei, in deren Händen sie sich befinden, mit der gleichen Rücksicht und ohne jede besonders auf Rasse, Religion oder politische Meinung beruhende Benachteiligung behandelt werden» sollen[68]. Art. 75 ZP I enthält gar eine umfangreiche Liste von Garantien für Personen in der Gewalt einer am Konflikt beteiligten Partei, die menschenrechtlichen Charakter besitzen. Da die Vertragsstaaten nicht verpflichtet sind, Verfahren zur Durchsetzung dieser Rechte zur Verfügung zu stellen, und spezifische internationale Durchsetzungsmechanismen völlig fehlen[69], begründen diese Bestimmungen allerdings nur unvollständige individuelle Rechtsansprüche.

Wie die Menschenrechte[70] enthält auch das humanitäre Völkerrecht Verpflichtungen 5.51
erga omnes[71]: Weil die Genfer Konventionen von der gesamten Staatengemeinschaft ratifiziert sind, fallen sie mit den Verpflichtungen gegenüber der Gesamtheit der Vertragspartner (Verpflichtungen *erga omnes partes*) zusammen[72]. Diese Verpflichtungsdimension kommt im gemeinsamen Art. 1 GK zum Ausdruck, wonach diese Abkommen nicht nur «unter allen Umständen einzuhalten» sind, sondern auch ihre «Einhaltung durchzusetzen» ist.

---

67 Pictet III, 87 ff. zu Art. 7 GK III, und Pictet IV, 72 ff. zu Art. 8 GK IV.

68 Art. 27 Abs. 1 und 3 GK IV. Hervorhebung durch die Autoren.

69 Teilweise lassen sich Vorgaben des humanitären Völkerrechts aber mittels menschenrechtlicher Verfahren durchsetzen. Siehe dazu Rz. 6.59 ff.

70 Siehe dazu vorne Rz. 3.65 f.

71 Die Erga-omnes-Qualität der meisten Bestimmungen des humanitären Völkerrechts wird auch vom IGH anerkannt; IGH, Advisory Opinion on the Legal Consequences of the Construction of a Wall in the Occupied Palestinian Territory, ICJ Reports 2004, Ziff. 157.

72 Der Unterschied ist aber dort relevant, wo das ZP I Verpflichtungen enthält, die keinen gewohnheitsrechtlichen Charakter besitzen.

b) Im nicht internationalen bewaffneten Konflikt

5.52 Im internen bewaffneten Konflikt sind nicht nur die Staaten, sondern auch die nichtstaatlichen Konfliktparteien primär gegenüber Individuen verpflichtet, die am Kampf nicht (mehr) teilnehmen (gemeinsamer Art. 3 GK) bzw. sich in der Gewalt des Feindes befinden (ZP II).

5.53 Die Verpflichtungen gegenüber den Vertragsstaaten bzw. der Staatengemeinschaft insgesamt präsentieren sich grundsätzlich gleich wie bei internationalen Konflikten[73].

3. Verpflichtungsarten

5.54 Gemäss dem gemeinsamen Art. 1 GK und Art. 1 ZP I verpflichten sich die «Hohen Vertragsparteien», diese Verträge «unter allen Umständen einzuhalten und [ihre] Einhaltung durchzusetzen».

a) Die Pflicht zur Einhaltung des humanitären Völkerrechts

5.55 Ähnlich wie bei den Menschenrechten lassen sich im humanitären Völkerrecht grundsätzlich Pflichten zur Achtung, zum Schutz und zur Gewährleistung ohne Diskriminierung unterscheiden. Als Folge des im Vergleich zu den Menschenrechtskonventionen sehr viel höheren Detaillierungsgrades der Genfer Konventionen und ihrer Zusatzprotokolle weist allerdings nicht jede Garantie alle drei Verpflichtungsschichten auf. Vielmehr enthalten einzelne Bestimmungen nur eine Verpflichtungsdimension, weshalb für jede Norm einzeln zu bestimmen ist, wozu sie konkret verpflichtet.

5.56 *Unterlassungspflichten* sind v.a. in Bestimmungen verankert, welche das Leben und die physische und psychische Integrität von Menschen im Krieg schützen. Dazu gehören etwa das Verbot, die Zivilbevölkerung in besetzten Gebieten physischem oder moralischem Zwang auszusetzen (Art. 31 GK IV), die Verbote von Mord, Folter, Körperstrafen, Verstümmelungen und medizinischen Experimenten (Art. 32 GK IV), das Verbot der Terrorisierung der Zivilbevölkerung (Art. 33 GK IV), das Verbot der Geiselnahme (Art. 34 GK IV) oder das Verbot unterschiedsloser Angriffe auf die Zivilbevölkerung und auf zivile Ziele (Art. 51 und 52 ZP I)[74] sowie das Verbot, «für die Zivilbevölkerung lebensnotwendige Objekte wie Nahrungsmittel, zur Erzeugung von Nahrungsmitteln genutzte landwirtschaftliche Gebiete, Ernte- und Viehbestände, Trinkwasserversorgungsanlagen und -vorräte sowie Bewässerungsanlagen anzugreifen, zu zerstören, zu entfernen oder unbrauchbar zu machen» (Art. 54 Abs. 2 ZP I).

5.57 *Schutzpflichten* finden sich v.a. im Zusammenhang mit besonders verletzlichen Gruppen. Gemäss Art. 16 GK IV sollen «[d]ie Verwundeten und Kranken wie auch die Ge-

73 Allerding fehlt im Recht der nicht internationalen bewaffneten Auseinandersetzungen eine mit dem gemeinsamen Art. 1 GK (siehe Rz. 5.32 und 5.60 f.) vergleichbare Bestimmung, die explizit eine Erga-omnes-partes-Verpflichtung etwa des ZP II verankert. Zudem fallen infolge des tieferen Ratifikationsstandes des ZP II Verpflichtungen erga omnes und solche erga omnes partes nicht zwingend zusammen.

74 Dazu ausführlicher hinten Rz. 9.50.

brechlichen und die schwangeren Frauen [...] Gegenstand eines besondern Schutzes und besonderer Rücksichtnahme sein» und die Konfliktparteien sollen, «[s]oweit es die militärischen Erfordernisse erlauben, [...] die Massnahmen fördern, die ergriffen werden, um die Toten und Verwundeten aufzufinden, den Schiffbrüchigen sowie andern einer ernsten Gefahr ausgesetzten Personen zu Hilfe zu eilen und sie vor Beraubung und Misshandlungen zu schützen». Besonders zu schützen sind die Frauen, etwa vor Vergewaltigung und Nötigung zur Prostitution (Art. 27 Abs. 2 GK IV und Art. 76 Abs. 1 ZP I), und es besteht die Pflicht, internierte Frauen von Männern getrennt unterzubringen und nur durch weibliches Personal bewachen zu lassen (Art. 76 Abs. 4 GK IV und Art. 75 Abs. 5 ZP I). Gegen Übergriffe Dritter, «namentlich auch vor Gewalttätigkeit oder Einschüchterung, Beleidigungen und der öffentlichen Neugier» zu schützen sind auch die Kriegsgefangenen (Art. 13 Abs. 2 GK III), welche sobald als möglich in Lagern unterzubringen sind, «die von der Kampfzone so weit entfernt sind, dass sie sich ausser Gefahr befinden» (Art. 19 Abs. 1 GK III).

Gewährleistungspflichten auferlegt das humanitäre Völkerrecht in Situationen, in welchen Personen wie Kriegsgefangene, internierte Zivilpersonen oder auch die Bevölkerung besetzter Gebiete unter der direkten Kontrolle einer Konfliktpartei stehen und ihnen dadurch eine selbständige Befriedigung ihrer Subsistenzbedürfnisse erschwert oder verunmöglicht wird. Dazu gehört beispielsweise die Pflicht, Kriegsgefangenen «unentgeltlich die ärztliche Behandlung angedeihen zu lassen, die ihr Gesundheitszustand erfordert» (Art. 15 GK III). Kindern müssen die Konfliktparteien «jede Pflege und Hilfe zuteil werden [lassen], deren sie wegen ihres Alters oder aus einem anderen Grund bedürfen» (Art. 77 ZP I). In besetzten Gebieten «hat die Besetzungsmacht die notwendigen Vorkehren zu treffen, um den Unterhalt und die Erziehung der Waisen und der infolge des Krieges von ihren Eltern getrennten Kinder sicherzustellen» (Art. 50 GK VI). Nach Art. 55 GK IV hat «[d]ie Besetzungsmacht [...] die Pflicht, die Versorgung der Bevölkerung mit Nahrungs- und Arzneimitteln mit allen ihr zur Verfügung stehenden Mitteln sicherzustellen; insbesondere hat sie Lebensmittel, medizinische Ausrüstungen und alle anderen notwendigen Artikel einzuführen, falls die Hilfsquellen des besetzten Gebietes nicht ausreichen», und sie «ist verpflichtet, mit allen ihr zur Verfügung stehenden Mitteln [...] die Einrichtungen und Dienste für ärztliche Behandlung und Spitalpflege sowie das öffentliche Gesundheitswesen im besetzten Gebiet zu sichern und aufrechtzuerhalten» (Art. 56 Abs. 1 GK IV). Wie diese Beispiele zeigen, entsprechen viele dieser Pflichten inhaltlich denjenigen wirtschaftlicher, sozialer und kultureller Menschenrechte. 5.58

b) Die Pflicht zur Durchsetzung des humanitären Völkerrechts

Die Pflicht zur Durchsetzung des humanitären Völkerrechts unterscheidet sich in wichtigen Bereichen von jener zur Durchsetzung der Menschenrechte. Sie ist auf drei Ebenen angesiedelt: 5.59

Erstens verlangen der gemeinsame Art. 1 GK und Art. 1 ZP I mit ihrer Formulierung, wonach die Verpflichtungen dieser Verträge nicht nur «unter allen Umständen einzuhalten», sondern zudem ihre «Einhaltung durchzusetzen» ist, dass die Vertragsstaa- 5.60

ten ihre Truppen im Dienst und in der Freizeit sowie Private im Dienst der Streitkräfte zu einer unbedingten und umfassenden Einhaltung dieser Abkommen anhalten[75].

5.61 *Zweitens* begründet das humanitäre Völkerrecht gemäss dem gemeinsamen Art. 1 GK und Art. 1 Abs. 1 ZP I nicht nur Verpflichtungen erga omnes partes und damit eine *Berechtigung aller übrigen Vertragsstaaten*, gegen Verletzungshandlungen anderer Staaten vorzugehen. Vielmehr schaffen sie auch *Unterlassungspflichten aller übrigen Vertragsstaaten*[76] und gemäss einer nicht unbestrittenen[77], aber vom IGH[78] bestätigten Sichtweise, gar eine *Handlungspflicht aller übrigen Vertragsstaaten*, andere Vertragsparteien dazu zu bringen, das humanitäre Völkerrecht zu respektieren. Das Genfer Recht bestimmt allerdings nicht, unter welchen Voraussetzungen und mit welchen Massnahmen die Vertragsstaaten *gegen Verletzerstaaten* vorzugehen haben, was dazu beiträgt, dass die Staaten diese Pflicht in der Praxis meist nach Opportunitätserwägungen handhaben. Als Mittel kommen bilaterale Interventionen diplomatischer Art, öffentliche Kritik einzelner Staaten, Druck nichtmilitärischer Art durch regionale Organisationen, Verurteilungen durch UNO-Organe wie der Menschenrechtsrat oder die Generalversammlung und Empfehlungen oder Zwangsmassnahmen des Sicherheitsrats gemäss Kapitel VII der Charta in Frage. Die Zuständigkeit der UNO wird u.a. in Art. 89 ZP I anerkannt, wonach sich die Staaten verpflichten, bei erheblichen Verstössen gegen das humanitäre Recht «sowohl gemeinsam als auch einzeln in Zusammenarbeit mit den Vereinten Nationen und im Einklang mit der Charta der Vereinten Nationen tätig zu werden».

Beispiel: Massnahmen der UNO zur Durchsetzung des humanitären Völkerrechts im irakisch besetzten Kuwait 1990/91

5.62 Die Reaktionen der verschiedenen Organe der UNO auf die Besetzung Kuwaits durch irakische Truppen zwischen dem 2. August 1990 und dem 26. Februar 1991 illustrieren besonders gut die Möglichkeiten und Grenzen der UNO, sich für die Durchsetzung des humanitären Völkerrechts einzusetzen:

---

75 Frits Kalshoven, The Undertaking to Respect and Ensure Respect in All Circumstances: From Tiny Seed to Ripening Fruit, Yearbook of International Humanitarian Law 2/1999, 60, und IGH, Advisory Opinion on the Legal Consequences of the Construction of a Wall in the Occupied Palestinian Territory, ICJ Reports 2004, Separate Opinion of Judge Higgins, Ziff. 14.

76 Dazu zählen das Verbot der Ermunterung und der Anstiftung zu Verletzungen des humanitären Völkerrechts (IGH, Military and Paramilitary Activities in and against Nicaragua, Nicaragua v. The United States of America, ICJ Reports 1986, Ziff. 220) sowie das Verbot, einen Staat aktiv bei der Begehung von Verletzungen des humanitären Völkerrechts zu unterstützen.

77 Frits Kalshoven (Anm. 76), 55 ff., und IGH, Advisory Opinion on the Legal Consequences of the Construction of a Wall in the Occupied Palestinian Territory, ICJ Reports 2004, Separate Opinion of Judge Kooijmans, Ziff. 46 ff., und Separate Opinion of Judge Higgins, Ziff. 39.

78 IGH, Advisory Opinion on the Legal Consequences of the Construction of a Wall in the Occupied Palestinian Territory, ICJ Reports 2004, Ziff. 158 f.

Der *Sicherheitsrat* bekräftigte mit Resolution 670/1990 vom 25. September 1990, welche auf Kapitel VII der Charta abgestützt war, dass die IV. Genfer Konvention auf die Besetzung Kuwaits Anwendung finde und der Irak voll daran gebunden sei. Der Sicherheitsrat betonte im Weiteren, dass der Irak ebenso für schwere Verstösse gegen die Konvention verantwortlich sei wie Individuen, die solche Verstösse verüben oder anordnen (Ziff. 13). 5.63

Die ehemalige *Menschenrechtskommission* verurteilte mit Resolution 1991/67 vom 6. März 1991 die Weigerung des Iraks, die Kriegsgefangenen und festgehaltenen Zivilpersonen in Übereinstimmung mit dem humanitären Völkerrecht zu behandeln und verlangte, dass der Irak alle Misshandlungen, Folterungen und summarischen Hinrichtungen solcher Personen unterlasse (Ziff. 5). Die Kommission verlangte im Weiteren die sofortige Freilassung aller Gefangenen (Ziff. 6) und verurteilte die Weigerung des Iraks, die Zivilbevölkerung gemäss dem humanitären Völkerrecht zu behandeln und dem IKRK zu erlauben, humanitäre Hilfe zu leisten. 5.64

Die *Generalversammlung* verlangte nach dem Ende des Konflikts mit Resolution 46/135 vom 17. Dezember 1991, dass der Irak über alle Kuwaitis informiere, welche zwischen dem 2. August 1990 und 26. Februar 1991 deportiert worden und noch nicht zurückgekehrt waren, und in Übereinstimmung mit seinen Verpflichtungen gemäss Art. 118 GK III und Art. 134 GK IV alle diese Personen freilasse, sowie gemäss Art. 120 und 127 GK III bzw. Art. 129 und 130 GK IV Informationen über den allfälligen Tod solcher Personen in Gefangenschaft bereit stelle. 5.65

Mit Resolution 687/1991 vom 3. April 1991 entschied der *Sicherheitsrat*, einen aus irakischen Erdölexporten alimentierten Fonds zu schaffen, um Schäden, die aus der irakischen Besetzung Kuwaits resultierten, zu ersetzen. Die UN Compensation Commission (UNCC), welche zur Beurteilung der Schadenersatzforderungen eingesetzt wurde, entschädigte u.a. auch Opfer schwerer Verstösse gegen das humanitäre Völkerrecht[79]. 5.66

Drittens sind die Vertragsstaaten verpflichtet, mit strafrechtlichen Mitteln gegen mutmassliche Kriegsverbrecher vorzugehen. Wie bereits erwähnt, umschreiben die vier Genfer Konventionen und das ZP I, was schwere Verstösse gegen das humanitäre Recht sind, und sie verpflichten die Vertragsstaaten, solche Verstösse als Kriegsverbrechen zu bestrafen[80]. Gemäss diesen Bestimmungen sind die Vertragsparteien verpflichtet, gegen Personen, die der Begehung von Kriegsverbrechen verdächtigt werden, ungeachtet ihrer Staatsangehörigkeit strafrechtlich zu ermitteln und sie gegebenenfalls von ihren Gerichten abzuurteilen, oder aber sie einem anderen Vertragsstaat auszuliefern (Prinzip des *aut dedere aut iudicare*). Die Vertragsparteien sind darüber hinaus zur Gewährung von weitestgehender Rechtshilfe im Zusammenhang mit Ermittlungen und Strafverfahren betreffend schwerer Verstösse gegen das humanitäre Völkerrecht verpflichtet[81]. Schliesslich sollen die Staaten weitere Verletzungen des humanitä- 5.67

79 Siehe dazu auch hinten Rz. 8.62.

80 Art. 49 und 59 GK I, Art. 50 und 51 GK II, Art. 129 und 130 GK III, Art. 146 und 147 GK IV, Art. 85 und 86 ZP I.

81 Art. 88 ZP I.

ren Völkerrechts, die nicht bereits völkerrechtlich als Kriegsverbrechen gelten, unter Strafe stellen.

5.68 Keine Bestrafungspflicht sieht das ZP II für Verstösse gegen das humanitäre Völkerrecht im nicht internationalen bewaffneten Konflikt vor. Demgegenüber listet nun das Römer Statut eine Reihe von Kriegsverbrechen auf, die auch in solchen Situationen begangen werden können[82].

4. Schranken der Verpflichtungen

5.69 Anders als die Menschenrechte[83] kennt das humanitäre Recht keine allgemeine Schrankendogmatik, die sich auf alle oder zumindest die meisten Garantien anwenden liesse. Grund dafür ist v.a. die Tatsache, dass die Bestimmungen der Genfer Konventionen und der Zusatzprotokolle den Inhalt der Regeln und ihre Ausnahmen meist sehr detailliert bestimmen. Trotzdem lassen sich in Analogie zu den Menschenrechten die Garantien des humanitären Völkerrechts hinsichtlich ihrer Einschränkbarkeit in solche unterscheiden, (1) die absolut gelten, (2) die zwar ebenfalls nicht beschränkbar sind, aber einen engen sachlichen Geltungsbereich mit definierten Ausnahmen aufweisen, oder (3) die beschränkbar sind, soweit dies zur Durchsetzung wichtiger, als legitim anerkannter Interessen notwendig erscheint.

5.70 (1) *Absolut* gelten etwa die Verbote des gemeinsamen Art. 3 GK, welche als Minimalgarantien, die auch im nicht internationalen bewaffneten Konflikt Anwendung finden, «jederzeit und jedenorts» zu beachten sind. Zu den absoluten Garantien gehören z.B. auch die Verbote der Kollektivstrafen, der Terrorisierung der Zivilbevölkerung und der Plünderung (Art. 33 GK IV), das Verbot des Aushungerns der Zivilbevölkerung als Mittel der Kriegführung (Art. 54 Abs. 1 ZP I und Art. 14 ZP II) oder das Verbot, jemanden für eine ärztliche Tätigkeit zu bestrafen, «die mit dem ärztlichen Ehrenkodex im Einklang steht, gleichviel unter welchen Umständen und zu wessen Nutzen sie ausgeübt worden ist» (Art. 10 Abs. 1 ZP II). Absolut ist etwa auch das Verbot, Vorschriften in die Disziplinarordnung für internierte Zivilpersonen aufzunehmen, die für die Gesundheit der Internierten abträgliche körperliche Ermüdung zur Folge haben oder Schikanen physischer oder moralischer Art auferlegen oder das Verbot missachten, solche Personen «körperliche[n] Strafübungen, militärische[m] Drill und militärische[n] Übungen sowie Nahrungseinschränkungen» zu unterziehen (Art. 100 GK IV).

5.71 (2) *Nicht beschränkbar, aber auf einen engen sachlichen Geltungsbereich* begrenzt ist etwa Art. 68 Abs. 2 GK IV, welcher die Todesstrafe für Zivilpersonen in besetzten Gebieten zwar nicht verbietet, aber auf eine genau definierte, abschliessende Liste von Delikten beschränkt und sie nur erlaubt, wenn «die Gesetze des besetzten Gebietes, die vor dem Beginn der Besetzung in Kraft standen, für solche Fälle die Todesstrafe vorsehen». Besonders bedeutsam ist Art. 51 ZP I, welcher detailliert umschreibt, wel-

82 Art. 8 Abs. 2 lit. c und e Römer Statut.

83 Siehe dazu vorne Rz. 3.79 ff.

che Angriffe auf die Zivilbevölkerung unzulässig sind und damit die gemäss humanitärem Völkerrecht zulässigen Angriffe zumindest implizit umschreibt.

(3) Viele Garantien sind unter den in den betreffenden Artikeln umschriebenen spezi- 5.72
fischen Voraussetzungen *einschränkbar.* Beispielsweise verpflichtet Art. 23 GK IV die Vertragsparteien, gewisse humanitäre Hilfe für die Zivilbevölkerung passieren zu lassen, erlaubt ihnen aber, davon unter gewissen, abschliessend definierten Voraussetzungen abzuweichen, so z.B. wenn der Feind aus diesen Lieferungen militärische Vorteile erzielen kann. Die Deportation der in besetzten Gebieten lebenden Zivilpersonen ist verboten, es sei denn, sie erfolge, weil «die Sicherheit der Bevölkerung oder zwingende militärische Gründe dies erfordern» (Art. 49 Abs. 1 und 2 GK IV; ähnlich Art. 17 ZP II). Es ist verboten, der Zivilbevölkerung lebenswichtige Nahrungsmittel wegzunehmen. Dieses Verbot gilt aber nicht, wenn diese Lebensmittel «von einer gegnerischen Partei [...] ausschliesslich zur Versorgung der Angehörigen ihrer Streitkräfte benutzt werden» (Art. 54 ZP I). Solche Bestimmungen legen in der Regel fest, dass Abweichungen vom Verbot oder von einer Handlungspflicht zulässig sind, wenn sie notwendig sind, um ein ausdrücklich erwähntes, spezifisch als legitim eingestuftes Interesse zu schützen oder zu realisieren[84].

Ein legitimes Interesse, welches in vielen Bestimmungen[85] erwähnt wird, ist jenes der 5.73
«militärischen Notwendigkeit» oder «zwingenden militärischen Notwendigkeit». Militärisch notwendig ist, was getan werden muss, um sich einen strategischen Vorteil oder gar den Sieg verschaffen zu können. Dieser Begriff ist weit offen, besitzt wenig klare Konturen, und ist deshalb problematisch. Klar ist, dass keine militärische Notwendigkeit vorliegt, wenn eine Massnahme politisch, rassisch, religiös oder ähnlich motiviert ist, d.h., aus anderen als militärischen Erwägungen ergriffen wird. So ist z.B. die zwangsweise Evakuierung der Zivilbevölkerung aus einem bestimmten Gebiet verboten, wenn sie der ethnischen Säuberung dient oder die Kontrolle über eine missliebige ethnische Gruppe erleichtern soll[86], aber erlaubt, wenn die evakuierende Militärmacht dort einen durch überwiegende militärische Erwägungen gerechtfertigten Bombenangriff oder einen grösseren Angriff auf den Gegner plant, der nicht durchgeführt werden kann, ohne die zivile Bevölkerung grossen Risiken auszusetzen[87]. Die militärische Notwendigkeit fehlt auch dort, wo eine Massnahme zwar militärisch motiviert, aber zur Erreichung des militärischen Zieles nicht notwendig ist; deshalb ist beispielsweise die Evakuierung von Zivilisten verboten, wenn eine begrenzte Militär-

---

84 Damit nähern sie sich ein Stück weit der Struktur der Eingriffsvoraussetzungen in Freiheitsrechte an, die gestützt auf öffentliche Interessen und im Rahmen der Verhältnismässigkeit eingeschränkt werden können (siehe dazu Rz. 3.82 ff.). Der Natur bewaffneter Konflikte entsprechend verlangt das humanitäre Völkerrecht im Unterschied zum Recht des internationalen Menschenrechtsschutzes für erlaubte Beschränkungen von Garantien keine gesetzliche Grundlage.

85 Art. 8, 75, 76, 126 GK III; Art. 9, 16, 18, 30, 49, 53, 55, 57, 60, 108, 111, 112, 143, 147 GK IV; Art. 54, 62, 67, 71 ZP I; Art. 17 ZP II.

86 Sandoz/Swinarski/Zimmermann, 1742, Rz. 4854 zu Art. 17 ZP II.

87 So Pictet IV, 279 f. zu Art. 49 GK IV.

aktion ohne wesentliche Gefährdung von Zivilpersonen durchgeführt werden kann[88]. In jedem Fall muss die konkrete Situation mit grösster Sorgfalt evaluiert werden, bevor die Existenz einer militärischen Notwendigkeit bejaht werden kann[89].

III. Geltungsbereiche

1. Persönlicher Geltungsbereich

5.74 Die Genfer Konventionen und ihre Zusatzprotokolle regeln den persönlichen Geltungsbereich ihrer Garantien differenzierter als Menschenrechtsverträge. Das humanitäre Völkerrecht kennt drei Kategorien von Personen, die sich in je unterschiedlichem Ausmass auf seine Garantien berufen können, nämlich (a) sog. geschützte Personen im internationalen bewaffneten Konflikt, für welche ein hohes Schutzniveau gilt; (b) Menschen in der Gewalt einer Konfliktpartei im internationalen bewaffneten Konflikt, für welche Minimalgarantien gelten; und (c) Menschen in der Gewalt einer Konfliktpartei im internen bewaffneten Konflikt, die am bewaffneten Kampf nicht (mehr) teilnehmen und denen gegenüber die Minimalgarantien des gemeinsamen Art. 3 GK bzw. die weitergehenden Garantien des ZP II zu beachten sind.

a) Geschützte Personen im internationalen bewaffneten Konflikt

5.75 Das während internationaler Konflikte anwendbare humanitäre Völkerrecht kennt zwei Arten geschützter Personen: Kombattanten «hors de combat», d.h. solche, die nicht mehr aktiv an den Feindseligkeiten teilnehmen, weil sie in die Hand der Gegenpartei gefallen sind, und die Angehörigen der Zivilbevölkerung. Die beiden Kategorien sind streng zu trennen und unterstehen je einem eigenen Rechtsregime.

aa) Kombattanten «hors de combat»

5.76 Kombattanten sind Personen, die aktiv an kriegerischen Auseinandersetzungen beteiligt sind. Sie besitzen in den Worten der Interamerikanischen Menschenrechtskommission «eine Lizenz, feindliche Kombattanten zu töten oder zu verwunden und andere militärische Ziele des Feindes zu zerstören»[90]. Sie dürfen, soweit sie nicht Kriegsverbrechen oder Verbrechen gegen die Menschlichkeit verüben, nicht für die Teilnahme an Kampfhandlungen bestraft werden. Umgekehrt müssen sie akzeptieren, während des Kampfes legitimes Ziel von Gewalthandlungen des militärischen Gegners mit allenfalls tödlichen Folgen zu sein.

5.77 Kombattanten sind gemäss den GK I–III alle Angehörigen der Streitkräfte einer am Konflikt beteiligten Partei, d.h. nicht nur Angehörige der regulären Streitkräfte, sondern auch solche von Milizen und Freiwilligenkorps, welche dieser Konfliktpartei an-

88 So z.B. Pictet IV, 279.

89 Sandoz/Swinarski/Zimmermann, 1742, Rz. 4853 zu Art. 17 ZP II.

90 IAKMR, Report on Terrorism and Human Rights, OEA/Ser.L/-V/II.116 Doc. 5 rev. 1 corr., 22. Oktober 2002, Ziff. 68 (Übersetzung der Autoren).

gehören[91]. Angehörige «anderer Milizen und Freiwilligenkorps, einschliesslich solcher von organisierten Widerstandsbewegungen, die zu einer am Konflikt beteiligten Partei gehören und ausserhalb oder innerhalb ihres eigenen Gebietes, auch wenn dasselbe besetzt ist, tätig sind», können für sich den Kombattantenstatus beanspruchen, wenn sie «a) an ihrer Spitze eine für ihre Untergebenen verantwortliche Person haben; b) ein bleibendes und von weitem erkennbares Zeichen tragen; c) die Waffen offen tragen; d) bei ihren Operationen die Gesetze und Gebräuche des Krieges einhalten»[92].

ZP I gibt die Differenzierung zwischen Streitkräften und anderen Gruppierungen, die für die Konfliktpartei kämpfen, auf und bestimmt in Art. 43 Abs. 1 generell: 5.78

> «Die Streitkräfte einer am Konflikt beteiligten Partei bestehen aus der Gesamtheit der organisierten bewaffneten Verbände, Gruppen und Einheiten, die einer Führung unterstehen, welche dieser Partei für das Verhalten ihrer Untergebenen verantwortlich ist; dies gilt auch dann, wenn diese Partei durch eine Regierung oder ein Organ vertreten ist, die von der gegnerischen Partei nicht anerkannt werden. Die Streitkräfte unterliegen einem internen Disziplinarsystem, das unter anderem die Einhaltung der Regeln des in bewaffneten Konflikten anwendbaren Völkerrechts gewährleistet.»

Den Kombattantenstatus verwirkt gemäss ZP I, wer seine Waffen während des Einsatzes nicht offen trägt[93]. Nicht als Kombattanten gelten gemäss Art. 47 Abs. 1 ZP Söldner[94] und Spione[95]. 5.79

Kombattanten erhalten besonderen Schutz, wenn sie 5.80

- als verwundete und kranke Angehörige der Landstreitkräfte (GK I),
- als verwundete, kranke und schiffbrüchige Angehörige der Seestreitkräfte (GK II), oder
- als Kriegsgefangene (GK III)

unter die Kontrolle der Gegenpartei geraten sind[96].

Vertiefung: Illegale Kombattanten?

Stellt das während *internationaler Konflikte* geltende Rechtsregime ein geschlossenes System dar, d.h. ist eine von einer derartigen Auseinandersetzung betroffene Person – abgesehen von den expliziten Ausnahmefällen der Söldner oder Spione – stets entweder Kombattant, Kriegsgefangener oder Zivilperson? Oder enthält dieses System Lücken, 5.81

91 Art. 13 Abs. 1 GK I und II, Art. 4 Abs. A Ziff. 1 GK III.

92 Art. 13 Abs. 2 GK I und II, Art. 4 Abs. A Ziff. 2 GK III.

93 Art. 44 Abs. 3 ZP I.

94 Art. 47 Abs. 1 ZP I. Der Begriff des Söldners wird in Art. 47 Abs. 2 ZP I sehr restriktiv definiert. Daher findet diese Bestimmung auf Angestellte privater Unternehmen, die Sicherheitsdienstleistungen anbieten, in der Praxis selten Anwendung; siehe dazu etwa Knut Ipsen, Combatants and Non-Combatants, in Fleck, 107 f.

95 Art. 46 Abs. 1 ZP I.

96 Zum Inhalt dieser Konventionen vorne Rz. 2.71 ff.

d.h. existieren Personen, die keiner dieser Kategorien zugeordnet werden und sich daher nicht auf das humanitäre Völkerrecht berufen können?

5.82 Die erstgenannte Ansicht wird vom IKRK vertreten. Dabei kann es sich insbesondere auf Art. 50 ZP I stützen, wonach jede Person, die nicht Kombattant ist, als Zivilperson gilt – wobei im Zweifelsfall eine Person als Zivilperson einzustufen ist. Basierend auf dieser Einteilung profitiert eine Person, die von der Gegenpartei gefangen genommen wird, entweder als Kriegsgefangene vom Schutz der GK III oder als Zivilinternierte vom Sonderregime für diese Personenkategorie gemäss Art. 79 ff. GK IV. Ebenfalls dieser Ansicht folgt das ICTY[97].

5.83 Die insbesondere unter der Präsidentschaft von George W. Bush durch die USA vertretene Gegenmeinung argumentierte v.a. mit dem Ungenügen dieser beiden Sonderregimes im Falle gefangengenommener Terroristen, wie etwa Angehöriger der Al-Kaida in Afghanistan, und erklärt sie zu «illegalen Kombattanten», die nicht unter den Schutz des humanitären Völkerrechts fallen. Den in Guantanamo festgehaltenen Personen wurde mit dieser Argumentation ursprünglich jeder Rechtsschutz vorenthalten.

5.84 Zwei Fragen sind in diesem Zusammenhang auseinanderzuhalten: (1) Haben Gefangene wie jene in Guantanamo Anspruch darauf, zu verlangen, als Kriegsgefangene behandelt zu werden? und (2) müssen sie automatisch entweder als Kriegsgefangene oder als Zivilisten behandelt werden, oder existiert eine dritte Kategorie «illegaler Kombattanten»?

5.85 Die erste Frage lässt sich einfach beantworten: Falls bei einer Person, «die eine kriegerische Handlung begangen hat und in die Hand des Feindes gefallen ist», Zweifel bestehen, ob sie Kriegsgefangener ist, geniesst sie laut Art. 5 Abs. 2 GK III wenigstens solange den Schutz dieser Konvention, «bis ihre Rechtsstellung durch ein zuständiges Gericht festgestellt ist». Mit anderen Worten haben, wie der amerikanische Supreme Court ausdrücklich anerkannte, alle Personen, die den USA während der Kämpfe in Afghanistan in die Hände gefallen sind, Anspruch auf Prüfung ihres Status[98].

5.86 Komplexer ist die zweite Frage: Einerseits weist der Kombattantenbegriff der Genfer Konventionen von 1949 tatsächlich Lücken auf, weshalb allein gestützt auf diese Verträge eine Person nicht zwingend entweder als Kombattant oder als Zivilistin einzustufen ist. Andererseits betont das IKRK, seine Sichtweise, es gebe nur zwei Kategorien – nämlich Kriegsgefangene und Zivilisten –, könne sich auf das ZP I stützen und die Definition der geschützten Personen dieses Vertrages habe gewohnheitsrechtliche Geltung erlangt[99]. Damit binde sie auch Nichtvertragsparteien des ZP I wie die USA.

---

97 Im Urteil The Prosecutor v. Delalic and Others, IT-96-21-T (1998), gelangte die Trial Chamber des ICTY unter Abstützung auf die IKRK-Kommentare zu folgendem Schluss: «271. It is important, however, to note that this finding is predicated on the view that there is no gap between the Third and the Fourth Geneva Conventions. If an individual is not entitled to the protections of the Third Convention as a prisoner of war (or of the First or Second Conventions) he or she necessarily falls within the ambit of Convention IV, provided that its article 4 requirements are satisfied.»

98 U.S. Supreme Court, Rasul v. Bush, No. 03–334 (2004). Vorher war dieses Recht den Gefangenen in Guantanamo während längerer Zeit verweigert worden.

99 Siehe Henckaerts/Doswald-Beck, Bd. I, 17 ff., und Bd. II, Part I, 100 ff.

Wie diese Kontroverse zu entscheiden ist, muss an dieser Stelle offen bleiben, doch ist das Argument nicht völlig von der Hand zu weisen, dass die Bestimmungen über Kriegsgefangene und Zivilpersonen den Herausforderungen des modernen Terrorismus als Kriegsmethode nicht überall adäquat Rechnung tragen[100]. Hingegen ist unbestritten, dass sich ausnahmslos alle Personen, die sich in der Gewalt der gegnerischen Partei befinden, auf die klar gewohnheitsrechtlich geltenden Minimalbestimmungen des gemeinsamen Art. 3 sowie Art. 75 ZP I und auf die Menschenrechte – primär deren notstandsfesten Kern – berufen können. Eine Inhaftierung auf unbestimmte Zeit ohne Möglichkeit der gerichtlichen Überprüfung der Zulässigkeit der Haft und formelle Anklageerhebung widerspricht den von Art. 75 Abs. 4 ZP I stipulierten Verfahrensrechten diametral. Folglich verletzt – und dies unabhängig davon, welcher Theorie gefolgt wird – der langjährige Freiheitsentzug für Terrorismusverdächtige ohne Überprüfung ihres Kriegsgefangenenstatus oder ohne Möglichkeit zur gerichtlichen Überprüfung der Haft und ohne strafrechtliche Anklage sowohl notstandsfeste Menschenrechte wie auch grundlegende Bestimmungen des humanitären Völkerrechts. 5.87

Während *interner Konflikte* stellen sich diese Abgrenzungsfragen nicht, da das Recht des nicht internationalen bewaffneten Konflikts keinen Kriegsgefangenenstatus kennt. 5.88

bb) Zivilbevölkerung

Zur Zivilbevölkerung im Sinne der GK IV gehört nach deren Art. 4, wer nicht Kombattant ist, die Staatsangehörigkeit des gegnerischen Staates besitzt und in die Kontrolle des Feindes geraten ist. Nicht zur geschützten Zivilbevölkerung zählen gemäss dieser Bestimmung Angehörige von Nichtvertragsstaaten sowie solche von neutralen Staaten oder Kriegsverbündeten, welche im betreffenden Land eine normale diplomatische Vertretung haben. Art. 50 ZP I lässt diese Beschränkungen fallen und bezeichnet ungeachtet ihrer Staatsangehörigkeit alle Personen als Angehörige der Zivilbevölkerung, welche nicht Angehörige der Streitkräfte, Angehörige von Milizen, die 5.89

100 Werden derartige Gefangene als Kombattanten eingestuft, dürfen sie – ausser für die Begehung von Kriegsverbrechen – wegen ihrer Beteiligung an der bewaffneten Auseinandersetzung nicht bestraft werden, sie geniessen weitgehende Hafterleichterungen (Art. 22 GK III), und sie sind gemäss Art. 17 GK III einzig zu Aussagen zur Klärung ihrer Identität verpflichtet. Qualifiziert man sie als Zivilpersonen, dürfen sie zwar, soweit es die Sicherheit der Gegenpartei «unbedingt erfordert» (Art. 42 GK IV), interniert werden, sie haben aber ein Recht, dass ein Gerichtshof oder eine Verwaltungsbehörde diese Entscheidung «innert kürzester Zeit» und anschliessend periodisch mindestens zweimal jährlich überprüft (Art. 43 GK IV), und sie geniessen weitgehende Hafterleichterungen (Art. 80 ff. GK IV). Zivilpersonen dürfen mit Ausnahme von Kriegsverbrechen von der Besatzungsmacht nicht für Straftaten verfolgt werden, die sie vor der Besatzung begangen haben (Art. 70 GK IV), und sie dürfen insb., ausser ihre eigene Sicherheit erfordere dies, nicht ausser Landes gebracht werden (Art. 49 GK IV). Dieser Grundsatz gilt auch für die Durchführung eines Strafverfahrens vor Militärgerichten der Besatzungsmacht, die in den besetzten Gebieten zu tagen haben (Art. 66 GK IV) und die Untersuchungs- oder Strafgefangenschaft (Art. 76 GK IV). Eine Verurteilung ist weiter grundsätzlich nur gestützt auf das Recht des besetzten Landes möglich, und ausnahmsweise von der Besatzungsmacht geschaffenes Recht darf keine Rückwirkung haben (Art. 64 f. GK IV).

zu einer Konfliktpartei gehören, oder Angehörige bewaffneter Kräfte einer nicht anerkannten Regierung sind, und nicht zur Bevölkerung eines besetzten Gebietes gehört, die beim Herannahen des Feindes aus eigenem Antrieb die Waffen gegen die Invasionstruppen erhebt (sog. «levée en masse»)[101]. Alle diese Personen geniessen den Schutz der allgemeinen Bestimmungen der GK IV und des ZP I.

5.90 Sonderregimes mit weitergehenden und detaillierteren Schutzbestimmungen kennt die GK IV für die *Bewohnerinnen und Bewohner besetzter Gebiete* (Art. 47 ff. GK IV) und für *internierte Zivilpersonen* (Art. 79 ff. GK IV).

b) Minimalverpflichtungen für alle Menschen in der Gewalt einer Konfliktpartei im internationalen bewaffneten Konflikt

5.91 Neben den Normen zum Schutz der Kategorie der geschützten Personen kennt das humanitäre Völkerrecht gewisse Minimalverpflichtungen, die für *alle* Menschen ungeachtet ihrer Nationalität und ihres Status gelten. Für *internationale* bewaffnete Konflikte sieht der auch gewohnheitsrechtlich geltende Art. 75 ZP I eine Liste fundamentaler Garantien vor, welche die wichtigsten Menschenrechte (inkl. Verfahrensrechte im Strafprozess) enthält und für alle Menschen ungeachtet ihrer Staatsangehörigkeit gilt, die sich in der Gewalt einer Konfliktpartei befinden und vom Konflikt betroffen sind, d.h. sowohl für die Zivilbevölkerung als auch für jene, die am Kampf teilgenommen haben.

c) Minimalverpflichtungen für alle vom Konflikt betroffenen Personen im nicht internationalen bewaffneten Konflikt

5.92 Im internen bewaffneten Konflikt gelten die Minimalgarantien des gemeinsamen Art. 3 GK für alle Personen *«hors de combat»*.

5.93 In Bürgerkriegen, welche die Anwendungsschwelle des ZP II erreichen[102], finden die detaillierteren Bestimmungen des ZP II gemäss dessen Art. 2 «ohne jede auf Rasse, Hautfarbe, Geschlecht, Sprache, Religion oder Glauben, politischen oder sonstiger Stellung oder auf irgendeinem anderen ähnlichen Unterscheidungsmerkmal beruhende nachteilige Unterscheidung [...] auf alle Personen Anwendung, die von einem bewaffneten Konflikt [...] betroffen sind».

2. Sachlicher Geltungsbereich

5.94 Der sachliche Geltungsbereich des humanitären Völkerrechts wird durch seine zahlreichen materiellen Garantien bestimmt.

---

101 Siehe zur Klärung der Rechtsstellung von Zivilpersonen, welche sich direkt am Kampfgeschehen beteiligen, IKRK, Interpretive Guidance on the Notion of Direct Participation in Hostilities under International Humanitarian Law, adopted by the Assembly of the International Committee of the Red Cross on 26 February 2009, publiziert in IRRC 2008, 991 ff. Als Zivilpersonen gelten auch Angestellte privater Sicherheitsunternehmen, die nicht aktiv an den Feindseligkeiten teilnehmen, sondern mit Bewachungs- oder Unterhalts- und Logistikaufgaben betraut sind.

102 Siehe dazu vorne Rz. 5.17 f.

Die Genfer Konventionen und ihre Zusatzprotokolle enthalten keine Bestimmungen zur Zulässigkeit von Vorbehalten. Damit gilt die allgemeine Regel, wonach Vorbehalte zulässig sind, sofern sie mit Ziel und Zweck der Verträge vereinbar sind. Die Staaten haben verschiedene Vorbehalte erklärt, wobei jene zu den Zusatzprotokollen vergleichsweise häufiger sind als jene zu den vier Genfer Konventionen. 5.95

3. Räumlicher Geltungsbereich

Die Genfer Konventionen und das ZP I gelten in den Gebieten unter der Kontrolle einer Konfliktpartei bzw. gemäss dem Prinzip der Effektivität überall, wo eine Vertragspartei Handlungen vornimmt, welche vom humanitären Recht geschützte Personen treffen. Dies kann im eigenen oder auf fremdem Staatsgebiet sein[103]. Auch das ZP II ist in seinem Geltungsbereich auf jene Teile des eigenen Staatsgebietes beschränkt, in welchen sich die bewaffnete Auseinandersetzung abspielt oder in welchen die verpflichteten Parteien Handlungen vornehmen, die durch dieses Protokoll reguliert werden. 5.96

4. Zeitlicher Geltungsbereich

a) Situationsbedingter Anwendungsbereich

Wie bereits unter Ziff. I ausführlich dargelegt, gilt das humanitäre Völkerrecht nur *während* internationaler oder interner bewaffneter Konflikte bzw. während der militärischen Besetzung fremden Territoriums. Die Anwendbarkeit beginnt mit Ausnahme der Verpflichtungen, die bereits in Friedenszeiten gelten[104], im Moment des Ausbruchs des bewaffneten Konflikts, d.h. im Fall eines internationalen bewaffneten Konflikts, sobald die erste geschützte Person von den Auswirkungen des bewaffneten Konflikts betroffen ist, fremdes Territorium besetzt wird, der erste bewaffnete Angriff lanciert wird etc.[105]. 5.97

---

103 Siehe dazu ICTY, The Prosecutor v. Tadić, Appeals Chamber, Decision on the Defence Motion for Interlocutory Appeal on Jurisdiction, IT-94-1 (1995), Ziff. 68: «Although the Geneva Conventions are silent as to the geographical scope of international «armed conflicts», the provisions suggest that at least some of the provisions of the Conventions apply to the entire territory of the Parties to the conflict, not just to the vicinity of actual hostilities. Certainly, some of the provisions are clearly bound up with the hostilities and the geographical scope of those provisions should be so limited. Others, particularly those relating to the protection of prisoners of war and civilians, are not so limited. With respect to prisoners of war, the Convention applies to combatants in the power of the enemy; it makes no difference whether they are kept in the vicinity of hostilities. In the same vein, Geneva Convention IV protects civilians anywhere in the territory of the Parties.»

104 Dazu gehören der Erlass von Strafbestimmungen, um Kriegsverbrecher zur Verantwortung ziehen zu können (Art. 49 GK I; Art. 50 GK II; Art. 129 GK III; Art. 146 GK IV; Art. 80 i.V.m. Art. 85 ZP I), die Pflicht zur Ausbildung der Streitkräfte (Art. 47 GK I; Art. 48 GK II; Art. 127 GK III; Art. 144 GK IV; Art. 83 ZP I; Art. 19 ZP II) und materielle Vorbereitungen wie etwa die Kennzeichnung von Ambulanzen und militärischen Spitälern mit dem Roten Kreuz, Halbmond oder Kristall (Gasser/Melzer, 219).

105 Sassòli/Bouvier, 116.

5.98 Die Anwendbarkeit des humanitären Völkerrechts endet grundsätzlich mit der «allgemeinen Einstellung der militärischen Operationen» (Art. 6 Abs. 2 GK IV), der «allgemeinen Beendigung der Kriegshandlungen» (Art. 3 lit. b ZP I) oder der «Beendigung des bewaffneten Konflikts» (Art. 2 Ziff. 2 ZP II), falls mit einem Wiederaufflammen von Kämpfen in der näheren Zukunft nicht zu rechnen ist. Dabei ist irrelevant, ob es sich um einen eigentlichen Friedensschluss, einen blossen Waffenstillstand oder ein faktisches Ausbleiben militärischer Aktionen handelt.

5.99 Bestimmte Vorschriften gelten über diesen Zeitpunkt hinaus weiter. Dazu gehören vor allem die Bestimmungen über die Kriegsgefangenen, welche bis zu ihrer Freilassung durch die GK III geschützt bleiben (Art. 5 GK III). In besetzten Gebieten sind alle Vorschriften der GK IV bis ein Jahr nach Einstellung der militärischen Operationen weiter zu beachten (Art. 6 Abs. 3 GK IV). Art. 3 lit. b ZP I erstreckt die zeitliche Geltung des humanitären Völkerrechts generell bis zum Ende einer Besatzungssituation. Gemäss beiden Bestimmungen gelten aber Verpflichtungen über den Schutz internierter und deportierter Zivilpersonen sogar bis zu deren Freilassung bzw. Heimkehr, falls sie erst nach Ende der Besatzungsperiode erfolgt. Im Fall interner bewaffneter Konflikte bleibt die Anwendbarkeit der Garantien für festgehaltene und strafrechtlich angeklagte Personen nach Beendigung der Auseinandersetzungen solange weiter erhalten, wie sie solchen Massnahmen unterworfen sind (Art. 2 Ziff. 2 ZP II).

5.100 Anders als die Menschenrechte können die Garantien des humanitären Völkerrechts, das ein Sonderrecht für die ausserordentliche Situation des bewaffneten Konflikts darstellt, *unter keinen Umständen derogiert* werden.

b) Inkrafttreten und Kündigung

5.101 Die Genfer Konventionen und ihre Zusatzprotokolle treten für die betreffende Vertragspartei sechs Monate nach Ratifikation in Kraft[106]. Falls sich der betreffende Staat bereits vor Ablauf dieser Frist in einem bewaffneten Konflikt befindet, tritt die Wirkung beim internationalen Konflikt sofort ein[107].

5.102 Die Verträge des humanitären Rechts sind kündbar. Die Kündigungsfrist beträgt ein Jahr (bzw. beim ZP II sechs Monate). Die Kündigung entfaltet aber im Fall, dass die kündigende Vertragspartei in jenem Zeitpunkt in einen bewaffneten Konflikt verwickelt ist, erst Wirkungen, wenn dieser beendet ist und geschützte Personen wie Kriegsgefangene und internierte oder deportierte Zivilpersonen heimgekehrt sind[108]. Die Kündigung befreit nicht von den Verpflichtungen aus Gewohnheitsrecht inklusive den Pflichten, die «sich aus den unter zivilisierten Völkern feststehenden Gebräuchen, aus den Gesetzen der Menschlichkeit und aus den Forderungen des öffentlichen Gewissens ergeben» (sog. Martens'sche Klausel)[109]. Da heute weite Teile des humanitären

106 Art. 138 GK III, Art. 153 GK IV, Art. 95 ZP I, Art. 23 ZP II.
107 Art. 141 GK III, Art. 157 GK IV.
108 Art. 99 Abs. 1 ZP I.
109 Diese Klausel ist in Art. 142 GK III, Art. 158 GK IV, Art. 99 ZP I und Art. 25 ZP II verankert.

Völkerrechts gewohnheitsrechtlichen Charakter besitzen, würde eine Kündigung den betreffenden Staat nur beschränkt von seinen Pflichten befreien.

IV. Die Elemente einer Verletzung des humanitären Völkerrechts

Was ist, juristisch gesehen, eine Verletzung von Garantien des humanitären Völkerrechts durch einen Staat? Diese Frage lässt sich analog zum Prüfungsschema für Menschenrechtsverletzungen beantworten, wenn man die in der folgenden Übersicht aufgeführten Teilfragen klärt. 5.103

5.104

Element	Fragestellung		Konsequenz
1. Betroffenheit	Liegt für das Opfer ein persönlicher Nachteil vor?	Nein: ⇒ Ja: ⇓	Keine Verletzung
2. Geltungsbereich	Schützt überhaupt eine Garantie des humanitären Völkerrechts das Opfer?	Nein: ⇒ Ja: ⇓	Keine Verletzung
e) Situations-bedingt	e) Liegt ein internationaler oder interner bewaffneter Konflikt vor?	Nein: ⇒ Ja: ⇓	Keine Verletzung
f) sachlich	f) Gilt die fragliche Garantie während des betreffenden Konflikts? Fehlt ein Vorbehalt des Staates zu dieser Garantie?	Nein: ⇒ Ja: ⇓	Keine Verletzung
g) persönlich	g) Schützt sie die Kategorie von Personen, zu welchen das Opfer gehört?	Nein: ⇒ Ja: ⇓	Keine Verletzung
h) räumlich	h) Ist die Person in der Kontrolle der betreffenden Konfliktpartei?	Nein: ⇒ Ja: ⇓	Keine Verletzung
i) zeitlich	i) Dauert der Konflikt noch an oder geht es um eine Garantie, welche auch nach dessen Ende noch gilt?	Nein: ⇒ Ja: ⇓	Keine Verletzung
3. Verpflichtungsart	Hat der Staat eine Verpflichtung e) zur Respektierung? f) zum Schutz? g) zur Gewährleistung, oder h) zur diskriminierungsfreien Handhabung missachtet?	Nein: ⇒ Ja: ⇓	Keine Verletzung
4. Schranken	c) Gilt die fragliche Garantie absolut oder stellt die Missachtung immer eine verbotene Verhaltensweise dar?	Ja: ⇒ Nein: ⇓	**Verletzung**
	d) Lässt sich die Missachtung rechtlich rechtfertigen?	Ja: ⇒ Nein: ⇒	Keine Verletzung **Verletzung**

Abb. 9: Übersicht über die Elemente einer Verletzung des humanitären Völkerrechts

V. Kumulative Anwendung des humanitären Völkerrechts und der Menschenrechte?

5.105 Wie verhalten sich die Garantien des internationalen Menschenrechtsschutzes zu jenen des humanitären Völkerrechts? Lassen sie sich in bewaffneten Konflikten gleichzeitig auf den gleichen Sachverhalt anwenden?

5.106 Eine alte, heute weitgehend überwundene *Theorie der Trennung*[110] der beiden Rechtsgebiete betonte, die Menschenrechte seien für den Frieden und die Garantien des humanitären Völkerrechts für den Krieg gemacht worden. Daher sei nicht nur ihr zeitlicher Geltungsbereich, sondern auch das konzeptionelle Fundament grundlegend verschieden. Spätestens seit der Integration der Menschenrechtskataloge in Art. 75 ZP I und Art. 4 ZP II ist diese Theorie nicht mehr haltbar und sie widerspricht ebenfalls der Tatsache, dass Menschenrechte auch während bewaffneter Auseinandersetzungen gelten[111] und nur beschränkt derogiert werden können[112].

5.107 Das IKRK vertritt die *Theorie der Komplementarität*, wonach die beiden Rechtsgebiete zwar unterschiedlich sind und sich nicht überschneiden, aber ergänzen[113]. Einen Schritt weiter geht MERON mit seiner *Theorie der Konvergenz*, welche, wo dies wegen überlappender Regelungsbereiche möglich ist, die kumulative Anwendung von Menschenrechtsgarantien und Normen des humanitären Völkerrechts fordert, um den Schutz des Menschen im Krieg zu maximieren[114]. Nach diesem Verständnis bilden die beiden Rechtsgebiete zwei institutionell unterschiedlich verankerte Aspekte eines einheitlichen Systems des Menschenrechtsschutzes[115].

5.108 Die Konvergenztheorie findet ihre juristische Grundlage u.a. in der den beiden Menschenrechtspakten gemeinsamen Mindeststandardklausel von Art. 5 Abs. 2, wonach die von den Vertragsstaaten sonst vertraglich oder innerstaatlich anerkannten «grundlegenden Menschenrechte […] nicht unter dem Vorwand beschränkt oder ausser Kraft gesetzt werden [dürfen], dass dieser Pakt derartige Rechte nicht oder nur in einem geringen Ausmasse anerkenne». Umgekehrt bestimmt die sog. Martens'sche Klausel des humanitären Völkerrechts[116], dass die Staaten ungeachtet der Verpflich-

110 Z.B. HENRI MEYROWITZ, Le droit de la guerre et les droits de l'homme, in: Revue du droit public et de la science politique en France et à l'étranger 1972, 1095.

111 MRA, General Comment 31 (2004), Ziff. 11; IGH, Advisory Opinion on the Legality of the Threat or Use of Nuclear Weapons, ICJ Reports 1996, Ziff. 25; Advisory Opinion on the Legal Consequences of the Construction of a Wall in the Occupied Palestinian Territory, ICJ Reports 2004, Ziff. 106. Dieser Schluss ergibt sich auch aus Art. 15 Abs. 1 EMRK, Art. 43 VLK und Art. 11 BRK.

112 Dazu ausführlich Rz. 4.74 ff.

113 Z.B. ICRC, International Humanitarian Law – Answers to your questions, Genf 2015, 36. So auch FDK-Ausschuss, General Recommendation 30 (2014), Ziff. 20.

114 THEODOR MERON, Human Rights in Internal Strife: Their International Protection, Cambridge 1987, 28.

115 MERON, a.a.O.

116 Z.B. Art. 158 Abs. 5 GK IV.

tungen aus den Genfer Konventionen und ihren Zusatzprotokollen die Verpflichtungen beachten müssen, «welche die am Konflikt beteiligten Parteien gemäss den Grundsätzen des Völkerrechts zu erfüllen gehalten sind, wie sie sich aus den unter zivilisierten Völkern feststehenden Gebräuchen, aus den Gesetzen der Menschlichkeit und aus den Forderungen des öffentlichen Gewissens ergeben». Zu diesem Rechtsbestand gehören weite Teile der Menschenrechte.

Ungeachtet der Tatsache, dass humanitäres Recht und Menschenrechte sich ergänzen 5.109
und teilweise überlappen, ist das Verhältnis der beiden Rechtsgebiete im Einzelnen komplex. Der IGH unterscheidet in diesem Zusammenhang drei Situationen: Gewisse Rechte sind einzig Gegenstand des humanitären Völkerrechtes[117]; andere werden allein von den Menschenrechten garantiert[118]; schliesslich können beide Rechtsgebiete gleichzeitig anwendbar sein[119]. Im Fall der gleichzeitigen Anwendbarkeit sind folgende Konstellationen denkbar:

(1) Bei der Anwendung von Menschenrechtsgarantien muss das humanitäre Völker- 5.110
recht als spezielleres Recht[120] beigezogen werden, weil es entscheidet, was konkret erlaubt oder verboten ist[121]. Dies bedeutet etwa, dass eine Tötung im Krieg nicht «willkürlich» im Sinn von Art. 6 Pakt II ist, wenn das humanitäre Völkerrecht sie erlaubt[122], dass Einschränkungen der Bewegungsfreiheit gemäss Art. 12 Pakt II mit dem Argument gerechtfertigt werden können, die Evakuierung der Zivilbevölkerung aus einem bestimmten Gebiet durch eine Besetzungsmacht sei für «die Sicherheit der Bevölkerung» oder aus «zwingenden militärischen Gründen» gemäss Art. 49 Abs. 2 GK IV erforderlich oder dass die Inhaftnahme eines Kombattanten als Kriegsgefangener unter Beachtung der Vorgaben der GK III auch menschenrechtskonform sein kann, wenn keiner der Haftgründe des Rechts auf Freiheit im Sinne von Art. 5 EMRK einschlägig ist[123].

(2) Umgekehrt können Menschenrechtsgarantien bedeutsam werden, um offenen 5.111
Normen des humanitären Völkerrechts konkreten Gehalt zu geben. Was «die von den

117 Menschenrechtsverträge enthalten z.B. keine spezifischen Bestimmungen zu den Rechten verwundeter Soldaten.

118 Das humanitäre Völkerrecht äussert sich z.B. nicht zum Recht auf Ehe. Menschenrechte gewähren z.B. Schutz, wo das humanitäre Völkerrecht Angehörige eines an einem internationalen Konflikt nicht beteiligten bzw. eines verbündeten Landes weitgehend schutzlos lässt, wenn dieses im betreffenden Staat eine diplomatische Vertretung besitzt (Art. 4 Abs. 2 GK IV).

119 IGH, Advisory Opinion on the Legal Consequences of the Construction of a Wall in the Occupied Palestinian Territory, ICJ Reports 2004, Ziff. 106.

120 Der IGH spricht in diesem Zusammenhang von lex specialis (a.a.O., Ziff. 105–106), meint aber damit nicht derogierendes Spezialrecht, sondern Spezialnormen, welche für die Bestimmung des Inhalts der allgemeinen Norm relevant sind.

121 Siehe dazu auch IAGMR, Santo Domingo Massacre v. Colombia, C/259 (2012), Ziff. 23 f., 187 und 212 ff., und Afro-descendant communities displaced from the Cacarica River Basin (Operation Genesis) v. Colombia, C/270 (2013): Beizug des humanitären Völkerrechts zur Interpretation der Bestimmungen der AMRK während bewaffneter Konflikte.

122 Dazu hinten Rz. 9.45 f.

123 EGMR (Grand Chamber), Hassan v. The United Kingdom, Reports 2014-VI, Ziff. 96 ff.

zivilisierten Völkern als unerlässlich anerkannten Rechtsgarantien» sind, welche gemäss dem gemeinsamen Art. 3 GK bei Todesurteilen beachtet werden müssen, und wann ein Militärgericht gemäss Art. 84 Abs. 2 GK III nicht «die allgemein anerkannten wesentlichen Garantien der Unabhängigkeit und der Unparteilichkeit bietet», ergibt sich heute aus den zentralen Gehalten der Verfahrensgarantien der Menschenrechtskonventionen.

5.112 (3) Schliesslich können Bestimmungen beider Rechtsgebiete kumulativ zur Anwendung kommen. Vertragsstaaten von Pakt II müssen beispielsweise bei der Verhängung der Todesstrafe gegen Kriegsgefangene gemäss Art. 100 GK III alle Garantien des nicht derogierbaren Art. 6 Abs. 2 des Pakts beachten. Gleichzeitig dürfen sie den zum Tod Verurteilten nicht vor Ablauf der sechsmonatigen Wartefrist gemäss Art. 101 GK III hinrichten, obwohl der Pakt II keine solche Frist vorsieht.

Zweiter Teil

Durchsetzung der Menschenrechte

6. Kapitel: Grundlagen

I. Durchsetzung

6.1 Wesentliches Merkmal des Rechts ist seine Durchsetzbarkeit. Das gilt auch für die Menschenrechte. Sollen sie mehr sein als hehre Zieldeklarationen, darf die innerstaatliche Um- und Durchsetzung dieser Verpflichtungen nicht in das freie Belieben der Staaten gestellt werden; nötig ist ihre internationale Überwachung.

6.2 Der Begriff «Durchsetzung» wird in diesem und den folgenden beiden Kapiteln in einem weit verstandenen Sinn benutzt. Darunter wird sowohl die Implementierung oder Umsetzung der Menschenrechte auf nationaler Ebene durch gesetzgebende und rechtsanwendende Behörden, wie auch deren Durchsetzung im zwischenstaatlichen Verhältnis oder deren Überwachung durch spezifische menschenrechtliche Überwachungsorgane und Gerichte auf regionaler und internationaler Ebene verstanden. Zur Durchsetzung gehört schliesslich auch die (zwangsweise) Umsetzung der Urteile solcher Organe.

II. Funktionen

6.3 Im Völkerrecht stellen bereits die reziproken Interessen der Staaten häufig sicher, dass die Staaten sich an ihre Verpflichtungen halten. Wo solche reziproken Interessen bestehen, beachten Staaten mit anderen Worten vertragliche Verpflichtungen, weil sie die Konsequenzen der Nichtbeachtung ihrer Vertragspflichten durch andere Vertragsparteien vermeiden wollen[1]. Demgegenüber fehlt im Bereich der Menschenrechtsverpflichtungen, welche primär gegenüber Individuen im eigenen Land zu erfüllen sind, dieses reziproke Element weitgehend. Daher ist hier der Antrieb für eine Selbstdurchsetzung oft schwächer ausgestaltet. Hier sind folglich überstaatliche Überwachungs- und Durchsetzungsverfahren besonders notwendig. Dieser Umstand vermag zumindest teilweise zu erklären, weshalb gerade in diesem Rechtsgebiet besonders viele Überwachungs- und Durchsetzungsmechanismen entstanden sind. Im Unterschied dazu stehen gemäss seiner ursprünglichen Konzeption im humanitären Völkerrecht bilaterale, reziproke Verpflichtungen im Vordergrund. Aus diesem Grund spielen in diesem Rechtszweig internationale Durchsetzungsmechanismen bis heute nur eine sehr untergeordnete Rolle.

---

1 Wenn z.B. Staat A unter Missachtung eines Auslieferungsvertrages eine Person nicht an Staat B ausliefert, läuft er Gefahr, dass Staat B seine Kooperation ihm gegenüber ebenfalls verweigert.

6.4 Die menschenrechtlichen Überwachungs- oder Durchsetzungsmechanismen erfüllen v.a. folgende Funktionen:

(1) Die *verletzungsbeendende Funktion* soll sicherstellen, dass gegen (noch) andauernde Menschenrechtsverletzungen eingeschritten werden kann.

(2) Kann trotz funktionierender Durchsetzungsmechanismen eine Menschenrechtsverletzung nicht rechtzeitig gestoppt werden, oder ist sie (wie z.B. bei einer aussergerichtlichen Tötung) ihrer Natur nach beendet, bevor solche Mechanismen greifen können, sollen nachträglich wenigstens die entstandenen Schäden möglichst beseitigt oder ausgeglichen werden. Dies ist die *kurative Funktion* der Durchsetzung, welche Verletzerstaaten zu Wiedergutmachungsleistungen (v.a. Schadenersatz oder Rehabilitation von Opfern) verpflichtet.

(3) *Sanktionierende* Funktion kommt den Mechanismen des Völkerstrafrechts und den Strafverfolgungspflichten gewisser Menschenrechtsverträge zu, welche nicht die Staaten, aber die für diese handelnden Personen und auch nichtstaatliche Akteure persönlich zur Verantwortung ziehen will.

(4) Die *präventive Funktion* der Durchsetzung soll garantieren, dass die Staaten und ihre Organe ihre Unterlassungs-, Schutz- und Gewährleistungspflichten im Bereich der Menschenrechte zukünftig tatsächlich wahrnehmen und damit neue Verletzungen verhindert werden können.

6.5 Dieses Kapitel bietet einen *Überblick* über das System der Überwachung und Durchsetzung der Menschenrechte (Ziff. III–IV) und beleuchtet die Bedeutung der internationalen Strafgerichtsbarkeit (Ziff. V) und des Internationalen Gerichtshofs (IGH) im Bereich des völkerrechtlichen Menschenrechtsschutzes (Ziff. VI). Die folgenden Kapitel befassen sich zuerst mit den internationalen Organen, welche im Bereich der Menschenrechte *vertraglich* für die Durchsetzung von Konventionen eingerichtet worden sind (Kapitel 7), und wenden sich danach den *ausservertraglichen* Mechanismen des Menschenrechtsschutzes zu (Kapitel 8).

III. Innerstaatliche Um- und Durchsetzung der Menschenrechte

1. Überblick

6.6 Für die Um- und Durchsetzung der Menschenrechte sind in erster Linie die Staaten verantwortlich[2]. Dies ergibt sich aus der Tatsache, dass sie die Träger der aus Gewohnheits- und Vertragsrecht fliessenden menschenrechtlichen Verpflichtungen sind, und der Grundsatz der territorialen Souveränität es ihnen ermöglicht, auf dem eigenen Staatsgebiet selbst für die Rechtsdurchsetzung besorgt zu sein. Die Staaten können sich dieser Pflicht nicht mit Hinweis auf ihre Souveränität entziehen, vielmehr sind sie gerade kraft ihrer Souveränität für den Schutz der Menschen auf ihrem Staatsgebiet verantwortlich. Internationale Überwachungs- oder Durchsetzungsmechanismen ergänzen die landesrechtlichen Verfahren, und kommen (nur) subsidiär zum Zug, wo

2 Zum Konzept der Responsibility to Protect (R2P) siehe hinten Rz. 8.41 ff.

die innerstaatlichen Organe nicht bereit oder nicht in der Lage sind, Menschenrechtsverletzungen zu verhindern, zu beenden, zu korrigieren oder zu sanktionieren.

6.7

Abb. 10: Schematische Darstellung der Ebenen und Organe der Durchsetzung

Die Auswahl der innerstaatlichen Durchsetzungsmittel gehört weitgehend in den Sou- 6.8
veränitätsbereich der einzelnen Staaten. Das Völkerrecht stellt aber gewisse Minimalanforderungen und verpflichtet die Staaten:

- sicherzustellen, dass sich Individuen innerstaatlich auf die Menschenrechte als Teil der staatlichen Rechtsordnung berufen *(Inkorporationspflicht)*
- und im Fall von Verletzungen innerstaatlich ein wirksames Rechtsmittel ergreifen können *(Rechtsmittelpflicht)*;
- Fälle behaupteter Verletzungen zu untersuchen *(Untersuchungspflicht)* und in gewissen Fällen besonders schwerer Verletzungen die Täterinnen und Täter zu verfolgen und allenfalls angemessen zu bestrafen *(Sanktionierungspflicht)*;
- Opfer erlittener Verletzungen zu entschädigen oder zu rehabilitieren *(Wiedergutmachungspflicht)*; sowie
- künftige Verletzungen zu verhindern *(Präventionspflicht)*.

Die Staaten sind in der Auswahl der damit betrauten Organe weitgehend frei. Neben 6.9
eigentlichen gerichtlichen Instanzen können damit Organe wie Verwaltungsbehörden,

nationale Menschenrechtskommissionen und Ombudsstellen oder Wahrheitskommissionen betraut werden.

Vertiefung: Unabhängige nationale Menschenrechtsinstitutionen[3]

6.10 Die UNO und regionale Organisationen erwarten heute von Staaten die Errichtung *unabhängiger nationaler Menschenrechtsinstitutionen*[4]. Gemäss den von der UNO-Generalversammlung im Jahr 1993 verabschiedeten «Paris Principles»[5] sollen Struktur und Mandat solcher Institutionen so beschaffen sein, dass sie die konkreten Defizite bei der innerstaatlichen Umsetzung internationaler Verpflichtungen aus Menschenrechten in einem Staat angehen und eine Brückenfunktion zwischen den verschiedenen Bereichen der Staatsverwaltung und der Zivilgesellschaft ausüben können. Nationale Menschenrechtsinstitutionen, die sich im Einzelnen stark voneinander unterscheiden, erfüllen je nach Land etwa folgende Funktionen: Systematische und unabhängige Beobachtung der menschenrechtlichen Situation, Untersuchung spezifischer Verletzungen oder von Umsetzungsproblemen, Behandlung von Einzelfällen und Ombudsfunktion, Beratung von Individuen und Verwaltung, Sensibilisierung der Öffentlichkeit, der Verwaltung und des Gesetzgebers, Förderung der menschenrechtlichen Fachkompetenz, Vorschläge für die Verbesserung der Gesetzgebung etc.

6.11 Damit nationale Menschenrechtsinstitutionen diese Aufgaben wahrnehmen können, müssen sie gemäss den «Paris Principles» pluralistisch zusammengesetzt und sowohl personell als auch institutionell unabhängig sein, eine verfassungsrechtliche oder wenigstens gesetzliche Grundlage haben und mit genügend Mitteln ausgestattet sein. Heute existieren weltweit über 70 nationale Menschenrechtsinstitutionen in allen Kontinenten, welche die Anforderungen der «Paris Principles» vollständig erfüllen[6].

2. Die einzelnen Pflichten

a) Inkorporationspflicht

6.12 Vertragsstaaten müssen dafür sorgen, dass die Garantien eines Menschenrechtsvertrages auch innerstaatlich Wirkung erlangen. Besonders deutlich wird diese allgemeine Pflicht in Art. 2 Abs. 2 Pakt II angesprochen, der die Staaten verpflichtet, «im Einklang mit [ihren] verfassungsmässigen Verfahren und mit den Bestimmungen dieses Paktes die erforderlichen Schritte zu unternehmen, um die gesetzgeberischen oder sonstigen Vorkehrungen zu treffen, die notwendig sind, um den in diesem Pakt anerkannten Rechten Wirksamkeit zu verleihen, soweit solche Vorkehrungen nicht bereits getroffen worden sind».

3 Siehe dazu die Website der Global Alliance of National Human Rights Institutions ‹nhri.ohchr.org/EN/Pages/default.aspx› (zuletzt besucht am 27. März 2018).

4 Deutschland und Österreich haben nationale Menschenrechtsinstitutionen geschaffen. In der Schweiz sind entsprechende Bestrebungen im Gang.

5 Principles relating to the status and functioning of national institutions for protection and promotion of human rights, UN Doc. A/Res/48/134.

6 Siehe dazu ‹http://www.ohchr.org/Documents/Countries/NHRI/Chart_Status_NIs.pdf› (zuletzt besucht am 22. März 2018).

Dokumentation: Die Allgemeine Bemerkung Nr. 31 des MRA (Pflicht zur Inkorporierung)

Der MRA umschreibt die Pflicht zur Inkorporierung der Garantien des Pakts II wie folgt[7]: 6.13

«13. Artikel 2 Abs. 2 verlangt von den Vertragsstaaten, geeignete Massnahmen zu ergreifen, um den Paktrechten auf innerstaatlicher Ebene Wirkung zu verleihen. Daraus folgt, dass die Vertragsstaaten aufgrund der Ratifizierung die notwendigen Änderungen in ihren Rechtssystemen und in ihrer Praxis vornehmen müssen, um die Befolgung der Paktvorschriften gewährleisten zu können, es sei denn, die Paktrechte werden bereits im innerstaatlichen Recht und in der innerstaatlichen Praxis entsprechend geschützt. Dort wo zwischen dem Pakt und dem innerstaatlichen Recht Diskrepanzen bestehen, verlangt Artikel 2, dass das innerstaatliche Recht oder die Praxis soweit geändert werden, dass die vom Pakt auferlegten Standards erreicht werden. Artikel 2 erlaubt den Vertragsstaaten, dies im Einklang mit ihren verfassungsmässigen Verfahren zu erreichen und verlangt demnach nicht, dass der Pakt bei der Umsetzung in innerstaatliches Recht unmittelbar gerichtlich geltend gemacht werden kann. Der Ausschuss ist dennoch der Ansicht, dass die Paktgarantien in solchen Staaten, in denen der Pakt automatisch oder durch ein besonderes Verfahren in das nationale Recht übertragen wird, verstärkten Schutz erhalten. Der Ausschuss empfiehlt denjenigen Vertragsstaaten, in denen der Pakt nicht Teil der innerstaatlichen Rechtsordnung ist, die Aufnahme des Pakts in das innerstaatliche Rechtssystem zu erwägen, um die volle Verwirklichung der Paktrechte, wie von Artikel 2 gefordert, zu erleichtern.

14. Die Forderung des Artikels 2 Abs. 2, Schritte zu unternehmen, um den in dem Pakt anerkannten Rechten Wirksamkeit zu verleihen, gilt vorbehaltlos und ist von unmittelbarer Wirkung. Das Versäumnis, diese Verpflichtungen zu erfüllen, kann nicht mit einem Hinweis auf die politischen, sozialen, kulturellen oder wirtschaftlichen Umständen in dem betroffenen Staat gerechtfertigt werden».

b) Rechtsmittelpflicht

Die wichtigsten Menschenrechtsabkommen gestehen den Individuen ein explizites Recht zu, vor nationalen Instanzen gegen Entscheide innerstaatlicher Organe vorzugehen, welche ihre Menschenrechte tangieren. In diesem Sinn garantiert Art. 13 EMRK das Recht, im Falle der Verletzung einer Konventionsgarantie «eine wirksame Beschwerde bei einer nationalen Instanz einzulegen, selbst wenn die Verletzung von Personen begangen worden ist, die in amtlicher Eigenschaft gehandelt haben». Art. 25 AMRK, Art. 7 Abs. 1 lit. a AfCRMV und Art. 23 ArCMR verankern vergleichbare Garantien. Auch Art. 2 Abs. 3 Pakt II verpflichtet die Staaten mit ähnlichen Worten, dieses Recht innerstaatlich zu gewähren. Andere Verträge setzen ein solches Recht voraus, wenn sie verlangen, dass Opfer behaupteter Menschenrechtsverletzungen den innerstaatlichen Instanzenzug erschöpfen müssen, bevor sie an ein internationales Organ gelangen können[8]. 6.14

7 MRA, General Comment 31 (2004); Übersetzung aus Deutsches Institut für Menschenrechte, Die «General Comments» zu den VN-Menschenrechtsverträgen, Baden-Baden 2005, 157.

8 Z.B. Art. 22 Abs. 5 lit. b FoK und Art. 14 Abs. 7 lit. a RDK.

6.15 Das Völkerrecht verlangt von den Staaten nicht, den Individuen zu erlauben, sich vor innerstaatlichen Organen direkt auf Menschenrechtskonventionen zu berufen. Es genügt, wenn sie Verletzungen innerstaatlicher Verfassungsgarantien oder Gesetzesbestimmungen, welche den Menschenrechten analoge Garantien enthalten, geltend machen können. Den Staaten steht es zudem frei, ob sie den Menschenrechtsverträgen im Landesrecht automatische Geltung zusprechen[9] oder ihren Inhalt auf dem Gesetzgebungsweg in Landesrecht transformieren wollen[10]. Wichtig ist allein, dass Individuen sich zumindest *sinngemäss* auf die den betreffenden Staat bindenden Menschenrechte berufen können.

6.16 Das Fehlen wirksamer Beschwerdemöglichkeiten oder die Verweigerung des Zugangs zu vorhandenen Rechtsmitteln stellt für sich eine Menschenrechtsverletzung dar[11]. Allerdings ergibt sich aus dem Anspruch auf ein wirksames Rechtsmittel kein allgemeiner Anspruch auf Zugang zu einem eigentlichen Gericht[12]. Vielmehr genügt die Beschwerdemöglichkeit an ein richterliches oder ein Verwaltungsorgan irgendwelcher Art, falls dieses mit ausreichender Unabhängigkeit gegenüber der ursprünglich entscheidenden Instanz ausgestattet ist und die Kompetenz besitzt, den angefochtenen Entscheid aufzuheben oder Schadenersatzleistungen anzuordnen[13]. Wirksam ist eine Beschwerde zudem nur, wenn sie zeitgerecht überprüft wird[14] und wenn ihr bei unmittelbar drohenden Menschenrechtsverletzungen, deren Konsequenzen nicht wieder gut gemacht werden können, aufschiebende Wirkung zukommt[15]. Das Recht auf ein effektives Rechtsmittel wird ferner auch verletzt durch Rechtsverweigerung, d.h. wenn ein zuständiges Gericht sich entgegen innerstaatlichen Verfahrensvorschriften weigert, eine Beschwerde zu behandeln[16].

6.17 Der Anspruch auf eine wirksame Beschwerde bedeutet nicht, dass eine blosse Behauptung, in einem Menschenrecht verletzt zu sein, genügt, um den Weg an eine Be-

---

9 So gemäss dem sog. völkerrechtlichen Monismus, der z.B. in den USA, der Schweiz und in Österreich und für die Menschenrechte heute in vielen zentral- und osteuropäischen Staaten gilt.

10 So gemäss dem sog. völkerrechtlichen Dualismus. Die Transformation des Völkerrechts in das nationale Recht geschieht entweder durch ein Gesetz, welches den Inhalt des Vertrages wiederholt (in diesem Sinn hat Grossbritannien den Inhalt der EMRK im Human Rights Act von 1998 in britisches Landesrecht transformiert) oder durch ein sog. Zustimmungsgesetz, welches lediglich festhält, dass der entsprechende Vertrag im Inland gelte (diesem System folgt Deutschland).

11 Art. 2 Abs. 3 Pakt II, Art. 13 EMRK, Art. 25 AMRK und Art. 23 AfCRMV.

12 Ein solcher Anspruch gilt gemäss Art. 14 Pakt II, Art. 6 EMRK für Streitigkeiten zivilrechtlichen Charakters und Entscheidungen über strafrechtliche Anklagen und gemäss Art. 8 AMRK zusätzlich bei der Überprüfung ihrer Rechte «arbeits-, steuerrechtlicher oder irgend anderer Natur». Vgl. dazu hinten Rz. 16.2 ff.

13 So z.B. EGMR (Grand Chamber), Sürmeli v. Germany, Reports 2006-VII, Ziff. 98, de Souza Ribeiro v. France, Reports 2012-VI, Ziff. 78.

14 Siehe z.B. MRA, Rajapakse v. Sri Lanka, 1250/2004 (2006), Ziff. 9.5.

15 EGMR (Grand Chamber), de Souza Ribeiro v. France, Reports 2012-VI, Ziff. 50. Siehe auch Rz. 18.73, zur Voraussetzung der aufschiebenden Wirkung in Auslieferungs- und Abschiebungsfällen.

16 Siehe etwa MRA, Poma Poma v. Peru, 1457/2006 (2009), Ziff. 7.8.

schwerdeinstanz zu öffnen. Zwar müssen Personen, welche Beschwerde ergreifen wollen, nicht beweisen, dass sie tatsächlich Opfer einer Verletzung sind, entsprechende Behauptungen müssen aber «vertretbar» sein, d.h. zumindest so plausibel erscheinen, dass sich eine Prüfung rechtfertigt[17].

Beispiel: Das Urteil Jabari gegen die Türkei des EGMR[18]

Frau Jabari stellte in der Türkei einen Asylantrag, weil sie befürchtete, im Iran wegen Ehebruchs gesteinigt zu werden. Da sie die gesetzliche Frist von 5 Tagen nach Einreise für die Stellung des Antrages verpasst hatte, traten die türkischen Asylbehörden auf ihren Antrag nicht ein und ordneten ihre Rückschiebung in den Iran an. Die dagegen angerufenen türkischen Gerichte konnten nicht prüfen, ob Frau Jabari im Iran gefährdet war, und die Rechtsmittel hatten keine aufschiebende Wirkung. Der EGMR kam zum Schluss, die Rückschiebung sei angesichts der drohenden Gefahr, im Iran gesteinigt zu werden, unmenschlich im Sinne von Art. 3 EMRK. Zudem liege eine Verletzung von Art. 13 EMRK vor, weil die türkischen Rechtsmittel nicht «wirksam» gewesen seien: 6.18

«50. In the Court's opinion, given the irreversible nature of the harm that might occur if the risk of torture or ill-treatment alleged materialised and the importance which it attaches to Article 3, the notion of an effective remedy under Article 13 requires independent and rigorous scrutiny of a claim that there exist substantial grounds for fearing a real risk of treatment contrary to Article 3 and the possibility of suspending the implementation of the measure impugned. Since the Ankara Administrative Court failed in the circumstances to provide any of these safeguards, the Court is led to conclude that the judicial review proceedings relied on by the Government did not satisfy the requirements of Article 13».

c) Untersuchungs-, Strafverfolgungs- und Bestrafungspflicht

Die Rechtsprechung des EGMR und des Menschenrechtsausschusses macht deutlich, dass zumindest im Falle einer Verletzung fundamentaler Garantien, wie des Folterverbotes und des Rechts auf Leben oder bei Fällen des Verschwindenlassens von Personen oder der Rassendiskriminierung, die Vertragsstaaten eine *effektive Untersuchung* durchführen und die für die Verletzung verantwortlichen Personen strafrechtlich verfolgen und, soweit diese für schuldig befunden werden, nach nationalem *Strafrecht bestrafen* müssen. 6.19

17 MRA, Kazantzis v. Cyprus, 972/2001 (2003), Ziff. 6.6, und Faure v. Australia, 1036/01 (2005), Ziff. 7.2, sowie EGMR, Boyle and Rice v. The United Kingdom, A/131 (1988), Ziff. 52.

18 EGMR, Jabari v. Turkey, Reports 2000-VIII. Siehe für einen ähnlichen Sachverhalt auch EGMR, Gebremedhin [Gaberamadhien] v. France, Reports 2007-II, insb. Ziff. 53 ff.

Beispiel: Das Urteil Ergi gegen die Türkei des EGMR[19]

6.20 «In addition, the Court has attached particular weight to the procedural requirement implicit in Article 2 of the Convention. It recalls that, according to its case-law, the obligation to protect the right to life under Article 2, read in conjunction with the State's general duty under Article 1 to ‹secure to everyone within their jurisdiction the rights and freedoms defined in [the] Convention›, requires by implication that there should be some form of effective official investigation when individuals have been killed as a result of the use of force by, *inter alia*, agents of the State. Thus, contrary to what is asserted by the Government [...], this obligation is not confined to cases where it has been established that the killing was caused by an agent of the State. Nor is it decisive whether members of the deceased's family or others have lodged a formal complaint about the killing with the competent investigatory authority. In the case under consideration, the mere knowledge of the killing on the part of the authorities gave rise ipso facto to an obligation under Article 2 of the Convention to carry out an effective investigation into the circumstances surrounding the death».

6.21 Gewisse Menschenrechtsverträge verankern Untersuchungs- und Bestrafungspflichten ausdrücklich in ihren Vertragstexten. So verlangen die FoK und die VLK von ihren Vertragsstaat, bei Foltervorwürfen oder dem Verdacht auf das Verschwindenlassen einer Person eine Untersuchung einzuleiten[20] und solche Taten oder den Versuch dazu als Delikt gemäss nationalem Strafrecht einzustufen[21]. Diese Verträge verankern darüber hinaus das sog. *Weltrechts- oder Universalitätsprinzip*. Dieses hält die Vertragsstaaten dazu an, auch eine der Folter oder des Verschwindenlassens verdächtigte Person, welche ihre Tat im Ausland und gegen ausländische Staatsangehörige verübt hat[22], entweder selber zu bestrafen oder dem primär zuständigen Staat auszuliefern[23]. Gestützt auf diesen Grundsatz besitzen Drittstaaten z.B. die Kompetenz, ehemalige Diktatoren, welche Folterhandlungen oder das Verschwindenlassen von Personen angeordnet haben, strafrechtlich zu verfolgen, falls der Heimatstaat – etwa infolge eines Amnestiegesetzes – dazu nicht willens oder nicht in der Lage ist[24]. Dieses Prinzip des *aut dedere aut iudicare* kennt auch das humanitäre Völkerrecht[25].

19 EGMR, Ergi v. Turkey, Reports 1998-IV, Ziff. 82.

20 Art. 12 FoK, Art. 3 VLK.

21 Art. 4 FoK sowie Art. 4 und 6 VLK. Eine derartige Strafverfolgungspflicht kennen auch die RDK (Art. 2 i.V.m. Art. 5) und die Genozidkonvention (Art. III).

22 D.h. unabhängig von den traditionellen strafrechtlichen Anknüpfungskriterien des Territorialitäts- und des aktiven und passiven Personalitätsprinzips.

23 Art. 5 Abs. 2 FoK, Art. 9 Abs. 2 und Art. 11 VLK. Siehe dazu auch IGH, Questions Relating to the Obligation to Prosecute or Extradite, Belgium v. Senegal, ICJ Reports 2012, Ziff. 71 ff., und hinten Rz. 10.38 f.

24 Siehe IGH, Questions Relating to the Obligation to Prosecute or Extradite, Belgium v. Senegal, ICJ Reports 2012.

25 Z.B. Art. 146 GK IV.

Diese Prinzipien sind für die Durchsetzung der Menschenrechte u.a. deshalb von zentraler Bedeutung, weil sich das Phänomen der sog. «*impunity*», d.h. eines Klimas von Straflosigkeit für die Verantwortlichen von Menschenrechtsverletzungen, in vielen Staaten zunehmend als eine der wichtigsten Ursachen für Situationen systematischer und schwerer Menschenrechtsverletzungen erweist. 6.22

Vertiefung: Völkerrechtskonformität von Amnestien?

Missachten *Amnestien für Straftäterinnen und Straftäter* allgemein die Untersuchungs-, Strafverfolgungs- und Bestrafungspflichten? Art. 6 Abs. 4 Pakt II verankert ein ausdrückliches Recht zum Tod verurteilter Personen, um Begnadigung nachzusuchen, und Art. 14 Abs. 2 Pakt II setzt die Möglichkeit einer Begnadigung voraus. Amnestien für gewöhnliche Kriminelle nach ihrer Verurteilung, die nicht bezwecken, Tatverantwortliche aus unzulässigen Gründen zu schützen, erweisen sich damit als völkerrechtskonform. 6.23

Anders als solche Begnadigungen sind Amnestien zu beurteilen, welche Personen, die verdächtigt sind, schwere Menschenrechtsverletzungen möglicherweise gar im Sinne von Verbrechen gegen die Menschlichkeit oder Kriegsverbrechen begangen zu haben, bereits vor einem Strafverfahren gewährt werden und sie somit vor Strafverfolgung schützen. Solche Amnestien werden oft im Kontext einer friedlich erfolgten Machtübergabe eines diktatorischen Regimes an eine demokratische Regierung oder im Rahmen von Friedensverhandlungen gewährt oder zumindest erwogen. In solchen Konstellationen besteht regelmässig ein grosses Spannungsverhältnis zwischen dem Anspruch, Verantwortliche für schwere Menschenrechtsverletzungen zur Verantwortung zu ziehen, und dem Ziel, bewaffnete Auseinandersetzungen oder Repressionen zu beenden. 6.24

Während der zweiten Hälfte des 20. Jahrhunderts wurden zahlreiche Amnestien ausgesprochen. Dazu zählt etwa auch der sog. Wahrheits- und Versöhnungsprozess nach dem Ende des Apartheidregimes, in welchem sich aber für Menschenrechtsverletzungen Verantwortliche vollständig zu ihren Verbrechen bekennen mussten, um einer Strafe zu entgehen. In den letzten Jahrzehnten lässt sich ein klarer Trend hin zur Auffassung beobachten, dass sich ein nachhaltiger Frieden kaum ohne irgendeine Form justizieller Gerechtigkeit erreichen lässt. Auch der EGMR stellt eine Tendenz fest, Amnestien völkerrechtlich als nicht akzeptierbar einzustufen, weil sie der universell anerkannten Verpflichtung der Staaten widerspricht, Verantwortliche schwerer Menschenrechtsverletzungen strafrechtlich zu verfolgen und zu bestrafen[26]. 6.25

Nach Art. 6 Abs. 5 ZP II bemühen sich die Konfliktparteien bei Beendigung der Feindseligkeiten «denjenigen Personen eine möglichst weitgehende Amnestie zu gewähren, die an den Feindseligkeiten teilgenommen haben». Die Entstehungsgeschichte dieser Norm und die Staatenpraxis zeigt, dass diese Norm nicht als Aufforderung, Verantwortliche für Kriegsverbrechen und Verbrechen gegen Menschenrechte nicht zu bestrafen, interpretiert werden darf[27]. Sie ist vielmehr vor dem Hintergrund zu verstehen, dass das 6.26

26 EGMR (Grand Chamber), Marguš v. Croatia, Reports 2014-III, Ziff. 139.

27 Henckaerts/Doswald-Beck, Bd. I, Rule 159. Siehe dazu auch Art. 10 des Statuts des Spezialgerichtshofs für Sierra Leone (dazu hinten Rz. 6.69), der Amnestien für Verbrechen gegen die Menschlichkeit, schwere Verletzungen des Art. 3 GK und andere schwere Verletzungen des humanitären Völkerrechts für unwirksam erklärt.

Recht des nicht internationalen bewaffneten Konflikts den Status des Kriegsgefangenen nicht kennt[28] und daher Angehörige bewaffneter Gruppierungen für ihre blosse Teilnahme an den Auseinandersetzungen bestraft werden können.

6.27 In diesem Sinn heisst auch die UNO keine Friedensverträge gut, welche Amnestien für völkerstrafrechtliche Delikte und schwere Verletzungen der Menschenrechte beinhalten[29]. Gemäss einer Studie des Hochkommissariats für Menschenrechte aus dem Jahr 2009[30] sind Amnestien völkerrechtswidrig, welche (1) die Verfolgung von mutmasslich Verantwortlichen für Kriegsverbrechen, Genozid, Verbrechen gegen die Menschlichkeit und schweren Verletzungen anderer Menschenrechte inklusive geschlechtsspezifischer Gewalt[31] verunmöglichen, die (2) das Recht von Opfern auf effektive Rechtsmittel und Wiedergutmachung schmälern und die (3) das Recht der Opfer und der Gesellschaft auf das Wissen über Verletzungen der Menschenrechte und des humanitären Völkerrechts beeinträchtigen.

6.28 Die UNO-Vertragsorgane und die regionalen Gerichtshöfe teilen diese Sichtweise. Der MRA beurteilt Amnestien für paktwidrig, wenn sie die Prüfung ungeklärter Todesfälle[32] oder Fälle von Folter oder unmenschlicher oder erniedrigender Behandlung verunmöglichen[33]. Dieser Gedanke wird vom Ausschuss gegen die Folter aufgenommen, der Amnestieregelungen als mit der FoK unvereinbar taxiert, wenn dadurch strafrechtliche Untersuchungen und die Bestrafung der für Folterhandlungen verantwortlichen Personen verunmöglicht werden[34]. Ferner schliesst auch Art. 18 der Deklaration gegen das Verschwindenlassen der UNO-Generalversammlung die Zulässigkeit von Amnestieregelungen für das Verbrechen des Verschwindenlassens aus.

6.29 Nach konstanter Praxis des IAGMR sind zumindest diejenigen Amnestieregelungen mit menschenrechtlichen Bestrafungspflichten unvereinbar, welche die strafrechtliche Verfolgung von Personen verunmöglichen, die für die Verletzung notstandsfester Garantien

---

28 Siehe dazu vorne Rz. 5.3.

29 The rule of law and transitional justice in conflict and post-conflict societies, Bericht des UNO-Generalsekretärs vom 23. August 2004, UN Doc. S/2004/616, Ziff. 10: «United Nations-endorsed peace agreements can never promise amnesties for genocide, war crimes, crimes against humanity or gross violations of human rights».

30 Office of the UN High Commissioner for Human Rights, Rule of Law Tools for Post-Conflict States – Amnesties, New York/Genf 2009, 11 ff.

31 Siehe dazu auch SR-Res. 2106 (2013), Ziff. 12: «[The Security Council] […] stresses the need for the exclusion of sexual violence crimes from amnesty provisions in the context of conflict resolution processes».

32 MRA, Rodriguez v. Uruguay, 322/1988 (1994), Ziff. 12.4.

33 MRA, General Comment 20 (1992), Ziff. 15: «Amnesties are generally incompatible with the duty of States to investigate such acts; to guarantee freedom from such acts within their jurisdiction; and to ensure that they do not occur in the future». Im Rahmen des Staatenberichtsverfahrens fordert der Ausschuss die Staaten regelmässig auf, Amnestien für schwere Verletzungen von Menschenrechten aufzuheben; siehe etwa CO Yemen (2012), Ziff. 6; CO El Salvador (2010), Ziff. 5; CO Croatia (2001), Ziff. 11.

34 FoK-Ausschuss, General Comment 2 (2008), Ziff. 5.

oder für Verbrechen gegen die Menschlichkeit verantwortlich sind[35]. Gemäss dem EGMR gilt dieser Schluss bei Verletzungen des Verbots der Folter[36], und des Rechts auf Leben[37]. Er betont dabei, dass eine Amnestie generell unvereinbar mit der Verpflichtung der Staaten sei, solche Taten zu untersuchen[38]. Deshalb stellt die Wiedereröffnung eines Strafverfahrens gegenüber einer Person, die in einem ersten Verfahren auf der Grundlage einer Amnestieregelung freigesprochen wurde, keine Verletzung des Verbots dar, zweimal wegen der gleichen Sache vor Gericht gestellt oder bestraft zu werden[39].

d) Wiedergutmachungspflicht

Die Pflicht der Staaten, volle Wiedergutmachung für Schäden zu leisten, die durch ihr völkerrechtswidriges Handeln verursacht wurden, ist ein fundamentales Prinzip des allgemeinen Völkerrechts[40]. Wiedergutmachung erfolgt je nach den konkreten Umständen in Form von Wiederherstellung, Schadenersatz und Genugtuung, entweder einzeln oder in Kombination[41]. Geschuldet ist diese Wiedergutmachung dem oder den geschädigten Staaten oder – bei Missachtung einer Erga-omnes-Verpflichtung – der internationalen Gemeinschaft als Ganzes[42]. Im Bereich der Menschenrechte können diese Regeln von Bedeutung werden, wenn ein Staat die Rechte eines ausländischen Staatsangehörigen verletzt und sein Heimatstaat gestützt auf die Rechtsfigur des diplomatischen Schutzes in seinem Namen Wiedergutmachung fordert[43]. 6.30

Bedeutsamer im Umfeld der Menschenrechte ist die Beantwortung der Frage, ob und in welchem Umfang diese Regeln auch gegenüber Opfern von Menschenrechtsverletzungen Anwendung finden. Auf vertragsrechtlicher Ebene verpflichten verschiedene Konventionen die Vertragsstaaten explizit zur Leistung von Wiedergutmachung für Menschenrechtsverletzungen. Besonders deutlich statuieren Art. 6 RDK und Art. 24 Abs. 4 und 5 VLK Wiedergutmachungspflichten. Auch nach Art. 14 FoK müssen die Vertragsstaaten sicherstellen, dass ein «Opfer einer Folterhandlung Wiedergutmachung erhält und ein einklagbares Recht auf gerechte und angemessene Entschädigung einschliesslich der Mittel für eine möglichst vollständige Rehabilitation hat». Art. 39 KRK verpflichtet die Staaten im Falle von Vernachlässigung, Ausbeutung oder Misshand- 6.31

---

35 IAGMR, Chumbipuma Aguirre and Others v. Peru (Barrios Altos Case), C/75 (2001), Ziff. 41 ff., Almonacid-Arellano et al. v. Chile, C/154 (2006), Ziff. 108 ff., Lund et al. v. Brazil, C/219 (2010), Ziff. 147 ff., und Gelman v. Uruguay, C/221 (2011), Ziff. 195 ff. und 225 ff. je mit Hinweisen auf die detaillierte Praxis der IAKMR. Für die ähnliche Praxis der AfKRMV siehe Zimbabwe Human Rights NGO Forum v. Zimbabwe, 245/02 (2006), Ziff. 211 und 215.

36 EGMR, Yaman v. Turkey, 32446/96 (2004), Ziff. 55, und Yeter v. Turkey, 33750/03 (2009), Ziff. 70.

37 EGMR (Grand Chamber), Marguš v. Croatia, Reports 2014-III, Ziff. 125 ff.

38 A.a.O., Ziff. 126.

39 A.a.O., Ziff. 139 ff. unter Bezug auf Art. 4 ZP 7/EMRK.

40 Art. 31 ILC-Entwurf.

41 Art. 34 ILC-Entwurf.

42 Art. 33 Abs. 1 ILC-Entwurf.

43 Siehe dazu Rz. 1.10.

lung, von Folter oder anderer Formen grausamer, unmenschlicher oder erniedrigender Behandlung oder Strafe oder bei Opfern bewaffneter Konflikte «alle geeigneten Massnahmen [zu ergreifen], um die physische und psychische Genesung und die soziale Wiedereingliederung eines Kindes zu fördern». Punktuelle Entschädigungspflichten sehen auch die allgemeinen Menschenrechtskonventionen vor, namentlich bei unrechtmässiger Haft[44].

6.32 Weiter kann auch das Recht auf eine effektive Beschwerde[45] nicht als blosses prozedurales Recht auf Zugang zu einer Beschwerdeinstanz verstanden werden, sondern umfassender auch als Ausprägung des Rechts auf Wiedergutmachung, ist doch eine Beschwerde nur dann effektiv, wenn die angerufene Instanz auch Wiedergutmachungsleistungen anordnen kann.

6.33 Auch die Vertragsorgane der UNO fordern in konstanter Praxis die betroffenen Vertragsstaaten zur Leistung einer Entschädigung oder zu sonstiger Wiedergutmachung an Personen, die mit ihrer Beschwerde erfolgreich waren, auf[46]. Die regionalen Gerichtshöfe besitzen die Befugnis, selber eine gerechte Entschädigung zuzusprechen[47]. Schliesslich kann auch der ICC gemäss Art. 75 Abs. 2 eine verurteilte Person zu spezifischen Wiedergutmachungsleistungen an die Opfer der beurteilten Verbrechen verpflichten.

6.34 Ob abgesehen von der Verpflichtung, andauernde Verletzungen zu beenden, auch gewohnheitsrechtlich eine generelle Pflicht zur Wiedergutmachung von Menschenrechtsverletzungen gegenüber Individuen inklusive den eigenen Staatsangehörigen gilt, ist nicht vollständig geklärt. Eine solche Verpflichtung verankern indes die von der UNO-Generalversammlung im Jahr 2005 einstimmig verabschiedeten «Principles and guidelines on the right to a remedy and reparation for victims of gross violations of international human rights law and serious violations of humanitarian law»[48]. Demnach sollen Opfer grober Verletzungen der Menschenrechte und schwerer Verstösse gegen das humanitäre Völkerrecht, soweit angebracht und der Schwere der Verletzung oder des Verstosses sowie den Umständen des Einzelfalls angemessen, volle und wirksame Wiedergutmachung erhalten[49].

44 Art. 9 Abs. 5 Pakt II, Art. 5 Abs. 5 EMRK, Art. 14 Abs. 7 ArCMR. Siehe auch Art. 14 Abs. 6 Pakt II, Art. 3 ZP 7/EMRK, Art. 10 AMRK und Art. 19 Abs. 2 ArCMR betreffend Entschädigung bei einem strafrechtlichen Fehlurteil.

45 Art. 2 Pakt II, Art. 13 EMRK, Art. 25 AMRK, Art. 7 AfCRMV.

46 Siehe die Standardformulierung des MRA z.B. in Korol v. Belarus, 2089/2011 (2016), Ziff. 9: «Pursuant to article 2 (3) (a) of the Covenant, the State party is under an obligation to provide the author with an effective remedy. This requires it to make full reparation to individuals whose Covenant rights have been violated. Accordingly, the State party is obligated, inter alia, to take appropriate steps to provide the author with adequate compensation, including reimbursement of the court fines, the legal costs and other related fees».

47 Art. 41 EMRK. Ähnlich Art. 63 AMRK.

48 GV-Res 60/147 (2005).

49 A.a.O., Ziff. 18.

Wiedergutmachung, beruhe sie auf einer vertraglichen oder gewohnheitsrechtlichen Grundlage, umfasst die Wiederherstellung (Restitution), Schadenersatz, Rehabilitation, Genugtuung, und die Garantie der Nichtwiederholung[50]. Unter Restitution wird die Wiederherstellung der vor der Verletzung existierenden Situation verstanden; z.B. die Freilassung einer inhaftierten Person, die Rückgabe beschlagnahmten Vermögens oder die Zusammenführung einer durch staatliche Anordnung getrennten Familie[51]. Schadenersatz ist eine geldwerte Leistung für materielle oder immaterielle Schäden[52], während als Rehabilitation vor allem medizinische und psychologische Unterstützungsleistungen etwa für Folteropfer oder missbrauchte Kinder gelten[53]. «Genugtuung» (satisfaction) umfasst (anders als im Privatrecht) einen breiten Fächer von Massnahmen, der von öffentlichen Entschuldigungen oder Gedenkanlässen für Opfer bis zur Sanktionierung verantwortlicher Personen oder der Suche nach den Überresten verstorbener Personen reicht[54]. Je nach Situation können schliesslich Garantien der Nichtwiederholung über blosse Versprechen hinausreichende Massnahmen wie etwa die Ausserkraftsetzung eines mit menschenrechtlichen Vorgaben unvereinbaren Gesetzes oder die Ausbildung von Sicherheitsbeamten umfassen[55]. 6.35

e) Präventionspflicht

Zur effektiven Durchsetzung der Menschenrechte gehört auch, dass ihre Verletzung im Voraus möglichst vermieden wird. Staaten haben dazu ein legislatives, institutionelles und administratives Umfeld zu schaffen, das für die Umsetzung der Menschenrechte erforderlich ist, beispielsweise indem sie Gesetze und Verhaltensweisen, welche Menschenrechte gefährden, ändern. Auf internationaler Ebene finden sich punktuell ausdrücklich verankerte vertragliche Verpflichtungen zur Verhütung von Menschenrechtsverletzungen: Art. 2 FoK verpflichtet jeden Vertragsstaat, «wirksame gesetzgeberische, verwaltungsmässige, gerichtliche oder sonstige Massnahmen» zu treffen, «um Folterungen in allen seiner Hoheitsgewalt unterstehenden Gebieten zu verhindern»[56]. Präventive Massnahmen sehen auch die RDK, die FDK und die VLK vor, wenn sie die Staaten zur Ergreifung gewisser gesetzgeberischer Massnahmen verpflichten[57]. Zudem begründen auch die allgemeinen Schutzpflichten, die sich aus Menschenrechten ergeben können, eine Pflicht zur Prävention, wenn Menschenrechtsverletzungen voraussehbar sind und der Staat die Möglichkeit hat, konkrete und wirksame Verhütungsmassnahmen zu ergreifen[58]. 6.36

---

50 A.a.O.

51 A.a.O., Ziff. 19.

52 A.a.O., Ziff. 20.

53 A.a.O., Ziff. 21.

54 A.a.O., Ziff. 22.

55 A.a.O., Ziff. 23.

56 Siehe auch Art. 16 FoK, wonach jeder Vertragsstaat verpflichtet ist, «in jedem seiner Hoheitsgewalt unterstehenden Gebiet andere Handlungen zu verhindern, die eine grausame, unmenschliche oder erniedrigende Behandlung oder Strafe darstellen».

57 Art. 2 lit. c und d RDK, Art. 2 FDK sowie Art. 23 und 24 VLK.

58 Vorne Rz. 3.94 ff.

IV. Internationale Überwachung und Durchsetzung der Menschenrechte

6.37 Bis Mitte des 20. Jahrhunderts war das Völkerrecht eine hoch dezentralisierte Rechtsordnung, welche praktisch keine Rechtsetzungs- und Rechtsdurchsetzungsmechanismen kannte. Die Staaten hatten das Recht und die Möglichkeit, ihre Rechtsansprüche gegenüber dem Verletzerstaat mit verschiedenen Mitteln, von Verhandlungen über die Schiedsgerichtsbarkeit und nicht gewaltsamen Zwangsmassnahmen (sog. Repressalien) bis hin zur bewaffneten Selbsthilfe, durchzusetzen. Rechtsdurchsetzung direkt zwischen berechtigtem und verpflichtetem Staat kann als *dezentrale Durchsetzung* bezeichnet werden. Mit Ausnahme der mittlerweile verbotenen bewaffneten Selbsthilfe[59] existiert sie bis heute, wird aber seit dem Ende des Zweiten Weltkriegs zunehmend durch *zentralisierte Überwachungs- und Durchsetzungsverfahren* im Rahmen internationaler Organisationen abgelöst.

1. Dezentrale Durchsetzung

6.38 Trotz des Bestehens zahlreicher zentraler Durchsetzungsmechanismen (dazu Ziff. 2) bleiben die Menschenrechte Teil des allgemeinen Völkerrechts und können daher mit dessen klassischen bilateralen Mechanismen durch die Staaten selbst durchgesetzt werden. Staaten sind zu einem solchen Vorgehen berechtigt:

- Einerseits als Ausfluss des *diplomatischen Schutzes*, wenn ihre eigenen Staatsangehörigen in einem fremden Staat in ihren Menschenrechten verletzt werden. Mittels diplomatischen Schutzes macht der Heimatstaat solcher Opfer zwar nicht deren Rechte, sondern seinen eigenen Anspruch auf völkerrechtskonforme Behandlung seiner Angehörigen, d.h. Eigeninteressen geltend. Er verhilft mit seinem Vorgehen im Erfolgsfall aber den betroffenen Menschenrechten zum Durchbruch[60].
- Anderseits als direkte Folge der Tatsache, dass Menschenrechtsverpflichtungen eines Staates gegenüber allen Vertragspartnern (Verpflichtung *erga omnes partes*) bzw. im Fall fundamentaler gewohnheitsrechtlicher Verpflichtungen gegenüber der Staatengemeinschaft als Ganzes (Verpflichtungen *erga omnes*) gelten, und es deshalb den berechtigten Staaten erlaubt ist, als Organe der internationalen Gemeinschaft, d.h. im Allgemeininteresse, auf die Beachtung der Menschenrechte durch den Verletzerstaat auch dann zu pochen, wenn (ausschliesslich) dessen Staatsangehörige von der Menschenrechtsverletzung betroffen sind[61].

---

59 Das Gewaltverbot von Art. 2 Abs. 4 UNO-Charta verbietet den Staaten in ihren internationalen Beziehungen jede gegen einen anderen Staat gerichtete Androhung oder Anwendung militärischer Gewalt.

60 Vgl. dazu die Draft articles on Diplomatic Protection der ILC aus dem Jahr 2006, UN Doc. A/61/10.

61 Dazu zählen etwa Wirtschafts- und andere Sanktionen, welche ein Staat oder eine Gruppe von Staaten gegen einen menschenrechtsverletzenden Staat ergreifen.

Bilaterales Vorgehen gegen einen Verletzerstaat ist nicht bloss subsidiär erlaubt, falls in der konkreten Situation kein Mechanismus der zentralen Rechtsdurchsetzung zur Verfügung steht. In diesem Sinn handelt es sich bei den menschenrechtlichen Abkommen nicht um sog. *self-contained regimes*, d.h. um Normkomplexe, welche nur mittels vertraglich vorgesehener Mittel durchgesetzt werden können[62]. Daher steht das dezentrale Vorgehen oft in einer direkten Konkurrenzsituation mit den vertraglichen Mechanismen, welche von Staaten angerufen werden können. So braucht etwa ein Vertragsstaat des Pakts II im Falle einer Verletzung von Paktgarantien durch eine andere Vertragspartei nicht mittels einer Staatenbeschwerde gegen jenen Staat vorzugehen, sondern kann bilaterale Mittel einsetzen. Erlaubt ist auch, dass sich ein Staat mit gleichgesinnten anderen Ländern zusammenschliesst und Massnahmen wie z.B. Wirtschaftssanktionen ergreift, um Allgemeininteressen an der Einhaltung der Menschenrechte zum Durchbruch zu verhelfen. 6.39

Welche *Mittel* stehen einem Staat oder einer Staatengruppe zur Verfügung, um einen anderen Staat zur Beachtung der Menschenrechte zu bewegen? 6.40

(1) Staaten können mit Mitteln der *Diplomatie* (vertrauliche Demarchen, öffentliche Interventionen, Übergeben von Listen mit politischen Gefangenen, deren Freilassung verlangt wird etc.) und Verhandlungen versuchen, die Regierungen anderer Staaten davon zu überzeugen, bestimmte Verletzungen zu beenden, oder die Situation der Menschenrechte im Allgemeinen zu verbessern. 6.41

(2) Staaten können Ländern mit Menschenrechtsproblemen mittels Beratung, Ausbildung, finanzieller Unterstützung und konkreter Projekte helfen, die Situation zu verbessern. Dies macht v.a. dort Sinn, wo sich ein Staat im Prozess der Transformation von einem autoritären zu einem demokratischen System oder sonst in einem Reformprozess, z.B. nach Ende eines bewaffneten Konflikts, befindet. Menschenrechtsprojekte sind heute auch Standardbestandteil der Entwicklungszusammenarbeit geworden. In diesem Zusammenhang bietet das Ziel 16 für nachhaltige Entwicklung der UNO über friedliche und inklusive Gesellschaften eine wichtige Grundlage für solche Unterstützung. Menschenrechtsrelevante Vorgaben zur Erreichung dieses Ziel umfassen etwa die deutliche Reduktion aller «Formen der Gewalt und [der] gewaltbedingte [n] Sterblichkeit», die Beendigung von «Missbrauch und Ausbeutung von Kindern» sowie von «Kinderhandel, Folter und alle[n] Formen von Gewalt gegen Kinder», die Förderung der «Rechtsstaatlichkeit auf nationaler und internationaler Ebene» und die Gewährleistung eines «gleichberechtigten Zugang[s] aller zur Justiz», die Schaffung einer rechtlichen Identität aller Menschen «insbesondere durch die Registrierung der Geburten» sowie schliesslich die Gewährleistung des öffentlichen Zugangs zu Informationen und den Schutz der «Grundfreiheiten […], im Einklang mit den nationalen Rechtsvorschriften und völkerrechtlichen Übereinkünften»[63]. 6.42

---

62 Diese Einstufung ist praktisch bedeutsam, wären doch sonst im Falle eines nur mit rudimentären Durchsetzungsmechanismen ausgestatteten Vertrages anderen Staaten im Verletzungsfall weitgehend die Hände gebunden.

63 Transforming our world: The 2030 Agenda for Sustainable Development, UN Doc. A/Res/70/1 (2015), Ziele 16.1, 16.2, 16.3, 16.9 und 16.10.

Vertiefung: Menschenrechtsdialoge

6.43 Nicht die Kritik an der problematischen Menschenrechtslage in einem bestimmten Staat, sondern die Hilfestellung zu ihrer Verbesserung und konkret zur Unterstützung des Aufbaus menschenrechtskonformer Rahmenbedingungen steht im Zentrum der als Menschenrechtsdialog bezeichneten institutionalisierten Zusammenarbeit in Menschenrechtsfragen, die sowohl die EU als auch die Schweiz unter teilweise unterschiedlicher Bezeichnung mit verschiedenen Staaten unterhalten[64]. Als Dialogpartner kommen, zumindest in der Theorie, einzig Staaten in Frage, die zwar eine schlechte Menschenrechtsbilanz haben, aber eine gewisse Bereitschaft zeigen, diese zu verbessern, oder deren menschenrechtliche Defizite auf einem Mangel an Know-how und Infrastruktur beruhen. Inhaltlich bestehen bilaterale menschenrechtliche Dialoge regelmässig aus institutionalisierten Kontakten mit verschiedenen Regierungsstellen und wenn möglich mit Vertretern und Vertreterinnen der Zivilgesellschaft sowie aus konkreten Projekten, wie etwa der Ausbildung von Angehörigen der Sicherheitskräfte, der Zusammenarbeit von Experten im Bereich des Strafvollzugs oder der Unterstützung von Menschenrechtsverteidigerinnen. Falls Menschenrechtsdialoge von beiden Parteien ernsthaft geführt werden, sind sie ein durchaus erfolgversprechendes, kreatives Instrument einer nicht konfrontativen bilateralen Durchsetzung der Menschenrechte. Häufig sehen sie sich indes dem Vorwurf ausgesetzt, als Feigenblatt für eine wenig kohärente Aussenpolitik eines Staates gegenüber einem wichtigen Handelspartner, der Menschenrechte systematisch verletzt, zu dienen.

6.44 (3) Jedem Vertragsstaat ist es unbenommen, gegenüber menschenrechtsverletzenden Staaten Mittel einzusetzen, die vom davon betroffenen Staat als unfreundlicher Akt eingestuft werden, aber völkerrechtlich nicht verboten sind. Solche *Retorsionen* können den Drittstaat zwar schädigen, verletzen aber dessen Rechte nicht. Klassische Beispiele von Retorsionen sind öffentliche Proteste, der Abbruch diplomatischer Beziehungen oder Handelsbeschränkungen.

6.45 (4) Staaten sind aber auch befugt, härtere Mittel, d.h. eigentliche *Gegenmassnahmen* gegen einen Staat einzusetzen, der in schwerwiegender Weise seine Pflichten aus einem menschenrechtlichen Vertrag missachtet oder Menschenrechte mit Erga-omnes-Charakter verletzt[65]. Darunter werden völkerrechtlich grundsätzlich verbotene

---

64 Gegenwärtig unterhält die EU rund 40 Menschenrechtsdialoge u.a. mit China, Vietnam, Georgien, Südafrika, Moldawien, Armenien, Senegal, Russland, Turkmenistan und Usbekistan, während die Schweiz Dialoge mit China, Russland, Vietnam, Tadschikistan, Senegal und Nigeria führt.

65 Die Voraussetzungen zulässiger Gegenmassnahmen sind in Art. 49 ff. des ILC-Entwurfs umschrieben. Um die Verabschiedung dieses Entwurfs durch die UNO-Generalversammlung nicht zu gefährden, liess die ILC indes die Frage offen, ob auch von einer Völkerrechtsverletzung nicht direkt betroffene Staaten berechtigt sind, gegenüber dem Verletzerstaat zum Mittel der Gegenmassnahme zu greifen (siehe Art. 54 ILC-Entwurf). Sowohl die Staatenpraxis wie auch die herrschende Lehrmeinung legen aber eine solche Berechtigung nahe. U.E. ist daher ein Staat zur Ergreifung von Gegenmassnahmen gegen einen anderen Staat berechtigt, der Menschenrechte schwerwiegend und systematisch verletzt, selbst wenn ausschliesslich Staatsangehörige des Verletzerstaates Opfer dieser Rechtsverletzungen sind.

Vorgehensweisen – etwa die Nichtanwendung eines Vertrages oder die Beschlagnahmung fremden Eigentums – verstanden, die bei verhältnismässigem Einsatz gegenüber einem Staat erlaubt sind, welcher seinerseits Völkerrecht verletzt hat, um ihn zu zwingen, seine Verpflichtungen zu respektieren. Stets verboten sind Gegenmassnahmen, welche das Gewaltverbot oder andere zwingende Regeln des Völkerrechts missachten oder die sich, wie im Fall einer Abweichung von einer Erga-omnes-Verpflichtung, nicht gezielt gegen den Verletzerstaat richten lassen.

Wirtschaftssanktionen[66] wie etwa diejenigen der EU gegen Syrien[67], die sich gegen 6.46
Staaten oder Angehörige und Unterstützer von Regimes richten, die für schwere Menschenrechtsverletzungen verantwortlich sind, zählen zu Gegenmassnahmen, wenn sie existierende Handels- oder andere einschlägige Verträge verletzen. Ist dies nicht der Fall, handelt es sich um Retorsionen.

2. Zentrale Überwachung und Durchsetzung

a) Überwachungs- und Durchsetzungsorgane

Die Idee überstaatlicher Organe zur Durchsetzung der Menschenrechte entstand weit- 6.47
gehend parallel zu ihrer Kodifizierung: Die EMRK schuf auf regionaler Ebene im Jahr 1950 mit den Verfahren vor der heute nicht mehr existierenden EKMR[68] und dem EGMR ein Modell, das die Kodifikationsarbeiten der UNO stark beeinflusste und Vorbild für weitere regionale Gerichtshöfe[69] war. Auf weltweiter Ebene war es allerdings mangels Konsenses nicht möglich, Gerichte mit der Befugnis zum Erlass verbindlicher Urteile einzusetzen.

Stattdessen hat sich auf universeller Ebene ein System entwickelt, welches vereinfacht 6.48
folgende Komponenten aufweist:

(1) Die meisten Menschenrechtsverträge haben *Vertragsorgane* geschaffen, deren Aufgabe es ist, die Einhaltung der betreffenden Vertragsverpflichtungen zu überwachen. Zu dieser Kategorie gehören die zur Durchsetzung der wichtigsten UNO-Menschenrechtsabkommen geschaffenen Ausschüsse und die regionalen Menschenrechtsgerichtshöfe oder -kommissionen.

(2) Ausserhalb der Vertragsdurchsetzungsmechanismen haben sich verschiedene Durchsetzungsorgane (sog. *ausservertragliche Organe*) mit eher politischem resp. zwischenstaatlichem Charakter gebildet. Im Vordergrund steht dabei der Menschenrechtsrat der UNO[70]. In jüngerer Zeit spielt auch der Sicherheitsrat der

---

66 Siehe zu Wirtschaftssanktionen des UNO-Sicherheitsrats hinten Rz. 8.51.

67 Verordnung (EU) Nr. 36/2012 des Rates vom 18. Januar 2012 über restriktive Massnahmen angesichts der Lage in Syrien (konsolidierte Fassung, Stand 19. März 2018). Die Schweiz schloss sich diesen Sanktionen weitgehend an; siehe Verordnung vom 8. Juni 2012 über Massnahmen gegenüber Syrien, Stand April 2013.

68 Die EKMR ist mit ZP 11/EMRK 1998 abgeschafft worden.

69 Siehe dazu Rz. 7.10 ff.

70 Siehe dazu Rz. 8.6 ff.

UNO[71] eine zunehmende Rolle bei der Durchsetzung der Menschenrechte mittels Zwangsmassnahmen gemäss Kapitel VII der Charta.

(3) Der Internationale Gerichtshof (IGH)[72] kann zwar nicht von Individuen angerufen werden, doch kann er sich in zwischenstaatlichen Streitverfahren und in Gutachten zu menschenrechtlichen Bereichen äussern.

(4) In jüngerer Zeit sind diese Durchsetzungsmechanismen durch *internationale Strafgerichte* ergänzt worden, welche Individuen wegen Kriegsverbrechen und Verbrechen gegen die Menschlichkeit zur Verantwortung ziehen können[73].

b) Verfahrenstypen

aa) Vertragliche und ausservertragliche Verfahren

6.49 Menschenrechtliche Durchsetzungs- oder Kontrollverfahren werden nach dem Organ, vor welchem sie stattfinden, einerseits in vertragliche und anderseits in politische resp. ausservertragliche Mechanismen eingeteilt.

6.50 *Vertragliche Verfahren* (dazu Kapitel 7) basieren auf klaren Verfahrensregeln und stützen sich einzig auf die materiellen Garantien des Vertrages. Ihre Entscheidungen in Beschwerdeverfahren haben je nach vertraglicher Grundlage eine urteilsähnliche Autorität oder besitzen als Urteil gar bindende Wirkung.

6.51 Im Gegensatz dazu sind *Verfahren vor ausservertraglichen* (politischen) *Organen* (dazu Kapitel 8) nicht primär durch abstrakte Verfahrensregeln, sondern oft situativ und ad hoc bestimmt, ihre Verfahrensresultate werden häufig durch politische Überlegungen mitbeeinflusst und das Verfahren endet mit Resolutionen und Empfehlungen, die ihre Autorität primär aus ihrer politischen Bedeutung ableiten.

bb) Arten vertraglicher Verfahren

6.52 Die menschenrechtlichen Abkommen der UNO sehen verschiedene Arten von Überwachungsmechanismen vor. Alle Vertragsorgane haben *Staatenberichte* zu prüfen, welche die Vertragsstaaten im Sinne einer Selbsteinschätzung periodisch erstatten müssen. Diese Organe sind überdies zuständig, *Beschwerden von Staaten* gegen einen Verletzerstaat zu behandeln. Zusätzlich sind sie unter gewissen Voraussetzungen befugt, *Individualbeschwerden* von Opfern von Menschenrechtsverletzungen gegen den Verletzerstaat zu entscheiden. Gewisse Verträge übertragen ihren Organen zudem die Kompetenz zu eigentlichen *Untersuchungen*.

6.53 Diese Verfahren lassen sich unterteilen in

- *nichtstreitige* Durchsetzungsverfahren, wie z.B. die Berichtsverfahren oder Untersuchungen und Inspektionen durch ein vertraglich damit beauftragtes Organ, sowie

---

71 Dazu hinten Rz. 8.37 ff.

72 Vgl. hinten Rz. 6.78 ff.

73 Dazu anschliessend Rz. 6.63 ff.

- *streitige* Verfahren, wie etwa die Individualbeschwerde oder – weit seltener – die Staatenbeschwerde.

Der Umfang der Kompetenz der einzelnen Vertragsorgane zur Anwendung dieser verschiedenen Verfahren wird durch die jeweiligen vertraglichen Grundlagen festgelegt und präsentiert sich höchst unterschiedlich. Im Einzelnen gilt folgende Abstufung: 6.54

(1) *Obligatorische Verfahren*: Hier anerkennt der Vertragsstaat ein bestimmtes Verfahren automatisch mit der Ratifikation des betreffenden Vertrages. Obligatorisch sind z.B. die Staatenberichtsverfahren der UNO-Menschenrechtskonventionen, der AfCRMV und der ArCMR sowie das Individualbeschwerdeverfahren der EMRK.

(2) *Obligatorische Verfahren mit einer Opting-out-Klausel*: Hier gilt ein bestimmtes Verfahren automatisch, ausser der Vertragsstaat erkläre anlässlich der Vertragsratifikation ausdrücklich, er wolle es nicht akzeptieren. Diese Möglichkeit entspricht einem standardisierten Vorbehalt und ist z.B. beim Untersuchungsverfahren gemäss Art. 20 in Verbindung mit Art. 28 FoK vorgesehen.

(3) *Fakultative Anerkennung eines Verfahrens* durch eine unilaterale Deklaration (z.B. Staatenbeschwerdeverfahren gemäss Pakt II) oder durch Ratifizierung eines zusätzlichen Vertrages (z.B. Individualbeschwerdeverfahren gemäss FP I/Pakt II)[74].

Vertraglichen Verfahren kommt in der Regel grosse rechtliche Autorität zu, da die Staaten sie ausdrücklich akzeptiert haben; politische Mechanismen geniessen demgegenüber den Vorteil, dass sie gegenüber allen Staaten angewandt werden können. Dies ist praktisch deshalb besonders relevant, weil Staaten mit einer chronisch problematischen Menschenrechtslage heute zwar oft die wichtigsten Menschenrechtsverträge ratifiziert haben, sie aber die Kompetenzen der Überwachungsorgane meist nur sehr restriktiv anerkennen und daher für ihre Überprüfung bloss politische Mechanismen zur Verfügung stehen. 6.55

c) Strafrechtliche Durchsetzungsverfahren

Völkerstrafrechtliche Verfahren (hinten Ziff. V) erlauben, hinter die Ebene des Staates durchzugreifen und sicherzustellen, dass im Falle systematischer und besonders ernsthafter Verletzungen von Menschenrechten die dafür verantwortlichen Personen direkt zur Rechenschaft gezogen werden können. 6.56

d) Die Durchsetzung des humanitären Völkerrechts

Das humanitäre Völkerrecht kannte ursprünglich keine Vertragsorgane. Vielmehr sollten dessen Verpflichtungen durch die Vertragsstaaten selbst auf strafrechtlichem Weg sichergestellt werden. Wichtig für die Durchsetzung des humanitären Völkerrechts sind die internationalen Strafgerichte geworden, weil sie regelmässig die Kom- 6.57

74 Weitere Abschwächungen bestehen darin, dass das Mittel der fakultativen Anerkennung eines Verfahrens durch Ratifizierung eines zusätzlichen Vertrages entweder mit einer Opting-out-Möglichkeit (z.B. Individualbeschwerdeverfahren gemäss FP/FDK) oder mit einer zusätzlichen unilateralen Deklaration kombiniert wird.

petenz zur Bestrafung von Kriegsverbrechen besitzen und daher in diesem Zusammenhang die Beachtung der humanitärrechtlichen Verpflichtungen zu überprüfen haben. Ebenfalls vermehrt mit behaupteten Verletzungen des humanitären Völkerrechts hat sich in jüngerer Vergangenheit der IGH zu beschäftigen[75].

6.58 Zudem spielt in diesem Rechtsgebiet das IKRK durch seine vielfältigen Aktivitäten, wie etwa die Besuche von Kriegsgefangenen, de facto die Rolle eines Durchsetzungsorgans. Im Jahr 1977 wurde ausserdem in Art. 90 ZP I die Grundlage der Internationalen Humanitären Ermittlungskommission geschaffen: Gibt ein Staat eine Erklärung nach Abs. 2 dieser Bestimmung ab, anerkennt er damit die Kompetenz dieses Organs, während internationaler Auseinandersetzungen zwischen Staaten, welche diese Erklärung abgegeben haben, auf Ersuchen eines Staates vor Ort Tatsachen zu untersuchen, «von denen behauptet wird, dass sie eine schwere Verletzung der [Genfer] Abkommen oder dieses Protokolls oder einen anderen erheblichen Verstoss gegen» das humanitäre Völkerrecht darstellen. Obwohl mittlerweile 76 Staaten[76] die Zuständigkeit dieses Organs anerkennen, ist es in seiner vertraglich vorgesehenen Form noch nie zum Einsatz gelangt.

6.59 Vor diesem Hintergrund ist bedeutsam, dass Verletzungen des humanitären Völkerrechts zumindest mittelbar auch mittels Beschwerden an menschenrechtliche Überwachungsorgane gerügt werden können. So ist etwa die AfKRMV gestützt auf Art. 60 und 61 AfCRMV ausdrücklich befugt, Beschwerden unter Berücksichtigung weiterer Rechtsgrundlagen zu prüfen. Dazu zählt gemäss ihrer Praxis auch das humanitäre Völkerrecht[77]. Keine entsprechende Bestimmung kennt zwar die AMRK, basierend auf einer dynamischen Interpretation der sog. Günstigkeitsklausel von Art. 29 lit. b dieses Vertrages[78] beurteilt dieses Gericht aber Beschwerden im Kontext bewaffneter Auseinandersetzungen gestützt auf dem Grundsatz der Komplementarität von Menschenrechten und humanitärem Völkerrecht regelmässig auch unter Berücksichtigung des humanitären Rechts.

---

75 Siehe hinten Rz. 6.79 ff.

76 Stand Juni 2018. Dazu gehören Deutschland, Österreich, Liechtenstein und die Schweiz.

77 Siehe exemplarisch AfKRMV, Democratic Republic of Congo v. Burundi, Rwanda and Uganda, 227/1999 (2004), Ziff. 70.

78 Art. 29 AMRK lautet: «Keine Bestimmung dieser Konvention darf dahingehend ausgelegt werden, dass sie […] b) den Genuss oder die Ausübung von Rechten oder Freiheiten einschränkt, die durch […] eine andere Konvention, der ein Vertragsstaat beigetreten ist anerkannt sind; […]».

Beispiel: Das Urteil Mapiripán Massacre gegen Kolumbien des IAGMR

Im Jahr 2005 nahm der IAGMR zu seiner Berücksichtigung des humanitären Völkerrechts in exemplarischer Weise wie folgt Stellung[79]: 6.60

«114. [...] [W]ith regard to establishment of the international responsibility of the State in the instant case, the Court cannot set aside the existence of general and special duties of the State to protect the civilian population, derived from International Humanitarian Law, specifically Article 3 common of the [Geneva Conventions] and the provisions of [...] [Protocol II]. Due respect for the individuals protected entails passive obligations (not to kill, not to violate physical safety, etc.), while the protection due entails positive obligations to impede violations against said persons by third parties. Carrying out said obligations is significant in the instant case, insofar as the massacre was committed in a situation in which civilians were unprotected in a non-international domestic armed conflict.

115. The obligations derived from said international provisions must be taken into account, according to Article 29.b) of the Convention, because those who are protected by said treaty do not, for that reason, lose the rights they have pursuant to the legislation of the State under whose jurisdiction they are; instead, those rights complement each other or become integrated to specify their scope or their content. While it is clear that this Court cannot attribute international responsibility under International Humanitarian Law, as such, said provisions are useful to interpret the Convention, in the process of establishing the responsibility of the State and other aspects of the violations alleged in the instant case».

Die übrigen Überwachungsorgane kennen keine derart weitgehende Praxis. Trotzdem 6.61 können auch vor diesen Organen partiell Verletzungen des humanitären Rechts gerügt werden. So ist gemäss dem MRA eine Tötung dann willkürlich und stellt eine Verletzung von Art. 6 Pakt II dar, wenn sie während kriegerischer Auseinandersetzungen unter Missachtung der humanitärrechtlichen Vorgaben geschieht, und gemäss Art. 15 EMRK können in Notstandszeiten Todesfälle vor der EMRK Bestand haben, wenn sie das Resultat rechtmässiger Kriegshandlungen sind[80]. Schliesslich dürfen gemäss den Derogationsklauseln von Pakt II und EMRK Notstandsmassnahmen generell nicht sonstigen völkerrechtlichen Verpflichtungen zuwiderlaufen. Dazu zählen während bewaffneter Konflikte die Vorgaben des humanitären Völkerrechts[81]. Somit können der MRA und der EGMR auch während solcher Situationen zumindest mittelbar die Beachtung des humanitären Völkerrechts überprüfen.

79 IAGMR, Mapiripán Massacre v. Colombia, C/134 (2005). Siehe etwa auch IAGMR, Santo Domingo Massacre v. Colombia, C/259 (2012).

80 Siehe dazu im Detail hinten Rz. 9.43 ff.

81 Siehe dazu vorne Rz. 4.84.

Beispiel: Schiedsgerichtliche Überprüfung des humanitären Völkerrechts durch die «Eritrea Ethiopia Claims Commission»

6.62 Konfliktparteien können sich auch einigen, Verletzungen des humanitären Völkerrechts durch ein Schiedsgericht überprüfen zu lassen. Im Vertrag von Algier vom 12. Dezember 2000 vereinbarten Äthiopien und Eritrea die Einstellung ihrer auf Grenzstreitigkeiten beruhenden Feindseligkeiten, die seit Mai 1998 in einen internationalen Konflikt mündeten. Der Vertrag schuf unter anderem die «Eritrea-Ethiopia Claims Commission», welche mittels bindender Schiedsurteile über Klagen der Vertragsparteien und von Individuen unter anderem wegen Verletzung der Genfer Konventionen durch eine Konfliktpartei entscheiden konnte[82]. Im Dezember 2001 klagten beide Parteien sowohl in ihrem Namen als auch in demjenigen ihrer Staatsangehörigen wegen Verletzungen der Rechte von Kriegsgefangenen gemäss GK III. Am 1. Juli 2003 befand die Kommission über beide Beschwerden[83]. Da Eritrea die GK III erst im August 2000 ratifiziert hatte, war die Kommission gezwungen, die Klage Äthiopiens basierend auf Gewohnheitsrecht zu entscheiden. Sie vertrat die Auffassung, dass grosse Teile dieses Vertrages bereits ungeschrieben gelten, und kam zum Schluss, Eritrea habe unter Missachtung gewohnheitsrechtlicher Garantien des humanitären Völkerrechts IKRK-Delegierten den Besuch der Kriegsgefangenenlager verweigert, Kriegsgefangene unmittelbar nach ihrer Gefangennahme misshandelt und getötet, andere Kriegsgefangene auf unmenschliche Weise evakuiert und diese während Befragungen bedroht und in Kriegsgefangenenlagern misshandelt. Weiter wurde eine Verletzung der Ansprüche auf angemessene Haftbedingungen, sanitäre Einrichtungen und auf Versorgung mit Nahrungsmitteln, Trinkwasser und Medikamenten festgestellt. Schliesslich stellte die Kommission eine Verletzung des humanitären Völkerrechts infolge der Anordnung unmenschlicher Arbeitsbedingungen fest. Äthiopien misshandelte gemäss der Kommission eritreische Soldaten während und nach der Gefangennahme, indoktrinierte sie zwangsweise und verletzte die GK III unter anderem durch ungenügende Ernährung und Gesundheitsleistungen in den Kriegsgefangenenlagern, sowie durch eine verspätete Freilassung der Kriegsgefangenen.

V. Internationale Strafgerichtsbarkeit

1. Übersicht

6.63 In gewissen Situationen stossen die menschenrechtlichen Überwachungs- und Durchsetzungsmechanismen an praktische und konzeptionelle Grenzen. Menschenrechtsverletzungen durch nichtstaatliche Akteure während interner bewaffneter Konflikte oder Spannungen kann mit vertraglichen Mechanismen nicht begegnet werden, weil derartige Gruppierungen weder Menschenrechtsverträge unterzeichnen noch auf andere Weise die Kompetenz der Überwachungsorgane anerkennen können. Traditionelle menschenrechtliche Verfahren stossen auch in Situationen sog. *«failed states»*, in welchen zwar de jure noch staatliche Strukturen existieren, diese aber de facto das Gewaltmonopol verloren haben, ins Leere. Bei Menschenrechtsverletzungen durch re-

82 Die Kommission beendete ihre Aktivitäten im Jahr 2009.

83 Eritrea Ethiopia Claims Commission, Partial Awards, Ethiopia's Claim 4 and Eritrea's Claim 17, publiziert in: ILM 2003, 1056 ff. und 1083 ff.

pressive Regimes könnte der betreffende Staat zwar gegen die verantwortlichen Individuen vorgehen, will es aber regelmässig nicht. In solchen und ähnlichen Fällen erlaubt die internationale Strafgerichtsbarkeit, direkt auf die verantwortlichen Individuen zuzugreifen und Täter oder Täterinnen zur Verantwortung zu ziehen.

Das Projekt der Schaffung einer internationalen Strafjustiz zur Ahndung schwerster Menschenrechtsverletzungen beschäftigte die UNO seit Beginn ihrer Existenz[84]: Bereits 1948 ersuchte die Generalversammlung die Völkerrechtskommission, die Möglichkeit der Errichtung eines internationalen Strafgerichts abzuklären, und auch die 1948 kodifizierte Genozidkonvention stellte ein internationales Strafgericht in Aussicht[85]. Der Kalte Krieg bereitete diesen Plänen für beinahe ein halbes Jahrhundert ein Ende. Nachdem sich die Völkerrechtskommission nach dem Fall der Berliner Mauer zu Beginn der 1990er Jahre erneut mit den rechtlichen Grundlagen internationaler Strafgerichte beschäftigte, errichtete der Sicherheitsrat nach den Genoziden und den weiteren massiven Menschenrechtsverletzungen im ehemaligen Jugoslawien und in Ruanda gestützt auf Kapitel VII der UNO-Charta 1993 und 1994 internationale Ad-hoc-Tribunale mit einer auf diese Staaten beschränkten geografischen Zuständigkeit[86]. 6.64

Die sachliche Zuständigkeit des internationalen *Straftribunals für das ehemalige Jugoslawien (ICTY)* mit Sitz in Den Haag erstreckte sich auf Verbrechen, deren Begehung bereits gewohnheitsrechtlich verboten war; namentlich Völkermord, schwere Verletzungen der Genfer Konventionen, Verstösse gegen die Gesetze und Gebräuche des Krieges und Verbrechen gegen die Menschlichkeit[87]. In Arusha/Tansania fand sich der Sitz des zweiten Ad-hoc-Tribunals, des *Straftribunals für Ruanda (ICTR)*, welches eine ähnliche sachliche Zuständigkeit besass, zusätzlich aber auch Verstösse gegen den gemeinsamen Art. 3 GK sowie gegen das ZP II ahnden konnte. Das ICTR beendete seine Aktivitäten Ende 2015 und das ICTY zwei Jahre später. 6.65

Zu Ende geführt werden sollen die Aufgaben der beiden Ad-hoc-Tribunale durch den *United Nations Mechanism for International Criminal Tribunals*[88]. Dieses Tribunal besteht aus zwei Abteilungen[89]: Die eine mit Sitz in Arusha, die ihre Arbeit am 1. Juli 2012 aufnahm, übernimmt die bisherigen Aufgaben des ICTR, während die andere 6.66

84 Dies unter dem Eindruck der Verurteilung führender Exponenten der Achsenmächte des Zweiten Weltkrieges durch die alliierten Militärtribunale von Nürnberg (1945) und Tokio (1946).

85 Art. VI Genozidkonvention.

86 SR-Res. 827 (1993) und 955 (1994).

87 Art. 2–5 ICTY-Statut. Das Gericht bestand aus drei in Dreierbesetzung urteilenden Strafkammern, einer in Fünferbesetzung urteilenden Berufungskammern und einer unabhängigen Anklagebehörde.

88 Teilweise auch als International Residual Mechanism for Criminal Tribunals (IRMCT) bezeichnet. Dieses Gericht wurde gestützt auf Kapitel VII der UNO-Charta mit SR-Res. 1966 (2010) geschaffen. Die 25 Richterinnen und Richter dieses Tribunals wurden Ende 2011 gewählt. Diese sind mit Ausnahme des Präsidenten nur teilzeitlich und einzig auf Aufforderung des Präsidenten hin am Sitz des Gerichts tätig.

89 Und zusätzlich aus einer gemeinsamen Berufungskammer.

mit Sitz in Den Haag, welche seit dem 1. Juli 2013 operativ ist, diejenigen des ICTY fortsetzt[90].

6.67 Trotz anfänglicher Schwierigkeiten in finanzieller und organisatorischer Hinsicht und im Falle Jugoslawiens trotz anfänglicher Weigerung der betroffenen Staaten (und auch der internationalen Friedenstruppen), Angeklagte festzunehmen und an dieses Gericht auszuliefern, gelang es beiden Gerichten, die meisten[91] der Hauptverantwortlichen anzuklagen und zu verurteilen. Problematisch ist allerdings, dass sie erst geschaffen wurden, als die meisten Delikte bereits verübt waren, und dass die internationale Gemeinschaft in anderen Fällen massivster Menschenrechtsverletzungen darauf verzichtet hat, die Verantwortlichen strafrechtlich zur Rechenschaft zu ziehen.

6.68 Die Defizite der Ad-hoc-Tribunale konnten durch die Erarbeitung des sog. Römer Statuts[92] vom 17. Juli 1998 für einen ständigen *Internationalen Strafgerichtshof (International Criminal Court/ICC)* wenigstens teilweise beseitigt werden (siehe anschliessend Ziff. 2).

6.69 Das jüngste Modell in der Typologie der internationalen Strafgerichtsbarkeit sind Ad-hoc-Strafgerichtshöfe. Diese weisen eine gemischt landes- und völkerrechtliche Grundlage und eine ebenfalls gemischte Zusammensetzung der Spruchkörper auf. Zu dieser Kategorie gehören der *Spezialgerichtshof für Sierra Leone und sein Residualgericht*[93], *die ausserordentlichen Kammern der kambodschanischen Gerichte*[94], die *Spe-*

---

90 Während einer Übergangszeit arbeiteten der neue Mechanismus und der ICTR resp. der ICTY parallel. Der ICTR hat Ende 2012 das letzte erstinstanzliche Urteil gefällt. Berufungen, die nach dem 1. Juli 2012 eingereicht wurden, und auch die erstinstanzlichen Verfahren gegen noch flüchtige mutmassliche Täter werden vom neuen Tribunal beurteilt werden. Der ICTY schloss das letzte Verfahren Ende 2017 ab. Über Berufungen, die nach dem 1. Juli 2013 eingelegt wurden, wird wiederum der neue Mechanismus urteilen.

91 Alle vor dem ICTY angeklagten Personen konnten mittlerweile verhaftet werden; hingegen sind 8 Angeklagte des ICTR bis heute (Stand März 2018) flüchtig.

92 Dieser Vertrag wurde mit 120 zu 7 Stimmen bei 21 Stimmenthaltungen verabschiedet. Gegen dieses Abkommen stimmten China, der Irak, Israel, Jemen, Katar, Libyen und die USA.

93 Der Gerichtshof für *Sierra Leone* beruhte auf einem bilateralen Vertrag zwischen der UNO und Sierra Leone vom 16. Januar 2002 und bestand aus einer erstinstanzlichen Strafkammer von drei und einer Berufungskammer von fünf Richtern und Richterinnen. Zwei resp. drei von ihnen wurden vom UNO-Generalsekretär bestimmt, die übrigen von der Regierung Sierra Leones. Das Residualgericht setzt die Arbeit des im Jahr 2013 aufgelösten Gerichtshofs für Sierra Leone fort. Siehe ‹http://www.rscsl.org/› (besucht am 22. März 2018).

94 Die *ausserordentlichen Kammern der Gerichte in Kambodscha* beruhen auf einem nach über 5-jährigen zähen Verhandlungen zustande gekommenen Vertrag zwischen der UNO und Kambodscha vom 6. Juni 2003. Operativ tätig wurde dieses Gericht im Jahr 2006. Es besteht aus einer 5-köpfigen Straf- und einer 7-köpfigen Beschwerdekammer. 3 resp. 4 der Richter und Richterinnen werden durch die kambodschanische Regierung, die übrigen durch die UNO bestimmt. Die Kammern besitzen die Kompetenz, die wichtigsten Anführer der Roten Khmer, die sich während der 1970er Jahre massivster Menschenrechtsverletzungen schuldig machten, zu verfolgen. Bisher konnte ein Verfahren abgeschlossen werden, vier sind momentan hängig. Siehe ‹www.eccc.gov.kh/en› (zuletzt besucht am 22. März 2018).

zialkammern in Osttimor[95] sowie die *ausserordentlichen afrikanischen Kammern in Senegal*[96]. Die *Kosovo Spezial-Kammern*[97] dienen der Aufklärung, Verfolgung und strafrechtlichen Ahndung gewisser internationaler Verbrechen[98] im Umfeld des Kosovo-Konflikts im Jahr 1999. Sie gehören zur kosovarischen Justiz, haben ihren Sitz aber in den Niederlanden und ihre Richterinnen und Richter sind ausländische Staatsangehörige[99]. Mit Hilfe dieser hybriden Organe soll erreicht werden, dass in Situationen, in welchen die nationale Strafgerichtsbarkeit aus finanziellen oder politischen Gründen nicht in der Lage ist, die Urheber vergangener, bisher ungesühnt gebliebener, massivster Menschenrechtsverletzungen ohne Unterstützung von aussen zu belangen, eine strafrechtliche Verfolgung doch noch möglich wird. Diese gemischten Gerichte, welche neben dem Landesrecht gewohnheitsrechtlich geltendes internationales Strafrecht anwenden, sollen zudem billiger und effizienter als die internationalen Tribunale arbeiten, was allerdings nicht immer erreicht wird. Ihr Hauptvorteil liegt im Legitimitätsgewinn, den sie durch die Nähe zu den Opfern und die nationale Beteiligung erreichen können.

---

95 Am Distriktgericht in Dili, der Hauptstadt Osttimors, wurden von der früheren UNO-Mission in Osttimor (UNMISET) und der Regierung dieses Landes zwei Spezialkammern und eine Beschwerdekammer unterhalten, die sich je aus zwei internationalen Richtern und einem lokalen zusammensetzen, welche auf der Basis des internationalen Gewohnheitsrechts Anklagen im Zusammenhang mit massiven Menschenrechtsverletzungen in den Jahren 1999 und 2000 beurteilen. Indonesien weigerte sich, Verdächtige an dieses Gericht auszuliefern und richtete stattdessen selber ein Sondergericht ein, welches allerdings viele Angeklagte freisprach oder nur zu milden Strafen verurteilte. Die Spezialkammern stellten daher im Jahr 2005 ihre Tätigkeit für unbestimmte Zeit ein.

96 Chambres africaines extraordinaires au sein des juridictions sénégalaises pour la poursuite des crimes internationaux commis au Tchad durant la période du 7 juin 1982 au 1er décembre 1990. Zur strafrechtlichen Verfolgung der Hauptverantwortlichen der Verletzungen des Völkerstrafrechts während der diktatorischen Herrschaft von Hissène Habré im Tschad (1982–1990) errichtete die Afrikanische Union (AU) zusammen mit Senegal die Ausserordentlichen Kammern unter senegalesischer Gerichtsbarkeit. Dieses Hybridgericht ist auf ein IGH-Urteil aus dem Jahre 2012 (Questions Relating to the Obligation to Prosecute or Extradite, Belgium v. Senegal, ICJ Reports 2012) zurückzuführen, in dem Senegal aufgefordert wurde, den in Senegal wohnhaften tschadischen Ex-Diktator Habré ohne Verzögerung strafrechtlich zu verfolgen oder auszuliefern (siehe zu diesem Urteil Rz. 6.83). Das Statut für dieses Gericht sieht eine Strafkammer und eine Beschwerdekammer, die jeweils aus zwei senegalesischen Richtern und einem nicht senegalesischen aus einem Mitgliedstaat der AU bestehen. Siehe ‹http://www.chambresafricaines.org/› (zuletzt besucht am 22. März 2018). Das Gericht beendete seine Arbeit mit Fällung des Berufungsurteils vom 27. April 2017; Chambre Africaine Extraordinaire d'Assises d'Appel, Situation en Républic du Tchad, Le Procureur Général v. Hissein Habré, Arrêt.

97 Kosovo Specialist Chambers & Specialist Prosecutor's Office; ‹www.scp-ks.org/en› (zuletzt besucht am 22. März 2018).

98 Die Verbrechen werden aufgeführt in Parlamentarische Versammlung des Europarats, Inhuman treatment of people and illicit trafficking in human organs in Kosovo, Report, Doc 12462 vom 7. Januar 2011.

99 Siehe Amendment of the Constitution of the Republic of Kosovo No. 05-D-139 (3. August 2015); Law No. 05/L-053 on Specialist Chambers and Specialist Prosecutor's Office (3. August 2015).

6.70 Die Behandlung der strafrechtlichen Verfahren im Einzelnen, d.h. das internationale Strafprozessrecht, kann nicht Gegenstand dieser Darstellung sein. Eine Übersicht über die völkerstrafrechtlichen Gerichte und ihre Zuständigkeit findet sich in Abbildung 11.

6.71

	Grundlage	Sachliche Zuständigkeit	Persönliche Zuständigkeit	Verhältnis zu nationalen Gerichten
Internationaler Strafgerichtshof (ICC)	Multilateraler Vertrag (Römer Statut)	Kriegsverbrechen, Genozid, Verbrechen gegen die Menschlichkeit (Aggression sobald Gerichtsbarkeit gegeben)	Natürliche Personen, die ein Verbrechen begangen haben und Staatsangehörige einer Vertragspartei sind oder ein Verbrechen auf dem Territorium einer Vertragspartei begehen	Subsidiäre Stellung, d.h. nur zuständig, falls nationale Strafgerichte nicht willens resp. nicht fähig sind
Ad-hoc- Tribunale (ICTY/ICTR)	Sicherheitsratsresolution	Gewohnheitsrechtlich verbotene Kriegsverbrechen, Verbrechen gegen die Menschlichkeit und Genozid	Natürliche Personen, welche Verbrechen innerhalb der geografischen Zuständigkeit begehen	Prioritäre Stellung: können Verfahren vor nationalen Gerichten an sich ziehen
Hybrid-Strafgerichte	Bilateraler Vertrag zwischen UNO und Sitzstaat	Verletzungen des Art. 3 GK, des ZP II, Kriegsverbrechen, Verbrechen gegen die Menschlichkeit, Delikte des nationalen Strafrechts	Natürliche Personen für Verbrechen innerhalb der geografischen Zuständigkeit des Gerichts	Prioritäre Stellung: können Verfahren vor nationalen Gerichten an sich ziehen

Abb. 11: Übersicht über die Organe der internationalen Strafgerichtsbarkeit

2. Der Internationale Strafgerichtshof

6.72 Der Internationale Strafgerichtshof (ICC) hat seinen Sitz in Den Haag und konnte seine Arbeit im Jahr 2003 aufnehmen.

6.73 Die 18 hauptamtlichen Richter und Richterinnen, welche eine Vorstraf-, eine Straf- und eine Berufungskammer bilden, sind trotz der universellen Ausrichtung des Gerichtshofes nicht befugt, jede Verletzung des internationalen Strafrechts zu ahnden, sondern sie besitzen diese Kompetenz nur bei kumulativem Vorliegen folgender Voraussetzungen[100]:

100 Art. 5–20 Römer Statut.

(1) Begehung von sog. internationalen Kernverbrechen, d.h. Kriegsverbrechen, Völkermord, Verbrechen gegen die Menschlichkeit und Aggression[101] (Art. 5, 5bis und 5ter Römer Statut)
(2) nach dem Inkrafttreten des Römer Statuts am 1. Juli 2002 (Art. 11 Römer Statut)
(3) durch eine im Tatzeitpunkt über 18 Jahre alte Person (Art. 26 Römer Statut), falls
(4) entweder ein Vertragsstaat oder der Sicherheitsrat der UNO handelnd unter Kapitel VII Charta um eine Einleitung eines Verfahrens vor dem ICC ersucht oder die Strafverfolgungsbehörde des ICC aus eigenem Antrieb ein solches beginnt (Art. 12–15 Römer Statut),
(5) der Sicherheitsrat nicht mittels einer nach Kapitel VII der Charta angenommenen Resolution um einen Aufschub der Ermittlung oder Strafverfolgung ersucht (Art. 16 Römer Statut),
(6) der eigentlich zuständige Nationalstaat entweder nicht fähig oder nicht willens ist, das Strafverfahren durchzuführen (Art. 17 Abs. 1 lit. a Römer Statut), und zudem
(7) der Sachverhalt genügend schwerwiegend ist, um ein Verfahren vor dem ICC zu rechtfertigen (Art. 17 Abs. 1 lit. d Römer Statut).

Der Gerichtshof kann seine Gerichtsbarkeit in folgenden Fällen ausüben: 6.74

(1) *Ordentlich*, d.h. allein basierend auf dem Römer Statut, besitzt der ICC die Kompetenz zur Ausübung der Gerichtsbarkeit, falls ein Verbrechen *entweder* auf dem Staatsgebiet einer Vertragspartei stattfand (Territorialitätsprinzip) *oder* durch Staatsangehörige einer Vertragspartei begangen wurde (aktives Personalitätsprinzip). Auslösen können Strafverfahren basierend auf der ordentlichen Kompetenz des Gerichtshofs alle Vertragsstaaten, der Ankläger und der Sicherheitsrat gestützt auf Kapitel VII der Charta, d.h., wenn er die durch die mutmasslichen Verbrechen verursachte Situation als Bruch oder Bedrohung des Weltfriedens einstuft.
(2) Ein Staat, der nicht Vertragspartei des Römer Statuts ist, kann mittels einer Erklärung ad hoc eine *ausserordentliche* Zuständigkeit des ICC zur Ahndung für in der Erklärung spezifizierte Verbrechen begründen, die sich wiederum entweder auf dem Territorium dieses Staates ereigneten oder von dessen Staatsangehörigen begangen wurden[102].
(3) Abgeleitet aus der UNO-Charta ist schliesslich die Befugnis dieses Strafgerichts, sich mit den Kernverbrechen unabhängig vom Ort des Verbrechens und der Staatsangehörigkeit der mutmasslichen Täter zu befassen, falls der Sicherheitsrat gestützt auf Kapitel VII der UNO-Charta eine Situation, die er als Bedrohung des Weltfriedens und der Sicherheit einstuft, an den ICC überweist. Der Sicherheitsrat besitzt zudem die Kompetenz, mittels einer auf Kapitel VII der UNO-Charta abgestützten Resolution alle Ermittlungen und Strafverfolgungsmassnahmen für ein Jahr zu sistieren, z.B. um laufende Friedensverhandlungen zu erleichtern, und die Frist allenfalls zu verlängern.

101 Zu diesen Delikten vorne Rz. 2.88 ff.

102 Art. 12 Abs. 3 Römer Statut.

6.75 Bis heute haben die Vertragsstaaten Uganda, Demokratische Republik Kongo, Zentralafrikanische Republik und Mali Situationen zur Beurteilung an den Strafgerichtshof überwiesen[103]. Aus eigenem Antrieb eröffnete der Ankläger Untersuchungen wegen Verletzung völkerstrafrechtlicher Delikte in Kenia, der Elfenbeinküste, in Georgien (Süd-Ossetien) und in Burundi[104]. Zudem entschied der Sicherheitsrat der UNO 2005 gestützt auf Kapitel VII der UNO-Charta, die Situation in Darfur/Sudan seit dem 1. Juli 2002[105] und 2011 die Situation in Libyen seit dem 15. Februar 2011[106] dem Gerichtshof zur Untersuchung zu überweisen, obwohl beide Staaten weder Vertragsparteien des Römer Statuts sind, noch Staatsangehörige eines Vertragsstaates an den mutmasslichen Kriegsverbrechen und Verbrechen gegen die Menschlichkeit beteiligt sind[107].

6.76 Obwohl gegenwärtig zahlreiche Verfahren hängig sind und im Jahr 2016 ein erstes Verfahren mit dem Urteil der Berufungskammer abgeschlossen werden konnte, sieht sich der ICC mit folgendem Hauptproblem konfrontiert: Das Römer Statut kennt gegenwärtig zwar 123[108] Vertragsparteien. Bis zum Jahr 2106 betrafen alle Verfahren indes afrikanische Länder. Burundi erklärt mit der Begründung der angeblichen Selektivität (und nachdem der ICC Untersuchungen zur Situation in diesem Staat aufnahm) im Jahr 2017 den Rückzug aus dem Römer Statut. Diesen Schritt kündigten auch Südafrika und (nach Aufnahme von Voruntersuchungen) im Jahr 2018 die Philippinen an. Zudem haben wichtige Staaten wie die USA, Russland oder China sowie zahlreiche

103 Während die Demokratische Republik Kongo und die Zentralafrikanische Republik die Anklagebehörden in umfassender Weise um Untersuchungen über die Kernverbrechen, die seit Inkrafttreten des Römer Statuts auf dem Gebiet dieser Staaten begangen wurden, ersuchten, beschränkt sich das Ersuchen Ugandas auf Verbrechen begangen durch die im Norden des Landes operierende Rebellengruppe Lord Resistance Army und das Ersuchen Malis auf die Verbrechen, die seit dem Januar 2012 auf malischem Staatsgebiet begangen wurden.

104 2010, 2011 und 2016 gewährten Vorstrafkammern des ICC der Anklagebehörde die Kompetenz zur Eröffnung förmlicher Untersuchungen in diesen Situationen. Die Elfenbeinküste ratifizierte das Römer Statut erst im Jahr 2013, anerkannte aber die Kompetenz des ICC seit 2003 unilateral.

105 SR-Res. 1593 (2005). Die Resolution wurde mit 11 Stimmen ohne Gegenstimme und mit 4 Enthaltungen (China, USA, Brasilien und Algerien) angenommen. Um den Bedenken insb. der USA Rechnung zu tragen, welche die Errichtung eines neuen Ad-hoc-Strafgerichts bevorzugt hätten, schränkte der Sicherheitsrat indes die Kompetenz des ICC hinsichtlich der Beurteilung von Verbrechen begangen durch Angehörige möglicher zukünftiger internationaler Friedenstruppen in Darfur ein: So besitzt das Strafgericht keine Kompetenzen, Verbrechen ausländischer Staatsorgane zu beurteilen, die aus einem Staat stammen, welcher das Römer Statut nicht ratifiziert hat, ausser ein solcher Staat stimme einer solchen Kompetenz explizit zu (a.a.O., Ziff. 6).

106 SR-Res. 1970 (2011), Ziff. 4–8; einstimmig und ohne Enthaltung angenommen. Auch hier besitzt der ICC keine Kompetenz, Verbrechen von Staatsangehörigen eines Drittstaates, der das Römer Statut nicht ratifiziert hat, zu beurteilen (a.a.O., Ziff. 6).

107 Voruntersuchungen der Anklagebehörde betreffen gegenwärtig (Stand März 2018) Situationen in Afghanistan, in Gabun, in Guinea, in Kolumbien, im Irak (Vereinigtes Königreich), in Nigeria, in Palästina, in den Philippinen, in der Ukraine und in Venezuela.

108 Stand März 2018.

Staaten, die in traditionellen Konfliktgegenden liegen, das Römer Statut bisher nicht ratifiziert.

Vertiefung: Verantwortung für Menschenrechtsverletzungen und strafrechtliche Immunität

Strafrechtliche Verfahren vor internationalen Organen dürften sich zukünftig vermehrt gegen höchste Repräsentanten der Staaten richten. Damit stellt sich das Problem einer allfälligen strafrechtlichen Immunität solcher Personen. Gemäss einer traditionellen Regel des Völkerrechts geniessen Staatsoberhäupter absolute Immunität. Diese erstreckt sich zumindest für Amtshandlungen über die Dauer der Amtszeit hinaus. Verschiedene Entwicklungen bringen diese Regel ins Wanken[109]. Im Einzelnen gilt Folgendes: 6.77

- Aktive Regierungschefs, Staatsoberhäupter und Aussenminister geniessen in Verfahren vor drittstaatlichen Gerichten Immunität[110]; dies selbst im Fall von Kriegsverbrechen oder Verbrechen gegen die Menschlichkeit[111]. Die Immunität in Verfahren vor Gerichten des eigenen Staates wird nicht durch das Völkerrecht geregelt.
- Betreffen strafrechtliche Verfahren eines Staates gegen ehemalige Amtsträger eines anderen Staates Amtshandlungen, d.h. Handlungen, welche diese in Ausführung ihrer Funktionen während der Amtszeit ausübten, können sich die Angeklagten laut IGH auf die Immunität berufen[112]. Gemäss dem englischen House of Lords ist es ausgeschlossen, Folterhandlungen als Amtstätigkeit zu bezeichnen[113].
- Ehemalige Regierungsmitglieder und Staatsoberhäupter können sich vor nationalen Gerichten von Drittstaaten nicht auf ihre strafrechtliche Immunität für Handlungen berufen, die sie *vor* oder *nach* ihrer Amtszeit begangen haben oder welche nicht ihr Amtshandeln betreffen[114].
- Art. 27 Römer Statut, wie auch die rechtlichen Grundlagen der Ad-hoc-Tribunale, gehen von der Prämisse aus, dass im Amt stehende oder ehemalige Staatsoberhäupter und Regierungsmitglieder vor internationalen Strafgerichten keinerlei Immunität geltend machen können[115]. Diese Regel gilt auch für die Strafverfahren vor Gerichten von Vertragsparteien der Genozidkonvention in Verfahren zur Ahndung von Völkermord[116].

---

109 Seit 2006 beschäftigt sich auch die ILC mit der Immunität von staatlichen Amtsträgern vor fremder Gerichtsbarkeit.

110 IGH, Democratic Republic of the Congo v. Belgium, Arrest Warrant of 11 April 2000, ICJ Reports 2002, Ziff. 54.

111 A.a.O., Ziff. 58.

112 A.a.O., Ziff. 61.

113 Urteile des House of Lords im Pinochet Fall, Regina v. Bartle and Others ex parte Pinochet, vom 25. November 1998, 17. Dezember 1998 und vom 24. März 1999, ILM, Vol. XXXVIII, No. 2, March 1999, 30 ff.

114 IGH, Democratic Republic of the Congo v. Belgium, Arrest Warrant of 11 April 2000, ICJ Reports 2002, Ziff. 61.

115 Slobodan Milosevic (Serbien), Charles Taylor (Liberia) und Hissène Habré (Tschad) sind oder waren ehemalige Staatsoberhäupter, die von internationalen Strafgerichten verurteilt wurden bzw. vorher in Haft verstarben. Gegenüber dem amtierenden sudanesischen Präsidenten Umar al-Baschir hat der ICC einen Haftbefehl erlassen.

116 Art. IV Genozidabkommen.

VI. Die Rolle des Internationalen Gerichtshofs

1. Überblick

6.78 In der Rechtsprechung des Internationalen Gerichtshofs (IGH), des Hauptjustizorgans der UNO, nehmen die internationalen Menschenrechte und das humanitäre Völkerrecht keinen zentralen Platz ein. Dies lässt sich teilweise damit erklären, dass Individuen nie berechtigt sind, Beschwerden vor dem IGH einzulegen. Nur Staaten sind in streitigen Verfahren, die mit einem für die Streitparteien verbindlichen Urteil abgeschlossen werden, aktivlegitimiert[117] und nur Organe der UNO können vom IGH die Ausarbeitung eines Gutachtens verlangen[118]. Einzelne Urteile und Gutachten zu Fragen des allgemeinen Völkerrechts haben aber grosse Bedeutung für die Dogmatik des Menschenrechtsschutzes. So war das oft zitierte *obiter dictum* im Barcelona-Traction-Urteil[119] Ausgangspunkt für die Anerkennung der Erga-omnes-Verpflichtung gewisser fundamentaler Menschenrechte, und andere Urteile und Gutachten haben wesentlich zur Klärung des Bestandes gewohnheitsrechtlich geltender Menschenrechte oder des Verhältnisses zwischen menschenrechtlichen Verpflichtungen und den Vorgaben des allgemeinen Völkerrechts beigetragen.

2. Streitige Verfahren

6.79 Die Verletzung von Menschenrechten und Verpflichtungen des humanitären Völkerrechts gegenüber *eigenen* Staatsangehörigen (und nicht die Geltendmachung von Allgemeininteressen der Staatengemeinschaft) durch Drittstaaten war in den streitigen Verfahren bisher das Hauptmotiv beschwerdeführender Staaten.

6.80 Eine erste Fallgruppe betrifft die Beurteilung von Verletzungen des Völkerrechts, die vom beklagten Staat indirekt oder direkt während bewaffneter Auseinandersetzungen auf dem Staatsgebiet der klagenden Partei begangen wurden[120]. Dies war das Motiv der Beschwerde Jugoslawiens gegen verschiedene NATO-Staaten[121] sowie der Demokratischen Republik Kongo gegen Uganda. Im zweitgenannten Fall entschied der Gerichtshof, Uganda habe Wiedergutmachungsleistungen für Verletzungen des humanitären Völkerrechts auf kongolesischem Territorium zu leisten[122]. Die Beschwerden Bosnien-

117 Der IGH darf sich mit einer Beschwerde nur materiell befassen, wenn alle involvierten Streitparteien seine Kompetenz anerkennen. Dies kann mittels einer sog. Fakultativklausel, einer vertraglichen Anerkennungsklausel oder mittels einer Ad-hoc-Vereinbarung nach Ausbruch des Streits geschehen. Siehe Art. 36 IGH-Statut.

118 Art. 65 ff. IGH-Statut.

119 IGH, Barcelona Traction, Light and Power Company, Limited (Belgium v. Spain), ICJ Reports 1970, 32, Ziff. 33.

120 Siehe etwa IGH, Military and Paramilitary Activities in and against Nicaragua (Nicaragua v. The United States of America), ICJ Reports 1986, Ziff. 220.

121 IGH, Legality of Use of Force (Serbia and Montenegro v. Belgium, Canada, France, Germany, Italy, the Netherlands, Portugal and the United Kingdom), ICJ Reports 2004. Mangels Zuständigkeit konnte der IGH diese Klagen inhaltlich nicht beurteilen.

122 IGH, Armed Activities on the Territory of the Congo (Democratic Republic of the Congo v. Uganda), ICJ Reports 2005. Auf eine Beschwerde der Demokratischen Republik Kongo gegen

Herzegowinas und Kroatiens gegen Jugoslawien (Serbien und Montenegro) betrafen Verletzungen der Genozidkonvention[123] und diejenige Georgiens[124] und der Ukraine[125] gegen Russland Vorwürfe ethnischer Säuberungen unter Verletzung der RDK.

Ansprüche aus dem Rechtsinstitut des *diplomatischen Schutzes*, d.h. die völkerrechts- 6.81
konforme Behandlung eigener Staatsangehöriger durch einen Drittstaat auf dessen Territorium, betrafen folgende Klagen: Im sog. Teheraner Geiselfall[126] beurteilte der IGH die Geiselnahme amerikanischer Diplomaten während der islamischen Revolution im Jahr 1979 als flagrante Verletzung der Prinzipien der Charta und der Allgemeinen Erklärung der Menschenrechte. Basierend auf seiner Zuständigkeit gemäss dem Fakultativprotokoll zum Wiener Übereinkommen über konsularische Beziehungen[127] beurteilte der Internationale Gerichtshof verschiedene Klagen, in welchen gerügt wurde, Personen ausländischer Nationalität seien in den USA zum Tode verurteilt worden, ohne dass ihr Heimatstaat, wie vom genannten Abkommen vorgesehen, über die Festnahme und das Verfahren orientiert worden sei. Dieses Verhalten hätte es dem Heimatstaat verunmöglicht, der angeklagten Person konsularischen Schutz, etwa durch Zurverfügungstellung eines Rechtsbeistandes, zu gewähren. In den Urteilen LaGrand[128] und Avena[129] hiess der IGH die Klagen gut und entwickelte einen eigentlichen menschenrechtlichen Anspruch auf konsularischen Schutz im Fall der Verhaftung in einem Drittstaat. Auch im Diallo-Fall stellte der IGH eine Verletzung des Rechts auf konsularischen Schutz fest[130]. Hauptsächlich beurteilte er aber in diesem Urteil die Völkerrechtskonformität der Inhaftnahme und der Ausweisung eines Unternehmers aus der Demokratischen Republik Kongo gestützt auf die Vorgaben des Pakts II und der AfCRMV[131].

Ruanda (Armed Activities on the Territory of the Congo [New Application: 2002], Democratic Republic of the Congo v. Rwanda, ICJ Reports 2006) trat der Gerichtshof mangels Zuständigkeit nicht ein.

123 IGH, Application of the Convention on the Prevention and Punishment of the Crime of Genocide (Bosnia and Herzegovina v. Serbia and Montenegro), ICJ Reports 2007, und Application of the Convention on the Prevention and Punishment of the Crime of Genocide (Croatia v. Yugoslavia), ICJ Reports 2015.

124 IGH, Application of the International Convention on the Elimination of All Forms of Racial Discrimination, (Georgia v. Russia). Mangels Zuständigkeit trat der IGH auf diese Klage nicht ein (ICJ Reports 2011).

125 IGH, Application of the International Convention for the Suppression of the Financing of Terrorism and of the International Convention on the Elimination of All Forms of Racial Discrimination (Ukraine v. Russia) (hängig).

126 IGH, United States Diplomatic and Consular Staff in Tehran (United States of America v. Iran), ICJ Reports 1980, 3 ff.

127 Art. 1 FP vom 24. April 1963 zum Wiener Übereinkommen über konsularische Beziehungen betreffend die obligatorische Beilegung von Streitigkeiten.

128 IGH, Vienna Convention on Consular Relations, LaGrand Case (Germany v. United States of America), ICJ Reports 2001, Ziff. 466.

129 IGH, Avena and Other Mexican Nationals (Mexico v. United States of America), ICJ Reports 2004.

130 IGH, Ahmadou Sadio Diallo (Republic of Guinea v. Democratic Republic of the Congo), ICJ Reports 2010, Ziff. 90.

131 A.a.O., Ziff. 63 ff.

6.82 Zumindest indirekt mit einer menschenrechtlichen Fragestellung hatte sich der IGH ferner im Rahmen einer Beschwerde Deutschlands gegen Italien zu beschäftigen: Konkret hatte er zu beurteilen, ob sich ein Staat auf seine Immunität vor drittstaatlichen Gerichten selbst in Verfahren zur Klärung von Wiedergutmachungsleistungen für die Verletzung von Menschenrechten und Verpflichtungen des humanitären Völkerrechts mit Ius-cogens-Charakter berufen kann[132].

6.83 Allgemeininteressen der Staatengemeinschaft machte Belgien in einer Klage gegen Senegal geltend. Gestützt auf die Vorgaben der FoK verlangte Belgien, gegen den ehemaligen tschadischen Diktator Habré sei entweder in Senegal, seinem Aufenthaltsstaat, ein Strafverfahren wegen Verletzung des Folterverbots durchzuführen oder er sei zu diesem Zweck nach Belgien auszuliefern. Der IGH hiess die Klage gut[133].

3. Gutachtenverfahren

6.84 Da einzig UNO-Organe zur Einholung von Gutachten[134] berechtigt sind[135], stehen hier regelmässig Fragen von hohem Interesse für die Staatengemeinschaft als solche zur Diskussion. So hatte der IGH bereits im Jahr 1951 in seinem Gutachten zur Zulässigkeit von Vorbehalten zur Genozidkonvention[136] Stellung zur Rechtsnatur des Genozidverbotes zu nehmen. Dabei kam er zum Schluss, dieses Verbot sei von derart grundlegender Bedeutung, dass dazu keine Vorbehalte erklärt werden dürften. Im Jahr 1996 konnte das Gericht auf Anfrage der Generalversammlung über die Zulässigkeit der Drohung mit oder des Einsatzes von Atomwaffen befinden[137]. Auch wenn sich die Richterinnen und Richter nicht einigen konnten, ob ein solches Verbot in jedem Fall bestehe, ist dieses Gutachten wegen Ausführungen zum Recht auf Leben und seinem Verhältnis zum humanitären Völkerrecht bedeutsam. Im Zentrum der Begutachtung standen die Menschenrechte und das humanitäre Völkerrecht schliesslich bei der Beantwortung der Frage der Generalversammlung zur Zulässigkeit der israelischen Sperranlage auf palästinensischem Gebiet im Jahr 2003. Der IGH anerkannte die extraterritoriale Geltung der Menschenrechtspakte und setzte sich detailliert mit völkerrechtlichen Ansprüchen des Individuums auf Bewegungsfreiheit, auf Nahrung und Arbeit, wie sie in den beiden UNO-Pakten und dem humanitären Völkerrecht verankert sind, auseinander[138].

---

132 IGH, Jurisdictional Immunities of the State (Germany v. Italy), ICJ Reports 2012.

133 IGH, Questions Relating to the Obligation to Prosecute or Extradite (Belgium v. Senegal), ICJ Reports 2012. Dieses Urteil führte zur Errichtung der ausserordentlichen afrikanischen Kammern in Senegal; siehe dazu vorne Rz. 6.69.

134 Diese Gutachten sind rechtlich nicht verbindlich, besitzen aber grosse juristische und politische Autorität.

135 Art. 96 UN-Charta.

136 IGH, Advisory Opinion on Reservations to the Convention on the Prevention and Punishment of the Crime of Genocide, ICJ Reports 1951, Ziff. 15.

137 IGH, Advisory Opinion on the Legality of the Threat or Use of Nuclear Weapons, ICJ Reports 1996, Ziff. 226 ff.

138 IGH, Advisory Opinion on the Legal Consequences of the Construction of a Wall in the Occupied Palestinian Territory, ICJ Reports 2004, insb. Ziff. 89 ff.

VII. Zusammenfassung

Zusammenfassend lassen sich die verschiedenen Ebenen und Verfahren der Durchsetzung der Menschenrechte folgendermassen darstellen: 6.85

	Beschwerde- und Petitionsverfahrenverfahren		Berichtsverfahren		Untersuchungsverfahren		Strafrechtliche Verfahren	Verfahren des allgemeinen Völkerrechts
	Vertragsorgane	*Ausservertragliche Organe*	*Vertragsorgane*	*Ausservertragliche Organe*	*Vertragsorgane*	*Ausservertragliche Organe*		
Merkmal	Nur auf Initiative einer geschädigten Partei, diese kann ein Individuum (Individualbeschwerde) oder ein Staat (Staatenbeschwerde) sein. Ziel: Prüfung des Einzelfalles		Findet periodisch ohne besonderen Anlass statt. Ziel: umfassender Überblick über die Menschenrechtslage.		Fact-finding-Mechanismen, entweder präventiv (Besuchssysteme) oder kurativ nach schweren/systematischen Menschenrechtsverletzungen. Ziel: umfassender Überblick		Sanktionierung der Täter/-innen; Generalprävention. Ziel: Durchgriff auf Individuum	Rein zwischenstaatlich, ohne Beteiligung von Individuen
Nationale Ebene	Individualbeschwerde vor nationalen Gerichten	Verfahren vor Wahrheitskommissionen	Ev. periodische Berichterstattung durch nationale Menschenrechtsinstitutionen		Nationales Besuchssystem gemäss FP/FoK Ev. Monitoring durch nationale Menschenrechtsinstitutionen Nationale Untersuchungsmechanismen und Wahrheitskommissionen etc.		Anwendung des nationalen Strafrechts, Strafrechtliche Verpflichtung aus internationaler Konvention, Anwendung des internationalen Strafrechts	Bilaterale Dialoge, Unterstützung, Kritik oder Gegenmassnahmen
Regionale Ebene	Individualbeschwerde vor international errichteten Verfassungsgerichten (z.B. Bosnien-Herzegowina) Individualbeschwerde: EMRK, AMRK, AfCRMV Staatenbeschwerde: EMRK, AMRK, AfCRMV	Individualbeschwerde-Verfahren vor AMRK (OAS) Staatenbeschwerde: Wiener- und Moskauer Mechanismus der OSZE	ESC und europäische Spezialverträge AfCRMV	Berichtssystem der Europäischen Kommission gegen Rassismus	Besuchssystem gemäss Europäischer Folterkonvention	OAS: Fact-finding durch Amerikanische AMRK (Länderberichte) OSZE: Experten- und Feldmissionen; Untersuchungen des Minderheitenkommissars Europarat: Fact-finding durch Europ. Rassismuskommission	International errichtete nationale (hybride) Strafgerichte (z.B. Sierra Leone, Kambodscha,) Ad-hoc-Tribunale (ICTY und ICTR)	Gegenmassnahmen durch regionale Organisationen wie die EU oder die OAS (z.B. Sanktionen)

	Beschwerde- und Petitionsverfahrenverfahren		Berichtsverfahren		Untersuchungsverfahren		Strafrechtliche Verfahren	Verfahren des allgemeinen Völkerrechts
	Vertragsorgane	*Ausservertragliche Organe*	*Vertragsorgane*	*Ausservertragliche Organe*	*Vertragsorgane*	*Ausservertragliche Organe*		
Universelle Ebene	Individualbeschwerde: alle UNO-Ausschüsse Staatenbeschwerde: UNO-Ausschüsse und im Rahmen der ILO	Petitionsverfahren vor der Menschenrechtsrat und der Frauenrechtskommission; Dringlichkeitsappelle im Rahmen der Spezialverfahren (insb. Arbeitsmethoden der Arbeitsgruppe über willkürliche Haft)	Staatenberichte: alle UNO-Ausschüsse	Menschenrechtsrat: Universelle periodische Überprüfung	Präventiv: FP zur Folterkonvention Untersuchungen gemäss FoK, FP/RDK, FP/BRK, FP/Pakt I, FP 3/KRK Ermittlungen nach Art. 90 ZP I	UNO: Fact-findig durch länder- und themenspezifische Spezialverfahren und durch Feldmissionen; Beschwerdeverfahren des Menschenrechtsrates Besuchssystem des IKRK	Internationaler Strafgerichtshof (ICC)	Nichtmilitärische Gegenmassnahmen, Peace-Keeping Missionen, Militärische Sanktionen gemäss Kap. VII der UNO-Charta, Verfahren vor IGH

Abb. 12: Übersicht über die Verfahren zur Durchsetzung der Menschenrechte und des humanitären Völkerrechts

7. Kapitel: Vertragsorgane

I. Einleitung

1. Vertragsorgane der UNO

Die neun Kernkonventionen[1] des UNO-Menschenrechtssystems sind mit je einem unabhängigen Überwachungsorgan ausgerüstet. Diese Organe – in der deutschen Terminologie meist als Ausschüsse, teilweise aber auch als Komitees bezeichnet[2] – setzen sich aus unabhängigen Experten und Expertinnen zusammen, die alle ehrenamtlich tätig sind. Die Vertragsausschüsse treffen sich je nach Arbeitsanfall und den vorhandenen finanziellen Mitteln jährlich zwischen einer und drei Sessionen zu je zwei oder drei Wochen in der Regel in Genf. 7.1

Der Zuständigkeitsbereich eines Vertragsorgans, d.h. seine Möglichkeiten zur Überwachung der Einhaltung der jeweiligen Vertragsbestimmungen, ist je nach Vertrag unterschiedlich weit. Alle Verträge kennen ein obligatorisches *Staatenberichtsverfahren*, d.h., sie sehen vor, dass die Vertragsstaaten dem jeweiligen Ausschuss regelmässig[3] einen Bericht über die Umsetzung ihrer Vertragsverpflichtungen unterbreiten müssen, welcher im Beisein einer Delegation des Staates kritisch geprüft wird. Auch *Individualbeschwerdeverfahren*, welche Opfern von Menschenrechtsverletzungen erlauben, bei einem Ausschuss ein förmliches Verfahren gegen den Verletzerstaat zu führen, sind heute bei allen Verträgen vorgesehen. Sie gelten aber nicht automatisch, sondern erst, wenn der betreffende Vertragsstaat eine entsprechende Erklärung abgibt oder ein Zusatzprotokoll ratifiziert. Einzelne Verträge sehen darüber hinaus ein (je nach Konvention obligatorisches oder fakultatives) *Staatenbeschwerdeverfahren* vor, welches den Vertragsstaaten erlaubt, beim Ausschuss Beschwerde gegen einen anderen Staat zu führen, und zwar unabhängig davon, ob ihre eigenen Interessen betroffen sind oder ob sie damit allgemeine Interessen an der Durchsetzung der Menschenrechte verfolgen. Mit Ausnahme des Pakts II, der RDK und der WAK schaffen zudem alle Verträge *Untersuchungsverfahren*, welche den entsprechenden Ausschüssen unter gewissen Voraussetzungen erlauben, vor Ort eine Untersuchung durchzuführen. Als neueste Verfahrensarten hat das FP/FoK von 2002 ein *Präventionsverfahren* und die VLK die Möglichkeit von *dringenden Massnahmen* («urgent actions») geschaffen. 7.2

1 Die beiden Pakte, die RDK, die FDK, die FoK, die KRK, die WAK, die BRK und die VLK.

2 In Englisch und Französisch heissen diese Organe «committee» resp. «comité».

3 Die VLK verlangt als Ausnahme nur die Einreichung eines Berichts innert zwei Jahren nach Inkrafttreten des Vertrages. Der Ausschuss kann aber die Vertragsstaaten um zusätzliche Angaben über die Durchführung der VLK ersuchen (Art. 29 VLK).

7.3

Name des Ausschusses (Vertrag)	**Zusammen-setzung**	**Kompetenzen**[4]	**Anerkennung der Kompetenzen durch Deutschland (D), Österreich (A), die Schweiz (CH) und Liechtenstein (FL)**
Ausschuss für wirtschaftliche, soziale und kulturelle Rechte (Pakt I)	18 durch die Vertragsstaaten gewählte Mitglieder	BPV: obligatorisch (Art. 16 f.) IBV: fakultativ (Art. 1 ff. FP) SBV: fakultativ (Art. 10 FP) UV: fakultativ (Art. 11 f. PF) PV: –	A: – D: – CH: – FL: –
Menschenrechtsausschuss (Pakt II)	18 durch die Vertragsstaaten gewählte Mitglieder	BPV: obligatorisch (Art. 40) SBV: fakultativ (Art. 41) IBV: fakultativ (FP) UV/PV: –	A: SBV, IBV D: SBV, IBV CH: SBV FL: SBV, IBV
Ausschuss gegen die Folter und Unterausschuss gegen die Folter	10 resp. 25 durch die Vertragsstaaten gewählte Mitglieder	BPV: obligatorisch (Art. 19) SBV: fakultativ (Art. 21) IBV: fakultativ (Art. 22) UV: obligatorisch/opting out (Art. 20) PV: fakultativ (FP/Unterausschuss)	A: SBV, IBV, UV, PV D: SBV, IBV, UV, PV CH: SBV, IBV, UV, PV FL: SBV, IBV, UV, PV
Ausschuss für die Rechte des Kindes (KRK)	18 durch die Vertragsstaaten gewählte Mitglieder	BPV: obligatorisch (Art. 44) SBV: fakultativ (Art. 12 FP 3) IBV: fakultativ (Art. 5 ff. FP 3) UV: fakultativ/opting out (Art. 13 f. FP 3 PV: –	A: – D: IBV, UV CH: IBV, UV FL: IBV, UV
Ausschuss gegen die Rassendiskriminierung (RDK)	18 durch die Vertragsstaaten gewählte Mitglieder	BPV: obligatorisch (Art. 9) SBV: obligatorisch (Art. 11–13) IBV: fakultativ (Art. 14) UV/PV: –	A: IBV D: IBV CH: IBV FL: IBV
Ausschuss gegen die Diskriminierung der Frau (FDK)	23 durch die Vertragsstaaten gewählte Mitglieder	BPV: obligatorisch (Art. 18) SBV: – IBV: fakultativ (Art. 1 ff. FP) UV: fakultativ/opting out (Art. 8 FP) PV: –	A: IBV, UV D: IBV, UV CH: IBV, UV FL: IBV, UV
Ausschuss für die Rechte der Wanderarbeitnehmer (WAK)	14 durch die Vertragsstaaten gewählte Mitglieder	BPV: obligatorisch (Art. 74) SBV: fakultativ (Art. 76) IBV: fakultativ (Art. 77) UV/PV: –	A, D, CH und FL sind nicht Vertragsparteien.
Ausschuss für die Rechte von Menschen mit Behinderungen (BRK)	18 durch die Vertragsstaaten gewählte Mitglieder	BPV: obligatorisch (Art. 35) SBV: – IBV: fakultativ (Art. 1 ff. FP) UV: fakultativ/opting out (Art. 6 ff. FP)	A: IBV, UV D: IBV, UV CH: – FL ist nicht Vertragspartei.

4 BPV: Berichtsprüfungsverfahren; SBV: Staatenbeschwerdeverfahren; IBV: Individualbeschwerdeverfahren; UV: Untersuchungsverfahren; PV: Präventionsverfahren.

Name des Ausschusses (Vertrag)	**Zusammensetzung**	**Kompetenzen**[4]	**Anerkennung der Kompetenzen durch Deutschland (D), Österreich (A), die Schweiz (CH) und Liechtenstein (FL)**
Ausschuss gegen das Verschwindenlassen von Personen (VLK)	10 durch die Vertragsstaaten gewählte Mitglieder	BBV: obligatorisch (Art. 29) SBV: fakultativ (Art. 32) IBV: fakultativ (Art. 31) UV: obligatorisch (Art. 33 f)	A, D: IBV, SBV CH: IBV, SBV FL ist nicht Vertragspartei.

Abb. 13: Übersicht über die einzelnen Vertragsorgane der UNO

Gewisse Verträge, wie die Genozidkonvention, das Abkommen über die politischen Rechte der Frau, die Genfer Flüchtlingskonvention und die Sklavereiabkommen, kennen keine eigenen Überwachungsorgane. Dieses Defizit wird im Fall der Genozidkonvention teilweise dadurch ausgeglichen, dass sie[5] den Vertragsstaaten die Möglichkeit einräumt, den Internationalen Gerichtshof (IGH) anzurufen[6]. 7.4

Auch wenn sie Beschwerden von Individuen oder Vertragsstaaten behandeln, entscheiden die Vertragsausschüsse nicht als Gerichte im eigentlichen Sinn. Allerdings nähern sich die Individualbeschwerdeverfahren vor den Ausschüssen in der Praxis dem Vorbild gerichtlicher Prüfung an, weshalb sie häufig als gerichtsähnliche Organe («quasi-judicial bodies») bezeichnet werden. Und obwohl die Beschwerden von Individuen als Mitteilungen («communications») bezeichnet werden und die Entscheide der Ausschüsse nicht Urteil, sondern Auffassung («view») heissen, kommen Letztere bezüglich Form und Autorität einem gerichtlichen Feststellungsurteil nahe[7]. 7.5

2. Regionale Vertragsorgane

a) Europa

Eigentliche Menschenrechtsgerichtshöfe finden sich auf regionaler Ebene: Die Europäische Menschenrechtskonvention schuf bereits 1950 einen – allerdings nicht ständig tagenden – Gerichtshof für Menschenrechte. Dieser wurde mit dem Inkrafttreten des ZP 11/EMRK am 1. November 1998 in den ständigen *Europäischen Gerichtshof für Menschenrechte* (nachstehend Gerichtshof/EGMR) mit Sitz in Strassburg umgewan- 7.6

4 BPV: Berichtsprüfungsverfahren; SBV: Staatenbeschwerdeverfahren; IBV: Individualbeschwerdeverfahren; UV: Untersuchungsverfahren; PV: Präventionsverfahren.

5 Art. IX Genozidkonvention. Eine obligatorische Anerkennung der Gerichtsbarkeit des IGH, teilweise verbunden mit einer Opting-out-Klausel, können aber auch Verträge vorsehen, welche eigene Durchsetzungsmechanismen kennen, so etwa die FoK (Art. 30), die RDK (Art. 22), die WAK (Art. 92) und die VLK (Art. 42).

6 Vgl. dazu Rz. 6.78 ff.

7 Siehe dazu auch hinten Rz. 7.44.

delt. Dieses Gericht kann von Individuen und Staaten angerufen werden und verbindlich über Verletzungen der EMRK urteilen. Zwischen 1959–2017 hat der Gerichtshof 20 600 materielle Urteile gefällt[8] und ist daher unter rein quantitativen Gesichtspunkten bei weitem das erfolgreichste gerichtliche Organ im Menschenrechtsbereich[9].

7.7 Der Gerichtshof setzt sich aus je einem Richter oder einer Richterin pro Vertragsstaat der EMRK zusammen und spricht Recht in der Besetzung als *Einzelrichter oder -richterin*, als *Ausschuss* (3 Richter), als *Kammer* (7 Richterinnen) oder als *Grosse Kammer* (17 Richter)[10]. Organisatorische Fragen, wie etwa die Verabschiedung der Verfahrensordnung oder die Bildung der Kammern, werden durch das *Plenum* behandelt, welches aber keine Kompetenz zur Entscheidung von Beschwerden hat.

7.8 Die Überwachung der übrigen europäischen Menschenrechtsverträge liegt in der Hand spezifischer Expertenausschüsse, welche mit Ausnahme des Europäischen Ausschusses für soziale Rechte nicht die Befugnis besitzen, Beschwerden zu überprüfen, sondern meist nur die Kompetenz, periodisch die Umsetzung des entsprechenden Abkommens in *Berichtsverfahren* zu untersuchen. Im Einzelnen bestehen auf der Ebene des Europarates neben dem EGMR die in Abbildung 14 aufgeführten menschenrechtlichen Vertragsorgane.

7.9

Name des Ausschusses (Vertrag)	**Zusammensetzung**	**Kompetenzen**
Europäischer Ausschuss für soziale Rechte (ESC)	15 Mitglieder	Obligatorisches Berichtsprüfungsverfahren/Kollektivbeschwerdeverfahren fakultativ (ZP/ESC): D und A anerkennen diese Kompetenz nicht/CH und FL haben die ESC nicht ratifiziert
Europäischer Ausschuss zur Verhütung der Folter (Europäische Folterverhütungskonvention)	1 Mitglied pro Vertragsstaat	Präventives Besuchssystem (obligatorisch)
Europäischer Minderheitenausschuss (Rahmenabkommen zum Schutz nationaler Minderheiten)	18 Mitglieder	Obligatorisches Berichtsprüfungsverfahren
Europäischer Ausschuss für Minderheitensprachen (Europäische Charta der Regional- oder Minderheitensprachen)	1 Mitglied pro Vertragsstaat	Obligatorisches Berichtsprüfungsverfahren

Abb. 14: Übersicht über weitere Vertragsorgane des Europarates

8 In 84% dieser Urteile stellte er zumindest eine EMRK-Verletzung fest.

9 In derselben Zeitspanne hat der Gerichtshof ca. 798 600 Fälle abgeschlossen, die überwiegende Mehrheit mit Unzulässigkeitsentscheiden. Ende 2017 waren beim Gerichtshof 56 250 Beschwerden hängig.

10 Art. 26 EMRK.

b) Andere Regionen

Auch auf (latein)amerikanischer und auf afrikanischer Ebene sind unabhängige Gerichte mit der Durchsetzung der jeweiligen regionalen Menschenrechtskonvention betraut. Im Unterschied zum heutigen[11] europäischen Modell sind dem Interamerikanischen Gerichtshof für Menschenrechte und dem Afrikanischen Gerichtshof für die Rechte der Menschen und der Völker aber Kommissionen vorgeschaltet[12]. Individuen können daher grundsätzlich[13] nicht direkt Beschwerden bei diesen unabhängigen Spruchkörpern einlegen, sondern einzig bei den Kommissionen. 7.10

Der Interamerikanische Gerichtshof für Menschenrechte[14] mit Sitz in San José/Costa Rica setzt sich aus sieben nebenamtlich arbeitenden Richtern und Richterinnen zusammen[15]. 7.11

Aus elf nebenamtlich tätigen Richterinnen und Richtern[16] besteht der Afrikanische Gerichtshof für die Rechte der Menschen und der Völker mit Sitz in Arusha/Tansania[17]. Dieses Gericht soll künftig mit dem Gerichtshof der Afrikanischen Union unter dem Namen Afrikanischer Gerichtshof vereinigt werden[18]. 7.12

Die Arabische Menschenrechtscharta hat einen Arabischen Menschenrechtsausschuss mit sieben Mitgliedern geschaffen, welcher Staatenberichte zu prüfen hat[19]. Künftig soll er mit einem Arabischen Menschenrechtsgerichtshof mit 7–11 Richtern ergänzt 7.13

---

11 Vor Inkrafttreten des ZP 11/EMRK im Jahr 1990 kannte auch die EMRK ein zweistufiges System mit einer vorgeschalteten Kommission (EKMR).

12 Die IAKMR sowie die AKRMV. Dazu detailliert hinten Rz. 7.65 f.

13 In Afrika kann direkt beim Gerichtshof Beschwerde eingelegt werden, soweit dies der Staat, gegen welchen sich die Beschwerde richtet, akzeptiert; siehe dazu hinten Rz. 7.67.

14 Art. 52–69 AMRK. Auch die IAKMR hat 7 Mitglieder. Zusätzlich zur ihren Befugnissen in Individualbeschwerdeverfahren kann sie bei Zustimmung der involvierten Staaten auch über Staatenbeschwerden befinden; siehe Art. 34–51 AMRK.

15 Zusätzlich zu Individualbeschwerden kann er auch Staatenbeschwerden prüfen, wenn ein Staat diese Kompetenz anerkannt hat.

16 Vollamtlich tätig ist einzig die Präsidentin oder der Präsident des Gerichts. Ebenfalls 11 Mitglieder zählt die AfKRMV; dieses Organ prüft auch die Staatenberichte der Vertragsstaaten der AfCRMV.

17 Protocol to the African Charter on Human and Peoples' Rights on the Establishment of an African Court on Human and Peoples' Rights vom 9. Juni 1998. Daneben bestehen in Afrika auch subregionale Gerichte mit Kompetenz zur Durchsetzung menschenrechtlicher Verpflichtungen. Dazu zählen etwa der Court of Justice of the Economic Community of West African States (ECOWAS), der Court of Justice of the Economic Community of East African Community (EAC) und das Tribunal of the Southern African Development Community (SADC). Die Praxis dieser Gerichte findet sich unter ‹http://caselaw.ihrda.org/› (zuletzt besucht am 26. März 2018).

18 Protocol on the Statute of the African Court of Justice and Human Rights of 1 July 2008 and Protocol on Amendments to the Protocol on the Statute of the African Court of Justice and Human Rights of 27 June 2014 (noch nicht in Kraft).

19 Art. 45–48 ArCMR.

werden[20]. Weder Individuen noch der Arabischen Menschenrechtsausschuss können dem Gericht Fälle unterbreiten. Dafür zuständig ist nur der Staat, dessen Angehörige behaupten, Opfer einer Menschenrechtsverletzung zu sein[21]. Faktisch wird damit die Zuständigkeit des Gerichts auf Fälle des diplomatischen Schutzes[22] zwischen Vertragsstaaten des Statuts beschränkt sein.

II. Staatenberichtsverfahren

1. Überblick

7.14 Alle UNO-Konventionen[23] und – mit Ausnahme der EMRK[24] und der AMRK – auch alle regionalen Konventionen[25] verpflichten die Vertragsstaaten, einem Vertragsüberwachungsorgan periodisch[26] über Fortschritte und Schwierigkeiten bei der Verwirklichung der jeweiligen Vertragspflichten zu berichten. Das Staatenberichtsverfahren gilt gemeinhin als schwächstes Überwachungs- und Durchsetzungsinstrument. Insofern ist es folgerichtig, dass es als einziger Mechanismus stets obligatorisch ausgestaltet ist, d.h. sich ein Staat dieser Verpflichtung bereits mit Ratifizierung des betreffenden Vertrages unterwirft.

7.15 Staatenberichte sollen sich grundsätzlich nicht auf Einzelfälle konzentrieren, sondern die Gesetzgebung und Praxis eines Staates darstellen und den Stand der Umsetzung der Vertragsverpflichtungen im Sinne einer Selbstevaluation einschätzen und bewerten. Auf UNO-Ebene findet eine öffentlich zugängliche Sitzung des Vertragsorgans

20 The Council of the League of Arab States, Ministers of Foreign Affairs, resolution n° 7790, E.A (142) C 3, 07/09/2014, Statute of the Arab Court of Human Rights. Inoffizielle englische Übersetzung auf ‹https://acihl.org/texts.htm?article_id=44&lang=ar-SA› (zuletzt besucht am 20. Mai 2018). Laut Art. 33 wird das Statut nach der siebten Ratifikation in Kraft treten.

21 Art. 19 Statut.

22 Hierzu Rz. 1.10.

23 Art. 16 Pakt I, Art. 40 Pakt II, Art. 19 FoK, Art. 9 RDK, Art. 19 FDK, Art. 44 KRK, Art. 73 WAK, Art. 29 VLK, Art. 35 BRK.

24 An sich räumt Art. 52 EMRK dem Generalsekretär die Kompetenz ein, die Vertragsstaaten anzufragen, auf welche Weise die wirksame Anwendung der Bestimmungen dieses Vertrages im innerstaatlichen Bereich gewährleistet wird. Dieses System hat aber keine praktische Bedeutung erlangt.

25 So die ESC (Art. 21), das Europäische Rahmenübereinkommen zum Schutz nationaler Minderheiten (Art. 25 f.), die Europäische Charta der Regional- und Minderheitensprachen (Art. 15 f.), das ZP 1/AMRK (Art. 19), die Interamerikanische Konvention zur Beseitigung der Diskriminierung von Menschen mit Behinderung (Art. VI), die AfCRMV (Art. 63), das ZP 2/AfCRMV (Art. 26) und die ArCMR (Art. 48).

26 Erstberichte sind meist innert zweier Jahre nach der Ratifizierung, Folgeberichte üblicherweise im Abstand von vier oder fünf Jahren und im Fall der FDK alle zwei Jahre einzureichen. Als Ausnahme verankert Art. 29 VLK keine periodische Berichterstattungspflicht der Vertragsstaaten; er verpflichtet die Staaten einzig zur Vorlage eines Erstberichts innerhalb von zwei Jahren nach Inkrafttreten des Vertrages. Der VLK-Ausschuss kann aber die Staaten jederzeit um zusätzliche Angaben über die Implementierung der Vertragsverpflichtungen ersuchen.

mit einer Regierungsdelegation des betreffenden Vertragsstaates statt. Anlässlich dieses Treffens sollen in einem möglichst konstruktiven Dialog die Umsetzungsprobleme festgestellt und nach Lösungsmöglichkeiten gesucht werden[27]. Mit sog. Abschliessenden Bemerkungen («Concluding Observations»), welche jeweils die Beratungen über einen Staatenbericht beenden, nehmen die Vertragsorgane die Gelegenheit zu konkreten Empfehlungen an den betreffenden Staat wahr[28]. Auch wenn sie zurückhaltend formuliert sind, laufen sie oft auf konkrete Anweisungen an Gesetzgeber und Exekutive hinaus.

2. Beispiel: Das Staatenberichtsverfahren des Ausschusses für wirtschaftliche, soziale und kulturelle Rechte

Trotz gewisser Unterschiede in der Arbeitsmethodik erfolgt die Prüfung der Staatenberichte durch die UNO-Ausschüsse im Wesentlichen nach dem gleichen Muster. Die folgende Darstellung konzentriert sich auf das Verfahren vor dem WSK-Ausschuss. 7.16

Die Skepsis der Staatengemeinschaft gegenüber einer wirksamen Durchsetzung wirtschaftlicher, sozialer und kultureller Menschenrechte war stets gross, trafen sich doch während des Kalten Krieges in diesem Bereich die generelle Skepsis des Ostens gegenüber internationalen Durchsetzungsmechanismen mit der ideologisch bedingten Zurückhaltung des Westens gegenüber dieser Menschenrechtskategorie. Vor diesem Hintergrund erstaunt es wenig, dass der Pakt I vertraglich mit einem vergleichsweise schwachen Durchsetzungsmechanismus bestückt wurde. Im Gegensatz zum Pakt II mit seinem Fakultativprotokoll von 1966[29] wurde für den Pakt I erst 2008 ein Individualbeschwerdeverfahren geschaffen. 7.17

Mit dem Staatenberichtsverfahren wurde ursprünglich nicht ein unabhängiges, sondern ein politisches, aus Staatenvertreterinnen und -vertretern zusammengesetztes Organ – der Wirtschafts- und Sozialrat (ECOSOC) – betraut. Da jedoch der ECOSOC diese Aufgabe nicht befriedigend erfüllen konnte, setzte er 1987 mittels einer Resolution ein Expertenorgan zur Überwachung des Sozialpakts ein, den *Ausschuss für wirtschaftliche, soziale und kulturelle Rechte* (WSK-Ausschuss)[30]. Dieser ist daher streng ge- 7.18

---

27 Im Unterschied zum Staatenberichtsverfahren vor den UNO-Ausschüssen findet die Prüfung der Staatenberichte durch den Europäischen Ausschuss für nationale Minderheiten nicht am Sitz dieses Organs statt, sondern eine Delegation dieses Ausschusses besucht den entsprechenden Vertragsstaat und trifft sich dort mit Regierungsstellen und NGOs. Gestützt auf diese Besuche verfasst der Ausschuss einen eigenen Bericht zum Stand der Umsetzung der vertraglichen Verpflichtungen durch den jeweiligen Staat.

28 Die Abschliessenden Bemerkungen finden sich auf der Website des Hochkommissariats für Menschenrechte (‹http://www.ohchr.org›) und auf der Website des Universal Human Rights Index (‹http://uhri.ohchr.org›), die präzise Suchabfragen erlaubt (beide Websites zuletzt besucht am 26. März 2018).

29 Siehe hinten Rz. 7.35 ff.

30 ECOSOC Res. 1985/17, 28. Mai 1985.

nommen kein Vertragsorgan[31], unterscheidet sich in seiner Arbeitsweise aber nicht mehr von den übrigen UNO-Ausschüssen.

a) Die Funktion des Berichtsprüfungsverfahrens

7.19 In seiner ersten Allgemeinen Bemerkung hat der WSK-Ausschuss sieben Ziele identifiziert, welche mit der Berichterstattung verfolgt werden sollen, nämlich (1) die Bestandesaufnahme der rechtlichen Situation (Gesetze, Verfahren etc.) im Bereich der Menschenrechte durch den Vertragsstaat, (2) die realistische Einschätzung der tatsächlichen Situation der Menschenrechte durch den Vertragsstaat, (3) die Möglichkeit für den Vertragsstaat, Fortschritte im Bereich der Menschenrechte nachzuweisen, (4) die Erleichterung der Überwachung des Vertragsstaates durch die Öffentlichkeit, (5) die Schaffung einer Grundlage für die Evaluation der Fortschritte des Vertragsstaates im Bereich der Menschenrechte, (6) die Vermittlung eines vertieften Verständnisses für die Probleme und Misserfolge bei der Umsetzung des Pakts I und (7) die Erleichterung des Informationsaustausches zwischen den Staaten, damit diese die ihnen gemeinsamen Probleme im Bereich der Realisierung der Menschenrechte besser verstehen können[32].

b) Der Ablauf des Berichtsprüfungsverfahrens

7.20 Das Verfahren der Prüfung der Staatenberichte durch den WSK-Ausschuss lässt sich in folgende fünf Arbeitsschritte einteilen[33]:

7.21 (1) *Erstellung des Staatenberichts durch den Vertragsstaat*: Mit Ratifizierung des Sozialpakts verpflichten sich die Staaten gemäss dessen Art. 16 und 17, innerhalb von zwei Jahren einen vollständigen Bericht über die zur Umsetzung ergriffenen Massnahmen abzuliefern und anschliessend periodisch alle fünf Jahre über die Schwierigkeiten und Erfolge hinsichtlich der Umsetzung der unmittelbar und progressiv zu erfüllenden Vertragsverpflichtungen zu berichten. Damit diese Staatenberichte möglichst strukturiert zur Umsetzung des Pakts I Stellung nehmen, sind sie möglichst anhand der *Leitlinien zur Berichterstattung*[34] aufzubauen, die vom WSK-Ausschuss verfasst wurden und detaillierte Fragen zur Umsetzung der einzelnen Garantien enthalten. Idealerweise erfolgt bereits die Erstellung des Berichts unter Beteiligung aller mit der Umsetzung der Paktrechte betrauten Verwaltungsstellen und unter Berücksichtigung von Eingaben aus der Zivilgesellschaft.

31 Dies äussert sich auch heute noch in der Tatsache, dass die Mitglieder des WSK-Ausschusses nicht von den Vertragsstaaten, sondern vom ECOSOC gewählt werden und auch die Berichterstattung an jenes Organ gerichtet ist. Die Generalversammlung empfahl 2014 (GV-Res. 68/268) dem ECOSOC, die Wahl der Mitglieder des WSK-Ausschusses einer Versammlung der Vertragsstaaten des Pakts I zu überlassen. Diese Empfehlung wurde bisher (Mai 2018) nicht umgesetzt.

32 WSK-Ausschuss, General Comment 1 (1989).

33 Siehe dazu die Übersicht über die Arbeitsmethoden des WSK-Ausschusses in seinem Bericht über die 44. und 45. Session (UN Doc. E/2011/22 – E/C.12/2010/3), Ziff. 19 ff., auf welche sich die folgenden Ausführungen stützen.

34 Guidelines on treaty specific documents to be submitted by states parties under articles 16 and 17 of the International Covenant on Economic, Social and Cultural Rights, UN Doc. E/C.12/2008/2.

Verletzen Staaten ihre Teilnahmepflicht, indem sie entweder überhaupt nicht oder nur mit grosser Verspätung ihre Berichte abliefern, kann der Ausschuss beschliessen, trotzdem eine Prüfung der Situation im betreffenden Land durchzuführen. Reagiert ein Staat auf entsprechende Mahnungen des Ausschusses nicht, teilt er diesem Staat mit, dass auch ohne Vorliegen eines Berichts eine Prüfung anhand der vorliegenden Informationen stattfinden werde. Dies veranlasst die Staaten oft, doch noch einen Bericht abzuliefern oder wenigstens eine Delegation zur Berichtsprüfung zu schicken.

(2) *Verfahren vor der Arbeitsgruppe*: Die Staatenberichte gelangen als Erstes vor eine 7.22
aus fünf Mitgliedern des Ausschusses für WSK-Rechte bestehende Arbeitsgruppe, welche sich im Vorfeld der Sitzungen des Ausschusses trifft. Ihre Hauptaufgabe besteht darin, nach Vorarbeit durch das für den jeweiligen Bericht verantwortliche Arbeitsgruppenmitglied[35] – dem sog. Länderberichterstatter – frühzeitig mögliche Fragen an die Regierungsvertreterinnen und Regierungsvertreter zu eruieren und diese dem betreffenden Vertragsstaat mitzuteilen, damit sich jener sachgerecht auf das Treffen mit dem Ausschuss vorbereiten kann. Die schriftlichen Antworten der Staaten auf die aufgeworfenen Fragen sollen dem Ausschuss bereits vor seiner Sitzung zugestellt werden, um einen effizienten Dialog zu ermöglichen. Die Formulierung relevanter Fragen wird durch Informationen, die das Sekretariat gesammelt hat, und die Schattenberichte nichtstaatlicher Organisationen wesentlich erleichtert.

(3) *Dialog zwischen dem Ausschuss und der Regierung des Vertragsstaates*: Kern des 7.23
Staatenberichtsverfahrens ist der Dialog zwischen dem gesamten Ausschuss und einer möglichst kompetenten Regierungsdelegation[36]. Die öffentliche Berichtsprüfung beginnt mit einer Vorstellung des Berichts und der zusätzlichen schriftlich übermittelten Informationen des Vertragsstaates durch die Regierungsdelegation. Anschliessend wird der Bericht nach den folgenden Modulen getrennt geprüft: Diskriminierungen und Gleichberechtigung der Geschlechter in der Ausübung der Rechte, Rechte im Arbeitsleben, Subsistenzrechte, kulturelle Rechte. Jedes Modul beginnt mit Fragen der Ausschussmitglieder und einer Beantwortung durch die Regierungsdelegation. In diesem Verfahrensabschnitt können auch Vertreterinnen und Vertreter fachspezifischer Sonderorganisationen der UNO[37] in den Dialog eingreifen[38].

---

35 Jeweils ein Mitglied dieser Arbeitsgruppe bereitet die Auswertung der Berichte eines Staates vor, listet mögliche Fragen auf und bereitet einen ersten Entwurf einer Stellungnahme des Ausschusses vor.

36 Ersucht eine Regierung – was nicht selten vorkommt – kurzfristig um eine Verschiebung der Sitzung wird dies in der Regel nicht gewährt und die Prüfung des Berichts erfolgt notfalls ohne Teilnahme einer Regierungsdelegation.

37 So etwa die Internationale Arbeitsorganisation (ILO), die Weltgesundheitsorganisation (WHO) sowie die Ernährungs- und Landwirtschaftsorganisation (FAO).

38 Diese Möglichkeit besteht bei den anderen Ausschüssen in der Regel nicht. Dort werden diese Organisationen aber z.T. im Vorfeld des Dialogs angehört.

7.24 (4) *Schlussfolgerungen des Ausschusses*: Im Anschluss an diese öffentliche Diskussion zieht sich der Ausschuss zu einer geschlossenen Sitzung zurück, an welcher im Konsensverfahren die von der Länderberichterstatterin entworfenen Schlussfolgerungen («Concluding Observations») verabschiedet werden. Diese gliedern sich stets in folgende Abschnitte: Einführung, positive Aspekte, hauptsächliche Bedenken und Empfehlungen. Die Schlussfolgerungen werden am Schlusstag der Sitzungsperiode veröffentlicht.

7.25 (5) *Follow-up-Verfahren*: In den Schlussfolgerungen ersucht der Ausschuss die Vertragsstaaten regelmässig, im nächsten periodischen Bericht Stellung zur Umsetzung seiner Empfehlungen zu nehmen, und ihm zu ausgewählten, besonders problematischen Bereichen bereits vorher Zusatzinformationen zu unterbreiten. Treffen die angeforderten Zusatzinformationen nicht ein oder erweisen sie sich als ungenügend, kann der Ausschuss den Vorsitzenden ermächtigen, die Angelegenheit weiterzuverfolgen. Möglich ist auch, den säumigen Vertragsstaat anzufragen, ob er eine Mission einer ein- oder zweiköpfigen Delegation des Ausschusses akzeptieren würde. Ein derartiger Besuch – der nur dann ins Auge gefasst wird, wenn er sich als einzige erfolgsversprechende Lösung präsentiert – soll erstens die für einen Dialog mit dem Vertragsstaat notwendigen Informationen beschaffen und zweitens dem Ausschuss aufzeigen, inwieweit der betreffende Staat technischer Unterstützung für die Umsetzung der Paktrechte oder für die Vorbereitung der Berichte bedarf[39]. Abgeschlossen werden derartige Ländermissionen – die bis heute zweimal und nach Ansicht des Ausschusses sehr erfolgreich durchgeführt wurden[40] – mit Schlussfolgerungen des gesamten Ausschusses.

7.26 Im Jahr 2014 empfahl die UNO-Generalversammlung den Vertragsüberwachungsorganen, den Staaten ein vereinfachtes Berichtsverfahren für Folgeberichte zu ermöglichen[41]. Bei diesem Verfahren initiiert der Ausschuss die Berichterstattung, indem er dem Staat, dessen Bericht fällig ist, eine Liste mit Themen und Fragen übermittelt. Der Staatenbericht kann sich auf die Beantwortung dieser Fragen beschränken; dem Staat steht es aber frei, auch über weitere Bereiche zu berichten. Der Dialog des Ausschusses mit dem Vertragsstaat beruht direkt auf diesem Bericht und nicht auf einer zusätzlichen Themenliste. Der WSK-Ausschuss hat wie die übrigen Ausschüsse damit begonnen, dieses Verfahren anzuwenden, wenn ein Staat dieses Vorgehen wünscht.

39 Siehe dazu Art. 22 f. Pakt I.

40 WSK-Ausschuss, Report on the 36th and 37th session, Supplement No. 2, UN Doc. E/2007/22, Ziff. 40.

41 GV-Res. 68/268 (2014), Ziff. 1. Dieses Verfahren wurde zuerst vom FoK-Ausschuss und dem MRA entwickelt. Siehe MRA, «Focused Reports based on replies to list of issues prior to reporting (LOIPR): Implementation of the new optional reporting procedure (LOIPR procedure»; UN Doc. CCPR/99/4 (2010).

3. Beurteilung

Die Wirksamkeit des Staatenberichtsverfahrens wird – von einer westlichen, sich auf den individuellen Rechtsschutz konzentrierenden Warte aus – oft als kleinstmöglicher Kompromiss der Staaten gering geschätzt. Wohl zu Unrecht: So enthält bereits der Prozess der Erarbeitung des Berichts auf nationaler Ebene ein nicht zu unterschätzendes Sensibilisierungspotenzial, falls alle betroffenen Verwaltungsstellen und die Zivilgesellschaft tatsächlich in die Vorbereitung mit einbezogen werden. Der Mechanismus schärft den Blick für die Notwendigkeit positiver Massnahmen zur Realisierung der Menschenrechte im Allgemeinen und der Freiheitsrechte im Besonderen. Die auf die Gesamtheit der Rechtsordnung eines Staates und weniger auf isolierte Einzelfälle ausgerichtete Stossrichtung dieses Verfahrens besitzt dank der Abschliessenden Bemerkungen durchaus das Potenzial, zu einer weltweiten Rechtsharmonisierung in menschenrechtsrelevanten Bereichen beizutragen. Zudem bietet dieses konsensorientierte Verfahren den Ausschüssen die Möglichkeit, nicht nur Vertragsverletzungen anzuprangern, sondern auch Wege zu deren Behebung aufzuzeigen und positive Aspekte zu würdigen. Weiter gibt das Verfahren den Vertragsorganen durch seine obligatorische Ausgestaltung die Gelegenheit, einen kontinuierlichen Kontakt mit Staaten aufzubauen, welche infolge ihrer chronisch problematischen Menschenrechtslage nicht bereit sind, sich anderen Überwachungsmechanismen zu unterwerfen. Schliesslich schafft dieser Mechanismus für nationale NGOs eine einzigartige Möglichkeit, ihre Kritik vor ein internationales Forum zu bringen. Die Abschliessenden Bemerkungen vermögen zudem diesen Vorbringen internationale Legitimität zu verleihen. Das Staatenberichtsverfahren hat sich damit zu einem äusserst wichtigen und unverzichtbaren menschenrechtlichen Überwachungsinstrument entwickelt. 7.27

Gleichzeitig wird dieses Verfahren mit Begründungen, die mehr mit praktischen Herausforderungen als mit dem Verfahren an sich zu tun haben, regelmässig kritisiert. So übermitteln nur wenige Staaten alle ihre Berichte innerhalb der vorgeschriebenen Zeitspanne. Es sind nicht nur kleine oder ärmere Staaten (für welche die Erarbeitung aussagekräftiger Berichte tatsächlich eine erhebliche Belastung darstellen kann), deren Berichte überfällig sind oder die überhaupt keine Berichte abgeliefert haben, obwohl sie teilweise bereits lange und in Einzelfällen mehrere Jahrzehnte Vertragspartei sind. Andererseits wäre es den Ausschüssen mangels Sitzungskapazität im Rahmen der vorhandenen Mittel gar nicht möglich, im Falle fristgerechter Berichterstattung alle Staatenberichte zu prüfen. 7.28

Eine weitere Schwäche des Systems besteht darin, dass Berichte sich oft auf eine Zusammenstellung der einschlägigen landesrechtlichen Grundlagen beschränken und nicht, wie gefordert, eine mit Daten untermauerte Darstellung der realen Situation und eine Auflistung der Defizite und Schwierigkeiten im Bereich der Vertragsimplementierung enthalten. Obwohl diese Defizite teilweise durch detaillierte NGO-Berichte (sog. «Schattenberichte» zum betreffenden Vertragsstaat) zu einem gewissen Grad ausgeglichen werden können, stellt es für das Berichtssystem eine Herausforderung dar, wenn viele Staaten zwar ein Vertragssystem formell anerkennen, aber sich 7.29

aus politischen Gründen oder mangels Ressourcen nicht oder nur in sehr oberflächlicher Weise daran aktiv beteiligen[42].

7.30 Die Vertragsüberwachungsorgane werden andererseits oft dafür kritisiert, dass ihre Empfehlungen zu allgemein seien und jenen Detaillierungsgrad vermissen lassen, welcher für Staaten nützlich wäre[43]. Die fehlende Einheitlichkeit des interaktiven Dialoges ist ein weiterer umstrittener Bereich, den die UNO-Generalversammlung zur Empfehlung an die Vertragsorgane bewog, eine einheitliche Methodologie für diese Dialoge mit den Vertragsstaaten zu entwickeln[44].

7.31 Vor diesem Hintergrund erstaunt es kaum, dass Rufe nach einer Reform zahlreich sind. Eine besonders weit reichende Reform empfahl im Jahr 2005 die damalige Hochkommissarin für Menschenrechte, Louise Arbor. Sie schlug vor, die gegenwärtigen Vertragsorgane durch ein einziges gemeinsames und ständig tagendes Vertragsüberwachungsorgan zu ersetzen[45]. Dieser Vorschlag scheiterte jedoch am Widerstand der Staaten. Im Jahr 2011 schlug der UNO-Generalsekretär die Erarbeitung eines fixen Kalenders vor, welcher eine regelmässige Prüfung der Vertragsimplementierung durch einen Staat selbst bei fehlender Einreichung eines Berichts an einem vorgegeben Datum sicherstellen würde[46]. Auch dieser Vorschlag fand nicht die notwendige Unterstützung. Stattdessen erliess die UNO-Generalversammlung im Jahr 2014 eine Resolution mit Massnahmen zur Stärkung der Effektivität der Arbeit der Vertragsorgane. Diese fokussiert sich indes auf technische Details wie etwa die Reduzierung des Umfangs der Staatenberichte und anderer Dokumente, gewährleistet die notwendigen finanziellen Mittel für eine Verlängerung der Sessionen der Vertragsorgane und ermutigt die Ausschüsse schliesslich, das vorne erwähnte vereinfachte Berichtsverfahren einzuführen[47]. Obwohl zweifellos nützlich, dürften diese Massnahmen zur Bewältigung der gegenwärtigen Herausforderungen nicht ausreichen.

4. Der Erlass Allgemeiner Bemerkungen

7.32 Die gesammelten Erfahrungen eines Ausschusses im Berichtsverfahren – und insbesondere im Fall des MRA auch seine Praxis zu Inidividualbeschwerden – fliessen in sog. Allgemeine Bemerkungen («General Comments») ein[48]. Diese stellen eigentliche

42 Concept Paper on the High Commissioners Proposal für a Unified Standing Treaty Body, Report by the Secretariat, UN Doc. HRI/MC/2006/2, Ziff. 26.

43 GV-Res. 68/268 (2014), Ziff. 6, ermutigt daher die Vertragsstaaten, kurze, fokussierte und möglichst konkrete Abschliessende Bemerkungen zu formulieren.

44 A.a.O., Ziff. 5.

45 High Commissioner for Human Rights, Plan of Action, UN Doc. A/59/2005/Add.3, Annex, Ziff. 147. Für die Details dieses Vorschlags siehe Concept Paper on the High Commissioner's Proposal for a Unified Standing Treaty Body, Report by the Secretariat, UN Doc. HRI/MC/2006/2.

46 UNO-Generalsekretär, Measures to improve further effectiveness, harmonization and reform of the treaty body system, UN Doc. A/66/344 (2011), Ziff. 47.

47 Siehe Rz. 7.26.

48 Siehe ‹http://tb.ohchr.org/default.aspx› (zuletzt besucht am 28. März 2018).

Kurzkommentare zu einzelnen Garantien dar und tragen nicht unwesentlich dazu bei, den Inhalt und die Tragweite der menschenrechtlichen Verpflichtungen der Vertragsstaaten für das jeweilige Recht zu klären[49]. Obwohl an sich nicht bindend, stellen sie eine der wichtigsten Interpretationsquellen für die jeweilige menschenrechtliche Garantie dar[50]. Obwohl die Verantwortung für die Allgemeinen Bemerkungen allein bei den Ausschüssen liegt, können Staaten und NGOs in der Regel vor deren definitiver Verabschiedung inhaltliche Stellungnahmen abgeben.

III. Individualbeschwerdeverfahren

1. Individualbeschwerden an die Vertragsorgane der UNO

a) Überblick

Trotz fehlender rechtlicher Bindungswirkung der Entscheide kommt den Individual- 7.33
beschwerdeverfahren an die Vertragsorgane der UNO-Menschenrechtskonventionen praktisch grosse Bedeutung zu. Insbesondere der *MRA* hat mit einer qualitativ hochstehenden Rechtsprechung bewirkt, dass seine Entscheide, die sich inhaltlich kaum von Urteilen eines Gerichts unterscheiden, in vielen Fällen faktische Autorität besitzen. Gegenwärtig anerkennen 116[51] Staaten eine derartige Kompetenz des MRA, der sich bis heute mit über 2000 Beschwerden befasste. 67 Staaten gewähren dem *FoK-Ausschuss* das Recht, sie betreffende Fälle zu entscheiden. Diese Möglichkeit wurde bisher ca. 900-mal wahrgenommen. Vergleichsweise wenig benutzt wurde diese von 58 Staaten anerkannte Möglichkeit im Fall des *RDK-Ausschusses*, bei welchem bis heute knapp über 100 Beschwerden eingegangen sind. Ungefähr 40 Einzelfallbeschwerden registriert hat der *FDK-Ausschuss*[52]. Der *BRK-Ausschuss* konnte im Jahr 2012 über die ersten Individualbeschwerden entscheiden[53]. Erst wenige Beschwerden haben der VLK-Ausschuss, der KRK-Ausschuss und der WSK-Ausschuss entschieden[54]. Bisher noch über keine Individualbeschwerden befunden hat der *WAK-Ausschuss*[55].

Verschiedene Gründe können diese immensen Unterschiede zwischen dem MRA und 7.34
den übrigen Ausschüssen erklären. Der MRA besitzt die Kompetenz zur Entgegennahme von Individualbeschwerden seit Inkrafttreten des FP 1/Pakt II im Jahr 1976

49 Zur Bedeutung der General Comments siehe auch IGH, Ahmadou Sadio Diallo (Republic of Guinea v. Democratic Republic of the Congo), ICJ Reports 2010, Ziff. 66.

50 Mit Stand Juni 2018 haben die Ausschüsse bisher die folgende Anzahl Allgemeiner Bemerkungen erlassen: MRA: 35; WSK-Ausschuss: 24; RDK-Ausschuss: 35; FDK-Ausschuss: 37; FoK-Ausschuss: 3; KRK-Ausschuss: 22; WAK-Ausschuss: 3; VLK-Ausschuss: 0; BRK-Ausschuss: 7.

51 Alle Zahlen dieses Abschnittes entsprechen dem Stand vom Juni 2018.

52 Seine Kompetenz zur Prüfung von Individualbeschwerden wird von 109 Staaten anerkannt.

53 Seine Kompetenz zur Prüfung von Individualbeschwerden wird von 91 Staaten anerkannt.

54 KRK-Ausschuss: 7; WSK-Ausschuss: 9; VLK-Ausschuss: 1.

55 Dieser Entscheidmechanismus wird erst in Kraft treten, wenn 10 Vertragsstaaten eine Erklärung gemäss Art. 77 WAK abgegeben haben werden. Gegenwärtig haben erst 5 Staaten eine solche Erklärung abgegeben.

und der RDK-Ausschuss gar seit 1965. Die anderen Übereinkommen resp. Fakultativprotokolle, welche diesen Mechanismus vorsehen, sind im Unterschied dazu (mit Ausnahme der FoK im Jahr 1987) erst in den letzten zwei Jahrzehnten in Kraft getreten. Nicht nur aus diesem Grund schwankt auch die Anzahl der Staaten, welche dieses Durchsetzungsinstrument anerkennen zwischen fünf (WAK) und 116 (FP 1/Pakt II). Schliesslich bietet aus Opfersicht eine Beschwerde vor dem MRA oft bessere Perspektiven als eine solche vor einem Überwachungsorgan einer spezifischen Konvention. So geschehen etwa Folterungen meist im Umfeld strafrechtlicher Untersuchungen und auf erzwungene Geständnisse wird in Strafverfahren abgestützt. Die FoK enthält aber im Unterschied zu Pakt II (Art. 14) keinerlei Verfahrensgarantien. In ähnlicher Weise werden Diskriminierungen gegenüber Frauen nicht einzig von der FDK sondern auch vom Pakt II (Art. 2 und 3) erfasst, der es aber Frauen ermöglicht, gleichzeitig Rechtsverletzungen geltend zu machen, die nicht auf einer Geschlechterdiskriminierung beruhen.

b) Die Individualbeschwerde an den Menschenrechtsausschuss

7.35 Im Folgenden soll der – im Übrigen sehr ähnliche – Ablauf des vor allen UNO-Organen rein schriftlichen Individualbeschwerdeverfahrens am *Beispiel des MRA* dargestellt werden[56].

7.36 Eine Individualbeschwerde kann nur gegen Staaten eingereicht werden, welche die entsprechende Zuständigkeit des Ausschusses mittels Ratifikation des FP 1/Pakt II anerkannt haben. Sobald eine Beschwerde beim Ausschuss registriert ist[57], wird diese dem betroffenen Vertragsstaat notifiziert, und er wird im Sinne der Verfahrensökonomie aufgefordert, innerhalb eines halben Jahres sowohl zur Zulässigkeit der Beschwerde als auch in der Sache selbst Stellung zu nehmen[58]. Daraufhin erhält die beschwerdeführende Partei die Möglichkeit einer Replik, welche innerhalb zweier Monate zu erfolgen hat. Verweigert ein Vertragsstaat trotz Erinnerungsschreiben des Ausschusses seine Mitarbeit, stützt sich der Ausschuss sachverhaltsmässig in der Regel auf die Vorbringen der beschwerdeführenden Partei, soweit diese glaubwürdig erscheinen[59].

7.37 Beschwerden an den Ausschuss kommt keine aufschiebende Wirkung zu. Droht der Privatpartei – wie typischerweise bei Beschwerden gegen Todesurteile oder in Auslieferungs- oder Ausweisungsfällen, bei welchen dem Beschwerdeführer Folter droht – in der Zeitspanne zwischen der Einreichung der Beschwerde und dem Entscheid jedoch

56 Siehe für die Details die Verfahrensvorschriften des MRA, UN Doc. CCPR/C/3/Rev.10 (2012), Regeln 74 ff.

57 Über die Registrierung einer Beschwerde entscheidet ein Mitglied des MRA, der Berichterstatter über neue Beschwerden.

58 Siehe Art. 4 FP 1/Pakt II.

59 Siehe MRA, General Comment 33 (2008), Ziff. 10.

ein schwerer und nicht wieder gutzumachender Schaden, hat der Ausschuss[60] in jedem Verfahrenszeitpunkt das Recht, vorsorgliche Massnahmen anzuordnen[61]. Diese sind verbindlich, und ein Staat, der sie missachtet, verletzt das Fakultativprotokoll in schwerwiegender Weise[62].

Beispiel: Der Entscheid Piandiong und Andere gegen die Philippinen des MRA[63]

Ein Regionalgericht verurteilte am 7. November 1994 die Beschwerdeführer wegen Raubes mit Todesfolge zum Tod. Mit Urteil vom 19. Februar 1997 bestätigte der Supreme Court der Philippinen diese Urteile. Nachdem der Zeitpunkt der Hinrichtungen auf den 6. April 1999 festgelegt worden war, gewährte das Büro des Staatspräsidenten am 5. April 1999 einen dreimonatigen Aufschub der Exekutionen, ohne aber eine Begnadigung auszusprechen. Am 15. Juni 1999 reichte der Anwalt der Verurteilten beim MRA eine Individualbeschwerde ein. Der Ausschuss, handelnd durch seinen Berichterstatter für neue Beschwerden, übermittelte die Beschwerde am 23. Juni 1999 an die Vertragspartei und ersuchte sie um eine Stellungnahme zur Zulässigkeit und zum materiellen Inhalt der Beschwerde. Gleichzeitig forderte er die Philippinen auf, von der Hinrichtung der Beschwerdeführer abzusehen solange die Beschwerde hängig sei. In der Folge ersuchte der Anwalt der Beschwerdeführer den Supreme Court um Erlass einer vorsorglichen Verfügung, während dieser Periode auf die Vollziehung der Todesurteile zu verzichten. Am 8. Juli 1999 lehnte das Gericht dieses Ansinnen ab. Zudem traf sich der Rechtsvertreter persönlich mit dem zuständigen Regierungsvertreter und bat ihn, die Vorgaben des Ausschusses zu beachten. Trotzdem wurden am Nachmittag des 8. Juli 1999 die Beschwerdeführer mittels Giftspritze exekutiert. Der MRA beurteilte dieses Vorgehen wie folgt: 7.38

«5. State party's failure to respect the Committee's request for interim measures under Rule 86

5.1 By adhering to the Optional Protocol, a State party to the Covenant recognizes the competence of the Human Rights Committee to receive and consider communications from individuals claiming to be victims of violations of any of the rights set forth in the Covenant (Preamble and article 1). Implicit in a State's adherence to the Protocol is an undertaking to cooperate with the Committee in good faith so as to permit and enable it to consider such communications, and after examination to forward its views to the State party and to the individual (Article 5 (1), (4)). It is incompatible with these obligations for a State party to take any action that would prevent or frustrate the Committee in its consideration and examination of the communication, and in the expression of its Views.

60 Zu diesem Zweck bestimmt der MRA ein Mitglied als Berichterstatter für neue Beschwerden und vorsorgliche Massnahmen. Siehe MRA, The Mandate of the Special Rapporteur on New Communications and Interim Measures, UN Doc. CCPR/C/110/3 (2014).

61 Art. 92 ff. der Verfahrensordnung des MRA. Diese Kompetenz besitzen auch die übrigen Ausschüsse.

62 Siehe z.B. MRA, Piandiong and Others v. The Philippines, 869/1999 (2000), Ziff. 5, Saidova v. Tajikistan 964/2001 (2004), Ziff. 4.2, und N.S. v. Russia, 2192/2012 (2015), Ziff. 8.1. ff.

63 MRA, Piandiong and Others v. The Philippines, 869/1999 (2000).

> 5.2 Quite apart, then, from any violation of the Covenant charged to a State party in a communication, a State party commits grave breaches of its obligations under the Optional Protocol if it acts to prevent or frustrate consideration by the Committee of a communication alleging a violation of the Covenant, or to render examination by the Committee moot and the expression of its Views nugatory and futile. In respect of the present communication, the authors allege that the alleged victims were denied rights under articles 6 and 14 of the Covenant. Having been notified of the communication, the State party breaches its obligations under the Protocol, if it proceeds to execute the alleged victims before the Committee concludes its consideration and examination, and the formulation and communication of its Views. It is particularly inexcusable for the State to do so after the Committee has acted under its rule 86 to request that the State party refrain from doing so. [...]
>
> 5.4 Interim measures pursuant to rule 86 of the Committee's rules adopted in conformity with article 39 of the Covenant, are essential to the Committee's role under the Protocol. Flouting of this Rule, especially by irreversible measures such as the execution of the alleged victim or his/her deportation from the country, undermines the protection of Covenant rights through the Optional Protocol».

7.39 Nach erfolgtem Schriftenwechsel verfasst ein Ausschussmitglied, welches als Berichterstatterin oder Berichterstatter handelt, mit Unterstützung des Sekretariats einen Entscheidentwurf. Anschliessend befindet der Ausschuss in einer vertraulichen Sitzung[64] über die Beschwerdevoraussetzungen und trifft, falls diese als gegeben erachtet werden, in der Regel gleichzeitig den Sachentscheid. Auf Antrag des betroffenen Staates kann allerdings eine Aufteilung des Verfahrens in zwei separate Phasen gewährt werden (sog. «split»). Hier beschränkt sich der Schriftenwechsel in der ersten Phase auf die Zulässigkeitsfrage, und das Verfahren wird nur fortgesetzt, wenn die Beschwerde tatsächlich für zulässig erklärt worden ist[65].

7.40 Im Zulässigkeitsverfahren wird geklärt, ob:

- die Zuständigkeit des Ausschusses vom beteiligten Staat anerkannt wird[66], wobei sich in der Praxis oft heikle Fragen der Auslegung von Vorbehalten stellen, welche die betroffene Vertragspartei anlässlich der Ratifikation des 1. Fakultativprotokolls erklärt hat;
- die beschwerdeführende Partei eine Verletzung eines Rechts geltend macht, das durch den Pakt garantiert wird[67];

---

64 Jeweils in der Woche vor den Sessionen des Ausschusses trifft sich eine Arbeitsgruppe, die sich aus den Berichterstattern und Berichterstatterinnen der Beschwerden zusammensetzt, zur Vorbereitung der Diskussionen über die Individualbeschwerden im Plenum. Beschwerden, welche von dieser Arbeitsgruppe einstimmig für unzulässig erklärt werden, werden vom Plenum ohne Beratung bestätigt, es sei denn ein Ausschussmitglied verlange eine Diskussion.

65 Bei klaren Fällen kann der Ausschuss die Beschwerde für unzulässig erklären, ohne den Vertragsstaat vorher zu einer Stellungnahme einzuladen. Diesfalls verfasst der Berichterstatter für neue Beschwerden einen Entscheidentwurf.

66 Art. 1 FP 1/Pakt II.

67 Art. 2 FP 1/Pakt II.

- die geltend gemachte Verletzung, nach Inkrafttreten des Fakultativprotokolls für den beschwerten Staat geschah oder deren Auswirkungen nach diesem Zeitpunkt noch in einem Mass andauern, dass sie als Paktverletzung eingestuft werden müssen[68]. Dabei ist die Unterscheidung zwischen einer *andauernden Verletzung* (z.B. im Fall einer immer noch bestehenden willkürlichen Haft) und einer *andauernden Auswirkung* einer abgeschlossenen Verletzung (z.B. eine durch Folter verursachte Traumatisierung) entscheidend, da Letztere nicht berücksichtigt werden kann, wenn die Verletzungshandlung vor Inkrafttreten des FP 1/Pakt II begangen wurde;
- die beschwerdeführende Partei mit genügender Substantiierung geltend macht, Opfer einer Verletzung einer oder mehrerer Garantien des Pakts II zu sein[69];
- der innerstaatliche Instanzenzug ausgeschöpft wurde[70];
- die Beschwerde nicht missbräuchlich oder anonym ist[71];
- die Beschwerde nicht gleichzeitig vor einem anderen Vertragsüberwachungsorgan oder einem regionalen Menschenrechtsgericht hängig ist[72]. Eine vorgängige Prüfung durch ein anderes menschenrechtliches Durchsetzungsorgan, etwa den EGMR, stellt keinen Unzulässigkeitsgrund dar[73].

---

68 Der MRA erklärt Beschwerden nicht nur für zulässig, wenn die Verletzung noch andauert, sondern auch, wenn sie sich auf an sich abgeschlossene Ereignisse beziehen, die vor dem Zeitpunkt der Ratifizierung des FP 1/Pakt II geschahen, falls nach diesem Datum ein nationales Gesetz, nationale Gerichte oder Behörden die Verletzung schützen oder erneut aufleben lassen; siehe z.B. Adam v. Czech Republic, 586/1994 (1996), Ziff. 6.2: Nicht geprüft werden kann eine diskriminierende Enteignung vor Inkrafttreten des Protokolls für den Vertragsstaat, wohl aber der diskriminierende Ausschluss von einem Restitutionsprogramm in einem Gesetz, das nach diesem Zeitpunkt erlassen wurde. Unter diesem Punkt gilt es schliesslich auch zu untersuchen, ob ein Vorbehalt des Staates zum zeitlichen Geltungsbereich die Beschwerde ausschliesst. Vgl. z.B. MRA, Singarasa v. Sri Lanka, 1033/2001 (2004), Ziff. 6.3.

69 Art. 2 FP 1/Pakt II; diese Prima-facie-Prüfung entspricht dem Unzulässigkeitsgrund der «offenkundigen Unbegründetheit einer Beschwerde» im Verfahren vor dem EGMR.

70 Art. 2 und 5 Abs. 2 lit. b FP 1/Pakt II.

71 Art. 3 FP 1/Pakt II. Gestützt auf diesen selten angewandten Unzulässigkeitsgrund können etwa wiederholte Beschwerden in der gleichen Sache zurückgewiesen werden.

72 Art. 5 Abs. 2 lit. a FP 1/Pakt II. Kein Verfahrenshindernis stellt die gleichzeitige Behandlung eines Falles im Rahmen des Beschwerdeverfahrens des Menschenrechtsrats oder in Verfahren vor einem Sonderberichterstatter dar; siehe MRA, Naidenova et al. v. Bulgaria, 2073/2011 (2012), Ziff. 13.3. Falls ein Verfahren vor einem anderen Organ hängig ist, das den Beschwerdeführer betrifft, zu welchem er aber nicht seine Zustimmung gegeben hat, erklärt der Ausschuss die Beschwerde für zulässig; siehe MRA, Akwanga v. Cameroon, 1813/2008 (2011), Ziff. 5.3, betreffend ein Verfahren vor der AfKRMV. Eine Beschwerde vor dem FoK-Ausschuss darf nicht Gegenstand eines abgeschlossenen Verfahrens vor einem anderen internationalen Organ gewesen sein, während in Verfahren vor dem RDK-Ausschuss auch ein anderes hängiges Verfahren in der gleichen Sache von Art. 14 RDK nicht als Unzulässigkeitsgrund erklärt wird.

73 Allerdings haben viele europäische Vertragsstaaten einen Vorbehalt angebracht, welcher die Zulässigkeit einer Beschwerde in solchen Konstellationen ausschliesst; siehe z.B. MRA, Loth v. Germany, 1754/2008 (2010), Ziff. 6.4. Solche Vorbehalte schliessen eine erneute Prüfung nur aus, wenn die Überprüfung durch den EGMR wenigstens Elemente einer materiellen Prüfung enthielt (z.B. Unzulässigerklärung wegen offensichtlicher Unzulässigkeit; siehe Rz. 7.52 f.), nicht aber, wenn eine Beschwerde an den EGMR aus rein prozessualen Gründen (z.B. Verpassen der

7.41 Eine Beschwerdefrist besteht nicht, ein allzu langes Zuwarten ohne entschuldbare Gründe kann allerdings als missbräuchliche Beschwerdeführung qualifiziert werden[74].

7.42 Sind diese Voraussetzungen kumulativ erfüllt, wird die Beschwerde für zulässig erklärt und in der Sache beraten, d.h., es wird entschieden, ob eine Verletzung des Pakts II vorliegt. Liegt eine Verletzung vor, bestimmt der MRA auch über die vom Verletzerstaat zu leistende Wiedergutmachung nach Art. 2 Abs. 3 Pakt II[75]. Die Entscheidung wird vom Ausschuss in nicht öffentlicher Sitzung auf der Basis eines Mehrheitsentscheides[76] gefällt und den Parteien zugestellt. Allfällige individuelle Meinungen («separate opinions») von Ausschussmitgliedern, welche mit dem Ergebnis oder der Begründung des Entscheides nicht einverstanden sind, werden dem Entscheid beigefügt. Alle Entscheide werden im Jahresbericht des Ausschusses an die UNO-Generalversammlung veröffentlicht[77].

7.43 Anders als auf regionaler Ebene[78] ist im UNO-System kein politisches Organ mit der Durchsetzung der Entscheide der Vertragsorgane betraut. Daher nimmt der MRA diese Aufgabe selber wahr. So fordert er im Falle einer festgestellten Paktverletzung den dafür verantwortlichen Staat auf, innert dreier Monaten über die Schritte zu berichten, welche er zur Umsetzung des Entscheides angeordnet hat[79]. Dessen Antwort wird zur Stellungnahme an die Privatpartei weitergeleitet. Reagiert der Staat auf diese Aufforderung nicht oder fällt seine Antwort unbefriedigend aus, wird die Angelegenheit an ein spezifisch mit dieser Aufgabe betrautes Mitglied des Ausschusses, den Berichterstatter für das sog. Follow-up-Verfahren, überwiesen. Dessen Aufgabe besteht darin, die Regierung zur Kooperation zu bewegen. Über die vom Berichterstatter ergriffenen Massnahmen wird – als zusätzliches Druckmittel[80] – im Jahresbericht des Ausschusses an die UNO-Generalversammlung informiert[81].

7.44 Was ist der rechtliche Charakter der Entscheidungen der Vertragsorgane? Klar ist, dass sie nicht wie Gerichtsurteile rechtlich verbindlich sind. Gleichzeitig kann es sich nicht um rein unverbindliche Empfehlungen handeln. Sie kommen in einem Verfahren vor

---

Beschwerdefrist oder Ereignis vor Inkrafttreten der EMRK) scheiterte; siehe z.B. MRA, Vojnović v. Croatia, 1510/2006 (2009), Ziff. 7.2.

74 Siehe z.B. MRA, Zundel v. Canada, 1341/2005 (2007), Ziff. 6.5, Novotny v. Czech Republic, 1778/2008 (2010), Ziff. 6.2, und C.L.C.D, V.F.C. und A.F.C. v. Colombia, 2399/2014 (2016), Ziff. 6.4 ff.

75 Siehe dazu vorne Rz. 6.30 ff.

76 In der Praxis kommen viele Entscheide einstimmig zustande. Dies erklärt teilweise besonders knappe oder offen formulierte Begründungen, welche den kleinsten gemeinsamen Nenner der Auffassung der Ausschussmitglieder reflektieren.

77 Die Entscheide sind unter ‹http://juris.ohchr.org/› (zuletzt besucht am 27. März 2018) abrufbar.

78 Dazu hinten Rz. 7.62 ff.

79 Der Ausschuss stützt diese Praxis auf Art. 2 Abs. 3 Pakt II.

80 MRA, General Comment 33 (2008), Ziff. 16.

81 Mitgeteilt wird, ob die Antworten der Vertragsstaaten befriedigend, teilweise befriedigend oder unbefriedigend ausfielen oder ob diese überhaupt nicht reagierten; MRA, Note by the Human Rights Committee on the procedure for follow-up to concluding observations, UN Doc. CCPR/C/108//2 (2013).

einem Organ mit unabhängigen Mitgliedern zustande, welches viele Merkmale eines Gerichtsverfahrens aufweist[82] und deshalb erhöhte Legitimität geniesst. Sie bringen nicht bloss Bedenken und Bedauern über allfällige Verletzungen vor, sondern stellen solche Verletzungen auf der Grundlage rechtlicher Argumente fest. Damit sind die Entscheidungen der Vertragsorgane im Individualbeschwerdeverfahren, wie der MRA für seine Entscheide festgehalten hat, autoritative Feststellungen eines vom Pakt für den Zweck der Vertragsauslegung in Einzelfällen eingesetzten Organs[83]. Dass die Staaten nach Treu und Glauben am Verfahren gemäss FP 1/Pakt II teilnehmen und ihre Verpflichtungen aus dem Pakt erfüllen sollen, verlangt von ihnen, diesen Entscheiden nachzukommen oder zumindest überzeugende Gründe vorzubringen, weshalb sie auf die Umsetzung verzichten[84]. Dass diesen Entscheiden deshalb trotz fehlender rechtlicher Verbindlichkeit «grosses Gewicht» zukommt, hat auch der IGH ausdrücklich anerkannt[85].

2. Die Individualbeschwerde an den Europäischen Gerichtshof für Menschenrechte

a) Allgemeines

Seit 1998 tagt in Strassburg ein ständiger Europäischer Gerichtshof für Menschenrechte[86]. Damals wurde das frühere zweistufige Individualbeschwerdeverfahren vor Kommission und Gerichtshof[87] durch ein neu obligatorisches Verfahren, das einzig vor dem Gerichtshof stattfindet, ersetzt. Mit dieser Verfahrensreform sollte primär eine Vereinfachung und zeitliche Straffung des Verfahrens erreicht werden. Das zweite Ziel wurde indes bloss teilweise erreicht: So gelang es dem neuen Überwachungssystem zwar, seine Effizienz, d.h. die Anzahl von Sachurteilen, massiv zu erhöhen. Den dramatischen Anstieg der Beschwerden vermochte der Gerichtshof aber trotzdem 7.45

82 MRA, General Comment 33 (2008), Ziff. 11.

83 A.a.O., Ziff. 13.

84 A.a.O., Ziff. 15.

85 IGH, Ahmadou Sadio Diallo (Republic of Guinea v. Democratic Republic of the Congo), ICJ Reports 2010, Ziff. 66.

86 Mit Inkrafttreten des ZP 11/EMRK am 1. November 1998.

87 Die ehemalige EKMR hatte die Aufgabe, die Zulässigkeit von Beschwerden zu prüfen. Dabei prüfte sie nicht nur die Eintretensvoraussetzungen, sondern auch die materielle Rechtslage. Über 95% aller Beschwerden wurden in diesem Verfahrensabschnitt für ungültig erklärt. Überwand eine Beschwerde diese Hürde, so stand der beschwerdeführenden Partei selbst dann der Weg an den Gerichtshof ursprünglich nicht offen. Vielmehr führte der ordentliche Weg an das aus Staatenvertretern bestehende Ministerkomitee des Europarates, welches eine Verurteilung eines Staates nur mit einer 2/3 Mehrheit vornehmen durfte. An den Gerichtshof überwiesen werden konnte eine Beschwerde nach dem Entscheid der Kommission ursprünglich einzig durch den betroffenen Staat und die Kommission, nicht aber durch das Opfer einer EMRK-Verletzung. Nur Schritt für Schritt gelang es mit der Verabschiedung der ZP 8–10/EMRK dieses selbst auf westeuropäischer Ebene bestehende Misstrauen gegen eine unabhängige internationale menschenrechtliche Gerichtsbarkeit abzubauen und die prozessuale Stellung des Individuums zu stärken.

nicht adäquat zu bewältigen[88], was einerseits zu einem bedenklichen Anstieg der Verfahrensdauer vor dem Gerichtshof und andererseits zu Forderungen nach einer Beschränkung des Zugangs zu diesem Gericht führte[89].

7.46 Im Jahr 2004 verabschiedeten die Vertragsparteien der EMRK das Zusatzprotokoll Nr. 14, das verschiedene Verfahrensvereinfachungen im Individualbeschwerdeverfahren einführt und dem Gerichtshof ermöglichen soll, die Verfahrensdauer wieder zu senken und den bis heute stetig steigenden Beschwerdeeingang sachgerecht zu bewältigen. Zudem wurden die Befugnisse der Europaratsorgane zur Durchsetzung der Urteile des Gerichtshofs ausgedehnt[90]. Dieses Änderungsprotokoll trat nach seiner Ratifizierung durch alle Vertragsstaaten der EMRK am 1. Juni 2010 in Kraft. In der Folge gelang es, die Anzahl hängiger Beschwerden erheblich zu reduzieren; trotzdem bleibt die Vielzahl noch nicht entschiedener Beschwerden ein Problem[91]. Um diese Herausforderung zu bewältigen verkürzt das im Jahr 2013 verabschiedete ZP 15/EMRK[92] die Beschwerdefrist von sechs auf vier Monate und das im gleichen Jahr geschlossene ZP 16/EMRK[93] führt in seinem Art. 1 ein sog. Vorlageverfahren ein. Danach können nationale Höchstgerichte den EGMR auffordern, Gutachten über die Auslegung jedes Rechts der EMRK und ihre Protokolle zu verlangen. Damit soll erreicht werden, dass die Anzahl der EMRK entsprechender Urteile auf nationaler Ebne steigt. ZP 15/EMRK verstärkt überdies die Kompetenzen des Ministerkomitees zur Überwachung der Urteile des EGMR[94].

7.47 In verschiedenen Staaten regelmässig vorgebrachte Vorwürfe, wonach der EGMR die EMRK allzu dynamisch auslege und sich damit in innere, nicht durch die EMRK abgedeckte Angelegenheiten der Vertragsstaaten einmische, führten schliesslich dazu, dass mit ZP 15/EMRK das *Prinzip der Subsidiarität* in die Präambel der EMRK aufgenommen wurde. Demnach ist es «in erster Linie Aufgabe der Hohen Vertragsparteien […], die Achtung der in dieser Konvention und den Protokollen» enthaltenen Rechte zu gewährleisten. Dabei verfügten sie «über einen Ermessensspielraum […], welcher der Kontrolle des […] Europäischen Gerichtshofs für Menschenrechte untersteht»[95]. Auch der EGMR anerkennt, dass den Vertragsstaaten der EMRK die Hauptverantwortung für die Gewährleistung der materiellen Garantien der EMRK zu-

88 So waren z.B. Ende 2009 119 300 Beschwerden vor dem EGMR hängig.

89 Ein Grund für diese Belastung liegt in der Tatsache, dass die Zahl besonders komplexer Fälle stark zunahm, als der Europarat nach dem Ende des Kalten Krieges mittel- und osteuropäische Staaten aufnahm, obwohl diese noch nicht über eine funktionierende Gerichtsbarkeit verfügten. Zudem können Krisen und bewaffnete Konflikte wie im Südkaukasus oder der Ukraine zahlreiche Beschwerden generieren.

90 Siehe dazu hinten Rz. 7.62 ff.

91 Ende 2017 waren noch 56 250 Beschwerden hängig. Über die Hälfte dieser Beschwerden stammt aus Rumänien, der Türkei, Russland und der Ukraine.

92 Bei Manuskriptabgabe noch nicht in Kraft.

93 Das ZP 16/EMRK trat mit der zehnten Ratifikation im April 2018 in Kraft.

94 Siehe dazu hinten Rz. 7.62 ff.

95 Art. 1 ZP 15/EMRK. Zum Ermessensspielraum der Staaten gemäss der Margin-of appreciation-Doktrin des EGMR siehe vorne Rz. 7.63.

kommt und sie daher bei der Implementierung dieser Garantien einen Ermessensspielraum verfügen, der allerdings seiner Überwachung unterliege, denn die nationalen Behörden verfügten über demokratische Legitimation uns seien grundsätzlich besser befähigt als ein internationales Gericht, die lokalen Bedürfnisse und Umstände zu beurteilen[96]. Der EGMR betont dabei besonders die Stellung der nationalen Behörden in Politikbereichen, in welchen in einer demokratischen Gesellschaft sehr unterschiedliche Haltungen mit vernünftigen Gründen eingenommen werden könnten[97].

b) Das Individualbeschwerderecht

Der Kern des europäischen Menschenrechtssystems, das Recht jeder Person, sich mit einer Beschwerde gegen eine behauptete Verletzung der EMRK-Garantien durch einen der Vertragsstaaten an ein internationales Gericht zu wenden, findet sich in Art. 34 EMRK, welcher stipuliert: 7.48

> «Der Gerichtshof kann von jeder natürlichen Person, nichtstaatlichen Organisation oder Personengruppe, die behauptet, durch einen der Hohen Vertragschliessenden Teile in einem der in dieser Konvention oder den Protokollen dazu anerkannten Rechte verletzt zu sein, mit einer Beschwerde befasst werden. Die Hohen Vertragschliessenden Teile verpflichten sich, die wirksame Ausübung dieses Rechts nicht zu behindern.»

Aktivlegitimiert sind damit nicht nur natürliche Personen, welche behaupten, Opfer einer Menschenrechtsverletzung zu sein. Vielmehr sind auch juristische Personen und andere Personenvereinigungen nichtstaatlichen Charakters[98] befugt, selber erlittene Rechtsverletzungen[99] (nicht aber diejenigen ihrer Mitglieder) geltend zu machen. 7.49

c) Zulässigkeitsvoraussetzungen

Individualbeschwerden sind bei der Kanzlei des Gerichtshofs mittels des offiziellen Beschwerdeformulars einzureichen[100]. Nach Eingang des ausgefüllten Formulars wird die Beschwerde registriert. Beschwerden, welche die formellen Anforderungen klar nicht erfüllen, können von einer Einzelrichterin oder einem Einzelrichter für unzulässig erklärt werden[101]. Erachtet sie oder er die Beschwerdeanforderungen als erfüllt, wird die Beschwerde an einen Ausschuss von drei Richtern weitergeleitet. Dieser 7.50

96 EGMR (Grand Chamber), Garib v. The Netherlands, 43494/09 (2017), Ziff. 137.

97 A.a.O.

98 Dieses Erfordernis erfüllen auch staatlich kontrollierte, kommerziell orientierte Personenvereinigungen, soweit sie keine Regierungsfunktionen ausüben und über eine gewisse Unabhängigkeit vom Staat verfügen; siehe EGMR, Islamic Republic of Iran Shipping Lines v. Turkey, Reports 2007-V, Ziff. 80 f.

99 Typischerweise Verletzungen der Versammlungs-, Eigentums-, Gewerkschafts- oder Religionsfreiheit sowie der Verfahrensrechte.

100 Die Benutzung des Beschwerdeformulars ist obligatorisch. Andernfalls wird bei Fehlen einer adäquaten Erklärung, weshalb das Formular nicht benutzt wurde (z.B. fehlender Zugriff auf dieses Formular für einen Inhaftierten), die Beschwerde nicht registriert; Regel 47 Verfahrensordnung des EGMR vom 14. November 2016.

101 Art. 27 EMRK.

kann bei Einstimmigkeit eine Beschwerde für unzulässig oder zulässig erklären und, falls eine Beschwerde Bereiche betrifft, welche keine komplexen Rechtsfragen aufwerfen und in welchen eine klare Rechtsprechung des Gerichtshofs existiert[102], über sie gleichzeitig summarisch in der Sache entscheiden. Sind diese Voraussetzungen nicht gegeben, wird die Beschwerde an eine Kammer weitergeleitet, welche über ihre Zulässigkeit befindet. Eine Beschwerde kann auch in späteren Verfahrensabschnitten für unzulässig erklärt werden. Alle Unzulässigkeitsentscheide sind endgültig.

7.51 Gemäss Art. 35 EMRK hat eine Individualbeschwerde folgende Zulässigkeitsvoraussetzungen zu erfüllen:

(1) Die Beschwerde darf nicht anonym sein. Name und Adresse sind anzugeben.

(2) Sie darf keinen Missbrauch des Beschwerderechts darstellen, z.B. durch die Verwendung einer grob verletzenden Sprache, durch Irreführung oder durch falsche Sachverhaltsdarstellungen.

(3) Es darf keine res iudicata vorliegen, d.h. eine Beschwerde darf nicht mit einer bereits früher vor dem Gerichtshof erhobenen Beschwerde hinsichtlich Parteien, Streitsachen und angerufener Rechte übereinstimmen[103].

(4) Andere internationale Untersuchungs- oder Vergleichsinstanzen – wie namentlich Vertragsorgane der UNO – dürfen nicht mit dem Fall befasst worden sein[104].

(5) Die Beschwerde darf nicht mit den Konventionsbestimmungen unvereinbar sein, d.h. die Streitsache muss in den persönlichen, sachlichen, örtlichen und zeitlichen Geltungsbereich der Konvention fallen, wobei Vorbehalte der Vertragsstaaten zu beachten sind.

(6) Der Beschwerdeführer oder die Beschwerdeführerin muss Opfer einer Verletzung eines durch die EMRK garantierten Rechts sein. Die Opfereigenschaft ist gegeben, wenn er oder sie persönlich von einer Verfügung oder einem Realakt betroffen und beschwert ist und eine Verletzung eines durch die EMRK gewährten Rechts geltend machen kann, die einem Vertragsstaat durch Handeln oder Unterlassen zurechenbar ist. Der EGMR tritt damit grundsätzlich nicht auf Beschwerden im Sinne einer actio popularis ein, die vom Gericht verlangt, ein Recht der EMRK auszulegen oder in der ohne Vorliegen eines Anwendungsfalls gerügt wird, eine Bestimmung des Landesrechts hätte für eine Gruppe von Individuen EMRK-widrige Auswirkungen[105]. Nur ausnahmsweise anerkennt der EGMR die Opfereigenschaft auch bei Fehlen einer individuell gegen das Opfer gerichteten staatlichen Anordnung oder Unterlassung. Dies ist der Fall, wenn die be-

102 Diese Verfahrenserleichterung gelangt oft in Beschwerden, in welchen eine Verletzung des Rechts auf eine Beurteilung zivilrechtlicher Ansprüche und strafrechtlicher Anklagen innert angemessener Frist (Art. 6 EMRK) gerügt wird, zur Anwendung.

103 Keine res iudicata liegt mangels Identität der Parteien vor, wenn ein Sachverhalt, der bereits im Rahmen einer Staatenbeschwerde geprüft wurde, Gegenstand eines Individualbeschwerdeverfahrens ist; EGMR (Grand Chamber), Varnava and Others v. Turkey, Reports 2009-V, Ziff. 118.

104 Dies im Unterschied zum Verfahren gemäss FP 1/Pakt II, welches nur die gleichzeitige Behandlung einer Beschwerde als Unzulässigkeitsgrund einstuft.

105 EGMR (Grand Chamber), Garib v. The Netherlands, 43494/09 (2017), Ziff. 136, und Burden v. The United Kingdom, Reports 2008-III, Ziff. 33.

schwerdeführende Person geltend machen kann, Angehörige einer Personengruppe zu sein, die besonders direkt von einem Erlass, der ihren Status bestimmt, betroffen ist[106] oder wenn sie auf Grund eines Gesetzes, selbst wenn dieses noch nicht angewendet wurde, ihr Verhalten ändern muss, will sie nicht Gefahr laufen, strafrechtlich verfolgt zu werden[107].

(7) Der innerstaatliche Instanzenzug muss vor der Beschwerdeerhebung form- und fristgerecht ausgeschöpft worden sein. Rechtsmittel auf nationaler Ebene sind nur zu ergreifen, wenn sie effektiv (wirksam) sind, d.h. die Verletzung beseitigen können und aufschiebende Wirkung haben, falls dies im konkreten Fall von Bedeutung ist[108]. Der innerstaatliche Instanzenzug gilt nur als durchlaufen, wenn der in der Beschwerde vorgebrachte Rügegrund der Verletzung eines bestimmten Konventionsrechts bereits vor den staatlichen Instanzen «in beachtlicher Weise», d.h. zumindest unter Anrufung analoger landesrechtlicher Garantien, vorgebracht wurde.

(8) Die Beschwerde muss innerhalb von sechs Monaten[109] nach Ausfällung der endgültigen innerstaatlichen Entscheidung erhoben werden. Die Frist beginnt erst mit der Zustellung des begründeten Entscheides zu laufen, nicht schon mit derjenigen des Dispositivs[110].

(9) Die Beschwerde darf nicht offensichtlich unbegründet sein[111].

(10) Schliesslich kann eine Beschwerde für unzulässig befunden werden, wenn der beschwerdeführenden Partei durch die angebliche Konventionsverletzung kein erheblicher Nachteil entstanden ist[112].

d) Der Unzulässigkeitsgrund der offensichtlichen Unbegründetheit

Die Zulässigkeitsvoraussetzungen sind grundsätzlich rein formeller und prozeduraler 7.52
Natur. Demgegenüber beinhaltet die Voraussetzung, dass eine Beschwerde nicht of-

106 Etwa wenn ein Gesetz bestimmt, dass unehelich geborene Kinder nicht gesetzliche Erben ihrer Mütter sind; EGMR, Marckx v. Belgium, A/31 (1979), Ziff. 27. Siehe auch Sejdić and Finci v. Bosnia and Herzegovina, Reports 2009-VI, Ziff. 28 f. Die Grosse Kammer bejahte in diesem Urteil die Opfereigenschaft zweier aktiver Politiker, die wegen ihrer ethnischen Herkunft resp. ihrer Zugehörigkeit zu einer Glaubensrichtung gemäss der Verfassung von Bosnien-Herzegowina nicht als Angehörige der sog. konstituierenden Völker dieses Staates zählen und folglich nicht Mitglied einer Parlamentskammer oder des kollektiven Staatspräsidiums werden können. Siehe dazu auch hinten Rz. 17.65.

107 EGMR (Grand Chamber), Burden v. The United Kingdom, Reports 2008-III, Ziff. 33 f.

108 Beispielsweise im Fall einer unmittelbar drohenden Auslieferung in einen Staat, in welchem der betroffenen Person Folter droht.

109 Mit Inkrafttreten von ZP 15/EMRK wird diese Frist auf vier Monate verkürzt.

110 EGMR, Worm v. Austria, Reports 1997-V, Ziff. 30 ff. Zur Geltung dieser Frist bei einer andauernden Verletzung siehe EGMR (Grand Chamber), Varnava and Others v. Turkey, Reports 2009-V, Ziff. 151 ff.

111 Siehe dazu gleich anschliessend lit. d.

112 Dazu hinten lit. e.

fensichtlich unbegründet sein darf[113], eine gewisse materielle Prüfung. Eine Beschwerde kann in verschiedenen Verfahrensstadien, d.h. ab dem Zeitpunkt ihrer Registrierung bis nach einer allfälligen mündlichen Verhandlung, für offensichtlich unbegründet erklärt werden. Findet der Gerichtshof hingegen nach summarischer Prüfung der materiellen Fragen, dass eine Verletzung von EMRK-Garantien nicht ausgeschlossen werden könne, erklärt er die Beschwerde für zulässig.

7.53 In der Praxis wird die überwiegende Anzahl aller Beschwerden für offensichtlich unbegründet erklärt, so etwa wegen:

(1) *fehlender Opfereigenschaft*, d.h. weil die Beschwerdeführerin oder der Beschwerdeführer nicht persönlich betroffen oder beschwert ist;
(2) *ungenügender Substantiierung* der Beschwerde, d.h. weil die beschwerdeführende Partei nicht genügend erklärt, was die Umstände des Falles sind oder inwiefern das Verhalten des Staates die EMRK verletzt;
(3) blosser *Rüge der falschen Anwendung innerstaatlichen Rechts* oder falscher Sachverhaltsfeststellung[114] oder
(4) *pauschaler Unbegründetheit* der Beschwerde gemäss der sog. «global formula», wonach der Gerichtshof erklärt, er habe alle Aspekte des Falles überprüft, aber nicht den geringsten Anschein einer Verletzung der in der Konvention garantierten Rechte und Freiheiten feststellen können[115]. Dies gilt etwa bei konfusen Beschwerden, bei Rügen, die unwesentliche Nebenpunkte betreffen oder vagen Vorbringen, die keine Begründung enthalten[116].

e) Der Unzulässigkeitsgrund der ungenügenden Benachteiligung der beschwerdeführenden Partei

7.54 Seit Inkrafttreten des ZP 14/EMRK im Jahr 2010 besitzt der EGMR gemäss Art. 35 Abs. 3 lit. b EMRK zusätzlich die Befugnis, eine Beschwerde für unzulässig zu erklären, falls die beschwerdeführende Partei durch eine mögliche Vertragsverletzung keinen «bedeutsamen» Nachteil erlitten hat, «es sei denn, die Achtung der Menschenrechte, wie sie in dieser Konvention und den Protokollen dazu anerkannt sind, erfordert eine Prüfung der Begründetheit der Beschwerde, und vorausgesetzt, es wird aus diesem Grund nicht eine Rechtssache zurückgewiesen, die noch von keinem innerstaatlichen Gericht gebührend geprüft worden ist»[117].

---

113 Art. 35 Abs. 3 lit. a.

114 Der EGMR ist *keine zusätzliche Berufungsinstanz*, sondern befasst sich als internationales Organ nur mit der Rüge einer Verletzung der Konventionsrechte. Keinesfalls darf er die richtige Anwendung des nationalen Rechts überprüfen. So kann der EGMR etwa die Einhaltung der Verfahrensgarantien von Art. 5 und 6 EMRK in einem Strafverfahren untersuchen, nicht aber zur Rechtmässigkeit des Strafurteils an sich Stellung nehmen.

115 Siehe etwa Ignatyev v. Ukraine (dec.), 1267/13 (2017).

116 Siehe etwa Rusakov v. Russia (dec.), 39630/03 (2017), Ziff. 40.

117 Nach Inkrafttreten von ZP 15/EMRK soll das Erfordernis des Fehlens einer gebührenden Prüfung durch ein nationales Gericht entfallen (Art. 15 ZP 15/EMRK).

Diese Verfahrensschranke hebt sich von den übrigen Zulässigkeitsvoraussetzungen dadurch ab, dass mit ihr erstmals vom Grundsatz abgewichen wird, dass jede Verletzung der EMRK auf nationaler Ebene durch ein internationales Organ korrigiert werden kann. Auch wenn dieser Ungültigkeitsgrund möglicherweise hilft, die Anzahl hängiger Fälle zu reduzieren, erscheint er unter rechtsstaatlichen Gesichtspunkten nicht unbedenklich, verunmöglicht er doch dem Opfer einer EMRK-Verletzung eine effektive Beschwerde auf europäischer Ebene. Nach Auffassung des EGMR ist diese Beschwerdeschranke indes vom generellen Prinzip von «de minimis non curat praetor» inspiriert und basiert auf der Idee, dass eine Rechtsverletzung, so sehr sie von einem rein rechtlichen Standpunkt betrachtet tatsächlich besteht, einen gewissen Schweregrad erreichen muss, damit ihre Behandlung vor einem internationalen Gericht gerechtfertigt erscheint[118]. Diese Schwelle kann indes nicht abstrakt bestimmt werden, sondern hängt von allen Umständen des Einzelfalls ab. Damit kann für diese Abgrenzung die Wahrnehmung des Nachteils durch die Beschwerdeführer nicht allein massgebend sein, vielmehr muss diese Sichtweise durch objektive Kriterien untermauert werden können[119]. So kann etwa die (geringe) Höhe eines geltend gemachten Schadens zur Unzulässigkeitserklärung einer Beschwerde führen[120]. Dieser Schluss ist indes nicht zwingend, wenn mit einer solchen Beschwerde Grundsatzfragen angesprochen werden[121]. 7.55

f) Vorläufige Massnahmen

Eine Konventionsbeschwerde hat keine aufschiebende Wirkung. Gemäss Art. 39 der Verfahrensordnung können die Kammern dem betroffenen Staat allerdings jene vorläufigen Massnahmen bezeichnen, die im Interesse der Parteien oder der sachgemässen Durchführung des Verfahrens wünschenswert erscheinen. Nach ständiger Praxis werden vorläufige Massnahmen nur in Fällen ergriffen, in denen eine summarische Prüfung des Sachverhaltes eine Verletzung von Konventionsrechten nicht ausschliessen lässt und das Unterlassen vorläufiger Massnahmen für den Beschwerdeführer einen nicht wiedergutzumachenden Schaden herbeiführen würde. In der Rechtsprechung werden vorläufige Massnahmen regelmässig in Fällen von Abschiebungen oder Auslieferungen von Beschwerdeführern und Beschwerdeführerinnen in Staaten ausgesprochen, in denen diesen willkürliche Tötung oder Folter oder unmenschliche Behandlung drohen, sowie ausnahmsweise, wenn eine Ausweisung oder Abschiebung das Privat- oder Familienleben unwiederbringlich zerstören würde[122]. Hingegen ordnet der EGMR keine vorsorglichen Massnahmen etwa zur Verhinderung der Zerstö- 7.56

118 EGMR, Sylka v. Poland (dec.), 19219/07 (2014), Ziff. 27. Siehe auch Korolev v. Russia (dec.), Reports 2010-V, und Giuran v. Romania, Reports 2011-III, Ziff. 18.

119 EGMR, Sylka v. Poland (dec.), 19219/07 (2014), Ziff. 27.

120 EGMR, Korolev v. Russia (dec.), Reports 2010-V: Schaden von weniger als einem Euro. Hingegen verneinte der EGMR eine Abstützung auf diesen Unzulässigkeitsgrund bei einem Schaden von 350 Euro; EGMR, Giuran v. Romania, Reports 2011-III, Ziff. 20 ff.

121 EGMR, Korolev v. Russia (dec.), Reports 2010-V.

122 EGMR, Interim measures?; ‹www.echr.coe.int/Documents/FS_Interim_measures_ENG.pdf› (zuletzt besucht am 2. April 2018).

rung von Eigentum oder zur Freilassung einer inhaftierten Person an, die vorbringt, in einem unfairen Verfahren zu einer Haftstrafe verurteilt worden zu sein. Missachtet ein Staat vorsorgliche Massnahmen, verletzt er gemäss der Praxis des Gerichtshofs[123] die EMRK und konkret Art. 34 EMRK, wonach sich die Vertragsparteien verpflichten, «die wirksame Ausübung» des Beschwerderechts nicht zu behindern.

g) Weiteres Verfahren

7.57 Nach dem Zulässigkeitsentscheid gilt folgendes Verfahren:

(1) Wird die Beschwerde nicht sofort für unzulässig erklärt oder von einem Ausschuss materiell entschieden, wird sie der Regierung zur Stellungnahme zugestellt. Die Privatpartei kann dann zu dieser Eingabe wiederum Stellung nehmen. Die Kammer kann auch nach diesem Schriftenwechsel die Beschwerde noch für unzulässig erklären, sie kann eine mündliche Verhandlung anberaumen (und die Beschwerde daraufhin für zulässig oder unzulässig erklären), oder sie kann gleich zur Zulässigerklärung schreiten.

(2) Wird die Beschwerde für zulässig erklärt, ermittelt die Kammer den Sachverhalt. Nach Art. 39 EMRK kann der Gerichtshof versuchen, eine «gütliche Regelung» anzustreben. Kommt eine solche zustande, verfasst er einen kurzen Bericht und streicht die Beschwerde aus dem Register.

(3) Wird eine gütliche Einigung nicht angestrebt oder ist sie nicht möglich, fällt die Kammer das Sachurteil (Art. 44 Abs. 2 EMRK). Die Kammer kann jedoch Beschwerden, welche schwerwiegende Auslegungsfragen aufwerfen oder welche zu einer Abweichung von einem früheren Urteil führen können, an die Grosse Kammer abgeben, solange sie noch kein Urteil gefällt hat und keine der Parteien diesem Vorgehen widerspricht[124]. Urteilt die Kammer, wird ihr Urteil grundsätzlich nach drei Monaten rechtskräftig, ausser die Parteien erheben dagegen Beschwerde (Art. 44 EMRK).

(4) Jede Partei kann innerhalb von drei Monaten die Revision eines Urteils durch die Grosse Kammer beantragen. Ein Ausschuss von fünf Richterinnen und Richtern entscheidet über die Annahme des Antrages. Wird der Antrag ausnahmsweise angenommen, so entscheidet die Grosse Kammer endgültig, wird er abgewiesen, erwächst das Urteil der Kammer in Rechtskraft (Art. 42 f. EMRK).

h) Verfahrensergebnisse

7.58 Heisst der Gerichtshof eine Beschwerde gut, beschränkt er sich regelmässig darauf, verbindlich eine Verletzung der EMRK festzustellen, und verzichtet darauf, etwa ein konventionswidriges Urteil oder ein nationales Gesetz aufzuheben oder die Freilassung eines Häftlings anzuordnen[125]. Grundsätzlich verbleibt somit die Art der Umset-

---

123 Siehe etwa EGMR (Grand Chamber), Mamatkulov and Abdurasulovic v. Turkey, Reports 2005-I, Ziff. 99 ff., und Paladi v. Moldova, 39806/05 (2009), Ziff. 84 ff.

124 Die letztgenannte Bedingung wird mit Inkrafttreten des ZP 15/EMRK gestrichen (Art. 3).

125 In Ausnahmefällen begnügt sich der EGMR aber nicht mit einem Feststellungsurteil, sondern ordnet konkrete Einzelmassnahmen an; siehe etwa Assanidze v. Georgia, Grand Chamber, Rezung des Urteils im Allgemeinen in der Souveränität des unterlegenen Staats. Über dieses Feststellungsurteil hinaus besitzt der EGMR zusätzlich die Befugnis zur verbindlichen Anordnung von Schadenersatz- und Genugtuungsleistungen. Nach Art. 41 EMRK ist eine solche «gerechte Entschädigung» einzig dann geschuldet, wenn die nationale Rechtsordnung nur eine unvollkommene Wiedergutmachung gestattet, und gemäss der Praxis des EGMR, falls die Feststellung einer EMRK-Verletzung selbst nicht bereits eine genügende Genugtuung darstellt.

Probleme bestehen, wenn ein Staat in einem bestimmten Bereich systematisch EMRK-Garantien verletzt und jeweils nur gerade die gegen ihn gerichteten Urteile des EGMR umsetzt, ohne jedoch an der Gesamtsituation etwas zu ändern, und damit die Erhebung zahlreicher Beschwerden provoziert. Um diesem Missstand zu begegnen, hat der EGMR das *Piloturteilsverfahren* entwickelt[126]. Der EGMR greift zu diesem Mittel, wenn Probleme in einem Vertragsstaat struktureller oder systembedingter Natur sind und deshalb zu ähnlichen Beschwerden führen[127]. In einem Piloturteil entscheidet der Gerichtshof daher nicht nur über das Vorliegen einer EMRK-Verletzung im konkreten Fall, sondern er identifiziert darüber hinaus die tieferliegenden Gründe der systemischen Probleme und erlässt Leitlinien, welche dem Vertragsstaat ermöglichen sollen, sie zu lösen[128]. Bis dies geschehen ist, kann der EGMR die Behandlung gleichartiger Beschwerden für eine bestimmte Zeitperiode sistieren[129]. Gelingt es dem Vertragsstaat diese Defizite gestützt auf die vom EGMR vorgegebenen Leitlinien zu beseitigen, können gleichgelagerte Beschwerden abgeschrieben und das Piloturteilsverfahren beendet werden. Gelingt dies hingegen nicht innert der festgelegten Frist, wird die Behandlung der sistierten Beschwerden vom EGMR wieder aufgenommen. 7.59

Mit dem Piloturteilsverfahren, das von verschiedenen Vertragsstaaten als Kompetenzüberschreitung des Gerichtshofs kritisiert wird, soll primär die Arbeitsüberlastung des EGMR vermindert werden. Gleichzeitig können mit diesem Verfahren, wenn der Vertragsstaat kooperationswillig ist, auch die Opfer von EMRK-Verletzungen, schneller zu ihrem Recht gelangen. 7.60

In seiner Praxis identifizierte der EGMR etwa folgende Situationen als strukturelle oder systemische Defizite und wandte daher Piloturteilsverfahren an: Die Überbelegung von Gefängnissen in Italien[130]; die den Vorgaben von Art. 3 EMRK widerspre- 7.61

---

ports 2004-II, Urteilsdispositiv: «14. Holds unanimously (a) that the respondent State must secure the applicant's release at the earliest possible date.»

126 Gestützt auf Art. 46 Abs. 1 EMRK erliess der Gerichtshof im Jahr 2004 erstmals ein sog. Piloturteil: EGMR (Grand Chamber), Broniowski v. Poland, Reports 2004-V, Ziff. 188 ff. Im Jahr 2011 regelte der EGMR das Piloturteilsverfahren in Art. 61 seiner Verfahrensordnung.

127 Art. 61 Verfahrensordnung EGMR.

128 Siehe Art. 60 Abs. 3 Verfahrensordnung EGMR.

129 Der EGMR sieht von einer Sistierung der Behandlung gleichgelagerter Fälle hingegen ab, wenn fundamentale Verletzungen der EMRK, wie etwa des Verbots der Folter und der unmenschlichen Behandlung, gerügt werden.

130 EGMR, Torreggiani and Others v. Italy, 43517/09 et al. (2013), Ziff. 80 ff.

chenden Gefängnisinfrastrukturen in Russland[131] und Ungarn[132]; die lange andauernde Nichtumsetzung von Urteilen in Zivilsachen[133] resp. die exzessiv lange Dauer von Gerichtsverfahren unter Missachtung der Vorgaben von Art. 6 oder 13 EMRK in verschiedenen Staaten[134]; strukturelle Probleme bei der Umsetzung der Vorgaben der Eigentumsgarantie[135]; oder der in der Gesetzgebung des Vereinigten Königreichs vorgesehene automatische Entzug des Wahlrechts für alle zu einer Haftstrafe verurteilten Personen[136].

i) Durchsetzung der Urteile des EGMR

7.62 Mit der Kontrolle der Umsetzung der verbindlichen Urteile des Gerichtshofes auf innerstaatlicher Ebene ist das Ministerkomitee des Europarates[137] betraut[138]. Dieses höchste politische Organ des Europarats hat die tatsächliche Erfüllung der Schadenersatzpflichten und die tatsächliche Umsetzung des materiellen Urteils (z.B. eine Gesetzesänderung oder die Revision eines Verfahrens[139]) zu überwachen. Um die Umsetzung der Urteile sicherzustellen, lädt das Ministerkomitee die Staaten ein, über ihre Umsetzungsmassnahmen Bericht zu erstatten.

7.63 Seit Inkrafttreten des ZP 14/EMRK im Jahr 2010 verfügt das Ministerkomitee über ein zusätzliches Durchsetzungsmittel: So ist es befugt, mit einer 2/3-Mehrheit (1) die Sache an den Gerichtshof zur Klärung zu überweisen, falls es der Ansicht ist, die Überwachung eines Urteils werde infolge Unklarheiten über dessen Auslegung behindert. Ist es (2) der Ansicht, ein Staat lehne die Umsetzung des Urteils ab, so kann es dem Gerichtshof die Frage vorlegen, ob der Staat dieses Urteil sachgerecht umgesetzt habe. Erstmals geschah dies 2017[140]. Verneint dies der Gerichtshof und konstatiert er damit eine Verletzung von Art. 46 Abs. 1 EMRK, wonach die Staaten die Urteile zu befolgen haben, verweist er die Sache erneut an das Ministerkomitee, welches über weitere

131 EGMR, Ananyev and Others v. Russia, 42525/07 and 60800/08 (2012), Ziff. 179 ff.

132 EGMR, Varga and Others v. Hungary, 14097/12 et al. (2015), Ziff. 94 ff.

133 Siehe etwa EGMR, Burdov v. Russia (No. 2), Reports 2009-I, Ziff. 122 ff.

134 Z.B. EGMR, Rumpf v. Germany, 46344/06 (2010), Ziff. 59 ff.

135 Siehe etwa EGMR (Grand Chamber), Hutten-Czapska v. Poland, Reports 2006-VIII, Ziff. 227 ff.

136 EGMR, Greens and M.T. v. The United Kingdom, Reports 2010-VI, Ziff. 103 ff. Siehe dazu auch hinten Rz. 17.60.

137 Dieses Organ des Europarats setzt sich aus den Aussenministern der Mitgliedstaaten dieser Organisation, sowie in deren Abwesenheit aus den ständigen Vertretern der Vertragsstaaten in Strassburg zusammen.

138 Art. 46 EMRK.

139 Siehe dazu die Regel 6 der Rules of the Committee of Ministers for the supervision of the execution of judgments and of the terms of friendly settlements vom 10. Mai 2006. Ein gutheissendes EMRK-Urteil stellt gemäss schweizerischer Rechtsordnung einen Revisionsgrund dar (Art. 122 Bundesgesetz vom 17. Juni 2005 über das Bundesgericht, BGG).

140 Committee of Ministers, Interim Resolution CM/ResDH(2017)429 (2017), Execution of the judgment of the European Court of Human Rights, Ilgar Mammadov against Azerbaijan.

Massnahmen zu befinden hat. Qualifiziert das Gericht das Verhalten des Staates nicht als Verletzung dieser Norm, so erklärt das Komitee die Sache für erledigt[141].

Wurden früher die Urteile des Gerichtshofs zwar teilweise widerwillig und mit Drohungen, die EMRK zu kündigen, aber doch nahezu ausnahmslos auf Landesebene umgesetzt, zeichnet sich in den letzten Jahren selbst in westeuropäischen Staaten eine schleichende Tendenz ab, allzu «unliebsame» Urteile nicht oder nicht vollständig umzusetzen[142]. Das Ministerkomitee steht dieser Entwicklung bis heute ziemlich machtlos gegenüber und begnügt sich im Wesentlichen mit Mahnungen an die säumigen Staaten[143]. 7.64

3. Individualbeschwerden an die übrigen regionalen Gerichtshöfe

Das Individualbeschwerdeverfahren auf *(latein)amerikanischer* Ebene verläuft in zwei Stufen[144]: Die Beschwerde wird durch die Interamerikanische Kommission für Menschenrechte auf ihre Zulässigkeit hin überprüft. Übersteht eine Beschwerde dieses Hindernis, versucht die Kommission, eine gütliche Einigung zu erreichen. Gelingt dies nicht, verfasst sie einen Bericht, welcher sowohl den Sachverhalt umschreibt als auch die Rechtsauffassung der Kommission festhält. Ab diesem Zeitpunkt beginnt eine dreimonatige Frist zu laufen, innert welcher sowohl die Kommission wie auch der passivlegitimierte Staat, nicht aber die beschwerdeführende Partei[145], den Fall an den Gerichtshof überweisen können, der – falls der Staat dessen Gerichtsbarkeit anerkennt – ein verbindliches Urteil fällt. Gelangt der Fall nicht an den Gerichtshof, wird der nicht verbindliche Bericht der Kommission veröffentlicht. 7.65

Auch das Individualbeschwerdeverfahren in *Afrika* präsentiert sich grundsätzlich zweistufig[146]. Hier gelangt eine Individualbeschwerde zunächst an die Afrikanische Kommission für Menschenrechte. Im Gegensatz zu seinen regionalen Pendants gewährt das Verfahren vor der Kommission einer beschwerdeführenden Partei keinen subjektiven Anspruch auf Behandlung einer Beschwerde. So wird in einem ersten Schritt von der Kommission mit einfachem Mehr beschlossen, ob sie sich mit der Beschwerde befassen soll. Lehnt sie das ab, ist das Verfahren beendet. Andernfalls folgt anschliessend ein Zulässigkeitsverfahren, in welchem die üblichen Beschwerdevoraus- 7.66

---

141 Art. 46 Abs. 3–5 EMRK.

142 Siehe dazu Supervision of the execution of judgments and decisions of the European Court of Human Rights, 10th Annual Report of the Committee of Ministers 2016.

143 Siehe dazu auch Regel 10 der Rules of the Committee of Ministers for the supervision of the execution of judgments and of the terms of friendly settlements vom 10. Mai 2006, Stand vom 18. Januar 2017.

144 Art. 44–51 und 61–69 AMRK.

145 Diese kann aber seit dem Jahr 2001 zumindest eine Überweisung durch die Kommission verlangen. Diese Tatsache erklärt auch (teilweise) die vergleichsweise geringe Anzahl von Beschwerden vor dem IAGMR, der bis heute ca. 350 Sachurteile in Individualbeschwerdeverfahren erlassen hat (Stand Juni 2018).

146 Art. 55 ff. AfCRMV für die Kommission sowie Art. 5 und Art. 34 Abs. 6 Protokoll zur AfCRMV über die Errichtung des Afrikanischen Gerichtshofs für Menschenrechte (ZP/AfCRMV).

setzungen geprüft werden. Wird die Beschwerde für zulässig erklärt, trifft die Kommission einen materiellen Entscheid, der publiziert wird. Eine Besonderheit dieses vertraglichen Mechanismus stellt der nächste Prüfungsabschnitt dar, in welchem abgeklärt wird, ob die gerügte Verletzung Teil eines Musters schwerer und systematischer Verstösse gegen die Vertragsgarantien ist. Ist dies der Fall, gelangt die Beschwerde an die Versammlung der Staats- und Regierungschefs, welche von der Kommission eine eingehende Untersuchung verlangen kann. Zur Veröffentlichung der Ergebnisse dieser Prüfung bedarf es eines Beschlusses dieser Versammlung.

7.67 Zum Weiterzug von Fällen an den Gerichtshof, welcher verbindliche Urteile fällen kann, sind – falls der beklagte Staat die Kompetenz des Gerichtshofs anerkannt hat[147] – die Kommission, der beklagte Staat selber und der Staat, dessen Staatsbürger Opfer einer Menschenrechtsverletzung eines anderen Staates sind, zuständig. Individuen sind nur dann berechtigt, sich an den Gerichtshof zu wenden, wenn der beklagte Staat mittels einer zusätzlichen Erklärung dem Individuum diese Kompetenz eingeräumt hat[148]. Individuen können sich unter dieser Voraussetzung nach Erschöpfung des innerstaatlichen Instanzenzugs auch direkt an den Gerichtshof wenden. Der Gerichtshof kann derartige Beschwerden nicht nur im Lichte der Afrikanischen Charta prüfen, sondern unter Abstützung auf alle Menschenrechtsverträge, welche der beklagte Staat ratifiziert hat[149].

4. Beurteilung

7.68 Die Individualbeschwerde wird nicht zu Unrecht gemeinhin als wichtigste Errungenschaft des internationalen Systems der Menschenrechte bezeichnet und insbesondere in Europa gar mit der Durchsetzung von Menschenrechten an sich gleichgestellt. Tatsächlich ist es nicht selbstverständlich, dass die Staaten es akzeptieren, in einem traditionellen Souveränitätsbereich verfahrensrechtlich auf eine Stufe mit Privatpersonen gestellt zu werden und jenen gar die Initiative zur Einleitung eines Verfahrens zu ermöglichen. In praktischer Hinsicht finden für betroffene Individuen die Menschenrechte in diesem Verfahren ihre direkteste praktische Anwendung. Die Individualbeschwerdeverfahren bieten zudem den Rahmen für die dynamische Weiterentwicklung der Menschenrechte, um sie neuen gesellschaftlichen und technischen Entwicklungen anzupassen.

7.69 Dieses Idealbild einer für jedes Opfer einer Menschenrechtsverletzung zugänglichen Beschwerdeinstanz, welche gegenüber dem Verletzerstaat verbindlich entscheiden kann und diese Entscheide auch durchzusetzen vermag, muss jedoch relativiert werden. So vermag selbst der EGMR diesem Anspruch nur noch teilweise zu genügen, indem die Verfahren mittlerweile Jahre dauern und die Implementierung seiner Urteile

147 Gegenwärtig (Stand Mai 2018) anerkennen 30 Staaten die Jurisdiktion des Gerichtshofs.

148 Art. 5 Abs. 3 ZP/AfCRMV. Dies geschieht mittels einer Erklärung gemäss Art. 34 Abs. 6 ZP/AfCRMV. Eine Aktivlegitimation kann der Gerichtshof auch NGOs einräumen. Gegenwärtig (Stand Juni 2018) räumen 8 Staaten dem Gerichtshof diese Kompetenz ein.

149 Art. 3 Abs. 1 ZP/AfCRMV.

trotz ihres bindenden Charakters eine Herausforderung bleibt. Auf interamerikanischer Ebene verdeutlicht bereits die relativ geringe Anzahl der Urteile des Gerichtshofs, dass das Bild einer ungehinderten Zugänglichkeit für Opfer von Menschenrechtsverletzungen weitgehend einer Fiktion entspricht. Dieser Befund gilt auch für Afrika, wo heute einzig acht Staaten es Individuen ermöglichen, eine Beschwerde direkt beim Afrikanischen Gerichtshof einzulegen. Aber auch auf universeller Ebene macht die vergleichsweise geringe Anzahl von Beschwerden stutzig. Diese Tatsache mag darin begründet sein, dass die UNO-Ausschüsse nicht befugt sind, verbindlich zu entscheiden, weshalb ihre Entscheidungen oft nicht umgesetzt werden und daher Individuen auf ein anderes Forum ausweichen, falls sich wie in Europa eine diesbezügliche Wahl bietet. Wahrscheinlicher ist aber, dass weltweit in den meisten Staaten Opfer von Menschenrechtsverletzungen und erst recht Angehörige benachteiligter Gruppierungen weder die Kenntnis noch die praktische Möglichkeit haben, sich an ein internationales Organ zu wenden. Dies illustriert, dass die Individualbeschwerde in einem System stabiler Rechtsstaaten das effizienteste Durchsetzungsinstrument darstellt, dass sie aber weiterhin zumindest der Ergänzung durch andere Mechanismen bedarf, die auch von anderen Akteuren lanciert werden können, um wirksam Prävention zu betreiben oder Situationen schwerer und systematischer Menschenrechtsverletzungen sachgerecht begegnen zu können.

Trotz dieser Defizite spielt das Individualbeschwerdeverfahren eine unverzichtbare 7.70
Rolle, ermöglicht es doch den Vertragsausschüssen und den regionalen Gerichtshöfen den genauen Gehalt der oft allgemein formulierten Menschenrechtsgarantien zu bestimmen und damit zur Entwicklung und Stärkung des Systems des internationalen Menschenrechtsschutzes beizutragen.

IV. Weitere Verfahren

1. Staatenbeschwerdeverfahren

Die Berechtigung der Staaten, bei einem Vertragsüberwachungsorgan Beschwerde ge- 7.71
gen einen anderen Staat einzureichen, ist mit Ausnahme der EMRK und der RDK meist fakultativ ausgestaltet. Ein Staatenbeschwerdeverfahren kennen der Pakt II, das FP/Pakt I, die RDK, die FoK, die VLK, das FP 3/KRK und ausser der Arabischen Charta der Menschenrechte die regionalen Menschenrechtskonventionen[150]. Nicht nur direkt in ihren Interessen betroffenen Staaten, sondern auch den anderen Vertragsparteien steht so die Möglichkeit offen, ein Verfahren auszulösen, das der Durchsetzung der Vertragsverpflichtungen dient. Diese Beschwerdeart widerspiegelt damit die Geltung erga omnes partes vertraglicher Menschenrechte auf prozessualer Ebene.

Während der Verfahrensablauf vor dem EGMR in etwa dem Individualbeschwerdever- 7.72
fahren entspricht, unterscheiden sich die Staatenbeschwerdeverfahren vor den UNO-

150 Art. 41 Pakt II, Art. 10 FP/Pakt I, Art. 12 f. RDK, Art. 21 FoK, Art. 32 VLK, Art. 12 FP 3/KRK, Art. 33 EMRK, Art. 45 AMRK, Art. 48 f. AfCRMV.

Ausschüssen deutlich vom Individualbeschwerdeverfahren. Im Staatenbeschwerdeverfahren gemäss Pakt II[151] ist z.B. der erste Verfahrensabschnitt rein bilateral ausgestaltet. Geht ein Vertragsstaat von einer Paktverletzung durch einen anderen Vertragsstaat aus, kann er diesen schriftlich darauf hinweisen. Der andere Staat hat innert drei Monaten auf diese Mitteilung zu antworten. Kommt es innerhalb von sechs Monaten zu keiner Einigung, hat jeder der beteiligten Staaten das Recht, die Sache dem MRA zu unterbreiten. Dieser prüft die Zulässigkeit der Beschwerde, namentlich die Erschöpfung aller innerstaatlichen Rechtsmittel. Ist diese gegeben, versucht das Vertragsorgan zwischen den Staaten zu vermitteln, um eine paktkonforme Lösung zu erzielen. Gelingt dies nicht, verfasst der Ausschuss einen Bericht, welcher den Sachverhalt sowie die schriftlichen und mündlichen Stellungnahmen der Parteien enthält. Damit ist das Verfahren abgeschlossen; der Ausschuss fällt weder einen direkten Entscheid noch veröffentlicht er seine inhaltlichen Vermittlungsvorschläge[152].

7.73 In der Praxis werden Staatenbeschwerden nur selten erhoben: Auf universeller Ebene wurden noch nie und auf regionaler Ebene einzig vereinzelt in Europa sowie je einmal in Afrika[153] und Amerika[154] derartige Beschwerden eingereicht. In Europa können verschiedene Beschwerdesituationen unterschieden werden: Staaten greifen gelegentlich zu diesem Mittel, wenn Menschenrechte ihrer sich im Ausland befindlichen Staatsangehörigen durch einen Vertragsstaat der EMRK verletzt werden. So beurteilte der EGMR etwa die Kollektivausweisung georgischer Staatsangehöriger aus Russland als EMRK-widrig[155]. Verschiedene Staatenbeschwerden rügten EMRK-Verletzungen im Umfeld eines bewaffneten Konflikts. In Zypern gegen die Türkei und Georgien sowie Ukraine gegen Russland wurden Verletzungen von Menschenrechten durch einen anderen Staat während militärischer Operationen auf dem eigenen Staatsterritorium geltend gemacht[156]. Ohne Betroffensein eigener Staatsangehöriger und damit im Namen eines europäischen ordre public haben westeuropäische Staaten gegen Griechenland und die Türkei während der jeweiligen Militärdiktaturen[157] sowie Irland gegen das Vereinigte Königreich[158] Beschwerde geführt.

---

151 Art. 41 Pakt II und Art. 72–77 der Verfahrensordnung des MRA.

152 Das Verfahren gemäss FoK verläuft identisch, während dasjenige gemäss RDK noch komplexer ausgestaltet ist und nicht einmal die Publikation eines Berichts vorsieht.

153 AfKRMV, Democratic Republic of Congo v. Burundi, Rwanda and Uganda, 227/1999 (2003).

154 IAKMR, Nicaragua v. Costa Rica, Interstate case 01/06, Report 11/07 (2007).

155 EGMR (Grand Chamber), Georgia v. Russia (I), Reports 2014-IV. Eine gütliche Einigung konnte in EGMR, Denmark v. Turkey, Reports 2000-IV, betreffend unmenschlicher Behandlung eines dänischen Staatsangehörigen erreicht werden.

156 Siehe EGMR (Grand Chamber), Cyprus v. Turkey, Reports 2001-IV (merits) und Reports 2014-II (just satisfaction). Die Beschwerde Georgia v. Russia (II), 38263/08, wurde 2011 für zulässig erklärt und ist noch hängig. Die Ukraine erhob 2014 und 2015 drei Beschwerden gegen Russland.

157 Siehe etwa EKMR, Denmark, Norway, Sweden and the Netherlands v. Greece (I), 3321/67 et al. (1969), und EKMR, Denmark, Norway, Sweden and the Netherlands v. Turkey 9940/82 et al. (1985).

158 EGMR, Ireland v. The United Kingdom, A/25 (1978). Gerügt wurden unmenschliche Verhörtechniken während der Auseinandersetzungen mit der IRA in Nordirland.

Was sind die Gründe für diese Zurückhaltung der Staaten? Ein erster Grund liegt darin, dass die Einreichung einer solchen Beschwerde vom beklagten Staat meist als drastisches Mittel und als unfreundlicher Akt angesehen wird, und damit die politischen und wirtschaftlichen Beziehungen zur beklagten Partei stark beeinträchtigen kann. Nicht zu unterschätzen ist in diesem Zusammenhang auch die Furcht, «Opfer» einer Gegenbeschwerde des beklagten Staats zu werden. Schliesslich bedingt dieses Verfahren vor allem für kleinere Staaten einen nicht zu unterschätzenden prozessualen Aufwand, gilt es doch, die Rügen mittels aufwändiger Abklärungen über einen Sachverhalt, der sich regelmässig nicht auf eigenem Territorium abgespielt hat, zu substantiieren. Demgegenüber ist es einfacher, zu Druckmitteln der bilateralen Menschenrechtspolitik zu greifen[159]. Schliesslich können die Verfahren vor dem Menschenrechtsrat[160] in einer für die Staaten einfacheren Weise zu einem ähnlichen Ergebnis wie eine Staatenbeschwerde führen: Hier werden die notwendigen Abklärungen durch einen Sonderberichterstatter oder eine Sonderberichterstatterin getroffen. Kommt es gestützt auf derartige Abklärungen zu verurteilenden Resolutionen des Menschenrechtsrats oder gar der Generalversammlung, besitzen diese Schlussfolgerungen unter Umständen unter moralisch-politischen Gesichtspunkten mehr Autorität als der Entscheid eines Vertragsorgans. 7.74

2. Präventionsverfahren

Die meisten der hier dargestellten Verfahren sind reaktiv und anlassbezogen und daher – obwohl auch derartige Mechanismen präventive Wirkungen haben können – nicht auf die Verhinderung künftiger Menschenrechtsverletzungen angelegt. Dieses Defizit konnte auf europäischer Ebene mit der Ausarbeitung der Europäischen Konvention zur Verhütung der Folter von 1987 wenigstens für ein zentrales Menschenrecht, dessen Verletzung infolge seiner traumatisierenden Auswirkungen kaum wiedergutgemacht werden kann, teilweise ausgeglichen werden. Die Konvention begründet die Kompetenz des Europäischen Ausschusses zur Verhütung der Folter, jederzeit und allenfalls unangemeldet Orte, wo Menschen in Haft gehalten werden und die Gefahr von Misshandlungen besteht, zu inspizieren. Konkret besitzt dieser Ausschuss die Befugnis, Gefängnisse, Polizeistationen, geschlossene Abteilungen psychiatrischer Kliniken und alle anderen Orte, in welchen Menschen auf staatliche Anordnung hin festgehalten werden, zu besuchen. Gestützt auf seine Beobachtungen unterbreitet der Ausschuss den Staaten detaillierte Empfehlungen für Massnahmen, welche die Gefahr künftiger Misshandlungen reduzieren können. 7.75

Im Jahr 2002 gelang es, einen inhaltlich ähnlichen Vertrag in Form eines Fakultativprotokolls zur FoK auch auf universeller Ebene zu verabschieden[161]. Die Verhinderung von Misshandlungen soll wie auf europäischer Ebene mittels eines Systems regelmässiger Besuche von allen Orten, wo Personen festgehalten werden, erreicht werden. Im 7.76

159 Siehe dazu vorne Rz. 6.38 ff.

160 Dazu hinten Rz. 8.16 ff.

161 FP/FoK vom 18. Dezember 2002, in Kraft seit dem 22. Juni 2006.

Unterschied zu seinem europäischen Pendant ist dieser Mechanismus doppelt ausgestaltet. So sind die Vertragsstaaten gehalten, auf nationaler Ebene ein oder mehrere Organe zu schaffen, welche aus unabhängigen Sachverständigen zusammengesetzt sind, und die Befugnis besitzen, solche Orte zu besuchen. Auf internationaler Ebene ist ein Unterausschuss zur Verhütung der Folter[162] tätig, der die gleichen Besuchsrechte wie das nationale Organ besitzt und zudem befugt ist, die Staaten hinsichtlich des nationalen Mechanismus zu beraten und diesen zu überwachen. Bei mangelnder Kooperation der Staaten mit dem Unterausschuss ist der Ausschuss gegen die Folter befugt, die an sich vertraulichen Berichte seines Unterorgans zu publizieren.

3. Untersuchungsverfahren

7.77 Alle UN-Übereinkommen mit Ausnahme des Pakts II, der RDK und der WAK[163] berechtigen ihre Überwachungsorgane, auf eigene Initiative die Beachtung der jeweiligen Vertragsgarantien in einem Vertragsstaat zu untersuchen, falls zuverlässige und begründete Hinweise auf schwerwiegende und systematische Verletzungen dieser Garantien schliessen lassen. Dieser Verfahrenstypus zeichnet sich folglich nicht durch eine primär präventive Stossrichtung aus.

7.78 Besitzen die Überwachungsorgane derartige Informationen, können sie von Amtes wegen das Verfahren einleiten, d.h. in einem ersten Schritt den betreffenden Vertragsstaat um eine Stellungnahme ersuchen. Werden darin die Vorwürfe nicht glaubwürdig entkräftet, beginnt die eigentliche Untersuchung durch ein oder mehrere Mitglieder des entsprechenden Ausschusses, welche aber nur mit Einwilligung des betroffenen Staates vor Ort stattfinden kann. Deren Resultate werden dem Staat in einem vertraulichen Bericht mitgeteilt. Eine Zusammenfassung der Ergebnisse kann schliesslich veröffentlicht werden. Das Untersuchungsverfahren ist bisher praktisch nur vom FoK-Ausschuss benutzt worden[164]. Dies mag einerseits an der Konkurrenz durch ähnliche ausservertragliche Verfahren des Menschenrechtsrats[165] liegen, anderseits aber auch an den Schwächen dieses Verfahrens, namentlich der Tatsache, dass Abklärungen vor Ort

162 Dieser setzt sich seit der 50. Ratifikation dieses Protokolls aus 25 Personen zusammen.

163 Art. 20 FoK, Art. 33 VLK, Art. 8 f. FP/FDK, Art. 6 f. FP/BRK, Art. 11 f. FP/Pakt I, Art. 13 FP 3/KRK. Die Zuständigkeit zur Vornahme solcher Untersuchungen ist gemäss der VLK und dem FP/BRK obligatorisch. Gemäss FoK, FP/FDK und FP 3/KRK ist es zwar obligatorisch, aber mit einer Opting-out-Klausel versehen. Nach Art. 10 FP/Pakt I müssen die Vertragsstaaten dieses Zusatzvertrages die Kompetenz zur Vornahme von Untersuchungen mittels einer entsprechenden Erklärung anerkennen.

164 Der FoK-Ausschuss hat bisher (Stand Mai 2018) die Ergebnisse des Untersuchungsverfahrens in den Fällen Türkei (1994), Ägypten (1996), Peru (2001), Sri Lanka (2002), Mexiko (2003), Serbien und Montenegro (2004), Brasilien (2008), Nepal (2012) und Libanon (2014) publiziert. Ausser bei der Untersuchung gegenüber Sri Lanka im Jahr 2002 stellte der FoK-Ausschuss stets eine Praxis systematischer Folterungen fest. Der FDK-Ausschuss veröffentlichte bisher die Ergebnisse einer Untersuchung in Mexiko im Jahr 2005 und der BRK-Ausschuss führte im Jahr 2016 eine Untersuchung im Vereinigten Königreich durch.

165 Dazu hinten Rz. 8.22 ff.

nur mit Zustimmung des betreffenden Staates möglich sind[166], dass das Verfahren vertraulich bleibt und dass es schliesslich kaum rasche Abhilfe bei schwersten Menschenrechtsverletzungen garantieren kann.

4. Kollektivbeschwerdeverfahren

7.79 Dem auf nationaler Ebene bekannten Verbands- oder Organbeschwerderecht entspricht das *Kollektivbeschwerdeverfahren*. Auf universeller Ebene erlauben die Fakultativprotokolle zum Pakt I, zur BRK und zur KRK auch Personengruppen im Namen von Einzelpersonen Beschwerden zu erheben[167]. In Afrika können NGOs mit Beobachterstatus bei der AfKRMV und – falls der Staat dies anerkennt – auch beim AfGRMV Beschwerden einreichen[168]. Auch die Europäische Sozialcharta sieht ein derartiges Beschwerdeverfahren vor[169]. Sowohl Arbeitgeberinnen und Arbeitgeber wie auch Gewerkschaften und dazu zugelassene internationale NGOs können vor dem Europäischen Ausschuss für Sozialrechte eine Verletzung der ESC geltend machen. Die Entscheide des Ausschusses haben wesentlich zur Identifizierung justiziabler Teilgehalte dieser Rechte und ihrer Durchsetzung beigetragen.

5. Gutachtenverfahren

7.80 Beim Gutachtenverfahren, welches im Bereich der Menschenrechte der Interamerikanische, der Afrikanische[170] und in sehr eingeschränkter Weise auch der Europäische Gerichtshof für Menschenrechte kennen[171], handelt es sich um einen nicht streitigen Mechanismus.

7.81 Jeder Mitgliedstaat der OAS (Organization of American States) und die Organe dieser Organisation, d.h. in der Praxis die IAKMR, können das Gericht um Auslegung der AMRK und anderer Verträge ersuchen. Die Vertragsstaaten können zudem um ein Rechtsgutachten über die Kompatibilität ihrer nationalen Rechtsordnung mit diesen

166 Im Fall von Nepal (2012) musste sich der FoK-Ausschuss auf die Auswertung von Berichten beschränken, da Nepal sich weigerte, eine Delegation dieses Organs einreisen zu lassen.

167 Art. 2 FP/Pakt I, Art. 1 FP/BRK, Art. 5 FP 3/KRK.

168 Art. 5 Abs. 3 und 34 Abs. 6 Protokoll zur AfCRMV über die Errichtung eines Afrikanischen Gerichtshofs für die Rechte der Menschen und Völker.

169 ZP zur ESC über die Schaffung des Kollektivbeschwerdeverfahrens vom 9. November 1995.

170 Laut Art. 4 des Protokolls zur AfCRMV über die Errichtung eines Afrikanischen Gerichtshofs für die Rechte der Menschen und Völker kann der AfGRMV von jedem Mitgliedstaat der AU sowie von Organen der AU und von dieser anerkannter Organisationen zur Erstellung von Gutachten zur Auslegung der AfCRMV angefragt werden. Bis heute hat der Gerichtshof noch kein Gutachten erstellt.

171 Antragsberechtigt ist gemäss Art. 47 EMRK das Ministerkomitee des Europarats. Der EGMR erachtete sich jedoch als nicht kompetent zur Beantwortung der gestellten Fragen. Der EGMR darf in diesem Verfahren nicht Stellung zu den materiellen Garantien der EMRK und ihrer ZP nehmen. Der EGMR hat bisher zwei Gutachten (2008 und 2010) erstattet. Beide betrafen die Wahl von Richtern des Gerichtshofs. Das ZP 16/EMRK sieht eine Ausdehnung der Kompetenzen des EGMR zur Erstattung von Gutachten vor; siehe dazu vorne Rz. 7.46.

internationalen Abkommen nachfragen[172]. Der Gerichtshof in San José hat bis heute 25 derartige Gutachten erstellt, die teilweise von erheblicher Tragweite für die Fortentwicklung des Menschenrechtsschutzes in Lateinamerika waren. Neben seinen inhaltlichen Qualitäten überzeugt dieser Mechanismus auch in verfahrensökonomischer Hinsicht.

172 Art. 64 AMRK.

8. Kapitel: Politische Organe

I. Die UNO-Charta und Menschenrechte

Zu den politischen Menschenrechtsorganen zählen diejenigen Organe der Vereinten Nationen, die nicht auf einem menschenrechtlichen Vertrag beruhen, sondern direkt gestützt auf die UNO-Charta errichtet wurden. In englischer Sprache werden sie daher sachgerechter als «Charter based bodies» bezeichnet. Bereits die Präambel der UNO-Charta bekräftigt den «Glauben an die Grundrechte des Menschen, an Würde und Wert der menschlichen Persönlichkeit [und] an die Gleichberechtigung von Mann und Frau». Die Förderung und Festigung der «Achtung vor den Menschenrechten und Grundfreiheiten für alle ohne Unterschied der Rasse, des Geschlechts, der Sprache oder der Religion» ist gemäss Art. 1 UNO-Charta ein Hauptziel dieser Organisation. Art. 55 UNO-Charta betont den engen Zusammenhang zwischen Frieden und gerechten sozialen und wirtschaftlichen Bedingungen, indem er anerkennt, dass ein «Zustand der Stabilität und Wohlfahrt [...] erforderlich ist, damit zwischen den Nationen friedliche und freundschaftliche, auf der Achtung vor dem Grundsatz der Gleichberechtigung und Selbstbestimmung der Völker beruhende Beziehungen herrschen». Daher zählt diese Bestimmung «die allgemeine Achtung und Verwirklichung der Menschenrechte und Grundfreiheiten für alle ohne Unterschied der Rasse, des Geschlechts, der Sprache oder der Religion» zum Tätigkeitsbereich der UNO im Bereich der internationalen wirtschaftlichen und sozialen Zusammenarbeit und verpflichtet in Art. 56 UNO-Charta die Mitgliedstaaten, «gemeinsam und jeder für sich mit der Organisation zusammenzuarbeiten, um die in Artikel 55 dargelegten Ziele zu erreichen». 8.1

Welche Organe der Vereinten Nationen sind beauftragt, sich mit Menschenrechtsangelegenheiten zu beschäftigen? Gemäss Art. 13 UNO-Charta soll die Generalversammlung unter anderem Untersuchungen veranlassen und Empfehlungen über die «Verwirklichung der Menschenrechte und Grundfreiheiten für alle» abgeben. Die Generalversammlung thematisiert daher in ihrem Dritten Ausschuss jährlich Menschenrechtsfragen gestützt auf Berichte des Hochkommissariats für Menschenrechte und verschiedener Mandatsträgerinnen und -träger von Spezialverfahren und erarbeitet zu diesem Themenfeld verschiedene Resolutionen. Sie verabschiedet auch Menschenrechtsdeklarationen und Menschenrechtsabkommen, welche vom Menschenrechtsrat (dazu Ziff. II) oder einem anderen ihr unterstellten Organ vorbereitet wurden. 8.2

Nach der UNO-Charta hat der *Wirtschafts- und Sozialrat* (ECOSOC) ein umfassendes Mandat im Bereich der Menschenrechte (Art. 62 UNO-Charta). Gestützt auf Art. 68 UNO-Charta schuf er im Jahr 1946 die Menschenrechtskommission, die bis zu ihrer Ersetzung durch den Menschenrechtsrat im Jahr 2006 eine Schlüsselrolle im Bereich 8.3

des Menschenrechtsschutzes der UNO einnahm. Seit diesem Zeitpunkt ist die Bedeutung des ECOSOC im Menschenrechtsschutz marginal geworden.

8.4 Die UNO-Charta zählt den *Sicherheitsrat* nicht zu den mit Menschenrechtsfragen betrauten Organen der UNO. Infolge des engen Zusammenhangs zwischen Frieden und Menschenrechten begann aber der Sicherheitsrat in den letzten Jahrzehnten eine zunehmend bedeutsamere Rolle im Bereich der Menschenrechte zu übernehmen (hinten Ziff. III). Mit spezifischen Aufgaben im Bereich der Menschenrechte sind ferner weitere UNO-Organe betraut. Zu diesen zählen etwa das Hochkommissariat für Menschenrechte sowie die Kommissionen für die Rechte der Frau und für Verbrechensverhütung und Strafrechtspflege (hinten Ziff. IV).

8.5 Politische oder ausservertragliche Durchsetzungsmechanismen finden sich auch auf regionaler Ebene. Sie spielen dort aber im Vergleich zu den vertraglichen Mechanismen eine untergeordnete Rolle (Ziff. V).

II. Der Menschenrechtsrat

1. Von der Menschenrechtskommission zum Menschenrechtsrat

8.6 Am 15. März 2006 entschied die UNO-Generalversammlung, den Menschenrechtsrat als Hauptorgan der UNO im Bereich der Menschenrechte zu schaffen.

8.7 Der Menschenrechtsrat ersetzt die Menschenrechtskommission, die im Jahr 1946 durch den ECOSOC eingesetzt wurde. Die bedeutsamsten Errungenschaften dieses aus 53 Staaten zusammengesetzten Organs liegen im Bereich der Kodifikation, d.h. der erfolgreichen Ausarbeitung zahlreicher menschenrechtlicher Instrumente. Diese umfassen die Allgemeine Erklärung der Menschenrechte aus dem Jahr 1948, die beiden UNO-Menschenrechtspakte von 1966 und weitere zentrale Menschenrechtsverträge, wie etwa die FoK oder die KRK. Basierend auf der ECOSOC-Resolution 1235 (1967) gelang es der Menschenrechtskommission auch, das System der sog. Spezialverfahren zu etablieren, d.h. von unabhängigen Expertinnen und Experten sowie von Arbeitsgruppen, die mit der Berichterstattung über Menschenrechtsverletzungen betraut sind. Schliesslich gelang es diesem Organ in kreativer Weise, NGOs die Möglichkeit zur Mitarbeit zu gewähren, die weit über die Beteiligung von Organisationen der Zivilgesellschaft in anderen Bereichen des UNO-Systems hinausging.

8.8 In den letzten Jahren ihrer Existenz wuchs die Kritik an der Menschenrechtskommission wegen ihrer Reformunfähigkeit, des hohen Grads an Selektivität beim Entscheid, sich mit einer Situation in einem bestimmten Staat zu befassen, und einer insgesamt abnehmenden Glaubwürdigkeit. Wie der frühere UNO-Generalsekretär Kofi Annan feststellte, strebten Staaten nicht mehr mit dem Ziel, die Menschenrechte zu stärken, nach einem Sitz in diesem Organ, sondern um sich selber gegen Kritik zu schützen oder andere Staaten zu kritisieren[1].

1 In larger freedom: towards development, security and human rights for all, Report of the Secretary-General, UN Doc. A/59/2005, Ziff. 182.

Im Frühjahr 2005 publizierte der UNO-Generalsekretär weitgehende Vorschläge zur Reform des UNO-Systems. Dabei betonte er die Bedeutung der drei Hauptpfeiler der UNO: Entwicklung, Sicherheit und Menschenrechte. Entwicklung lasse sich nicht ohne Sicherheit, Sicherheit nicht ohne Entwicklung und beides lasse sich ohne Beachtung der Menschenrechte nicht erreichen[2]. Gestützt auf diese Erwägungen forderte er – basierend auf einer ursprünglich von der Schweiz propagierten Idee[3] – den Menschenrechten innerhalb des UNO-Systems in institutioneller Hinsicht einen prominenteren und ihrer Bedeutung in der UNO-Charta besser entsprechenden Platz einzuräumen. Dies solle durch die Ersetzung der Menschenrechtskommission durch einen kleineren, ständig tagenden Menschenrechtsrat geschehen, welcher den Erwartungen der Menschen besser entspreche[4] und die institutionelle Entsprechung des dritten Pfeilers des Systems der UNO-Charta werde. 8.9

Die UNO-Generalversammlung nahm diesen Vorschlag auf und verabschiedete am 15. März 2006 nach schwierigen Verhandlungen[5] die Resolution 60/251, mit welcher der Menschenrechtsrat als eines ihrer Unterorgane geschaffen wurde. Am 19. Juni 2006 tagte das neue Organ erstmals in Genf. Ein Jahr später nahm der Menschenrechtsrat die Resolution 5/1 mit dem Titel «Institution-Building of the United Nations Human Rights Council»[6] an, welche die Arbeitsmethoden des Rats, wie auch seine Verfahren und Instrumente festschreibt[7]. 8.10

2. Zusammensetzung und Struktur

Der Menschenrechtsrat setzt sich aus 47 Mitgliedstaaten zusammen, welche direkt und einzeln durch die Mehrheit der Mitgliedstaaten der Generalversammlung in geheimer Wahl gewählt werden. Den verschiedenen Regionalgruppen stehen dabei fixe Quotenplätze zur Verfügung[8]. Anlässlich ihrer Kandidatur für einen Sitz in diesem Organ wird von den Staaten die Abgabe freiwilliger Zusicherungen im Bereich des Schutzes der Menschenrechte erwartet (sog. «pledges»). 8.11

2 A.a.O., Ziff. 17.

3 Wolfgang Amadeus Brülhart, From a Swiss Initiative to a United Nations Proposal (from 2003 until 2005), in: Lars Müller (Hrsg.), The First 365 Days of the United Nations Human Rights Council, Baden 2007, 15 ff.

4 In larger freedom: towards development, security and human rights for all, Report of the Secretary-General, UN Doc. A/59/2005, Ziff. 185.

5 Peter Maurer, About the Negotiation Process in New York (from 2005 until 2006): Of Ants, Caterpillars and Butterflies, in: Lars Müller (Anm. 3), 33 ff.

6 UN Doc. A/HRC/5/21, 4 ff.

7 Im Jahr 2011 führte die Generalversammlung eine Evaluation des MR-Rats durch (GV-Res. 65/281). Daraus resultierten kleinere Änderungen namentlich im Bereich der Arbeitsmethoden des UPR und des Prozesses zur Auswahl von Mandatsträgerinnen und -trägern der Spezialverfahren.

8 GV-Res. 60/251, Ziff. 7: Gruppe der afrikanischen Staaten: 13 Sitze; Gruppe der asiatischen Staaten: 13 Sitze; Gruppe der osteuropäischen Staaten: 6 Sitze; Gruppe der lateinamerikanischen und karibischen Staaten: 8 Sitze; Gruppe der westeuropäischen und anderen Staaten: 7 Sitze.

8.12 Geleitet wird der Menschenrechtsrat von einem Präsidenten und vier Vizepräsidenten. Diese werden vom Rat aus den fünf Regionalgruppen gewählt und bilden das Ratsbüro, dessen Befugnisse auf Organisatorisches und Verfahrensfragen beschränkt sind. Sekretariatsmässig wird der Rat vom Hochkommissariat für Menschenrechte unterstützt.

8.13 Als ständiges Organ hält der Menschenrechtsrat jährlich drei Sessionen mit einer Totaldauer von zehn Wochen ab und trifft sich auch zu Spezialsessionen, die sich mit besonders schweren Verletzungen der Menschenrechte in einem bestimmten Staat oder einer allgemeinen akuten Bedrohung der Menschenrechte befassen. Arbeitsgruppen des Rats, die sich mit spezifischen Fragen befassen (z.B. die ständige Arbeitsgruppe zur universellen periodischen Überprüfung), tagen zwischen den Sessionen. Mitgliedstaaten der UNO, welche keinen Sitz im Menschenrechtsrat haben, andere Staaten und akkreditierte NGOs können, allerdings ohne Stimmrecht, an den Sitzungen des Rats teilnehmen und sind berechtigt, das Wort zu ergreifen.

8.14 *Spezialsessionen*, die von einem Drittel der Mitglieder einberufen werden können, dauern in der Regel ein bis zwei Tage und befassen sich mit besonders schweren Verletzungen der Menschenrechte in einem bestimmten Staat meist im Kontext eines bewaffneten Konflikts. Zwischen 2006 und Ende Mai 2018 führte der Menschenrechtsrat 28 Spezialsessionen durch. Diese betrafen mehrheitlich die Situation in Staaten Afrikas[9] und des Nahen Ostens, und hier insbesondere in Israel und Syrien[10], aber auch wenige Situationen ausserhalb dieser Regionen[11] sowie thematische Fragen[12]. Auch wenn der Entscheid über die Durchführung einer Spezialsession politisch motiviert sein kann, sind solche Sessionen oft ein nützliches Instrument, um die Aufmerksamkeit auf besonders schwerwiegende, weit verbreitete und systematische Menschenverletzungen zu lenken und auf diese Weise Druck auf den verantwortlichen Staat auszuüben. Neben einer Verurteilung dieser Rechtsverletzungen und an die dafür Verantwortlichen gerichtete Aufrufe zu ihrer Beendigung kann das Resultat einer Spezialsession auch in der Errichtung eines Ländermandats im Rahmen der Spezialverfahren einer Untersuchungskommission oder eines anderen Mechanismus[13] zur Untersuchung einer spezifischen Situation führen.

9 Darfur/Sudan (2006), Demokratische Republik Kongo (2008), Elfenbeinküste (2010), Libyen (2011), Burundi (2014), Boko Haram/Nigeria (2015), Burundi (2015), Südsudan (2016).

10 Sieben Sondersessionen beschäftigten sich mit Israel und Palästina bzw. Gaza (2006, 2008, 2009, 2014 und 2018) und fünf mit Syrien (2011, 2012 und 2014). Eine Session beschäftigte sich mit Menschenrechtsverletzungen des sog. Islamischen Staats in Irak (2014).

11 So mit Myanmar (2007 und 2017), Sri Lanka (2009) und dem Erdbeben in Haiti (2010).

12 So mit den negativen Folgen der Weltnahrungskrise (2008) und der globalen Finanzkrise (2009) auf die Menschenrechte.

13 Eine Liste der Untersuchungsorgane findet sich unter ‹http://www.ohchr.org/EN/HRBodies/HRC/Pages/COIs.aspx› (zuletzt besucht am 4. April 2018).

3. Aufgaben

Gemäss Resolution 60/251 der UNO-Generalversammlung ist der Menschenrechtsrat mit folgenden eng miteinander verknüpften Aufgaben betraut: 8.15

(1) *Schutz von Opfern von Menschenrechtsverletzungen*, indem sich der Rat «mit Situationen von Verletzungen der Menschenrechte, namentlich groben und systematischen Verletzungen, befassen und diesbezügliche Empfehlungen abgeben» (Ziff. 3) und «in Menschenrechts-Notlagen rasch [...] reagieren» soll (Ziff. 5 lit. f);

(2) *Förderung des Schutzes der Menschenrechte* nicht nur im Allgemeinen, sondern auch in einzelnen Staaten, durch «Menschenrechtsbildung und -erziehung sowie die Bereitstellung von Beratenden Diensten, technischer Hilfe und Kapazitätsaufbau in Absprache mit den betreffenden Mitgliedstaaten» (Ziff. 5 lit. a);

(3) *Entwicklung von Konzepten und Politiken* durch Dialog über thematische Fragen zu allen Menschenrechten (Ziff. 5 lit. b);

(4) *Standard-Setting*, durch an die Generalversammlung gerichtete «Empfehlungen zur Weiterentwicklung des Völkerrechts auf dem Gebiet der Menschenrechte» (Ziff. 5 lit. c);

(5) *Verhütung von Menschenrechtsverletzungen* mittels Vorschlägen zur Ergreifung von Massnahmen, welche Gewähr dafür bieten sollen, dass Menschenrechtsverletzungen nicht geschehen oder sich nicht wiederholen (Ziff. 5 lit. f);

(6) *Mainstreaming der Menschenrechtsarbeit der UNO* durch die Förderung der «wirksamen Koordinierung und durchgängige Integration von Menschenrechtsfragen in allen Bereichen des Systems der UNO» (Ziff. 3) und

(7) *Weiterverfolgung und Umsetzung* seiner Empfehlungen (Ziff. 12) und der «auf den Konferenzen und Gipfeltreffen der UNO festgelegten Ziele und Entwicklungen in Bezug auf die Förderung und den Schutz der Menschenrechte» (Ziff. 5 lit. d).

4. Instrumente

Um diese Aufgaben erfüllen zu können, stehen dem Menschenrechtsrat gemäss Resolution 60/251 der Generalversammlung verschiedene Instrumente zur Verfügung. Diese umfassen namentlich (a) die Universelle Periodische Überprüfung (UPR), (b) ein System von Spezialverfahren, (c) ein Expertensystem und schliesslich (d) eine Art Beschwerdeverfahren. 8.16

a) Universelle Periodische Überprüfung («Universal Periodic Review»)[14]

Gemäss Resolution 60/251 der Generalversammlung hat der Menschenrechtsrat «in einer Weise, die die Erfassung aller Staaten und ihre gleiche Behandlung gewährleistet, eine auf objektiven und zuverlässigen Angaben beruhende universelle, regelmässige Überprüfung der Erfüllung der jedem Staat obliegenden und von ihm eingegangenen 8.17

---

14 Die folgende Beschreibung dieses Verfahrens orientiert sich eng an United Nations Human Rights Council: Institution Building; Annex to Human Rights Council Resolution 5/1, UN Doc. A/HRC/21, Ziff. 1–38, und an das President statement on modalities and practices for the Universal Periodic Review Process, UN Doc. A/HRC/8/L.1.

Verpflichtungen auf dem Gebiet der Menschenrechte durchzuführen»[15]. Der Mechanismus der Universellen Periodischen Überprüfung (UPR) ist daher ein sog. «Peer-Review»-Verfahren, d.h. ein politischer Prozess, in welchem sich die Staaten als Gleichgestellte gegenseitig überprüfen. Er soll sicherstellen, dass alle UNO-Mitgliedstaaten regelmässig dahingehend überprüft werden, ob und in welchem Ausmass sie ihre menschenrechtlichen Verpflichtungen erfüllen. Diese Überprüfung soll auch Möglichkeiten zur Erhöhung der Kapazitäten eines Staates zur Behebung seiner menschenrechtlichen Umsetzungsprobleme sowie sein Bedürfnis nach technischer Unterstützung durch das Hochkommissariat für Menschenrechte und andere UNO-Agenturen identifizieren. Schliesslich kommt dem UPR-Verfahren gelegentlich auch eine Katalysatorfunktion für öffentliche Debatten über die Umsetzung internationaler Menschenrechte in überprüften Staaten zu.

8.18 Den relevanten Massstab für diese Überprüfung bilden die Vorgaben der UNO-Charta, die Allgemeine Erklärung der Menschenrechte, vertragliche menschenrechtliche Verpflichtungen des betreffenden Staates und seine freiwilligen Versprechungen im Bereich der Menschenrechte. Die eigentliche Überprüfung wird gestützt auf drei Dokumente vorgenommen, nämlich einem vom zu überprüfenden Staat verfassten Bericht, einer durch das Hochkommissariat für Menschenrechte erstellten Zusammenstellung aller den Staat betreffenden Informationen in Abschliessenden Bemerkungen der Vertragsorgane, in Berichten von Sonderberichterstatterinnen und Sonderberichterstattern und in anderen UNO-Dokumenten, sowie einer ebenfalls vom Hochkommissariat verfassten Zusammenfassung zusätzlicher glaubwürdiger und verlässlicher Angaben anderer Regierungen, nichtstaatlicher Organisationen und nationaler Menschenrechtsinstitutionen.

8.19 Die Überprüfung[16] besteht aus einem dreistündigen interaktiven Dialog zwischen dem überprüften Staat und den anwesenden Staaten. Der Dialog beginnt mit einer Präsentation des überprüften Staates und endet mit Abschliessenden Bemerkungen. Hauptpunkt des Dialogs sind die an den überprüften Staat gerichteten Empfehlungen. Das Verfahren endet mit der Verabschiedung eines Schlussberichts durch den Menschenrechtsrat selber. Dieses Dokument enthält eine Einschätzung der Menschenrechtssituation im überprüften Staat sowie die gemachten Empfehlungen, inklusive derjenigen, die vom Staat ausdrücklich anerkannt wurden.

8.20 Die Universelle Periodische Überprüfung stellt die wichtigste Innovation im Zusammenhang mit der Errichtung des Menschenrechtsrats dar und ist von den Staaten bisher gut aufgenommen worden. So haben bis jetzt alle Staaten ausnahmslos ihre Berichte eingereicht, am Verfahren teilgenommen und zumindest einige der Empfehlungen akzeptiert. Dieses Verfahren trägt daher wesentlich dazu bei, das Problem der Selektivität hinsichtlich der angesprochenen Ländersituationen zumindest zu verrin-

15 GV-Res 60/251, Ziff. 5 lit. e; Übersetzung aus Vereinte Nationen, deutscher Übersetzungsdienst, ‹www.un.org/depts/german/› (zuletzt besucht am 4. April 2018).

16 Der erste Berichtszyklus dauerte vier Jahre (2008–2011), der zweite wurde auf viereinhalb Jahre ausgedehnt. Die dritte Runde begann im April 2017 und soll im November 2021 beendet sein.

gern. Die Selektivität besteht aber weiterhin bei der Auswahl der angesprochenen Menschenrechte: So stammten die meisten der mehr als 1500 Empfehlungen, die während des zweiten Zyklus zur Abschaffung der Todesstrafe oder zur Aufrechterhaltung eines entsprechenden Moratoriums abgegeben wurden, von west- und zentraleuropäischen sowie lateinamerikanischen Staaten, und nur vier asiatische Staaten brachten solche Vorschläge ein. Andererseits waren es vor allem afrikanische und asiatische Staaten, welche Empfehlungen zur Problematik der Armut machten[17]. Zudem werden weitaus häufiger Empfehlungen zu bürgerlichen und politischen als zu wirtschaftlichen, sozialen und kulturellen Rechten ausgesprochen[18]. Schliesslich sind die Empfehlungen oft derart allgemein, dass sie den angesprochenen Staaten keine Leitlinien vorzugeben vermögen[19]. Im Jahr 2017 befand daher eine Gruppe von 64 Staaten, dass sich zwar die Qualität der Empfehlungen während des zweiten Zyklus verbessert habe, dass aber immer noch viele unpräzise und daher kaum umsetzbar seien. Sie riefen daher die Staaten auf, künftig präzise, praxistaugliche, konstruktive, vorwärtsgewandte und umsetzbare Empfehlungen abzugeben[20].

Die Beteiligung an den Dialogen ist rege und ein beachtlicher Teil der angenommenen 8.21
Empfehlungen wird tatsächlich ganz oder zumindest teilweise umgesetzt[21]. Die Universelle Periodische Überprüfung kann die Prüfung von Staatenberichten durch die Vertragsorgane nicht ersetzen, da diese durch unabhängige Expertinnen und Experten vorgenommen wird und sehr viel tiefer gehen kann. Anderseits zeichnet sich die Universelle Periodische Überprüfung dadurch aus, dass im Gegensatz zum Staatenberichtsverfahren die Staaten im UPR-Verfahren angeben müssen, welche der Empfehlungen der Staaten sie umsetzen wollen. Dieses Merkmal ist einzigartig und stellt einen klaren Mehrwert des UPR-Verfahrens dar. Solche Zusagen der Staaten zeigen nicht nur auf, in welchen Bereichen sie bereit sind, ihre Menschenrechtslage zu verbessern, sondern sie bieten auch eine Grundlage für eine effektive Überprüfung in den folgenden Prüfzyklen. Weiter beschränkt sich diese Prüfung im Unterschied zu derjenigen vor den UNO-Ausschüssen inhaltlich nicht auf den jeweiligen Vertrag, sondern auf die menschenrechtlichen Verpflichtungen insgesamt und auf Verträge, die von den Vertragsorganen nicht überprüft werden können, wie etwa die Genfer Flüchtlingskonvention oder das gesamte humanitäre Völkerrecht.

---

17 Siehe die Datenbank zu den Empfehlungen unter ‹www.upr-info.org› (zuletzt besucht am 4. April 2018).

18 Center for Economic and Social Rights, The Universal Periodic Review: A Skewed Agenda? Trends analysis of the UPR's coverage of economic, social and cultural rights, Geneva 2016, 11.

19 Siehe z.B. die an die Schweiz gerichtete Empfehlung Tschads «continue to protect and promote human rights», Draft report of the Working Group on the Universal Periodic Review, Switzerland, UN Doc. A/HRC/WG6/14/L.9 (2012), Ziff. 122.50.

20 Joint statement on behalf of Brazil, Morocco, the Untited Kingdom, and a total of 61 countries to the 34th session of the Human Rights Council; ‹www.upr-info.org/en/news/64-states-commit-to-key-upr-principles› (zuletzt besucht am 4. April 2018).

21 UPRInfo, Universal Periodic Review, On the Road to Implementation, Genf 2012.

b) Spezialverfahren («Special Procedures»)

8.22 Spezialverfahren sind ursprünglich von der Menschenrechtskommission entwickelte und vom Menschenrechtsrat bestätigte Verfahren, die sich mit der Menschenrechtssituation in einem bestimmten Staat oder mit bestimmten Menschenrechtsthemen befassen. Mit dieser Aufgabe werden entweder einzelne Personen (Sonderberichterstatter) oder Arbeitsgruppen beauftragt. Die Mandatsträgerinnen und -träger sind stets unabhängige Expertinnen und Experten. Ihr Mandat ist entweder thematisch oder länderspezifisch ausgestaltet. *Thematische* Mandate beschäftigen sich mit der weltweiten Umsetzung einzelner Rechte (z.B. Recht auf Gesundheit, Recht auf Nahrung, Verbot der Folter, Meinungsäusserungsfreiheit, Religionsfreiheit, Verbot der willkürlichen Haft, Recht auf Zugang zu Trinkwasser, Recht auf angemessene Unterkunft, Recht auf Bildung, Verbot des Verschwindenlassens von Personen, Verbot aussergerichtlicher, summarischer oder willkürlicher Tötungen), dem weltweiten Schutz bestimmter Opfer von Menschenrechtsverletzungen oder verletzlicher Gruppen (z.B. Minderheiten, indigene Völker, Menschenrechtsverteidiger, intern Vertriebene, Menschen afrikanischer Herkunft) oder einem spezifischen Problem (z.B. Gewalt gegen Frauen, Menschenrechte und extreme Armut, gegenwärtige Formen der Sklaverei, Kinderhandel, -prostitution und -pornografie, gegenwärtige Formen von Rassismus, Menschenrechte und Terrorismusbekämpfung). Demgegenüber befassen sich *länderspezifische* Mandate mit allen relevanten menschenrechtlichen Problemen in einem bestimmten Staat. Gegenwärtig[22] bestehen 44 thematische und elf länderspezifische Mandate[23].

8.23 Die Mandatsträgerinnen und -träger werden von einer Konsultativgruppe des Menschenrechtsrats ausgewählt und vom Menschenrechtsrat selber bestätigt. Sie haben über die notwendigen Fachkenntnisse und Unabhängigkeit zu verfügen. Insbesondere sind Personen mit Entscheidbefugnissen in Regierungen oder Angehörige von Organisationen mit einem potenziellen Interessenkonflikt zu einem Mandat für diese Aufgabe nicht wählbar. Die mit dieser Aufgabe betrauten Personen sind weder Angestellte der UNO noch Staatenvertreter, sondern arbeiten in individueller Kapazität ohne Entschädigung als unabhängige Expertinnen oder Experten. Sie sind aber an einen Verhaltenskodex gebunden[24]. Ihre Amtsdauer ist auf sechs Jahre beschränkt. Alle Mandatsträgerinnen und Mandatsträger berichten jährlich dem Menschenrechtsrat über ihre Arbeit; zudem können sie angefragt werden, jährlich oder jedes zweite Jahr der UNO-Generalversammlung ihre Untersuchungsergebnisse zu unterbreiten.

8.24 Die Mandate der Spezialverfahren werden durch Resolutionen des Menschenrechtsrats festgelegt. Sie beauftragen die Mandatsträgerinnen und -träger innerhalb des durch ihr Mandat abgedeckten Bereichs regelmässig zur Beobachtung, Überprüfung, Beratung und Berichterstattung. Zu diesem Zweck führen Sonderberichterstatterin-

22 Stand Juni 2018.

23 Eine Liste aller Mandate und der Mandatsträgerinnen und -träger findet sich unter ‹www.ohchr.org/en/hrbodies/sp/pages/welcomepage.aspx› (zuletzt besucht am 26. Juni 2018).

24 MR-Rat, Res. 5/8 und Anhang, abgedruckt in UN Doc. A/HRC/21, 37–45.

nen und -berichterstatter Ländermissionen durch, verfassen Studien, beraten über die technische Unterstützung für einen bestimmten Staat und engagieren sich in Promotions- und Follow-up-Aktivitäten.

Wie überprüfen die Mandatsträgerinnen und -träger Menschenrechtsverletzungen? 8.25
Ihre Hauptaufgabe besteht zuallererst im Fact Finding, d.h. sie sammeln Informationen, analysieren diese und beschreiben gestützt darauf relevante Vorkommnisse und Verhaltensmuster, die es dem Menschenrechtsrat ermöglichen, seine Schlussfolgerungen zu ziehen. Spezialberichterstatterinnen und -berichterstatter besitzen keine richterlichen Befugnisse; trotzdem können sie ihre Aufgabe nur sachgerecht erfüllen, wenn sie ihre Ergebnisse vor dem Hintergrund der einschlägigen rechtlichen Verpflichtungen präsentieren. Die konkreten Mandate lassen neben diesen Grundaufgaben aber regelmässig Raum für unterschiedliche Schwerpunktsetzungen und ermöglichen damit Ansätze, die der spezifischen Situation Rechnung tragen. Nach PHILIP ALSTON lassen sich drei hauptsächliche Herangehensweisen identifizieren[25]: Eine erste konzentriert sich auf das Fact Finding und die Dokumentation. Damit soll ein verlässlicher Verlauf der Ereignisse festgehalten und damit den politischen Organen die Grundlagen zur Verfügung gestellt werden, die es ermöglichen, die sachgerechteste Strategie für die konkrete Situation zu bestimmen. Andere Spezialberichterstatter legen den Schwerpunkt auf die anklägerische Funktion des Mandats und die Öffentlichkeitsarbeit, um so die Weltmeinung zu mobilisieren. Ein letzter Ansatz zielt schliesslich auf die Verbesserung oder allenfalls gar die Lösung bestimmter Probleme durch die Unterstützung von Interessengruppen im betreffenden Staat.

Viele Mandate enthalten auch die Befugnis zur Entgegennahme von Informationen 8.26
über spezifische Vorwürfe von Menschenrechtsverletzungen und berechtigen dazu, diese in Form von Dringlichkeitsappellen oder Briefen («letters of allegation») an die betreffende Regierung zur Klarstellung weiterzuleiten. Damit können diese Spezialverfahren zu Gunsten spezifischer Opfer von Menschenrechtsverletzungen intervenieren. Die Arbeitsgruppe über willkürliche Haft hat gar einen spezifischen Beschwerdemechanismus entwickelt, der die Prüfung von Einzelfällen ermöglicht.

Beispiel: Der Beschwerdemechanismus der Arbeitsgruppe über willkürliche Haft

Diese Arbeitsgruppe, die sich aus fünf Sachverständigen zusammensetzt, wurde im Jahr 8.27
1991 von der damaligen Menschenrechtskommission damit betraut, Fälle angeblich willkürlicher Haft weltweit zu untersuchen. 1997 wurde ihr Mandat auf die Administrativhaft von Asylsuchenden und Immigrantinnen ausgedehnt. Da in keinem der UNO-Menschenrechtsverträge der Begriff der willkürlichen Haft definiert wird, hatte die Arbeitsgruppe in einem ersten Schritt Kriterien dafür zu entwickeln, wann eine Haft als willkürlich gilt. Dies wird in drei Fällen bejaht, nämlich (1) wenn sich eine Haft auf keine gesetzliche Grundlage stützen kann, (2) wenn sie als Folge der Ausübung von durch die Allgemeine Men-

25 PHILIP ALSTON, ‹The Commission of Human Rights›, in Philip Alston, The United Nations and Human Rights – A Critical Appraisal, Oxford, 1992, 167 ff.

schenrechtserklärung und den Pakt II anerkannten Rechte oder in diskriminierender Weise angeordnet wird, oder (3) wenn sie unter massiver Verletzung der menschenrechtlich garantierten Verfahrensrechte erfolgt. Aufbauend auf diesen Kriterien hat die Arbeitsgruppe ein eigentliches kontradiktorisches *Beschwerdesystem* errichtet[26], das über eine blosse Weiterleitung von Beschwerden an die jeweiligen Staaten hinausgeht. Opfer willkürlicher Haft, ihre Vertreterinnen oder Angehörige können bei der Arbeitsgruppe Beschwerden einreichen. Diese werden den betroffenen Regierungen mit der Bitte zur Stellungnahme innert 90 Tagen übermittelt. Daran anschliessend besitzt die beschwerdeführende Partei ein Replikrecht. Schliesslich entscheidet die Arbeitsgruppe in einer nichtöffentlichen Sitzung über die Beschwerden: Wurde die Person (was häufig geschieht) zwischenzeitlich entlassen, wird der Fall abgeschrieben, andernfalls wird ein urteilsähnlicher Entscheid («opinion») in der Sache getroffen, der dem Staat und der Privatpartei mitgeteilt und zudem im Jahresbericht publiziert wird. Gestützt auf diese «Rechtsprechung» hat das Expertenorgan begonnen, sich in ähnlicher Weise wie die Vertragsorgane in ihren Allgemeinen Bemerkungen zu generellen Fragen – wie etwa zur Zulässigkeit von Hausarrest oder Arbeitslagern, zur Problematik geheimer Hafteinrichtungen oder zur Administrativhaft im Migrationsbereich – zu äussern. Schliesslich arbeitet auch die Arbeitsgruppe mit dem Mittel der *Dringlichkeitsaktionen*, d.h. mit Interventionen bei Regierungen, falls ihr Fälle willkürlicher Verhaftungen, welche die Gesundheit oder das Leben des Opfers ernsthaft gefährden, glaubwürdig zur Kenntnis gebracht werden. Ferner führt die Arbeitsgruppe auf Einladung auch *Ländermissionen* durch, die sich dadurch auszeichnen, dass neben Gesprächen mit Regierungsvertretern wenn möglich Gefängnisse besucht werden. Damit wurde ein rudimentärer Besuchsmechanismus begründet, bei welchem nicht die Behandlung Gefangener, sondern die Rechtmässigkeit der Haft im Zentrum steht. Über diese Besuche verfasst die Arbeitsgruppe einen öffentlichen Bericht, welcher mit Schlussfolgerungen und Empfehlungen an die Regierung des besuchten Staates endet.

8.28 Die Spezialverfahren gelten allgemein als besonders wichtige und effektive Instrumente des Menschenrechtsrats. Die grundsätzlich positive Einschätzung dieses Mechanismus beruht auf folgenden Gründen: Die Unabhängigkeit und oft hohe Qualität der Arbeiten der Mandatsträgerinnen und Mandatsträger; ihre Befugnis zur Informationsbeschaffung vor Ort während Ländermissionen; ihre Möglichkeit, sich direkt mit Opfern von Menschenrechtsverletzungen auszutauschen; die Fähigkeit, die Feststellung von Verletzungen oder ernsthaften Bedrohungen der Menschenrechte mit Empfehlungen zu kombinieren, die auf profunden Kenntnissen der spezifischen Situation gründen und damit massgeschneidert sind; die Tatsache, dass die Berichte zu den Länderbesuchen während eines interaktiven Dialogs im Menschenrechtsrat diskutiert werden, und die Möglichkeit, das Follow-up in den betroffenen Staaten mit technischer Unterstützung zu kombinieren. Negativ zu bewerten ist die Tatsache, dass Länderbesuche nur auf Einladung des betreffenden Staates möglich sind. Dies und die Proliferation der Mandate in den letzten Jahren, welche nicht mit einer ent-

26 Siehe dazu MR-Rat, Methods of work of the Working Group on Arbitrary Detention, UN Doc. A/HRC/36/38 (2017).

sprechenden Erhöhung der finanziellen Mittel einherging, beschränken gegenwärtig die Effektivität dieser Spezialverfahren.

c) Der beratende Ausschuss des Menschenrechtsrats[27]

Der beratende Ausschuss des Menschenrechtsrats («Human Rights Council Advisory Committee») ersetzt die ehemalige Unterkommission für die Förderung und den Schutz der Menschenrechte als Expertenorgan. Es setzt sich aus 18 unabhängigen Sachverständigen zusammen. Die Mitglieder werden vom Menschenrechtsrat gewählt und arbeiten unter Aufsicht dieses Organs, sind aber keine Staatenvertreter. 8.29

Die Aufgabe dieses Unterorgans des Menschenrechtsrats besteht darin, den Menschenrechtsrat mit notwendigem Expertenwissen zu versorgen und ihm auf sein Verlangen hin die notwendigen wissenschaftlichen Grundlagen zur Verfügung zu stellen. In diesem Sinn hat sich der Ausschuss beispielsweise mit verschiedenen Aspekten des Rechts auf Nahrung[28] oder dem Schutz von Menschen im Nachgang von Katastrophen[29] befasst. Hingegen besitzt dieses Organ weder die Befugnis, aus eigener Initiative tätig zu werden, noch die Kompetenz, Resolutionen oder Empfehlungen zu verabschieden. Der beratende Ausschuss ist aber berechtigt, dem Menschenrechtsrat Vorschläge über mögliche Studienthemen zu unterbreiten. 8.30

d) Beschwerdeverfahren[30]

Das vom Menschenrechtsrat geschaffene und als Beschwerdeverfahren («complaint procedure») bezeichnete Verfahren ist – terminologisch missverständlich – kein Instrument zur Durchsetzung der Menschenrechte in Einzelfällen. Es bezweckt vielmehr die Identifizierung von Situationen schwerer und zuverlässig bestätigter Verletzung aller Menschenrechte, unabhängig vom Ort des Geschehens und den Umständen, unter welchen diese Verletzungen geschehen[31]. 8.31

Beschwerden der Opfer von Menschenrechtsverletzungen, ihrer Familienangehörigen oder von NGOs werden von einer aus fünf Mitgliedern des beratenden Ausschusses des Menschenrechtsrats bestehenden Arbeitsgruppe geprüft. Diese entscheidet über 8.32

---

27 United Nations Human Rights Council, Institution Building, Annex to Human Rights Council Resolution 5/1, Part. I, UN Doc. A/HRC/21, Ziff. 65 ff.

28 Study of the Human Rights Council Advisory Committee on discrimination in the context of the right to food, UN Doc. A/HRC/16/40; Final study of the Human Rights Council Advisory Committee on the advancement of the rights of peasants and other people working in rural areas, UN Doc. A/HRC/19/75; Study of the Human Rights Council Advisory Committee on severe malnutrition and childhood diseases with children affected by noma as an example, UN Doc. A/HRC/19/73.

29 Final research-based report of the Human Rights Council Advisory Committee on best practices and main challenges in the promotion and protection of human rights in post-disaster and post-conflict situations, UN Doc. A/HRC/28/76.

30 United Nations Human Rights Council, Institution Building, Annex to Human Rights Council Resolution 5/1, Part. I, UN Doc. A/HRC/21, Ziff. 85 ff.

31 A.a.O., Ziff. 85.

die Zulässigkeit der Beschwerde und übermittelt diese zur Stellungnahme an den betreffenden Staat. Ergeben sich aus Beschwerden Hinweise auf ein regelmässiges Muster schwerer und zuverlässig dokumentierter Menschenrechtsverletzungen, werden diese an die Arbeitsgruppe für Situationen weitergeleitet, welche aus je einem Vertreter oder einer Vertreterin aller regionaler Gruppen des Menschenrechtsrats besteht. Diese Arbeitsgruppe erarbeitet einen Bericht über derartige Situationen und empfiehlt dem Menschenrechtsrat die zu ergreifenden Massnahmen. Der Menschenrechtsrat seinerseits beschäftigt sich mindestens einmal jährlich mit derartigen Situationen regelmässiger systematischer Menschenrechtsverletzungen. Die möglichen Massnahmen des Menschenrechtsrats beschränken sich darauf, die Menschenrechtssituation in einem Staat weiterhin zu beobachten oder dem Hochkommissariat für Menschenrechte zu empfehlen, dem betreffenden Staat Unterstützung beim Aufbau menschenrechtskonformer Strukturen zur Verfügung zu stellen. Das ganze Verfahren bleibt bis zu einem allfälligen gegenteiligen Beschluss des Menschenrechtsrats vertraulich.

8.33 Angesichts der Vertraulichkeit des Verfahrens und der limitierten Reaktionsmöglichkeiten erscheint dieses Beschwerdeverfahren insgesamt als wenig effektiv. Allerdings kann die Arbeitsgruppe für Situationen die Menschenrechtslage in einem bestimmten Staat dem Rat zur öffentlichen Diskussion überweisen und dieser kann seinerseits beschliessen, die eingegangenen Beschwerden öffentlich zugänglich zu machen[32].

5. Bewertung

8.34 Die UNO-Generalversammlung beabsichtigte, dass die Arbeit des Menschenrechtsrats von den «Grundsätzen der Universalität, der Unparteilichkeit, der Objektivität und der Nichtselektivität, eines konstruktiven internationalen Dialogs und der konstruktiven internationalen Zusammenarbeit geleitet» sein soll[33].

8.35 Im Vergleich mit der ehemaligen Menschenrechtskommission wurden klare Fortschritte erzielt. Auch wenn im Rat oft hitzig debattiert wird, gelingt es doch oft, auch in umstrittenen Sachfragen Fortschritte zu erzielen oder gar konstruktive Lösungen zu finden. Dies gilt etwa für den Schutz von LGBTI-Personen[34] oder für die Thematik der religiösen Diffamierung[35]. Wie die breitere geografische Streuung der Sondersessionen, der Ländermandate und der Untersuchungskommissionen und ähnlicher Mechanismen belegt, gelang es dem Rat auch weniger selektiv und robuster gegen menschenrechtsverletzende Staaten vorzugehen. Auch die Universelle Periodische Überprüfung hat wesentlich dazu beigetragen, das Problem der Selektivität abzuschwächen. Kritisierte Staaten berufen sich indes regelmässig auf das Prinzip der Nichtselektivität, um sich gegen Kritik an ihrer Menschenrechtssituation zu verwehren. Richtig verstanden bedeutet jedoch Nichtselektivität keinesfalls Verzicht auf Kritik an schwerwiegenden

32 Dies geschah bis Ende 2017 nur einmal: 2012 im Fall von Eritrea; siehe UN Doc. A/HRC/RES/21/1.

33 GV-Res. 60/251, Ziff. 4.

34 Siehe dazu hinten Rz. 11.99.

35 Siehe dazu hinten Rz. 17.21.

Menschenrechtsverletzungen in einem bestimmten Staat. Vielmehr nimmt der Menschenrechtsrat dieses Prinzip ernst, wenn er eine Bereitschaft an den Tag legt, sich mit allen Situationen schwerwiegender Menschenrechtsverletzungen zu befassen und, unabhängig von der geographischen Lage, der Grösse, der wirtschaftlichen Bedeutung und den politischen Allianzen des betreffenden Staates, die zur Verbesserung der Situation notwendigen Massnahmen ergreift.

Trotzdem hat der Menschenrechtsrat das von der Generalversammlung proklamierte Ziel nur teilweise erreicht: So sind Diskussion und Entscheidungen dieses Organs oft verpolitisiert. Dies erscheint vor dem Hintergrund des zwischenstaatlichen und damit politischen Charakters des Menschenrechtsrats wenig überraschend und ist bis zu einem gewissen Grad unvermeidbar. Aufgrund der Dynamik innerhalb der Generalversammlung gelingt es zudem oft nicht, die Mitgliedschaft von Staaten im Menschenrechtsrat zu verhindern, welche wegen ihrer Menschenrechtssituation kaum «den höchsten Ansprüchen auf dem Gebiet der Förderung und des Schutzes der Menschenrechte gerecht werden», wie dies von der den Menschenrechtsrat begründenden Resolution verlangt wird[36]. Allerdings erscheint es für die politische Legitimität in einer tief gespaltenen Welt notwendig, dass auch Staaten mit einer problematischen Haltung in Menschenrechtsfragen sich an den oft mühsamen und langen Debatten beteiligen, die zu Konsens über die Geltung und die Grenzen der Menschenrechte führen können. Ein politisches Organ, dessen Mitgliedschaft sich auf Staaten mit einer exzellenten Menschenrechtsbilanz beschränkt, würde wohl in effektiver Weise korrekte Entscheide treffen; diesen würde es aber an Legitimität und Glaubwürdigkeit fehlen, sollen sie auch von Staaten mit einer anderen Bilanz umgesetzt werden. 8.36

III. Die Rolle des Sicherheitsrats

1. Menschenrechte und internationale Sicherheit

Die Hauptverantwortung für die Wahrung des Weltfriedens und der internationalen Sicherheit besitzt gemäss der UNO-Charta der ständig tagende Sicherheitsrat[37], welcher nach Art. 25 UNO-Charta als einziges Organ der UNO befugt ist, für alle Mitgliedstaaten verbindliche Anordnungen zu treffen. Solche Massnahmen gemäss Kapitel VII der UNO-Charta können ergriffen werden, wenn internationale Konflikte den Frieden bedrohen, dieser bereits gebrochen wurde oder bei eigentlichen Aggressionshandlungen (Art. 39 UNO-Charta). Die Schöpfer der Charta dachten dabei an klassische Fälle der Friedensgefährdung durch militärische Operationen. Seit dem Ende des Kalten Krieges ist der Sicherheitsrat grundsätzlich bereit, auch massive Menschenrechtsverletzungen als Friedensgefährdung zu qualifizieren. Er anerkennt damit 8.37

36 GV-Res. 60/251, Ziff. 9.

37 Der Sicherheitsrat besteht aus 15 Mitgliedstaaten. Fünf Staaten, die ständigen Mitglieder, sind permanent in diesem Organ vertreten und können verbindliche Entscheidungen mit ihrem Veto blockieren. Die übrigen 10 Staaten werden mit 2/3-Mehrheit durch die Generalversammlung für 2 Jahre gewählt.

die Interdependenz zwischen der Sicherung des Friedens und dem Menschenrechtsschutz, welche sich etwa darin äussert, dass Repressionen in einem Staat häufig Aussenwirkungen zeitigen, indem Flüchtlingsströme verursacht werden oder im Innern repressive Regime beginnen, ihre Aggressivität auch nach aussen zu richten. Seit den 1990er Jahren ist der Sicherheitsrat oft bereit, aktiv zu werden, falls Menschenrechtsverletzungen eine Gefährdung oder gar den Bruch des Weltfriedens bewirkt haben; auf dem Zusammenbruch staatlicher Strukturen beruhen; die Autorität der UNO untergraben; ein besonders grosses Ausmass annehmen oder ein Verbrechen gegen die Menschlichkeit darstellen oder so schlimm sind, dass sie ein Entsetzen der internationalen Gemeinschaft auslösen[38].

8.38 Anders als in den 1990er-Jahren, als der Sicherheitsrat selbst in Resolutionen zu den bewaffneten Konflikten im ehemaligen Jugoslawien davon absah, den Begriff «Menschenrechte» zu gebrauchen, verwendet er diesen Ausdruck heute selbstverständlich. Ebenso zieht er regelmässig den Hochkommissar für Menschenrechte[39] und die Repräsentantin des UNO-Generalsekretärs zu den Menschenrechten von Kindern während bewaffneter Konflikte für Diskussionen bei.

8.39 Der Sicherheitsrat integriert heute Menschenrechte in die meisten seiner Instrumente: So können Menschenrechte in den Mandaten von Friedensoperationen (hinten Ziff. 2), bei der Anordnung von Wirtschaftssanktionen (hinten Ziff. 3) oder bei der Ermächtigung zum Militäreinsatz (hinten Ziff. 4) eine wichtige Rolle spielen.

8.40 Liegen eine Gefährdung oder ein Bruch des Friedens im umschriebenen Sinn vor, kann der Sicherheitsrat neben Massnahmen der friedlichen Streitbeilegung (wie z.B. Empfehlung, Verhandlungen aufzunehmen) auch Zwangsmassnahmen oder friedenserhaltende Massnahmen ergreifen. Dabei ist er allerdings grundsätzlich frei, ob er überhaupt handeln will und gegebenenfalls mit welchen Mitteln. Das erweist sich als problematisch, wenn die UNO – wie z.B. 1994 in Ruanda oder während des gegenwärtigen Konflikts in Syrien – angesichts von Genozid, Verbrechen gegen die Menschlichkeit oder anderer schwerster Menschenrechtsverletzungen untätig bleibt. Dies führt zur Frage, ob die Staatengemeinschaft in solchen Fällen eine Pflicht zum Schutz der Opfer hat.

---

38 Bertrand G. Ramcharan, The Security Council and the Protection of Human Rights, Den Haag 2002, 211.

39 So wurde der Hochkommissar für Menschenrechte (oder seine Vertreter) zwischen 1999 und 2009 nur dreizehnmal eingeladen, vor dem Sicherheitsrat zu sprechen. Die Zahl erhöhte sich allein für die Periode zwischen 2010 und 2015 auf 52. Siehe Human Rights and the Security Council, Research Report 1026, No. 1 (Security Council Report, New York 2016), 8.

Vertiefung: Eine entstehende kollektive «responsibility to protect»?

Im Jahr 2005 nahm der damalige UNO-Generalsekretär Kofi Annan in seinem Bericht zur Reform der UNO in folgender Weise zur Rolle der Staaten und der internationalen Gemeinschaft zur Durchsetzung der Menschenrechte und des humanitären Völkerrechts Stellung: 8.41

«135. [...] I believe that we must embrace the responsibility to protect, and, when necessary, we must act on it. This responsibility lies, first and foremost, with each individual State, whose primary raison d'être and duty is to protect its population. But if national authorities are unable or unwilling to protect their citizens, then the responsibility shifts to the international community to use diplomatic, humanitarian and other methods to help protect the human rights and well-being of civilian populations. When such methods appear insufficient, the Security Council may out of necessity decide to take action under the Charter of the United Nations, including enforcement action, if so required»[40].

Der Weltgipfel von 2005 – ein Treffen der Staats- und Regierungschefs im Rahmen der Generalversammlung – nahm dieses Anliegen in der einstimmig angenommenen Schlussresolution (GV-Res. 60/1) in folgender Weise auf: 8.42

«138. Jeder einzelne Staat hat die Verantwortung für den Schutz seiner Bevölkerung vor Völkermord, Kriegsverbrechen, ethnischer Säuberung und Verbrechen gegen die Menschlichkeit. Zu dieser Verantwortung gehört es, solche Verbrechen, einschliesslich der Anstiftung dazu, mittels angemessener und notwendiger Maßnahmen zu verhüten. Wir akzeptieren diese Verantwortung und werden im Einklang damit handeln. Die internationale Gemeinschaft sollte gegebenenfalls die Staaten ermutigen und ihnen dabei behilflich sein, diese Verantwortung wahrzunehmen, und die Vereinten Nationen bei der Schaffung einer Frühwarnkapazität unterstützen.

139. Die internationale Gemeinschaft hat durch die Vereinten Nationen auch die Pflicht, geeignete diplomatische, humanitäre und andere friedliche Mittel nach den Kapiteln VI und VIII der Charta einzusetzen, um beim Schutz der Bevölkerung vor Völkermord, Kriegsverbrechen, ethnischer Säuberung und Verbrechen gegen die Menschlichkeit behilflich zu sein. In diesem Zusammenhang sind wir bereit, im Einzelfall und in Zusammenarbeit mit den zuständigen Regionalorganisationen rechtzeitig und entschieden kollektive Massnahmen über den Sicherheitsrat im Einklang mit der Charta, namentlich Kapitel VII, zu ergreifen, falls friedliche Mittel sich als unzureichend erweisen und die nationalen Behörden offenkundig dabei versagen, ihre Bevölkerung vor Völkermord, Kriegsverbrechen, ethnischer Säuberung und Verbrechen gegen die Menschlichkeit zu schützen. [...][41]».

Gestützt auf diese Festlegung wurde im Jahr 2007 das Mandat eines Spezialberaters des UNO-Generalsekretärs zur «responsibility to protect» geschaffen. Dessen Aufgaben werden heute vom Büro des Spezialberaters des Generalsekretärs zur Verhinderung von Genozid wahrgenommen. 8.43

40 In larger freedom: towards development, security and human rights for all, Report of the Secretary General, UN Doc. A/59/2005.

41 Übersetzung aus Vereinte Nationen, deutscher Übersetzungsdienst, ‹www.un.org/depts/german/› (zuletzt besucht am 4. April 2018).

8.44 Der Sicherheitsrat hat sich mittlerweile verschiedentlich auf dieses Konzept der «responsibility to protect» in konkreten Situationen abgestützt. So besonders deutlich im Jahr 2011, als er die Militärintervention in Libyen autorisierte: Die Resolution bekräftigt, dass die libyschen Behörden dafür verantwortlich sind, die libysche Bevölkerung zu schützen, verurteilt die groben und systematischen Verletzungen der Menschenrechte, insbesondere willkürliche Inhaftierungen, das Verschwindenlassen von Personen, Folter und summarische Hinrichtungen, und ermächtigt die Staaten, alle notwendigen Massnahmen zu ergreifen, um von Angriffen bedrohte Zivilpersonen und von der Zivilbevölkerung bewohnte Gebiete zu schützen[42]. Im gleichen Jahr verhängte der Sicherheitsrat gestützt auf Kapitel VII der UNO-Charta gezielte Sanktionen gegen Personen, die für schwere Menschenrechtsverletzungen im Nachgang der Präsidentschaftswahlen in der Elfenbeinküste verantwortlich waren, deren Resultate vom amtierenden Präsidenten Gbagbo nicht akzeptiert wurden. Er wies die UNO Mission in der Elfenbeinküsste (ONUCI) an, «alle erforderlichen Mittel einzusetzen, um im Rahmen ihrer Möglichkeiten und innerhalb ihrer Einsatzgebiete ihren Auftrag zum Schutz von Zivilpersonen, die von unmittelbarer physischer Gewalt bedroht sind, auszuführen»[43]. Im Jahr 2015 betonte der Sicherheitsrat in einer Resolution zum Südsudan, «wie wichtig es ist, dass diejenigen, die für Verstösse gegen das humanitäre Völkerrecht und Menschenrechtsverletzungen und -übergriffe verantwortlich sind, zur Rechenschaft gezogen werden» und bekräftigte «dass die Regierung Südsudans die Hauptverantwortung dafür trägt, die Bevölkerungsgruppen des Landes vor Verbrechen gegen die Menschlichkeit, Kriegsverbrechen, ethnischer Säuberung und Völkermord zu schützen»[44].

2. Menschenrechtsschutz als Aufgabe von Blauhelmmissionen

8.45 Mit der Aufnahme von Menschenrechtskomponenten in das Mandat friedenserhaltender Truppen wurde eine deutliche Abkehr von den traditionellen friedenserhaltenden Aktionen der UNO (sog. Blauhelme) vollzogen. Diese konzentrierten sich meist auf eine neutrale Überwachung von Waffenstillstandslinien, ohne sich in «innere Angelegenheiten» der Staaten einzumischen, in welchen sie stationiert waren. Mit Hilfe dieser traditionellen Mandate gelang und gelingt es noch heute, zwar einen Status Quo aufrechtzuerhalten («peace-keeping»), doch kaum je eine Konfliktsituation nachhaltig zu entspannen. Erst nach Ende des Kalten Krieges wurde es möglich, Blauhelmoperationen mit einem weiteren Mandat auszustatten, welches auch die Befugnis umfasste, aktiv am Aufbau einer Nachkonflikt-Struktur mitzuarbeiten («peace-building»).

8.46 So wurde im Jahr 1991 die UNO-Mission in El Salvador (ONUSAL) unter anderem damit beauftragt, die Menschenrechtslage nach Ende des Bürgerkrieges zu überwachen[45]. Nachfolgende Missionen hatten oft noch weit umfassendere Mandate zum

42 SR-Res. 1973 (2011).

43 SR-Res. 1975 (2011), Ziff. 6 und 12; Übersetzung aus Vereinte Nationen, deutscher Übersetzungsdienst, ‹www.un.org/depts/german/› (zuletzt besucht am 4. April 2018).

44 SR-Res. 2241 (2015), Übersetzung aus Vereinte Nationen, deutscher Übersetzungsdienst, ‹www.un.org/depts/german/› (zuletzt besucht am 4. April 2018).

45 SR-Res. 693 (1991).

Schutz der Menschenrechte. Diese Entwicklung kulminierte schliesslich in Konstellationen, wo der UNO die integrale Verwaltungshoheit über ein Gebiet übertragen wurde. Das Mandat der Übergangsverwaltung der UNO in Kambodscha von 1992–1993 (UNTAC) umfasste den Schutz der Menschenrechte, die Organisation von Wahlen, die Aufrechterhaltung von Ruhe und Ordnung, den Aufbau einer Zivilverwaltung sowie die Rückführung von Flüchtlingen. Andere derartige Beispiele sind die integrale Verwaltung Osttimors zwischen dem Unabhängigkeitsreferendum 1999 und der tatsächlichen Unabhängigkeit dieses Landes im Jahre 2002 (UNTAET)[46] und die UNO-Mission im Kosovo (UNMIK)[47] seit 1999. Heute ist der Menschenrechtsschutz und der Schutz der Zivilbevölkerung («protection of civilians») regelmässiger Bestandteil des Mandats friedenserhaltender Aktionen der UNO.

Diese Entwicklung ist zu begrüssen, auch wenn zu berücksichtigen ist, dass UNO-Missionen infolge des Fehlens der notwendigen Ressourcen oft grosse Probleme haben, derartige Mandate in ihren häufig grossen Operationsgebieten und in einem meist sehr unsicheren Umfeld auch tatsächlich umzusetzen. 8.47

Beispiel: Das Mandat von UNMISS

Das Mandat der Mission der UNO in Südsudan (UNMISS) ist ein gutes Beispiel für die menschenrechtliche Komponente moderner Peace-building-Missionen. Der Sicherheitsrat ermächtigte die UNMISS im Jahr 2015, alle erforderlichen Mittel einzusetzen, um die folgenden Aufgaben wahrzunehmen: 8.48

«a) Schutz von Zivilpersonen: 8.49

i) im Rahmen ihrer Möglichkeiten und innerhalb ihrer Einsatzgebiete Zivilpersonen zu schützen, denen körperliche Gewalt droht, gleichviel von wem diese Gewalt ausgeht, mit besonderem Schutz für Frauen und Kinder, [...];

ii) von Gewalt gegen Zivilpersonen, einschliesslich ausländischer Staatsangehöriger, abzuschrecken, insbesondere durch proaktive Einsätze, durch aktive Patrouillentätigkeit, [...];

iii) eine missionsweite Frühwarnstrategie umzusetzen, die einen koordinierten Ansatz für die Informationsbeschaffung, Überwachung, Verifikation, Frühwarnung und Verbreitung sowie Reaktionsmechanismen, einschliesslich Mechanismen für die Reaktion auf gegen Zivilpersonen gerichtete Drohungen und Angriffe, die mit Menschenrechtsverletzungen und -übergriffen oder Verstössen gegen das humanitäre Völkerrecht verbunden sein können, [...] umfasst; [...]

v) durch Gute Dienste, Vertrauensbildung und Moderation die Schutzstrategie der Mission zu unterstützen, insbesondere im Hinblick auf Frauen und Kinder, und dabei auch die Verhütung, Milderung und Beilegung von Konflikten zwischen Bevölkerungsgruppen zu erleichtern, um eine dauerhafte lokale und nationale Versöhnung zu fördern [...];

46 SR-Res. 1272 (1999).

47 SR-Res. 1244 (1999).

vi) ein sicheres Umfeld für die spätere sichere und freiwillige Rückkehr der Binnenvertriebenen und Flüchtlinge zu fördern, unter anderem durch die Überwachung der Menschenrechte und die Sicherstellung ihrer Einhaltung [...];

b) Beobachtungs- und Untersuchungstätigkeit auf dem Gebiet der Menschenrechte:

i) Menschenrechtsübergriffe und -verletzungen und Verstösse gegen das humanitäre Völkerrecht [...] zu beobachten, zu untersuchen, zu verifizieren und öffentlich und regelmässig darüber Bericht zu erstatten;

ii) an Kindern und Frauen begangene Rechtsverletzungen und Missbrauchshandlungen, einschliesslich derjenigen in Verbindung mit allen Formen der sexuellen und geschlechtsspezifischen Gewalt in bewaffneten Konflikten, zu beobachten, zu untersuchen, zu verifizieren und spezifisch und öffentlich darüber Bericht zu erstatten [...];

iii) sich nach Bedarf mit den internationalen, regionalen und nationalen Mechanismen, die Menschenrechtsverletzungen beobachten und untersuchen und darüber Bericht erstatten, abzustimmen und ihnen gegebenenfalls technische Unterstützung zu leisten; [...]»[48].

3. Wirtschaftssanktionen

8.50 Wirtschaftssanktionen als Zwangsmassnahmen im Falle einer Friedensgefährdung sieht die UNO-Charta in Art. 41 explizit vor. Menschenrechtsverletzungen bildeten für den Sicherheitsrat aber bis heute nie den ausschliesslichen Grund zur Ergreifung dieser Massnahmen, sie waren aber in zahlreichen Fällen ein wichtiger Entscheidfaktor. Obwohl etwa im Falle des totalen Handelsembargos gegen den Irak, das im Jahr 1990[49] durch den Sicherheitsrat erlassen wurde, primär der Überfall auf Kuwait ausschlaggebend war, spielten auch die Menschenrechtsverletzungen des Regimes von Saddam Hussein eine wichtige Rolle. Ähnlich standen beim zwei Jahre später erlassenen totalen Embargo gegen das ehemalige Jugoslawien[50] sowie bei den späteren sektoriellen Embargos gegen die Konfliktparteien in Liberia, Sierra Leone oder der Demokratischen Republik Kongo sicherheitspolitische Motive im Vordergrund[51]. Demgegenüber bildeten die Menschenrechtsverletzungen in Darfur ein Hauptmotiv für die im Jahr 2005 ergriffenen Embargomassnahmen gegen den Sudan[52].

8.51 Wirtschaftssanktionen sind in den 1990er Jahren weniger als potenziell wirksames Instrument zur Durchsetzung menschenrechtlicher Verpflichtungen in die Schlagzeilen

48 SR-Res. 2252 (2015), Ziff. 8; Übersetzung aus Vereinte Nationen, deutscher Übersetzungsdienst, ‹www.un.org/depts/german/› (besucht am 4. April 2018).

49 SR-Res. 661 (1990).

50 SR-Res. 757 (1992).

51 SR-Res. 788 (1992) und 1521 (2003) zu Liberia, 1132 (1997) zu Sierra Leone und 1493 (2003) zur Demokratischen Republik Kongo. Primär menschenrechtlich motivierte Handelsembargos verhängte demgegenüber die Europäische Union, z.B. gegen Burma/Myanmar, Usbekistan, Simbabwe, Weissrussland oder Syrien. Die Schweiz trägt diese Massnahmen der EU jeweils freiwillig mit.

52 SR-Res. 1591 (2005).

geraten, sondern vielmehr als Instrument, das Menschenrechte gefährden kann. Die Sanktionen gegen den Irak, nach dem Rückzug aus dem besetzten Kuwait und der Anordnung von Abrüstungspflichten, haben die Frage aufgeworfen, ob es mit den Menschenrechten vereinbar sei, solche Massnahmen zu ergreifen, wenn in ihrem Gefolge breite Bevölkerungskreise ihre wirtschaftliche Grundlage verlieren und staatliche Infrastrukturen etwa im Gesundheitsbereich zerstört werden[53]. Um die Kompatibilität von Sanktionen mit WSK-Rechten möglichst zu gewährleisten, sind unter dem Stichwort «smart sanctions» Bemühungen unternommen worden, Sanktionen zielgerichteter gegen die Verantwortlichen von Völkerrechtsverletzungen zu richten[54]. Moderne Sanktionen untersagen daher nicht mehr den gesamten Wirtschaftsverkehr mit einem sanktionierten Staat, sondern beschränken gezielt den Handel etwa mit Rüstungs- und Repressionsgütern, die Reisefreiheit von Angehörigen des Regimes und sperren im Ausland liegende Vermögenswerte dieser Personen[55].

4. Ermächtigung zum Militäreinsatz

Gemäss Art. 42 UNO-Charta kann der Sicherheitsrat Staaten ermächtigen, in einer 8.52
Konfliktsituation militärisch zu intervenieren. Seit den frühen 1990er Jahren hat er gestützt auf diese Kompetenz mehrmals entsprechende Beschlüsse gefasst, wobei Menschenrechtsverletzungen allerdings selten den alleinigen Anlass zur Ergreifung derart drastischer Massnahmen bildeten. Mit im Vordergrund standen Verletzungen internationaler Menschenrechtsgarantien im Falle der Ermächtigung zur militärischen Intervention in den somalischen Bürgerkrieg[56] und wohl noch prägnanter im Falle der Ermächtigung zur bewaffneten Intervention in Haiti[57], wo kein internationaler Konflikt drohte, sondern die Verursachung eines Flüchtlingsstroms Hauptgrund für dieses Vorgehen war. In jüngerer Zeit waren die Ermächtigungen zum Eingriff in die Bürgerkriege in Sierra Leone, in Liberia und in der Elfenbeinküste stark menschenrechtlich motiviert. Gar als Beispiel für die Umsetzung des Konzepts der Schutzverantwortlichkeit («responsibility to protect»[58]) gilt der Wortlaut der Resolution zu Libyen.

Der Ermächtigung zu einem Militäreinsatz als Rechtsdurchsetzungsinstrument haftet 8.53
der Makel der Selektivität an. So ist die UNO, wie etwa im Fall von Libyen im Jahr 2011, für grössere Interventionen militärisch auf die USA und die NATO angewiesen, was je nach Weltregion ihre Glaubwürdigkeit tangiert. In anderen Fällen sind es politische Faktoren, die entscheidend dafür sind, ob die Staatengemeinschaft bereit ist, eine

53 Dazu WSK-Ausschuss, General Comment 8 (1997), insb. Ziff. 3.

54 1998 und 1999 wurden auf Initiative der Schweiz, im Rahmen des sog. Interlaken Prozess, Expertentreffen zum Thema zielgerichteter Sanktionen, insb. Wirtschaftssanktionen durchgeführt. Die Aktivitäten wurden fortgeführt im Bonn-Berlin Prozess zum Thema Waffenembargos, Reisesanktionen und Sanktionen im Bereich Luftfahrt sowie im Stockholm Prozess zur Umsetzung und Überwachung von Sanktionen.

55 Siehe zur möglichen menschenrechtlichen Problematik derartiger Sanktionen vorne Rz. 3.50 ff.

56 SR-Res. 794 (1992).

57 SR-Res. 940 (1994).

58 Siehe dazu vorne Rz. 8.41 ff.

Autorisierung zu einem solchen Vorgehen zu erteilen und ob sich Staaten finden, welche für eine derartige Mission Truppen zur Verfügung stellen. Für ein kollektives Versagen der Staatengemeinschaft und deren Unfähigkeit, wirksam gegen massivste Menschenrechtsverletzungen vorzugehen, steht der Genozid in Ruanda im Jahre 1994[59]. Mangels Einigung seiner ständigen Mitglieder war der UNO-Sicherheitsrat auch unfähig, effektive Massnahmen im Fall von Syrien zu ergreifen.

Vertiefung: Humanitäre Interventionen ohne Ermächtigung des Sicherheitsrats?

8.54 Unter dem Begriff der humanitären Intervention versteht man das gewaltsame Vorgehen von Staaten zum Schutz der Bevölkerung eines fremden Staats vor Menschenrechtsverletzungen durch die dortige Staatsmacht. Wie eben dargestellt, können solche Interventionen vom Sicherheitsrat auf der Basis von Kapitel VII der Charta autorisiert werden, wenn die Menschenrechtssituation derart besorgniserregend geworden ist, dass dadurch der internationale Friede gefährdet wird.

8.55 Dürfen Staaten zum Schutz der Opfer in einem anderen Staat militärisch intervenieren, wenn der Sicherheitsrat mangels Konsenses oder infolge des Vetos eines ständigen Mitglieds des Sicherheitsrats nicht bereit oder wegen politischer Spannungen nicht in der Lage ist, eine der Schwere der Situation angemessene Reaktion auf massivste Menschenrechtsverletzungen zu beschliessen? Diese Frage stellte sich in aller Schärfe 1999 im Fall von Kosovo, als die NATO-Staaten angesichts der Untätigkeit des Sicherheitsrates beschlossen, mittels Luftangriffen die serbischen Truppen zu zwingen, sich aus dem Kosovo zurückzuziehen. In weniger starkem Ausmass dienten Argumente der humanitären Intervention neben dem Hauptargument der unmittelbaren Gefährdung durch Massenvernichtungswaffen auch im Fall des amerikanischen Angriffs auf den Irak im Jahr 2003 zur Rechtfertigung der militärischen Intervention.

8.56 Das Gewaltverbot gemäss Art. 2 Abs. 4 UNO-Charta verbietet den Staaten den Einsatz von Waffengewalt auch zum Schutz der Menschenrechte. In diesem Sinn waren beide Interventionen völkerrechtlich unzulässig, und der Sicherheitsrat hat sie auch nachträglich nicht gerechtfertigt. Trotzdem haben sie aber die Frage aufgeworfen, ob diese Auslegung der Charta nicht formalistisch ist und ob die internationale Gemeinschaft wirklich dazu verurteilt sein soll, Massaker oder systematische Vergewaltigungen und Folter hinzunehmen, weil sich ein befreundeter Veto-Staat schützend vor das verantwortliche Terrorregime stellt, oder ob nicht die humanitäre Intervention unter gewissen, strengen Voraussetzungen als ultima ratio zugelassen werden müsste. Als solche Voraussetzungen, welche kumulativ humanitäre Interventionen rechtfertigen könnten, wurden etwa genannt: (1) Die Beeinträchtigung höchstrangiger Güter, welche den Frieden gefährdet, (2) die Weigerung oder Unfähigkeit des Sicherheitsrates, adäquate Massnahmen zu ergreifen, (3) die Erschöpfung aller nichtmilitärischen Mittel, d.h. der Schritt zum Militäreinsatz als ultima ratio, (4) eine kollektive Trägerschaft der Intervention, (5) die Verhältnismässigkeit der eingesetzten Mittel und (6) ein Vorgehen, welches Spielräume für

59 Vgl. dazu den im Auftrag von Generalsekretär Annan erstellten unabhängigen Untersuchungsbericht zum Verhalten der UNO gegenüber dem Genozid in Ruanda: Report of the independent inquiry into the actions of the United Nations during the 1994 genocide in Rwanda of 15 December 1999, UN Doc. S/1999/1257.

politische Lösungen im Einklang mit der UNO-Charta offen lässt[60]. Politisch haben sich solche Auffassungen allerdings nicht durchgesetzt, weil man Missbräuche fürchtet, wenn es den intervenierenden Staaten überlassen bleibt, selber zu entscheiden, ob diese Voraussetzungen im konkreten Fall gegeben sind.

Ist daher eine Ermächtigung durch den Sicherheitsrat nicht möglich, müssten gemäss dem Vorschlag einer internationalen Kommission die intervenierenden Staaten im Sinne der «Uniting-for-Peace»-Resolution[61] eine Ermächtigung der Generalversammlung einholen und möglichst im Rahmen regionaler oder subregionaler Organisationen im Sinne von Kapitel VIII der UNO-Charta handeln[62]. 8.57

5. Errichtung von Straftribunalen und anderen Organen

Der Sicherheitsrat hat seine aus Kapitel VII der Charta fliessenden Befugnisse in innovativer Weise benutzt, um gestützt darauf Rechtsdurchsetzungsorgane zu schaffen. Hauptbeispiel sind die beiden bereits behandelten *Straftribunale für Jugoslawien und Ruanda*[63]. 8.58

Im Tadić-Urteil[64] hatte sich das Straftribunal für das frühere Jugoslawien (ICTY) mit dem Argument der Verteidigung auseinanderzusetzen, wonach die Schaffung eines völkerrechtlichen Strafgerichtshofes mit einer Resolution des Sicherheitsrates keine Stütze in der UNO-Charta fände. Das Gericht kam zum Schluss, dass Art. 41 UNO- 8.59

60 Siehe z.B. Antonio Cassese, Ex iniuria ius oritur: Are We Moving towards International Legitimation of Forcible Humanitarian Countermeasures in the World Community?, EJIL 1999, 23 ff.

61 Gemäss der während der Koreakrise am 3. November 1950 von der Generalversammlung verabschiedeten «Uniting-for-Peace»-Resolution 377 A (V) hat die Generalversammlung das Recht, auch die vor dem Sicherheitsrat hängigen Angelegenheiten zu behandeln und dazu Stellung zu nehmen, wenn der Sicherheitsrat infolge der Uneinigkeit seiner ständigen Mitglieder handlungsunfähig ist.

62 International Commission on Intervention and State Sovereignty, The Responsibility to Protect, Ottawa 2001, XI-XIII. Eine vom UNO-Generalsekretär eingesetzte Expertengruppe, das High-level Panel on Threats, Challenges and Change, verwies in ihrem Bericht zur UNO-Reform zwar auf die International Commission, nahm diese Idee aber nicht auf, sondern betonte die Pflicht des Sicherheitsrates, bei schwersten Menschenrechtsverletzungen die nötigen Massnahmen inklusive militärischer Zwangsmittel zu ergreifen (A more secure world: our shared responsibility, Report of the High-level Panel on Threats, Challenges and Change, UN Doc. A/59/565, 29 November 2004, Ziff. 199 ff.). In seinem Bericht zur UNO-Reform sprach UNO-Generalsekretär Kofi Annan das Thema der humanitären Intervention durch Staaten ohne Ermächtigung des Sicherheitsrates nicht an, betonte aber die Verantwortung des Sicherheitsrates in Situationen schwerster Menschenrechtsverletzungen (In larger freedom: towards development, security and human rights for all, Report of the Secretary-General, UN Doc. A/59/2005 (2005), Ziff. 122 ff.). Zur «responsibility to protect» siehe vorne Rz. 8.41 ff.

63 Dazu vorne Rz. 6.65 f.

64 ICTY (Appeals Chamber), The Prosecutor v. Tadić, Defence Motion for Interlocutory Appeal on Jurisdiction, IT-94-1 (1995).

Charta[65] über nicht-militärische Zwangsmassnahmen die möglichen Massnahmen nicht abschliessend aufzähle, weshalb der Sicherheitsrat die Befugnis habe, neben Wirtschaftssanktionen und ähnlichen Massnahmen auch Straftribunale einzusetzen[66].

8.60 Wie bereits erwähnt[67], kann der Sicherheitsrat den Internationalen Strafgerichtshof (ICC) gestützt auf Kapitel VII der Charta beauftragen, völkerrechtliche Verbrechen in bestimmten Ländern auch dann strafrechtlich zu verfolgen, wenn diese das Römer Statut nicht ratifiziert haben. Besonders interessant war daher der Beschluss des Sicherheitsrates vom 18. September 2004, im Zusammenhang mit den Vorwürfen, im sudanesischen Darfur sei ein Genozid im Gang, eine unabhängige Untersuchungskommission mit dem Auftrag einzusetzen, Berichte über Kriegsverbrechen, Verbrechen gegen die Menschlichkeit und Völkermord zu untersuchen[68]. Gestützt auf den Bericht der Kommission[69] überwies der Sicherheitsrat die Situation im Frühjahr 2005 an den ICC[70]. Eine Überweisung geschah 2011 auch im Fall von Libyen[71].

8.61 Ein weiteres durch den Sicherheitsrat geschaffenes Organ ist die *Internationale Entschädigungskommission*[72], die 1991 nach dem irakischen Überfall auf Kuwait geschaffen wurde[73]. Die Kommission sprach Wiedergutmachungsleistungen nicht nur für materielle Schäden, sondern sie hat auch Opfern von Menschenrechtsverletzungen während der irakischen Besetzung Kuwaits Schadenersatzleistungen zugesprochen[74].

65 Art. 41 UNO-Charta lautet: «Der Sicherheitsrat kann beschliessen, welche Massnahmen – unter Ausschluss von Waffengewalt – zu ergreifen sind, um seinen Beschlüssen Wirksamkeit zu verleihen; er kann die Mitglieder der Vereinten Nationen auffordern, diese Massnahmen durchzuführen. Sie können die vollständige oder teilweise Unterbrechung der Wirtschaftsbeziehungen, des Eisenbahn-, See- und Luftverkehrs, der Post-, Telegraphen- und Funkverbindungen sowie sonstiger Verkehrsmöglichkeiten und den Abbruch der diplomatischen Beziehungen einschliessen».

66 ICTY (Appeals Chamber), The Prosecutor v. Tadić, Defence Motion for Interlocutory Appeal on Jurisdiction, IT-94-1 (1995), Ziff. 32–36.

67 Dazu vorne Rz. 6.74.

68 SR-Res. 1564 (2004).

69 Report of the International Commission of Inquiry on Darfur to the United Nations Secretary-General, Genf, 25. Januar 2005.

70 SR-Res. 1593 (2005).

71 SR-Res. 1970 (2011).

72 United Nations Compensation Commission (UNCC).

73 SR-Res. 687 (1991).

74 Die dafür notwendigen Geldmittel stammten aus einem von der UNO verwalteten Fonds, der durch eine Zwangsabgabe auf irakische Ölexporte gebildet wurde. Berechtigt zur Einforderung der Schadenersatzleistung war allerdings nicht das Opfer der Menschenrechtsverletzung, sondern dessen Heimatstaat. Damit beruhte dieser Mechanismus auf der Grundlage des diplomatischen Schutzes (dazu vorne Rz. 1.10 ff.) und somit nur mittelbar auf den Menschenrechten.

IV. Weitere UNO-Organe

1. Das UNO-Hochkommissariat für Menschenrechte

Eine besondere Stellung im Rahmen der ausservertraglichen Organe nimmt das *Hochkommissariat für Menschenrechte* mit Sitz in Genf ein. Als Resultat der Wiener Weltkonferenz über Menschenrechte 1993 gegründet, ist der Hochkommissar[75] *die* Stimme der UNO in Menschenrechtsfragen und eine moralische Autorität, die auch den Opfern eine Stimme geben soll. Das Hochkommissariat besitzt heute neben seiner ursprünglichen Aufgabe, den Menschenrechtsrat und die Vertragsorgane sekretariatsmässig und organisatorisch zu betreuen, auch eigenständige Funktionen. Diese umfassen die Koordination der menschenrechtlichen Aktivitäten der UNO, die Entwicklung von Frühwarnsystemen, die Stellungnahme zu aktuellen Menschenrechtsproblemen, die Vertretung des UNO-Menschenrechtsprogramms in diversen Koordinationsmechanismen der UNO, die Organisation menschenrechtlicher Feldpräsenz, sei dies als selbständige Missionen, als Menschenrechtsberater, als Komponente von Peace-keeping- oder Peace-building-Missionen der UNO oder im Rahmen des UNO-Entwicklungsprogramms (UNDP)[76]. 8.62

Gegenwärtig unterhält das Hochkommissariat Feldmissionen in 58 Ländern. Die Rechtsgrundlage solcher Feldmissionen besteht meist in einem Vertrag zwischen der UNO und dem Einsatzstaat, seltener auch in einer Resolution des Sicherheitsrates. Typischerweise haben Feldmissionen, deren personeller Bestand erheblich variieren kann, folgende Aufgaben: Bestandsaufnahme («fact-finding») und Überwachung der Menschenrechtssituation («monitoring») sowie Unterstützung beim Aufbau menschenrechtskonformer Strukturen («capacity building»). 8.63

2. UNO-Kommissionen

Die *Kommission für die Rechte der Frau* ist ein funktionales Unterorgan des ECOSOC. Ihre Mitglieder sind 45 für vier Jahre vom ECOSOC gewählte Staaten und ihr Mandat erstreckt sich in genereller Weise auf die Förderung der Rechte der Frauen. Dieses Organ hat die Federführung in der Kodifikation frauenspezifischer Menschenrechtsverträge – wie etwa dem Übereinkommen über die politischen Rechte der Frau oder der Konvention gegen die Diskriminierung der Frau – übernommen. Heute ist die Kommission zudem mit der Umsetzung der Aktionsplattform der 4. Weltkonferenz über die Rechte der Frau von Peking im Jahr 1995 betraut. Im Bereich der Durchsetzung im engeren Sinn hat die Frauenrechtskommission ein vertrauliches Petitionssystem geschaffen. Dieses Gremium – so eine immer wieder gehörte Kritik – fristet hinsicht- 8.64

75 Zeid Ra'ad Al Hussein war Hochkommissar von 2014 bis 2018. Seine Vorgänger und Vorgängerinnen waren Navanethem Pillay (2008–2014), Louise Arbour (2004–2008), Sergio Vieira de Mello (2002–2003), Mary Robinson (1997–2002), José Ayala-Lasso (1994–1997). Betrand Ramcharan war geschäftsführender Hochkommissar von 2003–2004.

76 Siehe für eine Übersicht ‹http://www.ohchr.org/EN/Countries/Pages/WorkInField.aspx› (zuletzt besucht am 5. April 2018).

lich seiner finanziellen Mittel, seiner Sitzungszeit, seiner institutionellen Einbettung und der Aufmerksamkeit der Staaten gegenüber der Tätigkeit des Menschenrechtsrats ein Schattendasein.

8.65 In den letzten Jahrzehnten hat überdies die *Kommission für Verbrechensverhütung und Strafrechtspflege*, die primär für die Umsetzung des UNO-Verbrechensverhütungsprogramms verantwortlich ist, im Bereich der Menschenrechte einen imposanten Korpus von Empfehlungen betreffend Verhaltensvorschriften für die Behandlung Gefangener und für Strafverfahren erlassen[77].

V. Ausservertragliche Durchsetzungsorgane auf regionaler Ebene

1. Europa

8.66 Eine weniger bekannte Stellung nehmen ausservertragliche Durchsetzungsverfahren auf regionaler Ebene ein. Zumindest für Europa lässt sich dieses Faktum wohl mit der Dominanz der EMRK und des EGMR sowie der Tatsache erklären, dass dem Europarat ursprünglich nur stabile Rechtsstaaten angehörten, deren Menschenrechtsprobleme mit dem Rechtsschutzsystem der EMRK sachgerecht angegangen werden konnten. Seit dem Ende des Kalten Krieges sah sich das nun grösser gewordene Europa neuen Herausforderungen gegenüber.

8.67 Es war daher kein Zufall, dass die *Organisation für Sicherheit und Zusammenarbeit in Europa* (OSZE), deren Ausrichtung seit ihrer Gründung eine gesamteuropäische war und die Menschenrechte immer als Bestandteil einer umfassenden Sicherheitsarchitektur verstand[78], als Erste mit institutionellen Reformen auf diese veränderten Umstände reagierte. So wurde 1992, nachdem in Ost- und Mitteleuropa ethnische Spannungen zugenommen hatten, das *Amt eines Europäischen Hochkommissars für nationale Min-*

77 Vgl. z.B. die «Standard Minimum Rules for the Treatment of Prisoners (the Nelson Mandela Rules)» von 2015, die «Rules for the Treatment of Women Prisoners and Non-custodial Measures for Women Offenders (the Bangkok Rules)» von 2011, die «Basic Principles for the Treatment of Prisoners» von 1990, den «Body of Principles for the Protection of All Persons under any Form of Detention or Imprisonment» von 1988, die «Basic Principles on the Use of Force and Firearms by Law Enforcement Officials» von 1990, die «Basic Principles on the Independence of the Judiciary» von 1985 oder den «Code of Conduct for Law Enforcement Officials» von 1979.

78 Die OSZE wurde 1975 mit der sog. Helsinki-Schlussakte als Konferenz über Sicherheit und Zusammenarbeit in Europa (KSZE), d.h. als lose Konferenz aller Staaten Europas und der USA und Kanada, gegründet. Diese Akte enthielt in drei sog. «Körben» Empfehlungen im Bereich Politik und Militär, Wirtschaft und – im sog. humanitären Korb – auch solche zu Menschenrechten, wie z.B. zur Reisefreiheit. Anlässlich von Folgekonferenzen in Paris, Kopenhagen und Moskau zwischen 1989 und 1991 zur menschlichen Dimension, wurden politische Durchsetzungsmechanismen vereinbart, und bestimmte Rechte wurden ausdrücklich anerkannt. In der Charta von Paris vom 21. November 1990 wurde der Kalte Krieg für beendet erklärt und die KSZE gab sich erste institutionelle Strukturen. 1994 fand dieser Prozess mit der Umbenennung in OSZE und der Schaffung permanenter Strukturen ihren vorläufigen Abschluss.

derheiten geschaffen. Obwohl dessen Hauptaufgabe in der Konfliktverhütung und konkret in der Entwicklung eines Frühwarnsystems besteht, ist seine Rolle von hoher menschenrechtlicher Relevanz, zielen doch dessen Missionen vor Ort und seine vertrauliche Vermittlungstätigkeit auf eine möglichst umfassende Durchsetzung des menschenrechtlichen Minderheitenschutzes[79].

Ein weiteres wichtiges Standbein des Menschenrechtsschutzes innerhalb der OSZE 8.68
bilden die *Feldmissionen*, welche diese Organisation mit verschiedenen Mandaten und Grössen in Krisenregionen Südost- und Osteuropas, des Kaukasus und Zentralasiens[80], oft in enger Zusammenarbeit mit der UNO und dem Europarat, unterhält. Diese Missionen werden häufig mit der Beobachtung der Menschenrechtssituation («human rights monitoring») und dem Aufbau rechtsstaatlicher Strukturen in der Phase des Wiederaufbaus nach bewaffneten Konflikten betraut.

Im institutionellen Rahmen des *Europarates* sind die Parlamentarische Versammlung 8.69
und das Ministerkomitee[81] für die Verabschiedung menschenrechtlicher Verträge und Empfehlungen zuständig. Im Jahr 1999 wurde das Amt eines unabhängigen *Europäischen Kommissars für Menschenrechte* geschaffen. Dieser wird von der Parlamentarischen Versammlung gewählt und hat umfassende Aufgaben im Bereich der Menschenrechtsbildung sowie der Durchsetzung der Menschenrechte. Zudem unterstützt er nationale Menschenrechtsinstitutionen, Ombudspersonen und Menschenrechtsverteidigerinnen und -verteidiger[82]. Die bisherigen Tätigkeitsfelder des Kommissars umfassen Länderberichte und -besuche[83], die Abgabe von Stellungnahmen und Empfehlungen zu aktuellen Problemfeldern[84] sowie die Organisation von Seminaren. Trotz dieser vielfältigen Tätigkeiten gelang es dem Kommissar bis heute nicht, eine ähnlich zentrale Stellung wie sein universelles Gegenstück zu erreichen.

Spezifisch mit der Bekämpfung von Rassismus, Fremdenhass und Antisemitismus so- 8.70
wie Massnahmen zur Bekämpfung dieser Problemfelder befasst sich gemäss ihrem Mandat die 1993 durch den Europarat geschaffene *Europäische Kommission gegen Rassismus und Intoleranz.* Diese setzt sich aus unabhängigen Experten und Expertinnen zusammen, welche von den nationalen Regierungen ernannt werden und in ihrer An-

79 Siehe ‹www.osce.org/hcnm› (zuletzt besucht am 5. April 2018).

80 Die OSZE ist gegenwärtig (Stand Mai 2018) mit Missionen und anderen Aktivitäten in zwölf Staaten präsent.

81 Zur Funktion des Ministerkomitees im Rahmen der Durchsetzung der Urteile des EGMR siehe vorne Rz. 7.62 f.

82 Das Mandat des Kommissars wird in Res. 99(50) des Ministerkomitees des Europarates definiert.

83 Der Kommissar besucht regelmässig alle Europaratsstaaten, um ihre Umsetzung der Menschenrechte zu überwachen.

84 So etwa zum Recht auf Familiennachzug für Flüchtlinge (2017), zu vermissten Personen und zum Verschwindenlassen (2016), zur Rechtsstaatlichkeit im Internet (2014), zu Rechten von Menschen mit Behinderung (2012) zu Menschenrechten von LGBTI-Personen (2011) sowie regelmässig zu Rechten von Immigrantinnen und Immigranten und Angehörigen der Roma-Minderheit.

zahl den Mitgliedstaaten des Europarates entsprechen. Die Kommission verfasst nach einem Besuch und einem intensiven Dialog mit dem jeweiligen Staat detaillierte länderspezifische Berichte, welche die Situation analysieren und mit Anregungen zur Verbesserung der Situation enden. Diese Berichte werden grundsätzlich veröffentlicht[85].

2. Amerika

8.71 Auf dem amerikanischen Kontinent besitzt die *Interamerikanische Kommission für Menschenrechte* im Rahmen der Organisation amerikanischer Staaten (OAS) zusätzlich zu ihrer vertraglichen Funktion ausservertragliche Aufgaben gegenüber allen Mitgliedstaaten der Organisation, d.h. auch solchen, welche – wie etwa die USA und Kanada – nicht Vertragspartei der AMRK sind. Dazu gehört die Behandlung von Individualbeschwerden gegen solche Staaten basierend auf der Amerikanischen Erklärung über die Rechte und Pflichten der Menschen aus dem Jahr 1948[86].

85 Bis heute (Stand Mai 2018) hat diese Kommission 16 derartige «General Policy Recommendations» verfasst, etwa zur Diskriminierung von Musliminnen und Muslimen oder zu Rassismus und Internet. Zudem liegen bis heute für die meisten Mitgliedstaaten des Europarates 5 Länderberichte vor. Auch das ZP 12/EMRK über ein allgemeines Diskriminierungsverbot wurde auf Anregung dieses Organs ausgearbeitet.

86 Der Weiterzug solcher Beschwerden an den IAGMR ist allerdings ausgeschlossen, da dessen Kompetenz ausschliesslich auf der AMRK beruht.

Dritter Teil Materielle Menschenrechtsgarantien

Der dritte Teil dieses Buchs behandelt ausgewählte materielle Menschenrechtsgarantien. Der Aufbau dieses Abschnitts basiert auf einem Verständnis der Menschenrechte als rechtliches Konzept, das sich an den Grundbedürfnissen und Gefährdungen des Menschen orientiert, und er betont die Unteilbarkeit und Interdependenz bürgerlicher und politischer sowie wirtschaftlicher, sozialer und kultureller Rechte. 9.1

Dieser Teil beginnt mit dem Schutz der Person als Individuum: Respekt für das menschliche Leben ist geradezu ein Axiom des Menschenrechtsschutzes und Voraussetzung für die Ausübung aller übrigen Menschenrechte. Daher erstaunt es kaum, dass die menschliche Existenz im Völkerrecht nicht nur durch die verschiedenen Dimensionen des Rechts auf Leben, sondern auch durch die Subsistenzrechte und das Recht auf Gesundheit geschützt wird (Kapitel 9). Folter und andere Formen der Misshandlung zerstören die Persönlichkeit des Menschen und sind daher in absoluter Weise untersagt (Kapitel 10). Angesichts der Tatsache, dass alle Menschen so wie sie sind, d.h. mit dem, was ihre Identität ausmacht, anerkannt werden wollen, schützt das Diskriminierungsverbot unter anderem vor Herabwürdigung wegen des Geschlechts, einer bestimmten Herkunft, der ethnischen Zugehörigkeit oder der Religion (Kapitel 11). 9.2

Als soziale Wesen wollen die meisten Menschen etwa eine Familie gründen, Freundschaften pflegen und ein eigenes Privatleben führen. Sie müssen daher in diesen Bereichen vor staatlichen Eingriffen geschützt werden (Kapitel 12). Als rationale Wesen streben Menschen nach Entwicklung und Benutzung ihres Intellekts, um mit anderen zu interagieren, sich an gesellschaftlichen Entwicklungen zu beteiligen oder um spirituelle Bedürfnisse zu befriedigen. Dies kann allein oder in Gemeinschaft mit anderen durch intellektuelle, künstlerische oder religiöse Aktivitäten erfolgen. Menschenrechte schützen das Individuum in diesem Bereich durch zahlreiche Garantien, wie etwa das Recht auf Bildung und die Religionsfreiheit (Kapitel 13). Menschen sind auch regelmässig wirtschaftlich aktiv und bedürfen daher des Schutzes vor Ausbeutung und vor Entzug ihres Eigentums (Kapitel 14). 9.3

Besondere Schutzbedürfnisse haben Personen, die als Gefangene oder Angeklagte in die Hände des Staates gefallen sind. Sie werden daher unter anderem vor willkürlicher Haft und durch Verfahrensvorschriften geschützt (Kapitel 15). Der Zugang zu Gerichten in Straf- und Zivilverfahren, die unabhängig sind, und in fairen Verfahren entscheiden, schützen Menschen bei der Durchsetzung ihrer Rechte und damit vor staatlicher Willkür (Kapitel 16). Insbesondere als Staatsbürgerinnen und Staatsbürger wollen Individuen als politische Wesen bei der Ausgestaltung der öffentlichen Sphäre 9.4

mitentscheiden. Diese Interessen werden durch die Meinungsäusserungsfreiheit und andere politische Garantien geschützt (Kapitel 17). Schliesslich besitzen auch Migrantinnen und Migranten, Menschen, die innerhalb ihres Staates vertrieben wurden, und Flüchtlinge, d.h. Personen, die gezwungen wurden, in einen anderen Staat zu fliehen, besondere Schutzbedürfnisse (Kapitel 18).

9. Kapitel: Schutz der menschlichen Existenz

I. Übersicht

Das menschliche Leben wird im Völkerrecht durch ein ganzes Bündel von Garantien geschützt. 9.5

Eine zentrale Funktion nimmt dabei das *Recht auf Leben* ein, welches regelmässig zusammen mit dem Verbot der Folter als das fundamentalste Menschenrecht bezeichnet wird[1]. Trotz seiner Bezeichnung als Recht auf Leben garantiert es nicht das Leben an sich. Vielmehr schützt es vor Todesfällen, die direkt durch staatliche Organe verursacht werden oder die eine Folge staatlichen Unterlassens darstellen. Obwohl es notstandsfest ist, gilt dieses Recht nicht absolut. Die Vertragsgarantien stipulieren drei Ausnahmen vom Verbot der Tötung einer Person: 9.6

(1) Die Tötung durch Staatsorgane kann nicht als Verletzung des Rechts auf Leben bezeichnet werden, falls der tödliche Ausgang – obwohl nicht beabsichtigt – in Situationen von Notwehr, Notwehrhilfe oder einer sonst wie legitimen und verhältnismässigen Polizeiaktion unvermeidbar ist.

(2) Keine Verletzung des Rechts auf Leben stellt, trotz klarer Tendenzen zur Abschaffung dieser Sanktion, zumindest auf universeller Ebene der Vollzug einer in einem fairen Verfahren verhängten Todesstrafe in einem Staat dar, der diese Strafe in seinem Recht verankert hat.

(3) Tötungshandlungen während bewaffneter Konflikte sind keine Rechtsverletzungen, falls sie die Grenzen des humanitären Völkerrechts beachten.

Wie etwa die Wortlaute von Art. 6 Pakt II, Art. 2 EMRK und Art. 4 AMRK illustrieren, wonach «dieses Recht gesetzlich zu schützen ist», sind neben Unterlassungspflichten staatliche Schutzpflichten für eine effektive Umsetzung dieses Rechts besonders zentral. 9.7

Verfolgen Tötungshandlungen die planmässige Zerstörung einer bestimmten religiösen oder ethnischen Gruppe, ist der Tatbestand des völkerrechtlichen Verbrechens des *Völkermordes* (Genozids) erfüllt, welcher als das schwerste aller Verbrechen gilt und auf nationaler und internationaler Ebene eine individuelle strafrechtliche Verant- 9.8

---

1 Vgl. dazu etwa MRA, Baboeram and Others v. Suriname, 146/1983 and 148–154/1983 (1985), Ziff. 13.2; EGMR (Grand Chamber), McCann and Others v. The United Kingdom, A/324 (1995), Ziff. 147, und AfKRMV, Forum of Conscience v. Sierra Leone, 223/1998 (2000), Ziff. 19.

wortlichkeit und eine völkerrechtliche Verantwortlichkeit des Staates, dem diese Handlungen zugerechnet werden können, begründet.

9.9 Als einzige der Garantien der beiden UNO-Menschenrechtspakte wird das *Recht auf Nahrung* – als Kern des Rechts auf einen angemessenen Lebensstandard – als «grundlegend» bezeichnet. Obwohl viele Menschen an Hunger oder infolge mangelnder medizinischer Betreuung unter Umständen sterben, die vermeidbar wären, wenn Staaten die dazu notwendigen Massnahmen ergriffen hätten, wird die Gefährdung der menschlichen Existenz durch mangelnde Nahrung oder Gesundheitsversorgung oft kaum als Menschenrechtsproblem wahrgenommen. Der Schutz der menschlichen Existenz soll indes nicht nur das blosse physische Überleben, sondern auch ein Minimum an menschlicher Würde gewährleisten. Die Schutzwirkung der *Subsistenzrechte* und des *Rechts auf Gesundheit* reicht daher über die blosse Existenzsicherung hinaus, verpflichten diese Garantien doch die Staaten zum Schutz eines *angemessenen* Lebensstandards und eines *höchstmöglichen* Gesundheitszustandes.

II. Das Recht auf Leben

Rechtsquellen: Art. 3 AEMR; Art. 6 Pakt II; FP2/Pakt II; Art. 6 Abs. 2 KRK; Art. 9 WAK; Art. 10 BRK; Genozidkonvention; Art. 2 EMRK; ZP 6/EMRK; ZP 13/EMRK; Art. 4 AMRK; Art. 4 AfCRMV; Art. 5–7 ArCMR; Art. 3 GK I-IV; Art. 13 und 100 f. GK III; Art. 27, 32, 68 und 75 GK IV; Art. 75 Abs. 2 ZP I; Art. 4 Abs. 2 und 6 Abs. 4 ZP II; Art. 6, 7 Abs. 1 lit. a und 8 Römer Statut.

1. Der Begriff des Lebens

9.10 Art. 6 Abs. 1 Pakt II und die entsprechenden Garantien der regionalen Konventionen bestimmen, dass jeder Mensch ein angeborenes Recht auf Leben hat. Während der Begriff des menschlichen Lebens an sich keiner weiteren Klärung bedarf, stellt sich die Frage, wann das Leben im Sinne dieser Vorgaben beginnt und wann es endet.

9.11 Diese Fragestellungen werden häufig im Landesrecht geklärt, indem etwa der Beginn der Rechtsfähigkeit als Mensch mit dem Zeitpunkt der Geburt gleichgesetzt[2] oder der Tod eines Menschen mit dem irreversiblen Ausfall der Atmungs- und Kreislauffunktion bzw. dem Erlöschen aller Funktionen des Gehirns (inklusive des Stammhirns) definiert wird[3].

9.12 Die menschenrechtlichen Vertragstexte äussern sich zu diesen hoch umstrittenen Fragen in der Regel nicht. Einzig Art. 4 Abs. 1 AMRK bestimmt, der Schutzbereich dieser Garantie beginne «im Allgemeinen vom Augenblick der Empfängnis an». Basierend

2 Siehe etwa § 1 des (deutschen) Bürgerlichen Gesetzbuches vom 18. August 1896: «Die Rechtsfähigkeit des Menschen beginnt mit der Vollendung der Geburt».

3 Siehe etwa California Health and Safety Code, Section 7180; ‹leginfo.legislature.ca.gov› (zuletzt besucht am 6. Juni 2018). In der Schweiz gilt ein Mensch als tot, «wenn die Funktionen seines Hirns einschliesslich des Hirnstamms irreversibel ausgefallen sind» (Art. 9 Abs. 1 des Bundesgesetzes über die Transplantation von Organen, Geweben und Zellen vom 8. Oktober 2004, SR 810.21).

auf einer detaillierten Analyse dieser Bestimmung kam der IAGMR zum Schluss, mit dem Ausdruck «Empfängnis» sei der Zeitpunkt der Einnistung der befruchteten Eizelle in der Gebärmutter gemeint. Vor diesem Zeitpunkt, d.h. etwa bei befruchteten Eizellen ausserhalb des Mutterleibs, sei das Recht auf Leben gemäss Art. 4 AMRK nicht anwendbar. Zudem illustriere die Wendung «im Allgemeinen» («in general»), dass der Schutz eines Ungeborenen auch nach diesem Zeitpunkt graduell und entsprechend seiner Entwicklung abgestuft sei. Der Schutz ungeborenen Lebens könne daher nicht absolut sein, sondern erlaube Ausnahmen[4].

Der EGMR statuierte in einem Grundsatzurteil, angesichts einer fehlenden gesamteu- 9.13
ropäischen Regelung über den Zeitpunkt des Beginns des Lebens stehe es grundsätzlich den Vertragsstaaten zu, diesen Zeitpunkt festzulegen. Da im konkreten Fall gemäss britischem Recht befruchteten Eizellen keine eigenen Rechte zukommen, kam das Gericht zum Schluss, diese stünden nicht unter dem Schutz von Art. 2 EMRK[5]. Obwohl sich der MRA verschiedentlich mit der Menschenrechtskonformität von Abtreibungen zu befassen hatte, beantwortete er die Frage nach dem Beginn des Lebens nicht, sondern prüfte diese Konstellationen – wie auch der EGMR – stets mit einem Fokus auf die Rechte der schwangeren Frau[6]. Jedenfalls erscheint aber unbestritten, dass der Schutz des Rechts auf Leben spätestens mit der vollendeten Geburt beginnt. Daher wären etwa Euthanasieprogramme für schwerst behinderte Neugeborene mit unerträglichen Schmerzen mit dem Recht auf Leben schwer vereinbar[7].

Am anderen Ende des Lebensspektrums ist weniger der Zeitpunkt des Todes und da- 9.14
mit das Ende des menschenrechtlichen Schutzes des Lebens umstritten. Im Vordergrund der Rechtsprechung steht vielmehr die Frage, ob sich aus dieser Garantie ein Recht urteilsfähiger Personen auf einen selbstbestimmten Todeszeitpunkt ableiten lässt. Diese Kontroverse erstreckt sich damit auf die Fragen, ob Staaten den Zugang zu chemischen Substanzen, die zum Suizid benutzt werden können, zu ermöglichen haben, ob es ihnen untersagt ist, die Beihilfe zu einer Selbsttötung oder die aktive Sterbehilfe, d.h. die zielgerichtete Tötung durch eine Ärztin oder einen Arzt, unter Strafe zu stellen, oder ob nicht im Gegenteil staatliche Schutzpflichten selbst im Fall unheilbar kranker oder komatöser Personen verlangen, die Vornahme aktiver Sterbehilfe, die

---

4 IAGMR, Artavia Murillo et al. (in vitro fertilization) v. Costa Rica, C/257 (2012), Ziff. 264.

5 EGMR (Grand Chamber), Evans v. The United Kingdom, 6339/05 (2007), Ziff. 53 ff. Konkret hatte der EGMR darüber zu befinden, ob die Zerstörung von ausserhalb des Mutterleibs gezeugten Embryonen resp. befruchteter Eizellen, die der Mutter noch nicht eingepflanzt wurden, gegen Art. 2 EMRK verstosse. Gemäss britischem Recht kann die Einwilligung zur Aufbewahrung befruchteter Eizellen im Verfahren der In-vitro-Fertilisation jederzeit von beiden «Elternteilen» einzeln widerrufen werden. Diesfalls werden die befruchteten Eizellen vernichtet. Im konkreten Fall widerrief der Samenspender nach der Trennung des Paares diese Einwilligung. Siehe zu diesem Entscheid auch hinten Rz. 12.64. Vgl. dazu auch EGMR, R.R. v. Poland, Reports 2011-III, Ziff. 186, und Şentürk v. Turkey, 13423/09 (2013), Ziff. 107–109.

6 Siehe dazu die in Anm. 5 erwähnten Urteile.

7 Siehe MRA, CO The Netherlands (2001), Ziff. 6: Der Ausschuss forderte die Niederlande auf, Berichte über die Tötung von Neugeborenen, die mit schweren Behinderungen geboren wurden, zu untersuchen.

Beendigung lebenserhaltender medizinischer Massnahmen oder die Unterstützung des Suizids zu bestrafen oder Suizide zu erschweren und nach Möglichkeit gar zu verhindern[8].

9.15 Das Recht auf Leben kann ausnahmsweise auch verletzt werden, ohne dass eine Person getötet wird. Dies ist etwa der Fall, wenn das Opfer einer lebensgefährlichen staatlichen Gewaltanwendung ausgesetzt wird, aber im konkreten Fall überlebt[9], oder wenn staatliche Organe versuchen, eine Person zu töten, diese sich aber retten kann[10].

2. Unterlassungspflichten

a) Überblick

9.16 Nach Art. 6 Pakt II darf «niemand [...] willkürlich seines Lebens beraubt werden». Diese Unterlassungspflicht hält die Vertragsstaaten und ihre Organe an, von jeder Form absichtlicher Tötung – ausser in genau umschriebenen Konstellationen – abzusehen. Daher stellen Tötungen politischer Opponenten oder von Personen im Freiheitsentzug (inkl. im Kontext des Verschwindenlassens von Personen) sowie Massaker an der Zivilbevölkerung stets eine Verletzung des Rechts auf Leben dar.

9.17 Unter einschränkenden Bedingungen kann hingegen staatliches Handeln, selbst wenn es den Tod einer Person verursacht, rechtmässig sein, wenn diese Konsequenz aus einem rechtmässigen Einsatz von Gewaltmitteln durch Polizei- und Sicherheitsorgane (lit. b), aus dem Vollzug einer von einem Gericht angeordneten Todesstrafe (lit. c) oder aus Kriegshandlungen unter Beachtung der Vorgaben des humanitären Völkerrechts (lit. d) herrührt.

---

8 Siehe dazu detaillierter hinten Rz. 9.89 f.

9 EGMR (Grand Chamber), Makaratzis v. Greece, Reports 2004-XI, Ziff. 49 ff.: Demnach kommt eine Berufung auf Art. 2 EMRK bei nichttödlichen Gewaltanwendungen nur in Frage, falls die Gewalt nicht mit der Absicht, das Opfer zu erniedrigen, ihm Schmerzen zuzufügen oder es herabzusetzen, eingesetzt wurde und damit der sachliche Geltungsbereich des Verbots der Folter und unmenschlichen oder erniedrigenden Behandlung gemäss Art. 3 EMRK nicht erfüllt ist. Diese Voraussetzung war im vorliegenden Sachverhalt erfüllt, schossen doch die Polizeibeamten mit unkontrollierten Gewehrsalven auf das Auto des flüchtenden Beschwerdeführers mit dem einzigen Ziel, dessen Flucht zu beenden. So auch EGMR, Sašo Gorgiev v. The Former Yugoslav Republic of Macedonia, Reports 2012-III, Ziff. 36–38. Für eine ähnliche Schlussfolgerung im Kontext einer bewaffneten Auseinandersetzung siehe EGMR, Makhauri v. Russia, 58701/00 (2007), Ziff. 117. Hingegen erachtet der EGMR etwa den direkten Beschuss von Demonstrierenden mit Tränengasgranaten (Yaşa and Others v. Turkey, 44827/08 [2013], Ziff. 37 ff.) oder den unverhältnismässigen Einsatz von sog. «Tasern» (Georgiev and Others v. Bulgaria, 51284/09 [2014], Ziff. 65 ff.) als Verletzung von Art. 3 EMRK. Siehe zum Ganzen auch AfKRMV, General Comment 3 (2015), Ziff. 8, und IAGMR, Case of the Rochela Massacre v. Colombia, C/163 (2007), Ziff. 127.

10 AfKRMV, Kazeem Aminu v. Nigeria, 205/1997 (2000), Ziff. 18; MRA, General Comment 36 (2018), Ziff. 7.

b) Das Verbot willkürlicher Tötungen durch Sicherheitskräfte

Art. 6 Pakt II und die meisten regionalen Konventionen[11] untersagen die willkürliche Beraubung des Lebens, ohne zu präzisieren, wann Willkür im Sinne dieser Garantien vorliegt. Anders strukturiert ist Art. 2 EMRK: Er stuft in seinem Abs. 2 eine Tötung nicht als Menschenrechtsverletzung ein, «wenn sie durch eine Gewaltanwendung verursacht wird, die unbedingt erforderlich ist, um a) jemanden gegen rechtswidrige Gewalt zu verteidigen; b) jemanden rechtmässig festzunehmen oder jemanden, dem die Freiheit rechtmässig entzogen ist, an der Flucht zu hindern» oder «c) einen Aufruhr oder Aufstand rechtmässig niederzuschlagen». 9.18

Die Menschenrechte untersagen dem Staat als Träger des Gewaltmonopols somit nicht jede Gewaltanwendung mit Todesfolge. Vielmehr zeigt Art. 2 EMRK, dass Sicherheitskräfte trotz möglicher Todesfolge zwecks Notwehr und Notwehrhilfe, Festnahme einer Person und Unterdrückung eines Aufstandes Gewalt anwenden dürfen, wenn die Anwendung potenziell tödlicher Gewalt zur Erreichung dieser Ziele absolut notwendig ist. Art. 2 Abs. 2 EMRK listet daher nicht die Situationen auf, in welchen der Staat töten darf, sondern Fälle, in welchen das Recht auf Leben trotz Todesfolge oder Inkaufnahme einer Tötung nicht verletzt ist[12], weil der Einsatz von Gewalt zur Erreichung eines der aufgezählten Ziele absolut notwendig und verhältnismässig war[13]. In solchen Fällen darf – mit anderen Worten – Gewalt eingesetzt werden, auch wenn Todesfälle nicht unbedingt vermieden werden können. In eigentlichen Notwehr- und Notwehrhilfesituationen, aber nur in solchen, darf in Extremfällen und als letztes Mittel gar Gewalt mit der Absicht zu töten eingesetzt werden[14]. Ist diese Vor- 9.19

---

11 Art. 4 AMRK, Art. 5 ArCMR und Art. 4 AfCRMV.

12 EGMR (Grand Chamber), McCann and Others v. The United Kingdom, A/324 (1995), Ziff. 148: «[T]he exceptions delineated in paragraph 2 indicate that this provision extends to, but is not concerned exclusively with, intentional killing. [...] [T]he text of Article 2 [...] demonstrates that paragraph 2 does not primarily define instances where it is permitted intentionally to kill an individual, but describes the situations where it is permitted to ‹use force› which may result, as an unintended outcome, in the deprivation of life.» So z.B. auch EGMR (Grand Chamber), Ramsahai and Others v. The Netherlands, 52391/99 (2007), Ziff. 286.

13 Vgl. EGMR (Grand Chamber), Ramsahai and Others v. The Netherlands, 52391/99 (2007), Ziff. 287: «[T]he term ‹absolutely necessary› in Article 2 § 2 indicates that a stricter and more compelling test of necessity must be employed than that normally applicable when determining whether State action is ‹necessary in a democratic society› under the second paragraph of Articles 8 to 11 of the Convention». Stets unverhältnismässig ist eine potenziell tödliche Gewaltanwendung zur Festnahme oder zur Verhinderung der Flucht einer Person, die keine Gefahr für Leib und Leben anderer Personen darstellt und die nicht verdächtigt wird, ein Gewaltverbrechen begangen zu haben; siehe EGMR (Grand Chamber), Nachova and Others v. Bulgaria, Reports 2005-VII, Ziff. 95; AfCRMV, Kazingachire v. Zimbabwe and Others, 295/04 (2013), Ziff. 118 ff., und MRA, General Comment 36 (2018), Ziff. 12. Nicht per se unverhältnismässig ist hingegen der Einsatz von Gewalt, die üblicherweise nicht zum Tod führt, aber im konkreten Fall infolge gesundheitlicher Prädispositionen des Opfers dieses Resultat bewirkt; EGMR, Scavuzzo-Hager v. Switzerland, 41773/98 (2006).

14 Siehe dazu etwa EGMR, Bubbins v. The United Kingdom, Reports 2005-II, und AfKRMV, General Comment 3 (2015), Ziff. 13 und 27.

aussetzung nicht gegeben, stellt die gezielte Tötung eines Menschen ausserhalb bewaffneter Konflikte stets – d.h. beispielsweise auch im Falle der aussergerichtlichen Tötung eines Terroristen – eine Verletzung des Rechts auf Leben dar.

9.20 Auch gemäss der weniger detaillierten Praxis des MRA und der Organe der anderen regionalen Konventionen zum Verbot der willkürlichen Tötung stellt eine Gewaltanwendung mit Todesfolge nur dann keine Verletzung des Rechts auf Leben dar, wenn sie legitimen Zielen[15] dient und verhältnismässig zur Erreichung dieses Ziels eingesetzt wurde[16], wobei an diese Elemente angesichts der besonderen Bedeutung des Schutzgutes Leben die gleich hohen Anforderungen wie bei der EMRK zu stellen sind.

9.21 Darüber hinaus statuieren alle Konventionen mit der Formulierung, dass das Recht auf Leben gesetzlich zu schützen ist, eine weitere Schutzkomponente: Vertragsstaaten sind gehalten, die Umstände, unter welchen Sicherheitskräfte Gewalt anwenden dürfen, und erst recht die Voraussetzungen eines gezielten Todesschusses, abstrakt festzulegen[17]. Erlaubt das Gesetz gewisse Tötungen, sind diese allerdings nicht automatisch völkerrechtlich zulässig; vielmehr verletzt ein Staat seine Pflicht, das Leben gesetzlich zu schützen, wenn das Gesetz illegitime oder unverhältnismässige Tötungshandlungen erlaubt oder toleriert[18].

9.22 Damit statuiert das Recht auf Leben eine hohe Schwelle für die Rechtmässigkeit der Anwendung potenziell tödlicher Gewalt. Es überrascht vor diesem Hintergrund nicht, dass Sicherheitsorgane, welche die Anwendung solcher Gewaltmassnahmen planen, alle Vorsichtsmassnahmen zu ergreifen haben, mit welchen ein tödlicher Ausgang vermieden werden kann, soll die Gewaltanwendung als verhältnismässig eingestuft werden. Der EGMR verfolgt in dieser Frage einen rigiden Ansatz, der 1995 im McCann-Fall entwickelt wurde und seither grundsätzlich den Massstab zur Abklärung der Zulässigkeit aussergerichtlicher Tötungen bildet[19]: Demgemäss muss nicht nur die Ge-

15 IAGMR, Landaeta Mejías Brothers et al. v. Venezuela, C/281 (2014), Ziff. 134. Der MRA nennt im Entscheid Suárez de Guerrero v. Colombia, 45/1979 (1982), Ziff. 13.2, die Selbstverteidigung und die Verteidigung des Lebens anderer sowie die Festnahme oder die Verhinderung des Ausbruchs von Häftlingen als legitime Gründe.

16 A.a.O., Ziff. 13.2 und 13.3. Siehe für die ähnliche Praxis des IAGMR z.B. Barrios Family v. Venezuela, C/237 (2011), Ziff. 49, und der IAKMR etwa Corumbiara Massacre v. Brazil, 11.556 (2004), Ziff. 164 ff.

17 MRA, General Comment 36 (2018), Ziff. 13, sowie EGMR (Grand Chamber), Makaratzis v. Greece, Reports 2004-XI, Ziff. 57 ff., und Finogenov and Others v. Russia (Chamber), Reports 2011-VI, Ziff. 207; IAGMR, Landaeta Mejías Brothers et al. v. Venezuela, C/281 (2014), Ziff. 124 ff., und AfKRMV, General Comment 3 (2015), Ziff. 27.

18 MRA, Suárez de Guerrero v. Colombia, 45/1979 (1982), Ziff. 13.3.

19 Vgl. auch EGMR (Grand Chamber), Makaratzis v. Greece, Reports 2004-XI, Ziff. 56 ff., und Giuliani and Gaggio v. Italy, Reports 2011-II, Ziff. 197 ff. Im Urteil Finogenov and Others v. Russia, Reports 2011-VI, Ziff. 208 ff., relativierte der EGMR diesen Standard mit folgender Begründung: «[T]he Court may occasionally depart from that rigorous standard of ‹absolute necessity›. […] [I]ts application may be simply impossible where certain aspects of the situation lie far beyond the Court's expertise and where the authorities had to act under tremendous time pressure and waltanwendung an sich absolut notwendig zur Erreichung eines legitimen Ziels sein. Vielmehr müssen auch die Organisation und Kontrolle derartiger Operationen[20] Gewähr dafür bieten, dass alle Massnahmen zur Schonung des Lebens getroffen werden und zu solcher Gewalt nur gegriffen wird, wenn einer Gefahr für Leib und Leben anderer Personen gemäss dem im Handlungszeitpunkt bei sorgfältiger Abklärung der Umstande möglichen Wissen nicht auf andere Weise begegnet werden kann[21]. Grundsätzlich gelten diese Anforderungen auch für die anderen Konventionen. So warf der MRA Kolumbien im Entscheid Guerrero vor, dass die Opfer einer Polizeiaktion nicht gewarnt worden seien und keine Gelegenheit erhalten hatten, sich zu ergeben[22].

Beispiel: Das Urteil McCann gegen das Vereinigte Königreich des EGMR[23]

Dieses Urteil des EGMR befasst sich mit der Rechtmässigkeit staatlicher Gewaltanwendung mit tödlichem Ausgang anlässlich des Versuchs britischer Sicherheitskräfte, Mitglieder der Irisch Republikanischen Armee (IRA) in Gibraltar festzunehmen. Diese bereiteten gemäss Geheimdienstinformationen einen Bombenanschlag in Gibraltar vor. Den Sicherheitskräften wurde vor der Operation mitgeteilt, die zu verhaftenden Personen trügen eine Bombe auf sich. Als sie sich den Verdächtigen näherten, bewegte sich ein IRA-Mitglied ruckartig. Die beteiligten Sicherheitskräfte deuteten dies als Versuch, die Bombe zu zünden und erschossen die Personen gezielt. Diese Annahme erwies sich als falsch. Der Gerichtshof hielt den Todesschützen zugute, dass sie effektiv von einer aktuellen Notwehrsituation ausgegangen waren. Diese Feststellung entlastete den Staat hingegen noch nicht. Vielmehr hielt der EGMR fest: 9.23

where their control of the situation was minimal.» Im konkreten Fall hatte der EGMR zu beurteilen, ob der Einsatz von Gas zur Beendigung einer terroristisch motivierten Geiselnahme mehrerer Hundert Personen in einem Theater in Moskau, welcher zu über hundert Todesfällen führte, vor Art. 2 EMRK Bestand hatte. Im Urteil Tagayeva and Others v. Russia, 26562/07 etc., Reports 2017, Ziff. 481, stellte der EGMR schliesslich fest: «The absolute necessity test formulated in Article 2 is bound to be applied with different degrees of scrutiny, depending on whether and to what extent the authorities were in control of the situation».

20 Inklusive die Vorkehrungen für die Rettung und medizinische Versorgung potenzieller Opfer; EGMR, Finogenov and Others v. Russia, Reports 2011-VI, Ziff. 237–266. So auch IAGMR, Landaeta Mejías Brothers et al. v. Venezuela, C/281 (2014), Ziff. 143.

21 Siehe etwa EGMR (Grand Chamber), Giuliani and Gaggio v. Italy, Reports 2011-II, Ziff. 178: «The use of force by agents of the State in pursuit of one of the aims delineated in paragraph 2 of Article 2 of the Convention may be justified under this provision where it is based on an honest belief which is perceived, for good reasons, to be valid at the time but which subsequently turns out to be mistaken.» So auch detailliert EGMR (Grand Chamber), Armani da Silva v. The United Kingdom, 5878/08, Reports 2016, Ziff. 240 ff.

22 MRA, Suárez de Guerrero v. Colombia, 45/1979 (1982), Ziff. 13.2.

23 EGMR (Grand Chamber), McCann and Others v. The United Kingdom, A/324 (1995). Siehe dazu auch etwa EGMR, Andronicou and Constantinou v. Cyprus, Reports 1997-VI, Ergi v. Turkey, Reports 1998-IV, Ziff. 79 ff., und Güleç v. Turkey, Reports 1998-IV, Ziff. 63 ff., zur Rechtmässigkeit staatlicher Gewaltanwendung zwecks Auflösung gewaltsamer Demonstrationen.

«150. In keeping with the importance of this provision in a democratic society, the Court must, in making its assessment, subject deprivations of life to the most careful scrutiny, particularly where deliberate lethal force is used, taking into consideration not only the actions of the agents of the State who actually administer the force but also all the surrounding circumstances including such matters as the planning and control of the actions under examination».

9.24 Mit folgender Begründung kam der Gerichtshof zum Schluss, dass die Operation nicht auf eine Weise vorbereitet und geleitet wurde, die dafür Gewähr geboten hätte, dass Gewalt mit tödlichem Ausgang nur bei absoluter Notwendigkeit angewendet würde:

«213. In sum, having regard to the decision not to prevent the suspect from travelling into Gibraltar, to the failure of the authorities to make sufficient allowances for the possibility that their intelligence assessments might, in some respects at least, be erroneous and to the automatic recourse to lethal force when the soldiers opened fire, the Court is not persuaded that the killing of the three terrorists constituted the use of force which was no more than absolutely necessary in defence of persons from unlawful violence within the meaning of Article 2 § 2 (a) of the Convention».

9.25 Die Tötung der mutmasslichen Terroristen erfolgte daher unter Verletzung des Rechts auf Leben.

9.26 Ebenfalls eine Verletzung des Rechts auf Leben liegt vor, wenn ein staatliches Sicherheitsorgan eine Person auf eine Weise verwundet, die bei angemessener Behandlung nicht tödlich wäre, es aber dem Opfer den Zugang zu medizinischer Versorgung verwehrt und das Opfer in der Folge stirbt[24]. Dies gilt auch – selbst wenn der Staat nicht für die lebensbedrohliche Situation verantwortlich ist –, wenn staatliche Organe die Inanspruchnahme vorhandener Gesundheits- und wohl auch Nahrungsmittelinfrastruktur verunmöglichen und dadurch den Tod einer Person verursachen[25].

c) Die Todesstrafe und die Bestrebungen zu ihrer Abschaffung

9.27 Das universelle Völkergewohnheitsrecht untersagt die Todesstrafe an sich nicht. Heute ist jedoch unbestritten, dass die Verurteilung von Personen zu dieser Strafe, die im Tatzeitpunkt unter 18-jährig waren, sowie die Hinrichtung schwangerer Frauen und Personen mit geistiger Behinderung dem Gewohnheitsrecht widersprechen[26]. Auch

---

24 MRA, Mulezi v. Democratic Republic of the Congo, 962/2001 (2004), Ziff. 5.4. Zur menschenrechtlichen Beurteilung ärztlicher Kunstfehler mit tödlichen Folgen siehe hinten Rz. 9.81 ff.

25 Siehe dazu auch Rz. 9.153.

26 Die USA haben zu Art. 6 Abs. 5 Pakt II einen Vorbehalt erklärt, wonach sie «sich unter Vorbehalt der von ihrer Verfassung auferlegten Beschränkungen das Recht vor[behalten], gegen eine aufgrund von die Todesstrafe zulassenden rechtskräftigen oder zukünftigen Gesetzen gebührend für schuldig befundene, auch noch nicht 18 Jahre alte Person (falls es sich nicht um eine schwangere Frau handelt) die Todesstrafe auszusprechen». Gegen die Zulässigkeit dieses Vorbehalts haben neun europäische Staaten Einspruch erhoben. Für das Verbot dieses Vorbehalts auch IAKMR, Patterson v. United States of America, 12.439 (2005). 2005 erklärte der amerikanische gemäss völkerrechtlichem Vertragsrecht stellt die Todesstrafe eine rechtmässige strafrechtliche Sanktion dar; allerdings nur dann, wenn gewisse strikte Voraussetzungen beachtet werden. Die Voraussetzungen werden detailliert im Pakt II, den regionalen Konventionen und im humanitären Völkerrecht statuiert[27].

aa) Voraussetzungen

Staaten, die weder Vertragspartei eines Abkommens zur Abschaffung der Todesstrafe[28] sind noch diese Sanktion in ihrem nationalen Recht abgeschafft haben, dürfen die Todesstrafe gemäss Art. 6 Pakt II und Art. 4 AMRK[29] unter folgenden restriktiv auszulegenden Voraussetzungen aussprechen und vollziehen: 9.28

(1) Als Sanktion mit absolutem Ausnahmecharakter darf die Todesstrafe nur für objektiv und subjektiv *schwerste und genau umschriebene*[30] *Verbrechen, die vorsätzlich begangen wurden*, verhängt werden[31]. Die Voraussetzung der besonderen Schwere erfüllen z.B. Wirtschaftsdelikte[32], Korruption und Bestechung[33], Raub[34], Handel mit gefährlichem Abfall[35], Handel mit illegalen Betäubungsmitteln[36], Schmuggel und Spionage[37] oder Entführungen ohne Todesfolge[38] nicht. Dieser Schluss muss überdies für alle strafrechtlichen Tatbestände gelten, deren Kriminalisierung an sich gegen menschenrechtliche Vorgaben verstösst. Dazu zählen Delikte wie Ehebruch und homosexuelle Aktivitäten[39], Apostasie oder die Beleidigung eines Staatsoberhaupts[40]. Als schwer können daher wohl nur vorsätzliche Tötungsdelikte und die vorsätzliche Beifügung von extrem schweren physischen und psychischen Verletzungen eingestuft werden[41]. Die Ausfällung der Todesstrafe basierend auf Strafbestimmungen, welche für gewisse Delikte zwingend, d.h. ohne Möglichkeit der Berücksichtigung des Schuldausmasses und 9.29

Supreme Court im Fall Roper v. Simmons (03–633) unter Hinweis auf internationale Standards die Todesstrafe bei im Tatzeitpuntkt minderjährigen Personen für verfassungswidrig.

27 Art. 6 Abs. 5 Pakt II, Art. 4 Abs. 2–6 AMRK, Art. 68 Abs. 4 GK IV, Art. 76 Abs. 3 und 77 Abs. 5 ZP I, Art. 6 Abs. 4 ZP II.

28 Dazu gleich anschliessend lit. bb.

29 Keine expliziten Bedingungen nennt Art. 4 ACRMV. Zum Verbot der Todesstrafe in Europa siehe Rz. 9.40.

30 So erachtete der MRA etwa den Straftatbestand der «opposition to order and national security» als zuwenig bestimmt; CO Vietnam (2002), Ziff. 7, und ähnlich CO Kuwait (2000), Ziff. 13 f.

31 MRA, General Comment 36 (2018), Ziff. 35.

32 MRA, CO Sudan (2007), Ziff. 19 (Veruntreuung durch Beamte).

33 MRA, CO Thailand (2017), Ziff. 17.

34 MRA, CO Sudan (2007), Ziff. 19, und CO Zambia (2007), Ziff. 17.

35 MRA, CO Cameroon (1994), Ziff. 9.

36 Siehe etwa MRA, CO Sudan (2007), Ziff. 19, CO Kuwait (2011), Ziff. 14, CO Indonesien (2013), Ziff. 10.

37 MRA, CO Bangladesh (2017), Ziff. 21.

38 MRA, CO Guatemala (2001), Ziff. 17; IAGMR, Raxcacó Reyes v. Guatemala, C/133, Ziff. 72.

39 MRA, CO Sudan (2007), Ziff. 19, und CO Yemen (2012), Ziff. 13.

40 MRA, CO Iraq (1997), Ziff. 16. Siehe dazu MRA, General Comment 36 (2018), Ziff. 36.

41 Gemäss AfKRMV, General Comment 3 (2015), erfüllen einzig Delikte, die mit einer vorsätzlichen Tötung verbunden sind, dieses Kriterium.

anderer persönlicher Umstände der Täterin oder des Täters, die Todesstrafe vorsehen, stellt stets eine Paktverletzung dar[42].

9.30 (2) Strafgesetze, welche die Todesstrafe verankern, müssen *menschenrechtskonform ausgestaltet* sein, d.h. sie dürfen inhaltlich nicht anderen Garantien des Pakts widersprechen[43]. Namentlich dürfen derartige Gesetze keine Hinrichtungsmethoden vorsehen, welche gegen das Verbot der unmenschlichen Behandlung verstossen, d.h. über die mit der Vollstreckung der Todesstrafe inhärent verbundenen Qualen oder Ängste hinausgehen. Missachtet wird diese Voraussetzung wegen ihres herabwürdigenden Charakters etwa durch öffentliche Exekutionen[44] oder wegen der Länge des Todeskampfes durch Hinrichtungen in Gaskammern[45] oder mittels Steinigung[46] oder mittels Injektion von nicht für diesen Zweck getesteter Chemikalien[47]. Ebenso unmenschlich ist eine Hinrichtung ohne Mitteilung des bevorstehenden Exekutionszeitpunkts[48]. Hingegen kann gestützt auf eine systematische Auslegung des Pakts II rechtlich nicht argumentiert werden, die Verhängung der Todesstrafe sowie eine Exekution stelle per se eine unmenschliche Behandlung dar und sei daher völkerrechtlich verboten[49].

9.31 (3) Ein Todesurteil darf weiter nur gestützt auf Strafgesetze ausgesprochen werden, die im *Zeitpunkt der Tatbegehung in Kraft* waren[50]. Diese Voraussetzung verweist auf das Verbot rückwirkender Strafgesetze. Wird nach dem Tatzeitpunkt für das betreffende Delikt eine mildere Strafe eingeführt oder die Todesstrafe ganz abgeschafft, ist die mildere Gesetzgebung immer rückwirkend anzuwenden (Grundsatz der lex mitior).

9.32 (4) Die Verhängung der Todesstrafe stellt nur dann keine Verletzung des Rechts auf Leben dar, wenn sie in einem *fairen und rechtsstaatlichen Verfahren* von einem *zuständigen Gericht* ausgesprochen wird. Nationale Gesetze, welche die Todesstrafe vorsehen, und auch die tatsächliche Ausgestaltung des Strafprozesses müssen daher den menschenrechtlichen Verfahrensgarantien entsprechen[51]. Insbesondere Militärgerichte

---

42 Siehe z.B. MRA, Weerawansa v. Sri Lanka, 1406/2005 (2009), Ziff. 7.2, Carpo et al. v. The Philippines, 1077/2002 (2003), Ziff. 8.3, und Hussain and Singh v. Guyana, 862/1999 (2005), Ziff. 6.2. So auch der IAGMR: Hilaire and Others v. Trinidad and Tobago, C/94 (2002), Ziff. 103 ff., und Boyce et al. v. Barbados, C/169 (2007), Ziff. 47 ff., und die konstante Praxis der IAKMR; siehe z.B. Lallion v. Grenada, 11.765 (2002), Ziff. 63.

43 Diese offenkundige Voraussetzung erwähnt Art. 4 AMRK nicht; sie muss aber auch dort gelten.

44 MRA, CO Iran (2012), Ziff. 12, und CO Yemen (2012), Ziff. 14.

45 MRA, Ng v. Canada, 469/1991 (1994), Ziff. 16.4.

46 MRA, CO Iran (2012), Ziff. 12, und CO Yemen (2012), Ziff. 14.

47 MRA, CO USA (2014), Ziff. 8.

48 MRA, CO Japan (2014), Ziff. 13.

49 Siehe zur entsprechenden Praxis des EGMR anschliessend Rz. 9.40.

50 Diese Voraussetzung ist in Art. 6 Abs. 2 Pakt II explizit verankert.

51 So die ständige Praxis des MRA; siehe z.B. Chikunova v. Uzbekistan, 1043/2002 (2007), Ziff. 7.5, und Selyun v. Belarus, 2289/2013 (2015), Ziff. 7.7. So auch EGMR (Grand Chamber), Öcalan v. Turkey, Reports 2005-IV, Ziff. 166. Im Entscheid Smartt v. Guyana, 867/1999 (2004), Ziff. 6.3, stellte der MRA eine Verletzung des Rechts auf Leben fest, weil der Verteidiger der zum Tode verurteilten Person nicht während des gesamten Strafverfahrens anwesend war. Eine ähnliche vermögen diese Voraussetzungen in Verfahren gegen Zivilpersonen kaum je zu erfüllen[52].

(5) Wie bereits erwähnt, ist die Verurteilung von Personen, die zum Tatzeitpunkt noch nicht 18-jährig waren und die Hinrichtung von Schwangeren verboten[53]. Weiter anerkennen mittlerweile der MRA und regionale Organe ein generelles Verbot, gegenüber Personen mit geistiger Behinderung und schuldunfähigen Personen die Kapitalstrafe auszusprechen[54]. Art. 4 Abs. 5 AMRK untersagt zudem die Hinrichtung von Personen über 70 Jahren[55]. 9.33

(6) Schliesslich ist jeder zum Tod verurteilten Person die Möglichkeit einzuräumen, um Begnadigung oder Umwandlung der Strafe zu bitten[56]. 9.34

Sind diese Voraussetzungen nicht erfüllt, liegt eine Verletzung des Rechts auf Leben nicht nur vor, wenn die Todesstrafe tatsächlich vollzogen wird, sondern auch in Fällen, in welchen wegen eines Moratoriums mit ihrem Vollzug nicht zu rechnen ist[57]. 9.35

Gemäss dem MRA stellt die Ausfällung der Todesstrafe unter Missachtung dieser Vorgaben und namentlich nach einem unfairen Prozess – angesichts der durch die drohende Exekution ausgelösten Ängste – überdies eine Verletzung des Verbots der unmenschlichen Behandlung gemäss Art. 7 Pakt II dar[58]. 9.36

bb) Abschaffung der Todesstrafe

In den letzten Jahrzehnten ist eine deutliche Tendenz zu einem völkerrechtlichen Verbot der Todesstrafe zu beobachten. Dieser Trend äussert sich in drei Bereichen: 9.37

(1) *Vertragliche Verbote*: Folgende Zusatzabkommen schränken die Anwendung der Todesstrafe ein oder verbieten sie vollständig: 9.38

Praxis kennen auch die AfKRMV (siehe z.B. Forum of Conscience v. Sierra Leone, 223/1998 [2000], Ziff. 19, und International Pen and Others v. Nigeria, 137/1994 etc. [1998], Ziff. 103) und die IAKMR (Moreno Ramos v. USA, 12.430 [2005], Ziff. 71). Zu den Verfahrensgarantien siehe Kapitel 15.

52 Siehe EGMR (Grand Chamber), Öcalan v. Turkey, Reports 2005-IV, Ziff. 112 ff., und AfKRMV, Civil Liberties Organisation and Others v. Nigeria, 218/1998 (1998), Ziff. 24 ff. Der MRA schliesst in seinem General Comment 32 (2007), Ziff. 22, die Rechtmässigkeit einer Verurteilung von Zivilpersonen nicht vollständig aus, äussert sich aber hier nicht zur Todesstrafe.

53 Art. 6 Abs. 5 Pakt II, Art. 4 Abs. 5 AMRK.

54 MRA, CO Japan (2014), Ziff. 13; so auch AfKRMV, General Comment 3 (2015), Ziff. 25, und IAKMR, Lackey et al. v. USA, Report 52/13, 11.575 et al., (2013), Ziff. 206 ff.

55 So auch MRA, CO Japan (2014), Ziff. 16.

56 Art. 6 Abs. 4 Pakt II und Art. 4 Abs. 6 AMRK. Dazu z.B. MRA, Chisanga v. Zambia, 1132/2002 (2005), Ziff. 7, und CO Yemen (2012), Ziff. 14.

57 Im Entscheid Weerawansa v. Sri Lanka, 1406/2005 (2009), Ziff. 7.2, schloss der MRA trotz eines bereits 30-jährigen Moratoriums auf eine Paktverletzung, weil das Urteil auf einer Gesetzesbestimmung beruhte, welche die Todesstrafe zwingend vorsah.

58 Siehe z.B. MRA, Mwamba v. Zambia, 1520/2006 (2010), Ziff. 6.8.

Vertrag	Inhalt
ZP 6/EMRK (1983)	Verbot der TS in Friedenszeiten; das nationale Recht darf die TS für Taten vorsehen, die in Kriegszeiten oder bei unmittelbarer Kriegsgefahr begangen werden
FP 2/Pakt II (1989)	Verbot der TS; Vorbehalt zulässig, der die Anwendung der TS in Kriegszeiten aufgrund einer Verurteilung wegen eines in Kriegszeiten begangenen besonders schweren Verbrechens militärischer Art vorsieht
ZP 2/AMRK (1990)	wie FP 2/Pakt II
ZP 13/EMRK (2002)	absolutes Verbot der TS

Abb. 15: Zusatzabkommen zur Abschaffung der Todesstrafe (TS)

9.39 (2) *Verbot der Wiedereinführung der Todesstrafe*: Art. 4 Abs. 3 AMRK stipuliert ein ausdrückliches Verbot für Staaten, welche die Todesstrafe abgeschafft haben, diese wieder einzuführen, und Abs. 2 dieser Garantie untersagt den Vertragsstaaten, diese Strafandrohung auf weitere Verbrechen auszudehnen[59]. Der Pakt II kennt keine analoge Bestimmung. Trotzdem erscheint auch unter diesem Vertrag die Wiedereinführung dieser Sanktion oder die Ausdehnung der mit dieser Strafe bedrohten Delikte[60] selbst für Staaten, welche die aufgelisteten Verträge zur Abschaffung der Todesstrafe nicht ratifiziert haben, rechtlich zumindest hoch problematisch[61]. Die Kapitalstrafe darf gemäss Art. 6 Abs. 2 Pakt II einzig in Staaten ausgesprochen werden, in denen die Todesstrafe noch «nicht abgeschafft worden ist», und der Pakt macht klar, dass er auf das Ziel ihrer Abschaffung ausgerichtet ist[62]. Eine grammatikalische und teleologische Auslegung dieser Texte spricht für eine eindeutige Präferenz des Pakts für die Abschaffung der Todesstrafe. Sie legt auch nahe, dass Staaten, welche diese Strafe einmal abgeschafft haben, sie nicht wieder einführen dürfen. In diesem Sinn betont der MRA, dass Staaten, welche die Kapitalstrafe abgeschafft haben, verpflichtet sind, Menschen nicht mittels einer Auslieferung der Gefahr auszusetzen, im ersuchenden Staat hingerichtet zu werden[63]. Zudem taxiert er alle Massnahmen, die auf eine Einschränkung oder gar die Abschaffung der Todesstrafe zielen, als Fortschritt in der Verwirklichung des Rechts auf Leben[64] und fordert Staaten, die dies noch nicht getan haben, zur Abschaffung auf[65].

59 Vgl. dazu IAGMR, Raxcacó Reyes v. Guatemala, C/133 (2005), Ziff. 58 ff.

60 Siehe MRA, General Comment 36 (2018), Ziff. 33.

61 Die AfKRMV erachtet die Wiedereinführung der Todesstrafe als unzulässig; siehe General Comment 3 (2015), Ziff. 23.

62 Gemäss Art. 6 Abs. 6 Pakt II darf «[k]eine Bestimmung dieses Artikels […] herangezogen werden, um die Abschaffung der Todesstrafe durch einen Vertragsstaat zu verzögern oder zu verhindern».

63 MRA, Judge v. Canada, 829/1998 (2003), Ziff. 10.4.

64 Z.B. MRA, General Comment 6 (1982), Ziff. 6. So auch der IAGMR, The Right to Information on Consular Assistance in the Framework of the Guarantees of the Due Process of Law, Advisory Opinion, A/16 (1999), Ziff. 134 ff.

65 Z.B. MRA, CO Jamaica (2011), Ziff. 17, und CO Thailand (2017), Ziff. 18. Die gleiche Forderung richtet der MRA an Staaten, welche ein Moratorium für die Anwendung der Todesstrafe aus-

(3) *Verbot der Todesstrafe in Europa*: Der EGMR deutete im Jahr 2005 erstmals an, die Exekution einer Person stelle eine unmenschliche Behandlung im Sinn von Art. 3 EMRK dar. Er beschränkte sich aber damals auf die Feststellung, diese Sanktion sei während Friedenszeiten kaum mehr zulässig[66] und stelle stets eine unmenschliche Behandlung dar, falls sie nach einem unfairen Prozess ausgesprochen werde[67]. Fünf Jahre später gelangte das Gericht zum Schluss, dass trotz Zulässigkeit der Todesstrafe gemäss Art. 2 Abs. 1 EMRK diese Sanktion eine unmenschliche oder erniedrigende Bestrafung darstelle und daher in Europa nicht mehr zulässig sei. Zur Begründung für diesen Meinungsumschwung führte es aus, nur ganz wenige Staaten hätten Protokoll Nr. 13 nicht ratifiziert. Diese Zahlen zusammen mit der konsequenten Einhaltung des Moratoriums für die Todesstrafe in jenen Europaratsstaaten, welche sie noch vorsehen, seinen deutlicher Hinweis darauf, dass Artikel 2 stillschweigend geändert wurde, um die Todesstrafe unter allen Umständen zu verbieten. Deshalb sei der Wortlaut von Art. 2 EMRK kein Hindernis mehr dafür, den Begriff der unmenschlichen Strafe in Artikel 3 so auszulegen, dass er auch die Todesstrafe verbiete[68]. 9.40

cc) Auslieferung bei drohender Todesstrafe

In der Praxis der Vertragsorgane stellen sich häufig Fragen zur Rechtmässigkeit von Auslieferungen bei drohender Todesstrafe[69]. Unbestritten ist, dass für Staaten, welche die Todesstrafe landesrechtlich nicht abgeschafft haben, diese Bedrohungssituation kein absolutes menschenrechtlich gebotenes Auslieferungshindernis darstellt. Allerdings darf gemäss Praxis der Überwachungsorgane einem Auslieferungsgesuch nur stattgegeben werden, falls der ersuchende Staat Gewähr dafür bietet, dass die Behandlung vor der Hinrichtung[70] und der Vollzug der Todesstrafe[71] nicht als unmenschliche Behandlung einzustufen sind; andernfalls stellt die Auslieferung ihrerseits einen Verstoss gegen das Verbot der unmenschlichen Behandlung dar[72]. Dasselbe muss u.E. auch bei Fehlen einer drohenden unmenschlichen Behandlung gelten, wenn voraus- 9.41

---

gerufen haben; siehe etwa CO Kazakhstan (2016), Ziff. 16, Malawi (2012), Ziff. 10, und CO Mongolia (2011), Ziff. 6.

66 EGMR (Grand Chamber), Öcalan v. Turkey, Reports 2005-IV, Ziff. 162 ff., unter Verweis auf das Kammerurteil in demselben Fall (2003), Ziff. 189 ff.

67 EGMR (Grand Chamber), Öcalan v. Turkey, Reports 2005-IV, Ziff. 167 ff. Siehe dazu auch AfKRMV, Civil Liberties Organisation and Others v. Nigeria, 218/1998 (1998), Ziff. 24 ff.

68 EGMR, Al-Saadoon and Mufdhi v. The United Kingdom, Reports 2010-II, Ziff. 120.

69 Ähnliche Rechtsfragen stellen sich auch, wenn der abzuschiebenden Person im Destinationsstaat eine willkürliche Tötung durch Private oder De-facto-Organe droht; MRA, Warsame v. Canada, 1959/2010 (2011), Ziff. 8.2 f. (drohende Abschiebung nach Somalia).

70 EGMR, Soering v. The United Kingdom, A/161 (1989), Ziff. 90 f. und 100 ff.; MRA, Jamshidian v. Belarus, 2471/2014 (2017), Ziff. 9.2 ff.

71 Der MRA beurteilte in Ng v. Canada, 469/1991 (1993), Ziff. 16.1–16.4, die Auslieferung einer Person nach Kalifornien, wo ihr die Hinrichtung in einer Gaskammer drohte, als Verletzung von Art. 7 Pakt II.

72 Zum Verbot der unmenschlichen Behandlung als Auslieferungs-, Abschiebungs- und Ausweisungshindernis siehe hinten Rz. 18.21 ff.

sehbar ist, dass die Todesstrafe in Verletzung der oben erwähnten Standards ausgesprochen wird[73]. In einer solchen Situation würde es die Verpflichtung zum Schutz des Lebens einem Staat verbieten, eine Person unter seiner Jurisdiktion an einen anderen Staat auszuhändigen und diesem so eine Verletzung des Rechts auf Leben zu ermöglichen.

9.42 Was gilt für Staaten, welche die Todesstrafe abgeschafft haben? Dürfen solche Staaten eine Person in einen anderen Staat überstellen, wenn zu erwarten ist, dass ihr dort eine Todesstrafe in Übereinstimmung mit den Paktvorgaben droht? Gemäss einer älteren Praxis des MRA verstiess ein solches Verhalten nicht gegen den Pakt II[74]. Im Jahr 2003 änderte der Ausschuss jedoch diese Sichtweise und hielt fest, Staaten, welche die Todesstrafe auf ihrem Territorium abgeschafft haben, seien verpflichtet, das Recht auf Leben von Menschen unter ihrer Hoheitsgewalt in diesem Umfang auch dann zu schützen, wenn es um eine Auslieferung gehe. Dies gelte auch, wenn sie das FP 2/Pakt II nicht ratifiziert hätten. Daher sei es ihnen untersagt, eine Person bei drohender Todesstrafe auszuliefern[75]. Der EGMR liess Auslieferungen bei drohender Todesstrafe lange zu, falls diese im Destinationsstaat unter Respektierung der relevanten Menschenrechtsgarantien verhängt und vollzogen wurden[76]. Im Jahr 2010 gelangte er aber zum Schluss, dass zumindest Vertragsstaaten des ZP 13/EMRK unter der Verpflichtung stehen, Personen unter ihrer Jurisdiktion nicht an einen Staat auszuhändigen, in welchem ihnen die Hinrichtung droht[77]. Vor dem Hintergrund der Neueinstufung der Todesstrafe als unmenschliche Strafe im Sinne von Art. 3 EMRK ergibt sich, dass heute für alle EMRK-Staaten eine Auslieferung bei drohender Todesstrafe EMRK-widrig wäre[78].

d) Das Recht auf Leben während bewaffneter Konflikte

aa) Anwendbares Recht

9.43 Gemäss Pakt II und den regionalen Konventionen gilt das Recht auf Leben notstandsfest und entfaltet seine Schutzwirkung damit grundsätzlich auch während Kriegssituationen. Daher stellt sich die Frage, ob Tötungen während bewaffneter Auseinandersetzungen im Widerspruch zu menschenrechtlichen Vorgaben stehen.

9.44 In negativer Weise beantwortet diese Frage die Notstandsklausel von Art. 15 EMRK. Diese enthält in Abs. 2 einen ausdrücklichen Erlaubnisvorbehalt für «rechtmässige Kriegshandlungen». Gemeint sind damit Methoden der Kriegsführung, welche das humanitäre Völkerrecht nicht verbietet. Hat ein Vertragsstaat den Notstand in Übereinstimmung mit den Vorgaben von Art. 15 EMRK ausgerufen und sind Tötungen

---

73 So zumindest andeutungsweise MRA, Kwok v. Australia, 1442/2005 (2009), Ziff. 9.7.

74 MRA, Kindler v. Canada, 470/1991 (1993), und Cox v. Canada, 539/1993 (1994).

75 MRA, Judge v. Canada, 829/1998 (2003), Ziff. 10.4 ff., und Kwok v. Australia, 1442/2005 (2009), Ziff. 9.4.

76 EGMR, Bader and Kanbor v. Sweden, Reports 2005, Ziff. 41 ff.

77 EGMR, Al-Saadoon and Mufdhi v. The United Kingdom, Reports 2010-II, Ziff. 123 ff.

78 EGMR, Al-Nashiri v. Poland, 28761/11 (2015), Ziff. 576 ff.

unter Beachtung des humanitären Völkerrechts erfolgt, stellen sie keine Verletzung des Rechts auf Leben gemäss Art. 2 EMRK dar. Verzichtet hingegen ein Vertragsstaat trotz Vorliegens eines bewaffneten Konflikts auf die Ausrufung des Notstandes und damit auf die Derogation, bleibt Art. 2 EMRK auch in solchen Situationen grundsätzlich in vollem Umfang anwendbar und die EMRK-Konformität der Anwendung potenziell tödlicher Gewalt bemisst sich nach den oben[79] dargestellten Kriterien[80]. Dieser Befund gilt aber wohl nicht, wenn ein Staat militärisch ausserhalb seines Staatsgebiets engagiert ist. So haben europäische Staaten weder anlässlich ihrer militärischen Einsätze im ehemaligen Jugoslawien während der Kosovokrise, noch im Irak oder in Afghanistan Derogationserklärungen abgegeben und wären dazu mangels Vorliegens eines tatsächlichen Notstandes auf ihren Territorien wohl auch nicht befugt gewesen[81]. Während extraterritorial stattfindender[82] internationaler bewaffneter Auseinandersetzungen scheint daher eine Derogation nicht notwendig, damit kriegsbedingte Todesfälle vom EGMR primär im Lichte der Vorgaben des humanitären Völkerrechts geprüft werden.

In den Notstandsklauseln des Pakts II und der übrigen regionalen Abkommen fehlt im 9.45
Unterschied zu Art. 15 EMRK ein Verweis auf rechtmässige Kriegshandlungen. Allerdings erscheint hier klar, dass Todesfälle, die auf Kriegshandlungen in Übereinstimmung mit dem humanitären Völkerrecht zurückzuführen sind, unabhängig von einer Derogationserklärung, nicht als willkürliche Tötungen gelten und daher keine Verletzung des Rechts auf Leben darstellen[83]. Diesen Schluss bestätigte der IGH in seinem Nuklearwaffengutachten:

> «In principle, the right not arbitrarily to be deprived of one's life applies also in hostilities. The test of what is an arbitrary deprivation of life, [...] then falls to be determined by [...] the law applicable in armed conflict which is designed to regulate the conduct of hostilities. Thus whether a particular loss of life, through the use of a certain weapon in warfare, is to be considered an arbitrary deprivation of life contrary to Article 6 of the Covenant, can only be decided by reference to the law applicable in armed conflict and not deduced from the terms of the Covenant itself»[84].

---

79 Siehe Rz. 9.18 ff.

80 Vgl. dazu die Praxis des EGMR zum bewaffneten Konflikt in Tschetschenien anschliessend Rz. 9.52 ff.

81 Siehe dazu vorne Rz. 4.80.

82 Zur extraterritorialen Geltung der Menschenrechte siehe vorne Rz. 4.36 ff.

83 So ausdrücklich AfKRMV, General Comment 3 (2015), Ziff. 13 und 32.

84 IGH, Advisory Opinion on the Legality of the Threat or Use of Nuclear Weapons, ICJ Reports 1996, Ziff. 25. An gleicher Stelle betont der IGH weiter: «The Court observes that the protection of the [ICCPR] does not cease in times of war, except by operation of Article 4 of the Covenant whereby certain provisions may be derogated from in a time of national emergency.» Dazu auch IGH, Advisory Opinion on the Legal Consequences of the Construction of a Wall in the Occupied Palestinian Territory, ICJ Reports 2004, Ziff. 106.

9.46 Damit bestimmt bei gleichzeitiger Anwendbarkeit beider Rechtsgebiete das humanitäre Völkerrecht, wann Kampfhandlungen mit Todesfolgen während Kriegszeiten eine Verletzung menschenrechtlicher Garantien des Rechts auf Leben darstellen[85].

bb) Grundprinzipien des humanitären Völkerrechts zum Schutz des Lebens

9.47 Das humanitäre Völkerrecht verbietet absichtliche Tötungshandlungen nicht generell, da es den Krieg als Realität akzeptiert und auch zur Rechtmässigkeit einer bewaffneten Auseinandersetzung keine Stellung nimmt. Hingegen verlangt sein fundamentales Prinzip der Unterscheidung, dass alle Konfliktparteien jederzeit zwischen Zivilpersonen und Kombattanten unterscheiden und dass Angriffe nur gegen Kombattanten und nie gegen Zivilpersonen gerichtet werden, es sei denn, diese nähmen im Moment des Angriffs aktiv an den Feindseligkeiten teil[86]. Gemäss diesem Prinzip ist daher die gezielte Tötung von Kombattanten durch Kombattanten, soweit dies mit erlaubten Kampfmethoden und erlaubten Waffen[87] geschieht, rechtlich zulässig. Verboten ist demgegenüber Folgendes:

9.48 (1) *Die Tötung von Menschen «hors de combat»*: «Personen, die nicht direkt an den Feindseligkeiten teilnehmen einschliesslich der Mitglieder der bewaffneten Streitkräfte, welche die Waffen gestreckt haben, und der Personen, die infolge Krankheit, Verwundung, Gefangennahme oder irgendeiner anderen Ursache ausser Kampf gesetzt wurden», dürfen nie getötet werden[88] und ihr Leben muss unter Einsatz aller konkret zur Verfügung stehenden Möglichkeiten geschützt werden.[89]

9.49 (2) *Gegen Zivilpersonen und zivile Objekte gerichtete militärische Angriffe*: Zivilpersonen sind Menschen, die nicht zu den Streitkräften gehören und folglich nicht an Kampfhandlungen teilnehmen[90]. Für ihren Schutz ist das absolut geltende Verbot, die Zivilbevölkerung als solche oder einzelne Zivilpersonen zum Ziel militärischer Angriffe zu

---

85 Bis heute hat soweit ersichtlich kein menschenrechtliches Organ zur Frage Stellung genommen, ob gemäss humanitärem Völkerrecht legale Tötungen von Kombattanten durch Kombattanten stets eine Verletzung des Rechts auf Leben darstellen, falls derartige Handlungen im Verlaufe eines völkerrechtlich illegalen Angriffskrieges durch Truppen des Angreifers vorgenommen werden.

86 Henckaerts/Doswald-Beck, Bd. I, Rules 1 und 6; Art. 48 ZP I und Art. 13 ZP II.

87 Zum Haager Recht vorne Rz. 2.6 und hinten Rz. 9.56 ff.

88 So der Wortlaut des für interne bewaffnete Konflikte formulierten gemeinsamen Art. 3 GK, welcher gewohnheitsrechtlich auch für internationale bewaffnete Konflikte gilt; so IGH, Military and Paramilitary Activities in and against Nicaragua (Nicaragua v. United States of America), ICJ Reports 1986, 114, Ziff. 218 f.

89 EGMR (Grand Chamber), Varnava and Others v. Turkey, Reports 2009-V, Ziff. 185: «Article 2 must be interpreted in so far as possible in light of [...] the rules of international humanitarian law [...]. The Court therefore [...] [holds] that in a zone of international conflict Contracting States are under obligation to protect the lives of those not, or no longer, engaged in hostilities. This would also extend to the provision of medical assistance to the wounded; where combatants have died, or succumbed to wounds, the need for accountability would necessitate proper disposal of remains and require the authorities to collect and provide information about the identity and fate of those concerned, [...]».

90 Art. 50 ZP I. Siehe dazu vorne Rz. 5.89 f.

machen[91], von besonderer Bedeutung. Es ist in Art. 51 Abs. 2 ZP I verankert, gilt aber gewohnheitsrechtlich als Grundprinzip des humanitären Völkerrechts auch für die wenigen Staaten, welche das ZP I nicht ratifiziert haben[92]. Deshalb müssen die Kriegführenden zwischen militärischen und zivilen Zielen unterscheiden und dürfen ihre Kriegshandlungen nur gegen militärische Ziele richten[93]. Solche Ziele sind «Objekte, die auf Grund ihrer Beschaffenheit, ihres Standorts, ihrer Zweckbestimmung oder ihrer Verwendung wirksam zu militärischen Handlungen beitragen und deren gänzliche oder teilweise Zerstörung, deren Inbesitznahme oder Neutralisierung unter den in dem betreffenden Zeitpunkt gegebenen Umständen einen eindeutigen militärischen Vorteil darstellt»[94]. Die Zerstörung von Objekten rein militärischen Charakters wie etwa Verteidigungsanlagen, Verteidigungsministerien oder die Rüstungsindustrie und Angriffe auf Militärpersonen und ihre Waffen und Ausrüstung erfüllen diese Voraussetzungen regelmässig. Im Gegensatz dazu muss bei sog. Dual-use-Objekten wie Häfen, Strassen, Brücken, Kanälen und anderen Infrastrukturanlagen, Energieversorgungs- und Kommunikationsanlagen sowie bei militärisch relevantem Gelände wie Brückenköpfen oder Hügeln[95], der eindeutige militärische Vorteil im Zeitpunkt des Angriffs effektiv vorhanden sein[96]. Im Zweifelsfall ist zu vermuten, «dass ein in der Regel für zivile Zwecke bestimmtes Objekt, wie beispielsweise eine Kultstätte, ein Haus, eine sonstige Wohnstätte oder eine Schule, nicht dazu verwendet wird, wirksam zu militärischen Handlungen beizutragen»[97], solange sich nicht herausstellt, dass es für militärische Benutzungen zweckentfremdet worden ist. Unter dem Gesichtspunkt des Rechts auf Leben ist daher die absichtliche Tötung von Kombattanten zulässig, während Zivilpersonen oder zivile Objekte nie Ziel eines Angriffs sein dürfen. Werden Zivilpersonen getötet, weil sie sich in unmittelbarer Nähre eines militärischen Objekts oder eines Dual-use-Objekts aufhielten, steht der Angriff im Widerspruch zum humanitären Völkerrecht und stellt eine Verletzung des Rechts auf Leben dar, wenn sog. Kollateralschäden «in keinem Verhältnis zum erwarteten konkreten und unmittelbaren militärischen Vorteil stehen»[98], d.h. wenn der Angriff dem Verhältnismässigkeitsprinzip widerspricht[99].

---

91 Dazu detailliert ICTY, The Prosecutor v. Galić, Trial Chamber, IT-98-29 (2003), Ziff. 41 ff. Solche Angriffe lassen sich auch nie gestützt auf die Ausnahmegründe von Art. 2 Abs. 2 EMRK rechtfertigen; siehe EGMR, Benzer and Others v. Turkey, 23502/06 (2013), Ziff. 184.

92 Henckaerts/Doswald-Beck, Bd. I, Rule 8.

93 Art. 48 ZP I. So auch IAGMR, Santo Domingo Massacre v. Colombia, C/259 (2012), Ziff. 212 f. und 234 f.

94 Art. 52 Abs. 2 ZP 1; Henckaerts/Doswald/Beck, Bd. I, Rule 8.

95 Vgl. dazu Fleck, Ziff. 442 f.

96 Art. 52 Abs. 2 ZP I.

97 Art. 52 Abs. 3 ZP I.

98 Art. 51 Abs. 5 lit. b ZP I; Henckaerts/Doswald-Beck, Bd. I, Rule 14. Gemäss Art. 57 Abs. 2 lit. b ZP I ist «ein Angriff [...] endgültig oder vorläufig einzustellen, wenn sich erweist, [...] dass der Angriff auch Verluste unter der Zivilbevölkerung, die Verwundung von Zivilpersonen, die Beschädigung ziviler Objekte oder mehrere derartige Folgen zusammen verursacht, die in keinem Verhältnis zum erwarteten konkreten und unmittelbaren militärischen Vorteil stehen».

99 ICTY (Trial Chamber), The Prosecutor v. Galić, IT-98-29 (2003), Ziff. 58 ff.

9.50 (3) *Verbot unterschiedsloser Angriffe*: Verboten sind diejenigen Angriffe, die (a) «nicht gegen ein bestimmtes militärisches Ziel gerichtet werden», (b) «bei denen Kampfmethoden oder -mittel angewendet werden, die nicht gegen ein bestimmtes militärisches Ziel gerichtet werden können», oder (c) solche, «bei denen Kampfmethoden oder -mittel angewendet werden, deren Wirkungen nicht begrenzt werden können und die daher in jedem dieser Fälle militärische Ziele und Zivilpersonen oder zivile Objekte unterschiedslos treffen»[100]. Als unterschiedsloser Angriff gilt etwa eine Bombardierung, bei der «mehrere deutlich voneinander getrennte militärische Einzelziele in einer Stadt, einem Dorf oder einem sonstigen Gebiet, in dem Zivilpersonen oder zivile Objekte ähnlich stark konzentriert sind, wie ein einziges militärisches Ziel behandelt werden»[101]. Bei solchen Angriffen ist damit zu rechnen, dass sie neben militärischen Verlusten des Feindes «auch Verluste an Menschenleben unter der Zivilbevölkerung, die Verwundung von Zivilpersonen, die Beschädigung ziviler Objekte oder mehrere derartige Folgen zusammen verursachen, die in keinem Verhältnis zum erwarteten konkreten und unmittelbaren militärischen Vorteil stehen»[102]. Bei unterschiedslosen Angriffen drohen somit regelmässig Kollateralschäden, die unverhältnismässig sind. Als Anwendungsbeispiel des Verbots unterschiedsloser Angriffe wird heute von zahlreichen Staaten das Verbot des Einsatzes von Splitterbomben anerkannt, da deren Verwendung regelmässig zahlreiche Blindgänger verursacht, die selbst lange nach Ende des bewaffneten Konflikts für die Zivilbevölkerung eine tödliche Gefahr darstellen[103]. In einem Gutachten liess der IGH offen, ob Nuklearwaffen dem Unterscheidungsgebot stets widersprechen oder ob sie ohne Verletzung des Verbots unterschiedsloser Angriffe eingesetzt werden können[104].

9.51 (4) Das *Vorsorgeprinzip* verpflichtet die Staaten, bereits im Vorfeld eines Angriffs Massnahmen zu ergreifen, um die Verbote von Angriffen auf zivile Ziele bzw. von unterschiedslosen Angriffen auch tatsächlich umzusetzen[105]. So gilt es abzuklären, ob das gewählte Ziel militärischer Natur ist, und Methoden und Mittel zu wählen, welche Nebeneffekte möglichst reduzieren[106]. Zudem dürfen militärische Objekte nicht in

100 Art. 51 Abs. 4 ZP I; Henckaerts/Doswald-Beck, Bd. I, Rules 11 und 12.

101 Art. 51 Abs. 5 ZP I.

102 Art. 51 Abs. 5 ZP I.

103 Siehe dazu anschliessend Rz. 9.59 f.

104 IGH, Advisory Opinion on the Legality of the Threat or Use of Nuclear Weapons, ICJ Reports 1996. Am 7. Juli 2017 gelang es, einen Vertrag über das Verbot von Nuklearwaffen zu verabschieden. Dieses Übereinkommen ist gegenwärtig erst von wenigen Staaten ratifiziert worden und steht daher nicht in Kraft. Zudem ist zu erwarten, dass auf absehbare Zeit die Nuklearmächte dieses Vertragsregime nicht ratifizieren werden. Der Besitz und der Einsatz anderer Massenvernichtungswaffen wird durch die beinahe universell ratifizierten Übereinkommen vom 10. April 1972 über das Verbot der Entwicklung, Herstellung und Lagerung bakteriologischer (biologischer) Waffen und von Toxinwaffen sowie über die Vernichtung solcher Waffen resp. vom 13. Januar 1993 über das Verbot der Entwicklung, Herstellung, Lagerung und des Einsatzes chemischer Waffen und über die Vernichtung solcher Waffen vollständig untersagt.

105 Siehe Art. 57 Abs. 3 und 4 ZP I; Henckaerts/Doswald-Beck, Bd. I, Rules 15–25.

106 Siehe dazu EGMR, Kerimova and Others v. Russia, 17170/04 etc. (2011), Ziff. 251 ff., und IAGMR, Santo Domingo Massacre v. Colombia, C/259 (2012), Ziff. 216 ff.

eine zivile Umgebung gesetzt werden, und die Zivilbevölkerung ist aus der Nähe militärischer Ziele zu evakuieren[107].

Beispiel: Das Recht auf Leben und der bewaffnete Konflikt in Tschetschenien

Zur Menschenrechtskonformität eigentlicher Kriegshandlungen musste der EGMR erstmals im Jahr 2005 im Umfeld des Tschetschenienkonflikts Stellung nehmen[108]. Da Russland in Tschetschenien nicht den Notstand ausgerufen hatte und folglich der in der Derogationsklausel von Art. 15 EMRK enthaltene Erlaubnisvorbehalt für rechtmässige Kriegshandlungen keine Anwendung finden konnte, hatte das Gericht die Rechtmässigkeit der Militäroperationen mit Todesfolge allein gestützt auf die Ausnahmeklauseln des Art. 2 Abs. 2 EMRK zu beurteilen. Zudem sah sich der Gerichtshof in all diesen Fällen mit erheblichen Beweisschwierigkeiten konfrontiert. 9.52

Im Fall Isayeva u.a.[109] hatte der EGMR folgenden Sachverhalt zu überprüfen: Die Beschwerdeführerinnen und ihre Angehörigen flohen im Jahr 1999 mit zahlreichen anderen Zivilistinnen und Zivilisten aus dem umkämpften Grosny. An der Grenze zur Nachbarrepublik Inguschetien musste die Wagenkolonne umkehren, da der Übergangskorridor entgegen ursprünglichen Verlautbarungen geschlossen blieb. Kurz darauf beschossen zwei Kampfflugzeuge den Konvoi mit Raketen und töteten Angehörige der Beschwerdeführerinnen. Während die Beschwerdeführerinnen und zahlreiche Zeuginnen und Zeugen angaben, dass der Flüchtlingstreck ausschliesslich aus Zivilpersonen bestanden hatte, brachte Russland vor, die Flugzeuge seien aus einem im Konvoi fahrenden Lastwagen heraus beschossen worden. Der Gerichtshof akzeptierte grundsätzlich, dass die damalige Situation in Tschetschenien den Staat berechtigt hatte, zur Wiedererlangung seiner Kontrolle auch aussergewöhnliche Mittel einzusetzen. So hätte ein Beschuss der Flugzeuge an sich den Einsatz tödlicher Waffen rechtfertigen können. Russland habe aber keine Beweise für einen derartigen Beschuss vorlegen können. Daher hegte er Zweifel, ob die Berufung Russlands auf die Bestimmung von Art. 2 Abs. 2 lit. a EMRK statthaft sei, wonach der Raketenangriff dem Schutz des Lebens vor einem rechtswidrigen Angriff gedient hatte. Angesichts des damaligen Gewaltklimas in Tschetschenien prüfte er den Sachverhalt aber dennoch unter dieser Vorgabe. Da indes den Behörden der Flüchtlingskonvoi aus Grosny ohne Zweifel bekannt war, hätten Militäreinsätze in dieser Gegend mit grösster Vorsicht geplant werden müssen. Zudem schossen die Flugzeuge zwölf Raketen direkt auf den Treck ab, die Tausende von Splittern in einem Radius von mehreren hundert Metern freisetzten. Selbst unter der Annahme eines legitimen Ziels wurde daher die Militäroperation nicht mit der notwendigen Rücksicht auf das Leben von Zivilpersonen geplant und durchgeführt; sie verletzte deshalb Art. 2 EMRK[110]. 9.53

Im Fall Khatsiyeva u.a.[111] hatte der Gerichtshof die EMRK-Konformität einer absichtlichen Tötung von sechs Personen zu klären. Zwischen den Streitparteien war unbestritten, dass die Opfer aus einem russischen Militärhelikopter gezielt mit Maschinengewehren 9.54

107 Art. 58 ZP I; Henckaerts/Doswald-Beck, Bd. I, Rules 23 f.

108 Der MRA kennt mangels Beschwerden keine Praxis zu diesem Fragenkomplex.

109 EGMR, Isayeva, Yusopova and Bazayeva v. Russia, 57947–9/00 (2005).

110 Zu ähnlichen Schlusssfolgerungen gelangte der EGMR im Urteil Zara Isayeva v. Russia, 57950/00 (2005).

111 EGMR, Khatsiyeva and Others v. Russia, 5108/02 (2008).

beschossen worden waren und aus diesem Grund ums Leben kamen. Während die Beschwerdeführerinnen und Beschwerdeführer aber vorbrachten, die Opfer seien zum Zeitpunkt des Vorfalls als unbewaffnete Bauern mit der Heuernte beschäftigt gewesen, brachte die Regierung vor, diese seien mit leichten Maschinengewehren bewaffnet gewesen. Der Gerichtshof konnte diese Frage nicht klären, sondern ging von der Annahme aus, die Helikopterpiloten seien überzeugt gewesen, bewaffnete Aufständische zu attackieren. Die Sachverhaltsprüfung des Gerichtshofs ergab zudem, dass die Piloten den Angriff erst nach Rücksprache mit ihrer vorgesetzten Stelle flogen, die ihnen mitgeteilt hatte, die Identität der Zielpersonen werde abgeklärt. Kurze Zeit später erteilte die Kommandozentrale den Befehl zum Angriff, ohne dass diese von den Piloten nähere Angaben über die Einzelheiten der späteren Opfer, die Sichtverhältnisse in der Region, ob die Gegend stark bevölkert sei oder ob der Helikopter beschossen wurde oder eine diesbezügliche Gefahr bestand, verlangte. Nach Ansicht des Gerichtshofs war es daher höchst zweifelhaft, dass die vorgesetzte Stelle vor ihrem Angriffsbefehl die Identität der späteren Opfer feststellen konnte. Aus diesen Gründen gelangte der Gerichtshof zum Schluss, die für die Operation verantwortliche Stelle habe vor ihrem Befehl die Sachlage mit ungenügender Sorgfalt abgeklärt. Aus diesem Grund sei die Gewaltanwendung nicht absolut notwendig gewesen, um ein gemäss Art. 2 Abs. 2 EMRK legitimes Ziel zu erreichen, weshalb Russland das Recht auf Leben verletzt habe.

9.55 (5) *Verbot des Einsatzes verbotener Kampfmethoden und -mittel*: Schliesslich untersagt das humanitäre Völkerrecht die Tötung (auch) von Kombattanten mittels verbotener Kampfmethoden[112] und von Waffen, welche überflüssige Verletzungen oder unnötige Leiden verursachen oder sonst wie ausdrücklich verboten sind[113].

Vertiefung: Das Verbot des Einsatzes von Personenminen und Streumunition[114]

9.56 Das Zusammenspiel von humanitärem Völkerrecht und dem menschenrechtlichen Schutz des Lebens lässt sich exemplarisch am Beispiel der Regeln zum Einsatz von Personenminen und Streumunition darstellen: Diese Waffenkategorien können bereits während Kampfsituationen nur selten gezielt gegen Kombattanten eingesetzt werden. Da Minen oder Blindgänger der Streumunition nach Ende der Kampfhandlungen nur mit

112 So verbietet etwa Art. 35 Abs. 3 ZP I, «Methoden oder Mittel der Kriegsführung zu verwenden, die dazu bestimmt sind oder von denen erwartet werden kann, dass sie ausgedehnte, langanhaltende und schwere Schäden der natürlichen Umwelt verursachen», und Art. 37 ZP I statuiert das Verbot der Heimtücke. Als Heimtücke gilt etwa «das Vortäuschen von Kampfunfähigkeit infolge Verwundung oder Krankheit [oder] das Vortäuschen eines zivilen oder Nichtkombattantenstatus» (Art. 37 Abs. 1 lit. b und c ZP I).

113 Siehe für verbotene konventionelle Waffen die gleich anschliessende Vertiefung. Zu den vertraglich verbotenen Massenvernichtungswaffen siehe vorne Anm. 104.

114 Als Streu- oder Cluster-Munition werden Bomben, Granaten und ähnliche Sprengkörper bezeichnet, die nicht als Ganzes explodieren, sondern eine Vielzahl an kleineren Sprengkörpern (bomblets) freisetzen. Häufig explodiert ein grosser Teil dieser sogenannten Submunition nicht, sondern verbleibt als Blindgänger vor Ort.

grossem Aufwand entfernt werden können, bilden sie oft während Jahrzehnten eine Gefahr für die Zivilbevölkerung und behindern daher den Wiederaufbau und das Leben in ehemaligen Konfliktgebieten. Aus diesem Grund wurde der Einsatz dieser Waffen über die Regeln des ZP I hinaus vertraglich weiter eingeschränkt resp. verboten.

Der Vertrag vom 10. Oktober 1980 über das Verbot oder die Beschränkung des Einsatzes bestimmter konventioneller Waffen, die übermässige Leiden verursachen oder unterschiedslos wirken können (CCW) und sein Protokoll über das Verbot oder die Beschränkung des Einsatzes von Minen, Sprengfallen und anderen Vorrichtungen (Protokoll II)[115] schränken den rechtmässigen Einsatz aller Minen, d.h. etwa auch von Fahrzeugminen, während internationaler Konflikte[116] ein. Das Protokoll II in der am 3. Mai 1996 geänderten Fassung verschärft die Einschränkungen für Personenminen, ohne ihren Einsatz zu verbieten. Ein weiteres Protokoll V[117] zu diesem Abkommen verlangt schliesslich, ausnahmslos alle Blindgänger nach Ende der Auseinandersetzung so schnell als möglich zu markieren und anschliessend zu entfernen. 9.57

Ein absolutes Verbot sowohl des Einsatzes wie des Verkaufs, der Lagerung und Herstellung von Personenminen stipuliert das Übereinkommen über das Verbot des Einsatzes, der Lagerung, der Herstellung und der Weitergabe von Anti-Personenminen und über deren Vernichtung (Ottawa-Abkommen)[118]. Zudem verpflichtet dieser Vertrag seine Parteien in Art. 5 Abs. 1, «alle Anti-Personenminen in verminten Gebieten unter seiner Hoheitsgewalt oder Kontrolle so bald wie möglich, spätestens jedoch zehn Jahre, nachdem dieses Übereinkommen für den betreffenden Vertragsstaat in Kraft getreten ist, zu vernichten oder ihre Vernichtung sicherzustellen». 9.58

Obwohl nicht explodierte Bomblets von Streumunition («cluster bombs») oft dieselben – wenn auch unbeabsichtigten – Auswirkungen wie Personenminen haben, verbieten weder das CCW und seine Protokolle noch das Ottawa-Abkommen den Einsatz dieser Waffen. Erst im Jahr 2008 gelang es, mit der Verabschiedung des Abkommens über die Streumunition (Oslo-Abkommen)[119] diese Waffen zu ächten. Dieser Vertrag hält die Staaten in Art. 1 an, unter keinen Umständen Streumunition jemals einzusetzen, zu entwickeln, herzustellen, zu lagern oder weiterzugeben und andere Staaten in verpönten Aktivitäten zu unterstützen. Streumunition im Besitz eines Vertragsstaats ist nach Art. 3 Abs. 2 so bald wie möglich, spätestens aber innert acht Jahren nach Inkrafttreten des Vertrages, zu vernichten[120] und gemäss Art. 4 sind mit Streumunitionsblindgängern kontaminierte Gebiete baldmöglichst zu säubern. 9.59

---

115 Vom 10. April 1980.

116 Gemäss einer Revision vom 21. Dezember 2001 gilt das gesamte Vertragsregime für Staaten, welche diesen Zusatzvertrag ratifiziert haben, auch während interner Konflikte.

117 Protokoll V über explosive Blindgänger vom 28. November 2003.

118 Vom 18. September 1997; gegenwärtig von 164 Staaten ratifiziert (Stand Mai 2018). Deutschland, Österreich, die Schweiz und Liechtenstein, nicht jedoch Staaten wie die USA und Russland, sind Vertragsparteien dieses Abkommens.

119 Vom 30. Mai 2008; gegenwärtig von 103 Staaten ratifiziert (Stand Mai 2018). Deutschland, Österreich, die Schweiz und Liechtenstein sind Vertragspartien.

120 Ist ein Vertragsstaat dazu nicht in der Lage, kann diese Frist gemäss Art. 3 Abs. 3 und 4 auf sein Ersuchen hin verlängert werden.

9.60 Alle diese Abkommen kennen keine eigenen Durchsetzungsmechanismen[121]. Sind Todesfälle das Resultat eines verbotenen Einsatzes derartiger Waffen, einer nicht zeitgerechten Räumung von Personenminen und Blindgängern von Streumunition oder einer mangelnden Bezeichnung damit verseuchter Gebiete[122], verletzt ein Vertragsstaat nicht nur seine vertraglichen Pflichten, sondern auch das Recht auf Leben gemäss Pakt II und den regionalen Konventionen. In diesem Fall beruhen die Todesfälle nicht auf einer rechtmässigen Kriegshandlung gemäss humanitärem Völkerrecht und sind folglich auch menschenrechtlich untersagt. Opfern von Minen oder Streumunitionsrückständen steht deshalb in solchen Fällen grundsätzlich der Weg an den MRA oder die regionalen Gerichtshöfe offen.

9.61 (6) *Todesstrafe*: Endlich enthält das humanitäre Völkerrecht Bestimmungen, welche die Verhängung der Todesstrafe beschränken[123]. Der gemeinsame Art. 3 GK verbietet ganz allgemein «Verurteilungen und Hinrichtungen ohne vorhergehendes Urteil eines ordnungsgemäss bestellten Gerichtes, das die von den zivilisierten Völkern als unerlässlich anerkannten Rechtsgarantien bietet»[124], und Art. 75 Abs. 4 ZP I bzw. Art. 6 ZP II listen detailliert die Garantien auf, die bei Strafverfahren beachtet werden müssen. Darüber hinaus verbietet das humanitäre Völkerrecht die Hinrichtung von schwangeren Frauen und Müttern kleiner Kinder sowie die Verurteilung von Personen, welche zur Tatzeit jünger als 18 Jahre waren, zum Tod[125].

3. Schutzpflichten

a) Allgemeines

9.62 Der Pakt II, die EMRK, die AMRK und die ArCMR gebieten ihren Vertragsstaaten einheitlich, das Recht auf Leben gesetzlich zu schützen. Damit weisen sie auf die besonders wichtige Bedeutung von Schutzpflichten zur Gewährung des Rechts auf Leben hin. Diese Verpflichtung wird verletzt, falls nationale Strafgesetze z.B. gewisse Tötungsdelikte nicht sanktionieren oder exzessive Rechtfertigungsgründe für Sicherheitskräfte statuieren.

---

121 In Art. 10 des Oslo-Abkommens findet sich allerdings für Streitigkeiten zwischen den Vertragsstaaten eine Klausel, welche die Kompetenz des IGH begründet.

122 Siehe EGMR, Erol v. Turkey, 51358/99 (2006).

123 Art. 100, 101 und 107 GK III für Kriegsgefangene und Art. 68, 71 und 75 GK IV für Zivilpersonen.

124 Gemeinsamer Art. 3 Abs. 1 lit. d GK.

125 Art. 68 Abs. 4 GK IV, Art. 76 Abs. 3 und Art. 77 Abs. 5 ZP I, Art. 6 Abs. 4 ZP II.

Beispiel: «Ehrenmorde» und staatliche Bestrafungspflicht

In gewissen Ländern ist nach traditioneller Vorstellung die Ehre eines Mannes abhängig von dem ehrbaren, d.h. gesellschaftlichen Normen gerechten Verhalten seiner weiblichen Familienangehörigen. Verhalten sich Ehefrau, Tochter oder Schwester nicht entsprechend diesem Frauenbild, trifft die allgemeine Verachtung nicht nur sie selbst, sondern auch die männlichen Familienangehörigen, die sich dadurch entehrt sehen. Zur Wiederherstellung einer so verstandenen Ehre werden nicht selten Frauen und Mädchen getötet. Die Sonderberichterstatterin über Gewalt gegenüber Frauen stellt in ihrem Bericht die Problemlage folgendermassen dar: 9.63

«Honour killings in Pakistan [...] have recently received international attention. [...] They are also reported in Turkey [...], Jordan, Syria, Egypt, Lebanon, Iran, Yemen, Morocco and other Mediterranean and Gulf countries. It also takes place in countries such as Germany, France and the United Kingdom within the migrant communities. Honour killings are carried out by husbands, fathers, brothers or uncles, sometimes on behalf of tribal councils. The killing is mainly carried out by under-aged males of the family to reduce the punishment. They are then treated as heroes. The action is further endorsed by their fellow inmates in prison, if they are sent there, who wash these young boys, feet and tell them that they are now ‹complete› men. The act is regarded as a rite of passage into manhood. Ironically, it is not unheard of for female relatives to either carry out the murder or be accomplice to it»[126].

Täter von «Ehrenmorden» profitieren in verschiedenen Staaten von Bestimmungen der nationalen Strafgesetze, welche derartige Motive einer Tötungshandlung als Milderungsgrund anerkennen oder Ehrenmorde gar für straffrei erklären. Strafbefreiungen und -milderungen in Anwendung dieser Bestimmungen stellen, wie auch die mangelnde strafrechtliche Ahndung solcher Fälle, eine Verletzung des Rechts auf Leben dar[127]. 9.64

Schutzpflichten aus dem Recht auf Leben verlangen von den Staaten, klare gesetzliche Vorgaben etwa zum Schutz des Lebens zu erlassen und dafür besorgt zu sein, dass diese Normen auch beachtet werden. So sind etwa Regelungen zum Schutz von Patientinnen und Patienten in privaten und öffentlichen Spitälern[128] oder zur Sicherheit von Bauwerken[129] zu statuieren und durchzusetzen. 9.65

---

126 Bericht der Sonderberichterstatterin über Gewalt gegen Frauen, ihre Ursachen und Folgen vom 28. Januar 2002, UN Doc. E/CN. 4/2002/83, Ziff. 21 f. Siehe dazu auch den Bericht der Sonderberichterstatterin vom 23. Mai 2012; UN Doc. A/HRC/20/16.

127 MRA, CO Iraq (2015), Ziff. 25; FDK-Ausschuss, CO Turkey (2016), Ziff. 34, CO Pakistan 2013, Ziff. 21; KRK-Ausschuss, CO Pakistan (2017), Ziff. 13, CO Iran (2016), und Afghanistan (2011) beide mit fehlenden Ziff.

128 EGMR (Grand Chamber), Lopes de Sousa Fernandes v. Portugal, 56080/13, Reports 2017, Ziff. 166 und 186 f., Trocellier v. France (dec.), Chamber, Reports 2006-XIV, Ziff. 4, und Şentürk v. Turkey, 13423/09 (2013), Ziff. 79 ff., sowie IAGMR, Gonzales Lluy et al. v. Ecuador, C/298 (2015), Ziff. 169 ff.

129 EGMR, Banel v. Lithuania, 14326/11 (2013), Ziff. 67 ff. (Tod eines Kindes infolge Absturzes eines Balkons).

9.66 Dieser Verpflichtungsdimension kann aber nicht allein mit gesetzgeberischen Aktivitäten Genüge getan werden. Vielmehr sind die Vertragsparteien gehalten, bei einer aktuellen Gefährdung des Lebens einer Person oder einer Personengruppe durch das Verhalten von Drittpersonen[130] oder Tieren[131], durch Naturgefahren[132] oder durch Risiken von Menschen geschaffener Anlagen[133] resp. durch Personenminen, die zum Schutz einer Polizeistation verlegt wurden[134], bei Kenntnis der Sachlage alle zumutbaren Schutzmassnahmen zu ergreifen[135]. Diese Schutzpflicht verlangt etwa bei Vorliegen spezifischer Information, welche auf einen unmittelbar bevorstehenden Terrorangriff auf bestimmbare Ziele, und im konkreten Fall auf Bildungseinrichtungen in einer bestimmten Region hindeuten, dass alle Massnahmen zum Schutz der potenziell betroffenen Personen und namentlich vulnerabler Gruppen wie etwa Kinder getroffen werden[136].

9.67 Weiter haben Staaten effektive Präventionsmassnahmen zu treffen. Sie müssen etwa dafür sorgen, dass Sicherheitsbeamte auch ausserhalb ihres Dienstes ihre Dienstwaffen nicht in menschenrechtswidriger Weise benutzen[137]. Daher sind Staaten gemäss der EGMR-Praxis etwa verpflichtet, die Persönlichkeit ihrer Polizeibeamtinnen und -beamten sorgfältig zu prüfen[138]; dies gilt insbesondere im Vorfeld der Übergabe der Dienstwaffe[139]. Zudem sind Mitarbeitende der Polizei mit Waffen und Schutzausrüstungen auszustatten, welche eine verhältnismässige Reaktion auf Zwischenfälle ermöglichen[140]. Umfang und Voraussetzungen der geforderten Massnahmen sind vorne dargestellt worden[141].

130 EGMR (Grand Chamber), Osman v. The United Kingdom, Reports 1998-VIII, Opuz v. Turkey, Reports 2009-III; MRA, Peiris v. Sri Lanka, 1862/2009 (2011); AfKRMV, Sudan Human Rights Organisation & Centre on Housing Rights and Evictions (COHRE) v. Sudan, 279/03–296/05 (2009), Ziff. 147, und IAGMR, Kichwa Indigenous Community v. Ecuador, C/245 (2012), Ziff. 245 ff.

131 EGMR, Berü v. Turkey, 47304/07 (2011).

132 EGMR, Budayeva and Others v. Russia, Reports 2008-II: Schlammlawine, Kemaloğlu v. Turkey, 19986/06 (2012): Schneesturm, und Özel and Others v. Turkey, 14350/05 (2015): Erdbeben.

133 EGMR (Grand Chamber), Öneryildiz v. Turkey, Reports 2004-XII, und Brincat and Others v. Malta (Chamber), 60908/11 (2014).

134 EGMR, Erol v. Turkey, 51358/99 (2006).

135 Besonders weitgehend interpretiert die AfKRMV solche Schutzpflichten: So haben Staaten gemäss diesem Organ auch in Bürgerkriegssituationen eine Verpflichtung, Zivilpersonen unter ihrer Jurisdiktion vor Tötungen, unabhängig vom Verursacher, zu schützen und dafür zu sorgen, dass Zivilpersonen unter Beachtung der Regeln des humanitären Völkerrechts behandelt werden; AfKRMV, Amnesty International and Others v. Sudan, 48/1990, 50/1991, 52/1991, 89/1993 (1999), Ziff. 50. Siehe dazu AfKRMV, General Comment 3 (2015), Ziff. 9.

136 EGMR, Tagayeva and Others v. Russia, 26562/07 et al., Reports 2017, Ziff. 481 ff.

137 EGMR, Sašo Gorgiev v. The Former Yugoslav Republic of Macedonia, Reports 2012-III, Ziff. 50.

138 EGMR, Aydan v. Turkey, 16281/10 (2013), Ziff. 99.

139 EGMR, Gorovenky and Bugara v. Ukraine, 36146/05 and 42418/05 (2012), Ziff. 35.

140 IAGMR, Landaeta Mejías Brothers et al. v. Venezuela, C/281 (2014), Ziff. 126.

141 Siehe vorne Rz. 3.110 ff.

Vertiefung: Das Recht auf Sicherheit als kodifizierte Schutzpflicht?

Das in Art. 9 Pakt II, Art. 5 EMRK, Art. 7 AMRK und Art. 14 ArCMR verankerte Recht auf Sicherheit und Freiheit schützt Individuen vor allem gegen ungerechtfertigte Haft[142]. Der MRA misst in seiner Praxis dem Aspekt der Sicherheit darüber hinaus eigenständige Bedeutung zu, indem das Recht auf Sicherheit jede Person vor einer absichtlichen Verursachung von physischen und psychischen Verletzungen schützt[143]. Damit öffnet der MRA eine neue Dimension der Schutzwirkungen dieser Garantie. Er sieht das Recht auf Sicherheit dann als verletzt an, wenn sich ein Staat weigert, einem Menschen trotz Vorliegens ernsthafter Bedrohung des Lebens durch Drittpersonen oder bestimmte Staatsorgane (z.B. Teile der Armee), Schutz zu gewähren[144]. Damit liegt auch dann eine Missachtung dieser Bestimmung vor, wenn die bedrohte Person schliesslich nicht getötet wurde. 9.68

Konkret müssen Staaten mit den Worten des MRA etwa 9.69

«respond appropriately to patterns of violence against categories of victims such as intimidation of human rights defenders and journalists, retaliation against witnesses, violence against women, including domestic violence, the hazing of conscripts in the armed forces, violence against children, violence against persons on the basis of their sexual orientation or gender identity, and violence against persons with disabilities. They should also prevent and redress unjustifiable use of force in law enforcement, and protect their populations against abuses by private security forces, and against the risks posed by excessive availability of firearms[145].»

b) Schutzpflichten während staatlicher Gewahrsamssituationen

Schutzpflichten, die sich aus dem Recht auf Leben ergeben, sind namentlich in *Haftsituationen*, aber auch während des obligatorischen *Militärdienstes* besonders stringent, weil es hier die staatliche Anordnung ist, welche die betroffene Person in eine potenziell gefährliche Situation bringt[146]. Folgerichtig anerkennt die Rechtsprechung des EGMR[147] und des MRA[148] nicht nur eine umfassende Pflicht zum Schutz des Lebens Inhaftierter, sondern sie statuiert wegen der notorisch schwierigen Beweislage auch eine Beweislastumkehr: Falls eine inhaftierte Person stirbt, hat der Staat eine überzeugende Erklärung vorzubringen, weshalb er weder durch Handeln noch durch sein pflichtwidriges Unterlassen für den Tod verantwortlich ist[149]. 9.70

---

142 Siehe dazu hinten Rz. 15.8 ff.

143 MRA, General Comment 35 (2014), Ziff. 9.

144 MRA, General Comment 35 (2014), Ziff. 9, sowie etwa Mojica v. Dominican Republic, 449/1991 (1994), Ziff. 5.5 f., Jayawardena v. Sri Lanka, 916/2000 (2002), Ziff. 7.2, und Marcellana and Gumanoy v. The Philippines, 1560/2007 (2008), Ziff. 7.7. Mit Verzögerung schloss sich auch der EGMR dieser Praxis an: Siehe etwa Çiçek v. Turkey, 25704/94 (2001), Ziff. 164.

145 MRA, General Comment 35 (2014), Ziff. 9 (Fussnoten gestrichen).

146 Vgl. grundlegend EGMR, Edwards v. The United Kingdom, Reports 2002-II.

147 EGMR (Grand Chamber), Salman v. Turkey, Reports 2000-VII.

148 MRA, Gilmet Dermit v. Uruguay, 84/1981 (1982), Ziff. 9.2.

149 EGMR, Anguelova v. Bulgaria, Reports 2002-IV, Ziff. 110 f., sowie MRA, Telitsina v. Russia, 888/1999 (2004), Ziff. 7.3, und besonders deutlich Guneththige et al. v. Sri Lanka, 2087/2011 (2015),

Beispiel: Das Urteil Anguelova gegen Bulgarien des EGMR[150]

9.71 «In the light of the importance of the protection afforded by Article 2, the Court must subject complaints about deprivations of life to the most careful scrutiny, taking into consideration all relevant circumstances. Persons in custody are in a vulnerable position and the authorities are under an obligation to account for their treatment. Consequently, where an individual is taken into police custody in good health but later dies, it is incumbent on the State to provide a plausible explanation of the events leading to his death [...]. In assessing evidence, the Court adopts the standard of proof ‹beyond reasonable doubt› [...]. However, such proof may follow from the co-existence of sufficiently strong, clear and concordant inferences or of similar unrebutted presumptions of fact. Where the events in issue lie wholly, or in large part, within the exclusive knowledge of the authorities, as in the case of persons within their control in custody, strong presumptions of fact will arise in respect of injuries and death occurring during that detention. Indeed, the burden of proof may be regarded as resting on the authorities to provide a satisfactory and convincing explanation [...].»

9.72 Während Haftsituationen ist der Staat nicht nur gehalten, Gefahren für das Leben, die von Dritten (etwa von Mitinhaftierten)[151] ausgehen, zu verhindern, sondern er muss gegenüber erkennbar psychisch kranken und suizidgefährdeten Häftlingen genügende Massnahmen zur Verhinderung insbesondere eines im Affekt zu Beginn der Inhaftierung vorgenommenen Suizids treffen[152]. Diese Präventionsverpflichtung gilt gemäss ständiger Praxis des EGMR auch während des Militärdienstes[153].

9.73 Trifft eine solche Pflicht den Staat auch, falls eine urteilsfähige inhaftierte Person sich mittels eines *Hungerstreiks* diesem Risiko bewusst selbst aussetzt? Der EGMR hatte sich mit dieser Fragestellung verschiedentlich zu befassen[154]. Er hat dabei folgende Leitplanken entwickelt:

Ziff. 6.2. So auch IAGMR, Durand and Ugarte v. Peru, C/68 (2000), Ziff. 65, und gar weitergehend AfKRMV, Shumba v. Zimbabwe, 288/04 (2012), Ziff. 132, und General Comment 3 (2015), Ziff. 37. Von einer solchen Beweislastumkehr geht der EGMR auch aus, wenn eine Person während einer bewaffneten Auseinandersetzung in einem Gebiet, das unter vollständiger Kontrolle staatlicher Organe steht, getötet oder verwundet wird. Vgl. etwa Akkum and Others v. Turkey, Reports 2005-II, Ziff. 211, und Goygova v. Russia, 74240/01 (2007), Ziff. 94.

150 EGMR, Anguelova v. Bulgaria, Reports 2002-IV, Ziff. 110 f.

151 EGMR, Iorga and Others v. Romania, 26246/05 (2011), Ziff. 62 ff.

152 EGMR, Keenan v. The United Kingdom, Reports 2001-III, Ziff. 89. Im konkreten Fall wurde keine Verletzung des Rechts auf Leben festgestellt. Im Urteil Renolde v. France, Reports 2008-V, gelangte der EGMR zur Feststellung einer Verletzung von Art. 2 EMRK, weil die französischen Behörden die Einweisung in eine psychiatrische Klinik oder zumindest eine angemessene medizinische Behandlung nicht geprüft hatten, obwohl unbestritten war, dass das Opfer äusserst verwirrt war und an psychischen Problemen litt (Ziff. 80–110). Siehe dazu auch z.B. EGMR, Kilavuz v. Turkey, 8327/03 (2008), Ketreb v. France, 38447/09 (2012), und De Donder and De Clippel v. Belgium, 8595/06 (2011).

153 Siehe etwa EGMR, Gündüz and Others v. Turkey, 4611/05 (2011).

154 Andere Vertragsorgane kennen zu dieser Fragestellung soweit ersichtlich keine Praxis.

(1) Ein Staat verletzt seine aus dem Recht auf Leben fliessenden Schutzpflichten nicht, wenn eine urteilsfähige Person, die gestützt auf ihren freien Willen[155] einen Hungerstreik durchführt, obwohl sie über die Gefahren ihres Verhaltens aufgeklärt wurde und medizinische Betreuung angeboten erhielt, in Haft stirbt, ohne dass sie zwangsernährt oder, wie von ihr gefordert, freigelassen wurde[156]. 9.74

(2) Eine Zwangsernährung, die zur Rettung des Lebens einer inhaftierten hungerstreikenden Person medizinisch indiziert ist (weil die Situation lebensbedrohlich geworden ist oder weil dieser irreparable Gesundheitsschäden drohen), die sich auf eine gesetzliche Grundlage stützen kann, die möglichst schonend und unter Beachtung von Verfahrensgarantien vorgenommen wird, stellt ihrerseits keine Verletzung des Verbots unmenschlicher oder erniedrigender Behandlung von Art. 3 EMRK und des Rechts auf physische Integrität gemäss Art. 8 EMRK dar[157]. Eine Zwangsernährung ist aber unzulässig, wenn dafür keine medizinische Notwendigkeit besteht und wenn sie in einer Weise vorgenommen wird, die unnötiges Leiden verursacht[158]. 9.75

(3) Die Zwangsernährung einer hungerstreikenden Person verstösst grundsätzlich auch nicht gegen das aus dem Recht auf Privatleben gemäss Art. 8 EMRK fliessende Recht auf freie Bestimmung über Art und Zeitpunkt des eigenen Todes[159]; strebt doch die hungerstreikende Person in aller Regel nicht ihren Tod an, sondern ein Weiterleben unter anderen Haftumständen oder in Freiheit oder die Erfüllung politischer Forderungen[160]. 9.76

Der EGMR lässt es damit den Vertragsstaaten frei, zu bestimmen, wie sie innerhalb dieser Vorgaben das Spannungsfeld zwischen staatlichen Schutzpflichten aus dem Recht auf Leben und dem Recht auf physische Integrität auflösen[161]. Noch nicht zu entscheiden hatte der EGMR bis heute die Frage, ob und unter welchen Umständen Vertragsstaaten den ausdrücklich geäusserten Suizidwunsch eines urteilsfähigen Inhaftierten (sog. Bilanzsuizid) zu respektieren haben. 9.77

Gewahrsam übt der Staat auch über schulpflichtige Kinder während ihres *Schulbesuchs* aus. Er ist damit während dieser Zeit für den Schutz der Gesundheit und des Wohl- 9.78

---

155 Dieser freie Wille fehlt etwa, wenn eine Person von ihren Mitinhaftierten zur Teilnahme an einem Gruppenhungerstreik genötigt wird.

156 EGMR, Horoz v. Turkey, 1639/03 (2009), Ziff. 22 ff., und Rappaz v. Switzerland (dec.), 73175/10 (2013), insb. Ziff. 50 ff.

157 EGMR, Nevmerzhitsky v. Ukraine, Reports 2005-II, Ziff. 94, Ciorap v. Moldova, 12066/02 (2007), Ziff. 77, und Rappaz v. Switzerland (dec.), 73175/10 (2013), Ziff. 66 ff.

158 EGMR, Nevmerzhitsky v. Ukraine, Reports 2005-II, Ziff. 94, Ciorap v. Moldova, 12066/02 (2007), Ziff. 89.

159 Siehe dazu hinten Rz. 12.29 ff.

160 EGMR, Rappaz v. Switzerland (dec.), 73175/10 (2013), Ziff. 50.

161 Die Malta Deklaration über Hungerstreikende der World Medical Association von 1991 (letztmals revidiert im Oktober 2017) überlässt diese Entscheidung in Ziff. 4 den behandelnden Ärztinnen und Ärzten.

befindens der Schülerinnen und Schüler verantwortlich[162]. Der EGMR stellte etwa in folgendem Fall eine Verletzung der Pflicht zum Schutz des Lebens fest: Aufgrund eines Schneesturms in Istanbul beendete eine Primarschule ihren Unterricht früher als erwartet, ohne dass die Schulverantwortlichen die Fahrer der Schulbusse über diese Tatsache informierten. Ein siebenjähriger Primarschüler, der deswegen zu Fuss nach Hause gehen wollte, starb auf dem Schulweg an Erfrierungen. Die zuständigen Behörden unterliessen es damit, Massnahmen zu ergreifen, die mutmasslich den Tod des Schülers verhindert hätten[163].

9.79 Schliesslich unterliegt der Staat auch erhöhten Sorgfaltspflichten gegenüber Personen mit geistigen oder körperlichen Behinderungen, die in einer staatlichen Institution untergebracht sind. Stirbt ein Bewohner einer psychiatrischen Klinik oder eines Heims infolge mangelnder medizinischer Betreuung und mangels rechtlichen Beistandes, verletzt der verantwortliche Staat das Recht auf Leben[164].

9.80 Wird eine Person *aus staatlichem Gewahrsam* – etwa aus einer Haftanstalt oder einer psychiatrischen Klinik – definitiv oder bedingt *entlassen* und tötet sie anschliessend einen anderen Menschen, ist der Staat für eine Verletzung seiner Schutzpflichten verantwortlich, wenn er ihre Gefährlichkeit für die Allgemeinheit oder für Familienangehörige nicht mit der dafür notwendigen Sorgfalt abgeklärt hat[165].

Vertiefung: Todesfälle auf Grund fehlerhafter oder verweigerter medizinischer Behandlungen ausserhalb staatlicher Gewahrsamssituationen

9.81 In jüngerer Vergangenheit hatte sich der EGMR verschiedentlich mit Beschwerden zu befassen, die eine Verletzung von Art. 2 EMRK als Folge verweigerter oder nicht lege artis erfolgter medizinischer Behandlungen geltend machten. Ende 2017 erliess der EGMR ein Grundsatzurteil, welches die künftige Rechtsprechung in diesem Bereich wesentlich prägen dürfte[166]. Danach prüft der Gerichtshof stets und unabhängig von der Art der medizinischen Leistungen, die angeblich den Todesfall verursacht haben, ob die Verletzung einer positiven staatlichen Verpflichtung zu einem bestimmten Verhalten[167] vorliegt. Dabei unterscheidet er nicht, ob die inkriminierten Vorfälle in einem staatlichen (Gewährleistungspflicht) oder in einem privaten Spital (Schutzpflicht) stattfanden[168].

---

162 EGMR, Kemaloğlu v. Turkey, 19986/06 (2012), Ziff. 35, und Kayak v. Turkey, 60444/08 (2012), Ziff. 53.

163 EGMR, Kemaloğlu v. Turkey, 19986/06 (2012), insb. Ziff. 40 f.

164 EGMR (Grand Chamber), Centre for Legal Resources on behalf of Valentin Câmpeanu v. Romania, Reports 2014-V, Ziff.

165 Siehe etwa EGMR, Mastromatteo v. Italy, Reports 2002-VIII, Ziff. 69 ff., Tomašic and Others v. Croatia, 46598/06 (2009), Ziff. 52 ff., sowie Choreftakis and Choreftaki v. Greece, 46846/08 (2012), Ziff. 50 ff.

166 EGMR (Grand Chamber), Lopes de Sousa Fernandes v. Portugal, 56080/13, Reports 2017.

167 Siehe dazu auch vorne Rz. 3.94 ff.

168 EGMR (Grand Chamber), Lopes de Sousa Fernandes v. Portugal, 56080/13, Reports 2017, Ziff. 166.

Werden in einer Beschwerde medizinische Fehlbehandlungen gerügt, prüft der EGMR zur Beurteilung einer Verletzung von Art. 2 künftig primär, ob der Staat seine Verpflichtung zum Erlass gesetzlicher Vorgaben, welche Spitäler zu angemessenen Massnahmen zum Schutz des Lebens anhalten, erfüllt hat. Selbst wenn medizinische Behandlungsfehler nachgewiesen werden können, erkennt damit das Gericht nur auf eine Verletzung des materiellen Gehalts von Art. 2 EMRK, wenn die entsprechende staatliche Regelung zum Schutz des Lebens von Patientinnen und Patienten offenkundig ungenügend war oder wenn deren Beachtung nicht kontrolliert oder durchgesetzt wurde. Entspricht die staatliche Gesetzgebung und die Kontrolle ihrer Beachtung hingegen diesen Vorgaben, vermögen ärztliche Kunstfehler oder mangelnde Betreuung keine Verletzung des Rechts auf Leben zu bewirken[169]. 9.82

Nur bei Vorliegen aussergewöhnliche Umstände ist damit der Gerichtshof bei Todesfällen im Umfeld medizinischer Behandlungen bereit, direkt auf eine Verletzung des materiellen Gehalts von Art. 2 EMRK zu schliessen. Dies ist der Fall, wenn 9.83

(1) der Tod eines Menschen durch die Verweigerung medizinischer Notfallbehandlungen bewusst in Kauf genommen wird und
(2) objektiv identifizierbare systemische oder strukturelle Mängel des Gesundheitssystems, die dem Staat insbesondere wegen Missachtung seiner regulatorischen Verpflichtungen zuzurechnen sind, bewirken, dass der Zugang zu überlebenswichtiger medizinischer Notfallbehandlung verunmöglicht wird, und aus diesem Grund eine Person stirbt[170].

Sind diese Voraussetzungen nicht gegeben, kann der EGMR auf Beschwerde hin weiter prüfen, ob allenfalls der verfahrensrechtliche Aspekt von Art. 2 EMRK missachtet wurde, indem der Grund ungeklärter Todesfälle im Umfeld medizinischer Behandlungen nicht mittels einer unabhängigen und effektiven Untersuchung geklärt wird; wobei im Unterschied zu Todesfällen im Rahmen von Operationen der Sicherheitskräfte diese Untersuchung nicht zwingend von Amtes wegen zu erfolgen hat[171]. 9.84

c) Besondere Schutzpflichten am Anfang und Ende des Lebens?

Die Frage nach dem Bestehen spezifischer staatlicher Schutzpflichten zu Beginn und am Ende des Lebens wirft zunächst ein Schlaglicht auf den materiellen Geltungsbereich des Rechts auf Leben und insbesondere auf die ethisch-juristischen Grenzprobleme der Menschenrechtskonformität von Abtreibungen[172] sowie (aktiver und passiver) Sterbehilfe und der Suizidbeihilfe. Wie vorne erwähnt[173], definieren die Vertragstexte, mit Ausnahme von Art. 4 Abs. 1 AMRK, der den Schutzbereich dieser Garantie im Allgemeinen mit der Empfängnis beginnen lässt[174], Anfang und Ende des Lebens nicht und überlassen diese Bestimmungen dem nationalen Recht. Trotzdem stellt sich die 9.85

169 A.a.O., Ziff. 186–191.

170 A.a.O., Ziff. 192–196.

171 Siehe detailliert a.a.O., 214–221. Zur Untersuchungspflicht im Allgemeinen siehe vorne Rz. 6.19 ff. und zu derjenigen im Rahmen des Rechts auf Leben hinten Rz. 9.92.

172 Siehe dazu auch detailliert hinten Rz. 12.40 f. (Recht auf Privatleben).

173 Siehe Rz. 9.10 ff.

174 Siehe aber zur Auslegung dieser Bestimmung durch den IAGMR vorne Rz. 9.12.

Frage nach dem Bestehen staatlicher Schutzpflichten – die nie absolut sein können – regelmässig in diesen rechtlichen Grenzbereichen.

9.86 Allfällige Schutzpflichten zugunsten des *ungeborenen Kindes* sind gegen das Recht auf Leben und dasjenige auf private Selbstbestimmung der schwangeren Frau abzuwägen. Aus diesem Grund kritisiert der MRA absolute Abtreibungsverbote mit dem Hinweis auf die grossen Risiken, welchen das Leben und die physische und psychische Integrität von Frauen ausgesetzt sind, die nur Zugang zu illegalen Abtreibungen haben[175]. Im Fall einer Jugendlichen, die gezwungen wurde, ein an Anencephalie leidendes Kind zu gebären, welches absolut keine Überlebenschance besass, hielt der MRA bereits 2005 fest, die Weigerung, eine therapeutische Abtreibung zuzulassen, stelle infolge der damit verbundenen Risiken für die physische und psychische Gesundheit der Mutter eine Verletzung des Verbots der unmenschlichen Behandlung und des Rechts auf Privatleben dar[176]. Zur gleichen Schlussfolgerung gelangte der Ausschuss bei einer behördlichen Weigerung, eine Abtreibung im Fall einer an einer geistigen Behinderung leidenden jungen Frau zuzulassen, die nach einer Vergewaltigung schwanger wurde und ihre Schwangerschaft nicht auf legalem Weg beenden lassen konnte[177]. In seiner jüngsten Praxis scheint der MRA in genereller Weise anzuerkennen, dass Verbote der Abtreibung auch von Föten ohne jegliche Überlebenschancen eine Verletzung der genannten Menschenrechte darstellen; stünden doch die betroffenen Frauen vor der Wahl entweder eine Totgeburt hinzunehmen oder (falls überhaupt möglich) im Ausland eine Abtreibung auf eigene Kosten vornehmen zu lassen[178].

9.87 Ein eigentliches Recht auf Abtreibung garantiert das Zusatzprotokoll zur AfCRMV über die Rechte der Frauen in Afrika zugunsten von Frauen, welche als Folge einer Vergewaltigung oder durch Inzest schwanger wurden sowie bei einer Gefahr für die physische und psychische Gesundheit der Schwangeren oder das Leben von Fötus und werdender Mutter[179].

9.88 Die Praxis der Strassburger Organe[180] hat bisher offengelassen, ob und wie weit aus dem Recht auf Leben ein Schutz des ungeborenen Lebens abzuleiten ist. Sie scheint

175 MRA, General Comment 28 (2000), Ziff. 10, und etwa CO The Philippines (2012), Ziff. 13, CO Poland (2016), Ziff. 24, und CO Ireland (2014), Ziff. 9. Siehe dazu auch hinten Rz. 12.40 f.

176 MRA, Huamán v. Peru, 1153/2003 (2005), Ziff. 6.3 und 6.4.

177 MRA, V.D.A. v. Argentina, 1608/2007 (2011), Ziff. 9.2–9.4.

178 MRA, Mellet v. Ireland, 2324/2013 (2016), Ziff. 7.4–7.7, und Whelan v. Ireland, 2425/2014 (2017), Ziff. 7.5–7.7. Erschwerend kam in diesen Entscheiden hinzu, dass Frauen, welche in Grossbritannien eine Abtreibung vornehmen lassen, keine Möglichkeit haben, sich in Irland anschliessend medizinisch betreuen zu lassen.

179 Art. 14 Abs. 2 lit. c ZP 1/AfCRMV und AfKRMV, General Comment 2 (2014), Ziff. 37 ff. So auch MRA, General Comment 36 (2018), Ziff. 8.

180 Der EGMR liess die Frage in Open Door and Dublin Well Women v. Ireland, A/246-A (1992), Ziff. 66, ausdrücklich offen. Die frühere EKMR bejahte in X. v. The United Kingdom, 8416/79 (1980), Ziff. 23, die Zulässigkeit von Abtreibungen in der ersten Phase der Schwangerschaft mit dem Hinweis darauf, ein allfälliges Recht auf Leben des Fötus sei angesichts des Anspruchs der Mutter auf Schutz ihres Lebens und ihrer Gesundheit auf jeden Fall begrenzbar. In R.H. v. Noraber ebenfalls davon auszugehen, dass ein absolutes Abtreibungsverbot nicht menschenrechtskonform wäre. Die Staaten besitzen folglich einen Gestaltungsspielraum, Abtreibung nicht nur bei Gefahr für Leib und Leben der Mutter, sondern auch aus weiteren Gründen zuzulassen. Andererseits schützt aber auch das Recht auf Privatleben die Freiheit der Mutter nicht absolut, ihre Schwangerschaft abbrechen zu können. Vielmehr kann diese Garantie eingeschränkt werden, weshalb Staaten ebenso befugt sind, Abtreibungen nur bei Bestehen eng umschriebener Bedingungen zuzulassen[181].

Am anderen Ende des Lebensspektrums verneint der EGMR einen aus dem Recht auf Leben fliessenden Anspruch auf Bestimmung des eigenen Todeszeitpunkts und beurteilt daher ein absolutes Verbot der aktiven Sterbehilfe als mit Art. 2 EMRK konform[182]. Andererseits steht aber auch eine staatliche Regelung, welche die aktive Sterbehilfe oder die Beihilfe zum Suizid unter gewissen Bedingungen zulässt, nicht per se im Widerspruch zum Recht auf Leben[183]. So erachtete der EGMR unter Betonung des weiten Ermessensspielraums der Vertragsstaaten es nicht als Verletzung der aus Art. 2 EMRK fliessenden Schutzpflichten, die lebenserhaltenden Massnahmen gegenüber einer sich im Wachkoma befindlichen Person abzubrechen. Ausschlaggebend für diese Sichtweise war das Bestehen einer detaillierten und menschenrechtskonformen nationalen Rechtsgrundlage und die verfahrensmässige Sicherstellung dieses Entscheides, welche es erlaubte, die aktuelle und mutmassliche Sichtweise aller beteiligten Personen einzubringen[184]. 9.89

way, 17004/90 (1992), akzeptierte die EKMR, dass der Fötus durch das Recht auf Leben geschützt sein könne, betonte aber gleichzeitig, die Staaten hätten bei der Regelung der Abtreibung einen grossen Ermessensspielraum.

181 Siehe dazu hinten Rz. 12.41.

182 EGMR, Pretty v. The United Kingdom, Reports 2002-III.

183 So anerkennt mittlerweile der EGMR einen – allerdings beschränkbaren – aus Art. 8 EMRK fliessenden Anspruch auf einen selbst gewählten Todeszeitspunkt; vgl. dazu hinten Rz. 12.29 ff. Siehe dazu auch MRA, CO The Netherlands (2001), Ziff. 5, wo der Ausschuss Besorgnis über das niederländische Gesetz zu Euthanasie und Suizidhilfe zeigte, aber abgesehen von der Zulässigkeit solcher Tötungen oder Beihilfehandlungen zum Suizid bei 12–16-jährigen Kindern den Niederlanden keine Verletzung von Art. 6 Pakt II vorwarf. Diese Auffassung bestätigte er im Jahr 2009; CO The Netherlands (2009), Ziff. 7. Auch die in der Schweiz grundsätzlich legale Beihilfe zum Suizid stellt gemäss dem MRA keine Verletzung des Pakts II dar, wenn die sterbewillige Person aus freiem Willen und mit erklärtem Einverständnis aus dem Leben scheiden will; MRA, CO Switzerland (2009), Ziff. 13.

184 EGMR (Grand Chamber), Lambert and Others v. France, 46043/14, Reports 2015, Ziff. 136 ff.

Beispiel: Das Urteil Pretty gegen das Vereinigte Königreich des EGMR[185] (aktive Sterbehilfe)

9.90 Der EGMR hatte sich in diesem Urteil mit dem Fragenkomplex der aktiven Sterbehilfe auseinanderzusetzen. Konkret musste er beurteilen, ob und inwieweit die Aufrechterhaltung eines Straftatbestandes der Tötung auf Verlangen mit dem Recht auf Leben einer todkranken Frau kollidiert, die an einer absolut unheilbaren und progressiv verlaufenden Muskelkrankheit litt, welche schliesslich zum Tod durch Ersticken führt. Die Beschwerdeführerin war nicht mehr in der Lage, ihrem Leben selber ein Ende zu setzen, und ersuchte die britischen Behörden um die Zusicherung der Straffreiheit für ihren Ehemann, falls er ihren Wunsch erfülle, sie zu töten. Diese wurde abgelehnt. Der EGMR zweifelte, dass dem Recht auf Leben auch ein Recht auf einen selbstbestimmten Todeszeitpunkt entnommen werden könne. Dafür lasse sich im Wortlaut keine Stütze finden. Der Gerichtshof anerkannte zwar, dass das strafrechtliche Verbot die Beschwerdeführerin einer unmenschlichen Situation aussetzen könne, fand aber, dass sich aus dem Verbot der unmenschlichen Behandlung, das in Übereinstimmung mit dem Recht auf Leben auszulegen sei, keine Pflicht eines Staates ableiten lasse, solche Tötungshandlungen straffrei zu lassen. Im Weiteren sei zwar das Recht auf Privatleben durch ein derartiges Verbot eingeschränkt. Infolge der hohen Missbrauchsgefahr, d.h. zum Schutz von Personen, welche infolge mangelnder Urteilsfähigkeit die Konsequenzen eines derartigen Entscheides nicht abzuschätzen vermögen, sei aber selbst ein vollständiges Verbot der aktiven Sterbehilfe bei Bestehen einer gesetzlichen Grundlage als verhältnismässiger Eingriff einzustufen. Folglich verletze das britische Verbot auch diese Garantie nicht.

4. Gewährleistungspflichten

9.91 Ein effektiver Schutz des Lebens bedingt neben Schutzpflichten auch eigentliche Gewährleistungspflichten des Staates. Diese betreffen im Wesentlichen folgende Pflichten:

9.92 (1) *Untersuchungspflicht*: Die Vertragsstaaten von Pakt II, EMRK und AMRK sind verpflichtet, alle ungeklärten Todesfälle, namentlich auch solche in Haftsituationen, mit der notwendigen Unabhängigkeit und Sorgfalt, d.h. auf eigene Initiative und in einer Art und Weise zu untersuchen, die Gewähr für eine Aufklärung der Verantwortlichkeiten bietet[186]. Diese Untersuchungspflicht gilt auch bei Todesfällen in Spitälern, wenn unklar erscheint, ob der Tod auf ärztliche Kunstfehler zurückzuführen ist[187].

185 EGMR, Pretty v. The United Kingdom, Reports 2002-III.

186 Siehe etwa EGMR (Grand Chamber), Ramsahai and Others v. The Netherlands, Reports 2007-II, Ziff. 321 ff., und Finucane v. The United Kingdom (Chamber), Reports 2003-VIII, Ziff. 67 ff.; MRA, Baboeram and Others v. Suriname, 146/1983 and 148–154/1983 (1985), Ziff. 16, Rubio and Parents v. Colombia, 161/83 (1987), Ziff. 10.3; AfKRMV, Sudan Human Rights Organisation & Centre on Housing Rights and Evictions (COHRE) v. Sudan, 279/03–296/05 (2009), Ziff. 150 ff.

187 Siehe MRA, Novaković v. Serbia, 1556/2007 (2010), Ziff. 7.3, und EGMR, Şentürk v. Turkey, 13423/09 (2013), Ziff. 98 ff., sowie Lopes de Sousa Fernandes v. Portugal (Grand Chamber), 56080/13, Reports 2017, Ziff. 214 ff. Siehe dazu vorne Rz. 9.81 ff.

Weigert sich ein Staat, derartige Abklärungen zu unternehmen, oder führt er sie mit mangelnder Sorgfalt aus, verletzt er das Recht auf Leben und wird gegenüber den Angehörigen der getöteten Person schadenersatzpflichtig[188]. Da der Nachweis einer direkten staatlichen Verantwortung für Tötungshandlungen – etwa im Fall von Tötungen durch Paramilitärs – häufig an Beweisschwierigkeiten scheitert, können auf diese indirekte Weise Staaten oft trotzdem verantwortlich gemacht werden.

(2) *Strafverfolgungs- und Bestrafungspflicht*: Eng mit der Untersuchungspflicht verbun- 9.93
den ist die Pflicht zur strafrechtlichen Verfolgung und zur Ahndung rechtswidriger Tötungen, die durch staatliche Organe oder durch Private begangen werden. Damit soll der weit verbreiteten Praxis der Straflosigkeit («impunity») bei Verletzungen des Rechts auf Leben begegnet werden[189]. Amnestieregelungen stehen zwar im Widerspruch zur Bekämpfung der Straflosigkeit, werden aber teilweise als notwendiger Bestandteil eines Friedens- und Versöhnungsprozesses nach einer bewaffneten Auseinandersetzung oder einer Periode extremer Gewalt eingestuft. Verunmöglicht eine solche Regelung allerdings die Prüfung ungeklärter Todesfälle, hält sie vor dem Recht auf Leben nicht stand[190]. Stellen Gewaltanwendungen mit Todesfolge unter Verletzung des humanitären Völkerrechts gar eigentliche Kriegsverbrechen dar, sind die Staaten zudem gehalten, die dafür verantwortlichen Personen entweder selber zu bestrafen oder an den dafür primär zuständigen Staat oder an ein internationales Strafgericht auszuliefern[191]. Ebenfalls eine Verletzung des Rechts auf Leben kann vorliegen, wenn eine wegen eines Tötungsdelikts ausgesprochene Freiheitsstrafe ungebührlich lange nicht vollzogen wird[192].

(3) *Leistungspflichten in staatlichen Gewahrsamssituationen*: Eigentliche Leistungs- 9.94
pflichten zur Gewährleistung des Lebens bestehen in Situationen staatlichen Gewahrsams, d.h. insbesondere in Haftsituationen und während Aufenthalten in (staatlichen) psychiatrischen Spitälern. Inhaftierte Personen sind mit ausreichender Nahrung zu versorgen[193] und kranke Häftlinge sind medizinisch adäquat zu behandeln und ihr

---

188 Vgl. etwa IAGMR, Velázquez Rodríguez v. Honduras, C/4 (1988), Ziff. 166; EGMR, Yaşa v. Turkey, Reports 1998-VI, Ziff. 100, sowie MRA, Chaparro and Others v. Colombia, 612/1995 (1997), Ziff. 8.8, und Eshonov v. Uzbekistan, 1225/2003 (2010), Ziff. 9.2 ff.

189 MRA, General Comment 31 (2004), Ziff. 18.

190 MRA, Rodriguez v. Uruguay, 322/1988 (1994), Ziff. 12.4. Nach Auffassung des IAGMR sind Amnestieregelungen unvereinbar mit menschenrechtlichen Bestrafungspflichten, wenn sie die Möglichkeit der Bestrafung der Verantwortlichen für die Verletzung notstandsfester resp. grundlegender Menschenrechte ausschliesst; Chumbipuma Aguirre et al. v. Peru (Barrios Altos case), C/75 (2001), Ziff. 41 ff., und detailliert Gelman v. Uruguay, C/221 (2011), Ziff. 195 ff. Siehe dazu auch vorne Rz. 6.23 ff.

191 Art. 49 und 50 GK I, Art. 50 und 51 GK II, Art. 129 und 130 GK III, Art. 146 und 147 GK IV, Art. 85 ZP I, Art. 8 Römer Statut.

192 EGMR, Kitanovska Stanojkovic and Others v. the Former Yugoslav Republic of Macedonia, 2319/14 (2016), Ziff. 29 ff.

193 AfKRMV, Malawi African Association and Others v. Mauritania, 54/1991, 61/1991, 98/1993, 164–196/1997 und 210/1998 (2000), Ziff. 120.

Gesundheitszustand ist zu überwachen[194]. Selbst bei Fehlen finanzieller Mittel sind die Staaten zumindest verpflichtet, Häftlingen mit lebensbedrohenden Krankheiten medizinische Hilfe zu leisten[195]. Das Recht auf Leben ist etwa verletzt, falls eine im Zeitpunkt der Festnahme stark alkoholisierte Person trotz Anzeichen ernsthafter gesundheitlicher Probleme ohne medizinische Abklärung bleibt und anschliessend stirbt[196] oder ein Patient einer psychiatrischen Klinik[197] oder eine inhaftierte Person[198] mangels angemessener medizinischer Betreuung ums Leben kommt. Überdies ist die Gefängnisinfrastruktur so auszugestalten, dass im Falle einer Notsituation das Leben der Inhaftierten möglichst nicht gefährdet wird[199].

9.95 (4) *Leistungspflichten bei staatlicher Verunmöglichung einer selbständigen Befriedigung mit Subsistenzgütern*: Eine Verpflichtung der Staaten, die für das Überleben notwendigen Güter und medizinische Infrastruktur zur Verfügung zu stellen, wird in der Praxis des IAGMR anerkannt, wenn staatliche Massnahmen bewirken, dass Personen die selbständige Befriedigung ihrer Subsistenzbedürfnisse verunmöglicht wird. Dies war etwa der Fall, als sich Paraguay weigerte, die Landrechte indigener Minderheiten zu schützen, was ihren Angehörigen verunmöglichte, ihre traditionelle Lebensform weiterzuführen. Als direkte Folge davon verstarben Angehörige dieser Minderheiten an Krankheiten und Unterernährung[200]. In ähnlicher Weise gelangte der EGMR zum Schluss, aus Art. 2 EMRK fliesse eine Verpflichtung, ein Kind, das wegen der mangelhaften Erfüllung der Aufsichtspflicht durch das Gesundheitsministerium bei der Geburt während einer Bluttransfusion mit HIV infiziert wurde, zum Schutz seines Lebens lebenslang kostenlos mit Medikamenten zu versorgen[201]. Keine Verletzung des Rechts auf Leben stellt aber gemäss dem EGMR die Weigerung staatlicher Behörden dar, den Gebrauch noch nicht zugelassener Medikamente[202] ausnahmsweise für die Behandlung von lebensbedrohlich erkrankten Menschen zu bewilligen, bei welchen eine konventionelle Behandlung zu keinem Erfolg führte. Ebenso verletzt ein Staat Art. 2 EMRK nicht, wenn er den Eltern eines tödlich erkrankten neugeborenen Kindes, dessen lebenserhaltende Behandlung gemäss Auffassung der Ärzteschaft abgebro-

194 Siehe etwa MRA, Lantsova v. Russia, 763/1997 (1992), Ziff. 9.2; EGMR, Taïs v. France, 39922/03 (2006), Ziff. 93 ff., und AfKRMV, International Pen and Others v. Nigeria, 137/1994 etc. (1998), Ziff. 104.

195 MRA, Lantsova v. Russia, 763/1997 (2002), Ziff. 9.2.

196 EGMR, Anguelova v. Bulgaria, Reports 2002-IV, Ziff. 123 ff.

197 IAGMR, Ximenes-Lopes v. Brazil, C/149 (2006), Ziff. 121 ff.

198 MRA, Chiti v. Zambia, 1303/2004 (2012), Ziff. 12.2.

199 Honduras verletzte das Recht auf Leben, weil über hundert Inhaftierte während einer Feuersbrunst starben, da sie ihre überfüllten Zellen mangels genügender Fluchtwege und aufgrund nicht funktionierender Löscheinrichtungen nicht rechtzeitig verlassen konnten; IAGMR, Pacheco Teruel v. Honduras, C/241 (2012).

200 IAGMR, Yakye Axa Indigenous Community v. Paraguay, C/125 (2005), Ziff. 162 ff., Sawhoyamaxa Indigenous Community v. Paraguay, C/146 (2006), 159 ff., und Xákmok Kásek Indigenous Community v. Paraguay, C/214 (2010), Ziff. 194 ff. Dazu auch AfGRMV, African Commission on Human and Peoples' Rights v. Republic of Kenya, 006/2012 (2017), Ziff. 151 ff.

201 EGMR, Oyal v. Turkey, 4864/05 (2010), Ziff. 72.

202 EGMR, Hristozov and Others v. Bulgaria, Reports 2012-V, Ziff. 106 ff.

chen werden soll, untersagt, mit dem Kind zwecks Inanspruchnahme experimenteller Behandlungsmethoden in einen anderen Staat zu reisen[203].

(5) *Pflicht zur Ergreifung von Massnahmen zum besseren Schutz des Lebens*: Auf einer programmatischen, d.h. nicht justiziablen Ebene sind die Staaten verpflichtet, konkrete Schritte zum besseren Schutz des Lebens in Bereichen zu unternehmen, in welchen dieses besonders stark gefährdet ist. Der MRA, der vor allem im Rahmen des Staatenberichtsverfahrens zu solchen Aspekten Stellung nehmen kann, hat die Staaten aufgefordert, zur wirksamen Gewährleistung des Rechts auf Leben Massnahmen zur Senkung der Kindersterblichkeit[204] und zur Verlängerung der durchschnittlichen Lebenserwartung[205], zur atomaren Abrüstung sowie zur Kriegsprävention zu ergreifen[206]. 9.96

5. Die kollektive Dimension des Rechts auf Leben: Das Genozidverbot

a) Einleitung

Der nationalsozialistische Holocaust lenkte das Interesse der internationalen Gemeinschaft auf das Phänomen des Genozids, d.h. auf die geplante Vernichtung ganzer religiöser oder ethnischer Gruppen. Die Ungeheuerlichkeit dieser Verbrechen – nicht nur in quantitativer Hinsicht, sondern auch deswegen, weil die Opfer mit dem Ziel, planmässig eine bestimmte Gruppe zu vernichten, einzig wegen ihrer Zugehörigkeit zu dieser Gruppe ausgewählt werden[207] – macht Genozid zum schlimmsten aller Verbrechen. Kodifiziert ist das Verbot in der Genozidkonvention aus dem Jahre 1948. Dieser Vertrag vermochte allerdings nicht zu verhindern, dass weitere Völkermorde geschahen und diese teilweise bis heute ungesühnt blieben. Erst nach dem Kalten Krieg gelang es mit der Errichtung der Sondertribunale für das ehemalige Jugoslawien und für Ruanda internationale Instanzen zur Verfolgung der für diese Verbrechen verantwortlichen Personen zu begründen. Heute ist primär der Internationale Strafgerichtshof zur Ahndung von Genozid zuständig. 9.97

---

203 EGMR, Gard and Others v. The United Kingdom (dec.), 39793/17 (2017), Ziff. 77 ff.

204 MRA, CO Paraguay (2006), Ziff. 10; so auch etwa KRK-Ausschuss, CO Georgia (2017), Ziff. 31, und CO Serbia (2017), Ziff. 26.

205 MRA, General Comment 36 (2018), Ziff. 26.

206 MRA, General Comment 14 (1984).

207 Der Begriff Genozid geht auf den polnischen Juristen Rafael Lemkin zurück. Danach ist Genozid «a coordinated plan of different actions aiming at the destruction of essential foundations of the life of national groups, with the aim of annihilating the groups themselves»; Raphael Lemkin, Axis rule in occupied Europe laws of occupation, analysis of government, proposals for redress, Washington; Carnegie Endowment for International Peace, Division of International Law, 1944, S. 79.

Vertiefung: Wie kommt es zum Genozid[208]?

9.98 Genozid weist typischerweise acht Phasen auf: (1) die Phase der Klassifizierung («wir und sie»), (2) die Phase der Symbolisierung (Hasssymbole), (3) die Phase der Entmenschlichung («sie» sind eigentlich keine Menschen), (4) die Phase der Organisierung (des Staates, von Milizen oder des Mobs), (5) die Phase der Polarisierung (Trennung der Gruppen durch Propaganda und Gesetzgebung), (6) die Phase der Vorbereitung (Todeslisten etc.), (7) die Phase der Ausführung des Völkermords (Ausrottung) und (8) die Phase der Verleugnung («es geschah nie»).

9.99 Das Genozidverbot ist heute nicht nur vertraglich verankert, sondern als strafrechtliches Delikt und als staatliche Verpflichtung, vom Genozid abzusehen, Bestandteil des zwingenden Gewohnheitsrechts (Ius cogens)[209]. Dafür mutmasslich verantwortliche Personen sind von allen Staaten ohne Rücksicht auf ihre amtliche Stellung zu verfolgen[210].

b) Völkerstrafrechtlicher Tatbestand

9.100 Laut Art. II Genozidkonvention

> «bedeutet Völkermord eine der folgenden Handlungen, die in der Absicht begangen wird, eine nationale, ethnische, rassische oder religiöse Gruppe als solche ganz oder teilweise zu zerstören:
> a) Tötung von Mitgliedern der Gruppe;
> b) Verursachung von schwerem körperlichem oder seelischem Schaden an Mitgliedern der Gruppe;
> c) vorsätzliche Auferlegung von Lebensbedingungen für die Gruppe, die geeignet sind, ihre körperliche Zerstörung ganz oder teilweise herbeizuführen;
> d) Verhängung von Massnahmen, die auf die Geburtenverhinderung innerhalb der Gruppe gerichtet sind;
> e) gewaltsame Überführung von Kindern der Gruppe in eine andere Gruppe».

9.101 Der Straftatbestand des Völkermordes setzt sich somit aus folgenden Elementen zusammen[211]:

(1) Die für die Tat verantwortliche Person begeht eine der folgenden Handlungen: Sie tötet oder misshandelt eine oder mehrere Personen, zwingt eine oder mehrere Personen in lebensgefährdende Umstände, verhängt Massnahmen zur Geburtenverhinde-

---

208 Gregory H. Stanton, The Eight Stages of Genocide, presented at the Yale University Center for International and Area Studies, 1998, ‹http://www.genocidewatch.org/genocide/8stagesofgenocide.html› (zuletzt besucht am 16. März 2018).

209 IGH, Application of the Convention on the Prevention and Punishment of the Crime of Genocide (Bosnia Herzegovina v. Serbia and Montenegro), ICJ Reports 2007, Ziff. 161.

210 Art. IV Genozidkonvention.

211 Elements of Crime, Report of the Preparatory Commission for the International Criminal Court, UN Doc. PCNICC/2000/1/Add.2.

rung oder entzieht die Kinder einer oder mehrerer Personen der betreffenden Gruppe. Entgegen einer weit verbreiteten Meinung setzt damit das Delikt des Völkermordes keine Tötung als Tathandlung voraus. Irrelevant ist, ob diese Handlungen während Friedenszeiten oder bewaffneter Konflikte begangen werden[212]. Strafbar ist nicht nur die direkte Durchführung dieser Handlungen, sondern ebenso die Anstiftung, der Versuch und die Gehilfenschaft[213].

(2) Die Opfer gehören zu einer bestimmten nationalen, ethnischen, rassischen oder religiösen – nicht jedoch zu einer politischen oder sozialen – Gruppe. Der Täter bestimmt somit seine Opfer allein basierend auf dem Motiv ihrer Gruppenzugehörigkeit.

(3) Der Täter handelt mit der spezifischen Absicht, diese Gruppe als solche oder zumindest zu einem wesentlichen Teil zu zerstören[214]. Die Absicht, eine Gruppe zu einem massgeblichen Teil zu zerstören, muss sich nicht auf Personen als Individuen, die (zufälligerweise) zur Gruppe gehören, richten, sondern auf die Opfer in ihrer Eigenschaft als Mitglieder der Gruppe[215]. Dieser subjektive Tatbestand, welcher einen eigentlichen Plan enthalten muss, ist oft schwierig nachzuweisen.

(4) Die Tathandlungen sind Teil einer Serie ähnlicher Handlungen, die gegen die gleiche Gruppe gerichtet sind, oder sie können für sich die Zerstörung der Gruppe insgesamt bewirken.

Beispiel: Das Urteil Krstić des Straftribunals für das ehemalige Jugoslawien zum Genozid in Srebrenica[216]

Im Fall *Krstić* machte die Verteidigung in ihrer Beschwerde an die Berufungskammer des ICTY gegen das erstinstanzliche Urteil geltend, der Angeklagte habe nie den Vorsatz gehabt, einen massgebenden Teil bosnischer Serben auszurotten, weshalb sein Verhalten während des Massakers in Srebrenica zu Unrecht als Genozid beurteilt worden sei. Die Berufungskammer widersprach dieser Ansicht mit folgenden Argumenten: 9.102

«12. The intent requirement of genocide under Article 4 of the Statute is [...] satisfied where evidence shows that the alleged perpetrator intended to destroy at least a substantial part of the protected group. The determination of when the targeted part is substantial enough to meet this requirement may involve a number of considerations. The numeric size of the targeted part of the group is the necessary and important starting point, though not in all cases the ending point of the inquiry. The number of individuals targeted should be evaluated not only in absolute terms, but also in relation to the overall size of the entire group. In addition to the numeric size of the targeted portion, its prominence within the group can be a useful consideration. If a specific part of the group

212 Art. I Genozidkonvention.

213 Art. III Genozidkonvention, Art. 25 Abs. 3 Römer Statut.

214 ICTY (Appeals Chamber), The Prosecutor v. Krstić, Judgment, IT-98-33-A (2004), Ziff. 12.

215 Siehe ICTY (Trial Chamber), The Prosecutor v. Krstić, Judgment, IT-98-33-T (2001), Ziff. 590.

216 ICTY (Appeals Chamber), The Prosecutor v. Krstić, Judgment, IT-98-33-A (2004). Siehe zu diesem Genozid auch ICTY (Trial Chamber), The Procesutor v. Mladić, IT-09-92 (2017), Ziff. 3432 ff.

is emblematic of the overall group, or is essential to its survival, that may support a finding that the part qualifies as substantial within the meaning of Article 4.

13. The historical examples of genocide also suggest that the area of the perpetrators' activity and control, as well as the possible extent of their reach, should be considered. Nazi Germany may have intended only to eliminate Jews within Europe alone; that ambition probably did not extend, even at the height of its power, to an undertaking of that enterprise on a global scale. [...] The intent to destroy formed by a perpetrator of genocide will always be limited by the opportunity presented to him [...].

14. These considerations, of course, are neither exhaustive nor dispositive. They are only useful guidelines. The applicability of these factors, as well as their relative weight, will vary depending on the circumstances of a particular case.

15. In this case, having identified the protected group as the national group of Bosnian Muslims, the Trial Chamber concluded that the part [...] Radislav Krstić targeted was the Bosnian Muslims of Srebrenica. [...]. Although this population constituted only a small percentage of the overall Muslim population of Bosnia and Herzegovina at the time, the importance of the Muslim community of Srebrenica is not captured solely by its size. As the Trial Chamber explained, Srebrenica [...] [was] of immense strategic importance to the Bosnian Serb leadership. [...].

17. Finally, the ambit of the genocidal enterprise in this case was limited to the area of Srebrenica. From the perspective of the Bosnian Serb forces alleged to have had genocidal intent in this case, the Muslims of Srebrenica were the only part of the Bosnian Muslim group within their area of control. [...].

21. The Trial Chamber determined that Radislav Krstić had the intent to kill the Srebrenica Bosnian Muslim men of military age. This finding is one of intent to commit the requisite genocidal act – in this case, the killing of the members of the protected group, prohibited by Article 4 (2) (a) of the Statute.

23. The Trial Chamber's determination of the substantial part of the protected group was correct. The Defence's appeal on this issue is dismissed».

c) Verpflichtungen der Staaten

9.103 Völkermord ist nicht nur ein völkerstrafrechtliches Delikt, sondern begründet auch menschenrechtliche Verpflichtungen der Vertragsstaaten. Mit Ratifikation der Genozidkonvention sind die Vertragsstaaten gehalten:

9.104 (1) Völkermord *nicht zu begehen*. Obwohl vom Wortlaut dieses Abkommens nicht explizit gefordert, stehen nicht nur Individuen, sondern auch Staaten unter der primären Verpflichtung, keinen Genozid zu begehen. Die Genozidkonvention verankert daher nicht nur völkerstrafrechtliche Verpflichtungen von Individuen, sondern schafft eine doppelte Verpflichtung von Staat und Individuen[217]. Nach Auffassung des IGH

217 Siehe dazu auch Art. 25 Abs. 4 Römer Statut, wonach «[d]ie Bestimmungen dieses Statuts betreffend die individuelle strafrechtliche Verantwortlichkeit [...] die Verantwortung der Staaten nach dem Völkerrecht» nicht berühren.

fliesst diese staatliche Pflicht aus Art. I dieses Abkommens, da es paradox wäre, wenn Staaten zwar die Begehung von Völkermord durch Personen unter ihrer Herrschaft oder solcher, über die sie einen gewissen Einfluss haben, verhindern müssen, es ihnen aber nicht untersagt wäre, Genozid durch ihre eigenen Organe oder durch andere Personen zu begehen, über die sie eine derartige Kontrolle ausüben, dass ihr Verhalten dem Staat gemäss Völkerrecht zuzurechnen ist[218].

(2) Genozid zu *verhindern*. Der Präventionspflicht gemäss Art. I gilt es zuerst auf dem eigenen Staatsgebiet nachzukommen. Darüber hinaus greift diese Verhinderungspflicht auch, wenn ein Staat weiss oder wissen müsste, dass ein ernsthaftes Risiko besteht, dass ein anderer Staat oder eine nichtstaatliche Gruppierung einen Völkermord auf ausländischem Territorium begeht. Von diesem Moment an steht ein Staat gemäss Ansicht des IGH unter einer Verpflichtung, alle ihm möglichen Massnahmen zu ergreifen, die derartige Handlungen verhindern könnten. Verzichtet ein Staat auf zumutbare Massnahmen und findet trotzdem kein Völkermord im Sinne des Genozidabkommens statt, wird er hingegen nicht wegen Verletzung seiner Verhinderungspflicht völkerrechtlich verantwortlich[219]. 9.105

(3) Völkermord *nicht zu unterstützen*. Die Vertragsstaaten der Genozidkonvention dürfen weder eine Verschwörung zur Begehung von Völkermord anzetteln (Art. III lit. b), noch unmittelbar und öffentlich zu diesem Delikt anstiften (Art. III lit. c). Sie haben überdies von Handlungen abzusehen, die als Beihilfe zum Völkermord einzustufen sind (Art. III lit. e), d.h., Hilfeleistungen an mutmassliche Täter zu leisten, um jenen die Begehung dieses Delikts zu ermöglichen oder zumindest zu erleichtern. Die praktische Bedeutung dieses Beihilfeverbots wird allerdings dadurch empfindlich geschwächt, dass gemäss dem IGH diese Verpflichtung nur verletzt wird, wenn dasjenige staatliche Organ, welches über die staatliche Unterstützungsleistung befindet, sich über die spezifische genozidale Absicht des Haupttäters im Klaren war[220]. 9.106

(4) Völkermord zu *bestrafen*. Art. VI verankert zunächst das Territorialitätsprinzip, d.h. zur Strafverfolgung sind primär jene Staaten befugt und verpflichtet, auf deren Gebiet ein Genozid begangen wurde. Alternativ behält diese Bestimmung die strafrechtliche Beurteilung einem internationalen Strafgericht vor, dessen Zuständigkeit von den beteiligten Parteien anerkannt wurde. Seit Inkrafttreten des Römer Statuts liegt diese Zuständigkeit primär beim Internationalen Strafgerichtshof. 9.107

(5) Des Genozids schuldige Personen entweder an den zur Beurteilung zuständigen Staat oder das internationale Gericht *auszuliefern* und insbesondere Völkermord für Auslieferungszwecke nicht als politisches Delikt einzustufen (Art. VII). 9.108

---

218 IGH, Application of the Convention on the Prevention and Punishment of the Crime of Genocide (Bosnia and Herzegovina v. Serbia and Montenegro), ICJ Reports 2007, Ziff. 166.

219 A.a.O., Ziff. 431.

220 A.a.O., Ziff. 421.

d) Internationale Durchsetzung

9.109 Die Genozidkonvention sieht drei Mechanismen zur Durchsetzung ihrer Verpflichtungen auf internationaler Ebene vor.

9.110 Primäres Durchsetzungsmittel ist die strafrechtliche Ahndung durch ein nationales oder internationales Gericht[221]. Alle internationalen Strafgerichte sind oder waren befugt, Genozid als völkerstrafrechtliches Delikt zu bestrafen[222]. Auf politischer Ebene kann gemäss Art. VIII Genozidkonvention jede Vertragspartei an die zuständigen Organe der UNO, konkret an den Sicherheitsrat gelangen, um Massnahmen zur Verhütung und Bestrafung des Völkermordes zu ergreifen[223]. Schliesslich sieht das Übereinkommen in Art. IX als dritten Mechanismus vor, dass die Vertragsstaaten befugt sind, bei Streitigkeiten über die Auslegung, Anwendung und Durchführung des Abkommens den IGH anzurufen[224].

9.111 Im Jahre 2004 ernannte der UNO-Generalsekretär einen Spezialberater zur Verhütung des Völkermordes, dessen Aufgabe u.a. darin besteht, einen Frühwarnmechanismus zur Erkennung potenzieller Genozidsituationen zu unterhalten[225], d.h. insbesondere, Informationen zu sammeln über Situationen, in welchen das Risiko genozidaler Gewaltakte besteht, und diese auszuwerten. In jüngerer Vergangenheit beschäftigte sich der Spezialberater etwa mit dem Sudan, Syrien, Burundi, der Zentralafrikanischen Republik und dem Südsudan.

III. Subsistenzrechte und Recht auf Gesundheit

1. Allgemeines

9.112 Die Reichweite des menschenrechtlichen Schutzes des Lebens erschöpft sich nicht darin, die Wahrscheinlichkeit zu minimieren, Opfer eines Tötungsdeliktes zu werden. Vielmehr ist der Zugang zu Lebensgrundlagen wie Nahrung, Obdach und im Fall gefährlicher Krankheiten zu minimaler medizinischer Behandlung für das Überleben in Situationen, in welchen der Zugang zu Subsistenzgütern unterbunden wird oder wo solche Güter schlicht fehlen, praktisch ebenso relevant, wenn nicht gar wichtiger. Deshalb spielen für die Sicherung der menschlichen Existenz nicht nur das Recht auf Leben in seiner Funktion als bürgerliches und politisches Recht, sondern auch als Teil der WSK-Rechte, und namentlich in der Ausprägung des Rechts auf einen angemessenen Lebensstandard (Art. 11 Pakt I) und des Rechts auf Gesundheit (Art. 12 Pakt I),

---

221 Art. IV–VI Genozidkonvention.

222 Siehe dazu Rz. 2.88 f. und 6.65 ff.

223 Die Errichtung des ICTY und des ICTR im Rahmen von Kapitel VII der UNO-Charta hat letztlich hier ihre Grundlage.

224 Gestützt darauf reichten 1996 Bosnien und 1999 auch Kroatien Klagen gegen Jugoslawien resp. Serbien vor dem IGH ein.

225 Siehe dazu Office of the Special Advisor on the Prevention of Genocide, ‹http://www.un.org/en/genocideprevention/index.html› (zuletzt besucht am 16. März 2018).

eine grosse Rolle. Diese Garantien sollen aber nicht nur das blosse Überleben sicherstellen, sondern vielmehr ein Leben in Würde ermöglichen.

Wie oben dargestellt, fliesst auch aus WSK-Rechten die dreifache Verpflichtung zu un- 9.113
terlassen, zu schützen und zu gewährleisten[226]. Dies gilt auch für die hier darzustellenden Garantien.

Eine Besonderheit der Subsistenzrechte besteht darin, dass sie ein Recht auf «ausrei- 9.114
chende» («suffisant») bzw. «angemessene» («adequate»)[227] Nahrung und Unterkunft sowie (trotz Fehlens einer expliziten Erwähnung im Text des Pakts I) Gesundheitsversorgung stipulieren. Der WSK-Ausschuss entwickelte für all diese Garantien Kriterien zur Beurteilung, wann diese Anforderung erfüllt ist. Trotz unterschiedlicher Formulierungen müssen relevante Güter und Dienstleistungen in jedem Fall die folgenden Elemente[228] erfüllen, damit sie als «ausreichend» bzw. «angemessen» qualifiziert werden können[229]:

- Verfügbarkeit («availability»): Die Rechte auf Nahrung, Obdach und Gesundheit können aus offenkundigen Gründen nicht in Anspruch genommen werden, wenn Nahrungsmittel, Unterkünfte und Gesundheitsdienstleistungen und Medikamente nicht in genügendem Umfang und in genügender Qualität verfügbar sind.
- Zugänglichkeit («accessibility»): Die Tatsache, dass Nahrung, Unterkunft und Gesundheitsinfrastruktur verfügbar sind, bedeutet noch nicht automatisch, dass sie für alle Personen zugänglich sind. Das Element der Zugänglichkeit beschlägt daher Fragen der geografischen sowie der faktischen und rechtlichen Zugänglichkeit. Zudem sind die relevanten Güter und Dienstleistungen nur dann zugänglich, wenn sie für alle Bevölkerungsschichten erschwinglich sind.
- Akzeptanz («acceptability»): Die relevanten Güter und Dienstleistungen müssen schliesslich auch kulturell akzeptierbar sein, d.h. auf religiöse und traditionelle Vorgaben und Gebräuche Rücksicht nehmen, den unterschiedlichen Bedürfnissen von Männern und Frauen angepasst sein und einen minimalen Qualitätsstandard aufweisen.

---

226 Siehe dazu vorne Rz. 3.121 ff.

227 Die offiziellen deutschen Übersetzungen des Pakts I verwenden sowohl «ausreichend» (Schweiz) als auch «angemessen» (Deutschland und Österreich).

228 Ähnlich auch IAGMR, Gonzales Lluy et al. v. Ecuador, C/298 (2015), Ziff. 173 f.

229 In seinem General Comment 4 (1991) identifizierte der WSK-Ausschuss die folgenden Faktoren im Kontext des Rechts auf angemessene Unterkunft: Verfügbarkeit, Erschwinglichkeit, Zugänglichkeit und kulturelle Adäquanz. Im General Comment 12 (1999) erwähnte der WSK-Ausschuss als relevante Elemente des Rechts auf angemessene Nahrung die Verfügbarkeit, die Akzeptanz und die Zugänglichkeit. Im General Comment 15 (2002) zum Recht auf Wasser erwähnte der Ausschuss die Kriterien Verfügbarkeit, Qualität und Zugänglichkeit.

2. Das Recht auf Nahrung

Rechtsquellen: Art. 25 AEMR; Art. 11 Pakt I; Art. 12 Ziff. 2 FDK; Art. 24 Abs. 2 und 27 KRK; Art. 28 Abs. 1 BRK; Art. 12 und 17 lit. a ZP 1/AMRK; Art. 38 ArCMR; Art. 26 GK II; Art. 15 ZP 1/AfCRMV; Art. 20 GK III; Art. 23, 36, 49, 55 und 89 GK IV; Art. 54 ZP I; Art. 5 Abs. 1 lit. b und 14 ZP II; Art. 8 Abs. 2 lit. b (xxv) Römer Statut.

a) Der Inhalt des Rechts auf Nahrung

9.115 Nach dem Wortlaut von Art. 11 Abs. 1 Pakt I anerkennen die Vertragsstaaten das Recht aller Menschen auf ausreichende Ernährung. Abs. 2 statuiert darüber hinaus das grundlegende Recht auf Schutz vor Hunger. Der WSK-Ausschuss hat deutlich gemacht, dass diese Garantie auch ein Recht auf ausreichende Versorgung mit Trinkwasser umfasst[230]. Darüber hinaus bleibt diese Bestimmung vage, d.h. sie gibt keinen Aufschluss, wann dieses Recht vollständig realisiert ist. Der WSK-Ausschuss identifiziert zwei Elemente, die den Inhalt des Rechts auf Nahrung ausmachen[231]:

(1) Die *Verfügbarkeit* von Nahrung, welche qualitativ und quantitativ genügt, um die Ernährungsbedürfnisse von Individuen frei von nachteiligen Substanzen und kulturell akzeptabel befriedigen zu können.

(2) Der *Zugang* zu solcher Nahrung, welcher nachhaltig genug sein muss, um den Genuss anderer Rechte nicht zu beeinträchtigen.

9.116 Wo genügend Nahrung verfügbar ist und der Zugang zu ihr nachhaltig sichergestellt wird, ist das Recht auf Nahrung voll realisiert. Damit ist allerdings nicht gesagt, dass die Vertragsstaaten verpflichtet wären, Privatpersonen unbeschränkt Nahrung zur Verfügung zu stellen, oder dass sie dieses Recht verletzen, falls dieser Idealzustand nicht erreicht wird. Vielmehr ergibt sich der konkrete Inhalt des Rechts auf Nahrung erst aus der Verknüpfung der beiden Elemente mit den entsprechenden Verpflichtungsschichten dieser Garantie.

b) Unterlassungspflichten

9.117 Unterlassungspflichten aus dem Recht auf Nahrung gebieten den Staaten (1) den privaten *Zugang zu Nahrung zu respektieren* und verbietet (2) die *Zerstörung vorhandener Nahrungsmittel und der Nahrungsmittelinfrastruktur.* Die erste Kategorie untersagt die Unterbindung des Zugangs bestimmter Individuen oder Gruppen zu an sich vorhandener Nahrung, wobei unerheblich ist, ob dies auf der Basis der Gesetzgebung oder durch praktische Massnahmen der Behörden geschieht. Beispiele derartig verpönten Verhaltens sind etwa

- das Legen von Landminen in landwirtschaftlich genutzten Gebieten[232],

---

230 Siehe dazu hinten Rz. 9.124 ff.

231 WSK-Ausschuss, General Comment 12 (1999), Ziff. 8, und General Comment 15 (2002), Ziff. 12.

232 Zum Verbot des Legens von Landminen vorne Rz. 9.56 ff.

- das Verbot, Personen mit Nahrungsmitteln zu versorgen, welche selbst keinen Zugang dazu haben, etwa wegen Blockierung des Zugangs von Hilfslieferungen während bewaffneter Konflikte[233],
- die Zerstörung von Nahrungsmittelgrundlagen mit dem Ziel, die ansässige Bevölkerung zu vertreiben[234],
- die entschädigungslose Requirierung von Nahrungsmitteln, die Enteignung von landwirtschaftlich nutzbarem Land oder die Missachtung von Landrechten indigener Völker.
- Gar ein Kriegsverbrechen stellt der Einsatz von Hunger als Waffe, d.h. die bewusste Aushungerung der Zivilbevölkerung, dar[235].

Das Verbot der Zerstörung von Nahrungsmitteln und ihrer Infrastruktur erscheint 9.118
insbesondere während bewaffneter Auseinandersetzungen von Relevanz und ist daher im humanitären Völkerrecht prominent verankert[236]. Ein solches Verhalten verletzt aber auch Art. 11 Pakt I[237].

c) Schutzpflichten

Schutzpflichten spielen für die Verwirklichung des Rechts auf Nahrung eine bedeut- 9.119
same Rolle. So liegt gemäss dem WSK-Ausschuss eine Verletzung dieses Menschenrechts vor, wenn der Staat es unterlässt, Menschen durch Gesetzgebung oder aktive Massnahmen gegen Übergriffe Dritter zu schützen, welche den Zugang zu Nahrung verunmöglichen[238]. Staaten stehen daher z.B. unter der Verpflichtung, in Zeiten von Nahrungsmittelknappheit zu verhindern, dass Nahrungsmittel gehortet und anschliessend zu so hohen Preisen verkauft werden, dass ärmere Bevölkerungsschichten sich nicht mehr genügend ernähren können; dafür zu sorgen, dass Patientinnen und Patienten oder Kinder in privaten Betreuungsverhältnissen, etwa in Alters- und Pflegeheimen und privaten Waisenhäusern, ausreichend ernährt werden; gegen Schädigung der Nahrungsmittelkette durch Private einzuschreiten oder gegen soziale Traditionen vorzugehen, wonach in Zeiten von Nahrungsmittelknappheit Frauen weniger Nahrung als Männer erhalten.

---

233 So explizit Art. 23 GK IV und Art. 70 ZP I.

234 AfKRMV, The Social and Economic Rights Action Center for Economic and Social Rights v. Nigeria, 155/96 (2001), Ziff. 64 ff., und Sudan Human Rights Organisation & Centre on Housing Rights and Evictions (COHRE) v. Sudan, 279/03–296/05 (2009), Ziff. 206 ff. (Zerstörung von Lebensmittelinfrastruktur und Vergiftung von Quellen in Darfur). Die AfKRMV beurteilt solche Handlungen allerdings als Verletzung des Rechts auf Gesundheit von Art. 16 AfCRMV, da dieser Vertrag kein Recht auf Nahrung kennt.

235 Art. 8 Abs. 2 lit. b (xxv) Römer Statut, Art. 54 Abs. 1 ZP I und Art. 14 ZP II.

236 Art. 54 Abs. 2 ZP I und Art. 14 ZP II.

237 Vgl. z.B. den Bericht des Sonderberichterstatters über Menschenrechtsverletzungen im irakisch besetzten Kuwait vom 16. Januar 1992, UN Doc. E/CN. 4/1992/26, Ziff. 224 ff.

238 WSK-Ausschuss, General Comment 12 (1999), Ziff. 19.

d) Gewährleistungspflichten

9.120 Unmittelbarer Natur sind die Leistungspflichten zur Erfüllung des Kerngehalts des Rechts auf Nahrung. Dieser umfasst das Recht auf Freiheit vor Hunger[239]. Deshalb sind die Vertragsstaaten verpflichtet, während Hungersnöten oder humanitärer Katastrophen die hungernde Bevölkerung selbst mit Lebensmitteln zu versorgen oder um Hilfe der internationalen Gemeinschaft nachzusuchen[240], falls sie dazu selber nicht in der Lage sind. Das humanitäre Völkerrecht, aber auch die Rechtsprechung zum Recht auf Leben, dem Verbot der unmenschlichen Behandlung und dem Recht auf angemessene Haftbedingungen verdeutlichen zudem, dass weitergehende Leistungspflichten zur Sicherstellung einer angemessenen Ernährung dann geboten sind, wenn Personen wegen staatlicher Massnahmen nicht mehr in der Lage sind, ihre Nahrungsbedürfnisse selbst zu befriedigen. Dies gilt etwa in Haftsituationen[241], während bewaffneter Konflikte[242], gegenüber Asylsuchenden[243] oder wenn der Staat einer indigenen Gemeinschaft verunmöglicht, ihre traditionelle Lebensform weiterzuführen[244].

9.121 Auf dieser Stufe verpflichtet schliesslich Pakt I programmatisch zu einer Vielzahl von Massnahmen, die in Art. 11 Abs. 2 genannt und progressiv zu erfüllen sind: Sie sind darauf ausgerichtet, möglichst rasch in Ergänzung zu privater Initiative den Zugang zu genügender Nahrung für alle Personen unter der Jurisdiktion eines Staates und damit eine langfristige Nahrungsmittelsicherheit sicherzustellen.

Vertiefung: Das Recht auf Nahrung und Wirtschaftssanktionen

9.122 Besonders schwierig kann sich die Verwirklichung des Rechts auf einen angemessenen Lebensstandard für Staaten präsentieren, welche von wirtschaftlichen Sanktionen gemäss Kapitel VII der UNO-Charta betroffen sind. Hier bestimmt die internationale Gemeinschaft mit der Art der Ausgestaltung der Boykottmassnahmen wesentlich mit, inwieweit dem betroffenen Staat die Erfüllung seiner Leistungspflichten weiterhin möglich bleibt. Vor dem Hintergrund der umfassenden Irak-Sanktionen während der 1990er

239 WSK-Ausschuss, General Comment 12 (1999), Ziff. 17.

240 Nach Art. 2 Abs. 1 Pakt I sind die Staaten nicht nur allein, sondern nötigenfalls auch «durch internationale Hilfe und Zusammenarbeit» für die Verwirklichung der Rechte des Pakts verantwortlich.

241 Siehe dazu etwa MRA, Hill and Hill v. Spain, 526/1993 (1997), Ziff. 13: Die fehlende Abgabe von Nahrung während fünf Tage verletzt den Anspruch auf menschenwürdige Haftbedingungen gemäss Art. 10 Pakt II. Für Kriegsgefangene stipuliert Art. 26 GK III einen unmittelbaren Anspruch auf Nahrung, die «in Menge, Beschaffenheit und Abwechslung ausreichend [ist], um einen guten Gesundheitszustand der Gefangenen zu gewährleisten und um Gewichtsverluste und Mangelerscheinungen zu verhindern».

242 Art. 55 GK IV verankert eine subsidiäre Pflicht der Besatzungsmacht zur Versorgung der Zivilbevölkerung mit Nahrungsmitteln, soweit «die Hilfsquellen des besetzten Gebietes nicht ausreichen».

243 EGMR (Grand Chamber), M.S.S. v. Belgium and Greece, Reports 2011-I, Ziff. 249 ff.

244 IAGMR, Case of the Yakye Axa Indigenous Community v. Paraguay, C/125 (2005), Ziff. 162 ff., und Case of the Sawhoyamaxa Indigenous Community v. Paraguay, C/146 (2006), Ziff. 159 ff.

Jahre nahm der WSK-Ausschuss in General Comment 8 (1997) zum Spannungsfeld zwischen den Postulaten aus WSK-Rechten und demjenigen einer legitimen Durchsetzung völkerrechtlicher Zwangsmassnahmen Stellung: Embargomassnahmen sollen durch die Statuierung humanitärer Ausnahmebestimmungen oder spezifischer, d.h. auf bestimmte Güter beschränkter Sanktionen, so gestaltet werden, dass sie die regierende Elite des betroffenen Staates zu einem völkerrechtskonformen Verhalten motivieren und gleichzeitig die «Kollateralschäden» für die Bevölkerung möglichst gering halten. Diese Verpflichtung ergebe sich aus der Tatsache, dass WSK-Rechte auch während eines Embargos auf zwei Verpflichtungsebenen in Geltung bleiben:

«10. [...] The first set relates to the affected State. The imposition of sanctions does not in any way nullify or diminish the relevant obligations of that State party. As in other comparable situations, those obligations assume greater practical importance in times of particular hardship. [...] While sanctions will inevitably diminish the capacity of the affected State to fund or support some of the necessary measures, the State remains under an obligation to ensure the absence of discrimination in relation to the enjoyment of these rights, and to take all possible measures [...] to reduce to a minimum the negative impact upon the rights of vulnerable groups within the society.

11. The second set of obligations relates to the party or parties responsible for the imposition, maintenance or implementation of the sanctions, [...]. In this respect, the Committee considers that there are three conclusions:

12. First, these rights must be taken fully into account when designing an appropriate sanctions regime.

13. Second, effective monitoring, which is always required under the terms of the Covenant, should be undertaken throughout the period that sanctions are in force.

14. Third, the external entity has an obligation ‹to take steps, individually and through international assistance and cooperation, especially economic and technical› in order to respond to any disproportionate suffering experienced by vulnerable groups within the targeted country.»

Diese Ansätze wurden mittlerweile von der internationalen Gemeinschaft weitgehend übernommen. So erliess der Sicherheitsrat nach den Irak-Sanktionen keine integralen Wirtschaftssanktionen mehr, sondern nur noch sog. «smart sanctions», d.h. spezifische Embargomassnahmen, welche gezielt gegen Angehörige der Regierung eines völkerrechtsverletzenden Staates oder anderweitig für völkerrechtswidrige Handlungen verantwortliche Personen gerichtet sind[245]. 9.123

245 Siehe zu «smart sanctions» vorne Rz. 8.51.

3. Das Recht auf Wasser und auf Zugang zu Sanitäreinrichtungen

Spezifische Rechtsquellen: Art. 14 Abs. 2 lit. h FDK; Art. 24 Abs. 2 lit. c KRK; Art. 28 Abs. lit. a BRK; Art. 15 lit. a ZP 1/AfCRMV; Art. 39 Abs. 2 lit. f ArCMR; Art. 20, 26 Abs. 3, 29 Abs. 2 und 46 Abs. 3 GK III; Art. 85 Abs. 3, 89 Abs. 3 und 127 Abs. 2 GK IV; Art. 54 Ziff. 2 ZP I; Art. 5 Ziff. 1 lit. b ZP II.

a) Existenz eines Rechts auf Wasser und auf Zugang zu Sanitäreinrichtungen?

9.124 Gegenwärtig können sich über 840 Millionen Menschen nicht mit sauberem Trinkwasser versorgen und mehr als 2,3 Milliarden Personen fehlt selbst der Zugang zu einer rudimentären Sanitärversorgung[246]. Der Klimawandel droht diese Situation weiter zu verschärfen. Mehr als eine Milliarde Menschen sind überdies gezwungen, ihre Notdurft unter unwürdigen Bedingungen im Freien zu verrichten[247] und verschmutzen damit wiederum Trinkwasserressourcen für zahlreiche Menschen. Dieser ungenügende Zugang zur endlichen Ressource Wasser zu Nahrungs- und Hygienezwecken und zu genügenden sanitären Einrichtungen hat verheerende Konsequenzen auf die Lebenserwartung und die Gesundheit der betroffenen Individuen[248]. Werden Menschenrechte wie hier als rechtliches Konzept verstanden, das sich an den Grundbedürfnissen und Gefährdungen des Menschen orientiert, erstaunt es, dass weder der Pakt I noch regionale Konventionen ein Menschenrecht auf Wasser enthalten und die Existenz eines Rechts auf Trinkwasser und auf Zugang zu genügenden Sanitäreinrichtungen bis heute zumindest nicht völlig unbestritten bleibt.

9.125 Ein Blick auf die Normtexte neuerer Menschenrechtsverträge zeigt indes bereits ein differenzierteres Bild: So verlangt das Recht auf Gesundheit nach Art. 24 KRK von den Vertragsstaaten die Ergreifung von Massnahmen zur Bereitstellung von sauberem Trinkwasser[249] und das Recht auf einen angemessenen Lebensstandard von Art. 28 BRK fordert, dass Menschen mit Behinderungen ein rechtsgleicher Zugang zur Versorgung mit Wasser garantiert wird. Ferner findet sich ein explizites Recht auf Wasser auch in neueren afrikanischen[250] und interamerikanischen[251] Menschenrechtsverträgen.

9.126 Der WSK-Ausschuss anerkennt, dass der Pakt I zumindest implizit einen Anspruch auf Trinkwasser und Zugang zu sanitären Einrichtungen enthält: So statuierte er bereits 1991, das Recht auf angemessene Unterkunft von Art. 11 Pakt I beinhalte den

246 So die Einschätzung der Weltbank; siehe ‹http://www.worldbank.org/en/topic/water/overview› (zuletzt besucht am 16. März 2018).

247 WHO, Sanitation and Hygiene strategy 2018–2025, Genf 2018, 4.

248 So haben gemäss Schätzung der WHO 88% aller Durchfall-Erkrankungen, an welchen jährlich über 1,8 Millionen Menschen sterben, ihre Ursache im fehlenden Zugang zu sauberem Trinkwasser und zu genügenden Sanitäreinrichtungen; siehe ‹www.who.int/water_sanitation_health/publications/facts2004/en/› (zuletzt besucht am 3. Juni 2018).

249 Siehe dazu KRK-Ausschuss, General Comment 15 (2013), Ziff. 48 f.

250 Art. 14 Abs. 2 lit. c Afrikanische Charta über das Wohlbefinden des Kindes; Art. 15 ZP 1/ACRMV.

251 Art. 12 und 25 lit. b Interamerikanische Konvention zum Schutz der Menschenrechte älterer Personen.

Anspruch auf einen nachhaltigen Zugang zu Trinkwasser, sanitären Einrichtungen und Waschgelegenheiten[252]. In seinen Allgemeinen Bemerkungen zum Recht auf Gesundheit hielt er im Jahr 2000 fest, «die Entstehungsgeschichte und der ausdrückliche Wortlaut von Art. 12 Abs. 2 [Pakt I] lassen erkennen, dass das Recht auf Gesundheit weitreichende soziale und wirtschaftliche Faktoren umfasst, aufgrund derer Menschen ein gesundes Leben führen können, und dass es sich auch auf die zugrunde liegenden Parameter der Gesundheit wie […] Zugang zu sicherem Trinkwasser und angemessene Sanitäreinrichtungen […] erstreckt»[253]. Vor diesem Hintergrund erstaunt es nicht, dass dieses Organ im Jahr 2002 eine spezifische Allgemeine Erklärung zum Recht auf Wasser publizierte. In diesem Dokument kam der Ausschuss zum Schluss, das Recht auf einen angemessenen Lebensstandard enthalte, wie die Verwendung des Begriffs «einschliesslich» verdeutliche, nicht nur ein Recht auf Nahrung, Bekleidung und Unterkunft. Vielmehr falle «das Recht auf Wasser […] eindeutig in die Kategorie der grundlegenden Garantien zur Erreichung eines angemessenen Lebensstandards»[254]. Zudem sei dieses Recht untrennbar verbunden mit den Rechten auf Nahrung und Gesundheit[255]. Diese Schlussfolgerung teilen auch die politischen Organe der UNO: So dehnte die damalige MRK im Jahr 2001 das Mandat des Sonderberichterstatters für das Recht auf Nahrung auf das Recht auf Trinkwasser aus[256], und der Menschenrechtsrat schuf im Jahr 2008 unter ausdrücklicher Bezugnahme auf die Vorgaben des Pakts I das Mandat einer unabhängigen Expertin zu Menschenrechten und Zugang zu Trinkwasser und Sanitäranlagen[257]. Zwei Jahre später anerkannte auch die UNO-Generalversammlung «das Recht auf einwandfreies und sauberes Trinkwasser und Sanitärversorgung als ein Menschenrecht an, das unverzichtbar für den vollen Genuss des Lebens und aller Menschenrechte ist»[258]. Kurz danach bestätigte der Menschenrechtsrat einstimmig, dass das Menschenrecht auf sauberes Trinkwasser und Zugang zu Sanitäreinrichtungen aus dem Recht auf einen angemessenen Lebensstandard fliesst und untrennbar mit den Rechten auf Gesundheit, auf Leben[259] und auf menschliche Würde verbunden

252 WSK-Ausschuss, General Comment 4 (1991), Ziff. 8.

253 WSK-Ausschuss, General Comment 14 (2000), Ziff. 4; Übersetzung aus Deutsches Institut für Menschenrechte, Die General Comments zu den VN-Menschenrechtsverträgen, Baden-Baden 2005, 286.

254 WSK-Ausschuss, General Comment 15 (2002), Ziff. 3; Übersetzung aus Deutsches Institut für Menschenrechte (Anm. 253), 315.

255 A.a.O.

256 MRK, Res. 2001/25, Ziff. 9.

257 MR-Rat, Res. 7/22 (2008).

258 GV-Res. 64/292 (2010); angenommen mit 122 zu 0 Stimmen bei 41 Enthaltungen.

259 So auch der MRA, der in seinen CO Israel (2010) unter Verweis auf Art. 6 Pakt II in Ziff. 18 forderte: «The State party should ensure that all residents of the West Bank have equal access to water, in accordance with the World Health Organization quality and quantity standards. The State party should allow the construction of water and sanitation infrastructure, and wells. Furthermore, the State party should address the issue of sewage and waste water in the occupied territories emanating from Israel». Vgl. auch MRA, CO Colombia (2016), Ziff. 42, und CO Israel (2014), Ziff. 9, 12 und 17.

ist[260]. Als bisherigen Abschluss dieser Entwicklung anerkannte die UNO-Generalversammlung schliesslich im Konsensverfahren das Recht auf Wasser und dasjenige auf Zugang zu Sanitäranlagen gar als eigenständige Menschenrechtsgarantien.[261] Auf europäischer Ebene anerkannte das Ministerkomitee des Europarats in der Wasser-Charta ein Recht auf eine genügende Menge von Wasser zur Befriedigung der grundlegenden Bedürfnisse jeder Person[262]. Basierend auf diesen Entwicklungen hat sich das Recht auf Wasser und Zugang zu Sanitäreinrichtungen rechtlich trotz oft fehlender expliziter vertraglicher Verankerung solide etabliert.

b) Der Inhalt des Rechts auf Wasser und auf Zugang zu Sanitäreinrichtungen

9.127 Das Recht auf Wasser und Zugang zu Sanitäreinrichtungen überlappt sich, wie die Entstehung dieses Rechts illustriert, nahezu vollständig und in vielfältigster Weise mit zahlreichen wirtschaftlichen und sozialen wie auch bürgerlichen und politischen Menschenrechten: So werden Aspekte des Anspruchs auf Zugang zu Trinkwasser auch etwa durch die Rechte auf Nahrung, Unterkunft, Gesundheit wie auch durch das Recht auf Leben geschützt, während der Zugang zu Sanitäreinrichtungen etwa die materiellen Geltungsbereiche der Rechte auf einen angemessenen Lebensstandard, auf Gesundheit, auf Privatleben sowie des Verbots der unmenschlichen und erniedrigenden Behandlung beschlägt[263].

9.128 Auch inhaltlich weist diese Garantie Eigenarten auf: So ist die vollständige Erfüllung der aus dem Anspruch auf Zugang zu sauberem *Wasser zu Trink- und Hygienezwecken* fliessenden Verpflichtungen nicht nur, wie bei vielen anderen WSK-Rechten, von den vorhandenen Ressourcen eines Staates abhängig, sondern ebenso sehr von klimatischen und geografischen Faktoren und – angesichts der Tatsache, dass Grund- und Oberflächenwassersysteme als wesentliche Quelle von Trinkwasser oft grenzüberschreitende Dimensionen aufweisen – vom Verhalten von Nachbar- resp. Oberanrainerstaaten von Flüssen[264].

9.129 Keinen zwingenden Bezug zu Wasser weist der zweite Aspekt dieser Doppelgarantie, das Recht auf *Zugang zu genügenden Sanitäreinrichtungen*, auf: Im Zentrum dieses Anspruchs steht der Schutz der menschlichen Würde und das Recht auf Schutz der Intimsphäre, die in ihrem Kern verletzt werden, wenn Menschen gezwungen sind, in

260 MR-Rat, Res. 15/9 (2010), Ziff. 3.

261 GV-Res. 70/169 (2015). Der Zugang zu sauberem Wasser und zu Sanitäranlagen ist auch als 6. der 17 Ziele für nachhaltige Entwicklung im Rahmen der Agenda 2030 der UNO verankert.

262 Ministerkomitee, Rec(2001)14, Art. 5.

263 Siehe dazu detailliert Bericht der unabhängigen Expertin über menschenrechtliche Verpflichtungen im Bereich des Zugangs zu Trinkwasser und Sanitäreinrichtungen vom 1. Juli 2009, UN Doc. A/HRC/12/24, Ziff. 7 ff.

264 Dieses Recht weist damit einen engen Bezug zum völkerrechtlichen Nachbar- und Umweltrecht und namentlich zur Convention on the Law of the Non-navigational Uses of International Watercourses von 1997 auf, welche Verpflichtungen der Anrainerstaaten von Wasserläufen festlegt.

aller Öffentlichkeit ihre Notdurft zu verrichten[265]. Diese Garantie verankert daher nicht zwingend ein Recht auf Zugang zu einer Abwasserinfrastruktur, sondern sie wird auch erfüllt durch den Zugang zu auf anderen technischen Grundlagen beruhenden Sanitäreinrichtungen, welche die Intimsphäre der Benutzerinnen und Benutzer gewährleisten und eine nicht gesundheitsgefährdende Entsorgung und Wiederaufbereitung der menschlichen Exkremente ermöglichen[266]. Erst wenn diese Ansprüche nicht erfüllt werden, d.h. wenn Private gezwungen werden, ihre Notdurft so zu verrichten, dass ihre Exkremente ungeklärt in den Wasserkreislauf geraten, oder wo kein Wasser für hygienische Zwecke zur Verfügung steht, wird der Konnex zum Recht auf sauberes Trinkwasser offenkundig, gefährdet doch dieses erzwungene Verhalten Privater das Recht auf sauberes Trinkwasser und auf Umwelthygiene als Aspekt des Rechts auf Gesundheit zahlreicher weiterer Menschen.

Im Einzelnen ist dem Recht auf Wasser und Zugang zu Sanitäreinrichtungen Genüge getan, wenn folgende Anforderungen erfüllt sind[267]: 9.130

(1) Eine kontinuierliche *Verfügbarkeit* von Wasser, die ausreicht, um die Bedürfnisse an Wasser für Trinkzwecke, Essenszubereitung, persönliche Hygiene und Reinigungszwecke zu befriedigen, sowie von genügenden Sanitäreinrichtungen möglichst in der Nähe des Wohn-, Arbeits- und Schulorts jeder Person.
(2) Das Wasser hat für Trink- und Haushaltszwecke hinsichtlich seiner *Qualität* sicher zu sein, d.h. namentlich frei von Mikroorganismen und chemischen Substanzen. Sanitäreinrichtungen müssen hygienischen Grundanforderungen entsprechen, wenn möglich nach Geschlechtern getrennt sein, regelmässig gereinigt werden, und eine sichere und nicht-gesundheitsgefährdende Entsorgung der Exkremente und Hygieneprodukte ermöglichen.
(3) Schliesslich muss sowohl der *Zugang* zu Wasser und zu Sanitäreinrichtungen für alle physisch jederzeit möglich sein; dies zu einem Preis, der für alle Menschen, und namentlich auch für benachteiligte Gruppierungen, erschwinglich ist.

Die Staaten sind indes nicht verpflichtet, diese Infrastrukturleistungen allen Personen 9.131
unter ihrer Jurisdiktion voraussetzungslos zur Verfügung zu stellen. Vielmehr wird der konkrete Inhalt des Rechts auf Wasser und Zugang zu Sanitäranlagen erst im Lichte der Verknüpfung mit den verschiedenen staatlichen Verpflichtungen sichtbar.

c) Verpflichtungen

Soweit heute – angesichts der noch schmalen Praxis menschenrechtlicher Über- 9.132
wachungsorgane zu dieser Garantie – möglich, lassen sich die Verpflichtungen der Staaten wie folgt zusammenfassen:

265 WSK-Ausschuss, Statement on the Right to Sanitation vom 19. November 2010; UN Doc. E/C.12/2001/1, Ziff. 7.

266 A.a.O., Ziff. 8.

267 A.a.O., Ziff. 12.

9.133 *Unterlassungspflichten* sind insbesondere zur Erfüllung des Rechts auf Zugang zu Wasser wichtig. Sie halten die Staaten – ähnlich wie beim Recht auf Nahrung[268] – einerseits an, den privaten Zugang zu Wasser nicht zu erschweren (etwa durch Verschmutzung oder Beeinträchtigung von Trinkwasserressourcen[269]), andererseits dürfen Staaten private Wasserinfrastrukturanlagen nicht zerstören. Dieses Verbot besitzt insbesondere während bewaffneter Auseinandersetzungen eine eminente Bedeutung, was erklärt, weshalb das humanitäre Völkerrecht Angriffe auf oder die Zerstörung oder Unbrauchbarmachung von Trinkwasserversorgungsanlagen und -vorräten sowie von Bewässerungsanlagen explizit untersagt[270]. Zudem verbietet es den Konfliktparteien, Mittel und Methoden der Kriegführung einzusetzen, «die dazu bestimmt sind oder von denen erwartet werden kann, dass sie […] Schäden der natürlichen Umwelt verursachen und dadurch Gesundheit oder Überleben der Bevölkerung gefährden»[271].

9.134 *Schutzpflichten* sind für die effektive Umsetzung des Rechts auf Wasser zentral: Sie verlangen, dass der Staat dafür besorgt ist, dass (1) Private Trinkwasservorräte nicht verschmutzen oder den Zugang zu Trinkwasser nicht erschweren[272]. Staaten haben daher Massnahmen zu ergreifen, dass private Unternehmungen weder Wasserreserven in einem Ausmass anzapfen, das anderen Privaten den Zugang zu Wasser erschwert, noch durch ungeklärte Industrieabwässer die Qualität privater Trinkwasseranlagen schmälern. Staaten haben aber auch gegen ungewollte Verschmutzungen des Trinkwassers durch Privatpersonen vorzugehen, die auf fehlenden Sanitäreinrichtungen beruhen. Die Erfüllung von Gewährleistungspflichten aus dem Recht auf Zugang zu Sanitäreinrichtungen wird so zu einer effektiven Umsetzung der Schutzpflichten aus dem Recht auf Trinkwasser. Liegt die Trinkwasserversorgung in einem Staat in privater Hand, hat der Staat (2) mittels regulativer Vorgaben dafür besorgt zu sein, dass der gleichberechtigte Zugang zu qualitativ einwandfreiem Wasser für alle zu einem erschwinglichen Preis nicht verunmöglicht wird[273].

9.135 Unmittelbar geltenden *Gewährleistungspflichten* unterliegen die Staaten gegenüber allen Personen in ihrem Gewahrsam. In diesem Sinn sind, wie auch explizit vom humanitären Völkerrecht anerkannt[274], alle inhaftierten Personen mit genügend Trink-

---

268 Siehe dazu oben Rz. 9.117 f.

269 EGMR, Dubetska and Others v. Ukraine, 30499/03 (2011), insb. Ziff. 105 ff. (Verschmutzung des Trinkwassers durch staatliche Unternehmungen), und Dzemyuk v. Ukraine, 42488/02 (2014), Ziff. 77 ff. (Kontaminierung der Trinkwasserversorgung durch Betrieb eines Friedhofs in der Nachbarschaft). In beiden Urteilen gelangte der EGMR zum Schluss einer Verletzung des Rechts auf Privatleben; siehe dazu Rz. 12.45 ff.

270 Art. 54 Abs. 3 ZP I.

271 Art. 55 Abs. 1 ZP I.

272 Siehe WSK-Ausschuss, General Comment (2002), Ziff. 23.

273 WSK-Ausschuss, General Comment (2002), Ziff. 24. Siehe zu den menschenrechtlichen Verpflichtungen im Zusammenhang mit der Privatisierung der Wasserversorgung auch den Bericht der unabhängigen Expertin zum Recht auf Wasser und Zugang zu Sanitäreinrichtungen vom 29. Juni 2010, UN Doc. A/HRC/15/31, insb. Ziff. 18 ff.

274 Art. 20, 26 Abs. 3, 29 Abs. 2 und 46 Abs. 3 GK III; Art. 85 Abs. 3, 89 Abs. 3 und 127 Abs. 2 GK IV.

wasser zu versorgen, und ihnen sind sanitäre Einrichtungen zur Verfügung zu stellen, die den oben umschriebenen Anforderungen genügen[275]. Darüber hinaus haben Staaten gegenüber allen Personen unter ihrer Jurisdiktion die unmittelbar geltende Minimalverpflichtung zu erfüllen, den diskriminierungsfreien und gefahrlosen Zugang zu einer Menge von Trink- und Haushaltswasser zu ermöglichen, die zur Vermeidung von Gesundheitsschäden notwendig ist[276]. Darüber hinaus unterstehen Staaten einer progressiven Verpflichtung, unter prioritärem Einsatz vorhandener Ressourcen mittels aktiver Massnahmen die volle Verwirklichung dieser Doppelgarantie anzustreben.

4. Das Recht auf angemessene Unterkunft

Rechtsquellen: Art. 25 AEMR; Art. 11 Pakt I; Art. 17 Pakt II; Art. 14 Abs. 2 lit. h FDK; Art. 5 lit. e (iii) RDK; Art. 27 Abs. 3 KRK; Art. 43 Abs. 1 lit. d WAK; Art. 28 BRK; Art. 31 ESCrev; Art. 8 EMRK; Art. 53 GK IV; Art. 69 ZP I.

a) Der Inhalt des Rechts auf Unterkunft

Das Recht auf einen angemessenen Lebensstandard gemäss Art. 11 Abs. 1 Pakt I garantiert einen Anspruch auf ausreichende Unterbringung. Weitere Hinweise zum normativen Inhalt dieser Garantie lassen sich menschenrechtlichen Abkommen nicht entnehmen. Gemäss der Praxis des WSK-Ausschusses setzt eine vollständige Realisierung des Rechts auf Unterkunft das Vorhandensein folgender Elemente voraus[277]: 9.136

(1) die *Verfügbarkeit* einer Unterkunft, die bewohnbar ist, d.h. ausreichend Raum und Schutz vor Kälte, Feuchtigkeit und anderen gesundheitsschädigenden Umwelteinflüssen bietet; die physische Sicherheit der Bewohner und Bewohnerinnen gewährleistet; Zugang zu Energiequellen, Trinkwasser und sanitären Einrichtungen bietet; ein gewisses Mass an Sicherheit im Sinne eines gesetzlichen Schutzes vor Vertreibung, Belästigung oder anderen Bedrohungen gewährt; sowie kulturell akzeptabel ist;

(2) eine diskriminierungsfreie *Zugänglichkeit* zu einer derartigen Unterkunft für alle – d.h. auch für benachteiligte Gruppen – in einer Weise, welche die Befriedigung anderer Grundbedürfnisse nicht gefährdet.

Die Vertragsstaaten des Pakts I sind nicht verpflichtet, allen ihrer Jurisdiktion unterstehenden Individuen voraussetzungslos eine derartige Unterkunft zur Verfügung zu stellen. Die konkreten Pflichten sind je nach Verpflichtungsschicht unterschiedlich ausgestaltet. 9.137

275 MRA, CO Thailand (2017), Ziff. 29 und 32. Siehe auch Ziff. 19.3 der Europäischen Strafvollzugsgrundsätze des Ministerkomitees des Europarats, Rec(2006)2.

276 WSK-Ausschuss, General Comment (2009), Ziff. 37. Noch nicht definiert wurden durch internationale Überwachungsorgane die Minimalverpflichtungen des Rechts auf Zugang zu Sanitäranlagen.

277 WSK-Ausschuss, General Comment 4 (1991), Ziff. 8. So für das Recht auf Unterkunft gemäss Art. 31 ESCrev auch EASR, European Federation of National Organisations Working with the Homeless (FEANTSA) v. France, 39/2006 (2007), Ziff. 76.

b) Unterlassungspflichten

9.138 In seiner Berichtspraxis misst der WSK-Ausschuss dem Kampf gegen die weitverbreitete staatliche Praxis widerrechtlicher Zwangsräumungen oder «forced evictions»[278] besondere Bedeutung bei. Da solche Zwangsräumungen dem Element der Zugänglichkeit diametral widersprechen und regelmässig weitere Menschenrechte missachten[279], taxiert der Ausschuss diese als schwere Verletzung des Rechts auf angemessene Unterkunft. Eine ähnliche Praxis kennt der Europäische Ausschuss für Sozialrechte[280].

Beispiel: Der Begriff der widerrechtlichen Zwangsräumung

9.139 Der WSK-Ausschuss versteht unter widerrechtlichen Zwangsräumungen Folgendes[281]:

«3. […] Der Ausdruck ‹Zwangsräumungen›, wie er in dieser Allgemeinen Bemerkung durchgehend Verwendung findet, wird definiert als andauernde oder vorübergehende, gegen den Willen von Individuen, Familien und/oder Gemeinschaften stattfindende Vertreibung aus ihren Wohnungen und/oder von ihrem Land, ohne dass ein geeigneter rechtlicher oder anderer Schutz vorhanden ist oder Zugang zu ihm besteht. Das Verbot von Zwangsräumungen ist jedoch nicht auf Räumungen anzuwenden, die, wenngleich unter Zwang, in Übereinstimmung mit dem Gesetz und in Einklang mit den Vorschriften der internationalen Menschenrechtspakte durchgeführt werden. […].

5. Obgleich es so erscheinen mag, als würde die Praxis der Zwangsräumungen hauptsächlich in dicht besiedelten städtischen Gebieten auftreten, findet sie auch in Verbindung mit Volksvertreibung, mit innerstaatlichen Räumungen, Zwangsräumungen im Rahmen von bewaffneten Konflikten, mit Massenauswanderungen und Flüchtlingsbewegungen statt. In all diesen Fällen darf das Recht auf angemessene Unterkunft und das Recht, vor Zwangsräumungen geschützt zu werden, nicht durch staatlich autorisierte Handlungen oder Unterlassungen verletzt werden. […]

6. Viele Fälle von Zwangsräumungen sind mit Gewalt verbunden, zum Beispiel als Folge internationaler bewaffneter Konflikte, interner Unruhen oder kommunaler oder ethnischer Gewalt.

7. Andere Fälle von Zwangsräumungen finden im Namen von Entwicklung statt. Räumungen können in Verbindung mit Rechtsstreitigkeiten um Eigentumsrechte an Land und mit Entwicklungs- und Infrastrukturprojekten, zum Beispiel der Errichtung von Stau-

---

278 Vgl. dazu WSK-Ausschuss, General Comment 7 (1997), und z.B. CO Cyprus (2016), Ziff. 37.

279 Die AfKRMV leitet diesen Aspekt des Rechts auf Unterkunft aus folgenden Garantien her: Eigentumsrecht (Art. 14 AfCRMV), Recht auf Gesundheit (Art. 16 AfCRMV) und Rechte der Familie (Art. 18 Abs. 1 AfCRMV); AfKRMV, The Social and Economic Rights Action Center for Economic and Social Rights v. Nigeria, 155/96 (2001), Ziff. 60 ff. Der EGMR stufte die zwangsweise Vertreibung und anschliessende Zerstörung von Wohnhäusern vor den Augen der ehemaligen Bewohnerinnen und Bewohner in Einzelfällen als unmenschliche Behandlung und damit als Verletzung von Art. 3 EMRK; siehe dazu hinten Rz. 10.14.

280 Siehe etwa EASR, Centre on Housing Rights and Evictions (COHRE) v. Italy, 58/2009 (2010).

281 WSK-Ausschuss, General Comment 7 (1997), Ziff. 3 und 5 ff. Übersetzung aus Deutsches Institut für Menschenrechte, Die «General Comments» zu den VN-Menschenrechtsverträgen, Baden-Baden 2005, 225 f.

dämmen und anderen grossflächigen Energieprojekten, erfolgen, ausserdem in Verbindung mit Landerwerbsmassnahmen im Rahmen von Stadterneuerungsprojekten, [...]»[282].

Nicht ein Recht auf Unterkunft an sich, aber ein Recht auf Achtung der Wohnung, ist Bestandteil des in Art. 17 Pakt II, Art. 11 AMRK, Art. 21 ArCMR und Art. 8 EMRK verankerten Rechts auf Privatleben[283]. Dieses bietet – wenn auch nicht in absoluter Form – nicht nur Schutz vor staatlichen Eingriffen in Wohnungen, etwa durch unzulässige Hausdurchsuchungen oder Abhörmassnahmen[284], sondern auch vor zwangsweisen Vertreibungen. Letzteres hat der EGMR in verschiedenen Fällen festgehalten, in welchen etwa die Vertreibung kurdischer Personen aus ihren Dörfern durch vorsätzliche Zerstörung ihrer Häuser[285] oder die zwangsweise Räumung von Roma-Siedlungen ohne Bereitstellung von Ersatzunterkünften gerügt wurde[286]. Zum gleichen Schluss gelangte der MRA im Fall von Zwangsräumungen jahrzehntelang tolerierter Roma-Siedlungen[287] sowie der Beendigung eines Benutzungsrechts über eine Wohnung in staatlichem Besitz aus willkürlichen Gründen[288]. Zudem erachtete der EGMR ein Verbot gegenüber Fahrenden, in einem Wohnwagen auf eigenem Land zu leben, als Eingriff in diese Garantie[289]. 9.140

Die genannten Garantien bieten auch Schutz vor schädlichen oder lästigen Immissionen wie etwa vor Lärmbelästigungen[290]. 9.141

Das humanitäre Völkerrecht kennt ebenfalls Bestimmungen, welche den Schutz von Privatwohnungen bezwecken, indem sie die Zerstörung und Plünderung privaten Eigentums resp. Angriffe auf Privathäuser[291] sowie Deportationen und Umsiedlungen, die nicht zum Schutz der Bewohnerinnen und Bewohner besetzter Gebiete geboten 9.142

282 Relevant für Zwangsräumungen im Zusammenhang mit Entwicklungsprojekten sind auch die Basic Principles and Guidelines on Development based Evictions and Displacement, in Report of the Special Rapporteur on adequate housing as a component of the right to an adequate standard of living, UN Doc. A/HRC/4/18, Annex I.

283 Siehe zu dieser Garantie hinten Rz. 12.43 f.

284 Vgl. dazu etwa EGMR, Camenzind v. Switzerland, Reports 1997-VIII, Ziff. 32 ff., und IAGMR, Escué-Zapata v. Colombia, C/165 (2007), Ziff. 95.

285 Siehe etwa EGMR (Grand Chamber), Akdivar and Others v. Turkey, Reports 1996-IV, Ziff. 88 ff. So auch die Praxis des IAGMR; vgl. etwa Ituango Massacres v. Colombia, C/148 (2006), Ziff. 192 ff.

286 EGMR, Yordanova and Others v. Bulgaria, 25446/06 (2012).

287 MRA, Naidenova et al. v. Bulgaria, 2073/2011 (2012), Ziff. 14.7, Georgopulos et al. v. Greece, 1799/2008 (2010), Ziff. 7.2 f., sowie Elpida v. Greece, 2242/2013 (2017), Ziff. 12.4 ff.

288 MRA, Vojnović v. Croatia, 1510/2006 (2009), Ziff. 8.5 ff.

289 EGMR (Grand Chamber), Chapman v. The United Kingdom, Reports 2001-I, Ziff. 75 ff., und Connors v. The United Kingdom, 66746/01 (2004), Ziff. 68 und 81 ff.

290 Siehe dazu detailliert die Vertiefung in Rz. 12.45 ff.

291 Art. 33 Abs. 3 GK IV resp. Art. 4 Abs. 2 lit. g ZP II und Art. 53 GK IV; Art. 52 ZP I.

oder aus Gründen der militärischen Notwendigkeit gerechtfertigt sind, kategorisch untersagen[292].

c) Schutzpflichten

9.143 Schutzpflichten betreffen primär den Gesetzgeber, der gehalten ist, seine Rechtsordnung so auszugestalten, dass die Bewohner und Bewohnerinnen von Privatwohnungen vor willkürlichen Ausweisungen geschützt sind, dass Wohnungen gewissen Qualitätsanforderungen genügen, und Bewohner und Bewohnerinnen vor Immissionen durch Dritte geschützt werden. Um diese Ziele zu erreichen, ist – auch gemäss Praxis des EGMR zu Art. 8 EMRK – der Aufbau eines entsprechenden Rechtsschutzes erforderlich, mit welchem gegen willkürliche Vertreibungen, Störungen durch Dritte, diskriminierende Ausweisungen und gegen gesundheitsgefährdende Wohnbedingungen, welche durch Dritte verursacht werden, vorgegangen werden kann[293]. Soweit die Behörden eine drohende oder andauernde Verletzung kennen und die Möglichkeit haben, diese zu beenden, gewährt auch das Recht auf Privatleben Schutz vor solchen Beeinträchtigungen Dritter.

d) Gewährleistungspflichten

9.144 Das Recht auf angemessene Unterkunft verpflichtet die Staaten in einer programmatischen Weise zu einer Vielzahl von gesetzlichen und anderen Massnahmen, wie etwa die Subventionierung von Wohnraum für benachteiligte Gruppen oder die Bereitstellung von Standplätzen für Fahrende[294], welche alle darauf ausgerichtet sein müssen, die volle Realisierung dieses Rechts in möglichst kurzer Zeit zu erreichen. Besondere Anstrengungen sind dabei notwendig zur Verbesserung des Schicksals von Strassenkindern, die meist Opfer einer Vielzahl von Menschenrechtsverletzungen sind[295].

9.145 Daneben begründet auch diese Garantie Minimalverpflichtungen, die grundsätzlich unmittelbar umgesetzt werden müssen. Dazu gehört die Bereitstellung von Notunterkünften für Opfer z.B. von Naturkatastrophen, für Obdachlose und für andere Personen in einer Notlage[296]. Diese Notunterkünfte müssen Schutz vor Umwelteinflüssen und anderen Gefahren gewähren und damit das Überleben sicherstellen. Weitergehende unmittelbare Leistungspflichten bestehen in Situationen, in welchen staatliche Massnahmen die selbständige Erfüllung dieses Rechts verunmöglichen. So ist etwa bei staatlichen Enteignungen von Privatwohnungen entweder Realersatz oder eine volle Entschädigung geschuldet.

---

292 Siehe dazu etwa Art. 49 GK IV.

293 EGMR, Moldovan and Others v. Romania (No. 2), Reports 2005-VII, Ziff. 102 ff. So auch WSK-Ausschuss, General Comment 4 (1991), Ziff. 17, und I.D.G. v. Spain, 2/2014, (2015), Ziff. 11.1. ff.

294 Siehe dazu z.B. EASR, European Roma Rights Center v. Greece, 15/2003 (2004), und European Roma Rights Center v. Italy, 27/2004 (2005).

295 Siehe dazu detailliert KRK-Ausschuss, General Comment 21 (2017).

296 So auch EGMR (Grand Chamber), M.S.S. v. Belgium and Greece, Reports 2011-I.

5. Das Recht auf Gesundheit

Rechtsquellen: Art. 25 AEMR; Art. 12 und Art. 7 lit. b Pakt I; Art. 5 lit. e (iv) RDK; Art. 12 FDK; Art. 24 KRK; Art. 43 Abs. 1 lit. e und 45 Abs. 1 lit. c WAK; Art. 25 BRK; Art. 11 und 13 ESCrev; BiomedK und deren ZP über das Verbot des Klonens und über Transplantationsmedizin; Art. 10 ZP I/AMRK; Interamerikanische Konvention zur Beseitigung aller Formen von Diskriminierung gegenüber behinderten Personen; Art. 16 AfCRMV; Art. 39 ArCMR; Art. 3 Abs. 2 GK I-IV; Art. 13, 15, 29–32 GK III; Art. 16–23, 38, 55–57 GK IV; Art. 10–15 ZP I; Art. 7–11 ZP II.

Das Recht auf Gesundheit gemäss Art. 12 Pakt I weist in verschiedener Hinsicht Besonderheiten auf: In normativer Hinsicht kann kein Staat ein Recht auf Gesundheit im Sinne eines Rechts garantieren, gesund zu sein. Vielmehr sind die Vertragsstaaten verpflichtet, in Ergänzung zur individuellen Gesundheitsvorsorge Bedingungen anzustreben, die den höchst erreichbaren Gesundheitszustand aller Menschen unter ihrer Jurisdiktion ermöglichen. Dass Gesundheit nicht einzig von individuellen Prädispositionen abhängt, sondern staatliche Massnahmen grossen Einfluss auf den Gesundheitszustand von Individuen ausüben, zeigen etwa die höchst unterschiedlichen Lebenserwartungen in Ländern des Nordens und des Südens[297]. 9.146

Besonders komplex sind die Verknüpfungen dieser Garantie mit anderen Menschenrechten, was die Unteilbarkeit und Interdependenz der Menschenrechte besonders gut belegt. Dies gilt in dreifacher Hinsicht: Zunächst tangieren Verletzungen anderer Menschenrechte – etwa der Rechte auf Nahrung, Unterkunft und Wasser, aber auch des Rechts auf Leben[298] sowie des Folterverbots und des Rechts auf angemessene Haftbedingungen – häufig auch das Recht auf Gesundheit[299]. Insofern überlappt der materielle Geltungsbereich dieser Garantie denjenigen zahlreicher anderer. Umgekehrt können ohne Einwilligung der Betroffenen durchgeführte medizinische Behandlungen und Untersuchungen oder die staatliche Verweigerung einer medizinischen Behandlung andere Garantien, wie etwa das Recht auf Privatleben[300] und das in Art. 7 Pakt II verankerte Verbot, jemanden ohne seine freiwillige Zustimmung medizinischen Versuchen zu unterwerfen, tangieren. Schliesslich sind mangelnde Gesundheit, die Erkrankung an einer übertragbaren Krankheit[301] oder eine physische oder psychische Behinderung häufig ein Vorwand zur Verletzung des Diskriminierungsverbots und anderer Menschenrechte. 9.147

297 Vgl. dazu etwa die Zahlenangaben der Weltbank, wonach die Lebenserwartung in vielen Staaten des Südens bei unter 55 Jahren, in einzelnen Industriestaaten aber bei über 80 Jahren liegt; ‹https://data.worldbank.org/indicator/SP.DYN.LE00.IN› (zuletzt besucht am 16. März 2018).

298 Dazu vorne Rz. 9.15 ff.

299 Siehe exemplarisch IAGMR, Case of the Sawhoyamaxa Indigenous Community v. Paraguay, C/146 (2006), Ziff. 177 f.

300 Siehe dazu hinten Rz. 12.23.

301 Siehe etwa EGMR, Kiyutin v. Russia, 2700/10 (2011): Diskriminierung von mit HIV infizierten Personen. Siehe auch etwa MRA, CO Turkmenistan (2017), Ziff. 32, und CO Serbia (2017), Ziff. 12.

Vertiefung: Das Recht auf Schutz der Gesundheit gemäss der Europäischen Sozialcharta

9.148 Wie bereits die Bezeichnung der Garantie verdeutlicht, legt das Recht auf Gesundheit von Art. 11 der revidierten ESC seinen Schwerpunkt auf die Ebene der Schutz- und Gewährleistungspflichten. So hält zwar der einleitende Teil I der revidierten ESC in Punkt 11 fest: «Jedermann hat das Recht, alle Massnahmen in Anspruch zu nehmen, die es ihm ermöglichen, sich des besten Gesundheitszustands zu erfreuen, den er erreichen kann.» Die eigentliche Garantie hält jedoch die Vertragsstaaten an, «die wirksame Ausübung des Rechts auf Schutz der Gesundheit zu gewährleisten» und Massnahmen entweder unmittelbar oder in Zusammenarbeit mit öffentlichen oder privaten Organisationen zu ergreifen, die u.a. darauf abzielen: (1) soweit wie möglich die Ursachen von Gesundheitsschäden zu beseitigen; (2) Beratungs- und Schulungsmöglichkeiten zur Verbesserung der Gesundheit und zur Entwicklung des persönlichen Verantwortungsbewusstseins in Fragen der Gesundheit zu schaffen; (3) soweit wie möglich epidemischen, endemischen und anderen Krankheiten sowie Unfällen vorzubeugen. Ergänzt wird diese Garantie mit der Garantie auf gesunde und sichere Arbeitsbedingungen (Art. 3), dem Recht auf (medizinische) Fürsorge (Art. 13), und Art. 15, welcher Rechte von Menschen mit Behinderung festschreibt.

a) Der Inhalt des Rechts auf Gesundheit

9.149 Angesichts der Vielschichtigkeit gesundheitsbeeinflussender Faktoren erstaunt es wenig, dass der genaue normative Inhalt dieses Rechts bis heute nicht vollständig geklärt ist. Der Wortlaut der verschiedenen relevanten Garantien hilft meist wenig. Pakt I verdeutlicht aber mit seinen Hinweisen auf geforderte Massnahmen zur Umwelt- und Arbeitshygiene und zu gesunden Arbeitsbedingungen[302], dass dieses Recht nicht nur die eigentliche Gesundheitsversorgung, sondern auch Verpflichtungen im Bereich notwendiger Voraussetzungen zum Schutz der Gesundheit umfasst. Zudem hat der WSK-Ausschuss den normativen Bestand des Rechts auf Gesundheit ein Stück weit geklärt[303]: Danach ist diese Garantie vollständig erfüllt, wenn

(1) die *Verfügbarkeit* qualitativ und quantitativ genügender öffentlicher Gesundheitseinrichtungen, d.h. von personal- und materialmässig genügend ausgestatteten medizinischen und psychiatrischen Spitälern, Gesundheitszentren und Behindertenheimen, die eine kulturell akzeptable präventive, kurative und palliative Behandlung und Dienstleistungen im Bereich der sexuellen und reproduktiven Gesundheit[304] garantieren, sowie die Verfügbarkeit von Medikamenten und anderen notwendigen Produkten gewährleistet ist, und

(2) die diskriminierungsfreie *Zugänglichkeit* zu Gesundheitsdiensten und gesundheitlich relevanten Informationen für alle Menschen und insbesondere auch für be-

302 Art. 12 Abs. 2 lit. c resp. Art. 7 lit. b Pakt I.

303 WSK-Ausschuss, General Comments 14 (2000), Ziff. 7 ff., und 22 (2016), Ziff. 5 ff. Dazu auch KRK-Ausschuss, General Comment 15 (2013).

304 Zu den geforderten Dienstleistungen zählen auch die entsprechenden Informationen.

nachteiligte Gruppen auf dem gesamten Staatsgebiet einer Vertragspartei möglich ist[305].

Die konkreten Verpflichtungen der Staaten zur Erreichung des Höchstmasses an Gesundheit unterscheiden sich auch hier je nach Verpflichtungsschicht. 9.150

b) Unterlassungspflichten

Unterlassungspflichten nehmen im Rahmen des Rechts auf Gesundheit einen prominenten Platz ein. Systematisch lassen sich diese folgendermassen einteilen: 9.151

(1) Vertragsstaaten des Pakts I – aber auch jenen des Pakts II und der EMRK[306] – ist es grundsätzlich untersagt, *zwangsweise diagnostische oder therapeutische Massnahmen* anzuordnen. Dieses Verbot gilt jedoch nicht absolut. Vielmehr dürfen ohne Konsens der Betroffenen angeordnete medizinische Handlungen im Rahmen der Schrankenklausel von Art. 4 Pakt I durchgeführt werden, d.h. bei bestehender gesetzlicher Grundlage und in einem Umfang, der zur Erreichung eines legitimen Ziels verhältnismässig erscheint. Derartige im öffentlichen Interesse liegende Ziele können etwa zum Schutz der Gesundheit Dritter im Fall einer leicht übertragbaren Krankheit, zur Aufklärung eines Verbrechens oder zum Schutz von Leib und Leben von Pflegepersonal oder eines urteilsunfähigen Betroffenen angeordnet werden. Art. 7 Pakt II untersagt in absoluter Weise medizinische oder wissenschaftliche Experimente ohne Einwilligung der Betroffenen, die nicht zum Schutz der Gesundheit der betroffenen Person dienen und deren Eingriffsintensität einer erniedrigenden oder unmenschlichen Behandlung gleichkommt[307]. 9.152

(2) Eine weitere Verletzung der Unterlassungspflichten stellt die *Erschwerung oder Verunmöglichung des Zugangs zu vorhandener Gesundheitsinfrastruktur* dar. Als Beispiel dafür erwähnt der WSK-Ausschuss die Verunmöglichung des Zugangs zu Verhütungsmitteln in physischer Form oder mittels Zensurierung diesbezüglicher Informationen, zu traditionellen Heilmethoden und -praktiken oder die Erschwerung des Zugangs zu Gesundheitseinrichtungen für gewisse Personengruppen, wie etwa für Frauen oder für Personen ausländischer Staatsangehörigkeit ohne rechtmässigen Aufenthaltsstatus[308]. Der MRA beurteilte die Verweigerung einer Ausreisegenehmigung zur Inanspruchnahme medizinischer Leistungen, welche den Tod einer Person zur Folge hatte, als Verletzung des Rechts auf Leben gemäss Art. 6 Pakt II[309]. 9.153

---

305 So auch AfKRMV, Purohit and Moore v. The Gambia, 241/2001 (2003), Ziff. 80, und IAGMR, Gonzales Lluy et al. v. Ecuador, C/298 (2015), Ziff. 192 ff.

306 So stellen zwangsweise erfolgte medizinische Behandlungen stets einen Eingriff in das Recht auf Privatleben gemäss Art. 17 Pakt II resp. Art. 8 EMRK dar.

307 Während internationaler bewaffneter Auseinandersetzungen stipuliert Art. 11 ZP I ein ähnliches Verbot.

308 WSK-Ausschuss, General Comments 14 (2000), Ziff. 34, und 22 (2016), Ziff. 6 und 15 ff.

309 MRA, Mulezi v. Democratic Republic of the Congo, 962/2001 (2004), Ziff. 5.4.

9.154 (3) Weiter untersagt Art. 12 Pakt I den Staaten, die *Umwelt in gesundheitsschädigender Weise zu verschmutzen*, etwa durch staatliche Industrieanlagen oder durch Waffentests, welche schädliche Substanzen freisetzen[310].

9.155 (4) Das Verbot der *Zerstörung der Gesundheitsinfrastruktur* und von *Angriffen auf Medizinalpersonal* ist während bewaffneter Auseinandersetzungen von grosser praktischer Bedeutung und nimmt im humanitären Völkerrecht eine wichtige Stellung ein[311]. Dies gilt ebenso für das grundsätzliche Verbot der *Requirierung* medizinischer Ausrüstung oder ziviler Spitäler[312] sowie der *Behinderung von Hilfslieferungen*[313] und *Sanitätstransporten*[314]. Schliesslich können auch die zahlreichen Regeln des Haager Rechts, welche den Einsatz von Waffen mit unverhältnismässiger Gefahr für das Leben und die Gesundheit von Zivilpersonen untersagen, als situationsspezifische Konkretisierungen des Rechts auf Gesundheit verstanden werden[315].

Vertiefung: Das Europäische Übereinkommen zum Schutz der Menschenrechte und der Menschenwürde im Hinblick auf die Anwendung von Biologie und Medizin[316]

9.156 Dieses Abkommen bezweckt den Schutz der Menschenrechte im Umfeld medizinischer Behandlungen. Zu Beginn statuiert es den Vorrang der Interessen des Menschen vor demjenigen der wissenschaftlichen Forschung und garantiert den diskriminierungsfreien Zugang zu Gesundheitseinrichtungen von angemessener Qualität[317]. Die anschliessenden Bestimmungen untersagen, ausser in Notfällen, jegliche Zwangsmedikation, indem sie detaillierte Regeln zum erforderlichen Konsens, auch im Falle urteilsunfähiger Personen, und eine Pflicht zur Information über Daten zum eigenen Gesundheitszustand stipulieren. Ein Diskriminierungsverbot basierend auf genetischen Prädispositionen, eine Beschränkung der Zulässigkeit genetischer Untersuchungen[318] sowie der Schutz von Personen, welche an medizinischen Forschungsprogrammen[319] teilnehmen, sind weitere Regelungsbereiche dieses Vertrages. Nicht unproblematisch erscheint Art. 17 des Abkommens, welcher unter gewissen Bedingungen Forschung an urteilsunfähigen Menschen erlaubt und daher in einem Spannungsfeld zum Verbot wissenschaftlicher Experimente an Urteilsunfähigen des Art. 7 Pakt II steht. Schliesslich verankert ein letzter

---

310 WSK-Ausschuss, General Comment 14 (2000), Ziff. 34, und AfKRMV, The Social and Economic Rights Action Center for Economic and Social Rights v. Nigeria, 155/96 (2001), Ziff. 50 ff. Dieses Verbot fliesst auch aus dem Recht auf Privatleben; siehe dazu Rz. 12.45 ff.

311 Art. 18 GK IV; Art. 12 ZP I; Art. 9 ZP II.

312 Art. 55 Abs. 2 und 57 GK IV; Art. 14 ZP I.

313 Art. 23 GK IV; Art. 70 ZP I.

314 Art. 17 und Art. 21–31 GK IV; Art. 11 ZP II.

315 Siehe dazu die Vertiefung zum Einsatz von Personenminen und Streumunition, vorne Rz. 9.56 ff.

316 Vom 4. April 1997.

317 Art. 2 und 3 BiomedK.

318 Explizit verbietet dieser Vertrag die pränatale Geschlechtsbestimmung.

319 Die Forschung an Embryonen soll erlaubt sein, falls die nationale Gesetzgebung diese vorsieht, die Herstellung von Embryonen zu Forschungszwecken wird hingegen untersagt (Art. 18 BiomedK).

materieller Teil menschenrechtliche Grundsätze zur Transplantationsmedizin und untersagt dabei die Kommerzialisierung des menschlichen Körpers oder seiner Teile, ohne jedoch ein Patentierungsverbot für menschliche Gene zu statuieren. Die Rechte dieses Abkommens schützen nicht in absoluter Form, sondern können bei Vorliegen einer gesetzlichen Grundlage zum Schutz der öffentlichen Gesundheit, zur Vermeidung von Verbrechen sowie zum Schutz der Grundrechte Dritter in verhältnismässiger Weise eingeschränkt werden.

Die Biomedizinkonvention versteht sich als Kernkonvention, deren Regelungsbereich 9.157
mittels Zusatzprotokollen ausgedehnt werden kann. Bis heute wurden Protokolle zum Verbot des Klonens von Menschen, zur Transplantationsmedizin, zur biomedizinischen Forschung sowie über Gentests zu gesundheitlichen Zwecken verabschiedet[320].

c) Schutzpflichten

Auf dieser Verpflichtungsebene werden Staaten primär dazu angehalten, mit gesetz- 9.158
lichen Mitteln gegen private Beeinträchtigungen des Rechts auf Gesundheit vorzugehen. Daneben sind sie verpflichtet, mittels polizeilicher und anderer Massnahmen gegen privates Verhalten vorzugehen, welches, wie etwa schädliche Emissionen aus einer privaten Unternehmung, die Gesundheit anderer Personen akut tangiert.

Eine menschenrechtlich motivierte Gesundheitsgesetzgebung hat etwa folgende Punkte 9.159
zu gewährleisten[321]:

(1) den diskriminierungsfreien Zugang zu privaten Gesundheitseinrichtungen;
(2) die Beseitigung privater Diskriminierung kranker und behinderter Menschen;
(3) die Verhinderung traditioneller Praktiken und Traditionen, welche etwa den Zugang zu Einrichtungen der Geburtspflege und zu Dienstleistungen und Informationen im Bereich der sexuellen Gesundheit verhindern oder das Recht auf Gesundheit von Frauen verletzen. In der Berichtsprüfungspraxis wurden beispielsweise folgende Praktiken als mit dem Recht auf Gesundheit unvereinbar erklärt: Nahrungsmitteltabus, Zwangsverheiratungen von jungen Mädchen, Zwangsernährung von Frauen vor der Hochzeit, die private Diskriminierung behinderter Kinder und Erwachsener und insbesondere die weibliche Genitalbeschneidung[322];

---

320 ZP vom 12. Januar 1998 über das Verbot des Klonens menschlicher Lebewesen, ZP vom 24. Januar 2002 über die Transplantation von Organen und Geweben menschlichen Ursprungs, ZP vom 25. Januar 2005 über biomedizinische Forschung und ZP vom 27. November 2008 über Gentests zu gesundheitlichen Zwecken (am 30. Juni 2018 noch nicht in Kraft).

321 WSK-Ausschuss, General Comments 14 (2000), Ziff. 35, und 22 (2016), Ziff. 43.

322 WSK-Ausschuss, CO Senegal (2001), Ziff. 24, CO Egypt (2000), Ziff. 16, CO Sudan (2015), Ziff. 41, und General Comments 14 (2000), Ziff. 22, und 22 (2016), Ziff. 49 und 59, sowie FDK-Ausschuss, General Recommendation 14 (1990), CO Djibouti (2011), Ziff. 16 ff., CO Niger (2016), Ziff. 31.

(4) gesunde Arbeitsbedingungen in privatwirtschaftlichen Arbeitsverhältnissen durch die Festlegung von Minimalvorschriften etwa hinsichtlich der Belastung mit schädlichen Immissionen oder der notwendigen Schutzvorrichtungen[323]; und
(5) eine möglichst weitgehende Eliminierung der Verursachung gesundheitsschädlicher Umwelteinflüsse durch private Haushalte und Unternehmungen[324].

Beispiel: Das Verbot der weiblichen Genitalbeschneidung

9.160 Wie ist die Praxis der Genitalbeschneidung von Frauen und Mädchen menschenrechtlich einzustufen? Die Frage ist umstritten. Ohne Zweifel handelt es sich dabei um unmenschliche Eingriffe[325], welche zudem die Opfer ohne sachliche Begründung wegen ihres Geschlechts treffen und damit diskriminierend sind[326]. Menschenrechtspolitisch ist es allerdings problematisch, Mütter, Grossmütter und andere Verwandte der betroffenen Mädchen und jungen Frauen in die Nähe staatlicher Folterer zu rücken, und die Einstufung ist kaum geeignet, traditionell geprägte Gesellschaften zu überzeugen, diese Praktiken aufzugeben. Die Vertragsorgane tendieren deshalb dazu, das Problem der weiblichen Genitalbeschneidung soweit als möglich unter dem Gesichtspunkt des Rechts auf Gesundheit zu behandeln und die Schutzpflichten der betreffenden Staaten zu betonen. Der FDK-Ausschuss qualifiziert daher die Praxis der weiblichen Genitalbeschneidung als schädlich für die Gesundheit von Frauen und empfiehlt zu deren Eliminierung insbesondere öffentliche Gesundheitsmassnahmen[327]. Der KRK-Ausschuss nahm etwa in seinen Abschliessenden Bemerkungen zum Staatenbericht von Mali im Jahr 2001 folgendermassen Stellung: Er anerkannte, dass diese Praxis wie auch Kinderheiraten die Gesundheit von Mädchen beeinträchtigt, begrüsste die Bemühungen der Behörden, dagegen vorzugehen, und zeigte sich besorgt, dass immer noch rund 75% der Frauen an der Genitalbeschneidung festhalten wollen. Mali wurde empfohlen, Sensibilisierungsprogramme für Beschneiderinnen und die breite Öffentlichkeit fortzusetzen, um traditionelle Einstellungen zu ändern und schädliche Praktiken zu verhindern. In diesem Zusammenhang befürwortete der Ausschuss auch die Einrichtung alternativer Berufsbildungsprogramme für Beschneiderinnen. Er ermutigte Mali, seine Zusammenarbeit unter anderem mit den Nachbarstaaten fortzusetzen, um deren bewährte Praktiken im Rah-

323 Art. 7 lit. b Pakt I. Diese Verpflichtung ist auch in zahlreichen Übereinkommen der ILO verankert, vgl. z.B. die Chemikalien-Konvention von 1990 (C 170), die Konvention über Sicherheit und Gesundheit in Minen von 1996 (C 176) oder die Konvention über Sicherheit und Gesundheit in der Landwirtschaft von 2001 (C 184).

324 So taxierte der EGMR die Erteilung einer staatlichen Bewilligung für eine Goldmine, welche durch ihren Betrieb die Gesundheit der in der Umgebung lebenden Bevölkerung gefährdete, als Verletzung des Rechts auf Privatleben gemäss Art. 8 EMRK; Taşkın and Others v. Turkey, Reports 2004-X, Ziff. 111 ff.

325 Der MRA beurteilte in Kaba v. Canada, 1465/2006 (2010), Ziff. 10.1 f., weibliche Genitalbeschneidungen als Verletzung von Art. 7 Pakt II und erachtete die Ausweisung der Beschwerdeführerin in ihren Herkunftsstaat, wo ihr ein solcher Eingriff drohte, folglich als paktwidrig.

326 Als Verstösse gegen Art. 2, 7 und 26 Pakt II qualifiziert der MRA solche Praktiken. Siehe z.B. CO Uganda (2004), Ziff. 10, und Iraq (2015), Ziff. 15.

327 Siehe FDK-Ausschuss, General Recommendation 14 (1990), welche sich ausschliesslich mit dieser Problematik befasst.

men der Kampagne zur Bekämpfung und Beseitigung der die Gesundheit von Mädchen beeinträchtigenden Genitalverstümmelung kennen zu lernen[328].

d) Gewährleistungspflichten

Auch aus diesem Sozialrecht fliesst die Verpflichtung zur unmittelbaren Umsetzung 9.161
zumindest seines Kerngehaltes, d.h. zur Leistung eines Minimums an Gesundheitsversorgung. Werden diese Minimalinhalte nicht verwirklicht, erachtet der WSK-Ausschuss den Art. 12 Pakt I als verletzt, es sei denn, ein Staat könne nachweisen, dass trotz schwergewichtigem Einsatz seiner Ressourcen und unter Inanspruchnahme internationaler Hilfe der geforderte Minimalstandard nicht erreicht werden kann. Zu diesem zentralen Gehalt des Rechts auf Gesundheit gehören etwa die Gewährleistung der Zugänglichkeit bestehender Gesundheitseinrichtungen auch für benachteiligte Gruppen, die Zurverfügungstellung von Nahrung, Wasser und Obdach in einem Ausmass, das zur Vermeidung von Gesundheitsschäden notwendig ist, sowie die Bereitstellung der wichtigsten Medikamente und Dienstleistungen. Vergleichbare Priorität räumt der Ausschuss Einrichtungen zur Geburts- und Säuglingspflege sowie weiteren Dienstleistungen im Bereich der reproduktiven Gesundheit, welche für alle Frauen zugänglich sind, umfassenden Impfprogrammen gegen die gefährlichsten Infektionskrankheiten, Massnahmen zur Prävention und Nichtweiterverbreitung epidemischer und endemischer Krankheiten, Massnahmen zur Gesundheitserziehung und einer qualitativ angemessenen staatlichen Ausbildung für Medizinalpersonal ein[329].

Weitergehenden unmittelbaren Verpflichtungen unterstehen Staaten gegenüber Perso- 9.162
nen in ihrem Gewahrsam, d.h. namentlich gegenüber Inhaftierten[330]. Eine mittlerweile reiche Rechtsprechung zur staatlichen Verpflichtung, während des Freiheitsentzugs eine adäquate, d.h. eine hinsichtlich ihrer Qualität grundsätzlich derjenigen ausserhalb von Haftanstalten entsprechende[331], Gesundheitsversorgung sicherzustellen, kennen basierend auf dem Verbot der unmenschlichen Behandlung insbesondere der EGMR[332] und der IAGMR[333]. Zudem stehen gemäss dem EGMR Staaten unter

---

328 KRK-Ausschuss, CO Mali (2001), Ziff. 28. Siehe zur Thematik auch FDK-Ausschuss, General Recommendation 31 (2014), Ziff. 19.

329 WSK-Ausschuss, General Comments 14 (2000), Ziff. 36 f., und 22 (2016), Ziff. 45 ff.

330 Siehe etwa WSK-Ausschuss, CO Australia (2009), Ziff. 29.

331 Zu diesem sog. Äquivalenzprinzip siehe EGMR, Wenner v. Germany, 62303/13 (2016), Ziff. 66 f., und Blokhin v. Russia (Grand Chamber), 47152/06, Reports 2016, Ziff. 137. Insbesondere sind Staaten auch verpflichtet, Massnahmen gegen übertragbare Krankheiten in Haftanstalten zu ergreifen; siehe Micu v. Romania, 5104/13 (2016), Ziff. 44 ff.

332 Vgl. etwa EGMR (Grand Chamber), Kudła v. Poland, Reports 2000-IX, Blokhin v. Russia, 47152/06, Reports 2016, Ziff. 137 f.; Wenner v. Germany (Chamber), 62303/13 (2016), Ziff. 54 ff., und die hinten (Rz. 10.14) dargestellten Urteile.

333 Z.B. IAGMR, Díaz Peña v. Venezuela, C/244 (2012), Ziff. 137–141; Vera Vera v. Ecuador, C/226 (2011), Ziff. 39–44, Loor v. Panama, C/218 (2010), Ziff. 218–227, und Mendoza et al. v. Argentina, C/260 (2013), Ziff. 189–195.

einer unmittelbaren Verpflichtung, in dem Ausmass unentgeltliche Gesundheitsdienstleistungen zu erbringen, wie sie zur Heilung von Gesundheitsschäden, die von staatlichen Organen verursacht wurden, notwendig sind[334]. Überdies leiten regionale Gerichtshöfe aus dem Recht auf Leben und dem Recht auf menschenwürdige Behandlung eine Verpflichtung der Vertragsstaaten ab, regulatorische Massnahmen zur Überwachung von Gesundheitsinfrastruktureinrichtungen zu ergreifen, die den Schutz dieser Rechte in derartigen Institutionen sicherstellen, und diese durchzusetzen[335]. Darüber hinausgehende Massnahmen sind progressiv, d.h. nach Massgabe der vorhandenen Mittel, umzusetzen[336].

Vertiefung: Extraterritoriale Dimensionen des Rechts auf Gesundheit

9.163 Sind Staaten verpflichtet, das Recht auf Gesundheit auch in Drittstaaten zu fördern, etwa durch die Ausgestaltung ihrer Handelspolitik, durch Lockerung der Patentvorschriften für Medikamente, durch entsprechende Einflussnahme auf Drittstaaten oder internationale Organisationen? Der WSK-Ausschuss nahm zu dieser Frage folgendermassen Stellung[337]:

«Um ihren internationalen Verpflichtungen aus Artikel 12 nachzukommen, müssen Vertragsstaaten das Recht auf Gesundheit in anderen Ländern achten und Dritte daran hindern, dieses Recht in anderen Ländern zu verletzen, falls es möglich ist, diese mit rechtlichen oder politischen Mitteln, in Übereinstimmung mit der Charta der Vereinten Nationen und einschlägigem Völkerrecht, zu beeinflussen. Je nach Verfügbarkeit von Ressourcen sollten die Staaten den Zugang zu elementaren medizinischen Einrichtungen und ärztlicher Betreuung in anderen Ländern, wann immer möglich, erleichtern und auf Anfrage notwendige Hilfe zur Verfügung stellen. Die Vertragsstaaten sollten sicherstellen, dass dem Recht auf Gesundheit in internationalen Abkommen gebührende Aufmerksamkeit geschenkt wird, und sollten dazu die Entwicklung weiterer Rechtsinstrumente in Erwägung ziehen. Im Hinblick auf den Abschluss anderer internationaler Abkommen sollten die Staaten Massnahmen ergreifen, um zu gewährleisten, dass das Recht auf Gesundheit davon nicht negativ beeinflusst wird. In ähnlicher Weise haben die Vertragsstaaten die Verpflichtung zu gewährleisten, in ihren Handlungen als Mitglieder internationaler Organisationen das Recht auf Gesundheit gebührend zu berücksichtigen. Entsprechend sollten jene Vertragsstaaten, die Mitglieder internationaler Finanzeinrichtungen, insbesondere des Internationalen Währungsfonds, der Weltbank und regionaler Entwicklungsbanken sind, dem Schutz des Rechts auf Gesundheit bei der Einflussnahme auf die Finanzpolitik, die Kreditvereinbarungen und die internationalen Massnahmen dieser Institutionen grössere Aufmerksamkeit schenken.»

---

334 EGMR, Oyal v. Turkey, 4864/05 (2010).

335 IAGMR, Albán Cornejo et al. v. Ecuador, C/171 (2007), Ziff. 121, und Gonzales Lluy et al. v. Ecuador, C/298 (2015), Ziff. 175 ff.; EGMR (Grand Chamber), Lopes de Sousa Fernandes v. Portugal, 56080/13, Reports 2017, Ziff. 166 ff., und EGMR, Trocellier v. France (dec.), Reports 2006-XIV, und Şentürk v. Turkey, 13423/09 (2013), Ziff. 79 ff. Siehe dazu auch vorne Rz. 9.81 ff.

336 Zum Ganzen WSK-Ausschuss, General Comment 14 (2000), Ziff. 43 ff.

337 WSK-Ausschuss, General Comment 14 (2000), Ziff. 39. Übersetzung aus: Deutsches Institut für Menschenrechte (Anm. 253).

10. Kapitel: Schutz der menschlichen Integrität

I. Überblick

Internationale Menschenrechtsverträge enthalten verschiedene Garantien zum Schutz der physischen und psychischen Integrität des Menschen. Das Verbot der Folter und unmenschlicher oder erniedrigender Behandlung oder Bestrafung (Ziff. II.) untersagt schwere Eingriffe in die physische oder psychische Integrität des Menschen, die geeignet sind, den Kern der Menschenwürde durch Traumatisierung der Opfer zu zerstören. Mit einem besonderen Stigma behaftet ist dabei die Folter die schockierendste Form staatlicher Willkür. Insofern erstaunt es wenig, dass dieses Verbot innerhalb des internationalen Menschenrechtsschutzes eine Sonderstellung einnimmt und in allen Verträgen in absoluter und notstandsfester Weise geschützt wird. Die internationale Praxis zählt das Folterverbot denn auch regelmässig zu den fundamentalsten Menschenrechten. Es ist unbestritten, dass das Folterverbot Bestandteil des Gewohnheitsrechts ist und zum zwingenden Völkerrecht (Ius cogens) gehört. Trotz der prominenten Verankerung des Verbots kann nicht verhindert werden, dass das Phänomen der Folter in vielen Staaten heute Alltag ist. 10.1

Eine besonders verwerfliche Form einer unmenschlichen Behandlung stellt das weitverbreitete Phänomen des Verschwindenlassens von Personen (Ziff. III.) dar, d.h. der Freiheitsentzug einer Person durch staatliche oder mit Wissen staatlicher Organe unter Leugnung dieser Tatsache gegenüber den Angehörigen. Diese oft systematisch betriebene Rechtsverletzung zeichnet sich dadurch aus, dass sie nicht nur dem Verbot der unmenschlichen Behandlung, sondern definitionsgemäss auch weiteren grundlegenden Garantien diametral widerspricht oder diese gefährdet. Zudem verletzt sie nicht nur die Rechtsstellung der vermissten Personen, sondern auch diejenige ihrer Angehörigen. 10.2

Zusätzlichen Schutz der menschlichen Integrität bieten schliesslich das Recht auf Gesundheit und das Recht auf Privatleben, welche an anderer Stelle dargestellt werden[1]. 10.3

---

1 Siehe für das Recht auf Gesundheit Rz. 9.146 ff. und für das Recht auf Privatleben Rz. 12.4 ff.

II. Das Verbot der Folter und der unmenschlichen oder erniedrigenden Behandlung oder Strafe

Rechtsquellen: Art. 5 AEMR; Art. 7 Pakt II; FoK; FP/FoK; Art. 37 KRK; Art. 15 BRK; Art. 10 WAK; Art. 3 EMRK; Art. 5 AMRK; Art. 5 AfCRMV; Art. 8 f. ArCMR; Art. 3 GK I-IV; Art. 13 f., 17, 87, 89 und 99 GK III; Art. 27, 31 f., 37, 100, 118 f. GK IV; Art. 11, 75 ZP I; Art. 4 ZP II; Art. 7 Abs. 1 lit. f und Abs. 2 lit. e sowie Art. 8 Abs. 2 lit. a (ii) und lit. c (i) Römer Statut.

1. Folter, unmenschliche und erniedrigende Behandlung oder Strafe

a) Der Begriff der Folter

10.4 Art. 7 Pakt II, weitere UNO-Abkommen und alle regionalen Menschenrechtskonventionen verbieten die Folter ebenso wie verschiedene Bestimmungen des humanitären Völkerrechts. Sie definieren diese allerdings nicht. Eine Legaldefinition der Folter findet sich indes in Art. 1 Abs. 1 der Folterkonvention. Demgemäss ist Folter

> «[…] jede Handlung, durch die einer Person vorsätzlich grosse körperliche oder seelische Schmerzen oder Leiden zugefügt werden, zum Beispiel um von ihr oder einem Dritten eine Aussage oder ein Geständnis zu erlangen, um sie für eine tatsächlich oder mutmasslich von ihr oder einem Dritten begangene Tat zu bestrafen, um sie oder einen Dritten einzuschüchtern oder zu nötigen oder aus einem anderen, auf irgendeiner Art von Diskriminierung beruhenden Grund, wenn diese Schmerzen oder Leiden von einem Angehörigen des öffentlichen Dienstes oder einer anderen in amtlicher Eigenschaft handelnden Person, auf deren Veranlassung oder mit deren ausdrücklichem oder stillschweigendem Einverständnis verursacht werden. Der Ausdruck umfasst nicht Schmerzen oder Leiden, die sich lediglich aus gesetzlich zulässigen Sanktionen ergeben, dazu gehören oder damit verbunden sind».

10.5 Gemäss dieser Umschreibung ist Folter von staatlichen Organen oder mit ihrer Zustimmung vorsätzlich zugefügtes, schweres physisches oder psychisches Leiden, wenn damit ein bestimmter Zweck verfolgt wird und das Leiden sich nicht in unvermeidbarer Weise aus einer gesetzlich zulässigen Strafe ergibt.

10.6 Der Folterbegriff der Folterkonvention ist nicht vollständig deckungsgleich mit denjenigen des Pakts II, der regionalen Abkommen, des humanitären Völkerrechts und des Gewohnheitsrechts, weil er Fälle privater Folter ohne staatliche Beteiligung ausschliesst. Grund für diese Beschränkung ist die Tatsache, dass die Folterkonvention an den Folterbegriff weitgehende staatliche Verpflichtungen, wie Bestrafungs-, Auslieferungs- und Wiedergutmachungspflichten knüpft[2], und die Staaten nicht bereit waren, für Fälle nichtstaatlicher Folter solche Pflichten zu übernehmen. Daher ist der Folterbegriff der übrigen Abkommen umfassender, indem diese ihn nicht auf staatliche und mit Zustimmung des Staates erfolgte Akte begrenzen, sondern auch private Misshand-

2 Siehe dazu hinten Rz. 10.38 ff.

lungen zumindest insofern darunter subsumieren, als staatliche Schutzpflichten aus dem Folterverbot in Fällen rein privater Täterschaft aktualisiert werden[3].

Folter wird auch durch das *Völkerstrafrecht* verboten. Gemäss dem Römer Statut «bedeutet ‹Folter›, dass einer im Gewahrsam oder unter der Kontrolle des Beschuldigten befindlichen Person vorsätzlich grosse körperliche oder seelische Schmerzen oder Leiden zugefügt werden; Folter umfasst jedoch nicht Schmerzen oder Leiden, die sich lediglich aus gesetzlich zulässigen Sanktionen ergeben, dazu gehören oder damit verbunden sind»[4]. Sie wird als Verbrechen gegen die Menschlichkeit bestraft, wenn sie als Teil eines ausgedehnten oder systematischen Angriffs auf die Zivilbevölkerung verübt wird[5]. Folter ist ein Kriegsverbrechen[6], wenn einer geschützten Person im Sinne der vier Genfer Konventionen oder einer Person «hors de combat» im Sinne des gemeinsamen Art. 3 GK im Kontext eines internationalen oder innerstaatlichen bewaffneten Konfliktes schwere körperliche oder seelische Leiden zugefügt werden, um Informationen oder ein Geständnis zu erhalten, um das Opfer zu bestrafen, einzuschüchtern oder zu zwingen, oder um es aus irgendeinem Grund zu diskriminieren[7]. Beiden Definitionen ist gemeinsam, dass Folter einen bestimmten Zweck verfolgt, und dass sie nicht nur von Angehörigen staatlicher Organe, sondern auch nichtstaatlicher Gruppierungen verübt werden kann. 10.7

b) Folter, unmenschliche und erniedrigende Behandlung oder Strafe

Der Pakt II, die Folterkonvention[8] und die regionalen Abkommen differenzieren zwischen Folter, unmenschlicher und erniedrigender Behandlung oder Strafe[9]. Wie unterscheiden sich diese verschiedenen Kategorien von Misshandlungen und wie verhalten sie sich zueinander? Die Aussagen internationaler Organe und Gerichte dazu sind oft nicht sehr deutlich. Trotzdem lassen sich idealtypisch zwei Modelle unterscheiden, welche der Praxis der verschiedenen Organe zugrunde liegen: 10.8

(1) *Stufentheorie*: Nach einem traditionellen Konzept unterscheiden sich die drei Tatbestände primär hinsichtlich der *Intensität* des zugefügten Leidens. Als Folter, der stärksten Eingriffsform, gilt eine besonders schwere, qualifiziert unmenschliche Misshandlung, während auf der anderen Seite des Spektrums die erniedrigende Behandlung eine vergleichsweise milde Form der Unmenschlichkeit darstellt und die unmenschliche Behandlung dazwischen liegt. Besonders deutlich erkennbar ist diese «Stufentheorie»[10], d.h. die primäre Abstützung auf die Intensität der Misshandlung, 10.9

---

3 MRA, General Comment 20 (1992), Ziff. 2.

4 Art. 7 Abs. 2 lit. e Römer Statut.

5 Art. 7 Abs. 1 lit. f Römer Statut.

6 Art. 8 Abs. 1 lit. a (ii) und lit. c (i) Römer Statut.

7 Elements of Crime, Doc. ICC-ASP/1/3, Article 8(2)(a)(ii) and (c)(i).

8 Art. 16 FoK erwähnt diese Eingriffsformen, ohne sie inhaltlich näher zu definieren, beschränkt aber auch dieses Verbot auf staatliche oder staatlich tolerierte Akte.

9 Art. 7 Pakt II und Art. 16 FoK untersagen zudem die grausame Behandlung und Strafe.

10 Diese Theorie wird auch teilweise in der Doktrin vertreten; siehe etwa Nowak, Commentary, 160 ff.; Frowein/Peukert, 43 ff.

im Urteil Irland gegen das Vereinigte Königreich des EGMR aus dem Jahr 1979, in welchem Folter als verschärfte Form einer grausamen, unmenschlichen und erniedrigenden Behandlung oder Strafe definiert wird[11]. Folglich bezeichnete der Gerichtshof eine Verhörtechnik, die darin bestand, dass Verdächtige während längerer Zeit mit gespreizten Armen und Beinen gegen eine Wand lehnen mussten, dabei lauter Musik ausgesetzt waren und ohne Schlaf und Essen blieben, und die wegen der Kombination der Methoden schwere, aber nicht schwerste Leiden verursachte, nicht als Folter, sondern als unmenschliche Behandlung[12]. Dieses Unterscheidungskriterium wurde auch beibehalten, als der Gerichtshof 1996 erstmals explizit das Vorliegen von Folter bejahte[13] und dabei ausführte, das besondere Stigma der Folter erlaube eine derartige Qualifikation nur im Falle einer vorsätzlichen Misshandlung, welche sehr schweres und grausames Leiden verursache. Diese Voraussetzungen sah der Gerichtshof im Fall des sog. «Palestinian hanging», bei welchem das Opfer nackt und mit hinter dem Rücken zusammengebundenen Händen für längere Zeit aufgehängt wird, als erfüllt an.

10.10 (2) *Zwecktheorie*: Die Stufentheorie erweist sich nicht nur als problematisch, weil es äusserst schwierig ist, die verschiedenen Stufen der Eingriffsintensität voneinander abzugrenzen, sondern weil sie die Tatsache kaum reflektiert, dass infolge der absoluten Geltung all dieser Verbote die Zuordnung zu einer bestimmten Stufe keinerlei Rechtsfolgen hat[14]. Nach dem zweiten – und u.E. daher sachgerechteren – Modell unterscheiden sich die drei Eingriffsformen nicht primär durch ihre unterschiedliche Intensität, sondern eher durch ihre *Zielrichtung*[15]. Gemäss diesem Verständnis ist *Folter* eine schwere Form physischer oder psychischer Misshandlung, welche (1) vorsätzlich und (2) mit einer der in Art. 1 FoK genannten Absicht zugefügt wird, d.h. um einen Menschen z.B. zu einer Aussage zu zwingen[16], ihn zu bestrafen oder zu diskriminieren. Das besondere Stigma der Folter liegt neben der Intensität des Missbrauchs daher in der Absicht, die Willensfreiheit einer Person zu brechen oder – wie im Fall der Einschüchterung einer Drittperson – sie zu einem Instrument einer illegitimen Handlung zu machen. *Erniedrigende Behandlung oder Strafe* liegt demgegenüber vor, wenn mit dem Eingriff in die physische oder psychische Integrität eine Person erniedrigt oder gedemütigt wird und das Leiden des Opfers primär in dieser Herabsetzung liegt[17], und

11 EGMR, Ireland v. The United Kingdom, A/25 (1978), Ziff. 167.

12 Diese Einstufung wurde vom EGMR mittlerweile relativiert: siehe Selmouni v. France (Grand Chamber), Reports 1999-V, Ziff. 101, und Elci and Others v. Turkey, 23145/93 and 25091/94 (2003), Ziff. 634, sowie hinten Rz. 11.13 ff.

13 EGMR, Aksoy v. Turkey, Reports 1996-VI, Ziff. 63 f.

14 Allerdings finden zahlreiche Bestimmungen der FoK nur bei Folter Anwendung.

15 Vgl. dazu etwa Nigel Rodley/Matt Pollard, The Treatment of Prisoners in International Law, 3. Aufl., Oxford 2009, insb. 123 f.

16 Dieses die Folter charakterisierende Eingriffsmotiv findet sich auch im Text von Art. 17 Abs. 4 GK III, wonach «(z)ur Erlangung irgendwelcher Auskünfte […] die Kriegsgefangenen weder körperlichen noch seelischen Folterungen ausgesetzt» werden dürfen.

17 EGMR, Pretty v. The United Kingdom, Reports 2002-III, Ziff. 52: «Where treatment humiliates or debases an individual, showing a lack of respect for, or diminishing, his or her human dignity, or arouses feelings of fear, anguish or inferiority capable of breaking an individual's moral and physizwar unabhängig davon, ob ein entsprechender Vorsatz besteht[18]. *Unmenschliche Behandlung oder Strafe* bleibt als Auffangtatbestand für Fälle, in welchen intensives psychisches und/oder physisches Leiden (1) in ungerechtfertigter Weise durch eine bestimmte Situation – etwa Haftbedingungen – verursacht wird, (2) sich aus einer in ihrer Art oder Ausgestaltung illegitimen Strafe ergibt, oder (3) zwar vorsätzlich und zweckgerichtet zugefügt wird, aber die für eine Einstufung als Folter erforderliche Eingriffsintensität nicht erreicht.

Beispiel: Das Urteil Aktaş gegen die Türkei des EGMR[19]

Unter Abstützung auf die Legaldefinition von Art. 1 FoK nähert sich seit einigen Jahren 10.11
auch der EGMR dem zweiten Modell an, indem er neben der Intensität der Misshandlung auch den damit verfolgten Zweck berücksichtigt. So führte er im Jahr 2003 Folgendes aus:

«313. In determining whether a particular form of ill-treatment should be qualified as torture, consideration must be given to the distinction, embodied in Article 3, between this notion and that of inhuman or degrading treatment. [...] [I]t appears that it was the intention that the Convention should, by means of this distinction, attach a special stigma to deliberate inhuman treatment causing very serious and cruel suffering [...]. In addition to the severity of the treatment, there is a purposive element, as recognised in the [Convention against Torture], which defines torture in terms of the intentional infliction of severe pain or suffering with the aim, inter alia, of obtaining information, inflicting punishment or intimidating [...]».

Der Zwecktheorie folgt der Ausschuss gegen die Folter[20]. Die Afrikanische Kommis- 10.12
sion und der IAGMR qualifizieren Misshandlungen explizit gemäss der Zwecktheorie[21]; der IAGMR geht dabei davon aus, dass neben physischen auch psychische Misshandlungen als Folter qualifiziert werden können[22]. Der MRA legt demgegenüber kein grosses Gewicht auf die Unterscheidung der einzelnen Eingriffsformen: In einer älteren Allgemeinen Bemerkung hielt er noch fest, die einzelnen Misshandlungsformen

cal resistance, it may be characterised as degrading and also fall within the prohibition of Article 3 [...]». Siehe auch EGMR (Grand Chamber), Ramirez Sanchez v. France, Reports 2006-IX, Ziff. 118.

18 EGMR, Price v. The United Kingdom, Reports 2001-VII, Ziff. 30.

19 EGMR, Aktaş v. Turkey, Reports 2003-V, Ziff. 313 ff. Ähnlich etwa EGMR, Dedovskiy and Others v. Russia, Reports 2008-III, Ziff. 84 f., El-Masri v. The Former Yugoslav Republic of Macedonia (Grand Chamber), Reports 2012-VI, Ziff. 197. Im Urteil Gäfgen v. Germany (Grand Chamber), Reports 2010-IV, Ziff. 90 ff., scheint aber wiederum die Eingriffsintensität das entscheidende Kriterium gewesen zu sein. Siehe für eine Übersicht über diese Praxis EGMR, Cestaro v. Italy, 6884/11 (2015), Ziff. 171 ff.

20 Vgl. etwa FoK-Ausschuss, Dimitrijevic v. Serbia and Montenegro, 172/2000 (2005), Ziff. 7.5.

21 Besonders deutlich IAGMR, Bueno-Alves v. Argentina, C/164 (2007), Ziff. 79 ff., und Fleury et al. v. Haiti, C/236 (2011), Ziff. 72, sowie AfKRMV, Sudan Human Rights Organisation & Centre on Housing Rights and Evictions (COHRE) v. Sudan, 279/03–296/05 (2009), Ziff. 156, und Shumba v. Zimbabwe, 288/04 (2012), Ziff. 144.

22 IAGMR, Cantoral Benavides v. Peru, C/69 (2000), Ziff. 95 ff., und Maritza Urrutia v. Guatemala, C/103 (2003), Ziff. 91 ff.

würden sich nach Art, Zweck und Schwere der auferlegten Behandlung unterscheiden[23], und in einzelnen frühen Entscheiden ging er explizit von einer Verletzung des Folterverbots aus[24]. Heute verzichtet er aber meist darauf, die Misshandlungen einer spezifischen Eingriffsform zuzuweisen. Stattdessen stellt er in solchen Fällen global fest, Art. 7 Pakt II sei verletzt worden. Erst in seiner jüngeren Praxis scheint er vereinzelt wieder bereit zu sein, basierend auf der Zwecktheorie, schwerste, mit Absicht erfolgte und zielgerichtete Misshandlungen als Folter zu bezeichnen[25].

c) Kasuistik

10.13 Als *Folter* bezeichneten die regionalen Überwachungsorgane Fälle schwerster Misshandlungen während Haft- und Verhörsituationen, die zwecks Erlangens einer Aussage oder eines Geständnisses, der Einschüchterung des Opfers oder Dritter oder mit dem Ziel der Bestrafung oder aus ähnlichen Gründen ausgeführt wurden[26]. Zur Folter in diesem Sinn gehören auch Vergewaltigungen[27] und andere Formen sexueller Gewalt[28] durch staatliche Organe in und ausserhalb von Haftsituationen und etwa Zwangsernährungen, die nicht medizinisch indiziert sind, sondern das Ziel verfolgen, die betroffene Person zur Aufgabe ihres Widerstandes zu bewegen, und überdies in unnötig brutaler und erniedrigender Weise vorgenommen werden[29]. Der EGMR hat die Anforderungen an die Eingriffsintensität in den letzten Jahren stetig gesenkt[30]. In Sel-

23 MRA, General Comment 20 (1992), Ziff. 4.

24 Z.B. MRA, Rubion and Parents v. Colombia, 161/1983 (1987), Ziff. 10.2, 10.4 und 11.

25 Siehe etwa MRA, Giri v. Nepal, 1761/2008 (2011), Ziff. 7.5; Nenova et al. v. Libya, 1880/2009 (2012), Ziff. 7.6, und El Hagog Jumaa v. Libya, 1755/2008 (2012), Ziff. 8.6.

26 Z.B. EGMR, Aktaş v. Turkey, Reports 2003-V, Ziff. 313 ff., Selmouni v. France, Reports 1999-V, Ziff. 96 ff., Çakici v. Turkey (Grand Chamber), Reports 1999-IV, Ziff. 92, Salman v. Turkey (Grand Chamber), Reports 2000-VII, Ziff. 114, und IAGMR, Bueno-Alves v. Argentina, C/164 (2007), sowie AfKRMV, Shumba v. Zimbabwe, 288/04 (2012), Ziff. 149 ff. Vgl. auch das Urteil Ilhan v. Turkey, Reports 2000-VII, Ziff. 87, wo der EGMR aber primär infolge der Eingriffsintensität aber auch der fehlenden medizinischen Behandlung des Opfers zu diesem Schluss gelangte. Dazu auch IAGMR, Humberto Sánchez v. Honduras, C/99 (2003), Ziff. 99.

27 EGMR (Grand Chamber), Aydin v. Turkey, Reports 1997-VI, Ziff. 83, und Maslova and Nalbandov v. Russia, 839/02 (2008), Ziff. 107 f., sowie IAGMR, Cantú et al. v. Mexico, C/216 (2010), Ziff. 117 f. Zu dieser Schlussfolgerung gelangte etwa auch die Appeals Chamber des ICTY in The Prosecutor v. Kunarac et al., Judgment, IT-96-23&23/1 (2002), Ziff. 150. Gemäss der Praxis des EGMR fällt überdies jeder nicht konsensuale Geschlechtsverkehr in den Schutzbereich von Art. 3 oder 8 EMRK und löst damit staatliche Untersuchungs- und Bestrafungspflichten aus; M.C. v. Bulgaria, Reports 2003-XII, Ziff. 166.

28 IAGMR, Espinoza Gonzáles v. Peru, C/289 (2014), Ziff. 191 ff.

29 EGMR, Ciorap v. Moldova, 12066/02 (2007), Ziff. 89.

30 Vgl. EGMR, Elci and Others v. Turkey, 23145/93 and 25091/94 (2003), Ziff. 632 ff., wo Misshandlungen gegenüber Anwälten, welche Kurden vor dem Staatssicherheitsgericht vertreten hatten, die aus Beleidigungen, tätlichen Angriffen, nackt mit kaltem Wasser übergossen zu werden, sowie Verhören mit verbundenen Augen in Kombination mit ungenügenden Haftbedingungen bestanden, als Folter qualifiziert wurden. Weniger intensive Misshandlungen gegen weitere Beschwerdeführer beurteilte das Gericht indes primär gestützt auf ihre geringere Eingriffsintensität als unmenschliche und erniedrigende Behandlung (a.a.O., Ziff. 647).

mouni gegen Frankreich z.B. bezeichnete er wiederholte Schläge und schwere Erniedrigungen[31] eines Ausländers in Ausschaffungshaft mit dem Argument als Folter, dass gewisse Akte, die in der Vergangenheit bewusst nicht als Folter, sondern als unmenschlich oder erniedrigend eingestuft worden seien, heute strenger behandelt werden müssten, weil der zunehmend höhere Standard, der zum Schutz der Menschenrechte erforderlich sei, grössere Strenge bei der Beurteilung von Verletzungen fundamentaler Werte demokratischer Gesellschaften verlange[32]. Ebenfalls als Folter beurteilte das Gericht etwa den willkürlichen, massiven Einsatz von Schlagstöcken durch maskierte Angehörige einer Sondereinheit in einem Straflager, mit dem Ziel, Inhaftierte zu erniedrigen und ihren physischen und psychischen Widerstand zu brechen[33]; den Einsatz von Schlagstöcken, welcher Knochenbrüche verursachte, als Vergeltung von Angriffen auf Polizeiangehörige während einer Demonstration anlässlich einer polizeilichen Stürmung einer Schule, in welcher Teilnehmende der Demonstration nächtigten[34]; das Ausreissen aller Finger- und Zehennägel eines Inhaftierten durch Angestellte einer Strafkolonie[35]; die sog. «capture-shock»-Behandlung durch CIA-Agenten auf dem Territorium und in Anwesenheit von Organen eines Vertragsstaates der EMRK[36] sowie die Behandlung von sog. «high value detainees» in Geheimgefängnissen der CIA in Europa[37]. Gemäss der ähnlichen Praxis des IAGMR können neben physischen auch rein psychische Misshandlungen als Folter qualifiziert werden, insbesondere wenn damit bezweckt wird, den Widerstand einer angeklagten Person zu brechen[38]. Daher können gemäss seiner Rechtsprechung anders als nach der EGMR-Praxis[39] auch Gewaltandrohungen während Verhören als Folter klassifiziert werden[40].

---

31 EGMR, Selmouni v. France, Reports 1999-V, Ziff. 24 und 103: «[...] various forms of ill-treatment. These included being repeatedly punched, kicked, and hit with objects; [...] having a police officer show him his penis, saying ‹Look, suck this›, before urinating over him; [...]».

32 A.a.O., Ziff. 101.

33 EGMR, Dedovskiy and Others v. Russia, Reports 2008-III, Ziff. 84 f.

34 EGMR, Cestaro v. Italy, 6884/11 (2015), Ziff. 177 ff.

35 EGMR, Buntov v. Russia, 27026/10 (2012), Ziff. 152 ff.

36 EGMR (Grand Chamber), El-Masri v. The Former Yugoslav Republic of Macedonia, Reports 2012-VI, Ziff. 205–211: Der Beschwerdeführer wurde überfallartig von vermummten Agenten überwältigt, geschlagen und ausgezogen. Anschliessend verabreichten ihm die Agenten gegen seinen Willen und in entwürdigender Weise ein Zäpfchen, fesselten ihn vollständig, zogen ihm eine Haube über seinen Kopf, verabreichten ihm Ohrstöpsel und verfrachteten ihn so in ein Flugzeug. Siehe für einen nahezu identischen Sachverhalt auch MRA, Alzery v. Sweden, 1416/2005 (2006), und FoK-Ausschuss, Agiza v. Sweden, 233/2003 (2005).

37 Dazu detailliert EGMR, Al-Nashiri v. Poland, 28761/11 (2015), insb. Ziff. 511 ff. Siehe dazu auch EGMR, Al-Nashiri v. Romania, 33234/12 (2018), Ziff. 657 ff.

38 Siehe exemplarisch IAGMR, Cantoral Benavides v. Peru, C/69 (2000), Ziff. 95 ff., und Maritza Urrutia v. Guatemala, C/103 (2003), Ziff. 91 ff.

39 EGMR, (Grand Chamber), Gäfgen v. Germany, Reports 2010-IV, Ziff. 101 ff.: Glaubwürdige Androhung konkreter Foltermethoden während eines Verhörs stellt eine unmenschliche Behandlung dar.

40 IAGMR, Maritza Urrutia v. Guatemala, C/103 (2003), Ziff. 94. Die IAKMR bezeichnete die Festnahme eines 14-jährigen Kindes, das anschliessend gezwungen wurde, unter Lebensgefahr die

10.14 Als *unmenschliche Behandlung* bezeichnet wurden z.B. spezifische Haftbedingungen in Todeszellen (Death-Row-Phänomen)[41], nicht jedoch allein die lange Dauer der Haft in einer Todeszelle[42]; die Verurteilung einer Person zum Tod nach einem unfairen Prozess[43]; die achtmonatige Isolationshaft eines homosexuellen Inhaftierten zum Schutz vor Übergriffen durch Mithäftlinge[44]; Schläge und andere Misshandlungen sowie die Androhung von Gewalt oder gemäss dem EGMR von Folter[45], resp. jede körperliche Gewaltanwendung in Haft, die nicht infolge des Verhaltens der betroffenen Person notwendig erscheint[46]; fehlende medizinische Behandlung einer sterbenskranken Person[47]; die fehlende medizinische oder psychiatrische Behandlung eines Häftlings, die intensives Leiden verursacht[48]; die zwangsweise Verabreichung von Brechmitteln zur Erlangung von Beweisen in einem Strafverfahren[49]; die Durchführung medizinischer Tests mit noch nicht zugelassenen Psychopharmaka ohne Einwilligung der betroffenen Person[50]; lange Incommunicado-Haft[51]; die fünfjährige Festhaltung einer 15-jährigen Person in einer Haftanstalt für Erwachsene[52] oder diejenige eines fünfjährigen unbegleiteten Kindes in einem geschlossenen Transitzentrum ohne dafür qualifiziertes Personal und ohne altersgerechte Betreuung[53]; die Aufrechterhaltung einer Administrativhaft trotz medizinisch angezeigter Entlassungsgründe[54] oder die 18-tägige Administrativhaft eines vierjährigen Kindes und seiner Eltern ohne Bemühungen, diese

---

Polizei bei einem Einsatz in Favelas zu begleiten, als Folter; Neri da Fonseca v. Brazil, 11.634 (2004), Ziff. 63 ff.

41 Z.B. EGMR, Soering v. The United Kingdom, A/161 (1989), Ziff. 111, und Poltoratskiy v. Ukraine, Reports 2003-V, Ziff. 129 ff.; MRA, Williams v. Jamaica, 609/1995 (1997), Ziff. 6.5, und Wilson v. The Philippines, 868/1999 (2003), Ziff. 7.4.

42 MRA, Edwards v. Jamaica, 529/1993 (1997), Ziff. 8.2.

43 MRA, Larrañaga v. The Philippines, 1421/2005 (2006), Ziff. 7.11, und Mwamba v. Zambia, 1520/2006 (2010), Ziff. 6.8.

44 EGMR, X. v. Turkey, 24626/09 (2012).

45 Z.B. MRA, Kennedy v. Trinidad and Tobago, 845/1998 (2002), und EGMR (Grand Chamber), Gäfgen v. Germany, Reports 2010-IV, Ziff. 108.

46 Siehe statt vieler EGMR, Ribitsch v. Austria, A/336 (1995), Ziff. 38, und Bouyid v. Belgium (Grand Chamber), 23380/09, Reports 2015, Ziff. 100 f. So auch IAGMR, Espinoza Gonzáles v. Peru, C/289 (2014), Ziff. 184.

47 Vgl. etwa den Bericht des Sonderberichterstatters über Folter vom 23. Dezember 2003, UN Doc. E/CN. 4/2004/56, Ziff. 50 ff., und indirekt auch EGMR, D. v. The United Kingdom, Reports 1997-III, Ziff. 50 ff.

48 MRA, Rouse v. The Philippines, 1089/2002 (2005), Ziff. 7.8; EGMR, Keenan v. The United Kingdom, Reports 2001-III, und Kotsaftis v. Greece, 39780/06 (2008); AfKRMV, Huri-Laws v. Nigeria, 225/1998 (2000), Ziff. 41.

49 EGMR (Grand Chamber), Jalloh v. Germany, Reports 2006-IX, Ziff. 82.

50 EGMR, Bataliny v. Russia, 10060/07 (2015), Ziff. 88 ff.

51 Siehe z.B. MRA, El-Megreisi v. Libya, 440/1990 (1994), Ziff. 5.4; AfKRMV, Amnesty International and Others v. Sudan, 48/1990, 50/1991, 52/1991, 89/1993 (1999), Ziff. 54, und Zegveld and Ephrem v. Eritrea, 250/2002 (2003), Ziff. 55; IAKMR, Levoyer Jiménez v. Ecuador, 11.992 (2001), Ziff. 82 ff.

52 EGMR, Güveç v. Turkey, Reports 2009-I, Ziff. 82 ff.

53 EGMR, Mayeka and Mitunga v. Belgium, Reports 2006-XI, Ziff. 50 ff.

54 MRA, C. v. Australia, 900/1999 (2002), Ziff. 8.4.

Ultima-ratio-Massnahme möglichst rasch zu beenden[55]; die nicht medizinisch indizierte zwangsweise Hospitalisation in einer psychiatrischen Klinik[56]; Haft ohne Bereitstellung von Nahrung und Wasser während mehrerer Tage[57]; die fehlende Information der Angehörigen über das Schicksal inhaftierter Personen[58] und über die erfolgte Hinrichtung sowie über den Begräbnisort des Ehemanns[59] sowie die Zerstörung der Häuser der Beschwerdeführerinnen und Beschwerdeführer vor ihren Augen durch staatliche Organe[60] oder durch Private mit impliziter Billigung staatlicher Organe[61].

Als *unmenschliche Strafe* gilt gemäss Praxis der Vertragsorgane jede Körperstrafe, selbst wenn sie als gesetzlich vorgesehene strafrechtliche Sanktion ausgesprochen wird, unabhängig von der begangenen Tat[62]; lange andauernde Isolationshaft[63]; die Hinrich- 10.15

---

55 EGMR, A.B. and Others v. France, 11593/12 (2016). Siehe dazu auch EGMR, Muskhadzhiyeva and Others v. Belgium, 41442/07 (2010), Ziff. 55 ff., und S.F. v. Bulgaria, 8138/16 (2017), Ziff. 79 ff. All diese Urteile illustrieren eine Entwicklung der Rechtsprechung hin zu einem generellen Verbot, Kinder in ausländerrechtliche Administrativhaft zu nehmen. So bereits KRK-Ausschuss, General Comment 23 (2017), Ziff. 5 ff.

56 MRA, T.V. and A.G. v. Uzbekistan, 2044/2011 (2016), Ziff. 7.10.

57 MRA, Miha v. Equatorial Guinea, 414/1990 (1994), Ziff. 6.4. Vgl. dazu auch IAGMR, Neptune v. Haiti, C/180 (2008), Ziff. 137, und AfKRMV, Achutan and Amnesty International v. Malawi, 64/1992, 68/1992 und 78/1992 (1995), Ziff. 7.

58 Statt vieler EGMR (Grand Chamber), Çaciki v. Turkey, Reports 1999-IV, Ziff. 98; MRA, Jegatheeswara Sarma v. Sri Lanka, 950/2000 (2003), Ziff. 9.5; IAGMR, Humberto Sánchez v. Honduras, C/99 (2003), Ziff. 101, und AfKRMV, Law Office of Ghazi Suleiman v. Sudan, 222/98 und 229/99 (2003), Ziff. 44.

59 Z.B. MRA, Alibovea v. Tajikistan, 985/2001 (2005), Ziff. 6.7, und Sultanova v. Uzbekistan, 915/2000 (2006), Ziff. 7.10.

60 Z.B. EGMR, Yöyler v. Turkey, 26973/95 (2003), Ziff. 75, und Dulas v. Turkey, 25801/94 (2001), Ziff. 55.

61 FoK-Ausschuss, Dzemajl et al. v. Serbia and Montenegro, 161/2000 (2002); AfKRMV, Sudan Human Rights Organisation & Centre on Housing Rights and Evictions (COHRE) v. Sudan, 279/03–296/05 (2009), Ziff. 159.

62 Z.B. MRA, Boodlal Sooklal v. Trinidad and Tobago, 928/2000 (2001), Ziff. 4.6; Higginson v. Jamaica, 792/1998 (2002), Ziff. 4.6, CO Iran (2012), Ziff. 16, und CO Indonesia (2013), Ziff. 15, sowie IAGMR, Caesar v. Trinidad and Tobago, C/123 (2005), Ziff. 70. Im Unterschied dazu untersagt Art. 1 Abs. 1 FoK Körperstrafen, soweit diese gesetzlich vorgesehen sind, nicht ausdrücklich. Der FoK-Ausschuss ist jedoch der Ansicht, dass derartige strafrechtliche Sanktionen die FoK verletzen; siehe etwa CO Pakistan (2017), Ziff. 38, und CO Afghanistan(2017), Ziff. 23. Siehe zur Körperstrafe im innerfamiliären und schulischen Kontext auch KRK-Ausschuss, General Comment 8 (2006), insb. Ziff. 30 ff. Auf europäischer Ebene sind die Staaten nach der Praxis des EASR verpflichtet, jegliche Gewaltanwendung strafrechtlich zu ahnden; z.B. EASR, World Organisation Against Torture v. Portugal, 34/2006 (2007), und Association for the Protection of All Children (APPROACH) Ltd. v. France, 92/2013 (2014).

63 MRA, General Comment 20 (1992), Ziff. 6. Siehe auch EGMR (Grand Chamber), Öcalan v. Turkey, Reports 2005-IV, Ziff. 191, wonach eine vollständige sensorische und soziale Isolation auch unter Berufung auf Sicherheitsinteressen des Staates nie gerechtfertigt werden kann und folglich stets als unmenschliche Strafe zu taxieren ist. Dieser Schluss gilt hingegen nicht zwingend bei (langjähriger) Einzelhaft, d.h. einer Unterbindung des Kontakts mit anderen Inhaftierten, etwa aus Sicherheitserwägungen; EGMR (Grand Chamber), Ramirez Sanchez v. France, Reports tung einer Person in einer Gaskammer[64] oder durch Steinigung[65] sowie eine Hinrichtung ohne vorherige Bekanntgabe des Hinrichtungsdatums[66], nicht jedoch die Exekution mittels Giftinjektion[67]. Gemäss dem EGMR stellt der Zwang zu exzessiven körperlichen Aktivitäten gegenüber einem an Kniebeschwerden leidenden Militärdienstpflichtigen, die zu langfristigen Gesundheitsschäden führten, eine unmenschliche Bestrafung dar[68]. Die Inhaftierung einer Person in einer Mehrbettzelle, in welcher ihr weniger als drei Quadratmeter Fläche zur Verfügung stehen, begründet gemäss EGMR eine starke Vermutung für die Qualifizierung als unmenschliche Strafe[69]. An sich nicht als unmenschliche Strafe gilt hingegen die Verurteilung einer erwachsenen[70] Person zu einer lebenslangen Haftstrafe. Dies ist aber der Fall, wenn eine solche Strafe weder de jure noch de facto nach Ablauf einer bestimmten Zeitspanne überprüft und aufgehoben werden kann, d.h. wenn keine Möglichkeit einer vorzeitigen (bedingten) Entlassung oder Begnadigung bei gutem Verhalten der inhaftierten Person besteht[71]. In einem solchen Fall[72] liegt die Verletzung bereits bei Haft-

2006-IX, Ziff. 125 ff., und dies selbst im Fall schwer kranker Inhaftierter; EGMR, (Grand Chamber), Enea v. Italy, Reports 2009-IV, Ziff. 55 ff. Siehe dazu auch EGMR, Babar Ahmad and Others v. The United Kingdom, 24027/07, 11949/08, 36742/08, 66911/09 and 67354/09 (2012), wonach die Auslieferung der Beschwerdeführer an die USA, wo ihnen eine langjährige Inhaftierung in Einzelhaft in einem sog. «supermax prison» droht, keine Verletzung von Art. 3 EMRK darstellen würde, hingegen sehr wohl, wenn ein an Schizophrenie erkrankter Terrorismusverdächtiger unter diesen Voraussetzungen an die USA ausgeliefert würde; EGMR, Aswat v. The United Kingdom, 17299/12 (2013). Siehe dazu auch IAKMR, Lackey et al. v. USA, Report 52/13, 11.575 et al., (2013), Ziff. 237.

64 MRA, Ng v. Canada, 469/1991 (1993), Ziff. 16.4.

65 EGMR, Jabari v. Turkey, Reports 2000-VIII.

66 AfKRMV, Interights et al. v. Botswana, 240/2001 (2004), Ziff. 41; so auch MRA, CO Japan (2014), Ziff. 13.

67 MRA, Kindler v. Canada, 470/1991 (1993), Ziff. 15.3 f. i.V.m. 9.7; Cox v. Canada, 539/1993 (1994), Ziff. 17.3.

68 EGMR, Chember v. Russia, Reports 2008-IV (Zwang zur Ausführung von 350 Kniebeugen).

69 Diese Vermutung kann widerlegt werden, wenn der Aufenthalt in einer derart überbelegten Zelle nur von kurzer Dauer war, der Inhaftierte ausserhalb der Zelle vergleichsweise viele Freiheiten geniesst und die Institution insgesamt für den Inhaftierten angemessen erscheint; EGMR (Grand Chamber), Muršić v. Croatia, 7334/13, Reports 2016, Ziff. 109 ff.

70 Der MRA erachtet auch eine lebenslange Haftstrafe, die gegenüber einer im Tatzeitpunkt unter 18-jährigen Person ausgesprochen wird, als paktkonform, soweit eine realistische Möglichkeit einer vorzeitigen Entlassung besteht; Blessington and Elliot v. Australia, 1968/2010 (2014), Ziff. 7.7. So auch IAGMR, Mendoza et al. v. Argentina, C/260 (2013), Ziff. 172 ff.

71 Siehe EGMR (Grand Chamber), Kafkaris v. Cyprus, Reports 2008-I, Ziff. 97 ff., und Vinter and Others v. The United Kingdom, Reports 2013-II, Ziff. 119: «[T]he Court considers that, in the context of a life sentence, Article 3 must be interpreted as requiring reducibility of the sentence, in the sense of a review which allows the domestic authorities to consider whether any changes in the life prisoner are so significant, and such progress towards rehabilitation has been made in the course of the sentence, as to mean that continued detention can no longer be justified on legitimate penological grounds.» Aus diesem Grund sind bei zu einer lebenslangen Haft verurteilten Personen individualisierte auf ihre Rehabilitation gerichtete Massnahmen zu ergreifen; EGMR (Grand Chamber), Murray v. The Netherlands, 10511/10, Reports 2016, insb. Ziff. 103 f.

72 In seiner neuen Praxis hat der EGMR überdies verdeutlicht, dass eine Auslieferung gegen Art. 3

antritt und nicht erst bei einem verweigerten Entlassungsgesuch vor[73]. Ebenso unmenschlich ist eine Haftstrafe, wenn sie offensichtlich klar unverhältnismässig ist[74]. Eine Verurteilung zu einer Haftstrafe von 75 Jahren mit harter Arbeit gilt gemäss dem MRA nicht als unmenschliche Strafe[75]. Er hat aber in einem obiter dictum angetönt, dass eine lebenslängliche Strafe für Wirtschaftsdelikte eine Verletzung von Art. 7 Pakt II darstellen könnte[76]. Nach Auffassung des EGMR kann heute schliesslich nicht mehr davon ausgegangen werden, dass der Erlaubnisvorbehalt für die Todesstrafe in Art. 2 Abs. 1 EMRK der Qualifizierung jeder Todesstrafe als unmenschliche Strafe im Sinne von Art. 3 EMRK entgegensteht[77].

Ausdrücklich als *erniedrigende Behandlung* gelten beispielsweise Körpervisitationen in 10.16
Anwesenheit von Gefängnispersonal des anderen Geschlechts[78]; eine ohne Konsens durchgeführte gynäkologische Untersuchung einer minderjährigen Inhaftierten[79]; wöchentliche, systematische Leibesvisitationen ohne sachliche Rechtfertigung[80]; das Ohrfeigen einer Person durch Polizeibeamte[81]; die zwangsweise Kopfrasur eines Häftlings ohne Vorliegen sachlicher Gründe[82]; die Vorführung eines Häftlings in einem Metallkäfig vor der Presse[83] oder während einer Gerichtsverhandlung[84]; das schikanöse wiederholte Benässen der Betten der Inhaftierten durch Gefängnisaufseher[85]; die Fesselung eines älteren Häftlings an sein Bett in einem Spital für eine Nacht ohne

---

EMRK verstösst, falls der auszuliefernden Person im Destinationsstaat die Verurteilung zu einer nicht reduzierbaren lebenslangen Haftstrafe droht; EGMR, Trabelsi v. Belgium, Reports 2014-V, Ziff. 116 ff.

73 EGMR (Grand Chamber), Vinter and Others v. The United Kingdom, Reports 2013-II, Ziff. 122.

74 EGMR, Babar Ahmad and Others v. The United Kingdom, 24027/07, 11949/08, 36742/08, 66911/09 and 67354/09 (2012), Ziff. 237: «[T]he Court is prepared to accept that while, in principle, matters of appropriate sentencing largely fall outside the scope of the Convention [...], a grossly disproportionate sentence could amount to ill-treatment contrary to Article 3 at the moment of its imposition. However, the Court also considers that [...] ‹gross disproportionality› is a strict test and [...] it will only be on ‹rare and unique occasions› that the test will be met». So auch IAGMR, Mendoza et al. v. Argentina, C/260 (2013), Ziff. 174.

75 MRA, Teesdale v. Trinidad and Tobago, 677/1996 (2002), Ziff. 9.8.

76 MRA, Weiss v. Austria, 1821/2008 (2012), Ziff. 9.4.

77 EGMR, Al-Saadoon and Mufdhi v. The United Kingdom, Reports 2010-II, Ziff. 120. Siehe dazu auch vorne Rz. 9.40.

78 Z.B. EGMR, Valasinas v. Lithuania, Reports 2001-VIII, Ziff. 117.

79 EGMR, Yılmaz v. Turkey, 36369/06 (2011), Ziff. 43 ff.

80 EGMR, Van der Ven v. The Netherlands, Reports 2003-II, Ziff. 53 ff.

81 EGMR (Grand Chamber), Bouyid v. Belgium, 23380/09, Reports 2015, Ziff. 100 ff.

82 EGMR, Yankov v. Bulgaria, Reports 2003-XII, Ziff. 109 ff.

83 MRA, Polay Campos v. Peru, 577/1994 (1997), Ziff. 8.5.

84 MRA, Pustovoit v. Ukraine, 1405/2005 (2014), Ziff. 9.2; EGMR (Grand Chamber), Svinarenko and Slyadnev v. Russia, Reports 2014-V, Ziff. 122 ff. Keine erniedrigende Behandlung ergibt sich aus dem Umstand, dass Angeklagte den Prozess in einem Glaskäfig verfolgen müssen, soweit dieser Kubus ausreichend Platz aufweist; EGMR, Belousov v. Russia, 2653/13 and 60980/14 (2016).

85 MRA, Young v. Jamaica, 615/1995 (1997), Ziff. 5.2.

sachlichen Grund[86]; die routinemässige Fesselung aller zu einer lebenslangen Haftstrafe verurteilter Inhaftierter ausserhalb ihrer Zelle[87]; das erzwungene Paradieren in Unterwäsche mit der Truppe als Disziplinarsanktion für einen Fluchtversuch aus der Armee[88]; die achtmalige Verurteilung eines Wehrdienstverweigerers zu einer mehrmonatigen Haftstrafe in einem Staat, der keinen zivilen Ersatzdienst kennt[89]; die Verweigerung der Vornahme der für die Abklärung einer Missbildung eines Fötus notwendigen genetischen Tests[90] und gemäss Rechtsprechung des EGMR auch schwere und systematische Diskriminierungen aus rassistischen Motiven[91]. Erniedrigend war auch folgender Sachverhalt: Einer an Armen und Beinen gelähmten Frau, die zudem unter Niereninsuffizienz litt, wurde verboten, die Batterie für ihren Elektrorollstuhl mit ins Gefängnis zu nehmen. Zudem wurde ihr kein spezielles Bett zur Verfügung gestellt, sodass sie im Rollstuhl schlafen musste. Die Toilette konnte sie nur in Begleitung eines männlichen Aufsehers aufsuchen[92]. Der EGMR stuft teilweise besonders gravierende Haftbedingungen[93] sowie die fehlende medizinische Betreuung in einem Gefängnis[94] – u.E. wenig sachgerecht und wohl unter Abstützung auf die «Stufentheorie» – nicht als unmenschliche, sondern als erniedrigende Behandlung ein.

10.17 Als *erniedrigende Strafe* gelten etwa eine öffentliche Hinrichtung[95] sowie gewisse Körperstrafen[96].

---

86 EGMR, Henaf v. France, Reports 2003-XI, Ziff. 47 ff.

87 EGMR, Kashavelov v. Bulgaria, 891/05 (2011), Ziff. 38 ff.

88 EGMR, Lyalyakin v. Russia, 31305/09 (2015), Ziff. 72 ff.

89 EGMR, Ülke v. Turkey, 39437/98 (2006), Ziff. 52.

90 EGMR, R.R. v. Poland, Reports 2011-III, Ziff. 148 ff.

91 EGMR, Moldovan and Others v. Romania (No. 2), Reports 2005-VII, Ziff. 111. Ähnlich auch MRA, L.N.P. v. Argentina, 1610/2007 (2011) (diskriminierende und entwürdigende Behandlung der Beschwerdeführerin, Angehörige einer ethnischen Minderheit, durch die Polizei und Angestellte eines Gesundheitszentrums nach ihrer Anzeige wegen Vergewaltigung sowie während des Gerichtsverfahrens).

92 EGMR, Price v. The United Kingdom, Reports 2001-VII, Ziff. 25 ff.: «30. There is no evidence in this case of any positive intention to humiliate or debase the applicant. However, the Court considers that to detain a severely disabled person in conditions where she is dangerously cold, risks developing sores because her bed is too hard or unreachable, and is unable to go to the toilet or keep clean without the greatest of difficulty, constitutes degrading treatment contrary to Article 3 of the Convention.»

93 Vgl. etwa EGMR, Kalashnikov v. Russia, Reports 2002-VI, Ziff. 95 ff., und Dougoz v. Greece, Reports 2001-II, Ziff. 48. Die Rechtsprechung des MRA zu der Menschenrechtskonformität von Haftbedingungen stützt sich hingegen nicht auf Art. 7 sondern auf Art. 10 Pakt II.

94 EGMR, Keenan v. The United Kingdom, Reports 2001-III, Ziff. 109 ff.

95 MRA, CO Democratic Peoples' Republic of Korea (2001), Ziff. 13, CO Iran (2012), Ziff. 12, und CO Yemen (2012), Ziff. 14.

96 Siehe etwa EGMR, Tyrer v. The United Kingdom, A/26 (1978), Ziff. 28 ff. (drei Stockschläge auf das nackte Gesäss eines 15-jährigen Knaben), sowie AfKRMV, Doebbler v. Sudan, 236/2000 (2003), Ziff. 29 ff. (öffentliche Bestrafung mit 25–40 Peitschenhiebe auf das nackte Gesäss von Frauen, die bleibende Spuren hinterliessen).

d) Anwendungsschwelle

Nicht jedes Zufügen von Schmerzen oder Leiden verletzt das Verbot der Folter und unmenschlicher oder erniedrigender Behandlung oder Strafe. Vielmehr muss die Misshandlung eine gewisse Schwere, d.h. eine minimale Eingriffsintensität erreichen, um von diesem Verbot erfasst zu werden. Wie die Praxis der Vertragsorgane betont, lässt sich diese Schwelle nicht abstrakt bestimmen, sondern ist stark von relativen Umständen abhängig[97]. Die spezifischen Umstände des Einzelfalls – wie etwa die Dauer der Misshandlung, das Geschlecht, das Alter des Opfers oder dessen Verhalten – sind deshalb oft entscheidend dafür, ob Handlungen mit «geringerer» Eingriffsintensität völkerrechtlich absolut verboten oder aber vom internationalen Menschenrechtsschutz möglicherweise überhaupt nicht erfasst werden[98]. Eine Grenze dieser relativistischen Betrachtungsweise ist dort erreicht, wo die Anwendung körperlicher Gewalt gegenüber einer Person in staatlichem Gewahrsam ohne sachliche Gründe erfolgt, d.h. unnötig erscheint und deshalb das Opfer in seiner Würde trifft, und damit unmenschlich wird[99]. 10.18

Die Notwendigkeit, die Schwelle zwischen Verhalten, das vom Verbot der Folter und unmenschlicher oder erniedrigender Behandlung oder Strafe nicht erfasst wird, und Misshandlungen, die in den sachlichen Geltungsbereich dieser Garantie fallen, unter Berücksichtigung der konkreten Umstände zu bestimmen, bedeutet nicht, dass bei verhältnismässiger Gewaltanwendung in das Verbot eingegriffen werden darf. Vielmehr ist wegen der absoluten Geltung des Verbots jeder Eingriff automatisch eine Verletzung[100]. Dies hat zur Folge, dass ausserhalb des Bereichs nicht absolut erforderlicher staatlicher Gewaltanwendung[101] die Anwendungsschwelle dieses fundamentalen Menschenrechts nicht zu tief angesetzt werden darf, wenn man die Absolutheit des Verbots 10.19

---

97 Der EGMR benutzt zur Begründung dieser Praxis seit Jahrzehnten die gleiche Standardformulierung. Siehe etwa Aktaş v. Turkey, Reports 2003-V, Ziff. 312: «[I]ll-treatment must attain a minimum level of severity before it will be considered to fall within the provision's scope. The assessment of this minimum is relative and depends on all of the circumstances of the case including the duration of its treatment, the physical or mental effects and, in some cases, the age, sex and health of the individual». So auch AfKRMV, Shumba v. Zimbabwe, 288/04 (2012), Ziff. 138.

98 Misshandlungen unterhalb der Anwendungsschwelle liegen aber möglicherweise in den materiellen Geltungsbereichen von Art. 10 Pakt II oder Art. 17 Pakt II resp. von Art. 8 EMRK (dazu hinten Rz. 12.23 ff.).

99 Seit 1995 verwendet der EGMR zur Erklärung dieser Relativierung folgende Standardbegründung: «The Court emphasises that, in respect of a person deprived of his liberty, any recourse to physical force which has not been made strictly necessary by his own conduct diminishes human dignity and is in principle an infringement of the right set forth in Article 3».

100 Relative Faktoren bestimmen daher einzig mit, ob in einem konkreten Fall der materielle Geltungsbereich dieses Verbots betroffen ist. Trotzdem nähert sich in gewissen Urteilen des EGMR die Untersuchung dieser relativen Faktoren im Ergebnis einer Verhältnismässigkeitsprüfung an; siehe besonders deutlich EGMR (Grand Chamber), Jalloh v. Germany, Reports 2006-IX, Ziff. 76 ff.

101 EGMR (Grand Chamber), Bouyid v. Belgium, 23380/09, Reports 2015, Ziff. 88, wonach in Gewahrsamssituationen jegliche nicht absolut erforderliche Gewaltanwendung die Menschenwürde missachtet und daher eine Verletzung von Art. 3 EMRK bewirkt.

aufrechterhalten und eine Trivialisierung und letztlich eine Aushöhlung des Folterbegriffs vermeiden will[102]. U.E. sachgerechter ist die Beurteilung der Menschenrechtskonformität solcher vergleichsweise leichter Eingriffsformen im Rahmen des einschränkbaren Rechts auf Privatleben. So anerkennt der EGMR zunehmend, dass aus dieser Garantie auch ein Recht auf individuelle Selbstbestimmung in besonders persönlichkeitsnahen Bereichen fliesst[103], welches damit Schutz auch unterhalb der Anwendungsschwelle von Art. 3 EMRK bietet[104]. Damit tangieren Eingriffsformen wie etwa eine erzwungene Kopfrasur, Körpervisitationen oder einschränkende Kleidervorschriften in einer Haftsituation den Geltungsbereich dieser Garantie und verletzen sie, falls sich solche Anordnungen nicht auf sachliche Gründe abstützen können und unverhältnismässig ausgestaltet sind.

Vertiefung: Die Einvernahme mutmasslicher Terroristen

10.20 Staaten, die einer besonderen terroristischen Gefährdung gegenüber stehen, argumentieren regelmässig mit der Notwendigkeit des Einsatzes «harscherer» Verhörmethoden im Kampf gegen den Terrorismus. Diese Methoden, so ihre Argumentation, seien zulässig, solange die Anwendungsschwelle des eigentlichen Verbots der Folter nicht tangiert werde[105]. Bereits in seinem ersten Urteil in einem Staatenbeschwerdeverfahren hatte sich der Europäische Gerichtshof mit dem Vorbringen Grossbritanniens auseinanderzusetzen, wonach Verhöre nach den sog. «Fünf Techniken»[106] gegenüber Personen, die im Verdacht standen, in Nordirland in terroristische Aktionen verwickelt zu sein, keine Verletzung des Art. 3 EMRK darstelle. Der Gerichtshof kam im Jahr 1978 zum klaren Schluss, die Kombination dieser Verhörmethoden sei mit Art. 3 EMRK unvereinbar[107].

102 In diesem Sinn problematisch ist das bei Anm. 82 erwähnte Beispiel einer zwangsweisen Kopfrasur.

103 Siehe dazu Rz. 12.23 ff.

104 So besonders prägnant EGMR, Wainwright v. The United Kingdom, Reports 2006-X, Ziff. 46: «The treatment undoubtedly caused the applicants distress but does not, in the Court's view, reach the minimum level of severity prohibited by Article 3. Rather the Court finds that this is a case which falls within the scope of Article 8 of the Convention and which requires due justification under the second paragraph of Article 8».

105 Diese Auffassung wurde u.a. in den unter dem Stichwort «Torture Memos» bekannt gewordenen verwaltungsinternen Rechtsgutachten des United States Department of Justice vertreten; siehe etwa das Memorandum for A. Gonzales […]: Standards of Conduct for Interrogation under 18 U.S.C. sections 2340–2340A vom 1. August 2002, 15 (‹https://www.justice.gov/olc/file/886061/download› zuletzt besucht am 8. Mai 2018) zum Folterbegriff von Art. 1 FoK: «CAT also distinguishes between torture and other acts of cruel, inhuman, or degrading treatment or punishment. […] CAT thus establishes a category of acts that are not to be committed and that states must endeavour to prevent, but that states need not criminalize, leaving those acts without the stigma of criminal penalties. CAT reserves criminal penalties and the stigma attached to those penalties for torture alone. In so doing, CAT makes clear that torture is at the farthest end of impermissible actions, and that it is distinct and separate from the lower level of ‹cruel, inhuman or degrading treatment or punishment›».

106 EGMR, Ireland v. The United Kingdom, A/25 (1978), Ziff. 96.

107 A.a.O., Ziff. 167.

In Israel ermächtigte die Regierung den Israeli Security Service während Verhören zur Anwendung von «moderate physical pressure». In einem immer noch bedeutsamen Urteil kam der israelische Supreme Court zum Schluss, selbst angesichts der terroristischen Gefährdungslage Israels sei der Rückgriff auf körperliche Gewalt während Verhören unzulässig[108]. Er begründete dies mit der Geltung folgender allgemeiner Prinzipien: 10.21

«*First*, a reasonable investigation is necessarily one free of torture, free of cruel, inhuman treatment of the subject and free of any degrading handling whatsoever. [...]. Human dignity also includes the dignity of the suspected being interrogated [...]. This conclusion is in perfect accord with (various) International Law treaties [...] which prohibit the use of torture, cruel, inhuman treatment and degrading treatment [...]. These prohibitions are absolute. There are no exceptions to them and there is no room for balancing. Indeed, violence directed at a suspect's body or spirit does not constitute a reasonable investigation practice. [...].

Second, a reasonable investigation is likely to cause discomfort. It may result in insufficient sleep. The conditions under which it is conducted risk being unpleasant. Indeed, it is possible to conduct an effective investigation without resorting to violence. Within the confines of the law, it is permitted to resort to various machinations and specific sophisticated activities which serve investigations today [...]. In the end result, the legality of an investigation is deduced from the propriety of its purpose and from its methods. Thus, for instance, sleep deprivation for a prolonged period, or sleep deprivation at night when this is not necessary to the investigation time wise may be deemed a use of an investigation method which surpasses the least restrictive means».[109]

Gestützt auf diese Leitlinien stufte der Supreme Court gewisse Verhörmethoden als absolut verboten ein. Zu diesen rechtswidrigen Methoden zählte er etwa Schläge, Schlafentzug, die Beschallung mit lauter Musik, den Zwang zur Einnahme einer schmerzhaften Position während Verhören und intensives Schütteln so fixierter Personen. 10.22

In jüngerer Vergangenheit hatte sich auch der MRA mit der Frage zulässiger Verhörmethoden auseinanderzusetzen. In seinen Abschliessenden Bemerkungen aus dem Jahr 2006 zum Staatenbericht der USA nahm er dazu folgendermassen Stellung: 10.23

«13. The Committee is concerned with the fact that the State party has authorized for some time the use of enhanced interrogation techniques, such as prolonged stress positions and isolation, sensory deprivation, hooding, exposure to cold or heat, sleep and dietary adjustments, 20-hour interrogations, removal of clothing and deprivation of all comfort and religious items, forced grooming, and exploitation of detainees' individual phobias. Although the Committee welcomes the assurance that, according to the Detainee Treatment Act of 2005, such interrogation techniques are prohibited by the present Army Field Manual on Intelligence Interrogation, the Committee remains concerned that (a) the State party refuses to acknowledge that such techniques, several of which were allegedly applied, either individually or in combination, over a protracted period of time,

108 Israeli Supreme Court sitting as the High Court of Justice, Judgment concerning the Legality of the General Security Service's Interrogation Methods, The Public Committee against Torture et al. v. The State of Israel, September 6, 1999, HCJ 5100/94, abgedruckt in ILM 1999, 1471 ff. Siehe zur Thematik auch MRA, CO Israel (2014), Ziff. 14.

109 Israeli Supreme Court (Anm. 108), Ziff. 23.

violate the prohibition contained by article 7 of the Covenant; (b) no sentence has been pronounced against an officer, employee, member of the Armed Forces, or other agent of the United States Government for using harsh interrogation techniques that had been approved; (c) these interrogation techniques may still be authorized or used by other agencies, including intelligence agencies and ‹private contractors›; and (d) the State party has provided no information to the fact that oversight systems of such agencies have been established to ensure compliance with article 7»[110].

10.24 In der Praxis des MRA zu Individualbeschwerden finden sich kaum Aussagen zur Problematik der Abgrenzung nach unten. Eine Erklärung dafür liegt in der Tatsache, dass der Pakt II mit seinem Art. 10 im Unterschied zur EMRK zusätzlich ein Recht auf menschliche Haftbedingungen kennt, welches unterhalb der Anwendungsschwelle des Verbots der unmenschlichen Behandlung greift. Aus diesem Grund stellt sich zumindest in Haftsituationen die Frage, ob ein staatliches Verhalten in den Geltungsbereich von Art. 7 Pakt II fällt, mit weniger Prägnanz. Daher begnügt sich der Ausschuss in derartigen Situationen oft mit der Feststellung, menschenrechtswidrige Haftbedingungen würden eine Verletzung von Art. 10 Pakt II darstellen; ob gleichzeitig auch Art. 7 verletzt ist, prüft er in solchen Fällen nur, falls über die schlechten Haftbedingungen hinaus zusätzlich spezifische Gewaltakte des Gefängnispersonals geltend gemacht werden[111]. Von geringerer Relevanz erscheint die Anwendungsschwelle auch für das Regime der AMRK, kennt doch deren Art. 5 neben dem in Abs. 2 verankerten Verbot der Folter und unmenschlicher, erniedrigender Behandlung und dem ebenfalls in Abs. 2 garantierten Recht auf menschenwürdige Haftbedingungen in Abs. 1 ein allgemeines und notstandsfest geltendes Recht auf menschliche Behandlung, d.h. konkret auf Achtung der körperlichen, geistigen und moralischen Unverletzlichkeit[112]. Ein Recht auf Anspruch der menschlichen Würde findet sich auch in Art. 5 AfCRMV.

Vertiefung: Das Recht auf menschenwürdige Haftbedingungen (Art. 10 Abs. 1 Pakt II; Art. 5 Abs. 2 AMRK)

10.25 Das Recht auf menschenwürdige Haftbedingungen schützt nicht nur Untersuchungs- oder Strafgefangene, sondern alle Personen, welchen die Freiheit entzogen wurde[113]. Es wird vom MRA – obwohl nicht in der entsprechenden Liste der Notstandsklauseln enthalten – als nicht derogierbar qualifiziert[114]. Als Komplementärrecht zum Verbot der unmenschlichen Behandlung begründet diese Garantie primär Leistungspflichten, die darauf gerichtet sein müssen, dass die Haft keine Eingriffe in die Integrität der Häftlinge

110 MRA, CO USA (2006), Ziff. 13. Siehe dazu auch CO USA (2014), Ziff. 5.

111 Vgl. z.B. MRA, Boodoo v. Trinidad and Tobago, 721/1996 (2002), Ziff. 6.1 ff., und Sirageva v. Uzbekistan, 907/2000 (2005), Ziff. 6.2.

112 Siehe z.B. IAGMR, Vélez Restrepo and Family v. Colombia, C/248 (2012), Ziff. 176 ff.

113 MRA, General Comment 21 (1992), Ziff. 2.

114 MRA, General Comment 29 (2001), Ziff. 13 lit. a, und Giri v. Nepal, 1761/2008 (2011), Ziff. 7.9.

bewirkt, welche über die Einschränkungen und Leiden hinausgehen, die mit einem Freiheitsentzug notwendigerweise verbunden sind[115]. So müssen die Staaten etwa eine minimale Zelleninfrastruktur (Fläche, Lichtverhältnisse, Frischluftzufuhr, sanitäre Einrichtungen etc.), ausreichende Versorgung mit Nahrungsmitteln und Kleidern und eine angemessene medizinische Versorgung sicherstellen. Nach der Praxis des Ausschusses gegen die Diskriminierung der Frau sind überdies weibliche Inhaftierte ausschliesslich durch Frauen zu überwachen[116]. Obwohl die Erfüllung dieser Anforderungen an einen humanen Strafvollzug den Einsatz erheblicher finanzieller Ressourcen bedingt, taxiert der MRA diese Verpflichtungen nicht als progressiv zu erfüllende, sondern ungeachtet des Entwicklungsniveaus des betreffenden Staates als unmittelbar geltende Pflicht.[117] Der EGMR verfolgt, allerdings basierend auf Art. 3 EMRK, eine inhaltlich vergleichbare Praxis[118].

Der Anspruch auf menschenwürdige Haftbedingungen wurde von der UNO und regio- 10.26
nalen Organisationen in verschiedenen Empfehlungen und Minimalstandards mit Softlaw-Charakter konkretisiert[119].

2. Die absolute Geltung des Verbots

Der Pakt II und die regionalen Konventionen bezeichnen das Folterverbot unisono als 10.27
notstandsfest, stipulieren aber nicht explizit seinen absoluten, d.h. schrankenlosen Charakter. Ausdrücklich kommt dieser in Art. 2 FoK zum Ausdruck, wonach «[a]ussergewöhnliche Umstände gleich welcher Art [...] nicht als Rechtfertigung für Folter geltend gemacht werden» dürfen. Auch das humanitäre Völkerrecht verbietet im gemeinsamen Art. 3 GK während bewaffneter Auseinandersetzungen jegliche Art von Folter «jederzeit und jedenorts». Auch eine konstante Praxis des MRA und der regionalen Gerichtshöfe macht unmissverständlich klar, dass keine Ausnahmen vom Verbot der Folter und unmenschlicher oder erniedrigender Behandlung toleriert werden[120]. Dies gilt unabhängig von einer allgemeinen – etwa terroristischen – Gefährdungslage[121], von

115 Vgl. MRA, General Comment 21 (1992), Ziff. 3.

116 FDK-Ausschuss, Abramova v. Belarus, 23/2009 (2011), Ziff. 7.4.

117 MRA, Womah Mukong v. Cameroon, 458/1991 (1994), Ziff. 9.3, und Giri v. Nepal, 1761/2008 (2011), Ziff. 7.9.

118 Siehe dazu hinten Rz. 10.34.

119 Basic Principles for the Treatment of Prisoners, GV-Res. 45/111 (1990); Body of Principles for the Protection of All Persons under Any Form of Detention or Imprisonment, GV-Res. 43/173 (1988); United Nations Rules for the Protection of Juveniles Deprived of their Liberty, GV-Res. 45/113 (1990); United Nations Rules for the Treatment of Women Prisoners and Non-custodial Measures for Women Offenders (the Bangkok Rules), GV-Res. 65/229 (2011); United Nations Standard Minimum Rules for the Treatment of Prisoners (the Nelson Mandela Rules), GV-Res. 70/175 (2015). Auf europäischer Ebene sind die Europäischen Strafvollzugsgrundsätze des Ministerkomitees des Europarats (Empfehlung Rec[2006]2) von besonderer Bedeutung.

120 MRA, General Comment 20 (1992), Ziff. 3. Vgl. auch z.B. IAGMR, Loayza Tamayo v. Peru, C/33 (1997), Ziff. 57, und EGMR, Aksoy v. Turkey, Reports 1996-VI, Ziff. 62.

121 Statt vieler, etwa EGMR (Grand Chamber), Ramirez Sanchez v. France, Reports 2006-IX, Ziff. 115: «Even in the most difficult of circumstances, such as the fight against terrorism, the vergangenem kriminellen[122] resp. gegenwärtigem[123] Verhalten des Opfers oder vom Motiv, d.h. ob damit z.B. das Leben einer entführten Person gerettet werden soll[124], und im Fall erniedrigender oder unmenschlicher Strafen ungeachtet der Auswirkungen, welche der Verzicht auf die Ausfällung derartiger Strafen mit sich bringen könnte[125]. Ebenso unbestritten ist, dass die Garantie ihre schrankenlose Wirkung auch in Auslieferungs- oder Abschiebungsfällen entfaltet[126]. Im Jahr 2008 hat der EGMR in einem Grundsatzurteil[127] dem Ruf nach der Zulässigkeit von Folter gegenüber Entführern oder Bombenlegern zwecks Rettung des Lebens Dritter[128] und der Forderung nach Abschwächung des Verbots, wenn die Auslieferung oder Abschiebung eines die Sicherheit des Aufenthaltsstaates bedrohenden Terroristen zur Diskussion steht, eine deutliche Absage erteilt.

3. Unterlassungspflichten

10.28 Wie bereits die negative Umschreibung resp. die Bezeichnung als Verbot verdeutlicht, halten Art. 7 Pakt II und die regionalen Konventionen die Staaten in erster Linie zu einem Unterlassen an. Ein Staat verletzt demnach diese Garantie in jedem Fall, wenn das Verhalten seiner Organe deren Anwendungsschwelle überschreitet. So haben die Vertragsorgane verschiedentlich festgehalten, der Staat verletze auch dann seine Unterlassungspflichten, wenn seine Organe in amtlicher Eigenschaft oder unter Vortäuschung einer solchen, aber entgegen ausdrücklichen Weisungen, und somit *ultra vires*, verbotene Handlungen vornehmen[129]. Ebenfalls eine direkte Verletzung seiner Unterlassungspflicht begeht ein Staat, falls das Personal ausgegliederter staatlicher Einheiten oder privater Organisationen, die eine staatliche Aufgabe wahrnehmen, d.h. etwa in Privatschulen, privatisierten Haftanstalten oder privaten psychiatrischen Kliniken, das Verbot missachtet oder wenn vertraglich angeheuertes Sicherheitspersonal Personen in ihrem Gewahrsam misshandelt. In diesem Sinn hat der EGMR bereits 1993 den Grundsatz ausgeführt, dass sich ein Staat nicht durch die Delegation von staatlichen Aufgaben an Private seiner Verpflichtungen aus Art. 3 EMRK entledigen könne[130].

Convention prohibits in absolute terms torture or inhuman or degrading treatment or punishment». So auch etwa IAGMR, Cantoral Benavides v. Peru, C/69 (2000), Ziff. 96.

122 Vgl. etwa EGMR, D. v. The United Kingdom, Reports 1997-III, Ziff. 47.

123 EGMR, Kalashnikov v. Russia, Reports 2002-VI, Ziff. 95, und Gäfgen v. Germany (Grand Chamber), Reports 2010-IV, Ziff. 87.

124 EGMR (Grand Chamber), Gäfgen v. Germany, Reports 2010-IV, Ziff. 107.

125 EGMR, Tyrer v. The United Kingdom, A/26 (1978), Ziff. 28 ff.

126 So besonders deutlich EGMR (Grand Chamber), Chahal v. The United Kingdom, Reports 1996-V, Ziff. 80, und FoK-Ausschuss, Dadar v. Canada, 258/2004 (2005), Ziff. 8.8; vgl. dazu hinten Rz. 18.31 f.

127 EGMR (Grand Chamber), Saadi v. Italy, Reports 2008-II, insb. Ziff. 137 ff. Siehe dazu auch hinten Rz. 18.32.

128 Vgl. dazu EGMR (Grand Chamber), Gäfgen v. Germany, Reports 2010-IV.

129 So explizit IAGMR, Velásquez-Rodríguez v. Honduras, C/4 (1988), Ziff. 169 ff., siehe auch vorne Rz. 3.8.

130 EGMR, Costello-Roberts v. The United Kingdom, A/247-C (1993), Ziff. 27, siehe auch Rz. 3.9.

Angesichts der notorisch schwierigen Beweissituation im Falle von Misshandlungen während Haftsituationen sehen die Überwachungsorgane in konstanter Praxis *Beweiserleichterungen* vor: Verlässt eine vor Haftantritt gesunde Person das Gefängnis mit Merkmalen, die auf eine Misshandlung hinweisen, hat der Staat eine plausible Erklärung dafür vorzulegen, dass diese nicht Folge einer Verletzung dieses Verbots sind.[131] 10.29

Staaten ist es nicht nur untersagt, selber Menschen zu foltern oder sie unmenschlich zu behandeln oder zu bestrafen, sondern auch, sie einem anderen Staat auszuliefern, auszuweisen oder sonst auszuhändigen, wenn stichhaltige Gründe für die Annahme bestehen, dass ihnen dort eine solche Behandlung droht. Das Verbot der Auslieferung, Ausweisung oder Rückschiebung bei drohender Folter oder unmenschlicher und erniedrigender Behandlung wird hinten[132] im Zusammenhang mit dem menschenrechtlichen Schutz von Ausländerinnen und Ausländern behandelt[133], es schützt aber im gleichen Ausmass auch eigene Staatsangehörige. 10.30

4. Schutzpflichten

Im Unterschied zum Recht auf Leben verpflichten die Wortlaute von Art. 7 Pakt II, Art. 3 EMRK und Art. 5 AMRK ihre Vertragsstaaten nicht ausdrücklich, die ihrer Jurisdiktion unterliegenden Personen gesetzlich vor Folter oder unmenschlicher oder erniedrigender Behandlung zu schützen[134]. Dessen ungeachtet anerkennen die Überwachungsorgane eine Verpflichtung der Vertragsstaaten zum Erlass von Bestimmungen, welche privates Verhalten für strafbar erklären, das den Schutzbereich dieser Garantien tangiert[135]. Weiter sind Staaten verpflichtet, einer Person wirksamen Schutz gegen Misshandlungen durch Dritte und namentlich auch gegen sexuelle Übergriffe im Allgemeinen[136] und an Kindern während des Schulbesuchs im Besonderen[137] zu 10.31

131 Vgl. z.B. MRA, Terán Jijón v. Ecuador, 277/1988 (1992), Ziff. 5.4, und Zyuskin v. Russia, 1605/2007 (2011), Ziff. 11.4; FoK-Ausschuss, Gerasimov v. Kazakhstan, 433/2010 (2012), Ziff. 12.2; EGMR, Aktaş v. Turkey, Reports 2003-V, Ziff. 291; IAGMR, Humberto Sánchez v. Honduras, C/99 (2003), Ziff. 100, und Fleury et al. v. Haiti, C/236 (2011), Ziff. 77, sowie AfKRMV, Egyptian Initiative for Personal Rights and Interights v. Egypt, 334/06 (2011), Ziff. 168 ff.

132 Siehe Rz. 18.21 ff.

133 Zum Verbot der Auslieferung, Ausweisung und Rückschiebung bei drohender Todesstrafe siehe vorne Rz. 9.41 f.

134 Eine derartige Pflicht statuiert indessen Art. 16 FoK. Das humanitäre Völkerrecht fordert in Art. 27 GK IV die Staaten auf, «Frauen vor jedem Angriff auf ihre Ehre und namentlich vor Vergewaltigung, Nötigung zur Prostitution und jeder unzüchtigen Handlung» zu schützen.

135 MRA, General Comments 20 (1992), Ziff. 13, und 30 (2002), Ziff. 8; EGMR, Mahmut Kaya v. Turkey, Reports 2000-III, Ziff. 15; IAGMR, Velásquez-Rodríguez v. Honduras, C/4 (1988), Ziff. 184 f. Im Unterschied dazu verpflichtet die FoK die Staaten einzig, Handlungen, welche Folter oder eine grausame, unmenschliche oder erniedrigende Handlung darstellen, unter Strafe zu stellen, falls sie von staatlichen Organen begangen oder gutgeheissen wurden (Art. 4 i.V.m. Art. 1 und 16 FoK).

136 Siehe etwa EGMR, M.C. v. Bulgaria, Reports 2003-XII, Ziff. 149.

137 EGMR (Grand Chamber), O'Keeffe v. Ireland, Reports 2014-I, Ziff. 144 ff.

gewähren, wenn sie Kenntnis von der Gefahr haben und in der Lage wären, diese abzuwenden[138]. Dabei wenden die internationalen Organe im Rahmen dieser Garantie einen besonders strengen Massstab an, falls sich eine Person unter vollständiger Kontrolle des Staates befindet (z.B. bei tätlichen Angriffen durch Mithäftlinge[139]) oder falls es sich bei Opfern privater Übergriffe um Angehörige einer besonders verletzlichen Gruppe (z.B. Kinder[140], Menschen mit einer Behinderung[141], Frauen[142] oder Angehörige einer Minderheit[143]) handelt.

10.32 Hingegen fliesst aus dem Verbot der unmenschlichen Behandlung keine Verpflichtung der Vertragsstaaten, die Tötung auf Verlangen und damit die aktive Sterbehilfe für straffrei zu erklären, um einer sterbenskranken und infolge ihrer Krankheit zum Suizid unfähigen Person unmenschliches Leiden zu ersparen[144]. Ob dieser Schluss auch für die Beihilfe zum Suizid gilt, wurde bisher von menschenrechtlichen Überwachungsorganen nicht geklärt.

5. Gewährleistungspflichten

10.33 Ein wirksamer Schutz vor schweren Verletzungen der persönlichen Integrität bedingt auch im Rahmen des Verbots der Folter und unmenschlicher oder erniedrigender Behandlung die Erfüllung eigentlicher Gewährleistungspflichten durch den Staat. Diese sind in der UNO-Folterkonvention von 1984 ausführlich geregelt. Sie lassen sich aber teilweise auch aus den allgemeinen Folterverboten des Pakts II und der regionalen Menschenrechtskonventionen ableiten.

10.34 (1) *Leistungspflichten in staatlichen Gewahrsamssituationen*: Der EGMR leitet aus Art. 3 EMRK die Pflicht zu staatlichen Leistungen ab, die notwendig sind, damit Haft- oder

138 Siehe EGMR, Moldovan and Others v. Romania (No. 2), Reports 2005-VII, Ziff. 98, Case of 97 members of the Gldani Congregation of Jehovah's Witnesses and 4 Others v. Georgia, 71156/01 (2007), Ziff. 96, Đurđević v. Croatia, Reports 2011-V, Ziff. 102, und Đorđević v. Croatia, Reports 2012-V. Zu den Voraussetzungen von Schutzpflichten vgl. vorne Rz. 3.110 ff.

139 Vgl. z.B. EGMR, Pantea v. Romania, Reports 2003-VI, Ziff. 189 ff., Keenan v. The United Kingdom, Reports 2001-III, Ziff. 110, und Rodić and 3 Others v. Bosnia and Herzegovina, 22893/05 (2008), Ziff. 64 ff., sowie MRA, Wilson v. The Philippines, 868/1999 (2003), Ziff. 7.3.

140 EGMR, A. v. The United Kingdom, Reports 1998-VI, Ziff. 22 (regelmässige Stockschläge gegenüber einem 9-jährigen Kind); ähnlich auch Z. and Others v. The United Kingdom (Grand Chamber), Reports 2001-V, Ziff. 73 f. (Missbrauch und Vernachlässigung von Kindern durch deren Eltern), und E. and Others v. The United Kingdom, 33218/96 (2002), Ziff. 89 ff. (sexueller Missbrauch von Kindern durch den Freund der Mutter).

141 EGMR, Đorđević v. Croatia, Reports 2012-V (lang andauernde Belästigungen und Gewaltanwendung von Nachbarskindern gegenüber einer an einer geistigen Behinderung leidenden und daher wehrlosen Person).

142 EGMR, Opuz v. Turkey, Reports 2009-III, Ziff. 158 ff. Siehe zu diesem Urteil und zum Thema häusliche Gewalt auch hinten Rz. 11.64 ff.

143 FoK-Ausschuss, Osmani v. Serbia, 261/2005 (2009), Ziff. 10.5.

144 EGMR, Pretty v. The United Kingdom, Reports 2002-III, Ziff. 55. Siehe zu diesem Urteil auch vorne Rz. 9.90 und hinten Rz. 12.30 ff.

Lebensbedingungen in Institutionen des Freiheitsentzugs, in Heimen, in der Armee und in anderen Situationen, in welchen Menschen sich gegen ihren Willen in staatlichem Gewahrsam befinden, menschlich und nicht erniedrigend sind[145]. Fehlende finanzielle Ressourcen können dabei nicht als Rechtfertigung für bestehende Defizite der Haftinfrastruktur, die gegen Art. 3 EMRK verstossen, vorgebracht werden[146]. Inhaftiert ein Staat Kranke[147] oder Personen mit einer körperlichen[148] oder geistigen[149] Behinderung, hat er aus diesem Grund dafür besorgt zu sein, dass die Gefängnisinfrastruktur auch den Bedürfnissen solcher Menschen entspricht. Für Haftsituationen stützt der MRA derartige Verpflichtungen primär auf das Recht auf angemessene Haftbedingungen gemäss Art. 10 Pakt II ab. Hingegen akzeptiert der EGMR, dass eine aussergewöhnliche humanitäre Notlage, wie etwa die Ankunft einer sehr grossen Zahl von Migrantinnen und Migranten, zwar keine Verletzung von Art. 3 EMRK rechtfertigen könne, dieser Faktor aber bei der Beurteilung, ob schlechte Haftbedingungen wie eine Überbelegung von Zellen die Anwendungsschwelle dieser Garantie überschreite, Berücksichtigung finden müsse[150].

Seine Gewährleistungspflichten verletzt ein Staat auch, wenn er ohne Anordnung spezifischer Massnahmen seinen Gewahrsam über Personen aufgibt, die infolge ihres Alters oder Gesundheitszustandes der Betreuung bedürfen, und sie ihrem Schicksal überlässt. In diesem Sinne erachtete der EGMR die Ausschaffung eines fünfjährigen Kindes, das zuvor in einem Transitzentrum festgehalten wurde, in dessen Heimatstaat ohne sicherzustellen, dass es im Destinationsstaat betreut wird, als Verletzung von Art. 3 EMRK gegenüber dem Kind wie auch der Mutter, die über die Umstände der Ausschaffung erst unmittelbar vor ihrer Durchführung informiert wurde[151]. 10.35

(2) *Leistungspflichten ausserhalb staatlichen Gewahrsams*: Noch wenig geklärt ist die Frage, ob und in welchem Ausmass auch ausserhalb staatlicher Gewahrsamssituationen eine staatliche Leistungsverweigerung oder ein staatlicher Leistungsentzug als unmenschliche oder erniedrigende Behandlung eingestuft werden kann. Lässt sich mit anderen Worten aus dem Verbot eine staatliche Verpflichtung zur Verhinderung un- 10.36

145 Siehe z.B. EGMR, Keenan v. The United Kingdom, Reports 2001-III, Ziff. 111 ff., und Kalashnikov v. Russia, Reports 2001-VI, Ziff. 95 ff.

146 EGMR, Dybeku v. Albania, 41153/06 (2008), Ziff. 50.

147 Z.B. EGMR, Mechenkov v. Russia, 35421/05 (2008).

148 EGMR, Vincent v. France, 6253/03 (2006). Das Gericht stellte im konkreten Sachverhalt eine Verletzung von Art. 3 EMRK fest, weil der auf einen Rollstuhl angewiesene Beschwerdeführer in einer Haftanstalt festgehalten wurde, in welcher alle Türen zu schmal waren, um einen Rollstuhl durchzuschieben. Er konnte daher seine Zelle nicht selber verlassen, sondern musste dafür aus seinem Rollstuhl gehoben werden. Aus diesem Grund war er auch von jeglichen gemeinschaftlichen Aktivitäten der Haftanstalt ausgeschlossen.

149 EGMR, Dybeku v. Albania, 41153/06 (2008), Ziff. 35 ff.

150 EGMR (Grand Chamber), Khlaifia and Others v. Italy, 16483/12, Reports 2016, Ziff. 185.

151 EGMR, Mayeka and Mitunga v. Belgium, Reports 2006-XI, Ziff. 66 ff.

menschlicher oder erniedrigender Lebensbedingungen ableiten? Unseres Erachtens kann die Weigerung eines Staates, Menschen in Not zu helfen, neben einer Verletzung der entsprechenden Subsistenzrechte in aussergewöhnlichen Situationen auch eine unmenschliche Behandlung darstellen, wenn dieser ohne weiteres die nötigen Leistungen (Nahrung, Obdach, Gesundheitsversorgung etc.) erbringen könnte und gleichzeitig die Notsituation der Betroffenen Leiden in einem Ausmass verursacht, welche die Anwendungsschwelle des Verbots unmenschlicher Behandlung überschreitet. In seiner jüngeren Praxis nähert sich der EGMR dieser Sichtweise an: So hielt er im Jahr 2005 fest, das Fehlen jeglicher staatlicher Massnahmen zur Beseitigung unmenschlicher Lebensbedingungen, für deren Entstehung zudem der Staat eine Mitverantwortung trage, verletze Art. 3 EMRK[152]. Im Jahr 2011 betonte er zwar, aus Art. 3 EMRK könne weder ein Recht auf Unterkunft abgeleitet werden, noch seien Staaten verpflichtet, Asylsuchende in einem Ausmass zu unterstützen, welches ihnen die Aufrechterhaltung eines gewissen Lebensstandards ermögliche[153]. Griechenland sei aber gestützt auf EU-Recht zu Minimalleistungen gegenüber Asylsuchenden als besonders verletzliche Personenkategorie verpflichtet. Unter diesen Umständen stelle das vollständige Fehlen staatlicher Unterstützungsleistungen für den Beschwerdeführer eine Missachtung von Art. 3 EMRK dar, weil er während Monaten ohne Zugang zu sanitären Einrichtungen und ohne jede Mittel zur Befriedigung seiner Subsistenzbedürfnisse auf der Strasse leben musste[154]. Unter Abstützung auf dieses Urteil taxierte er auch die drohende getrennte Unterbringung einer asylsuchenden Familie mit fünf Kindern in Unterkünften, welche nicht den Bedürfnissen von Kindern entsprechen, als Verletzung dieser Garantie[155].

10.37 (3) *Präventionspflichten*: Gemäss Art. 10 FoK unterliegt jeder Vertragsstaat Verhinderungs- und Präventionspflichten. Damit hat er alle erforderlichen Massnahmen, wie etwa Schulungen der Polizei, des zivilen und militärischen Gefängnispersonals und von Ärztinnen und Ärzten zu treffen, um staatliche oder staatlich tolerierte Folterhandlungen und andere Misshandlungen, die als unmenschliche oder erniedrigende Behandlung einzustufen sind[156], auf seinem Staatsgebiet zu verhindern[157]. Zudem verlangt Art. 11 FoK eine periodische und systematische Überprüfung der landesrechtlichen Vorschriften über zulässige Vernehmungsmethoden sowie über die Behandlung Gefangener.

10.38 (4) *Untersuchungs-, Strafverfolgungs- und Auslieferungspflichten*: Art. 12 und 13 FoK halten die Vertragsstaaten zu einer unparteiischen Untersuchung an, sobald ein hinreichender Verdacht auf Folterhandlungen bekannt wird oder eine Person geltend

152 EGMR, Moldovan and Others v. Romania (No. 2), Reports 2005-VII, Ziff. 110 ff.

153 EGMR (Grand Chamber), M.S.S. v. Belgium and Greece, Reports 2011-I, Ziff. 249.

154 A.a.O., Ziff. 250 ff.

155 EGMR (Grand Chamber), Tarakhel v. Switzerland, Reports 2014-VI, Ziff. 100 ff.

156 Art. 16 i.V.m. Art. 10 FoK.

157 Zu den eigentlichen Präventionsmechanismen gemäss dem FP/FoK und der EFoK siehe vorne Rz. 6.36.

macht, sie sei gefoltert[158] oder Opfer einer unmenschlichen oder erniedrigenden Behandlung geworden[159]. Überdies haben gemäss Art. 4–9 FoK die Staaten Folter zu einem strafbaren Delikt nach dem nationalen Strafrecht zu erklären und staatliche Organe, welche Folterhandlungen im Sinne von Art. 1 FoK begangen oder solche Handlungen von Privatpersonen unterstützt oder toleriert haben, in einer Weise zu bestrafen, welche der Verletzung eines grundlegenden Menschenrechts angemessen erscheint, eine abschreckende Wirkung hat und damit zur Prävention künftiger Verletzungen beiträgt[160]. Staaten sind ferner verpflichtet, die Zuständigkeit ihrer Gerichte für alle Folterhandlungen, die auf ihrem Territorium oder von ihren Staatsangehörigen begangen wurden oder sich gegen eigene Staatsangehörige richteten, anzuerkennen. Halten sich Personen auf dem Gebiet eines Vertragsstaates auf, die verdächtigt werden, in einem anderen Staat Folterhandlungen begangen zu haben, ist der Aufenthaltsstaat verpflichtet, unverzüglich eine vorläufige Untersuchung zur Feststellung des Sachverhalts durchzuführen und gemäss dem Universalitätsprinzip diese Personen ohne Verzögerung selber strafrechtlich zu verfolgen, wenn nicht ein anderer Staat die Auslieferung jener verlangt (aut dedere aut iudicare)[161].

Trotz fehlenden expliziten Verpflichtungen im Wortlaut von Art. 7 Pakt II und den 10.39
Folterverboten der regionalen Menschenrechtskonventionen anerkennen alle Überwachungsorgane eine Untersuchungspflicht[162] und die regionalen Gerichtshöfe – sowie mutmasslich auch der MRA[163] – gar einen individuellen Anspruch von Opfern von Folter und unmenschlicher oder erniedrigender Behandlung auf die strafrechtliche Sanktionierung dieser Handlungen[164].

(5) *Wiedergutmachungspflicht*: Ein gerichtlich einklagbares Recht aller Opfer von Fol- 10.40
ter auf gerechte und angemessene Entschädigung einschliesslich der notwendigen Mittel für eine möglichst vollständige Rehabilitation statuiert Art. 14 FoK[165]. Diese Pflicht gilt gemäss Praxis des Folterausschusses auch gegenüber Opfern unmensch-

158 Siehe dazu FoK-Ausschuss, Gerasimov v. Kazakhstan, 433/2010 (2012), Ziff. 12.3 ff., und Elaïba v. Tunisia, 551/2013 (2016), Ziff. 7.5 f.

159 Art. 16 i.V.m. Art. 13 FoK.

160 So auch die Praxis des EGMR; siehe etwa Gäfgen v. Germany (Grand Chamber), Reports 2010-IV, Ziff. 124.

161 Art. 6 Abs. 2 und 7 FoK. Siehe dazu IGH, Questions Relating to the Obligation to Prosecute or Extradite, Belgium v. Senegal, ICJ Reports 2012, Ziff. 71 ff., und FoK-Ausschuss, Guengueng et al. v. Senegal, 181/2001 (2006), Ziff. 9.5 ff. Diese Entscheide betrafen beide den ehemaligen tschadischen Präsidenten Habré, der sich seit Jahren in Senegal aufhält.

162 Siehe z.B. MRA, Singarasa v. Sri Lanka, 1033/2001 (2004), Ziff. 7.4, sowie EGMR, Assenov and Others v. Bulgaria, Reports 1998-VIII, Ziff. 102, und Đurđević v. Croatia, Reports 2011-V, Ziff. 83–85.

163 MRA, General Comment 31 (2004), Ziff. 18, wonach die Weigerung, eine Person zu bestrafen, die Folterhandlungen begangen hat, ihrerseits eine Paktverletzung darstellen kann.

164 EGMR, Aksoy v. Turkey, Reports 1996-VI, Ziff. 98, Gäfgen v. Germany (Grand Chamber), Reports 2010-IV, Ziff. 77, und IAGMR, Velásquez-Rodríguez v. Honduras, C/4 (1988), Ziff. 175 f.

165 FoK-Ausschuss, Elaïba v. Tunisia, 551/2013 (2016), Ziff. 7.7.

licher oder erniedrigender Behandlung[166]. In ständiger Praxis leiten die zuständigen Vertragsorgane solche Pflichten auch aus Art. 7 Pakt II und den Folterverboten der regionalen Menschenrechtskonventionen ab[167].

Vertiefung: Verpflichtung, ein Verfahren zur Beurteilung drittstaatlicher Folter oder der Verletzung anderer zwingender Menschenrechte zur Verfügung zu stellen?

10.41 Verpflichtet das Folterverbot die Vertragsstaaten der EMRK, einem Folteropfer seine Gerichtsinstanzen zur Durchsetzung dessen Entschädigungsleistungen gegenüber dem Folterstaat zur Verfügung zu stellen, und verdrängt dieser Anspruch gar den Grundsatz der Immunität von Drittstaaten gegenüber innerstaatlicher Zivilgerichtsbarkeit? Diese Frage stellte sich dem EGMR im Fall *Al Adsani gegen Vereinigtes Königreich*[168]: Ein Kuwaiti wollte mit seiner Beschwerde seine Genugtuungsansprüche gegenüber Kuwait vor englischen Gerichten durchsetzen. Diese erklärten sich aus Gründen der Immunität für nicht zuständig. Während der Gerichtshof im Jahr 2001 einstimmig zum Schluss kam, Grossbritannien habe vorliegend nicht gegen Art. 3 EMRK verstossen, gelangte er nur äusserst knapp zur Entscheidung, dass diese Weigerung keine Verletzung des Rechts auf Prüfung zivilrechtlicher Ansprüche vor einem unabhängigen Gericht (Art. 6 EMRK) darstellt[169].

10.42 Die Frage, ob infolge der Qualität einer verletzten Norm ein Staat sich ausnahmsweise nicht auf seine Immunität vor drittstaatlichen Gerichten berufen könne, hatte auch der IGH zu klären[170]. Er gelangte mit folgender Begründung zum gleichen Resultat wie der EGMR: Die Argumentation des beschwerdeführenden Staates – so der IGH – beruhe auf der angeblichen Existenz eines Konflikts zwischen dem Verbot der Tötung von Zivilpersonen und dem Folterverbot während eines bewaffneten Konflikts (konkret während des Zweiten Weltkriegs) als Teil des Ius cogens und der Staatenimmunität als Teil des völkerrechtlichen Gewohnheitsrechts.

«93. In the opinion of the Court, however, no such conflict exists. […]. The two sets of rules address different matters. The rules of State immunity are procedural in character and are confined to determining whether or not the courts of one State may exercise jurisdiction in respect of another State. They do not bear upon the question whether or not the conduct in respect of which the proceedings are brought was lawful or unlawful».

---

166 Siehe dazu FoK-Ausschuss, General Comment 3 (2012).

167 Z.B. EGMR, Tas v. Turkey, 24396/94 (2000), Ziff. 100 ff.; IAGMR, Velásquez-Rodríguez v. Honduras, Compensatory Damages, C/7 (1989); MRA, General Comment 20 (1992), Ziff. 14, und Wilson v. The Philippines, 868/1999 (2003), Ziff. 9.

168 EGMR (Grand Chamber), Al-Adsani v. The United Kingdom, Reports 2001-XI.

169 Ebenso EGMR (Grand Chamber), Naït-Liman v. Switzerland, 51357/07, Reports 2018, Ziff. 173 ff. Zur gleichen Schlussfolgerung gelangte auch der FoK-Ausschuss in Z. v. Australia, 511/2012 (2014). Siehe dazu auch hinten Rz. 16.14.

170 IGH, Jurisdictional Immunities Case, Germany v. Italy, ICJ Reports 2011.

III. Das Verbot des Verschwindenlassens von Personen

Spezifische Rechtsquellen: VLK; Interamerikanische Konvention gegen das Verschwindenlassen; Art. 7 Abs. 2 lit. i Römer Statut.

1. Verschwindenlassen von Personen

Die weit verbreitete Praxis des Verschwindenlassens von Personen stellt eine der schwersten Menschenrechtsverletzungen dar. Gemäss der völkerstrafrechtlichen Definition von Art. 7 Abs. 2 lit. i des Römer Statuts 10.43

> «bedeutet ‹zwangsweises Verschwindenlassen von Personen› die Festnahme, den Entzug der Freiheit oder die Entführung von Personen durch einen Staat [...] oder mit Ermächtigung, Unterstützung oder Duldung des Staates [...], gefolgt von der Weigerung, diese Freiheitsberaubung anzuerkennen oder Auskunft über das Schicksal oder den Verbleib dieser Personen zu erteilen, in der Absicht, sie für längere Zeit dem Schutz des Gesetzes zu entziehen».

Eine nahezu identische menschenrechtliche Definition des Verschwindenlassens findet sich in Art. II der Interamerikanischen Konvention gegen das Verschwindenlassen. Die universelle Konvention gegen das Verschwindenlassen enthält in ihrem Art. 2 ebenfalls eine Definition dieser Menschenrechtsverletzung. Sie bezeichnet als Verschwindenlassen 10.44

> «die Festnahme, den Entzug der Freiheit, die Entführung oder jede andere Form der Freiheitsberaubung durch Bedienstete des Staates oder durch Personen oder Personengruppen, die mit Ermächtigung, Unterstützung oder Duldung des Staates handeln, gefolgt von der Weigerung, diese Freiheitsberaubung anzuerkennen, oder der Verschleierung des Schicksals oder des Verbleibs der verschwundenen Person, wodurch sie dem Schutz des Gesetzes entzogen wird».

Der Hauptunterschied zwischen diesen zwei Umschreibungen besteht darin, dass gemäss dem völkerstrafrechtlichen Tatbestand des Römer Statuts auch Organe nichtstaatlicher Organisationen strafrechtlich verantwortlich sein können, während die universelle Konvention gegen das Verschwindenlassen einzig Staaten und ihre Organe in die Pflicht nimmt. 10.45

Das zwangsweise Verschwindenlassen von Personen weist in seiner *menschenrechtlichen Dimension* vier Komponenten auf: (1.) den Entzug der Freiheit einer Person, welcher (2.) staatlichen Organen wie Polizei, Militär oder Geheimdiensten oder auch Privaten, die mit staatlicher Ermächtigung, Unterstützung oder Duldung handeln, zuzurechnen ist und dem sich (3.) die Weigerung anschliesst, Auskunft über den Verbleib der verschwundenen Person zu geben[171]. Dieser Akt der Verheimlichung und 10.46

171 Die Weigerung kann auch während des Vollzugs einer rechtmässigen Strafsanktion geschehen, wenn etwa eine Person in eine andere Strafanstalt transferiert wird, ohne dass die Angehörigen über diese Tatsache informiert werden; VLK-Ausschuss, Yrusta v. Argentina, 1/2013 (2016), Ziff. 10.2 ff.

Vertuschung ist dem zwangsweisen Verschwindenlassen inhärent und macht die verschwundene Person besonders verletzlich. Diese kann als Folge davon (4.) keinen Rechtsschutz mehr beanspruchen, da sie durch ihr Verschwinden dem Schutz des Rechts, insb. der Verfahrensrechte, entzogen wurde.

10.47 Diese definitionsgemäss heimliche Menschenrechtsverletzung beeinträchtigt in doppelter Weise die menschliche Integrität: Einerseits entzieht sie die vermissten Personen, die regelmässig unter einer konstanten Angst um ihr Leben und vor Folter stehen, vollständig dem Schutz der Menschenrechte. Anderseits setzt sie die Angehörigen, die gänzlich im Ungewissen über das Schicksal der verschwundenen Person sind, schwerstem psychischen Druck aus und schafft, falls die verschwundene Person die Familie ernährt hat, für diese ernsthafte ökonomische Probleme. Schliesslich erleiden Angehörige häufig Nachteile (z.B. in den Bereichen Erb-, Familien- und Sozialversicherungsrecht), weil unklar ist, ob die verschwundene Person noch lebt oder tot ist.

2. Das Verbot des Verschwindenlassens gemäss den allgemeinen Menschenrechtsverträgen

10.48 Keines der umfassenden Menschenrechtsabkommen kennt ein spezifisches Verbot des Verschwindenlassens von Personen. Diese Menschenrechtsverletzung tangiert aber, wie die Praxis menschenrechtlicher Überwachungsorgane illustriert, gegenüber der festgehaltenen Person wie auch gegenüber ihren Angehörigen verschiedene existierende Garantien.

Vertiefung: Verschwindenlassen als multiple Menschenrechtsverletzung gemäss der Praxis des MRA

10.49 Im Entscheid *Jegatheeswara Sarma gegen Sri Lanka*[172] hat der MRA in exemplarischer Weise festgehalten, welche Rechte welcher Personen durch die Praxis des Verschwindenlassens verletzt oder gefährdet werden:

«9.3 Any act of such disappearance constitutes a violation of many of the rights enshrined in the Covenant, including the right to liberty and security of person (article 9), the right not to be subjected to torture or to cruel, inhuman or degrading treatment or punishment (article 7), and the right of all persons deprived of their liberty to be treated with humanity and with respect for the inherent dignity of the human person (article 10). It also violates or constitutes a grave threat to the right to life (article 6).

9.4 The facts of the present case clearly illustrate the applicability of article 9 of the Covenant concerning liberty and security of the person. The State party has itself acknowledged that the arrest of the author's son was illegal and a prohibited activity. Not only was there no legal basis for his arrest, there evidently was none for the continuing detention. Such a gross violation of article 9 can never be justified. [...].

172 MRA, 950/2000 (2003). Siehe dazu bereits auch Quinteros Almeida and Mother v. Uruguay, 107/1981 (1983), und General Comment 6 (1982), Ziff. 4.

9.5 As to the alleged violation of article 7, the Committee recognizes the degree of suffering involved in being held indefinitely without any contact with the outside world, and observes that, in the present case, the author appears to have accidentally seen his son some 15 months after the initial detention. He must, accordingly, be considered a victim of a violation of article 7. Moreover, noting the anguish and stress caused to the author's family by the disappearance of his son and by the continuing uncertainty concerning his fate and whereabouts, the Committee considers that the author and his wife are also victims of violation of article 7 of the Covenant. The Committee is therefore of the opinion that the facts before it reveal a violation of article 7 of the Covenant both with regard to the author's son and with regard to the author's family.

9.6 As to the possible violation of article 6 of the Covenant, the Committee notes that the author has not asked the Committee to conclude that his son is dead. Moreover, while invoking article 6, the author also asks for the release of his son, indicating that he has not abandoned hope for his son's reappearance. The Committee considers that, in such circumstances, it is not for it to appear to presume the death of the author's son. Insofar as the State party's obligations [...] would be the same with or without such a finding, the Committee considers it appropriate in the present case not to make any finding in respect of article 6».

Im Entscheid *Grioua gegen Algerien* betonte der MRA zudem, «that intentionally re- 10.50
moving a person from the protection of the law for a prolonged period of time may constitute a refusal to recognize that person before the law [Art. 16] if the victim was in the hands of the State authorities when last seen and, at the same time, if the efforts of his or her relatives to obtain access to potentially effective remedies, including judicial remedies (Covenant, art. 2, para. 3) have been systematically impeded. In such situations, disappeared persons are in practice deprived of their capacity to exercise entitlements under law, including all their other rights under the Covenant, and of access to any possible remedy as a direct consequence of the actions of the State, which must be interpreted as a refusal to recognize such victims as persons before the law»[173].

Die Rechtsprechung des MRA hält damit folgende Garantien durch die Praxis des Ver- 10.51
schwindenlassens für verletzt: das Recht auf Freiheit und Sicherheit, das Verbot der Folter und unmenschlicher Behandlung gegenüber der vermissten Person und den Angehörigen, das Recht auf menschenwürdige Haftbedingungen und, falls die Tötung der vermissten Person durch staatliche Organe nachgewiesen werden kann oder falls bei erstelltem Tod dieser Person keine genügende Untersuchung durchgeführt wird, das Recht auf Leben sowie, wenn der Zugang zu Rechtsschutzverfahren systematisch verunmöglicht wird, das Recht auf Anerkennung der Rechtsfähigkeit. Im Jahr 2011 präzisierte der MRA seine Praxis dahingehend, dass auch ohne Auffindung des Leichnams nach einer langen Phase des Verschwundenseins – angesichts der ernsthaften und andauernden Lebensgefahr – von einer direkten Verletzung der Verpflichtung zum Schutz des Lebens[174] ausgegangen wird, wenn die ursprüngliche Inhaftnahme

173 MRA, Grioua v. Algeria, 1327/2004 (2007), Ziff. 7.8.

174 D.h. nicht nur einer Verletzung der aus dem Recht auf Leben fliessenden Untersuchungspflichten.

des Opfers durch staatliche Organe erstellt ist und eine Verletzung von Art. 6 Pakt II von den Angehörigen des Opfers gerügt wird[175].

10.52 Einen – abgesehen von der jüngsten Praxisänderung des Ausschusses zum Recht auf Leben – identischen[176] Ansatz verfolgt der IAGMR[177], während die Praxis des EGMR restriktiver erscheint und dem multiplen Charakter dieser Menschenrechtsverletzung nur teilweise gerecht wird, da das Verschwindenlassen nicht per se als Verletzung von Art. 3 EMRK gegenüber der verschwundenen Person qualifiziert wird[178], sondern nur, wenn jenseits vernünftiger Zweifel («beyond reasonable doubt»), d.h. gestützt auf spezifische Indizien, erstellt werden kann, dass der Verschwundene während seiner Haft tatsächlich misshandelt wurde[179]. Im Übrigen ist seine Rechtsprechung ähnlich wie diejenige der anderen Organe: So qualifiziert der Gerichtshof das Verschwindenlassen als schwerstmögliche Verletzung des Rechts auf Freiheit und Sicherheit von Art. 5 EMRK und verpflichtet die Staaten, Untersuchungen zum Schicksal der vermissten Person durchzuführen[180]. Zusätzlich erachtet er wie der MRA das Verbot der Folter und unmenschlicher Behandlung gemäss Art. 3 EMRK gegenüber nahen Angehörigen der verschwundenen Person grundsätzlich[181] als verletzt[182]. Wird der Leichnam der

175 Siehe etwa MRA, Djebbar and Chihoub v. Algeria, 1811/2008 (2011), Ziff. 8.4, Guezot et al. v. Algeria, 1753/2008 (2012), Ziff. 8.4, und Dhakal v. Nepal, 2185/2012 (2017), Ziff. 11.6.

176 Im Jahr 2009 änderte der IAGMR seine ständige Praxis und anerkennt seither wie der MRA eine Verletzung des Rechts auf Anerkennung der Rechtsfähigkeit bei Fällen des Verschwindenlassens; siehe IAGMR, Anzualdo Castro v. Peru, C/202 (2009), Ziff. 86, und etwa González Medina and Family v. Dominican Republic, C/240 (2012), Ziff. 186–188. Dieser Schluss gilt noch verstärkt, wenn verschwundene Kleinkinder unter einem falschen Namen registriert werden und ihnen damit später verunmöglicht wird, ihre Familie zu finden und Klarheit über ihre biologische Identität zu gewinnen; siehe IAGMR, Contreras et al. v. El Salvador, C/232 (2011), Ziff. 89.

177 Siehe z.B. IAGMR, Velásquez-Rodríguez v. Honduras, C/4 (1988), Humberto Sánchez v. Honduras, C/99 (2003), Villagrán-Morales and Others v. Guatemala, C/63 (1999), der das Verschwindenlassen von Strassenkindern betrifft, und Blanco Romero et al. v. Venezuela, C/138 (2005), sowie detailliert IAKMR, Pasache Vidal and Others v. Peru, 10.247 (2001). Für die afrikanische Praxis siehe z.B. AfKRMV, Mouvement Burkinabé des Droits de l'Homme et des Peuples v. Burkina Faso, 204/1997 (2001), Ziff. 41 ff., und Zegveld and Ephrem v. Eritrea, 250/2002 (2003), Ziff. 46 ff.

178 Vgl. z.B. EGMR, Orhan v. Turkey, 25656/94 (2002), Ziff. 353 f.

179 Vgl. z.B. EGMR, Aktaş v. Turkey, Reports 2003-V, Ziff. 314 ff., wo die Autopsie klarerweise auf Folterhandlungen hinwies. Für eine gegenteilige Einschätzung siehe etwa EGMR Aziyevy v. Russia, 77626/01 (2008), Ziff. 99 ff., und Alikhadzhiyeva v. Russia, 68007/01 (2007), Ziff. 76 ff.

180 Vgl. z.B. EGMR (Grand Chamber), Çakici v. Turkey, Reports 1999-IV, Ziff. 104.

181 Keine eigenständige Verletzung von Art. 3 EMRK gegenüber Angehörigen anerkennt der EGMR, wenn die Phase der Ungewissheit über das Schicksal der verschwundenen Person entweder sehr kurz (z.B. Tanlı v. Turkey, Reports 2001-III, Ziff. 159) war oder wenn nach sehr langer Zeit der Abwesenheit Angehörige klarerweise vom Tod dieser Person ausgehen müssen. In diesem Sinn befand das Gericht, dass Angehörige des sog. Katyn-Massakers (die Tötung mehrerer Tausend polnischer Kriegsgefangener während des Zweiten Weltkriegs durch sowjetische Staatsorgane) im Zeitpunkt des Inkrafttretens der EMRK für Russland im Jahr 1998 keine derartige Ungewissheit mehr bestand; EGMR (Grand Chamber), Janowiec and Others v. Russia, verschwundenen Person gefunden, geht er zudem regelmässig von einer Vermutung der Verletzung des Rechts auf Leben aus[183]. Ist dies nicht der Fall, müssen spezifische Indizien im Einzelfall oder ein spezifisches allgemeines Sachverhaltsumfeld[184] den Tod einer Person und die staatliche Verantwortung dafür nahe legen[185]. Die Rigidität dieses Prüfungsmassstabes wird teilweise dadurch gemildert, dass der Gerichtshof regelmässig auch im Falle des Verschwindenlassens von Personen aus dem Recht auf Leben eine Pflicht des Staates zur Untersuchung ungeklärter Todesfälle ableitet[186].

Reports 2013-V, Ziff. 182 ff. Dieses Urteil enthält eine Übersicht über die Praxis des EGMR zur Frage, unter welchen Voraussetzungen Angehörige von Opfern schwerer Menschenrechtsverletzungen auch selbständig Opfer einer Verletzung von Art. 3 EMRK sind; a.a.O., Ziff. 177 ff.

182 Siehe z.B. EGMR, Kurt v. Turkey, Reports 1998-III, Ziff. 134, und Varnava and Others v. Turkey (Grand Chamber), Reports 2009-V, Ziff. 200–202.

183 Siehe z.B. EGMR, Aktaş v. Turkey, 24351/94 (2003), Ziff. 292.

184 Dies gilt etwa für Tschetschenien. Siehe etwa EGMR, Aziyevy v. Russia, 77626/01 (2008), Ziff. 76: «The Court notes with great concern that a number of cases have come before it which suggest that the phenomenon of ‹disappearances› is well known in Chechnya […]. A number of international reports point to the same conclusion. The Court agrees with the applicants that, in the context of the conflict in Chechnya, when a person is detained by unidentified servicemen without any subsequent acknowledgment of the detention, this can be regarded as life-threatening. The absence of Lom-Ali and Umar-Ali Aziyev or of any news of them for over seven years supports this assumption. For the above reasons the Court considers that it has been established beyond reasonable doubt that Lom-Ali and Umar-Ali Aziyev must be presumed dead following their unacknowledged detention by State servicemen.»

185 Exemplarisch EGMR, Tas v. Turkey, 24396/96 (2000), Ziff. 63: «Whether the failure on the part of the authorities to provide a plausible explanation as to a detainee's fate, in the absence of a body, might also raise issues under Article 2 of the Convention depends on all circumstances of the case, and in particular on the existence of sufficient circumstancial evidence, based on concrete elements, from which it may be concluded to the requisite standard of proof that the detainee must be presumed to have died in custody.» In seiner neueren Praxis ging der Gerichtshof folglich verschiedentlich auch ohne Auffinden der Leiche vom Tod der verschwundenen Person und damit von einer Verletzung des Rechts auf Leben aus. Dabei berücksichtigte er v.a. die Zeit, die seit dem Verschwinden der Person verstrichen ist, als wesentliches, wenn auch nicht entscheidendes Element. In Fällen, welche von Angehörigen von Personen im Kontext militärischer Auseinandersetzungen zwischen der Türkei und kurdischen Gruppierungen vor den EGMR gebracht wurden, zog der Gerichtshof auch die allgemeine Situation in den Kurdengebieten im Südosten der Türkei in Betracht. Ein starkes Indiz für den Tod einer verschwundenen Person erblickte der EGMR in der Tatsache, dass diese wegen politischer Aktivitäten für die kurdische Arbeiterpartei (PKK) gesucht wurde. Vgl. etwa EGMR, Özdemir v. Turkey, 54169/00 (2007), Ziff. 45 ff.

186 EGMR, Tas v. Turkey, 24396/96 (2000), Ziff. 71 f. und 76, Aktaş v. Turkey, Reports 2003-V, Ziff. 307, Orhan v. Turkey 25656/94 (2002), Ziff. 348, Timurtas v. Turkey, Reports 2000-VI, Ziff. 90, Kaya v. Turkey, Reports 2000-III, Ziff. 108. Siehe zu dieser Untersuchungspflicht Rz. 9.92.

3. Verpflichtungen gemäss der Konvention gegen das Verschwindenlassen

10.53 Mit der Konvention gegen das erzwungene Verschwindenlassen von Personen[187] sollen nicht primär Lücken im materiellen Recht geschlossen werden, sondern vielmehr die Verpflichtungen der Staaten, gegen diese menschenrechtswidrige Praxis vorzugehen, verstärkt und ausgedehnt werden. In diesem Sinne enthält sie ein ganzes Bündel detaillierter staatlicher Verpflichtungen: Diese umfassen Verpflichtungen, das Verschwindenlassen von Personen als strafbares Delikt im nationalen Strafrecht zu verankern[188] sowie Fälle von Verschwindenlassen zu untersuchen; die dafür verantwortlichen Personen zu verfolgen und zu bestrafen oder auszuliefern (Art. 3–14 und 25); Opfer dieses Verbrechens zu unterstützen und ihnen Wiedergutmachung zu leisten (Art. 15 und 24); keine Person in einen Staat auszuweisen, abzuschieben, an diesen zu übergeben oder auszuliefern, wenn stichhaltige Gründe dafür bestehen, dass sie dort Gefahr liefe, Opfer eines Verschwindenlassens zu werden (Art. 16)[189] und spezifische rechtliche und administrative Massnahmen (z.B. das Führen eines Registers aller Inhaftierter und die Respektierung von Informationsrechten) zu ergreifen, um sicherzustellen, dass niemand in geheimer Haft gehalten wird (Art. 17–23)[190]. Gewisse dieser Verpflichtungen, wie etwa Untersuchungs- oder Wiedergutmachungspflichten sind nicht neu, sondern bereits in der Verpflichtung gemäss dem Pakt II und den regionalen Konventionen enthalten, effektive Rechtsmittel zur Verfügung zu stellen.

187 Zum Inhalt dieses Vertrages siehe vorne Rz. 2.38.

188 Siehe dazu VLK-Ausschuss, CO France (2013), Ziff. 10 ff., und CO Bosnia-Herzegovina (2016), Ziff. 11 ff.

189 Dazu VLK-Ausschuss, CO France (2013), Ziff. 26 f.

190 Siehe etwa VLK-Ausschuss, CO Tunisia (2016), Ziff. 27 ff.

11. Kapitel: Schutz der menschlichen Identität – Diskriminierungsverbote und Minderheitenschutz

Rechtsquellen: Art. 2 AEMR; Art. 2 Abs. 2, Art. 3 Pakt I; Art. 2 Abs. 1, Art. 3, Art. 26, Art. 27 Pakt II; RDK; FDK; Art. 2 KRK; Art. 3–6 BRK; Art. 14 EMRK; ZP 12/EMRK; Art. 24 AMRK; Art. 2 und 3 AfCRMV; Art. 3, Art. 11, Art. 25 ArCMR; Europäisches Rahmenübereinkommen zum Schutz nationaler Minderheiten; Europäische Charta über Regional- und Minderheitensprachen; Interamerikanische Konvention zur Beseitigung aller Formen der Diskriminierung gegenüber Menschen mit einer Behinderung; Interamerikanische Konvention gegen Rassismus, Rassendiskriminierung und andere Formen der Intoleranz; Interamerikanische Konvention gegen alle Formen der Diskriminierung und Intoleranz; humanitäres Völkerrecht: z.B. gemeinsamer Art. 3 GK I-IV; Art. 12 und Art. 31 GK I; Art. 12 GK II; Art. 16 GK III; Art. 13 und Art. 27 GK IV; Art. 9, Art. 75, Art. 85 Abs. 4 lit. c ZP I; Art. 2 Abs. 2 ZP II; ILO-Übereinkommen Nr. 111 über die Diskriminierung in Beschäftigung und Beruf von 1958; ILO-Übereinkommen Nr. 169 über eingeborene und in Stämmen lebende Völker in unabhängigen Ländern von 1989.

I. Überblick

1. Was ist Diskriminierung?

Die Versuchung, Menschen wegen ihres «Andersseins» unfair zu behandeln, ist der menschlichen Natur inhärent: In allen Kulturen sind Menschen wegen ihrer Religion, ihrer Rasse oder ethnischen Herkunft, ihres Geschlechts und ähnlicher Gründe systematisch benachteiligt, sozial geächtet, vertrieben oder verfolgt worden. Dass die vom Staat garantierten Rechte allen Menschen gleichermassen zustehen müssen, ist deshalb ein immer wieder von neuem zu erkämpfender und zu verteidigender Grundsatz. Dies anerkennt die UNO-Charta ausdrücklich, wenn sie in Art. 1 Abs. 3 «die Achtung vor den Menschenrechten und Grundfreiheiten für alle ohne Unterschied der Rasse, des Geschlechts, der Sprache oder der Religion zu fördern und zu festigen» als eines der Hauptziele der Vereinten Nationen sieht. In der Tat sind Diskriminierungsverbote eines der wichtigsten Elemente des internationalen Menschenrechtsschutzes. Sie schützen Personen, die allein wegen ihrer Zugehörigkeit zu einer bestimmten Gruppe oder wegen bestimmter angeborener Merkmale zu Opfern von Ausgrenzung, Vorurteilen oder Hass und damit ohne triftigen Grund zu Menschen zweiter Klasse gemacht werden. 11.1

11.2 Mit dem Begriff Diskriminierung bezeichnet das Völkerrecht spezifische und qualifizierte Fälle von Ungleichbehandlung von Personen in einer vergleichbaren Situation, welche ohne sachliche und vernünftige Gründe erfolgen und eine Benachteiligung wegen der Rasse, des Geschlechts, der Geburt, der ethnischen Herkunft, der Religion, der politischen Überzeugung und anderer ähnlicher Gründe wie Alter oder Behinderung bezwecken oder bewirken. Dies sind alles Eigenschaften, die ein Individuum definieren[1] und somit Teil seiner Identität sind: Wer ich bin, ergibt sich massgeblich aus meinem Geschlecht, meiner Religion, meiner ethnischen Herkunft, meiner sexuellen Orientierung oder meiner Sprache. Diese Merkmale meiner Person kann ich entweder nicht aufgeben oder der Verzicht auf sie kann mir nicht zugemutet werden. Es verletzt daher die Menschenwürde, wenn jemand nicht wegen seines oder ihres Verhaltens schlechter behandelt wird, sondern nur wegen seiner oder ihrer Merkmale.

11.3 Aus diesem Grund sind systematische Diskriminierungen oft verheerende Erfahrungen für die betroffenen Personen. Sie können – wie der Sozialphilosoph Charles Taylor betont – eine Form von Unterdrückung sein, da «ein Mensch oder eine Gruppe von Menschen wirklichen Schaden nehmen, eine wirkliche Deformation erleiden kann, wenn die Umgebung oder die Gesellschaft ein einschränkendes, herabwürdigendes oder verächtliches Bild ihrer selbst zurückspiegelt»[2].

11.4 Das Völkerrecht sucht das Wesen der Diskriminierung als nicht gerechtfertigte und deshalb menschenunwürdige Herabsetzung von Individuen wegen Identitätsmerkmalen der menschlichen Person juristisch zu fassen, indem es verschiedene Konzepte für den Umgang mit Diskriminierung und damit verschiedene Typen von Diskriminierungsverboten entwickelt hat. Allgemeine Diskriminierungsverbote (Ziff. II) können von jedem Individuum angerufen werden, während die Verbote der Diskriminierung von Frauen (Ziff. III), der Rassendiskriminierung (Ziff. IV), der Diskriminierung von Menschen mit Behinderungen (Ziff. V) oder von Personen basierend auf ihrer sexuellen Orientierung (Ziff. VI) spezifische Formen der Diskriminierung untersagen. Schliesslich gründen auch menschenrechtliche Garantien, welche kollektive Rechte von Minderheiten und indigenen Völkern resp. ihrer Angehörigen schützen, obwohl sie über ein Diskriminierungsverbot in einem eng verstandenen Sinn hinausgehen, in der Erkenntnis der oft traditionellen und systematischen Marginalisierung solcher Gruppen.

2. Gleichbehandlung und Diskriminierungsverbote

a) Ausgangspunkt: Das Gebot der Gleichbehandlung

11.5 Ausgangspunkt aller Diskriminierungsverbote ist das Gebot der Gleichbehandlung. Die Idee, dass Menschen ungeachtet ihrer Merkmale *gleich wie die anderen* behandelt werden sollen, stellt den Kern der Nichtdiskriminierung dar.

---

1 Siehe MRA, Q. v. Denmark, 2001/2010 (2015), Ziff. 7.3.

2 Charles Taylor, Multikulturalismus und die Politik der Anerkennung, Frankfurt a.M. 1993, 13 f.

Die Gleichbehandlung der Menschen durch das Recht ist ein essentieller Aspekt jeder gerechten staatlichen Ordnung. So gehören die aristotelischen Maximen «jedem das Gleiche» (ausgleichende Gerechtigkeit) und «jedem das Seine» (austeilende Gerechtigkeit) zum Kern der Gerechtigkeitsidee. Geboten ist nicht eine absolute Gleichbehandlung, sondern eine Behandlung, die den tatsächlichen Verhältnissen gerecht wird. Verboten sind, verallgemeinernd ausgedrückt, rechtliche Unterscheidungen in vergleichbaren Situationen, die sich auf keine sachlichen Gründe stützen lassen (Gleichbehandlungsgebot); ebenso unzulässig ist die Gleichbehandlung von tatsächlichen Verhältnissen, die wesentlich voneinander abweichen und daher einer unterschiedlichen Behandlung bedürfen (Differenzierungsgebot). 11.6

Diskriminierungsverbote unterscheiden sich damit von Rechtsgleichheitsgeboten durch die Tatsache, dass Verletzungen der Erstgenannten deshalb besonders problematisch sind, weil Unterscheidungen wegen persönlicher Merkmale getroffen werden, die für sich genommen weder problematisch noch negativ sind. 11.7

Vertiefung: Das Gleichbehandlungsgebot und das Willkürverbot

Ein allgemeines *Gebot der Rechtsgleichheit* kennen Art. 26 Satz 1 Pakt II, Art. 24 AMRK, Art. 3 AfCRMV, Art. 11 ArCMR und Art. 2 der Interamerikanischen Konvention gegen alle Formen der Diskriminierung und Intoleranz[3], welche bestimmen: «Alle Menschen sind vor dem Gesetz gleich und haben [...] Anspruch auf gleichen Schutz durch das Gesetz». Gleichheit *vor* dem Gesetz bezeichnet den Anspruch auf rechtsgleiche Auslegung und Anwendung der Gesetze (Gleichheit in der Rechtsanwendung), gleicher Schutz *durch* das Gesetz, das Recht auf Gesetze, deren Inhalt rechtsgleich ausgestaltet ist (Gleichheit in der Rechtsetzung). Diese Ansprüche sind selbständiger und nicht bloss akzessorischer Natur[4] und daher auch in Sachbereichen anwendbar, welche nicht durch den Pakt II abgedeckt werden. So prüfte der MRA etwa, ob die verweigerte Einbürgerung eines ehemaligen sowjetischen Armeeoffiziers eine rechtswidrige ungleiche Behandlung darstellt, obwohl der Pakt II wie alle übrigen Menschenrechtsabkommen keine Bestimmung zur Thematik der Einbürgerung kennt[5]. 11.8

Die Garantie auf rechtsgleiche Auslegung und Anwendung des Gesetzes gemäss Art. 26 Satz 1 Pakt II ist verletzt, wenn ohne sachlich vertretbare Gründe vergleichbare Sachverhalte ungleich oder unterschiedliche Sachverhalte gleich behandelt werden. Dieses Recht enthält darüber hinaus auch einen allgemeinen Anspruch auf eine willkürfreie, d.h. auf vernünftige und objektive Gründe abgestützte, Anwendung nationaler Gesetze. Der MRA umschreibt diesen Gehalt wie folgt: «[A]n individual may be deprived of his right to equality before the law if a provision of law is applied to him or her in arbitrary 11.9

3 Diese Bestimmung gewährt diesen Schutz explizit in der öffentlichen und privaten Sphäre.

4 Zu dieser Unterscheidung siehe hinten Rz. 11.17 ff.

5 MRA, Borzov v. Estonia, 1136/2002 (2004), Ziff. 7.2 ff. Der MRA akzeptierte, dass Erwägungen der nationalen Sicherheit ein legitimes Interesse bei der Ausübung der staatlichen Souveränität im Bereich der Einbürgerung sein könne. Im vorliegenden Einzelfall könne dies die Verweigerung der Einbürgerung aber nicht rechtfertigen.

fashion, such that an application of law to an individual's detriment is not based on reasonable and objective grounds»[6].

11.10 Auch im Bereich des Anspruchs auf gleichen Schutz durch das Gesetz gilt es zu prüfen, ob gesetzliche Bestimmungen, welche vergleichbare Sachverhalte unterschiedlich regeln, sich auf vernünftige und sachliche Gründe stützen oder ob das Gesetz auf Unterscheidungen zwischen abweichenden Sachverhalten ohne Vorliegen derartiger Gründe verzichtet. Allein die Tatsache, dass in einem föderalen Staat die Gliedstaaten gleiche Sachverhalte unterschiedlich regeln, verletzt aber diesen Grundsatz nicht, da der Föderalismus als vernünftiger und sachlicher Grund gilt[7].

b) Diskriminierungsverbote als spezielle Gleichheitsgebote

11.11 Beim Grundsatz der Rechtsgleichheit bleibt offen, nach welchen Kriterien sich die Gleichheit oder Ungleichheit zweier Sachverhalte bestimmen soll. Die Ansicht darüber, was gleich bzw. ungleich ist, unterscheidet sich je nach Ort, Zeit und gesellschaftlichen Auffassungen und ist letztlich Gegenstand einer ad hoc erfolgten Wertentscheidung. Diskriminierungsverbote stellen demgegenüber einen Konsens darüber dar, welche Kriterien nicht für die Begründung einer Ungleichbehandlung herbeigezogen werden dürfen.

11.12 Diskriminierungsverbote sind im Völkerrecht weit verbreitet. Die UNO-Charta verankert das Gebot, die Achtung der Menschenrechte ohne Diskriminierung wegen «der Rasse, des Geschlechts, der Sprache oder der Religion zu fördern und zu festigen»[8]. In ähnlicher Weise verpflichten die meisten universellen und regionalen Menschenrechtskonventionen die Vertragsstaaten, die im jeweiligen Vertragswerk enthaltenen Garantien den Berechtigten «ohne Unterschied wie insbesondere der Rasse, der Hautfarbe, des Geschlechts, der Sprache, der Religion, der politischen oder sonstigen Anschauung, der nationalen oder sozialen Herkunft, des Vermögens, der Geburt oder des sonstigen Status zu gewährleisten»[9]. Diese sog. *akzessorischen* Diskriminierungsverbote untersagen, Menschen wegen eines dieser Merkmale den vollen Genuss der im jeweiligen Vertrag garantierten Menschenrechte vorzuenthalten, und beispielsweise ein Freiheitsrecht nur deshalb einzuschränken, weil die betroffene Person einer bestimmten Rasse oder Religion angehört. Sie können somit nur im Zusammenhang mit der Anwendung spezifischer Menschenrechtsgarantien angerufen werden.

11.13 Davon zu unterscheiden sind *selbständige* Diskriminierungsverbote, welche vor Benachteiligung aus einem der genannten Gründe durch irgendeinen staatlichen Akt schützen, d.h. auch in Bereichen, in welchen spezifische Menschenrechte keinen

---

6 MRA, Borzov v. Estonia, 1136/2002 (2004), Ziff. 7.2, und Tsarjov v. Estonia 1223/2003 (2007), Ziff. 7.3.

7 MRA, Bakurov v. Russia, 1861/2009 (2013), Ziff. 10.6.

8 Art. 1 Abs. 3 UNO-Charta; siehe auch Art. 13 Ziff. 1 lit. b und Art. 55 lit. c UNO-Charta.

9 So Art. 2 Abs. 1 Pakt II. Ähnlich Art. 2 Abs. 2 Pakt I, Art. 2 Abs. 2 KRK, Art. 14 EMRK, Art. 1 AMRK, Art. 2 AfCRMV und Art. 3 Abs. 1 ArCMR.

Schutz gewähren[10]. Art. 26 Satz 2 Pakt II ist die einzige Bestimmung in einem universellen Vertrag, welche einen solchen selbständigen, allgemeinen Schutz vor Diskriminierung bietet. Auf regionaler Ebene verankert Art. 1 ZP 12/EMRK ein selbständiges Diskriminierungsverbot.

Von diesen beiden Kategorien allgemeiner Diskriminierungsverbote zu unterscheiden 11.14
sind *spezifische* Diskriminierungsverbote, die nur für bestimmte Kategorien von Personen gelten. Dazu gehören vor allem die in den beiden Übereinkommen zur Eliminierung der Rassendiskriminierung[11] und der Diskriminierung der Frau[12] verankerten Garantien. Weitere Übereinkommen, v.a. solche der Internationalen Arbeitsorganisation, dienen dem Schutz vor Diskriminierung im Arbeitsleben[13].

3. Der Schutz von Minderheiten und indigenen Völkern als kollektiver Schutz vor Diskriminierung

Die Diskriminierungsverbote der internationalen Menschenrechtsinstrumente sind 11.15
als individuelle Rechte ausgestaltet, obwohl Menschen im Sinne dieser Garantien oft deshalb benachteiligt oder herabgesetzt werden, weil sie einer bestimmten religiösen, rassischen oder ethnischen *Gruppe* angehören. Die historische Erfahrung zeigt, dass eine rein individualistische Sicht oft nicht genügt, um ethnische, religiöse, sprachliche und ähnliche Minderheiten und ihre Angehörigen wirksam gegen Ausgrenzung und Unterdrückung zu schützen. Der völkerrechtliche Schutz von Minderheiten und indigenen Völkern ist deshalb mit dem Schutz vor Diskriminierung konzeptionell eng verwandt.

Neben dem Recht auf Selbstbestimmung der Völker, welches in Art. 1 beider UNO- 11.16
Menschenrechtspakte verankert ist, aber kein individuelles Menschenrecht ist[14], kennt das Völkerrecht drei Ansätze zum Schutz von Minderheiten: (1) Individualrechtlichen Charakter hat das in Art. 27 Pakt II verankerte Recht von Angehörigen ethnischer, religiöser oder sprachlicher Minderheiten, gemeinsam mit anderen Angehörigen ihrer Gruppe ihr eigenes kulturelles Leben zu pflegen, ihre eigene Religion zu bekennen und auszuüben oder sich ihrer eigenen Sprache zu bedienen. (2) Kollektivrechtliche Ansätze kennen die regionalen Konventionen zum Schutz nationaler Minderheiten und von Minderheitensprachen, die der Europarat 1995 und 1992 verabschiedet hat. Schliesslich beginnt das universelle Völkerrecht, (3) indigene Völker zu schützen, wobei das Übereinkommen Nr. 169 der Internationalen Arbeitsorganisation und die De-

10 Hierzu ausführlicher hinten Rz. 11.22 ff.

11 Dazu hinten Rz. 11.72 ff.

12 Dazu hinten Rz. 11.51 ff.

13 Beispielsweise ILO-Übereinkommen Nr. 100 über die Gleichheit des Entgelts männlicher und weiblicher Arbeitskräfte für gleichwertige Arbeit vom 29. Juni 1951, Nr. 111 über die Diskriminierung in Beschäftigung und Beruf vom 25. Juni 1958, Nr. 156 über die Chancengleichheit und die Gleichbehandlung männlicher und weiblicher Arbeitnehmer: Arbeitnehmer mit Familienpflichten vom 23. Juni 1981 und Nr. 183 über den Mutterschutz vom 15. Juni 2000.

14 MRA, Kitok v. Sweden, 197/1985 (1988), Ziff. 6.3.

klaration der UNO-Generalversammlung über die Rechte indigener Völker aus dem Jahr 2007 eine besonders wichtige Rolle spielen.

II. Allgemeine Diskriminierungsverbote

1. Akzessorische und selbständige Diskriminierungsverbote

11.17 Die meisten universellen und regionalen Menschenrechtsübereinkommen verlangen von ihren Mitgliedsstaaten, die darin enthaltenen Rechte allen «Personen ohne Unterschied wie insbesondere der Rasse, der Hautfarbe, des Geschlechts, der Sprache, der Religion, der politischen oder sonstigen Anschauung, der nationalen oder sozialen Herkunft, des Vermögens, der Geburt oder des sonstigen Status zu gewährleisten»[15]. Eine Verletzung dieses sog. *akzessorischen Diskriminierungsverbots* liegt vor, wenn einer Person der volle Genuss einer menschenrechtlichen Garantie aus einem dieser Gründe verwehrt wird; so etwa wenn die Meinungsäusserungsfreiheit wegen des ethnischen Hintergrunds einer Person beschränkt wird. Akzessorische Diskriminierungsverbote können somit grundsätzlich nur zusammen mit den materiellen Garantien der betreffenden Vertragswerke angerufen werden.

11.18 Nach der Praxis des EGMR kann sich auf das akzessorische Diskriminierungsverbot von Art. 14 EMRK aber nicht nur berufen, wer geltend machen kann, im Schutzbereich einer materiellen Garantie der EMRK in diskriminierender Weise behandelt worden zu sein. Falls ein Staat in seinem Recht freiwillig Ansprüche verankert, die das gleiche Schutzobjekt wie die relevanten Menschenrechtsgarantien beschlagen, aber inhaltlich darüber hinausgehen, kann sich eine Person auch auf Art. 14 EMRK berufen, wenn die Diskriminierung zwar nicht im Geltungsbereich der jeweiligen EMRK-Garantie, aber in ihrem durch das nationale Recht geschützten weiteren Umfeld («ambit») stattfand[16]. Wie der EGMR betont, darf ein Staat auch im Umfeld einer EMRK-Garantie nicht diskriminieren, wenn er dort weitere Rechte verankert.[17] Weil das französische Recht grundsätzlich auch Adoptionen durch Einzelpersonen erlaubt, kam der Gerichtshof etwa zum Schluss, die Verweigerung des Zugangs zum Adoptionsbewilligungsverfahren für eine lesbische Adoptionswillige stelle eine Verletzung

15 Art. 2 Abs. 1 Pakt II. Ähnlich Art. 2 Abs. 2 Pakt I, Art. 2 Abs. 2 KRK, Art. 14 EMRK, Art. 1 AMRK, Art. 2 AfCRMV, Art. 3 Abs. 1 ArCMR.

16 EGMR (Grand Chamber), E.B. v. France, 43546/02 (2008), Ziff. 48: «The prohibition of discrimination enshrined in Article 14 thus extends beyond the enjoyment of the rights and freedoms which the Convention and the Protocols thereto require each State to guarantee. It applies also to those additional rights, falling within the general scope of any Convention Article, for which the State has voluntarily decided to provide». Siehe etwa auch EGMR (Grand Chamber), Sejdić and Finci v. Bosnia and Herzegovina, Reports 2009-VI, Ziff. 71, und Markin v. Russia, Reports 2012-III, Ziff. 124.

17 EGMR (Grand Chamber), İzzettin Doğan and Others v. Turkey, 62649/10, Reports 2016, Ziff. 158: «If the State has gone beyond its obligations and created additional rights falling within the wider ambit of the rights guaranteed by any Convention Article it cannot, in the application of those rights, take discriminatory measures within the meaning of Article 14».

von Art. 14 EMRK dar, obwohl er in diesem Urteil ausdrücklich offen liess, ob sich ein Recht auf Adoption aus dem Recht auf Privatleben ableiten lässt[18]. In weiteren Urteilen hielt er etwa fest, die Eigentumsgarantie begründe zwar keinen Anspruch auf Erwerb von Eigentum, falls aber ein Staat ein Sozialversicherungssystem unterhalte, könne Art. 14 EMRK in Verbindung mit der Eigentumsgarantie angerufen werden, um geltend zu machen, die Ausgestaltung dieses Systems sei diskriminierend[19]. In das Umfeld von Art. 5 EMRK fallen Regeln über die Gewährung des bedingten Strafvollzugs, weshalb es eine Diskriminierung darstellt, wenn einem Straftäter eine bedingte Strafe nur deshalb verwehrt wird, weil er seinen Wohnsitz nicht am Tatort, sondern in einem anderen Landesteil hat[20].

Verletzt ist dieses Verbot nicht nur, wenn eine Beschränkung eines Rechts, die objektiv 11.19 eine Menschenrechtsverletzung darstellt, einzig Menschen mit einem der erwähnten Merkmale trifft (z.B. Verbot von Kultushandlungen nur gegenüber Angehörigen einer bestimmten Glaubensrichtung), sondern auch dann, wenn ein an sich zulässiger Eingriff sich ausschliesslich oder ganz überwiegend gegen solche Menschen richtet (z.B. Verbot einer Demonstration wegen objektiv drohender Gefahr schwerer Ausschreitungen bloss gegenüber Angehörigen einer ethnischen Minderheit und nicht gegenüber allen mutmasslich gewalttätigen Personen).

Beispiel: Der Belgische Sprachenfall des EGMR[21]

In Belgien bestimmte sich die Unterrichtssprache an den öffentlichen Schulen nach der 11.20 Zugehörigkeit der Gemeinden zu den beiden Sprachgebieten. In sechs flämischen Gemeinden um Brüssel galt wegen der verhältnismässig grossen Zahl französischsprachiger Bewohnerinnen und Bewohner ein Sonderstatut, das auch französische Schulen zuliess. Diese durften allerdings nur von Kindern besucht werden, deren (französischsprachige) Eltern in diesen sechs Gemeinden wohnten, während die flämischen Schulen in diesen Gemeinden Kinder ohne Rücksicht auf den Wohnort ihrer Eltern und deren Muttersprache aufnahmen.

Der Gerichtshof führte aus, dass es gerechtfertigt sei, der Sprache der Mehrheit im schu- 11.21 lischen Bereich den Vorzug zu geben und dass sich aus Art. 2 Abs. 1 ZP 1/EMRK (Recht auf Bildung) «[...] keine Verpflichtung der Staaten ergebe, auf den Gebieten der Erziehung und des Unterrichts die Vorliebe der Eltern für eine bestimmte Sprache zu achten [...]»[22]. Ermögliche jedoch ein Vertragsstaat den Besuch von Schulen, die einen Unterricht in der Muttersprache anbieten, obwohl er zu deren Bereitstellung aufgrund der

18 EGMR (Grand Chamber), E.B. v. France, 43546/02 (2008), Ziff. 49 ff.

19 EGMR (Grand Chamber), Stec and Others v. The United Kingdom, Reports 2006-VI, Ziff. 51, und Stummer v. Austria, Reports 2011-V, Ziff. 83 ff. Siehe für weitere Beispiele zu dieser Praxis auch hinten Rz. 12.53.

20 EGMR, Aleksandrov v. Russia, 14431/06 (2018), Ziff. 21 ff. Der Gerichtshof betonte, dass der Wohnsitz ein Aspekt des Status einer Person sei (Ziff. 25).

21 EGMR, Belgian Linguistics Case (Case relating to certain aspects of the laws on the use of languages in Belgium), A/6 (1968), deutsch in EuGRZ 1975, 298 ff.

22 EuGRZ 1975, 300.

EMRK nicht verpflichtet wäre, müsse er den Zugang allen Personen zu den gleichen Bedingungen ermöglichen. Dies war im vorliegenden Beispiel nicht der Fall: Das Erfordernis des Wohnsitzes galt nur für die Kinder französischsprachiger Eltern im flämischsprachigen Teil Belgiens, nicht aber für die Kinder flämischsprachiger Eltern aus dem französischen Sprachgebiet. Aus diesem Grund nahm der Gerichtshof eine Verletzung von Art. 2 Abs. 1 ZP 1/EMRK in Verbindung mit Art. 14 EMRK an.

11.22 Akzessorische sind von *selbständigen resp. autonomen Diskriminierungsverboten* zu unterscheiden. Letztere schützen vor nachteiligen Unterscheidungen basierend auf aufgelisteten Gründen auch ausserhalb derjenigen Bereiche, in welchen spezifische materielle Garantien der jeweiligen Verträge Schutz gewähren. Auf universeller Ebene findet sich ein umfassendes selbständiges Diskriminierungsverbot einzig im zweiten Satz von Art. 26 Pakt II. Dieses verpflichtet die Staaten, wie der MRA seit dem Entscheid Zwaan-de Vries[23] festhält, Diskriminierungen zu unterlassen, wo immer sie in der Rechtsetzung oder Rechtsanwendung tätig werden, auch wenn im fraglichen Bereich keine andere Garantie des Pakts Schutz bietet. Somit werden weite Bereiche staatlichen Handelns über das Diskriminierungsverbot einer menschenrechtlichen Kontrolle zugänglich, inklusive solche, die an sich nicht durch die Rechte von Pakt II, sondern durch WSK-Rechte geschützt werden[24], oder überhaupt nicht in den Schutzbereich der Menschenrechte fallen.

Beispiel: Geschlechterdiskriminierung im Arbeitslosenrecht – Der Entscheid Zwaan-De Vries gegen die Niederlande des MRA[25]

11.23 Frau Zwaan-De Vries wurde arbeitslos und erhielt in der Folge während zehn Monaten Arbeitslosenunterstützung. Ein Gesuch um weitere Leistungen wurde abgelehnt, da Frau Zwaan-De Vries die damals gesetzlich vorgesehenen Bedingungen nicht erfüllte: Verheiratete Frauen hatten den Nachweis zu erbringen, dass sie Versorgerinnen ihrer Familien waren, um in den Genuss weiterer Leistungen zu kommen, während für verheiratete Männer diese Anforderung nicht galt. Frau Zwaan-De Vries erblickte darin eine Verletzung von Art. 26 Pakt II. Die niederländische Regierung machte u.a. geltend, Pakt II sei nicht anwendbar, da ein Recht auf soziale Sicherheit nur in Pakt I (Art. 9) verankert sei.

11.24 Der MRA wies das Argument mit der Begründung zurück, Art. 26 Pakt II wiederhole nicht einfach das akzessorische Diskriminierungsverbot von Art. 2 des Pakts; vielmehr befasse er sich mit den Verpflichtungen der Vertragsparteien beim Erlass und der Anwendung ihrer Gesetze, die allgemein zu beachten seien. Pakt II verlange nicht die Einführung so-

23 MRA, Zwaan-De Vries v. The Netherlands, 182/1984 (1987).

24 Seit dem Inkrafttreten des FP/Pakt I im Jahr 2013 können Individuen zumindest gegenüber Staaten, welche dieses FP ratifiziert haben, Diskriminierungen im Bereich der WSK-Rechte aber auch gestützt auf das akzessorische Diskriminierungsverbot von Art. 2 Abs. 2 Pakt I vor dem WSK-Ausschuss geltend machen.

25 MRA, Zwaan-De Vries v. The Netherlands, 182/1984 (1987).

zialversicherungsrechtlicher Regeln, falls der Staat aber solche Regeln erlasse, müsse er dies diskriminierungsfrei tun. Im konkreten Fall gäbe es keine ernsthaften Gründe für die Schlechterstellung verheirateter Frauen gegenüber verheirateten Männern. Deshalb stelle das gesetzliche Erfordernis des Nachweises der Versorgerrolle nur für Frauen, nicht aber für Männer, eine durch Art. 26 Pakt II verbotene Diskriminierung auf der Grundlage des Geschlechtes dar.

Auf europäischer Ebene gewährt das ZP/12 EMRK ebenfalls Schutz gegen Diskriminierung ausserhalb der durch die EMRK-Garantien abgedeckten Bereiche. Die Praxis zu dieser Bestimmung ist bis heute indes dünn. Der EGMR hatte aber mehrmals die Gelegenheit zu betonen, dass der Entzug des passiven Wahlrechts einer Person für Parlaments- und Präsidentschaftswahlen wegen ihrer Zugehörigkeit zu einer ethnischen Gruppe oder wegen ihrer Weigerung, sich einer solchen Gruppe zugehörig zu erklären, das selbständige Diskriminierungsverbot von Art. 1 ZP 12/EMRK verletzt[26]. 11.25

2. Das Verbot direkter Diskriminierung

a) Negative Verpflichtungen

Diskriminierungen, seien sie selbständig oder akzessorisch, können direkt oder indirekt[27] sein. Eine *direkte Diskriminierung* liegt immer dann vor, wenn eine benachteiligende Unterscheidung in der Gesetzgebung oder bei der Anwendung eines an sich diskriminierungsfreien Gesetzes direkt an einem verpönten Merkmal anknüpft und sich dafür keine genügende sachliche Rechtfertigung finden lässt. 11.26

Diese Umschreibung zeigt, dass nicht jede Benachteiligung, die von den Betroffenen subjektiv als Herabsetzung erfahren wird, eine Diskriminierung im Rechtssinn darstellt. Vielmehr müssen die folgenden vier Voraussetzungen *kumulativ* erfüllt sein, damit eine direkte Diskriminierung im Rechtssinn vorliegt: 11.27

(1) *Ungleichbehandlung*: Zum Diskriminierungsbegriff gehört zunächst das Bestehen einer Ungleichbehandlung im Sinn einer Unterscheidung, Ausschliessung, Beschränkung oder Bevorzugung. Die Feststellung einer Ungleichbehandlung setzt einen Vergleich mindestens zweier Sachverhalte voraus. Dies bedingt jedoch, dass die betreffen- 11.28

---

26 EGMR (Grand Chamber), Sejdić and Finci v. Bosnia and Herzegovina, Reports 2009-VI, Ziff. 52 ff., Zornić v. Bosnia and Herzegovina, 3681/06 (2014), Ziff. 26 ff., Šlaku v. Bosnia and Herzegovina, 56666/12 (2016), Ziff. 24 ff., Pilav v. Bosnia and Herzegovina, 41939/07 (2016), Ziff. 38 ff. Der EGMR behandelte den Fall unter dem Aspekt des selbständigen Diskriminierungsverbots, weil das passive Wahlrecht von Art. 3 ZP 1/EMRK nur Parlamentswahlen erfasst (hinten Rz. 17.67). Er hätte den Fall allerdings im Sinn seiner «ambit» Rechtsprechung (vorne Rz. 11.18) auch als Fall einer akzessorischen Diskriminierung (Art. 14 EMRK) behandeln können. Wegen dieser Rechtsprechung scheint die Grenze zwischen dem akzessorischen und dem selbständigen Diskriminierungsverbot auf europäischer Ebene zunehmend zu verschwimmen.

27 Zur indirekten Diskriminierung siehe hinten Rz. 11.35 ff.

den Sachverhalte überhaupt vergleichbar sind, weil sie in den entscheidungsrelevanten Gesichtspunkten übereinstimmen[28].

11.29 (2) *Benachteiligung*: Zum Diskriminierungsbegriff gehört weiter, dass die betroffenen Personen oder Personengruppen im Vergleich zu anderen Personen oder Personengruppen in ähnlicher Situation benachteiligt werden. Irrelevant ist, wie die Benachteiligung erreicht wird, ob durch eine Unterscheidung, Ausschliessung, Beschränkung, Bestrafung, Bevorzugung der anderen Gruppe oder in anderer Form. Die Benachteiligung muss entweder Ziel oder Folge der Unterscheidung sein. Das Bestehen einer Diskriminierungsabsicht ist somit nicht notwendig. Diskriminierung liegt auch vor, wo bloss der (ev. unbeabsichtigte) Effekt diskriminierend ist.

11.30 (3) *Anknüpfüng an ein verpöntes Unterscheidungsmerkmal*: Das Charakteristikum der Diskriminierung liegt darin, dass die Benachteiligung wegen eines Merkmals erfolgt, das an sich nichts Negatives in sich trägt, sondern zur Identität von Menschen gehört. Die in den Diskriminierungsverboten aufgezählten Merkmale stellen verpönte Anknüpfungspunkte dar, weil Unterscheidungen nicht auf sie gestützt werden sollen. Der Katalog der Merkmale, bei denen der besondere Schutz der Diskriminierungsverbote greift, lässt sich nicht abschliessend – und vor allem nicht losgelöst von den einzelnen rechtlichen Instrumenten – bestimmen. Die verschiedenen Diskriminierungsverbote enthalten unterschiedliche Listen. Zum festen Kern der Diskriminierungsverbote gehören jedoch die Rasse oder Hautfarbe, die ethnische oder nationale Herkunft bzw. die Zugehörigkeit zu einer nationalen Minderheit, das Geschlecht, die Religion, die Sprache, die soziale Herkunft oder Geburt und die politische Überzeugung. Mit dem Hinweis auf verpönte Unterscheidungen wegen des «sonstigen Status» machen die meisten Bestimmungen klar, dass die Liste nicht abschliessend ist, sondern auf dem Weg der Rechtsprechung durch Merkmale ergänzt werden kann, welche – wie namentlich Alter, Behinderung oder sexuelle Orientierung – strukturell mit den aufgezählten Merkmalen vergleichbar sind, weil sie wesentlicher Bestandteil der Identität einer Person bilden und nicht leicht aufgegeben werden können. Da Diskriminierungsverbote meist eine Reaktion auf historische Erfahrungen sind, ist es möglich, dass im Laufe der Zeit weitere Formen der Ausgrenzung als Diskriminierung eingestuft werden.

11.31 (4) *Keine Rechtfertigung*: Die Anknüpfung an ein verpöntes Unterscheidungsmerkmal schafft die *Vermutung*, dass die Benachteiligung eine menschenunwürdige Herabsetzung darstellt. Von Diskriminierung kann allerdings nur gesprochen werden, wenn sich eine solche Ungleichbehandlung nicht mit legitimen Gründen rechtfertigen lässt.

---

28 Siehe dazu etwa EGMR (Grand Chamber), Burden v. The United Kingdom, Reports 2008-III, Ziff. 58 ff.: Die Beschwerdeführerinnen (zwei Schwestern, die ihr ganzes Leben zusammen wohnten) machten geltend, sie würden diskriminiert, weil die überlebende Schwester im Unterschied zum überlebenden Partner von verheirateten oder homosexuellen registrierten Paaren Erbschaftssteuern zu bezahlen hätte. Der EGMR gelangte zum Schluss, diese Sachverhalte seien nicht vergleichbar. Er wies daher die Rüge der Verletzung von Art. 14 EMRK i.V.m. Art. 1 ZP 1/EMRK ab.

Das Fehlen einer genügenden Begründung bestätigt, dass die Anknüpfung an ein verpöntes Unterscheidungsmerkmal eine Herabsetzung bezweckt bzw. bewirkt. Umgekehrt kann nicht von Herabsetzung bzw. Diskriminierung gesprochen werden, wo gewichtige und legitime Gründe eine benachteiligende Unterscheidung zu rechtfertigen vermögen. So etwas wie «gerechtfertigte Diskriminierung» existiert also nicht; vielmehr kann eine Ungleichbehandlung entweder gerechtfertigt sein oder eine Diskriminierung darstellen, weil eine solche Rechtfertigung fehlt. Wann sind Unterscheidungen trotz Anknüpfung an ein verpöntes Merkmal gerechtfertigt? Gemäss einer Standardformulierung des MRA ist nicht jede Unterscheidung, die an ein verpöntes Merkmal anknüpft, diskriminierend. Eine Verletzung von Art. 26 Pakt II liegt erst vor, wenn diese sich nicht mit vernünftigen und objektiven Gründen, die ein im Rahmen des Pakts legitimes Ziel verfolgen, rechtfertigen lässt[29]. Im Kern läuft dies auf eine Prüfung der Frage hinaus, ob die Unterscheidung legitime Ziele verfolgt und verhältnismässig, d.h. geeignet, notwendig und zumutbar ist, um solche Ziele zu erreichen. Ist dies zu bejahen, erfolgt die Unterscheidung trotz eines gegenteiligen Anscheins in Wirklichkeit nicht wegen eines verpönten Anknüpfungsmerkmals, sondern aus einem anderen, legitimen Grund. Besonders triftig müssen diese Gründe gemäss der aktuellen Praxis internationaler Überwachungsorgane bei Unterscheidungen basierend auf den Merkmalen des Geschlechts[30], der sexuellen Orientierung[31] und der Rasse[32] sein.

Basierend auf diesen Kriterien entschied der MRA, eine privilegierende Behandlung 11.32
von Ausländerinnen und Ausländern aus der EU gegenüber solchen aus anderen Staa-

---

29 Z.B. MRA, Love et al. v. Australia, 983/2001 (2003), Ziff. 8.2. So auch WSK-Ausschuss, General Comment 20 (2009), Ziff. 13. Der EGMR folgt bei der Prüfung von Fällen akzessorischer Diskriminierung einem dreistufigen Prüfungsprogramm. In einem ersten Schritt wird untersucht, ob eine Ungleichbehandlung zwischen vergleichbaren Situationen vorliegt. Daran schliesst sich die Prüfung der Frage an, ob die getroffene Unterscheidung einen objektiven und sachlichen Rechtfertigungsgrund aufweist. In einer letzten Phase wird geprüft, ob das angestrebte Ziel und die eingesetzten Mittel verhältnismässig sind. Entscheidend für die Zulässigkeit einer Unterscheidung ist somit, ob der mit der Unterscheidung verfolgte Zweck berechtigt erscheint und die ergriffenen Mittel zur Erreichung des Zwecks geeignet, notwendig und zumutbar, d.h. verhältnismässig sind. Vgl. z.B. EGMR, Belgian Linguistics Case (Case relating to certain aspects of the laws on the use of languages in Belgium), A/6 (1968), Ziff. 10. So auch die neuere Praxis des EGMR. Siehe etwa EGMR (Grand Chamber), Stec and Others v. The United Kingdom, Reports 2006-VI, Ziff. 51, und Schwizgebel v. Switzerland, Reports 2010-V, Ziff. 76 ff.

30 Siehe etwa EGMR (Grand Chamber), Markin v. Russia, Reports 2012-III, Ziff. 127: «[T]he advancement of gender equality is today a major goal in the member States of the Council of Europe and very weighty reasons would have to be put forward before such a difference of treatment could be regarded as compatible with the Convention. […] In particular, references to traditions, general assumptions or prevailing social attitudes in a particular country are insufficient justification for a difference in treatment on grounds of sex». Vgl. auch WSK-Ausschuss, General Comment 20 (2009), Ziff. 20.

31 Siehe dazu detailliert hinten Rz. 11.107.

32 Siehe WSK-Ausschuss, General Comment 20 (2009), Ziff. 19, und zur entsprechenden Praxis des EGMR hinten Rz. 11.87.

ten sei nicht verboten, soweit dies eine Folge völkerrechtlicher Vereinbarungen über die Personenfreizügigkeit sei und sich damit rechtfertigen lasse. Infolge Fehlens eines genügenden Konnexes zwischen der Personenfreizügigkeit und der Frage, wer die Interessen der Arbeitnehmenden vertrete, gäbe es jedoch keine genügenden Gründe, bei der Wahl in den Betriebsrat von Unternehmen das passive Wahlrecht nur eigenen Staatsangehörigen und solchen aus EU-Staaten zu gewähren, nicht aber Personen aus Drittstaaten[33]. Der Ausschuss akzeptiert weiter, dass unter den Begriff «sonstiger Status» auch das Alter zu subsumieren ist. Im Fall von Pilotinnen und Piloten lägen allerdings gewichtige Gründe (v.a. Erwägungen der Flugsicherheit) vor, welche ein früheres Ausscheiden aus dem Beruf rechtfertigten[34]. Hingegen fehlen derartige Gründe für ein tieferes obligatorisches Pensionsalter für Diplomatinnen und Diplomaten auf einer niedrigeren Hierarchiestufe im Vergleich mit demjenigen ihrer Vorgesetzten[35]. Weiter hatte sich der MRA verschiedentlich mit der unterschiedlichen Behandlung von Paaren zu befassen. Er betonte in den Entscheidungen *Young gegen Australien* und *X. gegen Kolumbien*, Konkubinatspaare müssten nicht gleich wie verheiratete Paare behandelt werden, da der Verzicht auf eine Eheschliessung eine freie Wahl der betroffenen Partner darstelle; demgegenüber müsse ein Staat, welcher Partnern im Konkubinatsverhältnis gewisse Rechte (in den konkreten Fällen: Pensionsansprüche des überlebenden Partners) zugestehe, diese auch im Fall gleichgeschlechtlicher Paare gewähren, um eine Diskriminierung auf der Basis der sexuellen Orientierung zu vermeiden[36].

11.33 Schliesslich kann eine Diskriminierung auch vorliegen, wenn relevante Eigenschaften einer Person nicht in Betracht gezogen werden. So wurde die Verweigerung einer Einbürgerung infolge ungenügender Kenntnisse der Landessprache als diskriminierend

33 MRA, Karakurt v. Austria, 965/2000 (2002), Ziff. 8.4: «[…] no general rule can be drawn therefrom to the effect that such an agreement in itself constitutes a sufficient ground with regard to the requirements of article 26 of the Covenant. Rather, it is necessary to judge every case on its own facts». In ähnlicher Weise hielt auch der EGMR fest, die Erhebung von Schulgebühren an weiterführenden Schulen einzig für ausländische Staatsangehörige mit einem bestimmten Aufenthaltsstatus sei aufgrund der konkreten Umstände nicht gerechtfertigt und stelle daher eine Verletzung des Verbots der direkten Diskriminierung dar; Ponomaryovi v. Bulgaria, Reports 2011-III, Ziff. 48 ff.

34 MRA, Love et al. v. Australia, 983/2001 (2003), Ziff. 8.2 ff. Mit einer Beschwerde wegen Diskriminierung aufgrund des Alters hatte sich auch der EGMR im Fall Schwizgebel v. Switzerland, Reports 2010-V, zu befassen. Er erblickte in der Tatsache, dass der Beschwerdeführerin wegen ihres fortgeschrittenen Alters keine Adoptionsbewilligung gewährt wurde, keine Verletzung von Art. 14 EMRK.

35 MRA, Canessa Albareda et al. v. Uruguay, 1637/2007, 1757/2008 and 1765/2008 (2011), Ziff. 9.4.

36 MRA, Young v. Australia, 941/2000 (2003), Ziff. 10.4, und X. v. Colombia, 1361/2005 (2007), Ziff. 7.2. Ähnlich auch z.B. EGMR (Grand Chamber), Burden v. The United Kingdom, Reports 2008-III, insb. Ziff. 63. Siehe auch MRA, C. v. Australia, 2216/2012 (2018), Ziff. 9.2 ff., wonach es eine Diskriminierung darstellt, wenn das nationale Recht Scheidungen für im Ausland geschlossene gemischtgeschlechtliche Ehen vorsieht, in einem anderen Staat verheirateten gleichgeschlechtlichen Paaren diese Möglichkeit aber verweigert.

eingestuft, weil der betroffene Mann dieses Kriterium wegen einer Behinderung nicht erfüllen konnte[37].

b) Positive Verpflichtungen

Diskriminierungsverbote untersagen nicht bloss staatliche Benachteiligungen, die an ein verpöntes Merkmal anknüpfen, sondern sie halten die Staaten auch an, mittels aktiver Massnahmen gegen kulturelle und geschichtlich bedingte Diskriminierungen im privaten Umfeld und gegen faktische Benachteiligungen gewisser Bevölkerungsgruppen vorzugehen[38]. Dieser Gehalt wird besonders deutlich im Wortlaut des gemeinsamen Art. 3 der Pakte festgehalten, wonach die Vertragsstaaten verpflichtet sind, «die Gleichberechtigung von Mann und Frau bei der Ausübung aller in diesem Pakt anerkannten […] Rechte *sicherzustellen*». Positive Verpflichtungsschichten sind aber Bestandteil aller Diskriminierungsklauseln. Die neuere Praxis der Vertragsorgane und der regionalen Gerichtshöfe umreisst den Gehalt dieser Verpflichtung zunehmend präzise. Der MRA befand etwa, die fehlende Untersuchung gerügter rassistischer und gewalttätiger Übergriffe der Polizei gegenüber Roma stelle eine Verletzung von Art. 26 Pakt II dar[39]. Nach Auffassung des BRK-Ausschusses ist die fehlende Zurverfügungstellung einer Gebärdenübersetzung für eine hörbehinderte Person, welche es ihr ermöglicht hätte, ihrer Verpflichtung als Geschworene nachzukommen, diskriminierend[40]. Es ist insbesondere auch unbestritten, dass Quoten und andere Massnahmen, die zwecks Erreichung einer De-facto-Gleichstellung eine gesellschaftlich marginalisierte Bevölkerungsgruppe gegenüber der übrigen Bevölkerung vorübergehend privilegieren, ihrerseits keine Diskriminierung, sondern eine legitime Ungleichbehandlung darstellen, solange sie verhältnismässig ausgestaltet sind[41]. In diesem Sinn betont auch der EGMR, Art. 14 EMRK verbiete eine unterschiedliche Behandlung von Angehörigen verschiedener Gruppen nicht, falls dies mit dem Ziel geschehe, faktische Ungleichbehandlungen zu korrigieren. Vielmehr könnte in gewissen Situationen das Fehlen von Fördermassnahmen zu Gunsten einer benachteiligten Gruppe zu einer Verletzung von Art. 14 EMRK führen[42]. 11.34

37 MRA, Q. v. Denmark, 2001/2010 (2015), Ziff. 7.3.

38 Siehe WSK-Ausschuss, General Comments 16 (2005), Ziff. 18, und 20 (2009), insb. Ziff. 39, sowie MRA, General Comments 28 (2000), Ziff. 3 ff., und 18 (1989), Ziff. 5.

39 MRA, Katsaris v. Greece, 1558/2007 (2012), Ziff. 10.5.

40 BRK-Ausschuss, Beasley v. Australia, 11/2013 (2016), Ziff. 8.5. Der Ausschuss stellte auch eine Verletzung der aus Art. 9 BRK fliessenden Verpflichtung fest, notwendige Massnahmen zu ergreifen, um Menschen mit Behinderung eine unabhängige Lebensführung und die volle Teilhabe an allen Lebensbereichen zu ermöglichen. Siehe dazu auch BRK-Ausschuss, Lockrey v. Australia, 31/2013 (2016), Ziff. 8.5 f.

41 WSK-Ausschuss, General Comments 16 (2005), Ziff. 15, und 20 (2009), Ziff. 9; RDK-Ausschuss, General Recommendation 32 (2009), insb. Ziff. 11 ff., und EGMR (Grand Chamber), Stec and Others v. The United Kingdom, Reports 2006-VI, Ziff. 60 ff.

42 EGMR (Grand Chamber), D.H. and Others v. Czech Republic, Reports 2007-IV, Ziff. 175, und Oršuš and Others v. Croatia, Reports 2010-II, Ziff. 149.

3. Das Verbot indirekter Diskriminierung

11.35 Gesetze oder ihre Anwendung, die an kein verpöntes Merkmal anknüpfen und daher einen neutralen Charakter aufweisen, können in der Praxis ausschliesslich oder wenigstens klar überwiegend Menschen mit solchen Merkmalen benachteiligen. In diesen Fällen fragt sich, ob eine indirekte Diskriminierung vorliegt[43].

11.36 Eine indirekte Diskriminierung liegt nach der Praxis der Vertragsorgane vor, wenn (1) eine Massnahme «neutral» gefasst ist, d.h. von ihrer Formulierung her keine verpönten Unterscheidungen trifft, (2) in ihren tatsächlichen Auswirkungen jedoch ausschliesslich oder klar überwiegend eine Personengruppe mit Merkmalen benachteiligt, welche die Diskriminierungsverbote als kritisch einstufen, und sich (3) diese Benachteiligungen nicht genügend, d.h. basierend auf sachlichen und vernünftigen Gründen, rechtfertigen lassen[44].

11.37 Hinter dem Verbot der indirekten Diskriminierung steht der Gedanke, dass vordergründig neutral erscheinende Praktiken dazu führen können, dass faktische Nachteile aufrechterhalten oder verstärkt werden, die gerade in langjähriger und gezielter direkter Ausgrenzung begründet sind. Darin oder auch im vollständigen Ignorieren der besonderen Bedürfnisse einer bestimmten Gruppe liegt, ebenso wie bei der direkten Diskriminierung, ein Verstoss gegen die Würde der betroffenen Personen.

11.38 Illustrativ für das Verbot der indirekten Diskriminierung sind etwa Gesetze, die bestimmte Ansprüche (z.B. den Zugang zu bestimmten Berufen oder Anstellungen) nur für Personen vorsehen, die militärdienstpflichtig sind oder Militärdienst geleistet haben. Solche Gesetze knüpfen zwar nicht am verpönten Merkmal des Geschlechts an, bewirken aber in jenen Staaten, in welchen nur Männer Militärdienst leisten müssen oder dürfen, den vollständigen Ausschluss der Frauen von diesen Rechten[45] und damit eine Benachteiligung aller Frauen. Solche Benachteiligungen sind nur rechtmässig, wenn sie sich mit sachlichen und vernünftigen Gründen rechtfertigen lassen, die nichts mit dem Geschlecht der Beteiligten zu tun haben.

11.39 Eine Benachteiligung von Menschen mit Merkmalen, welche gemäss den Diskriminierungsverboten verpönt sind, kann unter Umständen auch dadurch erreicht werden, dass auf eine Unterscheidung verzichtet wird, die sich in der betreffenden Situation aufdrängt. So können Bauvorschriften, welche an sich völlig sachliche und vernünftige Regelungen vorsehen, diskriminierend sein, wenn sie einen behindertengerechten

---

43 Siehe etwa MRA, Prince v. South Africa, 1474/2006 (2007), Ziff. 7.5; EGMR (Grand Chamber), D.H. and Others v. Czech Republic, Reports 2007-IV, Ziff. 175 und 185 ff., und Oršuš and Others v. Croatia, Reports 2010-II, Ziff. 150.

44 MRA, Althammer et al. v. Austria, 998/2001 (2003), Ziff. 10.2, und BRK-Ausschuss, H.M. v. Sweden, 3/2011 (2012). Ähnlich WSK-Ausschuss, General Comment 20 (2009), Ziff. 10.

45 Im Urteil EGMR, Boyraz v. Turkey, 61960/08 (2014), Ziff. 38 ff., erblickte das Gericht eine Verletzung von Art. 14 EMRK im Umstand, dass eine Staatsangestellte unter anderem deswegen nicht bei den staatlichen Sicherheitsdiensten angestellt wurde, weil sie keinen Militärdienst geleistet hatte.

Umbau einer Wohnung und damit eine Berücksichtigung der spezifischen Bedürfnisse der Bewohnerin verunmöglichen[46].

III. Das Verbot der Diskriminierung von Frauen

Der internationale Menschenrechtsschutz kennt neben allgemeinen Diskriminie- 11.40 rungsverboten auch spezifische Instrumente zum Schutz bestimmter Personenkategorien. Dazu gehören v.a. Menschenrechtsgarantien, welche die Diskriminierung von Frauen verbieten[47]. Für Frauen sind zudem verschiedene Verträge der Internationalen Arbeitsorganisation für den Schutz von Arbeitnehmerinnen relevant[48].

1. Die Diskriminierung der Frauen als strukturelles Problem

Die Geschichte der Menschenrechte war lange eine Geschichte der Rechte der Män- 11.41 ner. Die amerikanischen und französischen Menschenrechtserklärungen des 18. Jahrhunderts verstanden die Begriffe «rights of men» bzw. «droits de l'homme» durchaus geschlechtsspezifisch[49]. Heute ist unbestritten, dass die international verankerten Menschenrechte in gleicher Weise für Frauen und Männer gelten.

Allerdings scheint – trotz Fortschritten in vielen Bereichen während der vergangenen 11.42 Jahrzehnte – die Benachteiligung von Frauen weltweit nach wie vor systematischer und struktureller Natur zu sein[50]. Jedenfalls ist die Gleichstellung von Mann und Frau mutmasslich noch in keinem Land der Welt voll verwirklicht. An vielen Orten gilt die Schlechterstellung der Frauen als «normal» und sie wird nicht als Diskriminierung erkannt, weil kulturelle und religiöse Argumente die Stellung der Frau als unabänderlich und notwendig einstufen. Zudem gelten Frauenrechte oft nicht als Menschenrechte, weil diese primär gegen den Staat wirken, die Diskriminierung der Frauen sich aber meist in der Familie oder am Arbeitsplatz, d.h. im gesellschaftlichen und privaten Raum abspielt. Dies erleichtert es, «die alltäglichen physischen, psychischen und

---

46 BRK-Ausschuss, H.M. v. Sweden, 3/2011 (2012).

47 Zum Schutz von Menschen mit Behinderungen und Angehörigen von Minderheiten siehe unten Rz. 11.91 ff. und Rz. 11.113 ff.

48 So etwa die Übereinkommen Nr. 100 über die Gleichheit des Entgelts männlicher und weiblicher Arbeitskräfte für gleichwertige Arbeit (1951), Nr. 111 über die Diskriminierung in Beschäftigung und Beruf (1958), Nr. 156 über die Chancengleichheit und die Gleichbehandlung männlicher und weiblicher Arbeitnehmer: Arbeitnehmer mit Familienpflichten (1981) und Nr. 183 über den Mutterschutz (2000).

49 Ein Gegengewicht wollte 1791 Olympe de Gouges mit ihrer «Déclaration des droits de la femme et de la citoyenne» setzen, welche in Art. 1 erklärte: «La Femme naît libre et demeure égale à l'homme en droits».

50 Im Jahr 2015 verdienten Frauen in den meisten Staaten immer noch durchschnittlich zwischen 10 und 30 Prozent weniger als Männer. Auf weltweiter Ebene sind nur 20 Prozent der Parlaments- und 18 Prozent der Regierungsmitglieder Frauen; UN Department of Economic and Social Affairs, The World's Women 2015: Trends and Statistics, New York 2015, xii. Zudem gewähren viele Länder des globalen Südens Frauen nicht die gleiche Erbberechtigung wie Männern (a.a.O., xiv).

strukturellen Unterdrückungsmechanismen, welche Frauen an der gleichberechtigten Entfaltung hinderten, lediglich als individuelle und private Probleme» wahrzunehmen[51].

11.43 Das moderne Völkerrecht hat drei Ansätze entwickelt, um die Diskriminierung von Frauen zu eliminieren oder wenigstens zu reduzieren:

(1) Das Verbot der Diskriminierung wegen des *Geschlechts* schützt Frauen, gleichzeitig aber auch Männer, vor Benachteiligung. Es kann als *symmetrisches* Diskriminierungsverbot bezeichnet werden, weil es Frauen und Männern Ansprüche auf gleiche Behandlung und auf Einräumung von Chancengleichheit gibt.

(2) Das Verbot der Diskriminierung von *Frauen* schützt nur Personen weiblichen Geschlechts. Es wirkt deshalb *asymmetrisch*. Dieses Verbot beschränkt die Ansprüche auf gleiche Behandlung und auf Einräumung von Chancengleichheit auf Frauen und räumt diesen darüber hinaus wenigstens dem Grundsatz nach ein Recht auf faktische Gleichstellung mit Männern im Sinne einer Ergebnisgleichheit ein.

(3) Die beiden Arten von Diskriminierungsverboten, welche den Staat zwingen, frauendiskriminierende Massnahmen zu unterlassen, genügen oft nicht, Frauen vor geschlechtsspezifischen Verletzungen ihrer Rechte zu schützen. Um dieses Ziel zu erreichen, sind *spezielle Schutznormen für Frauen* notwendig, welche den Staat verpflichten, positive Massnahmen zum Abbau von Diskriminierung zu ergreifen.

11.44 Diese drei Ansätze reflektieren die unterschiedlichen Verständnisse zur Stellung von Frauen in der Gesellschaft, indem sie unterschiedliche Antworten auf die Fragen geben, ob Frauen gleich wie Männer und deshalb gleich zu behandeln sind, oder ob wesentliche Differenzen zwischen den Geschlechtern eine unterschiedliche Behandlung erfordern. *Liberal-feministische Theorien* betonen im Sinne der symmetrischen Diskriminierungsverbote, dass das Recht an sich geschlechtsneutral ist, und fordern deshalb, dass der Staat die Voraussetzungen schafft, damit Frauen in den Genuss der Gleichberechtigung kommen. Der *kulturelle Feminismus* geht von einer grundlegenden Differenz zwischen Mann und Frau aus und muss deshalb im Sinne der asymmetrischen Diskriminierungsverbote Sonderregelungen für Frauen verlangen. *Radikal-feministische Theorien* erblicken den Kern der Diskriminierung in der Vorherrschaft der Männer über die Frauen. Sie erblicken im Recht ein wichtiges Machtinstrument der Männer und sind deshalb gegenüber den Menschenrechten als Konzept skeptisch eingestellt, müssten aber am ehesten dem Konzept von Normen zum Schutz der Frauen gegen männliche Macht zustimmen können[52].

---

51 Charlotte Bunch, Women's Rights as Human Rights: Towards a Re-Vision of Human Rights, HRQ 1990, 486 ff.

52 Siehe zur feministischen Menschenrechtsdebatte etwa Christina Hausammann, Menschenrechte – Impulse für die Gleichstellung von Mann und Frau in der Schweiz, Basel 2002, mit zahlreichen Hinweisen.

2. Symmetrische Diskriminierungsverbote

Symmetrische Diskriminierungsverbote sind in den Diskriminierungsverboten der Menschenrechtsverträge (v.a. Art. 26 Pakt II und Art. 14 EMRK) mit der Einstufung des *Geschlechts* als verpöntem Anknüpfungspunkt verankert, und erlauben Frauen *und* Männern[53], gegen Benachteiligungen vorzugehen[54]. Auch Art. 5 ZP 7/EMRK, welcher beiden Ehegatten hinsichtlich der Eheschliessung, während der Ehe und bei Auflösung der Ehe gleiche Rechte und Pflichten privatrechtlicher Art garantiert, ist symmetrisch ausgestaltet. 11.45

Das Konzept der symmetrischen Diskriminierungsverbote beruht – wie erwähnt – auf einem Menschenbild, das von der grundsätzlichen Gleichartigkeit von Frauen und Männern ausgeht. Die Durchsetzung des Diskriminierungsverbotes dient somit letztlich dem Ziel der Abschaffung der Geschlechterdifferenz. Deshalb ist nach diesem Verständnis vor allem gegen Gesetze und Entscheide vorzugehen, welche stereotype Geschlechterrollen festschreiben, um die rechtsgleiche Behandlung von Frauen und Männern herzustellen. 11.46

Die folgenden Urteile[55] illustrieren diesen Ansatz: Im Fall *Schuler-Zgraggen gegen die Schweiz*[56] arbeitete die Beschwerdeführerin als Sekretärin. Wegen einer Behinderung wurde eine Arbeitsunfähigkeit von 60–70 Prozent anerkannt. Die Beschwerdeführerin erhielt eine entsprechende Invalidenrente. Als sie ein Kind gebar, wurde die Rente auf 30 Prozent herabgesetzt mit der Begründung, dass sie als verheiratete Mutter nach allgemeiner Lebenserfahrung ihre Arbeit nach der Geburt des Kindes sowieso aufgegeben oder wenigstens reduziert hätte. Wie der EGMR betonte, bildete diese Annahme eines frauentypischen Verhaltens «die einzige und damit entscheidende Grundlage für die Begründung des [Eidgenössischen Versicherungsgerichtes] und sie bewirkt[e] eine unterschiedliche Behandlung ausschliesslich nach Massgabe des Geschlechts». Weil die Schweiz keine überzeugenden Gründe nachweisen konnte, weshalb diese unterschiedliche Behandlung der Geschlechter als mit der Konvention vereinbar angesehen werden sollte, kam der Gerichtshof zum Schluss, Art. 14 EMRK sei in Verbindung mit Art. 6 EMRK verletzt worden. 11.47

Im Urteil *Stec und Andere gegen das Vereinigte Königreich*[57] hatte sich die Grosse Kammer des EGMR unter anderem mit der Menschenrechtskonformität einer britischen Regelung auseinanderzusetzen, wonach Frauen mit Vollendung ihres sechzigsten, Männer aber erst mit Vollendung ihres fünfundsechzigsten Altersjahrs zum Bezug 11.48

---

53 Im Fall Pauger v. Austria, 415/90 (1992), entschied der MRA, eine Rente, welche für Witwer tiefer als für Witwen war, verletze Art. 26 Pakt II.

54 Dazu ausführlich vorne Rz. 11.17 ff.

55 Siehe für ein älteres Beispiel EGMR, Abdulaziz and Others v. The United Kingdom, A/94 (1985): Eine Bestimmung des Einwanderungsrechts, welche nur ausländischen Ehefrauen, nicht aber solchen Ehemännern einen Einreiseanspruch zum Zweck der Vereinigung der Familien einräumt, verletzt Art. 14 i.V.m. Art. 8 EMRK.

56 EGMR, Schuler-Zgraggen v. Switzerland, A/263 (1993).

57 EGMR (Grand Chamber), Stec and Others v. The United Kingdom, Reports 2006-VI, Ziff. 60 ff.

einer Altersrente berechtigt sind. Das Gericht akzeptierte, dass das Ziel dieser unterschiedlichen Anspruchsberechtigung ursprünglich darin bestand, bestehende wirtschaftliche Benachteiligungen von Frauen im Arbeitsleben auszugleichen. Angesichts der noch nicht abgeschlossenen Entwicklung hin zu einer vollen wirtschaftlichen Gleichberechtigung der Geschlechter, und der uneinheitlichen Rechtslage in den Mitgliedstaaten des Europarats verneinte das Gericht eine Verletzung des Diskriminierungsverbots in Verbindung mit der Eigentumsgarantie von Art. 1 ZP 1/EMRK. Gestützt auf diese Begründung erachtete der Gerichtshof auch eine Regelung, wonach nur Witwen nicht aber Witwer in den Genuss einer Witwenrente kommen, als (noch) mit Art. 14 EMRK vereinbar[58].

11.49 Im Bereich des selbständigen Diskriminierungsverbots gemäss Art. 26 Pakt II[59] stellte der MRA im *Fall der mauritianischen Frauen* fest, ein Gesetz sei diskriminierend, wenn ausländischen Witwen von mauritianischen Ehemännern das Recht auf eine unbefristete Niederlassungsbewilligung einräume, während Witwer mauritianischer Ehefrauen um eine solche nachsuchen müssen[60]. Zu diesem Schluss gelangte er auch im Fall eines peruanischen Gesetzes, welches ausschliesslich den Ehemann berechtigt, über das eheliche Vermögen zu verfügen[61]. Im Fall der mittlerweile geänderten irischen Gesetzgebung, welche Abtreibungen sogar untersagte, wenn erstellt war, dass der Fötus noch in der Gebärmutter oder kurz nach der Geburt sterben wird, teilte der MRA die Sichtweise der Beschwerdeführerin, dass dieser Zwang zur Fortsetzung einer Schwangerschaft auf einem geschlechterbasierten Stereotyp der reproduktiven Rolle der Frau als Mutter beruhe und daher diskriminierend sei[62].

11.50 Die Stärke symmetrischer Diskriminierungsverbote liegt in ihrem Ziel, das Kriterium des Geschlechts möglichst weitgehend aus der Rechtsordnung zu verbannen und damit Geschlechterdifferenzen zu beseitigen. Allerdings besteht die Gefahr, dass die Symmetrie des Verbotes den Blick auf die besondere, sozial oder ökonomisch bedingte Verletzlichkeit vieler Frauen verstellt und damit tatsächliche, oft strukturell verankerte Ungleichheiten, die sich nicht in der Rechtsordnung niederschlagen, weitgehend verkennt, oder gar die Männer, die sich auf das Verbot berufen können, im Ergebnis privilegiert.

3. Asymmetrische Diskriminierungsverbote

11.51 Die Feststellung, dass eine rein formale Gleichstellung von Frau und Mann oft nicht genügt, um strukturelle Gründe der Geschlechterdiskriminierung zu beseitigen, ist Ausgangspunkt des asymmetrischen Schutzes vor Diskriminierung, wie ihn das *Übereinkommen zur Beseitigung jeder Form von Diskriminierung der Frau* verankert. Dieses definiert in Art. 1 den Begriff der Diskriminierung der Frau als «jede mit dem Ge-

58 EGMR, Runkee and White v. The United Kingdom, 42949/98 and 53134/99 (2007).
59 Siehe dazu auch MRA, Zwaan-De Vries v. The Netherlands (vorne Rz. 11.23 f.).
60 MRA, Aumeeruddy Cziffra et al. v. Mauritius, 35/1978 (1981).
61 MRA, Ato de Avellanal v. Peru, 202/1986 (1988).
62 MRA, Mellet v. Ireland, 2324/2013 (2016), Ziff. 7.11.

schlecht begründete Unterscheidung, Ausschliessung oder Beschränkung, die zur Folge oder zum Ziel hat, dass die auf die Gleichberechtigung von Mann und Frau gegründete Anerkennung, Inanspruchnahme oder Ausübung der Menschenrechte und Grundfreiheiten durch die Frau – ungeachtet ihres Zivilstands – im politischen, wirtschaftlichen, sozialen, kulturellen, staatsbürgerlichen oder jedem sonstigen Bereich beeinträchtigt oder vereitelt wird». Kern dieses Diskriminierungsbegriffes ist die Idee, dass *Frauen* nicht wegen ihres Geschlechts an ihrer Entfaltung und damit am vollen Genuss der Menschenrechte gehindert werden sollen.

Art. 2 des Übereinkommens listet die Kernverpflichtungen der Staaten auf: Diese ha- 11.52
ben nicht nur jede Diskriminierung der Frau zu verurteilen und zu unterlassen, sondern konkrete gesetzgeberische und administrative Massnahmen zu ergreifen sowie gegebenenfalls Sanktionen anzuordnen, um die Diskriminierung von Frauen zu beseitigen und ihre Gleichberechtigung zu verwirklichen. Insbesondere sind die Staaten verpflichtet, auch gegen Diskriminierungen durch Private vorzugehen und dazu alle bestehenden Gesetze, Verordnungen, Gepflogenheiten und Praktiken, die eine Diskriminierung der Frau darstellen, abzuändern oder abzuschaffen.

Die FDK auferlegt den Staaten im Weiteren eine Vielzahl konkreter Verpflichtungen 11.53
zur Gleichstellung in allen Lebensbereichen[63]. Dazu zählen etwa die Verpflichtung zur Sicherstellung gleicher Rechte und Chancengleichheit bei der Besetzung öffentlicher Ämter, gleicher Rechte im Familienrecht (namentlich bei Auflösung der Ehe) sowie die Garantie von gleichem Lohn für gleichwertige Arbeit und die Verpflichtung zur Verwirklichung des Rechts auf Zugang zu allen Bildungseinrichtungen. Von besonderer Bedeutung für die tatsächliche Gleichstellung der Frauen mit den Männern ist die Verpflichtung, gegen diskriminierende Rollenverteilungen zwischen Mann und Frau sowie gegen verschiedene Formen der sexuellen Ausbeutung vorzugehen[64]. Die Konvention befasst sich auch mit Kategorien von Frauen, die mit besonderen Problemen konfrontiert sind, indem sie die Vertragsstaaten verpflichtet, Massnahmen gegen Frauenhandel und Ausbeutung in der Prostitution (Art. 6) und gegen die Diskriminierung von Frauen in ländlichen Gebieten (Art. 14) zu ergreifen.

Die Verpflichtungen der Konvention gehen über das Diskriminierungsverbot hinaus, 11.54
indem die Staaten aktiv die im Vertragstext detailliert aufgeführten Massnahmen zu ergreifen haben, um die Verwirklichung der tatsächlichen, materiellen Gleichstellung zu ermöglichen. Dies macht es nötig, Gleichstellung nicht nur im Verhältnis der Frauen zum Staat, sondern auch im gesellschaftlichen und privaten Bereich zu verwirklichen[65].

Wie der FDK-Ausschuss betont, beinhalten alle diese Bestimmungen drei Kernver- 11.55
pflichtungen: (1) Die Verpflichtung sicherzustellen, dass die nationale Gesetzgebung keine direkten oder indirekten Diskriminierungen festschreibt und sie Frauen vor Dis-

63 Dazu gehören das politische und öffentliche Leben (Art. 7 und 8), die Staatsangehörigkeit (Art. 9), die Bildung (Art. 10), die Arbeit und soziale Sicherheit (Art. 11), die Gesundheit (Art. 12) sowie die Ehe und Familie (Art. 16).

64 Art. 5 und 10 FDK.

65 So allgemein Art. 2 lit. e FDK. Für Beispiele siehe Art. 11 Abs. 2, 13, 15 Abs. 2 FDK.

kriminierung sowohl in der öffentlichen wie auch der privaten Sphäre schützt; (2) die Verpflichtung, die faktische Stellung der Frauen durch konkrete und effektive Massnahmen sowie Förderungsprogramme zu verbessern und (3) die Verpflichtung, gegen tradierte geschlechterspezifische Rollen und Stereotypen vorzugehen[66]. Diese Pflichten der Vertragsstaaten, die nicht nur auf die Beseitigung rechtlicher, sondern auch faktischer Diskriminierungen zielen, umfassen hauptsächlich Gewährleistungspflichten. Was in der Perspektive dieses Abkommens notwendig erscheint, ist eine Änderung sozialer und kultureller Vorstellungen zum Verhalten von Männern und Frauen. Damit sollen Vorurteile, traditionelle Praktiken und Stereotype beseitigt werden, die auf der Idee der Über- resp. Unterordnung der beiden Geschlechter beruhen. In diesem Zusammenhang erachtet der Ausschuss das Fortdauern von Traditionen und Vorurteilen über die «natürliche» Rolle der Frau als Hausfrau als eines der hauptsächlichen Hindernisse für die volle Verwirklichung ihrer Rechte[67]. Um derartige Vorurteile zu überwinden, erachtet der Ausschuss temporäre Förderungsmassnahmen («affirmative action») für Frauen, wie etwa spezielle Ausbildungsprogramme, Kampagnen zur Förderung der Lese- und Schreibfähigkeit oder die Einführung von Quoten, als besonders wichtigen «Bestandteil der notwendigen Strategie der Vertragsstaaten zur Erreichung der faktischen und rechtlichen Gleichberechtigung von Männern und Frauen in der Ausübung ihrer Menschenrechte»[68]. Solche Förderungsmassnahmen, welche der beschleunigten Realisierung der faktischen Gleichstellung der Frauen mit den Männern dienen und aufgehoben werden, «sobald die Ziele der Chancengleichheit und Gleichbehandlung erreicht sind», stellen bis zu diesem Zeitpunkt keine Diskriminierung dar[69], auch wenn sie Männer belasten.

11.56 In der Rechtsprechung des FDK-Ausschusses finden sich besonders viele Fälle zu sexueller Belästigung, Vergewaltigung und anderen Formen gegen Frauen gerichteter geschlechtsspezifischer Gewalt. Gemäss dem Ausschuss stellt diese eine besonders schwere Form der Diskriminierung dar, auf welche die Staaten mit Schutzmassnahmen[70], angemessenen Untersuchungen sowie Verfolgung und Bestrafung der Verantwortlichen[71] reagieren müssen. In einem illustrativen Fall eines gewalttätigen Ehemanns hatten etwa die Behörden der Ehefrau nicht nur lange keinen Schutz gewährt, sondern darüber hinaus ohne vertiefte Abklärung der Beschwerdeführerin das Sorgerecht für die gemeinsame Tochter entzogen und das Mädchen unter die Obhut des Gatten gestellt[72].

---

66 FDK-Ausschuss, General Recommendation 25 (2004), Ziff. 6 f.

67 FDK-Ausschuss, Progress Achieved in the Implementation of the Convention on the Elimination of Discrimination against Women, UN Doc. A/CONF177/7 (1995), Ziff. 45 f.

68 FDK-Ausschuss, General Recommendation 25 (2004), Ziff. 18.

69 Art. 4 Abs. 1 FDK.

70 Siehe etwa FDK-Ausschuss, The Vienna Intervention Centre against Domestic Violence v. Austria, 6/2005 (2007).

71 Siehe z.B. FDK-Ausschuss, Belousova v. Kazakhstan, 45/2012 (2015), Ziff. 10.6 ff., R.P.B. v. The Philippines, 34/2011 (2014), Ziff. 8.1 ff., und X. and Y. v. Georgia, 24/2009 (2015), Ziff. 9.2 ff.

72 FDK-Ausschuss, Jallow v. Bulgaria 32/2011 (2012), Ziff. 8.2 ff. Siehe auch V.K. v. Bulgaria, 20/2008 (2011), Ziff. 9.2 ff.

4. Spezieller Schutz für Frauen

a) Überblick

Die ersten Bestrebungen, Frauen speziellen Schutz zu gewähren, waren Versuche, gegen *Frauenhandel und Zwangsprostitution* vorzugehen. Sie lassen sich auf das späte 19. Jahrhundert zurückverfolgen und führten nach der Jahrhundertwende zur Kodifizierung zahlreicher Verträge[73]. Zu den heute aktuellen Instrumenten zählen die Konvention zur Unterbindung des Menschenhandels von 1949[74] und das Palermo Protokoll[75]. 11.57

Weit zurück reichen auch Bestrebungen zum *Schutz von Frauen im Arbeitsbereich.* So verabschiedete die Internationale Arbeitsorganisation bereits 1919 ein Übereinkommen zur Beschäftigung von Frauen vor und nach der Niederkunft, und seit der Zeit des Völkerbundes bis heute hat eine Serie von Abkommen zur Nachtarbeit der Frauen diese als besonders schädlich eingestufte Arbeitsform einzuschränken versucht[76]. 11.58

Spezifischer Schutz für Frauen kann sich auch aus den *Schutzverpflichtungen der allgemeinen Garantien der Menschenrechte* ergeben[77], so etwa vor Zwangsheiraten oder weiblicher Genitalbeschneidung[78]. 11.59

Besonders ausgeprägte Schutzverpflichtungen existieren im humanitären Völkerrecht (lit. b) und im Zusammenhang mit Gewalt gegen Frauen (lit. c). 11.60

b) Schutz der Frau im bewaffneten Konflikt

Das humanitäre Völkerrecht kennt eine Vielzahl von Bestimmungen zum Schutz von Frauen. Das in allen Instrumenten verankerte Verbot der Benachteiligung wegen des Geschlechts[79] verbietet nicht die bessere Behandlung von Frauen, wo ihre speziellen Bedürfnisse dies gebieten, es stellt aber sicher, dass Frauen zumindest von den gleichen Garantien wie die Männer profitieren. Dies ist besonders wichtig, wo Kombattantinnen verwundet oder krank werden oder als Kriegsgefangene in die Hände des Feindes fallen[80]. 11.61

---

73 Übereinkommen zum Schutz gegen Mädchenhandel von 1904 und 1910 und zur Unterdrückung des Frauenhandels aus den Jahren 1921 und 1933.

74 Konvention zur Unterbindung des Menschenhandels und der Ausnutzung der Prostitution anderer vom 2. Dezember 1949.

75 Zusatzprotokoll zur Verhinderung, Unterdrückung und Bestrafung des Menschenhandels, insbesondere des Handels mit Frauen und Kindern zum Übereinkommen der Vereinten Nationen gegen die grenzüberschreitende organisierte Kriminalität vom 15. November 2000.

76 Z.B. ILO Übereinkommen 171 über die Nachtarbeit vom 6. Juni 1990 und Übereinkommen 89 über die Nachtarbeit von Frauen (revidiert) vom 9. Juli 1948.

77 Dazu etwa EGMR, X. and Y. v. The Netherlands, A/91 (1985).

78 Siehe zu den Verboten von Zwangsheiraten und weiblicher Genitalbeschneidung Rz. 12.90 resp. Rz. 9.160. Vgl. dazu auch FDK-Ausschuss, General Recommendation 14 (1990).

79 Art. 12 GK I und GK II, Art. 16 GK III, Art. 27 GK IV, Art. 75 ZP I und Art. 4 ZP II.

80 Siehe Art. 14 GK III.

11.62 Im Vordergrund der Regelungen steht der Schutz von Frauen, die zur *Zivilbevölkerung* gehören. Sie sind in internationalen bewaffneten Konflikten vor Angriffen auf ihre physische, sexuelle und psychische Integrität, «besonders vor jedem Angriff auf ihre Ehre und namentlich vor Vergewaltigung, Nötigung zur Prostitution und jeder unzüchtigen Handlung» zu schützen[81]. Während interner bewaffneter Konflikte verbietet Art. 4 ZP II ausdrücklich jede «Beeinträchtigung der persönlichen Würde, insbesondere entwürdigende und erniedrigende Behandlung, Vergewaltigung, Nötigung zur Prostitution und unzüchtige Handlungen jeder Art», wobei dieser Schutz für Frauen und Männer greift[82]. In besetzten Gebieten können Frauen als Teil der Zivilbevölkerung interniert werden, sie müssen aber getrennt von Männern untergebracht werden[83]. Der Grundsatz der separaten Unterbringung gilt auch für Frauen, die in internen bewaffneten Konflikten interniert oder inhaftiert sind[84]. Schliesslich kennt das humanitäre Völkerrecht verschiedene Bestimmungen zum Schutz von schwangeren Frauen, für stillende Mütter oder Mütter mit Kindern unter sieben Jahren, z.B. im Zusammenhang mit Internierungen und Bestrafung, oder der Versorgung mit Lebensmitteln und medizinischen Gütern[85]. Schwangere Frauen dürfen nicht hingerichtet werden[86].

11.63 Die Notwendigkeit des Schutzes von Frauen während bewaffneter Konflikte unterstreicht auch der Sicherheitsrat. Besonders wichtig ist in diesem Zusammenhang die Resolution 1325, welche «alle Parteien bewaffneter Konflikte außerdem auf[fordert], spezielle Maßnahmen zum Schutz von Frauen und Mädchen vor geschlechtsspezifischer Gewalt zu ergreifen», und betont, «dass alle Staaten dafür verantwortlich sind, der Straflosigkeit ein Ende zu setzen und die Verantwortlichen für Völkermord, Verbrechen gegen die Menschlichkeit und Kriegsverbrechen, namentlich auch im Zusammenhang mit sexueller und sonstiger Gewalt gegen Frauen und Mädchen, strafrechtlich zu verfolgen»[87]. Diese Resolution bildet die Grundlage zur Integration der Pflicht zum Schutz von Frauen und Mädchen in die Mandate von Peace-keeping-Missionen der UNO[88].

---

81 Art. 27 Abs. 2 GK IV. Ähnlich Art. 75 Abs. 2 lit. b und Art. 76 Abs. 1 ZP I, welche im Gegensatz zu Art. 27 GK IV nicht nur Frauen schützen, die Staatsangehörige der gegnerischen Konfliktpartei sind, sondern auch Frauen aus neutralen und alliierten Staaten.

82 Vgl. dazu auch den gemeinsamen Art. 3 GK, wonach «Personen, die nicht direkt an den Feindseligkeiten teilnehmen […] unter allen Umständen mit Menschlichkeit behandelt werden, ohne jede Benachteiligung» unter anderem aus Gründen des Geschlechts.

83 Art. 5 Abs. 2 lit. a ZP II.

84 Art. 85 GK IV, Art. 75 Abs. 5 ZP I, Art. 5 Abs. 2 lit. a ZP II.

85 Z.B. Art. 23, 50, 89, 91, 127 und 132 GK IV und Art. 76 Abs. 2 ZP I.

86 Art. 76 Abs. 3 ZP I, Art. 6 Abs. 4 ZP II, welcher auch die Hinrichtung von Müttern von Kleinkindern verbietet.

87 SR-Res. 1325 (2000), Ziff. 10 f.

88 Siehe dazu Rz. 8.45 ff.

c) Gewalt gegen Frauen[89]

Ausserhalb des humanitären Völkerrechts wurde Gewalt gegen Frauen einschliesslich häuslicher Gewalt lange als primär soziales Phänomen oder als Thema des Strafrechts, und nicht als Menschenrechtsproblem wahrgenommen. Dies erklärt, warum der Wortlaut der FDK das Thema Gewalt gegen Frauen nicht anspricht[90]. Man war der Ansicht, dass die Lebensbedingungen der Frauen tief in kulturellen und sozialen Traditionen und Mustern verankert seien, deren Änderung am besten mit erzieherischen und sozialen Massnahmen zu erreichen sei. Diese Auffassung wurde von der internationalen Frauenbewegung kritisiert, ihre Kampagne «Frauenrechte sind Menschenrechte» blieb aber lange erfolglos. 11.64

Der Durchbruch gelang erst an der Wiener Menschenrechtskonferenz von 1993. In der Schlusserklärung anerkannten die Staaten, dass die Rechte von Frauen und Mädchen einen integralen Bestandteil der Menschenrechte bilden. Sie erklärten, dass geschlechtsspezifische Gewalt und alle Formen sexueller Belästigung und Ausbeutung, einschliesslich jener, die aus kulturellen Vorurteilen und dem internationalen Frauenhandel resultieren, mit der Menschenwürde unvereinbar sind und beseitigt werden müssen[91]. Dieser Konsens wurde in der von der Vierten Weltfrauenkonferenz der UNO in Peking angenommenen Aktionsplattform bestätigt und weiterentwickelt[92]. 11.65

Im Anschluss an die Wiener Konferenz verabschiedete die UNO-Generalversammlung am 12. Dezember 1993 die *Erklärung über die Beseitigung der Gewalt gegen Frauen*[93]. Die Erklärung definiert in Art. 1 Gewalt gegen Frauen als jeden Akt geschlechtsspezifischer Gewalt, welcher Frauen physischen, sexuellen oder psychologischen Schaden zufügt oder zufügen kann, einschliesslich die Androhung solcher Akte, Zwang oder Freiheitsberaubung, und zwar ungeachtet davon, ob sie im privaten oder öffentlichen Bereich geschehen. Als Beispiele nennt die Erklärung in Art. 2 häusliche Gewalt, einschliesslich körperlicher Misshandlungen und des sexuellen Missbrauchs von Mädchen im Haushalt, oder Vergewaltigung in der Ehe; Genitalverstümmelung und andere für Frauen schädliche traditionelle Praktiken; Gewalt ausserhalb der Ehe und Gewalttätigkeit im Zusammenhang mit Ausbeutung; körperliche, sexuelle und psychologische Gewalt im Umfeld der Gemeinschaft, einschliesslich Vergewaltigung, sexueller Missbrauch, sexuelle Belästigung und Einschüchterung am Arbeitsplatz, in Bildungseinrichtungen und andernorts; Frauenhandel und Zwangsprostitution; und staatliche oder staatlich geduldete körperliche, sexuelle und psycho- 11.66

89 Vgl. zu diesem Thema detailliert: In-depth study on all forms of violence against women, Report of the Secretary-General, UN Doc. A/61/122/Add. 1 (2006), und UN Departement of Economic and Social Affairs, The World's Women 2015: Trends and Statistics, New York 2015, 139 ff.

90 Der FDK-Ausschuss betont jedoch, derartige Gewalt werde von der Diskriminierungsdefinition in Art. 1 FDK umfasst; General Recommendation 19 (1992) zu Gewalt gegen Frauen, Ziff. 6.

91 Wiener Erklärung und Aktionsprogramm, verabschiedet von der Weltkonferenz über die Menschenrechte am 25. Juli 1993, Ziff. 18.

92 Teil D der Aktionsplattform, UN Doc. A/CONF.177/20 (1995), Annex II.

93 GV-Res. 48/104. (1993). Im Jahr 1994 schuf die damalige MRK in Hinblick auf die Umsetzung der Empfehlung das Mandat für eine Sonderberichterstatterin über Gewalt gegen Frauen.

logische Gewalt, gleich wo sie vorkommt. Die Staaten sind verpflichtet, Gewalt gegen Frauen zu verurteilen und nicht mit Hinweis auf kulturelle Traditionen oder religiöse Gebote zu rechtfertigen; sie müssen nicht nur solche Gewalt selbst unterlassen, sondern Gewaltakte gegen Frauen verhüten, untersuchen und bestrafen, und zwar unabhängig davon, ob die Täter staatliche Organe oder Private sind; und sie haben Mechanismen zu schaffen, welche Frauen erlauben, gegen Gewalttäter gerichtlich vorzugehen und Schadenersatz und Genugtuung zu erhalten (Art. 4).

11.67 In rechtlich verbindlicher Weise werden diese Grundsätze auf europäischer Ebene im *Istanbul Übereinkommen zur Verhütung und Bekämpfung von Gewalt gegen Frauen und häuslicher Gewalt* vom 5. Mai 2011 verankert[94]. Dieser Vertrag begründet indes keine subjektiven Rechte, sondern umschreibt im Detail die gesetzgeberischen und administrativen Massnahmen, die Staaten zur Verhinderung von Gewalt gegen Frauen zu ergreifen haben.

11.68 Diese Entwicklungen beeinflussten auch die Praxis der regionalen Gerichte und der Ausschüsse. Wie oben erwähnt[95] beschäftigt sich der FDK-Ausschuss im Rahmen der Prüfung von Individualbeschwerden regelmässig mit geschlechtsspezifischer Gewalt. Bereits in einem seiner ersten Entscheide befand er, dass ein Staat Art. 5 lit. a über kulturelle Verhaltensmuster zur Unterlegenheit der Frau gegenüber dem Mann und Art. 16 FDK über die Diskriminierung von Frauen im Familienrecht verletzt, wenn er mangels gesetzlicher Vorgaben einer Frau, die über Jahre von ihrem Ehemann körperlich misshandelt wurde, keinen Schutz gewährt und ihr nicht ermöglicht, zusammen mit ihren Kindern andernorts Zuflucht zu finden[96].

11.69 Der EGMR folgt primär gestützt auf Art. 3 EMRK einem ähnlichen Ansatz. So gelangte er etwa in einem ähnlichen Sachverhalt zum Schluss einer Verletzung der aus dem Recht auf Leben und dem Verbot der Folter und unmenschlichen Behandlung fliessenden Schutzpflichten, weil die Behörden trotz Kenntnis schwerster Misshandlungen durch ihren Ehemann keine effektiven Massnahmen zum Schutz von Leib und Leben der Beschwerdeführerin ergriffen hatten. Dabei wies der Gerichtshof namentlich das Argument zurück, den Behörden seien strafprozessual die Hände gebunden gewesen, da die Opfer der häuslichen Gewalt regelmässig ihre Strafanzeigen zurückgezogen hätten und zudem eine zwangsweise Trennung des Ehemanns von seiner Gattin und seiner Schwiegermutter einer Missachtung des Rechts auf Privatleben gleichgekommen wäre[97]. Mit ausdrücklichem Verweis auf die FDK und die Praxis des FDK-Ausschusses erachtete das Gericht ferner das Diskriminierungsverbot verletzt, weil insbesondere im Südosten der Türkei gegen Frauen gerichtete häusliche Gewalt nicht mit der gebotenen Sorgfalt bekämpft werde[98].

---

94 Dieser Vertrag trat im Jahr 2014 in Kraft. Gegenwärtig (Stand: Juni 2018) haben ihn 31 Staaten ratifiziert.

95 Siehe oben Rz. 11.56

96 FDK-Ausschuss, A.T. v. Hungary, 2/2003 (2005), Ziff. 9.4.

97 EGMR, Opuz v. Turkey, Reports 2009-III, Ziff. 128 ff.

98 A.a.O., Ziff. 184 ff. Siehe zum Thema häusliche Gewalt auch IAKMR, Lenahan (Gonzales) et al., Report 80/11, Case 12.626 (2011).

Vertiefung: Risikofaktoren für Gewalt gegen Frauen[99]

Ein Bericht des (damaligen) UNO-Generalsekretärs identifizierte folgende Faktoren, welche das Risiko von Frauen erhöhen, Opfer geschlechtsspezifischer Gewalt zu werden: 11.70
«(a) At the level of the individual: youth; a history of abuse as a child; witnessing marital violence in the home; the frequent use of alcohol and drugs; low educational or economic status; and membership in marginalized and excluded communities. These factors are associated with both the perpetrators and victims/survivors of violence.
(b) At the level of the couple and family: male control of wealth and decision-making authority within the family; a history of marital conflict; and significant interpersonal disparities in economic, educational or employment status.
(c) At the level of the community: women's isolation and lack of social support; community attitudes that tolerate and legitimize male violence; and high levels of social and economic disempowerment, including poverty.
(d) At the level of society: gender roles that entrench male dominance and female subordination; and tolerance of violence as a means of conflict resolution.
(e) At the level of the State: inadequate laws and policies for the prevention and punishment of violence; and limited awareness and sensitivity on the part of law enforcement officials, courts and social service providers».

Geschlechtsspezifische Gewalt kann in besonders schwerwiegenden Fällen auch mit den Mitteln des *internationalen Strafrechts* bekämpft und sanktioniert werden. Neben den bereits erwähnten relevanten Kriegsverbrechen[100] bilden «Vergewaltigung, sexuelle Sklaverei, Nötigung zur Prostitution, erzwungene Schwangerschaft, Zwangssterilisation oder jede andere Form sexueller Gewalt von vergleichbarer Schwere» ein Verbrechen gegen die Menschlichkeit, wenn sie von Vertretern des Staates oder von Angehörigen privater Gruppierungen als Teil eines geplanten und systematischen Angriffs auf die Zivilbevölkerung verübt werden[101]. 11.71

IV. Das Verbot der Rassendiskriminierung

1. Der Begriff der Rasse und das Verbot der Rassendiskriminierung

Vor dem Hintergrund geschichtlicher Erfahrungen wie dem Holocaust, dem Kolonialismus oder dem südafrikanischen Apartheidsystem wird die Rasse als besonders niederträchtiger Grund einer Ungleichbehandlung von Personen eingestuft. Dies wird besonders deutlich bei rassistisch motivierter Gewalt. Diese stellt gemäss dem EGMR einen besonders schweren Angriff auf die menschliche Würde dar und verlangt von den Behörden angesichts ihrer gefährlichen Konsequenzen eine besondere Wachsamkeit und eine besonders energische Reaktion. Aus diesem Grund müssen staatliche Behörden alle ihnen zur Verfügung stehenden Mittel einsetzen, um Rassismus und ras- 11.72

99 In-depth study on all forms of violence against women, Report of the Secretary-General, UN Doc. A/61/122/Add. 1 (2006), Ziff. 98.

100 Siehe vorne Rz. 2.90 ff.

101 Art. 7 Abs. 1 lit. g Römer Statut.

sistisch motivierte Gewalttaten zu bekämpfen, und die Vision der Demokratie als einer Gesellschaftsform, in welcher Verschiedenheit nicht als Gefahr, sondern als Bereicherung erkannt wird, zu verwirklichen[102].

11.73 Die Begriffe der Vielfalt und der Toleranz sind im Zusammenhang mit der Bekämpfung von Rassismus bedeutsam. Dabei ist es notwendig, klar zwischen dem Verbot der Rassendiskriminierung und dem Minderheitenschutz (hinten Ziff. VII) zu unterscheiden, obwohl die gleiche Person grundsätzlich von beiden Rechtsregimen profitieren kann: Während der völkerrechtliche Schutz von Minderheiten das Recht schützt, anders zu sein, zielt das Diskriminierungsverbot auf die Beseitigung von Differenzierungen und darauf ab, sowohl Rechtssysteme wie auch Gesellschaften «farbenblind» werden zu lassen.

11.74 Das Kriterium der Rasse ist ein verpöntes Unterscheidungsmerkmal in allen menschenrechtlichen Diskriminierungsverboten auf universeller (Art. 2 Abs. 2 Pakt I, Art. 2 Abs. 3 und Art. 26 Pakt II) und auf regionaler Ebene. Zur Prüfung, ob ein akzessorisches oder selbständiges Verbot der Rassendiskriminierung verletzt wurde, sind die oben erwähnten allgemeinen Prinzipien (Ziff. II) anwendbar.

11.75 Das *Übereinkommen zur Beseitigung jeder Form von Rassendiskriminierung* wurde am 21. Dezember 1965 mit dem Ziel verabschiedet, über das blosse Verbot von Rassismus hinaus ein Umfeld zu schaffen, in welchem Rassenmerkmale keine relevante Bedeutung mehr haben. Nach seinem Art. 1 strebt dieses Abkommen die Beseitigung jeder «auf der Rasse, der Hautfarbe, der Abstammung, dem nationalen Ursprung oder dem Volkstum beruhende[r] Unterscheidung, Ausschliessung, Beschränkung oder Bevorzugung [an], die zum Ziel oder zur Folge hat, dass dadurch ein gleichberechtigtes Anerkennen, Geniessen oder Ausüben von Menschenrechten und Grundfreiheiten im politischen, wirtschaftlichen, sozialen, kulturellen oder jedem sonstigen Bereich des öffentlichen Lebens vereitelt oder beeinträchtigt wird». Menschen sollen damit in allen Lebensbereichen nicht einfach deshalb am Genuss der ihnen zustehenden Rechte gehindert werden, weil sie eine bestimmte Hautfarbe oder Abstammung haben. Eine Unterscheidung gestützt auf das Merkmal der Rasse bzw. der nationalen oder ethnischen Herkunft stellt hingegen keine Verletzung des Diskriminierungsverbots dar, wenn die Kriterien für diese Ungleichbehandlung vor dem Hintergrund von Ziel und Zweck der RDK legitim erscheinen[103].

11.76 In diesem Zusammenhang erweist sich aber das Kriterium der Rasse als problematisch. Biologische Rassenkonzepte unterscheiden Personen auf der Basis vererbter körperlicher Merkmale wie etwa der Hautfarbe oder Gesichtseigenarten (Augen, Nase etc.). Solche Unterscheidungen erlauben keine Aussagen über die Persönlichkeit oder das Verhalten einer konkreten Person. Vielmehr illustriert die naturwissenschaftliche Forschung, dass Prozentzahlen der genetischen Unterschiede zwischen Individuen in

102 EGMR (Grand Chamber), Nachova and Others v. Bulgaria, Reports 2005-VII, Ziff. 145, und Sejdić and Finci v. Bosnia and Herzegovina, Reports 2009-VI, Ziff. 43.

103 RDK-Ausschuss, General Recommendation XIV (1993), Ziff. 2.

einer gegebenen Bevölkerung stärker variieren als die genetischen Unterschiede zwischen allen Mitgliedern einer «Rasse» und denjenigen einer anderen «Rasse»[104]. «Rasse» ist daher ein soziales Konstrukt, das erkennbaren körperlichen Eigenschaften sozial signifikante Bedeutung zuschreibt. Zusätzlich tragen auch Charakteristika wie bestimmte Namen, Kleidung oder Ernährungsgewohnheiten zu dieser Rassenkategorisierung bei[105]. Solche Einstufungen haben, obwohl sie blosse Konstrukte darstellen, bedeutsame Auswirkungen auf das Leben der davon betroffenen Personen. Eine Studie des amerikanischen National Research Council kam denn auch zum Schluss, dass

> «[t]he social meaning given to racial classifications activates beliefs and assumptions about individuals in a particular racial category. Consequently, if someone is perceived or identifies himself or herself as belonging to […] [a] racial group – regardless of the person's precise physical or other characteristics – that classification creates a social reality that can have real and enduring consequences. For instance, racial classification can affect access to resources (e.g., education, health care, and jobs), the distribution of income and wealth, political power, residential living patterns, and interpersonal relationships»[106].

Rasse ist daher als Ergebnis einer kollektiven Zuschreibung zu verstehen, die typi- 11.77
scherweise herangezogen wird, um eine Gruppe von Menschen zu bezeichnen, die aufgrund bestimmter physischer und/oder kultureller Eigenschaften von anderen Gruppen als verschieden – und minderwertig – empfunden und verstanden wird. Rasse hat deshalb v.a. mit sozialen Beziehungen zu tun, die von Unterdrückung und Unterordnung sowie von Hass des «Anderen» und Verteidigung des «Eigenen» geprägt sind[107].

Zur Diskriminierung basierend auf der Ethnie, die auch von der RDK erfasst wird, be- 11.78
tonte der EGMR:

> «Ethnicity and race are related concepts. Whereas the notion of race is rooted in the idea of biological classification of human beings into subspecies on the basis of morphological features such as skin colour or facial characteristics, ethnicity has its origin in the idea of societal groups marked in particular by common nationality, religious faith, shared language, or cultural and traditional origins and backgrounds. Discrimination on account of a person's ethnic origin is a form of racial discrimination»[108].

---

104 Panel on Methods for Assessing Discrimination, Rebecca M. Blank/Marlyn Dabdy/Constande F. Citro (Hrsg.), National Research Council, Measuring Racial Discrimination, Washington 2004, 26.

105 A.a.O., 27.

106 A.a.O.

107 Sandra Fredman (Hrsg.), Discrimination and Human Rights – The Case of Racism, Oxford 2001, 11.

108 EGMR (Grand Chamber), Sejdić and Finci v. Bosnia and Herzegovina, Reports 2009-IV, Ziff. 43.

11.79 Vor dem Hintergrund der Tatsache, dass Rasse und oft auch Ethnie soziale Konstrukte sind, stellt sich die Frage, wie diejenigen Personen identifiziert werden können, die zu einer bestimmten Rasse oder ethnischen Gruppe gehören. Wie die Präambel der RDK zeigt, wurde dieses Abkommen unter dem Eindruck des Kolonialismus und des südafrikanischen Apartheidregimes verfasst. In Systemen, die sich durch den gesetzlich vorgesehenen Ausschluss gewisser Bevölkerungsgruppen charakterisieren, erscheint die Identifikation derjenigen Personen, die vor Rassendiskriminierung geschützt werden sollen, einfach. Bei Fehlen derartiger rechtlicher Klassifizierungen ist es angesichts fehlender objektiver Faktoren zur Bestimmung einer Rasse schwierig festzustellen, wer durch das Verbot der Rassendiskriminierung geschützt werden soll. Der RDK-Ausschuss legt zur Klärung dieser Frage grosses Gewicht auf die Selbsteinstufung der betroffenen Personen[109]. Dieser Ansatz erscheint sowohl im Licht der Geschichte der Rassendiskriminierung wie auch der sozialen Mechanismen, welche zur Rassendiskriminierung führen, problematisch, weil die schlimmsten Fälle von Rassendiskriminierung oft auf Fremdzuschreibungen beruhen[110].

11.80 Die Schwierigkeiten festzustellen, ob eine Diskriminierung auf dem Merkmal der Rasse beruht, sind im Kontext der Immigration oft gross. So lehnte es der RDK-Ausschuss ab, muslimische Immigrantinnen und Immigranten in Dänemark als Opfer einer Diskriminierung gestützt auf das Kriterium der Rasse und nicht nur einer Herabsetzung wegen ihrer Religion anzuerkennen, weil die kritisierten Aussagen sich allein auf den Islam und nicht auf bestimmte ethnische Gruppen bezogen[111].

11.81 Vertragsstaaten der RDK ist es erlaubt, Unterschiede zwischen eigenen und fremden Staatsangehörigen zu machen (Art. 1 Abs. 2), soweit solche Unterschiede legitime Ziele verfolgen und verhältnismässig ausgestaltet sind[112]. Insbesondere verboten ist aber die Unterscheidung zwischen verschiedenen Gruppen von Migranten und Migrantinnen oder Asylsuchenden und Flüchtlingen allein wegen des Merkmals ihrer Staatsangehörigkeit im Bereich der Staatsbürgerschaft oder Einbürgerung (Art. 1 Abs. 3). Gemäss dem RDK-Ausschuss fliesst daraus eine Verpflichtung, die Einwanderungspolitik und die gesetzlichen Grundlagen der Einbürgerung so auszugestalten, dass diese nicht zu einer Diskriminierung gewisser Bevölkerungsgruppen basierend

109 RDK-Ausschuss, General Recommendation VIII (1990). Der RDK-Ausschuss hat sich mit so unterschiedlichen Gruppen wie Fahrenden in Grossbritannien und in der Schweiz, Roma in Bulgarien, Deutschland und Tschechien, Tibeterinnen in China, Dalits in Indien, Mapuches in Chile, Chiapas in Mexiko, Schwarze in Costa Rica, Aborigines in Australien, Serben, Kroatinnen und albanischen Moslems in Ex-Jugoslawien, Einwanderinnen in Frankreich und Italien, Ungaren in Rumänien, Türken in Bulgarien oder Hutus und Tutsis in Ruanda und Burundi beschäftigt.

110 So erfassten etwa die Nürnberger Rassengesetze aus dem Jahr 1935 auch assimilierte Nachkommen von Juden und während der Jugoslawienkriege in den 1990er Jahren stieg der Druck auf Personen, die sich als Jugoslawin oder als Jugoslawe betrachteten, sich entweder als Kroatin, Bosnier oder Serbin zu identifizieren.

111 RDK-Ausschuss, P.S.N. v. Denmark 36/2006 (2007), Ziff. 6.4, und A.W.R.A.P. v. Denmark, 37/2006 (2007), Ziff. 6.4.

112 RDK-Ausschuss, General Recommendation 30 (2004), Ziff. 4.

auf Rasse, Hautfarbe, Abstammung oder nationaler oder ethnischer Herkunft führen[113].

2. Die Beseitigung der Rassendiskriminierung

Die RDK verpflichtet die Vertragsstaaten zur Führung einer Politik, die auf die aktive Beseitigung der Rassendiskriminierung zielt und das Verständnis zwischen verschiedenen Rassen und ethnischen Gruppen fördert. Zu diesem Zweck haben sie nicht nur rassistische Handlungen zu unterlassen, sondern spezifische politische, rechtliche und soziale Massnahmen, die in Art. 2 RDK detailliert umschrieben werden, zu ergreifen. Dazu zählt auch die Verpflichtung, «alle Gesetze und sonstigen Vorschriften zu ändern, aufzuheben oder für nichtig zu erklären, die eine Rassendiskriminierung – oder dort, wo eine solche bereits besteht, ihre Fortsetzung – bewirken». Mit anderen Worten liegt das Schwergewicht der Verpflichtungen dieses Abkommens auf positiven Massnahmen, die auf die Entstehung einer Gesellschaftsordnung gerichtet sind, in welcher Rassendiskriminierung nicht mehr existiert. 11.82

Vertragsstaaten müssen weiter die Verbreitung rassistischer Ideen und rassistische Gewalttätigkeiten unter Strafe stellen und rassistische Organisationen verbieten (Art. 4) sowie die rechtsgleiche Behandlung in Bereichen wie Arbeit, Wohnung, Erziehung und «das Recht auf Zugang zu jedem Ort oder Dienst, der für die Benutzung durch die Öffentlichkeit vorgesehen ist, wie Verkehrsmittel, Hotels, Gaststätten, Cafés, Theater und Parks», garantieren (Art. 5). Eine Verletzung des Zugangs zu einer Arbeitsstelle lag nach Auffassung des RDK-Ausschusses vor, als die Bewerbung einer Romni mit Universitätsabschlusss als Lehrerin nicht berücksichtigt wurde und stattdessen eine Person, die nicht zu dieser ethnischen Gruppe zählte und diese berufliche Qualifikation nicht besass, angestellt wurde[114]. Die Konvention beschlägt daher nicht nur das Verbot staatlicher Diskriminierung, sondern auch jener im privaten Umfeld. Das Ziel der Beseitigung der Rassendiskriminierung «im politischen, wirtschaftlichen, sozialen, kulturellen oder jedem sonstigen Bereich des öffentlichen Lebens» (Art. 1) ist daher in einem umfassenden Sinn zu verstehen. 11.83

Betroffenen Personen müssen zudem wirksamer Schutz und wirksame Rechtsbehelfe gegen rassisch diskriminierende Handlungen gewährt werden (Art. 6). Auch hier ist die Geltung des Diskriminierungsverbotes zwischen Privaten angesprochen. Diese horizontale Geltung kann sich allerdings nur entfalten, soweit die Staaten entsprechende Gesetze erlassen und Massnahmen ergreifen. Dies hatte z.B. die Niederlande unterlassen, als sie ungenügende Massnahmen ergriff, um gegen die Bewohnerinnen und Bewohner einer Strasse vorzugehen, welche eine Person marokkanischer Herkunft daran gehindert hatten, dort eine Wohnung zu mieten[115]. Eine Verletzung der RDK liegt auch vor, wenn Behörden sich weigern, trotz Strafanzeige eine Untersuchung durch- 11.84

113 A.a.O., Ziff. 9 und 13.

114 RDK-Ausschuss, V.S. v. Slovakia, 56/2014 (2016), Ziff. 7.3.

115 RDK-Ausschuss, L.K. v. The Netherlands, 4/1991 (1993). Vgl. auch RDK-Ausschuss, Sadic v. Denmark, 25/2002 (2003), und Habassi v. Denmark, 10/1997 (1999).

zuführen oder eine solche ohne vertiefte Abklärung einzustellen, obwohl eine Aussage in der Öffentlichkeit vom Betroffenen als rassistisch empfunden werden konnte[116]. Der gleiche Befund gilt bei Gewalttaten mit rassistischen Motiven[117].

11.85 Schliesslich verpflichten sich die Staaten, «wirksame Massnahmen, insbesondere auf dem Gebiet des Unterrichts, der Erziehung, Kultur und Information, zu treffen, um Vorurteile zu bekämpfen, die zu Rassendiskriminierung führen, [und] zwischen den Völkern und Rassen- oder Volksgruppen Verständnis, Duldsamkeit und Freundschaft zu fördern» (Art. 7).

11.86 Seit einigen Jahren hat sich der EGMR vermehrt mit dem Phänomen der Rassendiskriminierung und konkret mit Beschwerden von Roma zu befassen, die sich primär gegen mittel- und osteuropäische Staaten richten. Wie folgende Standardformulierung des Gerichtshofs verdeutlicht, stellt diese Diskriminierungsform eine besonders schwere Verletzung von Art. 14 EMRK dar:

> «Discrimination on account of, inter alia, a person's ethnic origin is a form of racial discrimination. Racial discrimination is a particularly invidious kind of discrimination and, in view of its perilous consequences, requires from the authorities special vigilance and a vigorous reaction. It is for this reason that the authorities must use all available means to combat racism, thereby reinforcing democracy's vision of a society in which diversity is not perceived as a threat but as a source of enrichment [...]»[118].

11.87 Anders als bei anderen verpönten Unterscheidungsmerkmalen kann daher eine Ungleichbehandlung einer Person wegen ihrer rassischen oder ethnischen Herkunft in einer demokratischen Gesellschaft, die auf den Prinzipien von Pluralismus und Respekt vor verschiedenen Kulturen beruht, kaum je objektiv gerechtfertigt werden[119], es sei denn, sie erfolge im Sinne einer Fördermassnahme mit dem Ziel, bestehende faktische Benachteiligungen von Angehörigen einer Minderheitenethnie zu korrigieren[120].

11.88 Im Jahr 2005 hielt das Gericht zudem erstmals fest, behördliche Diskriminierungen aus rassistischen Motiven könnten in Ausnahmefällen die Schwelle zur unmenschlichen Behandlung überschreiten und damit eine Verletzung von Art. 3 EMRK darstellen[121]. In solchen Fällen verliert damit das Verbot systematischer und schwerwiegender Diskriminierungen aus rassistischen Motiven seinen akzessorischen Charakter

116 RDK-Ausschuss, Adan v. Denmark, 43/2008 (2010), Ziff. 7.6.

117 RDK-Ausschuss, Dawas and Shava v. Denmark, 46/2009 (2012), Ziff. 7.2 ff.

118 EGMR (Grand Chamber), D.H. and Others v. Czech Republic, Reports 2007-IV, Ziff. 176.

119 A.a.O., Ziff. 196, und Oršuš and Others v. Croatia, Reports 2010-II, Ziff. 149.

120 EGMR (Grand Chamber), Sejdić and Finci v. Bosnia and Herzegovina, Reports 2009-VI, Ziff. 44.

121 EGMR, Moldovan and Others v. Romania (No. 2), Reports 2005-VII, Ziff. 111 ff. Der EGMR befand, angesichts der schweren und weitverbreiteten rassistisch motivierten Gewalt gegen eine Roma-Gruppe und wegen der Art und Weise, wie ihre Beschwerden durch verschiedene Behörden behandelt wurden, liege eine Verletzung ihrer Menschenwürde vor. Unter diesen speziellen Umständen sei daher das Verbot der erniedrigenden Behandlung im Sinne von Art. 3 EMRK verletzt (a.a.O., Ziff. 113).

und wird zu einem selbständigen Menschenrecht, das auch ausserhalb des materiellen Geltungsbereichs der übrigen EMRK-Garantien angerufen werden kann.

Schliesslich ist der Gerichtshof bei rassistisch motivierten Diskriminierungen vermehrt 11.89
bereit, das Verbot von Art. 14 EMRK nicht nur im Geltungsbereich der Freiheitsrechte, sondern auch im Schutzbereich des Rechts auf Leben sowie des Verbots der Folter und der unmenschlichen und erniedrigenden Behandlung anzuwenden. Die aus dem Recht auf Leben und dem Verbot der Folter und unmenschlichen und erniedrigenden Behandlung fliessende Pflicht zu einer effektiven Untersuchung ist besonders rigide, wenn gerügt wird, Verletzungen von Art. 2 oder 3 EMRK durch staatliche Organe seien aus rassistischen Motiven erfolgt. Im Urteil Nachova gegen Bulgarien hielt die Grosse Kammer des EGMR fest, auch solche Untersuchungen seien ohne Diskriminierung im Sinne von Art. 14 durchzuführen. Dabei sei Folgendes zu beachten:

> «[W]here there is suspicion that racial attitudes induced a violent act it is particularly important that the official investigation is pursued with vigour and impartiality, having regard to the need to reassert continuously society's condemnation of racism and ethnic hatred and to maintain the confidence of minorities in the ability of the authorities to protect them from the threat of racist violence. Compliance with the State's positive obligations under Article 2 of the Convention requires that the domestic legal system must demonstrate its capacity to enforce criminal law against those who unlawfully took the life of another, irrespective of the victim's racial or ethnic origin [...]. [W]hen investigating violent incidents and, in particular, deaths at the hands of State agents, State authorities have the additional duty to take all reasonable steps to unmask any racist motive and to establish whether or not ethnic hatred or prejudice may have played a role in the events. Failing to do so and treating racially induced violence and brutality on an equal footing with cases that have no racist overtones would be to turn a blind eye to the specific nature of acts that are particularly destructive of fundamental rights. A failure to make a distinction in the way in which situations that are essentially different are handled may constitute unjustified treatment irreconcilable with Article 14 of the Convention [...]»[122].

Diese Grundsätze gelten auch im Fall privater Übergriffe bei Bestehen eines Verdachts 11.90
rassistischer Motive der Täterschaft[123].

V. Das Verbot der Diskriminierung aufgrund einer Behinderung

Das Verbot der Diskriminierung wegen des «sonstigen Status» gemäss Art. 26 Pakt II 11.91
und den entsprechenden Garantien der regionalen Instrumente umfasst auch Diskriminierung auf Grund einer Behinderung[124]. Eine benachteiligende Behandlung einer

122 EGMR (Grand Chamber), Nachova and Others v. Bulgaria Reports 2005-VII, Ziff. 160 f.

123 EGMR, Šečić v. Croatia, 40116/02 (2007), Ziff. 67 ff.

124 MRA, Q. v. Denmark, 2001/2010 (2015), Ziff. 7.3. In EGMR, Guberina v. Croatia, 23682/13, Reports 2016, Ziff. 79, befand das Gericht, die diskriminierende Behandlung eines Vaters in einer Steuerangelegenheit wegen der Behinderung seines Kindes sei eine Diskriminierung, welche durch Art. 14 EMRK abgedeckt werde.

Person mit Behinderung stellt eine direkte[125] oder eine indirekte[126] Diskriminierung dar, wenn sie sich nicht mit legitimen Gründen rechtfertigen lässt[127].

11.92 Dieser Ansatz hilft, in Einzelfällen gegen die Diskriminierung von Menschen mit Behinderung vorzugehen. Er stösst aber an Grenzen, wenn es darum geht, die strukturellen Gründe zu ändern, welche bewirken, dass diese Menschen marginalisiert werden oder gar von vielen Bereichen des gesellschaftlichen Lebens ausgeschlossen bleiben.

11.93 Daher sind die Interamerikanische Konvention über die Eliminierung aller Formen von Diskriminierung gegenüber Personen mit einer Behinderung von 1999 und die aus dem Jahr 2006 stammende universelle Konvention über die Rechte von Menschen mit Behinderungen keine eigentlichen Anti-Diskriminierungskonventionen, und sie folgen einem ganzheitlicheren Ansatz. So bezweckt die Interamerikanische Konvention nicht nur, Diskriminierung gegenüber Menschen mit Behinderungen zu verhüten und auszumerzen, sondern auch deren volle Integration in die Gesellschaft zu fördern (Art. II). Das Ziel der BRK besteht gemäss ihrem Art. 1 darin, «den vollen und gleichberechtigten Genuss aller Menschenrechte und Grundfreiheiten durch alle Menschen mit Behinderungen zu fördern, zu schützen und zu gewährleisten und die Achtung der ihnen innewohnenden Würde zu fördern».

11.94 Menschen im persönlichen Geltungsbereich der BRK sind nach deren Art. 1 Abs. 2 Personen, «die langfristige körperliche, seelische, geistige oder Sinnesbeeinträchtigungen haben, welche sie in Wechselwirkung mit verschiedenen Barrieren an der vollen, wirksamen und gleichberechtigten Teilhabe an der Gesellschaft hindern können». Die BRK geht daher von der Prämisse aus, dass diese Menschen nicht «Objekte» der Wohltätigkeit und Fürsorge sind, sondern vielmehr Menschen mit Fähigkeiten, die ihre sozialen und wirtschaftlichen Ausgrenzungen und ihre Hindernisse überwinden müssen, um ihre Rechte wahrzunehmen. Aus dieser Perspektive wird Behinderung als das Resultat einer Interaktion zwischen einer Person und ihrer Umwelt und weniger als inhärente Beeinträchtigung eines Individuums verstanden[128]. Die damit geforderte Eingliederung ist nach Art. 3 BRK auf der Grundlage der folgenden allgemeinen Prinzipien zu erreichen:

> «a) die Achtung der dem Menschen innewohnenden Würde, seiner individuellen Autonomie, einschliesslich der Freiheit, eigene Entscheidungen zu treffen, sowie seiner Unab-

125 MRA, Q. v. Denmark, 2001/2010 (2015), Ziff. 7 ff.

126 BRK-Ausschuss, H.M. v. Sweden, 3/2011 (2012), Ziff. 8.3.

127 MRA, Q. v. Denmark, 2001/2010 (2015), Ziff. 7.5: Keine solchen Gründe liegen vor, wenn eine Person mit einer geistigen Behinderung nicht davon entbunden wird, einen Sprachtest als Voraussetzung für eine Einbürgerung zu absolvieren. Siehe auch BRK-Ausschuss, H.M. v. Sweden, 3/2011 (2012), Ziff. 8.3, wo auch keine derartigen Gründe vorlagen, um einer körperlich behinderten Frau zu untersagen, ihr Haus behindertengerecht umzubauen.

128 Office of the High Commissioner for Human Rights/Inter-Parliamentary Union, From Exclusion to Equality – Realizing the rights of persons with disabilities, Handbook for Parliamentarians on the Convention on the Rights of Persons with Disabilities and its Optional Protocol, 2007, 4.

hängigkeit; b) die Nichtdiskriminierung; c) die volle und wirksame Teilhabe an der Gesellschaft und Einbeziehung in die Gesellschaft; d) die Achtung vor der Unterschiedlichkeit von Menschen mit Behinderungen und die Akzeptanz dieser Menschen als Teil der menschlichen Vielfalt und der Menschheit; e) die Chancengleichheit; f) die Zugänglichkeit; g) die Gleichberechtigung von Mann und Frau; h) die Achtung vor den sich entwickelnden Fähigkeiten von Kindern mit Behinderungen und die Achtung ihres Rechts auf Wahrung ihrer Identität».

Da die BRK in Art. 4 Abs. 1 ihre Vertragsstaaten verpflichtet, «die volle Verwirklichung 11.95 aller Menschenrechte und Grundfreiheiten für alle Menschen mit Behinderungen» zu gewährleisten und zu fördern, enthält sie eine umfassende Liste der in den übrigen Konventionen verankerten Menschenrechte, die spezifisch auf die Bedürfnisse von Menschen mit Behinderungen eingehen. Viele der materiellen Garantien der BRK verpflichten die Staaten zur Ergreifung positiver Massnahmen mit dem Ziel, Menschen mit Behinderungen zu ermöglichen, gleichberechtigt mit anderen alle Menschenrechte und Grundfreiheiten zu geniessen und auszuüben, und damit für Menschen mit Behinderungen Chancengleichheit zu schaffen. Das Leitprinzip dieser aktiven Verpflichtungen ist gemäss Art. 2 BRK die sog. «angemessene Vorsorge», wonach Staaten (nur) «notwendige und geeignete Änderungen und Anpassungen, die keine unverhältnismässige oder unbillige Belastung darstellen», ergreifen müssen.

Die meisten Garantien der BRK legen im Detail fest, was die Staaten unternehmen 11.96 müssen, um die Garantien der Pakte auch gegenüber Menschen mit Behinderungen zu erfüllen. Daneben enthält das Übereinkommen auch völlig neue Rechte. Dazu zählen etwa die Rechte auf Zugänglichkeit, d.h. das Recht auf Zugang zu Transportmitteln, zu Information und Kommunikation einschliesslich der entsprechenden Technologien, und zu anderen Einrichtungen und Diensten, die der Öffentlichkeit offenstehen (Art. 9); auf persönliche Mobilität (Art. 20); oder auf unabhängige Lebensführung und Einbeziehung in die Gemeinschaft (Art. 19).

Das Recht auf Zugänglichkeit verpflichtet die Staaten gemäss der Praxis des BRK-Aus- 11.97 schusses z.B. sicherzustellen, dass private Anbieter, welche Einrichtungen und Dienstleistungen für die Öffentlichkeit anbieten, alle Aspekte der Zugänglichkeit dieser Angebote für Menschen mit Behinderungen in Betracht ziehen. Daher verletzt ein Staat die BRK, wenn seine Gerichte Banken nicht verpflichten, Geldautomaten so zu gestalten, dass sie von Personen mit einer Seh- oder anderen Behinderung benutzt werden können[129]. Zugänglichkeit im Haftkontext bedeutet für den BRK-Ausschuss, dass Inhaftierte mit einer Behinderung unabhängig und unter Beteiligung an allen Alltagsaspekten in der Haftanstalt leben können. Ein Staat muss daher den gleichberechtigten Zugang zu sanitären Anlagen, Spazierhöfen, Bibliotheken, Arbeitsplätzen sowie medizinischen, sozialen und rechtlichen Dienstleistungen sicherstellen[130]. Ebenfalls eine Verletzung von Art. 9 BRK erblickte der Ausschuss im Umstand, dass in einer

129 BRK-Ausschuss, Nyusti and Takács v. Sweden, 1/2010 (2013), Ziff. 9.4 ff.

130 BRK-Ausschuss, X. v. Argentina, 8/2012 (2014), Ziff. 8.5. In diesem und dem vorgenannten Entscheid fand das Prinzip der angemessenen Vorsorge keine Berücksichtigung.

Stadt mit einem öffentlichen Transportsystem ein Audiosystem zur Information sehbehinderter Fahrgäste nur in vereinzelten Tramlinien installiert wurde[131].

VI. Das Verbot der Diskriminierung aufgrund der sexuellen Orientierung und der Geschlechtsidentität

11.98 Personen, deren sexuelle Orientierung oder geschlechtliche Identität von der in vielen Gesellschaften als «normal» akzeptierten Form abweicht (häufig mit dem Sammelbegriff LGBTI[132] bezeichnet), sind auch heute noch in vielen Ländern Übergriffen und massiver Diskriminierung von staatlicher wie privater Seite ausgesetzt. Zahlreiche Staaten sehen etwa nach wie vor teils drakonische Strafen für einvernehmlichen homosexuellen Geschlechtsverkehr zwischen Erwachsenen vor; in gewissen Ländern kann dafür gar die Todesstrafe verhängt werden[133]. Auf der anderen Seite des Spektrums steht eine zunehmende Anzahl (namentlich europäischer und südamerikanischer) Staaten, die heute nicht nur registrierte Partnerschaften, sondern auch die Ehe zwischen Personen gleichen Geschlechts ermöglichen[134]. Aber selbst in diesen Staaten sind LGBTI-Personen oft subtilen und teilweise auch offenen Vorurteilen und Nachteilen ausgesetzt.

1. Auf dem Weg zu einer normativen Verankerung?

11.99 Vor diesem Hintergrund erstaunt es wenig, dass bisher auf *universeller Ebene* kein rechtlich bindendes Instrument zum Schutz von LGBTI Personen existiert. Der Hauptreferenzpunkt in diesem Bereich bilden dabei die sog. «Yogyakarta-Prinzipien», ein von renommierten Menschenrechtsexpertinnen und -experten im Jahr 2007 erarbeiteter Grundsatzkatalog für die Anwendung der Menschenrechte im Zusammenhang mit der sexuellen Orientierung und geschlechtlichen Identität[135]. Auf UNO-Ebene ist trotz gewisser Fortschritte in den letzten Jahren in diesem Bereich immer noch kein Konsens ersichtlich: So fand 2008 der Versuch keine Mehrheit, eine Resolution der UNO-Generalversammlung zu verabschieden, die einzig ein Verbot der Kri-

---

131 BRK-Ausschuss, F. v. Austria, 21/2014 (2015), Ziff. 8.7.

132 Das mittlerweile gängige Akronym LGBTI bezeichnet die Gruppe der «lesbian, gay, bisexual, transgender and intersex persons». Während «LGB» Ausdrucksformen der sexuellen Orientierung sind, bezeichnet «TI» Formen der geschlechtlichen Identität, wobei entweder das biologische Geschlecht nicht dem sozialen Geschlecht entspricht («trans») oder das biologische Geschlecht sich nicht in das dualistische System «Mann/Frau» einordnen lässt («inter»).

133 Iran, Saudi-Arabien, Sudan und Jemen; International Lesbian Gay Bisexual Trans and Intersex Association (ILGA), State-Sponsored Homophobia, A world survey of laws: Criminalisation, protection and recognition, 12. Aufl., Mai 2017, 40. Siehe dazu auch KRK-Ausschuss, CO Yemen (2012), Ziff. 13.

134 Siehe dazu umfassend International Lesbian Gay Bisexual Trans and Intersex Association (ILGA), Anm. 133, 68 ff.

135 Im Jahr 2017 wurde dieser Katalog mit zusätzlichen Prinzipien ergänzt, die sog. «Yogyakarta Principles plus 10». Beide Prinzipienkataloge sind abrufbar unter: ‹http://www.yogyakartaprinciples.org› (zuletzt besucht am 7. Juni 2018).

minalisierung von Homosexualität forderte[136]. Hingegen nahm dieses Organ, allerdings nur mit Mehrheitsbeschluss, verschiedene Resolutionen an, welche u.a. die Staaten ausdrücklich auffordern, Tötungen aufgrund der sexuellen Orientierung der Opfer effektiv, unabhängig und gründlich zu untersuchen[137]. Auch der Menschenrechtsrat verabschiedete mit Mehrheitsbeschluss verschiedene Resolutionen zu dieser Thematik[138]. Dieser Prozess fand ihren vorläufigen Abschluss im Jahr 2016 in der Ernennung eines unabhängigen Experten über sexuelle Orientierung und geschlechtliche Identität[139].

Grössere Fortschritte lassen sich auch auf *regionaler Ebene* dokumentieren. So hat die 11.100
Generalversammlung der OAS mehrere Resolutionen in diesem Bereich angenommen[140], und auch das Ministerkomitee und die parlamentarische Versammlung des Europarats haben mittlerweile Empfehlungen und Resolutionen zum Verbot der Diskriminierung aufgrund der sexuellen Orientierung und geschlechtlichen Identität verabschiedet[141]. In völkerrechtlich bindender Form gelang es erstmals im Jahr 2011, im Istanbul-Übereinkommen zur Verhütung und Bekämpfung von Gewalt gegen Frauen und häuslicher Gewalt[142], die Kriterien der sexuellen Orientierung und der geschlechtlichen Identität als verpönte Unterscheidungsmerkmale festzuhalten[143]. Explizit erwähnt werden diese Diskriminierungsmerkmale auch in der Interamerikanischen Konvention gegen alle Formen der Diskriminierung und Intoleranz[144].

---

136 Anstelle einer Resolution konnte lediglich eine Erklärung verlesen werden (UN Doc. A/63/635). Bezeichnend für die starke Opposition gegen eine solche Anerkennung ist die zeitnah verlesene Gegenerklärung von insgesamt 57 vornehmlich afrikanischen und asiatischen Staaten, aber auch der USA, Russlands, Chinas und des Heiligen Stuhls.

137 Siehe etwa GV-Res. 69/182 (2014), Extrajudicial, summary or arbitrary executions, Ziff. 6 (b).

138 MR-Rat, Res. 17/19 (2011) und Res. 27/32 (2014). Ein Versuch in der UNO-GV, die Arbeit des Experten zu stoppen, konnte im Dezember 2016 mit einem Stimmenverhältnis von 84 zu 77 bei 16 Enthaltungen abgewehrt werden.

139 MR-Rat, Res. 32/2 (2016).

140 General Assembly Resolutions AG/RES. 2435 (XXXVIII-O/08), AG/RES. 2504 (XXXIX-O/09), AG/RES. 2600 (XL-O/10), AG/RES. 2653 (XLI-O/11), AG/RES. 2721 (XLII-O/12) und AG/RES 2863 (XLIV-O/14).

141 Recommendation CM/Rec(2010)5 of the Committee of Ministers to member states on measures to combat discrimination on grounds of sexual orientation or gender identity; Parliamentary Assembly Recommendation 942 (1981): Discrimination against homosexuals; Recommendation 1474 (2000): Situation of lesbians and gays in Council of Europe member states; Resolution 1728 (2010): Discrimination on the basis of sexual orientation and gender identity.

142 Art. 4 Abs. 3 des Übereinkommens vom 11. Mai 2011, ECTS 210.

143 Ebenso verbietet Art. 21 Abs. 1 der Charta der Grundrechte der EU Diskriminierung aufgrund der sexuellen Ausrichtung.

144 Art. 1 Abs. 1 der Konvention vom 6. Juni 2013.

2. Die Praxis der Vertragsorgane

a) Die Anerkennung der Menschenrechte von LGBTI-Personen

11.101 Die Praxis der Vertragsorgane zum Schutz der Rechte von LGBTI-Personen stützte sich lange Zeit nicht auf das Diskriminierungsverbot, sondern auf Freiheitsrechte wie das Recht auf Privat- und Familienleben oder die Meinungsäusserungsfreiheit. Die selbstverständliche Tatsache, dass sich auf Menschenrechte alle Personen und damit auch LGBTI-Menschen berufen können, bildete damit den Ausgangspunkt der Rechtsprechung in diesem Bereich. In diesem Sinn stellte der EGMR bereits im Jahr 1976 fest, die Meinungsäusserungsfreiheit schütze auch Aussagen, die von der Mehrheit der Bevölkerung als schockierend eingestuft werden, wie etwa die Veröffentlichung eines Schulbuchs, welches explizite Aussagen zur gleichgeschlechtlichen Sexualität enthält[145].

11.102 In den Folgejahren urteilte der EGMR, dass die Kriminalisierung einvernehmlicher homosexueller Beziehungen zwischen Erwachsenen[146] oder diejenige sadomasochistischer gleichgeschlechtlicher Praktiken das Recht auf Privatleben missachte[147]. Gleiches gelte, wenn Armeeangehörige wegen ihrer Homosexualität aus der Armee ausgeschlossen würden[148].

11.103 Nach langem Zögern entschied der EGMR im Jahr 2002, dass Art. 8 EMRK die Vertragsstaaten verpflichte, das neue Geschlecht von *Transsexuellen* in offiziellen Dokumenten anzuerkennen[149]. Diese Auffassung vertritt auch der IAGMR[150]. Auf universeller Ebene qualifizierte auch der MRA im Jahr 1994 ein strafrechtliches Verbot einvernehmlicher homosexueller Aktivitäten als willkürlichen Eingriff in das Recht auf Privatleben von Art. 17 Pakt II, da – entgegen dem Vorbringen Australiens – ein solches Verbot nicht geeignet sei, die Verbreitung des HI-Virus zu stoppen und damit zum Schutz der Gesundheit nicht notwendig sei[151].

11.104 Menschen sind aufgrund ihrer Geschlechtsorientierung oft Ziel behördlicher Übergriffe. In diesem Zusammenhang erachtete der EGMR eine achtmonatige Einzelhaft, welche angeblich zum Schutz des homosexuellen Beschwerdeführers vor Übergriffen durch Mithäftlinge angeordnet worden war, als Verletzung von Art. 3 EMRK[152]. In all-

145 EGMR, Handyside v. The United Kingdom, A/24 (1976).

146 EGMR, Dudgeon v. The United Kingdom (1981), A/45 (1981). Siehe auch EGMR, A.D.T. v. The United Kingdom, Reports 2000-IX.

147 EGMR, Laskey, Jaggard and Brown v. The United Kingdom, Reports 1997-I.

148 Z.B. EGMR, Lustig-Prean and Beckett v. The United Kingdom, 31417/96 and 32377/96 (1999).

149 EGMR (Grand Chamber), Goodwin v. The United Kingdom, Reports 2002-VI.

150 IAGMR, Gender identity, and equality and non-discrimination with regard to same-sex couples. State obligations in relation to change of name, gender identity, and rights deriving from a relationship between same-sex couples, Advisory Opinion, A/24 (2017), Ziff. 85 ff.

151 MRA, Toonen v. Australia, 488/1992 (1994), Ziff. 8.1 ff.

152 EGMR, X. v. Turkey, 24626/09 (2012).

gemeinerer Weise fordert der MRA die Staaten standardmässig auf, gegen LGBTI-Menschen gerichtete *Polizei- oder andere Gewalt* zu beenden[153].

Im Bereich der Beschränkung der *Meinungsäusserungs- und Versammlungsfreiheit* erblickte der MRA eine Verletzung des Pakts II, weil eine LGBTI-Aktivistin wegen «Propaganda für homosexuelle Aktivitäten unter Minderjährigen» zu einer Strafe verurteilt worden war. Sie hatte – nachdem die Behörden verschiedentlich ihre Gesuche um Organisation einer «gay pride» abgelehnt hatten – mit Plakaten in der Nähe einer Sekundarschule darauf aufmerksam gemacht, dass Homosexualität «normal» sei[154]. Der Ausschuss anerkannte, dass die Meinungsäusserungsfreiheit auch zum Schutz der öffentlichen Moral eingeschränkt werden könne. Vorliegend konnte der Staat aber keine überzeugenden Gründe vorbringen, weshalb der Schutz der Moral und der Jugendschutz ausschliesslich ein Vorgehen gegen «Propaganda für homosexuelle Aktivitäten» und nicht auch gegen solche für heterosexuelle Aktivitäten erforderlich mache[155]. Zudem könnten – so der Ausschuss – Aussagen wie «Homosexualität ist normal» oder «Ich bin stolz auf meine Homosexualität» kaum als Aufforderungen an die Schülerinnen und Schüler zu irgendwelchen sexuellen Aktivitäten interpretiert werden[156]. In ähnlicher Weise schloss auch der EGMR, dass eine Bestrafung wegen einer öffentlichen Aussage, stolz auf seine Homosexualität zu sein[157], oder die Verweigerung von Bewilligungen für sog. «gay prides», d.h. Demonstrationen für die Rechte von Schwulen und Lesben[158], die EMRK verletzen. In einer gegenteilig gelagerten Konstellation folgerte er, die strafrechtliche Sanktionierung krass homophober Aussagen sei zwar ein Eingriff in die, aber keine Verletzung der Meinungsäusserungsfreiheit[159]. 11.105

b) Die Anerkennung des Verbots der Diskriminierung aufgrund der sexuellen Orientierung und der Geschlechtsidentität

Die UNO-Vertragsorgane anerkennen unisono die sexuelle Orientierung und die Geschlechtsidentität als verpöntes Unterscheidungsmerkmal. Eine Pionierrolle nahm dabei der MRA ein. Bereits 1994 hielt er in einem obiter dictum fest, die Erwähnung des Kriteriums des Geschlechts («sex») in Art. 2 Abs. 2 und Art. 26 Pakt II umfasse auch die sexuelle Orientierung[160]. Diese Sichtweise bestätigt er seither in konstanter Praxis[161]. Zudem fordert er auch im Rahmen der Prüfung von Staatenberichten die Staaten standardmässig dazu auf, die Geschlechtsidentität und die sexuelle Orientierung 11.106

153 Vgl. MRA, CO Turkemenistan (2017), Ziff. 8, CO Colombia (2016), Ziff. 16 und 28, CO South Africa (2016), Ziff. 20.

154 MRA, Fedatova v. Russia, 1932/2010 (2012).

155 A.a.O., Ziff. 10.6.

156 A.a.O., Ziff. 10.7.

157 EGMR, Bayev and Others v. Russia, 67667/09 (2017), Ziff. 61 ff.

158 Siehe etwa EGMR, Alekseyev v. Russia, 4916/07, 25924/08 and 14599/09 (2010), und Genderdoc-M v. Moldova, 9106/06 (2012).

159 EGMR, Vejdeland v. Sweden, 1813/07 (2012).

160 MRA, Toonen v. Australia, 488/1992 (1994), Ziff. 8.7.

161 MRA, Young v. Australia, 941/2000 (2003), X v. Colombia, 1361/2005 (2007), und Fedatova v. Russia, 1932/2010 (2012).

als Diskriminierungsmerkmal im nationalen Recht anzuerkennen[162]. Auch die meisten übrigen Vertragsorgane der UNO anerkennen mittlerweile die Geschlechtsidentität und die sexuelle Orientierung als verpöntes Unterscheidungsmerkmal[163].

11.107 Diesen Standpunkt vertreten auch die regionalen Gerichtshöfe. Der IAGMR qualifiziert die sexuelle Orientierung nicht nur als verpöntes Unterscheidungsmerkmal[164], sondern betont, «ein Recht, das allen Personen Schutz gewähre, [könne] unter keinen Umständen basierend auf der sexuellen Orientierung einer Person verneint oder beschränkt werden»[165]. Ähnlich weitgehend ist die Praxis des EGMR, der in einem Urteil aus dem Jahr 2013 statuierte:

> «The Court has repeatedly held that, just like differences based on sex, differences based on sexual orientation require particularly serious reasons by way of justification or, as is sometimes said, particularly convincing and weighty reasons […]. Where a difference of treatment is based on sex or sexual orientation the State's margin of appreciation is narrow. […]. Differences based solely on considerations of sexual orientation are unacceptable under the Convention […]»[166].

Daher stellt gemäss dem EGMR ein höheres strafrechtliches Schutzalter für einvernehmliche homosexuelle als für heterosexuelle Kontakte eine Verletzung des Diskriminierungsverbots dar[167].

11.108 Ebenso diskriminierend sind behördliche *Entscheidungen über die Kinderzuteilung*, die sich primär auf die gleichgeschlechtliche Orientierung eines Elternteils abstützen. Daher verletzte etwa gemäss dem IAGMR die Entscheidung in einem Sorgerechtsstreit, wonach die Obhut über die Kinder primär infolge der Tatsache, dass die Mutter nach der Ehescheidung in einer lesbischen Beziehung lebte, dem Vater zugesprochen wurde, das Diskriminierungsverbot[168].

11.109 Ebenfalls darf gemäss Praxis des EGMR bei *Adoptionen* der sexuellen Orientierung des Elternteils resp. der gesuchstellenden Person durch die nationalen Behörden kein ent-

---

162 Siehe z.B. MRA, CO Former Yugoslav Republic of Macedonia (2015), Ziff. 7, und CO Iraq (2015), Ziff. 12.

163 WSK-Ausschuss, General Comments 22 (2016), Ziff. 23, 20 (2009), Ziff. 32, 19 (2008), Ziff. 29, 18 (2006), Ziff. 12, 15 (2002), Ziff. 13, und 14 (2000), Ziff. 18; KRK-Ausschuss, General Comments 4 (2003), Ziff. 6, und 3 (2003), Ziff. 8; FoK-Ausschuss, General Comment 2 (2008), Ziff. 22; FDK-Ausschuss, General Recommendation 28 (2010), Ziff. 18.

164 IAGMR, Atala Riffo and Daughters v. Chile, C/239 (2012), Ziff. 83.

165 A.a.O., Ziff. 93; Übersetzung durch die Autoren. Siehe auch IAGMR, Gender identity, and equality and non-discrimination with regard to same-sex couples. State obligations in relation to change of name, gender identity, and rights deriving from a relationship between same-sex couples, Advisory Opinion, A/24 (2017), Ziff. 68 ff.

166 EGMR (Grand Chamber), X. and Others v. Austria, Reports 2013-II, Ziff. 99.

167 EGMR, S.L. v. Austria, Reports 2003-I, Ziff. 37, und B.B. v. The United Kingdom, 53760/00 (2004).

168 IAGMR, Atala Riffo and Daughters v. Chile, C/239 (2012), Ziff. 93. Siehe auch EGMR, J.M. v. The United Kingdom, 37060/06 (2010).

scheidrelevantes Gewicht beigemessen werden, sondern es ist primär das Kindeswohl zu berücksichtigen[169]. In diesem Sinn stufte der EGMR auch eine Regelung des nationalen Rechts, welche die Stiefkindadoption für heterosexuelle unverheiratete Paare, nicht jedoch für gleichgeschlechtliche ermöglicht, als Verletzung der EMRK ein[170].

Verpflichten menschenrechtliche Vorgaben die Staaten zu einer *Öffnung des Rechtsinstituts der Ehe* für gleichgeschlechtliche Paare[171]? Der MRA verneinte dies mit der Begründung, diese Fragestellung sei abschliessend durch Art. 23 Abs. 2 Pakt II geregelt, welcher das Recht auf Ehe einzig «Mann und Frau» zuspreche[172]. Im Jahr 2010 lehnte auch der EGMR primär gestützt auf den Wortlaut von Art. 12 EMRK eine Verpflichtung der Staaten zur Öffnung der Ehe für gleichgeschlechtliche Paare ab. Er betonte, auch aus dem Diskriminierungsverbot von Art. 14 EMRK in Verbindung mit dem Recht auf Familienleben gemäss Art. 8 EMRK ergebe sich angesichts eines fehlenden gesamteuropäischen Konsenses in dieser Frage nichts anderes[173]. Im Gegensatz dazu schloss der IAGMR 2017, das Recht auf Privatleben und auf Familie verlange zusammen mit dem Gleichbehandlungsgebot von den Vertragsstaaten, die Institution der Ehe für gleichgeschlechtliche Paare zu öffnen[174]. 11.110

Eng damit verwandt ist die Frage, ob Vertragsstaaten, welche registrierte Partnerschaften anerkennen, diese auch für gleichgeschlechtliche Paare öffnen müssen. Der EGMR bejaht dies, da die Beschränkung solcher rechtlich anerkannten Partnerschaften auf verschiedengeschlechtliche Paare diskriminierend sei und Art. 14 in Verbindung mit Art. 8 EMRK verletze[175]. 11.111

Schliesslich betreffen verschiedene Entscheide der Vertragsorgane Diskriminierungen von LGBTI-Personen im Bereich der *WSK-Rechte*. So hiess der MRA etwa zwei Beschwerden gut, in welchen gerügt wurde, Vertragsstaaten würden ohne Vorliegen sachlicher Gründe unverheiratete Paare im Bereich der Sozialversicherung unterschiedlich behandeln, je nachdem ob es sich um verschieden- oder gleichgeschlechtliche Paare handle[176]. Zu einer ähnlichen Fragestellung hatte auch der EGMR Stellung zu nehmen: Er beurteilte eine Regelung, wonach eine Krankenversicherung einzig die Kosten naher Verwandter oder eines verschiedengeschlechtlichen Konkubinatspartners der versicherten Person, nicht jedoch des Partners eines gleichgeschlechtlichen 11.112

169 Siehe etwa EGMR (Grand Chamber), E.B. v. France, 43546/02 (2008), Ziff. 91.

170 EGMR (Grand Chamber), X. and Others v. Austria, Reports 2013-II.

171 Siehe dazu auch hinten Rz. 12.86.

172 MRA, Joslin et al. v. New Zealand, 902/1999 (2002), Ziff. 8.2.

173 EGMR (Grand Chamber), X. and Others v. Austria, Reports 2013-II, Ziff. 106, und EGMR, Schalk and Kopf v. Austria, Reports 2010-IV, Ziff. 96 ff.

174 IAGMR, Gender identity, and equality and non-discrimination with regard to same-sex couples. State obligations in relation to change of name, gender identity, and rights deriving from a relationship between same-sex couples, Advisory Opinion, A/24 (2017), Ziff. 200 ff.

175 EGMR (Grand Chamber), Vallianatos and Others v. Greece, Reports 2013-IV.

176 MRA, Young v. Australia, 941/2000 (2003), und X. v. Colombia, 1361/2005 (2007). Zu diesen Entscheiden siehe auch vorne Rz. 11.32.

Konkubinatspartners übernehmen muss, als EMRK-widrig[177]. Zudem statuierte er anlässlich der Prüfung einer Beschwerde, in welcher gerügt wurde, das landesrechtlich anerkannte Recht des überlebenden Partners einer Lebensgemeinschaft auf Verbleib in der gemeinsamen *Wohnung* sei dem überlebenden Partner eines gleichgeschlechtlichen Konkubinats verweigert worden, Folgendes: Zwar diene die Beschränkung des Anspruchs auf Weiterführung des Mietverhältnisses auf heterosexuelle Partnerschaften dem Schutz der traditionellen Familie und damit einem zulässigen öffentlichen Interesse. Der Ermessensspielraum der Staaten sei indes im Bereich der Ungleichbehandlung wegen der sexuellen Orientierung eng, weshalb die Ungleichbehandlung verschieden- und gleichgeschlechtlicher Paare vorliegend nicht als verhältnismässig eingestuft werden könne[178].

VII. Minderheitenschutz und Schutz indigener Völker

1. Konzepte

11.113 Wie die Realität der letzten Jahrzehnte mit ihrer Vielzahl ethnisch oder religiös begründeter Konflikte in eindrücklicher Weise zeigt, erweist sich der Schutz von Minderheitengruppen und indigenen Völkern als eines der drängendsten Probleme des heutigen Völkerrechts. Bei vielen dieser Konflikte geht es um Fragen kollektiver Identität, und die Unterdrückung solcher Gruppierungen geschieht meist wegen ihrer Rasse, Religion, ethnischer Herkunft und aus ähnlichen Gründen, stellt also einen Fall *kollektiver Diskriminierung* dar.

11.114 Neben den allgemeinen Menschenrechten und dem humanitären Völkerrecht, welche die Angehörigen von Minderheiten individuell schützen und deshalb auch in diesem Bereich eine eminent wichtige Rolle einnehmen, kennt das Völkerrecht drei Rechtsinstitute, welche die Rechte von Minderheiten schützen sollen:

11.115 (1) Das *Selbstbestimmungsrecht der Völker* ist historisch eng mit der Idee der Entkolonialisierung verknüpft und soll den Völkern, die unter fremder Vorherrschaft leben, unter gewissen Bedingungen ermöglichen, sich frei für die Gründung eines eigenen Staates und damit in letzter Konsequenz auch zur Sezession vom bisherigen Staat zu entscheiden. Der gemeinsame Art. 1 der beiden Menschenrechtspakte betont denn auch das Recht der Völker, «frei über ihren politischen Status» zu entscheiden und «in Freiheit ihre wirtschaftliche, soziale und kulturelle Entwicklung» zu gestalten. Obwohl dieses Recht eine wichtige Voraussetzung für den Genuss der Menschenrechte bildet, ist es kein individuelles Menschenrecht und kann daher gemäss der Praxis des MRA im Verfahren der Individualbeschwerde nicht als verletzt gerügt werden[179].

177 EGMR, P.B. and J.S. v. Austria, 18984/02 (2010), Ziff. 25 ff.

178 EGMR, Karner v. Austria, Reports 2003-IX, insb. Ziff. 41.

179 MRA, Ominayak and the Lubikon Lake Band v. Canada, 167/1984 (1990), Ziff. 32.1.

Im Unterschied dazu tritt die Afrikanische Kommission für die Rechte der Menschen und Völker auf Beschwerden wegen Verletzung des Selbstbestimmungsrechts der Völker nach Art. 20 AfCRMV ein, da die Charta auch kollektive Rechte schützt[180]. 11.116

Vertiefung: Das Selbstbestimmungsrecht der Völker in der Praxis der AfKRMV

Die AfCRMV anerkennt das Selbstbestimmungsrecht der Völker in Art. 20 in folgender Weise: 11.117

«(1) Alle Völker haben ein Existenzrecht. Sie haben das unbestreitbare und unveräußerliche Recht auf Selbstbestimmung. Sie entscheiden frei über ihren politischen Status und gestalten ihre wirtschaftliche, soziale und kulturelle Entwicklung nach der von ihnen frei gewählten Politik.

(2) Die unter Kolonialherrschaft oder in Unterdrückung lebenden Völker haben das Recht, sich von den Fesseln der Fremdherrschaft unter Anwendung aller von der Internationalen Völkergemeinschaft anerkannten Mittel zu befreien. [...]».

Im Jahr 2009 hatte die AfKRMV über eine Beschwerde verschiedener Beschwerdeführender zu entscheiden, die in ihrem Namen und in demjenigen des Volkes von Südkamerun geltend machten, Kamerun habe unter anderem das Recht auf Selbstbestimmung nach Art. 20 AfCRMV verletzt[181]: Die Bevölkerung des Südkameruns, eines ehemaligen Mandatsgebiets des Völkerbundes, konnte 1961 in einem Referendum entweder über den Anschluss an Nigeria oder an Kamerun entscheiden. Sie entschied sich damals für die zweite Variante. Die Beschwerdeführer machten namentlich geltend, ihnen sei einerseits eine dritte Alternative, nämlich jene der Schaffung eines unabhängigen Staates, widerrechtlich versagt worden und andererseits seien die Resultate des Plebiszits nie – wie vorgesehen – der Legislative Südkameruns vorgelegt worden. Deshalb werde das Selbstbestimmungsrecht der Völker durch die andauernde Annexion Südkameruns durch den Staat Kamerun bis heute verletzt. 11.118

Die AfKRMV hatte zunächst darüber zu befinden, ob die Bevölkerung Südkameruns ein «Volk» im Sinne von Art. 20 AfCRMV[182] sei. Sie erwog, dass die Charta den Begriff «Volk» nicht definiere, in Art. 19–24 aber die Rechte der Völker explizit erwähne. Daraus lasse sich ableiten, 11.119

«176. [...] that peoples' rights are equally important as are individual rights. They deserve, and must be given protection. The minimum that can be said of peoples' rights is that, each member of the group carries with him/her the individual rights into the group, on top of what the group enjoys in its collectivity, i.e. common rights which benefit the community such as the right to development, peace, security, a healthy environment, self-determination and the right to equitable share of their resources».

«179. Based on that reasoning, the Commission finds that ‹the people of Southern Cameroon› qualify to be referred to as a ‹people› because they manifest numerous characteristics and affinities, which include a common history, linguistic tradition, territorial

180 Siehe dazu vorne Rz. 4.8 ff.

181 AfKRMV, Mgwanga Gunme and Others v. Cameroon, 266/03 (2009).

182 Siehe dazu auch vorne Rz. 4.11 ff.

connection and political outlook. More importantly they identify themselves as a people with a separate and distinct identity. Identity is an innate characteristic within a people. It is up to other external people to recognise such existence, but not to deny it».

11.120 Trotz dieser Schlussfolgerung betonte die Kommission, sie sei als Organ der AU verpflichtet, die territoriale Integrität der afrikanischen Staaten zu achten. Die AfCRMV könne daher nicht benutzt werden, um ein Recht auf Sezession geltend zu machen, welches die Souveränität und Integrität eines Staates gefährde. Eine Sezession sei aber nicht die einzige Möglichkeit zur Wahrnehmung des Selbstbestimmungsrechts[183]. Materiell gelangte die Kommission im vorliegenden Fall mit folgender Begründung zum Schluss, Kamerun habe das Selbstbestimmungsrecht nicht verletzt:

«194. The Commission has so far found that the Respondent has violated Articles 2, 4, 5, 6, 7, 11 and 19 of the Charter. It is the view of the Commission, however that, in order for such violations to constitute the basis for the exercise of the right to self-determination [...] there must be: ‹concrete evidence of violations of human rights to the point that the territorial integrity of the State Party should be called to question, coupled with the denial of the people, their right to participate in the government as guaranteed by Article 13.1.› [...]

195. The Commission has already made a finding that Article 13 was not violated. The Commission saw ample evidence that the people of Southern Cameroon are represented in the National Assembly, at least through an opposition party, the SDF. [...]».

11.121 Auch der AfGRMV geht von der Prämisse aus, dass sich für ethnische Gruppen und Gemeinschaften innerhalb eines Staates aus der Afrikanischen Charta kein Recht auf Sezession ableiten lasse. Diese Kollektive könnten sich stattdessen auf das Recht auf Entwicklung (Art. 22), das Recht auf Frieden und Sicherheit (Art. 23) oder das Recht auf eine gesunde Umwelt (Art. 24) der AfCRMV berufen[184].

11.122 (2) Das Konzept des *Minderheitenschutzes*, das seinen Ursprung in Minderheitenschutzverträgen der Völkerbundszeit findet, orientiert sich schwergewichtig an der Idee, ethnischen, religiösen, sprachlichen und anderen Minderheiten und deren Angehörigen Schutz ihrer Identität gegenüber dem Mehrheitsvolk *innerhalb* eines bestehenden Staatsverbandes zu gewähren. Minderheitenrechtliche Garantien können individualrechtlich oder kollektiv ausgestaltet sein.

11.123 (3) Erst seit den letzten Jahrzehnten bemüht sich die internationale Gemeinschaft, besondere Bestimmungen zum *Schutz indigener oder autochthoner Völker* zu erlassen, deren wirtschaftliche, kulturelle und politische Organisation besonders eng mit dem von ihnen seit Urzeiten besiedelten Lebensraum verknüpft ist. Verschiedene individuelle und kollektive Rechte bezwecken nicht nur die Sicherung des kulturellen und wirtschaftlichen Überlebens der Angehörigen, sondern auch die Existenz bedrohter Minderheitenvölker an sich.

---

183 A.a.O., Ziff. 190 f.

184 AfGRMV, African Commission on Human and Peoples' Rights v. Republic of Kenya, 006/2012 (2017), Ziff. 199.

2. Minderheitenschutz

a) Individualrechtlicher Schutz

Angehörige ethnischer, religiöser oder sprachlicher Minderheiten können sich auf die ihnen zustehenden Menschenrechte berufen, falls sie wegen ihrer Zugehörigkeit zu einer spezifischen Gruppe oder Gemeinschaft Nachteile erleiden. Die allgemeinen Diskriminierungsverbote und die Religionsfreiheit sind in diesem Zusammenhang besonders wichtig. Trotz ihrer kollektiven Dimension sind diese Rechte allerdings auf das Individuum ausgerichtet und deshalb nur begrenzt geeignet, Minderheiten als solche zu schützen. 11.124

Einen Schritt weiter geht Art. 27 Pakt II. Danach darf «in Staaten mit ethnischen, religiösen oder sprachlichen Minderheiten [...] Angehörigen solcher Minderheiten nicht das Recht vorenthalten werden, *gemeinsam mit anderen Angehörigen ihrer Gruppe* ihr eigenes kulturelles Leben zu pflegen, ihre eigene Religion zu bekennen und auszuüben oder sich ihrer eigenen Sprache zu bedienen». Art. 30 KRK bestätigt die Geltung dieser Garantie für Kinder. 11.125

Der MRA versteht unter Angehörigen einer Minderheit Personen, welche «einer Gruppe angehören und eine gemeinsame Kultur, Religion und/oder Sprache sprechen»[185] und zudem zahlenmässig der Mehrheit im Staat unterlegen sind[186]. Dieser Minderheitenbegriff orientiert sich an der Definition von CAPOTORTI, die im UNO-System Anwendung findet. Danach ist eine Minderheit eine Gruppe, die numerisch dem Rest der Bevölkerung unterlegen ist, sich in einer nichtdominanten Position befindet, und deren Mitglieder – als Angehörige des betreffenden Staates – ethnische, religiöse oder sprachliche Eigenheiten besitzen, die vom Rest der Bevölkerung verschieden sind, und die einander in Hinblick auf die Bewahrung ihrer Kultur, Tradition, Religion oder Sprache zumindest implizit ein Gefühl der Solidarität zeigen[187]. Der MRA weicht von dieser Definition allerdings insofern ab, als er auch Angehörige von Minderheiten, die Bürgerinnen und Bürger anderer Staaten oder staatenlos sind, unter den Schutz von Art. 27 stellt[188]. Den Minderheitenstatus hat der MRA bisher in zwei Fällen verneint: Angehörigen der englischsprachigen Bevölkerung im französischsprachigen Quebec wurde entgegengehalten, sie würden in Kanada insgesamt die Mehrheit bilden[189], und die Gemeinschaft der namibischen Rehoboth Basters – Nachkommen indigener Khoi und weisser Afrikaaner – konnte sich nicht auf Art. 27 berufen, weil es ihr nicht gelang, nachzuweisen, dass ihre auf Viehzucht beruhende Lebensweise und die daraus resultierende Beziehung zum seit 125 Jahren benutzten 11.126

---

185 MRA, General Comment 23 (1994), Ziff. 5.1; Übersetzung aus KÄLIN/NOVAK/MALINVERNI, 404.

186 MRA, Ballantyne et al. v. Canada, 359/1989 and 385/1989 (1993).

187 F. CAPORTORTI, Study on the Rights of Persons Belonging to Ethnic, Religious and Linguistic Minorities, United Nations, New York 1991, Ziff. 468.

188 MRA, General Comment 23 (1994), Ziff. 5.2.

189 MRA, Ballantyne et al. v. Canada, 359/1989 and 385/1989 (1993), Ziff. 11.2.

Weideland eine eigenständige Kultur hervorbringen konnte[190]. Demgegenüber stufte er die Angehörigen der Rastafari-Religion in Südafrika als Minderheit ein[191]. Die meisten anderen Fälle betrafen indigene Völker (dazu unten Ziff. 3), deren Einstufung als Minderheit keine Probleme stellte.

11.127 Obwohl als Individualrecht der Mitglieder von Minderheiten ausgestaltet, dient Art. 27 Pakt II dem Schutz kollektiver Lebensformen. Die Bestimmung verschafft Angehörigen von Minderheiten, wie NOWAK[192] es formuliert hat, «ein gegenüber dem Rest der Bevölkerung privilegiertes, d.h. unbeschränkteres Recht auf gemeinsame Pflege ihrer Kultur, Sprache und Religion» und verbietet damit jeden Integrations- und Assimilationszwang[193]. Zweck der Bestimmung ist es nämlich, «das Überleben und die ständige Entwicklung der kulturellen, religiösen und sozialen Identität solcher Minderheiten zu gewährleisten […]», weshalb die in Art. 27 angesprochenen Rechte eine spezifische Bedeutung haben und daher nicht identisch mit den entsprechenden Individualrechten, wie etwa der Religionsfreiheit, sind[194]. Das gilt insbesondere für das Recht auf Gebrauch der eigenen Sprache, welches über die in der Meinungsäusserungsfreiheit enthaltene Sprachenfreiheit insofern hinausgeht, als es über den individuellen Gebrauch sowie die Publikation von Massenmedien in Minderheitensprachen[195] hinaus die Existenz von Minderheitensprachen als solche schützt[196]. Auch der Anspruch auf Schutz des «eigenen kulturellen Lebens» stellt ein kulturelles Recht dar, welches über die Summe der im Pakt garantierten kulturrelevanten Rechte hinausgeht. Das Ziel des Schutzes kultureller Identität lässt sich nicht allein durch den Verzicht des Staates auf Eingriffe in die kulturelle Autonomie von Minderheiten erreichen; vielmehr braucht es spezifische Massnahmen zu ihrem Schutz gegen Übergriffe Dritter und unter Umständen eine aktive Förderung[197].

b) Kollektivrechtlicher Schutz

11.128 Die Schwäche individualrechtlicher Ansätze des Minderheitenschutzes liegt einerseits in der Tatsache, dass strukturelle Benachteiligungen damit nur schwer erfasst und an-

190 MRA, Diergaardt and Others v. Namibia, 760/1997 (2000), Ziff. 10.5.

191 MRA, Prince v. South Africa, 1474/2006 (2007), Ziff. 7.4. Er kam aber zum Schluss, das Verbot der Verwendung von Cannabis auch für religiöse Zwecke stelle eine legitime Einschränkung des Rechts dar, gemeinsam mit anderen Angehörigen der Minderheit die eigene Religion zu pflegen.

192 NOWAK, Commentary, Rz. 45.

193 Ein Assimilationsverbot ergibt sich für den Schulbereich auch aus der KRK. Deren Art. 29 Abs. 1 lit. c erlaubt zwar ausdrücklich, dem Kind «die Werte des Landes, in dem es lebt», zu vermitteln, betont aber, dass die Vertragsstaaten darüber hinaus darin übereinstimmen, «dass die Bildung des Kindes darauf gerichtet sein muss, […] dem Kind Achtung seiner kulturellen Identität, seiner Sprache und seinen kulturellen Werten […] zu vermitteln».

194 MRA, General Comment 23 (1994), Ziff. 9; Übersetzung aus KÄLIN/MALINVERNI/NOWAK, 406.

195 MRA, Mavlonov and Sa'di v. Uzbekistan, 1334/2004 (2009), Ziff. 8.7.

196 Siehe MRA, General Comment 23 (1994), Ziff. 5.3.

197 MRA, General Comment 23 (1994), Ziff. 6.1 f.

gegangen werden können, und anderseits in der Unmöglichkeit, gestützt darauf Forderungen von Minderheiten, wie jene nach eigenen Schulen oder Unterricht in der eigenen Sprache, nach minimaler oder anteilsmässiger Vertretung in Behörden und politischen Organen (z.B. reservierte Sitze), nach Anerkennung der eigenen Sprache als Amtssprache oder nach dem Gebrauch eigener Bezeichnungen (z.B. Orts- und Strassennamen) und Symbolen (z.B. Flaggen und Wappen) im öffentlichen Raum, erfüllen zu können. Solche Anliegen waren Gegenstand der kollektivrechtlich ausgestalteten Minderheitenkonventionen des Völkerbundes[198]. In der UNO wurde diese Tradition nicht fortgesetzt, und bis heute existiert keine Konvention, welche Minderheiten als solchen Rechte einräumen würde. Die Deklaration der UNO-Generalversammlung von 1992 über die Rechte von Personen, welche zu nationalen oder ethnischen, religiösen und sprachlichen Minderheiten gehören[199], ruft in Art. 1 zwar die Staaten auf, die Existenz und die nationale, ethnische, kulturelle, religiöse und sprachliche Identität von Minderheiten auf ihrem Gebiet zu schützen und die Förderung solcher Identität zu ermutigen. Im Übrigen betont die Deklaration, wie schon ihr Titel deutlich macht, die individuellen Rechte der *Angehörigen* solcher Minderheiten.

Kollektiver Schutz von Minderheiten existiert demgegenüber wenigstens teilweise in 11.129
Europa. Das wichtigste Instrument stellt das *Rahmenübereinkommen zum Schutz nationaler Minderheiten* des Europarates vom 1. Februar 1995 dar. Gemäss dessen Art. 1 schützt das Übereinkommen «nationale Minderheiten». Anlässlich der Kodifizierung dieses Vertrages konnten sich die Staaten allerdings nicht auf eine Definition dieses Begriffes festlegen. So bleibt bis heute unklar, ob nur Minderheiten geschützt werden, welche die Staatsangehörigkeit ihres Wohnsitzstaates besitzen, oder gar nur solche, welche in einem anderen Staat die Mehrheit bilden (wie z.B. die ungarischen Minderheiten in Rumänien und der Slowakei). Der Beratende Ausschuss, welcher die Anwendung der Konvention überwacht, geht von einem weiten Minderheitenbegriff aus und stellt den Staaten auch Fragen zu «neuen», d.h. migrationsbedingten Minderheiten[200]. Die Ausdehnung auf zugewanderte Minderheiten wird von verschiedenen Staaten allerdings abgelehnt[201].

198 Dazu vorne Rz. 1.17 f.

199 Declaration on the Rights of Persons belonging to National or Ethnic, Religious and Linguistic Minorities, adopted by General Assembly resolution 47/135 of 18 December 1992.

200 Siehe etwa Beratender Ausschuss zum Rahmenübereinkommen über den Schutz nationaler Minderheiten, Fourth Opinion on Germany, Doc. ACFC/OP/IV(2015)003, Ziff. 56, wo erwähnt wird, dass Demonstrationen ein Klima schaffen, in welchem sich Muslime und Personen mit einem Migrations- oder Minderheitenhintergrund unsicher fühlen. Gleichzeitig nimmt der Thematic Commentary No. 4, The Scope of Application of the Framework Convention for the Protection of National Minorities, Doc, ACFC/56DOC(2016)001, keine klare Stellung zu dieser Frage, obwohl er verschiedentlich auf Migrantinnen und Migranten, Flüchtlinge und sogar Asylsuchende verweist.

201 Rainer Hofmann, The Work of the Advisory Committee under the Framework Convention for the Protection of National Minorities, with Particular Emphasis on Germany, in: Martin Scheinin/Reeta Toivanen (Hrsg). Rethinking Non-Discrimination and Minority Rights, Turku etc., 64 und 91.

11.130 Wie schon die Bezeichnung als Rahmenübereinkommen klarstellt, legt das Vertragswerk nur – allerdings rechtsverbindliche – Grundsätze fest und überlässt es den Staaten, wie sie diese innerstaatlich umsetzen wollen. Inhaltlich verankert das Abkommen neben dem Diskriminierungsverbot und den Freiheitsrechten, wie insbesondere der Meinungsäusserungs-, der Religions- und der Versammlungsfreiheit, auch spezifische Garantien, welche keine Parallelen in den Menschenrechtsverträgen finden. So bestimmt beispielsweise Art. 3: Jeder «Angehörige einer nationalen Minderheit hat das Recht, frei zu entscheiden, ob er als solcher behandelt werden möchte oder nicht». Die Vertragsstaaten bemühen sich in Gebieten mit nationalen Minderheiten, dass deren Sprache im Verkehr mit den Verwaltungsbehörden gebraucht und in der Schule erlernt werden kann (Art. 10 und 14).

11.131 Die *Charta für Regional- oder Minderheitensprachen* des Europarates vom 5. Dezember 1992 will die Sprachenvielfalt schützen, ohne aber justiziable Rechte für Individuen oder Gruppen zu begründen. Die Staaten werden verpflichtet, den Gebrauch von Minderheitensprachen im öffentlichen und privaten Leben zu respektieren und aktiv durch Programme im Bereich der Erziehung, des Gerichts- und Verwaltungswesens sowie der Presseförderung zu unterstützen[202].

3. Der Schutz indigener Völker

a) Individualrechtlicher Schutz

11.132 Unter indigenen Völkern versteht man «Ureinwohnerinnen und Ureinwohner», d.h. die Nachkommen der Bevölkerung in einem Staatsgebiet, die dort lebte, bevor die jetzt dominante Bevölkerung als Folge von Migrationsbewegungen oder Eroberung die Kontrolle über das fragliche Territorium übernahm, und die eine eigene Lebensweise sowie eigene gesellschaftliche, wirtschaftliche, kulturelle und politische Institutionen bewahrt haben. Ebenso dazu zählen Völker, die in Stämmen leben und sich sozial, kulturell und wirtschaftlich von der Mehrheitsbevölkerung unterscheiden und deren Lebensweise ganz oder teilweise durch eigene Bräuche und Traditionen geregelt wird[203].

11.133 Ob eine bestimmte Gruppe diese Definition erfüllt, hängt wesentlich von ihrer Selbstidentifikation ab. Gemäss Praxis des AfGRMV bestimmen folgende Kriterien über die Einstufung einer Gemeinschaft als indigen:

> «the presence of priority in time with respect to the occupation and use of a specific territory; a voluntary perpetuation of cultural distinctiveness, which may include aspects of language, social organisation, religion and spiritual values, modes of production, laws and institutions; self-identification as well as recognition by other groups, or by State au-

---

202 Institutionell umgesetzt wird der Minderheitenschutz auf europäischer Ebene schliesslich durch den Hochkommissar der OSZE für nationale Minderheiten, dessen Mandat allerdings keine Überwachung von Verträgen umfasst; siehe dazu vorne Rz. 8.67.

203 Siehe die Definition indigener Völker in Art. 1 des ILO-Übereinkommens Nr. 169 über eingeborene und in Stämmen lebende Völker in unabhängigen Ländern.

thorities that they are a distinct collectivity; and an experience of subjugation, marginalisation, dispossession, exclusion or discrimination, whether or not these conditions persist[204]».

Die Praxis des MRA zu Beschwerden von Angehörigen indigener Völker betrifft im Wesentlichen die Nutzung natürlicher Ressourcen durch solche Völker und Fragen der Mitgliedschaft in solchen Gemeinschaften. 11.134

Indigene Völker haben regelmässig eine tiefe, oft spirituell begründete Beziehung zum Land, auf dem sie leben, und den natürlichen Ressourcen, die sie nutzen. Für sie sind diese Güter nicht einfach Eigentum und Produktionsmittel, sondern die eigentliche Grundlage ihrer Existenz, Traditionen und Glaubenssätze. Sie müssen deshalb von allen Mitgliedern der Gemeinschaft frei und kollektiv genutzt werden können[205]. Der MRA anerkennt, dass ökonomische Aktivitäten unter den Begriff der eigenen Kultur einer Minderheit fallen, wenn sie einen wesentlichen Bestandteil der kulturellen Tradition ausmachen, wie das etwa beim Fischfang der Maori in Neuseeland, der Rentierzucht der Samen in Finnland und Schweden oder der Lamazucht der indigenen Bevölkerung des peruanischen Altiplano der Fall ist[206]. Staatliche Massnahmen oder vom Staat erlaubte private Aktivitäten, die sich auf traditionelle Wirtschaftstätigkeiten negativ auswirken, sind allerdings zulässig, wenn die betroffene Minderheit vorgängig konsultiert wurde, der negative Einfluss möglichst klein gehalten wird und Angehörige der Minderheit ihre Lebensweise weiterführen können. Deshalb verletzte die Bewilligung für einen kleinen Steinbruch in Nordfinnland, in welchem die Arbeit zur Weidezeit der Rentiere eingestellt wurde, Art. 27 Pakt II ebenso wenig wie die Bewilligung zum Holzschlag in einem relativ kleinen Gebiet, in welchem sich die Rentiere im Winter von Baumflechten ernähren[207]. Demgegenüber war eine Bewilligung, grossflächig nach Öl und Bodenschätzen zu suchen, mit der Lebensweise der Lubicon Lake Cree Indianer in Kanada nicht zu vereinbaren[208]. Ebenso stellte die Anzapfung des Grundwassers im peruanischen Hochland für Bewässerungsprojekte, welche die traditionellen Lamaweiden austrockneten, und damit zu einer Bodenerosion und letztlich zu einer Verunmöglichung der traditionellen Weidewirtschaft der Aymarabevölkerung führte, eine Verletzung von Art. 27 Pakt II dar[209]. 11.135

204 AfGRMV, African Commission on Human and Peoples' Rights v. Republic of Kenya, 006/2012 (2017), Ziff. 107.

205 José R. Martinéz Cobo, Study of Problem of Discrimination Against Indigenous Populations, UN Doc. E/CN. 4/Sub.2/1986/7, Vol. V, Ziff. 196 f.

206 MRA, Kitok v. Sweden, 197/1985 (1988), Ziff. 9.2, Mahuika and Others v. New Zealand, 547/1993 (2000), Ziff. 9.3, und Poma Poma v. Peru, 1457/2006 (2009), Ziff. 7.3. In Mahuika and Others v. New Zealand, Ziff. 9.4, und in Länsman and Others v. Finland, 511/1992 (1994), Ziff. 9.3, anerkannte der Ausschuss, dass der Anspruch auf Schutz der eigenen Kultur nicht entfalle, wenn eine Minderheit ihre traditionelle Wirtschaftstätigkeit modernisiere.

207 MRA, Länsman and Others v. Finland, 511/1992 (1994), Ziff. 9.1–9.8, Länsman and Others v. Finland, 671/1995 (1996), Ziff. 10.4 ff., Äärelä and Näkkäläjärvi v. Finland, 779/1997 (2001), Ziff. 7.6.

208 MRA, Ominayak and the Lubicon Lake Band v. Canada, 167/1984 (1990), Ziff. 33.

209 MRA, Poma Poma v. Peru, 1457/2006 (2009), Ziff. 7.4 ff.

11.136 Zur Frage der Mitgliedschaft in solchen Gemeinschaften entschied der Ausschuss, dass Personen, welche von indigenen Völkern abstammen, nur dann daran gehindert werden können, die Lebensweise dieser Völker zu teilen, wenn dies vernünftig und für die Erhaltung der Identität des betreffenden Volkes notwendig erscheint. Diese Voraussetzungen waren im Fall von Herrn Kitok, der die Lebensweise eines Rentier züchtenden Sami aufnehmen wollte, gegeben, weil die für die Rentierzucht nötigen Weideflächen für weitere Züchter nicht ausreichten. Sie fehlten aber im Fall von Frau Lovelace, die wegen der Heirat mit einem weissen Mann das Recht verloren hatte, im Reservat ihres Stammes zu leben, und nach ihrer Scheidung zur indianischen Lebensart zurückkehren wollte. Hier gab es keine ernsthaften Gründe, ihr die Rückkehr zu verbieten[210]. Die beiden Fälle zeigen, dass die individualrechtlichen Ansprüche aus Art. 27 Pakt II mit der kollektivrechtlichen Garantie, welche in dieser Bestimmung implizit enthalten ist, in Widerspruch geraten können, und unter Umständen die Interessen der Mehrheit der fraglichen Gruppierung jenen des Individuums oder einer Minderheit innerhalb der Minderheit vorgehen können[211].

b) Kollektivrechtlicher Schutz

11.137 Wie die insgesamt tiefe Erfolgsrate von Individualbeschwerden wegen Verletzung von Art. 27 Pakt II zeigt, ist der individualrechtliche Ansatz des Pakts unter Umständen wenig geeignet, die Probleme von Völkern zu erfassen, die ihren traditionellen, auf Kollektive wie Stamm oder Sippe ausgerichteten und ökonomisch auf der gemeinsamen Nutzung natürlicher Ressourcen beruhenden Lebensstil beibehalten und gegen staatliche Übergriffe verteidigen wollen. Deshalb fordern indigene Völker seit längerem kollektivrechtlichen Schutz.

11.138 Auf universeller Ebene wird der kollektivrechtliche Schutz für indigene Gruppen im *Übereinkommen Nr. 169 der Internationalen Arbeitsorganisation (ILO) über eingeborene und in Stämmen lebende Völker in unabhängigen Ländern* vom 27. Juni 1989 zumindest teilweise verwirklicht. Es schreibt Garantien für indigene und in Stämmen lebende Völker fest, etwa das Recht auf ein eigenes Territorium, eine eigene Lebensweise, Kultur und Sprache. So dürfen solche Völker selbst die Prioritäten ihrer Entwicklung setzen (Art. 7), ihre eigenen Gesetze inklusive Normen für die Bestrafung von Delikten anwenden, soweit diese nicht gegen die internationalen Menschenrechte verstossen (Art. 8 und 9), und ihre Landrechte sind zu respektieren (Art. 14).

11.139 Bis in die jüngste Vergangenheit bekundete die klare Mehrheit der Staaten Mühe, die Rechte indigener Völker anzuerkennen. Dies belegt nicht nur die tiefe Zahl von Ratifi-

---

210 MRA, Lovelace v. Canada, 24/1977 (1981), Ziff. 17, und Kitok v. Sweden, 197/1985 (1988), Ziff. 9.8.

211 Dies war auch das Schicksal jener Maori, welche entgegen der Mehrheit ihres Volkes einer Vereinbarung mit der Regierung über die Aufteilung der Fischereirechte zwischen der eingeborenen und der eingewanderten Bevölkerung nicht zustimmen wollten (MRA, Mahuika and Others v. New Zealand, 547/1993 [2000], Ziff. 9.5 ff.). Zum Schutz der Mitglieder innerhalb einer solchen Minderheit siehe die individuellen Meinungen von Ausschussmitgliedern im Anhang zu MRA, Paadar v. Finland, 2102/2011 (2014).

kationen des ILO-Übereinkommens Nr. 169[212], sondern auch die Tatsache, dass die Verhandlungen für eine Deklaration der Vereinten Nationen zu dieser Thematik während mehr als einem Jahrzehnt völlig blockiert waren. Am 13. September 2007 gelang aber der Durchbruch, und die UNO-Generalversammlung verabschiedete mit grosser Mehrheit die *UNO-Deklaration über die Rechte indigener Völker*[213]. Diese Erklärung ist an sich nicht verbindlich, reflektiert aber teilweise geltendes Recht. Im Unterschied zum ILO-Übereinkommen Nr. 169 verzichtet sie auf die (umstrittene) Definition indigener Völker. Sie enthält sowohl kollektive Rechte indigener Völker wie auch Individualrechte der Angehörigen solcher Völker. Indigene Völker besitzen das Recht auf Selbstbestimmung, das als Recht definiert wird, «frei über ihren politischen Status» zu entscheiden und «in Freiheit ihre wirtschaftliche, soziale und kulturelle Entwicklung» zu gestalten (Art. 3). Daher besitzen sie «Autonomie oder Selbstverwaltung in Fragen, die ihre inneren oder lokalen Angelegenheiten betreffen, [...] das Recht, über die Mittel zur Finanzierung ihrer autonomen Aufgaben zu verfügen» (Art. 4) sowie «das Recht, ihre eigenen politischen, rechtlichen, wirtschaftlichen, sozialen und kulturellen Institutionen zu bewahren und zu stärken, während sie gleichzeitig das Recht behalten, uneingeschränkt am politischen, wirtschaftlichen, sozialen und kulturellen Leben des Staates teilzunehmen, sofern sie dies wünschen» (Art. 5, ähnlich Art. 20). Indigene Völker besitzen weiter ein kollektives Recht, ihre kulturellen und religiösen Traditionen zu pflegen und ihre Sprachen zu benutzen (Art. 11–13). Daraus fliesst als Konsequenz ein Schutz vor «Zwangsassimilation oder Zerstörung ihrer Kultur» (Art. 8 Abs. 1). Die besonders tiefe Verbundenheit indigener Völker mit ihrem Grund und Boden wird durch Art. 10 geschützt, wonach «indigene Völker [...] nicht zwangsweise aus ihrem Land oder ihren Gebieten ausgesiedelt werden [dürfen]. Eine Umsiedlung darf nur mit freiwilliger und in Kenntnis der Sachlage erteilter vorheriger Zustimmung der betroffenen indigenen Völker und nach Vereinbarung einer gerechten und fairen Entschädigung stattfinden, wobei nach Möglichkeit eine Option auf Rückkehr bestehen muss». In diesem Zusammenhang verankert Art. 28 Abs. 1 einen «Anspruch auf Wiedergutmachung, unter anderem durch Rückerstattung oder, wenn dies nicht möglich ist, durch eine gerechte, faire und angemessene Entschädigung, für das Land, die Gebiete und die Ressourcen, die sie traditionell besessen oder auf andere Weise innegehabt oder genutzt haben und die ohne ihre freiwillige und in Kenntnis der Sachlage erteilte vorherige Zustimmung konfisziert, ihnen entzogen, besetzt, genutzt oder beschädigt wurden».

Der Schutz kultureller Traditionen indigener Völker in Verbindung mit dem Recht 11.140
dieser Völker auf eigene Institutionen zur Selbstverwaltung birgt aber auch Gefahren für die Menschenrechte von Angehörigen solcher Völker, die gegen ihren Willen derartigen vormodernen Traditionen unterstehen. Dieses Risiko erscheint besonders virulent, wenn indigene Institutionen richterliche Funktionen ausüben. Art. 34 verankert daher den Grundsatz, dass Rechtssysteme und Rechtsgewohnheiten nur «im

212 Im Juni 2018 waren es 23 Staaten.

213 UN Doc. A/Res/61/295. Die Resolution wurde mit einem Stimmenverhältnis von 145 zu 4 bei 11 Enthaltungen angenommen.

Einklang mit den internationalen Menschenrechtsnormen» gewahrt werden können. In allgemeinerer Weise stipuliert zusätzlich Art. 46 Abs. 2 den Grundsatz, dass «[b]ei der Ausübung der in dieser Deklaration verkündeten Rechte [...] die Menschenrechte und Grundfreiheiten aller zu achten sind».

11.141 Auf regionaler Ebene schützen die Kollektivrechte von Art. 19–24 der AfCRMV gemäss Praxis der AfKRMV indigene Gruppierungen als Völker und damit Träger etwa der Rechte auf Souveränität über die natürlichen Reichtümer und Bodenschätze, auf eigene Entwicklung und auf zufriedenstellende Umwelt[214]. Der AfGRMV anerkennt als Träger des Rechts auf Eigentum nach Art. 14 AfCRMV nicht nur Individuen, sondern auch Personengruppen und Gemeinschaften[215]. Er erblickte eine Verletzung dieses kollektiven Eigentumsrechts im Fall der Vertreibung des Ogiek-Volkes aus ihrem traditionellen Siedlungsgebiet in Kenya, da die Regierung nicht nachweisen konnte, dass ihre weitere Präsenz die Erhaltung dieses Gebiets als natürliches Ökosystem gefährdet hätte[216]. Ebenso erachtete das Gericht die Religionsfreiheit als verletzt, weil den Angehörigen des Ogiek-Volkes der Zugang zu religiösen Stätten in ihrem ursprünglichen Siedlungsgebiet untersagt wurde[217].

11.142 Primär gestützt auf das Recht auf Eigentum anerkennt auch der IAGMR in konstanter Praxis eine Verpflichtung der Staaten, auf die Besonderheiten der Lebensformen und insbesondere der traditionellen Landnutzung dieser Gemeinschaften Rücksicht zu nehmen[218]. Dazu zählt eine Verpflichtung, Kollektiveigentum formell anzuerkennen, selbst wenn im nationalen Recht Eigentum ein Individualrecht ist, solches Land zu vermessen und zu vermarken, und den indigenen Gruppierungen Rechtstitel über ihr Land auszustellen[219].

---

214 Siehe AfKRMV, Centre for Minority Rights Development (Kenya) and Minority Rights Group (on behalf of Endorois Welfare Council) v. Kenya, 276/03 (2009), Ziff. 147 ff., und zu diesem Entscheid auch detailliert vorne Rz. 4.13 ff.

215 AfGRMV, African Commission on Human and Peoples' Rights v. Kenya, 006/2012 (2017), Ziff. 123.

216 A.a.O., Ziff. 129 ff.

217 A.a.O., Ziff. 162 ff.

218 Siehe z.B. IAGMR, Mayagna (Sumo) Awas Tingni Community v. Nicaragua, C/79 (2001), und Kaliña and Lokono Peoples v. Suriname, C/309 (2015), Ziff. 122 ff. Vgl. dazu auch hinten Rz. 14.61 ff.

219 IAGMR, Kaliña and Lokono Peoples v. Suriname, C/309 (2015), Ziff. 122 ff.

12. Kapitel: Schutz des Privatlebens

I. Überblick

Privatleben findet dort statt, wo Individuen über Angelegenheiten entscheiden, die sie nicht mit anderen teilen wollen, wo sie eine Lebensweise festlegen, die ihrer persönlichen Haltung, ihrem Geschmack und ihren Werten und Vorlieben entspricht, wo intime Beziehungen, Sozialkontakte und das Familienleben gepflegt werden. Privatleben findet zu Hause statt, d.h. an einem Ort, zu welchem Öffentlichkeit und Staat keinen Zugang haben sollen. Als Recht, allein gelassen zu werden, schützt es den Raum, in welchem wir wir selbst sein können. 12.1

Der Schutz der individuellen Gestaltung des Privat- und Familienlebens gehört zu den traditionellen Inhalten der liberalen Freiheitsrechte. Als Recht auf Privatautonomie repräsentiert es den einen Kernaspekt des westlichen Freiheitsverständnisses, während das Recht auf Mitgestaltung der öffentlichen Angelegenheiten das andere Kernelement des Verständnisses von Freiheit sowohl in der privaten wie der öffentlichen Sphäre bildet. 12.2

Auf internationaler Ebene schützen die Menschenrechte diesen Anspruch in verschiedener Hinsicht. Auf einer ersten Ebene ist das *Recht jeder Person auf Privatautonomie* garantiert, d.h. der Anspruch, autonom z.B. über die Gestaltung der persönlichen Beziehungen, die Wohnform oder eine medizinische Behandlung zu entscheiden. Untersagt wird dem Staat grundsätzlich auch der Zugang zu Wohnungen, sei es in physischer Form oder etwa durch Abhörmassnahmen (Ziff. II). Auf einer zweiten Ebene schützt das Recht auf Privatleben das *Recht auf das Zusammenleben* des Menschen *innerhalb der Familie*. Aus diesem Aspekt fliesst beispielsweise ein, allerdings nicht absolut geltendes, Verbot, zwangsweise Kinder von ihren Eltern resp. Ehegatten voneinander örtlich zu trennen (Ziff. III). Ergänzt wird dieser Anspruch durch das Recht auf Heirat und Familiengründung, welches dem Staat grundsätzlich untersagt, Heiraten von Personen im heiratsfähigen Alter oder die Gründung einer Familie zu verbieten (Ziff. IV). 12.3

II. Das Recht auf Schutz des Privatlebens («Privacy»)

Rechtsquellen: Art. 12 AEMR; Art. 17 Pakt II; Art. 16 KRK; Art. 22 BRK; Art. 8 EMRK; Art. 5 Abs. 1, 11 und 18 AMRK; Art. 21 ArCMR.

1. Der Schutzbereich des Rechts auf Privatleben

12.4 Die im Englischen als «right to privacy» und auf Deutsch nur ungenau als Recht auf Privatleben oder als Recht auf Privatsphäre und teilweise zutreffender, aber schwerfällig, als Recht auf Privatheit bezeichnete menschenrechtliche Garantie schützt eine Vielzahl von Positionen, die in allgemeiner Form nur schwer zu definieren sind[1]. Der Zweck der Garantie besteht darin, dem Menschen als autonomes Subjekt und als Mitglied der Gemeinschaft einen gewissen Freiraum vor staatlicher Einmischung zu gewährleisten. Im Einzelnen schützt die Garantie nach der Praxis des MRA und des EGMR das Grundbedürfnis auf individuelle Selbstbestimmung in den Bereichen des Privatlebens im engeren Sinn, welches Individuen Sphären sichern soll, in welchen sie sich, ohne Einmischung von aussen, frei entwickeln und entfalten können. Dieses Recht umfasst etwa die Freiheit vor staatlicher Überwachung und Durchsuchung, das Recht auf informationelle Selbstbestimmung, den Schutz auf Achtung der Privatsphäre durch die Medien, ein Recht auf Schutz der Identität einer Person und auf freie Gestaltung der zwischenmenschlichen Beziehungen, ein Recht auf physische und psychische Integrität und einen Anspruch auf Informationen über den eigenen Gesundheitszustand. Ferner enthält diese Garantie Rechte auf Verfügungsfreiheit über den eigenen Körper und auf freie Entscheidung über den Kinderwunsch. Weitere in den relevanten Garantien explizit erwähnte Schutzbereiche umfassen den Schutz der Korrespondenz, der Wohnung und des sozialen Ansehens.

Beispiel: Das Urteil Pretty gegen das Vereinigte Königreich des EGMR[2] (Privatleben)

12.5 In diesem Urteil umschrieb der EGMR die Spannbreite des Aspekts des Schutzes des Privatlebens folgendermassen:

«[T]he concept of ‹private life› is a broad term not susceptible to exhaustive definition. It covers the physical and psychological integrity of a person [...]. It can sometimes embrace aspects of an individual's physical and social identity [...]. Elements such as, for example, gender identification, name and sexual orientation and sexual life fall within the personal sphere protected by Article 8 [...]. Article 8 also protects a right to personal development, and the right to establish and develop relationships with other human beings and the outside world [...]. Although no previous case has established as such any right to self-determination as being contained in Article 8 of the Convention, the

1 So enthält etwa der General Comment 16 (1988) des MRA zu Art. 17 Pakt II keine allgemeine Definition des materiellen Geltungsbereichs dieses Rechts. Siehe dazu z.B. auch IAGMR, Atala Riffo and Daughters v. Chile C/239 (2012), Ziff. 162.

2 EGMR, Pretty v. The United Kingdom, Reports 2002-III, Ziff. 61.

Court considers that the notion of personal autonomy is an important principle underlying the interpretation of its guarantees».

a) Schutz vor staatlicher Überwachung und Durchsuchung

Das Recht auf Privatleben garantiert als erste Komponente die Freiheit vor staatlicher Überwachung der privaten Umgebung und schützt damit die *individuelle Privatsphäre*. Typischerweise wird dieser Anspruch durch jede Form der Überwachung der Wohnung einer Person und insbesondere durch Telefonabhörmassnahmen[3] und wohl auch durch die Kontrolle übriger elektronischer Kommunikationsmittel tangiert. Die allgemeine Überwachung des öffentlichen Raums, z.B. mittels Videokameras, stellt gemäss Praxis des EGMR hingegen keinen Eingriff in diese Garantie dar, wenn die so gewonnenen Daten nicht aufgezeichnet werden, wohl aber dann, wenn diese Daten systematisch oder permanent gespeichert werden[4]. Ebenfalls als Eingriff gilt die mehrmalige und gezielte heimliche Foto- und Videoaufnahme von Aktivitäten einer Person auf öffentlichem Grund und deren Speicherung zum Zwecke des Nachweises eines Versicherungsbetrugs[5]. 12.6

Die individuelle Privatsphäre wird auch bei zwangsweisen Durchsuchungen einer Person oder ihres Gepäcks tangiert, sei dies anlässlich einer Grenzkontrolle oder anlässlich einer polizeilichen Anhaltung[6]. Als Eingriff in diese Garantie ist schliesslich auch die Untersuchung der Bankverbindungen einer Person einzustufen[7]. 12.7

b) Schutz der informationellen Selbstbestimmung

Weiter fallen nach der Praxis des MRA und des EGMR bereits die Speicherung[8] und erst recht die Verwendung und Verwertung jeglicher privater Daten, d.h. insbesondere biometrischer und genetischer Daten[9], Aufzeichnungen einer GPS-Überwachung[10] 12.8

---

3 Siehe etwa MRA, CO The Netherlands (2009), Ziff. 14, und CO Russia (2015), Ziff. 13; EGMR, Kopp v. Switzerland, Reports 1998-II, Ziff. 50; IAGMR, Escher et al. v. Brazil, C/200 (2009), Ziff. 129.

4 EGMR, Peck v. The United Kingdom, Reports 2003-I, Ziff. 59, und Uzun v. Germany, Reports 2010-VI, Ziff. 44.

5 EGMR, Vukota-Bojić v. Switzerland, 61838/10 (2016), Ziff. 58 f.

6 EGMR, Gillan and Quinton v. The United Kingdom, Reports 2010-I, Ziff. 61–65. Nicht in den Schutzbereich von Art. 8 fällt gemäss diesem Urteil die Sicherheitskontrolle am Flughafen, da diese Kontrolle freiwillig in Kauf genommen werde.

7 EGMR, M.N. and Others v. San Marino, 28005/12 (2015).

8 Vgl. MRA, N.K. v. The Netherlands, 2326/2013 (2017), Ziff. 9.3, und EGMR, Leander v. Sweden, A/116 (1987), Ziff. 48.

9 Siehe etwa MRA, General Comment 16 (1988), Ziff. 10, und N.K. v. The Netherlands, 2326/2013 (2017), Ziff. 9, sowie EGMR, Leander v. Sweden, A/116 (1987), Ziff. 48, und S. and Marper v. The United Kingdom (Grand Chamber), Reports 2008-V, Ziff. 66 ff.

10 EGMR, Uzun v. Germany, Reports 2010-VI, Ziff. 49 ff. Die Daten wurden mittels GPS-Überwachung des Fahrzeugs des Komplizen des Beschwerdeführers, eines Terrorverdächtigen, erlangt.

sowie polizeiliche Aufzeichnungen über die politischen Aktivitäten einer Person[11], in den Geltungsbereich der Garantie. Zentrale Aspekte des Datenschutzes werden damit menschenrechtlich geschützt. Umfasst wird von diesem Aspekt des Rechts auf Privatleben auch der Anspruch auf Auskunft über die Existenz persönlicher Daten und auf Richtigstellung oder allenfalls Löschung falscher Angaben.

c) Schutz der eigenen Identität

12.9 Der Schutz der menschlichen Identität hat durch die jüngere Rechtsprechung insbesondere des EGMR mittlerweile klarere Konturen bekommen und erstreckt sich auf ein ganzes Bündel verschiedener Bereiche.

aa) Namen

12.10 Das Recht auf die eigene Identität äusserte sich in einer älteren Praxis insbesondere im Anspruch auf Schutz des eigenen Namens als zentralem Ausdruck der Identität[12]. Im Bereich des Namensrechts wird den einzelnen Staaten jedoch regelmässig ein grosser Entscheidungsspielraum zugestanden. Trotzdem qualifizierte der MRA die erzwungene Änderung des Vor- und Nachnamens einer Person[13] und auch die Weigerung eines Staates, einer Person, welche zum Hinduismus konvertiert war, einen Namenswechsel zu erlauben, als Verletzung dieses Aspekts des Rechts auf Privatleben[14]. Der EGMR erachtete eine Ausgestaltung des ehelichen Namensrechts, welches zwischen Männern und Frauen differenziert, als Verletzung der Konvention[15] und hielt fest, diese Garantie schütze auch das Recht der Eltern, einen Vornamen für ihre Kinder auszuwählen[16]. Weiter leitet der EGMR aus dieser Garantie einen Anspruch auf Schutz vor einer unzulässigen Verwendung des Namens einer bekannten Person zu Werbezwecken ab[17]. Die vollständige und bewusste Unterdrückung der wahren Identität einer Person, d.h. ihres Namens und ihrer Herkunft, beurteilt schliesslich der IAGMR nicht nur als Verletzung des Rechts auf einen Namen gemäss Art. 18 AMRK, sondern auch des Rechts auf Rechtsfähigkeit nach Art. 3 dieses Vertrags[18].

11 EGMR, Segerstedt-Wiberg and Others v. Sweden, Reports 2006-VII, Ziff. 72.

12 Die AMRK verankert in Art. 18 ein eigenständiges Recht auf einen Namen.

13 MRA, Raihman v. Latvia, 1621/2007 (2010), Ziff. 8.2 f. (behördlich angeordnete Änderung der Schreibweise des Namens eines Angehörigen der jüdisch-russischen Minderheit in die lettische Form), Vladimirovich Bulgakov v. Ukraine, 1803/2008 (2012), Ziff. 7.2 f. (behördlich angeordnete Änderung des Namens eines ethnischen Russen in die ukrainische Form).

14 MRA, Coeriel and Aurik v. The Netherlands, 453/1991 (1994), Ziff. 10.2–10.5.

15 EGMR, Burghartz v. Switzerland, A/280-B (1994), Ziff. 24, und Losonci Rose and Rose v. Switzerland, 664/06 (2010), Ziff. 37.

16 EGMR, Guillot v. France, Reports 1996-V, Ziff. 21 f., und Johansson v. Finland, 10163/02 (2007), Ziff. 28 ff.

17 EGMR, Bohlen v. Germany, 53495/09 (2015).

18 Z.B. IAGMR, Gelman v. Uruguay, C/221 (2011), Ziff. 117 ff. Der IAGMR hatte in diesem Urteil über das Verhalten der uruguayischen Behörden zu befinden, welche während der Militärdiktatur in den 1980er Jahren die Beschwerdeführerin, deren Eltern zum Verschwinden gebracht wurden, bewusst über ihre Identität und biologische Herkunft täuschten.

bb) Äusseres Erscheinungsbild

Ebenfalls zur menschenrechtlich geschützten Identität gehören Bekleidung und Haartracht. Staatliche Kleider-[19] und Frisurvorschriften[20] sind daher nur unter Beachtung der Eingriffsschranken des Rechts auf Privatleben zulässig. 12.11

cc) Kenntnis der eigenen Herkunft

Der Schutz der eigenen Identität setzt weiter die Kenntnis der familiären Abstammung voraus. Der Staat muss daher die rechtlichen Voraussetzungen schaffen, damit adoptierte[21], ausserehelich geborene[22] und auch mittels künstlicher Fortpflanzungsmethoden gezeugte Kinder diesen Anspruch tatsächlich wahrnehmen können. 12.12

dd) Geschlechtsidentität

Als zentralen Aspekt der menschlichen Identität schützt das Recht auf Privatleben auch die geschlechtliche Identität: So sind gemäss Praxis des EGMR und des IAGMR die Staaten verpflichtet, nach einer operativen Geschlechtsanpassung das neue Geschlecht transsexueller Personen auch im amtlichen Verkehr anzuerkennen und Einträge in Geburtsregistern oder Identitätsausweisen entsprechend zu ändern[23]. Zudem müssen sie den Zugang zu geschlechtsangleichenden Operationen für transsexuelle Personen ermöglichen[24] resp. dürfen diesen nicht unnötig erschweren[25]. Gemäss ihrer neuesten Rechtsprechung anerkennen die beiden Gerichtshöfe, dass die staatliche Weigerung, die neue geschlechtliche Identität anzuerkennen, oder die Statuierung von Voraussetzungen für eine solche Anerkennung einen Eingriff in das Recht auf 12.13

---

19 EGMR (Grand Chamber), S.A.S. v. France, Reports 2014-III, Ziff. 107. Einschränkungen im Bereich religiös konnotierter Kleidung sind aber primär auf ihre Kompatibilität mit der Religionsfreiheit zu prüfen; siehe dazu hinten Rz. 13.49 ff.

20 Siehe etwa EGMR, Biržietis v. Lithuania, 49304/09 (2016), zum absolut geltenden Verbot, sich in einem Gefängnis einen Bart wachsen zu lassen.

21 EGMR, Mikulić v. Croatia, Reports 2002-I, Ziff. 54. Konkretisiert wird dieser Anspruch in Art. 7 KRK, welcher vorschreibt, dass jedes Kind unmittelbar nach der Geburt registriert werden muss, damit die Kenntnis der eigenen Eltern gewährleistet ist.

22 EGMR, Jäggi v. Switzerland, Reports 2006-X. In diesem Fall hatte sich der mutmassliche Vater des im Urteilszeitpunkt 67-jährigen Beschwerdeführers bis zu seinem Tod erfolgreich geweigert, seine biologische Vaterschaft abklären zu lassen. Nach dem Tod des Vaters verlangte der Beschwerdeführer die Exhumation der Leiche zwecks Durchführung eines DNA-Tests. Dieses Ansinnen wurde ihm verweigert. Da er sein Leben lang versucht hatte, Sicherheit über die Person seines Vaters zu erlangen und infolge dieser Ungewissheit auch unter psychischen Problemen litt, stellte der EGMR fest, seine Interessen würden diejenigen der Familie des Verstorbenen überwiegen und entschied, Art. 8 EMRK sei verletzt worden (a.a.O., Ziff. 40 f.).

23 Z.B. EGMR (Grand Chamber), I. v. The United Kingdom, 25680/94 (2002), Ziff. 51 ff., und IAGMR, Gender identity, and equality and non-discrimination with regard to same-sex couples, Advisory Opinion, A/24 (2017), Ziff. 85 ff.

24 EGMR, L. v. Lithuania, Reports 2007-IV, Ziff. 56 ff.

25 EGMR, Schlumpf v. Switzerland, 29002/06 (2009). Siehe dazu auch EGMR, Y.Y. v. Turkey, 14793/08, Reports 2015, und WSK-Ausschuss, General Comment 22 (2016), Ziff. 58.

Privatleben darstellen unabhängig davon, ob eine operative Geschlechtsangleichung stattgefundenen hat oder beabsichtigt ist[26].

12.14 Staaten, welche die gleichgeschlechtliche Ehe nicht anerkennen, ist es hingegen nicht verwehrt, die amtliche Anerkennung des neuen Geschlechts einer Person davon abhängig zu machen, dass die vorbestehende Ehe aufgelöst und etwa in eine registrierte Partnerschaft umgewandelt wird[27]. Umgekehrt ist nach Auffassung des MRA die Situation zu beurteilen, wenn ein Staat einer in einer ursprünglich verschiedengeschlechtlichen Ehe verheirateten Person nach ihrer Geschlechtsanpassung zwar erlaubt, in ihrem Reisepass das neue Geschlecht aufzunehmen, die Aufnahme des neuen Geschlechts in die Geburtsurkunde hingegen von einer Auflösung der Ehe abhängig macht[28]. Soweit ersichtlich noch keine Spruchpraxis internationaler Überwachungsorgane existiert zu Fragen der Intersexualität[29] und der staatlichen Anerkennung eines dritten Geschlechts.

ee) Nationalität

12.15 Jüngeren Datums und damit noch weniger gefestigt ist die Praxis des EGMR – die auf universeller Ebene[30] noch keine Entsprechung kennt – zur Frage, ob das Recht auf Privatleben auch das Thema Ein- und Ausbürgerungen beschlägt: Im Jahr 2011 anerkannte der EGMR erstmals, dass bei grundsätzlich bestehendem Anspruch auf Einbürgerung die Ablehnung eines Einbürgerungsgesuchs infolge ihrer Auswirkung auf die soziale Identität einer Person ausnahmsweise den Schutzbereich des Rechts auf Privatleben tangieren kann[31]. Drei Jahre später gelangte er in einem obiter dictum zum allgemeinen Befund, die Staatsangehörigkeit sei Bestandteil der menschlichen Identität[32]. Trotz dieser Aussage scheint der EGMR aber in konkreten Anwendungsfällen nur bereit zu sein, eine Einschränkung von Art. 8 EMRK anzuerkennen, wenn die Ablehnung einer Einbürgerung geradezu willkürlich erscheint, während diese Anfor-

26 EGMR, A.P., Garçon and Nicot v. France, 79885/12 etc., Reports 2017, Ziff. 94, und IAGMR, Gender identity, and equality and non-discrimination with regard to same-sex couples, Advisory Opinion, A/24 (2017), Ziff. 117 ff.

27 EGMR (Grand Chamber), Hämäläinen v. Finland, Reports 2014-IV.

28 MRA, G. v. Australia, 2172/2012 (2017), Ziff. 7.2 ff.

29 Der KRK-Ausschuss hält die Staaten aber in seiner jüngeren Berichtspraxis regelmässig an, intersexuelle Kinder nicht gegen oder ohne Einverständnis chirurgischen Eingriffen zu unterziehen; siehe z.B. CO New Zealand (2016), Ziff. 25. Auch der MRA betont in seiner neuen Berichtspraxis standardmässig die Notwendigkeit des Schutzes intersexueller Personen vor Diskriminierungen; siehe etwa CO Italy (2017), Ziff. 10.

30 Im Unterschied zum Pakt II und zur EMRK enthält die AMRK in Art. 20 ein eigenständiges Recht auf Staatsangehörigkeit. Dieses verankert in Abs. 2 ein Recht auf Erwerb der Staatsangehörigkeit desjenigen Staates, auf dessen Territorium eine Person geboren wurde, falls diese nicht Anspruch auf eine andere Nationalität besitzt. Abs. 3 dieser Bestimmung schützt überdies vor willkürlichem Entzug einer Staatsangehörigkeit. Siehe dazu IAGMR, Expelled Dominicans and Haitians v. Dominican Republic, C/282 (2014), Ziff. 254 ff.

31 EGMR, Genovese v. Malta, 53124/09 (2011).

32 EGMR, Mennesson and Others v. France, Reports 2014-III, Ziff. 97.

derung beim Entzug einer bestehenden Staatsbürgerschaft weniger hoch sein dürfte[33]. Als offensichtlich nicht willkürlich stufte der EGMR etwa den Entzug der Staatsbürgerschaft eines Doppelbürgers wegen terroristischer Umtriebe ein. Massgeblich für diesen Befund waren die klaren gesetzlichen Grundlagen, die bestehenden verfahrensrechtlichen Sicherungen und wohl auch die Tatsache, dass der Beschwerdeführer nicht staatenlos wurde[34]. Nebst dem Recht auf Privatleben kann ferner auch das Rechtsgleichheitsgebot von Art. 26 Pakt II einem Einbürgerungsverfahren rechtliche Leitlinien setzen[35].

d) Schutz der Handlungsfähigkeit

Einen besonders schweren Eingriff in verschiedene Aspekte des Rechts auf Privatleben, welches allen Individuen einen Freiraum zur Entfaltung ihrer Persönlichkeit gewähren will[36], stellt der Entzug der Handlungsfähigkeit dar, wird doch eine Person durch diese Massnahme in beinahe allen Fragen ihrer Lebensgestaltung von ihrem gesetzlichen Vertreter abhängig[37]. Der MRA würde derartige Fälle wohl gestützt auf das in Art. 16 Pakt II verankerte Recht auf Anerkennung der Rechtspersönlichkeit beurteilen. 12.16

e) Schutz auf Achtung der Privatsphäre im engeren Sinn

Die Praxis des EGMR bestätigt, dass das Recht auf Privatleben auch ein Recht auf Schutz der Privatsphäre insbesondere in den Medien enthält, gehört doch etwa das Recht auf sein eigenes Bild zu den zentralen Gehalten des Schutzes der Persönlichkeit[38]. So verpflichtet Art. 8 EMRK die Staaten dazu, einer Zeitschrift auf Antrag die Publikation von Bildern zu verbieten, welche ohne Zustimmung der betroffenen Person aufgenommen wurden und diese bei rein privaten Aktivitäten zeigen[39]. Hingegen unterstehen angesichts der zentralen Bedeutung der Meinungsäusserungsfreiheit die Vertragsstaaten der EMRK keiner Verpflichtung, Privatpersonen das Recht einzuräumen, vor der Publikation eines ihr Privatleben betreffenden Medienbeitrags informiert zu werden[40]. 12.17

---

33 EGMR, Ramadan v. Malta, 76136/12, Reports 2016, Ziff. 84 f.

34 EGMR, K2 v. The United Kingdom (dec.), 42387/13 (2017), Ziff. 52 ff. Siehe zu den menschenrechtlichen Vorgaben für einen Entzug der Staatsangehörigkeit auch AfGRMV, Anudo Ochieng Anudo v. Tanzania, 012/2015 (2018), Ziff. 79.

35 MRA, Q. v. Denmark, 2001/2010 (2015), Ziff. 7.2.

36 EGMR, Shtukaturov v. Russia, Reports 2008-II, Ziff. 83.

37 A.a.O., Ziff. 85 ff. Dies gilt umso mehr, wenn, wie in diesem Fall, diese Massnahme für unbestimmte Zeit ausgesprochen wird, und die bevormundete Person gegen diesen Eingriff nur mit Hilfe der gesetzlichen Vertreterin, auf deren Begehren diese Massnahme ausgesprochen wurde, vorgehen kann.

38 EGMR (Grand Chamber), Von Hannover v. Germany (No. 2), Reports 2012-I, Ziff. 96.

39 EGMR, Von Hannover v. Germany, Reports 2004-VI.

40 EGMR, Mosley v. The United Kingdom, 48009/08 (2011), Ziff. 104 ff. Siehe zu solchen Konstellationen im Spannungsfeld zwischen dem Recht auf Privatleben und der Meinungsäusserungsfreiheit auch hinten Rz. 17.11.

12.18 Daneben anerkennt der EGMR in jüngerer Zeit auch, dass der Schutz der Privatsphäre im engeren Sinn auch ausserhalb des Kontexts medialer Berichterstattung von praktischer Bedeutung sein kann[41].

f) Schutz zwischenmenschlicher Beziehungen

aa) Sexuelle Entfaltung

12.19 Für die Vertragsorgane stand im Bereich des Schutzes bestehender zwischenmenschlicher Beziehungen lange das Recht auf private sexuelle Entfaltung, d.h. der Schutz freiwilliger sexueller Beziehungen zwischen Erwachsenen und insbesondere der Schutz konsensualer gleichgeschlechtlicher Beziehungen[42], im Zentrum. Dieser Anspruch wird etwa verletzt durch ein strafrechtliches Verbot einvernehmlicher homosexueller Beziehungen zwischen Erwachsenen[43], durch Untersuchungen der Armee über die sexuelle Orientierung ihrer Angehörigen[44], durch eine Regelung des nationalen Strafrechts, welche für die Festlegung des Schutzalters zwischen hetero- und homosexuellem Verhalten unterscheidet[45], aber auch durch die Entlassung einer Richterin wegen ihrer angeblichen ausserehelichen intimen Beziehung[46]. Im Jahr 2012 erkannte der EGMR, dass auch das Inzestverbot einen Eingriff in das Recht auf sexuelle Selbstbestimmung darstellt, ein strafrechtliches Verbot sexueller Beziehungen zwischen Geschwistern jedoch gerechtfertigt werden kann und deshalb Art. 8 EMRK nicht verletzt[47]. Schliesslich taxiert der IAGMR Vergewaltigungen durch staatliche Organe nicht nur als Folter, sondern stets auch als Verletzung des Rechts auf Privatsphäre[48].

bb) Soziale Beziehungen

12.20 Insbesondere im Kontext von Beschwerden, die sich gegen die Ausweisung oder Ausschaffung ausländischer Staatsangehöriger richten, gewinnt eine weitere Dimension des Schutzes zwischenmenschlicher Beziehungen zunehmend an Bedeutung. Dem-

---

41 So erachtete er die Tatsache, dass in einer Mehrbettzelle Inhaftierte die sanitarischen Anlagen ohne Sichtschutz benutzen mussten, zwar mangels Erreichung der dafür notwendigen Eingriffsschwelle nicht als erniedrigende Behandlung im Sinne von Art. 3 EMRK, aber als Verletzung des Rechts auf Privatsphäre; EGMR, Szafrański v. Poland, 17249/12 (2015).

42 Siehe etwa MRA, Toonen v. Australia, 488/1992 (1994), und EGMR, Modinos v. Cyprus, A/259 (1993).

43 MRA, Toonen v. Australia, 488/1992 (1994), Ziff. 8.3 ff., und EGMR, Modinos v. Cyprus, A/259 (1993), Ziff. 25. Eine strafrechtliche Verurteilung wegen schwerer Köperverletzungen, die Folge freiwillig vorgenommener sadomasochistischer Aktivitäten waren, erachtete der EGMR hingegen als zulässig, erklärte aber, dass auch derartige Praktiken im Schutzbereich von Art. 8 EMRK lägen; Laskey, Jaggard and Brown v. The United Kingdom, Reports 1997-I, Ziff. 36 ff.

44 EGMR, Smith and Grady v. The United Kingdom, Reports 1999-VI.

45 EGMR, Wolfmeyer v. Austria, 5263/03 (2005). Der EGMR gelangte zum Schluss einer Verletzung von Art. 8 i.V.m. Art. 14 EMRK, obwohl nationale Gerichte diese Norm als verfassungswidrig bezeichneten und nicht mehr anwandten.

46 EGMR, Özpınar v. Turkey, 20999/04 (2010).

47 EGMR, Stübing v. Germany, 43547/08 (2012), Ziff. 55 ff.

48 Siehe etwa IAGMR, Fernández Ortega et al. v. Mexico, C/215 (2010), Ziff. 129.

nach enthält das Recht auf Privatleben auch einen Anspruch, Beziehungen mit anderen Individuen zu begründen[49]. Unabhängig davon, ob eine von einer Ausweisung bedrohte Person, die im Aufenthaltsstaat stabile soziale Bindungen begründet hat und dort über Familienbande verfügt, stellt daher die erzwungene Rückführung in ihren Heimatstaat einen Eingriff in diese Garantie dar[50]. Dieser Aspekt des Rechts auf Privatleben kann auch tangiert sein, wenn durch eine übermässig lange Dauer eines Asylverfahrens und der prekären Aufenthaltssituation die Etablierung sozialer Beziehungen im Aufenthaltsstaat massiv erschwert wird[51].

Darüber hinaus erstreckt zumindest der EGMR das Recht auf Privatleben auch auf 12.21
vertrauliche geschäftliche Beziehungen zu Drittpersonen, konkret auf die Beziehung zwischen einem Anwalt und seinen Klientinnen und Klienten[52].

cc) Staatliche Anerkennung zwischenmenschlicher Beziehungen

In seiner jüngsten Praxis zu Art. 8 EMRK anerkennt der EGMR auch einen Anspruch, 12.22
private Beziehungen formalisieren resp. staatlich anerkennen lassen zu können. Die Praxis beschlägt dabei insbesondere homosexuelle Partnerschaften in Staaten, welche die gleichgeschlechtliche Ehe nicht anerkennen. In diesem Sinn erachtete der Gerichtshof im Jahr 2013 die Schaffung einer nur für heterosexuelle Paare offenstehenden registrierten Partnerschaft als EMRK-widrig[53]. Zwei Jahr später gelangte er zum allgemeinen Schluss, Staaten hätten für gleichgeschlechtliche Paare die Möglichkeit einer gesetzlichen Regelung zur Anerkennung und zum Schutz ihrer Partnerschaft zu schaffen[54]. Im bisher jüngsten Urteil zu dieser Thematik, akzeptierte er die staatliche Weigerung, eine im Ausland geschlossene gleichgeschlechtliche Ehe anzuerkennen als EMRK-konform, er verlangte aber, solche Verbindungen in rechtlich eheähnlicher Weise anzuerkennen[55].

---

49 Unter bestimmten Bedingungen fällt auch die Beziehung zu verstorbenen Angehörigen unter den Schutz des Privatlebens; siehe etwa EGMR (Grand Chamber), Sargsyan v. Azerbaijan, 40167/06, Reports 2015, Ziff. 255.

50 EGMR (Grand Chamber), Maslov v. Austria, Reports 2008-III, Ziff. 63. Siehe dazu auch hinten Rz. 12.83. Als Eingriff in diesen Aspekt des Rechts auf Privatleben taxierte der EGMR auch eine mehrere Jahre andauernde Einreisesperre der Schweiz gegenüber dem in einer italienischen Exklave lebenden Beschwerdeführer, welche es diesem erschwerte, den Kontakt mit Freunden sowie seinen Ärzten aufrecht zu erhalten; EGMR, Nada v. Switzerland (Grand Chamber), Reports 2012-V, Ziff. 150 ff. und 163 ff. Zum Schutz des Familienlebens im Kontext des Ausländerrechts siehe hinten Rz. 12.77 ff.

51 EGMR, B.A.C. v. Greece, 11981/15 (2016), Ziff. 35 ff.

52 Z.B. EGMR, Niemietz v. Germany, A/251-B (1992), Ziff. 29, Wieser and Bicos Beteiligungen GmbH v. Austria, Reports 2007-IV, Ziff. 42 ff., und Michaud v. France, Reports 2012-VI, Ziff. 90 ff.

53 EGMR (Grand Chamber), Vallianatos and Others v. Greece, Reports 2013-VI.

54 EGMR, Oliari and Others v. Italy, 18766/11 and 36030/11 (2015), Ziff. 165 ff. Für verschiedengeschlechtliche Paare müssen Staaten das Rechtsinstitut der registrierten Partnerschaft nicht öffnen, da ihnen die Formalisierung ihrer Beziehung durch Eheschluss möglich und zuzumuten ist; EGMR, Ratzenböck and Seydl v. Austria, 28475/12 (2017), Ziff. 38 ff.

55 EGMR, Orlandi and Others v. Italy, 26431/12 etc. (2017), Ziff. 191 ff.

g) Schutz der physischen und psychischen Integrität

12.23 Gemäss konstanter Rechtsprechung des EGMR – die noch keine Parallele in derjenigen des MRA kennt – umfasst der Begriff des Privatlebens auch die physische und psychische Integrität einer Person[56]. Von praktischer Relevanz erscheint dieser Aspekt insbesondere bei staatlichen Eingriffen in die persönliche Integrität, welche die Anwendungsschwelle des Verbots der unmenschlichen und erniedrigenden Behandlung nicht überschreiten[57]. Dieser Aspekt wird besonders deutlich in der AMRK reflektiert, welche in ihrem Art. 5 neben dem Verbot der Folter und unmenschlichen und erniedrigenden Behandlung (Abs. 2) auch ein Recht auf körperliche, geistige und moralische Unversehrtheit (Abs. 1) verankert.

12.24 Eingriffe in die körperliche Integrität wie Handgreiflichkeiten oder erkennungsdienstliche Behandlungen, die zwangsweise Abnahme von Blutproben, aber auch Beleidigungen oder leichte Demütigungen[58], die nicht in den Schutzbereich des Verbots unmenschlicher oder erniedrigender Behandlung fallen, stellen daher stets einen rechtfertigungsbedürftigen Eingriff in den Schutzbereich von Art. 8 EMRK dar. Dies gilt auch für jede medizinische Behandlung, welche ohne informierte Einwilligung der betroffenen Person vorgenommen wurde[59], d.h. namentlich für Zwangsmedikationen. In diesem Sinn prüfte der EGMR die EMRK-Konformität einer medizinischen Zwangsbehandlung in einer psychiatrischen Klinik nicht gestützt auf Art. 3 EMRK, sondern basierend auf dem Recht auf Privatleben, wobei er medizinisch indizierte Behandlungen für zulässig erachtete[60].

12.25 Zumindest in das Umfeld von Art. 8 EMRK fällt gemäss Praxis des Gerichtshofs auch die Erhebung einer Ersatzabgabe für Personen, die auf Grund einer Erkrankung nicht als militärdiensttauglich eingestuft werden, selbst wenn die Folgen dieser Anordnung rein finanzieller Natur sind[61].

12.26 Der Gerichtshof subsumiert unter das Recht auf physische Integrität zwar explizit kein Recht auf einen bestimmten Umfang medizinischer Versorgung. Trotzdem anerkennt er, dass dieser Aspekt des Rechts auf Privatleben von den Vertragsstaaten auch positive

---

56 Siehe etwa EGMR, X. and Y. v. The Netherlands, A/91 (1985), Pretty v. The United Kingdom, Reports 2002-III, Ziff. 61, und Đurđević v. Croatia, Reports 2011-V, Ziff. 105 und 108.

57 Diese Funktion von Art. 8 EMRK hielt der EGMR explizit z.B. in den Urteilen Raninen v. Finland, Reports 1997-VIII, Ziff. 63, und Wainwright v. The United Kingdom, Reports 2006-X, Ziff. 46, fest. Siehe dazu auch vorne Rz. 10.19.

58 Siehe etwa EGMR, Szafrański v. Poland, 17249/12 (2015).

59 Siehe EGMR, Pretty v. The United Kingdom, Reports 2002-III, Ziff. 63. Der EGMR subsumiert überdies auch die ohne Konsens erfolgte Entnahme von Gewebe einer verstorbenen Person unter das Recht auf Privatleben der überlebenden Ehegattin; EGMR, Elberte v. Latvia, 61243/08, Reports 2015, Ziff. 89.

60 EGMR, Storck v. Germany, Reports 2005-V, Ziff. 156 ff., und X. v. Finland, Reports 2012-IV, Ziff. 212 ff.

61 EGMR, Glor v. Switzerland, Reports 2009-III, Ziff. 54. Der EGMR kam gestützt darauf zum Schluss, die Erhebung einer solchen Abgabe stelle eine Verletzung des akzessorischen Diskriminierungsverbots von Art. 14 EMRK i.V.m. Art. 8 EMRK dar (a.a.O., Ziff. 71 ff.).

Massnahmen verlangt, um zu gewährleisten, dass Private ihre Ansprüche zur Sicherstellung der körperlichen Integrität auch in privaten Verhältnissen, etwa gegenüber einem Privatarzt, effektiv wahrnehmen und durchsetzen können[62]. Zudem haben Staaten klare Vorgaben zum Schutz der körperlichen Integrität von Patientinnen und Patienten privater wie auch öffentlicher Spitäler zu erlassen[63]. Schliesslich prüfte der EGMR auch die EMRK-Konformität einer behördlichen Weigerung der Benutzung noch nicht zugelassener Medikamente durch lebensbedrohlich erkrankte Menschen unter Art. 8 EMRK[64]. Er anerkennt damit, dass diese Garantie auch ein – allerdings beschränkbares – Recht auf Wahl der medizinischen Behandlungsmethode verankert.

Als Eingriff in die psychische Integrität qualifizierte der EGMR die Erlaubnis eines 12.27
Strafgerichts, das Opfer einer Vergewaltigung während des Strafprozesses durch den mutmasslichen Täter ins Kreuzverhör zu nehmen[65]. Darüber hinaus sind mangels entsprechender Praxis Grenzen des Anspruchs auf Schutz der psychischen Integrität gegenwärtig noch wenig fassbar.

h) Anspruch auf Informationen über den eigenen Gesundheitszustand

Ein eng mit dem Recht auf Integrität verwobener Anspruch des Rechts auf Privatleben 12.28
umfasst das Recht auf Informationen über gesundheitliche Probleme und ihre Behandlung. So anerkannte der EGMR den Anspruch eines ehemaligen Angehörigen der Armee, der in den 1960er-Jahren Versuchen mit Nervengas ausgesetzt wurde und heute unter anderem an Atembeschwerden leidet, auf Information über diesen Test. Denn nur auf diese Weise könnten die sein psychisches Wohlbefinden stark belastenden Unsicherheiten, ob seine Gesundheit aus diesem Grund geschädigt worden sei, entweder ausgeräumt oder bestätigt werden[66]. Ferner fliesst aus Art. 8 EMRK ein Anspruch auf Erstellung von Kopien der eigenen medizinischen Akten[67].

i) Schutz der Verfügungsfreiheit über den eigenen Körper

Aus dem Recht auf Privatleben leitet der EGMR in seiner neueren Rechtsprechung 12.29
auch einen Anspruch auf individuelle Selbstbestimmung hinsichtlich des Verfügungsrechts über den eigenen Körper ab. Im Vordergrund der bisherigen Rechtsprechung steht dabei die Frage, ob sich aus Art. 8 EMRK ein *Recht auf einen selbstbestimmten*

---

62 EGMR, Tysiac v. Poland, Reports 2007-I, Ziff. 107 ff.

63 EGMR, Trocellier v. France (dec.), Reports 2006-XIV, Ziff. 4.

64 EGMR, Hristozov and Others v. Bulgaria, Reports 2012-V, Ziff. 116 ff.

65 EGMR, Y. v. Slovenia, 41107/10, Reports 2015. Der EGMR erachtete Art. 8 EMRK als verletzt, weil die nationalen Instanzen keinen angemessenen Ausgleich zwischen dem Recht auf Privatleben und den Verteidigungsrechten gemäss Art. 6 (siehe dazu Rz. 16.45) vorgenommen hatten.

66 EGMR (Grand Chamber), Roche v. The United Kingdom, Reports 2005-X, insb. Ziff. 155.

67 EGMR, K.H. and Others v. Slovakia, Reports 2009-II, Ziff. 44 ff. Zum Recht auf Informationen über den Gesundheitszustand eines Fötus siehe EGMR, R.R. v. Poland, Reports 2011-III, insb. Ziff. 197 ff.

Todeszeitpunkt ableiten lasse. Erstmals und in grundlegender Weise nahm der Gerichtshof im Fall Pretty gegen das Vereinigte Königreich[68] zu dieser Frage Stellung.

Beispiel: Das Urteil Pretty gegen das Vereinigte Königreich des EGMR[69] (Verfügungsrecht über den eigenen Körper)

12.30 In diesem Entscheid hatte der EGMR darüber zu befinden, ob aus dem Recht auf Privatleben auch ein Recht auf einen selbstbestimmten Todeszeitpunkt fliesse. Der beklagte Staat lehnte einen solchen Anspruch mit der Begründung ab, dies käme einer Negierung des Schutzsystems der EMRK gleich. Der EGMR stimmte diesem Vorbringen nicht zu und definierte die Spannbreite des Rechts auf individuelle Selbstbestimmung folgendermassen:

«62. [...] The Court would observe that the ability to conduct one's life in a manner of one's own choosing may also include the opportunity to pursue activities perceived to be of a physically or morally harmful or dangerous nature for the individual concerned. The extent to which a State can use compulsory powers or the criminal law to protect people from the consequences of their chosen lifestyle has long been a topic of moral and jurisprudential discussion, the fact that the interference is often viewed as trespassing on the private and personal sphere adding to the vigour of the debate. However, even where the conduct poses a danger to health or, arguably, where it is of a life-threatening nature, the case-law of the Convention institutions has regarded the State's imposition of compulsory or criminal measures as impinging on the private life of the applicant within the meaning of Article 8 § 1 and requiring justification in terms of the second paragraph».

12.31 Aus diesem Grund schütze Art. 8 EMRK das Recht urteilsfähiger Personen auf die Verweigerung medizinischer Leistungen selbst für den Fall, dass diese Ablehnung möglicherweise fatale Konsequenzen habe, denn jede medizinische Behandlung ohne Einverständnis einer urteilsfähigen Person stelle einen Eingriff in deren physische Integrität dar. Somit stehe es einer Person frei, ihren Todeszeitpunkt durch Ablehnung medizinischer Leistungen zu bestimmen. Der EGMR folgerte weiter:

«65. The very essence of the Convention is respect for human dignity and human freedom. Without in any way negating the principle of sanctity of life protected under the Convention, the Court considers that it is under Article 8 that notions of the quality of life take on significance. In an era of growing medical sophistication combined with longer life expectancies, many people are concerned that they should not be forced to linger on in old age or in states of advanced physical or mental decrepitude which conflict with strongly held ideas of self and personal identity. [...]».

12.32 Basierend auf diesen Überlegungen schloss der EGMR nicht aus, dass eine Person, welche ihrem Leben infolge ihrer Krankheit, die zu einem unwürdigen und schmerzvollen Tod führt, nicht selber ein Ende setzen kann, und welcher auf Grund einer Gesetzesbestimmung die Inanspruchnahme aktiver Sterbehilfe untersagt wird, in ihrem Recht auf Privatleben eingeschränkt wird. Er entschied aber, dass mit dem Verbot aktiver Ster-

68 EGMR, Pretty v. The United Kingdom, Reports 2002-III.

69 A.a.O. Siehe zu diesem Urteil auch Rz. 9.90 und 12.5.

behilfe legitime öffentliche Interessen verfolgt würden, v.a. der Schutz von schwachen und verletzlichen Menschen, die eventuell nicht mehr in der Lage seien, einen freien Entscheid zu treffen; zudem sei dieser Eingriff angesichts des hohen Schutzgutes des Lebens verhältnismässig[70].

Im Jahr 2011 bestätigte der EGMR erstmals ausdrücklich, «das Recht einer Person 12.33
darüber zu entscheiden, auf welche Weise und zu welchem Zeitpunkt ihr Leben enden solle, [stelle] einen Aspekt des Rechts auf Privatleben dar, vorausgesetzt sie sei fähig, frei ihren Willen zu manifestieren und dementsprechend zu handeln»[71]. Das Gericht verneinte in diesem Urteil aber das Bestehen einer positiven Verpflichtung eines Staates, welcher ärztlich attestierte Suizide grundsätzlich zulässt, einer sterbewilligen Person auch ohne ärztliches Zeugnis den Zugang zu Medikamenten zu ermöglichen, mit welchen ein würdiger und schmerzloser Suizid durchgeführt werden kann[72]. Er erachtete Art. 8 EMRK jedoch als verletzt, weil ein Staat, welcher die Verschreibung eines tödlichen, zum Suizid geeigneten Mittels aus medizinischen Gründen an sich zulässt, kein Gesetz erlassen hat, das mit der notwendigen Präzision die Bedingungen umschreibt, unter welchen Ärztinnen oder Ärzte dieses Mittel verschreiben dürfen[73].

j) Schutz der reproduktiven Gesundheit

Nach der Rechtsprechung des EGMR und des IAGMR beinhaltet das Recht auf Privat- 12.34
leben als spezifische Ausprägung des Anspruchs, selbständig über zentrale Fragen der Lebensgestaltung zu befinden, auch ein Recht, frei über die Frage der Zeugung von Kindern[74], d.h. sich für Kinder, aber auch gegen eine Elternschaft[75], zu entscheiden, und auch frei über den Ort und die Art der Geburt[76] befinden zu können[77].

---

70 EGMR, Pretty v. The United Kingdom, Reports 2002-III, Ziff. 68 ff.

71 EGMR, Haas v. Switzerland, Reports 2011-I, Ziff. 51, bestätigt in Koch v. Germany, 497/09 (2012), Ziff. 52, und Gross v. Switzerland, 67810/10 (2013), Ziff. 59 f.

72 EGMR, Haas v. Switzerland, Reports 2011-I, Ziff. 52 ff.

73 EGMR, Gross v. Switzerland, 67810/10 (2013), Ziff. 64 ff. Gestützt auf das Subsidiaritätsprinzip liess der EGMR die Frage bewusst offen, ob auch Personen wie die Beschwerdeführerin, die nicht an einer tödlichen Krankheit leiden, die Möglichkeit eingeräumt werden müsse, auf ärztliche Verschreibung dieses Mittel zu erhalten. Auf Begehren der Regierung gelangte dieser Fall vor die Grosse Kammer. Diese trat indes nicht auf die Beschwerde ein, da die Beschwerdeführerin zwischenzeitlich verstorben war; EGMR (Grand Chamber), Gross v. Switzerland, Reports 2014-IV.

74 EGMR (Grand Chamber), Evans v. The United Kingdom, Reports 2007-I, Ziff. 71, und IAGMR, Artavia Murillo et al. (in vitro fertilization) v. Costa Rica, C/257 (2012), Ziff. 143 und 146. Gemäss dem IAGMR wird die Reproduktionsfreiheit überdies durch das Recht auf Gründung einer Familie gemäss Art. 17 Abs. 2 AMRK geschützt.

75 So stellt etwa jede zwangsweise Vaterschaftsfeststellung einen Eingriff in diese Garantie dar, und gemäss dem WSK-Ausschuss fliesst ein Anspruch auf Zugang zu Verhütungsmitteln aus dem Recht auf Gesundheit; General Comment 22 (2016), Ziff. 41.

76 Siehe statt vieler zur EMRK-Konformität eines gesetzlichen Verbots für Medizinalpersonal, während Hausgeburten zu assistieren EGMR (Grand Chamber), Dubská and Krejzová v. Czech Republic, 28859/11 and 28473/12, Reports 2016. Als Verletzung von Art. 8 EMRK erachtete der

aa) Massnahmen zur Geburtenkontrolle

12.35 Einen besonders schweren Eingriff in die reproduktive Freiheit stellt die Vornahme einer Sterilisation ohne Vorliegen einer rechtsgenügenden Einwilligung («informed consent») dar. Der EGMR beurteilte daher die in öffentlichen Spitälern an Romni ohne ihre Zustimmung vorgenommene Sterilisationen einerseits als Verletzung des Verbots der unmenschlichen und erniedrigenden Behandlung[73] und andererseits als Verletzung von Art. 8 EMRK, weil der Staat keine Massnahmen zum Schutz der reproduktiven Gesundheit von Angehörigen der Roma-Minderheit getroffen hatte[79]. Ebenso problematisch erscheinen staatlich angeordnete, nicht konsensuale Abtreibungen bei Schwangeren mit einer geistigen Behinderung[80].

12.36 Trotz Fehlens einer entsprechenden Praxis erscheint vor diesem Hintergrund klar, dass staatliche Geburtenkontrollmassnahmen in den Schutzbereich dieser Garantie fallen und damit vor ihren Schrankenklauseln Bestand haben müssen.

bb) Medizinisch assistierte Fortpflanzung

12.37 Das Recht auf reproduktive Gesundheit beinhaltet auch ein Recht auf Zugang zu Methoden der medizinisch assistierten Fortpflanzung[81]. Der IAGMR kam daher zum Schluss, ein absolutes Verbot der In-vitro-Fertilisation sei nicht verhältnismässig und überdies diskriminierend. Es stelle somit eine Verletzung u.a. von Art. 5 und 11 der AMRK dar[82]. Zurückhaltender präsentiert sich in dieser Frage die Rechtsprechung des EGMR: Im Fall S.H. gegen Österreich hatte die Grosse Kammer darüber zu befinden, ob das österreichische Fortpflanzungsmedizingesetz, welches ein Verbot der Eizellenspende und der In-vitro-Fertilisation mittels Samenzellen von Drittspendern[83] statuiert, das Recht auf Privatleben von verheirateten Personen verletzt, die nur auf diese Weise ihren Kinderwunsch erfüllen können. Trotz Anerkennung eines Trends hin zu einer Liberalisierung künstlicher Fortpflanzungsmethoden in Europa ging der Gerichtshof von einem weiten Ermessensspielraum der Staaten zur Regulierung dieser Frage aus. Gestützt darauf beurteilte es sowohl das Verbot der In-vitro-Fertilisation

---

EGMR auch die ohne Einwilligung erfolgte Anwesenheit von Medizinstudierenden während einer Geburt; EGMR, Konovalova v. Russia, 37873/04 (2014).

77 Der Ausschuss für WSK-Rechte versteht in seinem General Comment 22 (2016) diese Rechte als Bestandteil des Rechts auf sexuelle und reproduktive Gesundheit und damit als Teilgehalt des Rechts auf Gesundheit.

78 So auch MRA, M.T. v. Uzbekistan, 2234/2013 (2015), Ziff. 7.6.

79 Siehe etwa EGMR, V.C. v. Slovakia, Reports 2011-V, Ziff. 100 ff. und 143 ff.

80 Siehe etwa MRA, CO Macedonia (2016), Ziff. 23.

81 IAGMR, Artavia Murillo et al. (in vitro fertilization) v. Costa Rica, C/257 (2012), Ziff. 143 und 146, und EGMR (Grand Chamber), S.H. and Others v. Austria, Reports 2011-V, Ziff. 80–82, sowie Dickson v. The United Kingdom, Reports 2007-V, Ziff. 66. Gemäss dem letztgenannten Urteil kann sich auch eine zu einer langjährigen Haftstrafe verurteilte Person grundsätzlich zu diesem Zweck auf Art. 8 EMRK berufen (a.a.O., Ziff. 67 ff.).

82 IAGMR, Artavia Murillo et al. (in vitro fertilization) v. Costa Rica, C/257 (2012), 157 ff. und insb. Ziff. 314 ff.

83 Nicht aber ein solches der In-vivo-Fertilisation mittels heterologer Samenspende.

mittels heterologer Samenspende wie auch das generelle Verbot der Eizellenspende als verhältnismässigen Eingriff in das Recht auf Privatleben[84]. Als Verletzung des Rechts auf Privatleben taxierte das Gericht hingegen ein gesetzliches Verbot genetischer Untersuchungen von Embryos auf Erbkrankheiten vor ihrer Implantation in den Mutterleib, wenn das Landesrecht gleichzeitig bei Nachweis solcher Erbkrankheiten einen medizinisch indizierten Schwangerschaftsabbruch erlaubt[85]. Ferner fällt auch das Recht, über das Schicksal von Embryos zu bestimmen, die sich ausserhalb des Mutterleibes befinden und nicht (mehr) für eine Einpflanzung vorgesehen sind, in den Schutzbereich von Art. 8 EMRK[86].

Nicht das Verbot der *Leihmutterschaft* an sich, sondern die Frage der Anerkennung von auf diese Weise im Ausland gezeugter und geborener Kinder steht im Fokus einer neueren Rechtsprechung des EGMR: Besteht zwischen den Wunscheltern und dem Kind keine biologische Verwandtschaft und wurde das Kind nur kurze Zeit von ihnen betreut, stellt die Nichterkennung der Elternschaft und die Fremdplatzierung des Kindes im Hinblick auf eine Adoption zwar einen Eingriff, aber keine Verletzung des Rechts auf Privatleben dar[87]. Anders ist unter Kindeswohlerwägungen eine Nichtanerkennung einer im Ausland rechtmässig entstandenen Elternschaft zu beurteilen, wenn das Kind genetisch zumindest von einem Elternteil abstammt und dem Kind durch die Nichtanerkennung ein rechtlich unsicherer Status drohen würde[88]. 12.38

cc) Adoption

Bis heute offen liess der EGMR die Frage, ob das Recht auf Privatleben auch ein selbständiges Recht auf Adoption enthält[89]. Er kam aber zum Schluss, das Recht einer Einzelperson, um eine Adoptionsbewilligung nachzusuchen, falle in das Umfeld dieser Garantie, wenn ein Vertragsstaat die Einzeladoptionen grundsätzlich zulasse[90]. Deshalb könne die Verweigerung einer Adoptionsbewilligung wegen der sexuellen Orien- 12.39

84 EGMR (Grand Chamber), S.H. and Others v. Austria, Reports 2011-V, Ziff. 91–118. Zum umgekehrten Schluss gelangte ein Jahr zuvor eine Kammer des EGMR in diesem Fall.

85 EGMR, Costa and Pavan v. Italy, 54270/10 (2012), Ziff. 58 ff. Die Beschwerdeführer waren Träger der zystischen Fibrose und wollten die mittels homologer Insemination entstandenen Embryos vor ihrer Einpflanzung in den Mutterleib auf das Vorliegen dieser genetischen Erkrankung überprüfen lassen.

86 EGMR (Grand Chamber), Parillo v. Italy, 46470/11, Reports 2015. Konkret beabsichtigte eine Frau, deren Partner nach der Zeugung von Embryos durch In-vitro-Fertilisation verstorben war und die deshalb nicht mehr schwanger werden wollte, diese Embryos der Wissenschaft zur Verfügung zu stellen, was nach italienischem Recht unzulässig war. Der EGMR erachtete dieses Verbot im konkreten Fall als zulässigen Eingriff.

87 EGMR (Grand Chamber), Paradiso and Campanelli v. Italy, 25358/12, Reports 2017. Das Recht auf Familienleben ist gemäss EGMR in dieser Konstellation nicht einschlägig (a.a.O.).

88 EGMR, Mennesson and Others v. France, Reports 2014-III.

89 EGMR (Grand Chamber), E.B. v. France, 43546/02 (2008), Ziff. 46, und X. and Others v. Austria, Reports 2013-II, Ziff. 135.

90 EGMR (Grand Chamber), E.B. v. France, 43546/02 (2008), Ziff. 49, und Schwizgebel v. Switzerland (Chamber), Reports 2010-V, Ziff. 72 ff.

tierung der Gesuchstellerin eine Verletzung des akzessorischen Diskriminierungsverbots von Art. 14 EMRK in Verbindung mit dem Recht auf Privatleben darstellen, falls sich diese Ungleichbehandlung nicht mit legitimen Gründen rechtfertigen lasse[91]. Ebenso stellt ein Verbot der Adoption des Kindes der Partnerin oder des Partners bei nicht ehelichen homosexuellen Gemeinschaften eine Verletzung des akzessorischen Diskriminierungsverbots aufgrund der sexuellen Orientierung dar, wenn das Landesrecht eine solche Adoption bei unverheirateten heterosexuellen Paaren zulässt[92]. Wird im Landesrecht die Stiefkindadoption nur bei verheirateten Ehepaaren erlaubt, nicht aber bei unverheirateten Paaren, liegt hingegen wegen der Sonderstellung der Ehe keine Diskriminierung vor; dies selbst dann, wenn das nationale Recht die gleichgeschlechtliche Ehe nicht erlaubt[93].

dd) Abtreibung

12.40 Auch die Respektierung des gegenteiligen Willens einer Person, d.h. des *Wunsches, keine Kinder zu haben*, fällt gemäss der Strassburger Praxis unter den Schutzbereich dieser einschränkbaren Garantie[94]. Besonders umstritten präsentiert sich dabei die Frage, ob die Entscheidung zum Abbruch einer Schwangerschaft vom Schutzbereich von Art. 8 EMRK erfasst wird: Während die frühere Europäische Kommission für Menschenrechte diese Frage offen liess[95], anerkennt der EGMR seit Kurzem in vorsichtiger Weise, dass die Ausgestaltung der Abtreibungsgesetzgebung eines Vertragsstaates das Recht auf Privatleben einer schwangeren Frau berührt[96]. Gestützt darauf kam er im Fall einer stark kurzsichtigen Frau, der eine Abtreibung untersagt wurde, obwohl die Schwangerschaft gemäss medizinischen Gutachten eine Gefahr für ihr Augenlicht darstellte und das nationale Recht eine Abtreibung bei medizinischer Indikation zuliess, zum Schluss, das Recht auf Privatleben sei verletzt worden. Dies insbesondere weil das nationale Recht keinen effektiven Mechanismus vorsah, um festzustellen, ob die Voraussetzungen für eine rechtmässige Abtreibung erfüllt waren[97]. Im Jahr 2010 bestätigte die Grosse Kammer grundsätzlich diese Auffassung. Sie betonte aber, das Recht auf Privatleben der schwangeren Frau müsse mit gegenläufigen Rechten und Freiheiten, namentlich denjenigen des ungeborenen Kindes, in Einklang gebracht werden[98]. Obwohl damit Art. 8 EMRK kein Recht auf Abtreibung verankere, falle das irische Verbot von Abtreibungen aus gesundheitlichen Indikationen und die Unmöglichkeit, die Voraussetzungen einer legalen Abtreibung feststellen zu lassen, in

91 Die Beschwerde wurde deshalb gutgeheissen. Siehe zum akzessorischen Diskriminierungsverbot vorne Rz. 11.18.

92 EGMR (Grand Chamber), X. and Others v. Austria, Reports 2013-II, Ziff. 111 ff.

93 EGMR, Gas and Dubois v. France, Reports 2012-II, Ziff. 61 ff., sowie EGMR (Grand Chamber), X. and Others v. Austria, Reports 2013-II, Ziff. 105 ff.

94 EGMR (Grand Chamber), Evans v. The United Kingdom, Reports 2007-I, Ziff. 71.

95 EKMR, Brüggemann and Scheuten v. Germany, 6959/75, DR 10 (1977), 100 ff. Siehe zu dieser Problematik auch vorne Rz. 9.86 ff.

96 EGMR, Tysiac v. Poland, Reports 2007-I, Ziff. 106.

97 A.a.O., Ziff. 114 ff.

98 EGMR (Grand Chamber), A, B and C v. Ireland, Reports 2010-VI, Ziff. 213.

den Schutzbereich des Rechts auf Privatleben[99]. Aus dieser Feststellung könne indes nicht geschlossen werden, dass jede Regulierung des Schwangerschaftsabbruchs einen Eingriff in das Recht auf Privatleben darstelle[100]. Konkret erachtete der EGMR die irische Gesetzgebung, die Abtreibungen einzig bei Gefahr für das Leben der werdenden Mutter zulässt, als EMRK-konform, denn sie lasse sich auf das Eingriffsmotiv der öffentlichen Moral stützen und sei, basierend auf dem Entscheidungsspielraum, der den Staaten trotz eines allgemeinen Trends in Europa hin zu liberaleren Abtreibungsregelungen weiterhin zukomme, auch verhältnismässig. Volljährigen Frauen werde es namentlich nicht untersagt, zur Vornahme einer Abtreibung ins Ausland zu reisen[101]. Als Verletzung des Rechts auf Privatleben beurteilte die Grosse Kammer hingegen das Fehlen eines effektiven und zugänglichen Verfahrens in Irland, in welchem festgestellt werden kann, ob eine Abtreibung infolge Gefährdung des Lebens der Mutter legal durchgeführt werden kann[102]. Erst in einem weiteren Urteil aus dem Jahr 2011 hielt der EGMR schliesslich in allgemeinerer Weise fest, die Entscheidung einer schwangeren Frau, die Schwangerschaft fortzusetzen oder nicht, «belongs to the sphere of private life and autonomy»[103], und kam zum Schluss, die Verunmöglichung der Vornahme eines pränatalen genetischen Tests, welcher klären würde, ob die gesetzlichen Voraussetzungen einer Abtreibung gegeben seien, stelle eine Verletzung des Rechts auf Privatleben dar[104].

12.41 Dass die Entscheidung zur Vornahme einer Abtreibung in den Geltungsbereich des Rechts auf Privatleben fällt, anerkennt mittlerweile auch der MRA. Er kritisiert zwar seit langem Staaten, welche Schwangerschaftsabbrüche ganz verbieten oder auf wenige Ausnahmefälle beschränken, dies aber regelmässig unter Hinweis auf die Gefahren illegaler Abtreibungen für das Leben der betroffenen Frauen und damit unter dem Aspekt des Rechts auf Leben[105]. Erst in seiner Praxis zu Individualbeschwerden gewann das Recht auf Privatleben im Kontext von Abtreibungen klarere Konturen: In einem Entscheid über eine Individualbeschwerde befand der MRA im Jahr 2005 erstmals, einer 17-jährigen Frau, die mit einem anencephalischen Fötus schwanger war, der erfahrungsgemäss eine Lebenserwartung von nur wenigen Stunden hat, eine Abtreibung zu untersagen, verstosse nicht nur gegen das Verbot der unmenschlichen Behandlung[106], sondern verletze ebenso das Recht auf Privatleben, weil ihr Entschluss, die

---

99 A.a.O., Ziff. 214.

100 A.a.O., Ziff. 216.

101 A.a.O., Ziff. 229–241. Von entscheidrelevantem Gewicht war überdies die Möglichkeit des Erhalts von Informationen in Irland über Abtreibungen im Ausland und die Gewährleistung der medizinischen Versorgung vor und nach erfolgter Abtreibung im Ausland.

102 A.a.O., Ziff. 250–266.

103 EGMR, R.R. v. Poland, Reports 2011-III, Ziff. 181.

104 A.a.O., insb. Ziff. 188 ff.

105 In seiner neueren Praxis erwähnt der Ausschuss aber regelmässig auch Art. 7 (Verbot der unmenschlichen Behandlung) und 17 (Recht auf Privatleben). Siehe z.B. MRA, CO Poland (2016), Ziff. 23, CO Colombia (2016), Ziff. 23, CO Argentina (2016), Ziff. 11, CO Ireland (2014), Ziff. 9.

106 Dazu vorne Rz. 10.14.

Schwangerschaft zu beenden, auch gemäss anwendbarem nationalem Recht rechtmässig gewesen wäre, sie ihn aber nicht durchsetzen konnte[107]. Zum gleichen Befund gelangte der MRA im Fall der Verweigerung einer Abtreibungsbewilligung gegenüber einer an einer geistigen Behinderung leidenden Jugendlichen, deren geistiger Entwicklungsstand demjenigen einer acht- bis zehnjährigen entsprach, die nach einer Vergewaltigung schwanger wurde, weshalb eine Beendigung der Schwangerschaft gemäss Landesrecht straflos möglich gewesen wäre[108]. Im Jahr 2016 bestätigte er schliesslich in allgemeiner Weise, die Entscheidung einer Frau, ihre Schwangerschaft zu beenden, falle in den Schutzbereich des Rechts auf Privatleben[109] und verletze dieses, wenn der Staat nicht einen vernünftigen Ausgleich zwischen dem Schutz des ungeborenen Lebens und den Rechten der Frau vornehme. Dies sei der Fall, wenn einer Schwangeren eine Abtreibung untersagt werde, obwohl der Fötus nicht überlebensfähig sei[110]. Der FDK-Ausschuss beurteilte die Verschiebung einer medizinisch sofort angezeigten Wirbelsäulenoperation in einem staatlichen Spital wegen der Schwangerschaft der Patientin, welche als 13-Jährige infolge sexuellen Missbrauchs schwanger wurde und sich daher mit einem Sprung von einem Hausdach das Leben nehmen wollte, als Verletzung des Rechts auf Gesundheit[111].

k) Schutz des sozialen Ansehens

12.42 Auch das soziale Ansehen, d.h. die Ehre und der gute Ruf einer Person, sei es individuell[112] oder als Mitglied einer Gruppe[113], fällt unter den Schutzbereich des Rechts auf Privatleben. Dies gilt nicht nur für den Pakt II, der diesen Aspekt bereits im Wortlaut festhält[114], sondern auch für Art. 8 EMRK[115] und Art. 11 AMRK[116]. Der Staat darf folglich dieses Ansehen nicht selber untergraben[117], etwa indem er ohne Vorliegen überzeugender Gründe die psychiatrische Abklärung der Prozessfähigkeit einer Person anordnet[118] oder indem er in einem amtlichen Anzeiger ohne Vorliegen überwiegender

107 MRA, Huamán v. Peru, 1153/2003 (2005), Ziff. 6.3 f.

108 MRA, V.D.A. v. Argentina, 1608/2007 (2011), Ziff. 9.2–9.4.

109 MRA, Mellet v. Ireland, 2324/2013 (2016), Ziff. 7.7, so auch Whelan v. Ireland, 2425/2014 (2017), Ziff. 7.8.

110 MRA, Mellet v. Ireland, 2324/2013 (2016), Ziff. 7.8.

111 FDK-Ausschuss, T.P.F. v. Peru, 22/2009 (2011), Ziff. 8.7 ff. Ähnlich WSK-Ausschuss, General Comment 22 (2016), Ziff. 40.

112 Auch der Schutz des Rufs eines verstorbenen Familienmitglieds ist im Schutz des sozialen Ansehens enthalten und kann von den überlebenden Angehörigen gerügt werden; EGMR, Putistin v. Ukraine, 16882/03 (2013), Ziff. 33.

113 EGMR (Grand Chamber), Aksu v. Turkey, Reports 2012-I, Ziff. 58: «In particular, any negative stereotyping of a group, when it reaches a certain level, is capable of impacting on the group's sense of identity and the feelings of self-worth and self-confidence of members of the group. It is in this sense that it can be seen as affecting the private life of members of the group».

114 MRA, Allakulov v. Uzbekistan, 2430/2014 (2017), Ziff. 7.6.

115 EGMR (Grand Chamber), Aksu v. Turkey, Reports 2012-I, Ziff. 58 ff.

116 IAGMR, Miguel Castro-Castro Prison v. Peru, C/160 (2006), Ziff. 358 ff.

117 MRA, Birindwa and Tshisekedi v. Zaire, 241/1987 and 242/1987 (1989), Ziff. 12.7.

118 MRA, M.G. v. Germany, 1482/2006 (2008), Ziff. 10.1 f.

öffentlicher Interessen offenlegt, dass eine Person für den früheren KGB gearbeitet habe[119]. Zudem muss er gemäss dem MRA Instrumente zum Schutz gegen private Ehrverletzungen zur Verfügung stellen[120]. Hingegen kann sich nicht auf das Recht auf Privatleben berufen, wer einen Reputationsverlust geltend macht, welcher die vorhersehbare Konsequenz eigenen Verhaltens, wie etwa des Begehens einer Straftat, ist[121].

l) Schutz der Wohnung

Art. 17 Pakt II und die regionalen Abkommen[122] anerkennen ausdrücklich ein Recht auf Schutz der Wohnung, welches Schutz gegen staatliche und private Eingriffe etwa in Form der Zerstörung von Wohnraum oder der Zwangsräumung, aber auch vor staatlichen Durchsuchungen gewährt[123]. Gemäss der Praxis des EGMR ist der Begriff Wohnung autonom auszulegen: Entscheidend ist daher nicht die Klassifikation im nationalen Recht. Vielmehr bestimmten faktische Umstände und namentlich die genügend starke und kontinuierliche Verbindung zu einem bestimmten Ort über diese Einstufung, wobei eine erzwungene Abwesenheit diese Verbindung nicht zu zerstören vermag[124]. Über den Wortlaut von Art. 8 EMRK hinaus sind auch Geschäftsräume geschützt[125]. 12.43

Ein besonders interessanter Aspekt dieses Anspruchs besteht darin, dass er – zusammen mit anderen Bereichen des Rechts auf Privatleben – auch vor *schädlichen Immissionen* und vergleichbaren Einflüssen schützt. Damit können Umweltverschmutzungen auch unter menschenrechtlichen Gesichtspunkten relevant werden[126]. Der EGMR hielt in diesem Sinne fest, eine Wohnung sei der physisch abgegrenzte Bereich, wo sich das Privat- und Familienleben abspiele. Das Recht auf Wohnung schütze aber nicht nur das Recht auf diesen physischen Bereich, sondern gewähre auch einen Anspruch auf ungestörten Gebrauch der Wohnung. Eine Verletzung des Rechts auf Wohnung könne daher nicht nur ein unautorisiertes Eindringen in die Wohnung darstellen, sondern auch Lärm, Luftschadstoffe, Gerüche und andere Beeinträchtigungen[127]. 12.44

---

119 EGMR, Sõro v. Estonia, 22588/08 (2015), Ziff. 56 ff.

120 MRA, General Comment 16 (1988), Ziff. 11, und Allakulov v. Uzbekistan, 2430/2014 (2017), Ziff. 7.6. Zurückhaltender EGMR, Karakó v. Hungary, 39311/05 (2009), Ziff. 17 ff.

121 EGMR (Grand Chamber), Gillberg v. Sweden, 41723/06 (2012), Ziff. 67.

122 Art. 8 EMRK; Art. 11 Abs. 2 AMRK; Art. 21 ArCMR.

123 Siehe etwa MRA, Rojas Garcia v. Colombia, 687/1996 (2001), Sultanova v. Uzbekistan, 915/2000 (2006), Ziff. 7.9, Naidenova et al. v. Bulgaria, 2073/2011 (2012), Ziff. 14.2, und I Elpida v. Greece, 2242/2013 (2017), Ziff. 12.2 ff.; EGMR, Moldovan and Others v. Romania (No. 2), Reports 2005-VII, Ziff. 102 ff., und IAGMR, Barrios Family v. Venezuela, C/237 (2011), Ziff. 140 ff. Siehe dazu auch vorne Rz. 12.6.

124 EGMR (Grand Chamber), Sargsyan v. Azerbaijan, 40167/06, Reports 2015, Ziff. 253 f.

125 EGMR, Niemietz v. Germany, A/251-B (1992), Ziff. 27 ff., und Sallinen and Others v. Finland, 50882/99 (2005), Ziff. 89 ff.

126 EGMR (Grand Chamber), Tahsin Acar v. Turkey, Reports 2004-III (Emissionen aus einer Goldmine).

127 EGMR, Giacomelli v. Italy, Reports 2006-XII, Ziff. 76. Ähnlich Hatton and Others v. The United Kingdom (Grand Chamber), Reports 2003-VIII, Ziff. 96.

Vertiefung: Der Schutz des Privatlebens und der Schutz der Umwelt

12.45 Der EGMR begann Mitte der 1990er Jahre aus der Garantie des Schutzes der Wohnung und des Privatlebens einen Anspruch auf Schutz vor schädlichen Immissionen, und damit wenigstens ein Stück weit auf eine gesunde Umwelt, abzuleiten. Im *López-Ostra-Fall* entschied der Gerichtshof, Spanien habe Art. 8 EMRK verletzt, weil die zuständigen Behörden nicht intervenierten, als ein Betrieb begann, Abfälle von Gerbereien in einer Art zu behandeln, die übel riechende Dämpfe freisetzte, welche die Gesundheit von Frau López-Ostra und ihrer Familie beeinträchtigte. Indem der Staat passiv blieb, unterliess er es, einen fairen Ausgleich zwischen dem öffentlichen Interesse der betreffenden Stadt am Betrieb einer abfallverarbeitenden Anlage und dem Interesse der Beschwerdeführerin am effektiven Genuss ihres Rechts auf Schutz der Wohnung und ihres Privat- bzw. Familienlebens zu finden[128].

12.46 In *Guerra gegen Italien* hatten die kommunalen Behörden nichts getan, um die Risiken der Produktion von Dünger nahe der Stadt Manfredonia zu reduzieren, obwohl die Zentralregierung diese als «hoch» eingestuft hatte. Der EGMR betonte, dass ernsthafte Umweltverschmutzungen das Wohlbefinden von Individuen beeinträchtigen und sie vom Genuss ihrer Wohnung in einem Ausmass abhalten können, dass eine Verletzung ihres Anspruchs auf Schutz des Privat- und Familienlebens vorliege. Überdies hätten die Behörden Art. 8 EMRK auch dadurch verletzt, dass sie den Beschwerdeführern die Informationen über die Risiken der Anlage nicht aushändigten, welche diesen erlaubt hätte, das Risiko eines weiteren Verbleibs in Manfredonia für sie und ihre Familie abzuschätzen[129].

12.47 Im *Hatton-Fall* kam zuerst eine Kammer des EGMR zum Schluss, das Vereinigte Königreich habe seine Pflicht missachtet, vernünftige und angemessene Massnahmen zum Schutz der Rechte der Beschwerdeführer gemäss Art. 8 EMRK zu ergreifen, als die zuständigen Behörden dem Flughafen Heathrow eine grosse Zahl von Nachtflügen erlaubten, ohne die Auswirkungen auf den Schlaf der Bevölkerung in den Anflugschneisen zu untersuchen[130]. Die Grosse Kammer bestätigte die Anwendbarkeit von Art. 8 auf diesen Fall von Lärmimmissionen, beurteilte den Sachverhalt aber anders und kam zum Schluss, die Lärmschutzmassnahmen der Regierung hätten genügt[131].

12.48 Im Fall *Taşkın und andere gegen die Türkei* hatte sich der Gerichtshof mit Emissionen einer privaten Goldmine zu befassen. Er bestätigte seine Praxis und entschied, die Behörden hätten Art. 8 EMRK verletzt, indem sie entgegen Expertenberichten, die vor den schädlichen Folgen für die Umwelt und die lokale Bevölkerung warnten, den Abbau von Gold mit Natriumzyanid erlaubten und die Mine auch dann nicht schlossen, als das höchste Verwaltungsgericht gestützt auf die Expertenberichte entschied, der Betrieb der Mine sei rechtswidrig[132].

128 EGMR, López-Ostra v. Spain, A/303C (1994), Ziff. 58.

129 EGMR, Guerra and Others v. Italy (Grand Chamber), Reports 1998-I (1998), Ziff. 60.

130 EGMR, Hatton and Others v. The United Kingdom, 36022/97 (2001), Ziff. 95.

131 EGMR (Grand Chamber), Hatton and Others v. The United Kingdom, Reports 2003-VIII, Ziff. 120 ff.

132 EGMR, Taşkın and Others v. Turkey, Reports 2004-X, Ziff. 108 ff. Siehe auch Moreno Gómez v. Spain, Reports 2004-X, Ziff. 53–63 (Verletzung von Art. 8 EMRK, weil die Behörden sich weigerten, gegen nächtliche Lärmbelästigungen durch Diskotheken einzuschreiten, obwohl die Grenzwerte für Lärmimmissionen während längerer Zeit massiv überschritten wurden).

Im Fall *Fadeyeva gegen Russland*[133] stand die Zulässigkeit von Emissionen aus einer ehemals staatlichen Stahlschmelze zur Diskussion. Die Beschwerdeführerin wohnte in einer kommunalen Wohnung, für welche ein Mietzins weit unterhalb des marktüblichen Preises bezahlt werden musste. Ihre Wohnung lag, wie viele andere, in einer Sicherheitszone, die sich um das Stahlwerk erstreckte, und in welcher die gesundheitsgefährdenden Emissionen die gesetzlich zulässigen Werte massiv überschritten. Aus diesem Grund durften in diesem Gebiet eigentlich keine Menschen wohnen. Ein russisches Gericht befand daher, der Beschwerdeführerin sei mit Priorität eine Wohnung ausserhalb dieser Zone zuzuweisen. In der Folge wurde sie mit der Nummer 6820 auf eine Warteliste gesetzt. In den folgenden fünf Jahren unternahmen indes die zuständigen Behörden keine Massnahmen zur Umsiedelung der Bewohner der Sicherheitszone. Der Gerichtshof kam daher zum Schluss, auch wenn aus Art. 8 EMRK keine Verpflichtung fliesse, der Beschwerdeführerin unentgeltlich Wohnraum zur Verfügung zu stellen, und es nicht Aufgabe des Gerichtshofes sei, Russland die genauen Massnahmen zur Umsetzung seiner positiven Verpflichtungen aus dieser Garantie vorzuschreiben, stelle die Weigerung, die Beschwerdeführerin zu unterstützen, um eine Wohnung zu einem vergleichbaren Preis ausserhalb der Sicherheitszone zu finden, eine Verletzung von Art. 8 EMRK dar. 12.49

Auch im Fall *Giacomelli gegen Italien*[134] stand die Vereinbarkeit von Emissionen, konkret aus einer Anlage zur Lagerung und Behandlung von Sondermüll, mit dem Recht auf Privatleben zur Diskussion. Die Beschwerdeführerin, die seit Jahren wenige Meter neben dieser Anlage wohnt, rügte konkret die Zulässigkeit verschiedener staatlicher Bewilligungen, welche eine massive Vergrösserung der Kapazitäten dieser Anlage erlaubten. Der Gerichtshof kam zum Schluss, Art. 8 EMRK sei verletzt worden, weil diese Bewilligungen entgegen den landesrechtlichen Vorgaben ohne vorgängige Umweltverträglichkeitsprüfungen erteilt worden waren und die zuständigen Behörden sich mehrere Jahre weigerten, diese Anlage bis zur Erfüllung der gesetzlichen Vorgaben stillzulegen, obwohl nationale Gerichte die Rechtswidrigkeit der Bewilligungen festgestellt hatten[135]. 12.50

Im Fall *Di Sarno und andere gegen Italien* war schliesslich zu beurteilen, ob die monatelange Weigerung der von mit der Müllentsorgung beauftragten Privaten in einer italienischen Provinz, den Haushaltsmüll einzusammeln und zu entsorgen, einer Verletzung des Rechts auf Privatleben gleichkommt. Angesichts der Gefahren für die Gesundheit der Bevölkerung kam der EGMR zum Schluss, das fehlende Aktivwerden der Behörden zur Beendigung der sog. Müllkrise stelle nicht nur einen Eingriff, sondern auch eine Verletzung dieser Garantie dar[136]. 12.51

m) Schutz der Korrespondenz

Einen spezifischen Aspekt des Schutzes vor staatlicher Überwachung verankern Art. 17 Pakt II und die regionalen Abkommen[137] mit dem Recht auf Achtung des Schriftverkehrs. Dieser Teilgehalt des Rechts auf Privatleben schützt auch moderne 12.52

---

133 EGMR, Fadeyeva v. Russia, Reports 2005-IV.

134 EGMR, Giacomelli v. Italy, Reports 2006-XII.

135 Siehe für einen ähnlichen Sachverhalt auch EGMR, Tătar v. Romania, 67021/01 (2009).

136 EGMR, Di Sarno and Others v. Italy, 30765/08 (2012).

137 Art. 8 Abs. 1 EMRK; Art. 11 Abs. 2 AMRK; Art. 21 ArCMR.

Formen der Kommunikation, selbst wenn sie vom Arbeitsplatz aus getätigt wird[138], und begründet damit ein umfassendes Menschenrecht auf ungestörte Korrespondenz. Die einschlägige Praxis beschlägt indes primär die Frage der Zulässigkeit der Einschränkung des Briefverkehrs von und mit inhaftierten Personen[139]. Eine besonders strenge Beachtung des Verhältnismässigkeitsprinzips ist dabei bei einer Kontrolle der Korrespondenz mit Anwältinnen und Ärzten geboten[140]. Ebenfalls um einen Eingriff resp. um eine Verletzung von Art. 8 EMRK handelt es sich bei einem Verbot, mit Familienangehörigen aus dem Gefängnis telefonisch in der kurdischen Muttersprache zu sprechen[141], und bei der Verpflichtung Inhaftierter, Briefe in der Sprache einer nationalen Minderheit auf eigene Kosten übersetzen zu lassen[142].

n) Schutz im Arbeitsumfeld

12.53 Nach konstanter Praxis des EGMR umfasst das Recht auf Privatleben weder ein Recht auf Zugang zum öffentlichen Dienst noch die Berufswahlfreiheit[143]. Trotzdem gelangte der Gerichtshof zum Schluss, dass etwa gesetzlich vorgesehene Verbote für ehemalige KGB-Agenten[144] oder in Konkurs geratene Personen[145] zur Ausübung verschiedener Berufe in der Privatwirtschaft, die mehrjährige Suspension eines Polizeibeamten, dem während dieser Zeit jegliche entgeltliche Beschäftigung untersagt wurde[146], die Entlassung eines Richters am Obersten Gerichtshof wegen Eidbruchs[147] oder die Entlassung einer staatlichen Sicherheitsbeamtin[148], den Geltungsbereich oder zumindest das Umfeld (ambit) dieser Garantie tangieren, da solche Entscheide regelmässig erhebliche Auswirkungen auf das Sozialleben der Betroffenen haben. Darüber hinaus gewinnt das Recht auf Privatleben auch im privatrechtlichen Arbeitsumfeld durch die Anerkennung staatlicher Schutzpflichten zunehmend an Bedeutung[149].

---

138 EGMR, Copland v. The United Kingdom, Reports 2007-I, Ziff. 41 (öffentlicher Arbeitgeber), und Bărbulescu v. Romania (Grand Chamber), 61496/08, Reports 2017, Ziff. 65 ff. (privater Arbeitgeber).

139 MRA, Pinkney v. Canada, 27/1978 (1981); EGMR, Rinzivillo v. Italy, 31543/96 (2000), Ziff. 25 ff., und Erdem v. Germany, 38321/97 (2001), Ziff. 53 ff. Der EGMR hielt dazu in Campbell v. The United Kingdom, A/233 (1992), Ziff. 47, fest: «[T]he prison authorities may open a letter from a lawyer to a prisoner when they have reasonable cause to believe that it contains an illicit enclosure which the normal means of detection have failed to disclose. The letter should, however, only be opened and should not be read. Suitable guarantees preventing the reading of the letter should be provided, eg opening the letter in the presence of the prisoner».

140 A.a.O., und EGMR, Szuluk v. The United Kingdom, Reports 2009-III.

141 Konkret betrifft das Urteil ein generelles Verbot in der Türkei, Telefonate aus Gefängnissen in kurdischer Sprache zu führen; EGMR, Kaya and Others v. Turkey, Reports 2014-II.

142 EGMR, Özen and Others v. Turkey, 15672/08 etc. (2011).

143 Siehe EGMR, D.M.T. and D.K.T. v. Bulgaria, 29476/06 (2012), Ziff. 102.

144 EGMR, Sidabras and Džiautas v. Lithuania, Reports 2004-VIII, Ziff. 47 f.

145 EGMR, Albanese v. Italy, 77924/01 (2006), Ziff. 54.

146 EGMR, D.M.T. and D.K.T. v. Bulgaria, 29476/06 (2012), Ziff. 103.

147 EGMR, Oleksandr Volkov v. Ukraine, Reports 2013-I, Ziff. 165 ff.

148 EGMR, Boyraz v. Turkey, 61960/08 (2014), Ziff. 43 ff.

149 Siehe dazu hinten Rz. 12.61.

o) Schutz weiterer Bereiche?

Da für im Ausland lebende Staatsangehörige der Besitz gültiger Identitätspapiere eine wichtige Voraussetzung für die Gestaltung des Alltagslebens darstellt, stellt die Verweigerung der Ausstellung oder Verlängerung des Reisepasses von Personen mit Wohnsitz im Ausland einen Eingriff in Art. 8 EMRK dar[150]. Ebenso beurteilt der EGMR die Verpflichtung von Spitzensportlerinnen und –sportlern, einer staatlichen Stelle zum Zwecke der Dopingbekämpfung jeweils eine halbes Jahr im Voraus den Aufenthaltsort bekannt zu geben[151]. 12.54

Wie weit die internationalen Überwachungsorgane bereit sind, weitere Aspekte der persönlichen Lebensgestaltung unter den Schutzbereich dieses Rechts zu subsumieren, muss gegenwärtig offenbleiben. Hingegen erscheint gesichert, dass das Recht auf Privatleben trotz seines mittlerweile sehr weiten Schutzbereichs keine allgemeine Handlungsfreiheit gewährleistet. 12.55

2. Unterlassungspflichten

Das Recht auf Privatleben verpflichtet die Vertragsstaaten primär dazu, Eingriffe in die Privatsphäre, die körperliche und psychische Integrität sowie die freie Gestaltung der Kontakte mit Mitmenschen zu unterlassen. Diese Unterlassungspflicht ist nicht absolut. Während Art. 8 EMRK gestützt auf eine gesetzliche Grundlage Eingriffe in die Garantie zur Verfolgung öffentlicher Interessen resp. zum Schutz der Rechte von Drittpersonen in verhältnismässiger Weise erlaubt, verbieten Art. 17 Pakt II, Art. 11 Abs. 2 AMRK und Art. 21 ArCMR «willkürliche» Eingriffe in diese Garantien. Der MRA und der IAGMR legen diesen Begriff in einer Weise aus, welche einer Schrankenklausel nahe kommt, indem sie Eingriffe in die geschützten Positionen nur für rechtmässig erachten, falls sie sich auf eine landesrechtliche Grundlage stützen können, die ihrerseits den Zielen und Grundlagen des Pakts II resp. der AMRK entspricht und zur Erreichung dieser Ziele notwendig und zumutbar ist[152]. 12.56

Die Praxis des EGMR anerkennt den Schutz der öffentlichen Moral als legitimes Eingriffsmotiv im Bereich des Jugendschutzes und etwa im Bereich der Regulierung der Zulässigkeit der Abtreibung[153], nicht aber im Fall eines Verbotes privater Beziehungen 12.57

---

150 EGMR, M. v. Switzerland, 41199/06 (2011), Ziff. 57. Die Verlängerung des Passes wurde dem Beschwerdeführer verweigert, weil er in seinem Heimatstaat wegen Betrugs gesucht und auf diese Weise zur Rückkehr gezwungen werden sollte. Der EGMR erachtete diese Massnahme als EMRK-konform. Zur Praxis des MRA bei Passverweigerungen siehe Rz. 4.50.

151 EGMR, National Federation of Sports Associations and Unions (FNASS) and Others v. France, 48151/11 and 77769/13, Reports 2018, Ziff. 155 ff. Der EGMR erachtete diesen Eingriff aber als gerechtfertigt (a.a.O., 160 ff.)

152 MRA, General Comment 16 (1988), Ziff. 3, Toonen v. Australia, 488/1992 (1994), Ziff. 8.3, und Naidenova et al. v. Bulgaria, 2073/2011 (2012), Ziff. 14.3, sowie IAGMR, Donoso v. Panama, C/193 (2009), Ziff. 56 und 75 ff.

153 EGMR (Grand Chamber), A, B and C v. Ireland, Reports 2010-VI, Ziff. 222 ff.

irgendwelcher Art (inklusive homosexueller Beziehungen) zwischen Erwachsenen[154]. Beschränkungen der körperlichen und psychischen Integrität sowie Abhörmassnahmen können sich auf das Motiv der öffentlichen Ordnung resp. der nationalen Sicherheit stützen. Wirtschaftliche Gründe werden von Staaten zur Rechtfertigung eines Eingriffs häufig angeführt, falls lästige oder schädliche Immissionen, wie z.B. diejenigen eines Grossflughafens[155], das Recht auf Privatleben tangieren. Angesichts der Offenheit dieser Motive erstaunt es wenig, dass in der Praxis die Existenz eines zulässigen Eingriffsmotivs meist bejaht und der Fall regelmässig auf der Grundlage des Verhältnismässigkeitsprinzips entschieden wird.

12.58 Von besonderer Bedeutung ist das in Art. 17 Pakt II implizit und in Art. 8 EMRK im Text enthaltene Eingriffsmotiv des Schutzes der Rechte und Freiheiten anderer Personen. Es ermöglicht den Staaten, ihre Schutzpflichten bei Übergriffen Dritter wahrzunehmen und Massnahmen zur Verhütung häuslicher Gewalt, von Misshandlung von Kindern und anderer Übergriffe im privaten Umfeld zu ergreifen, welche ohne Eindringen in die Wohnung, Abhören von Telefongesprächen und ähnlichen Eingriffen in das Privatleben nicht möglich wären.

3. Schutzpflichten

12.59 Angesichts der offenkundigen Tatsache, dass Bedrohungen der Privatsphäre häufiger von Drittpersonen als vom Staat ausgehen, erstaunt es wenig, dass das Recht auf Privatleben sowohl gemäss Art. 17 Abs. 2 Pakt II wie auch gemäss Art. 11 Abs. 3 AMRK und Art. 21 Abs. 2 ArCMR die Staaten explizit zum gesetzlichen Schutz des Privatlebens verpflichtet und damit ausdrücklich eine Pflicht des Staates statuiert, diese Positionen auch im Verhältnis zwischen Privaten zu schützen[156]. Trotz Fehlens einer expliziten Belegstelle im Text von Art. 8 EMRK anerkennt auch die Strassburger Rechtsprechung eine entsprechende Verpflichtung. So bestätigte das Gericht bereits im Jahr 1985, die Staaten seien verpflichtet, gerichtliche Verfahren zur Sanktionierung sexueller Übergriffe durch Drittpersonen vorzusehen[157]. In einem weiteren Urteil erachtete der EGMR die aus Art. 8 EMRK fliessenden Schutzpflichten als verletzt, weil die nationale Gesetzgebung es verunmöglichte, den Provider einer Website zu zwingen, den Namen derjenigen Person bekanntzugeben, die im Namen eines damals zwölfjährigen Knaben und ohne dessen Wissen ein sexuell anzügliches Inserat auf

154 Siehe z.B. EGMR, Dudgeon v. The United Kingdom, A/45 (1981), Ziff. 47 und 60 f., und A.D.T. v. The United Kingdom, Reports 2000-IX, Ziff. 31 ff. Im Urteil Laskey, Jaggard and Brown v. The United Kingdom, Reports 1997-I, befand der EGMR, die strafrechtliche Verurteilung für sado-masochistische Handlungen, die mit Einverständnis aller Beteiligten erfolgten, könne mit dem Argument des Schutzes der Gesundheit gerechtfertigt werden.

155 EGMR, Hatton and Others v. The United Kingdom, 36022/97 (2001), und das Revisionsurteil der Grand Chamber, Reports 2003-VIII.

156 MRA, General Comment 16 (1988), Ziff. 1 und 6.

157 EGMR, X. and Y. v. The Netherlands, A/91 (1985), Ziff. 23. So auch Söderman v. Sweden (Grand Chamber), Reports 2013-VI, Ziff. 78 ff. (fehlende Möglichkeit, das heimliche Filmen eines nackten Kindes strafrechtlich zu ahnden).

einer Kontaktseite publizierte[158]. Ebenso ist der Staat etwa gehalten, Private gegen Rufschädigungen durch andere Private unter Beachtung der Vorgaben der Meinungsäusserungsfreiheit zu schützen[159].

Staaten sind auch verpflichtet, etwa mittels polizeilicher Massnahmen, die physische Integrität vor Bedrohungen durch Privatpersonen zu schützen. In diesem Sinn gewinnt das Recht auf Privatleben zunehmend an Bedeutung als Grundlage staatlicher Verpflichtungen zur Prävention häuslicher Gewalt[160]. Als Verletzung der durch Art. 8 EMRK geschützten psychischen Integrität einer Mutter beurteilte der EGMR auch die ungenügenden staatlichen Massnahmen zum Schutz ihres behinderten Sohnes vor Belästigungen durch Kinder und Jugendliche[161]. 12.60

Schliesslich haben die Staaten dafür besorgt zu sein, dass das Recht auf Privatleben auch in privaten Arbeitsverhältnissen respektiert wird. Konkret hatte der EGMR etwa zu klären, ob Deutschland Art. 8 EMRK missachtet hat, weil die nationalen Gerichte die Kündigung eines Organisten durch eine katholische Kirchgemeinde wegen dessen Scheidung und der anschliessenden Zeugung eines Kindes mit seiner neuen Partnerin, mit der er nicht verheiratet war, guthiessen. Gestützt auf eine Abwägung zwischen den Interessen des Beschwerdeführers und dem Recht der katholischen Ortskirche auf Religionsfreiheit und Vereinigungsfreiheit kam der EGMR zum Schluss, Deutschland habe dem Beschwerdeführer den notwendigen Schutz verweigert, da dieser als Organist keinen gesteigerten Loyalitätsverpflichtungen unterworfen war und eine Verpflichtung, nach einer Scheidung abstinent zu leben, den Kern des Rechts auf Privatleben berühren würde[162]. Ebenso missachtet ein Staat Art. 8 EMRK, wenn er nicht dafür sorgt, dass Arbeitnehmende in privaten Arbeitsverhältnissen vor Berufsrisiken ausreichend geschützt werden[163]. In seiner jüngsten Praxis beschäftigte sich der 12.61

158 EGMR, K.U. v. Finland, Reports 2008-V, insb. Ziff. 40 ff.

159 Siehe etwa EGMR, Sousa Goucha v. Portugal, 70434/12 (2016), Ziff. 40 ff., und hinten Rz. 17.11 f.

160 Siehe etwa EGMR, Bevacqua and S. v. Bulgaria, 71127/01 (2008), und A. v. Croatia, 55164/08 (2010). Siehe zu dieser Thematik auch vorne Rz. 11.64 ff.

161 EGMR, Đorđević v. Croatia, Reports 2012-V, Ziff. 97 und 151–153. Gegenüber dem Sohn der Beschwerdeführerin gelangte der EGMR zum Schluss einer Verletzung der aus Art. 3 EMRK fliessenden Schutzpflichten; siehe dazu Rz. 10.31.

162 EGMR, Schüth v. Germany, Reports 2010-V. Keine Verletzung der aus Art. 8 EMRK fliessenden Schutzpflichten lag demgegenüber im Fall eines Kaderangestellten der Mormonen-Kirche vor, dessen Arbeitsverhältnis infolge einer ausserehelichen Beziehung gemäss den nationalen Gerichten rechtmässig aufgelöst wurde. Denn der Beschwerdeführer habe sich angesichts seiner Position zu einer verstärkten Loyalität gegenüber den religiösen Vorgaben seines ehemaligen Arbeitgebers verpflichtet, die ihrerseits nicht im Widerspruch zur Rechtsordnung stünden; EGMR, Obst v. Germany, 425/03 (2010), Ziff. 39 ff. Ebenfalls nicht als Verletzung taxierte der EGMR die Nichtverlängerung der Anstellung eines katholischen Religionslehrers durch den Bischof, nachdem dieser öffentlich bekannt gemacht hatte, er habe trotz seiner Stellung als Priester geheiratet; EGMR (Grand Chamber), Fernández Martínez v. Spain, Reports 2014-II, Ziff. 114 ff.

163 EGMR, Vilnes and Others v. Norway, 52806/09 and 22703/10 (2013), Ziff. 219 ff.

EGMR verschiedentlich mit der Überwachung von Angestellten durch ihren privaten Arbeitgeber resp. der Verpflichtung des Staates, Schutz vor solchen Aktivitäten zu gewähren: Er gelangte etwa zum Schluss, dass die gerichtliche Bestätigung der Beendigung eines privatrechtlichen Arbeitsverhältnisses, welche wesentlich auf der Überwachung des Internetgebrauchs des Arbeitnehmenden beruhte[164], und ein mangelnder staatlicher Schutz vor heimlicher Videoüberwachung von Kassiererinnen in einem Supermarkt diese Garantie verletzen[165].

4. Gewährleistungspflichten

12.62 Schliesslich fliessen auch aus Art. 17 Pakt II resp. Art. 8 EMRK staatliche Gewährleistungspflichten. Staaten sind z.B. allgemein gehalten, Rechtsmittel zum Schutz dieser individuellen Rechtspositionen zur Verfügung zu stellen oder bauliche Massnahmen zum Schutz einer gewissen Privatsphäre von Inhaftierten zu ergreifen.

12.63 Die Abgrenzung zwischen Unterlassungs- und Gewährleistungspflicht ist nicht immer einfach. Soll beispielsweise die Nichtbewilligung eines Namenswechsels sachgerechter als Verletzung der Pflicht zur Respektierung des Privatlebens oder als unrechtmässige Verweigerung einer staatlichen Leistung, nämlich der Aufnahme des neuen Namens in ein Register, verstanden werden? Gleichgelagerte Problemstellungen ergeben sich hinsichtlich der Verpflichtung, Adoptivkindern den Namen der leiblichen Eltern bekanntzugeben[166].

Beispiel: Das Urteil Odièvre gegen Frankreich des EGMR[167]

12.64 Dass gerade im Bereich des Schutzes des Privatlebens Unterlassungs-, Schutz- und Gewährleistungspflichten häufig in komplexer Form miteinander verflochten sind und

164 EGMR (Grand Chamber), Bărbulescu v. Romania, 61496/08, Reports 2017, Ziff. 69 ff.

165 EGMR, López Ribalda and Others v. Spain, 1874/13 and 8567/13 (2018), Ziff. 58 ff.

166 Der EGMR umschreibt diese Schwierigkeit mit folgender Standardformulierung: «The Court recalls that the essential object of Article 8 is to protect the individual against arbitrary action by the public authorities. There may in addition be positive obligations inherent in an effective ‹respect› for family life. However, the boundaries between the State's positive and negative obligations under this provision do not lend themselves to precise definition. The applicable principles are, none the less, similar. In both contexts regard must be had to the fair balance that has to be struck between the competing interests of the individual and of the community as a whole; and in both contexts the State enjoys a certain margin of appreciation [...]»; Keegan v. Ireland, A/290 (1994), Ziff. 49. Ähnlich auch EGMR (Grand Chamber), Dickson v. The United Kingdom, Reports 2007-V, Ziff. 69 ff.

167 EGMR (Grand Chamber), Odièvre v. France, Reports 2003-III, Ziff. 44 ff. Für einen vergleichbaren, ähnlich komplexen Sachverhalt siehe das Urteil der Grand Chamber des EGMR im Fall Evans v. The United Kingdom, Reports 2007-I, Ziff. 71 ff. Hier hatte der EGMR darüber zu befinden, ob eine britische Regelung, wonach sowohl die Eispenderin als auch der Samenspender während des Verfahrens der In-vitro-Fertilisation vor der Einpflanzung der befruchteten Eizellen je individuell über die Zerstörung dieser Zellen entscheiden kann, mit Art. 8 EMRK konform sei. Mit anderen Worten stellte sich die Frage, ob Art. 8 EMRK, wie vom britischen Recht ohne schwierige und mehrschichtige Verhältnismässigkeitsabwägungen auf verschiedenen Ebenen ein sachgerechter Entscheid nicht möglich ist, zeigt exemplarisch das Urteil Odièvre des EGMR. Dabei ging es um die Beschwerde eines adoptierten Kindes, welches die Menschenrechtskonformität einer französischen Regelung bestritt, die Müttern unter gewissen Bedingungen erlaubt, ihr Kind anonym auf die Welt zu bringen, und damit verhindert, dass das Kind die Identität der Mutter erfahren kann:

«The expression ‹everyone› in Article 8 of the Convention applies to both the child and the mother. On the one hand, people have a right to know their origins, [...]. The child's vital interest in its personal development is also widely recognised in the general scheme of the Convention [...]. On the other hand, a woman's interest in remaining anonymous in order to protect her health by giving birth in appropriate medical conditions cannot be denied. In the present case, the applicant's mother never went to see the baby at the clinic and appears to have greeted their separation with total indifference [...]. The Court's task is not to judge that conduct, but merely to take note of it. The two competing interests with which the Court is confronted in the present case are not easily reconciled; [...].

In addition to that conflict of interest, the problem of anonymous births cannot be dealt with in isolation from the issue of the protection of third parties, essentially the adoptive parents, the father and the other members of the natural family. The Court notes in that connection [...] that non-consensual disclosure could entail substantial risks, not only for the mother herself, but also for the adoptive family [...], and her natural father and siblings, each of whom also has a right to respect for his or her private and family life.

There is also a general interest at stake, as the French legislature has consistently sought to protect the mother's and child's health during pregnancy and birth and to avoid abortions, in particular illegal abortions, [...]. The right to respect for life, a higher-ranking value guaranteed by the Convention, is thus one of the aims pursued by the French system.

The Court observes that in the present case the applicant was given access to non-identifying information about her mother [...] that enabled her to trace some of her roots, while ensuring the protection of third-party interests.

The French legislation [...] seeks to strike a balance and to ensure sufficient proportion between the competing interests. [...] Overall, the Court considers that France has not overstepped the margin of appreciation which it must be afforded in view of the complex and sensitive nature of the issue of access to information about one's origins, [...]. Consequently, there has been no violation of Article 8 of the Convention».

---

vorgesehen, bei entsprechendem Willen des Samenspenders die Vernichtung der Eizellen nahelegt, und so seinen Anspruch schützt, nicht gegen seinen Willen Vater zu werden, oder ob dem ebenfalls durch Art. 8 EMRK geschützten Anspruch der Eispenderin, ihr die Eizellen einzupflanzen und Mutter zu werden, Vorrang einräumt. Angesichts des unauflösbaren Widerspruchs zwischen den beiden Ansprüchen kam die Grosse Kammer zum Schluss, die britische Regelung habe einen fairen Ausgleich zwischen diesen privaten und den öffentlichen Interessen getroffen und sei daher auch im Lichte des von Art. 8 EMRK den Staaten eingeräumten margin of appreciation nicht zu beanstanden.

III. Das Recht auf Schutz des Familienlebens

Rechtsquellen: Art. 12 AEMR; Art. 10 Abs. 1 Pakt I; Art. 17 und 23 Abs. 1 Pakt II; Art. 16 Abs. 1 FDK; Art. 16 KRK; Art. 23 BRK; Art. 8 EMRK; Art. 17 Abs. 1 AMRK; Art. 18 Abs. 1 AfCRMV; Art. 33 ArCMR.

Vergleichsweise weniger vielschichtig ist die Garantie des Schutzes des Familienlebens. Allerdings setzt ihre Anwendung zunächst Klarheit über den Begriff der Familie voraus, was angesichts der Vielfalt der Formen familiären Zusammenlebens in verschiedenen Kulturen nicht einfach ist.

1. Der Begriff der Familie

12.65 Wegen der universellen Geltung des Pakts definiert der MRA den Familienbegriff von Art. 17 und Art. 23 Pakt II nicht abstrakt, sondern subsumiert darunter alle Beziehungen zwischen Personen, die in der jeweiligen Gesellschaft als Familie betrachtet werden[168]. Damit bestimmt primär das nationale Recht den sachlichen Geltungsbereich des Rechts auf Familienleben. Konkret versagte der MRA einem lesbischen Paar aus Neuseeland im Jahr 2002 die Anerkennung als Familie[169]. Er erklärte sich aber andererseits in einem Entscheid gegen Frankreich bereit, im Einklang mit der polynesischen Kultur im französischen Überseeterritorium Tahiti, auch die Beziehung zu verstorbenen Vorfahren unter den Familienbegriff zu subsumieren[170].

12.66 Der EGMR kann – angesichts einheitlicherer Kulturtraditionen in Europa – den Begriff der Familie präziser fassen. Er anerkennt als Familie eheliche und stabile aussereheliche Gemeinschaften zwischen Mann und Frau[171] und seit einer im Jahr 2010 erfolgten Praxisänderung auch gleichgeschlechtliche Partnerschaften[172]. Darüber hinaus fallen unter den Begriff der Familie die Beziehung der Eltern zu ihren Kindern und auch der Grosseltern zu ihren Enkeln und Enkelinnen[173] sowie grundsätzlich auch die Beziehung zwischen Pflegeeltern und Pflegekindern[174]. Ebenso wird durch diese Bestimmung die tatsächlich gelebte Beziehung zwischen einem Kind und dessen vermeintlichem Vater umfasst, dessen rechtliche Vaterschaft aberkannt wurde, als sich nach der Ehescheidung mit der Mutter des Kinds herausstellte, dass er nicht der biologische Vater war[175]. Familienleben im Sinn von Art. 8 EMRK kann ausnahmsweise auch vorliegen, wenn eine Beziehung (noch) nicht tatsächlich gelebt wird, eine solche aber ernstlich angestrebt wird[176].

168 MRA, General Comments 16 (1988), Ziff. 5, und 19 (1990), Ziff. 2.

169 MRA, Joslin et al. v. New Zealand, 902/1999 (2002).

170 MRA, Hopu and Bessert v. France, 549/1993 (1997), Ziff. 10.3.

171 Z.B. EGMR, Mikulić v. Croatia, Reports 2002-I, Ziff. 51.

172 EGMR, Schalk and Kopf v. Austria, Reports 2010-IV, Ziff. 90 ff., sowie X. and Others v. Austria (Grand Chamber), Reports 2013-II, Ziff. 95.

173 EGMR, Kruškić and Others v. Croatia (dec.), 10140/13 (2014), Ziff. 108 ff.

174 EGMR, Moretti and Benedetti v. Italy, 16318/07 (2010), Ziff. 60 ff.

175 EGMR, Nazarenko v. Russia, 39438/13, Reports 2015, Ziff. 44.

176 EGMR, D. and Others v. Belgium (dec.), 29176/13 (2014), Ziff. 49. Konkret stufte der EGMR die Beziehung zwischen den Wunscheltern und einem im Ausland mittels Leihmutterschaft ge-

Die Beziehung der Eltern zu einem totgeborenen Kind[177] oder zu verstorbenen Verwandten[178] wird hingegen einzig durch das Recht auf Privatleben geschützt. 12.67

Sowohl die Begründung als auch der Bestand eines natürlichen oder adoptierten[179] Kindesverhältnisses fallen in den Schutzbereich von Art. 8 EMRK[180]. Dies gilt unabhängig davon, ob diese Familienbande rechtlich anerkannt wird: Daher wird diese Garantie beeinträchtigt, wenn ein handlungsunfähiger Mann[181] oder ein Vater dreier Kinder, die er mit einer verheirateten Frau gezeugt hat[182], ihre biologische Vaterschaft nicht rechtlich anerkennen lassen können. Das Recht auf Familienleben schützt in gegenteiliger Hinsicht aber grundsätzlich auch vor einer auf gesetzlichen Vermutungen beruhenden und nicht den biologischen Tatsachen entsprechenden Entstehung von Familienbanden[183]. 12.68

Die noch rudimentärere Praxis des IAGMR folgt weitgehend dem europäischen Modell; insbesondere anerkennt sie seit dem Jahr 2012 auch Gemeinschaften zwischen homosexuellen Partnerinnen oder Partnern und mit ihnen zusammen lebenden Kindern als Familie im Sinn von Art. 11 und 17 AMRK[184]. 12.69

In allen Fällen anerkennen der MRA und sein europäisches Gegenstück indes grundsätzlich nur eine effektiv gelebte Verbindung als Familienleben[185]. An den Nachweis werden höhere Anforderungen gestellt, je weiter die familiären Banden gezogen sind oder je weniger die Beziehung landesrechtlich anerkannt oder geschützt ist. In derartigen Fällen wird etwa geprüft, ob die Personen in einem gemeinsamen Haushalt leben, sich gegenseitig unterstützen oder ob zwischen ihnen regelmässige Kontakte bestehen[186]. Gemäss 12.70

---

borenen Kind, das vor Feststellung der biologischen Vaterschaft des Beschwerdeführers nicht nach Belgien einreisen durfte, als Familie ein.

177 EGMR, Znamenskaya v. Russia, 77785/01 (2005), Ziff. 27, und Hadri-Vionnet v. Switzerland, 55525/00 (2008), Ziff. 51 f.

178 EGMR, Sabanchiyeva and Others v. Russia, Reports 2013-III, Ziff. 122 f.: Weigerung der Behörden, die Leichen den Verwandten zur Beerdigung auszuhändigen.

179 Das Recht auf Familienleben vermeintlicher Adoptiveltern wird auch tangiert, wenn eine Adoption nach mehreren Jahrzehnten für nichtig erklärt wird; EGMR, Zaieţ v. Romania, 44958/05 (2015), Ziff. 34 f.

180 EGMR, Keegan v. Ireland, A/290 (1993), Ziff. 44.

181 EGMR, Krušković v. Croatia, 46185/08 (2011), Ziff. 28 ff.

182 EGMR, Chavdarov v. Bulgaria, 3465/03 (2011), Ziff. 39 ff.

183 EGMR, Mizzi v. Malta, 26111/02 (2006). Der Beschwerdeführer hatte keine Möglichkeit, seine Vaterschaft an einem durch seine Ehefrau während der Ehe geborenen Kind rechtswirksam zu bestreiten.

184 IAGMR, Atala Riffo and Daughters v. Chile, C/239 (2012), Ziff. 170 ff., und Gender identity, and equality and non-discrimination with regard to same-sex couples. State obligations in relation to change of name, gender identity, and rights deriving from a relationship between same-sex couples, Advisory Opinion, A/24 (2017), insb. Ziff. 199.

185 EGMR (Grand Chamber), K. and T. v. Finland, Reports 2001-VII, Ziff. 149; MRA, Balaguer Santacana v. Spain, 417/1990 (1994), Ziff. 10.2.

186 Z.B. EGMR, Keegan v. Ireland, A/290 (1993), Ziff. 44, oder auch Gül v. Switzerland, Reports 1996-I, Ziff. 32.

dem MRA besteht aber eine starke Vermutung, dass die Beziehung zwischen biologischen Eltern und Kindern unter diesen Begriff zu subsumieren ist, d.h. diese findet nur bei Vorliegen aussergewöhnlicher Umstände keinen Schutz durch Art. 17 Pakt II[187].

2. Schutzbereich und staatliche Verpflichtungen

12.71 Die Praxis der Vertragsorgane zum Schutz des Familienlebens beschlägt häufig Fragen des Entzugs des Erziehungsrechts der Eltern gegenüber ihren Kindern[188], sowie die Kinderzuteilung nach einer Scheidung oder Trennung[189] und die Gewährleistung des Kontakts eines Vaters mit einem ausserhalb einer Ehe geborenen Kind[190]. Der EGMR anerkennt in diesem Zusammenhang regelmässig eine Verpflichtung der Vertragsstaaten, etwa im Fall von Kindesentführungen durch einen Elternteil, den Kontakt eines Kindes zum obhuts- oder besuchsberechtigten Elternteil sicherzustellen[191]. Der MRA verpflichtet die Staaten im Sinne einer positiven Verpflichtung, den Kontakt von Kindern mit beiden Elternteilen im Scheidungsfall möglichst umfassend und unter Berücksichtigung des Kindeswohls zu gewährleisten und sicherzustellen, dass die gerichtlich festgelegten Besuchsrechte tatsächlich ausgeübt werden können[192].

12.72 Das Recht auf Familienleben garantiert aber auch den Anspruch, dass Familienmitglieder tatsächlich zusammen leben können. Eine Verletzung dieses Gehalts liegt etwa vor, wenn verheirateten ausländischen Staatsangehörigen, deren Asylgesuch abgelehnt wurde, die aber zugleich nicht ausgeschafft werden können, untersagt wird, zusammen mit ihrem gemeinsamen Kind am gleichen Ort zu leben[193]. Auch in Haftkonstellationen fällt die Ermöglichung und Aufrechterhaltung von Kontakten zwischen Inhaftierten und ihren Angehörigen in den Schutzbereich des Rechts auf Familienleben[194]. Familienangehörige haben weiter das Recht auf Informationen über den Gesundheitszustand ihrer sich in staatlichem Gewahrsam befindenden Angehörigen[195], und erst recht auf Auskunft über das Schicksal eines neugeborenen Kindes, das gemäss

---

187 MRA, Tcholatch v. Canada, 1052/2002 (2007), Ziff. 8.2.

188 Z.B. MRA, Buckle v. New Zealand, 858/1999 (2000), Ziff. 2.1 ff. und 9.1 f., und Tcholatch v. Canada, 1052/2002 (2007), Ziff. 8.3 ff.; EGMR (Grand Chamber), K. and T. v. Finland, Reports 2001-VII, Ziff. 148 ff., und W. v. The United Kingdom (Chamber), A/121 (1987), Ziff. 58 ff.; IAGMR, Fornerón and Daughter v. Argentina, C/242 (2012), Ziff. 116 ff.

189 MRA, Hendriks v. The Netherlands, 201/1985 (1988), Ziff. 10.2 ff., und L.P. v. Czech Republic, 946/2000 (2002), Ziff. 7.3, sowie z.B. EGMR, Hoppe v. Germany, 28422/95 (2002), Ziff. 44 ff., und IAGMR, Atala Riffo and Daughters v. Chile, C/239 (2012).

190 Siehe etwa EGMR (Grand Chamber), Sahin v. Germany, Reports 2003-VIII, und Sommerfeld v. Germany, Reports 2003-VIII.

191 Siehe etwa EGMR, Monory v. Romania and Hungary, 71099/01 (2005), Ziff. 73 ff.

192 Siehe MRA, L.P. v. Czech Republic, 946/2000 (2002).

193 EGMR, Agraw v. Switzerland, 3295/06 (2010).

194 Siehe etwa EGMR (Grand Chamber), Khoroshenko v. Russia, 41418/04, Reports 2015, Ziff. 93 ff.

195 MRA, Morales Tornel v. Spain, 1473/2006 (2009), Ziff. 7.3 f.: Verletzung des Rechts auf Familienleben wegen fehlender Information über den aktuellen Gesundheitszustand eines im letzten Stadium an Aids erkrankten inhaftierten Familienangehörigen.

amtlichen Angaben starb, ohne dass die Eltern den Leichnam sehen konnten oder ihnen ein Autopsiebericht vorgelegt wurde, weshalb der Verdacht einer illegalen Adoption des Kindes nicht ausgeräumt werden konnte[196].

Das Recht auf Familienleben beinhaltet zwar nach Auffassung des EGMR keinen 12.73
Anspruch auf Elternurlaub. Ein solches Recht fällt aber in das Umfeld dieser Garantie[197]. Ist der Elternurlaub daher in einem Staat gesetzlich vorgesehen, ist er gestützt auf Art. 14 EMRK diskriminierungsfrei zu gewährleisten. Im Jahr 2016 verallgemeinerte der EGMR in einem umstrittenen Urteil diese Sichtweise: Gemäss dieser neuen Praxis schützt das Recht auf Familienleben auch Interessen materieller Art, soweit diesen, wie etwa im Fall von Sozialversicherungsleistungen, einen Einfluss etwa auf die Möglichkeit zur Gestaltung der Kinderbetreuung zukommt[198]. Damit können viele Bereiche des Sozialversicherungsrechts vor dem EGMR auf ihre diskriminierungsfreie Ausgestaltung überprüft werden, selbst wenn ein Staat, mangels Ratifikation der entsprechenden Zusatzprotokolle weder das Recht auf Eigentum, noch das selbständige Diskriminierungsverbot anerkennt.

Vertiefung: Die Trennung von Kindern von ihren Eltern oder einem Elternteil und Art. 9 KRK sowie Art. 24 Pakt II

Werden als Folge einer staatlichen Anordnung Kinder von einem oder beiden Elterntei- 12.74
len getrennt, betrachtet die Strassburger Praxis immer noch regelmässig vor allem die Eltern resp. den betroffenen Elternteil als Opfer einer Beeinträchtigung menschenrechtlich geschützter Positionen[199]. Einen anderen, oft sachgerechteren Akzent setzen die spezifischen Garantien von Art. 9 KRK und in allgemeinerer Form Art. 24 Pakt II[200], indem diese das *Kindeswohl* als zentrales Entscheidkriterium in den Vordergrund rücken[201]. Gemäss der Kinderrechtskonvention müssen die Staaten sicherstellen, dass ein Kind nicht gegen den Willen seiner Eltern von diesen getrennt wird, es sei denn, «dass die zuständigen Behörden in einer gerichtlich nachprüfbaren Entscheidung nach den anzuwendenden Rechtsvorschriften und Verfahren bestimmen, dass diese Trennung zum Wohl des Kindes notwendig ist». Zudem verankert diese Konvention in Art. 12 auch ein Recht des Kindes, in Verfahren, welche seine Rechte betreffen, angehört werden zu müssen. Gestützt auf diese Bestimmung anerkennt der EGMR heute, dass ein jahrelang andauerndes Verfahren über die Bestimmung der Obhut eines Kindes und namentlich die fehlende

196 EGMR, Jovanović v. Serbia, Reports 2013-II, Ziff. 68 ff.

197 EGMR (Grand Chamber), Markin v. Russia, Reports 2012-III, Ziff. 130.

198 EGMR, Di Trizio v. Switzerland, 7186/09 (2016), Ziff. 58 ff. Das Urteil wurde mit vier gegen drei Stimmen gefällt.

199 Siehe aber immerhin EGMR, Udeh v. Switzerland, 12020/09 (2013), Ziff. 52, wo die Interessen der Kinder entscheidrelevantes Gewicht hatten.

200 Siehe dazu etwa MRA, Bakhtiyari and Family v. Australia, 1069/2002 (2003), Ziff. 9.7, und Madafferi and Family v. Australia, 1011/2001 (2004), Ziff. 9.8.

201 Auch die neuere EGMR-Praxis scheint in solchen Konstellationen dem Kindeswohl grössere Bedeutung zuzumessen; siehe etwa EGMR (Grand Chamber), Neulinger and Shuruk v. Switzerland, Reports 2010-V, insb. Ziff. 134 ff.

Einräumung der Möglichkeit, seine Meinung in dieses Verfahren einzubringen, das Recht auf Privat- und Familienleben des betroffenen Kindes missachtet[202].

12.75 Ferner fällt gemäss der Strassburger Praxis der Anspruch, nicht gegen Familienangehörige in Strafverfahren aussagen zu müssen, in den Schutzbereich des Rechts auf Familienleben[203].

12.76 Besonders wichtig ist der Anspruch auf Schutz des Familienlebens im Ausländerrecht. Entscheide des Ausschusses für Menschenrechte und des EGMR über die Zulässigkeit der Familientrennung durch die Ausweisung eines Elternteils[204] oder der Ablehnung einer Bewilligung zum Nachzug von Familienangehörigen aus einem Drittstaat[205] sind zahlreich.

Vertiefung: Familieneinheit und Ausländerrecht

12.77 Der MRA befasste sich wiederholt mit der Frage, ob es zulässig sei, die ausländischen Eltern von Kindern auszuweisen, welche die Staatsbürgerschaft des Aufenthaltsstaates erhalten hatten. In *Winata und Li gegen Australien* schloss der Ausschuss nicht aus, dass eine solche Ausweisung einen Eingriff in das Recht auf Privat- und Familienleben gemäss Art. 17 und 23 Pakt II darstelle, welcher unter den üblichen Voraussetzungen gerechtfertigt werden müsse, um mit dem Pakt vereinbar zu sein. Gleichzeitig betonte der Ausschuss, Staaten hätten das Recht, auch in solchen Fällen ihre Ausländergesetzgebung durchzusetzen. Allerdings müssten sie dabei die Rechte des Kindes gemäss Art. 24 Pakt II beachten. Im konkreten Fall entschied der Ausschuss, Australien habe angesichts der Tatsache, dass die Eltern 14 Jahre lang zwar illegal, aber unbescholten im Land gelebt hatten und der 13-jährige Sohn dort geboren worden sei, den Anspruch auf Privat- und Familienleben in Verbindung mit dem Anspruch des Kindes auf besonderen Schutz verletzt, weil der Staat ausser dem Hinweis auf das allgemeine Interesse an der Durchsetzung der Ausländergesetzgebung keine Gründe vorgebracht habe, warum die Ausweisung trotzdem gerechtfertigt sei[206].

12.78 Im Entscheid *Maddaferi* ging es um die Trennung eines illegal eingereisten Italieners von seiner australischen Gattin und drei Kindern, welche ebenfalls das australische Bürgerrecht besassen. Der Mann hatte vor der Einreise nach Australien in Italien eine Gefängnis-

202 EGMR, M. and M. v. Croatia, 10161/13, Reports 2015.

203 EGMR (Grand Chamber), Van der Heijden v. The Netherlands, 42857/05 (2012), Ziff. 52. Eine Beschränkung dieses Aussageverweigerungsprivilegs auf Ehepaare und staatlich formalisierte Partnerschaften stellt gemäss dem EGMR indes keine Verletzung dieser Garantie dar (a.a.O., Ziff. 55 ff.).

204 MRA, Winata and Li v. Australia, 930/2000 (2001), Ziff. 7.2 f., Bakhtiyari and Family v. Australia, 1069/2002 (2003), Ziff. 9.6, Madafferi and Family v. Australia, 1011/2001 (2004), Ziff. 9.7 ff., und EGMR, Berrehab v. The Netherlands, A/138 (1988), Ziff. 19 ff.

205 MRA, A.S. v. Canada, 68/1980 (1981), Ziff. 5.1 und 8.2(b); EGMR, Gül v. Switzerland, Reports 1996-I.

206 MRA, Winata and Li v. Australia, 930/2000 (2001), Ziff. 7.3.

strafe verbüsst und konnte deshalb seinen Aufenthalt in Australien nach Ablauf eines Touristenvisums nicht legalisieren. Der Ausschuss entschied, es liege eine Verletzung von Art. 17 und 23 in Verbindung mit Art. 24 Pakt II vor, weil der Ehegatte entgegen dem Rat von Ärzten, welche die Behörden beigezogen hatten, über längere Zeit in Ausschaffungshaft sass und dort schwerwiegende psychische Probleme entwickelt hatte. Unter diesen Umständen konnte dem nur englischsprachigen Teil der Familie nicht zugemutet werden, dem schwer kranken Gatten nach Italien zu folgen und dort ohne seine Unterstützung ein neues Leben zu beginnen[207].

Ob die Ausweisung eines erwachsenen schwedischen Staatsangehörigen durch Australien infolge seiner Straffälligkeit (wegen der damit verbundenen Trennung von seiner Mutter und Schwester) eine Verletzung von Art. 17 und 23 Pakt II darstellt, hatte der Ausschuss etwa im Fall *Nystrom* zu entscheiden. Da der Beschwerdeführer sein ganzes Leben in Australien verbracht hatte, kein Schwedisch spricht und die – zwar schweren – Delikte bereits einige Jahre zurücklagen, kam der Ausschuss zum Schluss, dass eine Ausweisung des Beschwerdeführers unverhältnismässig und damit paktwidrig wäre[208]. 12.79

Mit der Frage, ob aus Art. 23 und 24 Pakt II auch ein Recht auf eine Aufenthaltsbewilligung abgeleitet werden kann, hatte sich der Ausschuss im Entscheid *El-Hichou* zu befassen. Der Beschwerdeführer lebte seit der Scheidung seiner Eltern bei den Grosseltern mütterlicherseits in Marokko. Nachdem diese verstorben waren und die elterliche Obhut dem in Dänemark lebenden Vater zugesprochen wurde, reiste der Beschwerdeführer mit 14 Jahren nach Dänemark zu seinem Vater, mit dem er bereits vorher regelmässige Kontakte pflegte. Die dänischen Behörden lehnten es indes ab, den Aufenthalt zu legalisieren, obwohl der Beschwerdeführer mittlerweile der dänischen Sprache mächtig war und in einer engen Beziehung zu seinen Halbgeschwistern in Dänemark stand. Ohne eingehende Begründung kam der Ausschuss daher zum Schluss, infolge der aussergewöhnlichen Umstände des Falls würde die Nichtgewährung einer Aufenthaltsbewilligung und die Abschiebung des Beschwerdeführers nach Marokko eine Verletzung von Art. 23 und 24 Pakt II darstellen[209]. 12.80

Mit einem gegenteilig gelagerten Sachverhalt hatte sich der Ausschuss im Jahr 2007 zu befassen: Libyen verweigerte der Ehefrau und den drei Kindern durch eine Konfiskation ihres Reisepasses die Ausreise und damit die Möglichkeit, mit ihrem Ehemann zusammenzuleben, der in der Schweiz als anerkannter Flüchtling lebte und dessen Gesuch um Familienzusammenführung gutgeheissen worden war. Da es dem Ehemann als politischem Flüchtling nicht zugemutet werden konnte, in seinen Heimatstaat zurückzukehren, um mit seiner Familie zusammenzuleben, erachtete der Ausschuss die Haltung Libyens als klare Verletzung unter anderem des Rechts auf Familienleben[210]. 12.81

Laut einer älteren Praxis des EGMR lag trotz schützenswertem Familienleben kein Eingriff in das Familienleben vor, wenn es der ganzen Familie zugemutet werden konnte, der 12.82

207 MRA, Madafferi and Family v. Australia, 1011/2001 (2004), Ziff. 9.8.

208 MRA, Nystrom v. Australia, 1557/2007 (2011), Ziff. 7.7 ff. Für ähnliche Sachverhalte siehe MRA, Warsame v. Canada, 1959/2010 (2011), Ziff. 8.7 ff., und Dauphin v. Canada, 1792/2008 (2009), Ziff. 8.1 ff. Vgl. zu diesen Entscheiden detailliert hinten Rz. 18.19 f.

209 MRA, El-Hichou v. Denmark, 1554/2007 (2010), Ziff. 7.3–7.5.

210 MRA, El Dernawi v. Libya, 1143/2002 (2007), Ziff. 6.3.

ausgewiesenen Person in deren Heimatstaat zu folgen bzw. wenn ein Familienleben «anderswo» möglich war (sog. «elsewhere approach»). Nur bei Unzumutbarkeit war zu prüfen, ob der Eingriff in das Familienleben gerechtfertigt war, d.h., ob er auf einer gesetzlichen Grundlage beruhte, im öffentlichen Interesse lag und verhältnismässig war. Heute prüft der Gerichtshof die Frage, ob eine Fortsetzung des Familienlebens im Ausland zumutbar ist, eher unter dem Aspekt der Verhältnismässigkeit. In diesem Sinn nahm er im Fall *Boultif gegen die Schweiz* ohne weiteres einen Eingriff in das Familienleben an, als einem mit einer Schweizerin verheirateten Algerier – im Anschluss an eine strafrechtliche Verurteilung wegen eines Raubüberfalls – die Aufenthaltsbewilligung nicht verlängert wurde und er deshalb das Land verlassen musste. Der EGMR entschied, dass es, unter Berücksichtigung der Einmaligkeit des strafrechtlich relevanten Verhaltens und der bloss mittleren Schwere des Delikts, für die schweizerische Ehefrau nicht zumutbar sei, nach Algerien auszuwandern und die Wegweisung deshalb unverhältnismässig sei[211]. Zu den Gesichtspunkten, welche in solchen Fällen für die nötige Güterabwägung relevant sind, führte das Gericht aus:

«48. [...] In assessing the relevant criteria in such a case, the Court will consider the nature and seriousness of the offence committed by the applicant; the duration of the applicant's stay in the country from which he is going to be expelled; the time which has elapsed since the commission of the offence and the applicant's conduct during that period; the nationalities of the various persons concerned; the applicant's family situation, such as the length of the marriage; other factors revealing whether the couple lead a real and genuine family life; whether the spouse knew about the offence at the time when he or she entered into a family relationship; and whether there are children in the marriage and, if so, their age. Not least, the Court will also consider the seriousness of the difficulties which the spouse would be likely to encounter in the applicant's country of origin, although the mere fact that a person might face certain difficulties in accompanying her or his spouse cannot in itself preclude expulsion».

12.83 Im Urteil *Üner gegen die Niederlande* bestätigte die Grosse Kammer des EGMR diese Abwägungskriterien und stützte sich zusätzlich auf das Kindeswohl und die Festigkeit der sozialen, kulturellen und familiären Bindungen der Beschwerdeführer im Aufenthalts- und im Destinationsstaat ab[212]. Die Sichtweise, dass selbst bei Fehlen familiärer Bande im Aufenthaltsstaat, die Ausweisung einer Person einen Eingriff in das Recht auf Privatleben bewirkt, wenn die auszuweisende Person im Aufenthaltsstaat über etablierte soziale Beziehungen verfügt, bestätigte die Grosse Kammer des EGMR erstmals im Urteil *Maslov gegen Österreich*[213].

12.84 Im Fall der Ausweisung von Angehörigen der zweiten Generation von Einwanderern berücksichtigt der Gerichtshof neben der Schwere eines strafrechtlichen Deliktes v.a. die Qualität des Familienlebens, den Grad der Integration im Aufenthaltsstaat und die Art der Bindung zum Heimatland[214]. In *Baghli gegen Frankreich* wurde eine 10-jährige Einreisesperre als mit Art. 8 EMRK vereinbar eingestuft, weil der Beschwerdeführer wegen Heroinhandels zu drei Jahren Gefängnis verurteilt worden war, zu seinen Eltern und Ge-

211 EGMR, Boultif v. Switzerland, 54273/00 (2001), Ziff. 39 ff.

212 EGMR (Grand Chamber), Üner v. The Netherlands, Reports 2006-XII, Ziff. 58.

213 EGMR (Grand Chamber), Maslov v. Austria, Reports 2008-III, Ziff. 63.

214 Siehe etwa EGMR (Grand Chamber), Maslov v. Austria, Reports 2008-III, Ziff. 69 ff.

schwistern nur noch lose Kontakte pflegte, keine eigenen Kinder hatte, seinen Militärdienst in Algerien absolviert hatte, Arabisch sprach und auf eine vor seiner Verurteilung mögliche Einbürgerung in Frankreich verzichtet hatte[215]. Im Entscheid *Emre gegen die Schweiz*[216] erachtete der EGMR die unbefristete Wegweisung eines jungen, in der Schweiz aufgewachsenen türkischen Staatsangehörigen aufgrund mehrerer Delikte, die er zum Teil als Minderjähriger verübt hatte, als EMRK-widrig. Die Schweiz habe es unterlassen, eine korrekte Güterabwägung zwischen den Interessen des Klägers und seiner Familie und dem öffentlichen Interesse der Einwanderungskontrolle vorzunehmen. Eine unbefristete Wegweisung sei angesichts der Tatsache, dass die Delikte des Klägers als nicht allzu schwer bezeichnet werden könnten, dass der Kläger nur über eine schwache Bindung zu seinem Heimatland verfügte und zudem gesundheitlich angeschlagen war, unverhältnismässig. Angesichts dieses Urteils wandelte die Schweiz die unbefristete in eine 10-jährige Wegweisung um. Der Beschwerdeführer gelangte daraufhin erneut vor den EGMR, welcher im Urteil *Emre gegen die Schweiz (No. 2)*[217] – unter Verweis der Argumentation des ersten Urteils – auch die 10-jährige Wegweisung als Verletzung von Art. 8 EMRK taxierte[218].

Aus dem Anspruch auf Familienleben lässt sich hingegen nur unter aussergewöhnlichen 12.85
Umständen ein Recht darauf ableiten, eine Aufenthaltsbewilligung zu erhalten, um in einem fremden Staat zusammen mit dort bereits ansässigen Angehörigen ein Familienleben zu führen[219]. Im Fall *Gül gegen die Schweiz*[220] war der Beschwerdeführer ein türkischer Staatsangehöriger, welcher seit 1983 als Asylsuchender in der Schweiz lebte. Vier Jahre nach seiner Ankunft reiste ihm seine Ehefrau, die unter grossen gesundheitlichen Problemen litt, nach. Zwei gemeinsame Kinder blieben in der Türkei. Im Jahr 1990 erhielt das Ehepaar und ein mittlerweile in der Schweiz auf die Welt gekommenes Kind insbesondere wegen des Gesundheitszustandes der Ehefrau eine humanitäre Aufenthaltsbewilligung. In der Folge ersuchte der Beschwerdeführer um Aufenthaltsbewilligungen für seine in der Türkei verbliebenen Kinder. Diese wurden ihm nicht gewährt. Der angerufene EGMR wies die Beschwerde mit dem Argument ab, die Staaten hätten das Recht, die Einreise von Personen aus dem Ausland zu regeln, und Art. 8 EMRK schaffe keine allgemeine Verpflichtung, verheirateten Paaren die freie Wahl des Wohnsitzlandes zu gewähren und ihnen zu erlauben, sich dort mit allen Familienangehörigen zu vereinigen. Im konkreten Fall sei entscheidend, ob der Nachzug der Kinder in die Schweiz die einzige Möglichkeit zur Wiedervereinigung der Familie sei. Der EGMR verneinte dies und entschied, ungeachtet der Tatsache, dass es der Familie aus humanitären Gründen erlaubt worden war, in der Schweiz zu bleiben, es sei für diese trotz aller Schwierigkeiten möglich, in die Türkei zurückzukehren und dort mit den Kindern zusammenzuleben.

215 EGMR, Baghli v. France, Reports 1999-VIII, Ziff. 36 f. und 48 f.

216 EGMR, Emre v. Switzerland, 42034/04 (2008).

217 EGMR, Emre v. Switzerland (No. 2), 5056/10 (2011).

218 Siehe zur Thematik auch EGMR, Udeh v. Switzerland, 12020/09 (2013).

219 Für ein solches Beispiel siehe z.B. EGMR, Tuquabo-Tekle and Others v. The Netherlands, 60665/00 (2005).

220 EGMR, Gül v. Switzerland, Reports 1996-I.

IV. Das Recht auf Heirat und Familiengründung

Rechtsquellen: Art. 16 AEMR; Art. 10 Pakt I; Art. 23 Abs. 2–4 Pakt II; Art. 5 lit. d (iv) RDK; Art. 16 FDK; Art. 23 Abs. 1 BRK; Art. 12 EMRK; Art. 17 Abs. 2–5 AMRK; Art. 33 ArCMR.

1. Das Recht auf Eheschliessung

12.86 Sowohl Pakt II wie auch die regionalen Konventionen garantieren allen Individuen ein Recht, auf der Basis freier Zustimmung eine Ehe einzugehen. Diese Garantie bezieht sich gemäss aktueller Praxis des MRA und des EGMR einzig auf verschiedengeschlechtliche Partnerschaften[221]. Obwohl Art. 17 Abs. 2 AMRK gleich wie der Pakt II und die EMRK explizit «Männern und Frauen» im heiratsfähigen Alter das Recht auf Ehe einräumt, was in der Praxis oft als Beleg für den Schutz einzig der verschiedengeschlechtlichen Ehe interpretiert wird, anerkennt der IAGMR in seiner jüngsten Praxis auch ein Recht auf Ehe für gleichgeschlechtliche Paare[222]. Er leitet diesen Anspruch aus dem Recht auf Privat- und Familienleben ab, das unter Beiziehung des Diskriminierungsverbots in vollem Umfang alle Personen unabhängig ihrer sexuellen Orientierung schütze[223].

12.87 Hingegen können sich auch nach der Praxis des EGMR transsexuelle Menschen auf dieses Recht berufen, wenn sie eine Person ihres ursprünglichen biologischen Geschlechts heiraten wollen. Dies ist die logische Folge der Verpflichtung der Staaten zur Anerkennung des neuen Geschlechts transsexueller Personen[224].

12.88 Gemäss ständiger Praxis des EGMR lässt sich aus dieser Garantie kein Recht auf Ehescheidung ableiten[225]. Erlauben indes Vertragsstaaten die Scheidung, können behörd-

221 MRA, Joslin and Others v. New Zealand, 902/1999 (2002), Ziff. 8.2; EGMR, Schalk and Kopf v. Austria, Reports 2010-IV, Ziff. 49 ff., und EGMR (Grand Chamber), Hämäläinen v. Finland, Reports 2014-IV, Ziff. 96. Der EGMR stützte sich dabei stark auf den Wortlaut von Art. 12 EMRK ab, der, im Unterschied zu allen anderen Garantien, Männern und Frauen das Recht auf Heirat zuspricht. Europäische Staaten sind auch nicht verpflichtet, im Ausland geschlossene gleichgeschlechtliche Ehen anzuerkennen; EGMR, Orlandi and Others v. Italy, 26431/12 etc. (2017), Ziff. 192 ff.

222 IAGMR, Gender identity, and equality and non-discrimination with regard to same-sex couples. State obligations in relation to change of name, gender identity, and rights deriving from a relationship between same-sex couples, Advisory Opinion, A/24 (2017), Ziff. 200 ff.

223 A.a.O., Ziff. 217 ff.

224 EGMR (Grand Chamber), Goodwin v. The United Kingdom, Reports 2002-VI, Ziff. 97 ff., und I. v. The United Kingdom, 25680/94 (2002), umgekehrt noch u.a. Sheffield and Horsham v. The United Kingdom, Reports 1998-V. Andererseits stellt es keine Verletzung von Art. 12 EMRK dar, wenn eine Frau und ihre nach einer Geschlechtsangleichung neu offiziell als Frau geltende Partnerin ihre bestehende Ehe auflösen müssen; Parry v. The United Kingdom (dec.), 42971/05, Reports 2006-XV. Ebenso darf die offizielle Registrierung des neuen Geschlechts einer verheirateten Person davon abhängig gemacht werden, dass dadurch keine gleichgeschlechtliche Ehe anerkannt wird; EGMR (Grand Chamber), Hämäläinen v. Finland, Reports 2014-IV.

225 EGMR, Johnston and Others v. Ireland, A/112 (1986), Ziff. 52 ff., bestätigt in V.K. v. Croatia, 38380/08 (2012), Ziff. 98.

lich verursachte unverhältnismässige Verzögerungen des Scheidungsverfahrens Art. 12 EMRK verletzen[226].

Art. 23 Pakt II verankert das Recht, im heiratsfähigen Alter eine Ehe einzugehen, ohne Schrankenbestimmung. Trotzdem erscheint das Vorliegen impliziter Schranken dieser Garantie als unbestritten. Dazu gehören etwa das Verbot inzestuöser Ehen oder dasjenige der Polygamie[227] oder die Statuierung der Voraussetzung einer gewissen Urteilsfähigkeit der Heiratswilligen, nicht hingegen unsachliche Beschränkungen wie ein Verbot von Ehen zwischen verschiedenen Ethnien. Solche Schranken anerkennt Art. 12 EMRK insofern, als das Recht auf Eheschliessung einzig im Rahmen der einschlägigen nationalen Gesetze zu gewährleisten ist. Der Gerichtshof legt diese Klausel ähnlich wie eine klassische Schrankenklausel aus, d.h. die gesetzlich vorgesehenen Beschränkungen dieser Garantie dürfen nicht unverhältnismässig oder willkürlich ausgestaltet sein[228]. Diese Voraussetzungen erachtete der Gerichtshof etwa bei zielgerichteten Massnahmen gegen Ehen, die einzig zum Zweck der Erlangung einer Aufenthaltsbewilligung in einem Staat geschlossen werden, als erfüllt[229]. Bezwecken jedoch solche Massnahmen nicht primär die Ernsthaftigkeit des Ehewillens nachzuweisen oder führen sie für Personen mit einem bestimmten ausländerrechtlichen Status zu einem faktischen Eheverbot[230], stellen sie eine Verletzung von Art. 12 EMRK dar. Ebenfalls als Verletzung des Rechts auf Heirat qualifizierte der Gerichtshof ein gerichtlich angeordnetes temporäres Heiratsverbot mit Strafcharakter nach einer Scheidung[231], ein Heiratsverbot für Inhaftierte[232] und ein Heiratsverbot zwischen Schwiegereltern und Schwiegerkindern, das nur durch einen Beschluss des Parlaments im Einzelfall aufgehoben werden kann[233]. 12.89

Vertiefung: Das Verbot der Zwangsheirat

Art. 23 Abs. 3 Pakt II, Art. 10 Pakt I, Art. 17 Abs. 3 AMRK und Art. 33 Abs. 1 ArCMR verankern in absoluter Manier den Grundsatz, wonach eine Ehe «nur im freien und vollen Einverständnis der künftigen Ehegatten» geschlossen werden darf. Damit verbieten diese Verträge nicht nur jegliche staatliche oder von den Eltern angeordnete Zwangsheirat, sondern die erstgenannte Bestimmung untersagt gemäss der Praxis des MRA auch jede 12.90

226 EGMR, V.K. v. Croatia, 38380/08 (2012), Ziff. 100 ff.

227 Der MRA kritisiert im Rahmen des Staatenberichtsverfahrens regelmässig Staaten, welche die Polygamie erlauben. Siehe etwa CO Iran (2012), Ziff. 9, und CO Morocco (2016), Ziff. 13. Vgl. dazu auch FDK-Ausschuss und KRK-Ausschuss, Joint General Recommendation 31 (2014), Ziff. 25–28.

228 EGMR, Frasik v. Poland, Reports 2010-I, Ziff. 90, und O'Donoghue and Others v. The United Kingdom, Reports 2010-VI, Ziff. 84.

229 EGMR, O'Donoghue and Others v. The United Kingdom, Reports 2010-VI, Ziff. 83 und 87.

230 A.a.O., Ziff. 88 f.

231 EGMR, F. v. Switzerland, A/128 (1987), Ziff. 32 ff.

232 EGMR, Frasik v. Poland, Reports 2010-I, Ziff. 94 ff.

233 EGMR, B. and L. v. The United Kingdom, 36536/02 (2005).

Form der Polygamie, da sie dem Prinzip der rechtsgleichen Behandlung beider Geschlechter bezüglich des Rechts auf Heirat widerspricht und eine unzulässige Diskriminierung der Frauen darstellt[234]. Staaten stehen somit unter einer Verpflichtung, anlässlich des Eheschlusses das Vorliegen dieses Konsenses nachzuprüfen. Zudem verlangt der Ausschuss von den Vertragsstaaten, dass sie zur Erfüllung dieser Verpflichtung ein minimales und für beide Geschlechter gleiches Heiratsalter festlegen, das Gewähr für das Vorliegen einer derartigen freien Willensübereinstimmung bietet und Kinderehen ausschliesst[235]. Weiter konkretisiert wird dieser Grundsatz durch die FDK, welche in ihrem Art. 16 Abs. 1 lit. b festhält, dass Frauen auf der Grundlage der Gleichberechtigung von Mann und Frau ein gleiches Recht auf freie Wahl des Ehegatten sowie auf Eheschliessung mit freier und voller Zustimmung zuzuerkennen ist. Gemäss Abs. 2 dieser Bestimmung sollen Kinderehen keinerlei rechtliche Wirkungen entfalten. Schliesslich statuieren sowohl Art. 23 Abs. 4 Pakt II wie auch Art. 16 Abs. 1 lit. c FDK den Grundsatz, wonach das nationale Ehe- resp. Scheidungsrecht so auszugestalten ist, dass Mann und Frau auch während und im Rahmen der Auflösung einer Ehe in den Genuss gleicher Rechte gelangen. Ein Recht auf Ehescheidung lässt sich diesen Bestimmungen indes nicht entnehmen. Gegenüber all diesen menschenrechtlichen Vorgaben haben zahlreiche Staaten Vorbehalte erklärt.

2. Das Recht auf Familiengründung

12.91 Das Recht auf Familiengründung schützt im Wesentlichen das Recht, Kinder zeugen oder adoptieren zu können. Familienplanungsprogramme mit Zwangscharakter verstossen gegen dieses Recht[236]. Bis heute hat diese Garantie in der Praxis der Überwachungsorgane kaum eine Rolle gespielt; doch besitzt sie im Zusammenhang mit der Frage des Anspruchs auf Zugang zu neuen Methoden der Fortpflanzungsmedizin ein gewisses praktisches Potenzial, obwohl zumindest der EGMR solche Fragestellungen unter dem Recht auf Privatleben gemäss Art. 8 EMRK prüft[237]. Der Wortlaut des Pakts anerkennt diesen Aspekt in schrankenloser Form. Jedoch ist auch hier vom Bestehen impliziter Schranken auszugehen. So muss es den Staaten etwa erlaubt bleiben, gerade auch zum Schutz des Kindeswohls, die Adoption gewissen Einschränkungen zu unterwerfen.

234 MRA, General Comment 28 (2000), Ziff. 24.
235 A.a.O., Ziff. 23.
236 MRA, General Comment 19 (1990), Ziff. 5.
237 Siehe dazu vorne Rz. 12.37.

13. Kapitel: Schutz der intellektuellen und spirituellen Sphäre

Menschen sind vernunftbegabt und kreativ und haben das Bedürfnis, diese Fähigkeiten zu entwickeln und zu gebrauchen. Resultate solcher Aktivitäten sind künstlerische und wissenschaftliche Werke. Viele Menschen verspüren darüber hinaus spirituelle Bedürfnisse, die sie im Rahmen religiöser Überzeugungen und Aktivitäten allein oder in Gemeinschaft mit anderen Gläubigen zu befriedigen suchen. Verschiedene Menschenrechtsgarantien schützen die intellektuelle und spirituelle Sphäre des menschlichen Lebens. Dabei stehen die Gedanken-, Gewissens- und Meinungsfreiheit (Ziff. I), das Recht auf Bildung (Ziff. II), die kulturellen Rechte (Ziff. III) und die Religionsfreiheit (Ziff. IV) im Vordergrund. 13.1

I. Die Gedanken-, Gewissens- und Meinungsfreiheit

Rechtsquellen: Art. 18 und 19 AEMR; Art. 18 und 19 Pakt II; Art. 5 lit. c (vii) RDK; Art. 21 BRK; Art. 12 WAK; Art. 9 und 10 EMRK; Art. 12 und 13 AMRK; Art. 8 und 9 AfCRMV; Art. 30 und 32 ArCMR.

Art. 19 Abs. 1 Pakt II garantiert allen Menschen «das Recht auf unbehinderte Meinungsfreiheit», und gemäss Art. 18 Abs. 1 des Pakts ist die Gedanken- und Gewissensfreiheit geschützt. Vergleichbare Garantien kennen alle regionalen Konventionen. Die Gedanken-, Gewissens- und Meinungsfreiheit erlaubt es, frei von staatlichen Einflüssen zu denken, auf die innere Stimme des Gewissens zu hören und sich eine Meinung zu bilden. Sie schützt rein innere Vorgänge (forum internum) und ist deshalb von der Äusserung von Meinungen und von der Manifestation religiöser Überzeugungen klar zu trennen[1]. Wie die historische Erfahrung mit totalitären Regimes zeigt, lässt sich nicht ausschliessen, dass Staaten sogar auf diesen innersten Bereich des Menschseins zugreifen wollen. 13.2

Die Gedanken-, Gewissens- und Meinungsfreiheit verbietet dem Staat in absoluter Weise[2], Individuen allein wegen ihrer Gedanken zu bestrafen oder Menschen durch psychoaktive Substanzen, «Gehirnwäsche» und ähnliche Methoden zu zwingen, in einer bestimmten Weise zu denken. Verboten ist auch die zwangsweise, ideologisch 13.3

1 Nowak, Commentary, 440 mit Hinweis auf die Entstehungsgeschichte von Art. 19 Abs. 1 Pakt II. Zur Meinungsäusserungsfreiheit hinten Rz. 17.3 ff., zur Religionsfreiheit hinten Rz. 13.39 ff.

2 Z.B. MRA, Malakhovsky and Pikul v. Belarus, 1207/2003 (2005), Ziff. 7.2.

motivierte Umerziehung in Haftanstalten[3]. Davon abzugrenzen sind erlaubte Methoden der staatlichen Meinungsbildung, Propaganda, Werbung oder öffentlichen Erziehung, denen das Zwangselement abgeht[4].

13.4 Die Gedanken-, Gewissens- und Meinungsfreiheit ermöglicht weltanschaulichen Pluralismus und bildet damit eine unabdingbare Grundlage demokratischer Gesellschaften[5]. Sie schützt die geistige Autonomie des Menschen und damit den Kernbereich der Privatsphäre. Deshalb gilt sie schrankenlos und ist notstandsfest[5].

II. Das Recht auf Bildung

Rechtsquellen: Art. 26 AEMR; Art. 13 und 14 Pakt I; Art. 10 FDK; Art. 5 lit. e (v) RDK; Art. 28 und 29 KRK; Art. 30 WAK; Art. 24 BRK; Art. 2 ZP 1/EMRK; Art. 13 ZP 1/AMRK; Art. 17 AfCRMV; Art. 41 ArCMR; Art. 38 GK III; Art. 50 und 94 GK IV; Art. 52 ZP I.

13.5 Voraussetzung für die Möglichkeit, Meinungen, Gedanken und die intellektuellen Fähigkeiten im Allgemeinen zu entwickeln, ist ein Minimum an Bildung und Erziehung. Die Entfaltung der menschlichen Persönlichkeit ist in der modernen Welt ohne Schulbildung kaum möglich. Darüber hinaus ist Bildung eine Voraussetzung für die Wahrnehmung vieler anderer Menschenrechte, wie etwa der Meinungsfreiheit oder der politischen Rechte. Fehlende oder ungenügende Bildung ist einer der wichtigsten Gründe für Armut und Ausbeutung und gefährdet damit die Wahrnehmung wichtiger WSK-Rechte[7]. Schulische Bildung ist für die meisten Menschen eine notwendige Voraussetzung dafür, in der Arbeitswelt Fuss zu fassen und ökonomisch erfolgreich genug zu sein, um den eigenen Lebensunterhalt und jenen der eigenen Familie sichern zu können. Schliesslich garantiert Bildung die Weitergabe kultureller Traditionen, Erfahrungen und Werte von einer Generation zur nächsten. Das Recht auf Bildung[8] ist deshalb ein WSK-Recht[9]. Gleichzeitig enthält es Aspekte klassischer Freiheitsrechte, indem es beispielsweise die Freiheit der Wahl der eigenen Ausbildung oder das Erziehungsrecht der Eltern gegen staatliche Eingriffe schützt[10]. Stärker als andere Menschenrechte bringt das Recht auf Bildung damit die Interdependenz der verschiedenen Kategorien und die Unteilbarkeit der Menschenrechte zum Ausdruck[11].

---

3 MRA, Kang v. Republic of Korea, 878/1999 (2003), Ziff. 7.2.

4 Nowak, Commentary, 442.

5 EGMR, Kokkinakis v. Greece, A/260-A (1993), Ziff. 31.

6 Art. 18 Abs. 1 i.V.m. Art. 4 Abs. 2 Pakt II. Siehe dazu MRA, General Comment 10 (1983), Ziff. 1.

7 Siehe WSK-Ausschuss, General Comment 13 (1999), Ziff. 1.

8 Die französischen und englischen Fassungen der relevanten Menschenrechtsverträge verwenden den Begriff «éducation»/«education», welchen die offiziellen deutschen Übersetzungen angesichts des Inhalts der Garantien zu Recht nicht mit «Erziehung», sondern mit «Bildung» übersetzen.

9 WSK-Ausschuss, General Comment 11 (1999), Ziff. 2.

10 Ganz als Freiheitsrecht ist das Recht auf Bildung nach Art. 2 ZP 1/EMRK ausgestaltet.

11 WSK-Ausschuss, General Comment 11 (1999), Ziff. 2.

1. Der Kernanspruch auf Grundschulunterricht

Der zentralste Gehalt des Rechts auf Bildung ist der Anspruch darauf, Grundschulunterricht zu erhalten. Gemäss Art. 13 Abs. 2 lit. a Pakt I anerkennen die Vertragsstaaten, dass im Hinblick auf die volle Verwirklichung des Rechts auf Bildung «der Grundschulunterricht für jedermann Pflicht und allen unentgeltlich zugänglich sein muss»[12]. Nach Art. 14 Pakt I sind Staaten, welche dieses Recht noch nicht garantieren können, verpflichtet, binnen zwei Jahren einen Aktionsplan zu erlassen, welcher aufzeigt, wie dieses Recht innerhalb einer angemessenen Zahl von Jahren erreicht werden kann. Diese Formulierungen weisen auf eine schrittweise zu verwirklichende Zielsetzung hin. Indem Art. 14 die Staaten zur Verabschiedung und Umsetzung eines Aktionsplans für die Einführung des obligatorischen und kostenlosen Grundschulunterrichts zwingt, nimmt er ihnen aber den grossen Spielraum, der gemäss Art. 2 Abs. 1 Pakt I normalerweise für die Erreichung der im Pakt verankerten Zielsetzungen besteht. 13.6

Angesichts der überragenden Bedeutung des Grundschulunterrichts für die Persönlichkeitsentfaltung und Lebenschancen und unter Berücksichtigung der Tatsache, dass dieses Ziel bei entsprechendem politischen Willen auch in ärmeren Ländern erreicht werden kann, ist der WSK-Ausschuss einen Schritt weiter gegangen. Er hat festgestellt, dass ein Vertragsstaat, in welchem zahlreiche Personen keinen Grundschulunterricht erhalten, seine Verpflichtungen aus dem Pakt prima facie verletzt und diesen Vorwurf nur von sich weisen kann, wenn er in der Lage ist, den Nachweis zu erbringen, dass er trotz Einsatzes aller verfügbaren Mittel dieses Ziel nicht zu erreichen vermag[13]. Dies bedeutet, dass der Anspruch auf unentgeltlichen Grundschulunterricht den Kern des Rechts auf Bildung gemäss Pakt I ausmacht. Interessant ist, dass hier anders als bei anderen Sozialrechten, wo der Staat erst tätig werden muss, wenn die Privaten ihre Grundbedürfnisse nicht selbst befriedigen können, primär die Behörden, und nicht die Eltern, dafür sorgen müssen, dass Kinder in den Genuss des Rechts auf Bildung kommen[14]. 13.7

Damit der Anspruch auf Grundschulunterricht wirklich erfüllt werden kann, müssen gemäss dem WSK-Ausschuss gewisse Voraussetzungen erfüllt sein: Zuerst müssen die entsprechenden Schulen überhaupt *vorhanden* und mit den für den Unterricht notwendigen Einrichtungen und Lehrmitteln ausgestattet sein. Darüber hinaus muss dieser Unterricht *zugänglich* sein, was rechtliche (kein Ausschluss bestimmter Gruppen), faktische (nahe genug beim Wohnort der Kinder) und ökonomische (keine Schulgebühren) Dimensionen aufweist. Schliesslich sind der Unterricht und das Schulleben 13.8

12 Inhaltlich gleich Art. 28 Abs. 1 lit. a KRK.

13 WSK-Ausschuss, General Comment 3 (1990), Ziff. 10.

14 Diese spezifische Verpflichtung des Staates betont auch der ECOWAS-Gerichtshof. Er entschied, ein grosser Korruptionsfall im Bildungswesen stelle für sich genommen keine Verletzung des Rechts auf Bildung dar. Um eine Verletzung dieses Rechts gegenüber Teilen der nigerianischen Bevölkerung zu vermeiden, hätten die verantwortlichen Behörden aber die notwendigen finanziellen Mittel zur Verfügung zu stellen, um den dadurch bewirkten Schaden auszugleichen und damit eine reibungslose Umsetzung des Bildungsprogramms sicherzustellen; ECOWAS-Gerichtshof, The Registered Trustees of the Socio-Economic and Accountability Project (SERAP) v. Nigeria and UBEC, 07/10 (2010), Ziff. 21 und 28.

so auszugestalten, dass sie punkto Form und Inhalt für die Kinder und ihre Eltern z.B. unter kulturellen Gesichtspunkten *akzeptabel* sind[15].

2. Das Recht auf weiterführende Bildung

13.9 Vorhandensein, Zugänglichkeit und Akzeptierbarkeit sind Kriterien, die gemäss Art. 13 Abs. 2 Pakt I von den Staaten über den Grundschulunterricht hinaus auf allen Stufen des Bildungswesens verwirklicht werden müssen. Die Staaten haben Bildungseinrichtungen auf Stufe der Fach- und Berufsschulen sowie der Universitäten allgemein verfügbar und allen Personen zugänglich zu machen und zu diesem Zweck nicht nur ein Stipendiensystem einzurichten, sondern auch die allmähliche Einführung der Unentgeltlichkeit dieser Bildungsgänge ins Auge zu fassen[16]. Dabei handelt es sich – im Unterschied zum Anspruch auf Grundschulunterricht – allerdings nicht um justiziable und individuell durchsetzbare Ansprüche, sondern um Ziele, die schrittweise zu verwirklichen sind.

Vertiefung: Das Recht auf Bildung während bewaffneter Konflikte

13.10 Empfängerinnen und Empfänger humanitärer Hilfsleistungen in der Demokratischen Republik Kongo und in Pakistan bezeichneten gemäss einer kürzlich publizierten Studie Bildung nach Nahrung als zweitwichtigstes Bedürfnis[17]. Dies unterstreicht die Bedeutung von Bildung während Krisensituationen, sobald das Überleben sichergestellt ist. Das humanitäre Völkerrecht konzentriert sich in diesem Bereich auf zwei Aspekte: 1) die Weiterführung der Bildung für Kinder – und insbesondere für solche, die von ihren Eltern getrennt wurden – während bewaffneter Konflikte und 2) den Schutz von Schulhäusern und der Bildungsinfrastruktur.

13.11 Verwaiste oder infolge des Krieges von ihren Eltern getrennte Kinder sollen auch während internationaler bewaffneter Konflikte Bildung und Erziehung erhalten. Diese Aufgabe soll «wenn möglich Personen der gleichen kulturellen Überlieferung anvertraut werden» (Art. 24 GK IV). Besatzungsmächte sind verpflichtet, «in Zusammenarbeit mit den Landes- und Ortsbehörden den geordneten Betrieb der Einrichtungen [zu] erleichtern, die zur Pflege und Erziehung der Kinder dienen» (Art. 50 GK IV). Sind Zivilpersonen interniert worden, ist Kindern und Jugendlichen zu erlauben, «Schulen entweder innerhalb oder ausserhalb des Internierungsortes [zu] besuchen» (Art. 94 GK IV). Die Minimalgarantie von Art. 4 Abs. 3 lit. a ZP II hält fest, dass auch während nicht internationaler bewaffneter Konflikte Kinder die Erziehung und Bildung erhalten sollten, «die den Wünschen ihrer Eltern oder – bei deren Fehlen – der Personen entspricht, die für sie zu sorgen haben». Damit soll die Fortsetzung der Ausbildung der Kinder sichergestellt und Gewähr geboten werden, dass diese ihre kulturelle Identität bewahren können und damit das Risiko vermindert wird, dass ihnen kulturelle, religiöse oder moralische Überzeugungen aufgezwungen werden, welche den Ansichten ihrer Eltern widersprechen[18].

15 WSK-Ausschuss, General Comment 13 (1999), Ziff. 6.

16 Art. 13 Abs. 2 lit. b und c Pakt I.

17 ALNAP, The State of the Humanitarian System, 2015 Edition, London 2015, 95 f.

18 Sandoz/Swinarski/Zimmermann, 1378.

Angriffe auf Schulinfrastruktur verbietet das humanitäre Völkerrecht nicht integral. Sie bleiben möglich, wenn die Zerstörung eines zivilen Objekts wie etwa einer Schule einen eindeutigen militärischen Vorteil darstellt. Art. 52 Abs. 3 ZP I hält aber fest, dass im Zweifelsfall vermutet wird, dass «eine Schule nicht dazu verwendet wird, wirksam zu militärischen Handlungen beizutragen» und daher kein legitimes Ziel darstellt. Schliesslich stellen absichtliche Angriffe auf nicht militärisch genutzte Bildungseinrichtungen während internationaler und interner bewaffneter Konflikte ein Kriegsverbrechen dar[19]. 13.12

3. Der Anspruch auf freien und gleichen Zugang zu vorhandenen Bildungsinstitutionen

Justiziabel ist der Anspruch auf freien und gleichen Zugang zu vorhandenen Bildungseinrichtungen. Er ist im Recht auf Bildung gemäss Art. 13 Abs. 1 Pakt I implizit enthalten und wird im ersten Satz von Art. 2 ZP 1/EMRK, wonach das Recht auf Bildung «niemandem verwehrt werden» darf, deutlich angesprochen. Wie der EGMR betont, räumt diese Garantie einen Anspruch auf Zugang zu den im relevanten Zeitpunkt existierenden Bildungsinstitutionen ein[20]. Ist die Zahl der Studienplätze beschränkt, kann daher aus dem Recht auf Bildung kein Anspruch auf Ausbau des Angebotes[21], sondern bloss auf einen diskriminierungsfreien Zugang abgeleitet werden. Eine Verletzung des Anspruchs auf freien und gleichen Zugang zu existierenden Bildungseinrichtungen liegt daher ganz allgemein vor, wenn einer Person der Zugang aus diskriminierenden Gründen oder in einer diskriminierenden Weise verweigert wird. Dies war im Fall einer belgischen Regelung zu bejahen, welche es im Raum Brüssel flämischen Eltern, die in französischsprachigen Gemeinden wohnten, erlaubte, ihre Kinder in flämischsprachige Nachbargemeinden zu schicken, das analoge Recht aber französischen Eltern und ihren Kindern verweigerte. Der Gerichtshof betonte, dass die Verweigerung der Zulassung nicht mit administrativen Gründen oder Kapazitätsengpässen begründet werden konnte, sondern allein auf ihrer Sprache beruhte[22]. Ebenso als diskriminierend erachtete der EGMR die überproportional hohe Einschulung von Roma-Kindern in Sonderklassen für Kinder mit Lernschwierigkeiten oder ihre (infolge ihrer angeblich ungenügenden Kenntnisse der lokalen Schulsprache) automatisch angeordnete Unterrichtung in gesonderten Roma-Klassen[23]. Die Tatsache, dass Privatschulen nicht die gleiche finanzielle Unterstützung wie öffentliche Schulen erhalten und Schülerinnen und Schüler an Privatschulen nicht in den Genuss unentgeltlicher Lehrmittel und Mahlzeiten bzw. Schultransporte kommen, stellt keine Dis- 13.13

19 Art. 8 Abs. 2 lit. b ix und lit. e iv Römer Statut.

20 EGMR (Grand Chamber), Catan and Others v. Moldova and Russia, Reports 2012-V, Ziff. 137.

21 EGMR (Grand Chamber), Leyla Şahin v. Turkey, Reports 2005-XI, Ziff. 137.

22 EGMR, Belgian Linguistics Case, A/6 (1968), Ziff. 32.

23 EGMR (Grand Chamber), D.H. and Others v. Czech Republic, Reports 2007-IV, und Oršuš and Others v. Croatia, Reports 2010-II. Siehe dazu auch EGMR, Sampani and Others v. Greece, 59608/09 (2012), Ziff. 83 ff.

kriminierung dar, wenn Eltern frei entscheiden können, ob sie ihr Kind in der öffentlichen Schule belassen oder in eine Privatschule schicken wollen[24].

13.14 Dieser Zugang muss zumindest auf *Grundschulstufe* allen Kindern gewährt werden, inklusive Kindern von Asylsuchenden, Flüchtlingen[25] und ausländischen Staatsangehörigen ohne legalen Aufenthaltstitel sowie Kindern mit einer Behinderung[26]. Der Anspruch gilt indes nicht absolut, sondern er kann bei Vorliegen einer gesetzlichen Grundlage und zur Erreichung eines legitimen Ziels beschränkt werden[27]. So kann ein vorübergehender Ausschluss vom Grundschuldunterricht von Kindern, die an einer gefährlichen übertragbaren Krankheit leiden, ausnahmsweise zulässig sein[28], ebenso ein temporärer Ausschluss aus disziplinarischen Gründen[29]. Der Anspruch auf freien und gleichen Zugang zum Grundschulunterricht ist aber verletzt, wenn ein krankheitsbedingter Ausschluss deutlich länger als die Krankheitsphase dauert[30]. Dieser Anspruch war auch verletzt, als ein Knabe fast ein Jahr von einer britischen Schule ausgeschlossen wurde, weil er und seine Eltern sich weigerten, die an der betreffenden Schule üblichen Körperstrafen zu akzeptieren[31].

13.15 Das Recht auf rechtsgleichen Zugang zu *Einrichtungen der überobligatorischen Bildung* schützt hingegen nur Personen, welche die notwendigen Voraussetzungen (Vorbildung, Bestehen einer Aufnahmeprüfung) für den betreffenden Studiengang erfüllen. Ebenfalls vereinbar mit dem Recht auf diskriminierungsfreien Zugang zu Bildungsinstitutionen ist ein Numerus clausus, welcher die Anzahl Studierender gestützt auf die Ressourcen der Universitäten und gemäss dem gesellschaftlichen Bedarf an Ärztinnen und Ärzten festlegt und diese Auswahl mittels einer Fähigkeitsprüfung vornimmt[32]. Der generelle Ausschluss von Untersuchungsgefangenen von Bildungsangeboten in einem Gefängnis, die allen übrigen Gefangenen zugänglich sind, stellt hingegen eine Verletzung des Zugangs zu Bildungsangeboten dar[33].

13.16 Art. 24 BRK führt aus, was das Recht auf rechtsgleichen Zugang zu Bildungseinrichtungen für *Kinder mit Behinderungen* umfasst: Nach dieser Bestimmung haben die Vertragsstaaten sicherzustellen, dass Kinder auf Grund ihrer Behinderung weder von der obligatorischen und unentgeltlichen Grundschule noch von weiterführenden Bildungseinrichtungen ausgeschlossen werden, dass sie «gleichberechtigt mit anderen in

24 MRA, Blom v. Sweden, 191/1985 (1988), Ziff. 10.2 f.

25 Art. 22 GFK verpflichtet die Staaten, Flüchtlingen im Bereich der Grundschule die gleichen Rechte wie den eigenen Staatsangehörigen zu gewähren, und sie im Bereich höherer Schulen gleich wie ausländische Staatsangehörige in einer vergleichbaren Situation zu behandeln.

26 Art. 24 BRK hält die Staaten an, «ein integratives Bildungssystem auf allen Ebenen» zu gewährleisten.

27 EGMR (Grand Chamber), Catan and Others v. Moldova and Russia, Reports 2012-V, Ziff. 140.

28 EGMR, Memlika v. Greece, 37991/12 (2015), Ziff. 50 ff.

29 EGMR, Ali v. The United Kingdom, 40385/06 (2011), Ziff. 54.

30 EGMR, Memlika v. Greece, 37991/12 (2015), Ziff. 50 ff.

31 EGMR, Campbell and Cosans v. The United Kingdom, A/48 (1982), Ziff. 41.

32 EGMR, Tarantino and Others v. Italy, 25851/09, 29284/09 and 64090/09 (2013), Ziff. 43 ff.

33 EGMR, Velyo Velev v. Bulgaria, 16032/07 (2014), Ziff. 34 ff.

der Gemeinschaft, in der sie leben, Zugang zu einem integrativen, hochwertigen und unentgeltlichen Grundschulunterricht und einer entsprechenden Sekundarschulbildung haben», «dass angemessene Vorkehrungen für die Bedürfnisse des Einzelnen getroffen werden», «dass Menschen mit Behinderungen innerhalb des allgemeinen Bildungssystems die notwendige Unterstützung erhalten, um ihre wirksame Bildung zu erleichtern», und dass «in Übereinstimmung mit dem Ziel der vollständigen Integration wirksame individuell angepasste Unterstützungsmassnahmen in einem Umfeld, das die bestmögliche schulische und soziale Entwicklung gestattet, angeboten werden».

Die Verweigerung des Zugangs zu Bildungsinstitutionen aufgrund einer Behinderung 13.17
erweist sich oft als diskriminierend: Zu diesem Befund gelangte der EGMR im Fall einer blinden Person, die nicht zu einem Musikstudium zugelassen wurde, ohne dass zuvor geprüft wurde, ob ihren speziellen Bedürfnissen mit vernünftigem Aufwand Rechnung getragen werden könnte[34]. Ebenso erachtete er es als diskriminierend, dass zwei Roma-Knaben mit einer leichten geistigen Behinderung eine Sonderschule zu besuchen hatten, obwohl sie dem Unterricht in einer allgemeinen Primarschule problemlos folgen konnten[35].

4. Das Recht auf freie Wahl der Bildung

Das Recht auf Bildung enthält – unter Vorbehalt der Verpflichtung des obligatorischen 13.18
Schulbesuchs – auch einen Anspruch, selber über die eigene Ausbildung und diejenige der Kinder zu entscheiden. So besitzen namentlich Eltern minderjähriger Kinder das Recht, die Erziehung und den Unterricht ihrer Kinder entsprechend ihren eigenen religiösen und weltanschaulichen Überzeugungen sicherzustellen[36].

Dieses Wahlrecht der Eltern unmündiger Kinder im Bildungsbereich soll den Pluralis- 13.19
mus im Bildungswesen als wichtiges Element einer demokratischen Gesellschaft garantieren[37]. Der Staat hat daher darauf zu achten, dass die Lehrinhalte des Schulcurriculums in objektiver, kritischer und pluralistischer Weise vermittelt werden und dass daher keine Indoktrination stattfindet, die als Nichtbeachtung der religiösen und weltanschaulichen Überzeugungen der Eltern eingestuft werden kann[38]. Dieser Anspruch wurde gemäss EGMR etwa durch eine Anordnung gegenüber in Transnistrien wohnenden Eltern moldawischer Herkunft verletzt, die vor die Wahl gestellt wurden, ihre Kinder entweder einem langen Schulweg und/oder einer schlechten Schulinfrastruktur, Belästigungen und Einschüchterungen auszusetzen, wenn sie sich für eine Bildung

34 EGMR, Çam v. Turkey, 51500/08 (2016), Ziff. 55.

35 EGMR, Horváth and Kiss v. Hungary, 11146/11 (2013), Ziff. 109 ff.

36 Art. 13 Abs. 3 Pakt I, letzter Satzteil; Art. 2 Abs. 2 ZP 1/EMRK. Dieser Anspruch wird durch einen obligatorischen Sexualkundeunterricht an öffentlichen Schulen grundsätzlich nicht verletzt; EGMR, Dojan and Others v. Germany (dec.), 319/08 (2011).

37 EGMR (Grand Chamber), Catan and Others v. Moldova and Russia, Reports 2012-V, Ziff. 138.

38 A.a.O.

in moldawischer Sprache entscheiden, oder sie in eine offizielle Schule zu schicken, welche den schriftlichen Gebrauch dieser Sprache nicht erlaubt[39].

13.20 Das Recht der Eltern auf Anerkennung ihrer Überzeugungen im Bereich der schulischen Ausbildung ihrer Kinder ist auch explizit in der Religionsfreiheit gemäss Art. 18 Abs. 4 Pakt II enthalten und ist Teilgehalt der Religionsfreiheit gemäss Art. 9 EMRK, welcher u.a. öffentlichen Schulen verbietet, Schülerinnen und Schüler religiös zu indoktrinieren[40]. Mangels eines gesamteuropäischen Konsenses zu dieser Frage liegt die Entscheidung, ob Kruzifixe im Klassenzimmer einer öffentlichen Schule angebracht werden dürfen, im Ermessensbereich der Staaten, weshalb in diesem Umstand keine Verletzung von Art. 9 EMRK vorliegen kann[41].

13.21 Soweit als Alternative zum Religionsunterricht obligatorisch ein Kurs in Geschichte der Religionen und Ethik belegt werden muss, ist diese in einer neutralen und objektiven Art zu vermitteln, welche auf die Gefühle und Überzeugungen von Eltern Rücksicht nimmt, die nicht gläubig sind[42]. Auch in diesem Fall müssen aber die Eltern die Möglichkeit haben, ihre Kinder vom Unterricht dispensieren zu lassen, und das Dispensationssystem muss praktikabel, d.h. so ausgestaltet sein, dass die Eltern davon effektiv Gebrauch machen können, ohne sich selbst mit religiösen Inhalten auseinandersetzen zu müssen[43]. Hingegen erachtete der EGMR eine Beschwerde, mit welcher geltend gemacht wurde, der obligatorische Besuch eines säkular ausgerichteten Ethikunterrichts stelle eine Verletzung von Art. 2 ZP 1/EMRK dar, da die dort vermittelten Inhalte im Widerspruch zu den christlichen Überzeugungen einer Schülerin und deren Eltern stehe, als offensichtlich unbegründet[44]. Ebenso stufte der EGMR eine Beschwerde ein, die sich unter Berufung auf die religiösen Ansichten der Eltern gegen Besuch eines obligatorischen Sexualkundeunterrichts wandte[45]. Auch lehnte er eine Beschwerde ab, in welcher die muslimischen Eltern primarschulpflichtiger Mädchen geltend machten, die obligatorische Teilnahme an einem durch die Schule organisier-

39 A.a.O., Ziff. 143.

40 EGMR, Kjeldsen, Busk Madsen and Pedersen v. Denmark, A/23 (1976), Ziff. 53.

41 EGMR (Grand Chamber), Lautsi v. Italy, Reports 2011-III, Ziff. 63 ff. Zur Zulässigkeit eines Verbots religiös konnotierter Bekleidung siehe hinten Rz. 13.49 ff.

42 MRA, Hartikainen and Others v. Finland, 40/1978 (1981), Ziff. 10.4, und General Comment 22 (1993), Ziff. 6.

43 Dies traf auf ein norwegisches Gesetz nicht zu, welches nur die Dispensation von einzelnen Stunden zuliess, und von den Eltern eine Begründung dafür verlangte, warum der Inhalt der betreffenden Lektion mit ihren Überzeugungen nicht vereinbar sei. Norwegen änderte das Gesetz, nachdem der MRA in Leirvag v. Norway, 1155/2003 (2004), Ziff. 14.6 f., eine Verletzung von Art. 18 Pakt II festgestellt hatte. Im Urteil Folgerø and Others v. Norway, Reports 2007-III, hatte sich die Grand Chamber des EGMR mit der Menschenrechtskonformität dieses (neuen) norwegischen Gesetzes auseinanderzusetzen. Sie gelangte mit einer äusserst knappen Mehrheit zum Schluss, die fehlende Möglichkeit einer integralen Dispensation von diesem Schulfach stelle eine Verletzung des Rechts auf Bildung dar (Ziff. 84 ff.). Siehe dazu auch EGMR, Zengin v. Turkey, 1448/04 (2007), und Mansur Yalçin and Others v. Turkey, 21163/11 (2014), Ziff. 63 ff.

44 EGMR, Appel-Irrgang and Others v. Germany (dec.), Reports 2009-IV.

45 EGMR, A.R. and L.R. v. Switzerland (dec.), 22338/15 (2017), Ziff. 24 ff. und 47 ff.

ten gemischtgeschlechtlichen Schwimmunterricht verletze ihre Religionsfreiheit[46]. Der EGMR berücksichtigte, dass die Schule mit konkreten Massnahmen einen Ausgleich zwischen den Interessen der Eltern und denjenigen ihrer Kinder zu finden suchte[47], und anerkannte, dass dem Staat ein grosser Ermessensspielraum zustehe, weshalb er das Interesse an der sozialen Integration der Töchter demjenigen der Eltern an der Nichtteilnahme am Schwimmunterricht vorziehen durfte[48].

Das Erziehungsrecht der Eltern beinhaltet u.a. auch das Recht, «für ihre Kinder andere als öffentliche Schulen zu wählen» (Art. 13 Abs. 3 Pakt I), d.h., sie an eine Privatschule zu schicken. Garantiert ist auch die Freiheit, solche Schulen zu errichten (Art. 13 Abs. 4 Pakt I). In beiden Fällen darf der Staat allerdings verlangen, dass die vermittelte Bildung den staatlichen Mindestanforderungen entspricht. 13.22

Vertiefung: Disziplinarstrafen in der Schule

Die Kinderrechtskonvention verpflichtet die Staaten, sicherzustellen, dass «die Disziplin in der Schule in einer Weise gewahrt wird, die der Menschenwürde des Kindes entspricht» (Art. 28 lit. b). Unzulässige Strafen schliessen Schläge, öffentliche Erniedrigung und den Entzug von Essen ein[49]. Die Vertragsorgane der UNO-Konventionen empfehlen daher Staaten regelmässig, Körperstrafen in Schulen abzuschaffen[50]. 13.23

Der EGMR hat drei schmerzhafte Schläge mit einem Stock auf das nackte Gesäss eines jugendlichen Delinquenten als erniedrigende Bestrafung im Sinne von Art. 3 EMRK eingestuft[51]. Ebenso hält der Europäische Ausschuss für Sozialrechte in ständiger Praxis fest, Körperstrafen an Schulen verletzten das in Art. 17 ESCrev verankerte Recht der Kinder und Jugendlichen auf sozialen, gesetzlichen und wirtschaftlichen Schutz[52]. 13.24

---

46 EGMR, Osmanoğlu and Kocabaş v. Switzerland, 29086/12, Reports 2017.

47 A.a.O., Ziff. 101.

48 A.a.O., Ziff. 64 und 95 ff.

49 KRK-Ausschuss, General Comments 1 (2001), Ziff. 8, 8 (2006), Ziff. 21 f., und 13 (2011), Ziff. 17, sowie WSK-Ausschuss, General Comment 13 (1999), Ziff. 41.

50 Siehe z.B. KRK-Ausschuss, CO Jamaica (2015), Abschnitt D, CO Tanzania (2015), Abschnitt E; FoK-Ausschuss, CO Gabon (2013), Ziff. 15, CO Morocco (2011), Ziff. 24; WSK-Ausschuss, CO Uzbekistan (2014), Ziff. 20, CO Turkey (2011), Ziff. 24; FDK-Ausschuss, CO Swaziland (2014), Ziff. 30, CO Sierra Leone (2014), Ziff. 29; MRA, CO Cape Verde (2012), Ziff. 12.

51 EGMR, Tyrer v. The United Kingdom, A/26 (1978), Ziff. 26. Die Schläge waren vom Jugendgericht als Strafe für ein Fehlverhalten in der Schule (Körperverletzung eines anderen Schülers) angeordnet worden. Demgegenüber hielt der EGMR in Costello-Roberts v. The United Kingdom, A/247-C (1993), Ziff. 32, die Züchtigung eines siebenjährigen Knaben mit drei leichten Schlägen mit einem Turnschuh für zu leicht, um die Schwelle von Art. 3 EMRK zu überschreiten.

52 EASR, Association for the Protection of All Children (APPROACH) Ltd. V. France. 92/2013 (2014), Ziff. 34 ff., mit Hinweisen auf frühere Entscheide.

III. Das Recht auf Teilnahme am kulturellen Leben und der Schutz des künstlerischen und wissenschaftlichen Schaffens

Rechtsquellen: Art. 27 AEMR; Art. 15 Pakt I; Art. 19 Pakt II; Art. 13 und 31 KRK; Art. 30 BRK; Art. 13 lit. d FDK; Art. 42 Abs. 1 lit. g und Art. 45 Abs. 1 lit. d WAK; Art. 10 EMRK; Art. 13 AMRK und Art. 14 ZP 1/AMRK; Art. 9 und 17 AfCRMV; Art. 42 ArCMR; Art. 53 ZP I; Art. 16 ZP II.

13.25 Kultur in einem weit verstandenen Sinn wird durch verschiedene Garantien, etwa die Religionsfreiheit (hinten Ziff. IV), das Recht auf Bildung (vorne Ziff. II), die Meinungsäusserungsfreiheit (Kapitel 16) sowie das Recht von Angehörigen von Minderheiten, gemeinsam mit anderen Angehörigen ihrer Gruppe ihr eigenes kulturelles Leben zu pflegen (Kapitel 11), geschützt. Andere Rechte wie das Recht auf Privatleben oder das Recht auf Heirat schützen ebenfalls spezifische kulturelle Praktiken.

13.26 Die Bezugnahme auf Werke der «Literatur und Kunst» resp. auf «schöpferische Werke» in Art. 15 Pakt I (Abs. 1 lit. c und Abs. 3) umfasst nicht nur künstlerische Aktivitäten und Produktionen, wie etwa Musik, Malerei, Bildhauerei, Literatur, Theater, Architektur und wissenschaftliche Erkenntnisse, sondern auch weitere Bereiche wie etwa Riten, die Nahrungsmittelzubereitung oder Sport[53]. Im Einzelnen enthält diese Garantie damit ein Konglomerat sehr unterschiedlicher Teilgehalte, die teilweise in engem Bezug zur Meinungsäusserungsfreiheit und zu anderen Freiheitsrechten stehen, welche ebenfalls dem Schutz des künstlerischen und wissenschaftlichen Schaffens dienen.

1. Recht auf Teilnahme am kulturellen Leben und Kunstfreiheit

13.27 Laut Art. 15 Abs. 1 lit. a Pakt I müssen die Vertragsstaaten das Recht jeder Person anerkennen, «am kulturellen Leben teilzunehmen». Damit wird ein unmittelbar verpflichtendes, allerdings gemäss den Vorgaben von Art. 4 Pakt I einschränkbares[54], Verbot staatlicher Eingriffe in die Freiheit aller Menschen statuiert, sich am kulturellen Leben gemäss ihren Vorlieben aktiv oder passiv zu beteiligen. Das sich daraus ergebende Freiheitsrecht schützt sowohl den persönlichen Besuch von kulturellen Veranstaltungen als auch den Genuss von Kultur durch die Vermittlung von Medien wie Literatur und Film[55]. Dieser Teilgehalt wird als *passive Kunstfreiheit* umschrieben. Die *aktive Kunstfreiheit* ist in Abs. 3 als zur direkten Anwendung geeignete[56] Freiheit des Kunstschaffens kodifiziert, indem die Vertragsstaaten verpflichtet werden, «die zu […] schöpferischer Tätigkeit unerlässliche Freiheit zu achten». Werden Individuen durch Private oder nichtstaatliche Organisationen an der Teilnahme am kulturellen Leben gehindert, hat der Staat basierend auf seinen Schutzpflichten dagegen vorzugehen. Auf der Gewährleistungsebene verpflichtet Art. 15 Pakt I schliesslich zu einer

53 WSK-Ausschuss, General Comment 21 (2009), Ziff. 12 f.

54 Dazu WSK-Ausschuss, General Comment 21 (2009), Ziff. 17 ff.

55 Siehe dazu WSK-Ausschuss, General Comment 21 (2009), Ziff. 15.

56 So ausdrücklich der WSK-Ausschuss, General Comment 3 (1990), Ziff. 5.

staatlichen Förderung der Kultur und zu Massnahmen des Kulturgüterschutzes, wobei diese Verpflichtungen schrittweise und im Rahmen verfügbarer Mittel zu erfüllen sind.

Wegen des bisherigen Fehlens von Individualbeschwerdeverfahren im Bereich der WSK-Rechte spielt in der Praxis die Rechtsprechung zur Freiheit der künstlerischen Meinungsäusserung gemäss Art. 19 Pakt II und entsprechenden Normen der regionalen Konventionen eine grosse Rolle, v.a. bei der Bestimmung der Grenzen der Kunstfreiheit. Diese Freiheit kann, wie alle Freiheiten, eingeschränkt werden, soweit dies gesetzlich vorgesehen und zum Schutz legitimer öffentlicher Interessen, wie etwa der öffentlichen Moral, oder der Rechte Dritter notwendig ist. Bei den Rechten Dritter steht v.a. deren Anspruch auf Schutz ihres Ansehens und ihrer Ehre im Vordergrund[57]. 13.28

Vertiefung: Kunstfreiheit und öffentliche Moral

Wie schützen die Menschenrechte künstlerische Werke wie Bilder, Skulpturen oder literarische Werke, wenn staatliche Behörden diese als pornografisch oder die öffentliche Moral untergrabend einstufen? 13.29

Im Fall eines Malers, der wegen pornografischer Veröffentlichung bestraft wurde, weil er im Rahmen eines in Freiburg (Schweiz) an ein breites Publikum gerichteten Kunstfestivals sexuell anstössige Bilder gemalt und ausgestellt hatte, betonte der EGMR[58], die Kunstfreiheit, wie sie durch die Meinungsäusserungsfreiheit gemäss Art. 10 Abs. 1 EMRK garantiert werde, stelle eine Grundsäule jeder demokratischen Gesellschaft und «eine der wesentlichen Bedingungen für ihren Fortschritt und für die Selbstverwirklichung des Einzelnen» dar. Vorbehaltlich der Schranken gemäss Abs. 2 dieser Bestimmung gilt dies gemäss dem Urteil «nicht nur für ‹Informationen› oder ‹Ideen›, die günstig aufgenommen oder die als unschädlich oder belanglos angesehen werden, sondern auch für solche, die provozieren, schockieren oder stören. Dies ergibt sich aus den Erfordernissen des Pluralismus, der Toleranz und Grosszügigkeit, ohne die eine ‹demokratische Gesellschaft› nicht bestehen kann» (Ziff. 33). Allerdings gelten die Schranken von Art. 10 Abs. 2 EMRK auch für künstlerisch Tätige. 13.30

Im konkreten Fall betonte der EGMR, dass «die fraglichen Gemälde sexuelle Beziehungen vor allem zwischen Männern und Tieren in einer rohen Art darstellen. Sie wurden entsprechend dem Ziel der Ausstellung, die als spontane Aktion geplant war, an Ort und Stelle gemalt; die Öffentlichkeit hatte freien Zugang zu ihnen, weil die Organisatoren weder Eintrittsgebühren noch eine Altersbeschränkung festgelegt hatten. Tatsächlich wurden die Gemälde in einer Ausstellung präsentiert, die einem grossen Publikum ohne Einschränkung zugänglich war und dieses auch anziehen sollte». Daher erachtete er es für nicht unbegründet, «dass diese Gemälde mit ihrer Betonung der Sexualität in ihren gröbsten Formen ‹in grobem Mass das sexuelle Anstandsgefühl normal empfindender Menschen› verletzen konnten» (Ziff. 36). 13.31

57 Zu diesem aus dem Recht auf Privatleben fliessenden Anspruch Rz. 12.42.

58 EGMR, Müller and Others v. Switzerland, A/133 (1988); Übersetzung aus EuGRZ 1988, 543 ff.

13.32 Dass die Schranken der Meinungsäusserungsfreiheit auch im Bereich des künstlerischen Schaffens gelten, bekräftigte der EGMR anlässlich der Beurteilung des Verbots eines Bildes, dass in Form einer Collage verschiedene bekannte Figuren wie Mutter Theresa oder den früheren Vorsitzenden der Freiheitlichen Partei Österreichs (FPÖ) in sexuellen Positionen zeigte. Allerdings entschied er, die Abbildung verwende satirische Elemente und sei daher als Karikatur einzustufen. Die Satire charakterisiere sich als Kunstform, deren Merkmal in einer übertriebenen und verzerrten Darstellung der Realität liege und die darauf abziele, zu provozieren und aufzuwühlen[59], weshalb die Abbildung im konkreten Fall nicht verboten werden dürfe.

13.33 Einem weiteren Urteil des EGMR zu dieser Thematik liegt sachverhaltsmässig die Bestrafung eines Herausgebers zu einer hohen Busse zu Grunde, weil dieser eine türkische Ausgabe eines im Jahr 1907 erstmals publizierten bekannten erotischen Romans des Schriftstellers Guillaume Apollinaire publizierte. Das Gericht befand, der den Staaten in diesen Bereichen zustehende Ermessensspielraum könne nicht so weit reichen, den Zugang zu einem Werk des europäischen literarischen Erbes in einer bestimmten, und hier der türkischen, Sprache zu verhindern[60].

2. Wissenschaftliche Rechte

13.34 Die Wissenschafts- und Forschungsfreiheit wird in Art. 15 Pakt I an zwei verschiedenen Stellen kodifiziert: Laut lit. b von Abs. 1 «erkennen die Vertragsstaaten das Recht aller Personen an, […] an den Errungenschaften des wissenschaftlichen Fortschrittes und seiner Anwendung teilzunehmen», während in Abs. 3 ein justiziables[61] Freiheitsrecht verankert wird: «Die Vertragsstaaten *verpflichten* sich, die zu wissenschaftlicher Forschung […] unerlässliche Freiheit zu *achten*». Die Freiheit der wissenschaftlichen Forschung ergibt sich auch aus der Meinungs- und der Meinungsäusserungsfreiheit.

13.35 Art. 15 Pakt I schützt somit die passive und die aktive Forschungsfreiheit, d.h. die Freiheit, Forschungsergebnisse zur Kenntnis zu nehmen und selber Forschung zu betreiben. Die Vertragsstaaten und deren Gesetzgeber werden auf der Gewährleistungsebene dieser Garantie zudem angehalten, aktiv den wissenschaftlichen Fortschritt zu fördern und dafür besorgt zu sein, dass wissenschaftlicher Fortschritt dem Wohl der gesamten Bevölkerung zugute kommt.

3. Schutz des geistigen Eigentums

13.36 Als letzter Teilgehalt wird in Art. 15 Abs. 1 lit. c Pakt I das Recht verankert, den Schutz der geistigen und materiellen Interessen zu geniessen, die dem Urheber oder der Urheberin von Werken der Wissenschaft, Literatur oder Kunst erwachsen. Dieser

59 EGMR, Vereinigung Bildender Künstler v. Austria, 68354/01 (2007), Ziff. 33.

60 EGMR, Akdas v. Turkey, 41056/04 (2010), Ziff. 30 ff.

61 WSK-Ausschuss, General Comment 3 (1990), Ziff. 5.

Anspruch auf Freiheit des geistigen Eigentums lässt sich zumindest in Staaten, in welchen der Schutz der Immaterialgüterrechte bereits umfassend auf Gesetzesstufe geregelt ist, gerichtlich durchsetzen[62].

Vertiefung: Verletzung von Art. 15 Pakt I während bewaffneter Konflikte

Zu massiven Verletzungen der Ansprüche aus Art. 15 Pakt I kommt es oft während Besetzungen im internationalen bewaffneten Konflikt. Im irakisch besetzten Kuwait (1990–1991) z.B. zerstörten und plünderten die Besatzungstruppen systematisch Museen, Bibliotheken, Universitäten und Forschungsinstitute und entfernten Forschungsdaten der Universität Kuwait und anderer Forschungsinstitute[63]. Massive Plünderungen von Museen und anderen kulturellen Einrichtungen ereigneten sich auch nach dem Einmarsch der USA im Irak im Frühjahr 2003[64]. Jüngeren Datums sind die systematische Plünderung und Zerstörung präislamischer Kulturgüter und archäologischer Stätte etwa in Palmyra durch den sog. «Islamischen Staat». 13.37

Das humanitäre Völkerrecht kennt verschiedene Garantien zum Schutz kultureller Güter. 13.38 Im Vordergrund steht das Haager Abkommen vom 14. Mai 1954 für den Schutz von Kulturgut bei bewaffneten Konflikten. Aber auch gemäss Art. 53 ZP I und Art. 16 ZP II ist es verboten, «feindselige Handlungen gegen geschichtliche Denkmäler, Kunstwerke oder Kultstätten zu begehen, die zum kulturellen oder geistigen Erbe der Völker gehören», oder solche Objekte «zur Unterstützung des militärischen Einsatzes zu verwenden». Vorsätzliche Angriffe «auf Gebäude, die dem Gottesdienst, der Erziehung, der Kunst, der Wissenschaft oder der Wohltätigkeit gewidmet sind, auf geschichtliche Denkmäler» gelten schliesslich als Kriegsverbrechen[65]. Im Jahr 2016 stützte sich der ICC bei der strafrechtlichen Beurteilung der Zerstörung von Mausoleen in Timbuktu durch Angehörige einer mit der Al-Qaida verbundenen Organisation zum ersten Mal auf diese Bestimmung[66].

IV. Die Religionsfreiheit

Rechtsquellen: Art. 18 AEMR; Art. 18 Pakt II; Art. 14 KRK; Art. 5 lit. c (vii) RDK; Art. 12 WAK; Art. 9 EMRK; Art. 12 AMRK; Art. 8 AfCRMV; Art. 30 ArCMR; Art. 34–37 GK III; Art. 27, 58 und 93 GK IV; Art. 52 ZP I.

Die Religions- und Glaubensfreiheit, wie sie in Art. 18 Pakt II und allen regionalen 13.39 Menschenrechtskonventionen verankert ist, schützt den Menschen in seiner spirituellen Dimension, d.h. in seiner Beziehung zum Transzendenten. Neben der im gleichen

62 Siehe dazu WSK-Ausschuss, General Comment 17 (2005), Ziff. 30 ff.

63 Bericht des Sonderberichterstatters der UNO-Menschenrechtskommission über Menschenrechtsverletzungen im irakisch besetzten Kuwait vom 16. Januar 1992, UN Doc. E/CN. 4/1992/26, Ziff. 210 ff.

64 UNESCO first assessment mission to Baghdad, 17–20 May 2003.

65 Art. 8 Abs. 2 lit. e iv Römer Statut.

66 ICC, The Prosecutor v. Ahmad al Faqi al Mahdi, ICC-01/12-01/15 (2016).

Artikel verankerten Gedankenfreiheit[67] und der Meinungs- und Meinungsäusserungsfreiheit[68] schützt sie Religionen und Weltanschauungen in einem weiten Sinn[69], wobei Aussagen positiver oder negativer Art über transzendente Fragen im Vordergrund stehen[70]. Diese Garantie schützt auch religiös vorgeschriebene Manifestationen, auch wenn diese als schockierend oder in gewissen Staaten als illegal eingestuft werden. Der EGMR leitet dies aus der Verpflichtung der Staaten zur weltanschaulichen Neutralität ab, welche es den Behörden grundsätzlich untersagt, die Zulässigkeit religiöser Gebote zu beurteilen[71]. Allerdings kann die Ausübung solcher Praktiken gestützt auf die Vorgaben der Schrankenklauseln beschränkt oder untersagt werden[72].

1. Negative Religionsfreiheit

13.40 Die Religionsfreiheit besitzt eine negative und eine positive Komponente. Negativ beinhaltet die Religionsfreiheit, dass niemand dazu gezwungen werden darf, einen bestimmten Glauben zu haben, einer Religionsgemeinschaft beizutreten, religiöse Handlungen vorzunehmen, seine Religion zu wechseln oder bei einer Glaubensgemeinschaft zu bleiben, obwohl die betroffene Person sie verlassen will (Art. 18 Abs. 2 Pakt II). Dieses Verbot gilt absolut[73] und wird etwa verletzt, wenn ein Staat es Angehörigen einer bestimmten Religion unter Androhung einer Strafe verbietet, die Religion zu wechseln[74], wenn Parlamentsabgeordnete ihr Amt verlieren, weil sie sich weigern, bei Amtsantritt auf die Bibel zu schwören[75], wenn ein Anwalt als Bedingung für

67 Vorne in diesem Kapitel Rz. 13.2 ff.

68 Dazu Rz. 17.3 ff.

69 MRA, General Comment 22 (1993), Ziff. 2; EGMR, Kokkinakis v. Greece, A/260-A (1993), Ziff. 31.

70 Gemäss dem EGMR, Sinan Işık v. Turkey, Reports 2010-I, Ziff. 37, ist die Religions- und Glaubensfreiheit «in its religious dimension, one of the most vital elements that go to make up the identity of believers and their conception of life, but it is also a precious asset for atheists, agnostics, sceptics and the unconcerned».

71 Siehe etwa EGMR, Eweida and Others v. The United Kingdom, Reports 2013-I, Ziff. 81.

72 Siehe z.B. MRA, Prince v. South Africa, 1474/2006 (2007), Ziff. 7.2. Konkret anerkannte der Ausschuss, dass das Rauchen und Verzehren von Cannabis-Produkten Bestandteil der Ausübung der Rastafari-Religion sei und deshalb in den Schutzbereich der Religionsfreiheit falle. Er erachtete aber die Weigerung der lokalen Anwaltsvereinigung als paktkonform, den Beschwerdeführer infolge fehlenden guten Leumunds, d.h. wegen seiner wiederholten Verurteilungen wegen Cannabisbesitzes und seiner Ankündigung, weiterhin aus religiösen Gründen Cannabis zu konsumieren, nicht ins Anwaltsregister einzutragen. In seinem Entscheid M.A.B. et al. v. Canada, 570/1993 (1994), gelangte der MRA noch zum Schluss, dass die «Assembly of the Church of the Universe», deren Glaubensvorgaben gemäss den Beschwerdeführern ebenfalls die Kultivierung von Cannabis-Produkten vorschreibt (Ziff. 2.1), keine Religion sei. Denn ein Glaube, der primär oder gar exklusiv auf der Verehrung illegaler Betäubungsmittel beruhe, könne nicht unter den Schutzbereich von Art. 18 Pakt II subsumiert werden (Ziff. 4.2).

73 So auch EGMR, Eweida and Others v. The United Kingdom, Reports 2013-I, Ziff. 80.

74 In ständiger Praxis kritisiert der MRA deshalb islamische Staaten mit entsprechenden Bestimmungen; z.B. CO Sudan (2014), Ziff. 20, CO Mauretania (2013), Ziff. 21, und CO Maldives (2012), Ziff. 24. So auch KRK-Ausschuss, CO Saudi Arabia (2016), Ziff. 24.

75 EGMR (Grand Chamber), Buscarini and Others v. San Marino, Reports 1999-I, Ziff. 34.

seine Berufsausübung[76] oder eine Person vor einem Gericht oder auf offiziellen Dokumenten wie einer Identitätskarte[77] ihre religiösen Überzeugung offenlegen muss und erst recht, wenn eine Person dazu gezwungen wird, eine andere Religion anzunehmen[78].

2. Positive Religionsfreiheit

Positiv vermittelt die Religionsfreiheit den Menschen das Recht, einen frei gewählten Glauben anzunehmen und diesen Glauben mit all seinen Gebräuchen und Traditionen «allein oder gemeinsam mit anderen, öffentlich oder privat durch Gottesdienst, Beachtung religiöser Bräuche, Ausübung und Unterricht zu bekunden» (Art. 18 Abs. 1 Pakt II). Dazu gehört etwa, Gotteshäuser zu errichten und zu besuchen, Religionsunterricht zu lehren und daran teilzunehmen und den Glauben nach aussen zu verkünden, religiöse Schriften zu verfassen und zu verwenden, religiöse Bekleidungsvorschriften zu beachten sowie religiöse Riten und Zeremonien und andere durch die Religion geforderte Handlungen durchzuführen[79]. Diese Garantie schützt auch Inhaftierte, welchen daher auf ihren Antrag Zugang zu einem Seelsorger zu gewähren ist[80]. 13.41

Eine Verletzung der positiven Religionsfreiheit liegt etwa vor, wenn einem Moslem im Gefängnis grundlos verboten wird, einen Bart zu tragen, und ihm die heiligen Schriften weggenommen werden[81], oder wenn einem Mitglied einer christlich evangelikalen Freikirche infolge seines Bekenntnisses vom staatlichen Arbeitgeber gekündigt wird[82]. Wer demgegenüber als Militärrichter in einem laizistischen Staat seines Amtes enthoben wird, weil er fundamentalistischen Ansichten folgt und Mitgliedern seiner Gruppe juristisch beisteht, ist nicht Opfer eines Eingriffs in seine Religionsfreiheit, weil er nicht wegen seiner religiösen Ansichten, sondern wegen Verletzung von Amtspflichten sanktioniert wird[83]. Anders beurteilte der EGMR die religiös motivierte Weigerung einer Zivilstandsbeamtin, ihren beruflichen Verpflichtungen nachzukommen, und auch gleichgeschlechtliche Partnerschaften zu beurkunden: Weil der Beschwerdeführerin kein Dispens für diese Amtshandlungen erteilt wurde, sei das akzessorische Diskriminierungsverbot in Verbindung mit der Religionsfreiheit grundsätzlich anwendbar. Indessen sei hier trotz der angedrohten Disziplinarmassnahmen das Diskriminierungsverbot nicht verletzt, weil auch gewichtige Interessen von Kundinnen und Kunden an 13.42

76 EGMR, Alexandridis v. Greece, 19516/06 (2008), Ziff. 31 ff.

77 EGMR, Sinan Işık v. Turkey, Reports 2010-I, Ziff. 37 ff.

78 AfKRMV, Amnesty International and Others v. Sudan, 48/1990, 50/1991, 52/1991 and 89/1993 (1999), Ziff. 74 und 76.

79 Siehe z.B. MRA, Prince v. South Africa, 1474/2006 (2007), Ziff. 7.2, und Eweida and Others v. The United Kingdom, Reports 2013-I, Ziff. 82 f., wonach aber Handlungen und Unterlassungen, die nicht direkt die Bekundung einer religiösen Pflicht darstellen, vom sachlichen Geltungsbereich von Art. 9 EMRK nicht umfasst werden.

80 EGMR (Grand Chamber), Mozer v. Moldova and Russia, 11138/10, Reports 2016, Ziff. 197 ff., und Poltoratskiy v. Ukraine, Reports 2003-V, Ziff. 167.

81 MRA, Boodoo v. Trinidad and Tobago, 721/1996 (2002), Ziff. 6.6.

82 EGMR, Ivanova v. Bulgaria, 52435/99 (2007).

83 EGMR, Kalaç v. Turkey, Reports 1997-IV, Ziff. 27 ff.

einer staatlichen Serviceleistung, und namentlich das in der EMRK enthaltene Verbot der Diskriminierung auf Grund der sexuellen Überzeugung, zu berücksichtigen seien[84].

13.43 Der Afrikanische Gerichtshof sah in der Vertreibung eines indigenen Volkes aus Wäldern, in welchen sie seit Jahrhunderten lebten, auch eine Verletzung der Religionsfreiheit, weil den Angehörigen dieser Gruppe damit der Zugang zu ihnen heiligen Plätzen verwehrt wurde[85]. Damit anerkannte dieses Gericht, dass die Religionsfreiheit auch bei Fehlen eines expliziten Verbotes gewisser religiöser Manifestationen verletzt sein kann, falls staatliche Massnahmen zur Folge haben, dass religiöse Riten faktisch verunmöglicht werden.

13.44 Die Freiheit, seinen Glauben und seine Weltanschauung zu manifestieren und ein Leben zu führen, das religiösen Geboten entspricht, gilt nicht absolut. Art. 18 Abs. 3 Pakt II erlaubt Beschränkungen, falls sie gesetzlich vorgesehen und «zum Schutz der öffentlichen Sicherheit, Ordnung, Gesundheit, Sittlichkeit oder der Grundrechte und -freiheiten anderer erforderlich sind». Art. 9 Abs. 2 EMRK erlaubt in nahezu identischer Weise Eingriffe in die Freiheit, «die gesetzlich vorgesehen und in einer demokratischen Gesellschaft notwendig sind für die öffentliche Sicherheit, zum Schutz der öffentlichen Ordnung, Gesundheit oder Moral oder zum Schutz der Rechte und Freiheiten anderer». Daher stellt die Weigerung eines (staatlichen) Arbeitgebers, eine Angestellte während eines religiösen Feiertages von der Arbeit zu dispensieren[86], oder die Ablehnung eines Gesuchs um Verschiebung eines gerichtlichen Verhandlungstermins, der auf einen jüdischen Feiertag fiel, gegenüber einem Anwalt jüdischen Glaubens[87] keine Verletzung der Religionsfreiheit dar.

Vertiefung: Verweigerung des Militärdienstes aus Gewissensgründen

13.45 Kann sich auf die Freiheit von Religion und Weltanschauung und die Gewissensfreiheit berufen, wer den Militärdienst aus Gewissensgründen verweigert? In seiner frühen Praxis verneinte der MRA die Frage mit dem Hinweis, der Pakt II verankere kein solches Recht[88]. In seiner Allgemeinen Bemerkung zur Religionsfreiheit änderte der Ausschuss 1993 seine Haltung und hielt fest, «dass ein solches Recht insoweit aus Art. 18 abgeleitet werden kann, als die Verpflichtung zur Anwendung von tödlicher Gewalt in einen schweren Konflikt mit der Gewissensfreiheit und dem Recht auf Bekundung seiner Religion oder Weltanschauung treten kann»[89]. In der Folge kritisierte er im Rahmen der Prüfung von Staa-

84 EGMR, Eweida and Others v. The United Kingdom, Reports 2013-I, Ziff. 102 ff.

85 AfGRMV, African Commission on Human and Peoples' Rights v. Republic of Kenya, 006/2012 (2017), Ziff. 169.

86 EGMR, Kosteski v. The Former Yugoslav Republic of Macedonia, 55170/00 (2006), Ziff. 38.

87 EGMR, Sessa v. Italy, Reports 2012-III, Ziff. 34 ff.

88 Z.B. MRA, L.T.K. v. Finland, 185/1984 (1985), Ziff. 5.2.

89 MRA, General Comment 22 (1993), Ziff. 11; Übersetzung aus Kälin/Malinverni/Nowak, 384. Ein paar Jahre später ging der MRA in Westerman v. The Netherlands, 682/1996 (1999), ebenfalls von einem Recht auf Dienstverweigerung aus, kam aber zum Schluss, der Beschwerdetenberichten regelmässig Staaten, welche keinen Zivildienst für Dienstverweigerer oder einen im Vergleich zum Militärdienst unverhältnismässig langen zivilen Ersatzdienst kennen[90]. Im Jahr 2007 erachtete der MRA zum ersten Mal in einem Individualbeschwerdeentscheid die Religionsfreiheit als verletzt, weil Südkorea nicht im Sinne von Art. 19 Abs. 3 Pakt II nachweisen konnte, dass das Fehlen eines zivilen Ersatzdienstes als Alternative zum obligatorischen Militärdienst und damit die Bestrafung eines Dienstverweigerers aus religiösen Gründen notwendig zum Schutz der nationalen Sicherheit sei[91]. Im Jahr 2011 änderte der Ausschuss seine Begründung und entschied in umstrittenen Entscheiden, dass die Bestrafung wegen Dienstverweigerung neu als Verletzung der absolut geschützten Gewissensfreiheit von Art. 19 Abs. 1 Pakt II eingestuft wird, da die Verpflichtung, notfalls tödliche Gewalt einzusetzen, zu ernsthaften Konflikten mit dem Gewissen führen könne[92].

Eine Berufung auf Art. 18 oder 19 Abs. 1 des Pakts II lässt der MRA jedoch nicht zu, wenn 13.46
jemand bestraft wird, weil er oder sie sich mit dem Argument, aus Gewissensgründen die Armee nicht unterstützen zu können, weigert, Steuern zu bezahlen[93]. Der Ausschuss befand hingegen – allerdings gestützt auf das Rechtsgleichheitsgebot von Art. 26 Pakt II – die Dauer des zivilen Ersatzdienstes sei zumindest dann nicht mit Pakt II vereinbar, wenn diese das Doppelte oder mehr des Militärdienstes betrage[94].

Auch der EGMR anerkennt ein aus der Glaubens- und Gewissensfreiheit fliessendes 13.47
Recht auf Dienstverweigerung aus Gewissensgründen[95] und eine positive Verpflichtung der Vertragsstaaten, ein effektives und zugängliches Verfahren zur Abklärung der Gewissensgründe von Wehrdienstverweigerern einzurichten[96]. Die wiederholte Anordnung von Haftstrafen gegen Wehrdienstverweigerer, die sofort nach ihrer Entlassung aus der Haft erneut zum Militärdienst aufgeboten werden, beurteilte der Gerichtshof gar als erniedrigende Behandlung im Sinne von Art. 3 EMRK[97]. Aus der EMRK fliesst aber für anerkannte Dienstverweigerer kein allgemeiner Anspruch darauf, auch den zivilen Ersatz-

---

führer habe nicht nachweisen können, dass sein Gewissen ihm die Dienstleistung wirklich verunmögliche (a.a.O., Ziff. 9.5).

90 Z.B. MRA, CO Chile (2014), Ziff. 24; CO Kyrgyzstan (2014), Ziff. 23; CO Bolivia (2013), Ziff. 21; CO Finland (2013), Ziff. 14.

91 MRA, Yoon and Choi v. Republic of Korea, 1321/2004 and 1322/2004 (2007), Ziff. 8.3 f.

92 MRA, Joeng et al. v. Republic of Korea, 1642–1741/2007 (2011), Ziff. 7.3 f., bestätigt in Atasoy and Sarkut v. Turkey, 1853/2008 and 1854/2008 (2012), Ziff. 10.4 f., Kim v. Republic of Korea, 2179/2012 (2015), Ziff. 7.3 ff., Hudaybergenov v. Turkmenistan, 2221/2012 (2015), Ziff. 7.4 ff., Japparov v. Turkmenistan, 2223/2012 (2015), Ziff. 7.5 ff., und Abdullayev v. Turkmenistan, 2218/2012 (2015), Ziff. 7.5 ff.; alle mit jeweils zahlreichen Dissenting Opinions.

93 MRA, J.P. v. Canada, 446/1991 (1991), Ziff. 4.2, und K.V. and C.V. v. Germany, 568/1993 (1994), Ziff. 4.3.

94 MRA, Foin v. France, 666/1995 (1999), Maille v. France, 689/1996 (2000), und Venier and Nicolas v. France, 690–691/1996 (2000).

95 EGMR (Grand Chamber), Bayatyan v. Armenia, Reports 2011-IV, Ziff. 98 ff.

96 EGMR, Savda v. Turkey, 42730/05 (2012), Ziff. 99.

97 EGMR, Ülke v. Turkey, 39437/98 (2006), und Savda v. Turkey, 42730/05 (2012).

dienst verweigern zu dürfen[98]. Dieser Ersatzdienst muss aber vollständig ziviler Natur sein, und darf keinen abschreckenden oder punitiven Charakter aufweisen. Er darf damit nicht unter militärischer Aufsicht stehen[99] und nicht länger als das eineinhalbfache des verweigerten Militärdienstes dauern[100]. Einem Staat ist es überdies untersagt, einen Dienstverweigerer, der seine Strafe abgesessen hat, als vorbestrafte Person vom Zugang zum Beruf des Buchhalters auszuschliessen[101].

13.48 Besondere Schwierigkeiten stellen sich für den Staat bei Vorliegen von Spannungen zwischen religiösen Gemeinschaften. In einer solchen Konstellation unterstehen Staaten einer Verpflichtung, friedliche religiöse Manifestationen gegen Störungen durch gewalttätige Demonstrierende zu schützen[102]. Zudem können hier Beschränkungen der Religionsfreiheit gerechtfertigt sein, wenn sie zum Schutz der öffentlichen Ordnung und Sicherheit notwendig sind oder sie sich aus der Pflicht des Staates ergeben, Schutz vor religiös motivierter Gewalt und Diskriminierung zu gewährleisten. Zu Massnahmen, welche das Recht beschränken, seinen Glauben zu bekunden, darf indes nur dann gegriffen werden, wenn ausschliesslich auf diese Weise zulässige öffentliche Interessen oder Rechte von Drittpersonen geschützt werden können. Bei Spannungen zwischen Religionsgemeinschaften ist es aber nicht die Aufgabe der Behörden, die Quelle der Spannungen durch Verbote zu beseitigen; viemehr sollen sie den Dialog zwischen den Gruppierungen fördern[103]. Wie der EGMR betont, muss der Staat dabei gegenüber den verschiedenen Religionsgemeinschaften neutral sein und den Wert eines religiösen Pluralismus anerkennen[104]. Die geforderte Neutralität des Staates ist etwa verletzt, wenn die Registrierung einer Religionsgemeinschaft nur mit Zustimmung von Vertretern der dominierenden religiösen Gemeinschaft möglich ist[105].

98 EKMR, X. v. Germany, 77705/76, DR 9, 199 f., Ziff. 1, mit Hinweis auf Art. 4 Abs. 3 lit. b EMRK, wonach nicht als Zwangsarbeit gilt: «Eine Dienstleistung, die an die Stelle des im Rahmen der Wehrpflicht zu leistenden Dienstes tritt, in Ländern, wo die Dienstverweigerung aus Gewissensgründen anerkannt ist».

99 EGMR, Adyan and Others v. Armenia, 75604/11, Reports 2017, Ziff. 67 ff.

100 A.a.O., Ziff. 70.

101 Im Urteil Thlimmenos v. Greece, Reports 2000-IV, Ziff. 41 ff., stufte die Grosse Kammer des EGMR einen solchen Ausschluss als akzessorische Diskriminierung im Bereich der Religionsfreiheit (Art. 14 i.V.m. Art. 9 EMRK) ein. Zur analogen interamerikanischen Praxis siehe IAKMR, Sahli Vera and Others v. Chile, 12.219 (2005).

102 EGMR, Karaahmed v. Bulgaria, 30587/13 (2015), Ziff. 91 ff., und Begheluri and Others v. Georgia, 28490/02 (2014), Ziff. 160.

103 EGMR, The Metropolitan Church of Bessarabia and Others v. Moldova, Reports 2001-XII, Ziff. 115 f.

104 EGMR (Grand Chamber), S.A.S. v. France, Reports 2014-III, Ziff. 127.

105 EGMR, The Metropolitan Church of Bessarabia and Others v. Moldova, Reports 2001-XII, Ziff. 123.

Vertiefung: Die Rechtsprechung zum Schutz der religiösen Bekleidung in einem multikulturellen Umfeld

Im multikulturellen Kontext von Einwanderungsgesellschaften, aber auch in laizistisch geprägten Staaten, sind Konflikte zwischen staatlichen und religiösen Vorschriften oft unvermeidbar. Die Religionsfreiheit erlaubt grundsätzlich, in diesem Spannungsfeld einen Ausgleich zu finden, indem sie eine Koexistenz verschiedener religiöser Gemeinschaften und die Neutralität des Staates sicherstellen kann. In Europa haben dabei in jüngerer Vergangenheit insbesondere Verbote des Tragens religiös konnotierter Bekleidung oder Symbole, die einen Eingriff in die Religionsfreiheit darstellen, zu erbitterten öffentlichen Diskussionen Anlass gegeben. 13.49

Der EGMR betont in diesem Zusammenhang, Pluralismus sei ein unabdingbares Kennzeichen demokratischer Gesellschaften[106]. Dabei betont er die Rolle des Staates als neutrale und unparteiische Stelle für die Organisation der Ausübung der verschiedenen religiösen Glaubensrichtungen. Diese Funktion des Staates setzt aber gemäss dem EGMR voraus, dass er keine Ermächtigung besitzt, die Legitimität religiöser Überzeugungen oder Formen religiöser Manifestationen zu bewerten. Primäre Aufgabe des Staates ist es deshalb, für gegenseitige Toleranz zwischen den gegnerischen Gruppen zu sorgen und die Ursache der Spannungen nicht durch Abschaffung des Pluralismus zu beseitigen, sondern dafür zu sorgen, dass die konkurrierenden Gruppen sich gegenseitig tolerieren[107]. Gleichzeitig hebt der Gerichtshof aber auch die Tatsache hervor, dass zur Frage des Verbots des Tragens religiöser Kleidung und Symbole kein gemeinsamer europäischer Konsens bestehe. Deshalb sei es in Konstellationen, in welchen sich innerhalb einer demokratischen Gesellschaft mit sachlichen Gründen sehr unterschiedliche Positionen vertreten lassen, notwendig, den Entscheidungen des staatlichen Gesetzgebers grosses Gewicht beizumessen. Basierend auf diesen Überlegungen gewährt der EGMR den Staaten einen grossen Ermessensspielraum bei der Beurteilung, ob Verbote religiös konnotierter Kleidung und Symbole im konkreten Fall notwendig sind, um ein legitimes öffentliches Interesse zu verfolgen[108]. 13.50

Die Praxis des EGMR und des MRA[109] beschlägt im Einzelnen folgende Bereiche: 13.51

(1) *Religiöse Bekleidung auf öffentlichem Grund*: Im Urteil S.A.S. gegen Frankreich wies der EGMR eine Beschwerde ab, in welcher gerügt wurde, ein totales Verbot von Burka und Niqab auf öffentlichem Grund verletze die Religionsfreiheit[110]. Er bekräftigte zwar, das Ziel der Gleichberechtigung zwischen Mann und Frau könne ein solches Verbot nicht rechtfertigen[111], gelangte aber angesichts des in diesem Kontext den Staaten zustehenden Ermessensspielraums zum Schluss, dass sich das Verbot einer Bedeckung des Gesichts in der Öffentlichkeit auf das Ziel, die «Bedingungen des Zusammenlebens in der französischen Gesellschaft» zu bewahren, und damit auf den Schutz der Rechte und Freiheiten Dritter abstützen lasse[112]. Im Gegensatz dazu gelangte er wenige Jahre zuvor zum 13.52

106 EGMR (Grand Chamber), S.A.S. v. France, Reports 2014-III, Ziff. 124.

107 A.a.O., 154.

108 A.a.O., Ziff. 155.

109 Eine konsistente Praxis zu diesen Fragen haben bisher nur diese beiden Organe entwickelt.

110 EGMR (Grand Chamber), S.A.S. v. France, Reports 2014-III.

111 A.a.O., Ziff. 119.

112 A.a.O.

Schluss, das Verbot, sich entsprechend den Bekleidungsvorschriften einer kleinen islamischen Glaubensrichtung zu kleiden, lasse sich nicht auf legitime Gründe abstützen[113].

13.53 (2) *Religiöse Bekleidung und Symbole im öffentlichen Dienst*: In konstanter Praxis bestätigt der EGMR die Menschenrechtskonformität von Verboten, religiöse Bekleidung im öffentlichen Dienst zu tragen. Ein gegenüber einer an einem staatlichen Spital angestellten Pflegerin angeordnetes Verbot des Tragens einer Kette mit einem Kreuz taxierte er als verhältnismässigen Eingriff in die Religionsfreiheit, da diese Anordnung zum Schutz der Gesundheit und der Sicherheit der Patientinnen und Patienten notwendig sein könne[114]. Zum selben Schluss gelangte er etwa im Fall einer an einem öffentlichen Spital tätigen Sozialassistentin, deren Arbeitsvertrag nicht erneuert wurde, weil sie sich weigerte, ihr aus religiösen Motiven getragenes Kopftuch während ihrer Arbeit abzunehmen[115]. Er akzeptierte dabei auch den dezidiert laizistischen Charakter der französischen Verwaltung als Rechtfertigungsgrund für die Massnahme[116].

13.54 (3) *Religiöse Bekleidung und Symbole im Bildungsbereich*: Verschiedentlich hatte sich der EGMR mit der Zulässigkeit von an Schulen oder Universitäten geltenden Verboten des muslimischen Kopftuchs zu beschäftigen. Er entschied, eine staatliche Anordnung, welche es Lehrerinnen in der Schweiz untersagte, während ihrer Berufsausübung ein Kopftuch zu tragen, könne mit der Notwendigkeit, den säkularen Charakter öffentlicher Schulen zu garantieren, gerechtfertigt werden[117]. Im Fall von Studentinnen in der Türkei wurde die Rechtfertigung für ein Kopftuchverbot während ihres Aufenthalts auf dem Universitätscampus im öffentlichen Interesse gesehen, Mitstudierende vor Druckversuchen fundamentalistischer Gruppen zu schützen. Für den Gerichtshof war dabei mitentscheidend, dass das Verbot des Tragens religiöser Symbole gemäss der in Frage stehenden Gesetzgebung für Angehörige aller Religionen galt[118]. In beiden Urteilen spielte ferner der Ermessensspielraum der Staaten eine gewichtige Rolle. Ebenfalls unter Berücksichtigung dieses Ermessensspielraums und mit dem Hinweis auf das sachliche Interesse am Schutz der Gesundheit und der Sicherheit der Schülerin kam der Gerichtshof zum Schluss, der Schulausschluss eines elfjährigen Mädchens, das sich wiederholt geweigert hatte, während dem Sportunterricht ihr Kopftuch abzulegen, verletze die Religionsfreiheit nicht. Die Sanktion sei überdies nicht unverhältnismässig, da die Beschwerdeführerin ihre schulische Ausbildung in anderer Form fortsetzen könne[119]. Wohl einen strengeren Prüfungsmassstab wandte der MRA an, als er entschied, der Ausschluss der Beschwerdeführerin von einer staatlichen Universität wegen der Weigerung, das islamische Kopftuch während des Unterrichts abzulegen, verletze die Religionsfreiheit. Das entsprechende Verbot konnte sich zwar auf eine gesetzliche Grundlage stützen, der Vertragsstaat hatte aber ge-

113 EGMR, Ahmet Arslan and Others v. Turkey, 41135/98 (2010), Ziff. 31 ff.

114 EGMR, Eweida and Others v. The United Kingdom, Reports 2013-I, Ziff. 96 ff.

115 EGMR, Ebrahimian v. France, 64846/11, Reports 2015, Ziff. 60 ff.

116 A.a.O., Ziff. 66.

117 EGMR, Dahlab v. Switzerland (dec.), Reports 2001-V.

118 EGMR (Grand Chamber), Leyla Şahin v. Turkey, Reports 2005-XI, Ziff. 111. Die Beschwerde einer Marokkanerin, deren Gesuch um Ausstellung eines Einreisevisums für Frankreich abgelehnt wurde, weil sie sich geweigert hatte, zwecks Identifikation das Kopftuch abzulegen, stufte der EGMR als offensichtlich unbegründet ein; El Morsli v. France (dec.), 15585/06 (2008).

119 EGMR, Dogru v. France, 27058/05 (2009), insb. Ziff. 61 ff.

genüber dem Ausschuss nicht dargelegt, warum ein entsprechendes Verbot notwendig sei[120].

(4) *Religiöse Symbole in Gerichtssälen*: Die strafrechtliche Sanktionierung eines Zeugen, einzig weil er sich geweigert hatte, aus religiösen Gründen sein Käppchen abzunehmen, stufte der EGMR nicht als in einer demokratischen Gesellschaft notwendig und daher als Verletzung der Religionsfreiheit ein[121]. Im Gegensatz dazu darf Richterinnen und Richtern untersagt werden, in Gerichtsverhandlungen ihre religiösen Überzeugungen kundzutun[122]. 13.55

(5) *Religiös motivierte Kopfbedeckungen auf Fotos amtlicher Identifikationsausweise*: Die Anweisung gegenüber einem Sikh, er habe sich ohne Turban für ein offizielles Dokument fotografieren zu lassen, erachtete der EGMR als menschenrechtskonform[123]. Der MRA stufte dieselbe Verpflichtung hingegen als Verletzung der Religionsfreiheit, da der Staat nicht nachweisen konnte, weshalb eine Fotografie des Beschwerdeführers ohne Turban, obwohl er diesen stets trägt, seine Identifizierung im Alltag erleichtere und zur Verhütung von Ausweisbetrug oder -fälschungen beitragen könne[124]. 13.56

(6) *Religiöse Symbole in der Privatsphäre*: Die gesetzliche Helmtrageplicht für Motorradfahrer resp. die Erteilung einer Busse an einen Sikh, der wegen Verstosses gegen diese Norm gebüsst wurde und dadurch seine Religionsfreiheit verletzt sah, stellt gemäss den Strassburger Organen keine Verletzung von Art. 9 EMRK dar[125]. In ähnlicher Weise nahm der MRA zur Anordnung Stellung, wonach auch ein Angehöriger der Religionsgemeinschaft der Sikhs nicht von der Pflicht zum Tragen eines Schutzhelms während gewisser Arbeiten befreit werden dürfe. Obwohl die staatliche Anordnung einzig den Schutz der Gesundheit des Beschwerdeführers bezweckte, stützte sich der Ausschuss auf das Eingriffsmotiv der öffentlichen Gesundheit und beurteilte diesen Eingriff in die Religionsfreiheit als zulässig[126]. Zum Schluss einer Verletzung der Religionsfreiheit gelangte der EGMR hingegen im Fall einer Angestellten eines privaten Luftfahrtunternehmens, die freigestellt wurde, weil sie über ihrer Uniform ein christliches Kreuz trug und die Arbeitsgerichte diese Massnahme als zulässig einstuften, obwohl das Unternehmen das Tragen eines Turbans oder eines islamischen Schleiers tolerierte[127]. 13.57

---

120 MRA, Hudoyberganova v. Uzbekistan, 931/2000 (2004), insb. Ziff. 6.2.

121 EGMR, Hamidović v. Bosnia and Herzegovina, 57792/15, Reports 2017, Ziff. 37 ff.

122 EGMR, Pitkevich v. Russia, 47936/99 (2001). Dieser Fall betraf die Entlassung eines Richters, der während Gerichtsverhandlungen öffentlich betete. Der gleiche Schluss würde mutmasslich für Richterinnen oder Richter gelten, welche ihre religiöse Überzeugung durch Tragen eines klar sichtbaren religiösen Symbols manifestieren.

123 EGMR, Mann Singh v. France (dec.), 24479/07 (2008).

124 MRA, Mann Singh v. France, 1928/2010 (2013), Ziff. 9.4, Singh v. France, 1876/2000 (2011), Ziff. 8.4.

125 EGMR, Mann Singh v. France (dec.), 24479/07 (2008).

126 MRA, Singh Bhinder v. Canada, 208/1986 (1989).

127 EGMR, Eweida and Others v. The United Kingdom, Reports 2013-I, Ziff. 89 ff.

13.58 Die Religionsfreiheit weist auch eine *kollektive Komponente* auf. Diese umfasst das Recht, eine religiöse Vereinigung zu gründen und sich zu versammeln[128], das Recht dieser Gemeinschaften als solche anerkannt zu werden[129], sich selbst zu organisieren[130] und ihre geistlichen Führerinnen und Führer zu bestimmen, das Recht, kollektive religiöse Handlungen vorzunehmen, Religionsunterricht anzubieten[131], den eigenen Glauben zu verbreiten und neue Mitglieder anzuwerben[132], sowie das Recht (freiwillige) Beiträge von Einzelpersonen oder Organisationen und Firmen zu erhalten und zu verwenden. Vor dem EGMR können – anders als vor dem MRA – nicht nur Angehörige religiöser Organisationen, sondern auch die Organisation selber eine Verletzung dieser Vorgaben geltend machen[133]. Diese sind etwa verletzt, wenn die Aktivitäten einer christlichen Kirche als illegal bestraft werden, obwohl diese keinerlei Möglichkeit hat, als religiöse Gruppierung anerkannt zu werden[134], oder wenn die für die Aktivitäten einer religiösen Vereinigung notwendige staatliche Registrierung aus sachlich nicht haltbaren Gründen verweigert wird[135] oder diese erst ca. 20 Jahre nach dem Gesuch gewährt wird[136]. Ebenso liegt eine Verletzung vor, wenn sich der Staat ohne gesetzliche Grundlage in die inneren Angelegenheiten der Organisation einer muslimischen Minderheit einmischt[137], wenn es der Gruppierung der Zeugen Jehovas verboten wird, ohne Erlaubnis des örtlich zuständigen orthodoxen Bischofs und des Religionsministeriums einen Ort zum Beten zu eröffnen[138], wenn der in einem privaten Raum zelebrierte Gottesdienst der Zeugen Jehovahs durch die Polizei unterbrochen wird und die Teilnehmenden verhaftet werden[139], oder wenn sich ein Staat weigert, zumutbare Massnahmen zum Schutz von Angehörigen einer religiösen Minderheit

128 Dieses Recht gilt auch für Strafgefangene; EGMR, Dmitrijevs v. Latvia, 61638/00 (2006), Ziff. 79.

129 EGMR (Grand Chamber), İzzettin Doğan and Others v. Turkey, 62649/10, Reports 2016, Ziff. 95 ff., The Metropolitan Church of Bessarabia and Others v. Moldova, Reports 2001-XII, Ziff. 105, und Moscow Branch of the Salvation Army v. Russia, Reports 2006-XI, Ziff. 74.

130 EGMR (Grand Chamber), Hasan and Chaush v. Bulgaria, Reports 2000-XI, Ziff. 61 ff.

131 Siehe z.B. MRA, Malakhovsky and Pikul v. Belarus, 1207/2003 (2005), Ziff. 7.2.

132 MRA, Sister Immaculate Joseph and 80 Teaching Sisters of the Holy Cross of the Third Order of Saint Francis in Menzingen of Sri Lanka v. Sri Lanka, 1249/2004 (2005), Ziff. 7.2.

133 EGMR, Ásatrúarfélagið v. Iceland (dec.), 22897/08 (2012), Ziff. 26. Siehe dazu auch vorne Rz. 4.3 f.

134 EGMR, The Metropolitan Church of Bessarabia and Others v. Moldova, Reports 2001-XII, Ziff. 105 und 129 f.

135 MRA, Malakhovsky and Pikul v. Belarus, 1207/2003 (2005), Ziff. 7.4 f., und EGMR, Kimlya and Others v. Russia, Reports 2009-IV, Ziff. 79 ff. Siehe auch EGMR, The Moscow Branch of the Salvation Army v. Russia, Report 2006-IX, Ziff. 58 ff., und Church of Scientology of the City of Moscow v. Russia, 18147/02 (2007), Ziff. 81 ff. Der EGMR prüfte diese beiden Fälle unter der Vereinigungsfreiheit von Art. 11 EMRK, die er aber unter Berücksichtigung der Religionsfreiheit auslegte.

136 EGMR, Religionsgemeinschaft der Zeugen Jehovas and Others v. Austria, 40825/98 (2008).

137 EGMR (Grand Chamber), Hasan and Chaush v. Bulgaria, Reports 2000-XI, Ziff. 61 ff. und 86.

138 EGMR, Manoussakis and Others v. Greece, Reports 1996-IV, Ziff. 47.

139 EGMR, Krupko and Others v. Russia, 26587/07 (2014), Ziff. 47 ff.

vor gewaltsamen Übergriffen durch Anhänger der Mehrheitsreligion zu ergreifen[140]. Hingegen stellt es keine Verletzung der Religionsfreiheit dar, wenn ein Staat einzig religiöse Gruppierungen, die er als Landes- oder Staatskirche anerkennt, finanziell unterstützt und es ablehnt, anderen Gemeinschaften ebenso finanzielle Mittel zukommen zu lassen[141].

3. Hinweise: Das religiöse Erziehungsrecht der Eltern und das Verbot der Diskriminierung wegen des Glaubens

Eltern besitzen das Recht, in den Grenzen des Kindeswohls über die religiöse Erzie- 13.59
hung der Kinder zu entscheiden (Art. 18 Abs. 4 Pakt II). Der Staat darf zwar einen religiösen Unterricht anbieten. Wenn dieser auf eine bestimmte Religion ausgerichtet ist, muss er den Eltern jedoch die Möglichkeit einräumen, Alternativen zu wählen oder ihr Kind vom Unterricht dispensieren zu lassen[142].

Das religiöse Erziehungsrecht der Eltern richtet sich gegen den Staat. Innerhalb der 13.60
Familie kann es aber mit der Religionsfreiheit des Kindes kollidieren. Art. 14 Abs. 1 KRK verpflichtet den Staat auch zur Respektierung der Religionsfreiheit von Kindern und Jugendlichen. Die Formulierung von Abs. 2 dieser Garantie, wonach «[d]ie Vertragsstaaten [...] die Rechte und Pflichten der Eltern und gegebenenfalls des Vormunds [achten], das Kind bei der Ausübung dieses Rechts in einer seiner Entwicklung entsprechenden Weise zu leiten», zeigt, dass das religiöse Erziehungsrecht der Eltern seine Grenzen findet, wenn Unmündige ein Alter und eine Reife erlangt haben, die ihnen erlauben, selber über ihre religiösen Überzeugungen zu befinden.

4. Das Verbot der Diskriminierung auf Grund des Glaubens

Aus der Religionsfreiheit ergibt sich zudem das Recht, nicht auf Grund des Glaubens 13.61
diskriminiert zu werden. Diese Dimension wird vorne bei der Darstellung des Diskriminierungsverbots behandelt[143].

140 EGMR, Case of 97 members of the Gldani Congregation of Jehovah's Witnesses and 4 Others v. Georgia, 71156/01 (2007), Ziff. 129 ff.

141 EGMR, Ásatrúarfélagið v. Iceland (dec.), 22897/08 (2012), Ziff. 27 ff.

142 Diese Dimension ist vorne in Ziff. II.4 dieses Kapitels beim Recht auf Bildung bereits behandelt worden.

143 Vorne Rz. 11.17 ff.

14. Kapitel: Schutz in der wirtschaftlichen Sphäre

14.1 Zu den fundamentalen Aspekten der menschlichen Existenz zählt auch die Möglichkeit, wirtschaftliche Aktivitäten ausüben zu können. Diese sind nicht nur notwendig, um sich einen angemessenen Lebensstandard leisten zu können, sondern viele Menschen finden Befriedigung und Erfüllung in der Ausübung ihres Berufs. Auch Privateigentum kann einen angemessenen Lebensstandard sicherstellen und zur individuellen Entwicklung beitragen. Gleichzeitig liegen in der wirtschaftlichen Sphäre aber auch Gefahren für das Individuum durch wirtschaftliche Ausbeutung, die im Extremfall bis zu Zwangsarbeit und modernen Formen der Sklaverei reichen können. Dieses Kapitel behandelt zunächst den menschenrechtlichen Schutz vor den schlimmsten Formen wirtschaftlicher Ausbeutung (Ziff. I), stellt anschliessend übersichtsartig das Recht auf Arbeit und den menschenrechtlichen Schutz von Arbeitnehmenden dar (Ziff. II) und endet mit einer Darstellung des menschenrechtlichen Schutzes des Eigentums (Ziff. III).

I. Schutz vor den schlimmsten Formen wirtschaftlicher Ausbeutung

Rechtsquellen: Art. 4 AEMR; Art. 6–8 Pakt I; Art. 8 Pakt II; Art. 32 und 34–36 KRK; Art. 11 WAK; Art. 27 BRK; Art. 4 EMRK; Art. 1 Abs. 2 ESC; Art. 6 AMRK; Art. 5 und 15 AfCRMV; Art. 10 und 34 Abs. 3 ArCMR; Art. 27 GK IV; Art. 7 Abs. 1 lit. c und g und 8 Abs. 2 lit. b (xxii) und lit. e (vi) Römer Statut.

1. Verbot der Sklaverei und ihrer modernen Erscheinungsformen

14.2 Der Kampf gegen die Sklaverei als schlimmste Form der wirtschaftlichen Ausbeutung von Menschen geht auf den Wiener Kongress von 1815 zurück[1] und gehört damit zu den frühesten internationalen Bestrebungen zum Schutz der Menschenrechte. Heute ist das Sklavereiverbot fester Bestandteil des Völkergewohnheitsrechts und Teil des Ius cogens[2]. Im menschenrechtlichen Vertragsrecht verbieten Art. 8 Pakt II, Art. 11 WAK und Art. 27 Abs. 2 BRK sowie verschiedene ältere Antisklavereikonventionen[3]

1 Dazu ausführlicher vorne Rz. 1.14.

2 Dazu vorne Rz. 2.114 ff.

3 Sklavereiabkommen vom 25. September 1926; Zusatzübereinkommen vom 7. September 1956 über die Abschaffung der Sklaverei, des Sklavenhandels und sklavereiähnlicher Einrichtungen und Praktiken (Sklavereizusatzübereinkommen).

die Sklaverei auf universeller Ebene und Art. 4 EMRK, Art. 6 AMRK, Art. 5 AfCRMV und Art. 10 Abs. 1 ArCMR in regionalen Menschenrechtsverträgen. Neben der Sklaverei verbieten diese Normen auch die Leibeigenschaft.

Sklaverei im ursprünglichen Sinn bedeutet rechtlich, dass der Sklavenhalter an der versklavten Person sachenrechtliches Eigentum hat[4] und dieser die Rechtsfähigkeit fehlt[5]. Damit kann der Sklave oder die Sklavin ungestraft ausgebeutet und verkauft werden. *Leibeigenschaft* unterscheidet sich von Sklaverei rechtlich durch den Umstand, dass Leibeigene ihre Rechtsfähigkeit an sich nicht verlieren, sie aber ihrem Herrn ihre Arbeitskraft zur Verfügung stellen müssen, bis dieser sich bereit erklärt, das Verhältnis zu ändern. In einem engen Sinn lässt sie sich definieren als die Stellung einer Person, die «durch Gesetz, Gewohnheitsrecht oder Vereinbarung verpflichtet ist, auf einem einer anderen Person gehörenden Grundstück zu leben und zu arbeiten und dieser Person bestimmte entgeltliche oder unentgeltliche Dienste zu leisten, ohne [ihre] Stellung selbständig ändern zu können»[6]. Der EGMR definiert Leibeigenschaft als eine besonders schwere Form einer Verweigerung der persönlichen Freiheit, die darin besteht, dass die leibeigene Person nicht nur Arbeitsleistungen für andere zu verrichten hat, sondern verpflichtet ist, auf dem Grundstück oder im Haushalt einer anderen Person zu leben, und keine Möglichkeit hat, diese Situation zu verändern.[7] Keine Leibeigenschaft liegt gemäss einer älteren Praxis der ehemaligen EKMR vor, wenn ein Staat sich weigert, junge Männer aus der Armee oder der Marine zu entlassen, deren Eltern damit einverstanden waren, dass sie sich im Alter von 15 oder 16 Jahren zu neun Jahren Militärdienst verpflichtet hatten[8]. 14.3

Während Art. 2 des Sklavereiübereinkommens aus dem Jahr 1926 die Staaten nur dazu verpflichtet, «in zunehmendem Masse und sobald als möglich auf die vollständige Abschaffung der Sklaverei in allen ihren Formen hinzuarbeiten», untersagen heute Menschenrechte und nationales Recht Sklaverei und Leibeigenschaft im Rechtssinn universell. Trotzdem bleiben sie in gewissen Ländern basierend auf traditionellen Gebräuchen bis heute eine Realität[9]. 14.4

Häufig sind heute allerdings Praktiken, bei welchen Menschen faktisch so ausgebeutet werden, wie wenn sie keine Rechtsfähigkeit hätten oder Leibeigene wären. Dazu gehören Kinder- und Frauenhandel und die sexuelle Ausbeutung der Opfer, Zwangsprostitution, Menschenhandel zum Zweck wirtschaftlicher Ausbeutung[10] oder zum Zweck 14.5

---

4 Gemäss Art. 1 Sklavereiabkommen ist Sklaverei «der Zustand oder die Stellung einer Person, an der die mit dem Eigentumsrechte verbundenen Befugnisse oder einzelne davon ausgeübt werden».

5 Vgl. dazu AfKRMV, Malawi African Association and Others v. Mauritania, 54/1991, 61/1991, 98/1993, 164–196/1997 und 210/1998 (2000), Ziff. 132 ff.

6 Art. 1 lit. b Sklavereizusatzübereinkommen.

7 EGMR, Siliadin v. France, Reports 2005-VII, Ziff. 123.

8 EKMR, W., X., Y. and Z. v. The United Kingdom, 3435–3438/67 (1968), Collection of Decisions 28, 20 f.

9 Siehe AfKRMV, Bah Ould Rabah v. Mauritania, 197/97 (2004), und ECOWAS Community Court of Justice, Mani Koraou v. Niger, 06/08, Ziff. 72 ff.

10 Siehe dazu gleich anschliessend die Vertiefung zum Urteil Rantsev des EGMR.

der Organentnahme, die schlimmsten Formen von Kinderarbeit, die Zwangsrekrutierung von Kindersoldaten und Formen traditioneller oder moderner Schuldknechtschaft[11]. Solche Praktiken können sehr verschiedene Formen annehmen, da sie aber alle Elemente der Sklaverei und der Leibeigenschaft enthalten, werden sie heute als «moderne Formen der Sklaverei» bezeichnet und als solche vom UNO-Menschenrechtsrat behandelt[12]. Es wird geschätzt, dass im Jahr 2016 beinahe 25 Millionen Menschen Opfer solcher Formen von De-facto-Sklaverei waren[13].

14.6 Sklaverei und Leibeigenschaft sowie die ihnen gleichzustellenden Formen moderner Sklaverei sind absolut verboten, und das Verbot kann auch in Notstandszeiten nicht derogiert werden[14]. Die Staaten sind im Sinne einer *Unterlassungspflicht* völkerrechtlich verpflichtet, Sklaverei und Leibeigenschaft nicht selbst zu praktizieren und keine Gesetze zu erlassen, die private Sklaverei und Leibeigenschaft erlauben.

14.7 Die Verbote von Sklaverei, Leibeigenschaft und modernen Formen der Sklaverei werden in der Regel von Privaten missachtet. Deshalb liegt der Schwerpunkt der staatlichen Verpflichtung bei den *Schutzpflichten*. Staaten müssen Sklaverei, Leibeigenschaft und moderne Formen der Sklaverei unter Strafe stellen[15], solche Delikte verfolgen, und weitere geeignete Massnahmen inklusive internationaler Zusammenarbeit, v.a. im Bereich der Rechtshilfe, ergreifen, um solche Praktiken zu beenden und die Opfer zu schützen[16]. Sie verletzen diese Schutzpflichten, wenn sie Sklaverei und ihre modernen Formen tolerieren, obwohl sie Kenntnis von Verletzungen haben, und die Mittel hätten, um einzugreifen[17]. Staaten müssen deshalb z.B. gegen die Praktik der Schuldknechtschaft vorgehen, die sich dadurch auszeichnet, dass der Schuldner sich verpflichtet, für den Gläubiger zu arbeiten, bis er seine Schuld abbezahlt hat, und die faktisch zu einer Art Leibeigenschaft führt, weil er sich immer wieder neu ver-

---

11 Hinzu kommen gemäss Art. 1 lit. c Sklavereizusatzübereinkommen traditionelle Praktiken gewisser Gesellschaften, durch die «(i) eine Frau, ohne ein Weigerungsrecht zu besitzen, gegen eine an ihre Eltern, ihren Vormund, ihre Familie oder eine andere Person oder Personengruppe gegebene Geld- oder Naturalleistung zur Ehe versprochen oder verheiratet wird, (ii) der Ehemann einer Frau, seine Familie oder seine Sippe berechtigt ist, sie gegen Entgelt oder in anderer Weise an eine andere Person abzutreten, (iii) eine Frau beim Tode ihres Ehemannes an eine andere Person vererbt werden kann».

12 Sonderberichterstatter für moderne Formen der Sklaverei, Sonderberichterstatterin für Kinderhandel, -prostitution und -pornografie und Sonderberichterstatterin für Menschenhandel, insbesondere Frauen- und Kinderhandel.

13 ILO und Walk Free Foundation, Global estimates of modern slavery: forced labour and forced marriage (Genf 2017). Zusätzliche 15.4 Millionen Menschen (davon 84% Frauen) lebten zu diesem Zeitpunkt in einer Zwangsehe und hatten oft unter dem Vorwand von Familienarbeit unentgeltliche Arbeit zu leisten (a.a.O., 10). Siehe auch US Department of State, Trafficking in Persons Report 2017 (Washington D.C. June 2017), 6, wo geschätzt wird, dass zweistellige Millionenzahlen von Personen Opfer von Menschenhandel sind.

14 Art. 4 Abs. 2 Pakt II, Art. 15 Abs. 2 EMRK, Art. 6 Abs. 3 AMRK.

15 Art. 6 Sklavereiübereinkommen, Art. 6 Sklavereizusatzübereinkommen.

16 So in Hinblick auf Frauen- und Kinderhandel MRA, General Comment 28 (2000), Ziff. 12.

17 Zu Voraussetzungen und Umfang von Schutzpflichten im Allgemeinen vorne Rz. 3.107 ff.

schulden muss, um leben zu können, während er kein eigenes Einkommen erzielen kann[18]. Bei dieser v.a. in Südasien verbreiteten und als «bonded labour» bezeichneten Praxis sind Erwachsene und oft auch Kinder gezwungen, Schulden, die teilweise ihre Vorfahren bei Grossgrundbesitzern oder Industriellen eingegangen sind, mit ihrer Arbeitskraft abzutragen. Infolge der hohen Zinssätze ist eine Tilgung der Schulden jedoch kaum möglich und die betroffenen Personen leiden folglich oft lebenslang an dieser Form privater Zwangsarbeit[19].

Im europäischen Kontext stufte der EGMR folgende Situation einer minderjährigen 14.8
ausländischen Staatsangehörigen ohne geregelten ausländerrechtlichen Status als Leibeigenschaft ein: Der jungen Frau wurde ihr Reisepass von der Arbeitgeberin weggenommen, sie musste an sieben Tagen pro Woche bis zu fünfzehn Stunden im Haushalt arbeiten, ohne dafür einen Lohn zu erhalten, und konnte die Wohnung kaum je verlassen[20]. Da die französische Gesetzgebung ihr keine Möglichkeit gewährte, effektiv gegen die dafür Verantwortlichen vorzugehen, verletzte Frankreich seine aus Art. 4 Abs. 1 EMRK fliessenden Schutzpflichten[21].

Vertiefung: Das Übereinkommen Nr. 189 der ILO vom 16. Juni 2011 über menschenwürdige Arbeit für Hausangestellte

Globale Standards für die schätzungsweise 50–100 Millionen meist weiblichen Haus- 14.9
angestellten und damit für eine Personenkategorie, welcher oft zentrale Arbeitsrechte verweigert werden, schafft die ILO-Konvention Nr. 189. Dieses Abkommen, das keine subjektiven Rechte begründet, verpflichtet die Vertragsstaaten, Hausangestellte in gleichem Umfang wie andere Arbeitnehmende zu schützen. Die Staaten haben daher etwa ein Mindestalter für Hausangestellte (Art. 4), maximale Arbeits- und Ruhezeiten (Art. 10) und Mindestlöhne gemäss nationalen Rechtsvorgaben (Art. 11) festzulegen sowie sicherzustellen, dass Hausangestellte Zugang zu Beschwerdeinstanzen erhalten (Art. 16 f.). Zentral erscheinen überdies die Bestimmungen, wonach Hausangestellte frei vereinbaren können, ob sie im Haushalt des Arbeitgebers wohnen möchten, und berechtigt sind, ihre Reisepapiere und Identitätsdokumente in ihrem Besitz zu behalten (Art. 9), und weiter, dass Hausangestellte, wenn möglich, in einem schriftlichen Vertrag über ihre Beschäftigungsbedingungen informiert werden (Art. 7).

---

18 Art. 1 Sklavereizusatzübereinkommen definiert Schuldknechtschaft als «eine Rechtsstellung oder eine Lage, die dadurch entsteht, dass ein Schuldner als Sicherheit für eine Schuld seine persönlichen Dienstleistungen oder diejenigen einer von ihm abhängigen Person verpfändet, wenn der in angemessener Weise festgesetzte Wert dieser Dienstleistungen nicht zur Tilgung der Schuld dient oder wenn diese Dienstleistungen nicht sowohl nach ihrer Dauer wie auch nach ihrer Art begrenzt und bestimmt sind».

19 Vgl. etwa KRK-Ausschuss, CO Nepal (2016), Ziff. 37, und CO India (2014), Ziff. 81; WSK-Ausschuss, CO Nepal (2014), Ziff. 16 und 18; FDK-Ausschuss, CO Pakistan (2013), Ziff. 23, und CO Guinea (2014), Ziff. 47; MRA, CO Bolivia (2013), Ziff. 18.

20 EGMR, Siliadin v. France, Reports 2005-VII, Ziff. 121 ff.

21 A.a.O., Ziff. 141 ff. Siehe für ähnliche Sachverhalte EGMR, C.N. v. The United Kingdom, 4239/08 (2012), sowie C.N. and V. v. France, 67724/09 (2012).

14.10 Frauenhandel zum Zweck der sexuellen Ausbeutung ist nicht nur ein schweres strafrechtliches Delikt, sondern gehört heute zu den am meisten verkannten und gleichzeitig grössten Menschenrechtsproblemen. Art. 6 FDK verpflichtet die Vertragsstaaten, «alle geeigneten Massnahmen einschliesslich gesetzgeberischer Massnahmen zur Abschaffung jeder Form des Frauenhandels und der Ausbeutung der Prostitution von Frauen» zu treffen. Gestützt darauf drängt der FDK-Ausschuss die Vertragsstaaten regelmässig, effektive Massnahmen gegen den Menschenhandel zu ergreifen[22]. Der Pakt II spricht den Frauenhandel und die Zwangsprostitution nicht direkt an. Der MRA betont aber, dass solche Praktiken das Recht auf Privatleben von Art. 17 Pakt II in Verbindung mit den Diskriminierungsverboten von Art. 3 und 26 Pakt II verletzen[23] und Staaten besondere Gewährleistungs- und Schutzpflichten gegenüber den Opfern hätten[24] sowie die Täter bestrafen müssen[25].

Vertiefung: Das Verbot des Menschenhandels und das Urteil Rantsev gegen Russland und Zypern des EGMR[26]

14.11 Ebenfalls keine ausdrücklichen Verweise auf diese Thematik finden sich in der EMRK. Basierend auf folgendem Sachverhalt entwickelte der EGMR seine bis heute geltenden Richtlinien zur Beurteilung der staatlichen Verpflichtungen zur Bekämpfung von Frauenhandel zwecks sexueller Ausbeutung: O.R., die Tochter des Beschwerdeführers und russische Staatsangehörige, reiste mit einem sog. Künstlervisa in Zypern ein und arbeitete während drei Tagen in einem Cabaret. Anschliessend verliess sie dieses und wurde zehn Tage später von ihrem Arbeitgeber wieder aufgefunden und zur Polizei gebracht. Die Polizei unternahm nichts und vertraute die junge Frau der Obhut des Cabaret-Betreibers an. Dieser brachte sie in die Wohnung eines Angestellten. Etwa eine Stunde später wurde sie auf der Strasse unterhalb der Wohnung tot aufgefunden. Ein Bericht des zyprischen Ombudsmanns kam zum Schluss, dass O.R. zur Kategorie junger Frauen aus der früheren Sowjetunion gehörte, welche in Zypern zur Prostitution gezwungen werden.

14.12 Der Beschwerdeführer rügte nicht nur, dass die zyprischen Behörden die Todesursache nicht sorgfältig abgeklärt und das Leben seiner Tochter nicht geschützt hätten, sondern auch, dass sowohl Zypern wie auch Russland seine Tochter nicht vor dem Menschenhandel geschützt hätten. Da der Wortlaut der EMRK Menschenhandel nicht untersagt, prüfte der EGMR zunächst, ob diese Handlung von Art. 4 EMRK umfasst wird:

«277. [...] [I]n assessing the scope of Article 4 of the Convention, sight should not be lost of the Convention's special features or of the fact that it is a living instrument which must be interpreted in the light of present-day conditions. The increasingly high standards re-

---

22 FDK-Ausschuss CO Mauritius (2011), Ziff. 25, CO Indonesia (2012), Ziff. 30, CO Pakistan (2013), Ziff. 16.

23 MRA, General Comment 28 (2000), Ziff. 12, und z.B. CO Brazil (2005), Ziff. 15.

24 Siehe etwa MRA, CO Slovakia (2003), Ziff. 10, CO Barbados (2007), Ziff. 8, CO Belgium (2010), Ziff. 16, CO Germany (2012), Ziff. 17.

25 Siehe etwa MRA, CO Lithuania (2004), Ziff. 14, CO Brazil (2005), Ziff. 15, CO Poland (2010), Ziff. 14, CO Ethiopia (2011), Ziff. 11.

26 EGMR, Rantsev v. Cyprus and Russia, Reports 2010-I.

quired in the area of the protection of human rights and fundamental liberties correspondingly and inevitably require greater firmness in assessing breaches of the fundamental values of democratic societies [...].

281. The Court considers that trafficking in human beings, by its very nature and aim of exploitation, is based on the exercise of powers attaching to the right of ownership. It treats human beings as commodities to be bought and sold and put to forced labour, often for little or no payment, usually in the sex industry but also elsewhere [...]. It implies close surveillance of the activities of victims, whose movements are often circumscribed [...]. It involves the use of violence and threats against victims, who live and work under poor conditions [...].

282. There can be no doubt that trafficking threatens the human dignity and fundamental freedoms of its victims and cannot be considered compatible with a democratic society and the values expounded in the Convention. In view of its obligation to interpret the Convention in light of present-day conditions, the Court considers it unnecessary to identify whether the treatment about which the applicant complains constitutes ‹slavery›, ‹servitude› or ‹forced and compulsory labour›. Instead, the Court concludes that trafficking itself, within the meaning of Article 3(a) of the Palermo Protocol and Article 4(a) of the Anti-Trafficking Convention, falls within the scope of Article 4 of the Convention».

Infolge der grundlegenden Natur der in Art. 4 EMRK niedergelegten Verbote, folgerte der 14.13
EGMR, seien die Vertragsstaaten verpflichtet, bei bestehendem Verdacht operationelle Massnahmen zum Schutz der Opfer von Menschenhandel zu ergreifen und Situationen potenziellen Menschenhandels zu untersuchen sowie gesetzgeberische und administrative Vorkehren gegen Menschenhandel zu ergreifen[27]. Art. 4 EMRK wird somit verletzt, wenn Behörden ihre Pflicht missachten, eine ihnen bekannte Situation von Menschenhandel zu verhindern, den Opfern Schutz zu gewähren, eine effektive Untersuchung der Straftaten durchzuführen und die Verantwortlichen zu bestrafen[28]. Diese Untersuchungspflicht besteht ab dem Moment, in welchem die Behörden von einer Situation von Menschenhandel Kenntnis erhalten[29]. Da Menschenhandel in aller Regel ein internationales

27 A.a.O., Ziff. 285 ff. So auch EGMR, L.E. v. Greece, 71545/12 (2016), Ziff. 65 ff. Diese Verpflichtungen gelten auch bei anderen Formen der modernen Sklaverei. Siehe etwa EGMR, C.N. v. The United Kingdom, 4239/08 (2012), Ziff. 70 ff. Der EGMR erachtete hier Art. 4 EMRK als verletzt, weil es den nationalen Behörden auf Grund einer Gesetzeslücke nicht möglich war, Personen strafrechtlich zu verfolgen, die eine junge Frau nach ihrer Ankunft in Grossbritannien in Knechtschaft hielten ohne dass Menschenhandel vorlag.

28 EGMR, Chowdury and Others v. Greece, 21884/15, Reports 2017, Ziff. 128. Dieser Fall betraf einen Mann, der von Menschenhändlern zu Arbeitszwecken ausgebeutet wurde. Keine Verletzung von Art. 4 EMRK lag gemäss Auffassung des EGMR in folgendem Fall vor: Philippinische Hausangestellte, die von einer Familie in Dubai ausgebeutet wurden, konnten während eines Besuchs in Österreich fliehen und wandten sich an die Behörden. Die Strafverfolgungsbehörden führten aber keine effektive Untersuchung durch, da sich die Delikte im Ausland abgespielt hätten und die Opfer nicht die österreichische Staatsangehörigkeit besassen. EGMR, J. and Others v. Austria, 58216/12, Reports 2017, Ziff. 12 ff.

29 EGMR, J. and Others v. Austria, 58216/12, Reports 2017, Ziff. 107.

Phänomen ist, sind sowohl Herkunfts-, wie Transit- und Aufenthaltsstaat der Opfer zu einer gegenseitigen Kooperation verpflichtet[30].

14.14 *Gewährleistungspflichten* kommen zum Tragen, wo es um die in verschiedenen Abkommen zur Bekämpfung des Menschenhandels angesprochene Rehabilitierung und Reintegration von Opfern geht.

Vertiefung: Spezifische völkerrechtliche Instrumente gegen Frauenhandel und Zwangsprostitution

14.15 Das Phänomen des Frauenhandels wird traditionellerweise nicht als menschenrechtliches Thema angegangen, sondern als strafrechtliche Angelegenheit. Die *Konvention zur Unterdrückung des Menschenhandels und des Prostitutionsmissbrauchs anderer Personen* vom 2. Dezember 1949 setzt primär auf die Bestrafung der Täter (Art. 1 und 2) und auf ausländerrechtliche Massnahmen (Art. 17) sowie die Repatriierung der Opfer (Art. 19). Zwar sollen die Staaten Präventions- und Rehabilitationsmassnahmen ergreifen, individualrechtliche Ansprüche der Opfer werden aber nicht verankert. Einen ähnlichen Ansatz verankert das *Protokoll zur Verhütung, Unterdrückung und Bestrafung des Menschenhandels, insbesondere des Frauen- und Kinderhandels* vom 15. November 2000 (Palermo Protokoll), welches die am gleichen Tag verabschiedete UNO-Konvention gegen transnationale organisierte Kriminalität ergänzt. Konvention und Protokoll wollen die internationale Kooperation im Bereich polizeilicher Zusammenarbeit und Rechtshilfe verbessern, Mindeststandards für die nationalen Gesetzgebungen setzen, das organisierte Verbrechen mit Instrumenten gegen Geldwäscherei in seinen Grundlagen treffen und den Schutz von Opfern und Zeugen verbessern. Vorgesehen sind insbesondere die Pflicht zur Bestrafung der Täter (Art. 5 Protokoll), Massnahmen zum Schutz der Opfer (Art. 6) und präventive Massnahmen wie verschärfte Grenzkontrollen (Art. 11). Die Staaten sollen erwägen, Möglichkeiten für Opfer zu schaffen, vorübergehend oder dauernd im Aufenthaltsstaat zu bleiben, wo eine Repatriierung in die Heimat unangemessen erscheint (Art. 8).

14.16 Einem ähnlichen Ansatz folgt auch die *Europäische Konvention gegen den Menschenhandel* vom 16. Mai 2005. Sie enthält zusätzlich eigentliche Verpflichtungen zu Unterstützungsleistungen zugunsten von Opfern dieser Verbrechen (Art. 12 f.) und hält die Staaten an, Opfern eine Aufenthaltsberechtigung auszustellen, falls die persönliche Situation des Opfers oder Gründe der strafrechtlichen Verfolgung der Täter dies nahelegen (Art. 14). Bestimmungen über die Verhütung und Bestrafung von Frauenhandel sowie die Rehabilitation von Opfern verankern auch die Afrikanische Frauenrechtskonvention[31] und in Südasien die Konvention über die Verhütung und Bekämpfung von Frauen- und Kinderhandel[32].

---

30 EGMR, Rantsev v. Cyprus and Russia, Reports 2010-I, Ziff. 289.

31 Art. 4 Abs. 1 lit. e Afrikanische Konvention über die Rechte der Frauen.

32 SAARC Convention on Preventing and Combating Trafficking in Women and Children vom 5. Januar 2002.

Individuen, welche für Sklaverei und ihre modernen Formen verantwortlich sind, können nicht nur auf der Basis landesrechtlicher Strafnormen, sondern unter gewissen Voraussetzungen auch auf der Grundlage des *Völkerstrafrechts* zur Verantwortung gezogen werden. Falls Versklavung, sexuelle Sklaverei und Zwangsprostitution als Teil eines systematischen Angriffs auf die Zivilbevölkerung in Ausführung eines Plans eines Staates oder einer Gruppe verübt werden, stellen sie Verbrechen gegen die Menschlichkeit dar[33]. Sexuelle Sklaverei und Zwangsprostitution während eines internationalen oder innerstaatlichen bewaffneten Konflikts können überdies Kriegsverbrechen sein[34]. 14.17

2. Verbot der Zwangsarbeit

Als Zwangsarbeit gilt nach dem ILO-Übereinkommen Nr. 29[35] «jede Art von Arbeit oder Dienstleistung, die von einer Person unter Androhung irgendeiner Strafe[36] verlangt wird und für die sie sich nicht freiwillig zur Verfügung gestellt hat» und die nicht unter eine anerkannte Ausnahme fällt; dies unabhängig davon, ob sie vom Staat oder von Privaten[37] angeordnet wird[38]. Anders als bei der Sklaverei ist eine rechtliche oder de facto Eigentümerschaft über die betroffene Person nicht Element der Zwangsarbeit. 14.18

Diese Definition ist laut dem EGMR und dem IAGMR massgeblicher Ausgangspunkt für die Auslegung des menschenrechtlichen Begriffes der Zwangsarbeit[39], und die beiden Kriterien der Unfreiwilligkeit und der Sanktionsdrohung helfen meist, Zwangsarbeit leicht zu identifizieren. Abgrenzungsprobleme können sich allerdings stellen: 14.19

---

33 Art. 7 Abs. l lit. c und g Römer Statut. Der Begriff der Versklavung wird im Sinne des Sklavereiabkommens und des Sklavereizusatzübereinkommens verstanden; bei der sexuellen Sklaverei kommt das Element der sexuellen Ausbeutung dazu (Elements of Crime, Doc. ICC-ASP/1/3, Art. 7 [1] [c], Anm. 11, und Art. 7 [1] [g], Anm. 2). Siehe dazu ICTY (Appeals Chamber), The Prosecutor v. Kunarac et al., Jugdment, IT-96-23 & IT-96-23/1-A (2002), Ziff. 119 ff.

34 Art. 8 Abs. 2 lit. b (xxii) und lit. e (vi) Römer Statut.

35 Art. 2 ILO-Übereinkommen Nr. 29 vom 28. Juni 1930 über Zwangs- oder Pflichtarbeit.

36 Gemäss Praxis des EGMR ist der Begriff «irgendeine Strafe» weit auszulegen. Er umfasst damit in privaten Konstellationen die Androhung von Gewalt genauso wie subtilere psychologische Strafen oder etwa die Drohung, die fehlende ausländerrechtliche Bewilligung einer Person der Polizei oder den Immigrationsbehörden zu melden; C.N. and V. v. France, 67724/09 (2012), Ziff. 77.

37 Die ILO schätzt, dass Zwangsarbeit zu knapp 80 % in der Privatwirtschaft stattfindet; ILO, Global Estimates of Modern Slavery 2017, 10. Auch gemäss Praxis des EGMR kann Zwangsarbeit im privaten Umfeld erfolgen. Siehe etwa C.N. and V. v. France, 67724/09 (2012), Ziff. 71 ff. Zwangsarbeit im privaten Umfeld unterscheidet sich von Leibeigenschaft gemäss diesem Urteil insbesondere durch das Ausmass der unter Strafandrohung zu leistenden Arbeit und die Tatsache, dass die Situation der Ausbeutung aus Sicht des Opfers bei Leibeigenschaft unveränderbar erscheint; a.a.O., Ziff. 91.

38 Zwangsarbeit kann auch vom Staat angeordnet und von Privaten durchgeführt werden.

39 EGMR, Van der Mussele v. Belgium, A/70 (1983), Ziff. 32 ff.; IAGMR, Ituango Massacres v. Colombia, C/148 (2006), Ziff. 157 ff. Zurückhaltender betreffend einer Abstützung auf diese Norm zur Definition der Zwangsarbeit ist der MRA; Faure v. Australia, 1036/2001 (2005), Ziff. 7.5.

So stufte der EGMR die Verpflichtung, gelegentlich entschädigungslos unbemittelte Angeklagte verteidigen[40] oder als Beistand für Personen mit geistiger Behinderung amten[41] zu müssen, trotz Vorliegens eines Zwangselements nicht als Zwangsarbeit im Sinne von Art. 4 Abs. 2 EMRK ein, weil die Last nicht übermässig war und die Beschwerdeführer davon wussten, als sie sich freiwillig für den Anwaltsberuf entschieden. Ebenso erachtete er die freiwillig eingegangene Verpflichtung eines Armeearztes zu einer verlängerten Dienstzeit als unproblematisch, weil dieser nicht nur von einer staatlich bezahlten Ausbildung profitierte, sondern während der Dienstzeit auch einen Lohn erhielt[42]. Schliesslich stellt auch eine Verpflichtung, in einem Arbeitsverhältnis Überstunden zu leisten, keine Verletzung der EMRK dar, wenn das Arbeitsverhältnis freiwillig und in Kenntnis der Arbeitszeitenregelung eingegangen wurde[43].

14.20 Das Verbot der Zwangsarbeit ist in Pakt II und den regionalen Menschenrechtskonventionen als absolute, aber in Notstandszeiten derogierbare Garantie ausgestaltet[44]. Gleichzeitig sehen die Verträge in Ausnahmeklauseln vor, dass folgende Situationen definitionsgemäss nicht unter den Begriff der Zwangsarbeit fallen, obwohl sie dessen Voraussetzungen erfüllen: (1) Zwangsarbeit als strafrechtliche Sanktion oder übliche Verpflichtungen zur Arbeitsleistung im Rahmen eines rechtmässigen und menschenrechtskonformen Freiheitsentzugs oder bei bedingter Entlassung aus dem Strafvollzug, (2) Militärdienst oder ziviler Ersatzdienst für Dienstverweigerer aus Gewissensgründen[45], (3) Dienstleistungen bei Notständen oder Katastrophen, die das Leben oder das Wohl der Gemeinschaft bedrohen, und (4) Arbeiten und Dienstleistungen, welche zu den normalen Bürgerpflichten gehören[46]. In der Praxis stellt sich v.a. die Frage, was «übliche» bzw. «normale» Arbeit im Strafvollzug bzw. bei der Erfüllung von Bürgerpflichten ist. Arbeit im Strafvollzug soll dabei primär dem Ziel der Förderung der Reintegration von Gefangenen dienen[47]. Zulässig ist es daher beispielsweise, von einem Gefangenen zu verlangen, dass er so viel arbeitet, wie nötig ist, um bei der Entlassung eine Geldsumme zu besitzen, die ihm die Wiedereingliederung in die Gesellschaft ermöglicht[48]. In einem jüngeren Urteil erachtete der EGMR gar die Ver-

---

40 EGMR, Van der Mussele v. Belgium, A/70 (1983), Ziff. 40.

41 EGMR, Graziani-Weiss v. Austria, 31950/06 (2012), Ziff. 36 ff.

42 EGMR, Chitos v. Greece, 51637/12, Ziff. 12. Im konkreten Fall wurde Art. 4 Abs. 2 aber verletzt, weil der Beschwerdeführer durch die Verweigerung einer Ratenzahlung unverhältnismässig belastet wurde, um die gesetzlich vorgesehene Möglichkeit einer vorzeitigen Entlassung aus dem Militärdienst gegen Zahlung eines Geldbetrages wahrzunehmen.

43 EGMR, Tibet Menteş and Others v. Turkey, 57818/10 etc. (2017), Ziff. 68.

44 Art. 8 Abs. 3 lit. a i.V.m. Art. 4 Abs. 4 Pakt II, Art. 4 Abs. 2 i.V.m. Art. 15 Abs. 2 EMRK, Art. 6 i.V.m. Art. 27 AMRK.

45 Der EASR stufte aber eine gesetzliche Regel, wonach der zivile Ersatzdienst 18 Monate länger als der Militärdienst dauert, als Verletzung des Anspruchs von Art. 1 Abs. 2 ESC ein, den Lebensunterhalt durch frei übernommene Tätigkeit zu verdienen; Quaker Council for European Affairs v. Greece, 8/2000 (2001), Ziff. 25. Siehe dazu auch Rz. 13.45 ff.

46 Art. 8 Abs. 3 lit. b und c Pakt II, Art. 4 Abs. 3 EMRK, Art. 6 Abs. 3 AMRK.

47 MRA, Radosevic v. Germany, 1292/2004 (2005), Ziff. 7.3.

48 EGMR, Van Droogenbroeck v. Belgium, A/50 (1982), Ziff. 59 f.

pflichtungen eines Inhaftierten ohne Entlassungsperspektive im Pensionsalter als EMRK-konform[49].

«Normal» ist eine Bürgerpflicht, wenn sie keine aussergewöhnliche Massnahme darstellt und keinen strafenden Charakter aufweist sowie gesetzlich vorgesehen ist und ein legitimes Ziel verfolgt[50]. In diesem Sinn «normale» Pflichten sind etwa die Verpflichtungen, Mitglied der lokalen Feuerwehr zu sein oder eine Ersatzsteuer zu bezahlen[51], einen Arbeitseinsatz zu leisten oder auf staatliche Arbeitslosenunterstützungsleistungen zu verzichten[52], oder die Verpflichtung als Geschworener zu amten[53]. 14.21

3. Schutz von Kindern gegen Ausbeutung

In vielen Ländern werden Kinder ausgebeutet, weil sie billige Arbeitskräfte darstellen oder wegen ihrer Wehrlosigkeit sonst zum eigenen Vorteil ausgenützt werden können. Kinderarbeit ist oft gefährlich, gesundheitsgefährdend und verhindert meist, dass die Betroffenen zur Schule gehen oder eine ausreichende Ausbildung erhalten können. 14.22

Kinderarbeit als solche ist menschenrechtlich nicht verboten, ihre Zulässigkeit wird aber unter verschiedenen Gesichtspunkten eingeschränkt. Gemäss Art. 32 KRK haben Kinder und Jugendliche unter 18 Jahren[54] das Recht, «vor wirtschaftlicher Ausbeutung geschützt […] zu werden». Zu diesem Zweck müssen die Staaten ein Mindestalter für die Zulassung zur Arbeit festlegen, die Arbeitszeiten und Arbeitsbedingungen regeln und die Durchsetzung dieser Bestimmungen strafrechtlich absichern, und dabei die «einschlägigen Bestimmungen anderer internationaler Übereinkünfte» berücksichtigen. Damit verweist die Kinderrechtskonvention in erster Linie auf die Übereinkommen der Internationalen Arbeitsorganisation (ILO). Übereinkommen Nr. 138 über das Mindestalter für die Zulassung zur Beschäftigung vom 26. Juni 1973 legt z.B. das Mindestalter auf 15 und für Entwicklungs- und Transformationsländer, deren «Wirtschaft und schulische Einrichtungen ungenügend entwickelt sind», auf 14 Jahre fest. Als besonders schlimme Formen der Kinderarbeit verbietet ILO-Übereinkommen Nr. 182[55] ungeachtet des Alters absolut: 14.23

> «a) alle Formen der Sklaverei oder alle sklavereiähnlichen Praktiken, wie den Verkauf von Kindern und den Kinderhandel, Schuldknechtschaft und Leibeigenschaft sowie Zwangs- oder Pflichtarbeit, einschliesslich der Zwangs- oder Pflichtrekrutierung von Kindern für den Einsatz in bewaffneten Konflikten;

---

49 EGMR, Meier v. Switzerland, 10109/14, Reports 2016, Ziff. 62 f.

50 MRA, Faure v. Australia, 1036/2001 (2005), Ziff. 7.5.

51 EGMR, Schmidt v. Germany, A/291-B (1994), Ziff. 23.

52 MRA, Faure v. Australia, 1036/2001 (2005).

53 EGMR, Zarb Adami v. Malta, Reports 2006-VIII, Ziff. 47. Die Auswahl der Geschworenen darf aber nicht diskriminierend erfolgen; a.a.O., Ziff. 80 ff.

54 Art. 1 KRK definiert als Kind alle Kinder und Jugendlichen bis zur Vollendung des 18. Altersjahres.

55 Art. 3 ILO-Übereinkommen Nr. 182 vom 17. Juni 1999 über das Verbot und unverzügliche Massnahmen zur Beseitigung der schlimmsten Formen der Kinderarbeit.

b) das Heranziehen, Vermitteln oder Anbieten eines Kindes zur Prostitution, zur Herstellung von Pornografie oder zu pornografischen Darbietungen;
c) das Heranziehen, Vermitteln oder Anbieten eines Kindes zu unerlaubten Tätigkeiten, insbesondere zur Gewinnung von und zum Handel mit Drogen, wie diese in den einschlägigen internationalen Übereinkünften definiert sind;
d) Arbeit, die ihrer Natur nach oder auf Grund der Umstände, unter denen sie verrichtet wird, voraussichtlich für die Gesundheit, die Sicherheit oder die Sittlichkeit von Kindern schädlich ist».

14.24 Die ILO schätzt, dass im Jahr 2017 152 Millionen Menschen Kinderarbeit leisten mussten, wovon 73 Millionen gefährliche Arbeit im Widerspruch zu den Übereinkommen Nr. 138 oder Nr. 182 zu verrichten hatten[56].

14.25 Diese Formen der Ausbeutung von Kindern werden zum grössten Teil auch durch die Kinderrechtskonvention verboten. So verpflichtet Art. 32 die Staaten, Kinder vor Arbeitsleistungen zu schützen, «die Gefahren mit sich bringen, die Erziehung des Kindes behindern oder [seine] Gesundheit oder seine körperliche, geistige, seelische, sittliche oder soziale Entwicklung schädigen könnte». Konkretisiert wird dieses allgemeine Schutzgebot in Art. 33 KRK, wonach der «Einsatz von Kindern bei der unerlaubten Herstellung [von Suchtstoffen] und beim unerlaubten Verkehr mit diesen Stoffen» untersagt ist, und in Art. 34, der die Staaten anhält, sie «vor allen Formen sexueller Ausbeutung und sexuellen Missbrauchs» inklusive Prostitution und Pornografie zu schützen. Das Fakultativprotokoll zum Übereinkommen über die Rechte des Kindes vom 25. Mai 2000 betreffend den Kinderhandel, die Kinderprostitution und die Kinderpornografie verbietet diese Praktiken ebenfalls und verpflichtet die Staaten zu konkreten Massnahmen wie die Verankerung von Strafnormen oder die Verbesserung der internationalen Kooperation, z.B. im Bereich der Rechtshilfe.

14.26 Auf regionaler Ebene finden sich detaillierte Bestimmungen zum Schutz der Kinder vor Ausbeutung in Art. 34 Abs. 3 ArCMR und in Art. 15 und 16 der Afrikanischen Charta über die Rechte und die Wohlfahrt des Kindes. In Südasien haben die Vertragsstaaten der Konvention über die Wohlfahrt von Kindern Massnahmen gegen die Kinderarbeit zu ergreifen[57]. Die ESC legt ein Minimalalter von 15 Jahren für ein Arbeitsverhältnis fest und definiert Grundsätze für nicht ausbeutende Arbeitsbedingungen für Jugendliche bis 18 Jahre[58].

---

56 ILO, Global estimates of child labour: Results and trends, 2012–2016, Genf 2017, 11. Insgesamt verläuft der Trend in eine positive Richtung. Zwischen 2000 und 2016 sank die Zahl der von Kinderarbeit betroffenen Personen um beinahe 134 Millionen (a.a.O.).

57 Art. 3 lit. b SAARC Convention on Regional Arrangements for the Welfare of Children vom 5. Januar 2002.

58 Art. 7 ESC. Für eine Verletzung des Rechts auf ein faires Arbeitsentgelt siehe EASR, Greek General Confederation of Labour (GSEE) v. Greece, 111/2014 (2017), Ziff. 216 ff.

Vertiefung: Das Verbot des Einsatzes von Kindersoldaten

Eine besondere Problematik stellt das Thema der Kindersoldaten dar. Viele nichtstaatliche Gruppierungen, aber auch einige staatliche Armeen haben in den letzten Jahren Hunderttausende meist zwangsrekrutierter Knaben und Mädchen für die gefährlichsten Kriegshandlungen oder zur Terrorisierung der Zivilbevölkerung eingesetzt. Kindersoldaten tragen oft das höchste Risiko, getötet zu werden, sind oft Opfer sexueller Gewalt sowie Ausbeutung und werden häufig für den Rest ihres Lebens traumatisiert[59]. 14.27

Gemäss Art. 38 KRK und Art. 77 Abs. 2 ZP I dürfen Kinder bereits ab 15 Jahren rekrutiert und in bewaffneten Konflikten eingesetzt werden. Die ILO-Konvention Nr. 182 erhöht diese Grenze auf 18 Jahre und sieht keine Ausnahmen vor. Demgegenüber verpflichtet das Fakultativprotokoll zum Übereinkommen über die Rechte des Kindes betreffend die Beteiligung von Kindern an bewaffneten Konflikten vom 25. Mai 2000 zwar die Vertragsstaaten, «alle durchführbaren Massnahmen» zu treffen, «um sicherzustellen, dass Angehörige ihrer Streitkräfte, die das 18. Lebensjahr noch nicht vollendet haben, nicht unmittelbar an Feindseligkeiten teilnehmen» (Art. 1), und auf Zwangsrekrutierungen unterhalb dieser Altersgrenze zu verzichten (Art. 2). Sie dürfen aber Jugendliche ab 15 Jahren für einen freiwilligen Militärdienst rekrutieren (Art. 3). Kinder, die Opfer irgendeiner Form dieser Ausbeutungen, Misshandlungen oder bewaffneter Konflikte geworden sind, haben Anspruch auf Rehabilitation[60]. 14.28

Auf regionaler Ebene verpflichtet Art. 22 Abs. 2 der Afrikanischen Charta über die Rechte und die Wohlfahrt des Kindes die Vertragsstaaten, alle notwendigen Massnahmen zu ergreifen, um sicherzustellen, dass Personen unter 18 Jahren nicht an Feindseligkeiten teilnehmen, und die Rekrutierung von unter 18-Jährigen zu unterlassen. Art. 10 Abs. 2 ArCMR verbietet die Ausbeutung von Kindern während bewaffneter Konflikte. 14.29

II. Hinweis: Der Schutz von Arbeitnehmerinnen und Arbeitnehmern

1. Rechtsquellen

Der Schutz der Arbeitnehmerinnen und Arbeitnehmer ist seit der Gründung der Internationalen Arbeitsorganisation (International Labour Organisation/ILO) nach dem Ersten Weltkrieg[61] bei dieser Organisation aufgehoben. Die ILO hat bisher 189 Übereinkommen zu allen Aspekten des Arbeitslebens verabschiedet. Neben den oben erwähnten Übereinkommen Nr. 29 über Zwangs- und Pflichtarbeit, Nr. 138 über das Mindestalter für die Zulassung zur Beschäftigung und Nr. 182 über die schlimmsten Formen der Kinderarbeit sind weitere fünf Übereinkommen zu den Themen Gewerk- 14.30

59 Siehe z.B. Bericht des UN-Generalsekretärs, Children and armed conflict, UN Doc A/72/361–S/2017/821, August 2017, 24.

60 Art. 39 KRK, Art. 8 FP 1/KRK.

61 Siehe vorne Rz. 1.28 ff.

schaftsrechte, Zwangsarbeit und Nichtdiskriminierung[62] als Kernübereinkommen eingestuft worden, welche jeder Staat ratifizieren sollte. Diese und die übrigen ILO-Übereinkommen geben den menschenrechtlichen Garantien im Bereich der Arbeit in detaillierter Weise konkreten Gehalt.

14.31 Unter den Menschenrechtskonventionen nimmt die Europäische Sozialcharta von 1961 auf regionaler Ebene eine herausragende Bedeutung für den Schutz von Arbeitnehmerinnen und Arbeitnehmern ein, indem sich zwölf ihrer neunzehn materiellen Garantien[63] detailliert dem Recht auf Arbeit und anderen arbeitsbezogenen Rechten widmen. Der UNO-Pakt I behandelt diese Thematik in drei Bestimmungen (Art. 6–8). Hinzu kommen die bereits erwähnten arbeitsbezogenen Garantien der KRK sowie Garantien gegen Diskriminierung im Arbeitsbereich für Frauen und Opfer rassischer Diskriminierung[64] und zum Schutz von Wanderarbeiterinnen und -arbeitern[65]. In Afrika verankert Art. 15 AfCRMV einen Anspruch auf gerechte Arbeitsbedingungen und auf gleichen Lohn für gleiche Arbeit, und auf amerikanischer Ebene enthalten die Art. 6–8 des ZP 1/AMRK ein Recht auf Arbeit und weitere Rechte im Arbeitsleben. Ein Recht auf Arbeit mit seinen verschiedenen Komponenten verankert auch Art. 34 ArCMR.

14.32 Diese Garantien schaffen zusammen das eigenständige Gebiet des «internationalen Arbeitsrechts», das einen hohen Komplexitätsgrad aufweist und dessen Darstellung den Rahmen dieses Buches sprengen würde. Hier müssen einige kurze Hinweise auf die Kerngarantien des Pakts I genügen[66].

2. Die Rechte im Arbeitsumfeld

14.33 Das in Art. 6 Pakt I verankerte *Recht auf Arbeit*[67] gewährt keinen Anspruch darauf, vom Staat eine Arbeitsstelle zu bekommen. Die Bestimmung verankert primär ein Freiheitsrecht, nämlich den Anspruch, seine Arbeit frei wählen und durch solche Arbeit seinen Lebensunterhalt verdienen zu dürfen. Dies garantiert nicht nur die Freiheit, ohne staatliche Intervention zwischen verschiedenen vorhandenen Arbeitsstellen zu wählen, sondern auch die Freiheit der Berufswahl. Das Recht gilt nicht absolut, sondern kann gemäss Art. 4 des Pakts eingeschränkt werden, soweit ein Gesetz dies erlaubt und der Eingriff notwendig ist, um «das allgemeine Wohl in einer demokratischen Gesellschaft zu fördern». Deshalb darf Personen, welche die notwendige Ausbil-

62 Übereinkommen Nr. 87 vom 9. Juli 1948 über die Vereinigungsfreiheit und den Schutz des Vereinigungsrechtes, Übereinkommen Nr. 98 vom 1. Juli 1949 über die Anwendung der Grundsätze des Vereinigungsrechtes und des Rechtes zu Kollektivverhandlungen, Übereinkommen Nr. 100 vom 29. Juni 1951 über die Gleichheit des Entgelts männlicher und weiblicher Arbeitskräfte für gleichwertige Arbeit, Übereinkommen Nr. 105 vom 25. Juni 1957 über die Abschaffung der Zwangsarbeit und Übereinkommen Nr. 111 vom 25. Juni 1958 über die Diskriminierung in Beschäftigung und Beruf.

63 Art. 1–10 und 18–19 ESC.

64 Art. 11 und 14 FDK, Art. 5 lit. e RDK.

65 Art. 25–27, 40, 52–54 WAK.

66 Zu den Rechten von Wanderarbeitenden siehe hinten Rz. 18.15.

67 Siehe dazu WSK-Ausschuss, General Comment 18 (2005).

dung nicht besitzen oder die erforderlichen Diplome nicht vorweisen können, der Zugang zu gewissen Berufen verweigert werden, und Jugendliche oder andere schutzbedürftige Personen dürfen von gewissen gefährlichen oder gesundheitsschädlichen Tätigkeiten ausgeschlossen werden. Das Recht auf Arbeit hat neben dem freiheitsrechtlichen insofern einen (nichtjustiziablen) sozialrechtlichen Gehalt, als der Staat «durch berufliche Beratung und Ausbildungsprogramme» dazu beitragen soll, dass alle von dieser Freiheit einen möglichst vollständigen Gebrauch machen können. Darüber hinaus hat er eine auf Vollbeschäftigung zielende Wirtschafts- und Sozialpolitik zu betreiben.

Art. 7 Pakt I verankert das *Recht auf gerechte und günstige Arbeitsbedingungen*[68], worunter der Pakt ein Bündel von Rechten unterschiedlichen Charakters zusammenfasst. Beim Anspruch der Frauen auf gleich günstige Arbeitsbedingungen wie die Männer und gleichen Lohn für gleichwertige Arbeit sowie beim Anspruch auf gleiche Aufstiegsmöglichkeiten in Übereinstimmung mit Kriterien wie Fähigkeit und Beschäftigungsdauer geht es um Diskriminierungsverbote, deren Durchsetzung der Staat nicht nur bei seinen eigenen Angestellten, sondern auch in der Privatwirtschaft sicherzustellen hat. Die Gewährleistung eines Arbeitsentgelts, das allen Arbeitnehmerinnen und -nehmern einen Lohn sichert, welcher für einen angemessenen Lebensunterhalt insbesondere im Sinne von Art. 11 des Pakts genügt, auferlegt dem Staat die Pflicht, Mindestlöhne vorzuschreiben und durchzusetzen, falls die Sozialpartner in dieser Frage zu keiner Einigung gelangen. Die Ansprüche auf sichere und gesunde Arbeitsbedingungen und auf Schutz vor überlangen Arbeitszeiten bzw. auf regelmässigen bezahlten Urlaub sind ebenfalls auf dem Wege der Gesetzgebung zu konkretisieren und zu sichern, wobei gerade hier die einschlägigen ILO-Übereinkommen detaillierte Anleitungen geben. 14.34

Art. 8 Pakt I über die *Gewerkschaftsrechte* garantiert schliesslich Rechte der Arbeitnehmenden und ihrer Organisationen gegenüber den Arbeitgebern, welche weitgehend freiheitsrechtlichen Charakter haben. Arbeitnehmerinnen und Arbeitnehmer haben das Recht, Gewerkschaften zu bilden und einer Gewerkschaft eigener Wahl beizutreten. Im Wahlrecht steckt auch die negative Gewerkschaftsfreiheit, nämlich das Recht, einer Gewerkschaft fern zu bleiben. Gewerkschaften dürfen sich national und international zusammenschliessen und sich frei betätigen. Diese Rechte gelten nicht absolut, dürfen aber nur Einschränkungen unterworfen werden, «die gesetzlich vorgesehen und in einer demokratischen Gesellschaft im Interesse der nationalen Sicherheit oder der öffentlichen Ordnung oder zum Schutz der Rechte und Freiheiten anderer erforderlich sind». Vorgesehen ist auch das Streikrecht, welches allerdings nur «in Übereinstimmung mit der innerstaatlichen Rechtsordnung ausgeübt» und für Angehörige der Streitkräfte, der Polizei und der öffentlichen Verwaltung gesetzlich ausgeschlossen werden darf[69]. Die innerstaatlichen Gesetze dürfen insbesondere sog. politische 14.35

68 Siehe dazu WSK-Ausschuss, General Comment 23 (2016).

69 Art. 8 Abs. 1 lit. d Pakt I. Siehe auch EGMR (Grand Chamber), Demir and Baykara v. Turkey, Reports 2008-V. Zu den Rechten im Arbeitsumfeld von Staatsbediensteten und möglichen Einschränkungen im Bereich des Streikrechts nach Art. 25 lit. c Pakt II siehe hinten Rz. 17.67 ff.

Streiks untersagen, d.h. Streikaktionen, welche nicht der Durchsetzung kollektiver Interessen gegenüber den Arbeitgebern dienen, sondern andere Ziele verfolgen[70]. Als einschränkbares Freiheitsrecht ist die Gewerkschaftsfreiheit auch explizit in den Garantien der Vereinigungsfreiheit gemäss Art. 22 Pakt II, Art. 11 EMRK, Art. 35 ArCMR und implizit in Art. 16 AMRK verankert.

Vertiefung: Das Recht auf soziale Sicherheit

14.36 Die Rechte im Arbeitsumfeld werden durch das Recht auf soziale Sicherheit ergänzt. Nach Art. 9 Pakt I anerkennen die Staaten «das Recht eines jeden auf soziale Sicherheit; diese schliesst die Sozialversicherung ein». Der WSK-Ausschuss definiert dieses Recht in seinem General Comment 19 wie folgt:

«2. The right to social security encompasses the right to access and maintain benefits, whether in cash or in kind, without discrimination in order to secure protection, inter alia, from (a) lack of work-related income caused by sickness, disability, maternity, employment injury, unemployment, old age, or death of a family member; (b) unaffordable access to health care; (c) insufficient family support, particularly for children and adult dependents. […].

41. The Committee acknowledges that the realization of the right to social security carries significant financial implications for States parties, but notes that the fundamental importance of social security for human dignity and the legal recognition of this right by States parties mean that the right should be given appropriate priority in law and policy. States parties should develop a national strategy for the full implementation of the right to social security, and should allocate adequate fiscal and other resources at the national level. If necessary, they should avail themselves of international cooperation and technical assistance in line with article 2, paragraph 1, of the Covenant.

42. There is a strong presumption that retrogressive measures taken in relation to the right to social security are prohibited under the Covenant. If any deliberately retrogressive measures are taken, the State party has the burden of proving that they have been introduced after the most careful consideration of all alternatives and that they are duly justified by reference to the totality of the rights provided for in the Covenant, in the context of the full use of the maximum available resources of the State party. The Committee will look carefully at whether: (a) there was reasonable justification for the action; (b) alternatives were comprehensively examined; (c) there was genuine participation of affected groups in examining the proposed measures and alternatives; (d) the measures were directly or indirectly discriminatory; (e) the measures will have a sustained impact on the realization of the right to social security, an unreasonable impact on acquired social security rights or whether an individual or group is deprived of access to the mini-

70 Dass das Streikrecht auf Konflikte mit Arbeitgebern beschränkt ist, ergibt sich für die ESC bereits aus dem Wortlaut von Art. 6 Abs. 4 ESC, welche es für Interessenkonflikte im Zusammenhang mit Kollektivverhandlungen vorsieht. Nach der Praxis des EASR stellt ein absolutes Streikverbot für gewisse Berufssektoren, wie etwa für Angestellte im Gesundheits-, Energie-, Transport- oder Kommunikationswesen, mangels Verhältnismässigkeit eine Verletzung des Streikrechts gemäss der ESC dar; siehe etwa Confederation of Independent Trade Unions in Bulgaria, Confederation of Labour Podkrepa and European Trade Union Confederation v. Bulgaria, 32/2005 (2006).

mum essential level of social security; and (f) whether there was an independent review of the measures at the national level».

Auf europäischer Ebene verlangt der EASR, dass Leistungen der sozialen Sicherheit angemessen sein müssen. Zur Bestimmung dieser Angemessenheit hat er in seiner Praxis Kriterien entwickelt[71]. 14.37

III. Der Schutz des Eigentums

Rechtsquellen: Art. 17 AEMR; Art. 15 Abs. 2 und 16 Abs. 1 lit. h FDK; Art. 5 lit. c iv RDK; Art. 12 Abs. 5 BRK; Art. 15 WAK; Art. 1 ZP 1/EMRK; Art. 21 AMRK; Art. 14 AfCRMV; Art. 31 ArCMR; Art. 18 GK III; Art. 33, 53, 97 GK IV; Art. 51–54 ZP I; Art. 4 Abs. 2 ZP II; Art. 8 Abs. 2 lit. a (iv) Römer Statut.

1. Das Recht auf Eigentum als Menschenrecht

Die Klassifizierung des Rechts auf Eigentum als Menschenrecht ist im Völkerrecht 14.38
nicht unbestritten. So enthalten auf universeller Ebene – anders als in Art. 17 der Allgemeinen Menschenrechtserklärung vorgesehen – die beiden UNO-Pakte diese Garantie nicht, insbesondere weil während der Kodifikationsarbeiten keine Einigkeit darüber erzielt werden konnte, ob bei Enteignungen oder Verstaatlichungen eine volle oder nur eine angemessene Entschädigung zu leisten sei. Teilaspekte dieses Rechts werden allerdings durch universelle Spezialkonventionen sowie besonders deutlich durch das humanitäre Völkerrecht und das Völkerstrafrecht geschützt. Auch auf regionaler Ebene erwies sich die Aufnahme dieses Anspruchs, etwa in die EMRK, nicht als völlig problemlos: So zögerten die Verfasser der EMRK, das Eigentumsrecht in den ursprünglichen Vertrag aufzunehmen, weshalb sich dessen Grundlage im ZP 1/EMRK aus dem Jahr 1954 findet. Hingegen wurde dieser Anspruch auf afrikanischer und amerikanischer Ebene direkt in die entsprechenden regionalen Übereinkommen aufgenommen.

2. Der Schutz des Eigentums auf universeller Ebene

a) Indirekter Schutz des Eigentums durch die Pakte

Aus der Tatsache, dass die Eigentumsgarantie keinen Eingang in einen der beiden 14.39
UNO-Pakte gefunden hat, darf nicht gefolgert werden, dass diese Verträge keinerlei Rechtsschutz im Bereich des Eigentums bieten.

Die Unterlassungspflichten im Bereich der Rechte auf Nahrung und Wohnung gemäss 14.40
Art. 11 Pakt I hindern Staaten u.a. daran, Felder und Ernten zu zerstören oder sonst ihren Eigentümern wegzunehmen oder die Bewohner aus Häusern zu vertreiben, die

71 EASR, Finnish Society of Social Rights v. Finland, 88/2012 (2014), Ziff. 57 ff. Er erachtete die ESC als verletzt, weil die Leistungen der sozialen Sicherheit weniger als 40 % des Medianwertes des Äquivalenzeinkommens betrugen.

ihnen gehören[72]. Die Schutzpflichten, die aus diesen Garantien fliessen, bewirken unter Umständen, dass Gesetzgeber, Verwaltungsbehörden und Gerichte gegen Eigentumsstörungen durch Dritte vorgehen müssen.

14.41 Der Anspruch auf Zugang zu und ein faires Verfahren vor einem Gericht bei Streitigkeiten zivilrechtlicher Natur gemäss Art. 14 Abs. 1 Pakt II verpflichtet die Staaten, unabhängige gerichtliche Instanzen zur Verfügung zu stellen, welche die Zulässigkeit von Enteignungen und die Rechtmässigkeit der dafür geleisteten Entschädigung überprüfen[73].

14.42 Das selbständige Diskriminierungsverbot des Art. 26 Pakt II verlangt im Bereich des Eigentumsrechts, dass weder Enteignungen an sich, noch die angebotenen Entschädigungsleistungen Differenzierungen treffen, die auf verpönten Unterscheidungsmerkmalen basieren[74]. Das Diskriminierungsverbot im Eigentumsbereich kann auch eine Rolle im Verhältnis zwischen Privaten spielen. So müssen die Staaten gemäss Art. 16 Abs. 1 FDK beiden Ehegatten gleiche Rechte «hinsichtlich des Eigentums an Vermögen und dessen Erwerb, Bewirtschaftung, Verwaltung und Nutzung sowie der Verfügung darüber» gewähren[75].

Vertiefung: Diskriminierende Enteignungen und Vermögensrückgaben

14.43 Das Diskriminierungsverbot spielt eine wichtige Rolle zur Beurteilung der Rechtmässigkeit von Landenteignungen gegenüber spezifischen Personengruppen oder von staatlichen Programmen zur Rückgabe enteigneten Immobilienvermögens an die rechtmässigen Eigentümerinnen und Eigentümer. Nach dem Zweiten Weltkrieg wurden in ost- und mitteleuropäischen Staaten während der kommunistischen Herrschaft grosse Teile des privaten Immobilienbesitzes verstaatlicht. Nach Ende des Kalten Krieges waren diese Staaten mit der Herausforderung konfrontiert, dieses Vermögen den rechtmässigen Eigentümerinnen und Eigentümern resp. ihren Erben zurückzuerstatten.

14.44 Im Entscheid Simunek u.a. gegen die Tschechische Republik[76], dem ersten zahlreicher ähnlicher Fälle, hatte der MRA nicht über die Enteignung der Immobilien der Beschwerdeführer durch die Tschechoslowakei nach dem Zweiten Weltkrieg zu befinden: Diese Enteignungen, welche Personen betrafen, die als politische Gegner des damaligen kommunistischen Regimes eingestuft oder aus dem Land vertrieben worden waren bzw. fliehen mussten, waren lange vor Inkrafttreten der Pakte erfolgt. Vielmehr stand die Men-

72 Hierzu vorne Rz. 9.117 f. und 9.138 f.

73 Siehe dazu hinten Rz. 16.4 ff.

74 MRA, Simunek and Others v. Czech Republic, 516/1992 (1995), Ziff. 11.3.

75 Siehe dazu FDK-Ausschuss, General Recommendation 29 (2013) über wirtschaftliche Konsequenzen von Heirat, Familienbeziehungen und deren Auflösung.

76 MRA, Simunek and Others v. Czech Republic, 516/1992 (1995). Gestützt auf diese Entscheide haben zahlreiche weitere Opfer der verweigerten Wiedergutmachung beim Ausschuss Beschwerden erhoben, welche gutgeheissen wurden. Siehe statt vieler Walderode and Kammerlander v. Czech Republic, 747/1997 (2001), Ziff. 8.3, und Klain v. Czech Republic, 1847/2008 (2011), Ziff. 8.3 f.

schenrechtskonformität eines tschechischen Gesetzes zur Diskussion, welches die Rückgabe widerrechtlich enteigneter Grundstücke bzw. eine Entschädigung nur für Personen vorsah, die im Zeitpunkt des Inkrafttretens des Gesetzes die tschechische Nationalität besassen und dort wohnten. Der Ausschuss entschied, diese Regelung sei diskriminierend und verletze deshalb Art. 26 Pakt II. Zur Begründung führte er an, die Regierung anerkenne, dass die ursprüngliche Enteignung diskriminierend gewesen sei, habe aber keine sachlichen Gründe vorbringen können, warum bestimmte Opfer der ursprünglichen Eigentumsverletzung nicht in den Genuss der Wiedergutmachung kommen sollten. Angesichts der Tatsache, dass die Betroffenen als Opfer politischer Verfolgung durch den Staat ins Ausland fliehen mussten, sei es unsachlich, von ihnen nun die Rückkehr nach Tschechien und die Wiedereinbürgerung zu verlangen, um in den Genuss der Wiedergutmachung für Rechtsverletzungen zu kommen, die eine Vorgängerregierung des gleichen Staates begangen habe.

Der EGMR scheint basierend auf Art. 1 ZP 1/EMRK einen engeren Ansatz zu verfolgen: 14.45
Wie der MRA verneint er sowohl eine Verpflichtung zur Rückgabe von Eigentum, das vor Inkrafttreten der EMRK für den betreffenden Staat enteignet wurde, als auch zur Entschädigung für diesen Eigentumsverlust. Hingegen vertritt er die Auffassung, das ZP 1/EMRK schränke die Vertragsstaaten in keiner Weise ein, den Umfang der Vermögensrückerstattung festzulegen. Demzufolge hätten diese auch einen weiten Ermessensspielraum, gewisse Kategorien von früheren Eigentümerinnen und Eigentümern vom Recht auf Rückgabe oder Entschädigung auszuschliessen[77].

Enteignungen, die im Zeitpunkt der Geltung eines Vertrages vorgenommen werden, 14.46
dürfen nicht diskriminierend sein. So kam etwa das Gericht der Südafrikanischen Entwicklungsgemeinschaft (SADC) zum Schluss, ein von der Regierung angeordnetes Programm zur Verstaatlichung privater Farmen zwecks Zuweisung dieses Bodens an landlose Bauern verstosse gegen die Verpflichtung der SADC-Mitgliedstaaten zur Beachtung der Menschenrechte[78], da von diesen Enteignungen nur weisse Landbesitzer betroffen waren und damit eine Diskriminierung basierend auf dem Merkmal der Rasse darstellten[79].

Ein Potenzial zum Schutz gewisser Aspekte des Eigentumsrechts besitzt auch das 14.47
Recht auf *Privat- und Familienleben* (Art. 17 Pakt II). So fliesst etwa aus der entsprechenden Parallelbestimmung der EMRK (Art. 8) nicht nur ein Verbot der Zerstörung von Wohneigentum und der Vertreibung vom eigenen Grund und Boden, sondern auch ein Anspruch auf Schutz vor schädlichen Immissionen und damit auf ungestörten Genuss des Eigentums[80]. Analoges muss auch für Pakt II gelten.

Eigentumsrelevant ist schliesslich der Anspruch auf Minderheitenschutz gemäss 14.48
Art. 27 Pakt II. Darunter fällt u.a. der Anspruch auf kollektive Nutzung der natürlichen Ressourcen durch indigene Völker und damit ein Verbot von Aktivitäten des

77 EGMR (Grand Chamber), Maltzan and Others v. Germany (dec.), Reports 2005-V, Ziff. 74.
78 Art. 4 lit. c Treaty of the Southern African Development Community vom 17. August 1992.
79 SADC Tribunal, Campbell (Pvt) Ltd. & 78 Others v. Zimbabwe, 02/07 (2008).
80 Siehe dazu Rz. 12.43 ff.

Staates und von Dritten, welche traditionelle Fischerei, Jagd oder Herdenhaltung beeinträchtigen[81].

b) Der Schutz des Eigentums durch das humanitäre Völkerrecht

14.49 Auf direkte und vielfältige Weise schützt das humanitäre Völkerrecht Eigentumsrechte geschützter Personenkategorien[82] in Zeiten bewaffneter Konflikte:

- Das absolute Verbot von Plünderungen gemäss Art. 33 Abs. 2 GK IV resp. Art. 4 Abs. 2 lit. g ZP II schützt das Privateigentum der Zivilbevölkerung während internationaler und interner Konflikte. Das Kriegsverbrechen der Plünderung verstärkt diesen Schutz durch die Verankerung einer individuellen Verantwortlichkeit nicht nur von Angehörigen der Streitkräfte, sondern auch von jenen nichtstaatlicher bewaffneter Gruppierungen[83]. Ausnahmslos verboten sind auch *Vergeltungsmassnahmen* gegen das Eigentum geschützter Personen[84] und *Kollektivstrafen*[85].
- Den Schutz des Privateigentums in besetzten Gebieten bezweckt Art. 53 GK IV, welcher der Besetzungsmacht verbietet, «bewegliche oder unbewegliche Güter zu zerstören, die persönliches oder gemeinschaftliches Eigentum von Privatpersonen, Eigentum des Staates oder öffentlicher Körperschaften, sozialer oder genossenschaftlicher Organisationen sind, ausser in Fällen, wo solche Zerstörungen wegen militärischer Operationen unerlässlich werden sollten».
- Den Schutz des *Privateigentums von Kriegsgefangenen und Zivilinternierten* garantieren die Art. 18 GK III und Art. 97 GK IV.
- Schliesslich dienen die Verbote des Angriffs auf zivile Objekte bzw. der unterschiedslosen Angriffe[86] und des Einsatzes gewisser Waffen, wie etwa von Minen[87], gegen zivile Objekte in allgemeiner Form dem Eigentumsschutz im Krieg.

3. Der Schutz des Eigentums durch die regionalen Konventionen

14.50 Art. 1 ZP 1/EMRK garantiert zwar nicht den freien Erwerb von Eigentum, aber unter dem Titel «Schutz des Eigentums» immerhin dessen Bestand und friedliche Nutzung. Ähnlich spricht Art. 31 ArCMR vom Recht, Eigentum zu besitzen und vor dessen Entzug geschützt zu sein. Ein Recht auf Eigentum verankern demgegenüber Art. 21 AMRK und Art. 14 AfCRMV. Im Folgenden soll diese Garantie primär anhand der Bestimmung der EMRK dargestellt werden.

---

81 Dazu Rz. 11.132 ff.

82 Siehe dazu Rz. 5.75 ff.

83 Art. 8 Abs. 2 lit. a (iv) und (xvi) und lit. e (v) Römer Statut.

84 Art. 33 Abs. 3 GK IV.

85 Art. 33 Abs. 1 GK IV; Art. 75 Abs. 2 lit. d ZP I; Art. 4 Abs. 2 lit. b ZP II.

86 Siehe dazu vorne Rz. 9.50 f.

87 Vgl. Rz. 9.56 ff.

a) Der Schutzbereich der Eigentumsgarantie

Art. 1 Abs. 1 ZP 1/EMRK über den «Schutz des Eigentums» garantiert «natürliche[n] oder juristische[n] Person[en] [...] das Recht auf Achtung des Eigentums». Gemäss dem zweiten Satz dieser Bestimmung darf «[n]iemandem [...] sein Eigentum entzogen werden, es sei denn, dass das öffentliche Interesse es verlangt, und nur unter den durch Gesetz und durch die allgemeinen Grundsätze des Völkerrechts vorgesehenen Bedingungen». Nach Abs. 2 darf schliesslich die Benutzung des Eigentums zur Erreichung legitimer Zwecke kontrolliert werden. 14.51

Der Eigentumsbegriff von Art. 1 ZP 1/EMRK umfasst sowohl das Eigentum an Immobilien wie an beweglichen Gegenständen und an Immaterialgütern[88]. Da der Gerichtshof diesen Begriff autonom auslegt, ist die Anwendung dieser Garantie nicht auf Eigentumsrechte gemäss der nationalen Rechtsordnung beschränkt[89]. In diesem Sinne hat der EGMR die Anwendbarkeit dieser Garantie etwa in einem Fall bejaht, in welchem der Käufer eines Bildes gemäss nationalem Recht nie dessen Eigentümer geworden war[90]. Unter diesen menschenrechtlichen Eigentumsbegriff fallen auch privatrechtliche Vermögensansprüche, die eine eigentumsähnliche Stellung verschaffen, wie etwa ein 99-jähriger Pachtvertrag, der Besitz einer Konzession oder auch die Stammkundschaft eines Unternehmens[91], öffentlich-rechtliche wohlerworbene Rechte, vermögenswerte Forderungen, die eine genügende Grundlage im nationalen Recht aufweisen, etwa weil sie sich auf eine etablierte Rechtsprechung nationaler Gerichte stützen können[92], sowie durch rechtskräftige und durchsetzbare Urteile bestätigte geldwerte Forderungen[93], nicht hingegen künftiges Einkommen[94], es sei denn, dieses sei bereits geschuldet[95], wie etwa Ansprüche auf Rentenleistungen[96]. 14.52

Die Eigentumsgarantie kann nur im Fall von Beschränkungen des Eigentums und eigentumsähnlicher Positionen angerufen werden, die ein Staat nach Inkrafttreten des ersten Zusatzprotokolls zur EMRK vornimmt. Deshalb müssen alle Beschwerden gegen historische Verstaatlichungen vor und im zeitlichen Umfeld des Zweiten Weltkrieges vor dem EGMR scheitern[97]. Hingegen beurteilt der Gerichtshof staatliche Mass- 14.53

88 EGMR (Grand Chamber), Anheuser-Busch Inc. v. Portugal, Reports 2007-I, Ziff. 72.

89 A.a.O., Ziff. 63.

90 EGMR, Beyeler v. Italy, Reports 2000-I, Ziff. 100 ff.

91 EGMR, Van Marle and Others v. The Netherlands, A/101 (1986), Ziff. 41 f.

92 EGMR (Grand Chamber), Draon v. France, 1513/03 (2005), Ziff. 65. Das Gericht verweist in solchen Fällen auf das Konzept der legitimen Erwartungen.

93 EGMR, Giuran v. Romania, Reports 2011-III, Ziff. 46.

94 EGMR (Grand Chamber), Stec and Others v. The United Kingdom, Reports 2006-VI, Ziff. 53, Andrejeva v. Latvia, Reports 2009-II, Ziff. 77, und Stummer v. Austria, Reports 2011-V, Ziff. 82.

95 EGMR (Grand Chamber), Anheuser-Busch Inc. v. Portugal, Reports 2007-I, Ziff. 64.

96 EGMR (Grand Chamber), Andrejeva v. Latvia, Reports 2009-II, Ziff. 76, betreffend eine diskriminierende Ablehnung einer Rentenzahlung, und Nagy v. Hungary, 53080/13, Reports 2016, Ziff. 90 ff., betreffend eine als Folge einer Gesetzesänderung reduzierte Sozialversicherungsleistung wegen einer Behinderung.

97 Siehe dazu auch vorne Rz. 14.45.

nahmen, die vor Inkrafttreten des ersten Zusatzprotokolls begannen, aber den friedlichen Genuss eines weiter bestehenden Eigentums auch nach diesem Zeitpunkt noch behindern, als Dauereingriffe, deren Rechtmässigkeit er prüfen kann[98].

14.54 Die Eigentumsgarantie von Art. 1 ZP 1/EMRK enthält gemäss einer Standardformulierung des EGMR drei klar unterscheidbare aber gegenseitig verbundene Teilgehalte, welche Unterlassungspflichten mit unterschiedlichen Schrankenvorbehalten begründen:

> «[D]ie erste Vorschrift in Absatz 1 erster Satz ist allgemeiner Art und enthält den Grundsatz der Achtung des Eigentums; die zweite Vorschrift in Absatz 1 zweiter Satz betrifft die Eigentumsentziehung, die bestimmten Bedingungen unterstellt wird; die dritte Vorschrift in Absatz 2 gibt den Vertragsstaaten unter anderem die Befugnis, die Benutzung des Eigentums im Einklang mit dem Allgemeininteresse zu regeln»[99].

b) Unterlassungspflichten

14.55 Die Praxis des EGMR unterscheidet drei Situationen, in welchen der Staat unter einer (nicht absoluten) Verpflichtung zur Respektierung von Art. 1 ZP 1/EMRK steht:

(1) Achtung des Eigentums: Eingriffe, die – wie Nutzungsbeschränkungen durch raumplanerische Massnahmen oder Erlass von Baugesetzen[100], ein temporäres Bauverbot[101], die Zerstörung von Privateigentum durch Sicherheitskräfte während militärischer Operationen[102] oder die Verpflichtung des Eigentümers, die Jagd auf seinem Grundstück zu tolerieren[103] – weder eine Enteignung nach Abs. 1 Satz 2 noch eine Verfügungsbeschränkung gemäss Abs. 2 darstellen, prüft das Strassburger Gericht darauf hin, ob sie mit der Grundregel des 1. Satzes von Abs. 1 vereinbar sind[104]. Im Fall Loizidou gegen die Türkei[105] befand der EGMR, dass die Verweigerung des Zugang zum Grundstück der Beschwerdeführerin, welche nach der Besetzung des Nordteils

---

98 EGMR(Grand Chamber), Loizidou v. Turkey, Reports 1996-VI, Ziff. 41.

99 EGMR (Grand Chamber), Jahn and Others v. Germany, Reports 2005-VI, Ziff. 78; Übersetzung des deutschen Bundesinnenministeriums. Siehe statt Vieler auch EGMR (Grand Chamber), Nagy v. Hungary, 53080/13, Reports 2016, Ziff. 72.

100 EGMR, Ivanova and Cherkezov v. Bulgaria, 46577/15 (2016), Ziff. 73 ff.

101 EGMR, Sporrong and Lönnroth v. Sweden, A/52 (1982).

102 Siehe etwa EGMR, Altun v. Turkey, 24561/94 (2004), Ziff. 62. Ob analog zur Praxis beim Recht auf Leben (vorne Rz. 9.43 ff.) jede Eigentumsbeschränkung, die mit dem humanitären Völkerrecht unvereinbar ist, automatisch die Eigentumsgarantie der EMRK verletzt, hat der EGMR nie entschieden. Der IAGMR prüfte hingegen die Frage, ob die Bombardierung einer Ortschaft durch Regierungsstreitkräfte während eines nicht internationalen bewaffneten Konflikts auch die Eigentumsgarantie von Art. 21 AMRK verletzt hatte, primär gestützt auf die Vorgaben des humanitären Völkerrechts; IAGMR, Santo Domingo Massacre v. Colombia, C/259 (2012), Ziff. 270 ff.

103 EGMR (Grand Chamber), Herrmann v. Germany, 9300/07 (2012).

104 Siehe EGMR, Ivanova and Cherkezov v. Bulgaria, 46577/15 (2016), Ziff. 75.

105 EGMR (Grand Chamber), Loizidou v. Turkey, Reports 1996-VI, Ziff. 61 ff., und ähnlich, Chiragov and Others v. Armenia, 13216/05, Reports 2015, Ziff. 192 ff., und Sargsyan v. Azerbaijan, 40167/06, Reports 2015, Ziff. 219 ff.

der Insel Zypern durch türkische Truppen im Jahre 1972 in den Süden geflohen war, weder eine Enteignung gemäss Abs. 1 Satz 1 noch eine Verfügungsbeschränkung gemäss Satz 2 ZP 1/EMRK sei. Sie verletze aber das Recht auf Achtung des Eigentums gemäss Abs. 1 Satz 1, weil die Verunmöglichung des faktischen Zugangs zu einem Grundstück einer ungerechtfertigten rechtlichen Eigentumsbeschränkung gleichkomme. Eine solche Einschränkung stellt gemäss dem EGMR eine Verletzung des Rechts auf Eigentum dar, wenn das öffentliche Interesse das private Interesse nicht überwiegt. Basierend auf diesem Test beurteilt der EGMR regelmässig etwa behördliche Anordnungen zur Zerstörung von Gebäuden[106].

(2) Enteignungen: Die Regel von Satz 2 des Art. 1 Abs. 1 ZP 1/EMRK, wonach das Ei- 14.56
gentum einer Privatperson nur unter bestimmten Voraussetzungen entzogen werden darf, erfasst sowohl Fälle formeller Enteignung, d.h. der zwangsweisen Übertragung des Eigentums an den Staat, als auch Situationen faktischer (materieller) Enteignung, bei welcher die betroffene Person zwar formell Eigentümerin bleibt, aber faktisch über die Sache oder das Grundstück nicht mehr verfügen kann bzw. in deren Nutzung weitgehend eingeschränkt wird[107]. Derartig schwere Beschränkungen des Eigentumsrechts dürfen gemäss Wortlaut nur vorgenommen werden, wenn nationale Gesetze dieses Vorgehen im konkreten Fall erlauben[108] und die Eigentumsbeschränkung im öffentlichen Interesse liegt. Die Praxis verlangt zudem die Beachtung des Verhältnismässigkeitsprinzips, d.h. das Interesse der Allgemeinheit hat in einem vernünftigen Verhältnis zum konkreten Schaden zu stehen, welcher der betroffenen Person zugefügt wird[109].

Dieses Prinzip spielt eine entscheidende Rolle für die Frage, ob der Staat für den erlitte- 14.57
nen Eigentumsverlust eine Entschädigung leisten muss: Obwohl Art. 1 Abs. 1 ZP 1/EMRK keinen Anspruch auf volle Entschädigung stipuliert, anerkennt der Gerichtshof, dass eine Enteignung ohne Entschädigung oder mit einer Abgeltung, die in keinem vernünftigen Verhältnis zum Wert der Sache steht, normalerweise einen unverhältnismässigen Eingriff in die Eigentumsgarantie darstellt[110]. Deshalb sei bei Enteignungen vom Grundsatz der vollen Entschädigung auszugehen. Gestützt auf bedeutsame öffentliche

106 In EGMR, Ivanova and Cherkezov v. Bulgaria, 46577/15 (2016), Ziff. 75, erachtete das Gericht die Zerstörung eines Hauses, das wissentlich ohne die notwendige Baubewilligung errichtet wurde, als verhältnismässige Einschränkung der Eigentumsgarantie. Zu einem gegenteiligen Schluss gelangte der EGMR in Tumeliai v. Lithuania, 22545/15 (2018), Ziff. 73 ff., weil ein Haus zwar in Verletzung der Naturschutzgesetzgebung in einem Waldgebiet gebaut wurde, die Beschwerdeführer aber legitime Erwartungen hatten, dass das Haus nicht zerstört werde, weil der Bau von den lokalen Behörden erlaubt worden war.

107 EGMR, Jahn and Others v. Germany, 46720/99, 72203/01 and 72552/01 (2004), Ziff. 65, ohne weitere Ausführungen bestätigt im Beschwerdeentscheid der Grand Chamber, Reports 2005-VI, Ziff. 79.

108 EGMR, Sharxhi and Others v. Albania, 10613/16 (2018), Ziff. 174: Verletzt daher die Enteignung und Zerstörung eines Gebäudes nationales Recht, ist es nicht mehr notwendig, den Vorrang des öffentlichen vor dem privaten Interesse zu evaluieren.

109 EGMR (Grand Chamber), Jahn and Others v. Germany, Reports 2005-VI, Ziff. 93.

110 EGMR (Grand Chamber), Vistiņš and Perepjolkins v. Latvia, Reports 2014-I, Ziff. 108.

Interessen, etwa im Rahmen von Wirtschaftsreformen, von Massnahmen zur Herstellung grösserer sozialer Gerechtigkeit[111] oder im Kontext eines Wechsels des politischen und wirtschaftlichen Systems[112], könne aber auch eine Entschädigung unterhalb des Marktwertes verhältnismässig sein[113]. Entschädigungslose Enteignungen erachtet der EGMR hingegen nur in ganz aussergewöhnlichen Situationen als menschenrechtskonform. Trotzdem bewirkt eine fehlende Entschädigung aber nicht die EMRK-Widrigkeit der Enteignung an sich. Vielmehr ist zu prüfen, ob im spezifischen Fall die beschwerdeführende Partei eine überproportionale Last zu tragen hat[114]. Weiter dürfen derartige Eigentumsbeschränkungen nur bei Existenz eines Verfahrens, das eine Gesamtbeurteilung der Konsequenzen der Enteignung und namentlich der Höhe der Entschädigung erlaubt,[115] und unter Beachtung der «durch die allgemeinen Grundsätze des Völkerrechts vorgesehenen Bedingungen» vorgenommen werden. Mit letztgenannter Wendung wird auf den sog. fremdenrechtlichen Mindeststandard verwiesen[116], welcher die entschädigungslose Enteignung des Eigentums ausländischer Staatsangehöriger untersagt.

14.58 *(3) Kontrolle der Benutzung des Eigentums*: Abs. 2 der Bestimmung hält in gewundener Formulierung fest, dass das Recht auf Eigentum «in keiner Weise das Recht des Staates [beeinträchtigt], diejenigen Gesetze anzuwenden, die er für die Regelung der Benutzung des Eigentums in Übereinstimmung mit dem Allgemeininteresse oder zur Sicherung der Zahlung der Steuern, sonstiger Abgaben oder von Geldstrafen für erforderlich hält». Diese Klausel erlaubt den Vertragsstaaten die Erhebung von Eigentumssteuern, aber auch die Beschränkungen des Eigentums und seiner Nutzung durch miet- und pachtrechtliche Bestimmungen, welche die Kündigungsrechte des Eigentümers einschränken oder Höchstgrenzen von Zinsen festlegen[117]. Zulässig sind auch Beschränkungen des freien Verfügungsrechts für den Erblasser, baurechtliche und vollstreckungsrechtliche Eigentumsbeschränkungen[118] und die Beschlagnahme von Vermögenswerten im Zusammenhang mit einem Strafverfahren[119]. Alle diese Be-

111 EGMR (Grand Chamber), Scordino v. Italy (No. 1), Reports 2006-V, Ziff. 96 ff.

112 A.a.O., Ziff. 113. Dies gilt insbesondere in der ersten Phase dieses Wechsels, die oft mit Aufruhr und Unsicherheiten verbunden ist.

113 EGMR (Grand Chamber), Scordino v. Italy (No. 1), Reports 2006-V, Ziff. 96 ff.

114 Vgl. EGMR (Grand Chamber), Jahn and Others v. Germany, Reports 2005-VI, Ziff. 94.

115 EGMR (Grand Chamber), Vistiņš and Perepjolkins v. Latvia, Reports 2014-I, Ziff. 111.

116 Siehe dazu z.B. James Crawford, Brownlie's Principles of Public International Law, 8. Aufl., Oxford 2012, 610 ff.

117 Vgl. etwa EGMR, Mellacher v. Austria, A/169 (1989), und EGMR (Grand Chamber), Hutten-Czapska v. Poland, Reports 2006-VIII.

118 Z.B. EGMR, Vendittelli v. Italy, A/293-A (1994), und (Grand Chamber), Scordino v. Italy (No. 1), Reports 2006-V, Ziff. 96 ff.

119 Z.B. EGMR, AGOSI v. The United Kingdom, A/108 (1986), Ziff. 52 ff., und Forminster Enterprises Limited v. Czech Republic, 38238/04 (2008), Ziff. 63 ff. Der Eigentümer der Sache muss aber irgendeinen Bezug zu einer Straftat haben. Dies ist nicht der Fall, wenn jemand gutgläubig einen Lastwagen kauft, der vor dem Kaufzeitpunkt für die Begehung eines Verbrechens benutzt wurde; EGMR, Vasilevski v. The Former Yugoslav Republic of Macedonia, 22653/08 (2016), Ziff. 54 ff.

schränkungen werden vom Gerichtshof auf ihre gesetzliche Grundlage, ihre Eingriffsmotivation sowie im Lichte einer Güterabwägung zwischen dem Allgemeininteresse und dem Schutz des Eigentumsrechts auf ihre Verhältnismässigkeit hin überprüft[120].

c) Schutz- und Leistungspflichten

Auch aus der Eigentumsgarantie fliessen Pflichten zum Schutz des Privateigentums gegenüber Beeinträchtigungen. Diese Verpflichtung existiert etwa, wenn der Schaden die Konsequenz des fehlenden Handelns der verantwortlichen Behörden in Risikosituationen ist. In diesem Sinne erachtete der EGMR die Eigentumsgarantie als verletzt, weil Behörden trotz entsprechender Warnung keine Massnahmen zur Stabilisierung einer Haushaltsmülldeponie ergriffen. Als Folge kam es zu einer Methangasexplosion, die nicht nur 39 Menschenleben forderte, sondern auch zahlreiche Gebäude, die unterhalb der Müllhalde errichtet worden waren, zerstörte[121]. 14.59

In gewissen Situation anerkennt der EGMR auch eine Pflicht zum Schutz des Privateigentums gegenüber Eingriffen durch Private. So fand er etwa eine Verletzung der EMRK wegen fehlender Berücksichtigung des Kindeswohls und damit den Schutz des Eigentums des Kindes durch die Behörden in einem Grundstücktauschgeschäft, das von einem Anwalt mit Interessenskonflikten durchgeführt wurde und daher zu einem erheblichen finanziellen Nachteil für das Kind führte[122]. 14.60

Vertiefung: Der Schutz des Eigentums gemäss der AMRK und kollektive Nutzungsrechte indigener Völker[123]

Der IAGMR kennt eine reiche Rechtsprechung zum Schutz des Kollektiveigentums indigener Völker. Diese Rechtsprechung begann mit dem Urteil *Awas Tingni Community gegen Nicaragua*[124]. Angehörige einer indigenen Gruppe rügten vor dem Gerichtshof, Nicaragua zerstöre durch die Gewährung von Konzessionen an Drittpersonen die traditionelle Nutzung von Land durch diese Gruppe. Dabei hatte der IAGMR vorgängig das Verhältnis der Eigentumsgarantie gemäss Art. 21 AMRK zu diesen traditionellen kollektiven Nutzungsrechten zu klären: 14.61

«149. Given the characteristics of the instant case, some specifications are required on the concept of property in indigenous communities. Among indigenous peoples there is a communitarian tradition regarding a communal form of collective property of the

---

120 Z.B. EGMR (Grand Chamber), Hutten-Czapska v. Poland, Reports 2006-VIII, Ziff. 163–167. Der Gerichtshof verlangt insb. das Bestehen einer «fair balance» zwischen öffentlichen und privaten Interessen.

121 EGMR (Grand Chamber), Öneryildiz v. Turkey, Reports 2004-XII, Ziff. 133 ff. Siehe dazu auch Rz. 3.98.

122 EGMR, S.L. and J.L. v. Croatia, 13712/11 (2015), Ziff. 58 ff.

123 Zum völkerrechtlichen Schutz indigener Gruppen siehe Rz. 11.132 ff. Zur Frage von Landrechten indigener Völker siehe auch IAKMR, Maya Indigenous Communities of the Toledo District v. Belize, 12.053 (2004), und Dann v. USA, 11.140 (2002).

124 IAGMR, Mayagna (Sumo), Awas Tingni Community v. Nicaragua, C/79 (2001).

land, in the sense that ownership of the land is not centered on an individual but rather on the group and its community. Indigenous groups, by the fact of their very existence, have the right to live freely in their own territory; the close ties of indigenous people with the land must be recognized and understood as the fundamental basis of their cultures, their spiritual life, their integrity, and their economic survival. For indigenous communities, relations to the land are not merely a matter of possession and production but a material and spiritual element which they must fully enjoy, even to preserve their cultural legacy and transmit it to future generations […]».

14.62 Wegen dieser Besonderheiten gelangte der Gerichtshof zum Schluss, die Nutzung des Landes durch solche Gruppen begründe auch ohne Bestehen eines eigentlichen Eigentumstitels einen Anspruch auf kollektives Eigentum, weshalb die Eigentumsgarantie auf den Fall Anwendung finde. Da die Grenzen dieses kollektiven Eigentums bisher nicht effektiv abgesteckt und markiert wurden, müsse der Staat diese Aufgabe nachholen und das Eigentum der indigenen Gemeinschaft überschreiben[125].

14.63 Im Jahr 2006 fasste der Gerichtshof seine bisherige Praxis zu Eigentumsrechten indigener Völker im Urteil *Sawhoyamaxa Indigenous Community gegen Paraguay* folgenderweise zusammen:

«1) traditional possession of their lands by indigenous people has equivalent effects to those of a state-granted full property title; 2) traditional possession entitles indigenous people to demand official recognition and registration of property title; 3) the members of indigenous peoples who have unwillingly left their traditional lands, or lost possession thereof, maintain property rights thereto, even though they lack legal title, unless the lands have been lawfully transferred to third parties in good faith; and 4) the members of indigenous peoples who have unwillingly lost possession of their lands, when those lands have been lawfully transferred to innocent third parties, are entitled to restitution thereof or to obtain other lands of equal extension and quality. Consequently, possession is not a requisite conditioning the existence of indigenous land restitution rights»[126].

14.64 Im Jahr 2007 anerkannte der Gerichtshof schliesslich, dass sich nicht nur indigene, sondern auch in Stämmen lebende Gemeinschaften, die nicht seit urvordenklichen Zeiten ein bestimmtes Gebiet bewohnen, wie indigene Völker auf den Schutz ihres kollektiven Eigentums berufen können, «because both share distinct social, cultural, and economic characteristics, including a special relationship with their ancestral territories, that require special measures under international human rights law in order to guarantee their physical and cultural survival»[127].

125 A.a.O., Ziff. 153.

126 IAGMR, Sawhoyamaxa Indigenous Community v. Paraguay, C/146, Ziff. 128. Ähnlich auch Kichwa Indigenous Community v. Ecuador, C/245 (2012), Ziff. 145 ff., Community Garífuna Triunfo de la Cruz & its members v. Honduras, C/305 (2015), Ziff. 100 ff., und Kaliña and Lokono Peoples v. Suriname, C/309 (2015), Ziff. 122 ff.

127 IAGMR, Saramaka People v. Suriname, C/172(2007), Ziff. 86.

15. Kapitel: Schutz bei Freiheitsentzug

Rechtsquellen: Art. 9 AEMR; Art. 9 und 10 Pakt II; Art. 47 lit. b–d KRK; Art. 14 BRK; Art. 5 EMRK; Art. 7 AMRK; Art. 6 AfCRMV; Art. 14 ArCMR.

I. Überblick

15.1 Menschen, die in die Hände des Staates fallen, weil sie verhaftet oder sonstwie ihrer Freiheit beraubt werden, können besonders leicht Opfer von Menschenrechtsverletzungen werden. Deshalb gehören, wie die englische Magna Charta Libertatum von 1215, die Habeas Corpus Akte von 1679 und die Bill of Rights von 1689[1] zeigen, Garantien zum Schutz inhaftierter Personen zu den ältesten Vorläufern der Menschenrechte.

15.2 Moderne Menschenrechtsverträge garantieren das Recht auf Freiheit und Sicherheit (Ziff. II). Sie setzen Verhaftung, Inhaftierung und andere Formen des Freiheitsentzuges materiell-rechtliche Schranken, indem sie bestimmen, dass Freiheitsentzug nicht willkürlich oder sonst unrechtmässig sein darf (Ziff. III), und garantieren einen ausgedehnten verfahrensrechtlichen Schutz (Ziff. IV). Schliesslich legen sie Minimalgarantien für die Behandlung Gefangener fest (Ziff. V).

II. Das Recht auf Freiheit und Sicherheit

15.3 Gemäss dem Recht auf persönliche Freiheit nach Art. 9 Pakt II und den ähnlichen Garantien von Art. 5 EMRK, Art. 7 AMRK, Art. 6 AfCRMV und Art. 14 ArCMR dürfen Personen (1) nur für Gründe verhaftet, inhaftiert oder auf andere Weise ihrer Freiheit beraubt werden, welche gesetzlich vorgesehen und völkerrechtlich erlaubt sind. Sie müssen (2) unverzüglich über die Gründe der Festnahme informiert werden und (3) haben Anspruch, ohne Verzug einer richterlichen Behörde vorgeführt zu werden, welche über die Rechtmässigkeit des Freiheitsentzugs entscheidet. Im Fall einer Verhaftung wegen Verdachts eines strafrechtlichen Deliktes muss die betroffene Person (4) strafrechtlich angeklagt und vor Gericht gestellt oder aber in die Freiheit entlassen werden. Schliesslich hat (5) jede Person, die Opfer eines ungerechtfertigten Freiheitsentzugs wurde, Anspruch auf Haftentschädigung. Diese fünf Grundsätze[2] machen den

1 Die Magna Charta Libertatum, die «grosse Freiheitsurkunde», hielt fest, dass kein Bürger ohne rechtmässiges Urteil in Gefangenschaft genommen werden durfte. Gemäss der Habeas Corpus Akte durfte kein Untertan ohne Gerichtsverfahren in Haft genommen werden.

2 Art. 14 Abs. 4 ArCMR verankert zusätzlich einen Anspruch aller inhaftierter Personen, eine medizinische Untersuchung zu verlangen.

wesentlichen Inhalt des menschenrechtlichen Anspruchs auf Schutz bei Freiheitsentzug aus.

15.4 Art. 9 Pakt II und die entsprechenden Garantien der regionalen Konventionen schützen auch das Recht auf *Sicherheit.* Dieser zweite Aspekt spielt in der Praxis des MRA und der regionalen Gerichtshöfe bis heute nur eine marginale Rolle. Er wird als Bestandteil des Rechts auf Schutz vor willkürlichem Freiheitsentzug oder als Garantie eingestuft, die sich mit dem Recht auf Leben und dem Verbot der Folter und unmenschlicher oder erniedrigender Behandlung weitgehend deckt[3]. Eine eigenständige Bedeutung misst der MRA dem Recht auf Sicherheit allerdings zu, wenn einer Person staatlicher Schutz verweigert wird, obwohl sie von staatlichen Organen oder von Privaten mit Angriffen gegen Leib und Leben bedroht wird. Auch hier bleibt aber unklar, in welchem Ausmass[4] ein solches Recht über die aus dem Recht auf Leben und dem Verbot der Folter und unmenschlichen oder erniedrigenden Behandlung fliessenden Schutzpflichten hinausgeht.

15.5 Der Begriff Freiheit im Kontext dieser Bestimmung ist nicht mit einer allgemeinen Handlungsfreiheit gleichzusetzen. Er umfasst vielmehr in einem engeren Sinn die Freiheit vor einer Einschliessung des Körpers[5] ohne Einverständnis der betroffenen Person[6]. Gleichzeitig ist aber der Begriff Freiheitsentzug weit zu verstehen[7]. Darunter fallen nicht nur Verhaftungen[8], Untersuchungshaft oder Gefängnisstrafen, sondern auch zwangsweise Internierungen in geschlossenen Abteilungen psychiatrischer Kliniken[9] oder die Inhaftierung von Ausländerinnen und Ausländern, die illegal eingereist sind oder ausgeliefert bzw. ausgeschafft werden[10], Hausarrest[11], die Pflicht von Asylsuchenden, den Entscheid über ihr Gesuch im Transitbereich eines Flughafens abzuwarten[12],

3 Siehe dazu Rz. 9.68 f.

4 MRA, Delgado Paez v. Colombia, 195/1985 (1990), Ziff. 5.5 ff., Marcellana and Gumanoy v. The Philippines, 1560/2007 (2008), Ziff. 7.7. Siehe auch MRA, General Comment 35 (2014), Ziff. 9.

5 MRA, General Comment 35 (2014), Ziff. 3.

6 A.a.O., Ziff. 6, mit Verweis auf MRA, Jessop v. New Zealand, 1758/2008 (2011), Ziff. 7.9 ff.: Der Beschwerdeführer begab sich zwecks Teilnahme an einer Untersuchung freiwillig zu einem Polizeiposten und hatte jederzeit die Möglichkeit, diesen zu verlassen.

7 MRA, General Comment 35 (2014), Ziff. 5 mit Beispielen.

8 Als Verhaftung gilt jede Festnahme einer Person, mit der ein Freiheitsentzug beginnt, selbst wenn es sich um eine im nationalen Recht nicht festgelegte De-facto-Festnahme handelt; MRA, General Comment 35 (2014), Ziff. 13, sowie Allaberdiev v. Uzbekistan, 2555/2015 (2017), Ziff. 8.4, und Saidarov v. Kyrgyzstan, 2359/2014 (2017), Ziff. 7.3 (mehrtägige nicht registrierte Festhaltung eine Person angeblich als Zeuge).

9 MRA, A. v. New Zealand, 754/1997 (1999), Ziff. 7.2.

10 Art. 5 Abs. 1 EMRK; MRA, General Comment 8 (1982), Ziff. 1, und IGH, Ahmadou Sadio Diallo (Republic of Guinea v. Democratic Republic of the Congo), ICJ Reports 2010, Ziff. 77.

11 MRA, Gorji-Dinka v. Cameroon, 1134/2002 (2005), Ziff. 5.4. So auch die konstante Praxis des EGMR. Siehe etwa Vachev v. Bulgaria, 42987/98 (2014), Ziff. 64, und Buzadji v. Moldova, 23755/07 (2016), Ziff. 105.

12 EGMR, Amuur v. France, Reports 1996-III; MRA, CO Belgium (2004), Ziff. 17.

Arrest als Disziplinarstrafe im Militärdienst[13], die interne Verbannung auf eine kleine Insel, auf welcher normale soziale Kontakte nicht mehr möglich sind[14], oder der zwangsweise angeordnete Aufenthalt einer entmündigten Person in einem offen geführten Heim, dessen Bewohnerinnen und Bewohner trotz der Möglichkeit, das Nachbardorf zu besuchen, unter steter Kontrolle der Heimleitung stehen und nur mit expliziter Bewilligung in die weitere Umgebung reisen können[15].

Freiheitsentzug verlangt eine viel ernsthaftere Einschränkung der Bewegungsmöglichkeit innerhalb eines kleineren Gebiets als eine blosse Beschränkung der Freiheit, sich zu bewegen[16]. Der EGMR lehnte es daher ab, einen durch eine Einreise- und Transitsperre der Schweiz verursachten zwangsweisen Aufenthalt in der italienischen Exklave von Campione d'Italia, die eine Fläche von 1,6 km^2 aufweist und in welcher der Beschwerdeführer seit vielen Jahren seinen Wohnsitz hatte, als Freiheitsentzug zu qualifizieren[17]. Ebenfalls nicht als Freiheitsentzug gilt der erzwungene mehrstündige Aufenthalt innerhalb eines Polizeikordons[18]. Die Verpflichtung, an einem bestimmten Ort Wohnsitz zu nehmen und sich dort regelmässig bei der Polizei zu melden, fällt ebenfalls nicht unter diesen Begriff[19]. Dies gilt auch für nächtliche Ausgangssperren, selbst wenn sie für längere Zeit ausgesprochen und mit weiteren Auflagen verknüpft werden[20]. Solche Beschränkungen der Freiheit einer Person werden durch das in Art. 12 Abs. 1 Pakt II, Art. 2 ZP 4/EMRK und Art. 22 AMRK verankerte Recht auf Bewegungsfreiheit erfasst[21]. Der Unterschied zwischen Freiheitsbeschränkungen und einer Einschränkung der Bewegungsfreiheit ist gradueller und nicht prinzipieller Natur, wobei die Dauer und die Intensität des Eingriffs in räumlicher Hinsicht die entscheidenden Kriterien sind[22]. 15.6

Das Recht auf Freiheit schützt primär vor staatlichem Freiheitsentzug. Es begründet aber auch eine Verpflichtung des Staates, angemessene Massnahmen zum Schutz von 15.7

13 MRA, Vuolanne v. Finland, 265/1987 (1989), Ziff. 9.4; EGMR, Engel and Others v. The Netherlands, A/22 (1976), Ziff. 57–59.

14 EGMR, Guzzardi v. Italy, A/39 (1980), Ziff. 92 f.

15 EGMR (Grand Chamber), Stanev v. Bulgaria, Reports 2012-I, Ziff. 121 ff.

16 MRA, General Comment 35 (2014), Ziff. 5.

17 EGMR (Grand Chamber), Nada v. Switzerland, 2012-IV, Ziff. 224 ff.

18 EGMR (Grand Chamber), Austin and Others v. The United Kingdom, Reports 2012-II, Ziff. 61 ff.

19 MRA, Karker v. France, 833/1998 (2000), Ziff. 8.5; Celepli v. Sweden, 456/1991 (1994), Ziff. 6.1.

20 EGMR, Raimondo v. Italy, 12954/87 (1994), Ziff. 13 und 39 (fünfmonatige Dauer und Auflage, die Wohnung auch tagsüber nur mit polizeilicher Erlaubnis zu verlassen), de Tommaso v. Italy, 43395/09, Reports 2017, Ziff. 17 und 89 (zweijährige Dauer und Verbot der Benutzung eines Mobiltelefons und des Besuchs von Versammlungen und Bars verbunden mit einer wöchentlichen Meldepflicht bei der Polizei). Ausnahmen für das nächtliche Verlassen der Unterkunft konnten in beiden Fällen aber erteilt werden.

21 EGMR (Grand Chamber), Nada v. Switzerland, Reports 2012-V, Ziff. 225, und de Tommaso v. Italy, 43395/09, Reports 2017, Ziff. 80 ff. Siehe zu dieser Garantie hinten Rz. 18.6 ff.

22 Siehe etwa EGMR (Grand Chamber), Stanev v. Bulgaria, Reports 2012-I, Ziff. 115, und MRA, General Comment 35 (2014), Ziff. 5.

Personen[23] vor willkürlichem Freiheitsentzug in einem rein privaten Umfeld, etwa in einer privaten psychiatrischen Klinik oder einem Heim für Menschen mit Behinderungen[24], oder durch drittstaatliche Organe[25] zu ergreifen.

III. Anspruch auf Schutz vor willkürlichem und unrechtmässigem Freiheitsentzug

15.8 Ist ein Freiheitsentzug rechtmässig, nicht willkürlich oder erfolgt er auf der Basis ausdrücklich als zulässig eingestufter Haftgründe, wird das Recht auf Freiheit zwar eingeschränkt, aber nicht verletzt, falls zudem die menschenrechtlich vorgesehenen Verfahrensgarantien (hinten Ziff. III) eingehalten werden.

1. Legalität

15.9 Nach Art. 9 Abs. 1 Pakt II und den entsprechenden Vorgaben der regionalen Konventionen darf niemandem seine Freiheit entzogen werden, «es sei denn aus gesetzlich bestimmten Gründen und unter Beachtung des im Gesetz vorgeschriebenen Verfahrens»[26]. Somit muss jeder Freiheitsentzug rechtmässig sein, d.h. in voller Übereinstimmung mit den materiell- und verfahrensrechtlichen Anforderungen der innerstaatlichen Gesetze erfolgen[27]. Die Missachtung des relevanten innerstaatlichen Rechts bedeutet beim Anspruch auf Schutz vor willkürlichem Freiheitsentzug somit automatisch, dass dieses Menschenrecht verletzt ist.

15.10 Diese Voraussetzung wird beispielsweise missachtet, wenn eine Verhaftung ohne Haftbefehl erfolgt, obwohl ein solcher gesetzlich vorgeschrieben ist[28], oder wenn die Internierung eines Straftäters oder einer Straftäterin in einer geschlossenen Abteilung einer psychiatrischen Klinik sich nicht auf ein Gesetz abstützen lässt[29]. Sie ist auch verletzt, wenn beispielsweise Personen erst fünf oder zehn Monate nach Ablauf einer Freiheitsstrafe aus dem Gefängnis entlassen oder Verhaftete trotz gerichtlicher Anordnung nicht freigelassen werden[30]. Haftgründe müssen im Sinne des Erforder-

23 Z.B. MRA, CO Yemen (2012), Ziff. 24, CO The Philippines (2012), Ziff. 14.

24 EGMR (Grand Chamber), Stanev v. Bulgaria, Reports 2012-I, Ziff. 120.

25 EGMR (Grand Chamber), El-Masri v. The Former Yugoslav Republic of Macedonia, Reports 2012-VI, Ziff. 239, und MRA, General Comment 35 (2014), Ziff. 7.

26 Ähnlich Art. 5 Abs. 1 EMRK, Art. 7 Abs. 2 AMRK, Art. 6 AfCRMV und Art. 14 Abs. 2 ArCMR.

27 EGMR, Weber v. Switzerland, 3688/04 (2007), Ziff. 31 ff.; MRA, McLawrence v. Jamaica, 702/1996 (1997), Ziff. 5.5, sowie IGH, Ahmadou Sadio Diallo (Republic of Guinea v. Democratic Republic of the Congo), ICJ Reports 2010, Ziff. 78 ff.

28 IAGMR, Suárez Rosero v. Ecuador, C/35 (1997), Ziff. 48 ff. Siehe zu dieser Thematik auch MRA, Maksudov v. Kyrgyzstan, 461/2006 (2008), Ziff. 12.2, und Rolando v. The Philippines, 1110/2002 (2004), Ziff. 5.5.

29 EGMR, Erkalo v. The Netherlands, Reports 1998-VI.

30 MRA, Weismann and Perdomo v. Uruguay, 8/1977 (1980); Ramírez v. Uruguay, 4/1977 (1980); Chambala v. Zambia, 856/1999 (2003), Ziff. 7.3; EGMR (Grand Chamber), Assanidze v. Geornisses einer klaren gesetzlichen Grundlage einen genügend hohen Präzisionsgrad aufweisen[31].

2. Legitimität

Weil innerstaatliches Recht möglicherweise sehr weitgehende, ja geradezu schikanöse Haftgründe vorsehen kann, genügt das Erfordernis einer gesetzlichen Grundlage für sich allein nicht, um einen Freiheitsentzug menschenrechtskonform erscheinen zu lassen. Vielmehr müssen darüber hinaus die Gründe für den Freiheitsentzug auf das beschränkt sein, was völkerrechtlich legitim ist, um das Verbot des willkürlichen Freiheitsentzuges zu respektieren[32]. 15.11

Die EMRK listet die legitimen Haftgründe besonders klar und detailliert auf. Gemäss Art. 5 Abs. 1 EMRK sind zulässig: (1) Der Strafvollzug gestützt auf eine Verurteilung durch ein zuständiges Gericht[33], (2) die Festnahme oder der «Freiheitsentzug wegen Nichtbefolgung einer rechtmässigen gerichtlichen Anordnung oder zur Erzwingung der Erfüllung einer gesetzlichen Verpflichtung», (3) die Verhaftung mutmasslicher Straftäterinnen und Straftäter und die Untersuchungshaft bei Fluchtgefahr oder wenn sie notwendig ist, um weitere Straftaten zu verhindern[34], (4) der Freiheitsentzug «bei Minderjährigen zum Zweck überwachter Erziehung oder zur Vorführung vor die zuständige Behörde», (5) der Freiheitsentzug «mit dem Ziel, eine Verbreitung ansteckender Krankheiten zu verhindern, sowie bei psychisch Kranken, Alkohol- oder Rauschgiftsüchtigen und Landstreichern»[35] und (6) die Inhaftierung von Personen 15.12

gia, Reports 2004-II, Ziff. 169 ff.; AfKRMV, Constitutional Rights Project and Civil Liberties Organisation v. Nigeria, 148/1996 (1999).

31 Der MRA kritisiert regelmässig Staaten, welche Festnahmen auf der Grundlage von vagen Begriffen wie «Terrorismus» (CO Tanzania [2009], Ziff. 12) oder «extremistische Aktivitäten» (CO Russia [2010], Ziff. 25) erlauben, ohne dass diese Haftgründe genauer umschrieben sind.

32 EGMR, X. v. Finland, Reports 2012-IV, Ziff. 148: «The requirement of lawfulness laid down by Article 5 § 1 (e) [...] is not satisfied merely by compliance with the relevant domestic law; domestic law must itself be in conformity with the Convention, including the general principles expressed or implied in it, particularly the principle of the rule of law, which is expressly mentioned in the Preamble to the Convention. The notion underlying the expression ‹in accordance with a procedure prescribed by law› requires the existence in domestic law of adequate legal protections and ‹fair and proper procedures›».

33 Siehe dazu EGMR, M. v. Germany, Reports 2009-VI, insb. Ziff. 88.

34 Vgl. etwa EGMR, Schwabe and M.G. v. Germany, Reports 2011-VI, Ziff. 69 ff. Voraussetzung ist ein begründeter Tatverdacht, der nur vorliegt, wenn Tatsachen oder Informationen bestehen, die einen objektiven Beobachter davon überzeugen, dass die betreffende Person die Straftat begangen haben könnte: EGMR, Şahin Alpay v. Turkey, 16538/17, Reports 2018, Ziff. 103.

35 Vgl. zu den Voraussetzungen eines Freiheitsentzugs gegenüber psychisch Kranken EGMR, X. v. Finland, Reports 2012-IV, Ziff. 149 ff., und Stanev v. Bulgaria (Grand Chamber), Reports 2012-I, Ziff. 145. Diese Voraussetzungen waren im Fall eines Strafgefangenen verletzt, dem gegenüber kurz vor Ablauf der Freiheitsstrafe eine stationäre therapeutische Massnahme wegen schwerer psychischer Störungen verfügt wurde, die sich ohne Neubeurteilung im fraglichen Zeitpunkt auf ein mehr als zwei Jahre altes psychiatrisches Gutachten stützte und nach Verbüssen der Freiausländischer Staatsangehörigkeit, um ihre unerlaubte Einreise zu verhindern[36] oder ihre Ausweisung oder Auslieferung sicherzustellen. Erfolgt die Festhaltung, wie etwa bei einer Präventivhaft für Personen, die des Terrorismus verdächtigt werden[37], aus anderen Gründen, verletzt sie Art. 5 EMRK.

15.13 Pakt II und die übrigen regionalen Abkommen sind weniger restriktiv[38]. Sie erlauben alle Haftgründe, die nicht «willkürlich» sind. Dieser Begriff enthält die Elemente der Unangemessenheit, Ungerechtigkeit, Unvorhersehbarkeit und fehlenden Fairness[39]. Er verlangt, dass der Freiheitsentzug im konkreten Fall nicht nur rechtmässig ist, sondern unter Berücksichtigung aller Umstände als vernünftig und notwendig und damit gerechtfertigt erscheint[40]. Das bedeutet im Zusammenhang mit der Untersuchungshaft, dass sie nicht automatisch angeordnet werden darf[41], sondern im konkreten Fall wegen Fluchtgefahr, Kollusionsgefahr oder der Gefahr der Begehung weiterer Delikte gerechtfertigt erscheinen muss und nicht länger als nötig dauern darf[42]. Erlaubt sind unter diesen Instrumenten damit alle Haftgründe der EMRK und darüber hinaus alle weiteren Gründe, die nicht willkürlich sind. Im Gegensatz zur EMRK verbietet Pakt II deshalb die Präventivhaft nicht, verlangt aber auch hier, dass sie gesetzlich vorgesehen und auf Fälle beschränkt ist, in welchen der Freiheitsentzug zum Schutz der öffentlichen Sicherheit und Ordnung oder der Rechte Dritter wirklich notwendig ist, und dass alle Verfahrensgarantien von Art. 9 Pakt II eingehalten werden[43]. Verboten ist allerdings der sog. Schuldverhaft, d.h. Haft, die nur deshalb angeordnet wird, weil jemand «nicht in der Lage ist, eine vertragliche Verpflichtung zu erfüllen» (Art. 11 Pakt II).

---

heitsstrafe in einem Gefängnis ohne psychiatrische Dienste vollzogen wurde: EGMR, Kadusic v. Switzerland, 43977/13 (2018), Ziff. 41 ff.

36 Siehe EGMR (Grand Chamber), Saadi v. The United Kingdom, Reports 2008-I.

37 EGMR, Lawless v. Ireland, A/3 (1961), Ziff. 14 f. In solchen Fällen kann allerdings, wie der EGMR im gleichen Urteil festhielt, eine Derogation von Art. 5 EMRK gerechtfertigt sein, falls ein Notstand i.S.v. Art. 15 EMRK vorliegt.

38 Art. 7 Abs. 3 AMRK, Art. 6 AfCRMV und Art. 14 Abs. 1 ArCMR.

39 MRA, Gorji-Dinka v. Cameroon, 1134/2002 (2005), Ziff. 5.1; van Alphen v. The Netherlands, 305/1988 (1990), Ziff. 5.8; Mukong v. Cameroon, 458/1991 (1994), Ziff. 9.8. Die Standardformel in diesen Fällen lautet: «‹[A]rbitrariness› is not to be equated with ‹against the law›, but must be interpreted more broadly to include elements of inappropriateness, injustice, lack of predictability and due process of law. This means that remand in custody must not only be lawful but reasonable and necessary in all the circumstances, for example to prevent flight, interference with evidence or the recurrence of crime».

40 Statt vieler MRA, Gorji-Dinka v. Cameroon, 1134/2002 (2005), Ziff. 5.1, mit weiteren Hinweisen, und Mukong v. Cameroon, 458/1991 (1994), Ziff. 9.8. Vgl. auch AfKRMV, Amnesty International and Others v. Sudan, 48/1990, 50/1991, 52/1991, 89/1993 (1999), Ziff. 59.

41 So ausdrücklich Art. 9 Abs. 3 Pakt II.

42 Z.B. MRA, Cedeño v. Venezuela, 1940/2010 (2012), Ziff. 7.10, mit weiteren Hinweisen.

43 MRA, General Comment 8 (1982), Ziff. 4.

Willkür im Sinn von Pakt II liegt etwa vor, wenn Personen allein wegen kritischer politischer Meinungsäusserungen verhaftet und festgehalten werden[44]. Willkürlich ist auch ein an sich gesetzeskonformer Freiheitsentzug, der länger dauert als nötig. Der MRA hat wiederholt entschieden, die automatische Inhaftierung von Asylsuchenden in Australien bis zur Asylgewährung oder – im Fall eines negativen Entscheides – bis zur Ausschaffung gehe über das notwendige Mass hinaus und sei deshalb paktwidrig[45]. Demgegenüber ist es zulässig, einen Asylsuchenden, der versucht hat unterzutauchen, bis zum Zeitpunkt der Ausschaffung oder solange in Haft zu halten, bis klar wird, dass er nicht ausgeschafft werden kann[46]. 15.14

Das Konzept des «willkürlichen» Freiheitsentzuges gilt auch bei der EMRK[47]: Freiheitsentzug auf der Basis eines an sich zulässigen Haftgrundes wird menschenrechtswidrig, wenn kein genügender Bezug zwischen dem angerufenen Grund und der Art, dem Ort und den Bedingungen der Festhaltung besteht[48]. Deshalb verletzte die Unterbringung eines offenkundig geisteskranken und schuldunfähigen Mannes in einem Gefängnis Art. 5 EMRK, auch wenn er dort auf der psychiatrischen Abteilung untergebracht war[49], nicht hingegen eine siebentägige Inhaftnahme eines Asylsuchenden in einem Empfangszentrum[50]. 15.15

Einen besonders krassen Fall willkürlichen Freiheitsentzuges stellt das Verschwindenlassen von Personen durch den Staat[51] oder Incommunicado-Haft[52] dar. 15.16

---

44 MRA, Mukong v. Cameroon, 458/1991 (1994), Ziff. 9.8, und Mpandanjila and Others v. Zaire, 138/1983 (1986).

45 MRA, A. v. Australia, 560/1993 (1997), Ziff. 9.2 ff.; C. v. Australia, 900/1999 (2002), Ziff. 8.2, und Baban et al. v. Australia, 1014/2001 (2003).

46 MRA, Jalloh v. The Netherlands, 794/1998 (2002), Ziff. 8.2; Nystrom v. Australia, 1557/2007 (2011), Ziff. 7.2 f. Zur Inhaftierung von Aylsuchenden siehe etwa auch MRA Bakhtiyari and Family v. Australia, 1069/2002 (2003), Ziff. 9.2 f.

47 EGMR (Grand Chamber), Çakici v. Turkey, Reports 1999-IV, Ziff. 104, und Saadi v. The United Kingdom, Reports 2008-I, Ziff. 67 ff.

48 Siehe grundlegend EGMR, X. v. Finland, Reports 2012-IV, Ziff. 147: «One general principle established in the case-law is that detention will be ‹arbitrary› where, despite complying with the letter of national law, there has been an element of bad faith or deception on the part of the authorities. The condition that there be no arbitrariness further demands that both the order to detain and the execution of the detention must genuinely conform with the purpose of the restrictions permitted by the relevant sub-paragraph of Article 5 § 1. There must in addition be some relationship between the ground of permitted deprivation of liberty relied on and the place and conditions of detention».

49 EGMR, Aerts v. Belgium, Reports 1998-V, Ziff. 45 f.

50 EGMR (Grand Chamber), Saadi v. The United Kingdom, Reports 2008-I.

51 Statt vieler MRA, López Burgos v. Uruguay, 52/1979 (1981), Jegatheeswara Sarma v. Sri Lanka, 950/2000 (2003), Madoui v. Algeria, 1495/2006 (2008), Ziff. 7.6; EGMR, Kurt v. Turkey, Reports 1998-III, Ziff. 124; IAKMR, Morales Zegarra et al. v. Peru, 10.827/11.984, Report 57/99, Ziff. 62. Zum Verschwindenlassen von Personen siehe vorne Rz. 10.43 ff.

52 Siehe etwa EGMR (Grand Chamber), El-Masri v. The Former Yugoslav Republic of Macedonia, Reports 2012-VI, Ziff. 230 ff., insb. Ziff. 237; MRA, Medjnoune v. Algeria, 1297/2004 (2006), Ziff. 8.7.

15.17 Der EGMR anerkennt, dass ein Vertragsstaat Art. 5 EMRK auch missachtet, wenn er eine Person an einen Staat ausliefert oder abschiebt, in welchem eine flagrante Missachtung des Rechts auf Freiheit oder Sicherheit, etwa eine bewusste Umgehung aller rechtsstaatlichen Vorgaben zur Verhinderung willkürlicher Haft, droht[53]. Der MRA kommt zum selben Schluss, allerdings mit unterschiedlicher Begründung. Eine Auslieferung bei Vorliegen ernsthafter Gründe für die Vermutung, dass die auszuliefernde Person Opfer einer schweren Verletzung des Rechts auf Freiheit und Sicherheit – wie etwa einer lang andauernden willkürlichen Haft – wird, ist gemäss dem Ausschuss eine unmenschliche Behandlung im Sinne von Art. 7 Pakt II[54].

IV. Verfahrensgarantien

1. Recht auf Information über die Gründe des Freiheitsentzugs und die vorgebrachten Anschuldigungen

15.18 Wer nicht weiss, warum die Behörden sie oder ihn festgenommen haben, befindet sich in einer äusserst belastenden Situation und kann überdies vom Recht auf Überprüfung der Rechtmässigkeit des Freiheitsentzugs nicht wirksam Gebrauch machen[55]. Personen, welchen die Freiheit entzogen wurde, sind daher gemäss Art. 9 Abs. 2 Pakt II und Art. 5 Abs. 2 EMRK, erstens anlässlich der Festnahme über die Gründe des Freiheitsentzugs und zweitens über die gegen sie erhobenen Anschuldigungen zu informieren.

15.19 Der erstgenannte Anspruch gilt nicht nur bei Verhaftungen mutmasslicher Straftäter, sondern bei allen Arten des Freiheitsentzugs[56]. Die Mitteilung über die Gründe des Freiheitsentzugs muss nach Art. 9 Abs. 2 Pakt II anlässlich der Festnahme erfolgen[57], während nach Art. 5 Abs. 2 EMRK diese Angaben «unverzüglich» («promptly») bzw. «in möglichst kurzer Frist» («le plus court délai») mitzuteilen sind. Dieser Anspruch wird daher nicht verletzt, wenn die festgenommene Person erst einige Stunden nach

53 EGMR (Grand Chamber), El-Masri v. The Former Yugoslav Republic of Macedonia, Reports 2012-VI, Ziff. 239, und Othman (Abu Qatada) v. The United Kingdom (Chamber), Reports 2012-I, Ziff. 231 ff. Schwere Verletzungen von Verfahrensgarantien im Strafverfahren können ebenfalls ein Abschiebungshindernis bilden; siehe EGMR, Othman (Abu Qatada) v. The United Kingdom, Reports 2012-I, Ziff. 258 ff.

54 MRA, General Comments 35 (2014), Ziff. 57, und 31 (2004), Ziff. 12.

55 EGMR, Van der Leer v. The Netherlands, A/170-A (1990), Ziff. 28.

56 EGMR, Van der Leer v. The Netherlands, A/170-A (1990), Ziff. 27, sowie MRA, General Comment 35 (2014), Ziff. 24, mit Verweis auf MRA, Yklymova v. Turkmenistan, 1460/2006 (2009), Ziff. 7.2 (De-facto-Hausarrest), und F.K.A.G. v. Australia, 2094/2011 (2013), Ziff. 9.5 (Festnahme nach illegaler Einreise).

57 Kann der Haftgrund anlässlich der Festnahme etwa mangels Anwesenheit eines Dolmetschers nicht mitgeteilt werden, akzeptiert der MRA Verzögerungen, die sich auf das absolut notwendige Minimum beschränken; MRA, General Comment 35 (2014), Ziff. 27. Einen Anspruch auf unmittelbare Mitteilung verankert auch Art. 14 Abs. 3 ArCMR. Art. 7 Abs. 4 AMRK schweigt zum Zeitpunkt sowohl für die Information über den Haftgrund wie auch für die Anschuldigungen, während Art. 6 AfCRMV diese Ansprüche nicht erwähnt.

ihrer Festnahme genügend detaillierte Informationen über die Haftgründe erhält[58]. Die Informationen haben in einer Sprache zu erfolgen, welche die betroffene Person versteht[59]. Von dieser Informationspflicht kann höchstens abgewichen werden, wenn der Täter in flagranti ertappt wird und die Haftgründe deshalb klar sind[60].

Nur bei Festnahme wegen mutmasslicher Strafdelikte gilt der zweite Anspruch auf Information über die Anschuldigungen. Die Mitteilung hat gemäss Pakt II und EMRK «unverzüglich» bzw. «in möglichst kurzer Frist» zu erfolgen. Dies bedeutet nicht notwendigerweise sofort, sondern meint ohne Verzug, d.h. ohne unentschuldbare Verzögerung. Der MRA erkannte auf eine Verletzung des Anspruchs in Fällen, wo Beschuldigte erst sieben[61] oder mehr[62] Tage nach ihrer Verhaftung über den Tatvorwurf informiert worden waren. Er verneinte eine solche aber im Falle eines Ausländers, der spät abends nach der Entdeckung von Drogen verhaftet worden war, die gegen ihn erhobenen Beschuldigungen aber erst erfuhr, als am nächsten Morgen ein Übersetzer verfügbar war[63]. Nach Auffassung des EGMR verletzt eine 76 Stunden nach der Verhaftung erfolgte Information diesen Anspruch[64]. Die Informationen zu den Anschuldigungen müssen genügend präzise sein, damit der Betroffene weiss, was ihm konkret vorgeworfen wird[65]. Ein allgemeiner Hinweis auf Verstösse gegen die Staatssicherheit genügt beispielsweise nicht[66]. Besonders krass verletzt ist der Informationsanspruch – und gleichzeitig auch der Anspruch auf Schutz vor willkürlicher Freiheitsberaubung – in Fällen, in welchen Menschen festgehalten werden, ohne dass dafür irgendwelche Gründe angegeben werden[67]. 15.20

2. Anspruch auf Überprüfung der Rechtmässigkeit des Freiheitsentzugs

Zur Klärung des Anspruchs auf richterliche Überprüfung des Freiheitsentzugs müssen drei Situationen unterschieden werden: 15.21

(1) Personen, die einer *Straftat* verdächtigt werden, müssen nach ihrer Festnahme «unverzüglich» einem Richter oder einer anderen Amtsperson mit richterlichen Funk- 15.22

58 EGMR, Fox, Campbell and Hartley v. The United Kingdom, A/182 (1990), Ziff. 41 ff.

59 So ausdrücklich Art. 5 Abs. 2 EMRK und Art. 14 Abs. 3 ArCMR. Das Erfordernis ist vom MRA auch für Art. 9 Pakt II anerkannt worden: siehe Wilson v. The Philippines, 868/1999 (2003), Ziff. 3.3 i.V.m. 7.5.

60 MRA, Griffin v. Spain, 493/1992 (1995), Ziff. 9.2 (Verhaftung, unmittelbar nachdem beim Beschwerdeführer Drogen gefunden wurden).

61 MRA, Grant v. Jamaica, 597/1994 (1996), Ziff. 8.1.

62 Z.B. MRA, Kelly v. Jamaica, 253/1987 (1991), Ziff. 5.8 (26 Tage nach der Verhaftung), und Marques de Morais v. Angola, 1128/2002 (2005), Ziff. 6.2 (40 Tage nach der Festnahme).

63 MRA, Griffin v. Spain, 493/92 (1995), Ziff. 9.2.

64 EGMR (Grand Chamber), Saadi v. The United Kingdom, Reports 2008-I.

65 MRA, Wenga and Shandwe v. Democratic Republic of the Congo, 1177/2003 (2006), Ziff. 6.2.

66 A.a.O.

67 AfKRMV, Constitutional Rights Project, Civil Liberties Organization and Media Rights Agenda v. Nigeria, 140/94, 141/94 and 145/94 (1999), Ziff. 51.

tionen vorgeführt werden[68]; dies bei ausnahmslos allen Festnahmen oder Inhaftierungen aus strafrechtlichen Gründen[69]. Dieses Recht, das nicht nur unverzüglich, sondern auch automatisch[70], d.h. auch ohne entsprechenden Antrag[71], zu gewähren ist, soll sicherstellen, dass Freiheitsberaubungen, welche willkürlich erfolgten, wenigstens nicht länger als unvermeidlich andauern. Zudem stellt seine Respektierung eines der wirksamsten Mittel zur Verhinderung von Folter und dem Verschwindenlassen von Personen dar[72], da die verhaftete Person persönlich vor der über die Rechtmässigkeit der Haft entscheidenden Behörde erscheinen muss[73]. Eine Inhaftierung ohne Möglichkeit von Kontakten zur Aussenwelt (sog. Incommunicado-Haft) verletzt diesen Überprüfungsanspruch automatisch[74].

15.23 Wer für die notwendige richterliche Überprüfung zuständig ist, ergibt sich primär aus dem jeweiligen Landesrecht. Nötig ist aber, dass die betreffende Person – auch wenn sie formell nicht Richterin oder Richter ist – richterliche Unabhängigkeit besitzt, d.h. die Gründe für und gegen den Freiheitsentzug unter rechtlichen Gesichtspunkten frei prüfen und die betroffene Person entlassen kann, falls Haftgründe fehlen[75]. Die erforderliche Unabhängigkeit fehlt z.B. einer öffentlichen Anklägerin, die den betreffenden Fall untersucht, oder einer Person, die vom Staatsanwalt Anweisungen erhält[76]. Sie fehlt auch einem militärischen Vorgesetzten, der für die Aufrechterhaltung der Disziplin in seiner Einheit verantwortlich ist und beim nachfolgenden Strafverfahren eine wichtige Rolle spielen wird[77].

15.24 Obwohl auf die konkreten Umstände des Einzelfalls Rücksicht zu nehmen ist, wird gemäss Praxis des MRA und des EGMR dem Kriterium der «Unverzüglichlichkeit» im Kontext dieser Garantie im Regelfall bei einer Prüfung innerhalb von 48 Stunden Genüge getan[78]. Längere Zeitspannen zwischen Inhaftierung und richterlicher Prüfung bedürfen daher einer spezifischen Rechtfertigung, um diesen Anspruch nicht zu ver-

---

68 Art. 9 Abs. 3 Pakt II; Art. 5 Abs. 3 EMRK; Art. 7 Abs. 5 AMRK und Art. 14 Abs. 5 ArCMR.

69 MRA, General Comment 35 (2014), Ziff. 32.

70 A.a.O. sowie EGMR, De Jong, Baljet and Van den Brink v. The Netherlands, A/77 (1984), Ziff. 51; Aquilina v. Malta (Grand Chamber), Reports 1999-III, Ziff. 49, und McKay v. The United Kingdom (Grand Chamber), Reports 2006-X, Ziff. 34.

71 MRA, Kovsh v. Belarus, 1787/2008 (2013), Ziff. 7.3.

72 EGMR (Grand Chamber), Aquilina v. Malta, Reports 1999-III, Ziff. 49, und MRA, Kovsh v. Belarus, 1787/2008 (2013), Ziff. 7.3.

73 MRA, General Comment 35 (2014), Ziff. 34.

74 MRA, Medjnoune v. Algeria, 1297/2004 (2006), Ziff. 8.7.

75 EGMR (Grand Chamber), Aquilina v. Malta, Reports 1999-III, Ziff. 47, und McKay v. The United Kingdom, Reports 2006-X, Ziff. 35 ff., sowie MRA, General Comment 35 (2014), Ziff. 36.

76 MRA, General Comment 35 (2014), Ziff. 32, und Kulomin v. Hungary, 521/1992 (1996), Ziff. 11.3; EGMR, Schiesser v. Switzerland, A/34 (1979), Ziff. 31 ff. Siehe auch MRA, Torobekov v. Kyrgyzstan, 1547/2007 (2011), Ziff. 6.2; Reshetnikov v. Russia, 1278/2004 (2009), Ziff. 8.2.

77 EGMR (Grand Chamber), Hood v. The United Kingdom, Reports 1999-I, Ziff. 57 f.

78 MRA, General Comment 35 (2014), Ziff. 33, und Kovsh v. Belarus, 1787/2008 (2013), Ziff. 7.4, sowie etwa EGMR, Grauzinis v. Lithuania, 37975/97 (2000), Ziff, 25.

letzen[79]. Einen rigiden Standard, d.h. eine Frist von 24 Stunden, verlangt der KRK-Ausschuss bei der Inhaftierung von Kindern[80].

(2) Bei jeder Form von *Freiheitsentzug aus anderen als strafrechtlichen Gründen*[81] haben alle betroffenen Personen[82] jederzeit das Recht, eine Überprüfung der Rechtmässigkeit des Freiheitsentzugs durch ein Gericht zu verlangen, welches «unverzüglich» bzw. «in kurzer Frist» über die beantragte Entlassung entscheiden muss[83]. Bei der prüfenden Instanz muss es sich um ein echtes Gericht, d.h. eine Instanz mit funktioneller und organisatorischer Selbständigkeit und Unabhängigkeit handeln[84], welche über die Kompetenz verfügt, eine Haftentlassung anzuordnen, wenn die Inhaftierung dem nationalen Recht widerspricht, aber auch wenn diese entweder von Beginn an oder im Verlauf der Haft im Widerspruch zu internationalen Vorgaben steht[85]. Hier genügt es, im Gegensatz zur ersten Haftprüfung nach der Verhaftung mutmasslicher Straftäterinnen oder Straftäter, also nicht, dass eine Amtsperson mit richterlicher Befugnis entscheidet. Was «unverzüglich» ist, hängt auch hier von den konkreten Umständen des Einzelfalls ab, doch darf die Frist in der Regel nicht mehr als einige Tage betragen. Der MRA entschied, ein gesetzlicher Ausschluss des Zugangs zu einem Gericht während sieben Tagen für inhaftierte Asylsuchende sei zu lang[86]. Eine Verzögerung von 31 Tagen im Fall einer Auslieferungshaft[87] und erst recht eine solche von elf[88] oder gar 20[89] Monaten bei einer Internierung in eine psychiatrische Klinik stufte der EGMR als klare Verletzungen der EMRK ein. Ein Gesuch um Haftüberprüfung bewirkt bei Personen in Ausschaffungshaft keine aufschiebende Wirkung hinsichtlich der Ausschaffung, d.h. diese können bereits vor der gerichtlichen Überprüfung der Haft zum Verlassen des Landes angehalten werden[90]. 15.25

(3) Dauert der Freiheitsentzug längere Zeit an, können die *Gründe, welche den Freiheitsentzug ursprünglich rechtfertigten, nachträglich entfallen.* Deshalb enthält der 15.26

79 MRA, General Comment 35 (2014), Ziff. 33, und Kovsh v. Belarus, 1787/2008 (2013), Ziff. 7.4. Gemäss EGMR, Brogan and Others v. The United Kingdom, A/145-B (1988), Ziff. 59, sind 4 Tage und 6 Stunden sogar bei einem mutmasslichen Terroristen zu lang. Siehe dazu auch etwa folgende Entscheide, in welchen der MRA eine Verletzung von Art. 9 Pakt II statuierte; Stephens v. Jamaica, 373/1989 (1995), Ziff. 9.6 (acht Tage), Nazarov v. Uzbekistan, 911/2000 (2004), Ziff. 6.2 (fünf Tage), und Kurbanova v. Tajikistan, 1096/2002 (2003), Ziff. 7.2 (7 Tage).

80 KRK-Ausschuss, General Comment 10 (2007), Ziff. 40.

81 Dazu zählen auch etwa Hausarrest oder Einzelhaft als disziplinarische Massnahme; MRA, General Comment 35 (2014), Ziff. 40.

82 Dieser Anspruch wird verletzt, falls gewissen Personenkategorien, wie etwa Kindern, der Zugang zu einem Gericht verwehrt wird; EGMR, D.L. v. Bulgaria, 7472/14 (2016).

83 Art. 9 Abs. 4 Pakt II, Art. 5 Abs. 4 EMRK, Art. 7 Abs. 6 AMRK und Art. 14 Abs. 6 ArCMR.

84 EGMR (Grand Chamber), D.N. v. Switzerland, Reports 2001-III, Ziff. 42.

85 MRA, General Comment 35 (2014), Ziff. 43 f.

86 MRA, Torres v. Finland, 291/1988 (1990), Ziff. 7.2.

87 EGMR, Sanchez-Reisse v. Switzerland, A/107 (1986).

88 EGMR, Derungs v. Switzerland, 52089/09 (2016), Ziff. 49 ff.

89 EGMR (Grand Chamber), Musiał v. Poland, Reports 1999-II, Ziff. 43.

90 EGMR, A.M. v. France, 56324/13 (2016), Ziff. 38.

Anspruch auf jederzeitigen Zugang zu einem Gericht[91] bei einem längerfristigen Freiheitsentzug auch ein Recht auf periodische Überprüfung der relevanten Gründe. Bei Untersuchungshaft muss die periodische Überprüfung in kurzen[92], bei anderen Formen des Freiheitsentzugs in «vernünftigen»[93] Abständen stattfinden. In strafrechtlichen Fällen greift dieses Recht erst im Zeitpunkt nach der ersten haftrichterlichen Überprüfung und wird z.B. bei überlanger Untersuchungshaft oder bei der Verweigerung der Entlassung aus dem Strafvollzug aktuell. Im Fall einer strafrechtlichen Verurteilung durch ein Gericht kann aber das ursprüngliche Urteil nicht erneut überprüft werden[94]. Schliesslich ist ein Anspruch auf erneuten Zugang zum Gericht ausgeschlossen, wenn eine solche Prüfung nicht sinnvoll erscheint, z.B. weil sich die Situation nicht verändert hat und seit der letzten Prüfung erst kurze Zeit verstrichen ist[95].

15.27 Welchen prozeduralen Vorgaben muss dieses Haftüberprüfungsverfahren genügen? Nach Auffassung des EGMR sind zwar die für zivil- und strafrechtliche Verfahren geltenden Vorgaben von Art. 6 EMRK nicht umfassend zu beachten, die inhaftierte Person muss aber tatsächlichen Zugang zu einem Gericht haben und persönlich oder durch eine Rechtsvertretung angehört werden[96]. Bei einer Internierung in einer psychiatrischen Klinik hat der Staat zudem prinzipiell für eine Rechtsvertretung zu sorgen, falls die betroffene Person nicht bereits vertreten ist[97].

Vertiefung: Periodische Überprüfung der Verwahrung gefährlicher Krimineller

15.28 Das Recht auf periodische Überprüfung des Freiheitsentzugs gemäss Abs. 4 von Art. 9 Pakt II bzw. Art. 5 EMRK ist besonders wichtig, wo gefährliche und rückfallgefährdete Straftäterinnen und Straftäter nach Verbüssung ihrer Strafe weiterhin (oder bei Schuldunfähigkeit aus psychischen Gründen von Anfang an) festgehalten werden, um die Öffentlichkeit vor ihnen zu schützen.

15.29 Im Fall *Rameka gegen Neuseeland* entschied der MRA, die Verwahrung von Straftätern über die Periode hinaus, welche eine unbedingte Strafe für das verübte Delikt gedauert hätte, sei nur zulässig, wenn es dafür zwingende Gründe gäbe und wenn diese Gründe periodisch von einer unabhängigen Instanz überprüft würden[98]. Er erkannte auf eine Verletzung von Art. 9 Abs. 4 Pakt II, weil im konkreten Fall das Strafmass 7 1/2 Jahre betrug, eine erste Überprüfung der auf unbeschränkte Zeit angeordneten Verwahrung aber erst nach zehn Jahren, d.h. 30 Monate nach Ablauf der eigentlichen Strafdauer möglich war. Erst recht paktwidrig wäre damit eine Verwahrung ohne irgendeine Möglichkeit zur periodischen Überprüfung der Verwahrungsgründe.

91 Art. 9 Abs. 4 Pakt II, Art. 5 Abs. 4 EMRK, Art. 7 Abs. 6 AMRK und Art. 14 Abs. 6 ArCMR.
92 EGMR, Assenov and Others v. Bulgaria, Reports 1998-VIII, Ziff. 162 («short intervals»).
93 EGMR, Megyeri v. Germany, A/237-A (1992), Ziff. 22, und Assenov and Others v. Bulgaria, Reports 1998-VIII, Ziff. 162 («reasonable intervals»).
94 MRA, Minogue v. Australia, 954/2000 (2004), Ziff. 6.4.
95 EGMR, Rutten v. The Netherlands, 32605/96 (2001), Ziff. 50.
96 EGMR, M.S. v. Croatia (no. 2), 75450/12 (2015), Ziff. 152.
97 A.a.O., Ziff. 153.
98 MRA, Rameka and Others v. New Zealand, 1090/2002 (2003), Ziff. 7.3.

Der EGMR verfolgt den gleichen Ansatz. Er geht davon aus, dass Anspruch auf periodische Überprüfung der Gründe für den Freiheitsentzug hat, wer wegen Aggressivität, Gefährlichkeit und anderer psychischer Gründe langfristig oder für unbeschränkte Zeit zwangsweise verwahrt bleibt[99]. Eine solche Verwahrung muss gerichtlich angeordnet sein. Wird eine Sicherheitsverwahrung über die gerichtlich festgesetzte Frist hinaus verlängert, ist Art. 5 Abs. 1 EMRK verletzt[100]. 15.30

3. Anspruch auf gerichtliche Beurteilung in angemessener Frist oder Entlassung

Erfolgt eine Festnahme wegen des Verdachts, dass die betreffende Person eine Straftat begangen hat, muss gegen sie gemäss Art. 9 Abs. 3 Pakt II bzw. Art. 5 Abs. 3 EMRK und Art. 7 Abs. 5 AMRK innerhalb einer «angemessenen Frist» ein Gerichtsverfahren durchgeführt werden[101]. Geschieht dies nicht, ist sie freizulassen[102]. Dies begrenzt die Länge einer zulässigen Untersuchungshaft. Was als Dauer angemessen ist, lässt sich nicht mit einer absoluten Maximalfrist bemessen[103], sondern hängt stark von der Komplexität des Falles[104], dem Verhalten der inhaftierten Person, dem Verhalten der zuständigen Behörden und anderen Umständen des Einzelfalles ab[105]. Nach einer gewissen Frist müssen die nationalen Behörden allerdings relevante und genügende Argumente vorbringen können, um die Untersuchungshaft fortzusetzen, d.h. Gründe wie Fluchtgefahr oder die Gefahr erneuter Straftaten müssen im Einzelfall immer noch existieren[106]. Verzö- 15.31

99 Z.B. EGMR, Schenkel v. The Netherlands, 62015/00 (2005), Ziff. 36 f., Rutten v. The Netherlands, 32605/96 (2001), Ziff. 50, X. v. The United Kingdom, A/46 (1981), Ziff. 52, Musiał v. Poland (Grand Chamber), Reports 1999-II, Ziff. 43.

100 EGMR, M. v. Germany, Reports 2009-VI, Ziff. 100 ff.

101 Für andere Haftgründe, wie z.B. Auslieferungshaft, gilt dieses Erfordernis nicht; EGMR, Quinn v. France, A/311 (1995), Ziff. 53. Allerdings muss die betroffene Person freigelassen werden, wenn das Auslieferungsverfahren beendet oder nicht mit genügender Sorgfalt vorangetrieben wird (a.a.O., Ziff. 48, und Chahal v. The United Kingdom [Grand Chamber], Reports 1996-V, Ziff. 112). Siehe dazu auch IAGMR, Wong Ho Wing v. Peru, C/297 (2015), Ziff. 270 ff.

102 Die Entlassung kann gemäss Art. 5 Abs. 3 EMRK von der Leistung einer Kaution abhängig gemacht werden. Diese darf nur verlangt werden, solange Haftgründe bestehen, und ihre Höhe muss verhältnismässig sein; siehe dazu EGMR (Grand Chamber), Mangouras v. Spain, Reports 2010-V, Ziff. 78 ff.

103 EGMR, W. v. Switzerland, A/252-A (1993), Ziff. 30.

104 Siehe EGMR, Chraidi v. Germany, Reports 2006-XII, Ziff. 34 ff.: Gemäss diesem Urteil stellte eine Untersuchungshaft von fünfeinhalb Jahren keine Verletzung von Art. 5 Abs. 3 EMRK dar, weil das Strafverfahren im Umfeld des internationalen Terrorismus ausserordentlich komplex war. Der Gerichtshof betonte aber, dass eine Dauer von fünf Jahren ohne Vorliegen derartiger aussergewöhnlicher Umstände die Konvention verletzt. Gemäss MRA verletzt eine Dauer von 34 Monaten ohne Vorliegen besonderer Umstände diesen Anspruch; Siewpersaud et al. v. Trinidad and Tobago, 938/2000 (2004), Ziff. 6.1.

105 Z.B. MRA, Taright v. Algeria, 1085/2002 (2006), Ziff. 8 ff.

106 EGMR, I.A. v. France, Reports 1998-VII, Ziff. 102. Vgl. dazu auch AfKRMV, Achutan and Amnesty International v. Malawi, 64/1992, 68/1992 und 78/1992 (1995).

gerungen wegen mangelnder finanzieller oder personeller Ressourcen vermögen keine Fortsetzung der Haft zu rechtfertigen[107].

4. Anspruch auf Entschädigung für ungerechtfertigten Freiheitsentzug

15.32 Der in Art. 9 Abs. 5 Pakt II, Art. 5 Abs. 5 EMRK, Art. 10 AMRK und Art. 14 Abs. 7 ArCMR niedergelegte Anspruch auf Entschädigung für alle, die unrechtmässig festgenommen oder in Haft gehalten wurden, konkretisiert den allgemeinen Anspruch auf Entschädigung bei Menschenrechtsverletzungen. Er gilt sowohl bei unrechtmässiger Haft im Umfeld eines Strafverfahrens wie bei Administrativhaft[108]. Staaten haben daher rechtliche Grundlagen und Verfahren zu schaffen, die es Opfern ungerechtfertigter Haft ermöglichen, sowohl Schadenersatz als auch Genugtuungsleistungen einzufordern[109]. Unrechtmässig im Sinne dieser Garantie ist ein Freiheitsentzug, der in Verletzung der innerstaatlichen Gesetzgebung oder der spezifischen Garantien von Art. 9 Pakt II, Art. 5 EMRK oder Art. 14 ArCMR erfolgt[110], nicht aber eine ursprünglich gerechtfertigte Inhaftierung, wenn der Angeschuldigte später freigesprochen wird[111]. In gegenteiliger Hinsicht ist einer Person, die im Widerspruch zu einer gerichtlichen Anordnung in Haft gehalten wurde, in jedem Fall Wiedergutmachung zu leisten[112].

V. Der Anspruch Inhaftierter auf menschliche Behandlung

15.33 Menschen, denen die Freiheit entzogen wurde oder die als Gefangene im Strafvollzug sind, dürfen nicht gefoltert und misshandelt werden (z.B. Art. 7 Pakt II, Art. 3 EMRK) und haben Anspruch auf menschliche Behandlung (Art. 10 Abs. 1 Pakt II, Art. 5 Abs. 2 AMRK und Art. 20 Abs. 1 ArCMR[113]). Diese Garantien sind bereits ausführlich behandelt worden[114]. Darüber hinaus sichert Art. 10 Abs. 2 lit. a Pakt II angeschuldigten Personen das Recht zu, von verurteilten Straftätern getrennt untergebracht zu werden[115]. Dabei muss es sich nicht um getrennte Gebäude handeln, wohl aber um getrennte Abteilungen[116]. In Übereinstimmung mit der Unschuldsvermutung bestimmt die Norm

107 MRA, General Comment 35 (2014), Ziff. 37 m.w.H. Siehe auch EGMR, Torreggiani and Others v. Italy, 43517/09 etc. (2013), Ziff. 80 ff.

108 MRA, General Comment 35 (2014), Ziff. 51.

109 MRA, General Comment 35 (2014), Ziff. 50 und 52.

110 MRA, A. v. Australia, 560/1993 (1997), Ziff. 9.5; EGMR, Brogan and Others v. The United Kingdom, A/145-B (1988), Ziff. 66.

111 MRA, W.B.E. v. The Netherlands, 432/1990 (1992), Ziff. 6.5, und Uebergang v. Australia, 963/2001 (2001), Ziff. 4.4.

112 MRA, Chambala v. Zambia, 856/1999 (2003), Ziff. 7.3.

113 Eine entsprechende Garantie fehlt in der EMRK. Unmenschliche Haftbedingungen werden vom EGMR im Lichte von Art. 3 EMRK beurteilt.

114 Vorne Rz. 10.4 ff.

115 MRA, Wilson v. The Philippines, 868/1999 (2003), Ziff. 7.3.

116 MRA, Pinkney v. Canada, 27/1978 (1981), Ziff. 30.

im Weiteren, dass inhaftierte Angeschuldigte so behandelt werden, «wie es ihrer Stellung als Nichtverurteilte entspricht».

Für Inhaftierte im Strafvollzug gilt gemäss Art. 10 Abs. 3 Pakt II, dass ihre Behandlung auf «Besserung und gesellschaftliche Wiedereingliederung», d.h. ihre Rehabilitation ausgerichtet sein muss. Unvereinbar mit dieser Bestimmung ist es beispielsweise, einen Täter 13 Jahre lang in Einzelhaft zu halten, weil er sich weigerte, seine politische Einstellung aufzugeben[117]. 15.34

Menschen mit Behinderungen, denen die Freiheit entzogen wurde, müssen in Einklang mit den Rechten der BRK behandelt werden, was auch positive Massnahmen notwendig machen kann[118]. Dazu gehört u.a. die Ausbildung von Gefängnispersonal über die Rechte von Behinderten[119]. 15.35

Die UNO und regionale Organisationen haben detaillierte Richtlinien für die Behandlung von Personen, denen die Freiheit entzogen wurde, vor allem in Hinblick auf Untersuchungshaft und Strafvollzug erlassen. Dazu gehören die sog. Nelson-Mandela-Regeln der UNO[120] sowie die Europäischen Strafvollzugsgrundsätze des Europarates[121]. 15.36

Vertiefung: Kinder und Jugendliche in Haft

Werden Kinder und Jugendliche wegen Verdachts der Begehung einer Straftat verhaftet und inhaftiert, müssen sie von Erwachsenen getrennt werden[122], und ein Urteil hat so schnell als möglich zu ergehen (Art. 10 Abs. 2 lit. b Pakt II), um die Haftdauer zu begrenzen. 15.37

Art. 37 KRK verankert für Kinder und Jugendliche grundsätzlich die gleichen Garantien wie Art. 9 Pakt II, betont darüber hinaus aber, dass «Festnahme, Freiheitsentziehung oder Freiheitsstrafe [...] nur als letztes Mittel und für die kürzeste angemessene Zeit angewendet werden» dürfen (lit. b) und während der Haft ihre altersmässigen Bedürfnisse berücksichtigt werden (lit. c)[123]. 15.38

Werden Kinder und Jugendliche zu einer Freiheitsstrafe verurteilt, haben die Staaten Massnahmen wie «Beratung, Entlassung auf Bewährung, Aufnahme in eine Pflegefamilie, Bildungs- und Berufsbildungsprogramme und andere Alternativen zur Heimerziehung» zu ergreifen, damit sichergestellt wird, dass straffällige Kinder «in einer Weise behandelt werden, die ihrem Wohl dienlich ist» (Art. 40 Abs. 4 KRK). Müssen sie eine Freiheitsstrafe absitzen, haben sie Anspruch darauf, von Erwachsenen getrennt untergebracht zu werden (Art. 10 Abs. 3 Pakt II). 15.39

---

117 MRA, Kang v. Republic of Korea, 878/1999 (2003), Ziff. 7.3.

118 So ausdrücklich Art. 14 Abs. 2 BRK.

119 BRK-Ausschuss, General Comment. 6 (2018), Ziff. 55(e).

120 Mindestgrundsätze der Vereinten Nationen für die Behandlung der Gefangenen (Nelson-Mandela-Regeln), Annex zur GV-Res. 70/175 vom 17. Dezember 2015.

121 Ministerkomitee des Europarates, Europäische Strafvollzugsgrundsätze, REC(2006)2 vom 11. Januar 2006.

122 MRA, Koreba v. Belarus, 1390/2005 (2010), Ziff. 7.4.

123 Sie dazu auch KRK-Ausschuss, General Comment 10 (2007), Ziff. 78 ff.

16. Kapitel: Schutz vor unfairen Prozessen

Rechtsquellen: Art. 11 AEMR; Art. 14 f. Pakt II; Art. 40 KRK; Art. 13 BRK; Art. 6 f. EMRK; Art. 2–4 ZP 7/EMRK; Art. 8–10 AMRK; Art. 7 AfCRMV; Art. 12, 13, 15 und 16 ArCMR.

I. Überblick

16.1 Rechtsansprüche ohne die Möglichkeit, bei Verletzungen an die Justiz zu gelangen, bleiben weitgehend wirkungslos. Zugang zu Gerichten, die unabhängig sind und in fairen Verfahren entscheiden, gehören zum Kern rechtsstaatlicher Ordnung. Zugang zur Justiz ist somit ein zentraler Pfeiler der Rechtsstaatlichkeit. Allerdings kann ein hocheffizientes und effektives Justizsystem in den Händen einer autoritären Regierung zu einer mächtigen Waffe werden, wenn es sich nicht an grundlegende Prinzipien des internationalen Menschenrechtsschutzes hält. Daher kann Gerechtigkeit im Sinne fairer und angemessener Ergebnisse von Rechtsstreitigkeiten nur dann erreicht werden, wenn Menschen Zugang zu den zuständigen Gerichten haben (Ziff. II), Justizbehörden unparteiisch und unabhängig bleiben (Ziff. III) und ihre Verfahren fair sind (Ziff. IV). Dies ist besonders wichtig, wo Menschen strafrechtlich angeklagt sind, weshalb das Völkerrecht detaillierte Garantien für Strafverfahren kennt (Ziff. V).

II. Das Recht auf Zugang zu einem Gericht

16.2 Art. 2 Abs. 3 Pakt II und entsprechende Garantien in regionalen Menschenrechtskonventionen garantieren den Anspruch auf ein effektives Rechtsmittel gegen Verletzungen der dort verankerten Rechte[1]. Art. 14 Pakt II, Art. 8 AMRK und Art. 6 EMRK gehen darüber hinaus, indem sie den Zugang zu einem unabhängigen und unparteiischen, auf Gesetz beruhenden Gericht und ein faires und öffentliches Gerichtsverfahren bei strafrechtlichen Anklagen sowie Streitigkeiten über «zivilrechtliche Ansprüche und Verpflichtungen»[2] garantieren. Art. 12 BRK verpflichtet die Staaten, «verfahrensbezogene und altersgemässe Vorkehrungen» zu ergreifen, um für Menschen mit Behinderungen den Zugang zur Justiz und die Teilnahme an Gerichtsverfahren zu erleichtern. Diese Garantien sind für die Durchsetzung von Ansprüchen des innerstaatlichen Gesetzesrechts bedeutsam und garantieren, dass keinem Individuum in

1 Siehe vorne, Rz. 6.14.

2 Art. 8 AMRK spricht von «rights and obligations of a civil, labor, fiscal, or any other nature.»

verfahrensrechtlicher Hinsicht das Recht entzogen wird, Gerechtigkeit zu verlangen[3]. Der Anspruch auf Zugang zum Gericht betrifft einzig erstinstanzliche Verfahren und ist für das Recht auf Überprüfung eines Urteils durch eine höhere Instanz nicht einschlägig[4].

Der Begriff der strafrechtlichen Anklage bzw. der Strafsache im Sinne dieser Garantien 16.3
bezieht sich nicht nur auf Handlungen und Unterlassungen, die nach innerstaatlichem Strafrecht strafbar sind, sondern auch auf Verhaltensweisen, die, unabhängig von ihrer Qualifikation im innerstaatlichen Recht, strafrechtlicher Natur und mit Sanktionen versehen sind, die wegen ihres Zwecks, ihres Charakters oder ihrer Schwere strafrechtlicher Art sind[5]. In Fällen, in denen das nationale Recht ein Verhalten nicht dem Strafrecht, sondern beispielsweise dem Verwaltungsrecht zuordnet, bestimmen somit die Art der Tat und die Art der Sanktion den strafrechtlichen Charakter[6]. Disziplinarstrafen[7] oder eine Strafsteuer[8] können somit je nach Sachlage und ungeachtet der innerstaatlichen Qualifikation strafrechtlichen Charakter haben.

Der Anspruch auf Zugang zu einem Gericht bei Streitigkeiten über «zivilrechtliche 16.4
Ansprüche und Verpflichtungen» dient nicht nur der Durchsetzung entsprechenden Gesetzesrechts, sondern auch der verfahrensmässigen Absicherung von Menschenrechten mit zivilrechtlichem Bezug wie dem Schutz der Privatsphäre und der Familie und Ehe[9], der Eigentumsgarantie[10] oder Garantien im Bereich der Arbeit[11]. Nach der Praxis des EGMR gewährt Art. 6 EMRK nicht nur ein Recht auf Zugang zu einem Gericht, sondern auch darauf, dass Urteile über «zivilrechtliche Ansprüche und Verpflichtungen» tatsächlich umgesetzt werden[12].

Unter den Begriff «zivilrechtliche Ansprüche und Verpflichtungen» fallen, wie die 16.5
englischen Fassungen von Art. 14 Abs. 1 Pakt II («suit at law») und von Art. 6 Abs. 1 EMRK («civil rights and obligations») zeigen, nicht nur Prozesse über rein privatrechtliche Angelegenheiten, sondern auch gewisse verwaltungsrechtliche Verfahren.

---

3 MRA, General Comment 32 (2007), Ziff. 9.

4 MRA, General Comment 32 (2007), Ziff. 12, und I.P. v. Finland, 450/1991 (1993), Ziff. 6.2.

5 MRA, General Comment 32 (2007), Ziff. 15, und Perterer v. Austria, 1015/2001 (2004), Ziff. 9.2.

6 EGMR, Engel and Others v. The Netherlands, A/22 (1976), Ziff. 82.

7 A.a.O., Ziff. 85. Für ein weiteres Beispiel einer Disziplinarsanktion strafrechtlichen Charakters siehe EGMR, Weber v. Switzerland, A/177 (1990), Ziff. 31 ff., und Öztürk v. Germany, A/73 (1984), Ziff. 46 ff., betreffend den strafrechtlichen Charakter einer im innerstaatlichen Recht als verwaltungsrechtlich eingestuften Busse für ein Verkehrsdelikt. Anderseits qualifiziert der EGMR einen vorübergehenden Führerscheinentzug als präventive Massanhme ohne Strafcharakter ein: EGMR, Blokker v. The Netherlands (dec.), 5282/99 (2000).

8 EGMR (Grand Chamber), A. and B. v. Norway, 24130/11 and 29758/11, Reports 2016, Ziff. 136 ff.

9 Vorne Rz. 12.4 ff.

10 Vorne Rz. 14.38 ff.

11 Vorne Rz. 14.2 ff.

12 EGMR, Burdov v. Russia (No. 2), Reports 2009-I, Ziff. 65 ff.

16.6 In seinem General Comment 32 zu Art. 14 Pakt II[13] bemerkte der MRA unter Hinweis auf seine Rechtsprechung, dass für die Zuordnung einer Streitigkeit zum Begriff «zivilrechtliche Ansprüche und Verpflichtungen» die Natur der entsprechenden Ansprüche und nicht die Qualifizierung nach innerstaatlichem Recht ausschlaggebend sei. Der Begriffe erfasse (1.) Rechte und Verpflichtungen im Bereich des Vertrags-, Sachen- und Haftpflichtrechts des Privatrechts; (2.) entsprechende Bereiche des Verwaltungsrechts wie etwa die Beendigung eines Anstellungsverhältnisses im öffentlichen Dienst aus anderen als disziplinarischen Gründen[14], die Festlegung sozialversicherungsrechtlicher Ansprüche[15] oder Pensionsansprüche von Soldaten[16], Verfahren über die Nutzung von öffentlichem Land[17] oder Enteignungsverfahren und die Zwangsräumung einer staatlichen Sozialwohnung[18]; sowie (3.) weitere Bereiche, wobei im Einzelfall zu entscheiden sei, ob im Lichte der Natur des entsprechenden Rechts ein zivilrechtlicher Charakter zu bejahen sei.

16.7 Kein Anspruch auf Zugang[19] zu einem Gericht besteht demgegenüber, wo das innerstaatliche Recht Individuen keinerlei Ansprüche einräumt, z.B. bei einer Beförderung im öffentlichen Dienst[20], der Ernennung zum Richter[21], oder der Umwandlung einer Todes- in eine Freiheitsstrafe durch die Exekutive[22]. Keine «zivilrechtlichen» Ansprüche und Verpflichtungen liegen im Weiteren vor, wo Personen der Staatsgewalt untergeordnet sind, z.B. im Fall von Mitgliedern der Armee, Gefangenen oder Staatsbediensteten, die von Disziplinarmassnahmen ohne strafrechtlichen Charakter[23] betroffen sind. Ebenfalls kein Anspruch auf Zugang zu einem Gericht besteht in Auslieferungs- und Ausweisungsverfahren[24], auch wenn hier gewisse Verfahrensgarantien zu beachten sind[25]. Amtsenthebungsverfahren gegen einen Staatspräsidenten sind ebenfalls nicht zivilrechtlichen Charakters[26].

16.8 Die Praxis des EGMR verfolgt einen ähnlichen Ansatz. Damit auf der Basis von Art. 14 Abs. 1 Pakt II und Art. 6 Abs. 1 EMRK ein Anspruch auf eine gerichtliche Beurteilung

13 MRA, General Comment 32 (2007), Ziff. 16, und MRA, Y.L. v. Canada, 112/1981 (1986), Ziff. 9.1 f. Siehe auch MRA, Bolshakov v. Russia, 1946/2010 (2014), Ziff. 2.1 und 6.1 (Pensionsansprüche eines Beamten des Innenministeriums).

14 MRA, Casanovas v. France, 441/1990 (1994), Ziff. 5.2.

15 MRA, Garcia Pons v. Spain, 454/1991 (1995), Ziff. 9.3.

16 MRA, Y.L. v. Canada, 112/1981 (1986), Ziff. 9.3.

17 MRA, Äärelä and Näkkäläjärvi v. Finland, 779/1997 (2001), Ziff. 7.2 ff.

18 MRA, Gatilov v. Russia, 2171/2012 (2017).

19 MRA, General Comment 32 (2007), Ziff. 17.

20 MRA, Kolanowski v. Poland, 837/1998 (2003), Ziff. 6.4.

21 MRA, Kazantzis v. Cyprus, 972/2001 (2003), Ziff. 6.5, Jacobs v. Belgium, 943/2000 (2004), Ziff. 8.7, und Rivera Fernández v. Spain, 1396/2005 (2005), Ziff. 6.3.

22 MRA, Kennedy v. Trinidad and Tobago, 845/1998 (2002), Ziff. 7.4.

23 MRA, Perterer v. Austria, 1015/2001 (2004), Ziff. 9.2 (disziplinarische Entlassung).

24 MRA, Zundel v. Canada, 1341/2005 (2007), Ziff. 6.8, Esposito v. Spain, 1359/2005 (2007), Ziff. 7.6.

25 Siehe Art. 13 Pakt II und hinten Rz. 18.16 ff.

26 MRA, Paksas v. Lithuania, 2155/2012 (2014), Ziff. 7.7 f.

nach den oben genannten Grundsätzen besteht, müssen drei Voraussetzungen gegeben sein:

- *Erstens* muss es um eine Streitigkeit materieller Art gehen, deren Ausgang konkrete Auswirkungen auf den Bestand oder Umfang der fraglichen Ansprüche oder Verpflichtungen hat[27]. Deshalb sind Popularklagen vom Schutz der Garantie ausgeschlossen[28]. 16.9
- *Zweitens* muss die betroffene Person gemäss innerstaatlichem Recht überhaupt Ansprüche besitzen oder Verpflichtungen haben, weshalb beispielsweise kein Anspruch auf gerichtliche Beurteilung der Nicht-Beförderung eines Polizeioffiziers[29] oder der Nichternennung zum Richter[30] besteht, wenn das Gesetz keinen Anspruch auf Beförderung oder Wahl einräumt. 16.10
- *Drittens* müssen die fraglichen Ansprüche oder Verpflichtungen «zivilrechtlicher Natur» sein. «Zivilrechtlich» ist, was einen Bezug zu geldwerten bzw. vermögensrechtlichen Ansprüchen oder zu Verträgen zwischen grundsätzlich gleichberechtigten Partnerinnen und Partnern aufweist und nicht im Kontext eines Verhältnisses steht, in welchem das Individuum staatlicher Regierungs- und Rechtsdurchsetzungsgewalt unterworfen ist. «Zivilrechtlich» in diesem Sinn sind etwa verwaltungsrechtliche Ansprüche im Bereich des Sozialversicherungsrechts[31], Pensionskassenansprüche von Beamtinnen und Beamten[32] oder Soldaten[33], Betriebs- und Berufsausübungsbewilligungen[34], Eigentumsfragen[35], inklusive Landverkäufe und Enteignungen, der Anspruch auf Immatrikulation an einer Universität[36] sowie Ansprüche Inhaftierter auf Familienkontakte und auf geldwerte Leistungen[37]. Der EGMR entschied auch, dass die Überwachung eines mutmasslichen Straftäters in Kombination mit Verpflichtungen wie den Verboten, den ihm zugewiesenen Distrikt oder nachts die Wohnung zu verlassen, an Versammlungen teilzunehmen oder ein Mobiltelefon zu benutzen, derart tief in persönliche Rechte eingreifen, dass von einem «zivilrechtlichen» Fall zu sprechen ist[38]. Nicht geschützt sind demgegenüber Streitigkeiten über Steuern[39] oder Zölle, das Recht, für eine Wahl zu 16.11

27 EGMR, Benthem v. The Netherlands, A/97 (1985), Ziff. 32.

28 EGMR, Balmer-Schafroth and Others v. Switzerland, Reports 1997-IV, Ziff. 40.

29 MRA, Kolanowski v. Poland, 837/1998 (2003), Ziff. 6.4.

30 MRA, Kazantzis v. Cyprus, 972/2001 (2003), Ziff. 6.5.

31 MRA, Garcia Pons v. Spain, 454/1991 (1995); EGMR, Schuler-Zgraggen v. Switzerland, A/263 (1993), Ziff. 46.

32 EGMR, Francesco Lombardi v. Italy, 43039/98 (2000).

33 MRA, Y.L. v. Canada, 112/1981 (1986), Ziff. 9.2.

34 EGMR, Kraska v. Switzerland, A/254-B (1993), Ziff. 23 ff.; MRA, Jansen-Gielen v. The Netherlands, 846/1999 (2001) (Verfahren über die Feststellung, ob jemand die für einen bestimmten Beruf erforderlichen psychischen Voraussetzungen besitzt).

35 EGMR, Mahieu v. France, 43288/98 (2001).

36 EGMR, Emine Araç v. Turkey, Reports 2008-IV.

37 EGMR (Grand Chamber), Enea v. Italy, Reports 2009-IV, Ziff. 103.

38 EGMR (Grand Chamber), de Tommaso v. Italy, 43395/09, Reports 2017, Ziff. 154.

39 EGMR (Grand Chamber), Ferrazzini v. Italy, Reports 2001-VII, Ziff. 24 ff., und Jussila v. Finland, Reports 2006-XIV, Ziff. 29 ff.

kandidieren[40], oder Asyl- und Ausweisungsverfahren[41], wobei für Ausweisungen allerdings besondere Verfahrensgarantien gelten[42].

16.12 Lange Zeit bestand ein Unterschied zwischen der Praxis des MRA und derjenigen des EGMR im Bereich des öffentlichen Dienstes: Während Art. 14 Pakt II in Verbindung mit dem Anspruch auf rechtsgleichen Zugang zu öffentlichen Ämtern gemäss Art. 25 lit. c des Pakts etwa Schutz bei der Beendigung öffentlicher Dienstverhältnisse gewährt[43], soweit es sich nicht um disziplinarische Entlassungen aus dem öffentlichen Dienst handelt[44], konnten sich Personen im öffentlichen Dienst gemäss einer früheren Praxis des EGMR nicht auf Art. 6 EMRK berufen, sofern nicht vermögensrechtliche Streitigkeiten zur Diskussion standen[45]. Heute geht der EGMR aber von der Vermutung aus, dass Art. 6 EMRK Anwendung auf arbeitsrechtliche Streitigkeiten im öffentlichen Dienstverhältnis findet, es sei denn, der Staat könne nachweisen, dass gemäss innerstaatlichem Recht kein Zugang zu einem Gericht besteht und ein solcher Ausschluss sachlich gerechtfertigt ist[46]. Die gleichen Grundsätze gelten auch für im Bereich der Justiz tätige Personen[47].

16.13 Gestützt auf den ersten Satz von Art. 14 Abs. 1 Pakt II, wonach alle Menschen vor Gericht gleich sind, befürwortet der MRA die Anwendung der Verfahrensgarantien von Art. 14 Abs. 1 Pakt II auch in Verfahren, welche nicht die Beurteilung «zivilrechtlicher» Ansprüche betreffen, wenn ein Staat in bestimmten Bereichen in seinem nationalen Recht einen Anspruch auf gerichtliche Beurteilung einräumt, ohne dazu durch Pakt II verpflichtet zu sein[48]. Daher konnte sich beispielsweise eine öffentlich-rechtlich angestellte Person, welche aus disziplinarischen Gründen entlassen worden war, auf Art. 14 Abs. 1 Pakt II stützen, da die Behörde, welche über disziplinarische Massnahmen entschieden hatte, faktisch ein unabhängiges Gericht war[49]. Entscheide über Ausweisungen und Abschiebungen[50] sowie Auslieferungen[51] müssen ebenfalls den Anforderungen von Art. 14 Abs. 1 Pakt II entsprechen, falls darüber gemäss Landesrecht ein

40 EGMR, Pierre-Bloch v. France, Reports 1997-VI, Ziff. 50.

41 EGMR (Grand Chamber), Maaouia v. France, Reports 2000-X, Ziff. 37. In V.M.R.B. v. Canada, 236/1987 (1988), liess der MRA offen, ob Ausweisungsverfahren unter Art. 14 Pakt II fallen.

42 Dazu Art. 1 ZP7/EMRK und hinten Rz. 18.16 ff.

43 MRA, Casanovas v. France, 441/1990 (1994), Ziff. 5.2 (entlassener Beamter), und Pastukhov v. Belarus, 814/1998 (2003), Ziff. 7.3 (entlassener Richter). In MRA, Sinitsin v. Belarus, 1047/2002 (2006), Ziff. 6.3, liess der Ausschuss offen, ob Art. 14 Pakt II im Fall der Nichtzulassung als Kandidat für die Präsidentschaftswahl Anwendung finden könne.

44 MRA, Perterer v. Austria, 1015/2001 (2004), Ziff. 9.2.

45 EGMR (Grand Chamber), Pellegrin v. France, Reports 1999-VIII, Ziff. 66 ff.

46 EGMR (Grand Chamber), Eskelinen and Others v. Finland, Reports 2007-II, Ziff. 61 f.

47 EGMR (Grand Chamber), Baka v. Hungary, 20261/12, Reports 2016, Ziff. 112 ff.

48 MRA, General Comment 32 (2007), Ziff. 7, und Perterer v. Austria, 1015/2001 (2004), Ziff. 9.2.

49 MRA, Perterer v. Austria, 1015/2001 (2004), Ziff. 9.2, bestätigt in Lederbauer v. Austria, 1454/2006 (2007), Ziff. 7.2.

50 MRA, General Comment 32 (2007), Ziff. 62.

51 MRA, Everett v. Spain, 961/2000 (2004), Ziff. 6.4.

Gericht zu entscheiden hat. Der EGMR anerkennt, dass Art. 6 Abs. 1 EMRK bei Streitigkeiten von Angehörigen des öffentlichen Dienstes ungeachtet ihres Charakters automatisch zu beachten ist[52]. Dies muss u.E. auch für andere Rechtsbereiche gelten, da es die Rechtsstaatlichkeit von Verfahren gefährden würde, wenn Gerichte sich über zentrale Grundsätze wie jene der Unparteilichkeit und Verfahrensfairness einfach deshalb hinwegsetzen dürften, weil sich die Zuständigkeit des Gerichts aus dem Landesrecht ergibt und nicht eine Konsequenz des völkerrechtlichen Anspruchs auf Zugang zur Justiz ist.

Das Recht auf Zugang zu einem Gericht bei Streitigkeiten über «zivilrechtliche Ansprüche und Verpflichtungen» gilt nicht absolut und kann gesetzlich beschränkt werden, soweit dies notwendig ist, um eine legitimes Ziel zu verfolgen und der Zugang zur Justiz insgesamt nicht derart beschränkt wird, dass der Kern dieses Rechts ausgehöhlt wird[53]. Insbesondere haben Entscheide, Klagen gegen ausländische Staaten vor innerstaatlichen Gerichten aus Gründen des Rechts der Staatenimmunität nicht zuzulassen, vor Art. 14 Abs. 1 Pakt II[54] und Art. 6 Abs. 1 EMRK[55] Bestand. Da das Völkerrecht den Staaten keine Immunität vor Gerichten des Aufenthaltsstaates für Arbeitsstreitigkeiten mit lokalen Angestellten einräumt, die weder Aufgaben in Ausübung von Hoheitsgewalt wahrnehmen, noch persönliche Immunität besitzen[56], können sich diese jedoch in arbeitsrechtlichen Streitigkeiten mit dem Entsendestaat vor Gerichten des Empfangsstaats auf Art. 6 Abs. 1 EMRK berufen[57]. Privatrechtliche Verjährungsfristen sind ein weiterer zulässiger Grund für Beschränkungen des Rechts, an ein Gericht zu gelangen, es sei denn, die beschwerdeführende Partei könne nachweisen, dass sie den Schaden vor Ablauf der Verjährungsfrist nicht kennen konnte[58]. Im Gegensatz dazu ist die Verpflichtung eines Staates, gestützt auf einen Sanktionsbeschluss des UNO Sicherheitsrats das Vermögen einer Person zu blockieren, kein legitimer Grund, den Zugang zu einem Gericht auszuschliessen[59]. Mit Art. 6 EMRK vereinbar ist es, sich als 16.14

52 EGMR (Grand Chamber), Eskelinen and Others v. Finland, Reports 2007-II, Ziff. 62.

53 MRA, General Comment 32 (2007), Ziff. 18.

54 A.a.O.

55 MRA, General Comment 32 (2007), Ziff. 18; EGMR (Grand Chamber), Al-Adsani v. The Unuted Kingdom, Reports 2001-XI, Ziff. 52 ff., Naït-Liman v. Switzerland, 51357/07, Reports 2018, Ziff. 96 ff., EGMR, Cudak v. Lithuania, Reports 2010-III, Ziff. 57 und 60 ff., und El Leil v. France, 34869/05 (2011), Ziff. 46 ff.; siehe auch EGMR, Jones and Others v. The United Kingdom, 34356/06 and 40528/06 (2014), Ziff. 186 ff., mit zahlreichen Verweisen.

56 Siehe dazu Art. 11 Übereinkommen der Vereinten Nationen über die Immunität der Staaten und ihres Vermögens von der Gerichtsbarkeit vom 2. Dezember 2004.

57 EGMR (Grand Chamber), Cudak v. Lithuania, Reports 2010-III, Ziff. 64 ff., und El Leil v. France, 34869/05 (2011), Ziff. 46.

58 EGMR, Howald Moor and Others v. Switzerland, 52067/10 and 41072/11 (2015), Ziff. 70 ff. betreffend Schadenersatzforderungen von Arbeitern für Krebserkrankungen, die sich erst Jahrzehnte nach dem Kontakt mit Asbest manifestierten.

59 EGMR (Grand Chamber), Al-Dulimi and Montana Management Inc. v. Switzerland, 5809/08, Reports 2016, Ziff. 150 ff.

Streitpartei einem privaten Schiedsgericht zu unterwerfen und damit auf die Möglichkeit einer gerichtlichen Überprüfung zu verzichten[60].

III. Das Recht auf ein unabhängiges und unparteiliches Gericht

16.15 Zivil- und strafrechtliche Urteile dürfen gemäss Art. 14 Abs. 1 Pakt II, Art. 6 Abs. 1 EMRK und Art. 8 Abs. 1 AMRK nur von einem in der Sache zuständigen Gericht gefällt werden, das unabhängig und unparteiisch ist und auf einer gesetzlichen Grundlage beruht. Gemäss Praxis des Ausschusses für Menschenrechte darf diese Garantie nicht eingeschränkt werden und jede «zivilrechtliche» Entscheidung oder strafrechtliche Verurteilung ohne Zugang zu einem staatlichen Organ, das ein Gericht in diesem Sinn ist, stellt eine Verletzung dar[61].

16.16 Der Verweis auf die Notwendigkeit der *Errichtung durch Gesetz* schliesst Gerichte aus, die ad hoc für die Beurteilung eines Einzelfalles errichtet werden.

16.17 Ob ein Gericht für einen bestimmten Fall *zuständig* ist, bestimmt sich ausschliesslich nach innerstaatlichem Recht. Die Missachtung eines Gesetzes, welche eine Rechtssache einem bestimmten Gericht zuweist, bedeutet somit eine automatische Verletzung dieser Menschenrechtsgarantien.

16.18 *Unabhängig* sind Gerichte, wenn sie institutionell von der Exekutive getrennt sind[62], in ihrer Urteilstätigkeit keinerlei Anweisungen der Legislative oder Exekutive anzunehmen haben, auch sonst von allen externen Einflüssen frei sind, und die Richterinnen und Richter für eine bestimmte Amtszeit eingesetzt sind[63]. Die Voraussetzung der Unabhängigkeit verweist damit auf die institutionelle Seite des Gerichtes und im Besonderen auf (1) das Verfahren zur Ernennung von Richterinnen und Richtern und (2) die dafür notwendigen Qualifikationen, auf die Garantien zum Verbleib im Amt bis zu einem obligatorischen Rücktrittsalter oder bis zum Ablauf ihrer Amtsdauer, und, falls solche existieren, auf die Bedingungen für ihre Beförderung, Versetzung oder ihre Amtsenthebung, und (3) auf die tatsächliche Unabhängigkeit der Judikative von politischem Einfluss der Regierung oder des Parlaments[64].

16.19 Einen krassen Fall fehlender Unabhängigkeit der Gerichte identifizierte der MRA in einem politisch heiklen Fall, in welchem der Haftrichter verhaftet worden war, nachdem er den Angeschuldigten aus der Untersuchungshaft entlassen hatte, der Präsident

---

60 EGMR, Tabbane v. Switzerland (dec.), 41069/12 (2016), Ziff. 25 f.

61 MRA, General Comment 32 (2007), Ziff. 18.

62 MRA, Al-Rabassi v. Libya, 1860/2009 (2014), Ziff. 7.6 (Spezialgericht).

63 EGMR, Campell and Fell v. The United Kingdom, A/80 (1984), Ziff. 78. Dieser Anspruch wird auch generell in Art. 26 AfCRMV festgeschrieben, wonach die Vertragsstaaten die Unabhängigkeit der Gerichte zu gewährleisten haben. Vgl. AfKRMV, Centre for Free Speech v. Nigeria, 206/1997 (1999), Ziff. 16.

64 MRA, General Comment 32 (2007), Ziff. 19.

am folgenden Tag den Angeschuldigten in den Medien als Banditen bezeichnet hatte, und zudem die urteilenden Richter nur provisorisch ernannt worden waren[65].

Das Erfordernis der *Unparteilichkeit* spricht demgegenüber die Haltung der richtenden Instanz im konkreten Einzelfall an. Es besitzt zwei Aspekte: Erstens bedeutet Unparteilichkeit, dass Richterinnen und Richter keine vorgefasste Meinung zum Fall haben und keine Partei – etwa wegen Verwandtschaft, Freundschaft oder Feindschaft – bevorzugen oder benachteiligen und dass sie sich nicht durch die öffentliche Meinung oder andere externe Einwirkungen beeinflussen lassen. Unparteilichkeit verlangt auch, dass Angeklagte nicht wegen ihrer ethnischen Herkunft, Religion, Geschlecht und anderen Diskriminierungsmerkmalen schlechter gestellt werden[66]. Zweitens muss ein Gericht auch für einen objektiven Beobachter unparteilich erscheinen. Richterinnen und Richter dürfen daher nicht an einem Verfahren teilnehmen, wenn die konkreten Umstände zur Vermutung Anlass geben könnten, dass sie durch einen der genannten Faktoren beeinflusst werden könnten, selbst wenn sie tatsächlich unparteilich bleiben[67]. Weil zwei Mitglieder des Strafgerichts Freunde des angeblichen Opfers waren, fand der MRA eine Verletzung des Unparteilichkeitsgebots im Fall der Anklage gegen einen früheren Staatspräsidenten[68]. 16.20

Um die Unparteilichkeit zu prüfen, verwendet der EGMR eine zweistufige Prüfung. Das erste Element ist ein «subjektiver» Test, bei dem die persönliche Überzeugung und das Verhalten eines bestimmten Richters untersucht werden, d.h. ob die Richterin in einem bestimmten Fall persönliche Vorurteile hatte, gefolgt von einem «objektiven Test», bei dem geprüft wird, ob das Gericht selbst und seine Zusammensetzung ausreichende Garantien boten, um jeden berechtigten Zweifel an seiner Unparteilichkeit auszuschliessen[69]. 16.21

Vertiefung: Strafverfahren vor Militärgerichten

Militärgerichte existieren in zahlreichen Staaten. Ihr spezifischer Rechtscharakter und die häufig engen Beziehungen zwischen Militär und Exekutive lassen aber oft Zweifel an der Unabhängigkeit und Unparteilichkeit solcher Gerichte aufkommen. 16.22

Daher beurteilt die AfKRMV Verfahren vor speziellen Militärgerichten, deren Mitglieder von der Exekutive ernannt werden, stets als Verletzung von Art. 7 Abs. 1 lit. d AfCRMV[70]. 16.23

---

65 MRA, Cedeño v. Venezuela, 1940/2010 (2012), Ziff. 7.3.

66 IAGMR, Catrimán et al. v. Chile, C/279 (2014), Ziff. 207 ff.

67 MRA, General Comment 32 (2007), Ziff. 18, und Karttunen v. Finland, 387/1989 (1992), Ziff. 7.2; ähnlich auch EGMR (Grand Chamber), Kyprianou v. Cyprus, Reports 2005-XIII, Ziff. 118 ff.

68 MRA, Nasheed v. The Maldives, 2270/2013 and 2851/2016 (2018), Ziff. 8.3.

69 EGMR (Grand Chamber), Morice v. France, 29369/10, Reports 2015, Ziff. 73.

70 Z.B. AfKRMV, Malawi African Association and Others v. Mauritania, 54/1991, 61/1991, 98/1993, 164–196/1997 and 210/1998 (2000), Ziff. 98, und Egyptian Initiative for Personal Rights and Interights v. Egypt, 334/06 (2011), Ziff. 196 ff.

Dies erst recht, wenn solche Gerichte Delikte von Zivilpersonen beurteilen[71]. Die IAKMR vertritt in konstanter Praxis die Ansicht, dass die Militärgerichtsbarkeit einzig Anklagen gegen Militärpersonen wegen im Dienst begangener Delikte beurteilen darf[72]. Sie kann sich dabei auch auf die Rechtsprechung des IAGMR stützen, wonach Verfahren vor Militärgerichten einzig gegen aktive Angehörige der Streitkräfte und zusätzlich nur dann statthaft sind, wenn das zu beurteilende Delikt eigentliche militärische Interessen schädigt[73].

16.24 Der EGMR betrachtet Militärgerichte als genügend unabhängig, wenn sie nicht Menschenrechtsverletzungen, sondern Verstösse von Armeeangehörigen gegen Regeln im Zusammenhang mit ihren Funktionen beurteilen[74]. Anderseits ist die Praxis des EGMR strikt, wenn solche Gerichte über Zivilpersonen richten. So qualifizierte es im konkreten Fall zivile Gerichte, die für die Beurteilung von Delikten, welche die Verfassungsordnung und die nationale Sicherheit gefährden, als weder unabhängig noch unparteilich. Er gelangte zu diesem Schluss, weil in diesen Gerichten stets ein Angehöriger der Streitkräfte Einsitz nahm, welcher der militärischen Disziplinargewalt und Dienstaufsicht unterstand, und dessen Ernennung weitgehend von der Armee bestimmt wurde[75].

16.25 Der MRA hat keine grundsätzlichen Bedenken gegen eine Beurteilung strafrechtlich relevanten Verhaltens von Angehörigen der Streitkräfte durch Militärgerichte. Der Ausschuss betont aber, auch Militärgerichte müssten die menschenrechtlichen Verfahrensgarantien in vollem Umfang beachten; Abweichungen in Folge der militärischen Natur des Gerichts seien nicht statthaft. Demgegenüber sieht er ernsthafte Probleme hinsichtlich der Waffengleichheit, der Unabhängigkeit und der Unparteilichkeit des Gerichts, falls Militärgerichte Zivilpersonen beurteilen. Deshalb sei es in solchen Fällen besonders wichtig, alle notwendigen Massnahmen zu ergreifen, welche die integrale Beachtung der Vorgaben von Art. 14 Pakt II sicherstellen. Zudem, so der Ausschuss, sollten Strafverfahren gegen Zivilistinnen und Zivilisten vor Militärgerichten nur in Ausnahmefällen stattfinden und auf Fälle beschränkt bleiben, in welchen ein Vertragsstaat nachweisen kann, dass die Überweisung eines Falles an ein Militärgericht notwendig und durch objektive und vernünftige Gründe gerechtfertigt ist, weil zivile Gerichte nicht fähig sind, bestimmte Delikte oder das Verhalten einer bestimmten Gruppe von Personen strafrechtlich zu beurteilen[76].

---

71 AfKRMV, Wetsh'okonda Koso and Others v. Democratic Republic of the Congo, 281/03 (2008), Ziff. 83 ff.

72 Z.B. IAKMR, Report on the Situation of Human Rights in Peru, OEA/Ser. L/V/II.106, 2. Juni 2000.

73 Siehe etwa IAGMR, Durand and Ugarte v. Peru, C/68 (2000), Ziff. 117, und Usón Ramírez v. Venezuela, C/207 (2009), Ziff. 104 ff.

74 EGMR, Mikhno v. Ukraine, 32514/12 (2017), Ziff. 165.

75 EGMR (Grand Chamber), Incal v. Turkey, Reports 1998-IV, Ziff. 68 f.

76 MRA, General Comment 32 (2007), Ziff. 18, sowie z.B. Madani v. Algeria, 1172/2003 (2007), Ziff. 8.7, und Mbongo Akwanga v. Cameroon, 1813/2008 (2011), Ziff. 7.5. In MRA, Tyvanchuk et al. v. Belarus, 2201/2012 (2018), Ziff. 7.2 kam der Ausschuss ohne weitere Begründung zum Schluss, die Beurteilung von Zivilpersonen durch ein Militärgericht verletze Art. 14 Abs. 1 Pakt II.

IV. Das Recht auf Waffengleichheit und Verfahrensfairness

1. Der Anspruch auf Rechtsgleichheit vor Gericht

Art. 14 Pakt II garantiert in Abs. 1 in allgemeiner Weise einen Anspruch auf Rechtsgleichheit vor Gericht[77]. Er verankert in genereller Weise ein Recht auf Waffengleichheit im Prozess und stellt sicher, dass die Parteien eines Gerichtsverfahrens ohne Diskriminierung und damit fair behandelt werden[78]. 16.26

Ein besonders wichtiger Teilgehalt der Fairnessgarantie ist das Prinzip der Waffengleichheit: Es gewährleistet, dass sich alle Verfahrensbeteiligten auf dieselben Verfahrensrechte berufen können, es sei denn, dass sich Unterschiede auf eine gesetzliche Grundlage und auf objektive und vernünftige Gründe stützen können und sie keine Benachteiligung oder andere Ungerechtigkeit gegenüber der betroffenen Person bewirken[79]. Das Prinzip der Waffengleichheit ist z.B. verletzt, wenn nur die Staatsanwaltschaft, nicht aber die angeklagte Person einen Entscheid anfechten kann[80], wenn der angeschuldigten Person keine genügend begründete Anklageschrift ausgehändigt wird[81], wenn sie zu einem entscheidrelevanten Dokument nicht Stellung nehmen kann[82] oder wenn wesentliche Beweismittel durch das Gericht nicht berücksichtigt werden[83]. Das Prinzip der Waffengleichheit gilt auch für «zivilrechtliche» Streitigkeiten, wo es beispielsweise bedeutet, dass beiden Parteien Gelegenheit eingeräumt werden muss, zu den Vorbringen und Beweisen der Gegenpartei Stellung nehmen zu können[84]. Das Prinzip ist etwa verletzt, wo einer Partei die Stellungnahme der anderen Partei[85] oder andere Prozessakten[86] vorenthalten werden. 16.27

2. Das Recht auf eine faire und öffentliche Verhandlung und auf öffentliche Urteilsverkündung

Auch diese Aspekte menschenrechtskonformer Zivil- und Strafprozesse werden durch den Pakt II und gewisse regionale Abkommen explizit geschützt[87]. Der Anspruch auf 16.28

---

77 Die regionalen Abkommen verankern diesen Anspruch nicht ausdrücklich, u.E. aber implizit.

78 MRA, General Comment 32 (2007), Ziff. 8.

79 MRA, General Comment 32 (2007), Ziff. 13, unter Bezugnahme auf Dudko v. Australia, 1347/2005 (2007), Ziff. 7.4. Siehe auch MRA, Quliyev v. Azerbaijan, 1972/2010 (2014), Ziff. 9.3.

80 MRA, Weiss v. Austria, 1086/2002 (2003), Ziff. 9.6.

81 MRA, Wolf v. Panama, 289/1988 (1992), Ziff. 6.6.

82 MRA, Äärelä and Näkkäläjärvi v. Finland, 779/1997 (2001), Ziff. 7.4; EGMR, Mantovanelli v. France, Reports 1997-II, Ziff. 33 ff.

83 MRA, Wright v. Jamaica, 349/1989 (1992), Ziff. 8.3 (Todesurteil trotz gerichtsmedizinischer Feststellung, dass der Tod des Opfers zu einem Zeitpunkt erfolgte, als der Angeklagte in Haft war).

84 MRA, General Comment 32 (2007), Ziff. 13 mit Hinweis auf MRA, Jansen-Gielen v. The Netherlands, 846/1999 (2001), Ziff. 8.2; EGMR, Ternovskis v. Latvia, 33637/02 (2014), Ziff. 65 f.

85 EGMR, Maravić Markeš v. Croatia, 70923/11 (2014), Ziff. 54.

86 EGMR, Ternovskis v. Latvia, 33637/02 (2014), Ziff. 72.

87 Art. 14 Abs. 1 Pakt II, Art. 6 Abs. 1 EMRK und teilweise Art. 8 Abs. 5 AMRK.

Verfahrensfairness geht über die Vorgaben der Unabhängigkeit und Unparteilichkeit von Strafrichterinnen und -richtern hinaus. Er verlangt die Absenz jeglicher direkter oder indirekter Einflüsse, Einmischungen, Einschüchterungen oder Druckversuche, unabhängig von welcher Seite diese stammen und aus welchem Motiv sie erfolgen[88]. So würden in Strafverfahren etwa Geschworene, die einem Angeklagten infolge seiner Hautfarbe oder Herkunft voreingenommen gegenüberstehen, diesen Anspruch verletzen, und Gerichte sind verpflichtet, gegen Zuschauerinnen und Zuschauer vorzugehen, die im Gerichtssaal lautstark die Todesstrafe für einen Angeklagten verlangen[89]. In Zivilprozessen ist der Anspruch auf Verfahrensfairness etwa verletzt, falls eine Prozesspartei nicht über den Verhandlungstermin informiert wird und damit am Verfahren nicht teilnehmen kann[90] oder Verfahren an übermässigen Verzögerungen leiden[91].

16.29 Geheimjustiz, die keiner Kontrolle der Öffentlichkeit unterliegt, setzt Angeklagte der Willkür der Richter aus oder weckt den Verdacht, gewisse Angeklagte könnten hinter geschlossenen Türen das Gericht mit unzulässigen Mitteln zu ihren Gunsten beeinflussen[92]. Die *Öffentlichkeit* von Verhandlung und Urteilsverkündung[93] (nicht aber der Urteilsberatung) gehört deshalb zu den zentralen Garantien eines fairen Prozesses, und sie macht es notwendig, dass erstinstanzliche Prozesse mündlich und im Rahmen einer öffentlichen Verhandlung geführt werden. Demgegenüber ist es nicht nötig, dass eine obere Instanz ein öffentliches Verfahren durchführt, falls sich ihre Überprüfungsbefugnis auf Rechtsfragen beschränkt[94]. Der Anspruch auf Öffentlichkeit ist nicht nur verletzt, wo der Prozess hinter geschlossenen Türen stattfindet, sondern auch dort, wo er öffentlich ist, aber Familienangehörigen[95] oder Vertreterinnen nichtstaatlicher Organisationen oder von Botschaften[96] der Zugang verwehrt wird.

16.30 Das Recht auf eine öffentliche Verhandlung gilt im Gegensatz zu den meisten anderen Garantien im Strafprozess nicht absolut. Medien und Publikum können nämlich «während des ganzen oder eines Teiles des Verfahrens ausgeschlossen werden, wenn dies im Interesse der Moral, der öffentlichen Ordnung oder der nationalen Sicherheit in einer demokratischen Gesellschaft liegt, wenn die Interessen von Jugendlichen oder der Schutz des Privatlebens der Prozessparteien es verlangen oder – soweit das Gericht es für unbedingt erforderlich hält – wenn unter besonderen Umständen eine öffent-

88 MRA, General Comment 32 (2007), Ziff. 25.

89 MRA, Gridin v. Russia, 770/1997(2000), Ziff. 8.2 i.V.m. Ziff. 3.5.

90 MRA, Gatilov v. Russia, 2171/2012 (2017), Ziff. 9.2 (Zwangsräumung einer Wohnung).

91 MRA, General Comment 32 (2007), Ziff. 27, und MRA, Zoltovski v. Australia, 2279/2013 (2015), Ziff. 7.6. Übermässige Verfahrensdauern in Strafverfahren können eine Verletzung von Art. 14 Abs. 3 Pakt II darstellen.

92 EGMR, Pretto and Others v. Italy, A/71 (1983), Ziff. 11, und Ryakib Biryukov v. Russia, Reports 2008-I, Ziff. 30.

93 Siehe EGMR, Ryakib Biryukov v. Russia, Reports 2008-I, Ziff. 38 ff., wonach auch die Begründung eines erstinstanzlichen Urteils öffentlich zu erfolgen hat.

94 EGMR, Axen v. Germany, A/72 (1983), und Helmers v. Sweden, A/212-A (1991), Ziff. 33 und 38.

95 MRA, Ashirov v. Kyrgyzstan, 2435/2014 (2017), Ziff. 7.4.

96 MRA, Amanklychev v. Turkmenistan, 2078/2011 (2016), Ziff. 7.4.

liche Verhandlung die Interessen der Rechtspflege beeinträchtigen würde»[97]. Der letztgenannte Grund rechtfertigt etwa den Ausschluss der Öffentlichkeit, wenn dies zum Schutz von Zeuginnen und Zeugen notwendig erscheint[98]. Urteile müssen grundsätzlich zugänglich sein, auch wenn im konkreten Fall die Öffentlichkeit vom Verfahren ausgeschlossen werden durfte[99].

V. Garantien im Strafprozess

Die detaillierten Garantien, welche Pakt II, die EMRK und ihr 7. Zusatzprotokoll sowie andere Konventionen für den Strafprozess vorsehen, sind Elemente der Verfahrensfairness[100] und geben ihr konkreten Gehalt[101]. Die Praxis von MRA und EGMR ist ausserordentlich detailliert und komplex und kann in diesem Buch nur überblicksmässig dargestellt werden[102]. 16.31

1. Die Unschuldsvermutung

Nach Art. 14 Abs. 2 Pakt II und den entsprechenden Bestimmungen der regionalen Konventionen[103] muss jede einer Straftat angeklagte Person bis zum Nachweis ihrer Schuld in einem gesetzeskonformen Verfahren als unschuldig gelten. Diese für den Schutz der Menschenrechte angeklagter Personen zentrale Garantie verlangt insbesondere, dass Gerichte und Behörden alles unterlassen müssen, was den Ausgang des Verfahrens zu Lasten der angeklagten Person beeinflussen könnte. Ebenso dürfen nationale Gesetze nicht vorschreiben, dass vom Bestehen eines subjektiven Tatbestandes ausgegangen wird, wenn dessen Fehlen nicht nachgewiesen werden kann[104]. 16.32

---

97 Art. 14 Abs. 1 Pakt II. Ähnlich Art. 6 Abs. 1 EMRK und Art. 8 Abs. 5 AMRK. Der Grundsatz der Verfahrensöffentlichkeit ist in der AfCRMV nicht enthalten, die AfKRMV leitet ihn indes aus den Bestimmungen des Pakts II und der übrigen regionalen Konventionen auch für den afrikanischen Kontext ab; siehe AfKRMV, Civil Liberties Organisation and Others v. Nigeria, 218/1998 (1998), Ziff. 35 ff.

98 So ausdrücklich Art. 68 Abs. 2 Römer Statut.

99 MRA, General Comment 32 (2007), Ziff. 29, und Neporozhnev v. Russia, 1941/2010 (2016), Ziff. 8.5.

100 Vorne Rz. 16.26 f.

101 Beispielsweise EGMR (Grand Chamber), Blokhin v. Russia, 47152/06, Reports 2016, Ziff. 194, und Dvorski v. Croatia, 25703/11, Reports 2015, Ziff. 76. Falls der EGMR eine Verletzung einer spezifischen Verfahrensgarantie feststellt, prüft er in einem zweiten Schrittt oft, ob das Verfahren insgesamt betrachtet fair oder unfair war (Blokhin v. Russia, Ziff. 194). Im Gegensatz dazu schliesst der MRA auf eine Verletzung von Pakt II, wenn ein Verstoss gegen eine Detailgarantie vorliegt, ohne die Fairness des Verfahrens als solchem zu prüfen.

102 Für eine detaillierte Darstellung siehe beispielsweise MRA, General Comment 32 (2007), Ziff. 30 ff.

103 Art. 6 Abs. 2 EMRK, Art. 8 Abs. 2 AMRK, Art. 7 Abs. 1 lit. b AfCRMV und Art. 16 ArCMR.

104 Der IAGMR erachtet im Urteil Catrimán et al. v. Chile, C/279 (2014), Ziff. 168, eine Bestimmung des Strafgesetzbuches als Verletzung der Unschuldsvermutung, wonach «[u]nless the contrary is verified, the intent of causing fear to the general population shall be presumed when the offense is committed using explosive or incendiary devices [...].»

16.33 Die Unschuldsvermutung wird etwa verletzt, wenn hohe Behördenvertreter im Vorfeld oder während eines Strafprozesses an einer Pressekonferenz die Meinung äussern, ein bestimmter Angeklagter sei schuldig[105], wenn der Staatspräsident den Angeschuldigten in den Medien als Banditen bezeichnet[106] oder wenn Angeschuldigte automatisch, d.h. ohne Nachweis, dass dies zum Schutz der Sicherheit oder der Rechtspflege notwendig ist, gefesselt oder in einem Metallkäfig dem Prozess folgen müssen und damit suggeriert wird, es handle sich um gefährliche Kriminelle[107]. Derartige Massnahmen können, wenn sie nicht aus Sicherheitserwägungen gerechtfertigt sind, auch das Recht auf angemessene Verteidigung verletzen, wenn sie das Studium von Dokumenten oder die Kommunikation mit der Rechtsvertretung während des Gerichtsverfahrens erschweren[108]. Schliesslich gefährden sie die Fairness eines Gerichtsverfahrens insgesamt[109].

16.34 Weiter folgt aus diesem Grundsatz, dass die Anklage die Schuld zu beweisen hat bzw. das Gericht alles tun muss, um die Wahrheit zu finden bis die Schuld eines Angeklagten mit an Sicherheit grenzender Wahrscheinlichkeit feststeht. Existieren Zweifel an der Schuld, ist die angeklagte Person freizusprechen (in dubio pro reo)[110].

2. Rechte Angeschuldigter während des Gerichtsverfahrens

16.35 (a) *Recht auf Information über die erhobene Anklage*: Dieses Recht soll garantieren, dass sich die betroffene Person auf die Verteidigung vorbereiten und ihre Rechte im Strafverfahren wahrnehmen kann. Die Information muss gemäss klarem Wortlaut von Art. 14 Abs. 3 lit. a Pakt II, Art. 6 Abs. 3 lit. a EMRK, Art. 7 Abs. 4 AMRK und Art. 16 Abs. 1 ArCMR *unverzüglich*, d.h. ohne entschuldbare Verzögerung, *detailliert*, d.h. in allen Einzelheiten, und in einer der angeklagten Person *verständlichen Sprache* erfolgen[111], und Angaben über die *Art*, d.h. die Kategorie der Delikte, und den *Grund*, d.h. die wesentlichen Fakten der Anklage, enthalten.

16.36 Die Garantie besteht ab dem Zeitpunkt der Anklageerhebung, d.h., sobald die zuständige Behörde beschliesst, eine gerichtliche Voruntersuchung zu starten, förmlich Anklage erhebt, eine erste richterliche Anhörung ansetzt oder die betroffene Person, über deren Schuld ein Gericht entscheiden wird, öffentlich als Verdächtige nennt[112]. So-

105 MRA, Gridin v. Russia, 770/1997 (2000), Ziff. 3.5 und 8.3, sowie EGMR, Allenet de Ribemont v. France, A/308 (1995), Ziff. 37 f.

106 MRA, Cedeño v. Venezuela, 1940/2010 (2012), Ziff. 7.4.

107 MRA, General Comment 32 (2007), Ziff. 30, und Burdyko v. Belarus, 2017/2010 (2015), Ziff. 8.5, sowie EGMR, Belousov v. Russia, 2653/13 and 60980/14 (2016), Ziff. 147 und 152.

108 EGMR, Belousov v. Russia, 2653/13 and 60980/14 (2016), Ziff. 149 ff.

109 MRA, Pustovoit v. Ukraine, 1405/2005 (2014), Ziff. 9.2 f.

110 MRA, General Comment 32 (2007), Ziff. 30.

111 Als Schlüsseldokument muss die Anklageschrift daher unentgeltlich in eine für die angeschuldigte Person verständliche Sprache übersetzt werden; MRA, Ambaryan v. Kyrgyzstan, 2162/2012 (2017), Ziff. 9.2.

112 MRA, General Comment 32 (2007), Ziff. 31.

lange gegen die verdächtigte Person erst eine *polizeiliche* Untersuchung läuft, greift die Garantie nicht. Hier gilt, falls sie verhaftet worden ist, die Informationspflicht von Art. 9 Abs. 2 Pakt II[113].

(b) *Recht auf ausreichende Zeit und Gelegenheit für die Vorbereitung der Verteidigung*: Dieses Recht, das in Art. 14 Abs. 3 lit. b Pakt II, Art. 6 Abs. 3 lit. b EMRK, Art. 8 Abs. 2 lit. c AMRK und in Art. 13 Abs. 2 ArCMR verankert ist, garantiert angeklagten Personen nicht nur genügend Zeit für die Vorbereitung der Verteidigung des Strafprozesses, sondern auch die tatsächliche «Gelegenheit» dazu. Unter diesen Begriff fallen faktische Bedingungen wie Zugang zu den relevanten Dokumenten, die Möglichkeit, einen Anwalt zu wählen und zu kontaktieren, sowie das Recht, mit diesem frei und vertraulich zu kommunizieren[114]. Jedenfalls verletzt ist diese Garantie, falls die angeklagte Person *incommunicado*, d.h. ohne jeden Kontakt zur Aussenwelt festgehalten wird[115]. 16.37

Das Recht, von einem Anwalt seiner Wahl unterstützt zu werden, besteht bereits in der Anfangsphase des Verfahrens, da Angeklagte zu diesem Zeitpunkt besonders verletzlich sind und überdies das Landesrecht an das Verhalten von Angeklagten während der ersten polizeilichen Einvernahme möglicherweise Konsequenzen knüpft[116]. Diese Garantie wird z.B. verletzt, wenn vor dem ersten Verhandlungstag kein Treffen mit der Verteidigung möglich ist[117]; das erste Verhör in Anwesenheit von Beamten und Geräten, die das Gespräch aufzeichnen, stattfindet; oder der Angeklagte seinen Anwalt nicht darüber informieren darf, dass die ursprünglichen Anklagepunkte mit weiteren Vorwürfen ergänzt wurden[118]. 16.38

Welche Zeitspanne für die Vorbereitung der Verteidigung genügt, hängt von der Komplexität des Falles ab[119] und kann wenige Tage bis mehrere Monate dauern. Interessant ist, dass das humanitäre Völkerrecht bei Strafprozessen gegen Kriegsgefangene eine Mindestfrist von zwei Wochen garantiert[120]. Es lässt sich mit guten Gründen argumentieren, dass – allenfalls mit Ausnahme von Bagatellfällen – diese Frist für die Hauptverhandlung eines Falles auch ausserhalb bewaffneter Konflikte nicht unterschritten werden sollte. Anwälte müssen die Unterbrechung des Prozesses beantragen, falls sie zum Schluss kommen, ihnen sei ungenügend Zeit für die Vorbereitung der 16.39

---

113 MRA, Kelly v. Jamaica, 253/1987 (1991), Ziff. 5.8.

114 MRA, General Comment 32 (2007), Ziff. 33 f., und z.B. EGMR (Grand Chamber), Öcalan v. Turkey, Reports 2005-IV, Ziff. 132 ff., sowie AfKRMV, Avocats sans Frontières v. Burundi, 231/1999 (2000), Ziff. 27.

115 MRA, Drescher Caldas v. Uruguay, 43/1979 (1983), Ziff. 13.3.

116 EGMR (Grand Chamber), Dvorski v. Croatia, 25703/11, Reports 2015, Ziff. 90 f. Dieses Recht ist nicht absolut, sondern kann aus zwingenden Gründen begrenzt werden (Ziff. 80).

117 EGMR, Twalib v. Greece, Reports 1998-IV, Ziff. 40.

118 HRCtee, Allaberdiev v. Uzbekistan, 2555/2015 (2017), Ziff. 8.6.

119 MRA, Little v. Jamaica, 283/1988 (1991), Ziff. 8.3.

120 Art. 105 Abs. 3 GK III.

Verteidigung eingeräumt worden; falls sie dies nicht tun, können Angeklagte später nicht eine Verletzung dieser Garantie geltend machen[121].

16.40 (c) *Das Recht auf ein Urteil ohne unangemessene Verzögerung*: Strafrechtliche Anklagen belasten die betroffenen Individuen, vor allem wenn sie in Untersuchungshaft sitzen und/oder unschuldig sind. Zudem schaden lange Verfahrensverzögerungen den Interessen der Gerechtigkeit. Strafverfahren sollen deshalb in angemessener Frist abgeschlossen werden, d.h. nicht länger als notwendig dauern. Die Garantie auf ein Urteil ohne unangemessene Verzögerung gemäss Art. 14 Abs. 3 lit. c Pakt II, Art. 6 Abs. 1 EMRK, Art. 8 Abs. 1 AMRK, Art. 7 Abs. 1 lit. c AfCRMV und Art. 8 Abs. 1 ArCMR ist nicht nur für den Zeitpunkt des Prozessbeginns, sondern auch für das Prozessende und die Urteilsverkündung relevant, und gilt für alle Verfahrensstadien inklusive der Überprüfung des Urteils durch obere Instanzen[122]. Zu laufen beginnt die Frist ab dem Zeitpunkt der Mitteilung, dass der betroffenen Person eine bestimmte Straftat vorgeworfen wird, also nicht erst ab der förmlichen Anklageerhebung, sondern ab der Verhaftung oder ersten Befragung[123]. Welche Verzögerungen «unangemessen sind», hängt von den konkreten Umständen des Falles, insbesondere von seiner Komplexität und dem Verhalten der angeklagten Person ab[124]. In einem Fall ohne besondere Umstände ist z.B. eine Zeitspanne von vier Jahren und drei Monaten für die Überprüfung eines Todesurteils durch das Appellationsgericht zu lang, eine Frist von 18 Monaten zwischen Verhaftung und Prozessbeginn in einem Mordfall demgegenüber nicht[125]. Zu lang war eine Dauer von 33 Monaten für die schriftliche Begründung eines bereits gefällten Urteils, auch wenn das betreffende Gericht objektiv überlastet war, weil der Staat nichts unternahm, um es zu entlasten[126].

16.41 (d) Das *Recht auf Verteidigung* enthält verschiedene Komponenten:

16.42 ■ Eine wirksame Verteidigung ist erstens nur möglich, wenn die angeklagte Person beim Prozess anwesend sein kann[127]. Angeklagte dürfen nur vom Verfahren ausgeschlossen werden, wenn das Interesse an einer ordnungsgemässen Rechtspflege dies notwendig macht, z.B. weil sie trotz Warnung den Prozess weiterhin massiv stören[128]. Abwesenheitsverfahren sind nur zulässig, wenn Rechtspflegeinteressen

---

121 MRA, General Comment 32 (2007), Ziff. 32.

122 MRA, General Comment 32 (2007), Ziff. 35.

123 EGMR (Grand Chamber), Reinhardt and Slimane-Kaïd v. France, Reports 1998-II, Ziff. 93.

124 MRA, General Comment 32 (2007), Ziff. 35, und z.B. Cedeño v. Venezuela, 1940/2010 (2012), Ziff. 7.7, sowie Siewpersaud et al. v. Trinidad and Tobago, 938/2000 (2004), Ziff. 6.2. So auch EGMR, Mansur v. Turkey, A/319-B (1995), Ziff. 61.

125 MRA, Johnson v. Jamaica, 588/1994 (1996), Ziff. 8.8, bzw. Morrison v. Jamaica, 635/1995 (1998), Ziff. 21.3.

126 EGMR, B. v. Austria, A/175 (1990), Ziff. 52 ff.

127 Art. 14 Abs. 3 lit. e Pakt II und Art. 16 Abs. 3 ArCMR. Dieses Recht ist implizit auch in der EMRK enthalten.

128 EGMR (Grand Chamber), Marguš v. Croatia, Reports 2014-III, Ziff. 90 f.

dies verlangen[129] oder der Angeklagte genügend früh und präzis über den Prozess informiert wurde und auf eine Teilnahme verzichtet bzw. seine Anwesenheit trotz genügender Sorgfalt nicht sichergestellt werden kann[130]. Das Recht auf Anwesenheit gilt für Berufungsinstanzen nur, wenn diese Fakten und Rechtsanwendung frei überprüfen und damit die Frage von Schuld oder Unschuld erneut entscheiden können[131].

- Zweitens dürfen angeklagte Personen wählen, ob sie sich selbst verteidigen oder durch einen Verteidiger ihrer Wahl verteidigen lassen wollen[132], wobei sie auf dieses Recht aufmerksam zu machen sind, wenn sie keine Verteidigerin haben. Wie der EGMR betont, sollte der Zugang zur Verteidigung vom ersten Polizeiverhör an gewährt werden, es sei denn, dass im konkreten Fall zwingende Interessen dies ausschliessen und in Abwesenheit der Verteidigung gemachte belastende Aussagen nicht für eine Verurteilung verwendet werden[133]. Falls es um eine Todesstrafe geht, muss die Anwesenheit der Verteidigung in allen Phasen des Verfahrens sichergestellt sein[134]. Das Recht auf Wahl der Verteidigung bedeutet auch, dass Angeklagte sie während des Verfahrens auswechseln dürfen, falls die Vertrauensbasis zerstört ist[135]. Die beiden Verteidigungsformen schliessen sich nicht gegenseitig aus: Angeklagte, die von einem Verteidiger unterstützt werden, haben ein Recht, diesen innerhalb der Grenzen seiner beruflichen Verantwortlichkeit über die Führung des Falles zu instruieren, und selbständig Aussagen vor Gericht zu machen[136]. Angeklagte besitzen grundsätzlich ein Recht darauf, sich selbst zu verteidigen. In solchen Fällen kann aber gegen ihren Willen eine amtliche Verteidigung eingesetzt werden, falls dies im Interesse der Rechtspflege und eines fairen Prozesses notwendig ist. Das nationale Recht muss deshalb nach Auffassung des MRA davon absehen, automatisch und ausnahmslos eine amtliche Verteidigung vorzusehen[137]. 16.43

---

129 MRA, General Comment 32 (2007), Ziff. 36; und Neporozhnev v. Russia, 1941/2010 (2016), Ziff. 8.5.

130 MRA, General Comment 32 (2007), Ziff. 36, und Monguya Mbenge et al. v. Zaire, 16/1977 (1983), Ziff. 14.1, sowie Maleki v. Italy, 699/1996 (1999), Ziff. 9.3. Vgl. dazu auch EGMR (Grand Chamber), Sejdovic v. Italy, Reports 2006-II, Ziff. 81 ff., und Hermi v. Italy, Reports 2006-XII, Ziff. 58 ff.

131 MRA, Kostin v. Russia, 2496/2014 (2017), Ziff. 7.2.

132 Art. 14 Abs. 3 lit. d Pakt II, Art. 6 Abs. 3 lit. c EMRK, Art. 8 Abs. 2 lit. d AMRK, Art. 7 Abs. 1 lit. c AfCRMV und Art. 16 Abs. 3 ArCMR.

133 EGMR (Grand Chamber), Dvorski v. Croatia, 25703/11, Reports 2015, Ziff. 80. Zum Begriff der «zwingenden Interessen» in Fällen von Terrorismus siehe EGMR (Grand Chamber), Ibrahim and Others v. The United Kingdom, 50541/08 etc., Reports 2016, Ziff. 276 ff.

134 MRA, Burdyko v. Belarus, 2017/2010 (2015), Ziff. 8.5, und Grishkovtsov v. Belarus, 2013/2010 (2015), Ziff. 8.5.

135 MRA, Y.M. v. Russia, 2059/2011 (2016), Ziff. 9.4.

136 MRA, General Comment 32 (2007), Ziff. 37.

137 MRA, General Comment 32 (2007), Ziff. 37, unter Bezugnahme auf Correia de Matos v. Portugal, 1123/2002 (2006), Ziff. 7.4 f., sowie Esergepov v. Kazakhstan, 2129/2012 (2016), Ziff. 11.5. Im Unterschied dazu entschied der EGMR, dass eine landesrechtliche Regel, die in allen Strafverfahren die Bestimmung einer Verteidigung auch gegen den Willen der angeklagten Person

16.44 Hat drittens eine angeklagte Person nicht die Mittel, um für die Verteidigung bezahlen zu können, muss ihr eine solche unentgeltlich zur Verfügung gestellt werden, falls dies «im Interesse der Rechtspflege erforderlich» ist[138], und sie muss entsprechend informiert werden[139]. Ob diese Voraussetzung erfüllt ist, hängt von der Schwere des Deliktes, dem Ausmass der zu erwartenden Strafe und der Komplexität des Falles ab[140]. Relevant können auch die persönlichen Umstände des Angeklagten sein. Deshalb war es z.B. menschenrechtswidrig, einem jungen, ungebildeten und drogensüchtigen Mann die unentgeltliche Verteidigung in einem Verfahren zu verweigern, bei welchem es zwar um ein relativ geringfügiges Delikt ging, die Verurteilung aber dazu führte, dass der Angeklagte eine in einem früheren Verfahren bedingt ausgesprochene längere Freiheitsstrafe absitzen musste[141]. Die unentgeltliche Verteidigung muss in Verfahren, die mit der Todesstrafe enden können, immer zur Verfügung gestellt werden[142]. Die Verteidigung muss effektiv sein, um den menschenrechtlichen Ansprüchen zu genügen, wobei dieser Anspruch nicht bereits bei schlechter professioneller Qualität, sondern erst dann verletzt ist, wenn die Verteidigung grobe und offenkundige Fehler begeht. In diesem Sinn hat der MRA festgestellt, dass anders als bei einem privat bezahlten Anwalt[143] der Staat die Vorgaben des Pakts II verletzt, wenn eine amtliche Verteidigung offenkundige, auch für das Gericht erkennbare Fehler begeht[144]. Dies ist etwa der Fall, wenn ein amtlicher Verteidiger bei einem Todesurteil ein Rechtsmittel zurückzieht, ohne den Verurteilten vorgängig konsultiert zu haben[145], oder während der Befragung von Zeuginnen und Zeugen abwesend ist[146], vorausgesetzt, der Richter konnte erkennen, dass dies den Interessen der Rechtspflege widersprach[147]. Diese Vorgaben werden aber auch verletzt, wenn das Gericht oder eine andere Amtsstelle eine pri-

vorsieht, EMRK-konform ist; Correia de Matos v. Portugal, 48188/99 (2001). Siehe auch EGMR, Croissant v. Germany, A/237-B (1992), Ziff. 30.

138 Art. 14 Abs. 3 lit. d Pakt II, Art. 6 Abs. 3 lit. c EMRK und Art. 16 Abs. 4 ArCMR. Art. 8 Abs. 2 lit. e AMRK überlässt die Frage der Gewährung dieses Anspruchs dem nationalen Recht.

139 Art. 14 Abs. 2 lit. d Pakt II. Siehe auch AfGMR, Jonas v. Tanzania, 011/2015 (2017), Ziff. 74 ff., wo der Gerichtshof ein solches Recht aus Art. 7 Abs. 1 lit. c ACRMV ableitet.

140 Z.B. EGMR, Boner v. The United Kingdom, A/300-B (1994), Ziff. 41.

141 EGMR, Quaranta v. Switzerland, A/205 (1991), Ziff. 34 ff.

142 So die konstante Praxis des MRA: z.B. LaVende v. Trinidad and Tobago, 554/1993 (1997). Vgl. auch General Comment 32 (2007), Ziff. 38.

143 MRA, H.C. v. Jamaica, 383/1989 (1992), Ziff. 6.3.

144 MRA, Taylor v. Jamaica, 705/1996 (1998), Ziff. 6.2, Chan v. Guyana, 913/2000 (2005), Ziff. 6.2, und Hussain v. Mauritius, 980/2001 (2003), Ziff. 6.3.

145 MRA, Kelly v. Jamaica, 253/1987 (1991), Ziff. 9.5.

146 MRA, Hendricks v. Guyana, 838/1998 (2002), Ziff. 6.4.

147 MRA, Taylor v. Jamaica, 705/1996 (1998), Ziff. 6.2, Chan v. Guyana, 913/2000 (2005), Ziff. 6.2, Hussain v. Mauritius, 980/2001 (2003), Ziff. 6.3. Siehe auch EGMR, Vamvakas v. Greece (no. 2), 2870/11 (2015), Ziff. 36, und M.S. v. Croatia (no. 2), 75450/12 (2015), Ziff. 154 ff., betreffend fehlerhafte Vertretung durch Anwälte, die ernannt wurden, um die Interessen von Personen mit schweren geistigen Störungen in Verfahren gemäss Art. 5 Abs. 4 EMRK wahrzunehmen.

vate Verteidigung daran hindert, ihre Aufgabe in effektiver Weise wahrzunehmen[148].

(e) *Das Recht, Fragen an Belastungszeugen zu stellen*: Ein wichtiger Aspekt des Prinzips der Waffengleichheit[149] ist der Anspruch, «Fragen an die Belastungszeugen [zu] stellen oder stellen [zu] lassen und das Erscheinen und die Vernehmung der Entlastungszeugen unter den für die Belastungszeugen geltenden Bedingungen [zu] erwirken»[150]. Es umfasst zwei Aspekte: Die Befragung von Zeugen und Zeuginnen der Anklage und das Recht, eigene Entlastungszeugen vernehmen zu lassen. Dieses Recht ist im Gegensatz zu vielen anderen Verfahrensgarantien im Strafprozess nicht absolut: Verzichtet die Verteidigung auf die Befragung eines Belastungszeugen[151] oder verweigert das Gericht die Einvernahme einer beantragten Zeugin zu Recht, weil diese zur Entlastung des Angeklagten nichts beitragen kann[152], ist die Garantie nicht verletzt[153]. Zum Schutz vor Racheakten können Zeuginnen und Zeugen ausnahmsweise anonym bleiben, indem sie den Blicken der Angeklagten und des Publikums entzogen werden und ihre genaue Identität nicht offengelegt wird; allerdings muss auch in solchen Fällen eine effektive Befragung möglich bleiben[154]. Zeuginnen und Zeugen müssen in der Regel physisch anwesend sein[155]. Die Zulassung von Zeugenaussagen abwesender Personen ist nur erlaubt, wenn legitime Gründe für die Abwesenheit vorliegen, die Aussage für die Verurteilung entscheidend ist, starke Verfahrensgarantien die durch die Abwesenheit verursachten Nachteile aufwiegen, und das Verfahren insgesamt als fair erscheint[156]. 16.45

(f) *Das Recht auf Beizug eines Dolmetschers*: Wer als Angeklagte einem Verfahren nicht folgen kann, weil sie die Verhandlungssprache nicht versteht oder spricht, kann sich nicht wirksam verteidigen. In solchen Fällen können Angeklagte «die unentgeltliche Beiziehung eines Dolmetschers verlangen»[157]. Dieses Recht dient der Waffengleichheit und der Sicherstellung der Verfahrensfairness[158]. Dieses Recht gilt nicht nur für die eigentliche Gerichtsverhandlung, sondern für alle Verfahrensstadien[159]. Es umfasst auch 16.46

---

148 MRA, General Comment 32 (2007), Ziff. 38. Vgl. auch MRA, Arutunyan v. Uzbekistan, 917/2000 (2004), Ziff. 6.3.

149 MRA, General Comment 32 (2007), Ziff. 39, und Allaberdiev v. Uzbekistan, 2555/2015 (2017), Ziff. 8.8.

150 Art. 14 Abs. 3 lit. e Pakt II, Art. 6 Abs. 3 lit. d EMRK, Art. 8 Abs. 2 lit. f AMRK und Art. 16 Abs. 4 ArCMR.

151 MRA, Compass v. Jamaica, 375/1989 (1993), Ziff. 10.3.

152 MRA, Wright v. Jamaica, 349/1989 (1992), Ziff. 8.4 f.

153 MRA, General Comment 32 (2007), Ziff. 39.

154 EGMR, Lüdi v. Switzerland, A/238 (1992), Ziff. 49 f., und Doorson v. The Netherlands, Reports 1996-II, Ziff. 72 f.; IAGMR, Catrimán et al. v. Chile, C/279 (2014), Ziff. 241 ff.

155 EGMR, (Grand Chamber), Schatschaschwili v. Germany, 9154/10, Reports 2015, Ziff. 103.

156 A.a.O., Ziff. 107 ff.

157 Art. 14 Abs. 3 lit. f Pakt II, Art. 6 Abs. 3 lit. e EMRK, Art. 8 Abs. 1 lit. a AMRK und Art. 16 Abs. 4 ArCMR.

158 MRA, Ambaryan v. Kyrgyzstan, 2162/2012 (2017), Ziff. 9.3.

159 MRA, General Comment 32 (2007), Ziff. 40, und Ambaryan v. Kyrgyzstan, 2162/2012 (2017), Ziff. 9.3, und EGMR, Kamasinski v. Austria, A/168 (1989), Ziff. 74.

das Recht auf Übersetzung aller im Prozess relevanten Aussagen und Dokumente[160] und gilt nicht nur für ausländische, sondern auch für eigene Staatsangehörige[161]. Allerdings gibt das Recht keinen Anspruch auf Übersetzung in die Muttersprache, falls die angeklagte Person die Verhandlungssprache genügend kennt, um den Verhandlungen folgen und sich in ihr klar und präzis ausdrücken zu können[162]. «Unentgeltlichkeit» ist wörtlich zu verstehen, d.h. die Ausgaben für die Übersetzung dürfen nicht in den Verfahrenskosten eingeschlossen oder einem unbemittelten Angeklagten nachträglich auferlegt werden, wenn er später zu Einkommen oder Vermögen kommt[163].

16.47 (g) *Das Recht, sich nicht selbst belasten zu müssen*: Verwandt – aber nicht identisch – mit dem Grundsatz der Unschuldsvermutung ist das Recht, die Aussage zu verweigern[164]. Es gilt gemäss klarem Wortlaut nur für angeklagte Personen, nicht aber für Zeuginnen und Zeugen[165]. Die Garantie verbietet «Zwang», d.h. Druck, der von psychologischem Druck über die Androhung von Sanktionen bis hin zu Misshandlungen oder gar Folter reichen kann[166]. Dieses Recht macht nur Sinn, wenn das Stillschweigen beim Entscheid über Schuld oder Unschuld nicht in Betracht gezogen werden darf[167]. Der MRA hat dabei klargestellt, dass erstens Aussagen oder Geständnisse, die unter Verletzung des Verbots der Folter und unmenschlichen oder erniedrigenden Behandlung erlangt wurden, in einem Strafprozess nicht berücksichtigt werden dürfen, es sei denn, um einem Folterer die Schuld nachzuweisen, und zweitens der Staat nachzuweisen hat, dass Aussagen der angeklagten Person freiwillig erfolgten[168]. Die Verwendung von belastenden Aussagen, die unter Folter gewonnen wurden, macht ein Strafverfahren automatisch unfair[169].

16.48 (h) *Rechte von Kindern und Jugendlichen*: Gemäss Art. 14 Abs. 4 Pakt II sind Strafverfahren gegen Jugendliche «in einer Weise zu führen, die ihrem Alter entspricht und ihre Wiedereingliederung in die Gesellschaft fördert». Was dies konkret heisst, führt der Pakt nicht aus, wird aber in der Kinderrechtskonvention teilweise geklärt. Gemäss Art. 40 Abs. 1 KRK müssen der Verletzung der Strafgesetze verdächtigte, beschuldigte

---

160 EGMR, Luedicke, Belkacem and Koç v. Germany, A/29 (1978), Ziff. 48.

161 MRA, General Comment 32 (2007), Ziff. 40.

162 MRA, General Comment 32 (2007), Ziff. 40, und Barzhig v. France, 327/1988 (1991), Ziff. 5.6.

163 EGMR, Luedicke, Belkacem and Koç v. Germany, A/29 (1978), Ziff. 46.

164 Art. 14 Abs. 3 lit. g Pakt II, Art. 8 Abs. 2 lit. g AMRK und Art. 16 Abs. 6 ArCMR.

165 So auch Nowak, Commentary, 345.

166 MRA, Chiti v. Zambia, 1303/2004 (2012), Ziff. 12.6, und Kelly v. Jamaica, 253/1987 (1991), Ziff. 5.5. Vgl. dazu auch EGMR (Grand Chamber), Jalloh v. Germany, Reports 2006-IX, Ziff. 99, und für die Rechtsprechung zum Anspruch, sich nicht selbst belasten zu müssen, EGMR, O'Halloran and Francis v. The United Kingdom, Reports 2007-III, Ziff. 45 ff.

167 So ausdrücklich Art. 67 Abs. 1 lit. g Römer Statut.

168 MRA, General Comment 32 (2007), Ziff. 41, unter Bezugnahme auf Art. 15 FoK, und Singarasa v. Sri Lanka, 1033/2001 (2004), Ziff. 7.4, sowie Kelly v. Jamaica, 253/1987 (1991), Ziff. 7.4. Siehe dazu auch EGMR, Harutyunyan v. Armenia, Reports 2007-III, Ziff. 63 ff., und AfKRMV, Egyptian Initiative for Personal Rights and Interights v. Egypt, 334/06 (2011), Ziff. 214.

169 EGMR (Grand Chamber), Gäfgen v. Germany, Reports 2010-IV, Ziff. 166, und Jalloh v. Germany, Reports 2006-IX, Ziff. 105.

oder überführte Kinder und Jugendliche in einer Weise behandelt werden, «die das Gefühl des Kindes für die eigene Würde und den eigenen Wert fördert, seine Achtung vor den Menschenrechten und Grundfreiheiten anderer stärkt und das Alter des Kindes sowie die Notwendigkeit berücksichtigt, seine soziale Wiedereingliederung sowie die Übernahme einer konstruktiven Rolle in der Gesellschaft durch das Kind zu fördern». Zu diesem Zweck müssen die Vertragsstaaten ein Mindestalter für die Strafmündigkeit festsetzen (Abs. 3). Im Strafverfahren selbst haben angeschuldigte Kinder und Jugendliche automatisch das Recht, einen rechtskundigen oder anderen geeigneten Beistand zur Vorbereitung und Wahrnehmung ihrer Verteidigung zu erhalten, und die Gerichtsverhandlung soll in Anwesenheit der Eltern oder des Vormunds stattfinden, es sei denn dies wäre dem Kindeswohl abträglich (Abs. 2 lit. b)[170].

(i) *Das Recht auf Überprüfung eines Strafurteils durch eine höhere Gerichtsinstanz*: Wer 16.49
zu einer Strafe verurteilt worden ist, hat nach Art. 14 Abs. 5 Pakt II, Art. 8 Abs. 2 lit. h AMRK und Art. 16 Abs. 7 ArCMR[171] Anspruch darauf, das Urteil durch ein höheres Gericht gemäss den landesrechtlichen Vorgaben[172] überprüfen zu lassen. Diese Bestimmung verlangt nicht eine Wiederholung des Prozesses vor der Berufungsinstanz, wohl aber, dass diese Beweise, Rechtsanwendung, Verurteilung und Strafmass materiell prüfen kann und nicht auf eine Prüfung der formellen Aspekte des Verfahrens ohne Auseinandersetzung mit den Fakten beschränkt ist[173]. Der Anspruch auf Überprüfung gilt nicht nur im Fall schwerer Straftaten, sondern für alle Arten von Delikten und Strafen[174]. Diese Garantie wird nicht nur verletzt, wenn ein Urteil eines erstinstanzlichen Gerichts nicht mehr durch eine höhere Instanz überprüft werden kann, sondern auch, wenn die Anklagebehörde gegen einen Freispruch durch ein unterinstanzliches Gericht ein Rechtsmittel ergriffen hat und die Verurteilung letztinstanzlich durch ein Berufungsgericht[175] oder ein oberstes Gericht[176] erfolgt, dessen Urteil nicht mehr überprüft werden kann. Auch ein System, welches ein höchstes nationales Gericht als erste und einzige strafgerichtliche Instanz vorsieht, stellt eine Verletzung dieser Garantie dar[177]. Weniger weit geht ZP 7/EMRK, wonach diese Garantie nicht gilt,

---

170 Zu den Rechten des Kindes in Strafverfahren siehe auch KRK-Ausschuss, General Comment 10 (2007), v.a. Ziff. 40 ff.

171 Restriktiver formuliert ist Art. 2 ZP 7/EMRK.

172 Die Bezugnahme auf das nationale Recht beschränkt diesen Rechtsanspruch nicht, sondern bezieht sich einzig auf die Modalitäten der Überprüfung; MRA, General Comment 32 (2007), Ziff. 45.

173 MRA, General Comment 32 (2007), Ziff. 48, sowie H.K. v. Norway, 2004/2010 (2014), Ziff. 9.3, und T.L.N. v. Norway, 1942/2010 (2014), Ziff. 9.2 f.

174 MRA, General Comment 32 (2007), Ziff. 45.

175 MRA, Gomariz Valera v. Spain, 1095/2002 (2005), Ziff. 7.1.

176 MRA, Terron v. Spain, 1073/2002 (2004), Ziff. 7.4.

177 MRA, General Comment 32 (2007), Ziff. 47, und Terron v. Spain, 1073/2002 (2004), Ziff. 7.4. Dies gilt auch, wenn für die Beurteilung von Straftaten eines Ministers nur ein höchstes Gericht eingesetzt ist: IAGMR, Alibux v. Suriname, C/276, (2014), Ziff. 83 ff.

wo ein höchstes Gericht als erste Instanz gewirkt hat oder das Gesetz für Straftaten geringfügiger Art jede Überprüfung ausschliesst[178].

16.50 (j) *Das Recht auf Entschädigung bei einem Fehlurteil*: Rechtskräftig verurteilte Personen haben gemäss Art. 14 Abs. 6 Pakt II, Art. 3 ZP 7/EMRK, Art. 10 AMRK und Art. 19 Abs. 2 ArCMR Anspruch auf eine Entschädigung für die bereits verbüsste Strafe, falls eine neue oder eine neu bekannt gewordene Tatsache schlüssig beweist, dass ein Fehlurteil vorlag, und das Urteil deshalb aufgehoben oder eine Begnadigung ausgesprochen wird. Diese Garantie gilt nicht, wenn sich nachweisen lässt, dass die verurteilte Person die Verantwortung dafür trägt, dass die betreffenden Tatsachen nicht rechtzeitig bekannt wurden, oder wenn eine Berufungsinstanz die Verurteilung aufhob, bevor das Urteil in Rechtskraft trat, die betroffene Person begnadigt wurde bzw. in den Genuss einer Amnestie kam[179] oder wenn nach einem Regimewechsel ein Gericht feststellt, ein früheres Strafurteil sei mittels einer unzulässigen Auslegung des Gesetzes zustande gekommen[180].

16.51 (k) *Ne bis in idem*: Wer in einem Land bereits wegen einer strafbaren Handlung rechtskräftig verurteilt oder freigesprochen wurde, darf dort nicht erneut für die gleiche Tat strafrechtlich verfolgt werden[181]. Diese Garantie ist verletzt, wenn jemand ein zweites Mal für ein Delikt, welches auf den gleichen Fakten beruht, verfolgt oder bestraft wird[182]. Gemäss dem MRA bedeutet die wiederholte Bestrafung eines Dienstverweigerers, welcher nach Verbüssung der Strafe den Dienst erneut aus den gleichen Gewissensgründen verweigert, ebenfalls eine erneute Strafe für das gleiche Delikt[183]. Ne bis in idem schliesst eine gesetzeskonforme Wiederaufnahme des Verfahrens nicht aus, falls neue Tatsachen vorliegen bzw. bekannt werden oder das ursprüngliche Strafverfahren schwere Mängel aufwies, welche den Ausgang des Verfahrens berührten[184]. Die Verhängung von Strafen durch ein Strafgericht und von verwaltungsrechtlichen Sanktionen durch die zuständige Behörde, z.B. bei Steuerhinterziehung, stellt keine verbotene Doppelbestrafung dar, wenn die beiden Verfahren inhaltlich und zeitlich hinreichend eng miteinander verbunden sind und somit ein kohärentes Ganzes darstellen[185]. Schliesslich ist es nicht verboten, eine Person, die bereits in einem ande-

---

178 Art. 2 Abs. 2 ZP 7/EMRK. Gemäss dieser Bestimmung gilt der Anspruch auch dort nicht, wo die Verurteilung durch ein höheres Gericht erfolgt, nachdem die Anklagebehörde gegen einen Freispruch ein Rechtsmittel ergriffen hat. Diese Ausnahme gilt wohl auch gemäss Art. 14 Abs. 5 Pakt II.

179 MRA, General Comment 32 (2007), Ziff. 53.

180 EGMR, Bachowski v. Poland (dec.), Reports 2010-V.

181 Art. 14 Abs. 7 Pakt II, Art. 4 ZP 7/EMRK, Art. 8 Abs. 4 AMRK und Art. 19 Abs. 1 ArCMR.

182 EGMR (Grand Chamber), Marguš v. Croatia, Reports 2014-III, Ziff. 114.

183 MRA, General Comment 32 (2007), Ziff. 55, und Nasyrlayev v. Turkmenistan, 2219/2012 (2016), Ziff. 8.5.

184 MRA, General Comment 32 (2007), Ziff. 56, und Art. 4 Abs. 2 ZP 7/EMRK.

185 EGMR (Grand Chamber), A. and B. v. Norway, 24130/11 and 29758/11, Reports 2016, Ziff. 130. Diese Voraussetzungen waren in einem Fall erfüllt, in welchem die betroffene Person gleichzeitig strafrechtlich sanktioniert wurde und eine administrative Strafsteuer zu bezahlen hatte.

ren Land verurteilt wurde, im eigenen Land nochmals anzuklagen und zu verurteilen[186].

Vertiefung: Die Geltung der Verfahrensgarantien während bewaffneter Konflikte

Menschenrechte bleiben auch während bewaffneter Konflikte anwendbar, soweit sie nicht gestützt auf einschlägige Ermächtigungen in Menschenrechtskonventionen derogiert worden sind. Das gilt auch für die Verfahrensgarantien im Zusammenhang mit Freiheitsentzug[187] und Strafprozessen. Wie der MRA betont hat, ergänzen sich die internationalen Menschenrechte und das humanitäre Völkerrecht, was u.a. bedeutet, dass Regeln des humanitären Völkerrechts für die Auslegung relevanter Menschenrechtsgarantien in Kriegszeiten bedeutsam sein können.[188] Wo das humanitäre Völkerrecht weniger Schutz als die Menschenrechte bietet, können Staaten betroffene Menschenrechtsgarantien derogieren, falls dies nur soweit geschieht, als in einer bestimmten Situation unbedingt notwendig ist und die übrigen Anforderungen an Derogationen eingehalten werden[189]. Nur das Recht, wegen derselben Sache nicht zweimal vor Gericht gestellt oder bestraft zu werden, und das Verbot rückwirkender Gesetzgebung sind vertraglich notstandsfest ausgestaltet. Andere Verfahrensgarantien im Strafprozess können – falls die dafür notwendigen Voraussetzungen[190] erfüllt sind – in Zeiten bewaffneter Konflikte an sich derogiert werden, sofern es nicht um Verfahrensaspekte geht, in welchen nicht derogierbare Rechte zur Diskussion stehen[191]. Deshalb ist es unzulässig, die Verfahrensrechte in Prozessen zu derogieren, in welchen es um die Verhängung der Todesstrafe geht[192]. Weil das Verbot der Folter und der grausamen, unmenschlichen und erniedrigenden Behandlung integral notstandsfest ist, gilt auch während Kriegszeiten ein absolutes Verbot der Verwertung von Beweismitteln, die unter Verletzung dieser Garantie erlangt wurden, es sei denn, sie würden zum Nachweis, dass tatsächlich gefoltert wurde, benutzt[193]. Der MRA vertritt darüber hinaus die u.E. zutreffende Meinung, die Unschuldsvermutung und das Recht, sich zu verteidigen, seien wegen der Natur dieser Garantien nicht derogierbar[194]. 16.52

Im Fall einer Derogation während eines bewaffneten Konflikts greifen allerdings die zahlreichen Verfahrensgarantien des humanitären Völkerrechts, falls die betroffene Person in ihrem Schutzbereich steht. Im internen bewaffneten Konflikt ist gemäss dem gemeinsamen Art. 3 der Genfer Konventionen die Verurteilung und Hinrichtung von Menschen, die als Zivilpersonen oder verwundete, kranke oder gefangene Kämpfer am Konflikt nicht (mehr) teilnehmen, verboten, falls diese nicht auf dem «Urteil eines ordnungsmäs- 16.53

186 MRA, General Comment 32 (2007), Ziff. 57, unter Bezugnahme auf A.R.J. v. Australia, 692/1996 (1997), Ziff. 6.4, und A.P. v. Italy, 204/1986 (1987), Ziff. 7.3.

187 MRA, General Comment 35 (2014), Ziff. 64.

188 A.a.O. Ähnlich EGMR, Hassan v. United Kingdom, Reports 2014-III, Ziff. 106.

189 Siehe vorne Rz. 4.74 ff.

190 Dazu ausführlich vorne Rz. 4.80 ff.

191 Siehe auch IAGMR, Advisory Opinion on Judicial Guarantees in States of Emergency, A/9 (1987), und Advisory Opinion on Habeas Corpus in Emergency Situations, A/8 (1987).

192 MRA, General Comments 29 (2002), Ziff. 15, und 32 (2007), Ziff. 6.

193 MRA, General Comment 32 (2007), Ziff. 6. Siehe dazu auch Art. 15 FoK.

194 MRA, General Comments 29 (2002), Ziff. 11, und 32 (2007), Ziff. 6.

sig bestellten Gerichtes [beruhen], das die von den zivilisierten Völkern als unerlässlich anerkannten Rechtsgarantien bietet». Allgemeiner formuliert bedeutet dies, dass gemäss den gewohnheitsrechtlich geltenden und während interner und internationaler bewaffneter Konflikte anwendbaren Vorgaben des humanitären Völkerrechts keine Person «hors de combat» ohne Beachtung aller wesentlichen Verfahrensgarantien inhaftiert oder verurteilt werden darf[195]. Diese Garantien sind heute mit den zentralen Gehalten von Art. 14 Pakt II weitgehend identisch.

16.54 Art. 75 Abs. 3 und 4 ZP I bieten Personen in der Hand einer der Parteien eines internationalen bewaffneten Konfliktes Garantien bei Verhaftung und im Strafprozess, welche mit jenen von Art. 9 und 14 Pakt II zum grossen Teil übereinstimmen und deshalb im Lichte dieser Bestimmungen interpretiert werden sollten. Auf der Liste fehlen jedoch etwa die Ansprüche auf einen unentgeltlichen Verteidiger oder eine Dolmetscherin oder auf öffentliche Verhandlung (nicht aber auf öffentliche Urteilsverkündung). Art. 5 Abs. 2 und 3 ZP II enthalten die gleichen Garantien für Strafverfahren für interne bewaffnete Konflikte wie das Zusatzprotokoll I, allerdings mit Ausnahme der Ansprüche auf Befragung von Belastungszeuginnen und -zeugen und auf öffentliche Urteilsverkündung.

16.55 Ein spezifisches Problem betreffend Derogation besteht für die EMRK. Formen der Sicherheitshaft wie Freiheitsentzug für Kriegsgefangene gemäss der GK III oder die Internierung von Angehörigen der Zivilbevölkerung gemäss der GK IV[196] sind kein willkürlicher Freiheitsentzug im Sinne von Art. 9 Pakt II[197]. Internierungen oder präventiver Freiheitsentzug, bei welchen keine Anklage oder Strafverfahren vorgesehen sind, finden sich allerdings nicht in der Liste erlaubter Haftgründe gemäss Art. 5 Abs. 1 EMRK[198] und sind deshalb ohne Derogationserklärung an sich verboten. Der EGMR befand aber, angesichts der konstanten Praxis der EMRK-Vertragsstaaten, bei Freiheitsentzug gestützt auf die GK III und die GK VI keine Derogation zu erklären, sei von einer stillschweigenden nachträglichen Übereinkunft über die Änderung der Auslegung von Art. 5 EMRK auszugehen.[199]

3. Keine Strafe ohne Gesetz und das Verbot rückwirkender Strafgesetze

16.56 Dass nur Handlungen bestraft werden dürfen, die gesetzlich verboten und im Zeitpunkt ihrer Begehung unter Strafe gestellt waren, ist ein zentraler menschenrechtlicher Grundsatz, der absolut gilt und notstandsfest ist. Die Menschenrechtskonventionen anerkennen deshalb den Grundsatz «Keine Strafe ohne Gesetz» und verbieten damit, jemanden wegen einer Handlung oder Unterlassung zu einer Strafe[200] zu ver-

---

195 Henckaerts/Doswald-Beck, Bd. I, Rule 100. Regel 101 verbietet die rückwirkende Anwendung von Strafgesetzen.

196 Art. 21 GC III und Art. 78 GC IV.

197 MRA, General Comment 35 (2014), Ziff. 64.

198 EGMR, Hassan v. United Kingdom, Reports 2014-III, Ziff. 97.

199 A.a.O., Ziff. 101 mit Hinweis auf Art. 31 Abs. 1 lit. b VRK.

200 Nicht als Strafe im Sinn von Art. 7 Abs. 1 EMRK gilt die Aufnahme in ein behördeninternes Register von Sexualstraftätern und die Speicherung dieser Daten bis 30 Jahre nach Verbüssung der Gefängnisstrafe; EGMR, Gardel v. France, Reports 2009-V.

urteilen, die keine gesetzliche Grundlage hat, weil die Tat «zur Zeit ihrer Begehung nach inländischem oder internationalem Recht nicht strafbar war», oder eine «schwerere Strafe als die im Zeitpunkt der Begehung der strafbaren Handlung angedrohte Strafe» zu verhängen[201]. Zudem muss das mildere Gesetz angewandt werden, wenn dieses «nach Begehung einer strafbaren Handlung» eingeführt wurde[202]. Das Verbot betrifft nur das materielle Strafrecht, d.h. verbietet eine Verschärfung des Verfahrensrechts nach Begehung der Tat nicht[203]. Laut dem EGMR ist der Begriff der «Strafe» autonom auszulegen[204].

Diese Garantie ist nicht nur verletzt, wo überhaupt kein Gesetz existiert, sondern auch in Fällen, in welchen das Gesetz so unpräzis ist, dass die Täterin oder der Täter auch bei genügender Sorgfalt nicht wissen konnte, was verboten war[205]. Keine Verletzung liegt hingegen vor, wenn eine für Folter und andere unmenschliche Akte verantwortliche Person, die von einer Amnestieregelung in ihrem Heimatstaat profitiert, in einem Drittstaat basierend auf dem Universalitätsprinzip verurteilt wird[206]. 16.57

Vertiefung: Das Verhältnis zwischen Menschenrechten und nationalem Strafrecht

Das Verhältnis zwischen Menschenrechten und materiellem Strafrecht der Staaten ist komplex. Es wird von folgenden Grundsätzen geprägt: 16.58

(1) Insgesamt lassen die Menschenrechtsverträge den Staaten grosse Freiheit bei der Bestimmung dessen, was als Straftat gilt. Allerdings dürfen sie nicht unter Strafe stellen, was menschenrechtlich erlaubt ist. Wo im konkreten Fall eine Einschränkung der betreffenden Freiheit oder Garantie eine Menschenrechtsverletzung darstellen würde, darf die Freiheitsausübung nicht strafrechtlich sanktioniert werden.

(2) Direkten Bezug auf das materielle Strafrecht nehmen die Garantie des Rechts auf Leben, welche die Todesstrafe nur für schwerste Straftaten erlaubt[207], sowie Art. 2 lit. g FDK, wonach alle innerstaatlichen strafrechtlichen Vorschriften aufzuheben sind, die eine Diskriminierung der Frau darstellen.

(3) Die Staaten müssen Strafnormen zum Schutz gewisser Menschenrechtsgarantien erlassen, wo menschenrechtliche Verträge[208] oder das Völkerstrafrecht[209] sie dazu verpflichten.

---

201 Art. 15 Abs. 1 Pakt II, Art. 7 Abs. 1 EMRK, Art. 9 AMRK und Art. 7 Abs. 2 AfCRMV.

202 Art. 15 Abs. 1 Pakt II und Art. 9 AMRK.

203 IAGMR, Alibux v. Suriname, C/276 (2014), Ziff. 70.

204 EGMR (Grand Chamber), G.I.E.M. S.r.l. and Others v. Italy, 1828/06 (2018), Ziff. 210 ff. (Einstufung einer Konfiskation von Eigentum wegen Verletzung von Bau- und Planungsrecht, die von einem Strafgericht angeordnet wird, als Strafe).

205 EGMR, Kokkinakis v. Greece, A/260-A (1993), Ziff. 52, Jorgic v. Germany, Reports 2007-II, Ziff. 100 ff., und Korbely v. Hungary (Grand Chamber), Reports 2008-IV, Ziff. 70 f. IAGMR, Catrimán et al. v. Chile, C/279 (2014), Ziff. 162.

206 EGMR, Ould Dah v. France (dec.), Reports 2009-I.

207 Art. 6 Abs. 2 Pakt II. Hierzu vorne Rz. 9.29.

208 Art. V Genozidkonvention, Art. 4 RDK, Art. 4 FoK und Art. 32 Abs. 2 KRK.

209 Zum Römer Statut siehe vorne Rz. 2.85 ff.

(4) Die Pflicht, gewisses Verhalten innerstaatlich unter Strafe zu stellen, kann sich schliesslich aus menschenrechtlichen Schutzpflichten ergeben, Private gegen Übergriffe Dritter zu schützen[210].

16.59 Im Erfordernis der gesetzlichen Grundlage für Strafen steckt auch das *Verbot der Rückwirkung* der Strafgesetzgebung[211]. Danach dürfen keine Gesetze auf Straftaten Anwendung finden, die vor dem Inkrafttreten des Gesetzes verübt wurden *(nullum crimen sine lege)*, und bei Taten, die schon in jenem Zeitpunkt strafbar waren, dürfen nicht später eingeführte strengere Strafen Anwendung finden *(nulla poena sine lege)*. Auch wenn der betreffende Tatbestand erst später Eingang in das nationale Strafrecht findet, liegt keine Rückwirkung vor, wenn (1) ein bestimmtes Delikt im Tatzeitpunkt ein Kriegsverbrechen oder ein Verbrechen gegen die Menschlichkeit oder sonst eine Straftat des Völkerrechts darstellte, (2) für den Täter erkennbar war, dass sein Verhalten strafbar sein könnte, und (3) die Tat nicht verjährt ist[212]. Deshalb durfte beispielsweise Litauen einen Ex-Soldaten der Roten Armee, dem im Zweiten Weltkrieg begangene Kriegsverbrechen vorgeworfen wurden, nach dem Zerfall der Sowjetunion ohne Verletzung des Rückwirkungsverbots strafrechtlich verfolgen[213]. Rückwirkung fehlt ebenfalls, wenn eine Strafnorm aufgehoben und durch eine neue Strafbestimmung ersetzt wird, welche in der Substanz mit der älteren übereinstimmt, falls keine strengere Strafe verhängt wird, als unter dem alten Gesetz möglich war[214]. Erlaubt ist ausnahmsweise eine rückwirkende Anwendung, wenn das neue Recht milder ist als das ältere *(lex mitior)*[215].

Beispiel: Die sog. Mauerschützen-Fälle

16.60 Die Frage der rückwirkenden Anwendung der Strafgesetzgebung stellte sich in Deutschland nach dem Fall der Berliner Mauer 1989 im Zusammenhang mit der strafrechtlichen Beurteilung jener, die zur Zeit der DDR für die gezielte Tötung von Personen verantwortlich waren, welche beim Versuch, in die Bundesrepublik Deutschland zu flüchten, entdeckt worden waren. Die deutschen Gerichte wandten zwar DDR-Strafrecht an, die Angeklagten argumentierten aber, in der DDR sei ihr Verhalten straffrei gewesen. Der EGMR kam zum Schluss, diese Tötungen seien bereits im damaligen Zeitpunkt klar menschenrechtswidrig gewesen; als hohe Parteifunktionäre und Mitglieder des nationalen Verteidigungsrates der DDR hätten die Beschwerdeführer für ihre Taten deshalb schon

210 Dazu vorne Rz. 3.94 ff.

211 Art. 15 Abs. 2 Pakt II und Art. 7 Abs. 2 EMRK.

212 EGMR (Grand Chamber), Kononov v. Latvia, Reports 2010-IV, Ziff. 182 ff.

213 A.a.O.

214 MRA, Westerman v. The Netherlands, 682/1996 (1999), Ziff. 9.2. Das gilt auch dann, wenn sich die Gerichtspraxis verschärft hatte, der Täter aber nicht darauf vertrauen konnte, dass die Praxis unverändert bleiben würde, sondern die Änderung der Rechtsprechung vernünftigerweise hätte voraussehen können; EGMR, S.W. v. The United Kingdom, A/335-B (1995), Ziff. 36.

215 EGMR, G. v. France, A/325-B (1995), Ziff. 26.

damals die Verantwortung für Menschenrechtsverletzungen tragen müssen, welche das Strafrecht der DDR ausdrücklich unter Strafe stellte[216]; deshalb liege keine Rückwirkung vor[217].

Der MRA betonte im Fall des Chefs der Grenztruppen und stellvertretenden Verteidigungsministers Baumgarten in ähnlicher Weise, das Strafrecht der DDR habe selbst bestimmt, dass Menschenrechtsverletzungen bestraft würden. Angesichts der Tatsache, dass die Tötungen an der Mauer klar unverhältnismässig waren und die DDR deswegen anlässlich der Diskussion ihres Staatenberichts im Ausschuss bereits kritisiert worden war, seien sie schon damals strafrechtlich verboten gewesen, weshalb ungeachtet der früheren Praxis der DDR-Gerichte keine Rückwirkung vorliege[218]. 16.61

216 Das erste Kapitel des Besonderen Teils des Strafgesetzbuches der DDR von 1968 statuierte ausdrücklich, dass bestraft werde, wer Verbrechen gegen die Menschenrechte verübe.

217 EGMR (Grand Chamber), Streletz, Kessler and Krenz v. Germany, Reports 2001-II, Ziff. 102 ff. Die gleiche Begründung wurde im Fall K.-H.W. v. Germany (Grand Chamber), Reports 2001-II, Ziff. 102 ff., einem Grenzsoldaten entgegengehalten.

218 MRA, Baumgarten v. Germany, 960/2000 (2003), Ziff. 9.5.

17. Kapitel: Schutz der Teilnahme am politischen Leben

I. Überblick

17.1 Die Identität, die Ambitionen und Chancen des Menschen als sozialem Wesen werden im Wesentlichen durch sein gesellschaftliches Umfeld bestimmt. Politische Rechte – in einem weit verstandenen Sinn – verfolgen das Ziel einer möglichst ungehinderten Kommunikation des Menschen mit seiner Umgebung und rechtsgleicher Möglichkeiten zur Mitgestaltung dieses gesellschaftlichen Kontexts. In einem engeren Sinn (Ziff. V) verstanden, gewähren sie in der Form des aktiven und passiven Wahlrechts den Staatsangehörigen ein Recht, zu gleichen Bedingungen in regelmässigen Abständen an freien Wahlen teilzunehmen und sich wählen zu lassen. Diese Ansprüche lassen sich nur verwirklichen, wenn im Vorfeld derartiger Wahlen die Kommunikationsrechte beachtet werden: Dazu gehören das durch die Meinungsäusserungsfreiheit (Ziff. II) geschützte Recht, sich ohne staatliche Einschränkungen mit allen gewünschten Informationen zu versorgen und seine eigene politische Meinung zu bilden und zu äussern. Ebenso zentral für die Meinungsbildung und ihre Manifestation nach aussen ist auch der von der Versammlungsfreiheit (Ziff. III) geschützte Anspruch, sich frei mit anderen Personen treffen zu können, sei dies anlässlich einer stationären Versammlung oder einer Demonstration. Schliesslich benötigt jede freie politische Aktivität die Möglichkeit, sich mit Gleichgesinnten, in politischen Parteien oder anderen Organisationen, zusammenschliessen zu können. Diesen Anspruch schützt die Vereinigungsfreiheit (Ziff. IV).

17.2 Neben dieser zentralen politischen Funktion besitzen die Kommunikationsgrundrechte einen ebenso wichtigen persönlichkeitsbezogenen Gehalt, weil ohne Austausch mit anderen Menschen die Entfaltung der eigenen Persönlichkeit nicht möglich ist. Aus diesem Grund schützen sie – anders als die eigentlichen politischen Rechte, auf die sich einzig Staatsangehörige stützen können – alle Personen unter der Jurisdiktion eines Staates unabhängig von deren Staatsangehörigkeit[1].

1 Allerdings kennt die EMRK – nicht jedoch der Pakt II und die AMRK – in Art. 16 eine Sonderregel, wonach die Kommunikationsrechte nicht so ausgelegt werden dürfen, dass den Vertragsstaaten die Kompetenz entzogen wird, politische Aktivitäten von Ausländern und Ausländerinnen zu beschränken. Siehe dazu hinten Rz. 17.15. Gar als Bürgerrechte ausgestaltet sind die Versammlungs- und Vereinigungsfreiheit aber in Art. 32 ArCMR.

II. Die Meinungsäusserungsfreiheit

Rechtsquellen: Art. 19 AEMR; Art. 15 Abs. 3 Pakt I; Art. 19 und 20 Pakt II; Art. 13 KRK; Art. 5 lit. d (viii) RDK; Art. 13 Abs. 2 WAK; Art. 21 BRK; Art. 10 EMRK; Art. 13 AMRK; Art. 9 AfCRMV; Art. 32 ArCMR.

1. Der Schutzbereich

Die Meinungsäusserungsfreiheit stellt eine der wichtigsten Grundlagen nicht nur für die persönliche Entfaltung, sondern auch für die Existenz einer pluralistisch-demokratischen Gesellschaft dar[2]. Zusammen mit der Versammlungsfreiheit bildet sie einen Eckpfeiler der Demokratie[3]. Die Garantie schützt grundsätzlich die Verbreitung aller möglichen Informationen und «jede[r] Form subjektiver Ideen und Meinungen, die sich auf andere Menschen übertragen lassen»[4]. So garantiert sie insbesondere die freie Wahl der Sprache der Äusserung[5], aber auch die nichtverbale Übertragung von Ideen und Eindrücken, etwa durch Symbole, Bilder, künstlerische[6] oder symbolische Ausdrucksformen, wie etwa das Übergiessen einer Statue mit Farbe[7], die Verbreitung wissenschaftlicher Erkenntnisse und schliesslich die Wahl des Mediums (in gedrucktem oder elektronischem Format[8]) zur Verbreitung resp. zum Empfang derartiger Meinungen[9]. Auch hinsichtlich des Inhalts der verbreiteten Information kennt ihr materieller Geltungsbereich grundsätzlich[10] keine Grenzen, was allerdings nicht ausschliesst, dass gewisse Äusserungen gestützt auf die Schrankenklauseln untersagt werden kön- 17.3

2 So z.B. MRA, General Comment 34 (2011), Ziff. 2; EGMR (Grand Chamber), Zana v. Turkey, Reports 1997-VII, Ziff. 51; IAGMR, Vélez Restrepo and Family v. Colombia, C/248 (2012), Ziff. 141, und AfKRMV, Constitutional Rights Project, Civil Liberties Organization and Media Rights Agenda v. Nigeria, 140/1994, 141/1994, 145/1995 (1999), Ziff. 36.

3 MRA, Pugach v. Belarus, 1984/2010 (2015), Ziff. 7.3.

4 MRA, Ballantyne et al. v. Canada, 359 and 385/1989 (1993), Ziff. 11.3; so auch MRA, General Comment 34 (2011), Ziff. 11, EGMR (Grand Chamber), Palomo Sánchez and Others v. Spain, Reports 2011-V, Ziff. 53, und IAGMR, Kimel v. Argentina, C/177 (2008), Ziff. 53.

5 In diesem Sinn beurteilte der IAGMR ein Verbot des Gebrauchs der Muttersprache gegenüber inhaftierten Angehörigen einer staatlichen Minderheit als Verletzung der Meinungsäusserungsfreiheit; IAGMR, López-Alvarez v. Honduras, C/141 (2006), Ziff. 166.

6 MRA, Reyes et al. v. Chile, 2627/2015 (2017), Ziff. 7.1 ff., und Shin v. Republic of Korea, 926/2000 (2004), Ziff. 7.2; EGMR, Müller and Others v. Switzerland, A/133 (1988), und Vajnai v. Hungary, Reports 2008-IV.

7 EGMR, Vural v. Turkey, 9540/07 (2014), Ziff. 40 mit einer vollständigen Übersicht über die Praxis zu nonverbalen Äusserungen.

8 Siehe EGMR (Grand Chamber), Delfi AS v. Estonia, 64569/09, Reports 2015, Ziff. 110, zur Meinungsfreiheit im Internet.

9 EGMR, Autronic v. Switzerland, A/178 (1990), Ziff. 47; IAGMR, Olmedo Bustos v. Chile («The Last Temptation of Christ» Case), C/73 (2001), Ziff. 65.

10 Zur Frage, ob auch rassistische Äusserungen vom Geltungsbereich dieser Garantie erfasst werden, siehe hinten Rz. 17.20 ff.

nen. So schützt die Meinungsäusserungsfreiheit auch Satire[11], Informationen, die beleidigen, stören oder schockieren[12], und damit auch unreflektierte und emotionale Äusserungen. In den Schutzbereich dieser Freiheit fällt beispielsweise auch ein Aufruf zum Wahlboykott[13]. Ebenfalls irrelevant ist der ideelle oder kommerzielle Charakter[14], der Ort oder das Umfeld der Äusserung[15].

17.4 Der Schutzbereich der Garantie umfasst nicht nur die Freiheit, Informationen zu verbreiten, sondern auch die, solche zu suchen und zu erhalten[16], und insbesondere auch die journalistische Recherchetätigkeit[17] und den Zugang zum Internet[18] auch im Umfeld des Freiheitsentzugs[19]. Diese Garantie verankert zudem einen beschränkbaren Anspruch auf Einsicht in Informationen unter staatlicher Kontrolle[20], insbesondere wenn die Informationen von öffentlichem Interesse sind und sie für einen Beitrag zu einer öffentlichen Debatte gesammelt werden[21]. Ferner anerkennt der EGMR, dass diese Garantie Schutz gegen die geheime staatliche Registrierung persönlicher Daten über politische Aktivitäten einer Person gewährt[22]. Schliesslich macht eine langjährige und konstante Praxis des EGMR klar, dass die Meinungsäusserungsfreiheit auch den Schutz journalistischer Quellen mitumfasst[23].

---

11 EGMR, Ziembiński v. Poland (no. 2), 1799/07 (2016), Ziff. 44 f.

12 Siehe z.B. MRA, General Comment 34 (2011), Ziff. 11; EGMR (Grand Chamber), Refah Partisi (the Welfare Party) and Others v. Turkey, Reports 2003-II, Ziff. 89; IAGMR, Ivcher Bronstein v. Peru, C/74 (2001), Ziff. 152, sowie AfCRMV, Good v. Botswana, 313/05 (2010), Ziff. 197.

13 Gemäss MRA, Svetik v. Belarus, 927/2000 (2004), Ziff. 7.3, verstösst eine Bestrafung wegen eines Appells, an den Wahlen nicht teilzunehmen, gegen die Meinungsäusserungsfreiheit, falls der betreffende Staat keine Pflicht zur Teilnahme an Wahlen kennt.

14 MRA, Ballantyne et al. v. Canada, 359 and 385/1989 (1993), Ziff. 11.3; EGMR, Casado Coca v. Spain, A/285-A (1994), Ziff. 35.

15 In diesem Sinn bestätigte der EGMR verschiedentlich, auch Anwälte könnten sich für ihre Aussagen während Gerichtsverfahren auf diese Garantie berufen. Siehe etwa EGMR (Grand Chamber), Kyprianou v. Cyprus, Reports 2005-XIII, Ziff. 151.

16 Z.B. MRA, General Comment 34 (2011), Ziff. 18 f., und Gauthier v. Canada, 633/1995 (1999); EGMR, Gaskin v. The United Kingdom, A/160 (1989); IAGMR, Olmedo Bustos v. Chile («The Last Temptation of Christ» Case), C/73 (2001), Ziff. 66.

17 Z.B. EGMR, Schweizerische Radio- und Fernsehgesellschaft SRG v. Switzerland, 34124/06 (2012), Ziff. 41 ff.: Die Ablehnung des Gesuchs, eine inhaftierte Person interviewen zu können, stellt einen Eingriff in die Meinungsäusserungsfreiheit dar.

18 EGMR, Cengiz and Others v. Turkey, 48226/10 and 14027/11 (2015), Ziff. 54 ff. (Zugriff auf YouTube).

19 EGMR, Kalda v. Estonia, 17429/10 (2016), Ziff. 45 ff. (Zugriff auf eine Website mit Rechtsinformationen).

20 EGMR (Grand Chamber), Magyar Helsinki Bizottság v. Hungary, 18030/11, Reports 2016, Ziff. 126, mit ausführlichen Ausführungen zur Praxis des EGMR. Siehe auch IAGMR, Lund et al. v. Brazil, C/219 (2010), Ziff. 197 ff.

21 EGMR, Guseva v. Bulgaria, 6987/07 (2015), Ziff. 11.

22 EGMR, Segerstedt-Wiberg and Others v. Sweden, Reports 2006-VII, Ziff. 107.

23 Siehe insb. EGMR (Grand Chamber), Goodwin v. The United Kingdom, Reports 1996-II, Ziff. 39, und etwa EGMR, Becker v. Norway, 21272/12 (2017), Ziff. 71 ff., sowie Telegraaf Media Nederland Landelijke Media B.V. and Others v. The Netherlands, 39315/06 (2012), Ziff. 127

Die Existenz einer negativen Meinungsäusserungsfreiheit, d.h. eines Rechts auf Nichtverbreitung einer auf die eigene Person bezogenen Meinung oder Tatsache, wird vom EGMR nicht ausgeschlossen[24]; und es gibt keine Gründe für die Annahme, dass ein solches Recht nicht existieren soll. 17.5

Von der Meinungs*äusserungs*freiheit, die eingeschränkt werden kann, ist die einzig in Art. 19 Abs. 1 Pakt II explizit verankerte *Meinungs*freiheit, d.h. die Freiheit, eine Meinung zu besitzen, zu unterscheiden[25]. Sie gilt absolut und ist gemäss Art. 4 Pakt II notstandsfest[26]. Massnahmen wie Gehirnwäsche oder zwangsweise ideologisch motivierte Umerziehungen in Haftanstalten[27] können daher gemäss Pakt II nie eine Rechtfertigung finden. Da die Meinungsfreiheit ein rein passives Verhalten resp. einen Vorgang des Innenlebens schützt, lassen sich keine legitimen Gründe für staatliche Zwangsindoktrination finden, weshalb dieser Bereich auch im Rahmen der regionalen Konventionen, trotz fehlender Verankerung im Text, absolut geschützt ist. 17.6

2. Unterlassungspflichten

Die Meinungsäusserungsfreiheit verpflichtet die Vertragsstaaten in erster Linie, die freie Verbreitung von Informationen und deren Empfang nicht zu behindern und Personen, welche Informationen verbreiten oder empfangen, nicht nachträglich zu bestrafen oder sonst wie zu benachteiligen. Damit stellen nicht nur eigentliche Zensurmassnahmen oder Publikationsverbote oder etwa die Blockierung einer Website[28] einen Eingriff in dieses Recht dar. Dieses Recht kann auch verletzt werden durch die Anordnung von Disziplinarsanktionen gegenüber einem Inhaftierten, der sich beim Justizminister über gewisse Gefängnismitarbeiter beschwert[29], die unverhältnismässige Bestrafung eines Rechtsanwalts wegen Missachtung des Gerichts[30], die Bestrafung wegen des Sammelns von Unterschriften, mit welchen die Einleitung eines Verfahrens für die Abberufung eines Parlamentariers verlangt wird[31]; oder die Ablehnung eines Gesuchs, auf einem zentralen Platz eine Mahnwache anlässlich des Jahrestags der An- 17.7

m.w.H. Nicht als Quelle betrachtet werden hingegen Personen, welche die Verantwortung für ein Verbrechen für sich reklamieren, da diese nicht freiwillig die Presse darin unterstützen, die Öffentlichkeit über Vorgänge im allgemeinen Interesse zu informieren; EGMR, Stichting Ostade Blade v. The Netherlands, 8406/06 (2014), Ziff. 64 f.

24 EGMR (Grand Chamber), Gillberg v. Sweden, 41723/06 (2012), Ziff. 84 ff. Das Gericht vermied es, den Fall gestützt auf ein solches Recht zu entscheiden.

25 Die Meinungsäusserungsfreiheit wird auch von der Gewissensfreiheit mitumfasst, siehe dazu vorne Rz. 13.2 ff.

26 Vgl. dazu MRA, General Comment 34 (2011), Ziff. 5 und 9 f.

27 MRA, Kang v. Republic of Korea, 878/1999 (2003), Ziff. 7.2.

28 MRA, General Comment 34 (2011), Ziff. 43, und EGMR, Yildirim v. Turkey, Reports 2012-VI.

29 EGMR, Shahanov and Palfreeman v. Bulgaria, 35365/121 and 69125/12 (2016), Ziff. 53 ff.

30 EGMR (Grand Chamber), Kyprianou v. Cyprus, Reports 2005-XIII, Ziff. 149 ff.

31 MRA, Yasinovich and Shevchenko v. Belarus, 1835/2008 and 1837/2008 (2013), Ziff. 9.5. Unzulässig war auch die Bestrafung von drei Personen, welche mit einem Teppich, der mit einem Bibelzitat bestickt war, vor einem Gebäude standen; MRA, Pivonos v. Belarus, 1830/2008 (2012), Ziff. 9.2.

nahme der allgemeinen Erklärung der Menschenrechte abzuhalten[32]. Anlässlich der Beurteilung der Bestrafung von Parlamentsmitgliedern wegen grob beleidigenden Verhaltens[33] oder der Ausfällung einer Freiheitsstrafe gegenüber einem Parlamentarier wegen Beleidigung des Königs[34] betonte der EGMR die besondere Bedeutung der Meinungsäusserungsfreiheit für Mitglieder des Parlaments, weshalb eine Beschränkung in diesem Kontext erhöhte Anforderungen erfüllen müsste[35]. Allgemeiner formuliert, anerkennt der EGMR ein hohes Schutzniveau bei Äusserungen von öffentlichem Interesse inklusive solcher zum Funktionieren der Justiz[36]. Ebenso sollten nach seiner Auffassung friedliche Formen des Protests so privilegiert werden, dass sie nicht mit einer Freiheitsstrafe bestraft werden können[37].

17.8 Darüber hinaus kann der Schutzbereich auch durch indirekte Massnahmen betroffen sein. Dazu zählen der Widerruf der Einbürgerung des Mehrheitseigentümers und Direktors einer privaten Fernsehanstalt, die verschiedentlich Beiträge über Menschenrechtsverletzungen gesendet hatte[38]; körperliche Übergriffe auf einen Kameramann, welcher die gewaltsame Auflösung einer Demonstration gefilmt hatte[39]; die Konfiskation und Zerstörung von Werbematerial einer oppositionellen Partei für die Präsidentschaftswahlen kurz vor dem Wahltermin[40]; Registrationspflichten für Journalistinnen und Journalisten sowie Massenmedien, um ihre Aktivitäten überwachen zu können[41]; die Ausweisung eines Journalisten wegen eines regierungskritischen Zeitungsartikels[42]; die Bestrafung von Personen, die keine Meinung äusserten, sondern an einer Versammlung teilnahmen, anlässlich derer die Allgemeine Erklärung der Menschenrechte im Zentrum einer Stadt verteilt wurde[43]; ein Strafverfahren gegen einen Journalisten wegen angeblicher Diffamierung eines Ministers, das während

32 MRA, Sudalenko v. Belarus, 2016/2010 (2015), Ziff. 8.2 ff.

33 EGMR (Grand Chamber), Karácsony and Others v. Hungary, 42461/13 and 44357/13, Reports 2016, Ziff. 120 ff.

34 EGMR, Otegi Montragon v. Spain, Reports 2011-I.

35 EGMR (Grand Chamber), Karácsony and Others v. Hungary, 42461/13 and 44357/13, Reports 2016, Ziff. 137 f.

36 EGMR (Grand Chamber), Morice v. France, 29369/10, Reports 2015, Ziff. 125.

37 EGMR, Vural v. Turkey, 9540/07 (2014), Ziff. 66. Als klar unverhältnismässig stufte der EGMR eine Verurteilung zu einer Freiheitsstrafe von 14 Jahren wegen des Übergiessens einer Statue von Kemal Atatürk mit Farbe ein (a.a.O., Ziff. 67).

38 IAGMR, Ivcher Bronstein v. Peru, C/74 (2001), Ziff. 145 ff. Aufgrund der fehlenden Staatsangehörigkeit ordnete anschliessend ein Gericht die Suspendierung der Mehrheitsrechte des Beschwerdeführers an der Medienunternehmung an.

39 IAGMR, Vélez Restrepo and Family v. Colombia, C/248 (2012), Ziff. 127.

40 MRA, Korneenko v. Belarus, 1553/2007 (2009), Ziff. 8.2 f.

41 MRA, Mavlonov and Sa'di v. Uzbekistan, 1334/2004 (2009), Ziff. 8.3, und AfKRMV, Scanlen & Holderness v. Zimbabwe, 297/05 (2009), Ziff. 87 ff. Dazu auch MRA, General Comment 34 (2011), Ziff. 44.

42 AfKRMV, Zimbabwe Lawyers for Human Rights and Institute for Human Rights and Development in Africa (on behalf of Andrew Barclay Meldrum) v. Zimbabwe, 294/04 (2009), Ziff. 110–112.

43 MRA, Velichkin v. Belarus, 1022/2001 (2005).

mehrerer Jahre hängig ist[44] und damit auch gegen den Anspruch auf ein Urteil ohne unangemessene Verzögerung verstösst[45] oder die Androhung der Auflösung einer Gewerkschaft, weil diese sich gemäss ihren Statuten für ein Recht auf Unterricht in der Muttersprache einsetzte[46]. In einzelnen dieser Entscheide war der Eingriff in diese Garantie derart gravierend, dass er im Sinne eines sog. «chilling effects» über den konkreten Fall hinaus Auswirkungen zeitigte[47].

Wie bei anderen Freiheitsrechten ist die Unterlassungspflicht bei der Meinungsäusserungsfreiheit keine absolute. Vielmehr sind Staaten gemäss Art. 19 Abs. 3 Pakt II berechtigt, diese Garantie auf der Grundlage eines Gesetzes Einschränkungen zu unterwerfen, die notwendig sind zur «Achtung der Rechte und des Rufs anderer» sowie «für den Schutz der nationalen Sicherheit, der öffentlichen Ordnung (ordre public), der Volksgesundheit und der öffentlichen Sittlichkeit»[48]. Die regionalen Konventionen kennen vergleichbare Schrankenklauseln, wobei Art. 10 Abs. 2 EMRK Beschränkungen zusätzlich zur «Verhinderung der Verbreitung vertraulicher Informationen oder zur Wahrung der Autorität und der Unparteilichkeit der Rechtsprechung» zulässt[49]. 17.9

Die internationale Praxis hatte die Zulässigkeit von Beschränkungen der Meinungsäusserungsfreiheit beispielsweise in folgenden Bereichen zu beurteilen: 17.10

- Der EGMR kennt eine reiche Rechtsprechung zur Zulässigkeit von Eingriffen zum Schutz der *Rechte Dritter*, d.h. zur Durchsetzung des Persönlichkeitsschutzes[50]. Der Gerichtshof gewichtet in derartigen Fällen die Interessen der Öffentlichkeit regelmässig stark, falls mit dem Eingriff der gute Ruf eines Politikers oder einer Politikerin[51], 17.11

44 MRA, Majuwana Kankanamge v. Sri Lanka, 909/2000 (2004), Ziff. 9.4. Der Ausschuss bejahte eine Verletzung von Art. 19 i.V.m. Art. 2 Abs. 3 Pakt II.

45 Siehe dazu Rz. 16.40.

46 EGMR, Eğitim ve Bilim Emekçileri Sendikası v. Turkey, Reports 2012-III, Ziff. 62 ff.

47 Siehe etwa EGMR (Grand Chamber), Morice v. France, 29369/10, Reports 2015, Ziff. 127 und 176 (Gefängnisstrafe wegen öffentlicher Verleumdung von Staatsangestellten für einen Anwalt, der in einem Zeitungsinterview einen Richter kritisiert hatte) und Kyprianou v. Cyprus, Reports 2005-XIII, Ziff. 181 (unverhältnismässige Bestrafung eines Verteidigers wegen einer hitzigen Auseinandersetzung mit dem Gericht während der Beratungen in einem Fall vorsätzlicher Tötung), EGMR, Tønsberg Blad As and Haukom v. Norway, 510/04 (2007), Ziff. 102 (Verleumdungsklage gegen eine Zeitung).

48 Siehe dazu MRA, General Comment 34 (2011), Ziff. 21 ff.

49 Diesem Modell zur Beschränkung der Meinungsäusserungsfreiheit folgt auch die AfKRMV, obwohl die AfCRMV Meinungsäusserungen einzig «im Rahmen der gesetzlichen Bestimmungen» garantiert; AfKRMV, Constitutional Rights Project and Others v. Nigeria, 140/1994, 141/1994, 145/1995 (1999), Ziff. 40 ff.

50 Siehe zu den dabei verwendeten Kriterien detailliert EGMR (Grand Chamber), Axel Springer AG v. Germany, 39954/08 (2012), Ziff. 89 ff.

51 Vgl. etwa EGMR (Grand Chamber), Lindon, Otchakovsky-Laurens and July v. France, Reports 2007-IV, Ziff. 42 und 46, und Wirtschafts-Trend Zeitschriften Verlagsgesellschaft mbH v. Austria, 58547/00 (2005), Ziff. 37. So auch die Praxis des MRA: Bodrožić v. Serbia, 1180/2003 (2005), Ziff. 7.2, und des IAGMR: Fontevecchia and D'Amico v. Argentina, C/238 (2011), Ziff. 47 ff.

eines Untersuchungsrichters[52], eines Staatsoberhaupts[53], eines Prinzen[54] oder eines Monarchen in seiner Funktion als Staatsoberhaupt[55] geschützt werden soll. Ebenso ist nach Auffassung des EGMR die Ausstrahlung eines mit versteckter Kamera gefilmten beruflichen Verhaltens einer Privatperson durch die Meinungsäusserungsfreiheit geschützt, falls diese Informationen einen Beitrag zu einer öffentlichen Debatte über ein Thema von allgemeinem Interesse darstellt und dabei die Vorgaben professioneller Ethik beachtet werden[56]. Keine Verletzung der Meinungsäusserungsfreiheit stellt daher das Verbot einer Veröffentlichung von Fotos dar, die eine berühmte Person des Gesellschaftslebens bei rein privaten Aktivitäten zeigen[57]. Hingegen gewichtet der Gerichtshof das Recht auf Privatleben gegenüber der Meinungsäusserungsfreiheit in der Regel höher, falls Veröffentlichungen keinen Beitrag von allgemeinem Interesse darstellen[58]. Ebenfalls unter das Motiv des Schutzes der Rechte Dritter fallen Eingriffe zum Schutz religiöser Gefühle Dritter[59] und solche in die Pressefreiheit zum Schutz eines fairen Wettbewerbs[60]. Dieses Interesse rechtfertigt auch die Verpflichtung eines privaten, kommerziell orientierten Internet-Newsportals, welches eigene Nachrichten mit einer Kommentarfunktion publiziert, Kommentare seiner Leserinnen und Leser zu entfernen, welche die Persönlichkeitsrechte Dritter missachten und zu Hass und Gewalt gegen diese auffordern[61].

17.12 Ehrverletzungsdelikte werden in verschiedenen Staaten regelmässig dazu missbraucht, Kritik an Politikerinnen und Politikern sowie Mitgliedern der gesellschaftlichen und wirtschaftlichen Elite zu unterbinden. Der Erlass solcher Gesetze stellt an sich keine Verletzung der Meinungsäusserungsfreiheit dar und kann gar gefordert sein, um die Rechte von Drittpersonen zu schützen. Der MRA[62] betont aber, solche Strafnormen müssten sorgfältig formuliert sein und insbesondere das Erbringen eines Wahrheitsbeweises, welcher zur Straffreiheit führt, ermöglichen. Zudem sollten diese Bestimmung nicht auf Äusserungen Anwendung finden, die ihrer Natur nach nicht überprüfbar sind, und die ausgesprochenen Strafen sollten

---

52 EGMR, July and SARL Libération v. France, Reports 2008-II, Ziff. 65 ff.

53 EGMR, Eon v. France, 26118/10 (2013), Ziff. 47 ff. So auch MRA, General Comment 34 (2011), Ziff. 38.

54 EGMR (Grand Chamber), Couderc and Hachette Filipacchi Associés v. France, 40454/07, Reports 2015, Ziff. 90 ff.

55 EGMR, Otegi Montragon v. Spain, Reports 2011-I, Ziff. 56.

56 EGMR, Haldimann and Others v. Switzerland, 21830/09, Reports 2015, Ziff. 57 ff.

57 EGMR, Von Hannover v. Germany, Reports 2004-VI, Ziff. 65 ff.

58 Siehe dazu im Detail EGMR (Grand Chamber), Von Hannover v. Germany (No. 2), Reports 2012-I, Ziff. 108 ff.

59 EGMR, İ.A. v. Turkey, Reports 2005-VIII, Ziff. 26.

60 Siehe für ein anschauliches Beispiel EGMR, Hertel v. Switzerland, Reports 1998-VI, Ziff. 42 und 47–51. Der EGMR prüft in solchen Fällen die Zulässigkeit von Eingriffen vergleichsweise streng.

61 EGMR (Grand Chamber), Delfi AS v. Estonia, Reports 2015, Ziff. 115.

62 MRA, General Comment 34 (2011), Ziff. 47.

verhältnismässig sein[63]. Diesbezüglich vertreten der MRA[64] und der AfGRMV[65] die Auffassung, Freiheitsstrafen seien für Ehrverletzungsdelikte nie angebracht. Der EGMR betont, der verbale Angriff auf eine Person müsse einen gewissen Schweregrad erreichen und eine tatsächliche negative Auswirkung auf das Recht auf Privatleben der angesprochenen Person haben, um Strafen zu rechtfertigen. Zudem sei ein fairer Ausgleich zwischen der Meinungsäusserungsfreiheit und dem Recht auf Privatleben der kritisierten Person anzustreben[66]. Soweit ein Presseartikel negative Werturteile über eine Person von öffentlichem Interesse enthält, ist eine Bestrafung wegen Ehrverletzung unzulässig, falls sich diese auf Fakten abstützen können[67].

Auf den Eingriffsvorbehalt der *nationalen Sicherheit* und der *öffentlichen Ordnung*[68] berufen sich Staaten regelmässig zum Schutz militärischer Geheimnisse oder im Zusammenhang mit aktuellen oder drohenden bewaffneten Auseinandersetzungen. Als Umstand, welcher die öffentliche Ordnung bedroht, taxiert der EGMR ein Verhalten, das zu Störungen des geordneten Zusammenlebens etwa in Form von öffentlichen Unruhen führen kann oder bereits dazu geführt hat[69]. Der EGMR gewährt den Staaten im Umfeld einer aktuellen Unruhesituation einen weiten Spielraum zur Beurteilung der Notwendigkeit von Einschränkungen der Medienfreiheit. So erachtete er etwa die Bestrafung eines ehemaligen Bürgermeisters, welcher in einem Interview erwähnt hatte, er unterstütze eine aufständische Bewegung, für gerechtfertigt[70]. Andererseits sieht der EGMR[71], ebenso wie der MRA[72], gestützt auf diese öffentlichen Interessen kaum Raum für Beschränkungen der Meinungsäusserungsfreiheit im Bereich des öffentlichen Diskurses und politischer Debatten. So stufte der MRA die Bestrafung eines politischen Aktivisten, der in Südkorea Drucksachen verteilte, in welchen politische Positionen Nordkoreas unterstützt wurden, als unverhältnismässig und damit als Verletzung der Meinungsäusserungsfreiheit ein[73]. Stets eine Verletzung dieser Garantie stellt eine Bestrafung wegen der Veröffentlichung von offiziell geheimen Informationen dar, falls diese 17.13

---

63 Der MRA empfiehlt in General Comment 34 (2011), Ziff. 47, weiter, dass Äusserungen zu Politikerinnen und Politikern wenn möglich nicht bestraft werden sollen, falls die gemachten Aussagen zwar inhaltlich falsch sind, aber aufgrund eines Irrtums und damit nicht vorsätzlich artikuliert wurden.

64 A.a.O.

65 AfGRMV, Lohé Issa Konaté v. Burkina Faso, 004/2013 (2014), Ziff. 163 ff.

66 EGMR, GRA Stiftung gegen Rassismus und Antisemitismus v. Switzerland, 18597/13 (2018), Ziff. 54. Der EGMR befand, dass eine strafrechtliche Verurteilung wegen der Aussage, die Rede eines Politikers sei verbaler Rassismus, Art. 10 EMRK verletze (a.a.O., Ziff. 66 ff.).

67 EGMR, Falzon v. Malta, 45791/13 (2018), Ziff. 65.

68 Vgl. dazu auch MRA, General Comment 34 (2011), Ziff. 30 f.

69 EGMR (Grand Chamber), Perinçek v. Switzerland 27510/08, Reports 2015, Ziff. 152.

70 EGMR (Grand Chamber), Zana v. Turkey, Reports 1997-VII, Ziff. 52 ff.

71 Etwa EGMR, Eğitim ve Bilim Emekçileri Sendikası v. Turkey, Reports 2012-III, Ziff. 69. Siehe auch AfKRMV, Good v. Botswana, 313/05 (2010), Ziff. 198 f.

72 MRA, General Comment 34 (2011), Ziff. 38.

73 MRA, Kim v. Republic of Korea, 574/1994 (1999), Ziff. 12.4.

bereits anderweitig den Weg in die Öffentlichkeit gefunden haben[74]. Das gleiche gilt, wenn eine Person aus dem Staatsdienst entlassen wird, weil sie einen zwar internen, aber nicht als vertraulich klassifizierten Bericht über Missstände in der Staatsanwaltschaft an eine Zeitung weiterleitet[75]. Hingegen erachtet der EGMR die Bestrafung eines Journalisten wegen Veröffentlichung geheimer staatlicher Dokumente, die ihm von einem Staatsangestellten widerrechtlich zugestellt wurden, nicht per se als Verletzung der Meinungsäusserungsfreiheit[76]. Ebenfalls keine Verletzung dieser Garantie stellte gemäss dem MRA die Bestrafung eines Journalisten dar, weil dieser im Widerspruch zu den Vorgaben des nationalen Wahlgesetzes Ergebnisse von Umfragen zur Präsidentschaftswahl innerhalb der 23-tägigen Sperrfrist vor dem Wahltermin veröffentlichte[77].

17.14 ■ Regelmässig gewähren der EGMR und der MRA den Staaten einen besonders weiten Ermessensspielraum zur Beurteilung, ob eine Beschränkung der Meinungsäusserungsfreiheit zum *Schutz der öffentlichen Moral*, z.B. aus Gründen des Jugendschutzes oder zur Durchsetzung eines Pornografieverbots, notwendig sei[78]. Diese Zurückhaltung wird damit begründet, dass die Moralvorstellungen in den einzelnen Vertragsstaaten infolge ihrer unterschiedlichen kulturellen Traditionen sehr verschieden ausgestaltet sind, und es nicht Sache einer internationalen Instanz sein kann, über solche nationale Konzepte zu richten. Das Diskriminierungsverbot muss allerdings diesen Ermessensspielraum beschränken: Staaten können sich daher laut dem MRA zur Einschränkung von Aussagen über die sexuelle Orientierung nicht auf den Schutz der Sittlichkeit berufen, solange die Aussagen nicht als Aufforderung für bestimmte sexuelle Aktivitäten oder als Werbung für eine bestimmte sexuelle Orientierung einzustufen sind, sondern darauf zielen, Verständnis für die Anliegen von LGBTI-Personen zu erlangen[79].

17.15 Eine zusätzliche Einschränkungsklausel findet sich in Art. 16 EMRK. Nach dieser sind die Meinungsäusserungsfreiheit (und andere Freiheitsrechte) «nicht so auszulegen, als untersagten sie den Hohen Vertragsparteien, die politische Tätigkeit ausländischer Personen zu beschränken». Heute ist allgemein anerkannt, dass die Bestimmung, welche keine Parallele in anderen Menschenrechtsverträgen findet, eine veraltete Konzeption der Meinungsäusserungsfreiheit reflektiert[80]. Art. 16 EMRK hat denn auch in der Rechtsprechung des Gerichtshofs kaum eine Bedeutung gespielt. So hielt der EGMR in einem Urteil, ohne auf Art. 16 Bezug zu nehmen, fest, die Meinungsäusserungsfrei-

74 Siehe etwa EGMR, Vereniging Weekblad Bluf! v. The Netherlands, A/306-A (1995), Ziff. 43 ff.

75 EGMR (Grand Chamber), Guja v. Moldova, Reports 2008-II.

76 EGMR (Grand Chamber), Stoll v. Switzerland, Reports 2007-V.

77 MRA, Jong-Cheol v. Republic of Korea, 968/2001 (2005).

78 Siehe z.B. EGMR, Müller and Others v. Switzerland, A/133 (1988), Ziff. 35; MRA, Hertzberg et al. v. Finland, 61/1979 (1982), Ziff. 10.3.

79 MRA, Fedatova v. Russia, 1932/2010 (2012), Ziff. 10.5 ff.

80 Siehe etwa bereits Europarat, Parlamentarische Versammlung, Empfehlung 799 (1979) über die politischen Rechte ausländischer Staatsangehöriger, die in Ziff. 10 für die Streichung von Art. 16 EMRK plädiert.

heit gelte unabhängig von Grenzen ohne Unterschied zwischen Bürgerinnen und Bürgern und ausländischen Staatsangehörigen[81]. In einem jüngeren Urteil betonte der EGMR, Art. 16 EMRK sei so auszulegen, dass er nur Einschränkungen von Aktivitäten mit direktem Einfluss auf den politischen Prozess des betreffenden Staates rechtfertigen könne. Dies sei nicht der Fall, wenn ein türkischer Politiker anlässlich einer öffentlichen Veranstaltung in der Schweiz einen durch die Türkei begangenen Genozid an der armenischen Bevölkerung negiert[82].

3. Schutz- und Gewährleistungspflichten

Auch die Meinungsäusserungsfreiheit verlangt von den Staaten die Ergreifung positiver Massnahmen zum *Schutz gegen Beeinträchtigungen dieser Garantie durch Private*[83]. 17.16
Der EGMR kam so etwa zum Schluss, der mit Verweis auf nationale Gesetze begründete gerichtliche Schutz für die Weigerung einer privatrechtlich organisierten Werbefernsehgesellschaft, den Werbespot einer Tierschutzorganisation auszustrahlen, sei als Beschränkung und auch als Verletzung der Meinungsäusserungsfreiheit zu taxieren[84]. Als Verletzung der aus der Meinungsäusserungsfreiheit fliessenden Schutzpflicht stufte der Gerichtshof auch die Bestätigung der fristlosen Kündigung der Anstellung einer «Whistleblowerin» – einer Krankenschwester – durch nationale Arbeitsgerichte ein, welche mit einer Strafanzeige auf angebliche Missstände in einem privaten Altersheim reagierte[85]. Hingegen beurteilte er die gerichtliche Bestätigung der Kündigung von Gewerkschaftsmitgliedern wegen ihrer Ausführungen in einer Gewerkschaftszeitung nicht als Verletzung der Meinungsäusserungsfreiheit, da das zuständige Arbeitsgericht eine sorgfältige Abwägung zwischen den EMRK-Garantien und den Loyalitätsverpflichtungen der Arbeitnehmer gegenüber ihrem Arbeitgeber vorgenommen hatte[86]. Als Verletzung des Rechts auf freien Empfang von Informationen stufte er das Urteil eines schwedischen Gerichts ein, wonach die Weigerung einer Familie aus dem Irak, eine Satellitenschüssel zu entfernen, die Kündigung ihrer Wohnung durch den Hausbesitzer rechtfertige. Der Zugang zu Satellitenfernsehen sei zu schützen, weil dieser

---

81 EGMR, Cox v. Turkey, 2933/03 (2010), Ziff. 31.

82 EGMR (Grand Chamber), Perinçek v. Switzerland, 27510/08, Reports 2015, Ziff. 122.

83 MRA, General Comment 34 (2011), Ziff. 7.

84 EGMR, VgT Verein gegen Tierfabriken v. Switzerland, Reports 2001-VI, Ziff. 44–79. Da sich die Werbegesellschaft trotz dieses Urteils erneut weigerte, Werbespots dieser Organisation auszustrahlen, gelangte diese erneut an den Gerichtshof. In ihrem Urteil gelangte die Grosse Kammer zum Schluss, diese Weigerung stelle eine neue Verletzung der aus der Meinungsäusserungsfreiheit fliessenden Schutzpflichten dar; EGMR (Grand Chamber), VgT Verein gegen Tierfabriken v. Switzerland (No. 2), Reports 2009-IV. Der MRA kam in einem frühen Entscheid zum Schluss, interne Zensurmassnahmen einer privaten Rundfunkanstalt gegenüber ihren Journalistinnen und Journalisten stelle einen Eingriff in die Meinungsäusserungsfreiheit dar. Er betonte aber, dies sei deswegen der Fall, weil der Staat eine Aktienmehrheit von 90% an dem Unternehmen halte und dieses unter staatlicher Aufsicht stehe; MRA, Hertzberg et al. v. Finland, 61/1979 (1982), Ziff. 9.1 und 10.2.

85 EGMR, Heinisch v. Germany, Reports 2011-V.

86 EGMR (Grand Chamber), Palomo Sánchez and Others v. Spain, Reports 2011-V, Ziff. 53 ff.

der Familie ermögliche, den Kontakt mit ihrer Herkunftskultur aufrechtzuerhalten[87]. Schliesslich sind Journalistinnen und Journalisten zu schützen, die wegen der Herausgabe einer Zeitschrift[88] oder einer regierungskritischen Nachrichtensendung[89] Übergriffen und Bedrohungen durch Private ausgesetzt sind.

17.17 Darüber unterstehen Staaten auch *Gewährleistungspflichten*. So haben sie mittels entsprechender legislativer Vorgaben sicherzustellen, dass auch im audiovisuellen Medienbereich eine effektive Meinungspluralität besteht[90]. Daher beurteilte der EGMR die Weigerung, einer privaten Gesellschaft, die eine staatliche Bewilligung zur terrestrischen Ausstrahlung von Fernsehprogrammen besass, Sendefrequenzen zuzuteilen, als Eingriff, der mangels gesetzlicher Grundlage für dieses Vorgehen eine Verletzung der Meinungsäusserungsfreiheit darstellte[91]. Aufgrund fehlender entsprechender Praxis ist es darüber hinaus schwierig abzuschätzen, in welchem Ausmass Staaten eine eigentliche Leistungspflicht zur Erfüllung dieser Garantie haben.

Vertiefung: Repressionen gegen Menschenrechtsaktivisten und -aktivistinnen («human rights defenders»)

17.18 Repressive staatliche Massnahmen gegen Personen, die sich wie etwa Journalistinnen, Anwälte, Ärztinnen oder Mitglieder von NGOs für die Einhaltung der Menschenrechte einsetzen, nehmen weltweit zu. Solche Massnahmen reichen von Belästigungen, Bedrohungen über Inhaftierungen und strafrechtliche Verfolgungen bis zu Verschwindenlassen und extralegalen Tötungen von Aktivistinnen und Aktivisten[92]. Aktuell versuchen verschiedene Staaten die Aktivitäten von Menschenrechts-NGOs etwa durch den Erlass repressiver Gesetze und Anordnungen, die darauf zielen «human rights defenders» zu delegitimieren und zu kriminalisieren, einzuschränken. Dies schliesst etwa Beschränkungen des Zugangs von NGOs zu (ausländischen) Geldquellen oder die Erschwerung ihrer Aktivitäten durch die Einführung bürokratischer Hindernisse mit ein[93]. Zu beobachten ist diese faktische Beschränkung der Meinungsäusserungsfreiheit meist in Staaten, in welchen gewisse rechtsstaatliche und zivilgesellschaftliche Strukturen zwar vorhanden sind und welche internationale Verträge ratifiziert haben, deren autoritäre Regierungen aber versuchen, Menschenrechtsverletzungen zu verbergen und daher die Aktionsfelder solcher unabhängigen Beobachterinnen einzuschränken. Die Beschränkung der Meinungs-

87 EGMR, Khurshid Mustafa and Tarzibachi v. Sweden, 23883/06 (2008).

88 EGMR, Dink v. Turkey, 2668/07, 6102/08, 30079/08, 7072/09 and 7124/09 (2010), insb. Ziff. 106.

89 IAGMR, Perozo et al. v. Venezuela, C/195 (2009), Ziff. 119 ff.

90 EGMR (Grand Chamber), Centro Europa 7 S.R.L. and Di Stefano v. Italy, Reports 2012-III, Ziff. 134, sowie MRA, General Comment 34 (2011), Ziff. 39 f.

91 EGMR (Grand Chamber), Centro Europa 7 S.R.L. and Di Stefano v. Italy, Reports 2012-III, Ziff. 136 ff.

92 Siehe etwa AfKRMV, Huri-Laws v. Nigeria, 225/1998 (2000), und den Bericht des Sonderberichterstatters über die Situation von Menschenrechtsaktivisten vom 3. August 2016, UN Doc, A/71/281, der die zunehmende Gewalt gegen Aktivistinnen und Aktivisten im Menschenrechts- und Umweltbereich aufzeigt.

93 Bericht des Sonderberichterstatters vom 1. Februar 2016, UN Doc. A/HRC/31/55, Ziff. 25.

äusserungsfreiheit verfolgt dabei das illegitime Ziel, die Verletzung anderer Menschenrechte zu vertuschen. Damit wird nicht nur die landesrechtliche Umsetzung der Menschenrechte massiv tangiert, sondern es werden auch die Aufgaben der internationalen Überwachungsorgane wesentlich erschwert.

Solche Massnahmen verletzen nicht nur die Meinungsäusserungsfreiheit und andere relevante Menschenrechte, sondern verstossen auch gegen die detaillierteren Garantien der Deklaration der UNO-Generalversammlung vom 9. Dezember 1998 über die Rechte von Personen und Organisationen, die sich für den Schutz der Menschenrechte und Grundfreiheiten einsetzen. 17.19

4. Die Meinungsäusserungsfreiheit und Hassreden («hate speech»)

Die Meinungsäusserungsfreiheit kann dann problematisch sein, wenn sie als Grundlage zur Verbreitung von Intoleranz, zur Stigmatisierung von Personen wegen ihrer Religion oder ethnischen Zugehörigkeit oder gar zu Gewaltaufrufen gegen diese Personen benutzt wird. Verschiedene Staaten verbieten daher «hate speech», d.h. bestimmte Formen von Antisemitismus, Rassismus oder Blasphemie und andere Arten der Diffamierung religiöser Auffassungen. Gleichzeitig betont etwa der RDK-Ausschuss, Aussagen und Meinungen im Kontext akademischer Debatten oder im Umfeld politischer Auseinandersetzungen seien legitim, solange sie nicht als Aufforderung zu Hass, Verachtung, Gewalt oder Diskriminierung einzustufen sind[94]. Damit stellt sich die Frage, wo und wie die Abgrenzung zwischen einer rechtmässigen Meinungsäusserung und verbotener Hassrede zu ziehen ist. 17.20

Diese Problematik zählte während Jahren zu den umstrittensten Fragen innerhalb des Menschenrechtsrats: Gewisse Staaten forderten die Einführung eines Verbots der «Beleidigung von Religionen» als Mittel zur Bekämpfung von Islamophobie, während insb. westliche Staaten unter Verweis darauf, dass Menschenrechte Individuen und nicht Religionen oder Traditionen schützen, die Idee entschieden ablehnten. Im Jahr 2011 gelang es, einen Kompromiss zu finden, indem dieses Konzept durch ein Bekenntnis Kampf gegen religiöse Intertoleranz etwa durch Bekämpfung von Diskriminierung, durch die Bestrafung der Anstiftung zu Gewalt gegen Angehörige religiöser Gruppen und durch die Förderung von Religionsfreiheit und Pluralismus, ersetzt wurde[95]. 17.21

Auch die regionalen Gerichtshöfe und die Vertragsausschüsse hatten sich verschiedentlich mit der Auflösung dieses Dilemmas auseinanderzusetzen. Dabei lassen sich drei Vorgehensweisen unterscheiden: Die Entscheidungen basieren entweder a) auf Bestimmungen, welche die Staaten zum Erlass einer Gesetzgebung zum Verbot von «hate speech» verpflichten, oder b) auf den Schrankenklauseln der Meinungsäusserungsfreiheit, welche die Staaten zu einer Einschränkung ermächtigen und – unter 17.22

94 RDK-Ausschuss, General Recommendation 35 (2013), Ziff. 25.

95 MR-Rat, Resolution A/HRC/RES/16/18, Ziff. 5 f., bestätigt in Resolution A/HRC/RES/28/29.

Einbezug der Schutzpflichten anderer Grundrechte – gar verpflichten, oder sie stützen sich c) auf sog. Missbrauchsklauseln ab, welche die Berufung auf die Menschenrechte mit dem Ziel untersagen, andere Menschenrechtsgarantien zu beseitigen.

a) Verpflichtung zum Verbot von Hassreden

17.23 Zur gesetzlichen Beschränkung der Meinungsäusserung *verpflichtet* werden die Vertragsstaaten durch das in Art. 20 Pakt II enthaltene Verbot der Kriegspropaganda und des Eintretens «für nationalen, rassischen oder religiösen Hass, durch das zu Diskriminierung, Feindseligkeit oder Gewalt aufgestachelt wird»[96]. Eine ähnliche Bestimmung findet sich in Art. 13 Abs. 5 AMRK. Nach Art. 4 RDK verpflichten sich die Vertragsstaaten dieses Abkommens unter anderem, «jede Verbreitung von Ideen, die auf der Überlegenheit einer Rasse oder den Rassenhass gründen [und] jedes Aufreizen zum Rassenhass» als strafbare Handlung zu erklären und alle Organisationen, die derartige Ideen propagieren, zu verbieten.

Ob und in welchem Ausmass Art. 20 Pakt II – im Sinne einer explizit verankerten Schutzpflicht – Opfern derartiger Propaganda ein individuelles Recht einräumt, hat der Ausschuss bisher offengelassen[97]. Er stellte aber klar, die Staaten seien gestützt auf Art. 20 verpflichtet, Gesetze zu erlassen, die Hassreden verbieten, im Übrigen komme aber dieser Bestimmung keine selbständige Bedeutung zu[98]. Auch Einschränkungen gestützt auf Art. 20 Pakt II haben daher die Vorgaben von Art. 19 Abs. 3 dieses Vertrags zu beachten[99].

b) Einschränkung der Meinungsäusserungsfreiheit

17.24 Aus Furcht vor einer Aushöhlung der Meinungsäusserungsfreiheit haben viele westliche Staaten Vorbehalte zu diesen Bestimmungen angebracht. Gleichzeitig untersagt aber eine Mehrheit von ihnen Holocaust- oder Genozidleugnung oder gewisse Ausprägungen des Antisemitismus. Damit ist zu klären, ob die Schrankenklauseln das Verbot von Hassreden erlauben oder gar verpflichten, gegen solche Äusserungen vorzugehen.

17.25 Gerichte und Vertragsüberwachungsorgane bejahen diese Frage. Der MRA stützte sich im Entscheid *Faurisson gegen Frankreich* nicht auf Art. 20 Pakt II, sondern betonte, Art. 19 Pakt II erlaube zwar kein generelles Verbot der Artikulation abwegiger Meinungen oder falscher Einstufungen historischer Ereignisse, eine Bestrafung wegen Leug-

---

96 Siehe MRA, General Comment 11 (1983). Aus diesem Grund haben viele Staaten gegenüber dieser Bestimmung Vorbehalte erklärt.

97 Siehe MRA, Vassilari v. Greece, 1570/2007 (2009), Ziff. 6.5. Der RDK-Ausschuss tritt demgegenüber auf Individualbeschwerden, in welchen eine Verletzung von Art. 4 RDK gerügt wird, ein; siehe TBB-Turkish Union in Berlin/Brandenburg v. Germany, 48/2010 (2013), Ziff. 12.3 ff., und Adan v. Denmark, 43/2008 (2010), Ziff. 7.1 ff.

98 MRA, General Comment 34 (2011), Ziff. 51. Diese Verpflichtung lässt sich mutmasslich auch aus der Verpflichtung herleiten, Privatpersonen vor Diskriminierung zu schützen.

99 A.a.O.

nung des Holocausts sei aber eine rechtmässige Beschränkung der Meinungsäusserungsfreiheit sowohl zum Schutz der Rechte anderer Personen als auch solcher der Gesamtgesellschaft. Da die Ausführungen des Beschwerdeführers geeignet seien, eine antisemitische Stimmung zu fördern, diene diese Beschränkung der Sicherstellung des Rechts der jüdischen Gemeinschaft auf ein Leben ohne Furcht vor einer Atmosphäre des Antisemitismus[100]. Zudem erachtete der MRA eine solche Beschränkung als notwendig, da die Negierung der Existenz des Holocaust das hauptsächliche Vehikel für Antisemitismus darstelle[101]. In ähnlicher Weise begründete er im Entscheid *Ross gegen Kanada* die Notwendigkeit der Entlassung eines Lehrers, der öffentlich Personen christlichen Glaubens dazu aufgerufen hatte, Menschen jüdischen Glaubens oder jüdischer Herkunft zu verachten, da sie eine Gefahr für Freiheit, Demokratie und christliche Werte darstellten[102], mit dem Recht jüdischer Schülerinnen und Schüler auf eine vorurteilsfreie und tolerante Schule[103]. Diese Rechtsprechung illustriert, dass Art. 20 Pakt II nicht als übermässige, zusätzliche Beschränkung der Meinungsäusserungsfreiheit zu verstehen ist, sondern als Verweis auf notwendige Massnahmen zur Gewährleistung der Rechte von Drittpersonen auf Schutz vor Gewaltakten und Diskriminierungen, und damit als Konkretisierung der Schrankenbestimmung von Art. 19 Abs. 3 Pakt II.

Nach Auffassung des EGMR sind strafrechtliche Massnahmen in einer demokrati- 17.26
schen Gesellschaft zur Sanktionierung falscher oder umstrittener Einstufungen historischer Ereignisse grundsätzlich nicht notwendig, solange dadurch nicht zu Hass oder Intoleranz aufgerufen werde oder die Äusserungen im Kontext erhöhter Spannungen gemacht würden. Basierend darauf hielt das Gericht es zur Sicherstellung der öffentlichen Ordnung oder der Rechte der Nachkommen der Opfer nicht für notwendig, eine Person zu bestrafen, welche die Auffassung vertrat, die Massentötungen von Armenierinnen und Armeniern stellten keinen Völkermord dar[104].

Bei der Beurteilung der Rechtmässigkeit einer strafrechtlichen Sanktionierung von 17.27
Blasphemie und Beschimpfung religiöser Überzeugungen betonte der EGMR, die Ausübung der Meinungsäusserungsfreiheit sei, wie in Art. 10 EMRK statuiert wird, mit Pflichten und Verantwortungen verbunden. Dies schliesse im Bereich religiöser Überzeugungen etwa eine Verpflichtung zur Unterlassung von Aussagen mit ein, die grundlos beleidigend und blasphemisch sind[105]. Daher könne es angezeigt sein, un-

100 MRA, Faurisson v. France, 550/1993 (1996), Ziff. 9.6.

101 A.a.O., Ziff. 9.7.

102 MRA, Ross v. Canada, 736/1997 (2000), Ziff. 11.5.

103 A.a.O., Ziff. 15.6.

104 EGMR (Grand Chamber), Perinçek v. Switzerland, 27510/08, Reports 2015, Ziff. 280.

105 EGMR, İ.A. v. Turkey, Reports 2005-VIII, Ziff. 24. In diesem Urteil hielt das Gericht fest, Aussagen, wonach der Prophet Mohammed das Fastengebot durch Geschlechtsverkehr brach und sexuelle Kontakte mit Toten und Tieren nicht untersagte, seien «not only comments that offend or shock, or a ‹provocative› opinion, but also an abusive attack on the Prophet of Islam» (Ziff. 29). Demzufolge bezwecke die Ausfällung einer Busse in der Höhe von umgerechnet 16 US$ «to provide protection against offensive attacks on matters regarded as sacred by Muslims. In that respect it finds that the measure may reasonably be held to have met a ‹pressing gebührliche Angriffe auf Objekte religiöser Verehrung zu bestrafen[106]. Denn es gehe hier um eine Abwägung der divergierenden Interessen, die sich aus der Ausübung zweier fundamentaler Menschenrechte ergeben, namentlich dem Recht, öffentlich seine Sichtweise zu religiösen Auffassungen darzulegen und dem Recht anderer Personen auf Respektierung ihrer Religionsfreiheit[107]. Diese Argumentation wirft die Frage auf, ob ein blasphemisches Verhalten oder eine Beschimpfung religiöser Sichtweisen überhaupt das Recht einer Person, religiösen Überzeugungen zu folgen und diese nach aussen zu manifestieren (Art. 19 EMRK), tangieren kann. Zudem beinhaltet diese Haltung das Risiko eher Religionen als Individuen zu schützen. Ein solcher Schritt würde aber die Ausübung der Meinungsäusserungsfreiheit ernsthaft gefährden. Einem strikteren Ansatz scheint der MRA zu folgen, wenn er betont, dass Gesetze nie dazu verwendet werden dürfen, um Kritik an religiösen Anführern, an religiösen Vorgaben oder an Glaubenslehren zu vermeiden oder gar zu bestrafen. Daher stünden Blasphemiegesetze und andere Normen, welche Verhalten, das mangelnden Respekt vor Religionen oder anderen Glaubenssystemen pönalisieren, im Widerspruch zum Pakt II, soweit damit nicht zu Hass im Sinne von Art. 20 Pakt II aufgerufen werde[108].

c) Abstützung auf Missbrauchsklauseln

17.28 Die Missbrauchsklauseln von Art. 5 Pakt II, Art. 17 EMRK und Art. 29 lit. a AMRK besagen, dass keine Bestimmung des Pakts II oder der regionalen Konventionen ein Recht begründet, eine Tätigkeit auszuüben oder eine Handlung zu begehen, die auf eine Abschaffung der in diesen Verträgen verankerten Garantien zielt. In der Praxis des MRA spielt diese Ausnahmebestimmung keine Rolle. In der jüngeren Praxis des EGMR gewinnt diese Bestimmung indes wieder an Bedeutung. Unter Bezugnahme auf diese Bestimmung betonte der EGMR, die Leugnung klar erstellter historischer Tatsachen wie etwa des Holocaust, stelle eine der schlimmsten Formen rassistischer Beschimpfung von Jüdinnen und Juden dar, stachle zu Hass ihnen gegenüber auf und untergrabe damit die Werte, auf welchen der Kampf gegen Rassismus und Antisemitismus beruhe. Daher können sich gestützt auf Art. 17 EMRK Holocaust-Leugner nicht auf die Meinungsäusserungsfreiheit gemäss Art. 10 EMRK berufen[109]. Der Ge-

social need›» (Ziff. 30). Siehe auch Otto-Preminger-Institut v. Austria, A/295-A (1994), Ziff. 49, und Murphy v. Ireland, Reports 2003-IX, Ziff. 67.

106 EGMR, İ.A. v. Turkey, Reports 2005-VIII, Ziff. 24. Mit gleicher Begründung beurteilte der Gerichtshof etwa auch eine Bestrafung wegen Aufruf zu Rassenhass (EGMR, Féret v. Belgium, 15615/07 [2009]), wegen Gutheissung terroristischer Anschläge (EGMR, Leroy v. France, 36109/03 [2008]) oder wegen Aussagen auf vor einer Schule verteilten Flugblättern, in welchen Homosexualität unter anderem als abartig und gesellschaftszerstörend bezeichnet und mit Pädophilie gleichgesetzt worden war (EGMR, Vejdeland v. Sweden, 1813/07 [2012]) als zulässige Einschränkungen der Meinungsäusserungsfreiheit.

107 EGMR, İ.A. v. Turkey, Reports 2005-VIII, Ziff. 27.

108 MRA, General Comment 34 (2011), Ziff. 48. Zum Verhältnis zwischen Art. 19 und Art. 20 Pakt II siehe a.a.O., Ziff. 50 ff.

109 EGMR, Garaudy v. France (dec.), Reports 2003-IX. In EGMR, M'Bala M'Bala v. France (dec.), 25239/13, Reports 2015, Ziff. 39 f. hielt der Gerichtshof fest, eine flagrante und provokative richtshof stützte sich auch[110] im Fall islamophobischer[111] und antisemitischer Hassäusserungen[112] sowie Aussagen, welche Kriegsverbrechen unmissverständlich rechtfertigen[113], auf Art. 17 EMRK, weil solche Aussagen dem Schutzgedanken von Art. 10 zuwiderlaufen und damit eine Anrufung dieser Norm rechtsmissbräuchlich erscheine[114]. Daher beurteilte er gestützt auf Art. 17 EMRK etwa die Beschwerde gegen das Verbot der Aktivitäten einer Vereinigung, welche die Errichtung eines Kalifats und die Vernichtung Israels und seiner Bevölkerung anstrebt, als offensichtlich unbegründet[115].

III. Die Versammlungsfreiheit

Rechtsquellen: Art. 20 AEMR; Art. 21 Pakt II; Art. 15 KRK; Art. 5 lit. d (ix) RDK; Art. 26 und 40 WAK; Art. 11 EMRK; Art. 15 AMRK; Art. 11 AfCRMV; Art. 24 Ziff. 6 ArCMR.

1. Der Schutzbereich

Ebenso essentiell wie die Meinungsäusserungsfreiheit ist für eine freie Gesellschaft 17.29
und die Ausübung jeder Form der Demokratie die Garantie, sich mit anderen Personen versammeln zu können. Art. 21 Pakt II, Art. 11 EMRK und entsprechende Garantien der übrigen regionalen Abkommen schützen daher alle Formen des Zusammenkommens mehrerer Menschen, das bewusst und in Hinblick auf einen bestimmten Zweck erfolgt, d.h. organisiert ist[116]. Nicht nur die Teilnahme an solchen Zusammenkünften untersteht diesem menschenrechtlichen Schutz, sondern auch deren Organisation. Die geschützten Versammlungen können auf verschiedene Arten abgehalten werden, z.B. als stationäre Versammlungen in öffentlichen oder privaten Räumen, die entweder allgemein zugänglich sind oder einen geschlossenen Teilnehmerkreis kennen, aber auch als Umzüge oder Demonstrationen[117]. Wie der MRA betont, umfasst die Versammlungsfreiheit überdies das (einschränkbare) Recht auf die Wahl eines Versammlungsorts in Sicht- und Hörweite des Zielpublikums[118]. Ebenfalls

Leugnung des Holocaust durch einen Komiker sei durch Art. 10 EMRK nicht geschützt, weshalb eine Anwendung von Art. 17 EMRK nicht notwendig sei.

110 In EGMR (Grand Chamber), Paksas v. Lithuania, Reports 2011-I, Ziff. 87 f., findet sich eine Übersicht über die Praxis des EGMR zur Missbrauchsklausel der EMRK.

111 EGMR, Norwood v. The United Kingdom (dec.), Reports 2004-XI.

112 EGMR, Ivanov v. Russia (dec.), 35222/04 (2007).

113 EGMR (Grand Chamber), Paksas v. Lithuania, Reports 2011-I, Ziff. 88.

114 EGMR, Orban and Others v. France, 20985/05 (2009), Ziff. 35.

115 EGMR, Hizb Ut-Tahrir and Others v. Germany (dec.), 31098/08 (2012). Ähnlich auch Kasymakhunov and Saybatalov v. Russia, 26261/05 and 26377/06 (2013), Ziff. 102 ff.

116 Gewisse Versammlungen werden auch durch andere Garantien geschützt: So etwa religiöse durch die Religionsfreiheit und rein private durch das Recht auf Privatleben.

117 Vgl. EGMR, Ezelin v. France, A/202 (1991), Ziff. 53.

118 MRA, Shumilina et al. v. Belarus, 2142/2012 (2017), Ziff. 6.4, und Korol v. Belarus, 2089/2011 (2016), Ziff. 7.5.

unerheblich sind die anlässlich einer Versammlung vertretenen Inhalte: So schützt die Versammlungsfreiheit namentlich auch Demonstrationen, welche Personen stören oder beleidigen können, die gegen die Ideen oder Behauptungen sind, welche die Versammlung zu fördern sucht. Ausser in Fällen der Aufstachelung zu Gewalt oder der Ablehnung demokratischer Grundsätze erweisen alle Massnahmen, welche die Versammlungs- und Meinungsfreiheit beeinträchtigen – so schockierend und unannehmbar bestimmte Ansichten oder Worte den Behörden auch erscheinen mögen – der Demokratie einen schlechten Dienst und gefährden sie häufig sogar[119].

17.30 Alle genannten Bestimmungen garantieren jedoch einzig ein Recht auf friedliche Versammlungen[120]. Damit schliessen sie Zusammenkünfte, bei welchen die Demonstrierenden Gewaltakte verüben oder solche beabsichtigen, von ihrem materiellen Schutzbereich aus[121]. Nicht als gewaltsame Versammlungen gelten aber Manifestationen zivilen Ungehorsams wie etwa Sitzblockaden oder die Benutzung von passiven Schutzutensilien durch Teilnehmende[122]. Friedliche und damit geschützte Versammlungen sind auch Demonstrationen, an welchen sich extremistisch gesinnte, gewalttätige Personen beteiligen, die nicht zu den Organisatoren der Veranstaltung gehören, und Demonstrationen mit einem Potenzial zur Auslösung von Unruhen, das auf Umständen ausserhalb der Kontrolle der Organisatoren beruht[123]. Ebenfalls darf nicht allein aus den während einer Versammlung geäusserten Meinungen auf den gewaltsamen Charakter einer solchen geschlossen werden[124].

2. Unterlassungspflichten

17.31 Jede staatliche Beeinträchtigung im Vorfeld, während und nach einer friedlichen Versammlung, sei dies ein eigentliches präventives Versammlungsverbot oder eine Bewilligung mit Auflagen oder die Auflösung einer Zusammenkunft, die Verhinderung der Teilnahme, aber auch die nachträgliche Sanktionierung der Teilnahme an einer solchen, stellt einen Eingriff in die Versammlungsfreiheit dar. Solche Massnahmen können nicht nur die Rechte der direkt davon betroffenen Personen verletzen, sondern auch andere davon abhalten, an einer Versammlung teilzunehmen und ihre Meinung kundzutun und damit an einer politischen Debatte teilzunehmen[125].

17.32 Es fragt sich, ob bereits die Statuierung eines Bewilligungserfordernisses für Veranstaltungen auf öffentlichem Grund als Eingriff in dieses Freiheitsrecht zu qualifizieren ist? Der MRA bejaht dies und verlangt deshalb, dass der Verzicht auf das Einholen einer Bewilligung nicht sanktioniert werden darf, wenn es sich um Versammlungen mit we-

119 EGMR (Grand Chamber), Kudrevičius and Others v. Lithuania, 37553/05, Reports 2015, Ziff. 145, und Alekseyev v. Russia (Chamber), 4916/07, 25924/08 and 14599/09 (2010), Ziff. 73.

120 Art. 15 AMRK schützt zudem explizit einzig Versammlungen ohne Waffen.

121 EGMR, Frumkin v. Russia, 74568/12 (2016), Ziff. 98.

122 EGMR, Barraco v. France, 31684/05 (2009): Blockade einer Autobahn mit Lastwagen.

123 EGMR, Schwabe and M.G. v. Germany, Reports 2011-VI, Ziff. 103.

124 Vgl. Nowak, Commentary, 486.

125 EGMR, Ibrahimov and Others v. Azerbaijan, 69234/11 etc. (2016), Ziff. 86.

nigen Personen ohne jede Beeinträchtigung der öffentlichen Ordnung handelt[126]. Demgegenüber stuft die Strassburger Praxis ein solches Bewilligungserfordernis grundsätzlich nicht als Beschränkung dieser Garantie ein[127], betont aber, Spontandemonstrationen müssten auch bei fehlender Bewilligung möglich bleiben[128]. Friedliche Spontandemonstrationen ohne Beeinträchtigung der öffentlichen Ordnung dürfen auch gemäss dem MRA trotz fehlender Bewilligung nicht sanktioniert werden[129].

Eingriffe in den bereits relativ eng umschriebenen Geltungsbereich der Versamm- 17.33
lungsfreiheit können nicht mit deren Verletzung gleichgesetzt werden. Vielmehr sind die Staaten zu Eingriffen wie im Fall anderer Freiheitsrechte befugt, falls diese sich auf eine gesetzliche Grundlage[130] stützen, tatsächlich der Verfolgung eines öffentlichen Interesses dienen und verhältnismässig ausgestaltet sind[131]. Typischerweise berufen sich Staaten zur Beschränkung der Versammlungsfreiheit auf die Eingriffsmotive des Schutzes der nationalen oder öffentlichen Sicherheit sowie der Aufrechterhaltung der öffentlichen Ordnung. Schliesslich stellen auch die Rechte Dritter, wie etwa der Schutz der Eigentumsfreiheit, einen legitimen Eingriffszweck dar. Der MRA betont aber, anlässlich der Prüfung, ob ein Eingriff in diese Garantie erfolgen soll, habe sich der Staat, statt unnötige oder unverhältnismässige Schranken zu setzen, vom Ziel der Förderung der Ausübung dieses Rechts leiten zu lassen[132]. In ähnlicher Weise geht der EGMR davon aus, dass Staaten trotz des ihnen in diesen Fragen zustehenden Ermessensspielraums eine gewisse Toleranz auch gegenüber an sich rechtswidrigen, aber friedlichen Versammlungen an den Tag zu legen haben, damit die Versammlungsfreiheit nicht

126 MRA, Kivenmaa v. Finland, 412/1990 (1994), Ziff. 9.2. Er erachtete es als unverhältnismässig, die 26 Personen zu bestrafen, die gegen den Besuch eines fremden Staatsoberhaupts ohne Einreichen eines Bewilligungsgesuchs und ohne vorherige Mitteilung an die Behörden demonstrierten. Siehe auch MRA, Kim v. Uzbekistan, 2175/2012 (2018), Ziff. 13.2 ff.

127 So betont der EGMR in Bukta and Others v. Hungary, Reports 2007-III, Ziff. 35, das Erfordernis einer vorgängigen Bewilliung oder Mitteilung diene legitimen Interessen und sei mit Art. 11 EMRK vereinbar, «as long as the purpose of the procedure is to allow the authorities to take reasonable and appropriate measures in order to guarantee the smooth conduct of any assembly». So auch EGMR (Grand Chamber), Kudrevičius and Others v. Lithuania, 37553/05, Reports 2015, Ziff. 147 m.w.H.

128 EGMR, Bukta and Others v. Hungary, Reports 2007-III, Ziff. 36: «[I]n special circumstances when an immediate response, in the form of a demonstration, to a political event might be justified, a decision to disband the ensuing, peaceful assembly solely because of the absence of the requisite prior notice, without any illegal conduct by the participants, amounts to a disproportionate restriction on freedom of peaceful assembly».

129 MRA, Popova v. Russia, 2217/2012 (2018), Ziff. 7.5 f.

130 Art. 21 Pakt II erwähnt als Voraussetzung einer rechtmässigen Einschränkung dieser Garantie lediglich, dass diese in Übereinstimmung mit dem Gesetz erfolgen müsse. Damit dürfte auch eine sehr allgemeine gesetzliche Basis eine genügende Rechtsgrundlage bilden.

131 Art. 11 Abs. 2 Satz 2 EMRK hält zudem fest, die Garantie der Versammlungsfreiheit stehe «rechtmässigen Einschränkungen der Ausübung [dieses Rechts] für Angehörige der Streitkräfte, der Polizei und der Staatsverwaltung nicht entgegen».

132 MRA, Statkevich and Matskevich v. Belarus, 2133/2012 (2015), Ziff. 9.4.

ihrer Substanz beraubt wird[133]. Gleichzeitig betont dieses Gericht, dass unbewilligte Aktionen wie Strassensperren durch Demonstrierende, die zu einer ernsthaften Störung des Alltagslebens führen, d.h. stärkere Auswirkungen zeitigen, als eine normale Wahrnehmung des Rechts auf friedliche Versammlung bewirken würde, keinen Schutz verdienen[134]. Allerdings muss auch in Fällen von Versammlungen, die sanktioniert werden dürfen, die Verhältnismässigkeit der Strafen gewahrt werden, was beispielsweise bei drei Jahren Gefängnis für einen Mitläufer bei einer Demonstration, die in Gewalt ausartete, nicht der Fall war[135].

17.34 Eine Verletzung der Versammlungsfreiheit erblickte der MRA beispielsweise im Fall der Verweigerung einer Bewilligung für eine Versammlung auf öffentlichem Grund mit dem Argument, zum gleichen Thema habe bereits eine Versammlung anderer Organisatoren stattgefunden[136], oder im Fall einer Verweigerung der Bewilligung für eine Mahnwache mit der Begründung, am gewählten Ort fände eine andere Veranstaltung statt, was offenkundig nicht der Fall war[137]. Der MRA erachtete auch die Bestrafung mit einer Busse wegen Teilnahme an einer zwar unbewilligten, aber friedlichen Demonstration vor der Botschaft eines fremden Staates als unverhältnismässigen Eingriff in diese Garantie, obwohl die Gewährleistung der Sicherheit der Botschaft eines fremden Staates grundsätzlich ein legitimes Eingriffsmotiv darstelle[138]. Als unverhältnismässige Einschränkung der Versammlungsfreiheit stufte der EGMR etwa eine mehrtägige Inhaftierung von Personen ein, die mit Transparenten mit Aufschriften wie «Freiheit für alle Gefangenen» und «befreit sie alle», an einer Grossdemonstration gegen ein Treffen von Staats- und Regierungschefs teilnehmen wollten[139]. Unverhältnismässig war auch das Verbot einer Demonstration einer Luftfahrtsgewerkschaft mit dem Argument, diese würde den Verkehr zum Flughafen blockieren, obwohl eine besonders starke Beeinträchtigung des Verkehrs durch 50 – 100 Mitglieder, die während zwei Stunden auf dem Pannenstreifen marschieren wollten, nicht zu erwarten war[140].

3. Schutz- und Gewährleistungspflichten

17.35 Der EGMR anerkannte bereits im Jahr 1988, dass aus der Versammlungsfreiheit auch Schutzpflichten fliessen. So stehe ein Vertragsstaat insbesondere unter einer Verpflichtung, eine Demonstration vor privaten Opponentinnen und Opponenten zu schützen: Eine Demonstration sei zwar möglicherweise ärgerlich oder kränke Personen, welche

133 EGMR, Frumkin v. Russia, 74568/12 (2016), Ziff. 97.

134 EGMR (Grand Chamber), Kudrevičius and Others v. Lithuania, 37553/05, Reports 2015, Ziff. 173.

135 EGMR, Zimin v. Russia, 63686/13 und 60894/14 (2018), Ziff. 78.

136 MRA, Govsha et al. v. Belarus, 1790/2008 (2012), Ziff. 9.4.

137 MRA, Chebotareva v. Russia, 1866/2009 (2012), Ziff. 9.3.

138 MRA, Androsenko v. Belarus, 2092/2012 (2016), Ziff. 7.6. Für weitere Beispiele unverhältnismässiger Eingriffe in die Versammlungsfreiheit siehe etwa MRA, Statkevich and Matskevich v. Belarus, 2133/2012 (2015), Ziff. 9.5, und Poplavny v. Belarus, 2019/2010 (2015), Ziff. 8.3 f.

139 EGMR, Schwabe and M.G. v. Germany, Reports 2011-VI, Ziff. 110 ff.

140 EGMR, United Civil Aviation Trade Union and Csorba v. Hungary, 27585/13 (2018), Ziff. 27 ff.

eine andere Meinung vertreten, die Versammlungsfreiheit verlange aber, dass Teilnehmende an einer Demonstration ihre Meinung auch in sehr kontroversen Angelegenheiten ohne Furcht vertreten können. In einer Demokratie könne nicht hingenommen werden, dass mit Gegendemonstrationen die Manifestation derartiger Anliegen verhindert werde. Daher sei der Staat zur Ergreifung angemessener Massnahmen zum Schutz friedlicher Demonstrationen gegenüber Störerinnen und Störern verpflichtet[141]. Allgemeiner formuliert hätten Staaten den friedlichen Ablauf einer Veranstaltung sicherzustellen und die Sicherheit aller teilnehmenden Personen zu garantieren[142]. Diese positive Verpflichtung verletzten etwa Polizeikräfte, welche es unterliessen, mit den Organisatoren einer Massendemonstration Kontakt aufzunehmen, nachdem sie gewisse Teilnehmerinnen und Teilnehmer eingekesselt hatten, was zu einer Eskalationen der Spannungen und zu Gewaltaktionen führte[143]. Zu diesen positiven Verpflichtungen gehört je nach den Umständen auch die Sicherstellung von Diensten der Ersten Hilfe bei Demonstrationen mit vielen Teilnehmenden und anderen Massenveranstaltungen[144].

Als (oft nicht als solche erkannte) staatliche Gewährleistungspflicht im Rahmen der Versammlungsfreiheit ist die für Demonstrationen unumgängliche Zurverfügungstellung öffentlichen Grundes einzustufen[145]. Es besteht aber kein menschenrechtlicher Anspruch auf die Abhaltung einer Demonstration an einer bestimmten Örtlichkeit, falls der behördlicherseits zur Verfügung gestellte Platz es ermöglicht, die Demonstration trotzdem in sinnvoller Weise durchzuführen[146]. 17.36

IV. Die Vereinigungsfreiheit

Rechtsquellen: Art. 20 AEMR; Art. 8 Abs. 1 lit. a Pakt I; Art. 22 Pakt II; Art. 7 lit. c FDK; Art. 5 lit d (ix) RDK; Art. 15 KRK; Art. 29 BRK; Art. 11 EMRK; Art. 16 AMRK; Art. 10 AfCRMV; Art. 24 Ziff. 5 ArCMR.

1. Der Schutzbereich

International garantierte Menschenrechte schützen nicht nur das physische Zusammenkommen von Menschen, sondern auch deren rechtlichen Zusammenschluss, bil- 17.37

141 EGMR, Plattform «Ärzte für das Leben» v. Austria, A/139 (1988), Ziff. 32 und 34.

142 EGMR, Frumkin v. Russia, 74568/12 (2016), Ziff. 129.

143 EGMR (Grand Chamber), Kudrevičius and Others v. Lithuania, 37553/05, Reports 2015, Ziff. 158 f.

144 A.a.O., Ziff. 160.

145 Siehe dazu EGMR, Frumkin v. Russia, 74568/12 (2016), Ziff. 107, wonach «although Article 11 of the Convention does not guarantee a right to set up a campsite at a location of one's choice, such temporary installations may in certain circumstances constitute a form of political expression, the restrictions of which must comply with the requirements of Article 10 § 2 of the Convention». Siehe dazu auch EGMR, Appleby and Others v. The United Kingdom, Reports 2003-VI, Ziff. 39 ff., insb. 47 und 52, zur Versammlungsfreiheit in einem privaten Einkaufszentrum.

146 EGMR, Berladir and Others v. Russia, 34202/06 (2012), Ziff. 56.

den doch solche Vereinigungen nach Auffassung des MRA einen Eckpfeiler jeder Gesellschaft, selbst wenn sie auf friedliche Weise Ideen vertreten, die von der Regierung und der Bevölkerungsmehrheit nicht notwendigerweise positiv bewertet werden[147]. Demgemäss schützt die Vereinigungsfreiheit den Anspruch von *Individuen*, privatrechtliche Vereinigungen zu gründen und in ihnen mitzuwirken. Nicht zu Vereinigungen gemäss dieser Garantie zählen öffentlich-rechtliche, durch Gesetz begründete Zusammenschlüsse[148]. Demzufolge gewährt diese Garantie keinen Schutz, wenn jemand gezwungen wird, einer solchen öffentlich-rechtlichen Organisationen beizutreten[149], es sei denn, eine solche Vereinigung sei bloss gegründet worden, um die negative Vereinigungsfreiheit zu umgehen[150].

17.38 Irrelevant ist hingegen die konkrete Zielsetzung der Vereinigung: Geschützt sind die Mitglieder sowohl politischer Parteien[151] als auch von Vereinen mit wirtschaftlicher, sozialer, kultureller oder sportlicher Zielsetzung[152] und von Gewerkschaften[153].

17.39 Die Vereinigungsfreiheit schützt in ihrer *positiven Form* die Freiheit von Individuen, einen derartigen Zusammenschluss zu vollziehen[154], ihm beizutreten und die Vereinigung tatsächlich zu betreiben[155], ohne aus diesem Grund staatlichen Beschränkungen und Repressionen unterworfen zu werden[156]. Obwohl im Wortlaut der Garantien

147 MRA, Kalyakin v. Belarus, 2153/2012 (2014), Ziff. 9.2.

148 Siehe etwa MRA, Wallmann et al. v. Austria, 1002/2001 (2004), Ziff. 9.4, und EGMR, Chassagnou and Others v. France, Reports 1999-III, Ziff. 100. Nach beiden Entscheiden ist der Charakter einer Vereinigung gemäss nationalem Recht als privat oder öffentlich für die Beurteilung, ob sich eine Vereinigung resp. deren Mitglieder auf diese Garantie berufen können, nicht entscheidend. Vielmehr ist der Ausdruck Vereinigung autonom auszulegen.

149 MRA, Wallmann et al. v. Austria, 1002/2001 (2004), Ziff. 9.2 ff., und EGMR, Chassagnou and Others v. France, Reports 1999-III, Ziff. 100.

150 MRA, Wallmann et al. v. Austria, 1002/2001 (2004), Ziff. 9.5.

151 So ausdrücklich etwa EGMR (Grand Chamber), United Communist Party of Turkey and Others v. Turkey, Reports 1998-I, Ziff. 24 f., und AfKRMV, Lawyers for Human Rights v. Swaziland, 251/2002 (2005), Ziff. 61.

152 So explizit Art. 16 AMRK.

153 Siehe z.B. EGMR, Danilenkov and Others v. Russia, Reports 2009-III, Ziff. 121. Dieses Recht wird auch durch Art. 8 Pakt I geschützt. Vgl. dazu vorne Rz. 14.35.

154 MRA, Mikhailvoskaya v. Belarus, 1993/2010 (2014), Ziff. 7.1 ff.

155 Vgl. EGMR (Grand Chamber), United Communist Party of Turkey and Others v. Turkey, Reports 1998-I, Ziff. 25, wo ausdrücklich statuiert wird, dass diese Garantie nicht nur die Gründung einer Partei, sondern auch deren Bestand schütze. So auch MRA, Belyatsky v. Belarus, 1296/2004 (2006), Ziff. 7.2. Vgl. auch IAGMR, Baena Ricardo and Others v. Panama, C/72 (2001), Ziff. 153–173, zum Recht auf Beitritt zu einer Gewerkschaft und zur Mitarbeit in einer solchen.

156 Siehe dazu exemplarisch EGMR (Grand Chamber), Maestri v. Italy, Reports 2004-I, und Grande Oriente d'Italia di Palazzo Giustiniani v. Italy (No. 2), 26740/02 (2007). In diesen Fällen stand die Zulässigkeit einer Regelung zur Diskussion, wonach Mitglieder von Freimaurerlogen nicht als Kandidaten für ein Regionalparlament zugelassen werden resp. als Bedingung für eine öffentlich-rechtliche Anstellung eine Erklärung zu ihrer Mitgliedschaft in Freimaurerlogen oder anderen geheimen Gesellschaften abzugeben haben. Der Gerichtshof sah darin jeweils eine Verletzung von Art. 11 EMRK resp. von Art. 11 i.V.m. Art. 14 EMRK.

nicht explizit enthalten, anerkennen die Überwachungsorgane auch eine *negative Vereinigungsfreiheit*, die einerseits garantiert, dass niemand gegen seinen Willen Mitglied einer privatrechtlich organisierten Vereinigung sein muss, d.h. aus ihr austreten oder ihr fernbleiben kann[157], und andererseits niemand gezwungen wird, an eine solche Vereinigung Beiträge zu leisten[158].

Ermöglicht es diese Garantie auch Vereinigungen und nicht bloss ihren Mitgliedern gegen Verletzungen vorzugehen? Der MRA scheint diese Frage zu bejahen, wenn er das Recht einer Vereinigung, ihre statutarischen Zwecke zu verfolgen, anerkennt[159] und betont, dass sich der Schutz von Art. 22 Pakt II auf alle Aktivitäten der Vereinigung erstrecke[160]. Diese Aussage ist jedoch irreführend, da nach Art. 1 FP 1/Pakt II nur Individuen zur Beschwerde vor dem Ausschuss legitimiert sind. Dieses Recht schützt daher nicht die Vereinigung selber, sondern den Anspruch der Mitglieder, statutarisch vorgesehene Aktivitäten der Vereinigung auszuüben. Im Gegensatz dazu schützt die EMRK nicht nur natürliche, sondern auch juristische Personen[161]. Daher kann sich neben den Mitgliedern auch die Vereinigung selbst auf diese Garantie berufen. Diese Garantie schützt auch die Freiheit von Vereinigungen, ihre Mitglieder auszuwählen und sie auszuschliessen[162]. 17.40

2. Staatliche Verpflichtungen

Staaten stehen in erster Linie unter einer Verpflichtung, die Rechte von Individuen[163] hinsichtlich der Gründung, des Bestandes und der Tätigkeit organisierter Vereine sowie den freien Beitritt zu solchen nicht zu behindern. Beschränkungen der Vereinigungsfreiheit stellen etwa schwierig zu erfüllende oder willkürliche Registrierungs- und andere formelle Hindernisse[164], inhaltliche Beschränkungen der Tätigkeit von Vereinen, die faktische Verunmöglichung der Aktivitäten der Vereinigung etwa durch die Beschlagnahmung von Computern[165], Beschränkungen anderer Rechte der Vereinsmitglieder als Folge ihrer Mitgliedschaft, die strafrechtliche Verurteilung von Mit- 17.41

157 Dazu EGMR, Sigurjónsson v. Iceland, A/264 (1993), Ziff. 33–37, und Sørensen and Rasmussen v. Denmark (Grand Chamber), Reports 2006-I, Ziff. 54.

158 EGMR, Vörður Ólafsson v. Iceland, Reports 2010-III, Ziff. 45–55 (Zwangsbeiträge an eine Industrievereinigung). Siehe dazu auch EGMR, Geotech Kancev GmbH v. Germany, 23646/09 (2016), Ziff. 51 ff. (eine obligatorische Beitragsleistung an einen Sozialfonds ist keine Verletzung der Vereinigungsfreiheit).

159 Siehe etwa MRA, Korneenko v. Belarus, 1226/2003 (2012), Ziff. 10.2, und Kungurov v. Uzbekistan, 1478/2006 (2011), Ziff. 8.2, und Belyatsky et al. v. Belarus, 1296/2004 (2007), Ziff. 7.2.

160 MRA, Mikhailvoskaya v. Belarus, 1993/2010 (2014), Ziff. 7.2.

161 Siehe dazu vorne Rz. 4.3 f.

162 EGMR, Associated Society of Locomotive Engineers & Firemen (ASLEF) v. The United Kingdom, 11002/05 (2007), Ziff. 39.

163 Und im Fall der EMRK die Rechte der Vereinigung.

164 Vgl. MRA, Mikhailvoskaya v. Belarus, 1993/2010 (2014), Zvozskov et al. v. Belarus, 1039/2001 (2006), und Kungurov v. Uzbekistan, 1478/2006 (2011).

165 MRA, Korneenko v. Belarus, 1226/2003 (2012).

gliedern der Vereinigung[166] sowie, als schwerste Form, das Verbot oder die zwangsweise Auflösung[167] einer Vereinigung dar.

17.42 Wie im Fall der übrigen Freiheitsrechte sind Eingriffe in die Garantie nicht zwingend mit deren Verletzung gleichzusetzen. Vielmehr erlauben die relevanten Bestimmungen Eingriffe unter den üblichen Schrankenvoraussetzungen. Gemäss Art. 22 Pakt II steht diese Bestimmung zudem «gesetzlichen Einschränkungen der Ausübung dieses Rechts für Angehörige der Streitkräfte oder der Polizei nicht entgegen». Art. 11 Abs. 2 EMRK fügt dieser Liste Angehörige der Staatsverwaltung[168] bei. Gestützt auf diese Bestimmung dürfen solchen Personen Streiks untersagt[169], nicht jedoch ihr Recht, Gewerkschaften zu gründen und ihnen beizutreten, untergraben werden[170].

17.43 Regelmässig zur Rechtfertigung eines Eingriffs angerufen werden die Motive der nationalen oder öffentlichen Sicherheit und der öffentlichen Ordnung. Während Beschränkungen zur Verfolgung solcher Ziele grundsätzlich legitim sind, haben Staaten auch nachzuweisen, dass diese im Einzelfall tatsächlich notwendig sind. So entschied etwa der MRA, die Verurteilung eines Beschwerdeführers zu einer Haftstrafe wegen seiner Mitgliedschaft in einer südkoreanischen Studentenorganisation, welcher eine Unterstützung Nordkoreas vorgeworfen wurde, sei nicht notwendig zur Sicherstellung der nationalen Sicherheit[171]. Mit ähnlicher Begründung beurteilte der EGMR die Auflösung einer Vereinigung, welche die Existenz einer eigenständigen mazedonischen Ethnie negierte[172], oder die drohende Auflösung einer Gewerkschaft, welche sich für das Recht auf Bildung in der Muttersprache, auch wenn diese nicht Amtssprache ist, einsetzte[173], als nicht notwendig zur Erreichung eines zulässigen öffentlichen Interesses. Hingegen erachtete das Gericht die Auflösung einer Vereinigung, die rassistische Ideen und die Diskriminierung einer ethnischen Minderheit propagierte, als EMRK-konform, auch wenn dies im Interesse des Schutzes vor Gewalt und einer Unterminie-

---

166 MRA, Lee v. Republic of Korea, 1119/2002 (2005).

167 Siehe z.B. MRA, Mikhailvoskaya v. Belarus, 1993/2010 (2014), und Korneenko et al. v. Belarus, 1274/2004 (2006).

168 Dazu EGMR (Grand Chamber), Demir and Baykara v. Turkey, Reports 2008-V, wonach Angehörige der Staatsverwaltung nicht vollständig dem Schutz dieser Garantie entzogen werden dürfen. Vielmehr dürfen einzig rechtmässige Einschränkungen in Übereinstimmung mit Art. 11 Abs. 2 EMRK angeordnet werden. Siehe dazu auch EASR, European Confederation of Police (EuroCOP) v. Ireland, 83/2012 (2013), Ziff. 105 ff.

169 EGMR, Junta Rectora Del Ertzainen Nazional Elkartasuna (ER.N.E.) v. Spain, 45892/09 (2015), Ziff. 37 ff.

170 EGMR, Matelly v. France, 10609/10 (2014), Ziff. 56 ff.

171 MRA, Lee v. Republic of Korea, 1119/2002 (2005), Ziff. 7.2 f.

172 EGMR, Association of Citizens Radko & Paunkovski v. The Former Yugoslav Republic of Macedonia, Reports 2009-I, Ziff. 63 ff.

173 EGMR, Eğitim ve Bilim Emekçileri Sendikası v. Turkey, Reports 2012-III, Ziff. 41 ff. Siehe auch EGMR, Tebieti Mühafize Cemiyyeti and Israfilov v. Azerbaijan, Reports 2009-V zur Zulässigkeit der Auflösung einer NGO.

rung der Demokratie bereits präventiv geschehen sei[174]. Als verhältnismässige Massnahme zur Aufrechterhaltung der öffentlichen Ordnung beurteilte er angesichts der Möglichkeit, weiterhin Beiträge ausländischer Privatpersonen bis zu einer bestimmten Höhe anzunehmen, ein für politische Parteien geltendes Verbot der Entgegennahme von finanziellen Beiträgen von ausländischen Organisationen[175].

Vertiefung: Die Menschenrechtskonformität des Verbots politischer Parteien

In der Praxis des EGMR zur Vereinigungsfreiheit steht die Zulässigkeit des Verbots politischer Parteien im Zentrum[176]. Der Gerichtshof prüft diese Frage angesichts ihrer Bedeutung für ein demokratisches Regierungssystem mit relativ strikter Kognition. Diese wird standardmässig folgendermassen begründet: 17.44

«[T]he exceptions set out in Article 11 are, where political parties are concerned, to be construed strictly; only convincing and compelling reasons can justify restrictions on such parties, freedom of association. In determining whether a necessity within the meaning of Article 11 § 2 exists, the Contracting States have only a limited margin of appreciation, which goes hand in hand with rigorous European supervision embracing both the law and the decisions applying it, including those given by independent courts»[177].

Der EGMR entschied, ein Verbot allein gestützt auf den Namen einer Partei, ohne konkreten Nachweis einer bestehenden aktuellen Gefahr, welche die Partei für einen Staat und dessen demokratischen Aufbau darstelle, bewirke in aller Regel eine Verletzung der Versammlungsfreiheit. Dies gelte umso deutlicher, falls eine Partei unmittelbar nach ihrer Gründung für illegal erklärt werde[178]. In diesem Sinne dürfe auch eine Partei, welche einen Wechsel der Verfassungsstruktur eines Staates anstrebe, nicht verboten werden, falls sie die Erreichung dieses Ziels mit demokratischen Mitteln anstrebe und der angestrebte Wechsel seinerseits inhaltlich mit fundamentalen demokratischen Prinzipien vereinbar sei, d.h. sie nicht faktisch die Abschaffung der durch die EMRK garantierten Freiheiten propagiere[179]. Diese Bedingung erfüllt gemäss dem EGMR eine Partei nicht, 17.45

174 EGMR, Vona v. Hungary, Reports 2013-IV, Ziff. 57. Für politische Parteien sind hingegen gewichtigere Gründe für eine Auflösung erforderlich (a.a.O., Ziff. 58).

175 EGMR, Parti nationaliste basque – Organisation régionale d'Iparralde v. France, Reports 2007-II.

176 EGMR, United Communist Party of Turkey and Others v. Turkey (Grand Chamber), Reports 1998-I; Socialist Party of Turkey and Others v. Turkey (Grand Chamber), Reports 1998-III; Freedom and Democracy Party (Özdep) v. Turkey (Grand Chamber), Reports 1999-VIII, und Refah Partisi (the Welfare Party) v. Turkey, 41340/98, 41342/98, 41343/98 and 41344/98 (2001) resp. Reports 2003-II (Grand Chamber) und die neueren Urteile in den folgenden Fussnoten. Dazu auch AfKRMV, Dawda Jawara v. The Gambia, 147/1995 and 149/1996 (2000), Ziff. 66 ff.

177 Z.B. EGMR (Grand Chamber), United Communist Party of Turkey and Others v. Turkey, Reports 1998-I, Ziff. 46, und Herri Batasuna and Batasuna v. Spain, Reports 2009-III, Ziff. 77 und 84 ff., und Eğitim ve Bilim Emekçileri Sendikası v. Turkey (Chamber), Reports 2012-III, Ziff. 48.

178 EGMR (Grand Chamber), United Communist Party of Turkey and Others v. Turkey, Reports 1998-I, Ziff. 53 ff.

179 EGMR (Grand Chamber), Refah Partisi (the Welfare Party) v. Turkey, Reports 2003-II, Ziff. 98.

deren Führung sich für unterschiedliche Rechtssysteme für Angehörige verschiedener Religionen und damit für eine diskriminierende Rechtsstruktur (konkret für die Einführung der Scharia) einsetzt und sich nur ungenügend von der Idee distanziert, die Macht im Staat notfalls mit Gewalt zu übernehmen[180]. Ebenfalls als EMRK-konform beurteilte der Gerichtshof die erzwungene Auflösung einer separatistischen Partei, deren Exponenten sich nicht von einem gewaltsamen Vorgehen distanzierten und verbal zumindest implizit eine terroristische Organisation unterstützten[181].

17.46 Ein Parteienverbot gegenüber einer Organisation, welche die Errichtung eines totalitären Systems anstrebt, kann sich auch auf die Missbrauchsklauseln von Art. 5 Pakt II oder Art. 17 EMRK resp. Art. 29 lit. a AMRK stützen[182]. Auf diese Grundlage stützte sich der EGMR, als er eine Beschwerde von Mitgliedern einer verbotenen politischen Partei, welche die Einführung des Kalifats anstrebte, für unzulässig erklärte[183].

17.47 Grundsätzlich fliessen auch aus der Vereinigungsfreiheit staatliche Schutz- und Gewährleistungspflichten. Allerdings findet sich dazu nur wenig Praxis internationaler Spruchkörper. So anerkannte der EGMR eine Pflicht des Staates, durch eine entsprechende Ausgestaltung landesrechtlicher Grundlagen auch Angestellte in privaten Arbeitsverhältnissen vor einer Zwangsmitgliedschaft in einer bestimmten Gewerkschaft zu schützen[184], und umgekehrt basierend auf der Vereinigungsfreiheit in Verbindung mit dem Diskriminierungsverbot dafür besorgt zu sein, dass Mitglieder von Gewerkschaften wegen dieser Tätigkeit von ihren privaten Arbeitgebern nicht diskriminiert werden[185]. Auch der IAGMR anerkennt, dass aus dieser Garantie eine Verpflichtung des Staates fliesst, gegen Gewerkschaftsaktivisten gerichtete Verbrechen zu untersuchen[186], und den Schutz der Mitglieder einer Vereinigung und namentlich von «human rights defenders» vor privaten Bedrohungen zu gewährleisten[187].

17.48 Als eigentliche Gewährleistungspflicht haben die Vertragsstaaten die landesrechtlichen Grundlagen zur Verfügung zu stellen, welche die möglichst freie Gründung derartiger Zusammenschlüsse ermöglichen.

180 A.a.O., Ziff. 117 ff.

181 EGMR (Grand Chamber), Herri Batasuna and Batasuna v. Spain, Reports 2009-III, insb. Ziff. 84 ff.

182 Siehe dazu vorne Rz. 17.28.

183 EGMR, Kasymakhunov and Saybatalov v. Russia, 26261/05 and 26377/06 (2013), Ziff. 102 ff.

184 EGMR (Grand Chamber), Sørensen and Rasmussen v. Denmark, Reports 2006-I, Ziff. 57 ff.

185 EGMR, Danilenkov and Others v. Russia, Reports 2009-III, Ziff. 123.

186 IAGMR, Cantoral-Huamaní and García-Santa Cruz v. Peru, C/167 (2007), Ziff. 146.

187 IAGMR, Kawas-Fernández v. Honduras, C/196 (2009), Ziff. 140 ff., und Escher et al. v. Brazil, C/200 (2009), Ziff. 171 f.

V. Das Recht auf Teilnahme an Wahlen und öffentlichen Angelegenheiten

Rechtsquellen: Art. 21 AEMR; Art. 25 Pakt II; Art. 5 lit. c RDK; Art. 7 lit. f. FDK; Art. 29 BRK; Art. 3 ZP 1/EMRK; Art. 23 AMRK; Art. 13 AfCRMV; Art. 1–3 Afrikanische Konvention über die politischen Rechte der Frau; Art. 24 Ziff. 1–4 ArCMR.

1. Grundlagen

Neben den für das politische Leben besonders bedeutsamen Menschenrechten zum Schutz der freien Kommunikation verankern der Pakt II und die regionalen Konventionen auch eigentliche politische Rechte, welche eine direkte Teilnahme an Wahlen, Abstimmungen und einen diskriminierungsfreien Zugang zum öffentlichen Dienst verbriefen. Im Unterschied zu den meisten anderen Garantien dieser Verträge sind diese als staatsbürgerliche Rechte ausgestaltet, d.h., sie berechtigen nur Staatsangehörige des jeweiligen Vertragsstaates. 17.49

Internationale Menschenrechtsgarantien legen sich weder auf ein universell geltendes Demokratieverständnis fest, noch schreiben sie ein spezifisches Wahlsystem vor, ist doch das politische System eines Staates meist das Resultat verschiedenartigster geschichtlicher, kultureller und religiöser Faktoren. Deshalb hält Art. 25 lit. a Pakt II als Minimalkonsens die Verpflichtung der Vertragsstaaten fest, ihren Staatsangehörigen zu ermöglichen, auf direkte oder indirekte Weise «an der Gestaltung der öffentlichen Angelegenheiten teilzunehmen», ohne aber die dafür geforderten Standards zu definieren. 17.50

Weiter geht auf regionaler Ebene die Rechtsprechung des EGMR. Er betrachtet eine pluralistische, demokratische Regierungsform als Bestandteil eines von der EMRK garantierten europäischen ordre public[188]. Zur Untermauerung dieser Position stützt er sich auf die Präambel der EMRK, die festhält, dass Menschenrechte «am besten durch eine wahrhaft demokratische politische Ordnung» gesichert werden». Der Gerichtshof betont weiter, die EMRK sei mit dem Ziel geschaffen worden, die Werte einer demokratischen Gesellschaft aufrechtzuerhalten und zu fördern[189]. 17.51

2. Recht auf Teilnahme an periodischen Wahlen

Der Anspruch auf Teilnahme an periodischen Wahlen wird in verschiedener Weise verbrieft. Art. 25 lit. b Pakt II garantiert ein individuelles Recht «bei echten, wiederkehrenden, allgemeinen, gleichen und geheimen Wahlen, bei denen die freie Äusserung des Wählerwillens gewährleistet ist, zu wählen und gewählt zu werden». Auf regionaler Ebene verankert die AMRK eine nahezu identische Garantie, während Art. 13 17.52

188 EGMR (Grand Chamber), United Communist Party of Turkey and Others v. Turkey, Reports 1998-I, Ziff. 45; ähnlich IAGMR, Castañeda Gutman v. Mexico, C/184 (2008), Ziff. 141–143.

189 EGMR (Grand Chamber), United Communist Party of Turkey and Others v. Turkey, Reports 1998-I, Ziff. 45.

der AfCRMV allgemeiner formuliert ist. Im Gegensatz dazu spricht der Wortlaut von Art. 3 ZP I/EMRK nicht von einem individuellen Recht, sondern von einer Verpflichtung der Staaten, «in angemessenen Zeitabständen freie und geheime Wahlen unter Bedingungen abzuhalten, welche die freie Äusserung der Meinung des Volkes bei der Wahl der gesetzgebenden Körperschaften gewährleisten». Nach Sichtweise des EGMR fliessen aber aus dieser Bestimmung individuelle Rechte auf Teilnahme an der Wahl und darauf, für Wahlen zu kandidieren[190]. Während diese Garantie nur bei Parlamentswahlen – aber inklusive solcher auf Gliedstaaten-[191], Gemeinde- und EU-Ebene[192] – angerufen werden kann, schützen die entsprechenden Vorgaben des Pakt II und der übrigen regionalen Konvention bei allen Volkswahlen, d.h. auch etwa bei einer Wahl des Staatspräsidenten[193].

17.53 Unabhängig von ihrem konkreten Wortlaut verankern all diese Garantien die folgenden Rechte: a) ein Recht auf regelmässige, freie, geheime und allgemeine Wahlen, b) das passive Wahlrecht, c) das aktive Wahlrecht und d), falls das nationale Recht das vorsieht, die Teilnahme an Referenda.

a) Das Recht auf regelmässige, freie, geheime, allgemeine und gleiche Wahlen

17.54 Weder der Pakt II noch die regionalen Konventionen schreiben ein bestimmtes Wahlsystem vor[194], solange Wahlen regelmässig, frei und geheim ausgestaltet sind. Daher entsprechen sowohl Majorz- wie auch Proporzwahlen den internationalen Anforderungen[195].

17.55 *Regelmässig* sind Wahlen, wenn sie in vernünftigen Intervallen abgehalten werden. Zwar schreibt kein menschenrechtlicher Vertrag eine Maximaldauer der Wahlperiode vor, sie darf gemäss dem MRA aber nicht übermässig lang sein, damit die Autorität der Regierung sich weiterhin auf den freien Ausdruck des Willens der Stimmberechtigten stützen kann[196]. Die gemäss vielen nationalen Verfassungen bestehende Möglichkeit vorgezogener Neuwahlen verletzt den Grundsatz der Periodizität nicht.

17.56 Wahlen allein sind keine Garantie für ein demokratisches System, können diese doch manipuliert werden oder dazu dienen, eine Diktatur zu legitimieren. Daher müssen

190 EGMR (Grand Chamber), Sitaropoulos and Giakoumopoulos v. Greece, Reports 2012-II, Ziff. 63, und Paksas v. Lithuania, Reports 2011-I, Ziff. 107.

191 EGMR, Santoro v. Italy, Reports 2004-VI.

192 EGMR (Grand Chamber), Matthews v. The United Kingdom, Reports 1999-I.

193 MRA, Nasheed v. The Maldives, 2270/2013 und 2851/2016 (2018), Ziff. 8.6 f., und General Comment 25 (1996), Ziff. 6.

194 EGMR (Grand Chamber), Paksas v. Lithuania, Reports 2011-I, Ziff. 108.

195 EGMR, (Grand Chamber), Sitaropoulos and Giakoumopoulos v. Greece, Reports 2012-II, Ziff. 65. So auch IAGMR, Castañeda Gutman v. Mexico, C/184 (2008), Ziff. 163 ff. und 197. Der MRA erklärte eine Beschwerde mangels ausreichender Begründung für unzulässig, in welcher geltend gemacht wurde, es sei in einem auf Proporz beruhenden Wahlsystem unzulässig, Kandidierende nicht als unabhängige Individuen, sondern nur auf Parteilisten kandidieren zu lassen; MRA, A.P. v. Russia, 1857/2008 (2013), Ziff. 10.6 f.

196 MRA, General Comment 25 (1996), Ziff. 9.

Wahlen *unverfälscht und frei* sein. D.h. Wählerinnen und Wähler müssen frei zwischen mehreren Kandidierenden auswählen können und fähig sein, ihre Meinung frei, unabhängig und frei von Gewalt, Gewaltdrohungen, Zwang oder Manipulationen jeder Art bilden zu können[197]. Staaten haben sich nicht nur aller Einschüchterung zu enthalten, sondern sind auch verpflichtet, Drohungen von Wählerinnen und Wählern durch private Gruppierungen strafrechtlich zu ahnden[198] und Rechtsmittel im Fall von Wahlbetrug zur Verfügung zu stellen[199]. In freien Wahlen steht es den Wahlberechtigten auch frei, keine Kandidatin oder keinen Kandidaten zu unterstützen. Vor diesem Hintergrund stellt eine Wahlpflicht keine Verletzung dieser Vorgabe dar, wenn Wählende sich für irgendeine kandidierende Person, aber auch für keine entscheiden können, d.h. auch einen leeren Wahlzettel abgeben dürfen[200]. Von freien und unverfälschten Wahlen kann ferner nur die Rede sein, wenn in ihrem Vorfeld die Meinungsäusserungs-, Versammlungs- und Vereinigungsfreiheit beachtet werden. Dies bedeutet etwa, dass auch Kandidierenden der Opposition zumindest ein gewisser minimaler Zugang zu staatlich kontrollierten Medien eingeräumt wird; eine faktisch gleiche Präsenz von Repräsentanten aller politischen Kräfte hinsichtlich ihrer TV-Präsenz wird indes nicht verlangt[201]. Weiter müssen die Resultate freier und fairer Wahlen unabhängig von ihrem Ausgang von der Regierung anerkannt werden[202]. Schliesslich muss die Sitzzuteilung für ein neu gewähltes Parlament durch ein unparteiliches Organ nach objektiven Kriterien vorgenommen werden[203]. Wahlhürden oder Sperrklauseln, wonach nur Kandidierende, die auf Wahllisten einen Mindestprozentsatz der Wählerstimmen erlangen, in das Parlament einziehen können, sind menschenrechtskonform, solange sie nicht eine unverhältnismässige Hürde für kleinere Parteien darstellen[204]. Das Recht auf freie und unverfälschte Wahlen enthält auch verfahrensrechtliche Aspekte: So haben Staaten dafür zu sorgen, dass Beschwerden wegen Unregelmässigkeiten während des Wahlprozederes von einer unabhängigen Behörde untersucht werden können[205]. Nach Auffassung des AfGRMV verletzt das Fehlen einer unabhängigen und unparteiischen Wahlkommission nicht nur die Afrikanische

197 MRA, General Comment 25 (1996), Ziff. 19.

198 MRA, Svetik v. Belarus, 927/2000 (2004), Ziff. 7.3.

199 EGMR, Gahramanli and Others v. Azerbaijan, 36503/11 (2015), Ziff. 69 und 74 ff.

200 MRA, Alger v. Australia, 2237/2013 (2017), Ziff. 7.3.

201 EGMR, Communist Party of Russia and Others v. Russia, 29400/05 (2012), Ziff. 126.

202 Die nigerianische Regierung annullierte im Jahr 1993 die Resultate der von internationalen Organisationen als fair beurteilten Präsidentschaftswahlen. Die AfKRMV beurteilte dies als Verletzung des Rechts auf Beteiligung an öffentlichen Angelegenheiten nach Art. 13 Abs. 1 AfCRMV und als Verletzung des Selbstbestimmungsrechts des nigerianischen Volkes; AfKRMV, Constitutional Rights Project and Civil Liberties Organisation v. Nigeria, 102/1993 (1998), Ziff. 49 f.

203 EGMR, Grosaru v. Romania, Reports 2010-II.

204 Gemäss EGMR (Grand Chamber), Yumak and Sadak v. Turkey, Reports 2008-III, Ziff. 126, ist gar eine Hürde von zehn Prozent nicht notwendigerweise unverhältnismässig.

205 MRA, General Comment 25 (1996), Ziff. 17, und EGMR, Gahramanli and Others v. Azerbaijan, 36503/11 (2015), Ziff. 74.

Charta für Demokratie, Wahlen und Regierungsführung[206], sondern auch die politischen Rechte gemäss Art. 13 AfCRMV[207].

17.57 Das Erfordernis *geheimer* Wahlen ist von zentraler Bedeutung zur Absicherung der Freiheit der Wahlen. Wird das Wahlgeheimnis nicht beachtet, müssen Wählerinnen und Wähler allenfalls mit negativen Konsequenzen rechnen, wenn ihre Unterstützung einer bestimmten Kandidatin oder eines Kandidaten öffentlich bekannt wird. Die Staaten unterstehen hier der doppelten Verantwortung, sowohl das Wahlgeheimnis zu beachten wie auch organisatorische Vorkehren zu dessen Garantie zu ergreifen[208].

17.58 Das Wahlrecht muss *allgemein und gleich* sein, d.h., alle Staatsbürgerinnen und -bürger müssen im Bereich des aktiven und passiven Wahlrechts gleich behandelt werden[209]. Damit wird ein Ausschluss gewisser Bevölkerungsgruppen vom Wahlrecht grundsätzlich ausgeschlossen[210]. Daher qualifizierte der EGMR den Ausschluss von Wählerinnen und Wählern aus Gibraltar von den Wahlen zum Europäischen Parlament als Verletzung des Wahlrechts[211]. Gemäss dem Prinzip, dass jede wahlberechtigte Person eine Stimme besitzt, soll jeder abgegebenen Stimme grundsätzlich gleiches Gewicht zukommen[212]. Damit muss aber nicht jeder einzelnen Stimme genau die gleiche Auswirkung auf das Wahlresultat zukommen und Kandidierende müssen nicht alle die gleichen Chancen auf einen Wahlerfolg haben[213]. Solange dies nicht eine spezifische Gruppe von Wählenden benachteiligt oder unverhältnismässige Auswirkungen hat, bleibt es erlaubt, Wahlkreise auch so festzulegen, dass nicht jede Stimme genau gleichviel zum Resultat beiträgt. Verhältnismässige Gründe für ein solches Vorgehen können etwa im Schutz von Minderheiten durch Zuweisung einer garantierten Anzahl Sitze liegen oder können unvermeidbare Folge eines föderalistischen Systems mit unterschiedlich grossen Wahlkreisen sein. Fehlen solche spezifischen Gründe, verstösst eine Festlegung von Wahlkreisen, welche zu einer völlig unterschiedlichen Gewichtung der einzelnen Stimmen an vergleichbaren Orten führt, gegen die politischen Rechte[214].

206 Vom 30. Januar 2007. Art. 17 dieses Vertrags schreibt die Errichtung von unabhängigen und unparteiischen nationalen Wahlkommissionen zur Organisation und Abwicklung von Wahlen vor.

207 AfGRMV, Action pour la Protection des Droits de l'Homme (APDH) v. Côte d'Ivoire, 001/2014 (2016), Ziff. 107 ff. Ähnlich MRA, General Comment 25 (1996), Ziff. 20.

208 Die Schweiz hat zu dieser Bestimmung mit Rücksicht auf die nach wie vor verbreitete Praxis, dass auf kantonaler und kommunaler Ebene Bürgerinnen und Bürger ihre Körperschaften anlässlich einer Versammlung mit offenem Handmehr wählen, einen Vorbehalt angebracht.

209 EGMR, Bompard v. France (dec.), 44081/02 (2006), 8.

210 Zu zulässigen Einschränkungen dieses Grundsatzes siehe hinten Rz. 17.59.

211 EGMR (Grand Chamber), Matthews v. The United Kingdom, Reports 1999-I.

212 MRA, General Comment 25 (1996), Ziff. 21.

213 EGMR, Bompard v. France (dec.), 44081/02 (2006), 8.

214 MRA, Mátyus v. Slovakia, 923/2000 (2002).

b) Das aktive Wahlrecht

Das aktive Wahlrecht, das Recht an Wahlen eine Stimme abzugeben, bildet das Herzstück der politischen Rechte. Gemäss den einschlägigen Garantien verpflichtet das Wahlrecht die Staaten in schrankenloser Form. Sowohl der MRA wie auch der EGMR und der IAGMR anerkennen jedoch das Bestehen impliziter Schranken. So sind Staaten etwa befugt, ein Minimalalter für die Ausübung des Wahlrechts, individuelle Registrierungspflichten oder Wohnsitzerfordernisse festzulegen[215]. Solche einschränkenden Massnahmen müssen sich aber auf sachliche und vernünftige Kriterien stützen können[216] und dürfen nicht mit dem Ziel ergriffen werden, Wählerinnen und Wähler von der Ausübung ihres Wahlrechts abzuhalten[217]. Der EGMR betont in diesem Zusammenhang regelmässig den weiten Ermessensspielraum der Vertragsstaaten und unterstreicht, die Beurteilung der Wahlgesetzgebung eines Staates sei vor dem Hintergrund der politischen Entwicklung des betroffenen Staates vorzunehmen[218]. Dennoch besteht er darauf, dass die Schranken 1) nicht den Grundsatz der freien Wahl an sich tangieren, 2) auf einer gesetzlichen Grundlage beruhen und in Übereinstimmung mit dieser angewandt werden, 3) ein zulässiges öffentliches Interesse verfolgen und 4) nicht unverhältnismässig ausgestaltet sind[219]. Basierend auf diesen Prinzipien stufte der EGMR etwa die fehlende Möglichkeit für Staatsangehörige mit Wohnsitz im Ausland, auch ausserhalb ihres Heimatstaates ihr Wahlrecht wahrzunehmen[220], oder die Aberkennung des aktiven Wahlrechts für Personen, die seit mehr als fünfzehn Jahren im Ausland leben[221], als EMRK-konform ein. Auch der MRA beurteilte die Bedingung, wonach die Berechtigung zur Teilnahme an einem Referendum über die Unabhängigkeit des französischen Überseegebiets Neukaledonien an eine gewisse Wohnsitzdauer in diesem Gebiet gekoppelt wurde, als rechtmässig[222]. Die Schrankenanforderungen gelten auch, wenn die Nichtgewährung oder Aberkennung der politischen Rechte einer bestimmten Person zur Diskussion stehen[223], weshalb Einschränkungen des aktiven Wahlrechts aufgrund einer körperlichen Behinderung oder mangelnder Bildung mangels sachlicher Begründbarkeit nicht rechtmässig sein können[224]. 17.59

In vielen Beschwerden hatten menschenrechtliche Überwachungsorgane die Zulässigkeit der Aberkennung des aktiven Wahlrechts von inhaftierten oder strafrechtlich ver- 17.60

215 EGMR (Grand Chamber), Sitaropoulos and Giakoumopoulos v. Greece, Reports 2012-II, Ziff. 68.

216 MRA, General Comment 25 (1996), Ziff. 4. Vgl. auch etwa MRA, Sudalenko v. Belarus, 1354/2005 (2010), Ziff. 6.4 f.; EGMR, Podkolzina v. Latvia, Reports 2002-II, Ziff. 33, und EGMR (Grand Chamber), Hirst v. The United Kingdom (No. 2), Reports 2005-IX, Ziff. 60, sowie IAGMR, Yatama v. Nicaragua, C/127 (2005), Ziff. 218.

217 MRA, General Comment 25 (1996), Ziff. 11.

218 EGMR (Grand Chamber), Sitaropoulos and Giakoumopoulos v. Greece, Reports 2012-II, Ziff. 65 f.

219 A.a.O., Ziff. 64.

220 A.a.O., Ziff. 69 ff.

221 EGMR, Shindler v. The United Kingdom, 19840/09 (2013), Ziff. 107 ff.

222 MRA, Gillot and Others v. France, 932/2000 (2002).

223 EGMR (Grand Chamber), Hirst v. The United Kingdom (No. 2), Reports 2005-IX, Ziff. 62.

224 MRA, General Comment 25 (1996), Ziff. 10.

urteilten Personen zu beurteilen. Die automatische Aberkennung des Wahlrechts bei gewissen schweren gegen den Staat gerichteten Verbrechen wie etwa Landesverrat oder Spionage sowie allgemein bei einer Verurteilung zu einer Haftstrafe von mehr als drei Jahren erachtet der EGMR als EMRK-konform[225], soweit diese Sanktion im Einzelfall und in einem fairen Verfahren ausgesprochen wird[226]. Demgegenüber verletzen der allgemeine und automatisch angeordnete Entzug des aktiven Wahlrechts aller Strafgefangenen[227] und erst recht solcher, die ihre Strafe verbüsst haben[228], das aktive Wahlrecht ebenso wie die automatische Streichung aus den Wahllisten von Untersuchungsgefangenen[229] oder die Streichung aller Personen von der Wählerliste, die infolge ihrer vermuteten Mitgliedschaft in einer kriminellen Organisation unter polizeilicher Überwachung standen[230].

Vertiefung: Der Entzug des Wahlrechts auf Grund einer geistigen Behinderung

17.61 Der Entzug des Wahlrechts von Personen mit einer körperlichen Behinderung widerspricht dem Pakt II[231]. Art. 29 BRK geht darüber hinaus und hält ihre Vertragsstaaten an, mittels positiver Massnahmen dafür zu sorgen, «dass Menschen mit Behinderungen gleichberechtigt mit anderen wirksam und umfassend am politischen und öffentlichen Leben» und damit auch an Wahlen teilnehmen können. Solche Massnahmen umfassen etwa die Bereitstellung von geeigneten, zugänglichen und leicht zu verstehenden oder handhabbaren Wahlverfahren, -einrichtungen und -materialien. Ebenso soll Menschen mit Behinderungen erlaubt werden, sich bei der Stimmabgabe durch eine Person ihrer Wahl unterstützen zu lassen.

17.62 Unter welchen Voraussetzungen eine geistige Behinderung die Aberkennung des Wahlrechts rechtfertigen kann, ist umstritten. Der MRA befand im Jahr 1996, eine bestehende geistige Behinderung sei ein zulässiger Grund zum Entzug des aktiven und des passiven Wahlrechts. Der EGMR urteilte 14 Jahre später, der automatische Entzug des Wahlrechts ohne Einzelfallüberprüfung infolge Vorliegens einer geistigen Behinderung, welche die Anordnung einer Vormundschaft notwendig mache, sei EMRK-widrig[232]. Strikter beurteilt der BRK-Ausschuss diese Fragestellung: Er erachtet den Entzug des Wahlrechts basierend auf einer psychosozialen oder kognitiven Behinderung, selbst wenn diese aufgrund einer Einzelfallprüfung ausgesprochen wird, als Diskriminierung auf Grund einer Behinderung und schliesst, die Vertragsstaaten stünden unter einer Verpflichtung, rechtliche Grundlagen zu erlassen, welche sicherstellen, dass alle Menschen mit Behinderungen ihr Wahlrecht ohne jede Überprüfung ausüben können[233].

---

225 EGMR (Grand Chamber), Scoppola v. Italy (No. 3), 126/05 (2012), Ziff. 103 ff.
226 Siehe etwa EGMR (Grand Chamber), Ždanoka v. Latvia, Reports 2006-IV, Ziff. 105.
227 EGMR (Grand Chamber), Hirst v. The United Kingdom (No. 2), Reports 2005-IX, Ziff. 72 ff.
228 MRA, CO USA (2014), Ziff. 24.
229 MRA, Gorji-Dinka v. Cameroon, 1134/2002 (2005), Ziff. 5.6.
230 EGMR (Grand Chamber), Labita v. Italy, Reports 2000-IV.
231 MRA, General Comment 25 (1996), Ziff. 10.
232 EGMR, Kiss v. Hungary, 38832/06 (2010), Ziff. 37 ff.
233 BRK-Ausschuss, Bujdosó v. Hungary, 4/2011 (2013), Ziff. 9.4, 9.6 und 10.

Während der Entscheid des MRA im Lichte der Fortschritte im Bereich der Menschenrechte von Menschen mit Behinderungen allzu pauschal erscheint, berücksichtigt u.E. der Befund des BRK-Ausschusses zu wenig, dass das Element der freien Willensentscheidung ein inhärenter Bestandteil des Rechts auf Teilnahme an freien und geheimen Wahlen darstellt. Wie der EGMR zu Recht feststellt, ist nicht jede auf Grund einer geistigen Behinderung bevormundete Person automatisch ausserstande, ihre politische Sichtweise zu artikulieren. Es dürften aber auch Fälle existieren, bei welchen eine individuelle Abklärung zu diesem Schluss gelangt. 17.63

c) Das passive Wahlrecht

Grösser präsentiert sich der nationalstaatliche Ermessensspielraum zur Statuierung von Bedingungen für das *passive Wahlrecht*[234]. So sind die Vertragsstaaten etwa befugt, eine bestimmte Anzahl von Unterschriften zur Unterstützung einer Kandidatur, eine gewisse Wohnsitzdauer sowie gewisse Kenntnisse der Amtssprache zu verlangen und Unvereinbarkeitsregeln mit anderen staatlichen Ämtern zu statuieren[235]. Hingegen stellt gemäss dem MRA die Bedingung, dass nur offizielle Kandidatinnen und Kandidaten einer politischen Partei zu den Wahlen zugelassen werden, eine unnötige und unverhältnismässige Einschränkung des passiven Wahlrechts dar[236]. Ebenso erblickte er eine Verletzung im Ausschluss einer kandidierenden Person, die sich im Widerspruch zu einer gesetzlichen Vorgabe geweigert hatte, ihre Zugehörigkeit zu einer bestimmten ethnischen Gemeinschaft offenzulegen[237]. Das passive Wahlrecht darf auch nicht faktisch beeinträchtigt werden, indem eine Person zwar kandidieren darf, mittels ungerechtfertigten Verhaftungen und anderen Einschüchterungen während des Wahlkampfs aber ihrer Gewinnchancen beraubt wird[238]. 17.64

Als menschenrechtskonform erachtete der EGMR die Aberkennung des passiven Wahlrechts einer Person wegen ihrer Mitgliedschaft in einer Partei, welche in einen gescheiterten Staatsstreich involviert war[239]. Hingegen beurteilte er die Streichung einer Angehörigen einer Minderheit von der Wahlliste wegen angeblich mangelnder Sprachkenntnisse, obwohl die Kandidatin den geforderten Sprachtest bestand, als 17.65

234 EGMR (Grand Chamber), Ždanoka v. Latvia, Reports 2006-IV, Ziff. 106 und 115, und Tănase v. Moldova, Reports 2010-III, Ziff. 156 ff.

235 MRA, Debreczeny v. The Netherlands, 500/1992 (1995), Ziff. 9.2 und 9.3; EGMR, Gitonas and Others v. Greece, Reports 1997-IV, Ziff. 39, Mathieu-Mohin and Clerfayt v. Belgium, A/113 (1987), Ziff. 52, und Melnychenko v. Ukraine, Reports 2004-X, Ziff. 53 ff.

236 AfGRMV, Tanganyika Law Society and The Legal and Human Rights Centre and Reverend Christopher Mtikila v. Tanzania, 009&011/2011 (2013), Ziff. 107 ff.; MRA, General Comment 25 (1996), Ziff. 17. Im Gegensatz dazu erachtete der IAGMR in Castañeda Gutman v. Mexico, C/184 (2008), Ziff. 193 ff., das Verbot unabhängiger Kandidaten sei aufgrund historischer, politischer und sozialer Gründe in Mexiko notwendig.

237 MRA, Narrain v. Mauritius, 1744/2007 (2012), Ziff. 15.4 f.

238 MRA, Nasheed v. The Maldives, 2270/2013 and 2851/2016 (2018), Ziff. 8.6 f.

239 EGMR (Grand Chamber), Ždanoka v. Latvia, Reports 2006-IV, Ziff. 116–131.

sachlich nicht begründbar und damit als Verletzung der politischen Rechte[240]. Ebenso beurteilte er eine verfassungsrechtlich vorgesehene Beschränkung der Wählbarkeit für eine Parlamentskammer und das Staatspräsidium auf Angehörige der sog. konstituierenden Völker Bosnien-Herzegowinas[241] als Verletzung der politischen Rechte. So stufte er auch den Entzug des passiven Wahlrechts für Personen mit doppelter Staatsbürgerschaft ein[242]. Schliesslich erachtete der Gerichtshof die willkürliche Nichtberücksichtigung von Stimmen bestimmter Wahlbezirke, in denen der Beschwerdeführer offensichtlich obsiegt hatte[243], und offensichtliche Unregelmässigkeiten bei der Auszählung der Wahlzettel[244] als Verletzung des passiven Wahlrechts.

17.66 Die AfKRMV beurteilte eine Verfassungsbestimmung, wonach nur eine Person als Staatspräsident kandidieren darf, deren beide Elternteile von Geburt an die Staatsangehörigkeit besitzen, als Verletzung der politischen Rechte[245].

d) Das Recht auf Teilnahme an Abstimmungen

17.67 Während die Geltung der Garantie von Art. 3 ZP 1/EMRK auf Wahlen beschränkt bleibt, schützt das Recht von Art. 25 lit. b Pakt II auch die Teilnahme an Verfassungsreferenda und anderen Sachabstimmungen, in welchen die Bürgerinnen und Bürger mittels Stimmabgabe direkt über öffentliche Angelegenheiten entscheiden. Auch solche Abstimmungen müssen frei und ohne unzulässige Einschränkungen erfolgen[246]. Im Übrigen gelten hier in analoger Weise die für Wahlen geltenden Grundsätze.

3. Gleichberechtigter Zugang zu öffentlichen Ämtern

17.68 Der Pakt II regelt in Art. 25 lit. c – wie alle regionalen Konventionen mit Ausnahme der EMRK – einen weiteren Aspekt der Teilnahme an der Gestaltung der öffentlichen

240 EGMR, Podkolzina v. Latvia, Reports 2002-II. Ähnlich auch MRA, Ignatane v. Latvia, 884/1999 (2001).

241 EGMR (Grand Chamber), Sejdić and Finci v. Bosnia and Herzegovina, Reports 2009-VI, Ziff. 42 ff. und 55 f. Die Beschwerdeführer konnten als Angehöriger der jüdischen Minderheit resp. als Rom nicht für diese Ämter kandidieren. Der Gerichtshof beurteilte diese Einschränkung des passiven Wahlrechts für die Parlamentskammer als Verletzung von Art. 14 EMRK i.V.m. Art. 3 ZP 1/EMRK und diejenige für das Staatspräsidium als Verletzung des selbständigen Diskriminierungsverbots von Art. 1 ZP 12/EMRK. Siehe dazu auch EGMR, Zornić v. Bosnia and Herzegovina, 3681/06 (2014), Ziff. 26, und Pilav v. Bosnia and Herzegovina, 41939/07 (2016), Ziff. 38.

242 EGMR (Grand Chamber), Tănase v. Moldova, Reports 2010-III, Ziff. 171 ff., betreffend eine Parlamentswahl.

243 EGMR, Kovach v. Ukraine, Reports 2008-I, Ziff. 48 ff.

244 EGMR, Aliyev v. Azerbaijan, 18705/06 (2010), Ziff. 70 ff.

245 AfKRMV, Legal Resources Foundation v. Zambia, 211/1998 (2001). Siehe dazu auch MRA, Paksas v. Lithuania, 2155/2012 (2014), Ziff. 8.4, wonach der lebenslange Entzug der Wählbarkeit eines ehemaligen Staatspräsidenten für verschiedene hochrangige Ämter nach einem Amtsenthebungsverfahren eine unverhältnismässige Einschränkung des passiven Wahlrechts darstellte. Siehe dazu auch EGMR (Grand Chamber), Paksas v. Lithuania, Reports 2011-I.

246 MRA, General Comment 25 (1996), Ziff. 6, 10 und 19.

Angelegenheiten, nämlich die Garantie auf einen gleichberechtigten Zugang zu öffentlichen Ämtern und zum öffentlichen Dienst innerhalb der Exekutive, Judikative und Legislative. Das Recht auf gleichberechtigten Zugang zu öffentlichen Ämtern garantiert bereits gemäss seinem Wortlaut keinen individuellen Anspruch, für ein bestimmtes Amt oder eine bestimmte Arbeitsstelle berücksichtigt zu werden. Vielmehr hat einzig der Zugang, d.h. die Auswahl der Bewerber und Bewerberinnen, rechtsgleich und insbesondere diskriminierungsfrei zu erfolgen[247]. Inwiefern Art. 25 lit. c Staaten daran hindert, Mitglieder angeblich terroristischer Organisationen oder radikaler religiöser Gruppen vom Staatsdienst auszuschliessen, hängt von den konkreten Umständen des Einzelfalles ab[248].

Keine Verletzung dieser Garantie stellen temporäre positive Massnahmen zugunsten tatsächlich benachteiligter Bevölkerungsgruppen dar, soweit damit ein gleichberechtigter Zugang zum öffentlichen Dienst sichergestellt werden soll[249]. In diesem Sinn dürfen zwar Stellen in der öffentlichen Verwaltung grundsätzlich nicht Angehörigen einer Mehrheitsethnie oder -religion vorbehalten werden, aber zeitlich beschränkte Massnahmen zu Gunsten benachteiligter Gruppierungen sind rechtmässig[250]. Daher charakterisierte der MRA eine Quote, wonach eine elfköpfige Behörde, welche Vorschläge für die Besetzung von Richterstellen macht, aus mindestens vier Personen jeden Geschlechts zusammengesetzt sein muss, angesichts der vorliegend klaren Untervertretung von Frauen im Richterberuf als mit dieser Garantie konform[251]. 17.69

Umstritten bleibt indes die Frage, inwieweit es diese Bestimmung einem Staat verwehrt, Angehörige angeblich extremistischer Parteien oder Religionsgemeinschaften in genereller Weise von einer Anstellung im Staatsdienst auszuschliessen[252]. Darüber hinaus darf der Anspruch auf rechtsgleichen Zugang zu einem öffentlichen Amt Bedingungen unterworfen werden, welche – wie etwa Anforderungen an die für die Position notwendige Ausbildung und Erfahrung – sachlich begründet sind[253]. 17.70

Die Grundsätze von Art. 25 lit. c Pakt II finden auch auf Entlassungen von Staatspersonal und Amtspersonen, inklusive Richtern und Richterinnen, Anwendung[254]. Der Ausschuss verlangt von den Vertragsparteien, die zulässigen Gründe für die Entlassung einer Person im öffentlichen Dienst in abstrakter Manier gesetzlich festzuhalten[255], die Entlassungsverfahren entsprechend dem Grundsatz der Verfahrensfairness auszugestalten und dabei auch die Entlassungsgründe zu benennen, sowie innerstaatliche 17.71

247 Siehe z.B. MRA, Hinostroza Solís v. Peru, 1016/2001 (2006), Ziff. 6.2.

248 Siehe z.B. MRA, Concluding Observations Germany (2004), Ziff. 19.

249 MRA, General Comment 25 (1996), Ziff. 23.

250 A.a.O.

251 MRA, Jacobs v. Belgium, 943/2000 (2004), Ziff. 9.3 ff.

252 Siehe z.B. MRA, CO Germany (2004), Ziff. 19.

253 MRA, General Comment 25 (1996), Ziff. 4.

254 Vgl. etwa MRA, Kall v. Poland, 552/1993 (1997), Ziff. 13.1 ff., und Busyo et al. v. Democratic Republic of the Congo, 933/2000 (2003), Ziff. 5.2.

255 MRA, General Comment 25 (1996), Ziff. 16 und 23.

Beschwerdemöglichkeiten gegen Entlassungen zur Verfügung zu stellen[256]. Schliesslich müssen gemäss MRA Entlassungen im Einzelfall auf objektiven und sachlichen Gründen beruhen[257]. Von grosser praktischer Bedeutung erweist sich diese Praxis insbesondere im Fall eines Regimewechsels[258] resp. im Fall eines autokratischen Regimes, das sich unter Verletzung dieses Anspruchs einer ihm unbequem gewordenen Judikative zu entledigen versucht[259].

17.72 Keine entsprechende Bestimmung verankert wie erwähnt die EMRK. Der EGMR betont denn auch, ein Recht auf Anstellung im öffentlichen Dienst sei bewusst nicht in die Konvention aufgenommen worden. Daher könne die Ablehnung einer Bewerbung nicht Gegenstand einer Beschwerde sein. Eine Entlassung aus dem öffentlichen Dienst stellt demgegenüber einen Eingriff in das Recht auf Privatleben dar[260]. Eine solche Entlassung kann auch das Diskriminierungsverbot verletzen. Dies war etwa bei der Nichternennung einer Frau zur Sicherheitsbeamtin – eine Entscheidung, die zum Verlust der staatlichen Anstellung führte – der Fall, die damit begründet wurde, sie sei kein Mann und habe keinen Militärdienst geleistet[261]. Die Entlassung eines Richters wegen seinen öffentlich artikulierten Auffassungen verletzte unter den Umständen des konkreten Falls Art. 10 EMRK[262].

256 MRA, Perterer v. Austria, 1015/2001 (2004), Ziff. 10.1 ff., wonach die Garantien von Art. 14 Ziff. 1 Pakt II Anwendung finden, wenn das nationale Recht Beschwerdeverfahren gegen Entlassungen kennt. In Gedumbe v. Democratic Republic of the Congo, 641/1995 (2002), Ziff. 5.2, kam der MRA zum Schluss einer Paktverletzung, weil die Entscheidung zur Wiedereinstellung eines entlassenen Lehrers nicht umgesetzt wurde.

257 Siehe etwa MRA, Jacobs v. Belgium, 943/2000 (2004), Ziff. 9.3, und Radosavljevic v. Bosnia and Herzegovina, 1219/2003 (2007), Ziff. 7.6.

258 Siehe dazu etwa MRA, CO Germany (1996), wo statuiert wird: «The Committee expresses its concern that the criteria used to evaluate for retaining or dismissing former GDR public servants, including judges and teachers, are vague and leave open the possibility for deprivation of employment on the basis of political opinions held or expressed».

259 MRA, Pastukhov v. Belarus, 814/1998 (2003), Ziff. 7.3.

260 EGMR, Boyraz v. Turkey, 61960/08 (2014), Ziff. 41 und 43 m.w.H.

261 A.a.O., Ziff. 48.

262 EGMR (Grand Chamber), Baka v. Hungary, 20261/12, Reports 2016, Ziff. 151 f.

18. Kapitel: Schutz während Migration, Vertreibung und Flucht

Rechtsquellen: Art. 14 AEMR; Art. 7, 12, 13 Pakt II; Art. 3 FoK; Art. 10 und 22 KRK; Art. 18 BRK; WAK; Art. 49 GK IV; Art. 73 ZP I; Art. 17 ZP II; Art. 7 Römer Statut; GFK; Übereinkommen über die Rechtsstellung der Staatenlosen; Richtlinien über interne Vertreibung (Guiding Principles on Internal Displacement 1998); Art. 3 EMRK; Art. 2 ZP 4/EMRK; Art. 1 ZP 7/EMRK; Art. 22 AMRK; Art. 12 AfCRMV; Art. 26–28 ArCMR; Konvention über spezifische Aspekte des Flüchtlingsproblems in Afrika vom 10. September 1969; Konvention über den Schutz und die Unterstützung für Binnenvertriebene in Afrika (Kampala Konvention) vom 22. Oktober 2009; Konvention über die Gewährung territorialen Asyls (Caracas) vom 28. März 1954; Konvention über die Gewährung diplomatischen Asyls (Caracas) vom 28. März 1954; ILC Draft Articles on the Expulsion of aliens.

I. Das Problem

Migration, Vertreibung und Flucht bilden eine Konstante in der Geschichte der Menschheit. Unter menschenrechtlichen Gesichtspunkten gehören Vertriebene im eigenen Land (Binnenvertriebene) und Flüchtlinge zu den besonders schutzbedürftigen Gruppen, weil sie des Schutzes verlustig gegangen sind, den Menschen, die an ihrem Wohnort bleiben können, in der Regel geniessen. Aus diesem Grund haben sie besondere Bedürfnisse, die nicht-vertriebene Personen nicht haben. Selbst wenn Personen überwiegend freiwillig ihren Wohnort wechseln, können sie sich als Migrantinnen oder Migranten in einer besonders vulnerablen Position befinden. 18.1

Bevölkerungsbewegungen können freiwillig oder erzwungen sein und innerhalb des eigenen Landes oder über Landesgrenzen hinweg erfolgen. Aus der Kombination dieser Elemente ergeben sich vier Gruppen von Menschen, die menschenrechtlichen Schutzes bedürfen: (1) Menschen, die sich frei entscheiden, ihren Wohnort aus ökonomischen, familiären oder ähnlichen Gründen zu verlassen, und sich an einem anderen Ort im eigenen Land niederlassen; (2) Migrantinnen und Migranten, die aus den gleichen Gründen in ein anderes Land ziehen; (3) Binnenvertriebene, d.h. Menschen, die zum Verlassen ihres Wohnortes gezwungen werden und in einem anderen Teil des eigenen Landes Zuflucht suchen («internally displaced persons»/IDPs); und (4) Flüchtlinge, die gezwungen sind, im Ausland Schutz vor Verfolgung oder Vertreibung zu finden. 18.2

Während weltweite Zahlen über die freiwillige bzw. ökonomisch bedingte Migration innerhalb des eigenen Landes fehlen, lebten im Jahr 2017 schätzungsweise mehr als 258 Millionen ausserhalb ihres Herkunftsstaats, davon 25.9 Millionen Flücht- 18.3

linge[1]. Viele von ihnen sehen sich durch Armut, Arbeitslosigkeit oder schlechte Lebensbedingungen gezwungen, ihren Wohnort zu verlassen, ihre Migration ist aber juristisch gesehen insofern «freiwillig» als die Option, nicht zu migrieren, ihnen an sich offensteht. Flüchtlinge sind dagegen gezwungen ihren Heimatstaat zu verlassen.

18.4 Der Zwangscharakter der Vertreibung oder Flucht unterscheidet nicht nur Flüchtlinge, sondern auch Binnenvertriebene von Migrantinnen und Migranten. Während in der zweiten Hälfte des 20. Jahrhunderts die Flüchtlinge, d.h. Menschen, die über eine internationale Grenze ins Ausland fliehen mussten, die Mehrzahl darstellten, sind heute landesintern vertriebene Menschen in der Überzahl. Ende 2017 betrug die Zahl der Menschen, welche wegen bewaffneter Konflikte und Gewalt vertrieben waren, rund 40 Millionen.[2] Durchschnittlich geschätzte 25.3 Millionen Personen wurden zudem zwischen 2008 und 2016 jährlich neu durch Naturkatastrophen wie Stürme, Fluten oder Erdbeben vertrieben[3].

18.5 Das Migrations- und das Flüchtlingsrecht haben sich zu hoch spezialisierten Völkerrechtszweigen entwickelt, deren Darstellung den Umfang dieses Buches sprengen würde. Die folgenden Darlegungen fokussieren sich daher auf die spezifisch menschenrechtlichen Beiträge zu diesen Rechtsgebieten.

II. Bewegungsfreiheit im eigenen Land

18.6 Das Recht, sich *im eigenen Land frei zu bewegen und seinen Wohnsitz dort frei zu wählen*, gehört nicht nur zu den grundlegenden Aspekten der persönlichen Entfaltung, sondern es schafft auch einen rechtlichen Rahmen zur Regulierung der landesinternen Migration. Die Grundlagen dieser Garantie finden sich in Art. 12 Abs. 1 Pakt II, Art. 18 BRK, Art. 2 ZP 4/EMRK, Art. 22 AMRK, Art. 12 AfCRMV und 26 Abs. 1 ArCMR garantiert.

18.7 Menschen sollen innerhalb ihres eigenen Staates frei reisen können[4]. Ein Bewilligungserfordernis für Fahrende ohne permanenten Wohnsitz widerspricht dieser Vorgabe[5]. Die Bewegungsfreiheit verankert aber auch einen Anspruch, sich dort niederlassen zu können, wo eine Person arbeiten oder eine Ausbildung erhalten oder eine Familie gründen will. Die Freiheit der Wahl des Wohnsitzes schliesst das Recht

1 Making migration work for all, Report des UNO-Generalsekretärs vom Dezember 2017; UN Doc A/72/643, 12 December 2017, Ziff. 3.

2 IDMC/NRC, GRID 2018 – Global Report on Internal Displacement, Genf 2018, 59.

3 IDMC/NRC, GRID 2017 – Global Report on Internal Displacement, Genf 2017, 31.

4 Siehe z.B. AfKRMV, Law Offices of Ghazi Suleiman v. Sudan, 228/1999 (2003), Ziff. 64, wonach das gegenüber einem Anwalt ausgesprochene Verbot, an einen bestimmten Ort zu fahren, um sich dort mit einer Gruppe Menschenrechtsverteidiger auszutauschen, nicht nur eine Verletzung der Meinungsäusserungsfreiheit darstellt, sondern auch eine solche der Bewegungsfreiheit von Art. 12 AfCRMV. Gemäss dem MRA verletzt Hausarrest, der als willkürlicher Freiheitsentzug qualifiziert wird, auch Art. 12 Pakt II; MRA, Gorji-Dinka v. Cameroon, 1134/2002 (2005), Ziff. 5.5.

5 MRA, Ory v. France, 1969/210 (2014), Ziff. 8.3.

ein, dort zu bleiben, und schützt vor Zwangsumsiedlung oder Vertreibung[6]. Diese Rechte können gestützt auf eine gesetzliche Grundlage eingeschränkt werden, soweit dies zum Schutz der nationalen Sicherheit, der öffentlichen Ordnung, der öffentlichen Gesundheit und Moral oder von Rechten Dritter notwendig ist (Art. 12 Abs. 3 Pakt II). Unter diesen Voraussetzungen erlaubt sind daher beispielsweise Zwangsevakuierungen aus Katastrophengebieten und die Errichtung militärischer Sperrzonen bzw. solcher Zonen bei Epidemien.

Zur Bewegungsfreiheit gehört auch das Recht, *das eigene Land verlassen zu dürfen* 18.8
(Art. 12 Abs. 2 Pakt II), was das Recht auf einen Pass mit einschliesst[7] und davor schützt, dass ohne triftige Gründe ein Pass beschlagnahmt wird[8].

Dieses Recht kann eingeschränkt werden, die Gesetzgebung muss aber die Gründe für 18.9
ein Ausreiseverbot klar festschreiben[9]. Solche Anordnungen verletzen das Verhältnismässigkeitsprinzip, wenn der Staat nicht nachweisen kann, dass sie notwendig sind, um ein legitimes öffentliches Interesse zu schützen[10].

Rechtmässig ist etwa ein Ausreiseverbot bzw. die Verweigerung eines Passes für Perso- 18.10
nen, die ihren Militärdienst leisten müssen[11], oder während eines hängigen Strafverfahrens[12], nicht aber für eine Person, wenn ein gegen sie gerichteter Haftbefehl während sieben Jahren nicht vollzogen, ihr aber mit Verweis auf diesen Befehl auch nach so langer Zeit noch ein Pass verweigert wird[13] oder wenn ihr die Ausreise für zwei Jahre wegen der Verletzung der Immigrationsgesetze eines Drittstaats verweigert wird[14]. Unverhältnismässig ist auch ein automatisch für unbestimmte Zeit und ohne jegliche Berücksichtigung des Einzelfalls ausgesprochenes Ausreiseverbot, um die

6 Siehe hierzu hinten in diesem Kapitel Rz. 18.53 ff. Sie schützt ferner auch davor, mit einem Verbot belegt zu werden, in seinen Heimatort zurückkehren zu dürfen; MRA, Yklymova v. Turkmenistan, 1460/2006 (2009), Ziff. 7.2 i.V.m. Ziff. 3.3.

7 MRA, Vidal Martins v. Uruguay, 57/1979 (1982), Ziff. 9, und El Dernawi v. Libya, 1143/2002 (2007), Ziff. 6.2. Auf dieses Recht können sich auch Staatsangehörige, die im Ausland leben, berufen; MRA, El Ghar v. Libya, 1107/2002 (2004). Siehe dazu auch EGMR, Kerimli v. Azerbaijan, 3967/09 (2015), Ziff. 45 ff.

8 MRA, Marques de Morais v. Angola, 1128/2002 (2005), Ziff. 6.9, und El Dernawi v. Libya, 1143/2002 (2007), Ziff. 6.2.

9 IAGMR, Alibux v. Suriname, C/276 (2014), Ziff. 131 ff.

10 MRA, Batyrov v. Uzbekistan, 1585/2007 (2009), Ziff. 8.3: Eine Gefängnisstrafe wegen Verlassens des Landes ohne ordentliche Bewilligung ist eine unverhältnismässige Beschränkung dieses Rechts, solange der Staat keine besonders gewichtigen öffentlichen Interessen nachweisen kann. Siehe auch MRA, Orazova v. Turkmenistan, 1883/2009 (2012), Ziff. 7.3.

11 MRA, Peltonen v. Finland, 492/1992 (1994), Ziff. 8.4.

12 EGMR, Popoviciu v. Romania, 52942/09 (2016), Ziff. 82 ff. Für eine Übersicht über die EGMR-Praxis zur Zulässigkeit von Ausreiseverboten siehe Battista v. Italy, Reports 2014-VI, Ziff. 36.

13 MRA, González del Río v. Peru, 263/1987 (1992), Ziff. 5.3. Gemäss Praxis des EGMR ist ein mehr als fünfjähriges Ausreiseverbot, das im Rahmen eines Strafverfahrens ausgesprochen wird, in der Regel unverhältnismässig; EGMR, Popoviciu v. Romania, 52942/09 (2016), Ziff. 89 ff.

14 EGMR, Stamose v. Bulgaria, Reports 2012-VI, Ziff. 29 ff.

Zahlung geschuldeter Unterhaltsleistungen für ein Kind sicherzustellen[15]. Ausreiseverbote für Personen, welche vom UNO-Sicherheitsrat auf einer Sanktionsliste geführt werden, sind ebenfalls am Massstab von Art. 12 Abs. 3 Pakt II zu messen[16].

18.11 Gemäss Art. 12 Abs. 4 Pakt II darf niemandem willkürlich das Recht entzogen werden, *in das eigene Land einzureisen*. Wie der MRA betont hat[17], weist diese Bestimmung verschiedene Facetten auf: Sie garantiert implizit das Recht, im eigenen Land bleiben zu dürfen, was die Ausweisung oder die Strafe der Verbannung ins Ausland[18] grundsätzlich ausschliesst. Sie garantiert das Rückkehrrecht nicht nur für Personen, die ins Ausland ausgereist sind, sondern auch für solche, die ihr Land das erste Mal besuchen, weil sie im Ausland geboren wurden. Schliesslich ist das Recht für Flüchtlinge bedeutsam, die freiwillig in ihre Heimat zurückkehren wollen, nachdem sich die Gefahr politischer und ähnlicher Verfolgung verflüchtigt hat. Diese Ansprüche gelten nicht absolut, der MRA hat aber betont, dass im Fall eigener Staatsangehöriger kaum Situationen denkbar seien, in welchen eine Beschränkung gerechtfertigt werden könne[19]. Schliesslich hat der MRA diese Bestimmung auch für den Schutz vor Ausweisung fruchtbar gemacht[20].

III. Migrantinnen und Migranten

1. Einreise

18.12 Einreise, Aufenthalt und Ausreise von Ausländerinnen und Ausländern dürfen die Staaten kraft ihrer territorialen Souveränität grundsätzlich frei regeln. Diese Freiräume werden nicht nur durch bilaterale Niederlassungsverträge oder die Bestimmungen der EU über den Anspruch auf Personenfreizügigkeit[21], sondern punktuell auch durch Menschenrechte wie das Diskriminierungsverbot[22] oder das Recht auf Privat- und Familienleben beschränkt[23]. Der Globale Pakt über Migration, welcher von der UNO Ende 2018 verabschiedet wurde, ist rechtlich unverbindlich, definiert aber 23 Ziele, mit welchen die Staaten Migrationsursachen bekämpfen und die weltweite Migration in ihren verschiedenen Formen in sichere, geordnete und reguläre Bahnen leiten wollen.

---

15 EGMR, Battista v. Italy, Reports 2014-VI, Ziff. 35 ff. Für eine Beurteilung solcher Reiseverbote unter dem Blickwinkel von Art. 8 EMRK siehe EGMR (Grand Chamber), Nada v. Switzerland, Reports 2012-V, Ziff. 156 ff.

16 MRA, Sayadi and Vinck v. Belgium, 1472/2006 (2008), Ziff. 10.5–10.8.

17 MRA, General Comment 27 (1999), Ziff. 19.

18 MRA, CO Dominican Republic (1993), Ziff. 6.

19 MRA, General Comment 27 (1999), Ziff. 21.

20 Dazu anschliessend Rz. 18.19 f.

21 Art. 45 Vertrag über die Arbeitsweise der Europäischen Union vom 13. Dezember 2007. Siehe auch das Freizügigkeitsabkommen zwischen der Schweiz und der EU und ihren Mitgliedstaaten vom 21. Juni 1999.

22 RDK-Ausschuss, General Recommendation 30 (2004), Ziff. 9. Siehe auch EGMR, Abdulaziz and Others v. The United Kingdom, A/94 (1985).

23 Siehe z.B. EGMR, Gül v. Switzerland, Reports 1996-I, vorne Rz. 12.77 ff.

2. Aufenthalt

Ausländerinnen und Ausländer können sich gegenüber dem Aufenthaltsstaat ungeachtet ihres Aufenthaltsstatus grundsätzlich auf alle Menschenrechte berufen[24]. Das Recht auf Bewegungsfreiheit und die Freiheit der Wahl des Wohnorts gemäss Art. 12 Abs. 1 Pakt II und Art. 2 ZP 4/EMRK gilt nicht nur für Staatsangehörige des betreffenden Landes, sondern für «jedermann, der sich rechtmässig im Hoheitsgebiet eines Staates aufhält». Es schützt damit auch Ausländerinnen und Ausländer, falls sie diese Bedingung erfüllen. Ausländische Staatsangehörige oder staatenlose Personen, welche bei jedem Wohnsitzwechsel oder bei Besuch von Freunden und Angehörigen polizeilichen Meldepflichten unterliegen, können sich daher auf das Recht auf Bewegungsfreiheit berufen[25]. Dieser Anspruch kann allerdings gemäss Art. 12 Abs. 3 Pakt II und Art. 2 Abs. 3 ZP 4/EMRK eingeschränkt werden. Im Fall *Celepli gegen Schweden* hielt es der MRA beispielsweise für zulässig, einem Flüchtling, den man der Unterstützung terroristischer Aktivitäten verdächtigte, zu verbieten, sich ohne Erlaubnis der Behörde aus seiner Wohnsitzgemeinde zu entfernen[26]. 18.13

Einzig das Recht auf Teilnahme an Wahlen und Abstimmungen und auf Zugang zum öffentlichen Dienst gilt nur für Staatsangehörige (Art. 25 Pakt II). Andere Rechte, wie etwa der Anspruch auf politische Meinungsäusserung[27], unterliegen unter Umständen weitergehenden Beschränkungen, als sie für eigene Staatsangehörige zulässig sind. So stellt die Unterscheidung zwischen eigenen und fremden Staatsangehörigen als solche nicht eine Diskriminierung dar, falls eine unterschiedliche Behandlung sachlich gerechtfertigt werden kann[28]. Relativ weit können Einschränkungen gehen, welche Personen mit illegalem Aufenthalt betreffen, v.a. soweit es sich um einschränkbare Freiheitsrechte handelt. Zentrale Menschenrechtsgarantien wie jene zum Schutz von Leib und Leben, der persönlichen Integrität, des Anspruchs auf Grundschulunterricht und der Verfahrensgarantien gelten allerdings auch ihnen gegenüber uneingeschränkt. Von zentraler Bedeutung sind in diesem Zusammenhang auch spezifische Schutznormen für Migrantinnen[29] und für Kinder[30] im Migrationskontext. 18.14

Spezielle Rechte für Migrantinnen und Migranten verankert die *Konvention über den Schutz der Rechte aller Wanderarbeiter und ihrer Familien* von 1990. Die Konvention 18.15

---

24 Dazu ausführlich IAGMR, Advisory Opinion on Juridical Condition and Rights of Undocumented Migrants, A/18 (2003), Ziff. 111 ff.

25 EGMR, Tatishvili v. Russia, Reports 2007-I, Ziff. 45.

26 MRA, Celepli v. Sweden, 456/1991 (1994), Ziff. 9.2.

27 Art. 16 EMRK, welcher den Vertragsstaaten erlaubt, die politische Tätigkeit ausländischer Personen zu beschränken.

28 RDK-Ausschuss, General Recommendation XXX (2004), Ziff. 1 ff.

29 Siehe FDK-Ausschuss, General Recommendation 26 (2008) zu Wanderarbeiterinnen.

30 Siehe insb. WAK-Ausschuss und KRK-Ausschuss, Joint General Comment 3 (WAK-Ausschuss, 2017) resp. 22 (KRK-Ausschuss, 2017) zu Menschenrechten von Kindern im Migrationskontext, und KRK-Ausschuss, General Comment 6 (2005) zu unbegleiteten oder getrennten Kindern ausserhalb ihres Herkunftsstaates, sowie IAGMR, Rights and guarantees of children in the context of migration and/or in need of international protection, Advisory Opinion A/21 (2014).

definiert als «Wanderarbeiter» in Art. 2 Abs. 1 «jede Person, die in einem Staat, dessen Staatsangehörigkeit sie nicht hat, eine Tätigkeit gegen Entgelt ausüben wird, ausübt oder ausgeübt hat». Sie definiert die Rechte von Wanderarbeitern vor ihrer Abreise, während des Transits und während ihrer Tätigkeit im Ausland. Damit begründet dieser Vertrag Verpflichtungen für Herkunfts-, Transit- und Aufenthaltsstaaten. Obwohl die Konvention keine Ansprüche auf Einreise und Aufenthalt begründet, zählt sie die Menschenrechte dieser Personenkategorie detailliert auf. Sie umschreibt insbesondere auch die Rechtsansprüche von Personen, deren Aufenthalt illegal ist. Diese Bestimmungen reflektieren meist, was sich aus den allgemeinen Menschenrechtsgarantien ohnehin schon ergibt. Gewisse Bestimmungen erweitern wohl aber den menschenrechtlichen Schutz dieser Personengruppe deutlich und dürften ein wichtiger Grund dafür sein, dass die Konvention es bis heute schwer hat, genügend Rückhalt unter den Staaten zu finden[31].

3. Ausweisung

18.16 Der Grundsatz der territorialen Souveränität erlaubt den Staaten nicht nur über die Ein-, sondern auch über die Ausreise von Ausländerinnen und Ausländern grundsätzlich frei zu entscheiden. Hält sich eine Person rechtmässig[32] im Hoheitsgebiet eines Staates auf, haben die Behörden, welche sie ausweisen oder ausliefern[33] wollen, allerdings gewisse verfahrensmässige Garantien zu beachten. Gemäss Art. 13 Pakt II, Art. 22 WAK und Art. 1 ZP 7/EMRK sind Ausweisungen nur zulässig, wenn drei Voraussetzungen erfüllt sind: Der Ausweisungsentscheid muss erstens «rechtmässig» ergangen sein, d.h. in Übereinstimmung mit der nationalen Gesetzgebung. Zweitens muss die betroffene Person Gelegenheit haben, gegen die Ausweisung sprechende Gründe vorzubringen, die Entscheidung administrativ oder gerichtlich[34] überprüfen und sich in diesem Verfahren vertreten zu lassen. Diese Rechte entfallen allerdings, wenn zwingende Gründe der nationalen Sicherheit dies erfordern. Diese verfahrensrechtlichen Anforderungen wurden beispielsweise verletzt, als der französische Anwalt Hammel, der während vieler Jahre in Madagaskar gelebt hatte, ohne Vorwarnung von der lokalen Polizei abgeholt wurde, zwei Stunden Zeit zum Packen bekam und am gleichen Tag nach Frankreich abgeschoben wurde[35].

---

31 Sie konnte erst 2003, d.h. 13 Jahre nach ihrer Annahme, in Kraft treten, und bisher hat kein Industriestaat, der Zielstaat von Migration ist, die WAK ratifiziert.

32 Deshalb endet der Schutz von Art. 13 Pakt II, wenn jemand nach Ablauf einer Bewilligung nicht ausreist und weiterhin im betreffenden Staat bleibt (so MRA, General Comment 15 [1986], Ziff. 9). Art. 22 WAK geht darüber hinaus und garantiert Wanderarbeitnehmern und ihren Familien verfahrensrechtlichen Schutz gegen Ausweisungen unabhängig vom Aufenthaltsstatus.

33 Art. 13 Pakt II gilt für alle Arten von Entfernungsmassnahmen inkl. der Auslieferung; MRA, Kindler v. Canada, 470/1991 (1993), Ziff. 6.6.

34 Art. 13 Pakt II und Art. 1 ZP 7/EMRK geben keinen Anspruch auf Zugang zu einem Gericht, sondern überlassen die Bestimmung der betreffenden Behörde dem Landesrecht. Bestimmt aber das Landesrecht ein Gericht für diese Entscheidung, sind die Vorgaben von Art. 14 Pakt I zu fairen gerichtlichen Verfahren anwendbar; MRA, General Comment 31 (2007), Ziff. 62.

35 MRA, Hammel v. Madagascar, 155/1983 (1987), Ziff. 18.2.

Die genannten Verfahrensbestimmungen sind rein formaler Natur und enthalten keine materiellen Garantien gegen Ausweisungen. Immerhin ergibt sich aus den Verteidigungs- und Überprüfungsansprüchen der betroffenen Personen, dass eine Entscheidung im Einzelfall zu fällen ist; dies macht *Massenausweisungen*, welche Angehörige einer bestimmten Gruppe mittels Gesetz oder Entscheidung kollektiv, d.h. ohne Einzelfallprüfung, zum Verlassen des Landes verpflichten, menschenrechtlich unzulässig[36]. Diese Vorgaben wurden etwa durch die Ausweisung zahlreicher haitianischer Staatsangehöriger aus der Dominikanischen Republik in den Jahren 1999 und 2000[37], von georgischen Staatsangehörigen aus Russland[38] und auch durch die Ausweisung von Roma-Familien, deren Asylgesuch abgelehnt worden war, von Belgien in die Slowakei[39] missachtet. 18.17

Wie der IGH betont hat, darf die Ausweisung drittens nicht willkürlich erfolgen und muss überdies mit anderen Vorgaben des Pakts II und einschlägiger regionaler Konventionen vereinbar sein[40]. So ist es etwa verboten, ausländische Staatsangehörige auszuweisen, um ihren Besitz zu konfiszieren oder um ein hängiges Auslieferungsverfahren zu umgehen[41].Weitere materielle Schranken können sich aus dem Recht auf Leben und dem Verbot der Folter und unmenschlichen oder erniedrigenden Behandlung ergeben[42]. Besonders wichtig ist auch der Anspruch auf Schutz der Familie; er verbietet Ausweisungen, wenn der Familie nicht zugemutet werden kann, dem ausgewiesenen Familienmitglied ins Ausland zu folgen, und gleichzeitig die Interessen der Familie am weiteren Zusammenleben die öffentlichen Interessen an der Entfernungsmassnahme überwiegen[43]. 18.18

Der Anspruch von Art. 12 Abs. 4 Pakt II auf Einreise ins eigene Land ist auch für Ausländerinnen und Ausländer bedeutsam geworden, seit der MRA die Bedeutung dieser Bestimmung ausgeweitet hat. Im Fall *Stewart gegen Kanada*[44] stellte der Ausschuss fest, der Begriff «sein eigenes Land» sei weiter als der Begriff «Heimatstaat». Dazu zählen etwa Personen, denen ihre Staatsangehörigkeit auf völkerrechtswidrige Weise entzo- 18.19

---

36 So MRA, General Comment 15 (1986), Ziff. 10; RDK-Ausschuss, General Recommendation XXX (2004), Ziff. 26. Siehe auch Art. 4 ZP 4/EMRK und Art. 12 Abs. 5 AfCRMV, welche Kollektivausweisungen ausländischer Personen explizit untersagen und dazu EGMR, Sultani v. France, Reports 2007-IV, insb. Ziff. 81, und Hirsi Jamaa and Others v. Italy (Grand Chamber), Reports 2012-II, Ziff. 166 ff., sowie AfKRMV, Union Interafricaine des Droits de l'Homme and Others v. Angola, 159/1996 (1997), Ziff. 14 ff., und Rencontre Africaine pour la Défense des Droits de l'Homme v. Zambia, 71/1992 (1996).

37 IAGMR, Expelled Dominicans and Haitians v. Dominican Republic, C/282 (2014), Ziff. 381 ff.

38 EGMR (Grand Chamber), Georgia v. Russia (I), Reports 2014-IV, Ziff. 178.

39 EGMR, Čonka v. Belgium, Reports 2002-I, Ziff. 59 ff.

40 IGH, Ahmadou Sadio Diallo (Republic of Guinea v. Democratic Republic of the Congo), ICJ, Reports 2010, Ziff. 65.

41 Art. 11 f. Draft Articles on the expulsion of aliens.

42 Siehe dazu Rz. 9.41 f.

43 Vorne Rz. 12.77 ff. und die dort aufgeführte Rechtsprechung.

44 MRA, Stewart v. Canada, 538/1993 (1996), Ziff. 12.3 ff. Bestätigt in MRA, Canepa v. Canada, 558/1993 (1997).

gen wurde oder deren Heimatstaat infolge Inkorporation in einen anderen Staat unterging, und denen die Staatsangehörigkeit dieses Staates verweigert wird. Die Bestimmung kann aber auch ausländische Staatsangehörige gegen Ausweisung schützen, welche ihr Leben seit früher Jugend im betreffenden Land verbracht und zum Land ihrer Staatsangehörigkeit kaum Beziehungen haben, falls sie keine Gelegenheit hatten, Bürger des Aufenthaltsstaats zu werden. Die Anwendbarkeit dieser Regel auf einen Briten, der den grössten Teil seines Lebens in Kanada verbracht hatte, wurde verneint, weil er freiwillig darauf verzichtet hatte, sich einbürgern zu lassen. Hingegen bejahte der Ausschuss sie im Fall eines schwedischen Staatsangehörigen, der im Alter von 27 Tagen nach Australien einreiste, seither dort zusammen mit seiner Familie lebte und selber davon ausging, australischer Staatsangehöriger zu sein[45]. Gleich entschied er bezüglich eines somalischen Staatsangehörigen, der nie in Somalia, aber seit seinem vierten Lebensjahr zusammen mit seiner Familie in Kanada lebte, keinen Bezug zu Somalia hatte und dort (vermutungsweise) nicht als Staatsangehöriger anerkannt war[46].

18.20 Diese Rechtsprechung ist v.a. für Ausländerinnen und Ausländer der zweiten oder dritten Generation in Ländern bedeutsam, in welchen dem Erwerb der Staatsbürgerschaft auch nach sehr langer Zeit noch rechtliche oder faktische Hindernisse entgegenstehen. Die Garantie gilt zwar nicht absolut, sondern schützt gegen «willkürliche» Ausweisungen, d.h. solche, die nicht notwendig sind, um legitime und überwiegende öffentliche Interessen durchzusetzen[47].

4. Das Verbot unmenschlicher Behandlung als absolute Schranke der Ausweisung, Abschiebung und Auslieferung

18.21 Ist die Freiheit der Staaten, über die Ausweisung, Abschiebung oder Auslieferung von Menschen entscheiden zu können, beschränkt, wenn der betroffenen Person im Zielstaat schwerste Menschenrechtsverletzungen drohen? Diese Frage stellt sich nicht nur im Zusammenhang mit der Todesstrafe[48] und dem Verbot willkürlichen Freiheitsentzugs[49], sondern in der Praxis weit häufiger im Hinblick auf drohende Folter.

45 MRA, Nystrom v. Australia, 1557/2007 (2011), Ziff. 7.4 f. Siehe auch MRA, Deepan Budlakoti v. Canada, 2264/2013 (2018), Ziff. 9.2 ff. Der MRA trat in Ilyasov v. Kazakhstan, 2009/2010 (2014), auch auf eine Beschwerde ein, in welcher gerügt wurde, dass Kasachstan nach 15-jährigem Aufenthalt zum eigenen Land des Beschwerdeführers geworden sei (Ziff. 6.10), ging aber schliesslich nicht auf die Frage des Vorliegens einer Verletzung von Art. 12 Abs. 4 Pakt II ein. In verschiedenen abweichenden Meinungen warnten MRA-Mitglieder vor einer solchen Ausdehnung des Geltungsbereichs dieser Norm, denn die Wendung «eigenes Land» sei deswegen anstelle des Ausdrucks «Heimatstaat» in den Text dieser Bestimmung aufgenommen worden, um Staaten daran zu hindern, einer Person die Staatsangehörigkeit zu entziehen, um sie anschliessend des Landes verweisen zu können.

46 MRA, Warsame v. Canada, 1959/2010 (2011), Ziff. 8.4 f.

47 MRA, Nystrom v. Australia, 1557/2007 (2011), Ziff. 7.6, und Warsame v. Canada, 1959/2010 (2011), Ziff. 8.6.

48 Hierzu vorne Rz. 9.41 f.

49 Dazu vorne Rz. 15.17.

Art. 3 FoK beantwortet die Frage positiv: Danach dürfen Vertragsstaaten «eine Person nicht in einen anderen Staat ausweisen, abschieben oder an diesen ausliefern, wenn stichhaltige Gründe für die Annahme bestehen, dass sie dort Gefahr liefe, gefoltert zu werden». Unter den gleichen Voraussetzungen ist gemäss Art. 16 VLK die Abschiebung in ein Land verboten, in welchem Individuen das Verschwindenlassen droht. 18.22

Wie der FoK-Ausschuss in ständiger Praxis betont, verlangt Art. 3 FoK zwar nicht den Nachweis einer hohen Wahrscheinlichkeit von Folter im Zielstaat, aber der Beschwerdeführer trägt grundsätzlich die Beweislast und muss belegen, dass diese Gefahr mehr als theoretisch, nämlich voraussehbar und echt und nicht nur allgemein, sondern persönlich ist[50]. Während die ältere Praxis des Ausschusses zum Vorliegen eines solchen Risikos ziemlich grosszügig war, führt heute das Insistieren auf der Beweislast der beschwerdeführenden Partei zu einer restriktiven Haltung; dies insbesondere, wenn die betroffene Person vor der Ausreise aus dem Herkunftsstaat nicht gefoltert worden war[51]. Bei dieser Abklärung sind gemäss Art. 3 Abs. 2 FoK allerdings «alle massgeblichen Erwägungen einschliesslich des Umstands, dass in dem betreffenden Staat eine ständige Praxis grober, offenkundiger oder massenhafter Verletzungen der Menschenrechte herrscht», zu berücksichtigen. Das Ziel dieser Prüfung muss darin bestehen, festzustellen, ob das betroffene Individuum im Zielstaat persönlich einem Risiko ausgesetzt wäre. Deshalb genügt die Existenz systematischer Folter nicht, um vor Rückschiebung zu schützen; hinzukommen müssen persönliche Faktoren, die für eine Gefährdung sprechen. Umgekehrt schliesst das Fehlen einer Folterpraxis nicht eine Foltergefahr im Einzelfall aus[52]. 18.23

Der MRA geht in seiner Praxis zum Verbot der Folter und grausamen, unmenschlichen und erniedrigenden Behandlung oder Bestrafung ebenfalls davon aus, dass eine Auslieferung oder Ausschaffung ausnahmslos menschenrechtswidrig ist, wenn der betroffenen Person im Destinationsstaat Folter oder andere unmenschliche oder erniedrigende Behandlung oder Strafe droht[53]. Dabei prüft er, ob ernsthafte Gründe für das Vorliegen eines nicht wieder gutzumachenden Schadens im Herkunftsstaat bestehen. Dieses Risiko muss persönlich vorliegen, und der MRA geht von einer hohen Schwelle des Nachweises dieser Gefahr aus[54]. Der MRA verlangt, dass die beschwerde- 18.24

50 FoK-Ausschuss, F.B. v. The Netherlands, 613/2014 (2015), Ziff. 8.4, R.G. et al. v. Sweden, 586/2014 (2015), Ziff. 8.4., und viele andere. Siehe auch FoK-Ausschuss, General Comment 1 (1997), Ziff. 6 f. Für die leicht abweichende Standardformulierung der älteren Praxis siehe etwa FoK-Ausschuss, R.K. et al. v. Sweden, 309/2006 (2008), Ziff. 8.3.

51 Siehe z.B. FoK-Ausschuss, K. v. Australia, 591/2014 (2015), insb. Ziff. 10.12, und für einen umgekehrten Entscheid in einem ähnlichen Fall MRA, Rasappu v. Denmark, 2258/2013 (2015), Ziff. 7.7.

52 Siehe etwa FoK-Ausschuss, F.B. v. The Netherlands, 613/2014 (2015), Ziff. 8.3, R.G. et al. v. Sweden, 586/2014 (2015), Ziff. 8.2, und R.K. et al. v. Sweden, 309/2006 (2008), Ziff. 8.2.

53 MRA, General Comment 20 (1992), Ziff. 9, und C. v. Australia, 900/1999 (2002), Ziff. 8.5. Zum Verbot der Auslieferung bei drohender Todesstrafe vorne Rz. 9.41 f.

54 Siehe dazu etwa MRA, X. v. Denmark, 2389/2014 (2015), Ziff. 7.2, F.M. v. Canada, 2284/2013 (2015), Ziff. 9.4, H.E.A.K. v. Denmark, 2343/2014 (2015), Ziff. 8.2, und Rasappu v. Denmark, 2258/2013 (2015), Ziff. 7.3.

führende Partei ihre Vorbringen substantiiert. Anders als der FoK-Ausschuss auferlegt er aber die Beweislast nicht der Beschwerdeführerin oder dem Beschwerdeführer. Vielmehr prüft er solche Fälle ex officio unter Berücksichtigung aller relevanten Fakten und Umstände inklusive der allgemeinen Menschenrechtslage im Herkunfts- resp. im Zielstaat[55]. Gleichzeitig betont aber der MRA, er messe der Risikobeurteilung durch die zuständigen nationalen Behörden grosses Gewicht bei, solange diese Evaluation nicht willkürlich oder offensichtlich fehlerhaft sei oder eine Rechtsverweigerung darstelle[56].

18.25 Gestützt auf diese Grundsätze bejahte der Ausschuss beispielsweise die Gefahr für das Leben des Beschwerdeführers in Somalia, der nie dort gelebt hatte, die Sprache nicht kannte, keinen Schutz durch einen Klan erhalten konnte und keine Verwandten im Gebiet hatte, in das er verbracht werden sollte[57]. Ein echtes Folterrisiko identifizierte der Ausschuss im Fall eines tunesischen Polizisten, welcher sich geweigert hatte, an Misshandlungen mitzuwirken und in der Folge schikaniert wurde[58]. Die Abschiebung einer 15-jährigen Jugendlichen nach Guinea wurde als unmenschlich eingestuft, weil die Gefahr, nach der Rückkehr Opfer einer Zwangsbeschneidung zu werden, erheblich erschien angesichts der grossen Verbreitung dieser Praxis[59]. Im Fall eines chinesischen Staatsangehörigen, der als unbegleiteter Minderjähriger in die Niederlande eingereist war, kam der MRA zum Schluss, die Anordnung der Ausweisung des Beschwerdeführers nach China stelle eine Verletzung seiner Rechte als Kind von Art. 24 in Verbindung mit Art. 7 Pakt II dar: Die niederländischen Behörden hätten nicht mit der notwendigen Sorgfalt geprüft, ob er nach seiner Rückkehr mangels Identitätsausweises und familiärer Strukturen zu einer Bettelexistenz gezwungen wäre[60]. In einem weiteren Entscheid schloss der Ausschuss auf eine Verletzung von Art. 7 Pakt II, weil die zuständigen nationalen Behörden nicht mit der notwendigen Sorgfalt geprüft hatten, ob die nigerianischen Behörden in der Lage wären, einem Opfer von Menschenhändlern Schutz vor deren Rache zu garantieren[61]. Weil ihre sexuelle Orientierung infolge eines Zeitungs-

---

55 Siehe die in Fn. 54 aufgeführten Entscheide. In Byahuranga v. Denmark, 1222/2003 (2004), Ziff. 11.3, kam der MRA zum Schluss, dass für die Beurteilung des Risikos nicht nur frühere Aktivitäten, sondern auch Exiltätigkeiten des Beschwerdeführers in Betracht gezogen werden müssen.

56 MRA, X. v. Denmark, 2389/2014 (2015), Ziff. 7.3, Rasappu v. Denmark, 2258/2013 (2015), Ziff. 7.2, C.L. and Z.L. v. Denmark, 2753/2016 (2018), Ziff. 8.3. Siehe auch MRA, A.H.G. v. Canada, 2091/2011 (2015), concurring opinions Seibert-Fohr und Shany für eine Darstellung der Bedeutung des Verhältnismässigkeitsprinzips zur Beurteilung von Willkür in Ausweisungsfällen.

57 MRA, Warsame v. Canada, 1959/2010 (2011), Ziff. 8.3.

58 MRA, Hamida v. Canada, 1544/2007 (2010), Ziff. 8.7.

59 MRA, Kaba v. Canada, 1465/2006 (2010), Ziff. 10.1 ff. Im Gegensatz dazu kam der EGMR in Izevbekhai and Others v. Ireland (dec.), 43408/08 (2011), Ziff. 80, zum Schluss, angesichts der privilegierten Situation der Eltern sei es nicht glaubwürdig, dass sie nicht in der Lage wären, ihre Tochter nach der Rückkehr nach Nigeria gegen Zwangsbeschneidung zu schützen.

60 MRA, X.H.L. v. The Netherlands, 1564/2007 (2011), Ziff. 10.2 f.

61 MRA, Omo-Amenaghawon v. Denmark, 2288/2013 (2015), Ziff. 7.5. Wegen mangelnder Sorgfalt bei der Abklärung war die Beschwerde auch im Fall MRA, C.L. and Z.L. v. Denmark, 2753/2016 (2018), Ziff. 8.7, erfolgreich.

artikels den Behörden ihres Herkunftsstaates bekannt war, erachtet schliesslich der MRA die Ausschaffung einer lesbischen Frau in ihren Heimatstaat als paktwidrig, da in diesem Homosexualität verboten und die LGBTI Gemeinschaft in diesem Staat im Zeitpunkt des Entscheides weitreichenden Diskriminierungen unterlag[62].

Art. 3 FoK und die Praxis des MRA wurden durch einen vom EGMR entwickelten Ansatz inspiriert: Weil die wissentliche Übergabe eines Menschen an seinen Folterer in sich selbst unmenschlich ist, hat der EGMR schon früh in einer kreativen Praxis aus dem Anspruch auf Schutz vor unmenschlicher Behandlung gemäss Art. 3 EMRK das Verbot abgeleitet, einen Menschen zwangsweise in einen Staat zu verbringen, wo ihm Ermordung, Folter oder sonst eine schwerwiegende Verletzung fundamentaler Menschenrechte droht[63]. Dieses Verbot gilt absolut, d.h. auch in Fällen, in welchen das Flüchtlingsrecht eine Rückschiebung in den Verfolgerstaat erlauben würde[64]. 18.26

Gemäss konstanter Praxis des EGMR[65] wird das Recht der Staaten, selbständig über die Einreise, den Aufenthalt und die Ausweisung ausländischer Staatsangehöriger zu entscheiden, durch das Verbot beschränkt, eine Person in einen anderen Staat auszuweisen, wenn *es ernsthafte Gründe für die Annahme* gibt, dass der Ausländer oder die Ausländerin im Destinationsstaat einem reellen Risiko unterliegt, Opfer einer Verletzung von Art. 3 EMRK zu werden. Unter diesen Umständen verlangt daher Art. 3 EMRK, dass der Aufenthaltsstaat von einer Abschiebung in diesen Staat absieht[66]. Dieser Standard gilt nicht nur bei Ausweisungen, sondern auch bei Auslieferungen[67]. 18.27

Damit sie in den Geltungsbereich von Art. 3 EMRK fällt, muss die der betroffenen Person drohende Misshandlung einen minimalen Schweregrad aufweisen[68], dessen Beurteilung abhängig von den Gesamtumständen des Einzelfalls ist[69]. Jedenfalls erfüllt ist diese Anwendungsschwelle, wenn die betroffene Person einer *ernsthaften Gefahr* ausgesetzt wäre, nach ihrer Rückkehr dort oder, bei Gefahr einer weiteren Abschiebung, in einem anderen Drittstaat[70] gefoltert, unmenschlich oder erniedrigend behan- 18.28

---

62 MRA, M.I. v. Sweden, 2149/2012 (2013), Ziff. 7.5.

63 Nachdem die frühere EKMR seit den 1960er Jahren die Auffassung vertreten hatte, aus Art. 3 EMRK lasse sich ein solches Rückschiebungsverbot ableiten (Amekrane v. The United Kingdom, Yearbook 16 [1973], 357), bekam der Gerichtshof in EGMR, Soering v. The United Kingdom, A/161 (1989), erstmals Gelegenheit, in einem Auslieferungsfall diese Auffassung zu bestätigen.

64 Z.B. EGMR (Grand Chamber), Chahal v. The United Kingdom, Reports 1996-V, Ziff. 80, und Saadi v. Italy, Reports 2008-II, Ziff. 138.

65 EGMR (Grand Chamber), J.K. and Others v. Sweden, 59166/12, Reports 2016, Ziff. 78 ff., mit ausführlichen Hinweisen auf diese Praxis.

66 EGMR (Grand Chamber), F.G. v. Sweden, 43611/11, Reports 2016, Ziff. 111. Zu den vom Gerichtshof angewendeten Standards zur Risikobeurteilung siehe Ziff. 113 ff.

67 EGMR, Soering v. The United Kingdom, A/161 (1989) (Auslieferung), Cruz Varas v. Sweden, A/201 (1991) (Ausweisung und Abschiebung) und aus der jüngeren Praxis etwa Babar Ahmad and Others v. The United Kingdom, 24027/07, 11949/08, 36742/08, 66911/09 and 67354/09 (2012).

68 EGMR (Grand Chamber), F.G. v. Sweden, 43611/11, Reports 2016, Ziff. 112.

69 A.a.O.

70 EGMR (Grand Chamber), Hirsi Jamaa and Others v. Italy, Reports 2012-II, Ziff. 146 ff., und M.S.S. v. Belgium and Greece, Reports 2011-I, Ziff. 341 ff.

delt oder bestraft[71], getötet[72] oder hingerichtet[73] zu werden. Ebenso verbietet Art. 3 EMRK die Auslieferung von Straftätern, wenn ihnen dort eine nicht reduzierbare lebenslange Freiheitsstrafe droht[74].

18.29 Auf das Verbot können sich alle Menschen berufen, einschliesslich Deserteure[75], Straftäter[76] und mutmassliche Terroristen[77], oder Asylsuchende und Flüchtlinge[78]. Das Rückschiebungsverbot gilt nicht nur in Fällen, in denen Folter und Misshandlungen Teil der Regierungspolitik sind, sondern auch dort, wo Sicherheitskräfte in klarer Überschreitung ihrer Kompetenzen foltern[79], wo die Gefahr von nichtstaatlichen Parteien im Bürgerkrieg[80] oder sogar von rein privaten Gruppierungen oder Einzelpersonen[81] ausgeht, soweit die Behörden des Destinationsstaates die ernsthafte Gefahr für die rückkehrende Person nicht durch effektive Schutzmassnahmen entschärfen können[82]. Deshalb kann unter Umständen Art. 3 EMRK Schutz vor Abschiebung gewähren, wenn eine Frau im Zielstaat Zwangsbeschneidung[83] oder ernsthafte häusliche Gewalt[84] zu erwarten hat.

71 So die ständige Formel des Gerichtshofs. Vgl. z.B. EGMR (Grand Chamber), Chahal v. The United Kingdom, Reports 1996-V, Ziff. 74, und für ein neueres Urteil, Mamazhonov v. Russia, 17239/13 (2014), Ziff. 127 f. Siehe auch EGMR (Grand Chamber), Saadi v. Italy, Reports 2008-II, Ziff. 125. Teilweise spricht der Gerichtshof auch von «treatment contrary to Article 3», z.B. in EGMR, X. v. Sweden, 36417/16 (2018), Ziff. 46. Dass ein Abschiebungshindernis nicht nur bei drohender Folter, sondern auch bei drohender unmenschlicher oder erniedrigender Behandlung gilt, wurde vom EGMR in Babar Ahmad and Others v. The United Kingdom, 24027/07, 11949/08, 36742/08, 66911/09 and 67354/09 (2012), Ziff. 172 ff. explizit bestätigt.

72 EGMR, L.M. and Others v. Russia, 40081/14 etc. (2015), Ziff. 108. Im Entscheid Bahaddar v. The Netherlands, Reports 1998-I, Ziff. 78, anerkannte die EKMR, dass das Abschiebungsverbot von Art. 3 EMRK grundsätzlich auch bei drohender Verletzung des Rechts auf Leben gilt.

73 Siehe dazu Rz. 9.41.

74 Siehe EGMR, Trabelsi v. Belgium, Reports 2014-V, Ziff. 137, und detailliert vorne Rz. 10.15.

75 EGMR, Said v. The Netherlands, Reports 2005-VI.

76 Z.B. EGMR, Soering v. The United Kingdom, A/161 (1989), H.L.R. v. France (Grand Chamber), Reports 1997-III, D. v. The United Kingdom, Reports 1997-III, und Mamazhonov v. Russia, 17239/13 (2014).

77 Z.B. EGMR (Grand Chamber), Chahal v. The United Kingdom, Reports 1996-V, und Saadi v. Italy, Reports 2008-II; EGMR, X. v. Sweden, 36417/16 (2018), Ziff. 57 ff.

78 Z.B. EGMR, Cruz Varas v. Sweden, A/201 (1991), Ahmed v. Austria (Grand Chamber), Reports 1996-VI, Ismoilov and Others v. Russia, 2947/06 (2008), Hirsi Jamaa and Others v. Italy (Grand Chamber), Reports 2012-II, L.M. and Others v. Russia, 40081/14 etc. (2015), und EGMR (Grand Chamber), J.K. and Others v. Sweden, 59166/12, Reports 2016.

79 EGMR (Grand Chamber), Chahal v. The United Kingdom, Reports 1996-V.

80 EGMR (Grand Chamber), Ahmed v. Austria, Reports 1996-VI.

81 EGMR, H.L.R. v. France (Grand Chamber), Reports 1997-III, N. v. Finland, 38885/02 (2005), Ziff. 163, und Salah Sheekh v. The Netherlands, 1948/04 (2007), Ziff. 139 ff.

82 EGMR (Grand Chamber), J.K. and Others v. Sweden, 59166/12, Reports 2016, Ziff. 80.

83 EGMR, Izevbekhai and Others v. Ireland (dec.), 43408/08 (2011), Ziff. 73.

84 EGMR, N. v. Sweden, 23505/09 (2010), Ziff. 54 ff.

Einem ähnlichen Ansatz folgt der IAGMR[85]: Nach seiner Rechtsprechung muss das Risiko ernsthaft, d.h. eine vorhersehbare Konsequenz der Rückschiebung sein. Dies ist der Fall, wenn die Ausführungen der beschwerdeführenden Person zur Risikosituation glaubwürdig, überzeugend und kohärent sind[86]. 28.30

Die Abschiebungs- und Auslieferungshindernisse bei drohender schwerer Misshandlung im Destinationsstaat gelten absolut. Hier geht, wie der EGMR ausdrücklich anerkannt hat[87], der menschenrechtliche Schutz über das Flüchtlingsrecht hinaus, welches unter gewissen Umständen Rückschiebungen von Flüchtlingen in den Verfolgerstaat erlaubt[88]. Der absolute Schutz gilt, wie der EGMR etwa im Fall *Saadi gegen Italien* festgehalten hat, auch im Fall von Terroristen, wenn ihnen im Zielstaat Folter und unmenschliche Behandlung drohen, was bedeutet, dass keinerlei Raum für Abwägungen besteht[89]. 18.31

Beispiel: Das Urteil Saadi gegen Italien des EGMR[90]

In diesem Entscheid hatte der EGMR über die Zulässigkeit der Deportation des Beschwerdeführers, Mitglied einer Terrororganisation, nach Tunesien zu befinden. Sowohl Italien wie auch Grossbritannien plädierten im Verfahren vor dem Gerichtshof für eine Aufweichung der absoluten Geltung von Art. 3 EMRK, wenn die Abschiebung einer Person zur Diskussion stehe, die eine grosse Gefahr für den Aufenthaltsstaat darstelle. Der Gerichtshof lehnte dieses Ansinnen mit folgenden Argumenten ab: 18.32

«137. The Court notes first of all that States face immense difficulties in modern times in protecting their communities from terrorist violence [...]. It cannot therefore underestimate the scale of the danger of terrorism today and the threat it presents to the community. That must not, however, call into question the absolute nature of Article 3.

138. Accordingly, the Court cannot accept the argument of the United Kingdom Government, supported by the respondent Government, that a distinction must be drawn under Article 3 between treatment inflicted directly by a signatory State and treatment that might be inflicted by the authorities of another State, and that protection against this latter form of ill-treatment should be weighed against the interests of the community as a whole [...]. Since protection against the treatment prohibited by Article 3 is absolute, that provision imposes an obligation not to extradite or expel any person who, in

85 IAGMR, Wong Ho Wing v. Peru, C/297 (2015), Ziff. 155 ff.

86 A.a.O., Ziff. 155.

87 EGMR (Grand Chamber), Chahal v. The United Kingdom, Reports 1996-V, Ziff. 80, und Saadi v. Italy, Reports 2008-II, Ziff. 138.

88 Gemäss Art. 33 Abs. 2 GFK kann sich ein Flüchtling nicht auf den Schutz des Prinzips des Non-refoulement (dazu hinten Rz. 18.74 f.) berufen, «wenn erhebliche Gründe dafür vorliegen, dass er als eine Gefahr für die Sicherheit des Aufenthaltsstaates angesehen werden muss oder wenn er eine Bedrohung für die Gemeinschaft dieses Landes bedeutet, weil er wegen eines besonders schweren Verbrechens oder Vergehens rechtskräftig verurteilt worden ist».

89 EGMR (Grand Chamber), Saadi v. Italy, Reports 2008-II, Ziff. 138.

90 EGMR (Grand Chamber), Saadi v. Italy, Reports 2008-II.

> the receiving country, would run the real risk of being subjected to such treatment. As the Court has repeatedly held, there can be no derogation from that rule [...]. It must therefore reaffirm the principle stated in the Chahal judgment [...] that it is not possible to weigh the risk of ill-treatment against the reasons put forward for the expulsion in order to determine whether the responsibility of a State is engaged under Article 3, even where such treatment is inflicted by another State. In that connection, the conduct of the person concerned, however undesirable or dangerous, cannot be taken into account, with the consequence that the protection afforded by Article 3 is broader than that provided for in Articles 32 and 33 of the 1951 United Nations Convention relating to the Status of Refugees [...].
>
> 139. The Court considers that the argument based on the balancing of the risk of harm if the person is sent back against the dangerousness he or she represents to the community if not sent back is misconceived. The concepts of ‹risk› and ‹dangerousness› in this context do not lend themselves to a balancing test because they are notions that can only be assessed independently of each other. Either the evidence adduced before the Court reveals that there is a substantial risk if the person is sent back or it does not. The prospect that he may pose a serious threat to the community if not returned does not reduce in any way the degree of risk of ill treatment that the person may be subject to on return. For that reason it would be incorrect to require a higher standard of proof, as submitted by the intervener, where the person is considered to represent a serious danger to the community, since assessment of the level of risk is independent of such a test.
>
> 140. With regard to the second branch of the United Kingdom Government's arguments, to the effect that where an applicant presents a threat to national security, stronger evidence must be adduced to prove that there is a risk of ill-treatment [...], the Court observes that such an approach is not compatible with the absolute nature of the protection afforded by Article 3 either. It amounts to asserting that, in the absence of evidence meeting a higher standard, protection of national security justifies accepting more readily a risk of ill-treatment for the individual. The Court therefore sees no reason to modify the relevant standard of proof, as suggested by the third-party intervener, by requiring in cases like the present that it be proved that subjection to ill-treatment is ‹more likely than not›. On the contrary, it reaffirms that for a planned forcible expulsion to be in breach of the Convention it is necessary – and sufficient – for substantial grounds to have been shown for believing that there is a real risk that the person concerned will be subjected in the receiving country to treatment prohibited by Article 3 [...]».

18.33 Art. 3 EMRK kann auch einer Auslieferung oder Abschiebung in einen aussereuropäischen Staat entgegenstehen, geht es doch in solchen Konstellationen nicht um die Beurteilung der Handlungen des Zielstaates, sondern jener des Staates, dessen Behörden die Ausweisung, Abschiebung oder Auslieferung anordnen: Deshalb ist es irrelevant, ob der Zielstaat die EMRK ratifiziert hat oder nicht. Es geht nämlich, wie der Gerichtshof in einem Auslieferungsfall betont hat, «nicht darum, die Verantwortlichkeit des Bestimmungslandes [...] festzustellen. Soweit Verantwortlichkeit nach der Konvention festgestellt wird oder festgestellt werden kann, handelt es sich um die Verantwortlichkeit, die den ausliefernden Vertragsstaat trifft, weil er eine Handlung vorgenommen hat, die zur direkten Folge hat, eine Person einer Misshandlung auszusetzen»[91].

Diese Begründung beruht damit dogmatisch auf der Idee, dass der Akt der Auslieferung, Ausweisung oder Rückschiebung an sich eine unmenschliche Behandlung im Sinne von Art. 3 EMRK darstellt, wenn eine Person in einen Staat zurückgeschickt werden soll, wo ihr eine schwere Verletzung grundlegender Menschenrechte drohen. Mit anderen Worten handelt der Aufenthaltsstaat unmenschlich, wenn er im Wissen um die Gefahr ein zentrales Element in der Kette von Ereignissen setzt, welche zu Folter, Misshandlung oder Ermordung führen oder das Opfer einer total menschenunwürdigen Situation aussetzen. Der MRA folgt einem ähnlichen Ansatz: Er erachtet Art. 6 oder 7 Pakt II als verletzt, wenn eine Verletzung dieser Garantien die klar voraussehbare Konsequenz einer Auslieferung, Ausweisung oder Rückschiebung wäre[92]. Auch hier geht es darum nicht um die Verantwortung des Zielstaates, sondern um diejenige des Sendestaates[93]. Mit anderen Worten geht diese Rechtsprechung nicht von einer allfälligen Verletzung einer Schutzpflicht, die ohnehin nie absolut gilt[94], aus, sondern von derjenigen einer Unterlassungspflicht. 18.34

Diese dogmatischen Grundlagen erklären, warum, wie oben erläutert, das Verbot einer zwangsweisen Rückführung gemäss Art. 6 und 7 Pakt II und Art. 3 EMRK auch bei Gefahren gilt, die von nichtstaatlichen Akteuren ausgehen[95]. Komplexer präsentiert sich diese Fragestellung im Rahmen von Art. 3 FoK, greift doch diese Bestimmung nur bei drohender Folter im Sinne von Art. 1 FoK[96]. Deshalb liegen Misshandlungen durch Private ausserhalb des Schutzbereiches der Bestimmung. Im Fall *Elmi gegen Australien* hat der Ausschuss gegen Folter allerdings entschieden, dass unter den Begriff des «Angehörigen des öffentlichen Dienstes oder einer anderen in amtlicher Eigenschaft handelnden Person», welche gemäss Art. 1 FoK für die Folter verantwortlich sein muss, auch De-facto-Autoritäten in einem Staat ohne funktionierende Zentralregierung (in concreto: Somalia) fallen[97]. Gleiches muss für De-facto-Behörden in Teilen eines Landes gelten, über welche die Zentralregierung die Kontrolle verloren hat[98]. 18.35

91 EGMR, Cruz Varas v. Sweden, A/201 (1991), Ziff. 69, zitiert nach EuGRZ 1991, 211.

92 MRA, F.M. v. Canada, 2284/2013 (2015), Ziff. 9.3, G.T. v. Australia, 706/1996 (1997), Ziff. 8.1 und 8.6, A.R.J. v. Australia, 692/1996 (1997), Ziff. 6.8, 6.10, 6.12 und 6.14.

93 MRA, G.T. v. Australia, 706/1996 (1997), Ziff. 8.2, und A.R.J. v. Australia, 692/1996 (1997), Ziff. 6.9.

94 Siehe dazu Rz. 3.110 ff.

95 Siehe dazu oben Rz. 10.31 f.

96 Siehe dazu vorne Rz. 10.4 f.

97 FoK-Ausschuss, Elmi v. Australia, 120/1998 (1999), Ziff. 6.5. Diese Sichtweise kann sich auch auf Art. 9 der Draft Articles zur Staatenverantwortlichkeit stützen, wonach das Verhalten einer Person, die tatsächlich öffentliche Autorität ausübt, in Abwesenheit oder Ermangelung öffentlicher Behörden dem Staat zurechenbar ist.

98 Ohne jede Begründung dehnte der FoK-Ausschuss in einem jüngeren Entscheid den Anwendungsbereich von Art. 3 FoK aus. Er hiess die Beschwerde einer Frau, die geltend machte, sie riskiere bei einer Ausschaffung in ihrer Heimat eine Genitalbeschneidung durch Privatpersonen, unter anderem mit der Begründung gut, den Behörden in Guinea fehle es an den Möglichkeiten,

18.36 Eine Abschiebung oder Auslieferung kann unter Umständen unmenschlich sein, weil nicht aktive Misshandlungen durch staatliche oder private Akteure Leiden verursachen, sondern solches aus einer bestimmten Situation erwächst. Eine Verletzung von Art. 3 EMRK wurde daher vom EGMR auch im Fall eines im letzten Stadium an AIDS erkrankten Drogenkuriers bejaht, welcher aus Grossbritannien in seine Heimat in der Karibik abgeschoben werden sollte, dort aber keinerlei familiäre, soziale, medizinische oder finanzielle Unterstützung erwarten konnte und deshalb die letzten Monate seines Lebens buchstäblich auf der Strasse hätte verbringen müssen[99]. In späteren Urteilen machte der Gerichtshof allerdings klar, dass dies ein Ausnahmefall gewesen sei und fehlende oder ungenügende medizinische Behandlungsmöglichkeiten im Heimatstaat – selbst wenn dies zu einer deutlichen Verkürzung der Lebenserwartung führe – im Allgemeinen kein Abschiebungshindernis im Sinne von Art. 3 EMRK darstellen[100]. Kürzlich hat der EGMR seine Praxis überprüft. Demnach bezieht sich der Begriff des Ausnahmefalls auf Situationen, in denen die Abschiebung einer schwerkranken Person zur Diskussion steht, bei welcher erhebliche Gründe für die Annahme bestehen, dass sie, obwohl sie nicht unmittelbar vom Tod bedroht ist, aufgrund des Fehlens einer angemessenen Behandlung im Aufnahmeland oder des fehlenden Zugangs zu einer solchen Behandlung einer ernsten, raschen und irreversiblen Verschlechterung ihres Gesundheitszustands ausgesetzt wäre, welche zu schwerem Leiden oder zu einer erheblichen Verkürzung ihrer Lebenserwartung führen könnte[101]. Ebenso schützt gemäss Praxis des EGMR Art. 3 EMRK vor einer Auslieferung, wenn die zu erwartende ernsthafte Verschlechterung des Gesundheitszustandes, wie im Fall potenziell langer Haft in einer Hochsicherheitszelle für einen an einer schweren und akuten Geisteskrankheit leidenden Mann, Folge staatlichen Handelns im Zielstaat ist[102].

18.37 Der EGMR anerkennt auch, dass die zwangsweise Rückschiebung von Asylsuchenden in Staaten, wo sie weder familiäre oder staatliche Unterstützung erhalten noch sonst wie Zugang zu humanitärer Hilfe erlangen können, ausnahmsweise eine unmenschliche Behandlung darstellen kann[103]. Obwohl Art. 3 EMRK keine Verpflichtung enthalte, Flüchtlinge finanziell zu unterstützen, um ihnen einen bestimmten Lebensstandard zu garantieren, entschied er, die Rückführung von Asylsuchenden in ihren europäischen Erstasylstaat sei mit Art. 3 EMRK nicht vereinbar, wenn vulnerable und mittellose Personen dort menschenunwürdig, in völliger Armut und auf der Strasse leben müssten[104].

---

die Beschwerdeführerin effektiv vor dieser Misshandlung zu schützen; FoK-Ausschuss, F.B. v. The Netherlands, 613/2014 (2015), Ziff. 8.8.

99 EGMR, D. v. The United Kingdom, Reports 1997-III. Ähnlich IAKMR, Mortlock v. The United States of America, Report 63/08, 12.534 (2008), Ziff. 76 ff.

100 EGMR (Grand Chamber), N. v. The United Kingdom, Reports 2008-III, Ziff. 42 ff.

101 EGMR (Grand Chamber), Paposhvili v. Belgium, 41738/10, Reports 2016, Ziff. 183.

102 EGMR, Aswat v. The United Kingdom, 17299/12 (2013), Ziff. 57.

103 EGMR, Sufi and Elmi v. The United Kingdom, 8319/07 and 11449/07 (2011).

104 EGMR (Grand Chamber), M.S.S. v. Belgium and Greece, Reports 2011-I, Ziff. 366, und Tarakhel v. Switzerland, Reports 2014-VI, Ziff. 93 ff.

Vertiefung: Diplomatische Zusicherungen

Im Kontext des Kampfes gegen den internationalen Terrorismus haben verschiedene Länder Verdächtige in Länder verbracht oder ausgeliefert, welche für die Folterung solcher Personen bekannt waren. Dies wurde oft mit dem Argument gerechtfertigt, es seien diplomatische Zusicherungen eingeholt worden, dass nicht gefoltert würde. In verschiedenen Fällen hatten sich solche Versprechen im Nachhinein als trügerisch erwiesen[105]. 18.38

Derartige Vorkommnisse lassen die Frage aufkommen, ob Auslieferungen oder Rückschiebungen von Personen in einen Staat trotz ernsthaftem Misshandlungsrisiko ausnahmsweise rechtmässig sein können, wenn zuvor diplomatische Zusicherungen eingeholt worden sind. Trotz grundsätzlicher Kritik an diesem Vorgehen[106] lässt sich aus der aktuellen Praxis weder schliessen, dass Deportationen und Auslieferungen unter solchen Umständen automatisch rechtmässig sind, noch dass sie vollständig verboten wären. Vielmehr hängt die Rechtmässigkeit dieses Vorgehens von der Qualität der Zusicherung im spezifischen Einzelfall und den Umständen ab, in welchen sie abgegeben wurde. In diesem Sinn akzeptiert der EGMR, dass solche Zusicherungen für sich allein genommen nicht genügen, um die Gefahr von Misshandlungen zu bannen. Vielmehr hat der Aufenthaltsstaat zu prüfen, ob die abgegebene Zusicherung in ihrer praktischen Anwendung und im Kontext der zum relevanten Zeitpunkt herrschenden Situation im Zielstaat Schutz vor Misshandlungen garantieren[107]. 18.39

Der FoK-Ausschuss entschied in ähnlicher Weise über die Frage der Menschenrechtskonformität der Abschiebung eines mutmasslichen Terroristen nach Ägypten, bei welcher die Zusicherung nicht zu foltern, sich als offenkundig wirkungslos erwies. Er kam zum Schluss, Schweden habe Art. 3 FoK verletzt, weil angesichts der ganzen Umstände des Falles und wegen des Fehlens einer wirksamen Überwachung der Einhaltung abgegebener Zusicherungen ein hohes Folterrisiko im Voraus erkennbar gewesen sei. Das Fehlen jeglicher Möglichkeit im schwedischen Recht, bei einem mutmasslichen Terroristen den Abschiebungsentscheid durch eine unabhängige Instanz überprüfen zu lassen, sei zudem mit den verfahrensrechtlichen Anforderungen, die sich aus Art. 3 FoK ableiten lassen, nicht vereinbar[108]. 18.40

Mit der gleichen Konstellation hatte sich auch der MRA zu befassen. Er entschied, Schweden habe Art. 7 Pakt II verletzt, weil es nicht dafür gesorgt habe, dass die Einhaltung der Zusicherung Ägyptens nicht zu foltern, durch die schwedische Botschaft in Kairo wirk- 18.41

105 Siehe dazu etwa die Sachverhalte in FoK-Ausschuss, Agiza v. Sweden, 233/2003 (2005), und MRA, Alzery v. Sweden, 1416/2005 (2006).

106 Der Spezialberichterstatter über Folter des Menschenrechtsrats betonte, wegen der völkerrechtlichen Unverbindlichkeit diplomatischer Zusicherungen, der Gefahr, dass dadurch das Folterverbot insgesamt geschwächt werde, und ihrer erwiesenen Unwirksamkeit müsse auf sie ganz verzichtet werden, Bericht des Sonderberichterstatters zum Verbot der Folter an die MRK, UN Doc. E/CN. 4/2006/6, Ziff. 28 ff.

107 Siehe EGMR, Mamazhonov v. Russia, 17239/13 (2014), Ziff. 134, Saadi v. Italy (Grand Chamber), 37201/06 (2008), Ziff. 148, Othman (Abu Qatada) v. The United Kingdom, Reports 2012-I, Ziff. 187, Ismoilov and Others v. Russia, 2947/06 (2008), Ziff. 127, und Soldatenko v. Ukraine, 2440/07 (2008), Ziff. 73.

108 FoK-Ausschuss, Agiza v. Sweden, 233/2003 (2005), Ziff. 13.2 ff.

sam überwacht werden konnte[109]. Der Ausschuss setzt also den Akzent auf effektive Überwachungsmechanismen und damit auf die Schutzpflicht des ausliefernden oder deportierenden Staates, welche unter Umständen längere Zeit andauern und ihn bei der Auslieferung in Staaten mit systematischer Folter erheblich belasten kann. Damit wird für die Rechtmässigkeit von Auslieferungen oder Rückschiebungen in Staaten mit einem erheblichen Folterrisiko eine hohe Hürde errichtet.

5. Erwerb der Staatsangehörigkeit und die Rechtsstellung Staatenloser

18.42 Das Völkerrecht anerkennt kein ausdrückliches Recht auf Erwerb einer bestimmten Staatsangehörigkeit, und es legt nicht fest, nach welchen Grundsätzen sie zu verleihen ist[110]. Wer zum eigenen Staatsvolk gehört, entscheiden die Staaten kraft ihrer Souveränität somit weitgehend frei.

18.43 Von diesem Grundsatz weichen einzig die ArCMR[111] und die AMRK ab, die in ihrem Art. 20 ein Recht auf Staatsangehörigkeit verankert. Nach diesen Garantien besitzt jede Person einen Anspruch auf die Staatsangehörigkeit des Staates, auf dessen Territorium sie geboren wurde, falls sie keinen Anspruch auf eine andere Staatsangehörigkeit besitzt. Zudem darf niemandem willkürlich die Staatsangehörigkeit entzogen werden und jedermann hat das Recht auf Wechsel der Staatsangehörigkeit. Der IAGMR befand, die Dominikanische Republik habe diese Bestimmung verletzt, weil sie sich ohne Vorbringen stichhaltiger Gründe weigerte, gemäss den Bedingungen des nationalen Rechts Geburtsdokumente für die Beschwerdeführerinnen auszustellen, obwohl diese auf ihrem Staatsgebiet zur Welt gekommen waren. Dies hatte zur Folge, dass sie nicht dominikanische Staatsbürgerinnen werden konnten, obwohl der Vertragsstaat auf das Ius soli abstellt. Die Kinder blieben daher über vier Jahre staatenlos. Der Gerichtshof beurteilte diese Haltung als willkürlich und diskriminierend und gelangte zum Schluss, das Recht auf Staatsangehörigkeit in Verbindung mit dem Grundsatz der Gleichheit vor dem Gesetz (Art. 24 AMRK), dem Recht auf Anerkennung der Rechtsfähigkeit (Art. 3 AMRK), dem Recht auf einen Namen (Art. 18 AMRK) und den Rechten des Kindes (Art. 19 AMRK) sei verletzt worden[112]. In späteren Urteilen präzisierte der IAGMR, nach Art. 20 Abs. 2 AMRK könne ein Staat einem auf seinem Territorium geborenen Kind nur dann die Staatsangehörigkeit verweigern, wenn mit Sicherheit feststehe, dass es unmittelbar nach der Geburt die Nationalität eines anderen Staates erwerbe. Das Gericht betonte dabei

109 MRA, Alzery v. Sweden, 1416/2005 (2006).

110 So MRA, Borzov v. Estonia, 1136/2002 (2004), Ziff. 7.4.

111 Art. 29 ArCMR.

112 IAGMR, Girls Yean and Bosico v. Dominican Republic, C/130 (2005).

«that the jus cogens principle of equal and effective protection of the law and non-discrimination requires States, when regulating the mechanisms for granting nationality, to abstain from establishing discriminatory regulations or regulations that have discriminatory effects on different groups of a population when they exercise their rights. [...] States have the obligation to guarantee the principle of equality before the law and non-discrimination irrespective of a person's migratory status, and this obligation extends to the sphere of the right to nationality. In this regard, the Court has established, when examining a case with regard to the Dominican Republic, that the migratory status of the parents cannot be transmitted to their children.[113]»

Vertragsstaaten der übrigen menschenrechtlichen Abkommen sind trotz ihrer Souveränität in Bürgerrechtsfragen nicht völlig frei, sondern beim Entscheid über die Staatsbürgerschaft an das *Diskriminierungsverbot* gebunden. In diesem Sinn bestimmt Art. 9 FDK, dass die Vertragsstaaten «hinsichtlich des Erwerbs, des Wechsels oder der Beibehaltung der Staatsangehörigkeit» den Frauen die gleichen Rechte wie den Männern einzuräumen haben. Diskriminierend ist es etwa, wenn Frauen im Gegensatz zu Männern durch Eheschliessung mit einem Ausländer oder durch Wechsel der Staatsangehörigkeit des Ehemanns im Laufe der Ehe ihre eigene Staatsangehörigkeit verlieren[114], oder wenn umgekehrt in einem bestimmten Land mittels Eheschluss nur die ausländischen Ehemänner, nicht aber die ausländischen Ehefrauen die Staatsangehörigkeit des betreffenden Landes erlangen können[115]. Die RDK verbietet, im Bereich von Ansprüchen auf Staatsangehörigkeit Unterschiede auf der Basis der Rasse, der Hautfarbe, des nationalen Ursprungs oder des Volkstums zu machen[116]. Schliesslich ergibt sich gemäss Praxis des MRA aus dem Rechtsgleichheitsgebot von Art. 26 Pakt II ein Verbot, jemandem aus willkürlichen Gründen das Bürgerrecht zu versagen: Dies gilt insbesondere bei Staatenlosen; diese Bestimmung wird aber beispielsweise nicht verletzt, wenn ein kürzlich unabhängig gewordenes Land einen staatenlos gewordenen hohen Offizier des Landes, welches früher die Macht über das betreffende Territorium ausübte, aus Gründen der Staatssicherheit nicht einbürgern will[117]. Ein Verbot der willkürlichen Verweigerung der Staatsangehörigkeit leitet die Afrikanische Menschenrechtskommission aus dem in Art. 3 Abs. 2 AfCRMV verankerten Recht auf gleichen Schutz vor dem Gesetz ab[118]. Gemäss EGMR stellt eine gesetzliche Regelung, die unehelich geborenen Kindern die Staatangehörigkeit verweigert, wenn die Mutter, anders als der biologische Vater, die Nationalität des betreffenden Staates nicht besitzt, eine diskriminierende Anwendung von Art. 8 EMRK dar[119]. Trotz des Einflusses solcher Entscheide auf das Privatleben begründe aber Art. 8 EMRK kein Recht auf Staats- 18.44

113 IAGMR, Expelled Dominicans and Haitians v. Dominican Republic, C/282 (2014), Ziff. 264, unter Verweis auf Case of the Yean and Bosico Girls v. Dominican Republic, C/130 (2005), Ziff. 156.

114 Art. 9 Abs. 1 Satz 2 FDK.

115 Siehe MRA, General Comment 28 (2000), Ziff. 31.

116 Art. 5 lit. d (iii) RDK.

117 MRA, Borzov v. Estonia 1136/2002 (2004), Ziff. 7.4. Siehe dazu Rz. 11.8 ff.

118 AfKRMV, Modise v. Botswana, 97/1993 (2000).

119 EGMR, Genovese v. Malta, 53124/09 (2011), Ziff. 43.

angehörigkeit[120]. Wenn ein Staat ein auf Abstammung basierendes Recht auf eine Nationalität verankert und ein entsprechendes Verfahren etabliert hat, ist er allerdings verpflichtet, dieses diskriminierungsfrei anzuwenden[121].

18.45 Darüber hinaus kennt das Völkerrecht Bestimmungen, welche das Entstehen von *Staatenlosigkeit* verhindern sollen. In diesem Sinn verpflichtet etwa Art. 7 KRK die Staaten, Rechtsgrundlagen zu schaffen, damit das Recht des Kindes, mit der Geburt eine Staatsangehörigkeit zu erwerben, realisiert werden kann[122]. Die Konvention zur Verringerung der Staatenlosigkeit vom 30. August 1961[123] bestimmt, dass die Vertragsstaaten Personen, die staatenlos auf ihrem Gebiet geboren werden, die Staatsangehörigkeit gewähren, und regelt detailliert, unter welchen Voraussetzungen dies in anderen Fällen geschehen soll.

18.46 Die Rechte Staatenloser sind in der nur von wenigen Staaten ratifizierten *Staatenlosenkonvention*[124] geregelt, die bestimmt, in welchen Bereichen Staatenlose mit rechtmässigem Aufenthalt gleich wie Ausländerinnen und Ausländer in der gleichen Situation oder die eigenen Staatsangehörigen zu behandeln sind. So haben Staatenlose z.B. gleichen Zugang zum Arbeitsmarkt wie zugelassene ausländische Arbeitskräfte, und staatenlose Kinder sind in der Grundschule den eigenen Staatsangehörigen gleichgestellt.

IV. Binnenvertriebene (IDPs)

1. Grundlagen

18.47 Binnenvertriebene sind gewissermassen Flüchtlinge im eigenen Land, d.h. Menschen, die wegen Gewalt, bewaffnetem Konflikt, Naturkatastrophen oder anderen Gründen gezwungen sind, ihre Wohnorte zu verlassen. Anders als Flüchtlinge im Rechtssinn haben sie aber keine internationale Staatsgrenze überschritten, sondern im eigenen Land Zuflucht gefunden.

18.48 Rechtlich unterscheidet sich die Behandlung der beiden Gruppen fundamental. Für Menschen, die in ein anderes Land geflohen sind, schafft die GFK[125] ein eigenes rechtliches Regime. Demgegenüber existieren für Binnenvertriebene auf universeller Ebene

120 EGMR, Petropavlovskis v. Latvia, 44230/06 (2015), Ziff. 73, und detaillierter vorne Rz. 12.15.

121 A. a. O., Ziff. 74.

122 So auch Art. 6 der Afrikanischen Charta über die Rechte und die Wohlfahrt des Kindes. Der Afrikanische Ausschuss für die Rechte und die Wohlfahrt des Kindes leitet daraus ein Recht staatenloser Kinder auf Erwerb einer Nationalität ab dem Zeitpunkt der Geburt ab; Institute for Human Rights and Development in Africa and Open Society Justice Initiative (on behalf of children of Nubian descent in Kenya) v. Kenya, 002/09 (2011), Ziff. 42–54. Siehe auch UNHCR Executive Committee, Guidelines on Statelessness No. 4 of 21st December 2012, Ziff. 25.

123 Gegenwärtig haben 71 Staaten diesen Vertrag ratifiziert (Stand Juni 2018).

124 Übereinkommen über die Rechtsstellung staatenloser Personen vom 28. September 1954 (77 Vertragsparteien am 30. Juni 2013). Inhalt und Struktur der Konvention folgen in weiten Teilen jenen der GFK.

125 Dazu hinten in diesem Kapitel Rz. 18.63 ff.

keine spezifischen Rechtsnormen. Sie können sich als Bürgerinnen und Bürger ihres Landes zwar grundsätzlich auf die Gesamtheit der Menschenrechte, die im betreffenden Land gelten, und im Fall bewaffneter Konflikte auf die anwendbaren Normen des humanitären Völkerrechts berufen. Die Tatsache, dass sie unfreiwillig oder gar unter Zwang ihren Wohnsitz verlassen mussten und dorthin nicht zurückkehren können, macht sie aber besonders verletzlich, und wie Flüchtlinge besitzen sie spezifische Bedürfnisse, welche die nicht vertriebene Bevölkerung nicht hat. So müssen Binnenvertriebene etwa Gefahrenzonen verlassen und Unterkunft an einem sicheren Ort finden können. Ebenso brauchen sie Schutz vor einer erzwungenen Rückkehr in Gebiete, wo sie gefährdet sind. Wichtig ist ferner, dass sie vor Diskriminierungen wegen ihres Status als Vertriebene etwa im Bereich des Zugangs zu Grundversorgungsleistungen, Bildung und zum Arbeitsmarkt geschützt werden. Binnenvertriebene müssen sich zudem mit dem Verlust ihres Lebensunterhalts und ihres Vermögens auseinandersetzen und sie sind mit der Schwierigkeit konfrontiert, Dokumente, welche grundsätzlich nur am Ort des normalen Wohnsitzes ausgestellt werden, an einem Ort zu erhalten, wo sie nicht als Einwohnerin oder Einwohner registriert sind. Schliesslich stehen nur sie vor der Herausforderung, als Vertriebene eine nachhaltige Lösung für ihr künftiges Leben zu finden.

Deshalb hat der damalige Repräsentant des UNO-Generalsekretärs für intern Vertriebene im Jahr 1998 der UNO-Menschenrechtskommission einen von einer Expertengruppe erarbeiteten Text unterbreitet, welcher die anwendbaren Rechtsnormen der Menschenrechtsverträge und des humanitären Völkerrechts zusammenstellt und im Hinblick auf die besonderen Bedürfnisse intern Vertriebener konkretisiert. Diese *Richtlinien über interne Vertreibung* («Guiding Principles on Internal Displacement»[126]) sind rechtlich nicht bindendes «soft law»[127]. Sie ziehen ihre rechtliche Autorität aber aus den Rechtsnormen, die ihnen zugrunde liegen, sind von der UNO-Generalversammlung einstimmig als wichtiger internationaler Rahmen für den Schutz der Binnenvertriebenen anerkannt worden[128] und haben in verschiedenen Ländern grosse praktische Bedeutung erlangt. 18.49

Seit 2009 besteht auf regionaler Ebene ein Vertragswerk in Afrika. Die sog. Kampala Konvention[129] deckt alle Gründe (bewaffneter Konflikt, Naturkatastrophen, Entwicklungsprojekte) und alle Phasen (Prävention, Situation während der Vertreibung und dauerhafte Lösungen) ab. Sie baut stark auf den Richtlinien über interne Vertreibung auf, betont aber nicht die Rechte der Vertriebenen, sondern die Pflichten der Staaten. 18.50

126 UN Doc. E/CN. 4/1998/53/Add.2 (Annex).

127 Zu diesem Begriff vorne Rz. 2.124 ff.

128 GV-Res. 60/1 (2005) (World Summit Outcome Document), Ziff. 132, und nachfolgende Resolutionen der UNO-GV (z.B. GV Res. 72/182 [2017]) und des Menschenrechtsrats (z.B. Res. 32/11 [2016]).

129 Konvention über den Schutz und die Unterstützung für Binnenvertriebene in Afrika vom 22. Oktober 2009.

18.51 Die Richtlinien über interne Vertreibung und die Kampala Konvention beschreiben Binnenvertriebene als Personen, «welche gezwungen waren oder verpflichtet wurden, von ihrem Wohnort zu fliehen oder ihn zu verlassen, insbesondere wegen bewaffneter Konflikte, Situationen allgemeiner Gewalt, Menschenrechtsverletzungen oder natürlicher oder menschgemachter Katastrophen, oder um den Auswirkungen solcher Ereignisse zu entgehen, und welche keine international anerkannte Landesgrenze überschritten haben». Zentrale Elemente dieser Umschreibung sind (1) der Zwangscharakter der Flucht oder Vertreibung, und (2) die Tatsache, dass sie in ihrem Heimatland bleiben. Das Zwangselement ist eng zu verstehen und unterscheidet Vertriebene von Migranten und Migrantinnen, welche aus ökonomischen oder ähnlichen Gründen und vorwiegend gestützt auf einen freien Entschluss ihren Wohnort verlassen. Das Element der fehlenden Grenzüberschreitung erklärt den Unterschied zwischen Vertriebenen und Flüchtlingen.

18.52 Was sind die Rechte von intern Vertriebenen? Wie erwähnt, können sich Binnenvertriebene als Bürgerinnen und Bürger ihres Landes auf alle anwendbaren Menschenrechte und in Zeiten bewaffneter Konflikte auf die relevanten Garantien des humanitären Völkerrechts berufen[130]. Allerdings sind bestimmte Garantien für Vertriebene wegen ihrer besonderen Bedürfnisse als Menschen auf der Flucht besonders relevant. Solche Garantien existieren für die Phasen vor, während und nach der Vertreibung.

2. Schutz vor Vertreibung

18.53 Vorerst muss es darum gehen, Menschen vor Vertreibung zu schützen. Allerdings sind Zwangsevakuierungen und andere Anordnungen, den eigenen Wohnort zu verlassen, rechtlich nicht unter allen Umständen verboten. Zu denken ist z.B. an die Zwangsumsiedlung von Menschen, die im Gebiet eines geplanten Stausees leben, oder an die zwangsweise Evakuierung aus einer Gefahrenzone im Fall eines bewaffneten Konflikts oder einer grossen Naturkatastrophe, die nötig wird, um Menschen vor Schaden zu bewahren. Die Richtlinien über interne Vertreibung sehen in Prinzip 6 vor, dass alle Menschen das *Recht haben, vor willkürlicher Vertreibung geschützt* zu sein, und nennt dafür folgende Beispiele: Ethnische Säuberung; Zwangsevakuierung in bewaffneten Konflikten, die nicht wegen der Sicherheit der Zivilbevölkerung oder zwingenden militärischen Gründen erfolgen; Zwangsumsiedelungen bei Infrastruktur- und Entwicklungsprojekten, falls das Projekt nicht durch gewichtige öffentliche Interessen gerechtfertigt ist; Evakuierung bei Naturkatastrophen, ausser sie seien wegen der Sicherheit oder Gesundheit der Opfer notwendig; sowie Vertreibung als Form kollektiver Bestrafung.

18.54 Dieses Verbot bildet eine Synthese aus drei Kategorien von Normen: Im Bereich der *Menschenrechte* garantiert Art. 12 Abs. 1 Pakt II jedermann nicht nur die Bewegungsfreiheit, sondern auch das Recht, «seinen Wohnsitz frei zu wählen», was den Anspruch

130 Trotz der Ähnlichkeit der faktischen Situation ist das Flüchtlingsrecht nicht anwendbar, das in vielen Bereichen ein tieferes Schutzniveau für Flüchtlinge vorsieht, als es für die Staatsbürger des Zufluchtsstaates gilt.

einschliesst, am gewählten Wohnsitz bleiben zu können und nicht vertrieben zu werden[131]. Auch die AfKRMV erachtet die zwangsweise Umsiedlung ohne gesetzliche Grundlage und Vorliegen legitimer Gründe als Verletzung der Bewegungs- und Wohnsitzwahlfreiheit und damit als rechtswidrige Vertreibung[132]. Ebenfalls leitet der IAGMR aus der Bewegungsfreiheit gemäss Art. 22 AMRK einen Anspruch auf Unterlassung zwangsweiser Vertreibungen und auf Schutz vor privaten Vertreibungen innerhalb eines Staates ab[133]. Eine durch Staatsorgane gewaltsam durchgeführte Vertreibung kann schliesslich auch die Anwendungsschwelle des Verbots der unmenschlichen Behandlung überschreiten[134].

Spezifischere Garantien enthält das *humanitäre Völkerrecht.* Laut Art. 17 ZP II darf in 18.55
internen bewaffneten Konflikten die «Verlegung der Zivilbevölkerung [...] nicht aus Gründen im Zusammenhang mit dem Konflikt angeordnet werden, sofern dies nicht im Hinblick auf die Sicherheit der betreffenden Zivilpersonen oder aus zwingenden militärischen Gründen geboten ist» (Abs. 1). Selbst in diesem Fall dürfen Zwangsevakuierungen nicht grossräumig erfolgen, denn «Zivilpersonen dürfen nicht gezwungen werden, ihr eigenes Gebiet aus Gründen zu verlassen, die mit dem Konflikt im Zusammenhang stehen» (Abs. 2)[135].

Schliesslich erklärt das *internationale Strafrecht* Vertreibung zur Straftat: Verletzungen 18.56
der Vertreibungsverbote des humanitären Völkerrechts werden nach dem Römer Statut als Kriegsverbrechen geahndet[136]. Gemäss Art. 7 Abs. 1 lit. d des Römer Statuts ist die systematische oder weitverbreitete planmässige «Vertreibung oder zwangsweise Überführung der Bevölkerung» ein Verbrechen gegen die Menschlichkeit, welches definiert wird als «erzwungene, völkerrechtlich unzulässige Verbringung der betroffenen Personen durch Ausweisung oder andere Zwangsmassnahmen aus dem Gebiet, in dem sie sich rechtmässig aufhalten»[137].

---

131 So ausdrücklich MRA, General Comment 27 (1999), Ziff. 7.

132 AfKRMV, Sudan Human Rights Organisation & Centre on Housing Rights and Evictions (COHRE) v. Sudan, 279/2003–296/2005 (2009), Ziff. 189.

133 IAGMR, Mapiripán Massacre v. Colombia, C/134 (2005), Ziff. 188, Barrios Family v. Venezuela, C/237 (2011), Ziff. 162, Santo Domingo Massacre v. Colombia, C/259 (2012), Ziff. 255, und Afro-descendant communities displaced from the Cacarica River Basin (Operation Genesis) v. Colombia, C/270 (2013), Ziff. 219.

134 Siehe EGMR, Yöyler v. Turkey, 26973/95 (2003), Ziff. 74 f. und 79, wo der Gerichtshof das Abbrennen von Wohnhäusern und die anschliessende Vertreibung als Verletzung von Art. 3 und 8 EMRK einstufte. Der EGMR prüft Situationen, in welchen als Konsequenz eines staatlichen Handelns Personen fliehen und Land, Häuser und anderes Eigentum zurücklassen müssen und für lange Zeit keinen Zugang zu diesen Vermögenswerten haben und auch keine Entschädigung für diesen Verlust erhalten, im Allgemeinen unter der Eigentumsgarantie; siehe z.B. EGMR (Grand Chamber), Chiragov and Others v. Armenia, 13216/05, Reports 2015, Ziff. 192, und Loizidou v. Turkey, Reports 1996-VI, Ziff. 63.

135 Eine analoge Bestimmung für besetzte Gebiete in internationalen bewaffneten Konflikten findet sich in Art. 49 Abs. 2 GK IV.

136 Art. 8 Abs. 2 lit. b (viii) und lit. e (viii) Römer Statut.

137 Art. 7 Abs. 2 lit. d Römer Statut.

3. Schutz während der Vertreibung

18.57 Menschen, die vertrieben worden sind, aber ihr Land nicht verlassen haben, geniessen, wie die Richtlinien über interne Vertreibung in Prinzip 1 bestätigen, rechtlich den Schutz aller auf die Bürgerinnen und Bürger des betreffenden Landes anwendbaren Garantien der Menschenrechte und des humanitären Völkerrechts. Neben Rechten, die wie beispielsweise die Verbote von Folter und willkürlicher Tötung auch für Menschen relevant sind, die nicht vertrieben wurden, sind drei Kategorien von Garantien für Vertriebene von besonderer Bedeutung:

18.58 (1) *Diskriminierungsverbote*: Wie die Erfahrung zeigt, sind Vertriebene in den Zufluchtsgebieten häufig mit Vorurteilen oder gar offener Ablehnung der Behörden und der Bevölkerung konfrontiert. Die Diskriminierungsgefahr ist besonders gross in Bürgerkriegssituationen, falls die Vertriebenen zur gleichen ethnischen oder religiösen Gruppe wie die Aufständischen gehören oder verdächtigt werden, diese politisch zu unterstützen[138]. Regelmässig benachteiligt werden auch vertriebene Frauen. Hier bietet das allgemeine Verbot der Diskriminierung wegen der Rasse, ethnischen Herkunft, Religion, politischen Meinung oder des Geschlechts Schutz. Darüber hinaus bestimmt Prinzip 1 der Richtlinien über interne Vertreibung, dass Vertriebene nicht deshalb diskriminiert werden dürfen, weil sie den «Status» als Vertriebene[139] haben. Praktisch bedeutsam ist der Diskriminierungsschutz hier z.B. im Zusammenhang mit der Ausübung politischer Rechte: Mit dem Argument, das Stimm- und Wahlrecht könne nur am eigenen Wohnsitz ausgeübt werden, werden Vertriebene oft in unzulässiger Weise[140] von der Ausübung ihrer politischen Rechte abgehalten.

18.59 (2) *Bewegungsfreiheit*: Das Recht auf Bewegungsfreiheit garantiert Vertriebenen die Möglichkeit, aus Gefahrenzonen zu fliehen und Zuflucht in einem anderen Landesteil zu suchen; es gibt ihnen aber auch das Recht, das Land zu verlassen und in einem anderen Staat um Asyl zu ersuchen[141]. Binnenvertriebene geniessen Schutz vor Rückschiebung in Gefahrenzonen, falls eine solche Rückschiebung sie einer unmittelbaren Gefährdung von Leib und Leben, Freiheit oder Gesundheit aussetzen würde[142]. Soweit Vertriebene in Lagern untergebracht sind, haben sie das Recht, ihr Lager zu verlassen

138 Für ein Beispiel einer Diskriminierung im Bereich des Bezugs von Pensionskassenbeiträgen für Vertriebene, welche in ein Gebiet zurückkehren, wo sie zu einer ethnischen Minderheit gehören, siehe EGMR, Šekerović and Pašalić v. Bosnia and Herzegovina, 5920/04 and 67396/09 (2011), Ziff. 34 ff.

139 Die Diskriminierungsverbote der Menschenrechtsverträge (v.a. Art. 2 Abs. 1 und 26 Pakt II) zählen die Vertreibung nicht zu den Diskriminierungsmerkmalen, sie kann aber unter das Merkmal des «sonstigen Status» dieser Verträge subsumiert werden.

140 Prinzip 22 lit. d Richtlinien über interne Vertreibung.

141 Prinzip 15 lit. a–c der Richtlinien über interne Vertreibung. Die Bestimmung stützt sich v.a. auf Art. 12 Pakt II und Art. 14 AEMR.

142 Prinzip 15 lit. d der Richtlinien über interne Vertreibung. Es basiert auf einer analogen Anwendung der Praxis zur Unmenschlichkeit von Rückschiebungen bei drohender Folter oder Lebensgefahr i.S.v. Art. 3 EMRK bzw. Art. 7 Pakt II und Art. 3 FoK (dazu hinten in diesem Kapitel, Rz. 18.74 ff. sowie vorne Rz. 18.21 ff.).

oder dorthin zurückzukehren[143]. Geschlossene Lager sind verboten, es sei denn, die Internierung sei aus gewichtigen Gründen unausweichlich; in solchen Fällen darf sie nicht länger als unbedingt notwendig dauern[144]. Gemäss der Rechtsprechung des IAGMR und des EGMR fliesst aus dieser Garantie zudem eine Gewährleistungspflicht gegenüber Vertriebenen, die infolge staatlicher oder dem Staat zurechenbarer Gewaltakte ihre Wohnorte verlassen mussten. Vertragsstaaten haben unter dieser Voraussetzung alle zumutbaren Massnahmen zu ergreifen, um die baldmöglichste Rückkehr Vertriebener an ihren ursprünglichen Wohnort zu ermöglichen[145].

(3) *Schutz besonderer Bedürfnisse*: Weil Vertriebene während der Phase der Flucht oder Deportation und in vielen Ländern auch lange danach keine Möglichkeit haben, für sich selbst zu sorgen, sind sie in besonderem Ausmass auf Nahrung, Obdach, medizinische Versorgung und ähnliche humanitäre Unterstützung angewiesen. Sie können sich deshalb auf die entsprechenden sozialen Menschenrechte berufen[146]. Ein besonderes Problem, mit dem Vertriebene oft konfrontiert sind, ist die Tatsache, dass sie keine amtlichen Dokumente wie Identitätskarten, Pässe, Heirats- oder Geburtsurkunden mehr besitzen, und am Zufluchtsort keine neuen erhalten können, weil nach den Gesetzen des betreffenden Landes solche Urkunden nur am gewöhnlichen Wohnort ausgestellt werden, an welchen Vertriebene definitionsgemäss nicht zurückkehren können. Der menschenrechtliche Anspruch jedes Menschen auf Rechtsfähigkeit gemäss Art. 16 Pakt II lässt sich so interpretieren, dass die faktische Ausübung dieser Fähigkeit im Fall von Vertriebenen nicht durch Anforderungen verhindert werden darf, die sie wie die eben genannten nicht erfüllen können[147]. 18.60

Staaten sind aber nicht nur verpflichtet, Verletzungen zu unterlassen. Vielmehr kann – wie der IAGMR betont – die Situation Vertriebener angesichts der zahlreichen Menschenrechte, welche durch die Vertreibung gefährdet werden, als faktische Situation eines Fehlens staatlichen Schutzes interpretiert werden. Die Staaten seien daher gehalten, positive Massnahmen zu ergreifen, um die Verletzlichkeit und Wehrlosigkeit Vertriebener auch gegenüber Handlungen Privater rückgängig zu machen[148]. 18.61

4. Garantien nach Ende der Vertreibung

Wenn die Ursachen der Flucht oder Vertreibung entfallen, haben Vertriebene das Recht, an ihren früheren Wohnort zurückzukehren[149], an einen anderen Ort umzuzie- 18.62

143 Prinzip 14 lit. b der Richtlinien über interne Vertreibung. Dieser Anspruch ergibt sich aus dem Recht auf Bewegungsfreiheit gemäss Art. 12 Pakt II.

144 Prinzip 12 Abs. 2 der Richtlinien über interne Vertreibung, das sich u.a. auf Art. 9 Pakt II stützt.

145 IAGMR, Moiwana Community v. Suriname, C/124 (2005), Ziff. 120, und EGMR, Degan and Others v. Turkey, 8803–8811/02 and 8815–8819/02 (2004), Ziff. 154.

146 Prinzipien 18 und 19 der Richtlinien über interne Vertreibung.

147 Prinzip 20 Abs. 2 der Richtlinien über interne Vertreibung.

148 IAGMR, Afro-descendant communities displaced from the Cacarica River Basin (Operation Genesis) v. Colombia, C/270 (2013), Ziff. 315.

149 Der EGMR leitet ein Recht Vertriebener auf Rückkehr in ihre Häuser aus Art. 8 EMRK ab; EGMR (Grand Chamber), Cyprus v. Turkey, Reports 2001-IV, Ziff. 175.

hen oder am Zufluchtsort ein neues Leben zu beginnen und freiwillig dort zu bleiben[150]. Diese Wahlfreiheit ergibt sich aus dem Recht, sich im eigenen Land frei zu bewegen und seinen Wohnsitz frei zu wählen[151]. Eine Rückkehr ist oft nur möglich, wenn am Herkunftsort die Sicherheit gewährleistet ist und Bedingungen geschaffen worden sind, die eine Wiederaufnahme normalen Lebens in nachhaltiger Weise ermöglichen. Dazu zählen etwa der Zugang zu einem Lebensunterhalt und zu Gesundheits- und Bildungsdienstleistungen. Nach Auffassung des IAGMR verletzt ein Staat, welcher die Vertreibung verursacht hat, das Recht auf Bewegungsfreiheit und freie Wahl des Wohnsitzes, wenn er die notwendigen Massnahmen für dauerhafte Lösungen, welche Binnenvertriebenen die Wiederaufnahme eines normalen Lebens ermöglichen, nicht ergreift[152]. Auch nach der Rechtsprechung des EGMR stehen die Staaten unter der Verantwortung, Bedingungen zu schaffen und die notwendigen Mittel zur Verfügungen zu stellen, welche es Vertriebenen erlauben, freiwillig, in Sicherheit und in Würde an ihren angestammten Wohnort zurückzukehren oder sich an einem anderen Ort innerhalb des Staates niederzulassen[153]. Die Behörden sind zudem verpflichtet, Vertriebenen zu helfen, ihr Eigentum wieder zu erlangen oder Entschädigung zu bekommen[154].

V. Flüchtlinge

1. Flüchtlingsbegriff

18.63 Wer ist Flüchtling? Das internationale Flüchtlingsrecht – ein eigenständiges, aber menschenrechtlich relevantes Rechtsgebiet – charakterisiert nicht jede Person als Flüchtling, die aus ihrer Heimat fliehen musste, sondern verankert einen engen Flüchtlingsbegriff. Art. 1A Abs. 2 der Flüchtlingskonvention von 1951 (GFK) bezeichnet als Flüchtling jede Person, die sich «aus begründeter Furcht vor Verfolgung wegen ihrer Rasse, Religion, Staatszugehörigkeit, Zugehörigkeit zu einer bestimmten sozialen Gruppe oder wegen ihrer politischen Überzeugung ausserhalb ihres Heimatlandes befindet und dessen Schutz nicht beanspruchen kann oder wegen dieser Befürchtungen

150 Prinzip 28 der Richtlinien über interne Vertreibung. Das Recht auf Rückkehr ist vom Sicherheitsrat der UNO in vielen Resolutionen bestätigt worden, z.B. SR-Res. 2217 (2015), Präambel, 1808 (2008), Ziff. 9 (Georgien), 1795 (2008), Ziff. 7 (Elfenbeinküste), 1770 (2007), Ziff. 2(b)(i) (Irak), 1756 (2007), Ziff. 2(b) (Kongo), und in vielen Friedensverträgen verankert; z.B. Dayton Friedensabkommen für Bosnien-Herzegowina (1995), Annex 7, Art. I Abs. 1; Comprehensive Peace Accord for Nepal (2006), Ziff. 7.3.3.

151 Art. 12 Pakt II.

152 IAGMR, Rio Negro Massacres v. Peru, C/250 (2012), Ziff. 183 f. Siehe auch Massacres of El Mozote and Nearby Places v. El Salvador, C/252 (2012), Ziff. 345 f.

153 EGMR, Doğan and Others v. Turkey, Reports 2004-VI, Ziff. 154. Das Gericht beurteilte die mangelnde Unterstützung des Staates zur Ermöglichung dauerhafter Lösungen für Vertriebene als Verletzung ihrer Eigentumsfreiheit, da der Staat sie aus ihren Dörfern vertrieben habe und ihnen eine Rückkehr für längere Zeit verunmöglicht habe.

154 Prinzip 29 Abs. 2 der Richtlinien über interne Vertreibung. Siehe auch EGMR (Grand Chamber), Sargsyan v. Azerbaijan, 40167/06, Reports 2015, Ziff. 219 ff.

nicht beanspruchen will». Der Gedanke, dass Flüchtling ist, wer *aus bestimmten Gründen verfolgt* wird, steht im Zentrum des völkerrechtlichen Flüchtlingsbegriffs. Dieser Begriff umfasst drei Elemente, nämlich (1) einen Aufenthalt ausserhalb des Heimat- oder Herkunftsstaates; (2) den Bruch der Beziehungen zwischen Gesuchsteller und Verfolgerstaat; und (3) begründete Furcht vor Verfolgung aus rassischen, religiösen, politischen oder anderen relevanten Gründen.

Die Anforderung, dass der Flüchtling sich *im Ausland* befindet, bedeutet nicht, dass er geflohen sein muss, d.h. seinen Heimatstaat *wegen* Verfolgungsmassnahmen verlassen hat. Flüchtling im Rechtssinn kann auch sein, wer z.B. als Tourist, Studentin oder Erwerbstätiger ins Ausland gereist ist und dort von einem Regimewechsel im Heimatstaat überrascht wird (objektive Nachfluchtgründe). Gleiches gilt für jene, die erst nach der Ausreise, d.h. im Ausland beginnen, sich gegen die Regierung ihres Landes zu engagieren, und deshalb im Fall der Rückkehr Verfolgung befürchten müssten (subjektive Nachfluchtgründe)[155]. 18.64

Das Kriterium des *Bruches der Beziehungen mit dem Verfolgerstaat* hat seine Wurzeln in der Überlegung, dass Flüchtlinge besonderen Schutz und eine völkerrechtlich garantierte Rechtsstellung brauchen, weil ihr Heimatstaat ihnen keinen diplomatischen Schutz gewähren wird, wenn sie vom Zufluchtsstaat schlecht behandelt werden. Deutlich wird dieses Kriterium im Wortlaut von Art. 1A Abs. 2 GFK, welcher verlangt, dass der Flüchtling «den Schutz» seines Heimatstaates «nicht beanspruchen kann oder […] nicht beanspruchen will». Flüchtlingen ist die Inanspruchnahme des heimatlichen Schutzes nicht möglich, wenn der Verfolgerstaat wie im Fall des Entzugs der Staatsbürgerschaft seine Beziehungen zur verfolgten Person von sich aus abbricht. Häufiger ist, dass der Bruch vom verfolgten Individuum ausgeht und dieses sich weigert, angesichts der Verfolgungsgefahr in die Heimat zurückzukehren. Für die Konstituierung der Flüchtlingseigenschaft genügt der subjektive Wille zum Abbruch der Beziehungen allerdings nicht: Er muss angesichts erlittener oder drohender Verfolgung objektiv begründet erscheinen. 18.65

Kernelement des Flüchtlingsbegriffs ist daher die *«begründete Furcht vor Verfolgung»*[156]. Diese Anforderung ist unter folgenden (kumulativen) Voraussetzungen erfüllt[157]: 18.66

(1) Der oder die Asylsuchende hat *ernsthafte Nachteile* bestimmter Intensität bereits erlitten oder für die Zukunft zu befürchten. Als ernsthaft gelten v.a. Tötung, Folter und unmenschliche Behandlung und längere Inhaftierung, in der Regel aber nicht blosse Diskriminierung oder die Verletzung wirtschaftlicher, sozialer und

155 Verschiedene Staaten, darunter Deutschland und die Schweiz, gewähren in diesem Fall kein Asyl, respektieren aber das Rückschiebungsverbot.

156 Art. 1A Abs. 2 Satz 3 GFK.

157 Siehe dazu etwa Zimmermann/Mahler, Article 1A, para. 2, in Zimmermann (Hrsg.), The 1951 Convention Relating to the Status of Refugees and its 1967 Protocol – A Commentary, Oxford 2011, 335 ff.

kultureller Rechte, es sei denn, diese gefährden – wie etwa im Fall der Verweigerung medizinischer Betreuung – die körperliche Integrität.

(2) Diese Nachteile werden in der Regel vom *Staat* und seinen Organen zugefügt oder – bei Täterschaft Privater – zumindest toleriert. Fast alle Länder anerkennen heute darüber hinaus die Relevanz nichtstaatlicher Verfolgung auch dort, wo der Staat unfähig ist, wirksam gegen private Verfolgerinnen und Verfolger vorzugehen.

(3) Die Nachteile müssen der betroffenen Person *gezielt* zugefügt werden, d.h., sie dürfen sie nicht einfach zufällig treffen. Aus diesem Grund gilt etwa nicht als Flüchtling, wer in einem Bürgerkrieg zufälligerweise zwischen die Fronten gerät. Flüchtlinge sind aber Zivilpersonen, welche Angriffen und Übergriffen ausgesetzt sind, weil sie auf der «falschen» Seite des Konflikts stehen bzw. verdächtigt werden, den Gegner zu unterstützen.

(4) Die Nachteile müssen aufgrund bestimmter *Verfolgungsmotive* zugefügt werden, d.h. wegen der Rasse, Religion, Nationalität, Zugehörigkeit zu einer bestimmten sozialen Gruppe oder wegen der politischen Anschauungen der Verfolgten. Menschenrechtsverletzungen gelten nicht als Verfolgung, wenn sie aus anderen als diesen Gründen erfolgen. Diese Abgrenzung ist besonders schwierig in Fällen, in welchen Frauen Opfer von privaten Übergriffen wie häuslicher Gewalt oder Beschneidungen werden, die der Staat toleriert.

(5) Entweder muss die Verfolgung bereits stattgefunden haben und *kausal* für die Flucht sein oder die *Furcht* vor künftiger Verfolgung muss *aktuell* und objektiv *begründet* sein, d.h. diese muss mit erheblicher Wahrscheinlichkeit drohen[158].

18.67 Dieser Flüchtlingsbegriff erfasst nicht alle Menschen, die im Ausland Schutz suchen müssen. Zwar können auch Menschen, die aus Kriegsgebieten fliehen, Flüchtling im Rechtssinn sein, viele Kriegsflüchtlinge sind aber nicht individuell verfolgt, sondern suchen den allgemeinen Gefahren bewaffneter Konflikte zu entfliehen. Sie werden durch den weiter gefassten Flüchtlingsbegriff der Afrikanischen Flüchtlingskonvention von 1969[159] geschützt, der zusätzlich zu den Flüchtlingen gemäss Art. 1A Abs. 2 GFK auch Opfer von äusserer Aggression, Besatzung, Fremdherrschaft oder Ereignissen, welche die öffentliche Ordnung ernsthaft stören, erfasst.

---

158 Schliesslich muss gemäss der Praxis vieler Staaten eine *innerstaatliche Fluchtalternative fehlen*, d.h., es muss für die betroffene Person unmöglich oder zumindest unzumutbar sein, in einem anderen Teil des Heimatstaates wirksamen Schutz vor Verfolgung und angemessene Lebensbedingungen zu finden. Gemäss EGMR, Sufi and Elmi v. The United Kingdom, 8319/07 und 11449/07 (2011), Ziff. 266, darf aber eine Person wegen des Bestehens einer innerstaatlichen Fluchtalternative nur ausgewiesen werden, wenn folgende Bedingungen erfüllt sind: «The person to be expelled must be able to travel to the area concerned, gain admittance and settle there, failing which an issue under Article 3 may arise, the more so if in the absence of such guarantees there is a possibility of his ending up in a part of the country of origin where he may be subjected to ill-treatment».

159 Art. 1 Konvention über spezifische Aspekte des Flüchtlingsproblems in Afrika vom 10. September 1969. Auf einen ähnlich weiten Begriff haben sich die lateinamerikanischen Staaten in der sog. Cartagena-Erklärung vom 22. November 1984 geeinigt.

Vom Flüchtlingsbegriff ausgeschlossen wird gemäss Art. 1F GFK u.a., wer Kriegsverbrechen, Verbrechen gegen die Menschlichkeit oder ein schweres nicht politisches Verbrechen verübt hat. 18.68

2. Asyl

Es gibt kein Menschenrecht auf Asyl. Art. 14 der Allgemeinen Erklärung der Menschenrechte garantiert nur das Recht, «in anderen Ländern vor Verfolgung Asyl zu suchen und zu geniessen», nicht aber, es zu erhalten[160]. Dieses Recht, das nur in Art. 28 ArCMR verankert wurde, aber u.E. gewohnheitsrechtlichen Charakter hat, ist insofern bedeutsam, als es verfolgten Menschen das Recht gibt, ihren Heimatstaat zu verlassen und bei anderen Staaten um Schutz nachzusuchen[161]. 18.69

Asyl ist ein souveränes Recht der Staaten. Als solches erlaubt es ihnen, Flüchtlinge nach eigenem Gutdünken aufzunehmen, ohne damit gegenüber dem Herkunftsstaat einen feindlichen Akt oder eine unzulässige Einmischung zu begehen. Dieses Recht ist eine notwendige Voraussetzung dafür, dass Flüchtlinge sichere Zuflucht finden und dem Zugriff des Heimatstaates entzogen bleiben können. 18.70

Negativ betrachtet gibt das Institut des Asyls, als Recht der Staaten, diesen die Freiheit, Flüchtlingen die Aufnahme ohne weiteres zu verweigern. Diese Freiheit wird allerdings durch das *Prinzip des Non-Refoulement*, d.h. das Verbot der Rückschiebung von Flüchtlingen in den Verfolgerstaat, eingeschränkt (hinten Ziff. 3). 18.71

Asyl wird in der Regel nur Flüchtlingen im Rechtssinn gewährt. Dies lässt v.a. in Europa Kriegsflüchtlinge schutzlos, welche nicht individuell verfolgt sind. Für ihren Schutz hat die EU das Institut der *vorübergehenden Schutzgewährung* geschaffen[162], welches im Fall eines Massenzustroms Anwendung finden kann, und Kriegsflüchtlingen aus bestimmten Gebieten ohne vertiefte Einzelfallprüfung während maximal drei Jahren Aufnahme und gewisse Ansprüche auf Unterstützung gewährt[163]. 18.72

---

160 Dies reduziert die Garantie im Effekt auf das zweifelhafte «Recht, sich auf die Flucht zu begeben» (so Otto Kimminich, Der internationale Rechtsstatus des Flüchtlings, Köln etc. 1962, 81).

161 Konkreten Gehalt bekommt dieses Recht in Art. 31 GFK, wonach Flüchtlinge für eine illegale Einreise nicht bestraft werden dürfen, wenn sie direkt aus dem Verfolgerstaat kommen und sich unverzüglich bei den Behörden des Zufluchtsstaates melden.

162 Richtlinie 2001/55/EG des Rates vom 20. Juli 2001 über Mindestnormen für die Gewährung vorübergehenden Schutzes im Falle eines Massenzustroms von Vertriebenen und Maßnahmen zur Förderung einer ausgewogenen Verteilung der Belastungen, die mit der Aufnahme dieser Personen und den Folgen dieser Aufnahme verbunden sind, auf die Mitgliedstaaten, Amtsblatt der Europäischen Gemeinschaften L 212/12, 7. August 2001. Diese Richtlinie wurde noch nie angewandt.

163 Eine ähnliche Regelung kennt die Schweiz in Art. 4 Asylgesetz vom 26. Juni 1998.

18.73 Völkerrechtliche Regeln zum *Asylverfahren* verankern weder die GFK noch sonst ein internationaler Vertrag[164]. Aus dem Recht auf eine wirksame Beschwerde[165] ergibt sich allerdings, dass Personen mit begründeter Furcht vor Folter und ähnlicher Misshandlung im Staat, in den sie abgeschoben oder ausgeliefert werden sollen, Anspruch auf eine effektive Beschwerde besitzen, die es den zuständigen Behörden ermöglicht, die Vorbringen inhaltlich zu überprüfen und angemessene Massnahmen zur Verhinderung des Risikos anzuordnen[166]. Dieses Rechtsmittel muss damit sicherstellen, dass Beschwerden, in welchen triftige Gründe für die Annahme eines ernsthaften Risikos einer rechtswidrigen Behandlung im Zielstaat geltend gemacht werden, unabhängig und genau überprüft werden. Zudem muss der Beschwerde automatisch aufschiebende Wirkung zukommen[167]. Schliesslich muss diese Beschwerdemöglichkeit auch gewährt werden, wenn einer Person der Zugang zum Asylverfahren verweigert wird[168].

3. Non-Refoulement

18.74 Das Prinzip des Non-Refoulement bildet den eigentlichen Eckstein des Flüchtlingsrechts. Es begründet zwar kein Menschenrecht auf Asyl, aber doch ein völkerrechtlich garantiertes *Recht von Flüchtlingen, dem Zugriff des Verfolgerstaates auf Dauer entzogen zu bleiben* und nicht gegen ihren Willen dorthin zurückkehren zu müssen, solange die Verfolgungsgefahr andauert. Das Refoulement-Verbot verbietet den Staaten nicht, Flüchtlingen Asyl zu verweigern und sie in einen anderen Staat zu schicken. Flüchtlingen muss aber an der Grenze Einlass gewährt werden, wenn die Rückweisung notgedrungen die Rückkehr in den Verfolgerstaat nach sich ziehen würde, und ihr Aufenthalt ist im Fall der Asylverweigerung zu dulden, wenn kein anderer Staat, in welchem sie vor Verfolgung sicher sind, zu ihrer Aufnahme bereit ist.

18.75 Rückschiebungsverbote finden sich nicht nur in den bereits dargestellten[169] menschenrechtlichen Vertragswerken, sondern auch im Flüchtlingsrecht. Art. 33 GFK,

---

164 Siehe aber Richtlinie 2013/32/EU des Europäischen Parlaments und des Rates vom 26. Juni 2013 zu gemeinsamen Verfahren für die Zuerkennung und Aberkennung des internationalen Schutzes.

165 Art. 2 Abs. 3 Pakt II, Art. 13 EMRK, Art. 25 AMRK, Art. 7 Abs. 1 lit. a AfCRMV, Art. 9 ArCMR.

166 EGMR (Grand Chamber), M.S.S. v. Belgium and Greece, Reports 2011-I, Ziff. 291.

167 EGMR, A.M. v. The Netherlands, 29094/09 (2016), Ziff. 66. Siehe dazu auch EGMR (Grand Chamber), De Souza Ribeiro v. France, Reports 2012-VI, Ziff. 82, Hirsi Jamaa and Others v. Italy, Reports 2012-II, Ziff. 197 ff., und Abdolkhani and Karimnia v. Turkey (Chamber), 30471/08 (2009), Ziff. 107 ff. Zum Erfordernis der aufschiebenden Wirkung siehe EGMR, M.A. v. Cyprus, Reports 2013-IV, Ziff. 133 mit weiteren Hinweisen.

168 EGMR, Jabari v. Turkey, Reports 2000-VIII, und Gebremedhin [Gaberamadhien] v. France, Reports 2007-II, Ziff. 53 ff. Der Anspruch auf eine wirksame Beschwerde garantiert auch das Recht, in einem Beschwerdeverfahren die gesetzliche Vermutung überprüfen zu lassen, ein bestimmter Drittstaat, in welchen der Flüchtling zurückgeschickt werden soll, sei sicher; allerdings besteht dieser Anspruch nur, falls die betreffenden Einwände genügend vertretbar sind, um eine Überprüfung durch eine Beschwerdeinstanz zu rechtfertigen; EGMR, T.I. v. The United Kingdom, Reports 2000-III.

169 Vorne in diesem Kapitel Rz. 18.21 ff.

dessen Inhalt heute auch völkergewohnheitsrechtliche Bedeutung erlangt hat[170], verbietet als flüchtlingsrechtliches Non-Refoulement-Prinzip den Staaten, «einen Flüchtling auf irgendeine Weise» in ein Land zu schicken, «in welchem sein Leben oder seine Freiheit wegen seiner Rasse, Religion, Staatsangehörigkeit, seiner Zugehörigkeit zu einer bestimmten sozialen Gruppe oder wegen seiner politischen Überzeugung bedroht sein würde». Ob eine solche Bedrohung vorliegt, wird nach den gleichen Massstäben wie die Frage nach der Begründetheit der Verfolgung beantwortet, d.h., es braucht nicht einen vollen Beweis, sondern nur den Nachweis einer erheblichen Wahrscheinlichkeit. Auf diese Bestimmung können sich nur Personen berufen, die Flüchtlinge im Rechtssinn sind. Der Schutz ist zudem nicht absolut: Art. 33 Abs. 2 GFK erlaubt die Rückschiebung eines Flüchtlings, «der als eine Gefahr für die Sicherheit des Aufenthaltsstaates angesehen werden muss oder [...] eine Bedrohung für die Gemeinschaft dieses Landes bedeutet, weil er wegen eines besonders schweren Verbrechens oder Vergehens rechtskräftig verurteilt worden ist». Die Ausnahme der GFK nach Art. 33 Abs. 2 kann allerdings nicht greifen, wo *menschenrechtliche* Rückschiebungsverbote Anwendung finden. Diese gehen nämlich vor, wo die GFK an sich eine Rückschiebung erlauben würde[171].

Art. 33 GFK wird für Flüchtlinge, die sich rechtmässig auf dem Gebiet eines Vertrags- 18.76
staates aufhalten, durch Art. 32 der Konvention ergänzt. Diese Bestimmung garantiert ihnen die gleichen Verfahrensrechte, welche die Menschenrechtskonventionen Ausländerinnen im Allgemeinen gewähren[172], beschränkt darüber hinaus die Ausweisungsgründe aber auf solche der Staatssicherheit und der öffentlichen Ordnung.

4. Statusrechte

Als Fremde, die der Zufluchtsstaat meist nicht willkommen heisst, sondern aufneh- 18.77
men muss, weil das Refoulement-Verbot eine Rückschiebung nicht erlaubt und kein Drittstaat zur Aufnahme bereit ist, sind Flüchtlinge regelmässig in einer besonders schwierigen Situation. Das Flüchtlingsrecht schafft für sie ein internationales Schutzsystem, indem die GFK von 1951 und regionale Instrumente ihnen einen besonderen rechtlichen Status gewähren[173]. Der Flüchtlingsstatus weist zwei Elemente auf: Erstens

---

170 So ausdrücklich die Schlusserklärung der Vertragsstaaten der GFK anlässlich deren 50-jährigen Jubiläums, Declaration of States Parties to the 1951 Convention and its 1967 Protocol Relating to the Status of Refugees, 13 December 2001, preambular paragraph 4.

171 So ausdrücklich EGMR (Grand Chamber), Chahal v. The United Kingdom, Reports 1996-V, Ziff. 80, und Saadi v. Italy, Reports 2008-II, Ziff. 127.

172 Vorne Rz. 18.16 f.

173 Für regionale Instrumente mit Bestimmungen zum Flüchtlingsrecht siehe Konvention über spezifische Aspekte des Flüchtlingsproblems in Afrika vom 10. September 1969, Konvention über die Gewährung territorialen Asyls (Caracas) vom 28. März 1954; Konvention über die Gewährung diplomatischen Asyls (Caracas) vom 28. März 1954; Art. 78 Vertrag über die Arbeitsweise der Europäischen Union und die verschiedenen Richtlinien des Rates der Europäischen Union im Bereich Asyl (z.B. die Asylverfahrensrichtlinie, Statusrichtlinie, Aufnahmerichtlinie, Richtlinie zur Gewährung vorübergehenden Schutzes), Art. 22 Abs. 7 und 8 AMRK, Art. 12 Abs. 3 AfCRMV.

besitzen Flüchtlinge bestimmte Rechte, die der Zufluchtsstaat ihnen gewähren muss. Zweitens kann das UNO-Hochkommissariat für Flüchtlinge (UNHCR) im Fall der Verletzung dieser Rechte bzw. der unrechtmässigen Verweigerung der Anerkennung als Flüchtling zu ihren Gunsten intervenieren[174].

18.78 Zu den Statusrechten, welche die GFK Flüchtlingen gewährt, die im Zufluchtsstaat Aufnahme gefunden haben, gehören etwa der Anspruch auf Schutz des Eigentums (Art. 13 und 14 GFK), der grundsätzliche (aber einschränkbare) Anspruch auf Zugang zu einer Erwerbstätigkeit (Art. 17–19 GFK), der unbeschränkte Anspruch auf Primarschulunterricht für Flüchtlingskinder (Art. 22 Abs. 1 GFK), gewisse Ansprüche im Bereich der Unterkunft und sozialen Wohlfahrt (Art. 20, 21, 23, 24 GFK), und der Anspruch auf einen Reiseausweis (Flüchtlingspass, Art. 28 GFK).

18.79 Die Flüchtlingseigenschaft kann entzogen werden, wenn die Umstände den Schutz einer Person als Flüchtling nicht mehr rechtfertigen. Dies ist etwa bei nachhaltiger und grundlegender Änderung der Umstände im Herkunftsstaat oder bei Erwerb der Staatsangehörigkeit des Aufenthaltsstaats der Fall[175].

Vertiefung: Vertreibung von Personen aufgrund von Katastrophen oder nachteiliger Auswirkungen des Klimawandels

18.80 Die Tatsache, dass jährlich viele Millionen Menschen im Kontext von Naturkatastrophen oder Folgen des Klimawandels fliehen müssen, gehört zu den grössten humanitären Herausforderungen dieses Jahrhunderts. Diese neuen Gegebenheiten schaffen spezifische Schutzbedürfnisse für Vertriebene. Bleiben diese innerhalb ihres Staates, können sie als Binnenvertriebene[176] Schutz erhalten. Überschreiten sie hingegen Staatsgrenzen, um im Ausland Schutz zu suchen, gelten sie in aller Regel nicht als Flüchtlinge, obwohl Verfolgung und Gewalt im Sinne des internationalen Flüchtlingsrechts auch im Umfeld von Katastrophen vorkommen können. Auch die Menschenrechte gewähren in diesen Konstellationen meistens[177] keinen Schutz[178].

174 Art. 35 GFK verpflichtet die Vertragsstaaten, mit dem UNHCR bei der Ausübung seiner Befugnisse zusammenzuarbeiten und seine Aufgabe zu erleichtern, die Durchführung der GFK zu überwachen.

175 Siehe dazu Art. 1C GFK.

176 Siehe dazu Rz. 18.47 ff.

177 In Ausnahmefällen können aber möglicherweise aus dem Recht auf Leben oder dem Verbot der unmenschlichen Behandlung fliessende Schutzpflichten zur Anwendung gelangen (siehe dazu vorne Rz. 18.21 ff.). Bisher hatte aber kein menschenrechtliches Überwachungsorgan die Gelegenheit, Stellung zu dieser Frage zu nehmen.

178 Zur Relevanz des Flüchtlingsrechts und der Menschenrechte in diesem Kontext existiert eine detaillierte Rechtsprechung neuseeländischer Gerichte; z.B. AF (Tuvalu) [2015] NZIPT 800859; AD (Tuvalu) [2014] NZIPT 501370; AC (Tuvalu) [2014] NZIPT 800517–520; Teitiota v. The Chief Executive of the Ministry of Business Innovation and Employment [2013] NZHC 3125; Teitiota v. The Chief Executive of the Ministry of Business, Innovation and Employment [2014] NZCA 173.

Auf internationaler Ebene finden vermehrt Aktivitäten zur Behebung dieser rechtlichen Lücken statt. So entwickelte die Nansen-Initiative, ein von Norwegen und der Schweiz staatlich geführter Konsultationsprozess, eine Schutzagenda (die «Agenda for the Protection of Cross-Border Displaced Persons in the Context of Disasters and Climate Change»), die im Jahr 2015 von mehr als hundert Staaten verabschiedet wurde. Diese Schutzagenda fasst die wichtigsten Prinzipen und effektive Praxisbeispiele aus verschiedenen Regionen zusammen. Damit stellt sie Staaten, regionalen Organisationen und anderen Akteuren eine Musterauswahl von wirksamen Optionen zur Implementierung in ihre eigene Gesetzgebung oder in ihre Programme zur Verfügung[179]. Die Nansen-Initiative wurde 2016 unter der Leitung von Deutschland von der Platform on Disaster Displacement abgelöst, welche sich für die Umsetzung der Schutzagenda einsetzt[180]. 18.81

Auf UNO-Ebene beschäftigt sich das sog. «Sendai Framework for Disaster Reduction 2015–2030»[181] mit der Prävention von und der Reaktion auf naturkatastrophenbedingte innerstaatliche und grenzüberschreitende Fluchtbewegungen. Anlässlich der Verhandlungen zum Pariser Klima-Übereinkommen wurde zudem beschlossen, eine Task Force mit dem Mandat, Empfehlungen zu einem integrierten Vorgehen zu entwickeln, einzusetzen[182]. Besonders wichtig ist der Globale Pakt über Migration, welcher von der UNO im Dezember 2018 verabschiedet wurde. Laut dieser rechtlich nicht verbindlichen Vereinbarung sind die Staaten bereit, nicht nur Massnahmen der Katastrophenrisikominderung und Anpassung an den Klimawandel zu ergreifen um Menschen in Risikogebieten besser zu schützen, sondern auch Vorkehren zu treffen, damit Menschen, die im Kontext plötzlicher Katastrophen ins Ausland fliehen müssen, vorübergehender Schutz gewährt werden kann. Ebenfalls erwähnt werden die Notwendigkeiten, mittels geplanter Umsiedlung oder Erteilung von Aufenthaltsbewilligungen Menschen aufzunehmen, deren Herkunftsstaat wegen Ansteigen des Meeresspiegels und anderer Auswirkungen des Klimawandels unbewohnbar geworden ist. 18.82

179 Siehe Nansen Initiative, Agenda for the Protection of Cross-Border Displaced Persons in the Context of Disasters and Climate Change, Genf 2015.

180 ‹www.disasterdisplacement.org/› (zuletzt besucht am 8. Juni 2018).

181 Sendai Framework for Disaster Reduction 2015–2030, UNISDR, Genf 2015.

182 Adoption of the Paris Agreement, Decision 1/CP.21, UN Doc FCCC/CP/2015/L.9/Rev.1, 12. Dezember 2015, Ziff. 49. Wie weit der Global Compact on Migration der UNO, welcher im Zeitpunkt des Abschlusses dieses Manuskripts noch verhandelt wurde, das Thema aufnimmt, wird sich zeigen.

Sachregister

B

C

D

E

F

G

J

K

N

O

P

R

U

V

W

Z